U0720344

全唐文

十

〔清〕董　誥等編

中華書局

欽定全唐文卷九百一

朱閲

閲。丹陽人。官殿中侍御史。

歸解書彭陽公碑陰

古者以死爲歸也。然則豈死者皆得歸哉。故有兇肆之徒。壓溺而斃。貪暴之輩。刑戮以亡。謂之不得其死。不得其死是不得所歸也。父母全而生之。子全而歸之。不虧其身。不辱其親。是得所歸矣。所歸者猶有數品焉。有跛躄而歸者。有困窮而歸者。有憂鞠而歸者。有暇豫而歸者。有榮顯而

歸者。有欣喜而歸者。佞媚於生前而得其死者。跛躄而歸也。愚鄙於生前而得其死者。困窮而歸也。彊暴於生前而得其死者。憂鞠而歸也。三者皆弗其歸路也。正直於生前得其死者。暇豫而歸也。敏達於生前得其死者。榮顯而歸也。仁惠於生前得其死者。欣喜而歸也。三者皆坦其歸路也。嗚呼。公昔有遺德於其生前矣。而今之歸也。豈有跛躄困窮憂鞠之苦。而無暇豫榮顯欣喜之逸哉。公歸之道光矣。予感公之知。獨來弔。作歸解。或曰。子不識彭陽公而云知。豈誣也哉。曰。公尹洛。禮陳商。爲鄆薦蔡京。莅京。辟李商隱。予偶不識公耳。公之知予。如春潦之奔壑。夏雲之得龍。秋弧之發矢。冬爐之納火。勢豈後於三子哉。是則公亦知予者也。何必識然後知。乃曰知之也。在道之相望爾。昔殷湯與周公不相識。孔子與周公不相識。孟軻與孔子不相識。揚雄與孟軻不相識。韓愈與揚雄不相識。果不相知哉。伊尹與夏桀相識。比干與殷紂相識。果相知哉。今天下大國之侯。小國之伯。予常識之矣。目且相視。言亦相交。豈得爲予知也哉。予感嘆碑下。歸解於是書之。

朱鄴

鄴。宋史藝文志載有賦三卷。詩三卷。

扶桑賦

木臨大壑。名曰扶桑。厭洪波之萬里。在青帝之一方。受浩氣以生成。那倫衆木。挺仙才之秀麗。能戴朝陽。塵外風吟。天涯雨泣。山晴而瑞氣初動。海晚而潮痕乍濕。幾千歲月。標下界之無雙。迥拔榮枯。倚高空而獨立。霧折煙融。孤光在東。長迎旭日。先得春風。吾將原太極之意。考眞宰之功。不産奇異。安分混同。物欲萌焉。我則與三才竝起。田云化矣。我則與太樸無窮。卓出古今。莫逾貞固。當乾坤之上位。

瞰魚龍之要路至若玉漏聲殘銀蟾影度收人間之暝色未遍羣山聳海底之紅輪先經此樹露戢雲驚珠懸燄生雖淩厥熾寧奪玆榮豈若常林隨大匠之雕刻自如良輔契吾君之聖明巢之者不可得其窺蠹之者不可得其噬陽烏象擇木之狀晴虹作挂弓之勢名大天下身高水際掩彩翠於蟠桃病虧盈於月桂非海也不足以容其大非日也不足以升其高葉茂而雲垂霽景根深而龍據驚濤卑沃焦於尺土微鄧林以秋毫巨影倒空而漠漠寒聲吹夜以飂飂靈境難尋人寰罕測性欺霜雪心藏正直故能

齊衆甫而據滄溟永佐東君之德

落葉賦

衆木森沈歲暮秋深日黯黯以斜度風悄悄而亂吟喬枝邈以架迥墜葉槭以辭林睠彼搖落夫何蕭索形宛轉而斷連狀徘徊以斜却枝稍高而飛遠條漸疎而陰薄逗凉空以伴螢繞明月而驚鵲或散漫於原野或搖颺於樓閣爾其下自幽谷高隕山椒葉何樹而不墜樹何葉而不凋擁玉砌以初聚值金風而復搖浮於水中似孤舟之遠泛落於山際若斷雲之已飄悲夫處處園林紛紛相似覺絕漠之寒至聆洞庭之波起何夏茂而秋落何先榮而後死葉之致也既順陰陽之宜葉之趣也誠叶盛衰之理願歸本而猶未嗟微脫而不已別有寂處卧幽逸氣無儔聊賞心以遐望乃觸目而增愁見一葉之已落感四序之驚秋媿體物之逾拙思軋軋而空抽者也

盧銛

銛官延州刺史

對不拘文法判

甲爲守不拘文法科其罪曰無爲而已

垂範作則資政教而爲本居上訓下在文法而爲先甲非異能職忝專守理人之轡策曾未奉於公家爲政之脂粉且聞聽於吏道必也心疑有待道貴無爲遠企華胥之朝或使人迷日用久異大庭之俗何不事與時遷况澆風大行淳化已寢宜奉先王之法用革小人之心奚乃不拘自速伊咎縱引古訓亦寘令科

崔曙

曙博陵人

對士祭判

爲士殺犬豕或入告君子遠庖廚凡有血氣之類不身踐訴云有故準禮不坐

孝子饗親祭神如在主人肅客式宴以衎籩豆有楚無償西鄰之言餼牽不竭是陳東道之禮覯乙爲士聞斯行諸曰殺羔羊尚流詁訓歲修犬豕何爽大經同燕人之思雖踐血氣與楚氏之業終遠庖廚將食節而事時豈厚味而腊毒或人興訟捨禮何之有孚致辭勿問元吉

裴輿

輿工部員外郎

對問羊知馬判

甲問羊知馬鄰人告其左道主司科之訴稱鈎距

天地設位聖賢成能一人垂衣百官承事瞻言京邑實曰帝都必舉忠良是則率土聿求俊乂司牧黎甿猗哉彼甲俾茲從事賓王利用學古入官必誅羣妖以靜矯慝於是彝倫各序軌物不僭將採績字人勿使失性終廣術察罪必欲懲非乃取赭汙衣息桴鼓而清盜因問羊知馬爲鈎距以得情斯亦多聞攸稱罕測且正色率下類夫韓氏之名勵節執忠同彼李公之譽必欲人安俗理在爲法以繩之擿伏擒姦於從政乎何有比諸製錦事且審於操刀語以烹鮮理必明於遊刃恪居爾職無俾我虞念茲鄰人昧於典憲徒爲狂狷之說雖尚口以見窮誰聽芻蕘之詞終噬腊而致譴窒其多訟無逞遊詞是非相鼠之尤寧知鵜鴂之罰彼廣漢者吾其與之

裴振

振中眷裴氏見宰相世系表

雉尾扇賦

客有薦雉尾扇要予作賦予亦感於心遂命紙筆其詞曰

于嗟名翬兮誰喪爾軀于嗟名翬兮我愛其尾何不作於三嗅乃見傷於一矢當遭悅妻於大夫不値仁心於孺子雕骨肉於俎豆翦羽毛於錦綺雖蒙玩於翠翅無復刷其丹觜今屬聖人布命王道克理解羅者之目攎工倕之指我欲請造物復爾之生許虞人追爾之死且王者三驅爾供庖廚王后六衣爾爲光輝爾毛既美爾膚既肥爲薦廟之用招媒翳之機誠不顧樊籠之習習又安得林麓之飛飛當昔五步一啄十步一飲選地而遊擇木而寢固將保

羣雌以比翼。豈知遭鳴鶻之碎錦。已矣哉。彼鼀何辜。其腹將刳。乃願掉於泥塗。彼雞何知。方論其肥。乃自斷於郊犧。至如千人操。萬人歌。不如休於桃林之阿。復有青絲絡。黃金裝。不如放於華山之陽。身死命絕。魂銷魄亡。永別儔侶。長辭故鄉。雖復氛氳綺席。窈窕紅妝。間以彩翠。盛以筐箱。百常之臺刻月。九華之扇凝霜。獨不及疇年之澤畔。昔日之山梁。悲夫。

陳少微

少微。崇文總目著有薛君口訣一卷。九洞練眞寳經修服

丹砂妙訣一卷。

七返靈砂篇序

予自天元之初。從衡嶽遊於黃龍。止於實館。忽於巖穴之中。遇至眞之人。授以靈砂要訣。告曰。吾自得許仙君之後。仙君授訣於吳天師。天師授於同郡丁眞人。今本卽眞人所出也。假如丹砂之本訣。元理深奧。固難卒尋。好道之流。志慕神仙者。若不究其眞元。沈淪於塵俗。自上古仙經文皆祕密隱蔽。不言不顯露於世。予常慼然。今述爲靈砂七返篇及金丹志訣二章。竝爲序論矣。

孫公輔

公輔官陸澤丞。

新修夏邑縣城門樓記

昔左邱明書梁亡。嫌其亟城而至溝宮也。書莒潰。責其恃陋而不重閉也。然則懲惡勸善之義。信不可遺於後代矣。方今生人震越。虓虎咆噉。凡爲侯大夫者。孰得不鑒於梁而悼於莒哉。夏邑縣城樓圖經卽西漢栗鄉侯之故墟。闉闍陂陊。不可以禁淫佚。臺觀崩弛。不可以示軌儀。訊諸鄉人。云此地有隱慝焉。縱其神姦。慄若大忌。故前後令長皆昵於神而廢禮也。去年夏。聖人戒師於東方。宣武軍守臣

劉公。慮以軍興勢危。賦重人困。易置官屬。紀綱事法。遂假參佐范陽盧士宣字伯通爲茲邑長。伯通勤勞於民。旋卽眞命。錫以朱服。示王命也。愴夫先賢雖立譙門。譙門必能將將。雖作爾墉。爾墉必能言言。繇是正其小以及先王宮隅之制。飾其儉用倖諸侯臺門之尊。百工告利。多福紛華。則嚮時妖異之說。無復徵據。神不神矣。君何神耶。苟無馨香。曷肯變化。是故直拔埃壒。譬一賢之挺生。介然堅強。同五福之壽考。端穆大壯。發揚斯干。用而不知。我則爲植。其

經費也自掄材至卒工不礙匠夫之膏澤必因庶役之餘羨其博施也自賀燕至翔鵾尚貽終世之咸若寧止吾屬之遐覽然後命閽人以守之揭靈鼉以鼓之歲時則懸法於其前災眚則禜祭於其下禦大寇則未足抑小戎而有餘且周文緩而靈臺成漢文約而露臺捨惟彼喆王睿后猶懼若此況人臣乎闔閭伯通可謂知禮至如板築之氣勢磨礱之固護塗塈之滑澤采章之藻麗則存諸咏歌非紀體所載時公輔館於伯通之署願記其善敢私於人乎

姚揆

揆官溫州郡丞

仙巖銘

惟仙之居既清且虛一泉一石可詩可圖

楊佚

佚戶部郎中志先子

對樂土判

人進素衣朱襮欲從于沃或告擅去云我聞有命不可告人

建都立邑本大末小茍或假名必將兆亂相彼人也其有意焉既榮朱襮之進旋興白石之行亦欲適彼樂土及於寬政義有涉溱之興業在揚水之章既侵陘庭方崇曲沃姑務修德自感子來悅以忘勞寧科擅去人茍利矣豈同邾子之遷兄其智乎已聞師服之歎既聞命而攸往雖或告而何傷

楊元操

元操官欽州欽縣尉

集註難經序

黃帝八十一難經者斯乃渤海秦越人之所作也越人受

桑君之祕術遂洞明醫道至能徹視藏府刳腸剔心以其與軒轅時扁鵲相類乃號之爲扁鵲又家於盧國因命之曰盧醫世或以盧扁爲二人者斯實謬矣按黃帝有內經二帙帙各九卷而其義幽賾殆難窮覽越人乃採摘英華鈔撮精要二部經內凡八十一章勒成卷軸伸演其首探微索隱傳示後昆名爲八十一難以其理趣深遠非卒易了故也既宏暢聖言故首稱黃帝斯乃醫經之心髓救疾之樞機所謂脫牙角於象犀收羽毛於翡翠者矣逮於吳太醫令呂廣爲之注解亦會合元宗足可垂訓而所釋未

半。餘皆見闕余性好醫方問道無倦斯經章句特承師授。旣而耽研無斁十載於茲雖未達其本源蓋已舉其綱目。此教所與多歷年代非惟文句舛錯抑亦事緒參差後人傳覽良難領會今輒條貫編次使類例相從凡爲一十三篇仍舊八十一首。呂氏未解今並註釋呂氏註不盡因亦伸之。並别爲音義以彰厥旨昔皇甫元晏總三部爲甲乙之科近世華陽陶貞白廣肘後爲百一之製皆可以畱情極慮濟育羣生者矣余今所演蓋亦遠慕高仁邇遵盛德但恨庸識有量聖旨無涯綆促汲深元致難盡前歙州歙

縣尉楊元操序。

張朔

朔官監察御史。

遇喪廢祀議

伏准遺詔皇帝已聽政合告郊廟所司祭地祇無文合廢。又按曾子問天子崩未殯五祀之祭不行旣殯而祭所言五祀不行。卽明天地之祭不合廢又王制喪三年不祭惟祭天地社稷爲越紼而行事註云不敢以卑廢尊又按春秋杜預註天王崩未葬而郊者不以爲王事廢天事也今禮儀使牒引祠令諸饗廟官有緦麻以上喪不得充饗官此蓋指私祭不足爲今日之證請更參詳報禮儀使報來牒稱天子崩五祀之祭不行旣殯而祭所言五祀不行卽明天地之祭不合廢者謹按曾子問天子崩五祀之祭不行旣葬而祭鄭元註云郊社亦然然則五祀之與郊社之祭同也則來牒所言五祀不行則明天地之祭不合廢與鄭元所云郊社亦然之義乖也又按曾子問上文曰天子嘗禘郊社五祀之祭簠簋旣陳天子崩后之喪如之何孔子曰廢下文云天子崩未殯五祀之祭不行旣殯而祭孔穎達云以初崩哀戚未遑祭祀雖當五祀祭時不得行也

旣殯哀情殺而後祭也又云自啟至於反哭五祀之祭不行已葬而祭此言無事時則祭有事時則廢未殯以前是有事旣殯以後未啟以前爲無事故王制云越紼而行事紼者屬於龍輴之綍索也天子攢塗龍輴謂殯時所設也今百官成服准令祀諸祠齋之日平明赴祠所又開元禮云祠前七日受誓戒散齋四日致齋三日散齋之內不得弔死問病致齋之內惟祀事則行其餘悉斷苟或違此則非爲祭所以崇嚴潔也今若斂髮赴廟則嚴潔之道於是

乎廢也。成服而行。則祀典之文。可得而踰也。且哀戚之殺。大斂孰與夫啟凶穢之甚。緦麻孰與夫斬縗未殯之時。非謂無事扱衽之祭。可謂不遑。況皇帝即位。未告太廟。哀戚在疚。未許聽政。如何告太祖以配北郊乎。參詳古今。實難議祭也。

張琛

琛。始興人。徙居韶州曲江。

弔舊友文

范陽盧氏子驤與人交。必先熟仁信道德。然後旨蹟無間。

始卒之道。必全或重之以甘譽。固不腴於心。或風之以巧言。亦不間其舊。盧子之性。達於元。盧子之機。忘於言。雅好歌詩。吟風吸月。往往有前輩體調。七薦文曹。不為時遇。病乎其人。皇帝十三年。以故東觀歸孝。則達於鄉里。悉得盧子事一旦沈痾。醫不去。卒於山陽。嗚呼。天付盧子之至道。而時違之。天生盧子之節孝。而時反之。命耶。以其欺天之盜跖胡為福。以其違天之顏回胡為促。時之為其跖耶。時之為其回耶。胡然子之為固不及跖之時也。琛之措意不足以書。孤山雕碧。寒水澄練。子兮已而。

張隨

隨。始興人。徙居韶州曲江。容州司馬鳳初從孫。

耀德不觀兵賦（以明德尚道懷仁畏威為韻）

惟先王享國。建用皇極。制五服而有序。御四夷而在德。近不貢。必先威讓之辭。遠不庭。則修文物之則。所以止干戈而重仁義。遏寇虐而茂生植。夫潔其流者。在於源清。成其外者。在於內平。以德則天下順。以力則天下爭。故有武不黷。有兵不征。穆王之功何補。謀父之言可明。將其修己以推畔。曷若殺人以盈城。於戲。至理之時。惟德是貴。柔其遠而不襲。阜其財而不費。以道義為干櫓。以禮樂為經緯。是以文足昭。武可畏。借如舜帝在上。苗人不懷。雖蕆事於伯

禹。終舞干於兩階。然後七旬來格。庶績允諧。周文既興。崇國不道。用戡時難。以奉天討。剏勍敵而未悛。爰因壘而自係。然後再駕。云服四方。大造蓋由德所實。信所親。豈無五兵。且懼於暴物。況有七德。實在乎安人。人勞所以損元氣。物傷所以惻至仁。迺凶器攸興。聖人匪尚。車書既其混一。牛馬於焉休放。兵不戢。如火自焚。德不修。於君曷相。所謂圖之大。慎之微。觀兵何是。耀德何非。素翟南來。而越裳重

譯白狼西入而荒服來歸夫欲朝萬國歸四海不可以遑弧矢之威

上將辭第賦 以醜虜未滅將軍不家爲韻

匈奴猖狂犯漢封疆天子赫斯怒而沮南牧詔上將而臨北方惟干戈是揚惟賞罰是將能推誠則功臣必錫之甲第不私己故嫖姚見辭於武皇所謂萬夫之雄特百代之忠良也且將軍英威果決如火烈烈志以形言義以激節乃進而陳曰烽燧之虞未絕豺狼之黨未滅剡師旅而尚勞何棟宇之云設於是崇義立勳飄然不羣精貫白日氣

干青雲胸中吞乎萬里掌內指乎三軍誓將驅我貔虎殲彼醜虜豈惟獻俘而執馘抑亦開疆而拓土苟不能上安社稷外寧寰宇雖欲樂鐘鼎而徒爲高閈閎而何補若夫飛甍連屬畫戟旁周地直咸里爵居通侯苟尸素而爲累當輪奐而爲尤可不知池臺之娛緹繡之費諒無勳業之重徒冒寵章之貴在人事之攸宜於王臣而則未斯言也撫實去華斯志也寧儉匪奢忘身而不謂事主許國而何暇恤家王翦請貽乎子孫與玆難並晏嬰敢煩乎里旅相去不遐夫策在必行功宜可久侈言無驗亦孔之醜彼樊噲之述橫行賈生之論繫首豈如將軍恢壯節辭華第俾功先而身後者也

莊周夢蝴蝶賦 以題爲韻

伊漆園之傲吏談元默以和光表人生之自得繄萬化之可量萬靈齊夫一指異術胎乎通莊忘言息躬軌造逍遙之境靜寐成夢旋臻罔象之鄉於以遷神於以化蝶樂彼形之蠢類忘我目之交睫於是飄粉羽揚羣鬚始飛飛而稍進俄栩栩而自愜煙中蕩漾媚春景之殘花林際徘徊舞秋風之一葉於戲變化悠悠人生若浮希微兮其狀方

異恍惚兮其神遂收雖蘧蘧而復體尚悄悄以在眸我豈彼類彼寧我儔苟夢非而覺是誠虛往而實留且元蹤莫覩眞理難求莊周之夢蝶而蝴蝶之夢周歟迺知元氣混然感通斯眾爲生死之異分量寤寐而適中形因靜息符大辨之不言神以化遷異至人之無夢若夫氣爲質本夢與道俱以我之有化彼之無固假寐而倏忽越百齡以須臾其在周也不知蝶之於彼矣其在蝶也不知周之於此乎若然者萬物各得其性一體或殊其途有徐徐而龜曳其尾有察察而狼跋其胡智者所以自智愚者所以自愚

則孰能間其巨細孰能別其榮枯欲窮莊生夢蝶之理走將一問於洪鑪

海客探驪珠賦 以上下其手擘波及龍爲韻

靈海洶洶爰有泉兮其深九重中有明珠上蟠驪龍難犯之物兮不可觸希代之寶兮不可逢矧淪淪之莫究曷揭厲之能從爰有海客賁然來適利實誘衷舉無遺策乃顧而言曰見機而作未索何獲我心苟專而至寶可取我力苟定而洪波可擘既覽川媚之容遂探夜光之魄伊彼勇者吁可駭也俯身於碧沙泉底揮手於驪龍頷下所謂明

淺深斷取舍而已觀其發迹潛往澄神默想俄徑寸以盈握倏光輝而在掌初辭磧礫訝潭下星懸稍出漣漪謂川旁月上鄙鮫人之慷慨殊赤水之罔象然則冒險不疑懷貪不思幸竊其寶幸遭其時向使龍目不寐龍心自欺則必奪爾魄啖爾肌救蒼黃之不暇何採掇而得之想夫人不亦危矣驗乎事良亦淒其則知計非爾久利非爾有必以其道亮自至而無脛是忽其生奚獨虞於傷手亦猶貪夫徇財自貽伊咎君子遠害惟儉是守是故車乘見驕於宋客驪珠垂誡於莊叟於戲我躬不保雖寶謂何彼險不陷雖珍則那子產常譏於狎水仲尼昔歎於憑河因政則來格感恩則匪他漢武受報於昆明之岸孟嘗反輝於合浦之波豈與彼而同科哉驪龍之泉物不敢入緯蕭之子一以何急其父乃鍛其珠曷其習能往也可及不能往也不可及

雲從龍賦 以聖主得賢臣爲韻

山川之氣曰雲寂爾虛無倏爾韜映雖無心而既出終有感而協慶鱗蟲之長曰龍道符於神德合於聖時變化而無極在陰陽而應令是知雲爲佐龍爲主龍無雲不可以陟煙霄雲無龍不可以降時雨始靄靄於山澤俄駸駸於

天宇有若魚水相須君臣夾輔而已原夫或躍在泉道契元默未始出岫時有通塞及夫順天地之功贊生成之德吟空山而奮揚其狀觸幽石而蓊渤其色然後蹈乎寥廓自彼南北何往而不濟何施而不得潤萬物豈待崇朝控千里纔踰瞬息故曰氣感則應有開必先臣良而聖主垂拱雲起而飛龍在天以類相從罕聞不合惟后作乂孰曰非賢是以殷丁得其傅說吉甫佐於周宣品物咸泰寰海晏然則雲龍之義明矣君臣之道一焉於以辨物理於以

通人倫運有智兮事有因如羽翼之相假同股肱之相親則當今得賢共理豈不冠前代之君臣

葉公好龍賦 以所好非真見而增懼爲韻

惟彼龍兮潛水府翔天路何葉公之多尚獨神物之是慕假手於繪對蜿蜒以好之其形在堂俄惝怳而反懼初其終朝念玆寤寐求之嗟豢氏之莫遇望雲津之遠而載雕其宇爰寫其姿周屋壁環階墀輝輝之章不離其行坐矯矯之質常在於夢思至於春風啟序自暄而暑則謂仰重陰而可竚雨歇雲收杳不知其處所其求雖阻其志無沮

及其寒律方凝自霜而冰則謂窺濬鑿而可徵天高日朗空有見於滋澄其覩未能其誠益增既而天縱其欲物應其好龍乃拖其尾而登其堂矯其首而窺其奧垂錦帶張翠鱗光流電轉聲發雷振起雲而棟凝積氣乘水而庭若通津而況於斯人得不撓其性而駭其眞觸類而廣可明其徵惟龍也世好之必歸惟士也國招之必依姑務乎辨眞去僞寧求乎似是而非故好龍如之何期眞假無變好士如之何在賢愚無眩蜿蜒之狀且逢子高之儀堂堂之賢莫失哀公之眷勉矣凡今君子必審之於聞見

蟋蟀鳴西堂賦 以始入於門漸藏牀下爲韻

歲云秋矣秋亦暮止西堂寂聽之時蟋蟀寒吟之始紛稍稍以驚節洞嚶嚶以橫耳若夫八月在宇三秋及門清韻晝動哀音夜繁潘生感而增思宋玉傷而斷魂於時招搖北馳河漢西瀉煙澄寥廓露肅原野背暑而出爾草間驚寒而入我牀下或有聲相應氣相於雜蠨蛸於內屛混熠燿於前除羅幌燈寂珠簾月疎掖庭聞而夜久華省聽而秋餘若乃愁雲結陰暮雨流濕拂寒威之密邇當暝色而逾急我堂既在我室既入亦何異羣鳥養羞昆蟲閉蟄嬾

婦也惟爾可以促女功羈人也惟爾可以催客泣夜如何其夜未央天晴地白月如霜士有衣絺綌坐藜牀怨空階之槁葉聆暗壁之寒螿乃言曰何彼蛩矣與時行藏火氛鬱蒸迹邁於中野秋氣融朗聲聞於西堂然後屛輕箑卷涼簟時歲忽以徂謝功名曷其荏苒美幽化之有成陋晉風之太儉夫如是莫不驚白露之蟲躍望青雲之鴻漸

無絃琴賦 以舜歌南風待絃後發爲韻

陶先生解印彭澤抗迹廬阜不矯性於人代笑遺名於身後適性者以琴怡神者以酒酒兮無量琴也無絃粲星徽

於日下陳鳳喙於風前振素手以揮拍循良質而周旋幽蘭無聲媚庭際之芬馥綠水不奏流舍後之潺湲以爲心和卽樂暢性靜則音全和由中出靜非外傳若窮樂以求和卽樂流而和喪扣音以徵靜則音溺而靜捐是以撫空器而意得遺繁絃而道宣豈必誘元鵠以率舞驚赤龍而躍泉者哉於是載指載撫以逸以和因向風以舒嘯聊據梧以按歌曰樂無聲兮情逾倍琴無絃兮意彌在天地同和有眞宰形聲何爲迭相待客有聞而駭之曰樂之優者惟琴君之聖者惟舜稽八音而見重彈五絃以流韻故長

養之風薰而敦和之德順無爲而天下自理垂拱而海外求覲伊德音之所感與神化而相參固以極天而蟠地豈惟自北而徂南然則琴備五音不可以闕絃爲音而方用音待絃而後發苟在意而遺聲則器空而樂歇先生特執由心之理而昧感人之功俾清濁不聞於大小宮商莫辨夫始終攫之深舍之愉促空軫而奚則角爲民徵爲事扣無聲而曷通祇反古以自異實詭代而違同孰若動精華以發外合恬和而積中傳雅操於心手播德音乎絲桐俾其審音者悟專一之節奏知變者美更張之道崇先生曰吾野人也所貴在晦而黜聰若夫廣樂以成教安敢與夔而同風

縱火牛攻圍賦 以火發牛驚龍文炳煥爲韻

昔田單以將亡之國坐必勝之籌伺燕軍於無虞之夜縱燧尾於有力之牛將用突騎勁卒謬以龍文虎彪冀重圍之宵潰復三敗之深讎乃先詐以乞降然後謀而竊發內欲激於怒士外且驕其敵卒遂決策於斯須固無疑於飛突於是建皁蓋選名軍因七尺之殊狀畫五彩之奇文先事以謀鑿垣之門暗啟及期而進束葦之火遂焚已而夜

景將迷霄輝潛煥龍章交映虎旆雜半以強服猛犖犨之質前驅從黑忽明無備之師大亂攢萬蹄以躍出譟衆鼓以相從喧聲震乎厚地列炬迸乎崇墉風歘後發血灑前鋒一戰而強甚周武之驅歸獸衆神皆走劇葉公之懼眞龍始其制勝惟神開機必果合如雷電迫如星火飛馳之際先資戰野之威叱咤之間已轉覆巢之禍故得騁照睢恣橫行士卒咸以奔潰山谷爲之震驚陷陣摧堅不勞於五千之士而追亡逐北何啻乎七十餘城由是齊人復振燕國大傾襄王曰牛者以彊力稱猛兵者以計謀是幸必

將盡一時之觝觸爲萬代之彪炳豈使飽豐草與清泉望桃林而休影

欽定全唐文卷九百二

王惣

惣丹陽人舉進士

爲鄭滑李僕射辭官表

臣某言臣聞虞舜之朝九官皆讓西漢之盛二疏云去蓋上以淳風盪俗下以廉恥激節故也況寵辱之際不驚則愚進退之間不知則殆伏惟皇帝陛下德超邃古功格上元誕敷文教丕變頹靡天地日月載惟貞明動植翔泳罔不咸若臣某虛以枝蔭階緣休運弱齡入仕四紀於茲三

省微躬一何厚幸是以每莅一職每徙一官未嘗不心効權衡操懷竹柏雖齷齪廉謹曾無異績而毫釐過犯未汙簡書知臣在君匪敢矜述自陛下嗣臨寶位一十七年不以疲駑猥蒙奬拔授以疆土假以麾幢入居宗廟之司出典股肱之郡八座之貴臣拜者三六條之榮臣守其五四開戎幕一佐中軍至如宮相臺丞侍臣提印兼命稠疊累遷頻速光輝既極盈滿是憂間歲初領華州方宣聖澤俄以滑臺選帥非次及臣雙旌自天匹馬之鎮此州當四達之地控兩河之境兵唯勁逸人至凋殘臣遠仗皇威推誠

撫衆服勤吏事盡瘁牧人遂得黎庶就耕織之時士伍知訓習之禮此皆大化光被臣敢貪天之功常恐三至奪慈孤立速謗此臣所以怵惕惟厲中夜以興願披血誠上達旒扆伏惟陛下少加憐察臣竊以酬恩徇節心實無涯引重致遠力誠有極臣先於嶺南染風毒脚氣今年春又患發鬢分將不起命卽阽危幸沐亭育之恩免從帷葢之斃臣年逾知命齒髮已衰疾經沈痼方寸頓減久當繁劇必慮闕遺臣又聞制閫者以重鎭爲雄仗鉞者以專征爲務臣器幹不足以在任方畧不足以持權何以統節制之師

貞定否臧之戎律臣且陳力就列訓誥攸存審才則然以病宜免巖廊多士宇宙無虞爲官擇人皆出臣右胡可晏安冒寵尸素妨賢乞降賜骸之恩以全折足之咎臣獲退就散秩保養餘年候筋力之復彊申赴蹈而寧曉臣於當部勸課營田及以羨餘優䘏將士等事一一別具條奏冀明輯睦上副憂勤塵黷宸嚴冰炭交臆無任懇切屛營之至

王元貞

元貞官管城令

對祭祀判

宋元君叩鄫生鼻血祭祀人告妖

諸侯力爭乃立冢土動衆興事受脤攸行同盟之君先尊霸主附庸之國亦屬大邦用鄫子於次睢皆嗤宋主將蹶由而釁鼓不利楚家此乃魯史明文殷鑒不遠靜思今者元君鄫生事有符於曩辰何不仁之太甚生鼻取血誰其忍之畜不將人獨將何若眷言其事實類傷殘告以爲妖仍將未得況明君有道弓矢載櫜坐九重而納隍恐萬姓之失所有此殘酷其如律何

王志悌

志悌官宜壽尉

對大夫菜地祭判

得宗人掌三辰之法以猶鬼神祇之居辨其名物保章不供奉職輒事左道人云菜地所祀

三代命祀厥有禮文六官陳殷匪無名秩思不出職舉必在公神人之官各恭爾位俎豆之事實有司存伊彼宗人祭於菜地苟不失禮夫何間言殊季孫之見嗤旅於岱嶽異晉侯之有疾不祀羽泉今茲掌彼三辰不修其法案我

禋祀之道。以猶鬼神之居。祝詞爰論。名物徒辨。不以爲禮神其享諸。係章祠彼上元。習玆左道。不恕其咎。何所逭逃。

王德璉

德璉官司士參軍。

饒州記序

竊以敷土創於夏篇。陳風著於孔什。自斯已降。煩復丹青好事相趨。時聞汗簡。是以張勃吳錄。風俗靡遺。揚雄蜀紀山川畢載。陳留耆舊之傳。荆國歲時之書。各擅一家。咸詳土志。既充渠閣。亦散人間。筆削所以騰芳。記錄於焉不朽。

瞻高山而仰企。紀景行而興慕。僕幸因隨牒。謬齒周行。覽原隰之形。訪古人之跡。撰饒州記上下二篇。至於林苑邱園。立時爲記。青溪紫府。創目亦書。撰張仁之篇。按徐湛之說。水陸體勢。習俗風謠。目擊在斯。言誠可錄。然此地居潘浦。邑帶番川。轉轂閩禺。朝宗江蠡。玉山銀嶺。連峭壁而削成。大北小南。漾碧漪而汎色。競盤螭而互峙。赴馬頰以飛湍。縣始秦年。郡開吳日。修良闡於帝籍。秀茂顯於天庭。吳芮懷忠。裂芳封而疏爵。李愔論道。應台宿以經邦。賢俊挺生。鴛鴻間出。復有證君書佐。沈宗而泝千里。忘家壯士。盡節而衛三宮。純粹曉於占天。察豐城之寶氣。妙技精於數術。審廬穴之妖氛。陳氏守節之妻。化石巖而表異。張家巳亡之婦。遭劫剝以通靈。求祀神人。稱陳涉而感夢。乘煙童子。契王喬而下迎。長沙昔居。祈潤泉而必應。蜀守故宅。尋往迹而猶存。背主逆臣。玆鄉儼其墟墓。遁秦逋客。絕壁竦其孤墳。錢倉卓立於水濱。羅石列行於林畔。奇峯仙室。鏤羽駕之遺書。元洞瓊膏。溢靈津於乳竇。相思文梓之木。吐霧凝煙。丹青松桂之叢。連雲罩日。磊磊銀鑠。委實稅以爲琛。顆顆金沙。實瑤篚而入獻。重以銅鉛間發。青碧相輝。哀

鳥晨吟。驚林聲於木末。饑鼯夜嘯。和風籟於山巔。慈龜曳塗。哀猿飲澗。赬鯉戲洺。綵雉馴郊。白浪驚鷗。聲如鐘鼓。騰仙靈鶴。響叶笙簧。花間錦繡。駢羅在目。圖牒紀載。不厭其詳。洪纖並舉。而年代遷貿。宰守更利。而時事睽違。或革或沿。乍張乍弛。遇於惠化。餘頌在人。聊復片言。請從商較。惟遠祖之明牧。蹑洙泗之高風。成庠序之儀。習鄉射之禮。而枯樟再茂。遺愛可觀。瓜瓞寂寥。堦基蕪滅。末孫懷昔。惟古興嗟。宋齋巳還。分符繼軌。程柳之輩。元徐之徒。坐嘯卧吟。褰帷代襲。或栽梧蒔竹。或結廈穿池。並記傍求。盡皆編次。

人亡地在念彼愴慈爰暨聖朝惟良簡帝前中書令杜使君中書令薛使君屈棟幹之資臨江湖之服既多惠愛金石已銘古老傳談豈煩載述其在此時畧復書之庶後披文詎其典麗也刺史南安縣開國男龐使君爰自參牧改臨此地曾未朞月惠化已覃黠吏畏威豪民斂跡偷生盜賊之伍旬月必擒經明行修之徒長材咸薦是以味道遷善俗咏其蘇沐德思齊時嗟來晚崇庸茂績遠襲箕裘趙璧琬圭曾微闕折仁惠風化善繼良難其營縣廢興各依界分府寺迴換皆悉備其山水川源蓋從事典序無遺漏

也庶其觀者不出戶而備覽土地風俗焉

房魯

魯登進士第

上節度使書

今之君侯垂金印結紫綬處內則堂高數仞侍婢娟然衣羅紈鳴珥環出聲態者累百居外則戟列重扉介夫毅然執弩矢擁鈇鉞俟指令者數千君侯目視飛鴻氣如橫蜺而貢士布衣有塵饑僮無色蹇驢竭蹙而來干謁誠志業不怍氣容自若且以干望爲心亦不能無愧其望非望飲醲醑肥被鮮曳華指捷乘駿也所以望者蓋砥行立名之流非附青雲之士焉得施於世其愧非愧布衣糲食饑僮蹇驢也所以愧者彼何人也予何人也夫賈居闤闠藏其貨物俟有求者雖巨人必恭然而請賈人言其直則高之曰必若干乃得求者率不能小減而市矣及其人持物貨歷戶而自唱曰某好物某好貨其將市雖小兒童則鄙然視之問其直幾何其唱者且平其值必愈卑之十七八戲耳誠金玉其物貨祇以盜有而竊置爲宜然何以至是彼不求此望售也士之干人亦然士非不能隱山林羣麋鹿

脫俗姿態又思孔子十歷削逐如此而不足以求行道學孔子者又安得傲然自遂而獨善耶亦非得已富貴之人能趨求貧賤之人人必不謂假聲勢也又不謂諂佞也又不謂利也貧賤之人趨求富貴之人而大謂之假聲勢也中謂之諂佞也下謂之利也且見自書傳稱說當時英豪智能者或云禮士或云愛客或云薦寵後輩及言窮約節義者則不過不諂於富貴不感於貧賤而已今之君侯不惟其不禮士不愛客不薦寵後輩蓋無意趨求貧賤之人貧賤之人趨求之往往得罪過不一二而已惟閣下有古

英豪之氣必能拾求窮困者大道之行則澤布四海矣不則雲卷一邱閤下識某之心非有覬於閤下而云云其說閤下且視之爲何如其禮豈不然耶他俟盡於棨戟之前某再拜

唐昭明

昭明官益都令

對貌似溫敏判

儒生溫敏歿或有貌似敏者而弟子共師之縣令責其無知

溫敏果行育德依仁游藝道鬱黃中聲芬白賁才充夢鳥針左氏之膏肓學綜成麟傳聖人之糟粕旣而生也有涯歲聿其逝情殷埋玉迹必應金類宣父之云亡還思有若同蔡邕之已歿更重虎賁雖其人已還而典刑可想或欽遺韻用展師資惟彰好道之誠何實無儀之論縣令奉子男之秩守韋弦之戒非欲使提耳流訓掣肘無譏錯節盤根抑亦殊道移風易俗何妨異代縱有科罰未累德音無玷憲章並宜告記

程彥矩

彥矩廣平人

銀青光祿大夫檢校太子賓客兼監察御史柱國河南爾朱府君墓碣并銘

府君其先河南郡人也曾祖祐任主客郎中祖澤同州韓城令厥考弁歷左金吾引駕仗押衙銀青光祿大夫檢校太子賓客俱積德行貪緣車服府君諱逵字正道少倜儻有氣不謹小節雖家藏巨萬視之蔑然輕玉帛若糞土重然諾不顧千金議者曰斯亦豪傑人耳初職懷州軍事押衙後改授山南東道節度散兵馬使加銀青光祿大夫檢校太子賓客兼監察御史由山南授東都留守押衙其

階與檢校賓客監察仍舊勳加柱國以府君之用心磊落蔚有才智觀其闕一字必可捍難闕一字敵揣其義必可赴湯蹈火則其位殆不稱闕四字然闕三字度有規將構第諸宮豈止於榱桷宏壯甍棟膠闕六字岳卑淫結峻宇以疎氣鑿巨沼以瀦流竹樹森羅闕五字郡內將絕罔有鄰比世居馮翊慈親在焉闕六字遂不克迎養同氣八人更迭定省悉著行闕三字十四闕三字公事閑連計司輓運之勞咸稱幹蠱每休闕三字家屬闕三字閭友愛睦如也里巷益多府君之闕二字以

仰止字闕四未嘗不應人由是歸嗟乎未及下壽以其年五月六日字闕三卒於江陵府無競里私第享年卌有九娶河南字闕四男一人春郎六歲歲女相相六歲歲用當年十一月字闕四叶歸葬同州澄城縣武安鄉永平營親弟遜字闕五特以哀命見請銘於貞石文曰

彼蒼者天禍福茫然欲問其緣杳漠無言俄字闕三曰有後先積善何爲報應元元執云有後字闕五期慶延在於他年

李暄

暄官華陽令

對九文六采判

丁能從九文六采之大自謂成人或責其揖讓未中禮詞云周旋曲直各有所從

威儀有差賓聘所貴舉必執禮是爲成人能曲直之不違則進退而皆中惟丁克荷前烈紹復舊典修上下之紀制財用之節不失天地之經尚陳文采之數此實大者夫何間焉同游吉得禮之初因於國產類趙簡習儀之際效彼魯侯奉以周旋誰敢失墜每事皆問無廢孔門之則一言之請將成晉國之風諒詞者之有據誠或人之妄責

對蜀物至京判

得廬江人使計吏多賫蜀物至京分遺博士巡使問其故云官長勸人非爲已也

有禮則安不學將落方期化俗必在崇儒仰彼廬江抑惟循吏等文翁之從政遺德未忘類郤父之爲邦餘芳尚在是故循其禮物隨此計偕豈燕昭之築臺自尊羣士何楚元之設醴獨致書生將使洙泗之風永聞函丈舞雩之禮重見摳衣敢升夫子之堂是樂先王之道巡使揚君之化按俗而行疑爾所爲因之問政足可嘉其稟命賞此承式誠勸人之有以非爲已而何傷

對賓觀武藝判

乙爲賓觀武藝主人三拜不答兩拜責其闕禮

侯以明之射有觀者設中算以章物立其賓以相儀乙鄉黨稱賢進退有度將拜至而拜洗且三讓而三揖是欲體和容之節知曲藝之美匪惟訓人抑又觀德豈可空瞻棲鵠未盡主皮尚陳旅酬必俟與答將疑飲數故異禮容既不爽於威儀亦何勤於徧拜謂之有闕宜乎未甘

對志行高潔判

得甲志高潔遂爲時人所宗有司詰之曰景前時以爲通而今以爲介是不恒人也請斥之甲云景推尚自若而論者或異不伏

國著進賢之賞人思類能之用欽崇慰薦敦固引繩野無遺才邦有大任甲方伸己志將舉所知毛玠當仁克尊徐邈孔融明敏無棄禰衡見機乃通達之人失道爲草介之士隨乎去就順以行藏不會適來之時將疑過後之行寧問管鮑之厚孰存莊惠之深其餘有司未曰知我居然請斥何哉失辭

對屯田佃百姓荒地判

諸畿縣置屯田佃百姓荒地主令復業請自耕種屯司不與縣司執申若不還他人即却逃

敬承畿縣素匪萊田是中邦之廬伍爲上農之井賦日者旄頭失象狂寇亂華王師未赫國人猶恐是以苟安便地多出近關惜三遷之就荒歎五溝之不樹人迷可復土利宜敦等充國之大闢時欣歲足類信臣之廣闢每詠年豐今乃黎庶重遷歸還樂土服先疇之疆畝守故里之松楡將持襏襫願事蕪萊誠宜饁彼南畝勞乎東郊國本必於務農人安固在循業永言縣執何謝屯司

對無溝樹判

得甲掌事所司劾無溝樹之固云任其財器何用勞人

庶官司局共爲藏事各守爾典無廢厥職苟政令之或乖將會計而焉取甲理從邦教位列遂師甸稍縣都宜分地域封疆畎畝不奪人時而乃闕四井之菑畬廢五溝之種蓺女桑不樹見戴勝之徒飛夫田無征望竊脂而何啄既莫喜於田畯又非成於穡人尚阻農功孰供兵器焉見不勞而逸無業而居雖有愛人之詞難恕失官之罪

史徵

徵（書錄解題作之徵）河南人

周易口訣義序

乾象既分蒼牙應運三才闡位八卦昭彰故能道濟不通人用無極自兹已降視述多家田何傳於丁寬京房得之焦贛遂使異聞競起踳駮紛多深乖述作之由全誤聖人之見若使廣求文句博引證驗浮誕日與華僞滋蔓誠謂周鼠終虧於鄭璞魚目以混於隋珠今則但舉宏機纂其

樞要先以王注爲宗後約孔疏爲理至於卦繇六位竝備而釋之象以詳畧闕而不敘大抵舉其六卷分爲上下兩經直以口訣爲名義決要爲旨或經象未顯輒提緯以證文傳疏未明將考名以消義遂使疑袪理悟還希述作之功學寡難周恥騰波於瀚海云爾

許南容

南容見藝文志五子策林十卷南容居首

對書史百家策

問卦分江使圖演天文文籍於是濫觴書契以之抽緒皇

墳帝典述紀言以聯鑣五傳六經紆禮樂而齊騖斯竝懸諸日月煥乎文章至於諸子相騰小說奔競有虧屑玉之化無異雜鉛之寶請用諸火恐招傳弈之譏將扇其風復爽芟夷之義上塗交戰一爲解環百兩之篇孰闢其善七分之術孰著其能誰求天下之書誰決塚中之籙識二簡者何子觀四轍者何人京兆耆舊之篇起於何代陳留神仙之傳創自何人誰先孝子之圖誰首逸人之記倘無談於雕棘將有薦於拔茅

對夫皇王範物經籍訓人澆浮之說漸列文質之規斯變故九流異軫百代齊鑣枝分葉布千門萬戶雖復言有踳駮理或叢殘時招屑玉之譏乍起雜鉛之議妨工惑善招惡塞違比夫羣岳參差各有蔽虧之勢衆川浩蕩俱資潤澤之功且夫三代之道未能無弊六經之教尚皆有失其於子史何獨尤之若以失而便廢則書禮之法可舍短而從長去泰而除惡咸用於火竊未爲得各言其志亦何傷乎乃好尚不同撰述各異竝流鉛槧咸著蓬山京房惟善於七分張霸心明於百兩荀勗決塚中之籙陳農求天下之書識二簡者廣微觀四轍者周穆京兆耆舊光武創其

篇陳留神仙阮蒼述其事梁雄作逸人之傳劉向修孝子之圖斯竝賢者傳之不朽謹對

屈蟠

蟠白水人鄉貢進士

析疑論敘

法師名子成字彥美號妙明京兆霸陵人也少時爲儒壯而從釋其性愛書史喜翰墨樂遊學好著述每與賢士大夫詩詞唱和一聯一句落在褰席人多傳之如鸚鵡詩云學得人言字字明便能巧語爲通情不知身在樊籠裏猶

向堂前弄舌輕晝寢云夢魂不管書擎手一帙南華墮枕邊閒遊云家家明月誰無分處處青山我有緣水心亭云綠芰青荷香滿池環亭冷浸碧琉璃高軒矮榻無纖暑臥看清波浴鷺鷥其長篇短偈例皆如此尤能洞明本宗佛法予昔嘗與縣大夫張昂請註心經五日而成萬二千言辭理精當至爲不多得又嘗綴述本色法事文集僅二百首語句雄麗旨意渾成同袍得之囊蓄不出抑爲艱得無意多傳頃以兵火之亂匿跡山林嘗與來客問難詰折事盡終始遂錄成軸名曰析疑論首之以序問終之以會名

凡二十篇言簡而理當文約而義豐涵泳六經畧備諸子每一篇之中其引類證斷決析疑理甚明白若非具三昧辯才其孰能致於此乎且予與妙明爲不請友其有年矣大凡著作不我之慳故於敘引毋俟名而云時辛卯中秋八日書

薛泚

泚河東人

常州澄清觀鐘銘

上德願而鑄洪鐘仙聖依而人天從霜朝聞兮窈窕月夜聽而春容蓮花生而腰淨頂銜繞於盤龍響上徹於天外聲下徹於九重庶長空於鬼獄魔屏跡而潛蹤

薛季連

季連河東汾陰人官工部侍郎

對田中有樹判

乙有樹於田中里人讓之稱在疆場

天官分政載師任土必均三壤以務九農乙則匪人其何妄作將有樹於田畝誠害稼而傷農稽諸古經則有之矣考以令制誰曰其然里人有孚可以受服乙也非古宜乎

褫帶

薄芬

芬櫟陽人官大理評事

直如朱絲繩賦（以題爲韻）

物有正而可尚者其繩則直如砥之平如竿之植不舒卷以隨用終勁挺而立極有旨哉爲天下式且取其直也故能爲道之逆旅爲義之蘧廬爲人之端操爲政之權輿於以方內君子所如木從之則正君受之則聖猗歟猗歟原夫被物之際作巧之時運工人之手績寒女之絲是尋是

尺經之綸之。其爲用也。不資於善結其爲興也。蓋取於無私。以之爲準也則矯枉有度。以之辨物也乃去邪勿疑。大者遠者。念茲在茲。俾夫貪者慄慄。智者兢兢。其爲舉直錯枉當有事於從繩

郭京

京官蘇州司戶參軍

周易舉正序

我唐御注孝經。删定月令。蓋爲前儒用意未及精研。後漢太學刊石撰集說文。慮其日月浸深。轉寫訛謬。京也歷代

傳授五經爲業。其於易道。討覈偏深。曾得王輔嗣韓康伯手寫註定傳授眞本。讀誦比校今世流行本及國學鄉貢舉人等本。或將經入注。用注作經。小象中間以下句反居其上。爻辭注內移後義却處於前。又兼有脫漏兩字顚倒謬誤增省。義理不通。今竝依定本舉正其謬。仍於謬誤之處。以朱書異之。希好事君子志學通儒詳而觀之。則經註通流雅鄭不紊。都計一部中差謬處總一百三節。列爲一部。具述訛舛。因目爲周易舉正。分爲上中下三卷。傳諸志學者云。

欽定全唐文卷九百三

海順

海順俗姓任氏。河東蒲坂人。少依沙門道遜出家。武德元年卒。年三十。

致沙門道傑書

敢稽首大師門下。每欲理靜攝心山泉畢志。但以無明大夜。非慧炬不輝。故栖寄法筵。聽覽元旨。至於人物聚集。頗勞低仰。況乃大限百年。小期一念。儻從風燭。前路奚憑。所以策駑駘之疲。想千里之遠。定門元妙。輒希趣入。逆其不

遠。益用盤桓。伏願闓含養之懷。退人以禮。

三不爲篇

我欲偃文修武。身死名存。研石通道。祈井流泉。君肝在內。我身處邊。荆軻拔劍。毛遂捧盤。不爲則已。爲則不然。將恐兩虎共鬬。勢不俱全。永存今好。長絕來怨。是以返迹荒遐。息影柴門。其一 我欲刺股錐刃。懸頭屋梁。書臨雪影。牒映螢光。一朝鵬舉。萬里鸞翔。縱任才辯。遊說君王。高車反邑。衣錦還鄉。將恐鳥殘以羽。蘭折由芳。籠餐詎貴。鉤餌難嘗。是以高巢林藪。深穴池塘。其二 我欲衒才鬻德。入市趨朝。四衆

瞻仰三槐附交標形引勢身達名超箱盈綺服廚富甘肴諷揚絃管詠美歌謠將恐塵棲弱草露宿危條無過日旦靡越風朝是以還傷樂淺非惟苦遙其三

法琳

法琳俗姓陳氏潁川人寓居襄陽出家荊州青溪玉泉寺隋季入關住京師濟法寺武德二年上破邪論以語涉謗訕下獄後徙益部行至百牢關菩提寺卒年六十九

皇帝繡像頌

緬以八樹韜光兩河晦迹匿王戀仰鑄鐵而寫全身迦帝

翹誠鎔金而圖眞相乃洎乎青睛南度白馬東翻像教鬱興靈儀徧跱於是儼神姿以登松舟屈聖體而施明珠光烈張橋邑流滬瀆示佩日於漢后感揮毫於晉君或顧步而躡萬山乍徘徊而遊夢洛禎祥嘉瑞兆自由來未有刺縷圖眞援空範狀我大唐皇帝曩植四宏夙資五德神功邁於軒昊至治美於成康仁動上元力侔大造慶雲垂彩金鏡含七曜之輝瑞鳥呈祥玉燭和四時之氣素髮文身之長俱請命於王庭穿胸儋耳之酋共獻琛於魏闕加以留心八正篤意五乘廣運檀那聿修淨業永言善逝冥漢何追爰勅上宮式摹遺景奉造釋迦繡像一幀幷菩薩聖僧金剛師子備擒仙藻殫諸神變六文雜沓五色相宣寫滿月於雙針託修楊於素手妍踰蜀錦麗越燕緹紛綸含七曜之光布濩列九華之綵日輪吐焰藹袁宏之緣蓮目凝輝發秦姬之縷隋侯百里之珠慙斯百福子羽千金之璧愧彼千輪華蓋陸離看疑涌出雲衣搖曳望似飛來何但思極迴腸抑亦巧窮元妙以今歲在庚寅月居太簇三元啟候之節四始交泰之辰乃降綸言於勝光伽藍設齋慶像四十九僧三七行道大秦紅粟備香積之餐周穆金

膏陳梵王之供四等福田生生具足六因善報世世莊嚴劫石碎而寶歷長存芥城空而皇基永固不勝慶悅輒洒頌云

於鑠上帝天策我君乃神乃聖允武允文就之如日望之如雲禎符輝煥美氣氤氳光宅天下攸敘彝倫體道迴向式建福田針栽赤果縷制青蓮文含綺爛彩奪霞然華疑迴發蕊似空懸方諸涌地邁彼騰天歲在提格時旅青陽奉遵徽命爰崇道場十科星聚八座霞張風迴雅梵殿鬱名香鴻基盛業永永無疆

太極殿行道設千僧齋頌

緬尋曠古逖聽元皇時因作訓用智垂芳祈恩望秩報德蒸嘗唯崇小祀焉間大方未宏三教但佩九章膺期撥亂粤我聖唐明達因果端拱文昌化侔十號仁深百王律中仲月時登少陽下憐蠢蠢上荅蒼蒼式陳金闕爰開道場日宮照曜星臺焜煌空懸珠影飲動輪光雲披玉宇烟散名香供疑飛下聲含鳳鏘麒麟表瑞甘露呈祥功隨劫遠德共天長恩霑有際澤被無疆命同元始體類金剛鴻基永永降福穰穰

與尚書右僕射蔡國公書

濟法寺釋法琳致書尚書右僕射蔡國公足下法琳草衣野客木食山人尢類曲針誠同腐芥不被知於當世合緘口以終身既德愧內充譽慚外滿非唯孤負慧遠實亦帶累道安是以畢志青溪歸心紫蓋覆船巖下永味經書鬼谷池前長觀魚鳥豈謂復辭林藪更入囂塵久客秦川俄離琫塞萍流八水葉墜三陽口腹之弊已淹仲叔之情何寄臥靈臺而起恨游白社而興嗟南巢之戀倍增北風之悲逾切居生壤坎稟命迍邅空詠七哀徒吟九歎撫躬弔影運也如何加以病在膏肓風纏腠理累年將息未覺有瘳至於照雪聚螢筋力已謝九流七畧難甚緣山萬卷百家沓猶行海前因傅子聊貢斐然仍以未竭邪源今者重修辨正頗爲經書罕備史籍靡充雖罄短懷罔知克就仰惟僕射公運籌策之才居阿衡之任知人之器遠邁山濤接士之心還方趙武風姿爽朗識度含宏既握靈蛇之珠爰佩荆山之玉所以弼諧庶績燮理文昌德鏡搢紳譽彤朝野加以門稱筆海世號儒宗不忘素昔之懷曲賜憂憐之訪寒灰更燰朽木翻榮昔王粲閲書取資蔡氏相如達

賦必賴楊侯意者但是諸子雜書及晉宋已來內外文集與釋典有相關涉處悉願披覽謹以別錄仰呈特希恩許輕陳所請悚息何言邪見信心古來共有善人惡黨今日寧無前以傅子讜言畧呈小論既蒙上達復荷褒揚戢在中心但知慚德昔三都賦未值張華無人見賞今破邪論不逢君子誰肯爲珍比者海內諸州四方道俗流通抄寫讚詠成音廻邪見之心發愚人之善者豈非明公之力也必能利物薄有冥功仰用莊嚴竝將廻向耳請公爲宏護檀越

致慧淨法師書

近覽所報辛中舍析疑論詞義包舉比喻超絕璨璀眩離朱之目鏗鏘駭師曠之耳固以妙盡寰中事殫辯囿譬玉衡之齊七政猶溟海之統百川煥煥乎巍巍乎言過視聽之外理出思議之表足可杜諸見之門開得意之路者也至如住無所住兼修之義在焉爲無不爲齊應之功宏矣將令守雌厚顏獨善靦容乃理異之顯哉豈元同之可得夫立像以表意得意則像忘若忘其所忘則彼此之情斯泯非忘其不忘而小大之殊有異是知日月既出無用爝

火之光時雨既降何煩浸灌之澤故云彼此可忘非無此也故吾去也因故去而辯無常新吾來也藉新來以談緣起非新非故熏修之義莫成無繕無尅美惡之功孰著蓋以生滅破彼斷常之迷寄因果示其中觀之路斷常見息則弱喪同歸中觀理融則眞如自顯或談業理以明熏習乍開報分以釋自然意出情端旨超文外報分有在鳧鶴自忘其短長業理相因草蜂各任其飛化可謂於無名相中假名相說體眞會俗豈不然歟詳中舍天挺之才未等若人盡理之說子期有慚於喪偶顏生有愧其坐忘可以息去取之兩端泯顚沛之一致楚既得之齊亦未爲失也法師博物不羣智思無限當今獨步即日梁棟既爲衆所知識實亦名稱普聞加以累謁金門頻登上席扇元風於鶴籥振法鼓於龍樓七貴挹其波瀾五師推其神儁既聳垂天之翼又縱橫海之鱗支遁之匹王何寧堪竝駕帛祖之方嵇阮未足連衡用古儔今君之有矣琳謝病南山棲心幽谷非出非處蕩慮於風雲無見無聞寄情於泉石偶覩名作實遺繁憂乍覽瓊章用祛痼疾徘徊吟諷循環卷舒蘊蓄懷袖之中不覺紙勞字故畧申片意謹此白書

上秦王破邪論啟

法琳啟緬尋三元五運之肇天皇人帝之興龜圖鳥策之文金版玉笥之典六衡九光之度百家萬卷之書莫不導人倫信義之風述勛華周孔之教統其要也未達生死之源陳其理也不出有無之域豈若五分法身三明種智湛然常樂何變何遷邈矣眞如非生非滅而能道資萬有慈被百靈啟解脫彼岸之津開究竟無爲之府拔羣生於見海之外救諸子於火宅之中但化隔葱河千有餘載教流漢土六百許年龕塔相望禪人接踵所以道安登秦帝之

輦。僧會上吳主之車。高座法師能陳八正。浮圖和尚巧說五乘。化洽九州。福霑三世。其爲利物。此之謂歟。有隋穊運。戎馬生郊。災起四兇。毒流百姓。慧燈既隱。法雨將收。賴我大唐上應乾心。下協黎庶。補天以麗三象。紐地以安五嶽。生民蒙再造之恩。釋門荷中興之賜。方欣六玆五帝。四彼三皇。反淳樸之風。行無爲之化。竊見傅奕所上誹毀之事。在司既不施行。奕乃公然遠近流布。人間酒席。競爲戲談。有累清風。實穢華俗。長物邪見。損國福理不可也。伏惟殿下往藉三多。久資十善。赴蒼生之望。膺大寶之期。道叶隆

平。德光副后。發洊雷之響。則蟄戶俱開。啓明離之輝。則幽衢並鏡。赫矣允矣。難得名矣。固以漢光重世。周卜永年。復能降意福田。迴情勝境。津梁在念。牆塹爲心。伏願折邪見幢。然正法炬。像化被寄。深幸玆乎。不任憤懣懇焉之志。謹上破邪論一卷。塵黷威嚴。伏增悚息。謹啓。武德四年九月十二日啓。

對傅奕廢佛僧事啓

沙門法琳等啓。琳聞情切者其聲必哀。理正者其言必直。是以窮子念達其言。勞人願歌其事。何者。竊見大業末年。天下喪亂。二儀黲黷。四海沸騰。波震塵飛。邱焚原燎。五馬絕浮江之路。七重有平壘之歌。烽燧時警。羽檄競馳。關塞多虞。刁斗不息。道消德亂。運盡數窮。轉輸實繁。頭會箕斂。積屍如莽。流血爲川。人不聊生。物亦勞止。控告無所。投骸莫從。百姓苦其倒懸。萬物困其無主。豈徒法輪絕響。正教陵夷。聖上興弔俗之心。百姓順昊天之命。爰舉義旗。平一區宇。當時道俗蒙賴。華戎胥悅。於是叶天地而通八風。測陰陽而調四序。和邦國。序人倫。功蓋補天。神侔立極。降雲雨而生育。開日月以照臨。發之以聲明。紀之以文物。恩霑

行葦。施洽蟲魚。方欲重述九疇。再敷五教。興石渠之學。布庠序之風。遠紹軒羲。近同文景。功業永隆。不知手之舞之。足之蹈之者矣。竊見傅奕所上之事。披覽未徧。五內分崩。尋讀始周。六情破裂。嗚呼。邪言惑正。魔辯逼眞。猶未足聞諸下愚。況欲上干天聽。但奕職居時要。物望所知。何容不近人情。無辜起惡。然其文言淺陋。事理不詳。辱先王之典謨。傷人倫之風軌。何者。夫人不言。言必有中。夫子曰。一言合理。則天下歸之。一事乖常。則妻子背叛。觀奕所上之事。括其大都。窮其始末。乃罔冒闕庭。處多毀辱聖人。甚切如

奕此意本欲因茲自媒苟求進達實未能益國利人竟是惑弄朝野然陛下應天順時握圖受籙赴萬國之心當一人之慶扶危救世之力夷兇靖難之功固以威蓋前王聲高往帝爰復存心三寶留意福田預是出家之人莫不感戴天澤但由僧等不能遵奉戒行求報國恩無識之徒非違造罪致令傅奕陳此惡言擗踊痛心投骸無地然僧尼有罪甘受極刑恨奕輕辱聖人言詞切害深恐邪見之者因此行非按春秋魯莊公七年夏四月恒星不見夜明如日卽佛生時之瑞應也然佛有眞應二身權實兩智三明

八解五眼六通神曰不可思議法號心行處滅其道也運衆聖於泥洹其力也接下凡於苦海自後漢明帝永平三年夢見金人已來像教東流靈瑞非一具在漢魏諸史姚石等書至如道安道昱之輩圖澄羅什之流並有高行深解當世名僧盡被君王識知貴勝崇重自五百餘年已來寺塔徧於九州僧尼溢於三輔並由時君敬信朝野歸心像教興行於今不絕者實荷人主之力也世間君臣父子猶謂恩澤難酬昊天不報況佛是衆生出世慈父又爲凡聖良醫欲抑而挫之罪而辱之不可得也仰尋如來智出

有心豈三皇能測力包造化非二儀可方列子云昔商太宰嚭問孔子曰夫子聖人歟孔子對曰丘博識強記非聖人也又問三王聖人歟對曰三王善用智勇聖非丘所知又問五帝聖人歟對曰五帝善用仁信聖亦非丘所知又問三皇聖人歟對曰三皇善用時政聖亦非丘所知太宰大駭曰然則孰爲聖人乎夫子動容有間曰西方之人有聖者焉不治而不亂不言而自信不化而自行蕩蕩乎民無能名焉若三王五帝必是大聖孔子豈容隱而不說便有匿聖之愆以此較量推佛爲大聖也老子西昇經云吾

師化游天竺善入泥洹符子云老氏之師名釋迦文直就孔老經書師敬佛處文證不少豈奕一人所能謗讟昔公孫龍著堅白論罪三王非五帝至今讀之人猶切齒以爲前鑑良可悲夫主上至聖欽明方欲放馬休牛式閭封墓興皇王之風闢佛老之化狂簡之說尤可焚之若言帝王無佛則大治年長有佛則虐政祚短者按堯舜獨治不及子孫夏商周秦王政數改蕭牆內起逆亂相尋爾時無佛何因運短但琳豫居堯世日用莫知在外見不便事恐蕃國遠聞謂華夏無識夫子曰言滿天下無口過行滿天下

無怨惡言之者欲使無罪聞之者足以自誡傅奕出言不遜聞者悉驚有穢國風特損華俗謹錄丹款冒以啟聞伏惟大王殿下天挺英靈自然岐嶷風神穎越器局含宏好善爲樂邁彼東平溫易自歡更方西楚加以阿衡百揆式序六條德既搴帷仁兼裂網開康莊之第坐荀卿之賓起修竹之園醼文雅之客莫不詩極緣情而賦窮體物信可響形朝野美貫前英者焉但琳等內顧闕如方圓寡用念傅奕下愚之甚媿凡僧禿丁之呵惡之極也罪莫大焉自尊盧赫胥已來天地開闢之後未有如奕之狂悖也不任

斷骨痛心之至謹錄奕害事輒述鄙詞件答如左塵黷威嚴伏增殞絕謹啟

寶星陀羅尼經序

寶星經梵本三千餘偈如來初證覺道度目連身子及降伏魔王護持國土說此經也自像化東漸緜歷歲時三輪八藏之文四樹五乘之旨顯神光於石室流梵響於清臺雖覼譯相尋尚多疑闕我大唐皇帝迺聖迺神允文允武乘機撫運拯溺救焚反上皇之風行不言之化去泰去甚既拚頓於八紘無事無爲乃朝宗於萬國瀚海天山之地盡入提封龍庭鳳穴之鄉咸霑聲教仁踰解網治踵結繩大德閑閑外齊八則小心翼翼內整四儀臨赤縣而溢慈悲寄元扈而敷宏誓每以諸有非樂物我俱空眷言眞要無過釋典有中天竺國三藏法師波頗唐言光智誓傳法化不憚艱危遠涉蔥河來游震旦經塗所亘四萬餘里以貞觀元年景戌（謹按丙戌爲武德九年是年八月癸亥高祖禪位太宗此序以丙戌爲貞觀元年當是八月後所作）洎於京輦既登上庠爰憖錦衣有詔所司搜揚碩德兼閑三教備舉十科者一十九人於大興善寺請波頗三藏法師相對翻譯沙門慧淨等證義沙門元謩等譯語

沙門慧明法琳等執筆承旨懃懃詳覈審名定義具意成文起貞觀二年三月訖四年四月凡十一卷（一作十八卷）十三品用紙一百三十幅總六萬三千八百八十二言

般若燈論序

般若燈論梵本有六千餘偈摩伽國種姓大士婆毗薛迦菩薩唐言分別明之所作也始夫萬物非有一心如幻心幻如故雖動而恒寂物非有故雖起而無生是以聖人說如幻之心鑒非有之物了物非物則物物性空知心無心則心心體寂達觀之士得其會歸而忘其所寄於是分別

戲論不待遣而自除無得觀門弗假修而已入蕩蕩焉不在不離無往無依者也佛滅度後七百年間有出家菩薩厥名龍樹深達實相得無生忍爲報佛恩開演中論付法藏云其人如像法中然正法炬折邪見幢外國傳云智慧日已頹斯人令再曜世昏寢已久斯人寤令覺中論凡五師注釋分別明菩薩卽一人也此菩薩多聞總持智深志固以本願力不捨羣生住修羅宫待見彌勒屬以去聖時遠衆論紛然致令雪山採藥多收毒草深水求珠競持瓦礫誠恐一理不窮反增邪見一言不盡翻起異端乃讚述

龍樹偈文爲玆般若燈論其爲論也訶斥內外讚揚眞俗窮無生理究實相源照無不寄寂名般若執無不破喻曰明燈蓋方廣之中心諸佛之行處矣嗟乎後之學者便息百城之遊永無五失之謬論凡二十七品爲十五卷若內人立義皆標人名無名者例稱自部若外人立義亦標人名無名者例稱外人縛解品已前慧賾執筆觀業品已後法琳執筆於是起四年夏訖六年冬勘定既周繕寫云畢所司詳讀乃上奏聞

法華三昧行事運想補助儀序

夫禮懺法世雖同效事儀運想多不周旋或粗讀懺文半不通利或推力前拒理觀一無效精進之風闕入門之緒故言勤修苦行非涅槃因但禮念軌儀文非不委以散情昏重想運難成予因天台再有詳補撮覽樞總使隨言作念隨念成想一一瞻視如對目前庶時刻不虛事法成辦依本文總歷十法結要事理

辯正論 并序

有黃巾李仲卿學謝管窺智慚信度矜白鳥之翼望駿嵩華負爝火之光爭輝日月乃作十異九迷貶量至聖余慨其無識念彼何辜聊爲十喻曉之九箴誡之用指諸掌庶

明達君子詳玆而改正焉

有考古通人與占衡君子觀李卿誹毀之論閱開士辯正之談詳而議之發憤興歎欲使邪正異轍眞僞分流定其是非以明得失冀後進者永無疑焉通人曰余觀造化本乎陰陽物類所生起乎天地歷三古之世尋五聖之文不見天尊之神亦無大道之像按靈寶九天生神章云氣淸高澄積陽成天氣結凝滓積滯成地人生也皆由三元養育九氣結形然後生也是知陰陽者人之本也天地者物

之根也根本是氣無別道神君子曰道士大霄隱書無上眞書等云無上大道君治在五十五重無極大羅天中玉京之上七寶元臺金牀玉几仙童玉女之所侍衛住在三十二天三界之外按神仙五嶽圖云大道天尊治太元之都玉光之州金眞之郡天保之縣元明之鄉定志之里災所不及靈書經云大羅是五億五萬五千五百五十五重天之上天也五嶽圖云都者覩也太上大道道中之道仲明君最守靜居太元之都諸天內音云天與諸仙鳴樓都之鼓朝宴玉京以樂道君推此謬談則道君是天之神明

既屬州縣則天尊復是天之民伍如佛家經論三界之外名出生死無分段之形離邑心境何得更有寶臺玉山州郡鄉里虛妄之甚轉復難矜但道家僞說無迹可觀習俗生常爲日已久衆邪競敘至有不同如欲正名理須詳悉今畧出緣起隨而判之按周禮自堯已前未有郡縣舜巡五嶽始見州名尚書禹貢方陳州號春秋之時縣大郡小以郡屬縣漢高已來以縣屬郡典誥所明九州禹跡百郡秦幷是也縱有道在天上猶應觸事無爲何因戶屬鄉居與凡不異既有州縣卽有官民州牧郡守姓何名何鄉長里司誰子誰弟竝是管學道士無識黃巾不悉古今未窺經史人間置立州縣亦言天上與世符同保僞爲眞良可羞恥其根脈本末竝如笑道論中委出也通人曰莊周云察其始而無生也非徒無生而本無形非徒無形而本無氣恍惚之間變而有氣氣變而有形形變而有生人之生也氣之聚聚則爲生散則爲死故曰有有無相生也萬物一也何謂一也天下一氣也推此而談無別有道高處大羅獨稱尊貴君子曰陽氣黃精經云流丹九轉結氣成精精化成神神變成人陽氣赤名曰元丹陰氣黃名曰黃精

陰陽交合二氣降精精化爲神精神凝結上於九天九天之氣下於丹田與神合凝臨於命門要須九過是爲九丹上化下凝以成於人不云別有道神能宰萬物使之生也通人云古來名儒及河上公解五千文視之不見名曰夷夷者精也聽之不聞名曰希希者神也搏之不得名曰微微者氣也是謂無狀之狀無物之象故知氣體眇莽所以迎之不見其首隨之不見其後此則敘道之本從氣而生所以上清經云吾生眇莽之中其幽幽冥冥幽冥之中生乎空同空同之內生於太元太元變化三

氣明爲一氣青一氣白一氣黃故云一生二二生三按生神章云老子以元始三氣合而爲一是至人法體精是精靈神是變化氣是氣象如陸簡寂臧矜顧歡孟智周等老子義云合此三乘以成聖體又云自然爲通相之體三氣爲別相之體檢道所宗以氣爲本考三氣之內有色有心既爲色心所成未免生死之患何得稱常君子曰原道所先以氣爲體何以明之按養生服氣經云道者氣也保氣則得道得道則長存神者精也保精則神明神明則長生精者血脈之川流守骨之靈神精去則骨枯骨枯則死矣

故莊周云吹呴呼吸吐故納新彭祖修之以得壽考校此而言能養和氣以致長生謂得道也通人曰縱使有道不能自生從自然出道本自然則道有所待既因他有即是無常故老子云人法地地法天天法道道法自然王弼云言天地王道立不相違故稱法也自然無稱窮極之詞道是智慧靈和之號用智不及無智有形不及無形道是有義不及自然之無義也君子曰易乾鑿度云昔燧人氏仰觀斗極以定方名庖犧因之而畫八卦黃帝受命使大撓造甲子容成次歷數五行九宮之說自此而興故說卦云陽數九者立天之道曰陰與陽陰二陽一則天有三焉立地之道曰柔與剛剛二柔一則地亦有三立人之道曰仁與義義二仁一則人亦有三三三合九陰陽相包以成萬物不聞別有道神處太元都坐高蓋天上羅三清下包三界居七英之房出九宮之上行神布氣造作萬物豈非惑亂陷墜人間耶校功則業殊比跡則事異沙門旌德而靡違道士言行而多過立不利之遐迹建不朽之元猷洋洋乎弗可尚也其唯釋教歟豈以坳塘小水匹馮夷大波者哉非所類矣

廣析疑論

有李遠問舍人者曾讀斯論意所未詳便以示沙門法琳請更廣其義類琳乃答曰蒙示辛氏與淨法師齊物論大約兩問詞旨宏贍理致幽絕既開義府特曜文鋒舉佛姓平等之談別羣生各解之說陳彼此之兩難辨元同之一門非夫契彼寰中孰能震斯高論美則美矣疑頗疑焉何者尋上皇朝徹始流先覺之名法王應物爰標佛陀之號智慧者蓋分別之小術般若者乃無智之大宗分別緣起所以強稱先覺無知性寂於是假謂佛陀分別既於外有

數無知則於內無心於外有數分別之見不亡於內無心誘引之功莫匿甚秋毫之方巨嶽踰尺鷃之比大鵬不可同年而語矣莊生云吾亡是非不亡彼此庸詎然乎所以小智不及大智小年不及大年惟彭祖之特聞非眾人之所逮也況三世之理不差二諦之門可驗是以聖立因果凡夫有得聖之期道稱自然學者無成道之望從微至著憑繕剋而方研乘因趣果藉熏修而始見彼既知而故問余亦述而畧答詳夫一音普被弱喪由是同歸四智廣覃眞如以之自顯自顯也者唯徽唯彰同歸也者孰來孰去

蓋知隨業受報二鳥不嫌其短長因溼致生兩蟲無擇於飛化不存待與無待明即待之非待矣請試論之昔闞澤有言孔老法天諸天法佛洪範九疇承天制用上方十善奉佛慈風若將孔老以匹聖尊可謂子貢賢於仲尼跛鼈陵於駿驥欲觀渤澥更保涓流何異蔽目而視毛端却行以求前路非所應也且王導周顗宰輔之冠蓋王濛謝尚人倫之羽儀次則郗超王謐劉璆謝容等竝江左英彥七十餘人皆學綜九流才映千古咸言性靈眞要可以持身濟俗者莫過於釋氏之教及宋文帝與何尚之王元保等亦有此談如其宇內竝遵斯教吾當坐致太平矣尚之又云十善暢則人天興五戒行則鬼畜絕其實濟世之元範豈造次而可論乎中舍學富才高文華理切秦懸一字蜀挂千金法琳徒礪鉛刀何以當茲奇麗也不量管見輕陳鄙俚敢此有酬示麻續組耳李舍人得琳重釋渙然神解重疑頓消仍以斯論廣於視聽故得二文雙顯各其志乎

答詔問釋教利益對

琳聞至道絕言豈九流能辨法身無像非十翼所詮但四趣茫茫飄淪慾海三界蠢蠢顛墜邪山諸子迷以自焚凡

夫溺而不出大聖爲之興世至人所以降靈遂開解脫之門示以安穩之路於是天竺王種辭恩愛而出家東夏貴遊厭榮華而入道誓出二種生死志求一妙涅槃宏善以報四恩立德以資三有此其利益也毀形以成其志故棄鬚髮美容變俗以會其道故去君臣華服雖形闕奉親而內懷其孝禮乖事主而心戢其恩澤被怨親以成大順福霑幽顯豈拘小違上智之人依佛語故爲益下凡之類虧聖教故爲損懲惡則濫者自新進善則通人感化此其大畧也而傅氏所奏在司既不施行乃多寫表狀公然遠近

流布京室閭里咸傳禿丁之誚劇設席上昌言胡鬼之謠佛日翳而不明僧威阻而無力於時達量道俗動臺成論者非一各疏佛理曲陳邪正皆是奕之所廢豈得引廢成興雖曰破邪終歸邪破

智實

智實俗姓邵氏雍州萬年人年十一出家京師大總持寺武德七年薛舉東逼僧法雅奏請京師翹勇僧千人充軍伍實致書止之雅不從實乃毆雅事聞勅令還俗後雅被誅復勅出家卒年三十八

論道士處僧尼前表

法常等言年迫桑榆始逢太平之世貌同蒲柳方值聖明之君竊聞父有諍子君有諍臣法常等雖豫出家仍在臣子之例有犯無隱敢不陳之伏見詔書國家本系出自柱下尊祖之風形於前典頒告天下無得而稱令道士等處僧之上奉以周旋豈敢拒詔尋老君垂範治國治家所佩服章亦無改異不立觀宇不領門徒處柱下以全眞隱龍德而養性智者見之謂之智愚者見之謂之愚非魯司寇莫之能識今之道士不遵其法所著衣服並是黃巾之餘本非老君之裔行三張之穢術棄五千之妙門反同張禹漫行章句從漢魏已來常以鬼道化於浮俗妄託老君之後實是左道之苗若位在僧尼之上誠恐眞僞同流有損國化如不陳奏何以表臣子之忠情謹錄道經及漢魏諸史佛先道後之事如別所陳伏願天慈曲垂聽覽

致杜正倫書

沈俗僧智實白實懷橘之歲涉清信之名採李之年染息慈之位雖淺智褊能然敢希先達竊見化度寺僧法雅善因曩世受果今生如安上之遊秦似遠公之入晉理應守

護鵝之行持結草之心思報皇王之恩奉酬覆載之德乃於支提靜院但爲宰殺之坊精舍林中鎮作妻孥之室脫千僧之服四海愴動地之悲謗七佛之經萬國嗟訴天之怨自漢明感夢摩騰入洛已來無所名人頗曾聞也皇帝受禪撫育萬方欲使王道惟清法海無穢公策名奉節許道亡身除甘蔗之災拔空腹之樹使禪林鬱映慧苑扶疎茂實家聲震於邦國寧可忍斯邪佞乃捧鉢於祇洹棄我貞廉絕經行於靈塔龍門深濬奉見無由天意高懸流間何日惟公鑒同水鏡智察幽微仰願拯驚翼於華箱濟涸

鮮於窮轍輕以干陳但增悚懼

致僧法雅書

與子同生像季共屬陵遲悲六道之紛然愍四生之未悟子每遊鳳闕恒遇龍顏理應洒甘露於帝心蔭慈雲於含識何乃起善星之惡見鼓調達之惡心令善響沒於當時醜迹播揚於後代豈不以朝含安忍省納芻蕘恣此愚情述斯瑣見嗟子可悲實傷其類且自多羅既斷終不更生析石已分義無還合急持衣鉢早出伽藍使清濁異流蘭艾殊列則使羣臣息於譏論梵志寂於謗聲定水噎而更

通慧燈晦而還照此言至矣想見如流

欽定全唐文卷九百四

明槩

明槩貞觀初沙門

決對傅奕廢佛僧事表

僧明槩言槩聞三皇統天五帝御㝢道含宏而遠大德普覆而平均數善教以訓民布慈心而育物逮乎中古其道弗虧故漢武欽明見善而弗及顯宗睿哲體道而弗多遂能紆屈尊儀甘泉禮金人之瑞翹想夢寐德陽降銅像之徵於是秦景西遊越流沙而訪道摩騰東入跨葱嶺而傳

眞遂得化漸漢朝寺興白馬之號道流晉世刹建青龍之名其間盛寫尊儀競崇寺塔騰慧雲於落伽涌法水於窮源驅有識於福林登蒼生於善地開闡佛法昭化愚矇故得永平季年嘉瑞臻集慶雲流潤湛露凝甘澤馬騰驤神雀翔集朱英吐合穎之秀紫莭生連理之枝可謂不世之奇徵非常之嘉瑞者也於是西域入侍南越歸仁偃革休兵銷金罷刃豈不由感聖降靈奉戒行善精誠昭著貫達幽明者哉故書云天生神物以祚聖人無德斯隱有道則見著之惇史可得而詳惟我大唐膺期啟運握機御歷誕

命建家初起義則道叶百靈始登圖則威加萬國故世充化及授首於東都建德武周櫬身於北朔荆吳剋定秦隴廓清方應駕七寶而飛行導千輪而輕舉巍巍弗與蕩蕩誰名功既成焉事亦畢矣加以留心佛法眷言呈護故莊嚴總持再興九級沙門釋子更度千人像化彌盛於前朝寺塔更興於聖世方頂戴三寶宏護四依合掌低頭忘帝王之貴斂心屈膝盡至敬之誠槃自慶遭逢屬此嘉運方願息心淨剎畢志元門懍厲六時以酬聖世之德翹勤五體用報罔極之恩而奕忽肆狂言上聞朝聽輕辭蔑聖利口謗賢出語醜於梟音發聲毒於鴆響專欲破滅佛法毀廢眾僧割斷衣糧減省寺塔其故何也奕曾爲道士惡妒居懷故毀聖劣凡讚愚勝智以下誇上用短加長違理悖情一至於此但讒言害德偏聽傷賢故宋受子罕之言囚於墨翟魯信季孫之說逐於尼邱二子之賢弗能自免八條之謗或累於人然以主上欽明弗容讒慝縱其三至寧致一疑但浮雲在天白日有時虧照遊翳拂日陽精爲之不明而傅奕浮辭迷於視聽情理眩惑言語混淆弗可專聽豈應偏信請共決對存毀分甘槃忝在緇徒預參法侶

忽聞誹謗寧不深傷縱迴刃刳心未以爲痛抽刀斮髓詎以爲殘謗讟之深傷酷甚此經云亡身護法沒命宏道此其時也方抽腸瀝膽報邪逆之仇讎申表獻誠雪師父之謗辱冒昧忓聽追用驚惶謹言

靈潤

靈潤俗姓梁氏河東虞鄉人隋仁壽中出家太嶽靈巖寺貞觀八年住京師宏福寺

報京邑門人書

吾今東行累有三益一酬往譴二順厭生三成大行吾有宿累蒙天慈責今得見酬則業累轉滅唯加心悅何所憂也愚夫癡愛隨處興著正智不爾厭不重生夫淨穢兩境同號大空凡聖有情咸推覺性覺空平等何所著也自度度人俱利之道舉人出家依道利物願在三有普濟四生常無退轉三益如是汝等宜知各調淨根業興善而住吾無慮矣

元琬

元琬俗姓楊氏宏農華陰人事曇延法師爲師貞觀初勅住普光寺十年卒

上遺封表

元琬聞眞容晦迹像教陵遲無不假緇素以住持設內外而爲護遂得法雲再潤慧日重輝光協萬乘絡隆千載竊尋住持之理義有多門宏護之方教乃非一若不依佛取捨仍恐賞罰乖宗如其准教驗時是則簡徑當理伏以僧尼等不依戒律致犯刑章聞徹闕庭塵瀆聽覽琬等僧徒無任慚懼但恐餘年昏朽疾苦相仍弱命不存洪恩未答遂於經中撰佛教後代國王賞罰三寶法及安養蒼生論幷三德論各一卷伏願聖躬親降披覽陛下廣開上書之

路冀納芻蕘之言謹獻祕要之經詳金口之教但琬忝當傳法庶無匿教之僣扶劣署封以酬終後之事不勝戀仰謹奉經以聞

致皇太子書

元正告始景福維新伏維殿下膺時納祜罄無不宜但琬夙縈沈痾不獲奉慶蒙降逮問無任荷戢感顧恩隆罔知攸厝今畧經中要務即可詳行者四條留意尋檢永綏寶祚初勸行慈引涅槃梵行之文令起含養之心存兼濟之教也二減殺者引儒禮無故不殺牛羊者皆重其生去其濫逸也又云王者修其教不易其俗齊其政不易其宜見其生不忍其死聞其聲不食其肉此即上帝悼損害之失樹止殺之漸也故佛經有恕己之喻誡之以殺打諸事也琬聞東宮常膳日多烹宰審如所承誠有大損殿下以一身之料遍擬羣像及至斷命所由莫不皆推殿下所以長懷夕惕望崇慈恕自今已往請少殺生東宮內外咸減肉料則歷長命久仁育斯隆三順氣者如經不殺曰仁仁主肝肝者木也春陽之時萬物盡生宜育羣品用答冥造如其有殺是不順氣殿下位處少陽福居春月行慈以和正

氣施惠以保天齡請年別春季斷肉停殺慜彼含育順此陽和四奉齋者如經年三月六齋能潔六根便資五福伏願遵行受持齋戒何者今享此重位咸資往因復能進德崇善用成其美則善知識者是大因緣元琬道德疎微曲蒙顧盼謹率聞見敢塵聽覽

慧賾

慧賾俗姓李氏荊州江陵人九歲投本邑隱法師出家隋開皇中住江陵寺後勅住清禪寺大業末卜居終南高冠嶺貞觀初勅名翻譯新經十年卒年五十七

般若燈論序

般若燈論者。一名中論。本有五百偈。龍樹菩薩之所作也。借燈爲名者。無分別智有寂照之功也。舉中標目者。鑒亡緣觀等。離二邊也。然則燈本無心。智也亡照。法性平等。中義在斯。故寄論以明之也。若夫尋詮滯旨。執俗迷眞。顚沛斷常之間。造次有無之內。守名喪實。攀葉亡根者。豈欲尒哉。蓋有由矣。請試陳之。若乃構分別之因。招虛妄之果。惑業熏其內識。惡友結其外緣。致令慢聳崇山。見深滄海。恚火難觸。詞鋒罕當。聞說有而快心。聽談空而起謗。六種偏

執。各謂非偏。五百論師。爭興異論。或將邪亂正。或以僞齊眞。識以悟而翻迷。教雖通而更壅。可謂捐珠翫石。棄寶負薪。觀畫怖龍。尋蹟怯象。愛好如此。良可悲夫。龍樹菩薩。救世挺生。訶嗜欲而發心。閱深經而自鄙。蒙獨尊之懸記。然法炬於閻浮。且其地越初依。功超伏位。既窮一實。且究二能。佩兩印而定百家。混三空而齊萬物。㸃塵劫數。歷試諸難。悼彼羣迷。故作斯論。文元旨妙。破巧申工。被之鈍根。多生怯退。有分別明菩薩者。大乘法將。體道居衷。遐覽眞言。爲其釋論。開祕密藏。賜如意珠。畧廣相成。師資互顯。至若自乘異執。鬱起千端。外道殊計。紛然萬緒。驢乘競馳於駕駟。螢火爭耀於龍燭。莫不標其品類。顯厥師宗。玉石既分。元黃亦判。西域染翰。乃有數家。考實析微。此爲精詣。若含通本末。有六千偈。梵文如此。翻則減之。我皇帝神道邁於羲農。陶鑄侔於造化。包六合而貫三才。攝四生而宏十善。崇本息末。無爲太平。守母存子。不言而治。偏復留心釋典。遐想至眞。以爲聖教東流。年淹數百。而億象所負。闕者猶多。希聞未聞。勞於寤寐。中天竺國三藏法師波頗蜜多羅。唐言朋友。學兼半滿。博綜羣詮。喪我怡神。搜元養性。遊方

在念。利物爲懷。故能附筏傳身。舉煙名伴。冒冰霜而越葱嶺。犯風熱而度沙河。時積五年。塗經四萬。以大唐貞觀元年歲次娵訾十一月二十日。頂戴梵文。至止京輦。昔秦徵童壽。苦用戎兵。漢請摩騰。遠勞蕃使。詎可方茲感應。道契冥符。家國休祥。德人爰降。有司奏見。殊悅帝心。其年有勑安置大興善寺。仍請譯出寶星經一部。四年六月。移住勝光。乃名義學沙門慧乘慧朗法常曇藏智首慧明道岳僧辯僧珍智解文順法琳靈佳慧賾慧淨等傳譯。沙門元謨僧伽及三藏同學崛多律師等同作證明。對翻此論。尚書

左僕射邠國公房元齡太子詹事杜正倫禮部尚書趙郡王李孝恭等並是翊聖賢臣佐時匡濟盡忠貞而事主外形骸以求法自聖君肇慮竟此宏宣利深益厚實資開發鑒譯勅使右光祿大夫太府卿蘭陵蕭璟信根篤始慧力要終寂慮尋真虛心慕道贊揚影響勸助無輟其諸德僧夙興匪懈研覈幽旨去華存實目擊則欣其會理函文則究其是非文雖定而覆詳義乃明而重審歲次壽星十月十七日檢勘畢了其爲論也觀明中道而存中矣觀空顯第一而得一乘空然則司南之車本示迷者照膽之鏡爲

鑒邪人無邪則鏡無所施不迷則車不爲用斯論被申其由此矣雖復斥內遮外盡妄窮真而存乎妙存破如可破蕩蕩焉恢恢焉迎之靡測其源順之罔知其末信是瑩心神之砥礪越溟險之舟輿駭昏識之雷霆照幽塗之日月者矣此土先有中論四卷本偈大同賓頭盧伽爲其注解晦其部執學者昧焉此論既與可爲明鏡庶悟元君子詳而味之也

志寬

志寬俗姓姚氏蒲州河東人隋青州刺史任子自幼出家大業中以事流西蜀貞觀初還鄉里十七年卒於仁壽寺年七十八

慰神素書

等同幻境俱稟泡形不意之情非復言像素法師俗風清美道器沖深包總義門研機至賾但正業久成必之淨土此方薄運頓失所歸老病之僧早應先去罪重福微猶守餘報耳法師不遺故舊昨二十五日夜降神共聚同臥一牀通夕言議至曉方別情猶今昔事即存亡冥感之誠未可陳述

元覽

元覽俗姓李氏趙州房子人年十三至汾州就超禪師出家貞觀初入京師住宏福寺十八年捨身渭陰洪陂坊

臨終遺文

敬白十方三世諸佛弟子元覽自出家來一十二夏雖霑僧數大業未成今欲修行檀波羅蜜如薩埵投身尸毘割股魚王肉山經文具載請從前聖敢附後塵衣物衆具任依佛教臨終之人多不周委

慧淨

慧淨俗姓房氏常山眞定人隋國子博士徽遠猶子年十四出家貞觀二年新經至勑淨譯釋十三年延爲普光寺主仍知紀國上座十九年卒年六十八

辭謝皇儲令知普光寺任啟

伏奉恩令以慧淨爲普光寺主仍知本寺上座事奉旨驚惶罔知攸措但慧淨不揆庸短少專經論用心過分因搆沈痾暨犬馬齒隆衰弊日盛甚賴全生納養僅時歎說磨鈍策蹇濫被吹噓至於提頓綱維由來未悟整齊僧衆素所不閑恩遣曳此庸衰總彼般務竊悲魚鹿易處失燥溼之宜方圓改質乖任物之性既情不逮事實迫於心撫躬驚惕不遑啟處然恩旨隆渥罔敢辭讓謹以謝聞伏增戰懍

重上皇儲令知普光寺任謝啟

重蒙令旨恩渥載隆追深悚怍但慧淨學慚照雪解愧傳燈濫叨榮幸坐致非望復蒙垂玆神翰播斯宏誘文麗辰象調諧金石加以恩兼道俗澤總存亡獎進高深譬超山海循環百遍悲喜交加徒知銘感豈陳螢露頻煩曲降顧已多慚謹以狀聞用增怵惕

析疑論

披覽高論博究精微旨贍文華驚心眩目辯超炙輠理跨聯環幽難勃以縱橫掞藻紛其駱驛非夫哲士誰其溢心瞻彼上人固難與對輕持不敏寧酬客難來論云一音演說各隨類解蠕動衆生皆有佛性然則佛陀之與先覺語從俗異智慧之與般若義本元同習知覺若非勝因念佛慧豈登妙果答曰大哉斯舉也深固幽遠理涉嫌疑今當爲子畧陳梗概若乃問同答異文郁郁於孔書名一義乖理明明於釋典若名同不許義異則問一不得答殊此例既昇彼竝自沒如有未喻更爲提撕夫以住無所住萬善所以兼修爲無不爲一音所以齊應豈止絕聖棄智抱一守雌冷然獨善義無兼濟較言優劣其可倫乎二宗既辯百難斯滯論云彼此名言遂可分別一音各解乃翫空談答曰誠如來旨亦須分別竊以逍遙一也鵬鷃不可齊乎九萬榮枯同也椿菌不可齊乎八千而況爝火之侔日月浸灌之方時雨寧有分同明潤而遂均其曜澤哉至若山豪一其大小彭殤均其壽夭莛楹亂其橫豎施厲混其妍媸斯由相待不定相奪可忘莊生所以絕其有封非於未

始無物斯則以余分別攻子分別子亡分別卽余亡分別矣君子劇談辛無謔論一言易失駟馬難追斯文誠矣深可愼哉論云諸行無常觸類緣起復心有待資氣涉求然則我淨受於熏修慧定成於繕剋答曰無常者故吾去也緣起者新吾來也故吾去矣吾豈常乎新吾來矣吾豈斷乎新故相待假熏修以成靜美惡更代非繕剋而難功是則生滅破彼斷常因果顯其中觀斯實莊釋元同東西理會而吾子去彼取此得無謬乎論云續鳧截鶴庸詎眞如蟲化蜂飛何居弱喪答曰夫自然者報分也熏修者業理

也報分已定二鳥不羡於短長業理資緣兩蟲有待而飛化然則字象易疑沈冥難曉幽求之士淪惑罔息乃道緣四果尚昧衣珠位隆十地猶昏羅縠聖賢固其若此而況庸庸者乎自非鑑鏡三明雄飛七辯安能妙契元極敷究幽微貧道藉以受業家門朋徒是寄希能擇善敢進芻蕘如或鏗然願詳金牒

慧斌

慧斌俗姓和氏兗州人年十九爲州助教年二十三出家臺山年三十四住泰山梁父甑山存道寺後徵爲京師宏福寺主貞觀十九年卒年七十二

義井碑銘

哀哀父母載生載育亦既弄璋我顧我復一朝棄予山川滿目雲掩重關風驚大谷愛敬之道天倫在茲殷憂暮齒見子無期鑿井通給託事興詞百年幾日對此長悲玉檢之南嶧陽之北獲麟之野秉禮之國居有美政俗多儒墨玉井洞開高碑斯勒

海雲

海雲貞觀時沙門

大法師行記

夫聖生西域影示現於東川教被當闕一字流波蓋於萬代故如來滅後千年之中廿有四聖人法師闕一字傳法也千年之後次有凡夫法師亦傳法也暨大魏太和廿二年闕一字天竺優迦城有大法師名勒那摩提闕二字寶意兼闕二字乘備照五明求道精勤聖賢未簡而悲矜苦海志存傳化遂從彼中闕一字持十地論振斯東夏授此土沙闕二字光禪師其闕五字教授瓶寫水不失一滴其光律師俗姓楊盧奴闕四字弟子名振齊魏十有餘人謂闕五字詢闕五字師此等十

德皆有別傳。若大乘筌旨。深會取舍之方。祕教隨機。洞照卷(闕三字)有其唯道憑法師之一人也。(闕十字)人也(闕一字)成弟子廿餘人。若十地祕論固本垂綱。而傳燈(闕七字)法師之一人也。蓋明法師(闕十二字)中(闕一字)當千地之後之上首也。又是光律師之孫憑法師之(闕八字)八秋中涉學學且散矣。薄言從宅巡衢野。望繁霜滿(闕五字)怖(闕二字)猛倚樹歎息拭(闕十三字)命也。忠情既發。罶者誰乎。不計危亡。專投隱覺於臘(闕九字)此日而受出家(闕十三字)穀歲已向周有人言曰。此非佛法矣。求仙之念。從是(闕十一字)而兼餌誦(闕十四字)念(闕一字)吾當學問於

閻浮提中。作最大法師。若(闕一字)不爾(闕十一字)伴難逢。踟(闕十四字)召到已(闕一字)奉大法師聽十地。地持其法師也。道諱道(闕十一字)季在從(闕十六字)之威巍巍自住。薄有四王之德。師於夏日輒患曰(闕十二字)此(闕十六字)還向定州而受具戒。受已。連翩復返上原。季廿(闕二十八字)亦訖。季廿六從隱律師也。業想清高(闕三十字)季廿九向彼白鹿李潛下寺首尾一周時造十時疏(闕二十九字)更還鄴更訪名醫。又患求師栖勤之苦。遂披(闕一字)九(闕二十九字)壽(闕二字)一首大法師記德碑文一首。季卅一更(闕二十七字)疏兩卷。集勝鬘(疑)疏一卷。集菩薩戒本一卷(闕一字)集(闕二十七字)衆論師聽雜何毘曇四有餘遍。兩遍既周。私鈔(闕三十字)肇世四齊天保元季冬。在鄴京講十地論。(闕三十字)旨(闕一字)一卷合十三卷矣。季卅三。聊講華嚴時有檀(闕三十三字)一(闕一字)康覆牀而已。於康丁隨力撰制謂集(闕三十一字)集央掘魔羅疏一卷。集無量壽經疏一卷。集(闕三十一字)卷集溫室疏一卷。集遺教論疏一卷。集衆經宗(闕三十二字)信三寶論一卷。集食敎雞卵成煞有罪論一卷(闕二十九字)生(闕一字)成林矣。季卅七。赴請范陽。隨宜闡說。三智博流。時遇(闕一字)德(闕二十四字)齊祚靡頹。聖駕在運。三寶頓壞。殘僧驚竄。逃趣無於有。俗弟

子將太清(闕二十二字)茲(闕一字)想作十慈頌。十志頌。十首作齊已消(闕一字)頌廿七首。作觸事申(闕一字)頌(闕十九字)集滅法云記一卷。集老集莊紀一卷。集五兆書一卷。華嚴(闕一字)華(闕二十二字)遏奉得舍利世尊一粒。六返迹洺州。於俗弟子盧永幹遏奉得辟(闕二十二字)集四分戒本疏一卷。般若論疏一卷。集破寺報(闕二字)卷(闕一字)尊世(闕一字)中(闕二十一字)世雄頌一卷。季七十。文皇帝命入咸陽策杖(闕三字)往(闕二字)已後還相(闕二十一字)佛法東行譯經法集上首。邺衆法一卷。集(闕三字)義記一卷。集寒陵山(闕二十二字)二日終於(闕一字)寺。哀哉慧日。此時歿

矣闕三字衣懸絕矣其志闕二十一字老而不惓勤講闕一字方止講經講論護法爲闕三字奉闕三字爲意敬聖敬闕十九字唯上補衣麁食闕一字婦女及尼交遊迹絕骨向親聖往來闕二十六字厭俗愛道本非闕一字事省不求繁務雖居邑闕一字毦每樂山闕六字風來闕一字中心闕二字弱水闕一字至闕十字物其講也聲闕一字緩而終急華嚴經講九口十六遍闕七字百餘闕九字經磨闕七字戒闕二字磨闕二字槃經講一闕二字然解闕九字旨闕十六字兩闕一字論闕一字之開闕三字夜別一人僧欠差長極闕二字五臘闕七字時惟使大闕二字遣闕一字彌闕一字衆闕十六字受菩薩

戒後闕化大隋闕十一字高餘於闕三字上而短下細而不闕十六字闍一所聖賢不憚吾闕十字東土傳化起於漢明麼騰迦闕一字來此於闕十一字中天之地城名優迦法闕十一字悲風內鼓遊玆洛邑專宏大乘精成難闕十字龍爲遞出法輪相繼闕一字人闕十二字師特十八家求學造此結門闕十四字二十有一南遊鄴京大師闕十一字三十有四講說住持如龍處雲雨闕十三字其闍譔結內外俱駕八十有闕十字哀闕一字哉法雨此時雲滅來世蒼生傳名麽

欽定全唐文卷九百五

静邁

静邁。貞觀中玉華宮寺譯經沙門。

上僧尼拜父母有損表

沙門静邁言。竊以策係告先。尊父屈體於其子。形章攸華。介士不拜於君親。伏以僧等揚言紹佛。嗣尊之義是同故愛敬降高。乃折節於其氣。容服異俗。形章之華不殊。致使沙門亦不肢屈於君父。窮兹內外。雖復繼形。變則而心敬君親。敢有怠哉。至如臣服甞君。以日易月。形雖從吉而心喪三年。是知遏密八音。其於三載修於心。歟其來尚矣。若令反拜父母。則道俗俱違佛戒。顚沒枉坑。輪迴未巳。況動天地感鬼神者。豈在於跪伏耶。但公家之利。知無不爲。恐因今創改。萬有一累。則負聖上放習法之洪恩。彌劫粉身。奚以塞責。伏惟陛下廣開獻書之路。通納芻言之辯。輕塵聽覽。伏增戰汗。謹言。八月二十五日上。

菩薩戒本序

夫瀛溟沖廓。總川逝而朝宗。法性惟元。統品物而都會。是知無說顯道。崇毗耶之息言。絕聽雨華。宗摩竭之掩室。自非德本宏邈孰能究其宏致者哉有三藏法師是稱元奘弱齡軼俗凝神氣於白雲壯志遊眞晰智耀於元妙潄其原者隨迎而不知涮其流者游泳而不測大龜啟滅之歲捐觴鞢而整華田須陀問道之年鏡戒珠而嬉行地爰以炎隋季祀三聚創膺深惟蹄旨悟有餘說悼靈章之紊譯愴神理之紕傳故能出玉門而遐征戾金河而殉命爰有大正法藏實號戒賢道格四依稱流五印凡厥藏海取質若人故以所旌式標洪譽遂於摩揭陀國欽承函丈見所未見聞所未聞雖薩陀之遇曇無蔑以加也因請受菩薩

律儀一稔三祈肇允殷望法師以菩薩淨戒諒一乘之彝倫授受宏規信十地之洪範特所吟味匪替喉衿以大唐貞觀二十有三年皇上御天下之始月魄日於大慈恩寺奉詔譯周羯磨戒本爰開兩軸蓋菩薩正地之流澌也邁以不敏猥厠譯僚親稟洪規證斯傳焰動衆形說式讚大猷聊紀譯辰以備攸忘其證義證文正字筆受義業沙門明闕等二十許人各司其務同資教旨

道恭

道恭蘇州法師貞觀中以高行名至京師

南武州沙門釋智周壙銘 并序

余以擁腫拳曲不中規繩而匠石輟斤忽垂顧盼賞激流連殆逾三紀披雲對月賦曹陸之詩跂石班荊辨肇融之論故人安在仰孤帳而荒涼景行不追望長松而咽絕懼陵谷易遷竹素難久託徽猷於貞紺揚清塵於不朽其銘

曰

五陰城郭六賊邱陵膠固愛網縈迴業繩雄猛調御慈悲勃興危途倏靜識海俄澄八樹潛暉五師繼軌纂此遺訓克應闕士皎潔戒珠波瀾定水有道有德知足知止學總

羣經思深言外樂說河瀉滄風雲會七衆關鍵四部襟帶振紐頹網緊其是賴世途淪喪適化江滑去來任物隱顯從時壞瓶何愛淨土爲期有生有滅何喜何悲窀開昔隧封興舊隴春郊草平故山松拱林昏鳥思徑深寒擁妙識歸眞元坰虛奉

靖邁

靖邁梓潼人出家簡州福聚寺貞觀中入京師住廣福寺

法蘊足論後序

法蘊足論者蓋阿毗達磨之權輿一切有部之洪源也無

上等覺八室之神足摩訶目乾連之所製矣鏡六通之妙慧晰三達之智明桴金鼓於大千聲玉螽於百億摘藏海之奇璣鳩敎山之勝珍欲使天鏡常懸法幢永樹衆那息藩籬之望諸子騁遊戲之歡而爲此論也是以佛涅槃後百有餘年疊啟五分之殊解開二九之異雖各擅連城之貴俱稱照乘之珍惟一切有部卓乎迥秀若妙高之處宏海猶朗月之冠衆星者豈不以本宏基永者歟至如八種揵度驚巖於發智之場五百應眞馳譽於廣說之苑斯皆挹此涓波分茲片玉遂得駕羣部而高蹈接天衢而布武

是知登崑閬者必培塿於衆山遊溟渤者亦坳堂於羣澍諒其然矣矧乎順正理以析疑顯眞宗以剖惑莫不鏡此彝倫鑒斯洪範故使耆德婆藪屈我衆賢上座幽宗見負宏致者也題稱阿毗達磨者勑二藏以簡殊也一切有部者對十七以標異也法蘊足者顯此論之勝名也能持自性軌範稱法法有積集策聚爲蘊此論攸宗法聚三七皆與對法爲依故目之爲足三藏元奘法師以皇唐顯慶四年九月十四日奉詔於大慈恩寺宏法苑譯訖大慈恩寺沙門釋光筆受靖邁飾文同州澄城縣鉗耳智通勘定

道會

道會俗姓史氏犍爲武陽人出家益州嚴遠寺後入京師與法琳同修辨正論下獄釋還鄉里住眉州聖種寺貞觀末卒年七十

上招撫巴蜀疏

會弟性不肖家風失墜封爵雖除詔勅猶在門生故吏子孫成列並奮臂切齒思効力用即日劍門雖啟巫峽負固會請躬率徒隸振錫啟途折簡宣威開懷納款軍無矢石之勞主有待成之逸此亦一時之利也惟公圖之

獄中乞施捨書

自如來潛影西國千有餘年正法東流五百許載雖復赤髭青眼大開方便之門白脚漆身廣示歸依之路猶未出於苦海尚陸沈於險道況五衆名僧四禪教首頭陀聚落唯事一餐宴坐林中但披三衲加以闕無緣之慈想升鍾以代鴿履不輕之行思振錫以避蟲今有精勤法子淸淨沙門橫被囚拘實非其罪遂使重關早落覩獄吏而魂飛淸室晩歸見刑官而思盡嚴風旦洒穿襟與中露俱飄繁霜夜零寒心與死灰同殪若竟不免溝壑抑亦仁者所恥

彥悰

彥悰京兆大慈恩寺沙門。貞觀末求法於三藏法師。

佛頂最勝陀羅尼經序

夫業理綿微。二乘不足臻其極。神宰惚怳。十地未易暨其深。則知賦命交加。罕言於孔宣父。報應叢雜。冥昧於太史公。是以先笑後號。鶡雀祥而莫准。始凶終吉。桑穀妖而弗驗。或倚或伏之說。柱下庶欲照其幾。爲禍爲福之談。塞上僅可鄰其次。若乃探緣洞業。索果明因。儁絜大於百家。孰有京於十力。故能息善住之萬惡。杜閻摩之圓戶。轉凡階

聖。引短成修。比宋景之退法星。猶蔕芥於三舍。偶魯陽之撝落日。故齟齬於再中。何只庇託延祺。見聞招賴。恩神香於異域。恥靈草於瓊田。若斯而已哉。乃將輕埃附而九惱祛。清吹獵而三障殄。皎鏡齊光於日寶。暉煥比麗於天金。雖事若反常。而乘機顯妙。異可以常人之耳目。擬議大聖之希夷者焉。此經以儀鳳四年正月五日。朝散郎行鴻臚寺典客令杜行顗與寧遠將軍度婆等奉詔譯進。時有廟諱國諱。皆隱而避之。即世尊爲聖尊。世界爲生界。大勢爲大趣。救治爲救除之類是也。上讀訖。謂行顗曰。既是聖言。不須避諱。杜時奉詔以正。屬有故而寢焉。無幾。勅中天法師地婆訶羅於東西二京太原宏福寺等傳譯法寶。而杜每充其選。余時又參末席。杜常謂余曰。弟子庸材。不閑文體。屈師據勅刪正。亦願依文筆削。余辭以不敏。載涉暄寒。荏苒之閒。此君長逝。余歎惋流涕。思其若人。又懼寢彼鴻恩。乖於貝牒。因請沙門道成等十人。屈天竺法師再詳幽趣。庶臨文不諱。上奉皇私。曲盡方言。下符流俗。故乃具表曲委。陳諸始末。俾夫披覽之士。無猜此教焉。於時永淳元年五月二十三日也。

金光明經序

金光明經者。教窮滿字。金鼓擊於夢中。理極眞空。寶塔涌於地上。三身果備。酬昔報之無虧。十地因圓。顯曩修之具足。所以經王之號。得稱於斯。將知能宏贊人。其位難量者也。大興善寺沙門釋寶貴者。即近周世道安神足。伏膺明匠。實曰良才。翫閱羣經。未嘗釋手。可謂瞿曇身子。孔氏顏淵者焉。然貴觀昔晉朝沙門支敏度合兩支兩竺一百五家首楞嚴五本爲一部。作八卷。又合一支兩竺三家維摩三本爲一部。作五卷。今沙門僧就又合二讖羅什耶舍四

家大集四本爲一部作六十卷非止收涓添海亦是聚芥培山諸此合經文義宛具斯既先哲遺蹤貴遂依承以爲規矩而金光明見有三本初在涼世有曇無讖譯爲四卷止十八品其次周世耶舍崛多譯爲五卷成二十品後逮梁世眞諦三藏於建康譯三身分別業障滅陀羅尼最淨地依空滿願等四品足前出沒爲二十二品其序果云曇無讖法師稱金光明經篇品闕漏每尋文揣義謂此說有徵而讐校無指永懷寤寐寶貴每歎此經祕奧後分云何竟無囑累舊雖三譯本疑未周長想梵文願言逢遇大隋

馭寓新經卽來帝勅所司相續翻譯至開皇十七年法席小閒因勸請北天竺揵陀羅國三藏法師闍那崛多此云志德重尋後本果有囑累品後得銀主陀羅尼品故知法典源散派別條分承注末流理難全具賴三藏法師慧性沖明學業優遠內外經論多所博通在京大興善寺卽爲翻譯並前先出合二十四品寫爲八卷學士成都費長房筆受通梵沙門日嚴寺釋彥琮校練寶珠既足欣躍載深願此法燈傳之永劫

三藏法師傳序

恭惟釋迦氏之臨忍土也始演八正啟三寶以出羣邪之典由是佛教行焉方等一乘圓宗十地謂之大法言眞詮也化城垢服濟鹿馳羊謂之小學言權旨也至於禪戒呪術厥趣萬途迺滅惑利生其歸一揆是故歷代英聖仰而寶之八會之經謂之爲本根其義也三轉之法謂之爲末枝其義也暨夫天雨四花地現六動解其髻寶示以衣珠借一以破三攝末以歸本者也付法藏傳曰聖者阿難能誦持如來所有法藏如缾瀉水置之異器卽爲釋尊一代四十九年應物逗機適時之敎也逮提河輟潤堅林晦景

邃旨沖宗於焉殆絕我先昆迦葉屬五棺已掩千氎將焚痛人天眼滅蒼生莫救故名諸聖衆結集微言考繩墨以立定門卽貫華而開律部據優波提舍以爲之論剖析空有顯別斷常示之以因修明之以果證足以貽範當代軌訓將來歸向之徒並遵其義及王泰奉使考日光而求佛騰蘭應請策練影以通經厥後易首抽腸之賓播美於天外冢葉結鬘之典譯粹於區中然至賾至神思慮者或迷其性相惟恍惟惚言談者有味其是非況去聖既遙來教多闕殊途競軫別路揚鑣而已哉法師懸弧誕辰室表空

王之應佩觿登歲心符妙德之誠以愛海無出要之津覺地有栖神之宅故削髮矯翰翔集二空異縣他山載馳千里每慨古賢之得本行本魚魯致乖痛先匠之聞疑傳疑豕亥斯惑竊惟音樂樹下必存金石之響五天竺內想具百篇之義遂發憤忘食履險若夷輕萬死以涉葱河重一言而之柰苑鷲山猨洛仰勝迹以瞻奇鹿野僊城訪遺編於蠹簡春秋寒暑一十七年耳目見聞百三十國揚我皇王拜首勝侶摩肩萬古風猷一人而已法師於彼國所獲

大小二乘三藏梵本等總六百五十七部並載以巨象並諸郵駿蒙霜犯雪自天祐以元亨陽苦陰淫假皇威而利涉粵以貞觀十有九祀達於上京道俗迎之闐城溢郭鏘鏘濟濟亦一朝之盛也及謁見天子勞問殷勤爰命有司詔令宣譯人皆敬奉難以具言至於氏族簪纓捐親入道遊踐遠邇中外讚揚示息化以歸眞同薪盡而火滅若斯之類則備乎茲傳也傳本五卷魏國西寺前沙門慧立所述立俗姓趙豳國公劉人隋起居郎司隸從事毅之子博考儒釋雅善篇章妙辯雲飛溢思泉湧加以直詞正色不憚威嚴赴水蹈火無所屈撓覩三藏之學行矚三藏之形儀鑽之仰之彌堅彌遠因循撰其事以貽終古及削藁云畢慮遺諸美遂藏之地府代莫得聞爾後役思纏痾氣懸鐘漏乃顧命門徒掘以啟之將出而卒門人等哀慟荒梗悲不自勝而此傳流離分散他所後累載搜購迎乃獲全因命余以序之迫余以次之余撫己缺然拒而不應因又謂余曰佛法之事豈預俗徒況乃當仁苦爲辭讓余再懷慙退沈吟久之執紙操翰汎瀾腷臆方乃參犬羊以虎豹糅瓦石以琳璆錯綜本文箋爲十卷庶後之覽者無或嗤

焉

通極論序

原夫隱顯二途不可定榮辱眞俗兩端孰能判同異所以大隱則朝市匪諠高蹈則山林無悶空非色外天地自同指馬名不義裏肝膽可如楚越或語或默良喻語默之方或有或無信絕有無之界若夫雲鴻震羽孔雀謝其遠飛淨名現疾比邱憚其高辯發心卽是出家何關落髮棄俗方稱入法豈要抽簪此卽染淨之門權實而莫曉倚伏之理吉凶而未悟遂使莊生宗齊一之論釋子說會三之旨

大矣哉諒爲深遠實難鈞致竊聞陰陽合而萬物成鹹淡和而八珍美何廢四時恒序五味猶別以此言之豈眞俗之混淆隱顯之云異或有寡聞淺識則欲智淩周孔微膚薄宦便將位比帝王强自大以立身謂一人而已矣不信有因果遂言無佛法輕毀泥洹賤慢沙門愚聾腐儒戲招冥禍或有始除俗服狀如德冠天人纔挂僧名意似聲高海域慠然尊處佯爲極聖豈知十纏猶障三學靡聞不隨機而接物竟抱愚而自守悲夫二子殊途一何踳駁高懷達士孰可然哉冀欲解紛挫鋭假設旗鼓雖復俱有抑揚

終以道爲宗致其猶五色綺錯近須彌而會同萬象森羅依虛空以總集歸根自芸芸之物吞谷實茫茫之海斯誠光贊於佛道述奬於元門庶令無我無邪允謙允敬式貽後進論之云爾

福田論

論曰昔在東晉太尉桓元議令沙門敬於王者廬山遠法師高名碩德傷智幢之欲折悼戒寶之將沈乃作沙門不敬王者論設敬之儀當時遂寢然以緝詞隱密援例杳深後學披覽難見文意聊因暇日輒復申敘更號福田論云

忽有嘉客來自遠方遥附桓氏重述前議主人正念久之抗聲應曰客似未聞福田之要吾今相爲論之夫云福田者何耶三寶之謂也功成妙智道登圓覺者佛也元理幽寂正教精誠者法也禁戒守眞威儀出俗者僧也皆是四生導首六趣舟航高拔天人重踰金石譬乎珍寶劣相擬議佛以法主標宗法以佛師居本僧爲弟子崇斯佛法可謂尊卑同位本末共門語事三種論體一致處五十之載宏八萬之典所説指歸惟此至極寢聲滅影盡雙林之運刻檀書葉留一化之軌聖賢間起門學相承和合爲羣住

持是寄金人照於漢殿像法通於洛浦並宗先覺俱襲舊章圖方外而發心棄世間而立德官榮無以動其志親屬莫能累其情衣則截於壞色髮則落於毀容不戴冠而作儀豈束帶而爲飾上天之帝猶恒設禮下土之王固常致敬有經有律斯法未殊若古若今其道無滯推帝王之重亞神祇之大八荒欽德四海歸仁僧尼朝拜非所聞也如懷異旨請陳雅見客曰周易云天地之大德曰生聖人之大寶曰位老子曰域中有四大王居一焉竊以莫非王土建之以國莫非王臣繫之以主則天法地覆載兆民方春

比夏生長萬物照之以日月之光潤之以雲雨之氣六合則咸宗如海百姓則共仰如辰戎夷革面馬牛迴首蛇尚荷於隋侯魚猶感於漢帝豈有免其編戶假其法門忘度脫之寬仁遺供養之宏造高大自許卑恭頓廢譬諸禽獸將何別乎必能駕御神通得成聖果道被天下理在言外然今空事剃除尚增三毒虛改服飾猶染六塵戒忍弗修定智無取有乖明誨不異凡俗詎應恃宣讀之勞而抗禮萬乘藉形容之別而闕敬一人昔比邱接足於居士菩薩稽首於慢眾斯文復彰厥趣安在如以權道難沿佛性可

尊況是君臨罔非神降伯陽開萬齡之範仲尼數百王之則至於謁拜必遵朝典獨有沙門敢爲陵慢此而可忍孰可容乎弊風難革惡流易久不遇明皇誰能刋正忽起非常之變易招無信之譏至言有憑幸垂詳覽主曰吾所立者內也子所難者外也內則通於法理外則局於人事相望懸絕詎可同年斯謂學而未該聞而不洽子之所惑吾當爲辨試舉其要總有七條無德不報一也無善不攝二也方便無礙三也寂滅無榮四也儀不可越五也服不可亂六也因不可忘七也初之四條對酬難意後之三條引出成式吾聞天不言而四時行焉王不言而萬國治焉帝有何力民無能名成而不居爲而不恃斯乃先生之盡善大人之至德同霑庶類齊豫率賓幸殊草木差非蟲鳥戴圓履方俯仰懷惠食粟飲水飽滿衢澤既能矜許出家慈聽入道斷麤業於已往祈妙果於將來既蒙重恩還思厚答方憑萬善之益豈在一身之敬追以善答攝報乃深徵以身敬收利蓋淺良由僧失正儀俗滅餘慶僧不拜俗佛已明言若知可信理當遵立如謂難依事應除廢何容崇之欲求其福卑之復責其禮即令從禮便同其俗猶云請福未見其潤此則存而似棄僧而類民非白非黑無所名

也竊見郊禋總祭惟存仰福爲尊僧尚鄙斯不恭如何令僧拜俗天地可反斯儀罕乖後更爲敘是謂無德不報者也法既漸衰人亦稍末罕有其聖誠如所言雖處凡流仍持忍鎧縱虧戒學尚談智典如塔之貴似佛之尊歸之則善生毀之則罪積猛以始發割愛難而能捨宏願終期成覺迴而能趣斯故剃髮之辰天魔遥攝染衣之日帝釋遥懽妓女聊被無漏遂滿醉人暫剃有緣即結龍子賴而息驚象王見而止怖威靈斯在儀服是同幼未受具對揚佛

旨小不可輕光揚僧力波離既度釋子服心尼陀亦歸匿王屈意乃至若老若少可師者法無賤無豪所存者道然後賢愚之際語默之間生熟相似去取非易肉眼分別恐不逢寶信心平等或其值眞纔滿四人卽成一衆僧既宏納佛亦通在食看沸水之異方遺施僧衣見織金之奇乃令奉衆僧之威德不亦大矣足可以號福田之最爲聖教之宗是謂第二無善不攝者也若論淨名之功早升雲地臥疾之意本超世境久行神足咸歎辯才新學頂禮誠謝法施事是權宜式非常准謂時暫變其例乃多則有空藏

弗恭如來無責沙彌大願和尚推先一往直觀悉可驚怪再詳典釋莫非通塗不輕大士獨興高跡警彼上慢之流設茲下心之拜偏行一道直用至誠既非三慧詎是恒式因機作法足爲希有假宏敎化難著律儀大聖發二智之明制五篇之約廢其爵齒存其戒夏始終通訓利鈍齊仰耆幼有序先後無雜未以一出別業而令七衆普行不然之理分明可見昔妻死歌而鼓盆子葬嬴而櫬土此亦匹夫之節豈概明王之制乎況覺典沖邃聖言幽密局執一邊殊乖四辯是謂第三方便無礙者也且復周之柱史久掌王役魯之司寇已居國宰宗歸道德始曰無名訓在詩書終云不作祖述堯舜憲章文武鞠躬恭敬非此而誰巢許之風望古仍邈夷齊之操擬今尚迥焉似高攀十力遠度四流厭斯有爲之苦欣彼無餘之滅不繫慮於公庭未流情於王事自然解脫固異儒者之儔矣是謂第四寂滅無榮者也至如祭祀鬼神望秩川嶽國容盛典書契美談神輩爲王所敬僧猶莫致於禮僧衆爲神所禮王寧反受其敬上下參差翻違正法衣裳顚倒何足相方令神擁護今來在僧祈請之至會開呪力竟無拜禮是謂第五儀不

可越者也本皇王之奮起必眞人之託生上德雖祕於淨心外像仍標於俗相是以道彰緇服則情勤宜猛業隱元門則形恭應絕求之故實備有前聞國主頻婆父王淨飯昔之斯等咸已克聖專修信順每事歸依縱見凡僧還想崇佛不以跪親爲孝詎非不孝之罪不以拜君爲敬豈是不敬之愆所法自殊所法已別體無混雜制從於此是謂第六服不可亂者也謹按多羅妙典釋迦眞說乃云居刹利而稱尊藉般若而爲護四信不壞十善無虧奉佛事僧積功累德然後日精月像之降赤光白氣之感金輪既轉

珠寶復懸應天順民御圖握鏡始開五常之術終宏八正之道亦宜覆觀宿命追憶往因敬佛教而崇僧寶益戒香而增慧力自可天基轉高比梵宮之遠大聖壽恒固同劫石之長久然則雷霆勢極龍虎威隆慶必賴兼共使怒及出言布令風行草偃既抑僧體誰敢鱗張但恐有損冥功無資盛業竭誠盡命如斯而已是謂第七因不可忘者也上以畧引吾意粗除子惑欲得博聞宜尋大部客曰主人向之所引理例頻繁僕雖庸闇頗亦承覽文總幽明辨包內外所論祭典尚有迷惑周易云一陰一陽之謂道陰陽

不測之謂神竊以昧隱神路隔絕人境欲行祠法要藉禮官本置太常專同太祝縱知鬼事終入臣伍眞佛已潛聖僧又滅仰信冥道全涉幽神季葉凡夫薄言迴向共規閒逸相學剃蘇職掌檀會所以加其法衣主守塔坊所以蠲其俗役纔觸王網即墜民貫既同典祀詎合稱賓朝敬天子固是恒儀苦執強梁定非通識宋氏舊制其風不遠惟應相襲更欲何辭主人曰客知其一未曉其二請聽嘉言少除異想吾聞鬼者歸也死之所入神者靈也形之所宗鬼劣於人惟止惡道神勝於色普該情趣心有靈智稱之曰神隱而難知謂之不測銓其體用或動或靜品其性欲有陰有陽周易之旨蓋此之故殊塗顯於一氣誠言闕於六識設教之漸斷可知焉鬼報冥通潛來密去標以神號特用茲耳嘗試言之受父母之遺稟乾坤之分可以存乎氣可以立乎形至若已之神道必是我之心業未曾感之於乾坤得之於父母識含胎藏彌亘虛空意帶熏種漫盈世界去而復生如火焰之連出來而更逝若水波之續轉根之莫見其始究之豈覩其終濁之則爲凡澄之則爲聖神道細幽理固難詳矣神之最高謂之大覺思議所不得

名相孰能窮眞身本無遷譎生盲自不瞻覩託想追於舊蹤傾心翫於遺法若欲荷傳持之任啟要妙之門賴此僧徒膺茲佛付假慈雲爲內影憑帝威爲外力元風遠及至於是乎敎通三世眾別四部二從於道二守於俗從道則服像尊儀守俗則務典供事像尊謂比丘比丘尼也典供謂優婆塞優婆夷也所像者尊則未參神位所典者供則下預臣頒原典供之人同主祭之役吾非當職子何錯引由子切言發吾深趣理既明矣勿復惑諸在宋之初暫行此抑彼亦乖眞不煩涉論邊鄙風俗未見其美忽遺同之

可怪之極客曰有旨者斯論也蒙告善道請從退歸

沙門不應拜俗總論

夫沙門不拜俗者何蓋出處異流内外殊分居宗體極息慮亡身不汲汲以求生不區區以順化情超宇内迹寄寰中斯所以抗禮宸居背恩天屬化物不能遷其化生生無以累其生長揖君親斯其大旨也若推之人事稽諸訓誥則所不應拜其例十焉至如望秩山川郊祀天地欲其利物君罄迺誠今三寶住持歸戒宏益幽明翼化可畧言焉斯神祇之流也爲祭之尸必叶昭穆割牲薦熟時爲不臣

今三寶一體敬僧如佛備乎内典無俟繁言斯祭主之流也杞宋之君二王之後王者所重敬爲國賓今僧爲法王之允王者受佛付囑勸勵四部進修三行斯國賓之流也重道尊師則勿臣矣雖詔天子無北面焉今沙門傳佛之教導凡誘物嚴師敬學其在茲乎斯儒行之流也禮云介者不拜爲其失於容節故周亞夫長揖漢文也今沙門身被忍鎧戢翦欲軍掌握慧刀志摧心惑斯介胄之流也著代筮賓尊先冠阼毋兄致拜以禮成人今沙門以大法爲已任拯羣生於塗炭敬遵遺囑祖承嫡允斯傳重之流也堯稱則天不屈潁陽之高武盡美矣終全孤竹之潔今沙門高尚其事不事王侯蟬蛻囂埃之中自致寰區之外斯逸人之流也犯五刑關三木被箠楚嬰金鐵者不責其具禮今沙門剃毛髮絕允嗣毀形體易衣服斯刑人之流也又詔使雖微承天則貴沙門縱賤稟命宜尊況德動幽明化霑龍鬼靜人天之苦浪清品庶之炎氛功既廣焉澤亦宏矣豈使絕塵之伍拜累君親開放之流削同名教而已余幼耽斯務長頗搜尋採遺烈於青編纂前芳於汗簡重以感淪暉於佛日馨爝火以興詞庶永將來傳之好事又

古今書論皆云不敬據斯一字愚竊惑焉何者敬乃通心曲禮稱無不敬拜爲身屈周陳九拜之儀且君父尊嚴心敬無容不可法律崇重身拜有爽通經以拜代敬用將爲允故其書曰不拜爲文遠公有言曰淵窾豈待晨露哉蓋自伸其罔極也此書之作亦猶是焉達鑒通賢儻無譏矣

欽定全唐文卷九百六

元奘

元奘本名褘，俗姓陳氏，洛陽緱氏人，出家東都淨土寺，後住長安莊嚴寺，貞觀三年往西域，十九年齎經像還京師，勅住大慈恩寺，麟德元年卒，年六十五。

還至于闐國進表

沙門元奘言：奘聞馬融該贍，鄭元就扶風之師；伏生明敏，晁錯躬濟南之學。是知儒林近術，古人猶且遠求；況諸佛利物之元蹤，三藏解纏之妙說，敢憚途遙，而無尋慕者也。

元奘往以佛興西域，遺教東傳，然則勝典雖來，而圓宗尚闕。常思訪學，無顧身命，遂以貞觀三年四月，冒越憲章，私往天竺。踐流沙之浩浩，陟雪嶺之巍巍，鐵門巉嶮之塗，熱海波濤之路，始自長安神邑，終於王舍新城，中間所經五萬餘里。雖風俗千別，艱危萬重，而憑恃天威，所至無鯁，仍蒙厚禮，身不苦辛，心願獲從，遂得觀耆闍崛山，禮菩提之樹，見不見迹，聞未聞經，窮宇宙之靈奇，盡陰陽之化育，宣皇風之德澤，發殊俗之欽思，歷覽周遊，一十七載。今已從鉢羅耶伽國經迦畢試境，越葱嶺，渡波謎羅川，歸還達於于闐。爲所將大象溺死，經本衆多，未得鞍乘，以是少停，不獲奔馳早謁軒陛，無任延仰之至。謹遣高昌俗馬元智隨商侶奉表先聞。

進西域記表

沙門元奘言：竊尋蟠木幽陵，雲官紀軒皇之壤；流沙滄海，夏載著伊堯之域。西母白環，薦垂衣之主；東夷楛矢，奉刑措之君。固以飛英曩代，式徽前典。伏惟陛下握紀乘時，提衡範物，刳舟弦木，威天下而濟羣生；鼇足蘆灰，堙方輿而補圓蓋。耀武經於七德，闡文教於十倫，澤漏泉源，化霑蕭

葦。芝房發秀，浪井開花，樂囿馴班，巢阿響律，浮紫膏於貝闕，霏白雲於玉檢，遂苑弱水而池濛汜，圃炎火而照積洛，梯赤坂而承朔，泛滄津而委贐，史曠前良，事絕故府，豈知漢開張掖，近接金城，秦戍桂林，纔通珠浦而已。元奘幸屬天地貞觀，華夷靜謐，冥心梵境，敢符好事，命均朝露，力譬秋螽，徒以憑假皇靈，飄身進影，展轉膜拜之鄉，流離重譯之外，條支巨鷇，方驗前聞，罽賓孤鸞，還稽曩實，時移歲積，人願天從，遂得下雪岫而泛提河，窺雀林而觀鷲嶺，祇園之路，髣像猶存，王城之基，坡陀尚在，尋求歷覽，時序推遷，

言還帝京淹逾一紀所聞所履百有二十八國竊以章亥之所步籍空陳廣袤夸父之所陵厲無述土風班超侯而未還張騫望而非博今所記述有異前聞雖未極大千之疆頗窮蔥外之境皆存實錄匪敢彫華謹具編裁稱爲大唐西域記凡一十二卷繕寫如別望班之右筆飾以左言掩博物於晉臣廣九丘於皇代但元奘資識淪短遺漏實多兼拙於筆語恐無足觀覽

進新譯經論表

沙門元奘言竊聞八正之旨實出苦海之津梁一乘之宗

誠入涅槃之梯隥但以物機未熟致蘊蔥山之西經胥庭而莫聞歷周秦而靡至暨乎摩騰入洛方被山川僧會遊吳始霑荆楚從是以來遂得人修解脫之因家樹菩提之業固知傳法之益其利博哉次復嚴顯求經澄什繼譯雖則元氣日扇而並處僞傳唯元奘輕生獨逢明聖所將經論咸得奏聞蒙陛下崇重聖言賜使翻譯比與義學諸僧等專精夙夜無墮寸陰雖握管淹時未遂終訖已絕筆者見得五部五十八卷名曰大菩薩藏經二十卷佛地經一卷六門陀羅尼經一卷顯揚聖教論二十卷大乘阿毗達磨雜集論一十六卷勒成八袠繕寫如別謹詣闕奉進元奘又竊見宏福寺尊像初成陛下親降鑾輿開青蓮之目今經論初譯爲聖代新文敢緣前義亦望曲垂神翰題製一序讚揚宗極冀沖言奥旨與日月齊明玉字銀鈎將乾坤等固使百代之下誦詠不窮千載之外瞻仰無絕

請入少林寺翻譯表

沙門元奘言元奘聞菩提路遠趣之者必假資糧生死河深渡之者須憑船筏資糧者三學三智之妙行非宿舂之類也船筏者八忍八觀之淨業非方舟之徒也是以諸佛

具而昇彼岸凡夫闕而沈生死由是茫茫三界俱漂七漏之河浩浩四生咸溺十纏之浪莫不波轉烟迴心迷意醉窮劫石而靡息盡芥城而彌固曾不知駕三車而出火宅秉八正而適寶坊實可悲哉豈直秋之爲氣良增歎矣寧惟孔父之情所以未嘗不臨食輟飧當寐而驚者也元奘每惟此身衆緣假合念念無常雖岸樹井藤不足以儔危脆乾城水沫無以譬其不堅所以朝夕是期無望長久而歲月如流六十之年颯然已至念茲遄速則生涯可知加復少固求法尋訪師友自邦他國無處不經塗路遙遠身

力疲竭頃年以來更增衰弱顧陰視景能復幾何既資糧未充前塗漸促無日不以此傷嗟筆墨陳之不能盡也然輕生多幸屬逢明聖蒙先朝不次之澤荷陛下非分之恩沐浴隆慈歲月久矣至於增名益價發譽騰聲無翼而飛坐淩霄漢受四事之供超倫輩之華求之古人所未有也元奘何德何功以至於此皆是天波廣潤日月曲臨遂使燕石爲珍駑駘取貴撫躬內省唯深慙恧且害盈惡滿乃前哲之雅旨少欲知足亦諸佛之誠言元奘自揆藝業空虛名行無取天慈聖澤無宜久冒望乞骸骨畢命山林禮

誦經行以答提獎又蒙陛下以輪王之尊布法王之化西域所得經本並令翻譯元奘猥承人乏濫當斯任既奉天旨夙夜靡寧今已翻出六百餘卷皆三藏四含之宗要大小二乘之樞軸凡聖行位之林藪八萬法門之海澤西域稱詠以爲鎮國方之典所須文義無彼不得譬猶擇木鄧林隨求大小收珍海浦任取方圓學者之宗斯爲髣髴元奘用此奉報國恩誠不能盡雖然亦冀萬分之一也但斷伏煩惱必定慧相資如車二輪闕一不可至如研味經論慧學也依林宴坐定學也元奘少來頗得專精教義唯於四禪九定未暇安心今願託慮禪門澄心定水制情猿之逸躁繫意馬之奔馳若不斂迹山中不可成就竊承此州嵩高少室嶺嶂重疊峯澗多奇含孕風雲包蘊仁智果藥豐茂蘿薜清虛海內之名山域中之神岳其間復有少林伽藍閑居寺等皆跨枕巖壑縈帶林泉佛事尊嚴房宇閑邃即後魏三藏菩提留支譯經之處也實可歸依以修禪觀又兩疏朝士尚解歸組辭榮巢許俗人猶知棲箕蘊素況元奘出家爲法翻滯圜中清風激人念之增媿者也伏惟陛下明踰七曜照極九幽伏乞亮此愚誠特垂聽許使

得絕囂塵於衆俗卷影迹於人間陪麋鹿之羣隨鳧鶴之侶棲身片石之上庇影一樹之陰守察心猿觀法實相令四魔九結之賊無所穿窬五忍十行之心相從引發作菩提之由漸爲彼岸之良因外不累於皇風內有增於行業以此送終天之恩也儻蒙矜許則廬山慧遠雅操庶追剡岫道林清徽望續仍冀禪觀之餘時間翻譯無任樂願之至謹詣闕奉表以聞輕觸宸威追深戰越

辭積翠宮翻經表

沙門元奘言伏奉恩旨許令積翠宮翻經仰佩優渥誠深

喜戴伏念違離旋增惆悵元奘功微勳府道謝德科而久紊榮章鎮荷曾覆循涯知懼臨谷匪危伏惟皇帝皇后聖哲含宏仁慈亭育故使萬類取足一物獲安而近隔蘭除聽鍚鑾而悲結甫瞻茨嶺想多豫而欣然伏願玉宇延和仙桃薦壽邁甘泉之清暑等瑤池之佳遊所冀溫樹迎秋涼飇造夏候歸軒於砥陌儼幽鍚於帷林稱慶萬春甘從九遊不勝感戀之極謹附表奉辭以聞荒越在顏水火交應

奉勅翻經進表　元奘

竊聞冕旒康俗咸競前修述作窮神必歸睿后皇帝造物元猷遠暢掩王城於侯甸光貝葉於羽陵傍啓譯寮降緝鴻序騰照千古流輝萬葉陛下纂承丕業光敷遠韻神用日新賞鑒無怠元奘濫沐天造肅承明詔每撫庸躬恒深悚息去月日奉勅所翻經論在此無者宜先翻舊有者在後翻但發智毗婆沙論有二百卷此土先唯有半但有百餘卷而文多舛雜今更整頓翻之去秋已來已翻得七十餘卷尚有百三十卷未翻此論於學者甚要望聽翻了餘經論有詳畧不同及尤舛誤者亦望隨翻以副聖述

請御製三藏聖教序表

沙門元奘言奘以貞觀三年往遊西域求如來之祕藏尋釋迦之遺旨總獲六百五十七部並以載於白馬以貞觀十九年方還京邑尋蒙勅旨令於宏福道場披尋翻譯今已翻出菩薩藏等經伏願垂恩以爲經序唯希勅旨方布中夏幷撰西域傳一部一十四卷謹令舍人李敬一以將恭進無任悚息之至謹奉表以聞謹言

重請御製三藏聖教序表　元奘

沙門元奘言伏奉墨勅猥垂獎諭祇奉綸言精守震越元

奘業行空疎謬參緇侶幸屬九瀛有截四表無虞憑皇靈以遠征恃國威而訪道窮遐冒險雖勵愚誠纂異懷荒實資朝化所獲經論奉勅翻譯見成卷軸未有詮序伏惟陛下睿思雲敷天華景爛理包繫象調逸咸英跨千古以飛聲掩百王而騰實竊以神力無方非神思不足詮其理聖教元遠非聖藻何以序其源故乃冒犯威嚴敢希題目宸睠沖邈不垂矜許撫躬累息相顧失圖元奘聞日月麗天既分暉於戶牖江河紀地亦流潤於巖崖雲和廣樂不祕響於聾昧金璧奇珍豈韜彩於愚瞽敢緣斯理重以干祈

伏乞雷雨曲垂。天文俯照。配兩儀而同久。與二曜而俱懸。然則鷲嶺微言。假神筆而宏遠。雞園奧典。託英詞而宣暢。豈止區區梵衆。獨荷恩榮。亦使蠢蠢迷生。方超塵累而已。謹奉表奏以聞。謹言。

謝御製三藏聖教序表

沙門元奘言。竊聞六爻探賾。局於生滅之場。百物正名。未涉眞如之境。猶且遠徵羲冊。覩奧不測其神。遐想軒圖。歷選並歸其美。伏惟皇帝陛下。玉毫降質。金輪御天。廓先王之九州。掩百千之日月。廣列代之區域。納恒沙之法界。遂

使給園精舍。並入提封。貝葉靈文。咸歸冊府。元奘往因振錫。聊謁崛山。經途萬里。怙天威如咫步。匪乘千葉。詣雙林如食頃。搜揚三藏。盡龍宮之所儲。研究一乘。窮鷲嶺之遺旨。並已載於白馬。還獻紫宸。尋蒙下詔。賜使翻譯。元奘識乖龍樹。謬忝傳燈之榮。才異馬鳴。深愧瀉瓶之敏。所譯經論。紕舛尤多。遂荷天恩。留神構序。文超象繫之表。若聚日之放千光。理括衆妙之門。同法雲之濡百草。一音演說。億劫罕逢。忽以微生。親承梵響。踊躍歡喜。如聞受記。無任忻荷之極。謹奉表詣闕陳謝以聞。謹言。

謝御製大慈恩寺碑文表

沙門元奘言。被鴻臚寺符。伏奉敕旨。親紆聖筆。爲大慈恩寺所製碑文已成。睿澤傍臨。宸詞曲照。元門益峻。梵侶增榮。跼厚地而懷慙。負層穹而寡力。元奘聞造化之功。既播物而成教。聖人之道。亦因辭以見情。然則畫卦垂文。空談於形器。設爻分象。未踰於寰域。羲皇之德。尚見稱於前古。姬后之風。亦獨高於後代。豈若開物成務。闡八政以摛章。詮道立言。證三明而導俗。理窮天地之表。情該日月之外。較其優劣。斯爲盛矣。伏惟皇帝陛下。金輪在運。玉歷乘時。

化溢四洲。仁覃九有。道包將聖。功茂迺神。縱多能於生知。資率由於天至。始悲匯鏡。卽創招提。俄樹勝幢。更敷文律。若乃天華穎發。睿藻波騰。呑筆海而孕龍宮。掩詞林而包鶴樹。內該八藏。外覈六經。奧而能典。宏而且密。固使給園遺迹。託寶思而彌高。柰苑餘芳。假瓊章而不昧。豈直抑揚夢境。昭晰迷塗。諒以鎔範四天。牢籠三界者矣。元奘言行無取。猥預緇徒。亟叨恩顧。每謂多幸。重忝曲成之造。忻逢像法之盛。且慙且躍。實用交懷。無任竦戴之誠。謹詣朝堂奉表陳謝。

請御書大慈恩寺碑文表

沙門元奘等言竊以應物垂象神用溥該隨時設教聖功畢盡是知日月雙朗始極經天之運草木俱秀方窮麗地之德伏惟皇帝陛下智周萬物仁霑三界旣隆景化復闡元風鄙姬穆之好道空賞瑤池之詠蔑漢明之崇法徒開白馬之祠遂乃俯降天文遠揚幽旨用雕豐琬長垂茂則同六英之發音若五緯之摛曜敷至懷而感俗宏大誓以匡時豈獨幽贊眞如顯揚元賾者也雖玉藻斯暢翠版將刊而銀鉤未書丹字猶韞然則夔樂已簨匪里曲之堪預

龍鄉旣晝何爝火之能明非夫牙曠撫律羲和總馭焉得揚法鼓之大音褌慧日之沖彩敢緣斯義冒用干祈伏乞成茲具美勒以神筆庶淩雲之妙邁迹前王垂露之奇騰芬後聖金聲玉振卽悟羣迷鳳翥龍蟠將開衆瞽豈止克隆像教懷生霑莫大之恩實亦聿贊明時宗社享無疆之福元奘稟識愚淺謬齒緇林本慙窺涉多虧律行猥辱紫宸詞過褒美雖驚惕之甚措顏無地而慊懇之勤翹誠有日重敢塵黷更懷冰火

第二表

昨一日蒙賚天藻喜戴不勝未允神翰翹丹尚擁竊以攀榮奇樹必含笑而芬芳跪寶玉岑亦舒渥而貽彩伏惟陛下提衡執粹垂拱太寧睿思綺毫俯凝多藝鴻範先於洛浦草聖茂於臨池元奘肅荷前恩奉若華於金鏡冒希後澤佇桂影於銀鈎豈直舍壁相循聯輝是仰亦恐非天翰無以懸日月之文唯嚴則可以攄希微之軌馳魂泥首非所敢望不勝積慊昧死陳情表奏

請給假改葬父母表

沙門元奘言元奘不天夙鍾荼蓼兼復時逢隋亂殯掩倉

卒日月不居已經四十餘載墳壠頹毀殆將湮滅追惟平昔情不自寧謹與老姊一人收捧遺柩去彼狹陋改葬西原用答昊天微申罔極昨日蒙勑放元奘出三兩日檢校但元奘更無兄弟唯老姊一人卜遠有期用此月二十一日安厝今觀葬事尚寥落未辦所賜三兩日恐不周帀望乞天恩聽元奘葬事了還又婆羅門上客今相隨逐過爲率畧恐將嗤笑不任纏迫憂惕之至謹奉表以聞伏乞天覆雲迴曲憐孤請

謝御書大慈恩寺碑文表

沙門元奘言伏奉勅旨許降宸筆自勒御製大慈恩寺碑文璽誥爰臻綸慈猥集祇荷慙惕罔知攸措元奘聞强弩在彀鼯鼠不足動其機鴻鐘匿音纖莛無以發其響不謂日臨月照遂迴景於空門雨潤雲蒸乃昭感於元寺是所願也豈所圖焉伏惟陛下履翼乘樞握褒纘運追軒邁頊孕夏呑殷演衆妙以陶時總多能而景俗九域之内既沐仁風四天之表亦霑元化然則津梁之法非至聖無足闡其源幽贊之工非至人何以敷其迹雖追遠所極自動天情而冥祐可祈卽迴宸睠英詞曲被已超希代之珍祕迹

行開將踰絶價之寶凡在羣品靡弗欣戴然彼梵徒倍增慶躍夢鈞天之廣樂匹此非奇得輪王之髻珠疇兹豈貴庶當刊以貞石用樹福庭蠢彼迷生方開耳目盛乎法炬傳諸未來使夫瞻寶字而跂銀鉤發菩提於此日諷通文而探幽賾悟般若於斯地劫灰窮芥昭昭之美恒存遷海環桑藹藹之風無朽元奘出自凡品夙慙行業既蒙落飾思闡元猷往涉迦維本憑皇化追兹翻譯復承朝奬而貞觀之際濫沐洪慈永徽已來更叨殊遇二主神筆猥賜褒揚兩朝聖藻亟垂榮飾顧循愚劣實懷兢懼輸報之誠不忘昏曉但以恩深巨壑豈滴水之能酬施厚松邱匪纖塵之可謝惟當憑諸慧力運以無方資景祚於園寢助隆基於七百不任竦戴之至謹附内給事臣王君德奉表陳謝以聞輕犯威嚴伏深戰慄

謝勅送大慈恩寺碑文表

沙門元奘等言今月十四日伏奉勅旨送御書大慈恩寺碑幷設九部樂供養堯日分照先增慧炬之暉舜海通波更足法流之廣豐碣巖峙天文景爛狀彩露之映靈山疑縟宿之臨仙嶠凡在緇素電激雲奔瞻奉驚躍得未曾有

竊以八卦垂文六爻發繫觀鳥製法泣麟敷典聖人能事畢見於兹將以軌物垂範隨時立訓陶鑄生靈抑揚風烈然則秦皇刻石獨映美於封禪魏后刊碑徒紀功於大饗猶稱題目高視百王豈若親紆叡藻俯開仙翰金奏發韻銀鉤絢迹探龍宮而架三元軼鳳篆而窮八體揚春波而騁思滴秋露以標奇宏一乘之妙理讚六度之幽賾化總三千之域聲騰百億之外柰苑微言假天詞而更顯竹林開士託神筆而彌尊固使梵志歸心截疑網而祇訓波旬革慮偃邪山而徇道豈止塵門之士始悟迷方滯夢之賓

行超苦際像教東漸年垂六百宏闡之盛未若於茲至如漢明通感尚資謀於傅毅吳主歸宗猶考疑於闞澤自斯已降無足稱者隨緣化物獨推昭運爲善必應克峻昌基若金輪之王神功不測同寶冠之帝休祚方永元奘等謬忝朝恩幸登元肆屬慈雲重布法鼓再揚三明之化既隆八正之門長闢而顧非貞懇虛蒙奬導仰層旻而荷澤俯浚谷以懷慙無任悚戴之誠謹詣闕陳謝以聞

賀赤雀止御帳表

沙門元奘言元奘聞白鳩彰瑞表殷帝之興赤雀呈符示

周王之盛是知穹昊降祥以明人事其來久矣元奘今申後酉前於顯慶殿帳帷內見有一雀背羽俱丹腹足咸赤從南飛來入帳止於御座徘徊踴躍貌甚從容見是異禽乃謂之曰皇后在孕未遂分誕元奘深憂懼願乞平安若如所祈爲陳喜相雀乃迴旋蹀足示平安之儀了然解人意元奘深心歡喜舉手喚之又徐徐相向乃至逼之不懼撫之不驚左右之人咸悉共見元奘因爲受三歸報其雅意未及執捉且從其徘徊遂復飛去伏惟皇帝皇后德通神明恩加兆庶禮和樂洽仁深義遠故使羽族呈祥神禽効質顯子孫之盛彰八百之隆既爲曩代之休符亦是當今之靈貺元奘輕生有幸肇屬嘉祥喜祚之深不敢緘默畧疏梗概謹以奏聞若其羽翼之威儀陽精之淳偉歷代之稽古出見之方表所不知也謹言

賀皇太子生表

沙門元奘言竊聞至道攸敷啟天人於載弄深期所感誕元聖於克岐伏惟皇帝皇后情鏡三空化孚九有故能闢垂旒於二諦却走馬於一乘蘭殿初歆爰發俱胝之願珽柯在孕便給踰城之徵俾夫十號降靈宏茲攝受百神翼

善肅此宮闈所以災厲克清安和載誕七花儼以承步九龍低而濯質元門佇迹道樹靈陰雖昔之履帝呈祥捫天表異寧足以方斯感貺匹此英猷率土詠歌喜皇階之納祐緇林勇銳欣紺馬之來遊伏願無替前恩特合法服靡局常戀迴構良因且帝子之崇出處斯在法王之任高尚彌隆加以功德無邊津梁載遠儻聖澤無舛宏誓不移竊謂殫四海之資不足比斯檀行傾十地之業無以譬此福基當願皇帝皇后百福凝華齊輝北極萬春表壽等固南山磬娛樂於延齡踐薩云於遐劫儲君允茂綏紹帝猷寵

番惟宜翊亮王室襁褓英允休祉日繁標志節於本枝嗣芳塵於草座元奘濫偶丕運局影禁門貴匪德昇寵緣恩積幸屬國慶惟始淨業開基踊躍之懷塵粉無恨不勝喜賀之至謹奉表以聞輕觸威嚴伏增戰越

皇太子生三日賀表

沙門元奘言元奘聞易嘉日新之義詩美無疆子孫所以周祚過期漢歷遐緒者應斯道也又聞龍門洞激資源長而流遠桂樹叢生藉根深而芳藹伏惟皇運累聖相承重規疊矩積植仁義浸潤黎元其來久也由是二后光膺大寶爲子孫基可謂根深源長矣逮陛下受圖功業逾盛還淳反素邁三五之蹤製禮作樂逸殷周之軌不持黃屋爲貴以濟兆庶爲心未明求衣日昃忘食一人端拱萬里廓清雖成康之隆未至於此是故卿雲紛郁江海無波日域遵風龍鄉沐化蕩蕩乎巍巍乎難得而備言矣既而道格穹蒼明神降福今月嘉辰皇子載誕天枝廣茂瓊萼增敷率土懷生莫不慶賴在於元奘特迫恒情豈直喜聖后之平安實亦欣如來之有嗣伏願不違前勅即聽出家移人王之允爲法王之子披著法服制立法名授以三皈列於

僧數紹隆像化闡播元風再秀禪林重暉覺苑追淨眼之茂跡踐月蓋之高蹤斷二種纏成無等覺色身微妙譬彼山王罽網莊嚴過於日月然後蔭慈雲於大千之境揚惠炬於百億之洲振法鼓而挫天魔麾勝旛而摧外道接沈流於倒海撲燎火於邪山竭煩惱之深河碎無明之巨殼爲天人師作調御士惟願先廟先靈籍孫祉而昇彼岸皇帝皇后因子福而享萬春永握靈圖常臨九域子能如此方名大孝始曰榮親所以釋迦棄國而務菩提蓋爲此也豈得以東平璅璅之善陳思庸庸之才並日而論優劣同年而議深淺矣謹即嚴衣捧鉢以望善來之賓拂座清塗用佇踰城之駕不勝慶慰喁喁之至謹奉表以聞輕觸宸威追深戰越

賀皇太子剃髮表

沙門元奘言昨奉恩旨令元奘爲佛光王剃髮并勅度七人所剃髮則王之煩惱落也所度之僧則王之侍衛具也是用震動波旬之殿踊躍淨君之懷宏願既宜景福彌盛豈謂庸賤之手得効伎於天膚凡庶之人蒙入道於嘉會上下欣抃悲喜交集竊尋覆護之重在襁所先解脫之因

落飾爲始伏惟皇帝皇后字闕一凝象外福洽區中所以光啟妙門聿修德本所願皇階納祐玉扆延和臨百億於羣下畢千萬歲闕佛光高子乳哺惟宜善神衞質諸佛摩頂增華睿哲之姿允穆紹隆之寄新度之僧荷澤既深亦當翹勤道業專精戒行允嗣僧倫佇承取草不勝感荷之至謹奉表以聞

慶皇太子彌月并進法服表

沙門元奘言竊聞摶風迅羽累日而沖空寫月明璣逾旬而就滿是知稟靈物表亮彩天中者固已後發其昧惟新

厥美者矣惟佛光王資上善以締祥闡中和而育德自微垣降誕天祠動瞻睿氣清襟寢興納祐玉顏秀表日夕增華自非皇帝皇后慧日在躬法流濯想寄紹隆於盤石啟落飾於天人其孰能福此裓衣安茲乳哺無災無害克岐克嶷者今魄照初環滿月之姿盛矣蓂枝再長如蓮之目倩兮所以紫殿慰懷黔首胥悅七衆歸怙四門佇鑒豈唯日索後言鶴駿待馭而已元奘幸承恩寵許垂蔭庇師弟之望非所庶幾同梵之情實切懷抱輒敢進金字般若心經一卷并函報恩經變一部袈裟法服一具香爐寶字香案澡缾經架數珠錫杖澡豆榼各一以充道具以表私歡所冀蓮載弄於半璋代辟邪於蓬矢俾善神見而踴躍宏誓因以堅固輕用干奉實深悚惕伏願皇帝皇后尊邁拱辰明兼合耀結歡心於兆庶享延齡於萬春少海澄輝掩丕釗而取雋寵藩振美躡間平以載馳所願佛光王千佛摩頂百福凝軀德音日茂善規丕相不勝感荷奉表以聞

皇太子晬日進法衣表

沙門元奘言元奘聞蘭縈紫苑過之者必襲桂茂青溪逢之者斯悅草木猶爾況人倫乎況聖允乎伏惟皇帝皇后

挹神睿之姿懷天地之德撫寧區夏子育羣生兼復大建伽藍廣興福聚益寶圖常恒不變之業助鼎命金剛堅固之因既妙善薰修故使皇太子機神日茂潞王懿傑逾明佛光王岐嶷增朗可謂超周越商與黃帝比崇子子孫孫萬年之慶者也元奘猥以庸微時得參見王等私心踴悅誠歡誠喜今是佛光王誕晬之日禮有獻賀輒率愚懷謹上法衣一具伏願皇子萬神擁衞百福扶持寤寢安和乳哺調適紹隆三寶摧伏四魔行菩薩行繼如來事不勝瓊萼天枝英華美茂歡喜之至謹附表并衣以聞輕黷宸嚴

追深戰越

謝賜袈裟剃刀表

沙門元奘伏奉敕賜衲袈裟一領。剃刀一口。殊命薦臻。寵靈龍赫。恭對惶悸。如履春冰。元奘幸遭邕穆之化。早豫息心之侶。三業無紀。四舍靡答。謬迴天睠。濫叨雲澤。忍辱之服。彩合流霞。智慧之刀。銛逾切玉。謹當衣以降煩惱之魔。佩以斷塵勞之網。起餘譏於彼已。懼空疎於冒榮。慚恧屏營。悚承俯僂。鞠心跼蹐。精爽飛越。不任竦荷之至。謹奉表謝聞。塵黷聖鑒。伏深戰慄。

謝遣供奉上醫尚藥視疾表

沙門元奘言。元奘拙自營衞。冷疹增動。幾至綿篤。殆辭昭運。天恩矜愍。降以良醫。針藥纔加。即蒙瘳愈。駐頹齡於欲盡。反營魄於將消。重覩昌時。復遵明導。豈止膏肓永絕。腠理恒調而已。顧循庸菲。屢荷殊澤。施厚命輕。罔知輸報。唯憑慧力。庶酬冥祉。元奘猶自虛羸。未堪詣闕陳謝。無任竦戴之至。謹遣弟子大乘光先奉表以聞。

謝遣內醫問疾表

沙門元奘言。使人呂宏哲等至。宣敕慰問元奘所患。幷許出外將息。慈旨忽臨。尫骸用起。若對旒冕。如寘水泉。元奘攝慎乖方。疾瘵仍集。自違離鑾蹕。倍覺嬰纏。心痛背悶。骨酸肉楚。食眠頓絕。氣息漸微。恐有不圖。黷穢宮宇。思欲出外。自屏溝壑。仍恐驚動聖聽。不敢即事奏聞。遂依門籍。出至寺所。病既困勞。轉篤心亦分隔明時。乃有尚藥司醫張德志爲針療。因漸瘳降。得存首領。還顧專輒之罪。自期粉墨之誅。伏惟日月之明。久諒愚拙。江海之澤。特肆含容。豈可移幸於至微。屈法於常典。望申公道。以穆憲司。枉獄爲輕。伏鈇是俟。而殘魂朽質。仍被恩光。撫臆言懷。用銘肌骨。

自惟偃頓。非復尋常。縱微下俚之憂。亦盡生涯之冀。但恨隆恩未答。末命先虧。仰惟帝勤親勞。薄狩期於閱武。情在訓戎。既昭仁於放麟。又策勲於獻鳳。遐邇慶集。上下歡幷。風伯清塵。山祇護野。敬惟動止。故極休貞。申炯誠於十旬。浹辰而返。鄙宣遊於八駿。密邇而旋。玉乘可佇。冰懷以慰。撫事迴惶。終期殞越。不勝荷懼之至。謹奉表待罪以聞。荒惴失圖。伏聽勅旨。

謝遣給事王君德慰問表

沙門元奘言。元奘業累所嬰。致招疾苦。呼吸之頃。幾隔明時忽蒙皇帝皇后降慈悲之念垂性命之憂天使頻循有逾十慰神藥俯救若遇一丸飲沐聖慈已祛沈痛承荷醫療遂得痊除豈期已逝之魂見招於上帝將夭之壽重稟於洪鑪退省庸微何以當此撫膺媿越言不足宣荷殊澤而詎勝粉微軀而靡謝方冀勗茲禮誦罄此身心以答不次之恩少塞無窮之責無任感戴之極謹附表謝聞喜懼兼幷罔知攸措塵黷聽覽伏增惶悚

謝勑停依俗法條表

沙門元奘言伏見勑旨僧尼等有過停依俗法之條還依

舊格非分之澤忽委緇徒不訾之恩復霑元肆晞陽沐道實用光華跼地循躬唯增震惕竊以法王既沒像化空傳宗紹之規寄諸明后伏惟皇帝陛下寶圖御極金輪秉正睠茲釋教載懷宣闡以爲落飾元門外異流俗雖情牽五濁律行多虧而體被三衣福田斯在削玉條之密網布以寬仁信金口之直詞允茲迴向斯固天祇載悅應之以休徵豈止梵侶懷恩加之以貞確若有背茲寬貸自貽伊咎則違大師之嚴旨虧聖主之深慈凡在明靈自宜譴謫豈待平反之律方科姦惡之罪元奘庸昧猥廁法流每忝鴻恩恐懷慙惕重祗殊獎彌復兢惶但以近嬰疾疹不獲隨例詣闕無任竦戴之誠謹遣弟子大乘光先奉表陳謝以聞

第二表

沙門元奘言伏奉恩勑除僧等依俗法推勘條章喜戴之誠莫知淮譬竊尋正法隆替隨君上所抑揚彝倫薄厚僊元風以興缺自聖運在璿明皇執粹甄崇道藝區別元儒開不二之鍵廣唯一之轍寫龍宮於蓬閣接鷲壤於神皋俾夫鐘梵之聲洋溢區宇福善之業濯沐黎氓實法門之

嘉會率土之幸甚頃爲僧徒不整誨馭乖方致使內虧佛教外犯王法一人獲罪舉衆蒙塵遂觸天威令依俗法所期清肅志在懲誡僧等震懼夙夜慙惶而聖鑒天臨仁澤昭被篤深期於元妙掩纖垢於含宏爰降殊恩釋茲嚴罰非其人之足惜顧斯法之可尊遂令入網之魚復遊江漢觸籠之鳥還颺杳冥法水混而更清福田鹵而復沃僧等各深荷戴人知自勉庶當勵情去惡以副天心專精禮念用答鴻造伏願皇帝皇后以紹隆之功永凝百福乘慈悲之業端拱萬春震域締祥維城具美不勝舞躍感荷之至

謹重附表陳謝以聞輕黷冕旒伏增惶恐

上鄉邑增貴表

沙門元奘言竊聞鶉首錫秦上帝兆金城之據龜圖薦夏中畿啟玉泉之竈是知靈貺所基皇猷顯屬昌誦由其卜遠高光所以闡期允迪厥猷率遵斯在伏惟皇帝皇后揆物裁務懸衡撫俗卽土中之重隩遞虞巡而駐蹕因舊制之壞偉儀鎬京而建郛仍以卑宮載懷改作勞於襄役馭奔在念軫居逸於晨興自非折中華夷均一徭輸豈能留連聖眷渙汗綸言是以令下之初山川鬱其改觀拓制爰

始烟雲霏而色動飛甍日麗馳道風清神祇肸蠁彝倫郁移若賦武昌之魚樂遷王里爭企云亭之鶴願奉屬車旣小晉鄭之依更褊劉張之策前王齷齪豐洛遞開我后牢籠伊咸並建麟宗克茂鼎祚惟遠自可東宴平樂西臨建章佇吹笙而駐壽秉在藻而流詠蕩蕩至公巍巍罕述元奘散材莫効貽懼增深但三川之郊猥霑故里千載之幸鬱爲新邑蓽門雖縣芻命猶存喜編轂下匪慙關外況光宅之慶遐邇所同歡聖上允安庸微所特荷不勝喜抃之極謹奉表陳謝以聞

欽定全唐文卷九百七

元奘二

答摩訶菩提寺慧天法師書

大唐國苾蒭元奘謹致書摩訶菩提寺三藏慧天法師足下乖別稍久企仰惟深音寄不通莫慰傾渴彼苾蒭法長至辱書敬承休豫用增欣悅又領細白氎兩端讚頌一夾來意旣厚寡德愧以無當悚息悚息節氣漸和不知信後體何如也想融心百家之論栖慮九部之經建正法幢引歸宗之客擊克勝鼓挫鍱腹之賓頡頏王侯之前抑揚英

俊之上故多歡適也元奘庸弊氣力已衰又加念德欽仁唯豐勞積昔因遊方在彼遇矚光儀曲女城會又親交論當對諸王及百千徒衆定其深淺此立大乘之旨彼豎半教之宗往復之間詞氣不無高下務存正理靡護人情以此輒生淩觸會罷之後尋已豁然今來使猶傳法師寄申謝悔何懷固之甚也法師學富詞清志堅操遠阿耨達水無以比其波瀾淨末尼珠不足方其皦潔後進儀表屬在高人願勗良規闡揚正法至如理周言極無越大乘意恨法師未爲深信所謂耽翫羊鹿棄彼白牛賞愛水精捨頗

胝寶。明明大德。何此惑之滯歟。又坏器之身。浮促難守。宜早發大心。莊嚴正見。勿使臨終。方致嗟悔。今使還國。謹此代誠。并附片物。蓋欲示酬來意。未足盡其深心也。願知。前還日渡信渡河。失經一馱。今錄名如別。請爲附來。餘不能委述。苾蒭元奘謹呈。

答中印度僧智光書

大唐國苾蒭元奘。謹修書中印度摩揭陀國三藏智光法師座前。自辭違。俄十餘載。境域遐遠。音徽莫聞。思戀之情。每增延結。彼苾蒭法長至。蒙問并承起居康豫。豁然目朗。

若覩尊顏。踴躍之懷。筆墨難述。節後漸暖。不審信後何如。又往年使還。承正法廣大法師無常。奉問摧割。不能已矣。嗚呼。可謂苦海舟沈。天人眼滅。遷奪之痛。何期速歟。惟正法藏植慶曩晨。樹功長劫。故得挺沖和之茂質。標懿傑之宏才。嗣德聖天。繼輝龍猛。重然智炬。再立法幢。撲炎火於邪山。塞洪流於倒海。策疲徒於寶所。示迷衆於大方。蕩蕩焉。巍巍焉。實法門之棟幹也。又如三乘半滿之教。異道斷常之書。莫不韞綜胷懷。貫練心府。文盤節而克暢。理隱昧而必彰。故使內外歸依。爲印度之宗袖。加以恂恂善誘。曉夜不疲。衢罇自盈。酌而不竭。元奘昔因問道。得預參承。并荷指誨。雖曰庸愚。頗亦蓬依麻直。及辭還本邑。囑累尤深。殷勤之言。今猶在耳。冀保安眉壽。式讚元風。豈謂一朝。奄歸萬古。追維永往。彌不可任。伏惟法師夙承雅訓。早昇堂室。攀戀之情。當難可處。奈何奈何。有爲法爾。當可奈何。願自裁抑。昔大覺潛暉。迦葉紹宗洪業。商那遷化。毱多闡其嘉猷。今法將歸直。法師次任其事。唯願清詞妙辯。共四海而恒流。福智莊嚴。與五山而永久。元奘所將經論。已翻瑜伽師地論等大小三千餘部。其俱舍順正理。見譯未周。今

年必了。卽日大唐天子聖躬萬福。率土安寧。以輪王之慈。敷法王之化。所出經論。並蒙神筆製序。令所司抄寫國內流行。爰至鄰邦。亦俱遵習。雖俱像運之末。而法教光華。雍雍穆穆。亦不異室羅筏誓多林之化也。伏願照知。又前渡信渡河。失經一馱。今錄名如後。有信請爲附來。并有片物供養。願垂納受。路遠不得多。莫嫌鮮薄。元奘和南。

謝賜手詔啟

沙門元奘言。使人李君信至。垂賜手詔。銀鉤麗于丹字。睿藻鬱彼河圖。磊落帶峯岳之形。郁潤挹風雲之氣。不謂白

藏之暮更覩春葩之文身居伊洛之澗忽矚崑荊之寶捧對歡欣手舞足蹈昔季重蒙魏君之札唯敘睽離惠遠辱晉帝之書纔令給米未覩詞兼空寂可舍之旨誨示大隱朝市之情固知聖主之懷窮眞罄俗綜有該無超羲軒而更高架曹馬而迥遠者矣但元奘素絲之質尢畏朱藍葛蘽之身實希松杞思顧媿煙霞於少室偶泉石於嵩阿允避溺之情終防火之志所以敢竭愚瞽昧死陳聞庶陶甄之慈無遺鳧鷁雲雨之澤不棄蠢蝨而明照霈臨不垂亮許仍降恩奬曲存輝賁五情戰懼不知所守旣戢來言不

敢更請謹附謝文唯增悚越

謝皇后施袈裟雜物啟

沙門元奘啟垂賜衲幷雜物等捧對驚慙不知比喻且金縷上服傳自先賢或無價闕一字衣聞諸聖典未有窮神盡妙目擊當闕一字如今之賜者也觀其均彩濃淡黻衣不能逾其巧裁縫婉密雜縷無以窺其際便覺烟霞入室蘭囿在身旋俯自瞻頓增榮價昔道安言珍秦代未遇此恩支遁稱禮晉朝罕聞斯澤唯元奘庸薄獨竊洪私顧寵循躬彌深戰汗伏願皇帝皇后富衆多之子孫享無疆之福祚長臨玉鏡永御寶圖覆育羣生與天無極不任慙佩之至謹啟謝聞施重詞輕不能宣盡

謝皇太子令充慈恩寺上座啟

沙門元奘啟伏奉令旨以元奘爲慈恩寺上座恭聞嘉命心靈靡措屛營累息增深戰悚元奘學藝無紀行業空疎敢誓方期光贊憑恃皇靈窮遐訪道所獲經論奉勅翻譯誠冀法流漸潤克滋鼎祚聖教緒宗光華史冊元奘昔冒危塗久嬰痾疹駑蹇力弊恐不卒業孤負國恩有罰無赦命知僧務更貽重譴魚鳥易性飛沈失路伏惟皇太子殿

下仁孝天縱愛敬因心感風樹之悲結寒泉之痛式建伽藍將宏景福匡理法衆任在能人用非其器必有顚仆伏願睿情遠鑒照宏法之福因慈造曲垂察愚誠之忠款則法僧無晦老之咎魚鳥得飛沈之趣不任誠懇之至謹奉啟陳情伏用慙惶追增悚悸

謝皇太子聖教序述啟

元奘聞七曜摛光憑高天而散景九河灑潤因厚地以通流是知相資之美處物旣然演法依人理在無惑伏惟皇太子殿下發揮睿藻再述天文讚美大乘莊嚴寶相珠迴

玉轉霞爛錦舒將日月而聯華與咸英而合韻元奘輕生多幸沐浴殊私不任銘佩奉啟陳謝謹啟

謝高昌王送沙彌及國書綾絹等啟

奘聞江海遐深濟之者必憑舟楫羣生滯惑導之者實假聖言是以如來運一子之大悲生茲穢土鏡三明之慧日朗此幽昏慈雲蔭有頂之天法雨潤三千之界利安已訖捨應歸眞遺教東流六百餘祀騰會振輝於吳洛讖什鍾美於秦涼不墜元風咸匡勝業但遠人來譯音訓不同去聖時遙義類差舛遂使雙林一味之旨分成當現二常他

化不二之宗枏爲南北兩道紛紜爭論凡數百年率土懷疑莫有匠決元奘宿因有慶早豫緇門負笈從師年將二紀名賢勝友備悉諮詢大小乘宗畧得披覽未嘗不執卷躊躇捧經侘傺望給園而翹足想鷲嶺而載懷欲一拜臨啟伸宿惑然知寸管不可窺天小蠡難爲酌海但不能棄此微誠是以束裝取路經塗荏苒遂到伊吾伏惟大王稟天地之淳和資二儀之淑氣垂衣作王子育蒼生東抵大國之風西撫百戎之俗樓蘭月氏之地車師狼望之鄉並被深仁俱沾厚德加以欽賢愛士好善流慈憂矜遠來曲令引接既而至止渥惠逾深賜以話言闡揚法義又蒙降結娣季之緣敦獎友于之念幷遺書西域二十餘番煦飾殷勤令遞餞送又愍西遊煢獨雪路淒寒爰下明勑度沙彌四人以爲侍伴法服綿帽裘毯鞋韈五十餘事及綾絹金銀錢等令充二十年往還之資伏對驚慚不知啟處決交河之水比澤非多舉蔥嶺之山方恩豈重懸度凌溪之險不復爲憂天梯道樹之鄉瞻禮非晚倘蒙允遂則誰之力焉王之恩也然後展謁衆師稟承正法歸還翻譯廣布未聞翦邪見之稠林絕異端之穿鑿補像化之遺闕定元

門之指南庶此微功用答殊澤又前塗既遠不獲久留明日辭違預增悽斷不任銘荷謹啟謝聞

謝賜假營葬啟

沙門元奘啟元奘殃深釁積降罰明靈不能殞亡偷存今日但灰律驟改盈缺匪居墳隴淪頹草棘荒蔓思易宅兆亟歷歲年直爲遠隔關山不能果遂幸因陪隨鑾駕得屆故鄉允會宿心成茲改厝陳設所須復蒙皇帝皇后曲降天慈賜遣營佐不謂日月之光在瓦礫而猶照雲雨之澤雖蓬艾而必霑感戴屏營喜懼兼集不任存亡銜佩之至

附啟謝聞事重人微不能宣盡

造石浮圖發願文

元奘自惟薄祐生不遇佛復乘微善預聞像教倘生末法何所歸依又慶少得出家目覩靈相幼知慕法耳屬遺筌聞說菩薩所修行思齊如不及聞說如來所證法仰止於身心所以歷尊師授博問先達信夫漢夢西感正教東傳道阻且長未能委悉故有專門競執多滯二諦之宗黨同嫉異致乖一味之旨遂令後學相顧靡識所歸是以面鷲山以增哀慕常啼而假寐潛祈靈祐顯恃國威決志出一

生之域投身入萬死之地經是聖迹之處備謁遺靈但有宏法之人遍尋正說經一所悲見於所未見遇一字慶聞於所未聞故以身命餘貲繕寫遺闕既誠遂願言歸本朝幸屬休明詔許翻譯先皇道跨金輪聲震玉鼓紹隆像季允膺付囑又降神發衷親裁三藏之序今上春宮講道復爲述聖之記可謂重光合璧振彩聯華渙汗垂七曜之文鏗鋐韻九成之奏自東都白馬西明草堂傳譯之盛詎可同日而言者也但以生靈薄運共失所天惟恐三藏梵本零落忽諸二聖天文寂寥無紀所以敬崇此塔擬安梵本又樹豐碑鐫斯序記庶使巍峩永劫願千佛同觀氤氳聖迹與二儀齊固

辨機

辨機貞觀時人年十五出家大總持寺爲薩婆多部道岳法師弟子

大唐西域記贊

大矣哉法王之應世也靈化潛運神道虛通盡形識於沙界絕起謝於塵劫形識雖盡應字闕一生而不生起謝雖絕示寂滅而無滅豈實迦維降神娑羅潛化而已固知應物

効靈感緣垂迹嗣種刹利紹允釋迦繼域中之尊擅方外之道於是捨金輪而臨制法界摛玉毫而光撫含生道洽十方智周萬物雖出希夷之外將庇視聽之中三轉法輪於大千一音振辯於羣有八萬門之區別十二部之綜要是以聲教之所霑被馳騖福林風軌之所鼓扇載驅壽域聖賢之業盛矣天人之義備矣然後忘動寂於堅固之林遺去來於幻化之境莫繼乎有待匪遂乎無物尊者迦葉妙選應眞將報佛恩集斯法寶四念總其源流三藏括其樞要雖部執茲興而大寶斯在粵自降生洎乎潛化聖迹

千變神瑞萬殊不盡之靈逾顯無爲之教彌新備存經誥詳著記傳然尚羣言紛異議舛馳原始要終罕能正說此指事之實錄尚眾論之若斯況正法幽元至理沖邈研覈奧旨文多闕焉是以前修令德繼軌譯經之學後進英彥踵武缺簡之文大義鬱而未彰微言闕而無問法教流漸多歷年所始自炎漢迄於聖代傳譯盛業流美聯暉元道未攄眞宗猶昧匪聖教之行藏固王化之由致我大唐臨訓天下作孚海外考聖人之遺則正先王之舊典闡茲像教鬱爲大訓道不虛行宏在明德遂使三乘奧義鬱於

千載之下十方遺靈閟於萬里之外神道無方聖教有寄待緣斯顯其言信矣夫元奘法師者疏清流於雷澤派洪源於嬀川體上德之禎祥蘊中和之淳粹履道合德居貞葺行福樹曩因命偶昌運拔迹俗塵閒居學肆奉先師之雅訓仰前哲之令德負笈從學遊方請業周流燕趙之地歷覽魯衞之邦背三河而入秦中步三蜀而抵吳會達學髦彥遍効請益之勤冠世英賢屢申求法之志側聞餘論考厥眾謀競黨專門之義俱嫉異道之學情發討源志存詳考屬四海之有截會八表之無虞以貞觀三年仲秋朔旦褰裳遵路杖錫遐征資皇化而問道乘冥祐而孤遊出鐵門石門之阨踰凌山雪山之險驟移灰管達於印度宣國風於殊俗喻大化於異域親承梵學詢謀哲人宿疑則覽文明發奧旨則博問高才啟靈府而究理廓神衷而體道聞所未聞得所未得爲道場之益友誠法門之匠人者也是知道風昭著德行高明學蘊三冬聲馳萬里印度學人咸仰盛德既曰經笥亦稱法將小乘學徒號木叉提婆（唐言解脫天）大乘法眾號摩訶耶那提婆（唐言大乘天）斯乃高其德而傳徽號敬其人而議嘉名至若三輪奧義三請微言深

究源流妙窮枝葉煥然慧悟怡然理順質疑之義詳諸別錄既而精義通元清風載扇學已博矣德已盛矣於是乎歷覽山川徘徊郊邑出茅城而入鹿苑遊杖林而憩雞園迴眺迦維之國流目拘尸之城降生故基與川原而膴膴潛靈舊址對郊阜而芒芒覽神迹而增懷仰元風而永歎匪唯麥秀悲殷黍離愍周而已是用詳釋迦之故事舉印度之茂實頗採風壤存記異說歲月遄邁寒暑屢遷有懷樂土無忘返迹請得如來肉舍利一百五十粒金佛像一軀通光座高尺有六寸擬摩揭陁國前正覺山龍窟影像

金佛像一軀通光座高三尺三寸擬婆羅痆斯國鹿野苑初轉法輪像刻檀佛像一軀通光座高尺有五寸擬憍賞彌國出愛王思慕如來刻檀佛像一軀通光座高二尺九寸擬劫比他國如來自天宮降履寶階像銀佛像一軀通光座高四尺擬摩揭陀國鷲峯山說法華等經像金佛像一軀通光座高三尺五寸擬那揭曷國伏毒龍所留影像刻檀佛像一軀通光座高尺有三寸擬吠舍釐國巡城行化像大乘經二百二十四部大乘論一百九十二部上座部經律論一十四部大衆部經律論一十五部三彌底部

經律論一十五部彌沙塞部經律論二十二部迦葉臂耶部經律論一十七部法密部經律論四十二部說一切有部經律論六十七部因論三十六部聲論一十三部凡五百二十夾總六百五十七部將宏至教越踐畏途薄言旋軔載馳歸駕出舍衞之故國背伽耶之舊郊踰蔥嶺之危隥越沙磧之險路十九年春正月達於京邑謁帝雒陽肅承明詔載令宣譯爰召學人共成勝業法雲再蔭慧日重明黃圖流鷲山之化赤縣演龍宮之教像運之興斯爲盛矣法師妙窮梵學式讚深經覽文如已轉音猶響敬順聖旨不加文飾方言不通梵語無譯務存陶冶取正典謨推而考之恐乖實矣有搢紳先生動色相趨儼然而進曰夫印度之爲國也靈聖之所降集賢懿之所挺生書稱天書語爲天語文辭婉密音韻循環或一言貫多義或一義綜多言聲有抑揚調裁清濁梵文深致譯寄明人經旨沖元義資盛德若其裁以筆削調以宮商實所未安誠非讜論傳經深旨務從易曉苟不違本斯則爲善文過則艶質勝則野讜而不文辯而不質則可無大過矣始可與言譯也李老曰美言者則不信信言者則不美韓子曰理正者直

其言言飾者昧其理是知垂訓範物義本元同庶祛蒙滯將存利善違本從文所害滋甚率由舊章法王之至誠也緇素僉曰渝乎斯言讜矣昔孔子在位聽訟文辭有與人共者弗獨有也至於修春秋筆則筆削則削游夏之徒孔門文學嘗不能讚一辭焉法師之譯經亦猶是也非如童壽逍遙之集文住生肇融叡之筆削況乎刓方爲圓之世斲彫從樸之時其可增損聖旨綺藻經文者歟辯機遠承輕舉之允少懷高蹈之節年方志學抽簪革服爲大總持寺薩婆多部道岳法師弟子雖遇匠石朽木難彫幸入法

流脂膏不潤徒飽食而終日誠面牆而卒歲幸藉時來屬斯嘉會負鷃雀之資厠鵷鴻之末爰命庸才撰斯方志學非博古文無麗藻磨鈍勵朽力疲曳蹇恭承志記論次其文尚書給筆札而撰錄焉淺智褊能多所闕漏或有盈辭尚無刊落昔司馬子長良史之才也序太史公書仍父子繼業或名而不字或縣而不郡故曰一人之精思繁文重蓋不暇也其況下愚之智而能詳備哉若其風土習俗之差封疆物產之記性智區品炎京節候則備寫優薄審存根實至於胡戎姓氏頗稱其國印度風化清濁羣分畧書

梗概備如前序賓儀嘉禮戶口勝兵染衣之士非所詳記然佛以神道接物靈化垂訓故曰神道洞元則理絕人區靈化幽顯則事出天外是以諸佛降祥之域先聖流美之墟畧舉遺靈麤申記注境路盤紆疆埸迴互行次即書不在編比故諸印度無分境壤散書國末畧指封域書行者親遊踐也舉至者傳聞記也或直書其事或曲暢其文優而柔之推而述之務從實錄進呈皇極二十年秋七月絕筆殺青文成油素塵黷聖鑒詎稱天規然則冒遠窮遐實資朝化懷奇纂異誠賴皇靈逐日八荒匪專夸父之力鑿空千里徒聞博望之功鷲山徙於中州鹿苑掩於外囿想千載於目擊覽萬里若躬遊夐古之所不聞前載之所未記至德燾覆殊俗來王淳風遐扇幽荒無外庶斯地志補闕山經頒左史之書事備職方之遍舉

慧立

慧立本名子立高宗改爲慧立俗姓趙氏天水人貞觀三年出家豳州招仁寺又充大慈恩寺翻經大德次補西明寺都維那後授太原寺主

致于僕射書

立聞諸佛之立教也文言奧遠旨義幽深等元穹之廓寥類滄波之浩瀚談眞如之性相居十地而尚迷說小草之因緣處無生其猶昧況有縈纏八邪之網沈淪四倒之流而欲窺究宗因辨彰同異者無乃妄哉竊見大慈恩寺翻譯法師慧基早樹智力夙成行潔珪璋操逾松杞遂能躬遊聖域詢稟微言總三藏於胷懷包四含於掌握嗣清徽於曩哲扇遺範於當今實季俗之舟航信緇林之龜鏡者也所翻聖教已三百餘軸中有小論題曰因明詮論難之指歸序摧邪之軌式雖未爲元門之要妙然亦非造次之

所知也近聞尚藥吕奉御以常人之資竊衆師之說造因明圖釋宗因義不能精悟好起異端苟覓聲譽妄爲穿鑿排衆德之正說任我慢之褊心媒衒公卿之前囂誼閭巷之側不慚顏厚靡倦神勞頻歷炎涼心猶未已然奉御於俗事少閒遂謂眞宗可了何異鼷鼠見釜竈之堪陟乃言崑閬之非難蛛蝥覩棘林之易羅亦謂扶桑之可網不量涯分何殊此焉抑又聞之大音希聲大辨若訥所以淨名契理杜口毗耶尼父德高恂恂鄉黨又叔度汪洋之稱元禮楷模之譽亦未聞誇競自媒而獲縉紳之推仰也云

元奘三藏法師論

觀夫夜星宵月繼西日之明三江九河助東溟之大相資之道在物既然傳襲之風於人豈異自法王潛耀之後阿難結集已來歲越千年時逾十代聖賢間出英睿遞生各韞圖䦱俱苞上智負荷遺法控御天人道制風飇神傾海岳或舒指而流膏液或異室而朗奇光或連屍以伏天魔或一對而迴時主或顧通法於邊剎冒浪波於嶮塗或虛已以應物求裹糧而行死地終令元津溢瀁患濟無疆既益傳燈實符付囑考之前冊可不然哉而清源不窮今復遇法師嗣承之矣惟法師星象降靈山岳騰氣才過東箭譽美南金雅操不羣堅芳獨拔以四生爲已任建正法爲身事巍巍乎似嵩華之負穹蒼皎皎焉若琅玕之映澄海而聰機俊骨發於自然味道輕榮率由天性至夫多識洽聞之奥冠恒肇而逾高詳元造微之功跨生融而更遠滔滔乎藹藹乎實紹隆之器也神之將使像化重光於頽季之期故誕茲明德者矣法師以往今古大德闡揚經論雖復俱依聖教而引據不同諍論紛然其來自久至如黎耶是報非報化人有心無心和合怖數之徒聞熏滅不滅等

百有餘科竝三藏四含之涅槃大小兩宗之鉗鍵先賢之所不決今哲之所共疑法師亦躊躇此文怏怏斯旨慨然嘆曰此地經論蓋法門枝葉未是根源諸師雖各起異端而情疑莫遣終須括囊大本取定於祇洹耳由是壯志發懷馳心遐外以貞觀三年秋八月立誓東裝拂衣而去到中天竺那爛陀寺逢大法師名尸羅跋陀此曰戒賢其人體居二宗神鑑奥遠博閑三藏善四韋陀於十七地論最爲精熟以此論該冠衆經亦徧常宣講元是彌勒菩薩所造即攝大乘之根系是法師發軔之所祈者十六大國靡

不歸宗稟義學之徒恒有萬計法師既往修造一面盡歡以爲相遇之晚於是服膺聽受兼諮決所疑一遍便覆無所遺忘譬濛汜之納羣流若孟豬之吞雲夢彼師嗟怪嘆未曾有之若斯人者聞名尚難豈謂此時共談元耳法師從是聲振葱嶺名流入國彼諸先達英俊聞之皆宿構重關共來難詰鴈行魚貫轂駕肩隨其並論之詞雲屯雨至法師從容辨釋皆入其室操其戈取其矛擊其盾莫不人人喪輒解頤虔伏稱爲此公天縱之才難酬對也戒日王

等見之報喜皆肘步嗚足傾珍供養罷席之後更覽梵書并餘經論自如來一代所說耆山方等之教鹿苑半字之文爰至後聖馬鳴龍樹無著天親諸所製作及灰山住等十八異執之宗五部殊途之致并收羅研究達其旨得其文并佛處世之迹如泥洹堅固之林降魔菩提之樹迦路崇高之塔那揭畱影之山皆躬伸禮敬備覩靈奇亦無遺矣法師心期既滿學覽復周將旋本土遂繕寫大小乘法教六百餘部請像七軀舍利百有餘粒以今十九年春正月廿五日還至長安道俗奔迎傾都罷市是時也煙收霧卷景麗風清寶帳盈衢花幢埯日慶雲垂彩於天表郁郁紛紛庶士詠讚於通莊轟轟隱隱邪風於焉頓戢慧日赫以重明雖不逢世尊從忉利之下閻此亦足爲千載之休美也法師此行經途數萬備歷艱危至如涸陰沍寒之山飛濤激浪之壑厲毒黑風之氣狻猊貙犴之羣並法顯失侶之鄉智嚴遺伴之地班超之所不踐章亥之所不遊法師子爾孤征坦然無梗扇唐風於八河之外揚國化於五竺之間使乎遐域侯王馳心華轂遠方酋長係仰天衢雖法師不世之功抑亦聖朝運昌感通之力也皇帝握龍圖而纂歷應赤服以君臨戮鯨豕以濟羣生蕩雲霓而光日

月正四維之絕柱息滄海之橫流重立乾坤再施鎔造九功包於虞夏七德冠於曹劉海晏河清時和歲阜遠無不順邇無不安天成地平人慶神悅加以重明麗正三善之義克隆宰輔忠勤良哉之歌斯允既而功窮原載德感上元紫芝含秀於玉階華果結英於朱闕又如西州石瑞松縣琨符紀聖主千年之期顯儲君嗣承之業鳳毛才子之句上果佛日之文歷萬古而不聞當我皇而始出豈非明靈輔德元天福眷者焉加復遊心眞際城塹五乘追思鷲嶺之容竚想提河之說故使遺形紺髮煥彩來儀勝典高

儔相輝而至慈雲布於六合法鼓震於三千天花將景風共飛翠霧與香煙同馥於是溺俗沈流之士望彼岸而有期清虛蹈元之賓顧三空而非遠所謂司南啟路而衆惑知方商飇襲林而羣籟自響法師盛德也如彼逢時也如此豈同稚澄懷道遇二石之兇殘安什傳經値符姚之僞歷校之深淺卽行潦之類江湖比之明暗乃朝陽之與螢曜矣昔鍾玦既至魏文章賦以讚揚神雀斯呈賈逵獻頌而論異在禽物之微賤古人猶且詠歌況法師不朽之神功棟梁之大業豈可緘默於明時而無稱述者也立學愧

往賢德非先達直以同霑像化叨厠末塵欣慕之懷迫於恒品所以力課庸愚輒申斯傳其清徽令望之美絕後光前之蹤別當分諸鴻筆非此所能覼縷也冀明鑑君子收意而不哂焉贊曰

生靈感絕大聖遷神其能紹繼唯乎哲人馬鳴先唱提婆後申如日斯隱朗月方陳穆矣法師諒爲貞士迴秀天人不羈塵滓窮元之奧究儒之理潔若明珠芬同蕙芷悼經之闕疑義之錯委命詢求陵危踐墊恢恢器宇赳赳誠恪振美西州歸功東土屬逢有道時惟我皇重懸玉鏡再理珠囊三乘既闡十地兼揚俾夫慧日幽而更光曰余庸眇幸參塵末長自蓬門靡雕靡括高山斯仰清流是渴顧得攀依比之籐葛

欽定全唐文卷九百八

元楷

元楷永徽中沙門慧可弟子

陀羅尼集經翻譯序

若夫陀羅尼印壇法門者，斯乃衆經之心髓，引萬行之導首，宗深祕密，非淺識之所議，義趣沖元，匪思慮之能測，密中更密，無得稱焉。有高德沙門，厥號阿地瞿多（此云無極高也）。是中天竺人也。法師聰慧超羣，德邁過人，弱冠慕道，歷五竺而尋友，低心躍步而諮法要，故能精練五明，妙通諸部，意

欲運西域之法水，潤東夏之渇仰，拌身許於險難，務存宏道之心，拔山巖而不疲，涉流沙而無倦，頂戴尊經，向斯漢地。永徽二年正月，屆於長安，奉勅住慈門寺。但法師含珠未吐，人莫別於懷珍，雅辨既宣，方知有寶，故能決衆疑，言皆當理。然則經律論業，傳者非一，惟此法門，未興斯土，所以叮嚀三請，方許談法。三月上旬，赴慧日寺浮圖院内，法師自作普集會壇，大乘琮等一十六人，爰及英公鄂公等一十二人，助成壇供，同願皇基永固，常臨萬國，庶類同沾，皆成大益，其中靈驗不述（別在傳注）。余慶逢此法，不勝欣躍，躬詣翻經所，希翻廣本，屢値事鬧，不及陳請，恐幻質遷謝，失於大利，便請法師於慧日寺宣譯梵本，且翻要抄一十四卷，暨興國之宏基，存隆民之祕寶歟。從四年三月十四日起首，至永徽五年歲次甲寅四月十五日畢。以後頻頻勅追法師入内，邇近之間，無暇復校。此經出金剛大道場經大明呪藏分之少分也，今此畧抄，擬勘詳定，奏請流通，天下普聞焉。

明濬

明濬俗姓孫氏，齊人，出家住京師宏福寺，永徽二年卒。

答柳博士書

頃於望表，預矚歸敬之詞，覽其雄文，煥乎何偉麗也。詳其雅致，誠哉豈不然歟。悲夫愛海滔天，邪山槩日，封人我者，顛墜其何已；恃慢結者，沈淪而不窮。故六十二見，爭驀會而自處；九十五道，競扶伏以忘歸。如來以本願大悲，亡緣俯應，内圓四智，外顯六通，運十力以伏天魔，飛七辨而摧外道，竭慈愛海，濟梟識於三空，殄彼邪山，驅肖形於八正，指因示果，返本還源，大矣哉。悲智妙用，無得而言焉。昔道樹登庸，被聲教於百億；雙林寢迹，振遺烈於三千。自佛日

西傾餘光東照周感夜明之瑞漢通宵夢之徵騰蘭爇慧炬於前澄什嗣傳燈於後其於譯經宏法神異濟時高論摧邪安禪肅物緝頹網者接武繼絕紐者肩隨莫不夷夏欽風幽明翼化聯華靡替可畧而詳惟今三藏法師蘊靈秀出含章而體一味瓶瀉以贍五乘悲去聖之逾遠憫來教之多闕緬思圓義許道以身心口自謀形影相弔振衣擎錫討本尋源出玉關而遠遊指金河而一息稽疑梵宇探幽洞微旋化神州揚眞殄謬遺詮闕典大備茲辰方等圓宗彌廣前烈所明勝義妙絕寰中之中眞性眞空極踰

方外之外以有取也有取喪其眞就無求之無求盡其實拂二邊之迹忘中道之相則累遣未易洎其深重空何以臻其極要矣妙矣至哉大哉契之於心然後以之爲法在心爲法形言爲教法有自相共相教乃遮詮表詮粹旨沖宗豈造次所能覶縷法師凝神役志詳本正末緝熙元籍大啟幽關祕希聲應扣擊之大小廓義海納朝宗之巨細於是殊方碩德異域高僧服膺問道蓄疑請益固已飲河滿腹莫測其淺深聆音駭聽孰知其遠邇至於因明小道現比蓋微斯乃指初學之方隅舉立論之標幟至若靈樞祕鍵妙本成功備諸奧冊非此所云也呂奉御以風神爽拔早擅多能器宇該通夙彰博物弋獵開墳之典鉤深壞壁之書觸類而長窮諸數術振風飈於辨囿摛光華於翰林驤首雲中先鳴日下五行資其筆削六位佇其高談一覽太元應問便釋再尋言象立試卽成實晉代茂先漢朝曼倩方今蔑如也既而翱翔羣畧綽有餘功而能敬慕大乘夙敦誠信比因友生戲爾忽復屬想因明不以師資率已穿鑿比決諸疏指斥求非諠議於朝形於造次考其志也固已難加覈其知也誠爲可惑此論以一卷成部五紙

成卷研幾三疏向已一周舉非四十自無一是自既無是而能言是疏本無非而能言非言非不非言是不是言是不是是是而恒非言非不非非非而恒是非非恒是不爲非所非是是恒非不爲是所是以茲貶失致或病諸且據生因了因執一體而亡二義能了所了封一名而惑二體又以宗依宗體留依去體以爲宗喻體喻依去體留依而爲喻緣斯兩系妄起多疑迷極一成謬生七難但以鑽窮二論師已一心滯文句於上下誤音字之平去復以數論爲聲論舉生成爲滅成豈惟差離合之宗因蓋亦違倒順

之前後又採鄙俚訛韻以擬梵本囀音雖復廣援七種而只當彼一囀然非彼七所目乃是第八呼聲舛雜乖訛何從而至又案勝論立常極微數乃無窮體唯極小後漸和合生諸子微數則倍減於常微體又倍增於父母迨乎終已體遍大千究其所窮數唯是一呂公所引易繫詞云太極生兩儀兩儀生四象四象生八卦八卦生萬物云此與彼言異義同今案太極無形肇生有象元資一氣終成萬物豈得以多生一而例一生多引類欲顯博聞義乖復何所託設引大例生義似同若釋同於邪見深累如何自免

豈得苟要時譽混正同邪非身之讎奚至於此凡所紕紊胡可勝言特由率已致斯狼狽根既不正枝葉自傾逐誤生疑隨疑設難曲形直影其可得乎試舉二三冀詳大意深疵繁緒委答如別夫呂公達鑑豈孟浪而至此哉示顯真俗雲泥難易楚越因彰佛教宏遠正法凝深譬洪鑪非掬雪所投渤澥豈膠舟能越也太史令李君居忠履孝靈府沈祕襟期邈遠專精九數綜涉六爻博考墳圖瞻觀雲物鄙衛宏之失度陋裨竈之末工神無滯用望實斯在既屬呂公餘論復致問言以實際爲大覺元軀無爲是調御法體此乃信熏修容有分證稟自然約不可成良恐言似而意違詞近而旨遠天師妙道幸以再思且寇氏天師崔君特薦共貽伊咎夫復何言雖不混於淄澠蓋以自覽於金鍮耳唯公逸宇寥廓學殫墳索庇身以仁義應物以樞機肅肅焉汪汪焉擢勁節以干雲湛清瀾而鎮地騰芳文苑職處儒林捃摭九疇之宗研詳二戴之說至於經禮三百曲禮三千莫不義符指掌事如俯拾罇俎咸推其准的法度皆待其雌黃遂令相鼠之詩絕聞於野魚麗之詠盈耳於朝惟名與實盡善盡美而誠敬之重稟自夙成宏護

之心實唯素蓄屬斯諠義同恥疚懷故能投刺含膠允光大義非夫才兼內外照實鄰幾豈能激揚清濁濟俗匡真者耶昔什公門下服道者三千今此會中同德者如市貧道猥以庸陋叨廁末筵雖慶朝聞終慚夕惕詳以造疏三德竝是貫達五乘牆仞罕窺詞峯難仰既屬商羊鼓舞而霈澤必霑疾雷迅發恐無暇掩耳僉議古人云一枝可以戢羽何繁乎鄧林潢汙足以沈鱗豈俟於滄海故不以愚懦垂逼課虛辭弗獲免粗陳梗概雖文不足取而義或可觀領已庸疎彌增悚恧指述還答餘無所申釋明濬白

神昉

神昉永徽中法海寺沙門

大乘大集地藏十輪經序

昔者旭照高山，天宮御一乘之駕；流暉原隰，鹿苑轉四諦之輪。雖復發軫分逵，而塗無亂轍；一雲普洽，而卉木各茂。自鶴林變色，慧日寢光，達學電謝以息肩，眞人長往而寂滅。且前賢述聖，難令各解；後進孤陋，更異親承。况乎正法既往，久當像末，定慧與福德異時，醇化與澆風殊運。然則一乘三乘之駕，安可以同其轍哉？若識時來在數，藥性勿

違，然後可以清沈痼之宿疾，體權實之同歸矣。十輪經者，則此土末法之教也。何以明之？佛以末法惡時，去聖浸遠，敗根比之壞器，空見借喻生盲，沈醉五欲，類石田之不苗；放肆十惡，似臭身之垢穢。故此經能濯臭身，開盲目，陶壞器，沃石田。是以菩薩示聲聞之形，象王敬出家之服，以此幢相，化彼無慚，顯二事之護持，成三乘之道果。故經曰：爲令此土三寶種性威德熾盛久住世故。又曰：摧滅一切諸衆生類猶如金剛堅固煩惱。然則三寶久住，顯教傳於末法；金剛煩惱，驗障異乎一乘。尋舊經之來，年代蓋久，但譜第遺目，傳人失記，翻譯之主，既往來茲之日罕聞。同我者失魄於眞彩，異我者大笑於淡味，謬以千里，能勿悲乎？夫極曜文天，或蔽虧於薄霧；至言範物，時淪滯於邪辯。鍼石一違，有死生之巨痛；纖毫錯學，有昇墜之異塗。其可易乎？屬有三藏元奘法師者，始則學駕東朝，末乃訪道西域，輕一生之性命，涉數萬之艱難，果能竭溟渤以索亡珠，蹈龍宮而窮祕藏，吞法流於智海，瓶瀉無遺；受道氣於檀林，香風更馥。至於因明三量，聲論八音，莫不究立破之原，窮字轉之本。如來所說，菩薩所傳，已來未來，一朝備集。昉以薄

業不偶（闕一字）眞應，幸達聖制亂於未兆，後賢傳燈於既夕，遂使定死餘命，冀返魂於法藥；昏野迷方，期還轅於覺道。於是染翰操紙，杜絕外慮，務詳至教，釋彼紛執，嚮咨法主，重啟梵文。粵以永徽二年歲次辛亥正月乙未，盡其年十二月甲寅，翻譯始畢，凡八品十卷。以今所翻，比諸舊本，舊本已有，今更詳明；舊本所無，斯文具載。於是處座抗談者，響法雷而吐辯；靜慮通微者，鏡元波而照心。頂火暴腹之徒，戢螢暉於慧日；喜足謙懷之侶，談高節於清風矣。前佛既往，後佛未興，庶此教常懸，永濟來者。宏道之士，如何勿

思

法融

法融俗姓韋氏潤州延陵人年十九入茅山依炅法師出家貞觀十七年住金陵牛頭山幽棲寺是爲牛頭初祖顯慶二年卒年六十四

心銘

心性不生何須知見本無一法誰論薰鍊往返無端追尋不見一切莫作明寂自現前際如空知處迷宗分明照鏡隨照冥蒙一心有滯諸法不通去來自爾胡假推窮生無

生相生照一同欲得心淨無心用功縱横無照最爲微妙知法無知無知知要將心守靜猶未離病生死忘懷卽是本性至理無詮非解非纏靈通應物常在目前目前無物無物宛然不勞智鑒體自虛元念起念滅前後無別後念不生前念自滅三世無物無心無佛衆生無心依無心出分別凡聖煩惱轉盛計較乖常求眞背正雙泯對治湛然明淨不須功巧守嬰兒行惺惺了知見網轉迷寂寂無見暗室不移惺惺無妄寂寂明亮萬物常眞森羅一相去來坐立一切莫執決定無方誰爲出入無合無散不遲不疾明寂自然不可言及心無異心不斷貪淫性空自離任運浮沈非清非濁非淺非深本來非古見在非今見在無往見在本心本來不存本來卽今菩提本有不須用守煩惱本無不須用除靈知自照萬法歸如無歸無受絕觀忘守四德不生三身本有六根對境分別非識一心無妄萬緣調直心性本齊同居不攜無生順物隨處幽棲覺由不覺卽覺無覺得失兩邊誰論好惡一切有爲本無造作知心不心無病無藥迷時捨事悟罷非異本無可取今何用棄謂有魔興言空象備莫滅凡情惟教息意意無心滅心無

行絕不用證空自然明徹滅盡生死冥心入理開目見相心隨境起心處無境境處無心將心滅境彼此由侵心寂境如不遣不拘境隨心滅心隨境無兩處不生寂靜虛明菩提影現心水常清德性如愚不立親疏寵辱不變不擇所居諸緣頓息一切不憶永日如夜永夜如日外似頑嚚內心虛眞對境不動有力大人無人無見無見常現通達一切未嘗不徧思惟轉昏汨亂精魂將心止動轉止轉奔萬法無所惟有一門不入不出非靜非喧聲聞緣覺智不能論實無一物妙智獨存本際虛沖非心所窮正覺無覺

眞空不空三世諸佛皆乘此宗此宗毫末沙界含容一切莫顧安心無處無處安心處明自露寂靜不生放曠縱橫所作無滯去住皆平慧日寂寂定光明明照無相苑朗涅槃城諸緣忘畢詮神定質不起法坐安眠虛室樂道恬然優游眞實無爲無得依無自出四等六度同一乘路心若不生法無差互知生無生現前常住智者方知非言詮悟

威秀

威秀龍朔中大莊嚴寺沙門

議拜君親狀

伏奉明詔令僧拜跪君父義當依行理無抗旨但以儒釋明教咸陳正諫之文列化恢張俱進芻蕘之道僧等荷國重恩開以方外之禮安居率土得宏出俗之心所以自古帝王齊遵其度敬其變俗之儀全其抗禮之迹遂使經教斯廣代代漸多宗匠悠遠時時間發自漢及隋行人重阻靈鷲之風猶鬱仙苑之化尚疎未若皇運肇興提封海外天竺與五嶽同鎭神州將大夏齊文皇華之命載隆輶軒之塗接軫莫不欽斯聖迹興樹遺蹤故得梵侶來儀相從不絕今若反拜君父乖異羣經便證警俗之譽或陳輕毀之望昔晉成幼沖庾冰矯詔桓楚飾詐王謐抗言及宋武晚年將隆虐政制僧拜主尋還停息良由事非經國之典理越天常之儀雖曰流言終纏顯議况乃夏勃勅拜納上天之怒魏燾行誅肆下厲之責斯途久列備舉見聞僧等奉佩慞惶投庇失厝恐絲綸一發萬國通行必使寰海望風方宏失禮之譽悠哉後代或接效尤之傳伏惟陛下中興三寶慈攝四生親承咐囑之旨用勵學徒之寄僧等内遵正教固絕跪拜之容外奉明詔令從儒禮之敬俯仰惟咎慚懼實深如不陳請有乖臣子之喻或掩佛化便陷罔

君之罪謹列衆經不拜俗文輕用上簡伏願天慈賜垂照鑒則朝議斯穆終遵途於晉臣委畧常談畢歸度於齊后塵黷威嚴惟深戰戢謹言龍朔二年四月二十一日上

上請不拜父母表

謹錄佛經出家沙門不合跪拜父母有損無益文如左一梵網云出家人不向國王父母禮拜一順正理論云國君不求比邱禮拜元教東漸六百餘年上代皇王無不依經敬仰洎乎聖帝遵奉誠教彌隆故得列刹相望精廬峙接人知慕善家曉思愆僧等忝在生靈詎忘忠孝明詔頒下

率土咸遵恐直筆史臣書乖佛教萬代之後蕪穢皇風竊聞眞俗異區桑門割有生之戀幽顯殊服田衣無拜首之容理固越情道仍乖物況挺形戒律鎔念津梁酬恩不以形骸致養期於福善而令儀不改釋拜必同儒在僧有越戒之愆居親有損福之累臣子之處敢不盡言伏惟陛下匡振遠猷提獎幽槩既已崇之於國亦乞正之於家足使捨俗無習俗之儀出家絕家人之敬護法斯在禔福莫先自然教有可甄人知自勉不勝誠懇之至謹奉表以聞塵黷扆旒伏增戰越謹言八月二十一日

元則

元則龍朔中洛州天宮寺沙門

禪林妙記前集序

一切諸佛皆有三身一者法身謂圓心所證二者報身謂萬善所感三者化身謂隨緣所現今釋迦牟尼佛者法身久證報身久成今之出現蓋化身耳謂於過去釋迦佛所發菩提心願同其號故今成佛亦號釋迦三無數劫修菩薩行一一劫中事無量佛中間續遇定光如來以髮布泥金華奉上尋蒙授記得無生忍然一切佛將成佛時必經百劫修相好業其釋迦發心在彌勒後當以逢遇弗沙如來七日翹仰新新偈讚遂超九劫在前成道將欲成時生兜率天號普明菩薩盡彼天壽下閻浮提現乘白象入母右脇其母摩耶夢懷白象梵仙占曰若夢日明當生國王若夢白象必生聖子母從此後調靜安泰慈辯日異菩薩初生大地震動身紫金色三十二相八十種好圓光一尋生已四方各行七步爲降魔梵發誠實語天上天下唯我獨尊抱入天祠天像悉起阿私陀仙合掌歎曰相好明了必爲法王自恨當死不得見佛斯則淨飯國王之太子也

字悉達多祖號師子頰父名淨飯母曰摩耶代代爲輪王姓瞿曇氏復因能事別姓釋迦朗悟自然藝術天備雖居五欲不受欲塵遊國四門見老病死及一沙門還入宮中深生厭離忽於夜半天神扶警遂騰寶馬踰城出家苦行六年知其非道便依正觀以取菩提時有牧牛女人煮乳作糜其沸高踊牧女驚異以奉菩薩菩薩食之氣力充實入河洗浴將登岸時樹自低枝引菩薩上菩薩從此受吉祥草坐菩提樹惡魔見已生瞋惱心云此人者欲空我界即率官屬十八億萬持諸苦來怖菩薩促令急起受五欲

樂又遣妙意天女三人來惑菩薩爾時入勝意慈定生憐愍心魔軍自然墮落退散三妙天女化爲嬰鬼降魔軍已於二月八日明相出時而成正覺既成佛已觀衆生根知其樂小未堪大法卽趣波羅柰國度憍陳如等五人轉四諦法輪此則三寶出現之始也其後說法度人之數大集菩薩之會甚深無相之談神通示現之力經文具之矣又於一時升忉利天九旬安居爲母說法時優闐國王及波斯匿王思慕佛德刻檀畫氍以寫佛形於後佛從忉利天下其所造像皆起避席佛摩其頂曰汝於未來善爲佛事

佛像之興始於此矣化緣將畢時徒厭怠佛便告衆却後三月吾當涅槃復記後事如經具說然如來實身常在不滅故法華云常在靈鷲山及餘諸住處今生滅者是佛化身爲欲汲引現同其類所以受生復欲令知有爲必遷所以示滅又衆生根熟所以現衆生衆生感盡所以現滅佛涅槃後人天供養起諸寶塔又大迦葉名千羅漢結集法藏阿難從鍊鬚入誦出佛經一無遺漏如瓶瀉水置之異器一百年有鐵輪王字阿輸柯亦名阿育役御鬼神於一日中天上人間造八萬四千舍利寶塔其佛遺物衣鉢杖等及諸舍利神變非一逮漢明感夢金軀日佩丈六之容一如釋迦本狀又吳主孫權燒椎舍利無所變壞爰及浮江石像汎海瑞容般若冥力觀音密念別記具之事不多錄

禪林妙記後集序

竊聞象分庖卦克讚神明之德訓啟箕疇載穆彝倫之敘自茲已降述者尤多莫不叶璿政而增輝仞金闉而聳價矧乎眞乘上智津萬有以興言祕藏圓音警百靈而暢旨燭迷均於麗景清神比於甘露自非六瓔踐位四輪飛德

豈能探賾至眞研機妙本是知茂於道者其教孔修昌於業者其文伊煥伏惟皇帝陛下徇齊纂極聖敬凝旒十善揚仁化柔蟠寵之表四等調俗風高胥燧之前猶且峻元範而擒詞藻常源而衍鑒霈垂汗綍留思給園遂以匠物之餘親迂睿旨正名之末特繕嘉題僧等荷鎔施之恩緘紹隆之澤爰初肅名載惕中襟伏以聖旨難晞元津罕涉空思測管嗟混沌之未開實賴叫閽時象罔其如得蘭臺太史兼左侍極應山縣開國侯某奬鑿弗疲閱覽無滯乃相與搴恕林之英萼繳耆山之迅羽搜八藏之殊珍控三

點之靈液用成一部勒爲十卷較其精詣事絕稱言然以教海既中法門猶廣雖要妙之旨已具前修而博贍之文終資別錄竊以登荆山者思有獻於連城遊楚濱者願納貢於包匭況龍宮逸寶照爛於情田鹿苑遺芳芬葩於字葉苟懷貞藹孰忘薦奉加以成貸有循明規在屬方肆披簡則琳琅畢炫擬之區別則蘭菊自分有導斯來譬東瀛之吠澮各歸所應類南裔之宮徵以義相屬凡建十章章分上下成二十卷經尋一千五百餘軸義列三百六十餘條所建十章輒成四例初二立眞俗之境次雙明染淨之

由中四坦修證之塗後兩垂汲引之範相次爲敘各隸多目俾大義粲然至言罔墜暖千門之列敞侈百隧之兼儲同夫曉宿編珠誠不倫而磊落春叢綴錦諒非工而彬布實由元覽深契故使奧旨冥歸伊其不紊抑有憑矣然則一毛可以知鳳彩故所錄未多雙飛不足罄鳧洲故餘美難極既限金口之誨良無玉屑之譏其間剞削毫芒斟酌去取恐貽謬於千里每加審於三復粤以龍朔三年五月十七日首奉綸言迄今麟德元年五月四日前後二部汗青畢具前則簡而能暢後則博而無雜庶可以振釋網之宏綱總法門之要鍵開息心之勝躅備多聞之靈囿伏願醍醐上味永沃神衷般若明珠長輝睿握斯文不墜眞宗與日月俱懸茲福無量寶祚將穹壤齊固云爾

元範

元範龍朔中普光寺沙門著有別集二十卷

議拜君親狀

沙門元範敢致狀於中臺王公侯伯羣僚等但元範雖不班預議例而竊有所聞前古大德廬山法師遺時數運遂造沙門不敬王者論五篇理致幽微問答元妙將欲簡白

乍尋難曉今畧述內外典記明證不敬之理謹以狀上請懲應拜之議也夫天雖至元必著日月之明地雖至寂必圓山川之化聖者雖聲通冥運亦必假賢俊藩輔子於百姓者也君既使臣以禮臣須事君以忠若不廷爭於未然則恐機發於己矣但佛法是區域之外逾四大之尊超寰寓之表越在三之義唱無緣之慈宏不言之化冥功潛運故曰沐而悠漸但中庸之人以爲無益者良不悟其所含也故先朝聖教序云陰陽之妙難窮者以其無形也佛道崇虛乘幽控寂宏濟萬品典御十方者乎今既慧日潛暉

像教冥運秉法和敬非僧而誰故佛告信相菩薩曰我說三寶唯是一體無有別相斯像法傳持當於是矣若阿恕伽之禮小僧諭邪臣以貿衆首豈非體道之可尚乎令欲令僧尼鞠躬於禮儀劬勞於拜揖是致佛以拜人非人者以奉法如弁爲翻加於首足實迴換惑亂之甚矣且王有常不臣者三暫不臣者五不名者四不臣者一尚書曰虞賓在位舜不臣朱詩曰有客有客亦白其馬此承二王之後帝者尚所不臣況僧當大聖之允奚足致敬君主國之賓序胡豫失儀而以不輕禮於四衆用配敬於一人此蓋

菩薩比邱情亡物我况今尊卑位別殊非媲偶又舉淨名而取稽首引知法而招恭敬昔函丈於新學不觀機而授藥以中忘此意宗半字焉既宴寂於正念發宿生而示悟還得本心崇滿字矣於是以亡相稽首無想接足乃混緇素於一時泯性相於萬古斯並大士權誡未可小機普准故涅槃經云我爲菩薩說如此偈今以聲聞持戒臘之至執威儀之切非以重傲慢悖君親良欲崇國家利臣人者也又順正理論云諸天神衆不敢希求受五戒者禮如國君主亦不求比邱禮拜以懼損功德及壽命故今欲行之

以周孔之教抑之以從俗之禮竊爲仁者不取也又僧尼族非蕃類性簡戎蠻稟中國而法四夷承剔割而紹三寶據其教則有拜君親爲損修其法以資家國有益恐匿聖言禍鍾自犯四分律云使恭敬者年不應禮拜白衣者正以弗縻於爵祿異俗網於典誨矣王制曰宗廟有不順者黜以爵山川有神祇而不舉者削以地況僧尼索鬼神之敬反父母之禮若使正教淪胥於是汙鄙恐神明所不交泰福慶所不流潤災害幾生禍亂幾作而舍靈廢成俗之化冑子闕啟蒙之訓率土臣人順風載靡不可自新於師

戒有助國於教化者也梵網經云不拜君親鬼神明矣且濡霑不拜爲容節之失剃乃割截非束帶之儀髡削無稽首之飾於庠序之風範朝宰之變怪也佛是絕域異俗之化靡中和順動之氣存亡之際實寄於人矣大傳曰正朔所不加卽君子所不臣未若福其所訓利其所稟便其勞動而用之乘其利安而事之故得百姓之歡心卽一人有慶者也又介冑不拜慮折其威師帝不臣恐損其道況衣忍鎧擐祖甲伏龍怖以袈裟懾魔威於抖擻逃隸出家王親降禮波離入道父王致拜故知道在則貴不以人爲輕

重是以道破宏人人蓋宏道者信矣今遺法所以付於王者委護持仗流通也以四衆之微弱恐三寶之廢壞藉王者以威伏假王者以勢逼令使攝衣屈膝握拳稽顙則連河之化於茲闕矣詩云王赫斯怒爰整其旅僧等戰戰兢兢誠惶誠恐懼虧遺教之本意辱同功之法服一拜之勞不必加衆僧之損一拜之敬不必加萬乘之尊頃僧等孜孜而不安其業者非所以苟爲庸庸之軀深存靡靡之化矣恐煥然之美無潤色於盛代異國之求豈聞於當今者歟必以經像爲蕪穢不足以崇仰僧尼爲臭腐不足爲福田覩教籍者目焦修揖拜者變傴襲緇服則轉筋談典禮而齒齵於是嫌而棄之變天竺之風暢中華之禮以萬物爲更始策三大而自新則取善之基徒使修立不若隔教綱於區外改容儀於物表臣而子之足盡忠孝之節也卽如史傳不必爲長夜經子未必爲太陽司成雖學而無倦猶將闕焉於大訓況助國之美無聞亂矣不繁禁而獲安不革情而得志雖文王至聖也猶學於虢叔孔子至明也尚師於郯子王者至尊也猶父事三老兄事五更及其釋奠躬執爵而跪之曰穆穆焉恂恂焉雖至孝之事嚴親罔以加也是以大易蠱爻不事王侯大禮儒行不臣天子故知道以貴之爲貴不以輕貶爲輕伏想僚寀談請正士爲之蠹害將生螟蟘而議爲拜者非朝廷之上策也原夫正法西基迄於茲日已過千載有太平焉自大教東流方七百歲雖歷變市朝隆之莫替其中聖主賢臣計餘可數未嘗拘檢意況銑削僧尼信知淵達之資爲日久矣間者有執權少主謀簒微君私佞自媚陷墜家國又一二蕃小雄雌互舉雖暫誅除尋革前弊夫若此者可以攘袂鼓肘怒目切齒大視而叱之豈不忠烈之壯觀也今我大唐應九五之期四三皇之位八紘共軌四海同文百辟守法度於有司三寶暢微言於汲引則道俗資勳家國延祚可不盛歟可不盛歟勅以宋朝暫革此風少選還遵舊貫良爲爽其恒情議在不失常理幸儼而思之宏而護之家國之政若隆忠孝之誠必著冥功潛潤根條槃蔚好爵自縻祿秩優寵華萼繼允蘭菊緒榮感福慶之內資思宏益而外護豈不居生勿墜常保勝期者歟今謹疏内外典禮請循照察沙門釋範敬白龍朔二年五月五日上

崇拔

崇拔龍朔中襄州禪居寺沙門。

議拜父母狀

沙門崇拔言。拔聞道俗憲章。形心異革。形則不拜君父。用顯出處之儀。心則敬通三大。以遵資養之重。近奉恩勑。令僧不拜君王。而令拜其父母。斯則隆於敬愛之禮。闕於經典之教。僧寶存而見輕。歸戒沒而長隱。豈有君開高尚之迹。不悖佛言。臣取下拜之儀。面違聖旨。可謂放子爲求其福。受拜仍獲其辜。一化致疑。二理矛惑。伏願請從君敬之禮。以通臣下之儀。輕黷扆旒。彌增隕越。謹言。七月二十五日上。

宣業

宣業龍朔時司成寺沙門。

議拜君親狀

臣聞至道沖虛。般若元寂。在人則人尊。在處則處貴。故河上仙老。降劉后之高。雞岫名僧。屈輪王之重。是知斯風久扇。千載同尊。謹案梵網等出家人法。不向國王父母禮拜。至如傳儒業者。尚與君王分庭抗禮。孫爲祖尸。嫡允冠阼。父母猶拜其子。爲傳重也。當今聖主法唐虞之揖讓。任巢許之不臣。超漢帝之寬仁。從四皓於方外。豈況受付宏宣。闡揚元教。既許出家。理宜隔俗。況遺朝拜。誠所驚疑。用人廢法。愚謂未可。且禮云。介者不拜。爲其失容節也。去俗之人。身被忍鎧。令同俗跪。翻貶朝儀。上庠謬參賢館。沐恩既重。敢罄謏聞。謹議。

欽定全唐文卷九百九

道宣一

道宣俗姓錢氏丹徒人一云長城人其先出自廣陵太守讓之後父申陳吏部尚書九歲依智頵律師出家年十六從智首律師受具隋大業中西明寺初就詔充上座龍朔中住京兆崇義寺乾封二年卒年七十二

上雍州牧沛王論沙門不應拜俗啟

自金河徙轍玉關揚化歷經英聖載隆良輔莫不拜首請道歸向知津故得列刹相望仁祠棊布天人仰福田之路

幽明懷正道之儀清信之士林蒸高上之賓雲結是使教分三法垂萬載之羽儀位開四部布五乘之清範頃以法海宏曠類聚難分過犯滋彰冒呈御覽下非常之詔令拜君親垂惻隱之懷顯陳朝議僧等荷斯明命感悼涕零良由行闕光時遂令上露優被且自法教東漸亟涉窊隆三被屏除五遭拜伏俱非休明之代並是暴虐之君故使布令非經國之謨乖常致良史之誚事理難返還襲舊津伏惟大王統維京甸攝御機衡道俗來蘇繁務攸靜今法門擁閼聲教莫傳據此靜障拔難之秋拯溺扶危之日僧等叫閽難及徒鶴望於九重天階罕登終棲遑於百慮所以干冒陳款披露冀得俯被鴻私載垂提拾是則遵崇付囑清風被於九垓正像更興景福光於四海不任窮塞之甚具以啟聞塵擾之深惟知慙惕謹啟龍朔二年四月二十五日

白朝宰羣公沙門不應拜俗啟

君父事理深遠非淺情能測夫以出處之迹列聖齊規眞俗之科百王同軌干木在魏高枕而謁文侯子陵居漢長揖而尋光武彼稱小道尚懷高蹈之門豈此沙門不乘閒

放之美但以三寶嚮位用敷歸敬之儀五眾陳誠載啟福田之道今削同儒禮則佛非出俗之人下拜君父則僧非可敬之色是則三寶通廢歸戒絕於人倫儒道是師孔經尊於釋典在昔晉宋備有前規八座詳議足爲龜鏡僧等荷國重寄開放出家奉法行道仰承聖則忽令致拜有累深經俯仰棲遑罔知投庇謹列內經及以故事具舉如前用簡朝議請垂詳採敬白

上榮國夫人楊氏論拜親無益啟

僧道宣等啟竊聞紹隆法任必歸明哲崇護眞詮良資寵

望伏惟夫人夙著薰修啟無疆之福早標信慧建不朽之因至於佛教威儀法門軌式實望特垂恩庇不使陵夷自勅被僧徒許隔朝拜誠當付囑之意實深荷戴之情然於父母猶令跪拜私懷徒愜佛教甚違若不早有申聞恐遂同於俗法僧等翹注莫敢披陳情用迴惶輒此投訴伏乞慈覆特爲上聞倘遂恩光彌深福慶不勝懇切之至謹奉啟以聞塵擾之深惟知悚息謹啟

上榮國夫人楊氏沙門不合拜俗啟

自三寶東漸六百餘年四俗立歸戒之因五衆開福田之務百王承至道之化萬載扇唯聖之風故得寰海知歸生靈迴向然以慧日既隱千載有餘正行難登嚴科易犯遂有稊稗涉青田之穢少壯懷白首之徵備列前經聞於視聽且聖人在隱凡僧程器後代住持非斯誰顯故金石泥素表眞像之容法衣剃髮擬全僧之相依而信毀因果兩分背此繕修俱非正道又僧之眞僞生熟難知行德淺深愚智齊惑故經陳通供如海之無窮律制別科若涯之有際宗途既別名教是依設出俗之威儀登趣眞之圓德固使天龍致敬幽顯歸心宏護在懷流光不絕比以時經濁

染人涉凋訛竊服飾詐之徒叨倖憑虛之侶行無動於塵俗道有翳於憲章上聞御覽布君親之拜乃迴天睠垂朝議之勅僧等內省慙懼如灼如焚相顧失守莫知投厝仰惟佛教通囑四部幽明敢懷竊議夫人當斯遺寄況復體茲正善崇建爲心垂範宮闈成明道俗今三寶淪溺成濟在緣輒用諮陳希垂救濟如蒙拯拔依舊住持則付囑是歸宏護斯在輕以聞簡追深悚息謹啟龍朔二年四月二十七日

妙法蓮華經宏傳序

妙法蓮華經者統諸佛降靈之本致也蘊結大夏出彼千齡東傳震旦三百餘載西晉惠帝永康年中長安青門燉煌菩薩竺法護者初翻此經名正法華東晉安帝隆安年中後秦宏始龜茲沙門鳩摩羅什次翻此經名妙法蓮華隋氏仁壽大興善寺北天竺沙門闍那笈多後所翻者同名妙法三經重沓文旨互陳時所宗尚皆宏秦本自餘支品別偈不無其流具如序歷故所非述夫以靈嶽降靈非大聖無由開化適化所及非昔緣無以導心所以仙苑告成機分大小之別金河顧命道殊半滿之科豈非教被乘

時無足戲其高會是知五千退席爲進增慢之儔五百授記俱崇密化之跡所以放光現在開法請之教源出定揚德暢佛慧之宏畧朽宅通入大之文軌化城引昔緣之不墜繫珠明理性之常在鑿井顯示悟之多方詞義宛然喻陳惟遠自非大哀曠濟拔滯溺之沈流一極悲心拯昏迷之失性自漢至唐六百餘載總歷羣籍四千餘軸受持盛者無出此經將非機教相扣竝智勝之遺塵聞而深敬俱威王之餘勳輒於經首序而綜之庶得早淨六根仰慈尊之嘉會速成四德趣樂土之元猷宏贊莫窮永貽諸後云爾

師子莊嚴王菩薩請問經序

觀夫法王利見權巧殊途或聲光動人或開智攝物立儀列相興像設之機緣聚沙塗地表乘時之淨養斯德有歸可畧言也有師子莊嚴王菩薩者學周八藏智越五乘籍勝報而開教端寄善權而行圖範故使方壇外啟圓場內羅列八座而延八聖陳四報而成四德空有兩業自此修明大小諸乘因茲增長可謂總攝六度之元畧統顧行之明規其道易而可修其儀約而難隱智有通塞道涉窊隆

時運所歸近聞東夏逮龍朔三年冬十月有天竺三藏厥號那提挾道闢萌來遊天府皇上重法隆禮眞人厚供駢羅祈誠甘露南海諸蕃遠陳貢職備述神藥惟提能致具表上聞霈然下遣將事首途出斯奧典文旨旣顯異由來之所傳道場不昧赴機緣之浮業輒以所聞序之云爾

統畧淨住子淨行法門序

夫淨住之來其流尚矣祖述法王開化導達之方統引羣生履信成濟之務也是以法正存沒畢乘信毀之功神用昏明終藉惰勤之力竊聞輪王興運肇於有劫之初法王

膺期闡於濁惑之始其故何耶良有以也諒由淳薄結於夙心故使機感隆於視聽自教流震土六百餘年道俗崇仰其蹤可悉至於知機明畧宏贊被時垂清範於遺黎導成規於得信者斯文在斯可宗鏡矣昔南齊司徒竟陵王文宣公蕭子良者崇仰釋宗深達至教注釋經論鈔畧詞理掩邪道而闢正津宏一乘而揚士衆世稱筆海時號智山或通夢於獨尊謚天王之嘉稱或冥受於經唄傳神度之英規其德難詳輒從蓋闕以齊永明八年感夢東方普光世界天王如來樹立淨住淨行法門因其開衍言淨住

者即布薩之翻名布薩天言淨住人語或云增進亦稱長養通道及俗俱稟修行所謂淨心口意如戒而住故曰淨住也子者紹繼爲義以三歸七衆制御情塵善根增長紹續佛種故曰淨住子也言淨行法門者以諸業淨所以化行於世了諸法門故有性相差別始於懷鉛終於絕筆凡經七旬兩袠都了遂開筵廣第盛集英髦躬處元座談敘宗致十衆雲合若赴華陰之墟四部激揚同謁靈山之會咸曰聞所未聞清心傾耳故江表通德體道乘權綜而習之用開靈府陳平隋統被及關河傳度不虧備於藏部後

進學寡識昧前修曾不披尋任情臆斷號曰僞經相從捐擲斯徒衆矣可爲悲夫余以暇景試括撿之文實菁華理存信本矣故知今所學教全是師心心何可師一至如此是以智度論云佛滅度後凡所製述宏贊佛經者並號阿毗達磨即十二部經之所攝也聖教明訣理絕凡謀但以初學惑昧未能贍及輒又隱括畧成一卷撮梗概之貞明摘扶疎之茂美足以啟初心之跬步標後銳之前蹤又圖而讚之廣於寺壁庶使愚智齊曉識信牢強萬載之道遐開七衆之基成立敬而信者是稱淨行之人宗而行之不亡淨住之目貽厥諸友知其意焉

釋迦方誌序

惟夫大唐之有天下也將四十載淳風洽而澆俗改文德修而武功暢故使青邱丹穴之候並入提封龍沙烏塞之區聿遵聲教膜拜稽首顯朝宗之羽儀輸琛奉贄表懷柔之盛德然則八荒内外前史具書五竺方維由來罕述豈非時也雖復周穆西狩止屆崑邱舜禹南巡不踰滄海秦皇晝野近袤臨洮漢武封疆關開鐵路厥斯以降遐討未詳所以崆峒問道局在酒泉之地崑崙謁聖實惟玉門之

側至於弱水洞庭三危九隴燕然龍勒沙障黎河具歷夏書咸圖雍部及博望之尋河也創開大夏之名軒皇之遊夢也初述華胥之國貳師之伐大宛定遠之開鐵門由余入秦日磾仕漢聲榮覆於葱嶺帝德亘於耆山赫奕皇華其徒繁矣而方土所記人物所宜風俗之沿革山川之卓詭雖陳之油素畧無可紀豈不以經途遼遠遊詣之者希乎以事討論縱有傳說皆祖行人信非躬覩相從奔競虛爲實錄何以知其然耶故積石河源西瞻赤縣崑崙天柱東顧神州鳴砂以外咸稱胡國安用遠籌空傳緗簡是知

身毒之說重譯臻焉神異等傳斷可知矣自佛教東傳榮光燭漢政流十代年將六百輶軒繼接備盡觀方百有餘國咸歸風化莫不梯山貢職望日來王而前後傳錄差互不同事迹罕述稱謂多惑覆尋斯致宗歸譯人昔隋代東都上林園翻經館沙門彥琮著西域傳一部十篇廣布風俗畧於佛事得在洽聞失於信本余以爲八相顯道三乘陶化四儀所設莫不逗機二嚴攸被皆宗慧解今聖迹靈相雜沓於華胥神光瑞影氤氳於宇內義須昌明形量動發心靈洎貞觀譯經嘗參位席傍出西記具如別詳但以

紙墨易繁閱鏡難盡佛之遺緒釋門共歸故撮綱猷畧爲二卷貽諸後學序之云爾

釋迦氏譜序

古德流言祖佛爲師羞觀佛闕之本系絡釋爲姓恥尋釋氏之根源以今據量頗爲實錄既云革俗義匪憑虛昔南齊僧祐律師者學通內外行總維持撰釋迦譜一帙十卷援引事類繁縟神襟自可前修博觀非爲後進標領余年迫秋方命臨悲谷屢獲勸勉力復陳之試舉五科用開三返想同族法種詳斯意焉

曇無德部四分律刪補隨機羯磨序

原夫大雄御寓豈惟拯拔一人大教膺期總歸微顯一理但由羣生著欲欲本所謂我心故能隨其所懷開示止心之法然則心爲生欲之本滅欲必止心元止心由乎明慧慧起假於定發發定之功非戒不宏是故特須尊重於戒故經云戒爲無上菩提本應當一心持淨戒持戒之心要惟二轍止持則戒本最爲標首作持則羯磨結其大科後進前修妙宗斯法故律云若不誦戒羯磨盡形不離依止自慧日西隱法水東流時兼像正人通淳薄初則二部五

部之殊中則十八五百之別末則眾鋒互舉各競先驅人或從緣法無傾墜然則道由信發宏之在人人幾顛危法寧澄正所以羯磨聖教綿歷古今世漸增繁徒盈卷軸考其實錄多約前聞叢其宗緒畧無本據師心制法者不少披而行誦者極多輕侮聖言動掛形網皆務異同之見競執是非之迷不思返隅更增昏結致使正法與時潛地矣故佛言若作羯磨不如白法作白不如羯磨法作羯磨如是漸令正法疾滅當隨順文句勿令增減違法毗尼當如是學慈誥若此妄指實難昔已在諸關輔撰行事鈔其羅

種類雜相畢陳但爲機務相詶卒尋難了故畧舉羯磨一色別標銓題若科擇出納興廢是非者彼鈔明之此但約法被事援引證據者在卷行用然律藏殘缺義有遺補故統關諸部撮畧正文必彼俱無則理通決例竝至篇具顯便異古藏迹夫羯磨雖多要分爲八始從心念終乎白四各有成濟之功故律通標一號敢就其時用顯要者類聚編之文列十篇義通七衆豈令傳諸學司將以自明恒務也

古今佛道論衡實錄序

若夫無上佛覺迴出籠樊超三界而獨高截四流而稱聖故使提封所漸區宇統於大千聲教所覃沐道霑於八部所以金剛御座峙閻浮之地心至覺據憑布英聖之良術遂有天人受道龍鬼皈心挹酌不相之方散釋無明之患然夫聖人所作起必因時時有邪倒之夫故卽因而陶化天竺盛於六諦神州重於二篇遂使儒道互先眞僞交正自非入證登位何由分析殊途致令九十六道競飾澆詞六十二見各陳名理在緣或異大約斯歸莫不謂無想爲泥洹指梵主爲生本故二十五諦開計度之街衢六大論師立神我之眞宰居然設教億載斯年攝統塵蒙九土崇敬考其術也輕生而會其源論其行也封固而登其信故有四韋陀論推理極於冥初二有天根尋生窮於劫始臆度懸遠罔冒生靈致有赴水投巖坐熱臥棘吸風露而曰仙祖形骸而號聖守死長迷莫知迴覺如來哀彼黔黎降靈赤澤曜形丈六金色駭於人天數揚四辯慧解暢於幽顯能使魔王列陣千軍碎於一言梵主來儀三輪摧於萬惑於是鍱腹戴爐之輩結舌伏於道場敬日重火之徒洗心仰於覺教舍衛城側大偃邪鋒堅固林中傾倒巢穴能

事旣顯將務宏通玉關揚正道之秋金相表乘機之瑞清涼臺上圖以靈儀顯節陵中陳茲聖景度人立寺創廣仁風抑邪通正於斯啟轍於斯時也喋喋黔首無敢抗言瑣瑣黃巾時羣異議然其化被不及於龍勒名位無踐於槐庭王何達其上賢班馬隆其褒貶安得與夫釋門相抗雷同混迹者哉斯何故耶良以博識旣寡信保常迷今則通覿具瞻義必爽開前惑且夫其流易曉關澤之對天分其理難通孫盛之談海截然猶學未經遠情弊疎通邪辯通眞能無猜貳孔子之在東魯尚啟虛盈卜商之據西河猶

參疑聖自餘恒俗無足討論今以天竺胥徒聲華久隔震旦張葛交論實繁故商推由來銓衡敘別筆削無濫披圖藻鏡總會聚之號曰佛道論衡分爲上中下三卷如有隱括覽者詳焉

欽定全唐文卷九百十

道宣二

四分律刪補隨機羯磨疏序

觀夫聖人之利見也妙以清澄界繫亡我傾倒以爲言焉故張三學之教源顯八正之道業揚四部之清訓樹五衆之良規莫不横厲重關高翔極有者矣然則學雖多位誠戒居先豈不以衆善宏基依因之所本也自古詳教咸分兩途化教則通被道俗專開信解之門行教則局據出家惟明修奉之務三輪則攝於憶念四藏則統在毗尼義約

則行教所收從文則歸承法聚止作兩善名實昧於即機受隨二戒願行標於時衆所以前修後進成誦維持代漸浮訛不無沿濫自法流東夏開務實繁戒本羯磨淨分異轍良由受體止持攝修之極無越戒本據行作持量處之要其惟羯磨戒本序致如別所陳羯磨衆氏義須詳顯或單翻出（即古本曹魏所翻者）或依律文（即今一家依本直誦）或准義用（即光師所述首云三藏者）或引緣據（即願師後述廣子注者）讎校諸本成務紛綸增減繁畧互見得失單翻則失於文旨包舉難尋依本則得在執據前後易惑准義理雖無爽藏蹟可嫌緣據似是具周止

存別見並隨事尋譚臧否冥然惟可卷收信如龜鑑又依本綴疏廣引遊辭附文摘義尠逢其器遠於近世繼有作者盛解律文空張辭費至於行事未見其歸撫務懷仁實增勞想今不揆庸昧試纂聖言削彼繁蕪增其遺漏具依正量傍出行用各顯部類仍隨義舉指瑕則知過宜改摘理則思擇有蹤時務則廣樹厥儀同廢則畧題名相本雖行世於理未陳故復相從勒開文義余老矣恐徒移日晷妄損正功耽滯無益之辭以送有涯之命誠不可也大集法行之言律須常一之教此而不審餘竟何言所題畧無

德者中梵本音唐言譯之名爲法鏡部謂黨類之別名運起正法之初位四分卽說之斷章言律乃行所詮教對彼繁畧故題刪補對彼潛務故曰隨機羯磨天音人翻爲業凡百所被莫不成濟且開大畧廣要如後

四分律含注戒本疏序

四分戒本者斯乃通萬行之關鍵實三乘之階轍者也昔夢氍告徵機分利鈍之本喻金顯道教無離合之宗然則二部五部隨務或張五百十八任緣時舉同早聲教並會眞空導達化源通明理性故能乘津五衆覆燾羣萌開務攝持允符元旨至如四分肇興祖習綿遠正法初百便列其宗斯人博考三機殷鑒兩典包括權實統收名理集結茲藏通被時實故使韋編成規欽承無絕自諸部遠流咸開衢術獨斯一宗未壞支派良由師稟有蹤知時不墜故也蘊結西土千有餘年譯傳東夏將四百載諸有傳授同異非無元魏季歷慧光律師隨義約文重出一本首題歸敬者是也此與姚秦覺明所出頗得相符高齊末祀法願律師誦律討文又出一本畧於歸敬首題戒德者是也斯則三本行世宏魏者多見心紛擾於今未靜考覈諸集蓋

不足陳經遠大觀義無讎抗余以暇日徧覽羣篇互擊波瀾僅分其異至於行事盛結遲疑豈非單寫本文通畧正解致令後銳罔冒愈深所以敢依律部具集正經仍隨本律卽爲注述卷成流廣隨務可歸至於義理未遑修葺今有二三遊學共結山門每以戒爲入道之清途出有之明畧講通旣寡悟入何從大律廣而難求斯經約而易授故不獲已試復敘之博要適機已絕唱於前達舒演義類敢程器於將今且酬來貺隱括詳後

四分律刪繁補闕行事鈔序

夫戒德難思冠超衆象爲五乘之軌導實三寶之舟航依教建修定慧之功莫等住持佛法羣籍於茲息唱自大師在世偏宏斯典爰及四依遺風無替逮於像季時轉澆訛爭鋒脣舌之間鼓論不形之事所以震嶺傳教九代聞之拔萃出類智術而已欲明揚顯行儀匡攝像教垂範訓末學紐既絕之元綱樹已顛之大表者可得詳而評之豈非憑虛易以形聲軌事難爲露潔者矣然則前修託於律藏指事披文而用之則在文信於實錄而寄緣良有繁濫加以學非精博臆說尤多取類寡於討論生常異計斯集

致令辨析疊戾輕重倍分衆網維持同異區別自非統教意之廢興考諸說之虛實者孰能闢重疑遣通累括部執詮行相者與常恨前代諸師所流遺記止論文疏廢立問答要抄至於顯行世事方軌來蒙者百無一本時有銳懷行事而文在義或復多列遊辭而逗機未足或單題羯磨成相莫宣依文用之不辨前事竝言章碎亂未可披檢所以尋求者非積學不知領會者非精鍊莫悉余因聽采之暇顧盼羣篇通非屬意俱懷優劣斐然作命直筆具舒包異部誠文括衆經隨說及西土賢聖所遺此方先德文紀搜駁同異竝皆窮覈長見必錄以輔博知濫述必蘚用成通意或繁文以顯事用或畧指以類相從或文斷而以義連或徵辭而假來問如是始終交映隱顯互出幷見行羯磨諸務是非導俗正儀出家雜法竝皆攬爲此宗之一見用濟新學之費功焉然同我則擊其大節異說則斥其文繁文繁誰所樂之良由事不獲已何者若畧減取其梗概用事恒有不足必橫評不急之言於鈔便成所諱今圖度取中務兼省約救急備卒勒成三卷若思不贍於時事固有闕於行詮則畧標旨趣以廣於後然一部之文義張三

位上卷則攝於衆務成用有儀中卷則遵於戒體持犯立懺下卷則隨機要行託事而起竝如文具委想無紊亂但境事實繁良難科擬今取物類相從者以標名首至於統其大綱恐條流未委更以十門例括方鏡曉遠詮

刪定四分僧戒本序

自戒本之行東夏也曹魏中世法護創傳羯磨乃明戒本蓋闕姚秦關輔方譯廣文覺明法師首開律部因出戒本附譯傳寫高齊御歷盛昌佛日三方釋侶二百餘萬法上大統總而維之沙門慧光當時僧望班聯上統攝御是圖

以夫振紐提綱修整煩惑非戒不立非戒不宏更以義求纂輯遺逸重出一本廣流千世則其本首題歸敬者是也隋運并部沙門法願鄙光所出宗理爽文後學憑附卒難通究乃準的律部連寫戒心通被汾晉最所傾重則其本首題戒德者是也參互三本讎校同異通會皆附正經摘理義無不可是以先達晚秀奉而莫遺意在忘筌豈惟文綺世有惰學浮侈之徒博觀未周隨言計執同我則審難爲易異聽則違是言非比周成俗卒未懲曉嘗以餘景試爲通之如光所詮我今說戒願之所出我說木叉及披律

解木叉是也願出初戒則云不還光所傳詞便言不捨檢律誠釋違願附光取意統文莫非還淨如斯舉例其相可知若夫戒德戒宗誠明定慧銷煩靜務超世超生初涉門津會歸舟濟非文不啟非義不通妙識兩緣雙袪二執蕩焉無累紛諍何從今余所述還宗舊轍芟畧繁蕪修補乖競詞理無昧投說有蹤庶幾言行并傳愚智通解悠悠來裔未達斯歸畧爲題引序之云爾

離垢慧菩薩所問禮佛法經序

惟夫慢幢難偃三界由此輪迴愛水未清四惑因茲流湎自非獨拔開士出有至人何能裂愛網而闢重關質深疑而啟昏趣有離垢慧菩薩者道高初住德跨八恒假時俗之津途發深識之嘉問如來以無緣之勝辯赴有待之幽情斷五趣之蓋纏藉五輪之禮念所以五通五眼自此增修五位五生承斯圓滿蘊結中夏千六百年頹運有蹤載聞東壤洎龍朔二年有天竺三藏厥號那提統括六異之宗窮微四圍之典九部八藏詞無昧於自他十諦一乘義有乖於空色竝詳畧名理妙達宏致來儀帝里頻謁天庭降厚禮於慈恩將歸飛於海表以此經羣聖之發軫凡眾

之初心乃出流布傳於道路俗遂依繕寫所在通之恐未悉其由來故因敘其緣致云爾

教誡新學比丘行護律儀序

觀夫創入道門未即閑其妙行要遵承以法訓方迺曉其律儀事若闕於師承持護冥然無準故知不有教誡行相誰宣不有學人軌模奚設然釋迦行化法本西天自金口收光言流東域化教含其漸頓灑定水於三千制教輕重斯分熏戒香於百億律制五年依止意在調伏六根有智聽許離師無智猶須盡壽屢有初心在道觸事未諳曾不

尋其教章。於法每纏疑網。或非制而制。是制便違。或云我是大乘之人。不行小乘之法。如斯者衆。非一二三。此則内乖菩薩之心。外闕聲聞之行。四儀既無法潤。迺名枯槁衆生。若此等流。古今不絕。自非持法達士。孰能鑑之者哉。時有學人。運情疎躁。求行者少。求解者多。於制儀門。極爲浮漫。夫以不修禪那三昧。長乖眞智之心。不習諸善律儀。難以成其勝行。是以古今大德。實爲世者良田。淨業成於道儀。清白圓於戒品。氣高星漢。威肅風雲。德重邱山。名流江海。昂昂聳傑。秀學千尋。浩浩深慈。恩波萬頃。懷師子之德。

現象王之威。人天贊承。龍神欽伏。實謂蒼生有感。世不空然。所以德談聯輝。傳光靡絕。雅行堅操。眞僧寶焉。余迺媿省下流。實懷慙於上德。準教纂斯清訓。以將呈誨。未聞夫戒律之宗。理有任持之志。遂使内自增其心善。外令儀軌可觀。諸行條件。錄之於後。用光新學。弁題敘云。

集神州塔寺三寶感通錄序

夫三寶利見。其來久矣。但以信毀相競。故有感應之緣。自漢洎唐。年餘六百。靈相肸蠁。羣錄可尋。而神化無方。待機而扣。光瑞出沒。開信於一時。景像垂容。陳迹於萬代。或見於既往。或顯於將來。昭彰於道俗。生信於迷悟。故撮舉其要。三卷成一部云。

賓主序

夫損己利他者。蓋是僧家之義也。害物安身者。非爲釋子之理也。有賞善罰惡之能。斷是非不平之事。若道先人後己。契諸佛之慈心。如或爾死我活。乖六合之妙行。爲主者倘存仁義。感十方衲子之雲臻。若乃私受人情。招千里惡名之遠播。爲賓者懷恭執禮。有義而到處安身。苟取狂圖。無義而隨方惹怨。今者幸生中國。得賴空門。脫萬丈之火

坑。拋千里之羈網。如囚出獄。似鳥開籠。履布金積善之場。住七寶無殃之地。天龍恭敬。神鬼欽崇。非桑蠶而著好衣。不耕田而飡美饌。何須結怨饕利。非理圖財。求蝸角之虛名。閉人天之坦路。取龜毛之小利。穿地獄之深坑。積恨結於今生。受波吒於後世。縱使滿堂金玉。牽纏自己愚身。直饒羅綺盈箱。鬭亂子孫業重。少求儉用。免逼迫於心田。知足除貪。播馨香於意地。或住梵刹。或挂雲堂。莫論他非。但省己過。若有才高之（闕一字）把三藏以研窮。志淺之流。覽五乘而課誦。切莫口行慈善。肚裏刀鎗。面帶笑容。心藏劍戟。

貧者不恤老者不憐忘慈親鞠養之深恩乖師長提攜之厚德如斯用意退十方檀越之信心執假迷眞惹四海英賢之譏誚是以丁寧勸諭仔細精專聞之者破我慢之高山覽之者塞昏迷之巨海皆希稟信普願回心只宜來世勝今生莫遣今生勝來世奉勸大衆疾須覺知大限臨頭悔之莫及

關中創立戒壇圖經序

余以暗昧少參學府優柔敎義諮質賢明問道絕於儒文欽德承於道立故居無常師追千里如咫尺惟法是務跨

關河如一葦周流晉魏披閱累於初聞顧步江淮緣構彰於道聽遂以立年方尋鉛墨律儀博要行事謀猷圖傳顯於時心鈔疏開於有識或注或解引用寄於前經時抑時揚專門在於成務備通節目流漸可知至於戒本壇場曾未陳廣雖因事敘終非錯言今年出從心旦夕蒲柳一尋此路若墜諸隍力疾書之遺滯非咎乃以乾封二年於京郊之南創宏斯法原夫戒壇之興所以立於戒也戒爲衆聖之行本又是三法之命根皇覺由此以興慈凡惑假斯而致滅故文云如何得知佛法久住若中國十人邊方五人如法受戒是名正法久住是知比丘儀體非戒不存道必人宏非戒不立戒由作業而克業必藉處而生處曰戒壇登降則心因發越地稱勝善唱結則事用殷勤豈不以非常之儀能動非常之致然則詳其廣也談論可以處成尋其要也行事難爲準的是以諸律文云方相莫委於分齊唱令有昧於前緣衆集不曉於別同通和懵分於成敗竝曰非界咸乖聖則雖受不獲以無界故是知空地架屋徒費成功無壇結界勝心難發今博尋羣錄統括所聞開法施之初門仰住法之遺則若不分衢術則推步者不識

其由故畧位諸門使曉銳者知非妄立云爾

廣宏明集序

自大夏化行布流東漸懷信開道代有澆淳斯由情混三堅智昏四照故使澆薄之黨輕舉邪風淳正之徒時遭佞辯所以敎移震旦六百餘年獨夫震虐三被殘屛禍不旋踵畢顧前良殃咎已形取笑天下且夫信爲德母智實聖因肇祖道元終期正果據斯論理則內傾八慢之惑斆此求情則外蕩六塵之蔽蕭然累表非小道之登臨廓爾高昇乃上人之翔集然以時經三代弊五滓之沈淪識蒙邪

正詮人天之法綱是以內教經緯立法衣以攝機外俗賢明垂文論以宏範昔梁鍾山之上定林寺僧祐律師學統九流義包十諦情敦慈救志存住法詳括梁晉列辟羣英留心佛理構敘篇什爰撰宏明集一部一十四卷討顏謝之風規總周張之門律辨駮通議極情理之幽求窮較性靈誠智者之高致備於祕閣廣露塵心然智者不迷迷者非智故智士興言舉旨而心通標領迷夫取悟繁詞而方啟神襟若夫信解之來諒資神用契必精爽事襲元模故信有三焉一知二見三謂愚也知謂生知佩三堅而入正

聚愚謂愚叟滯四惑而溺欲塵化不可遷下愚之與上智中庸見信從善其若流哉是以法湮三代竝惟寡學所纏故得師心獨斷禍集其許向若披圖八藏綜文義之成明尋繹九識達情智之迷解者則正信如皎日五翳雖掩而逾光矣余博訪前敘廣綜宏明以爲江表五代三寶載興君臣士俗情無異奉是稱文國智籍文開中原周魏政襲昏明重老輕佛信毀交貿致使工言既申佞倖斯及時不乏賢剖心特達脫穎拔萃亦有人焉然則昏明互顯邪正相師據像則雲泥兩分論情則倚伏交養是以六術揚於佛代三張冒於法流皆大士之權謀至人之適化也斯則滿願行三毒之邪見淨名降六欲之魔王咸開逼引之殊途各立向背之宏轍今且據其行事決滯胥陵喻達蒙泉疎通性海至如寇謙之拒崔浩禍福皎然鄭鸞之拒周君成敗俄頃姚安著論抑道在於儒流陳琳綴篇揚釋越於朝典此之諷議涅而不緇墜在諸條差難綜緝又梁周二代咸分顯晦之儀宋魏兩朝同乘宏誘之畧沈休文之慈濟顏之推之歸心詞彩卓然迥張物表嘗以餘景試爲舉之弊於庸朽綜集牢落有漢陰博觀沙門繁贊成紀頗惟

直筆即而述之命帙題篇披圖藻鏡至若尋條揣義有悟賢明孤文片記撮而附列名曰廣宏明集一部三十卷有梁所撰或未討尋畧隨條列銓目歷舉庶得呈諸未覩廣信釋紛擬人以倫固非虛託如有隱括覽者詳焉

欽定全唐文卷九百十一

道宣 三

續高僧傳序

原夫至道絕言非言何以範世言惟引行卽行而乃極言是以布五位以擢聖賢表四依以承人法龍圖成大易之漸龜章啟彝倫之用逮於素王繼轍前修舉其四科班生著詞後進宏其九等皆所謂化導之恒規言行之權致者也惟夫大覺之照臨也化敷西壤迹紹東川踰中古而彌新歷諸華而轉盛雖復應移存沒法被澆淳斯乃利見之

康莊闡有之宏略故使體道欽風之士激揚影響之賓會正解而樹言扣元機而卽號竝德充宇宙神冠幽明像設煥乎丹青智則光乎緇素固以詳諸經部議未繢其科條竊以葱河界於剡州風俗分於唐梵華胥撰列非聖不據其篇則二十四依付法之傳是也神州所紀賢愚雜其題引則六代所詳羣錄是也然則統斯大抵精會所歸莫不振發蒙心網羅正理俾夫駘足九逵遺蹤望而可尋徇目四馳高山委而仰止昔梁沙門金陵釋寶唱撰名僧傳會稽釋慧皎撰高僧傳創發異部品藻恒流詳覈可觀華質有據而緝裒吳越敘畧魏燕良以博觀未周故得隨聞成彩加以有梁之盛明德云繁薄傳三五數非通敏斯則同世相侮事積由來中原隱括未傳簡錄時無雅贍誰爲補之致使歷代高風颯焉終古余青襟之歲有顧斯文祖習乃存經綸攸闕是用憑諸名器竚對殺青而情計棲遑各師偏競逖聽成簡載紀相尋而物忌先鳴藏舟遽往徒懸積抱終擲光陰敢以不才輒陳筆記引疎聞見卽事編韋諒得歷代因之更爲冠冕自漢明夢日之後梁武光有以前代別釋門咸流傳史考酌資其故實刪定節其先聞遂

得類續前驅昌言大寶季世情繁量重聲華至於鳩聚風猷畧無繼緒惟隋初沙門魏郡釋靈裕儀表綴述有意宏方撰十德記一卷偏敘昭元師保未粤廣嗣通宗餘則孤起支文薄言行狀終亦未馳高觀可爲長太息矣故使霑預染毫之客莫不望崖而戾止固其然乎今余所撰恐墜接前緒故不獲已而陳或博諮先達或取訊行人或卽目舒之或討讐集傳南北國史附見徽音郊郭碑碣旌其懿德皆撮其志行舉其器畧言約繁簡事通野素足使紹允前良允師後聽始距梁之初運終唐貞觀十有九年一百

四十四載包括嶽瀆歷訪華夷正傳三百三十一人附見一百六十人序而申之大爲十例一曰譯經二曰解義三曰習禪四曰明律五曰護法六曰感通七曰遺身八曰讀誦九曰興福十曰雜科凡此十條世罕兼美今就其尤最者隨篇擬倫自前傳所叙通例已頒迴互抑揚實遵宏檢且夫經導兩術掩映於嘉苗護法一科綱維於正網必附諸傳述知何續而非功取其拔滯開元固可標於等級餘則隨善立目不競時須布教攝於物情爲要解紛靜節總歸於末第區別世務者也至於韜光崇嶽朝宗百靈秀氣

逸於山河貞槪銷於林薄致有聲喧元谷神凝紫煙高謝於松喬俯眄於窮轍斯皆具諸別紀抑可言乎或復匿迹城闉陸沈浮俗盛業可列而吹噓罕遇故集見勣風素且樹十科結成三袠號曰續高僧傳若夫搜擢源派剖析憲章粗識詞令琢磨行業則備於後論更議而引之必事接恒篇終成詞費則削同前傳猶恨逺於末法世挺知名之僧未覩嘉猷有淪典籍庶將來同好又廑斯意焉

大恩寺釋元奘傳論

觀夫翻繹之功誠逺大矣前錄所載無得稱焉斯何故耶諒以言傳理詣惑遣道清有由寄也所以列代賢聖祖述宏導之風奉信賢明憲章翻譯之意宗師舊轍頗見詞人埏埴既圓稍工其趣至如梵文天語元開大夏之鄉鳥迹方韻出自神州之俗具如別傳曲盡規猷遂有僥倖時譽叨臨傳述逐轉鋪詞返音列喻繁畧科斷比事擬倫語迹雖同校理誠異自非明逾前聖德邁往賢方能隱括殊方用通宏致道安著論五失易窺彥琮屬文八例難涉斯並古今通敘豈妄登臨若夫九代所傳見存簡錄漢魏守本本固去華晉宋傳揚時開義舉文質恢恢諷味餘逸厥斯

以降輕扇一期騰實未聞講悟蓋寡皆由詞逐情轉義寫情心共激波瀾永成通式充車溢藏法寶住持得在福流失在訛競故勇猛陳請詞同世華制本受行不惟文綺至聖殷鑒深有其由詳籍所傳滅法故也即事可委況宏識乎然而習俗生常知過難改雖欲徙轍終陷前蹤粵自漢明終於唐運翻傳梵本多信譯人事語易明義求罕見眉情獨斷惟任筆功縱有覆疎還遵舊緒梵僧執葉相等情乖音語莫通是非俱濫至如三學盛典惟詮行旨八藏微言宗開詞義前翻後出靡墜風猷古哲今賢德殊恒律豈

非方言重阻。臆斷是投。世轉澆波。奄同浮俗。昔聞淳風雅暢。既在皇唐。綺飾訛雜。實鍾季葉。不思本實。妄接詞鋒。競掇芻蕘。鄭聲難偃。原夫大覺希言。絕世特立。八音四辯。演暢無垠。安得凡懷。虛參聖慮。用爲標擬。誠非立言。雖復樂說不窮。隨類各解。理開情外。詞逸寰中。固當斧藻標奇。文高金玉。方可聲通天樂。韻過恒致。近者晉宋顏謝之文。世尚企而無比。况乖於此。安可言乎。必踵斯蹤。時俗變矣。其中蕪亂。安足涉言。往者西涼法讖。世號通人。後秦童壽。時稱僧傑。善披文意。妙顯精心。會達言方。風骨流便。宏衍於

世。不虧傳述。宋有開士慧嚴。實雲世系。賢明勃興。前作傳度廣部。聯輝絕蹤。將非面奉華胥。親承詁訓。得使聲流千載。故其然哉。餘則事義相傳。足開神府。寧得如瓶寫水。不妄叨流。薄乳之喻。復存今日。終虧受誦。足定澆淳。世有奘公。獨高聯類。往還震動。備盡觀方。百有餘國。君臣謁敬。言義接對。不待譯人。披析幽旨。華戎胥悅。唐朝後譯。不屑古人。執本陳勘。頻開前失。既闕今乖。未遑釐正。輒略陳此。夫復何言。

沙門拜親議優劣論

威衛司列等狀。詞則美矣。其如理何。咸不惟故實。昧於大義。苟以屈膝爲敬。不悟亡身之禍。內經稱沙門拜俗。損君父功德。以及壽命。而抑令俯伏者。胡言之不忍。輕發樞機哉。雖復各言其志。亦何傷之太甚。而威衛等狀。通塞兩兼。司列等狀。一途冰執。或訪二議優劣。余以爲楚則失矣。齊亦未爲得也。然兩兼則膚腠。冰執乃膏肓。故升威衛於乙科。退司列於景第。至若範公質議。旨贍文華。隴西執奏。言約理舉。既而人庶斯穆。龜筮叶從。故得天渙下覃。載隆高尚之美。慈育之地。更宏拜伏之仁。時法侶名僧。都鄙耆耋。

僉曰。叶私志矣。違教如何。於是具顯經文。廣陳表啟。匪朝伊夕。連訴庭闕。但天門邃遠。伸請靡由。奉詔求宗。難爲去取。易曰。羝羊觸藩。羸其角。方之釋侶。豈不然歟。讚曰。威衛之流。議雖通塞。以人廢道。誠未爲得。司列等狀。抑釋從儒。拜傷君父。詎曰忠謨。質議道華。敷陳簡要。天人叶允。爰垂璽詔。恭承明命。式抃且歌。顧瞻元籍。有累如何。法俗疇咨。咸申啟表。披瀝丹款。未紓黃道。進退惟谷。投措靡由。仰希神禹。疏玆法流。

開壤創築戒場壇文

維唐乾封二年仲春八日京師西明寺沙門釋道宣乃與寓內嶽瀆諸州沙門商較律議討擊機務敢於京南遠郊灃福二水之陰鄉曰清官里稱遵善持律眾所建立戒壇原夫戒定慧法眾聖之良筌攝律善生三佛之津導是知戒爲入聖之本爲出俗之基皇覺寄此而開權正法由之而久住所以四依御寓必祖戒而啟蒙泉五乘方駕亦因戒而張化首自法流東漸居七百年戒場之壇名實所爽律論所顯場壇兩馳各備機緣隨事便舉有晉陽聳南林戒壇德鎧聖士厥初基構中原正僞蔑爾無聞有以大界

爲戒場有以平場爲壇上斯由法被三廢後興在於羈縻或由師心獨斷討論絕於經教若夫創置戒壇專宏戒本良由律儀所攝用統有空約情充物於大千論法合通於六位陰入界處莫非戒緣上聖下凡咸資戒護遂使小戒大戒開行業之始終有願無願顯因心之漸頓經敘菩薩戒聚非白四而不生律明聲聞正禁因千僧而克果若欲行斯羯磨要假壇場故以戒法爲名全是淨行之本大界初興僧法兩設至論作業戒壇則多此則僧住法住各有其致今立戒壇之場備依教旨豎三標而分兩界圍空地而絕錯疑先結小界爲場壇之本依自然而集僧曉同別之殊致三述戒場之外相白二約而結之故使三階肅而峙列委登降之接足四維晏而在隅識辰晷之斜正後結大界僧出戒場隨相各集別唱別結因使四處僧事無乖別之蹤六和顯德有乘權之務作業成遂七萬之歲不亡德僧自在三災之變無沒由斯以言戒場之舉不徒設也成則佛法常住壞則正教淪亡此言匪妄又彌慎也是知受隨二戒寄斯地而克隆持犯兩儀亦因茲而還淨故經云若無此戒諸善不生諒是定慧之本基誠即業惑之良

藥也比人行事輕斯者多不築壇基隨宜授受或妄結小界曾非難緣或輒居佛殿僧皆背像或在空迥或在村坊迷昏別眾誦文徒結斯塗紛糅無足敘之故僧傳云中國僧來欲受戒者揚都行事並在江舟別結而受有問其故答曰結界法本同別難知故於舟中相絕非難說戒等法不成乍可夫欲住持正法宏護聖儀斷絕煩惱非戒不得脫非界地戒業無依虛承剃染心無聖法徒喪一生終淪萬劫豈不累於自他虛爲釋尊之種也故彼梵僧勤勤若此此生死人平平若此彌天所誡可不思哉有人聞結驚

而私諮余告之曰非敢立異斯乃一同經教具周人不行爾竊以淨教所詮依法爲本文明四說之印遺誥三藏之功順則揚三寶之初秋違則滅四僧之後轍文云戒場極小容二十一人明壇上之廣量也應至舒手及處明壇非覆障之內也應畱中間明二界非相接也先結場已天界繞之明初後之軌儀也但置佛殿明僧寶之所依也若有僧住有慚剔除明有善僧宏崇戒護易成就也文有臨壇師壇上僧則非場地之恒度也此壇惟存戒住今則多有僧住固可詳諸誠教若斯義難隱忍所以狀白敘構業業

兢兢晨夕警校仰遵遺寄輒備通引永垂無昧云爾

大唐雍州長安縣清官鄉淨業寺戒壇銘

原夫戒壇之興其來久矣肇於祇樹之始流漸淮海之陰開佛化之羽儀扇仁風於寰寓遂得定慧攸託非戒壇無以成基業行是依必律儀方能戡濟其德既廣非恒地之所任持其績既高豈常務而能構克故使於僧院內別置戒場又於場中增基列陛階除四布壇塔高嚴幽明之所監護凡聖於焉景仰集僧作業經三災而莫虧登降受行歷萬古而長驚是則慈化宏遠誠資戒德之功煩惑廓消咸假場壇之力統其績也豈不盛哉若不式樹旌銘將何啟其津徑畧述所緣其辭曰

幽關未啟妙茲宏導匪藉能仁誰其覆燾覆燾伊何諒惟戒力三聖位隆四生仰極昏俗作梗煩勞莫息綿茲長往於何取則在昔給園皇覺顧命創築場壇開敷嘉令金河既竭玉門高映道流淮海南林一盛周發靈臺漢徹明堂事遵往帝締構餘皇戒壇式緒時惟法王用隆化本永永無疆爰有英達厥稱僧傑德懋時雄智包髦烈齊梁作範緇素垂節廣樹法場挂張像設是號文國山夷海截有惑斯宗人坑法滅中原失緒三犯凶咽仁祠奄室法侶興悲

考定斯咎明壇靡基敢遵往則式表離辭永鎮終古茲文在茲

終南山北灃福之陰清官鄉淨業寺戒壇佛舍利銘

惟大唐乾封二年歲在丁卯孟夏朔日京師西明寺沙門釋道宣與諸嶽瀆沙門會於前鄉之道場平章法律仰惟三聖垂教以戒爲先四生歸德遵塗莫絕遂使住法六萬之壽作化在於律儀時經三變之秋啟務資於定慧所以

敢承餘烈。克構場壇。陳瘞靈軀。鎭茲福地。冀願皇覺慈照。景業統宇宙而無疆。垂裕含光。神功諒戩濟而逾遠。序之不足。畧爲短銘。其辭曰。

皇矣正覺。作化在三。戒爲良導。萬善攸談。冰凉於水。青更逾藍。非斯組織。餘則誰甘。嶽瀆法儔。乘時蔚峙。板築福壇。猶登岵屺。戒護是昇。幽明咸履。悠哉後人。則爲高軌。敢述時緣。徧流芳紀。

出淨廚誥

余以乾封二年二月八日。創築戒壇。四方嶽瀆沙門。尋聲

遠集者二十餘人。至於夏初。衆侶更集。載受具戒。多是遠人。京寺同學。咸來觀化。余以法利希行。恐有乖忤。和悅上下。務成爲先。有京師西明寺眞懿律師。今之律匠也。彭亨勇銳。最所忌情。恐東廻左繞。傷俗之行事也。余諭之曰。律師勿見東廻左繞以爲非法耶。此天常之大理也。人惑左右。習俗罕分。深願體之。勿慮非咎。便答余云。此不敢怪也。吾昔見大莊嚴寺大德恭禪師。若行道時。必東廻北轉。此爲右繞。彼告吾云。子不見俗中城門耶。東入西出。咸言左出右入也。如是云云。行事之家。觀時制度。餘方不爲清淨則不行之。余七十暮年。脚疾摧朽。顧求法者。不遠關山。今秋氣已清。客心飛舉。將事終天之別。必爽載面之期。力疾集之。用爲送終之贈也。言此歔欷。窮獨可悲。乾封二年二月十四日。

欽定全唐文卷九百十二

無行

無行乾封中荆州等界寺沙門

荆南戒壇舍利贊

余等登趾荆岑搜元秦嶺承律謨於上德聞所未聞稟清範於靈壇日新日損是以皇覺慈訓宏之在人祇樹高風幽心祥感幸逢嘉會瘞靈骨於福壇元綱載維想德愷之未遠不勝手舞景仰神光敢述元猷乃爲贊曰

覺智圓明應物唯靈非滅示滅無生現生爲人演法三學

開津場壇肅穆戒德氤氳金河晦影鶴樹澄神能仁散體多寶全身奇光昭晰嘉瑞攸陳二端尚在八斛猶均厥後無憂爰初啟信近護分光靈墳是鎭靈墳現奇震嶺標基扶風散彩淮海騰輝粤自荆岫尋眞太一希世之風載揚茲日壇模山像登頓有秩鎭以遺身幽誠云畢願言遐曠克念崇尚識鏡澄明心河靜浪庶劫名之方消覩神珠於妙相

道世

道世字元惲避太宗偏諱以字行俗姓韓氏其先伊闕人祖代因官爲京兆人年十二出家青龍寺顯慶中詔住慈恩寺復詔總持西明寺編法苑珠林至總章元年畢功

辨道經眞僞表

竊聞白馬東遊三藏創茲而起青牛西逝二篇自此而興或闡元元以化民或明空空而救物檢之圖牒指掌可知所以發唱顯宗終乎此世釋教翻譯時代炳然文史備彰黎民不惑至如道家元籍斯則不然唯老子二篇李耼親闡自餘經制皆雜凡情何者前漢王褒造洞元經後漢張陵造靈寶經及章醮等二十四卷吳葛孝先造上清經晉

世王浮造化胡經又鮑靖造三皇經齊朝陳顯明造六十四眞步虛經梁陶宏景造太清經及衆醮儀十卷周武張賓之焦子順馬翼李運挑攬佛經一千餘卷隋輔惠祥改涅槃經爲長安經笑道論曰道家妄註諸子三百五十卷爲道經又按漢明帝時褚善信等總將道經諸子書等三十七部七百四十四卷晉葛洪神仙傳云老教所有度世消災之法凡九百三十卷符書等七十卷宋太始七年陸修靜答明帝云道家經書幷藥方符圖等一千二百二十八卷云一千九十卷已行於世一百三十八卷猶在天宮

又檢元都目錄妄取藝文志書名矯注八百八十四卷爲道經今元都經目云依中陸氏所上之目乃有六千三百六十三卷云二千四十卷見有其本四千三百二十三卷竝未見據此前數目有無不同虛妄明矣增加卷目添足篇章依傍佛經改頭換尾或言名山唱出或云仙洞飛來何乃黃領獨知英賢不覩書史無聞典籍不記請問道士後世之經爲是老子別陳爲是天尊更說縱其說也應有時方師資說處代年邦月復是如何如其有據容可流行若也妄言理須焚蕩伏願當今明朝云云

諸經要集序

原夫法身一相瞻仰異容正教無偏說聽殊旨故師有等兩之況弟子有異聞之說良以隨機授與逐器淺深至如十二分教之大綱八萬法門之廣網龍宮西蕃未盡恕林之知象駕東馳豈窮手業之誨是以不遊大海未覩沃日之奇不仰泰山靡觀干霄之狀得驪龍之珍乃驗魚目之非寶聽黃鐘之節方知擊缶之爲細故知釋典幽宗聖凡所尚實人天之祕寶越儒墨之希聲威振大千光超巨億益覃沙界功逾塵劫宏濟之術其大矣哉但時緣未會感通有殊曁晨林變彩宵夢啟徵創開白馬之基漸被赤烏之歲聖迹遐感年逾六百道俗蒙益等同一子慨正像侵移沿流末代凡情闇短器識昏迷日有澆醨教沈道喪所以彝章訛替教迹淪胥文句浩汗卒難尋覽故於顯慶年中讀一切經隨情逐要人堪行者善惡業報條出一千述篇三十勒成兩帙冀道俗流行傳燈有據敬尋釋典深奧非淺識之所知出俗幽微豈滯惑而能辯良由海大舟輕山高塵眇操刀易割製錦難成不揆庸識妄談祕典輒樹題目更增媿恧矣

洪滿

洪滿咸亨中潞州法興寺沙門

大唐故贈司徒荊州大都督兗安二州都督鄭絳潞三州刺史上柱國鄭惠王石記

王諱某字某隴西狄道人也曾祖太祖景皇帝祖元皇帝父高祖太武皇帝王即太武皇帝之第十三子往任潞州日於此山奉爲先聖敬造石舍利塔壹所下幷有勅賜舍利骨叄漆粒造藏經三千卷觀夫大造遠契洪猷永貞庶績咸熙彝倫式敘莫不分茅土建諸侯延帝子於維藩降

天孫於伯牧者矣伏惟大王通源聖澤寵位皇華松姿孤堅玉氣柔潤鎮靜方岳聲政洽聞都督荆安惟德是順出守絳潞非賢勿居卽何慕海沂之謠不足儔其匹也而乃洗心覺路虔誠妙門慈林山中雕龔寶塔智乘寺所裝飾眞容藻繪具周慶讚將畢洪滿親承教旨躬奉綸言以拙補勤猥當檢校恐河海傾竭陵谷變移謹件先皇子孫勒諸貞石

懷素

懷素俗姓范氏其先南陽人父強爲左武衛長史遂爲京兆人貞觀十九年從元奘出家居宏濟寺上元三年詔住西太原寺尋歸西京卒年七十四

四分僧羯磨序

原夫鹿苑龍城啟尸羅之妙躅象巖鷲嶺開解脫之元宗於是三千大千受清涼而出火宅天上天下乘戒筏而越迷津內眾於是敷榮外徒由斯安樂其後韜眞細軌多聞折軸之憂擠正微言罕見浮囊之固卽有飲光秀出維絕紐而虛求波離聿興振隤綱而幽贊慧炬於焉重朗戒海由是再清其律教也宏深固難得而徧舉此羯磨者則紹隆之正術匡護之宏規宗緒歸於五篇濫觴起於四分實菩提之機要誠涅槃之津涉者也素以銳思弱齡留情斯旨盼觀至教式考義途亟歷炎涼庶無大過誤耳然自古諸德取解不同各述異端總有五本一本一卷曹魏鎧律師於許都集一本一卷曹魏曇諦於雒陽集一本一卷元魏光律師於鄴下集一本兩卷隋願律師於幷州撰一本一卷唐宣律師於京兆撰素於諸家撰集莫不研尋校理求文抑多乖舛遂以不敏輒述幽深分爲三卷勒成一部庶無增減以適時機祇取成文非敢穿鑿唯願戒珠增照叶日月而齊明繫草傳芳與天地而同朽後之覽者知斯志焉

四分比邱戒本序

夫戒者迺是定慧之宏基聖賢之妙趾窮八正之道盡七覺之源然既樹五制之良規傳須獲實揚六和之清訓覺者知詮竊尋流行總有四本據其理雖復同會其文則有異致使宏揚失於宗敘修奉乖於行儀虧鹿野之微言紊龍城之要旨故今詳檢律本參驗戒心依於正文錄之如左庶使順菩提之妙道成實相之嘉謀作六趣之舟航爲

三乘之軌躅者也

食魚帖

老僧在長沙食魚及來長安城中多食肉又爲常流所笑深爲不便故久病不能多書實媿予報諸公興善之會當得扶羸也卽日懷素藏眞白

法才

法才儀鳳中法性寺沙門

光孝寺瘞髮塔記

佛祖興世信非偶然昔宋朝求那跋陀三藏建玆戒壇豫識曰後當有肉身菩薩受戒於此梁天監元年又有梵僧

智藥三藏航海而至自西竺持來菩提樹一株植於戒壇前立碑云吾過後一百六十年當有肉身菩薩來此樹下開演上乘度無量衆眞傳佛心印之法王也今能禪師正月八日抵此因論風幡語而與宗法師說無上道宗踴躍忻慶昔所未聞遂詰得法端由於十五日普會四衆爲師祝髮二月八日集諸名德受具足戒旣而於菩提樹下開單傳宗旨一如昔讖法才遂募衆緣建玆浮屠瘞禪師髮一旦落成八面嚴潔騰空七層端如湧出偉歟禪師法力之厚彈指卽遂萬古嘉猷巍然不磨聊敘梗槪以紀歲月云儀鳳元年歲次丙子吾佛生日法性寺住持法才謹識

復禮

復禮俗姓皇甫氏出家住興善寺永隆二年詔問釋典稽疑十條復禮撰十門辨惑論三卷上進

十門辨惑論序

權文學聲冠應行地參園綺縉紳嘉其令望緇素挹其芳猷而頊著十疑干我二諦公孫生之聰辯自昔難酬舍利子之雄才嗟今莫擬豈當仁而抗議試言志以成文必也正名乎稱之曰十門辨惑雖詩云勸誡蔽之可幾乎一言

而法唯祕密述之敢忘乎三轉遂取類觀象載盈卷軸頗而無當有愧知音者焉

圓測

圓測永隆末京師西明寺沙門

造塔功德經序

夫塔者梵之稱譯者謂之墳或方或圓厥製多緒乍琢乍璞文質異宜幷以封樹遺靈扃鈴法藏冀表河沙之德庶酬塵劫之勞豈伊弓劍衣冠言申永慕禹陵孔壁用顯緘

藏而已哉將有量等大千覆三界而高梵世取均菴果偶衆葉而譬針鋒洪纖兩途福應無二大小千計淨心終一何只黃金白玉架迴爭暉火齊水精浮空競彩夕震祥飈之響入鏤鐸以流清晨霏仙露之甘上雕盤以凝泫至乃位隆三果勲重四禪高升有頂之宮行居無災之地斯教之宏旨也此經以永隆元年冬十一月十五日請天竺法師地婆訶羅與西明寺沙門圓測等五人於宏福道場奉詔宣譯至其年十二月八日終其文義庶斯法寶周給大千俾彼慧燈照融三界云爾

靈廓

靈廓永昌時沙門

唐宣州刺史陶府君德政碑

碑前闕兩行半計一百十六字 高蹈者惟闕一字明明闕五十六字周闕六字尚闕一字輔闕二字茂闕七字擒祥金車闕四字祖闕三字任闕七字垂仁位居闕三十二字州刺史闕一字陵郡開國公食邑七百户祖諱昱梁衡山郡太守闕十九字上儀同三司闕三字三州刺史闕二十三字湛叔度之闕一字陂闕一字雲千里摶風九萬闕二字珠之闕一字器宏畧闕十九字崇班闕二字仁闕一字方膺厚秩闕三字武異代同榮父諱瓚梁著作隨西闕一字司功闕三字朝闕一字州清池縣令介州司馬上柱國丹陽縣開國公月宇千峙闕六字山闕十三字兩儀之闕一字氣黃中玉潤應九德之淳和林林服武庫之鋒灼灼闕一字翰林之闕一字曩者伏闕一字宏贍方闕一字著作之榮闕三字高言從展驥之職而芳徽懿範闕十字通闕四字州刺史安西都護上柱國燕容縣開國公局度端凝幹能強濟量包江海氣蘊風雲孕彼人英闕一字慈天爵委質從政踐丹地而光緝帝猷露冕頒條闢彤帷而宏闕五字闢房之故事則闕一字冠當時嗣伯舉之高蹤迺榮越望表馮野

王之兄弟璧合珠聯潘安仁之闕一字德花明錦繢豈與夫八龍騰藹照灼前書兩鳳飛英鏘洋後葉而已公積慶藍田耿長虹之闕二字分枝闕一字菀挺闕一字日之闕六字天姿韶亮儼乎風骨闕一字川三篋洞曉神機洛陽萬卷暗符靈府言泉瀉態接翰海以疏瀾闕一字圍含葩摛詞條而振縟玉帳金壇之妙迴鸞返鵠之奇緣沈明月之闕五字之刃闕二字懷抱囊括古今闕一字萬善於心臺問羣言於玉吻晉司空之博物纔數辯劍之言魯司寇之多聞猶述對日之詭含章闕二字豈曰同年既而漸陸遷鶯卹撫翔鵷之化登闕七字

之（闕一字）至總章元年特授使持節鄜州諸軍事守鄜州刺史散官如故總章二年授使持節渭州諸軍事渭州刺史散官如故至咸亨元年（闕一字）使持節都督十五州諸軍事守池州刺史（闕十一字）演雅克劭幹畧兼優歷職（闕二字）才挺仁明之譽攝官方鎮載彰撫馭之林郎試爲眞允光朝命六年轉授（闕二字）都督七州諸軍事守都州刺史散官如故詔云體質（闕十字）克播威（闕九字）其年轉授使持節許州諸軍事守許州刺史散官如故至咸亨五年授中散大夫使持節都督四州諸軍事守秦州都督詔云器識沈敏理懷開（闕十四字）孤（闕七字）崇朝（闕二字）秩奧藩至上元二年授使持節始州諸軍事守始州刺史散官如故既而綬結（闕五字）花之院印迴龜紐光浮蓮葉之津（闕一字）仁則（闕二字）春風（闕一字）教則（闕七字）寄（闕四字）至儀鳳四年授中大夫使持節都督四州諸軍事守梁州刺史散官如故至調露元年授使持節恒州諸軍事守恒州刺史散官如故詔云（闕一字）質端（闕二字）用強（闕十七字）審官求林實資僉議至宏道元年轉授使持節宣州諸軍事守宣州刺史（闕四字）如故公迺（闕二字）馳傳應八命以遐臨建節飛驂綜七（闕一字）而（闕二十二字）私書（闕二字）每杏花春繇

勳黛耜於龍鱗堦蟀秋吟整鷄紋於錦室鯉庭聞訓（闕五字）之（闕一字）圜土（闕二字）怪氣息長（闕一字）之坂三辰既朗笑祖遜之（闕二十七字）左雄之廉儉六條備舉化軼兩岐百城仰德恩隆五袴倉廩（闕一字）實（闕三字）行四（闕三字）父之權千里浹神明之訓家殷俗阜（闕三十字）千羣（闕一字）馬（闕三字）之陣（闕一字）沙萬計霜戈騰照日之鋒自謂（闕二字）九（闕七字）兩柄雄據一方品彙噭然側足無地公以（闕五字）奉詔（闕六字）風（闕一字）草（闕六字）振羽字遙飛低（闕一字）迴塗指日（闕一字）屆遂乃躬率子弟架御吡黎示以禍福之門（闕一字）以短長之（闕一字）溫（闕一字）一灑人思

挾纊之恩美踰纔露士積投醪之（闕一字）斷（闕一字）飛灰之（闕九字）之（闕三字）四馬公乃運不測之深智縱無窮之遠圖或左犄而扼其喉或右犄以燃其腹提戈擐甲接（闕三字）一鼓騰威九嬰俄戮斯實天波廣運廟畧（闕二十二字）之勳既覃飲至之歌方永若乃忠爲令德孝實天經非忠無以奉帝圖非孝何以通幽顯豈與王（闕一字）淚柏宏演納肝總而爲言公實（闕一字）矣況（闕十二字）規挹清瀾而結戀雙桐轞景曳履之響由存五柳低陰納駟之聲尚在而懷章舊邸遽踐通德之門（闕二字）旋鄉還履貴遊之路往者相如入蜀珂喧濯錦之

津買臣闕二字磬駭藏符之闕二字若蓬山羽客振手長辭桂陽仙鶴留歌永逝至垂拱四年轉授使持節相州諸軍事相州刺史勳封如故詔云襟情敏裕器局恬和早分符瑞之職歷授方隅之任其年十月闕三字州刺史加兼闕五字封闕二字縣開國侯詔云志識沉敏格器端和早昇榮祿頻參重寄論功比德何其謬歟迺有野遥樵夫江皋逸客闕三字子服冕王孫相與抗聲各揚言曰夫立功闕四字寄於闕九字播闕二字乎闕一字素豈使歸輧儼蓋攀轅無可逮之悲去鵠騰𤅢挽軸有傷心之痛道士陶闕一字僧道元僧曇紹僧惠

闕一字僧宏闕一字僧智矩僧元濟僧惠幹周元允陶紹眞陸闕十九字及州縣吏人等六萬餘户惜棠陰之易遠徒畱勿翦之詩闕一字日御闕一字難羈空切銷魂之賦若不闕一字茲紺闕一字無以絢彼清猷庶使寰海揚塵而德聲無絕銘曰

闕三字冑伊祁命族派演瓊闕一字枝分若木迹膺星象靈搞嶽瀆左貂右蟬丹輪朱轂其一龍生渥水玉產藍田誕茲人傑孕此英賢匡周翼漢裂壤開壃蛇蟠結組龜紐乘蓮其二天縱挺生黃中通理闕二字九棘功闕一字四履珥筆龍扃含香帝扆基仁踐孝淵渟嶽峙其三藝殫元圃學富蓬臺花牋闕五字開碧雞雄辯雕虬逸才吞應納謝含鄴孕枚其四建節班條褰襜問俗恩歸五袴闕一字存闕四字如闕一字捐闕一字似粟青梧鳳丹黃沙草綠其五愛洽悍嫠信霑童馬懷忠據德矜孤恤寡蝗移獸去錦開鵜下雛麥分岐吟蟬被野其六馳驂故里懷章舊館喧盧靜夜鳴雞警旦榮慶兩歸簪紱雙闕八字岸其七來暮悽歌去思纏想勲銘彝鼎恩畱輦杖日新月故風歸雲往俾令範與嘉聲永鏤勳於窮壤其八

志靜

志靜永昌中定覺寺沙門

佛頂尊勝陀羅尼經序

佛頂尊勝陀羅尼經者婆羅門僧佛陀波利儀鳳元年從西國來至此土到五臺山次遂五體投地向山頂禮曰如來滅後眾聖潛靈唯有大士文殊師利於此山中汲引蒼生教諸菩薩波利所恨生逢八難不覩聖容遠涉流沙故來敬謁伏乞大慈大悲普覆令見尊儀言已悲泣雨淚向山頂禮禮已舉頭忽見一老人從山中出來遂作婆羅門語謂僧曰法師情存慕道追訪聖蹤不憚劬勞遠尋遺跡然漢地眾生多造罪業出家之輩亦多犯戒律唯有佛頂

尊勝陀羅尼經能滅除惡業未知法師頗將此經來不僧曰貧道直來禮謁不將經來老人曰既不將經空來何益縱見文殊亦何必識師可却向西國取此經來流傳漢土即是遍奉衆聖廣利羣生拯濟幽明報諸佛恩也師取經來至此弟子當示師文殊師利菩薩所在僧聞此語不勝喜躍遂裁抑悲淚至心敬禮舉頭之頃忽不見老人其僧驚愕倍更虔心繫念傾誠迴還西國取佛頂尊勝陀羅尼經至永淳二年迴至西京具以上事聞奏大帝大帝遂將其本入內請日照三藏法師及勅司賓寺典客令杜行顗

等共譯此經勅施僧絹三十匹其經本禁在內不出其僧悲泣奏曰貧道捐軀委命遠取經來情望普濟羣生救拔苦難不以財寶爲念不以名利關懷請還經本流行庶望含靈同益帝遂畱翻得之經還僧梵本其僧得梵本將向西明寺訪得解善梵語漢僧順貞奏共翻譯帝隨其請僧遂對諸大德共順貞翻譯譯訖僧將梵本向五臺山入山於今不出今前後翻兩本並流行於世小小語有不同者幸勿怪焉至垂拱三年定覺寺主僧志靜因停在神都魏國東寺親見日照三藏法師問其逗畱一如上說志靜遂就三藏法師諮受神呪法師於是口宣梵旨經二七日句句委授具足梵音一無差失仍更取舊翻梵本勘校所有脫錯悉皆改定其呪初注云最後别翻者是也其呪句稍異於杜令所翻者其新呪改定不錯并注其音訖後有學者幸詳此焉至永昌元年八月於大敬愛寺見西明寺上座澄法師問其逗畱亦如前說其翻經僧順貞見在西明寺此經救拔幽顯最不可思議恐學者不知故具錄委曲以傳未悟

欽定全唐文卷九百十三

子儀

子儀號水月大師天授中樂清白鶴寺沙門

白鶴寺記

太虛不可量太極不可算而能載有爲也含無爲之道也無爲之道者在乎未形之前而難知有爲功也被乎化形之後而易解悟斯理者行斯化也惟我乾竺之大仙乎懿降神知足誕瑞迦維去愛金門棲眞雪嶺繼七聖而成道圓十號以稱尊分百億身宅三千界一音雷震一雨霞飛

白毫柔狂象之心清風扇火龍之室鹿野先調於五子鷲峯方廢於三車使輪王傾髻裏之珠窮子獲衣中之寶小根小智防微而豫固隄塘大願大心利物而肯貪身命情尋九有恩普四生闢煩惱之重關涸無明之巨塹優曇浮木豈無緣而偶哉緣是能事畢矣大緣終矣金河月落玉樹雲愁暨騰蘭結轍於胡沙像設來儀於漢室自此中華倣制列刹相望今樂清縣白鶴寺者乃東晉張文君字子雁捨宅爲之也以仁山智水足爲幽居傲祿藏名卜兹深隱始其拔俗終乎遇仙亭亭鶴影西瞻而似舞如飛迢迢鹿蹤東去而轉高漸遠勝遊一遇塵跡幾何山號丹霞寺名白鶴松蘿四合泉石幽奇樓殿一川煙霞沃蕩縣城東望極於大江岩瀑西來落乎深淵叢荊亂人目香風襲人衣猿嘯急而山寒水去忙而川濬皇唐之代此寺中興有惟謙繼南二上德者外擅百家内窮三學拂衣西上三十餘年居京西明寺被命内殿講新譯仁王等經及武宗會昌之祀彼二上德振錫南歸宣宗大中之載化緣造大佛殿幷三龕功德彌陀殿深涉堂相繼成功廊廡旋臻豐廚亦備緣歸十信門引四方有僧伽殿羅漢堂星紀頻移香

燈永續檻前翠巘曾迷子晉之蹤門外康衢空鎖緣楊之色齋後而錦鱗躍浪宜慧子之閒情月明而丹頂翹松伴高僧之出定竹扶疎而有實花照灼而無春迴廊而曉見孤燈別院而夜聞幽磬余髫年受業壯歲遊方錫挂晴空囊無長物瓶汲寒溪之浪衣穿古渡之風自得印南宗蓋是從來之本事承恩北闕乃爲望外之殊私陞堂而四十餘秋繼祀而五三嫡子於戲當年獨去則事往人沛今日重來而松枯檜老粵有檀信旌於所居水月堂開宜（闕一字）宴息觀音殿敞巍稱經行或三峯未掩乃爲祖榻之祥儻

六葉重芳。實爲宗門之幸也。時邑大夫瑯琊王公崇義名家之後裔也。承九重之命。施百里之恩。每及禪關。訪我心要。因歎此寺獨無碑銘。沈吟久之。命予敘述予宗門之首。非辭人也。遂諾公之請。乃一夕剪燭染毫。直書於記

波崙

波崙。聖歷時沙門。

不空羂索陀羅尼經序

若夫此經迺該二諦而無遺。括因果而斯盡。可謂引萬行之道首。進普提之神足。超生死之靈翼。昇涅槃之聖翮。信

知法門幽密。教旨沖元。非世智之能議。匪聰辯之所測。有大菩薩。號觀自在。大悲周於十方。愍法界之羣迷。故說此經示其正路。斯乃久成正覺。是能仁之本師。故能十方法界莫不現身。普應羣機。隨緣化益。若其聞名滅罪。如日銷於薄霜。禮念蒙恩。似月敷於蓮蘂。巍巍蕩蕩。聖德高元。事超言說之端。理絕思量之表。余雖愚闇劣。而慕法門。巡歷兩京。尋參善友。每念總持。如饑若渴。於大周聖歷三年。歲次庚子三月庚戌朔七日景辰。幸得此經。如死再生。是西京寶德寺僧慧月。與常州正勤寺大德慧林。乇於智藏等數人。共請北天竺嵐波國婆羅門大首領李無謟。以同翻梵本不空羂索經一十六品。合爲一卷。將就北天竺迦濕彌羅國婆羅門大德僧迦彌多囉。以同勘梵本。久視元年八月景午朔十五日庚戌。勘會麤畢。則擬將進此十六品斯土未行。曾聞隋朝所翻別本六十三紙。未嘗見也。所願皇基永固。德覆十方。金枝瓊萼。鬱茂常榮。三大願力。劫劫無窮。四宏誓心。生生無盡。苦海傾竭。三寶永存。恐時代遷遠。聞者生疑。故述拙言。序之云爾。

陀羅尼神呪經序

惟夫聖力難逢。靈文罕究。六神通之妙業。八自在之元功。持芥實而納崇山。析毫端而容大海。豈止分身百億。現影三千而已乎。千眼菩薩者。卽觀世音之變現。伏魔怨之神迹也。自唐武德之歲。中天竺婆羅門僧瞿多提婆。於細氎上圖畫形質。及結壇手印經本。至京進上。太武見而不珍。其僧悒而旋轡。至貞觀年中。復有北天竺僧賷千眼千臂陀羅尼梵本奉進。上帝文武聖帝。勅令大總持寺法師智通。共梵本僧翻出呪經。幷結壇手印等。智通法師三復旣了。卽折心懇切。佇畱徵應。於是感慶喜尊者之俯降形儀。

通悲喜驚嗟投身頂謁蒙在慰喻問欲何求通曰檮昧庸心輒此詳譯不審情詣稍符聖旨以否默而印許竊表深衷便錄本進上帝委問由緒通具以事述咸愜帝心於是齎藁本出內將顯宏福大德元謩法師一見此文嗟稱不已有人云勅未流行因何忽茲漏洩其本遂寢不復宏揚又有西來梵僧持一經篋以示智通通翻出緒餘不殊舊本唯闕身呪一科有常州正勤寺主慧琳法師功德爲務定慧是崇深入總持周窮藝術歷遊京邑棲遲實際伽藍思廣異聞希誠脫簡爰有北天竺婆羅門僧名蘇伽陀嘗

持此法結壇手印朝夕虔祈琳罄折咨詢每致艱阻後同之洛下漸示津途即請一清信士李大一其人博學梵書元儒亦究紆令筆削潤色成章備盡梵音身呪具足至神功年中有仁者自京都至將通師所翻後本有上下兩卷唯闕身呪琳參入其中事若一家宛而備足又佛授記寺有婆羅門僧達摩戰陀烏伏那國人也善明悉陀羅尼呪句嘗每奉制翻譯於妙氎上畫千臂菩薩像竝本經呪進上神皇或令宮女繡成或使匠人畫出流布天下不墜靈姿波崙又於婆羅門眞諦律師聞此像由來云有大力鬼神毗那翼迦能障一切善法不使成就一切惡業必令增長雖有妙力通心無制伏者觀音菩薩現作千眼千臂之形以伏彼神及有呪印用光不朽將來好事者佇無惑焉

忽雷澄

忽雷澄神龍時人北宗神秀弟子

曉了禪師塔碑

師住匾擔山號曉了六祖之嫡嗣也師得無心之心了無相之相無相者森羅眩目無心者分別熾然絕一言一響響莫可傳傳之行矣言莫可窮窮之非矣師得無無之無

不無於無也吾今以有有之有不有於有也不有之有去來非增不無之無涅槃非滅嗚呼師住世兮曹谿明師寂滅兮法舟傾師諱無說兮寰宇盈師示迷途兮了義乘匾擔山色垂茲色空谷猶聞曉了名

承遠

承遠景龍中靈安寺沙門

大唐[闕二字]寺故比邱尼法琬法師碑文

若夫瑤水之濱歌白雲而長往玉臺之上乘綵霞而不還敬姜布閫門之規班姬光中禁之[闕五字]參差異轍猶且播

芳徽於（闕四字）實於紫書豈如開八正門去塵離俗入三乘藏鉤深致遠喻栰於愛河之水傳燈於昏衢之地見之於法師矣法師諱法琬俗姓李（下闕數字）道人也應天神龍皇帝之三從姑焉原夫馬喙高邸彰白雲之茂祉龍光函谷表紫氣之仙望清風映乎中古大命集乎（闕二字）高祖景皇帝道出鱗皇功高羽帝牢籠天地運日月而揆陰陽彈壓山川驅黎毗而躋仁壽曾祖故鄭王亮謚曰孝咸池別派（闕三字）枝乾垂帝子之星坤列天孫之嶽刻舟標智岐嶷已稱毀轂擅奇仁心早茂由是縈開朱邸寵盛緣車豊冠蓋之

遊列山河之郡祖神（闕三字）空荆揚并三州大都督上柱國襄邑王謚曰恭潢漢天人紫微帝系大禹以能平水土式叶帝俞茂先以該博知名允諧時望惟揚奥壤（闕二字）雄藩地枕荆門郊通汝漢張阜蕃而按舉襄彤襜而督察去思來晚德化長流五袴兩岐毗謠式著九江士女旣聞酌（闕一字）之詠三晉人吏還歌戢兵之曲父德懋故金紫光祿大夫少府監宗正卿兵部尚書上柱國臨川公謚曰孝爵列公侯地隆勳戚天分斗極（闕二字）睺舌之榮地括河海仍受股肱之寄法師生積善之門誕象賢之室風神外朗慧敏內融幼懷削髮之因固拒結褵之義臨川公寢苦在疚風樹銜哀莫申罔極之心徒結充窮之痛去永徽六年襄邑王薨其年奉爲亡父捨所愛之女請度出家皇上以孝道所憑諒資於冥福誠心克著（闕一字）展於香緣奉勅出家時年十有三也并度家人三七竝以充師弟子法師卽隨吳國公尉綱之外孫其寺吳公之本置也（闕二字）黃金布地尚疑須達之園白鶴成林卽是菩提之樹日宮月殿無晦無明蓮座花臺長春長夏法師別置一院以修道焉苦行精心與冰霜而彌勵戒範禪結將竹柏而逾貞地迺護珠人

惟杖錫故得禪枝日茂覺藥年芳忍鎧橫霜銛鋒穎而無極戒珠含月射光芒而自遠至若貫花散花之典滿偈半偈之經莫不吞若胷臆如指諸掌至迺論堂霞闢曳裓成陰法座雲懸飛錫連影人同竹葦衆若稻麻法師明鏡伺鑒洪鐘佇扣流言泉於玉吻驚思風於牙扇剖疑析滯虛往實歸固以聲華鍱腹德高巢額檀林擢秀鹿苑騰芳蓋元門之棟梁緇徒之領袖矣方冀濡足授手長宏六度之津覃思研精永啟四禪之鍵豈謂隙駒易往藤鼠難留若東魯之山頹類西州之石折教在運往感息化窮智炬由

是淪輝堅林以之變色以垂拱四年歲次戊子九月己酉朔日遷神於闕二字寺春秋卌有九惟法師襟神雅正操履堅明道在則尊德高爲貴法堂宴坐心可降魔梵宇經行影能馴鴿高行鄰於初地雅譽重於彌天誠惟周拯志尚高蹈至於六時清梵想魚嶺而騰音五夜馴行候鯨鐘而肅慮楷模梵衆雪凜冰清導揚聾俗雲歸海赴清徒仰教未極元風迅景不留奄隨泡露尼山悟迦毗卽法師之姪女也義均猶子思承上足貞心雪皎慧性霜凝陶善誘而日深沐慈風而歲遠悲法眼之淪照痛禪宇之摧梁粤以

景龍三年歲次己酉正月己未朔十五日癸酉奉勅起塔於雍州長安縣之神禾原禮也崇構岧嶤前臨黃嶠之曲層基固護却枕青城之隅草凌晨而蘸露晞樹肅夜而松風起以爲天長地久日月所以循環露往霜來陵谷以之遷貿昔武成之室勒徽範於貞碑密陵之妣昭媛德於豐石矧夫道高龍象德隆鵷鷺契無三之妙軫入不二之元樞豈可相質無聞受辛莫紀敢勒清風之頌庶流終古之德其銘曰

鶴林西變象教東延邈矣年祀英靈罕傳挺生明慧惟我師焉白雲凝祉紫氣浮天皇宗赫奕帝緒蟬聯誕乎令裔克嗣先賢聚沙之日救蟻之年仁心夙表慧性俄堅方釋塵累遂託良緣心清鏡澈戒潔珠圓精誠苦行雪凜冰鮮三乘洞啟九部咸甄時臨講肆亟陟香筵鵷鷺雜遝龍象駢闐一揚辨囿幾沐言泉法門棟宇覺海舟船四虵詎息二鼠俄遷輔仁莫驗與善徒然式建高塔爰臨古阡南瞻豹巘北瞰龍川桑榆落日松檟生煙山風四起隴月孤懸一銘芬烈三變桑田

履空

履空景龍時沙門

浮屠頌

浮屠寶飾靈所依兮龍山扶護儼瞻歸兮檐楹嶤嶷欲驚飛兮金輪珠火烜赫輝兮大唐景龍三年歲次己酉題記

實义難陀

實义難陀于闐國人武后證聖元年至長安住大遍空寺四年歸于闐景龍二年重入中國景雲元年卒於大薦福寺年五十九

大乘入楞伽經序

此經諸佛心量之元樞。羣經理窟之妙鍵。廣喻幽旨。洞明深義。䟦陀之譯未宏。流文之義多舛。今討三本之要詮。成七卷之了教。傳燈之句不窮。湧泉之義無盡。

元覺

元覺俗姓戴氏。永嘉人。先天元年卒。賜謚無相大師。著有永嘉集十卷。

答朗禪師書

自別已來。經今數載。遥心眷想。時復成勞。忽奉來書。適然無慮。不委信後道體如何。法味資神。故應清樂也。元覺麤得延時。欽詠德音。非言可述。承懷節操。獨處幽棲。泯跡一闗字。人潛形山谷。親朋絕往。鳥獸時遊。竟夜綿綿。終朝寂寂。視聽都息。心累闃然。獨宿孤峯。端居樹下。息繁餐道。誠合如之。然而正道寂寥。雖有修而難會。邪徒喧擾。乃無習而易親。若非解契元宗。行符眞趣者。則未可幽居抱拙。自謂一生歟。應當博問先知。服膺誠懇。執掌屈膝。整意端容。曉夜忘疲。始終虔仰。折挫身口。蠲矜怠慢。不顧形骸。專精至道者。可謂澄神方寸歟。夫欲採妙探元。實非容易。決擇之次。如履輕冰。必須側耳目而奉元音。肅情塵而賞幽致。忘言宴旨。澤累餐微。夕惕朝詢。不濫絲髮。如是則乃可潛形山谷。寂慮絕羣哉。其或心徑未通。矚物成壅。而欲避喧求靜者。盡世未有其方。況乎鬱鬱長林。峩峩聳峭。鳥獸嗚咽。松竹森梢。水石崢嶸。忘山則道性怡神。忘道則山形眩目。是以見道忘山者。人間亦寂也。見山忘道者。山中乃喧也。必能了陰無我。無我誰住人間。若知陰入如空。空聚何殊山谷。如其三毒未祛。六塵尚擾。身心自相矛盾。何關人山之喧寂耶。且夫道性沖虛。萬物本非其累。眞慈平等。聲色何非道乎。特因見倒惑生。遂成輪轉耳。若能了境非有。觸目無非道場。知了本無。所以不緣而照。圓融法界。解惑何殊。以含靈而辨悲。悲即想念而明智。智生則法應圓照。離境何以觀悲。悲智理合。通收乖生。何以能度。度盡生而悲大。照窮境以智圓。智圓則喧寂同觀。悲大則怨親普救。如是則何假長居山谷。隨處任緣哉。況乎法法虛融。心心寂滅。本自非有。誰強言無。何喧擾之可喧。何寂靜之可寂。若知物我冥一。彼此無非道場。復何徇喧雜於人閒。散寂寞於山谷。是以釋動求靜者。憎枷愛杻也。離怨求親者。厭檻欣籠也。若能慕寂於喧。市廛無非宴坐。徵違納順。怨債由來善友矣如是則劫奪毀辱何曾非我本師叫喚喧煩無非寂滅故知妙道無形萬象不乖其致眞如寂滅衆響靡異其源迷之則見倒惑生悟之則違順無地閒寂非有緣會而能生義嶷非無緣散而能滅滅既非滅以何滅滅生既非生以何生生生滅既虛實相常住矣是以定水滔滔何念塵而不洗智燈了了何惑霧而不祛乖之則六趣循環會之則三途迥出如是則何不乘慧舟而遊法海而欲駕折軸於山谷者哉故知物類紜紜其性自一靈源寂寂不照而知實相天眞靈智非造人迷謂之失人悟謂之得得

失在於人何關動靜者乎譬夫未解乘舟而欲怨其水曲者哉若能妙識元宗虛心冥契動靜常矩語默恒規寂爾有歸恬然無間如是則乃可逍遙山谷放曠郊鄽遊逸形儀寂泊心腑恬淡息於內蕭散揚於外其身兮若拘其心兮若泰現形容於寰宇潛幽靈於法界如是則應機有感適然無準矣因信畧此餘更何申若非志朋安敢輕觸晏寂之暇時暫思量予必誑言無當看竟迴充紙爐耳不宣

同友元覺和南

發願文

稽首圓滿徧知覺寂靜平等本眞源相好嚴特非有無慧明普照微塵剎稽首湛然眞妙覺甚深十二修多羅非文非字非言詮一音隨類皆明了稽首清淨諸賢聖十方和合應眞僧執持警戒無有違振錫攜瓶利含識卵生胎生及溼化有色無色想非想非有非無想雜類六道輪迴不暫停我今稽首歸三寶普爲衆生發道心羣生沈淪苦海中願因諸佛法僧力慈悲方便拔諸苦不捨宏願濟含靈化力自在度無窮恒沙衆生成正覺說此偈已我復稽首歸依十方三世一切諸佛法僧前承三寶力志心發願修

無上菩提契從今生至成正覺中間決定勤求不退未得道前身無橫病壽不中夭正命盡時不見惡相無諸佛恐怖不生顛倒身無苦痛心不散亂正慧明了不經中陰不入地獄衆生餓鬼水陸空行大魔外道幽冥鬼神一切雜形皆悉不受長得人身聰明正直不生惡國不值惡王不生邊地不受貧苦奴婢女形黃門二根黃髮黑齒頑愚暗鈍醜陋殘缺盲聾瘖瘂凡是可惡畢竟不生出處中國正信家生常得男身六根完具端正香潔無諸垢穢志意和雅身安心靜不貪瞋癡三毒永斷不造衆惡恒思諸善不

作王臣不爲使命不願榮飾安貧度世少欲知足不長蓄積衣食供身不行偷盜不殺眾生不敢魚肉敬愛含識如我無異性行柔軟不求人過不稱己善不與物諍怨親平等不起分別不生憎愛他物不希自財不吝不樂侵犯恒懷質直心不卒暴常樂謙下口無惡說身無惡行心不諂曲三業清淨在處安穩無諸障難竊盜劫賊王法牢獄枷杖鉤鎖刀鎗箭槊猛獸毒蟲墮塹溺水火燒風飄雷驚霹靂樹折巖頹堂崩棟朽撾打怖畏趁逐圍繞執捉繫縛加誣毀謗橫註鉤牽凡諸難事一切不受惡鬼飛災天行毒

厲邪魔魍魎若河若海崇山穹嶽居止樹神凡是靈祇聞我名者見我形者發菩提心悉相覆護不相侵惱晝夜安穩無諸驚懼四大康彊六根清淨不染六塵心無亂想不有昏滯不生斷見不著空有遠離諸相信奉能仁不執己見悟解明了生生修習正慧堅固不被魔攝大命終時安然快樂捨身受身無有怨對一切眾生同爲善友所生之處値佛聞法童眞出家爲僧和合身身之服不離袈裟食食之器不乖盂鉢道心堅固不生憍慢敬重三寶常修梵行親近明師隨善知識深信正法勤行六度讀誦大乘行道禮拜妙味香華音聲讚唄燈燭臺觀山海林泉空中平地世間所有微塵已上悉持供養合集功德迴助菩提思惟了義志樂閑靜清素寂默不愛喧擾不樂羣居常好獨處一切無求專心定慧六通具足化度眾生隨心所願自在無礙萬行成就精妙無窮正直圓明志成佛道願以此善根普及十方界上窮有頂下極風輪天上人間六道諸身一切含識我所有功德悉與眾生共盡於微塵劫不惟一眾生隨我有善根普皆充熏飾地獄中苦惱南無佛法僧稱佛法僧名願皆蒙解脫餓鬼中苦惱南無佛法僧稱

佛法僧名願皆蒙解脫畜生中苦惱南無佛法僧稱佛法僧名願皆蒙解脫天人阿修羅恒沙諸含識八苦相煎迫南無佛法僧因我此善根普免諸纏縛南無三世佛南無修多羅菩薩聲聞僧微塵諸聖眾不捨本慈悲攝受羣生類盡空諸含識歸依佛法僧離苦出三塗疾得超三界各發菩提心晝夜行般若生生勤精進常如救頭然先得菩提時誓願相救脫我行道禮拜我誦經念佛我修戒定慧南無佛法僧普願諸眾生悉皆成佛道我等諸含識堅固求菩提頂禮佛法僧願早成正覺

欽定全唐文卷九百十四

慧能

慧能俗姓盧氏其先范陽人以父行瑫官南海遂爲新州人咸亨中至樂昌就智遠禪師出家復至蘄春就宏忍禪師受具後至南海就印宗法師剃染住法性寺上元中移具寶林寺詔赴京邑謝病不起神龍三年勅住韶州能居寺改額法泉是爲南宗六祖先天二年卒憲宗時追謚大鑑禪師

金剛般若波羅蜜經序

夫金剛經者無相爲宗無住爲體妙有爲用自從達摩西來爲傳此經之意令人悟理見性祇爲世人不見自性是以立見性之法世人若了見眞如本體卽不假立法此經讀誦者無數稱讚者無邊造疏及註解者凡八百餘家所說道理各隨所見見雖不同法卽無二宿植上根者一聞便了若無宿慧讀誦雖多不悟佛意是以解釋聖義斷除學者疑心若於此經得旨無疑不假解說從上如來所說善法爲除凡夫不善之心經是聖人之語教人聞之從凡悟聖永息迷心此一卷經衆人性中本有不見見者但讀誦文字若悟本心始知此經不在文字若能明了自性方信一切諸佛從此經出今恐世人身外覓佛向外求經不發內心不持內經故造此訣令諸學者持內心經了然自見淸淨佛心過於數量不可思議後之學者讀經有疑見此解義疑心釋然更不用訣所冀學者同見鑛中金性以智慧火鎔鍊鑛去金存我釋迦本師說金剛經在舍衛國因須菩提起問佛大悲爲說須菩提聞法得悟請佛與法安名令後人依而受持故經云佛告須菩提是經名爲金剛般若波羅蜜以是名字汝當奉持如來所說金剛般若

波羅蜜與法爲名其意謂何以金剛世界之寶其性猛利能壞諸物金雖至堅羚羊角能壞金剛喻佛性羚羊角喻煩惱金雖堅剛羚羊角能碎佛性雖堅煩惱能亂煩惱雖堅般若智能破羚羊角雖堅賓鐵能壞悟此理者了然見性涅槃經云見佛性者不名衆生不見佛性是名衆生如來所說金剛喻者祇爲世人性無堅固口雖誦經光明不生外誦內行光明齊等內無堅固定慧卽亡口誦心行定慧均等是名究竟金在山中山不知是寶寶亦不知是山何以故爲無性故人則有性取其實用得遇金師鏨鑿山

破取鑛烹鍊遂成精金隨意使用得免貧苦四大身中佛性亦爾身喻世界人我喻山煩惱喻鑛佛性喻金智慧喻工匠精進猛勇喻鏨鑿身世界中有人我山人我山中有煩惱鑛煩惱鑛中有佛性寶佛性寶中有智慧工匠用智慧工匠鑿破人我山見煩惱鑛以覺悟火烹鍊見自金剛佛性了然明淨是故以金剛爲喻因爲之名也空解不行有名無體解義修行名體俱備不修即凡夫修即同聖智故名金剛也何名般若是梵語唐言智慧智者不起愚心慧者有其方便慧是智體智是慧用體若有慧用智不愚

體若無慧用愚無智祇爲愚癡未悟故修智慧以除之也何名波羅蜜唐言到彼岸到彼岸者離生滅義祇緣世人性無堅固於一切法上有生滅相流浪諸趣未到眞如之地並是此岸要具大智慧於一切法圓滿離生滅相即是到彼岸亦云心迷則此岸心悟則彼岸心邪則此岸心正則彼岸口說心行即是法身有波羅蜜口說心不行即無波羅蜜也何名爲經經者徑也是成佛之道路凡人欲臻斯路當內修般若行以至究竟如或但能誦說心不依行自心則無經實見實行自心則有經故此經如來號爲金剛般若波羅蜜經

義淨

義淨字文明俗姓張氏范陽人年十五出家咸亨二年至番禺附海船經二十五年遊三十餘國以武后證聖元年齎梵本經還河洛勅住佛授寺先天二年卒年七十九

大唐西域求法高僧傳序

觀夫自古神州之地輕生循法之賓顯法師則創闢荒途奘法師乃中開正路其間或西域紫塞而孤征或南渡滄溟以單逝莫不咸思聖跡罄五體而歸禮俱懷旋踵報四恩以流望然而勝途多難寶處彌長苗秀盈十而蓋多結

實罕一而全少實由茫茫象磧長川吐赫日之光浩浩鯨波巨壑起滔天之浪獨步鐵門之外亘萬嶺而投身孤漂銅柱之前跨千江而遺命（跋南國有千江口）或忘飡幾日輟飲數晨可謂思慮銷精神憂勞排正色致使去者數盈半百留者僅有幾人設令得到西國者以大唐無寺飄寄悽然爲客遑遑停託無所遂使流離萍轉罕居一處身既不安道寧隆矣嗚呼實可嘉其美誠冀傳芳於來葉麤據聞見撰題行狀云爾其中次第多以去時年代近遠存亡而比先

後

少林寺戒壇銘 幷序

粵以長安四年歲次甲辰四月七日此寺綱維寺主義獎大上座智寶都維那大舉法濟禪師及衆徒等議以少林山寺重結戒壇欲令受戒懺儀共遵其處遂乃遠之都下屈諸大德慇懃致禮延就山門是時我老苾芻義淨及護律師瑳禪師恂律師暉律師恪律師威律師等既至寺所解舊結新僉議此邊名爲小界標相永定冀無疑惑於是護鵝珍之嘉士無名自來存草結之英賢不期而會數逾

一百行道三旬共繫頸珠俱修趺足誡五濁之希有慕四依之住持虛往實歸紹隆無替庶乎桑田屢改長存立石之基沙界時遷無爽布金之地恐田成碧海嶺變青川迷此結誠乃爲銘曰

羯磨法在聖教不淪式得金口是敬是遵目覩西域杖錫東巡覩盛事而隨喜聊刋刻乎斯文

南海寄歸內法傳

原夫三千肇建爰彰興立之端百億已成尚無人物之序既空洞於世界則日月未流實閒寂於慘舒則陰陽莫辨曁乎淨天下降身光自隨因餐地肥遂生貪著林藤香稻轉次食之身光漸滅日月方現夫婦農作之事興君臣父子之道立然而上觀青象則妙高色而浮光下察黃輿乃風蕩水而成結而云二儀分判人在其中感淸濁氣自然而有陰陽陶鑄譬之以洪鑪品物財成方之於埏埴者蓋寡聽曲談之謂也於是嶽峙星分含靈蔓延遂使道殊九十六種諦分二十五門僧佉乃從一 闕 而萬物始生薜世則因六條而五道方起或露體拔髮將爲出要或灰身椎髻執作升天或生乃自然或死當識滅或云幽幽冥冥莫

識其精眇眇忽忽罔知所出或云人常得人道或云死便爲鬼靈或談不知蝶爲我己不知我爲蝶形既牽迷於蜾嬴復聚惑於螟蛉比混沌於雞子方晦昧於孩嬰斯皆未了由愛故生藉業而有輪迴苦海往復迷津者乎然則親指平途躬宣妙理說十二緣起獲三六獨法號天人師稱一切智引四生於火宅拔三有於昏城出煩惱流登涅槃岸者粵我大師釋迦世尊矣創成覺龍河九有興出城之望後移光鹿苑六道盛歸依之心初轉法輪則五人受化次談戒躅則千生伏首於是闡梵響於王舍獲果者無窮

酬恩惠於父城發心者莫算始自了教會初願以標誠終乎妙賢契後期於結念住持八紀宏濟九居教無幽而不陳機無微而不納若泛爲俗侶但畧言其五禁局提法衆遂廣彰乎七篇以爲宅有者大非戒興則非滅存生者小過律顯則過亡且如恚損輕枝現生龍户慈濟微命交升帝居善惡之報固其明矣於是經論兼施定慧俱設攝生之綱唯斯三藏乎既而親對大師教唯一說隨機拯物理亡他議及乎蘖舍初辭魔王或歡喜之志熙連後唱無滅顯亡疑之理可謂化緣斯盡能事畢功遂乃跡滅兩河人天掩望影淪雙樹龍鬼摧心致使娑羅林側淚下成泥哭者身邊血如華樹大師唱寂世界空虛次有宏法應人結集有五七之異持律大將部分爲十八之殊隨所見聞三藏各別著下裙則裾有偏正披上服則葉存狹廣同宿乃異室繩圍兩俱無過受食以手執畫地二並亡愆各有師承事無和雜諸部流派生起不同西國相承大綱維四其間離分出沒部別名字事非一致如餘所論此不繁述故五天之地及南海諸洲皆云四種尼迦耶然其所欽處有多少摩揭陀則四部通習有部最盛羅荼信度則少衆三

部乃至正量尤多北方皆全有部時逢大衆南面則咸遵上座餘部少存東裔諸國雜行四部師子洲並皆上座而大衆斥焉然南海諸洲有十餘國純唯根本有部正量時欽近日已來少兼餘二斯乃咸遵佛法多是小乘唯末羅遊少有大乘耳諸國周圍或可百里或數百里或可百驛大海雖難計里商舶慣者准知良爲掘倫初知交廣遂使總喚崑崙國焉唯此崑崙頭捲體黑自餘諸國與神州不殊赤腳敢曼總是其式廣如南海錄中具述驩州正南步行可餘半月若乘船纔五六潮即到上景南至占波即是臨邑此國多是正量少兼有部西南一月至跋南國舊云扶南先是裸國人多事天後乃佛法盛流惡王今並除滅迥無僧衆外道雜居斯即贍部南隅非海洲也然東夏大綱多行法護關中諸處僧祇舊兼江南嶺表有部先盛而云十誦四分者多是處其經夾以爲題目詳觀四部之差律儀殊異重輕懸隔開制迢然出家之侶各依部執無宜取他經事替已重條用自開文見嫌餘制若爾則部別之義不著許遮之里莫分豈得以其一身遍行於四裂裳金杖之喻乃表證滅不殊行法之徒須依自部其四部之中

大乘小乘區分不定北天南海之郡純是小乘神州赤縣之鄉意存大教自餘諸處大小雜行考其致也則律檢不殊齊致五篇通修四諦若禮菩薩讀大乘經名之爲大不行斯事號之爲小所云大乘無過二種一則中觀二乃瑜伽中觀則俗有眞空體虛如幻瑜伽則外無內有事皆唯識斯並咸遵聖教孰是孰非同契涅槃何眞何僞意在斷煩惑濟眾生豈欲廣致紛紜重增沈結依行則俱升彼岸棄背則並溺生津西國雙行理無乖競既無慧目誰鑒是非任久習而修之幸無勞於自割且神州持律諸郡互牽

而講說撰錄之家遂乃章鈔繁雜五篇七聚易處更難方便犯持顯而還隱遂使覆一簣而情息聽一席而心退上流之伍蒼髭乃成中下之徒白首寧就律本自然落漠讀疏遂至終身師弟相承用爲成則論章段則科而更科述結罪則句而還句考其功也實致爲山之勞數其益焉時有海珠之潤又凡是製作之家意在令人易解豈得故爲密語而更作解嘲譬乎水溢平川決入深井有懷飲息濟命無由准檢律文則不如此論斷輕重但用數行說罪方便無煩半日此則西方南海法徒之大歸矣至如神州之地禮教盛行敬事君親尊讓耆長廉素謙順義而後取孝子忠臣謹身節用皇上則恩育兆庶納隍軫慮於明發羣臣則莫不拱手履薄呈志於通宵或時大啓三乘廣開百座布制底於八澤有識者咸悉歸心散伽藍於九宇迷途者並皆迴向皇皇焉農歌畎畝之中濟濟焉商詠舟車之上遂使雖貴象尊之國頓顙丹墀金鄰玉嶺之鄉投誠碧砌爲無爲事無事斯固無以加也其出家法侶講說軌儀徒眾儼然欽承極旨自有屛居幽谷脫屣樊籠漱巖流以遐想坐林薄而棲志六時行道能報淨信之恩兩期入定

合受人天之重此則善符經律何有過焉然由傳受訛謬軌則參差積習生常有乖綱致者謹依聖教及現行要法總有四十章分爲四卷名南海寄歸內法傳又大唐西域高僧傳二卷幷雜經論等十卷幷錄附歸願諸大德興宏法心無懷彼我善可量度順佛教行勿以輕人便非重法重曰然今古所傳經論理致善通禪門定激之微此難懸矚且復麤陳行法符律相以先呈備舉條章考師宗於實錄縱使命淪夕景希成一簣之功燄絕朝光庶有百燈之續閱此則不勞尺步可踐五天於短階未徙寸陰實鏡千

齡之迷蹰幸頋檢尋三藏鼓法海而揚四波皎鏡五篇汎慧舟而提六欲雖復親承匠旨備檢元宗然非濬發於巧心終恐受嗤於慧目云爾

法藏

法藏字賢首俗姓諸葛氏蘇州吴縣人一云姓康氏康居人自少出家如意元年武后制於東都大福先寺檢校无盡藏長安四年又制於化度寺檢校无盡藏後延爲薦福寺大德開元二年卒年七十八

大乘起信論疏序

夫眞心寥廓絶言象於筌罤沖漠希夷忘境智於能所非生非滅四相之所不遷無去無來三際莫之能易但以無住爲性隨派分岐逐迷悟而升沉任因緣而起滅雖復繁興鼓躍未始動於心源靜謐虛凝未嘗乖於業果故使不變性而緣起染淨恒殊不捨緣而卽眞凡聖致一其猶波無異溼之動故卽水以辨於波水無異動之溼故卽波以明於水是以動靜交徹眞俗雙融生死涅槃夷齊同貫但以如來在世根熟易調一稟尊言無不懸契大師沒後異執紛綸或趣邪途或奔小徑遂使宅中寶藏匿濟乏於孤窮衣内明珠弗解貧於傭作加以大乘深旨沈貝葉而不尋羣有盲徒馳異路而莫返爰有大士厥號馬鳴慨此頽綱悼斯淪溺將欲啟深經之妙旨再曜昏衢斥邪見之顛眸令歸正趣使還源者可卽反本非遙造廣論於當時遐益羣品既文多義邈非淺識所闚悲末葉之迷淪又造斯論可謂義豐文約解行俱兼中下之流因茲悟入者矣

修華嚴奥旨妄盡還源觀序

夫滿教難思窺一塵而頓現圓宗叵測覩纖毫以齊彰然用就體分非無差別之勢事依理顯自有一際之形其猶病起藥興妄生智立病妄則藥妄畢空拳以止啼心通則

法通引虛空而示徧既覺既悟何滯何通百非息其攀緣四句絶其增減故得藥病雙泯靜亂俱融消能所以入元宗泯性相而歸法界竊見元綱浩瀚妙旨希微覽之者詎究其源尋之者罕窮其際是以眞空滯於心首恒爲緣慮之場實際居於目前翻爲名相之境今者統收元奥囊括大宗出經卷於塵中轉法輪於毛處明者德隆於卽日昧者望絶於多生會旨者山嶽易移乖宗者錙銖難入輒以旋披往誥紕覩舊章備三藏之元文憑五乘之妙旨繁詞

必削缺義復全。雖則創集無疑。況乃先規有據。窮茲性海。會彼行林。別舉六門。通爲一觀。參而不雜。一際皎然。冀返迷方。情同曉日。佩道君子。俯而詳焉。今畧明此觀。總分六門。先列名。後廣辨。

華嚴經指歸序

夫以主教圓通。盡虛空於塵剎。帝珠方廣。攬法界於毫端。無礙鎔融。盧舍那之妙境。有崖斯泯。普賢眼之元鑒。浩瀚微言。實叵尋其旨趣。宏深法海。尤罕測於宗源。今畧舉大綱。開茲十義。撮其機要。稱曰指歸。庶探元之士。麤識其致

焉。

心經畧疏序

夫以眞源素範。沖漠隔於筌罤。妙覺元猷。奧賾超於言象。雖眞俗雙泯。二諦恒存。空有兩亡。一味常顯。良以眞空未嘗不有。卽有以辨於空。幻有未始不空。卽空以明於有。有空有。故不有。空有空。故不空。不空之空。空而非斷。不有之有。有而不常。四執既亡。百非斯遣。般若元旨。斯之謂歟。若歷事備陳。言過二十萬頌。若撮其樞要。理盡一十四行。是知詮眞之教。乍廣畧而隨緣。超言之宗。性圓通而俱現。般若心經者。實謂曜昏衢之高炬。濟苦海之迅航。拯物導迷。莫斯爲最。然則般若以神鑒爲體。波羅蜜多以到彼岸爲功。心顯要妙所歸。經乃貫穿言教。從法就喻。詮旨爲目。故言般若波羅蜜多心經。

慧苑

慧苑。京兆人。華嚴藏法師上首弟子。

新譯大方廣佛華嚴經音義序

原夫第一勝義。是離言之法性。等流眞教。誠有海之方舟。故以名句字聲作別相之本質。色香味觸爲住持之自體。

嗟乎。超絕言慮之旨。洽悟見聞之境。莫不以法王宏造。權道之力歟。大方廣佛華嚴經者。實可謂該通法界之典。盡窮佛境之說也。若乃文言舛誤。正義難彰。眞見不生。尋源失路。故涉近以遝遠。從淺而暨深。去來今尊。何莫由斯道。且夫音義之爲用也。鑒清濁之明鏡。釋言話之旨歸。匡謬漏之楷模。闢疑管之鈐鍵者也。至如低佪誤爲遲迴。彷徨乃成稽返。俾倪代乎睥睨。軾環遂作女牆。擣書矯形。正斜翻覆。幹存榦體。樹木參差。若斯之徒。紊亂聲義。不知踳駮。何以指南。苑不涯菲薄。少翫茲經。索隱從師。十有九載。雖

義旨悠邈難以隨迎而音訓梵言聊爲注述庶使披文了義弗俟籌咨紐字知音無勞負帙且螻螘之量司已穴而疏冥豈霆雷之資開蟄戶於遐邇英達君子希無誚焉

道氤

道氤俗姓長孫氏長安高陵人父容殿中侍御史氤少擢進士第後遇梵僧心願出家事京師招福寺愼言律師爲師元宗幸洛勅與良秀法修隨駕開元二十八年卒

上元宗遺表

某末品輕生虛均雨露得陪緇伍許自精修雖常袒右肩無施舉袂之役而執錫舒步得謝負載之勞屬以時暢元功德揚眞化不謂勤劬慕學造次養生今月十六日苦腸忽加湯藥無救泉門自掩安沐堯風夜臺一歸寧逢舜日有定瘞於蒼隴無再謁於丹墀

一行

一行俗姓張氏鉅鹿人本名遂武后時佐命剡國公公謹支孫幼依普寂禪師出家後往天台山國淸寺受算法造大衍歷元宗名入集賢院尋詔住興唐寺開元十五年卒於京師華嚴寺謚大慧禪師

請與星官考校黃道遊儀疏

按舜典云在璿樞玉衡以齊七政說者以爲取其轉運者爲樞持正者爲衡皆以玉爲之用齊七政之變知其盈縮進退得失政之所在卽古太史渾天儀也自周室衰微疇人喪職其制度遺像莫有傳者漢興丞相張蒼首創律歷之學至武帝詔司馬遷等更造漢歷乃定東西立晷儀下漏刻以追二十八宿相距星度與古不同故唐都分天部洛下閎運算轉歷今赤道歷星度則其遺法也後漢永元中左中郎將賈逵奏言臣前上傅安等用黃道度日月弦

望多近史官壹以赤道度之不與天合至差一日以上願請太史官日月星簿及星度課與待詔星官考校

答張燕公書

度門寺大衆僧撤曇振達摩一行等白令公檀越世相遥邁時節如馳自先師因待不居遂逾十載塔樹將列禪庭坐蕪永懷正服終天何及惟師降命總依授斯全德普門紀述有出常規每恨杜氏多涉於詭通閭君屢傷於假氣内惟祕惟覺才難由是法壽幾遷名身莫擇自往歲僉議令以斯意仰憑而鳳池務總未果成願近承銜朝寄出鎭

岳陽乘閒論道此會難失所以思義禪師重往諮覲幸蒙法生之義莫逆於心爰就斯文流之後死然夫發揮浮道宛若現觀幽贊佛持動符先軌不圖述作之盛而至於斯乎自非深起明門亦無以臻於此耳仰以今月半潔以清齋凡我法流嘉茲日陳之影塔宣布至言人懷感歎有兼常節是亦存沒之大事畢矣人天之榮觀備矣儻靈峯可作本地常存必當流鑒遠緣怡然動色詎祇傳聲梵世以慶法輪之斋哉僧徹等久席圓聞寧窮智葉載懷遺偈益戀初因言荷末光彌慙引曬空思厚德不知何以報之

雖應極力勉心以存所務儻一至之功可必十方之助不行當迴此庶恩以現祈花應耳敬白

智昇

智昇開元中崇福寺沙門

開元釋教錄序

夫目錄之興也蓋所以別眞僞明是非記人代之古今標卷部之多少摭拾遺漏刪夷駢贅欲使正教綸理金言有緒提綱舉要歷然可觀也但以法門幽邃化網恢宏前後翻傳年移代謝屢經散滅卷軸參差復有異人時增僞妄致令混雜難究蹤由是以先德儒賢製斯條錄今其存者殆六七家然猶未極根源尚多疎闕昇以庸淺久事披尋參練異同指陳臧否成茲部帙庶免乖違幸諸哲人俯共詳覽

釋具

釋具開元中大忍寺沙門

大忍寺門樓碑

唐開元十有八年定之深澤大忍寺尼修巨靈分守以咸不若惟突與隩復樓之（闕）拱於（闕十四字）參差竦（闕一字）以（闕二字）

垣巖廊於亦制立張皇前殿以爲一寺之表此寺也始聞於晉魏代歷於周隋有舍利之感無憂之跡靈龕（闕一字）闕然恒所嗟怏今斯一舉可謂盡美夫其櫨𧏮（闕二字）嵯峨山峙偃（闕一字）日月棲（闕一字）風煙（闕二字）微坐修檐遏視數百若指諸掌縱因遐觀則左碧海而右青山依違諸梵之宮俄不知川原井邑之所在請循其（闕一字）正象之紀也始以經論成（闕一字）終以功福宅心故建茲樓用周所願蓋式貲（闕一字）之不可以志也則所以誓（闕一字）言護建寺綱列釋合志存誠於是閭閻豪首無非悅服大捨者卅有三戮力者五

十轉勸者百有八千餘室同欲同貫竭款効勤終始一心有死無二凡社保婚聘之禮牲幣之費則歸之所謂從闇入明信異郡殊方從善如流元黃式競者不可勝紀八材是購闕二字如雲茂績有孚職迺歸木石之攻也已陰判於巖壤之間收之果與度量合椎輪既闕一字不勸而奔推轂排轅其指可㧑者萬數先是深數丈及茲可揭力未其神功也歟天恩越自恒典百足眞務所以凝也闕一字就業闕一字匪翔價善且不孤恭惟大師以解脫之身宅無漏之界猶不我遐棄紫金其容從悲願也然則鴻濤沸於眞乎海

且晏然化惡云滅乃今靈儀在殿雖不闕一字於往來而神足潛遊心每陪於履踐則旁然作爲紺宇祇陁氏高尚其事不利黃金以今而觀有足係也超忽時事杳然刋諸峨峨茲樓矯矯首出萬構爭竦橫雲造日峻堿仰壁靈闕三字擢擢金容魂態可悉超超自功可久其利匪一海嶽灰揚此焉終古刺史段公崇簡動中權言合道德惟淳懿政不苛煩故百姓安闕一字別駕符公子珪長史逖佐理之德實難其人司功李公眞縣令劉公遂昌好寬厚之德行和乃心茲樓故獲終古丞齊公賢主簿樊公璆尉張公懷尉張公仲良前尉乘公璡以道聯闕下

仁素

仁素開元時嵩岳閒居寺沙門珪禪師弟子

大唐嵩岳閒居寺故大德珪禪師塔記

大師諱元珪李氏河南伊闕人也上元二載孝敬崩度隸寺焉宿殖德本無師自悟及少林尊者開示大乘詣稟至道晚年居龐塢阿蘭若遠近縞素受道者不復勝記至開元四年歲次景辰秋八月甲辰朔十日癸丑終於龐塢春秋七十有三十三日景辰權厝於寺北岡之東至十一年

歲次癸亥秋七月乃營塔於浮圖東嶺之左大師味淨之所而庭柏存焉癸巳晦奉遷於塔從僧儀也弟子比邱僧仁素等刋此貞石以旌不朽

嗣安

嗣安元宗時人

謝賜天寶額狀

右臣會覺等言臣聞皇天以平分四時聖人以亭育萬物僧等何幸頓沐殊私但以王者封畿乃稱鄠杜之邑諸侯近甸是惟酆鎬之瀛頃者靈符發兆聖號輝煥百神慶答

萬國維新不謂惠澤旁流降仙毫之瑞札宸慈下被賜天寶之嘉名普潤緇黃齊霑寺觀而魚龍起伏來從日月之宮束帛戔戔更賁金繩之界雙林戴色紺苑增榮臣等不勝抃躍之至

欽定全唐文卷九百十五

處玉璿

處玉璿開元時沙門

大唐衆義寺故大德敬節法師塔銘并序

夫王而作則者大雄見而遄歸者大寶聲被周漢義逸齊梁學比犛毛富如崑玉道飾其行俗賞其音或內祕靈知或外見常迹起伏不拘於字闕一代出沒所謂於須臾執有以兼之公得其門也惟大德俗姓盧諱敬節范陽人也祖尚書遠葉樓志邱園父樂司徒季英閒居遁世懸於稱子

遏以羣流放令出家不從文秩上可以益后下可以利人不累莊嚴足陪淨藏令投虔和上受業年甫十歲日誦千言維摩妙高飛峯口海法華素月吐照情田奏梵音以雲揚感神明而雷激厭俗之垢王澤遐沾落髮之貞天魔爲懾至二十九入道具臘寺舉都維那二十載清拔僧務造長廊四十間不日克就光嚴帝宇粹表祇園結棟淩霞飛櫓振景士拜左顧靡怯風搖人謁右旋非憂雨散亦嘗柔外以定定力振振順中以如如心奕奕笑法橋而虹斷切義舫之神移莫不悼哉何嗟及矣以開元十七年七月十

五日終於私房。春秋七十有五。窆於神和原。律也門人處玉璿延阼等念松迴茂仰。蕙遙芬。悵頹景之不留。恨驚風之早落。師魂遠何至。貲影痛何孤。恐岸成川。起塔崇禮。式爲銘曰。

迹滿三界。神放六通。教令遐囑。德位常融。轉延象世。運及都公。木選寒柏。山實舒虹。行高獎下。言貴居忠。俗承遠聲。邑道洽化無窮。水搖魚徙。動人斷悅。悲空日影。何旋北山陰遠。已東荒郊。悲慘慘。烟氣亂葱葱。式作營於妙塔。用表列於仁雄。柩窆歸於泉壤。性遙拔於樊籠。挫一代之凋命。流千古之清風。

元朗

元朗字慧明。俗姓傅氏。東陽烏傷人。大士六世孫。浦江江夏太守拯公之後。九歲出家。如意元年。勅度清泰寺。天寶十三年卒。年八十二。

招元覺大師山居書

自到靈溪。泰然心意。高低峯頂。振錫常遊。石室巖龕。拂手宴坐。青松碧沼。明月自生。風埽白雲。縱目千里。名華香果。蜂鳥銜將。猿嘯長吟。遠近皆聽。鋤頭當枕。細草爲氈。世上崢嶸。競爭人我。心地未達。方乃如斯。倘有寸陰。願垂相訪。

靖彰

靖彰。天寶中靈昌郡龍興寺沙門。

永泰寺碑

觀夫聖應無方。等曜靈之流萬象。覺海元曠。若溟渤之含百川。凝然居眾妙之先。煥矣處有空之際。於是慈光西燭。慧液東飛。廣闢權實之門。爰啟布金之義。粵茲寶界。創自後魏正光二載。即孝明帝之賢妹也。乃居寵若驚。克修雅志。確乎出俗。入道爲尼。以誠信有徵。勅爲置明煉之寺。兼度士庶女等百有人矣。頃遇周武不敬正教。凌夷至隋氏

開皇。重加修復。又度尼廿一人。以崇景福。暨有唐貞觀三載。議將尼寺居山處。恐匪人侵擾。勅令移額於偃師縣下置。此因廢焉。至神龍二載七月廿五日。有嵩岳寺都維那僧道瑩奏聞。此故寺依山帶水。形勝幽棲。不假多工。便堪居住。伏惟故永泰公主器蘊沖和。承規帝闕。庶增瓔珞之保。瑤枝何圖。厭代辭榮。遷神遂遠。二聖痛金娥之殞。兆人興玉碎之悲。凡厥有情。孰不傷悼。至論潛祐。必賴薰修。伏望天恩爲永泰公主於前件故伽藍置寺一所。請以永泰

為名特望度僧二七人庶使福資冥路竊惟聖不孤運會
緣必興建寺立僧實由於此自茲以降暨乎至今亦有別
勅配居或牒兩京名德翼翼清衆五十餘人咸以軌範端
融心澄海月鵝珠育物禮誦無虧常懷報國之恩庶願福
增皇祚千佛二古塔者昔明煉之所起亭亭四照嶷嶷搖
空龕室玲瓏重光迴映其間大窣堵坡者隋仁壽二載之
所置文帝應命感異稀奇忽得舍利一缾雪毫燦爛火焚
益固擊之逾明乃詔天下梵場令起塔供養為蒼生之祈
福也規制妙絕神工未方永鎮檀林以昭盛烈東有兩支

提者昔寺主道瑩上座崇敬遺教門人之所造也二長老
僧碁國寶振古超今息化歸心法俗追悼故起斯塔前門
樓浴室食堂經藏者即大德曇陟律之所構也律師宿智
圓明知微察物少編僧錄風骨天然精持大乘元通數部
不住無相兼崇有為沙門思悟者心燈獨知跡無住處諸
佛遺旨必能竭其筋力諸魔動念必不愛其死生乃跋涉
山川樸斲杞梓食堂之力頗有助云九級浮圖者比邱真
一敬為故兄寺主真藏之所建也禪師積德累仁果會慈
惠玉昆金友俱離塵籠弟子沙門志堅及陳留郡封禪寺

都維那僧希宴等敬為和上樹茲景業寺主絢彩凝華心
鏡虛朗再成寶殿重立尊儀但有闕遺盡加營葺幷鑄大
銅鐘一口重四千斤函二十石裝飾嚴麗備物維新金容
將滿月齊暉玉相與日輪爭曜簷宇四繞迴廊復周蹬道
淩虛懸階數币風鈴夜警聲聲流解脫之音曉梵朝吟一
一讚苦空之偈嘉木繁植祥花接異以恒春高柳垂幡喬
松結蓋而雲際前寺主道演前上座智光前都維那僧元
順皆體道歸一異本同源逍遙林泉躡履雲壑復有沙門
法意敬一等至樂大乘沈心不二一日必葺當貫勇而行

諸六時精勤縱力極而不廢其寺也嵩巖右脇龍津左傍
前眺案崗萬公居後地形澄逕幽磢對靈鎮之臺山勢巍
峩峯頂與層巒俱峻昔跋陀三藏懸記此方人安衆和福
利彌廣時上座明信寺主道峻都維那敬一等普操履霜
潔動成紀綱德義相資同知寺任但恐三輪一轉海際塵
驚若不刊勒貞琘何以表之靈跡靖彰內慚深定外謝多
聞敢違宿心昧揚休烈其詞曰
佛性微遍含識隱顯自在兮無量力開祕藏燿無疆寶刹
嚴凝兮仙路長韻慈鐘震懸極警衆沈昏兮清閫域光勝

宅。啟津梁淨彼地獄兮與天堂。昔明煉今永泰跋陁遠記兮斯爲大。刻珍石炳徽言曠代昭宣兮萬祀傳。

德宣

德宣天寶中龍興寺沙門。

隋司徒陳公捨宅造寺碑

觀夫二儀之大也。不能免天傾地裂之災。三光之明也。不能免日薄星迴之變。非夫圓明鍾覺。利見大雄。飛觀眞峯。高視鐵圍之外。澄襟性海。獨瑩珠泉之底者。其孰能置四生於不動之國。濟八苦於無明之河。祕密成伊。演龍藏於

三千世界。童蒙求我。運牛車於五百由旬。所以太子迴心。捨宮殿臣妾。商人合掌。奉眞珠琉璃。給孤獨園。一家之造精舍。瑯琊別產。兩宅之入伽藍。大矣哉。其誰繼之。我司徒陳公之謂也。公諱杲仁。字世威。其先豫州穎川人也。十七代祖寔。爲太邱長。六世祖陳武帝。經天緯地之功。與乾坤而合道。濟俗安人之德。共日月而齊明。家於長城。故復爲晉陵人也。祖畐。字元皎。陳羽林郎將。萬户千門。警夜巡晝。旌旗曳日。朝馳楊柳之街。鐘鼓沸天。夕衞鴛鸞之殿。別勅授洪州建昌縣令。戴星按俗。靡草臨人。澤被春滋。愛融冬日。花藏野雉。戀錦化而長馴。煙渚庭鸞。懷磬聲而率舞。父諱季明。字元煥。陳江州司馬兼嶺南道採訪使。尋拜給事中。朱紱題輿。按三江而寫鑒。皇華按節。踰五嶺而騰驤。出揚使德之清。入掌王言之重。公器局宏偉。風神灑肅。年八歲能文章。隨父任在都宅。與吏部侍郎陰鏗接住。鏗家置學。就博士授孝經尚書。以夜繼晝。口不輟誦。鏗曰。吾之東家。其復生矣。年十三。讀史至司馬相如題橋之言。歎曰。大丈夫富貴由天。窮達在命。使吾有壽。亦當自致青雲。年十八。州將舉秀才。送上臺對策於玉階。舉朝稱之曰。使孫宏

之文。李廣之武。與子同時。則並驅連衡矣。帝曰。朕與兒俱太邱之後。家風不墜。復見於茲。特授監察御史。尋遷江南道巡察大使。臺中繡服。驄馬而時來。陌上朱輪。按豺狼而不去。大業五年三月。長白山大洞内有狂寇數萬。公奉詔平之。授秉義尉。尋授朝請大夫。九年正月。奉詔平江寧樂伯通叛徒十萬。授銀青光祿大夫。十三年。奉詔平東陽婁世幹賊徒二十萬。隋主嘉之。名公面見。拜大司徒。賜麗姝二十人。細馬五匹。粟千斛。綵五百段。對歟休命。輔佐王官。金印紫章。照彤庭而赫奕。綠羅紅粟。塡帑藏以崔嵬。屬

隋季分崩天下喪亂洎我大唐之有天下也日月懸而天地再造歷數在而車書一統聖人御宇萬國來朝奉詔詢江東晉陵耆老隋故司徒陳杲仁身有八絕可得聞乎耆老逡巡而稱曰言八絕者一忠二孝三文四武五信六義七謀八辨梁大同中義興縣與晉陵競太湖田數年不決太守命公斷之咸悅服焉建始中長白山叛徒引及朝貴公奉詔推勘繩黠顯然而知鑑逾明鏡直若朱弦梁末斷太湖之田是非明白陳初劾長山之賊眞僞糺分兩造平反聲馳省闥片言折中譽出鄉閭公之忠也公事後親親

病須肉時屬禁屠肉不可致公乃割股以充羹刺血寫法華經爲先妣修福孝深骨立情慎色難豈惟孝悌之有餘亦迺津梁之莫大公之孝也初公選在都會吏部侍郎陰鏗出使西蜀中書令江總北巡徐泗傾都餞於新亭時公奉詔作大使西巡序及北征賦思逸懷蛟才高倚馬入江寫月光含夷水之珠詞花飛葉綵麗蜀城之錦公之文也而邊寇不寧戎馬屢駕百川潛計三畧陰謀巨力取而拔山功歸第一神鏃來而破的中必疊雙兇徒與惡葉同飄逆黨共春冰一泮公之武也豁達大度泓澄春陂勝必推人失乃向己官祿給其粟帛盡散親朋皇恩加其僕馬併均昆弟公之義也既忠且信十室彰夫子之名密契深期千里命巨卿之駕確乎不拔惕若有孚公之信也攻城畧地祕策權宜進楚食而離范增奪胡鞍而輸李廣公之謀也折角無先共朱雲而並操懸河不竭與郭象而連詞公之辨也帝曰俞雖曲逆辯六奇之計陳王懷八斗之才論功揆德莫之加也芳名馳於萬古壯志立於三吳陳書雖著其高名唐史未編其實錄勅史官宜書直筆大業中天門公沈法興起義兵於湖州聞公名遠來投公是知龍門

之前涸鮒搖腮而競集鵲巢之側維鳩拂羽而爭來法興欲割據常州詐結父子之義時逆人李子通屯集數萬鎮在江北懼公之威不敢輒渡法興潛謀詐稱疾亟公往問疾乃覺中毒走馬而歸公素與高僧凜禪師著塵外之交法師尋與受菩薩戒付囑張軫二夫人所居之華第並道南兵仗院並施爲僧伽藍名杜業寺是郡東南三十五里公之別業紅沼夏溢芰荷發而惠風香綠田秋肥霜露降而嘉禾熟並捨入景星寺言訖而終雖幽魂冥冥梁木斯壞而生氣凜凜高風尚存功可勒石食堪配廟故夫子文

鍾嶺南（疑）骨喪而名留太伯吳門文身無而道在况公神異越於昔賢左遮江關東壓海口使天無流疫路不拾遺江上伏鬼神若稱官勢郡中散牛馬以付羅衡四民銜覆護之恩百姓荷扶持之力其寺明政三年六月之所置也初名杜業後改爲宏業因廟諱復改爲福業嗚呼公以武德二年歲次庚辰五月十八日而薨享年七十二厥後薨辰精舍坊閭答公之恩飯僧供佛皓月有昃香燈無虧亦由晉感子推之辭楚懷屈原之德懋哉垂裕貽厥後昆公之長子坦廣府士曹次子顯洪州司法難兄難弟如珪如

璋弄雙珠之明匡二天之化顯之子璉不餌葷血早悟苦空得菩薩心有神仙壽年九十一卒於家璉之子光允雅繼清風棲心金地德必有鄰同聲相應與孝門岑庭結交二人同心鑄文殊菩薩像用鐵千觔又勸同志之士鑄普賢菩薩像體均前種相好圓明寫妙德之奇姿移寶威之眞跡太守劉公同昇兼江東道採訪使四岳分憂九州共理玉壺氷寫讓心骨之清紅樹花開怯文章之秀長史歐陽公司馬孫公並望重題輿才高展驥親紆化鶴共佐懸魚縣令何公共拔天下之才共臨江縣未搏風於九霄且震雷於百里福業寺綱維徒眾等並貞諒不拔維持有聲莫不道俗相率誠命於予式歌文武之功共紀柖提之業於戲年更事遠懼馨香之闕遺詢諸碩才備茲景行勉抽鄙思乃爲銘曰

昭哉烈士兮昂昂擅波蜜兮自強捨一家兮良田甲第成三寶兮佛土僧坊生則封侯兮傑出歿而配廟兮名揚聖后兮聰明光宅何奸宼兮殘剝遐方明神八絕兮宏祐飛將一埽兮銷亡悲盛績兮江南蕪沒樹豐碑兮海內昭彰

法海

法海字文允俗姓張氏丹陽人一云曲江人出家鶴林寺爲六祖弟子天寶中預揚州法愼律師講席

六祖大師法寶壇經畧序

大師名惠能父盧氏諱行瑫母李氏誕師於唐貞觀十二年戊戌二月八日子時時毫光騰空異香滿室黎明有二異僧造謁謂師之父曰夜來生兒專爲安名可上惠下能也父曰何名惠能僧曰惠者以法惠施眾生能者能作佛事言畢而出不知所之師不飲乳夜遇神人灌以甘露既長年二十有四聞經悟道往黃梅求印可五祖器之付衣

法令嗣祖位時龍翔元年辛酉歲也南歸隱遯一十六年至儀鳳元年丙子正月八日會印宗法師宗悟契師旨是月十五日普會四衆爲師薙髮二月八日集諸名德授具足戒西京智光律師爲授戒師蘇州慧靜律師爲羯磨荆州通應律師爲教授中天耆多羅律師爲說戒西國蜜多三藏爲證戒其戒壇乃宋朝求那跋陀羅三藏剏建立碑曰後當有肉身菩薩於此收戒又梁天監元年智藥三藏自西竺國航海而來將彼土菩提樹一株植此壇畔亦預誌曰後一百七十年有肉身菩薩於此樹下開演上乘度

無量衆眞傳佛心印之法主也師至是祝髮受戒及與四衆開示單傳之法旨一如昔識（以天監元年壬午歲考至唐儀鳳元年丙子是得一百七十有五年）次年春師辭衆歸寶林印宗與緇白送者千餘人直至曹溪時荆州通應律師與學者數百人依師而往至曹溪寶林覩堂宇湫隘不足容衆欲廣之遂謁里人陳亞仙曰老僧欲就檀越求坐具地得不仙曰和尚坐具幾許闊祖出坐具示之亞仙唯然祖以坐具一展盡罩曹溪四境四天王現身坐鎮四方今寺境有天王嶺因茲而名仙曰知和尚法力廣大但吾高祖墳墓竝在此地他日造墓幸望存畱餘願盡捨永爲寶坊然此地乃生龍白象來脈只可平天不可平地寺後營建一依其言師游境內山水勝處輒憩近遂成蘭若一十三所今曰花果院隸藉寺門茲寶林道場亦先是西國智藥三藏自南海經曹溪口掬水而飲香美異之謂其徒曰此水與西天之水無別溪源上必有勝地堪爲蘭若隨流至源上四顧山水回環峯巒奇秀嘆曰宛如西天寶林山也乃謂曹溪村居民曰可於此山建一梵刹一百七十年後當有無上法寶於此演化得道者如林宜號寶林時韶州牧侯敬中以其言具表聞

奏上可其請賜寶林爲額遂成梵宮落成於梁天監三年寺殿前有潭一所龍常出沒其間觸撓林木一日現形甚巨波浪洶湧雲霧陰翳徒衆皆懼師叱之曰爾只能現大身不能現小身若爲神龍當能變化以小現大以大現小也其龍忽沒俄頃復現小身躍出潭面師展鉢試之曰爾且不敢入老僧鉢盂裏龍乃游揚至前師以鉢舀之龍不能動師持鉢堂上與龍說法龍遂蛻骨而去其骨長可七寸首尾角足皆具畱傳寺門師後以土石堙其潭今殿前左側有鐵塔處是也（龍骨至已卯寺罹兵火因失未知所之）

欽定全唐文卷九百十六

覃素

覃素。天寶中宣化寺沙門。

宣化寺幢銘 并序

上闕之寶幢者。粤若故尼大德諱元眞。俗本姓李。長安人也。闕改四分毗尼。每至朗月長宵。字闕二大悲之秘旨。洎永泰元年闕自一居花宮字闕一餘載精究字闕四住持遐邇欽風。士庶闕月十一日。示滅於宣化寺之精字闕三六十二。僧夏卌二。卽闕寂早歲聯師。情深水乳。結菩提勝侶。嗟存歿而

俄乖。弟子闕曰。

上闕子燈不絕兮傳秘旨。悲法舟兮沈逝水。建茲幢兮播芳美。

思莊

思莊。天寶中大溫國寺主。

實際寺故寺主懷惲奉勑贈隆闡大法師碑銘 并序

昔吾師因地求眞。衆魔紛嬈。果到成佛。龍天捧圍。自作鎭靈山。法躬靡易。告滅雙樹。示跡倫凡。微言不傳。慧燭潛照。居夫歲邁千秋。時淹五濁。欲海騰沸。邪山紛糺。於是釋防東逝。爰稱兆應。漢夢西通。方崇像法。或青眸接軫。競扇元風。或白足相趨。爭開佛日。至欲繼前賢之令軌。爲後進之康衢。燭照重昏。慈舟苦派。人能宏道。斯之謂歟。法師諱懷惲。俗張姓。南陽人也。遠祖因宦。播遷京兆。廿一代祖安。晉丞相襲爵鴻臚公。高祖融。守黃門郎。遷太子庶子。祖英。唐解褐太常太祝。襲爵天平公。尋轉吳王祭酒。握蘭奏位。清陪雅列。法師聰敏爲其性。相慈善資其風骨。母常山夫人樂姓。降胎之月。不味羶腥。載誕之辰。情欣禁戒。暨年登丱歲。特異諸童。或𦶜葉爲香。或聚沙爲塔。雖飛軒繡轂。未嘗留步。月宇香樓。怡然忘返。高宗天皇大帝乘乾撫運。出震

披圖。虛巳求賢。明敭待士。總章元載。夢覩法師。倏降綸言。遠令虔辟。於是臨丹檻。通青蒲。廣獻眞誠。特蒙褒讚。帝乃親授朱紱。令處鳳池之榮。師乃固請緇衣。願託鷲林之地。奉勑於西明剃落。善來忽唱。惡業疑銷。既挂三衣。俄陪四衆。翹勤遠積。思五分而非遙。精苦逾深。想三祇而未遠。時有親證三昧大德善導闍梨。慈樹森疎。悲花照灼。情祛多漏。攀藤井於蓮臺。叡化無涯。驅鐵圍於寶國。既聞盛烈。雅締師資。祈解脫規。發菩提願。一承妙旨。十有餘齡。秘偈眞

乘親蒙付屬自惟薄祐師資早喪想遺烈而崩心顧餘恩而兩面爰思宅兆式建墳塋遂於鳳城南神和原崇靈塔禮也其地前終峯之南鎭後帝城之北里歌鐘沸出移上界於陰門泉流激灑背連河於陽面仍於塔側廣構伽藍莫不堂殿崢嶸遠模忉利樓臺岌嶪直寫祇園神木靈草淩歲寒而獨秀葉暗花明逾嚴霜而靡悴豈直風高氣爽聲聞進道之場故亦臨水面山菩薩全眞之地又於寺院造大窣堵坡塔周迴二百步直上一十三級或瞻星揆務或候日裁規得天帝之芳蹤有龍王之祕跡重重佛事窮

鷲嶺之分身種種莊嚴盡崑邱之異寶但以至誠多感能事冥資故能遠降宸衷令賫舍利計千餘粒加以七珍函笥隨此勝緣百寶幡花令興供養則天大聖皇后承九元之眷命躡三聖之休期猶尚志想金園情欣勝躅或頻臨淨剎傾海國之名珍或屢訪炎涼捨河宮之祕寶法師誠盈而散竝入擅航法師業行高遠利益繁多故得名振九重芳盈四部奉永昌元年勅徵法師爲寺主於是綱紀僧徒規模釋族緇門濟濟戒德峻而彌堅紺宇詵詵常住豐而更實猶是才稱物寶道爲時尊知與不知仰醍醐於句偈識與不識詢法乳於波瀾法師以慈誘內懷敷揚外積冀傳聖旨用酬來望每講觀經賢護彌陁等經每數十遍夫我域者扇激風火嬰抱結漏系諸生滅止無常之短期研乎事眞攀不亟之虛眹若不乘佛願力託質淨方則恐淪溺長往清昇永隔於是言論之際懇勸時衆四儀之中一心專念阿彌陀佛願乘此勝因祈生淨域又以般若神呪能令速證菩提彌陀佛名亦望橫超惡趣諸餘妙典雖竝積心臺於此勝緣頗偏遊智府嘗誦大般若呪向盈四萬又誦彌陀眞偈十萬餘遍理復使精眞厥想念雖微而

必就二三於行功唐捐而靡得豈直諸佛現前神人捧錫而已矣師爲諸重擔攝爾羣生舉洪灼於耶山掉寶航於見海悲夫娑婆國中人多弊惡雖復珍臺寶界因勝侶而歸心至欲逸翥遐征藉良緣而克進敢憑此義爰發誠心於是廣勸有緣奉爲九重萬乘四生六趣造淨土堂一所莫不虬棟淩虛虹梁架迴丹楹艷日青瑣延風無春而返井舒花不暝而重簷積霧於是神螭戾止遠鎭瓊階寶鳳來儀還陪桂戶雕甍畫栱之異窮造化之規模圓瑠方鏡之奇極人天之巧妙又於堂內造阿彌陀佛及觀音勢至

又造織成像千餘功德相好奇特顏容湛粹山豪演妙若照三千海目摛華如覩百億或因繪命采有慈氏之全身或散札馳芳得憂塡之逸思何獨如來自在疑降上界之魔故亦菩薩憮怡似救下方之苦夫以宅生者心心禁則生喪栖神者志志擾則神亡然菩薩以濟物捐軀上善以遺形狥節法師情存拯救式奉殷繁汲引雖曰忘懷形質焉能靡累於是忽嬰風瘵病與時侵靈藥匆痊服器俄逝豈夫八林齊白我佛稱於寂滅梁木其壞吾師等於死生以大足元年十月廿二日神遷春秋六十有二臨終之際

正念無虧顏色怡悅似有瞻矚北首面西奄然而化悲夫烈烈歲陰蒼蒼天色乾兮何負殲我惟良業也何孤喪茲賢哲豈直悲盈四部嗟鹿苑之荒涼抑亦哀悼兩宮痛蜂臺之閴寂猶是俯迴天睠載紆仙毫遠降恩波爰加制贈奉神龍元年勅實際寺主懷惲示居三界遠離六塵等心境於虛空混榮枯於物我棟梁紺宇領袖緇徒包杖錫之規模躡乘杯之懿躅雖已歸寂滅無待於襃揚然寵洽友于無忘於縟禮可贈隆闡大法師主者施行上人以至德聿修良因累著故得天降成烈用讚芳規追遠慎終生榮死贈足可光輝淨刹歷塵芥而長存旌賁元門共河山而永久弟子大溫國寺主思莊等竝攀號積慮哀慕居懷嗟覆護而無時仰音顏而靡日猶恐居諸易遠淑善湮沈敬想清徽勒茲元琬詞曰

娑婆種覺賢劫能人三祇殄妄五分祈眞即相離相非身是身猶施慧柂廣濟迷津其一 十方化備雙林滅度三界空虛四生哀慕正教既隱微言遽斁式啟先哲用資後悟其二 芳猷廣被至烈彌殷青眸演聖白足成眞遠導茅芥遐宣墨塵元門不絕代有其人其三 猗歟令德遠嗣前英聲高四

部譽重三明慈周有識智契無生法雲葉落道樹滋榮其四 豈圖宿殃師資遽亡乾兮何負殲我惟良徒嗟授几空念傳香非夫勝緣孰答恩光其五 邈矣坰野慈顏壙側敬發誠心爰憑淨域眞容湛粹樓臺巋嶷希此善根遠酬明德其六

吉藏

吉藏族姓安氏其先安息人祖世避仇移居南海後遷金陵七歲出家隋開皇末詔住慧日寺唐初勅住延興寺武德六年卒年七十五

上元宗遺表

藏年高病積德薄人微曲蒙神散尋得除愈但風氣暴增命在旦夕悲戀之至遺表奉辭伏願久住世間緝寧家國慈濟四生興隆三寶

神會

神會俗姓高氏襄陽人幼投本郡國昌寺依顥元禪師出家開元八年勅住南陽龍興寺天寶二年勅住荊州開元寺肅宗朝勅入內供養又勅住西京河澤寺上元元年卒年九十二

顯宗記

無念爲宗無作爲本眞空爲體妙有爲用夫眞如無念非想念而能知實相無生豈色心而能見無念念者卽念眞如無生生者卽生實相無住而住常住涅槃無行而行卽超彼岸如如不動動用無窮念念無求求本無念菩提無得淨五眼而了三身般若無知運六通而宏四智是知卽定無定卽慧無慧卽行無行性等虛空體同法界六度自茲圓滿道品於是無虧是知我法體空有無雙泯心本無作道常無念無念無思無求無得不彼不此不去不來體悟三明心通八戒功成十力富有七珍入不二門獲一乘理妙中之妙卽妙法身天中之天乃金剛慧湛然常寂應用無方用而常空空而常用用而不有卽是眞空空而不無便成妙有妙有卽摩訶般若眞空卽清淨涅槃般若是涅槃之因涅槃是般若之果般若無見能見涅槃無生能生般若涅槃若名異體同隨義立名故云法無定相涅槃能生般若卽名眞佛法身般若能建涅槃故號如來知見知卽知心空寂見卽見性無生知見分明不一不異故能動寂常妙理事皆如如卽處處能通達卽理事無礙六根不染卽定慧之功六識不生卽如如之力心如境謝境滅

心空心境雙亡體用不異眞如性淨慧鑒無窮如水分千月能見聞覺知見聞覺知而常空寂空卽無相寂卽無生不被善惡所拘不被靜亂所攝不厭生死不樂涅槃無不能無有不能有行住坐臥心不動搖一切時中獲無所得三世諸佛教旨如斯卽菩薩慈悲遞相傳受自世尊滅後西天二十八祖共傳無住之心同說如來知見至於達摩屆此爲初遞代相承於今不絕所傳祕教要藉得人如王髻珠終不妄與福德智慧二種莊嚴行解相應方能建立衣爲法信法是衣宗唯指衣法相傳更無別法內傳心印

印契本心外傳袈裟將表宗旨非衣不傳於法非法不受於衣衣是法信之衣法是無生之法無生即無虛妄乃是空寂之心知空寂而了法身了法身而眞解脫

不空

不空梵名阿目佉跋折羅北天竺婆羅門族幼隨季父至東土年十五師事金剛智三藏後附崑崙舶至師子國天寶五載齎密藏還京師賜號智藏歷元宗肅宗代宗三朝皆爲灌頂國師永泰元年詔特進鴻臚卿加號大廣智三藏九年勅加開府儀同三司封肅國公是年卒勅贈司空

謚大辨正廣智三藏和尚

進翻譯佛經表

爰自幼年承事先師大宏三教和尚二十有四載稟授瑜伽法門後遊五天尋求所未授者外諸經論更重學習凡得梵本瑜伽眞言經論五百餘部奉爲國家詳譯聖言廣崇福祐天寶五載却至上都奉元宗皇帝恩命於宮內建立灌頂道場所齎梵經盡許翻譯及肅宗皇帝配天繼聖特奉綸音於內道場建立護摩及灌頂法又爲國譯經助宣皇化其所譯金剛灌頂瑜伽法門是成佛速邪之路其修行者必能頓超凡境達於彼岸餘部眞言諸佛方便其徒不一所譯諸大乘經典皆是上資邦國息滅災厄星辰不愆風雨順序仰恃佛力輔成國家謹纘集前後所翻譯自開元至今凡一百一卷七部以聞

譯大聖文殊師利菩薩讚佛法身禮序

皇帝以深仁馭宇大明燭物普灑甘露沃蕩黎元不空叨沐聖慈濫當翻譯當奉恩命令集上都義學沙門良賁等一十六人於內道場翻仁王護國般若及大乘密嚴等經畢願讚揚於至覺冀介福於聖躬竊見大聖文殊師利菩

薩讚佛法身經據眞梵本有四十禮先道所行但惟有十禮於文不備歎德未圓恐乖聖者懇誠又闕羣生勝利不空先有所持梵本竝皆具足今譯流傳庶裨宏益其餘懺悔儀軌等竝如舊本此不復云於時唐永泰元年維夏四月也

大乘瑜伽金剛性海曼殊室利千臂千鉢大教王經序

大唐開元二十一年歲次癸酉正月一日辰時於薦福寺道場內金剛三藏與僧慧超授大乘瑜伽金剛五頂五智

尊千臂千手千鉢千佛釋迦曼殊室利菩薩祕密菩提三摩地法教。遂於過後受持法已。不離三藏奉事經於八載。後至開元二十八年歲次庚辰四月十五日。聞奏開元聖上皇於薦福寺御道場內。至五月五日奉詔譯經。卯時焚燒香火。起首翻譯。三藏演梵本。慧超筆授大乘瑜伽千臂千鉢曼殊室利經法教。後到十二月十五日。翻譯將訖。至天寶一年二月十九日。金剛三藏將此經梵本及五天竺阿闍黎書。並總分付與梵僧目叉難陀婆伽。令送此經梵本并書將與五印度南天竺師子國本師寶覺阿闍黎。經

今不迴。後於唐大歷九年十月。於大興善寺大師大廣智三藏和尚邊更重諮啟。決擇大教瑜伽心地祕密法門。後則將千鉢曼殊經本至唐建中元年四月十五日。到五臺山乾元菩提寺。遂將舊翻譯唐言漢音經本在寺。至五月五日。沙門慧超起首再錄寫出一切如來大教王經瑜伽祕密金剛三摩地三密聖教法門。述經祕義。諸佛出世。應物隨形。志求者智鏡元通。念之者無幽不入。根緣感赴。必藉此經。登菩提山。除去邪執。契傳二密。得究瑜伽祕要法門。窮理微妙。身口意業。用智修持。戒定慧學。顯現通達。證如來地。以信為首。乘般若舟。速超彼岸。今述曼殊之德。靈跡殑伽。聖覺無方。神力潛運。以多塵劫悲願。不住菩提。一主無二尊。見為菩薩。自茲金色世界。來其忍土之中。於清涼之山。導引羣品。而即現燈現雲。及萬菩薩。信生奇特。現光現相。人身皆發正智。為因利益三世。蒼生有趣。願到菩提。次畧舉經都題序目。大乘瑜伽金剛性海總攝一切法金剛五頂五智尊現大聖曼殊室利菩薩顯千臂千手千鉢化千釋迦灌頂曼荼羅一切諸佛修證如來金剛菩提具足一切法入毗盧遮那五金剛界聖智圓通入如來佛

心三密三十支金剛智鏡聖道性海故。

飛錫

飛錫。天寶初游京師。住終南紫閣峯草堂寺。復住大聖千福寺。永泰元年。詔於大明宮內道場同義學沙門良賁等十六人譯經。充證義。

楚金禪師碑

潭碧千丈。無隱月容。松青萬嶺。莫靜風響。夫德充於內而聲聞於天者。有以見之於禪師矣。禪師法諱楚金。程氏之子。本廣平郡。今為京光之盩厔人焉。祖宗閥閱。存而不論

毋渤海高氏夜夢諸佛是生禪師眞可謂法王之子者也行素頽玉神和氣淸七歲諷花經十八講花義三十構多寶於千福四十入帝夢於九重上覩法名下見金字詰朝使問罔不有孚聲沸江海豈惟京轂於是傾玉帛引金繩千梁攢空一塔聳漢迴廊飛閣無不創焉風起而鈴鳴半天珠懸而月生絕頂淸淨眼耳駿奔香花度如恒沙而無所度者有之矣嘗於翠微悟眞捫蘿靈趾乃曰此吾棲遁之所遂奏兩寺各建一塔咸以多寶爲名度緇衣在白雲昭其靜也矧夫心同琉璃思出常境工人梓匠僉訝生知

毗首所未悟班輸所愕視若然則浮圖之化髻珠之敎風靡千界皆禪師之力豈止金丹五天而已哉禪師雲雷發空谷之響金石吐鏗鏘之音吟詠妙經六千餘篇寶樹之下髣髴見於分身靈山之上依稀覩於三變心無所得舌流甘露瑞鳥金碧棲於手中天樂淸泠奏於空際凡諸休應皆不有之乃曰法本無名焉用彼相長而不宰其在茲焉若非法華三昧稟自衡陽止觀一門傳乎台嶺安能迂象王之法駕迴聖主之宸睠承明三入宏道六宮后妃長跪於御筵天花每散而不著元宗題額肅宗賜幡鶴返雲中住香樓而不下龍蟠天上桂金刹而常飛玉衣盈箱璽書滿篋寫千經滴瀝而垂露答萬乘渙汗之渥澤夔龍豁晁下黃道而整襟隱逸高僧入靑蓮而扣寂微塵知識如從百城而至無邊勝士若自千華而來豈榮冠於一時亦庶幾於佛在也雖林茂鳥歸人高物向澄渟天地之境委曲虛空之姿無來乃來不往而往所作已訖吾將去乎有夢綵座前迎諸天獻菓粵以乾元二年七月七日子時右脇薪盡火滅雪顏如在昭乎上生於安養之國矣享齡六十二法臘三十七天子憫焉中使弔焉尋勅驃騎大將軍

朱光暉監護卽以其年八月十二日法葬於長安城西龍道原法華蘭若塔之闕禮也於戲禪師齡年詔度初配龍興中歲觀心閑關千福罷玉柄蓀天光悟炎宅淸涼駕一乘獨運乃夢塔從地涌因用模焉今之所製抑有由矣至若神光熠燿於其顚聖燈明滅於其下畫普賢則舍利飛筆繪羣釋乃卿雲澹空頂中之血刺寫經王衣裏之珠指呈醉士當其無有其用不立心境同乎大通彼五色之相宣我摩尼之何有豁如也縑纊皮革多由損生屬徒衣布寒加艾納慈至也若乃降龍之鉢解虎之杖蓮花之衣甘

露之飯凡諸法物率多勅賜不住於相咸將施焉室不貯於金錢堂每流乎香積澹然閑住爲天人師允所謂利見於大雄釋門之亞聖者也又曰吾自知終於六十有二矣爾曹誌之以其言驗其實宛如也噫八部增怛萬國同哀有詔令荼毗遵天竺故事於是金棺閉香木燒玉兎馹白鶴唳霧咽松檟風淒郊坰月飛青天無照元夜法花弟子當院比邱慧空法岸浩然等表妹萬善寺上座契元萬善寺建多寶塔比邱尼正覺資敬寺建法華塔比邱尼奔吒

利等眞白凡數萬人悲化城之不住痛寶所而長往貝葉翻手執指宗通金磬發林誰宣了義以子分座御榻同習天台爰託斯文鏤之貞石式揚眞古敢不銘云

天上雲飄海中日出如何落照大明奄失蓮花之外別有蓮花寥廓之表又逢寥廓法離去來道無今昨松門一塔兮誰爲寂寞寂而常照死而不亡其響彌高兮其德彌彰白鶴雙雙飛香郁郁明月既出更無星宿

大唐眞化寺多寶塔院故寺主臨壇大德尼如願律師墓誌銘

大歷十年歲次乙卯五月廿九日律師薨於長安眞化寺之本院律師法諱如願俗姓李氏隴西人也申公之裔舊裾之盛眞豈寶乎律師天生道牙自然神秀十一詔度二十具圓彌沙塞律其所務也分氈之義不殊折金之理斯在律師僅登十臘聲實兩高邀臨香壇辭不見允望之儼然卽之溫然其慧也月照千潭其操也松寒萬嶺乃曰威儀三千吾鏡之矣度門八萬復焉在哉遂習以羅浮雙峯無生之觀位居元匠矣我皇帝纂聖君臨千佛付囑貴妃獨孤氏葛覃蘊德十亂匡時受道紫宸登壇黃屋因賜律師紫袈裟一副前後所錫錦綺繒帛凡數千疋以旌其高

璨乎盈庭了無是相道何深也由此勅書疊篋中使相望御馬每下於雲霄天花屢點於玉砌締構多寶塔繕寫蓮華經環廊繚繞金剎熠耀額題御札光赫宇宙皆吾君之特建亦貴妃之爲國宏哉噫律師擲鉢他方應遽還於靜室散花上境何便住於香天顏貌如生若在深定曲肱右脇湛然已滅春秋七十六法夏五十六具以上聞皇情憫焉中使臨弔賻贈之禮有加常等律師累聖欽若三都取則意澹江海心閑虛空而今而後恐難繼美於戲六宮誰授其髻寶八部孰示於衣珠覺路醒而却迷人花茂而還

落哀哉弟子長樂公主與當院嗣法門人登壇十大德尼常眞勅賜弟子證道政定證果寺大德凝照惠照凝寂悟眞資敬寺上座洪演寺主孝因律師眞一遠塵法雲寺律師遍照等凡數千人則懿戚相門愛道花色而爲上首忽喪宗匠如覩鶴林卽以其年七月十八日奉勅法葬於長安城南畢原塔之闕一字禮也素幡悽於道路丹旐慘於郊扃式揚國師敢爲銘曰

紫袈裟者彼何人已了如來清淨身登壇不向明光殿去去應趁生死津

慧靈

慧靈莊嚴寺沙門大中七年賜紫勅補新寺上座後預代宗永泰中參譚證義年百餘歲

仁王護國經道場念誦軌儀序

我皇帝聖德廣運仁育羣品亦旣纂歷吹大法螺利梵言之輕重警迷途之耳目偉矣哉迺大興善寺大廣智三藏不空與義學沙門良賁等一十四人開府魚朝恩翰林學士常袞等去歲夏四月於南桃園再譯斯經至秋九月詔資聖西明兩寺各五十人百座敷闡下紫微而千官作禮

經出內而萬姓觀瞻遂感慶雲呈瑞嘉氣浮空左右兩階威儀整肅旛華前引音樂後隨內外咸歡京城共喜阡郭充滿猶墻堵焉稽緇衣覽青史自摩騰入漢僧會遊吳瑞法西來莫茲竝矣經云若未來世有諸國王建立正法護三寶者我令五方菩薩往護其國令無災難又云五菩薩自於佛前發宏誓言我有陀羅尼能加持擁護是一切佛本所修行速疾之門若人得聞一經於耳所有罪障悉皆消滅況復誦習而令通利佛卽讚言若有誦時此陀羅尼者我乃十方諸佛悉常擁護諸惡鬼神敬之如佛不久當得阿耨菩提則知此陀羅尼諸字母之根底衆瑜伽之藪澤茲實祕藏眞詮者矣是以菩薩演之王者建之黎人念之諸佛讚之俾其福而廣俾其利而大於斯傳者可以見聖人之心也其功旣妙利益隆深克念應時殊祥必降我三藏譯貝多之文命良賁法師受從簡素觀行印持其道場念誦儀修爲五門第以位次一一昭著庶無懵焉凡我道俗將保厥躬同崇出世之因共踐菩提之路登仁壽域者何莫由斯之道矣

良賁

良賁俗姓郭氏河中虞鄉人京師安國寺沙門永泰中勑令撰仁王護國經疏大歷十二年卒

奉勑造疏通經成進上表

學孤先哲有玷清流叨接翻傳謬膺筆受幸揚天闕親奉德音令於大明宮南桃園修疏贊演宸光曲照不容避席窮元珠於貝葉俱益慚惶捧白璧於丹墀寧勝報數仰酬皇澤俯課忠勤既竭愚誠庶照元造貫勤筆削三卷克成奏乞流行復上牋疏今年二月二十一日恩命令在內園修撰經疏微僧寡學懼不稱旨洗心滌慮扣寂求音發

明起自於天言加被仰憑於佛力咸約經論演暢眞宗亦猶集羣玉於崑山納大川於溟海火生於木與兩曜而俱明識轉於如體一相而等照成道者法也載法者經也釋經者疏也廣度羣有同於大通是菩提心如陛下意所撰經疏繕寫畢功文過萬言部有三卷施行竊慚於愚見裁成冀答於聖恩幷念誦儀軌一卷承明殿講密嚴經對御記一卷同進上輕塵元覽祇畏無任

辨才

辨才俗姓李氏襄陽人七歲依峴山寂禪師受經法年十六出家本郡寺復就荆州玉泉寺納具就長安安國寺懷感律師報恩寺義頌律師請業至德初宰臣杜鴻漸奏住龍興寺加朔方管內教授大德大歷三年詔充章信寺大歷十三年卒年五十六謚能覺仍賜紫

心師銘

咄哉此身爾生何爲資之以食覆之以衣處身以室病之以醫百事將養一時不虧殊不知恩反生怨違四大互惱五臟相欺此身無常一息別離此身不淨九孔常垂百千癰疽一片薄皮此身可惡無貪惜之當使此身依法修持

三種淨觀十六思維一行不退安養西歸咸無上智是爲心師

昔眞

昔眞大歷中林野沙門

佛頂尊勝陁羅尼幢銘

粤惟尊勝者佛也陁羅尼者法也敬知佛法高妙最勝最尊四生不測其源三天罔覩其相勝妙無極將喻佛頂也如來爲善住天主所說滅七返之深殃朽骨蒙霑息三塗之苦壽自我法王韜迹滅跡金河後有天竺梵僧佛陀波

利是應眞菩薩傳教東來至永淳二年重居唐國聞奏大帝天下流傳標幢相於長衢操銀鈎於金偈拂塵影者滅罪恒沙況乎受持鐫題書寫大矣哉衆法之王妙矣哉人天敬仰厥有信士黎城縣尉曹公委佛法不思議焉遂刻記妙幢茲亡女之靈矣惟亡尼惠寂宿承靜命童眞出家學戒闕又未蒙進具稟靈梵網從政法王持誦維摩法華以爲遊神之苑也後廣德二年十一月忽爲北狄浸淩南奔雲騎朱旗闕電玉劍如霜揮霍目前潛身無暇惠寂因恐墜井殁焉臻嘗收焚灰散諸寺嗚呼喪我法寶落我眼光痛割吾心傷汝非命至大歷六年十月十四日招魂想念建幢於縣西北堯山鄉還座於六井古杜壇之東左臨大路敬崇畢矣其狀也玉柱楞層聳湧青蓮之上金鈴晃曜璨垂化塔之傍內雕寶像之容外刻陁羅之呪平座鎭勢雄之地峯珠輝大梵之天嗟乎逝川有舟夫何往而不敏其詞曰

妙哉佛頂雄乎大聖夜壑明燈昏途寶鏡逝者乘兮靈光所壽生兮清淨入佛剎歸眞境黰玉質兮無形悲寶幢兮有詠

乘如

乘如大歷中河南登封縣安國寺沙門

謝修戒壇表

伏奉十月十三日恩命於河南府登封縣嵩岳闕三字常建戒壇兼抽闕一字律七僧灑埽謹律者湛恩自天祖荷無地沙門乘如誠歡誠喜載欣載躍嵩者闕二字之闕一字戒者萬行之首非闕二字岑闕二字詣茲希闕一字會善戒壇闕四字登其封闕一字遺塵闕二字其受必闕三字比爲碩德闕五字毀覯者興黍離之歎闕二字者增涕殞之悲陛下駐佛日之傾布堯雲之澤抽僧灑埽設壇講律雷音永震更呼萬歲之闕一字聖壽無疆彌極九天之峻不任載荷之至謹詣右銀臺門奉表陳謝以聞沙門乘如誠歡誠喜謹言

景淨

景淨建中時大秦寺沙門

景教流行中國碑

粵若常然眞寂先先而无元窅然靈虛後後而妙有摠元樞而造化妙衆聖以元尊者其唯我三一妙身无元眞主阿羅訶歟判十字以定四方鼓元風而生二氣暗空易而

天地開日月運而晝夜作匠成萬物然立初人別賜良和令鎮化海渾元之性虛而不盈素蕩之心本無希嗜洎乎娑殫施妄鈿飾純精間平大於此是之中隟冥同於彼非之內是以三百六十五種肩隨結轍競織法羅或指物以託宗或空有以淪二或禱祀以邀福或伐善以矯人智慮營營思情役役茫然無得煎迫轉燒積昧亡途久迷休復於是我三一分身景尊彌施訶戢隱眞威同人出代神天宣慶室女誕聖於大秦景宿告祥波斯覩耀以來貢圓廿四聖有說之舊法理家國於大猷設三一淨風無言之新

教陶良用於正信制八境之度鍊塵成眞啟三常之門開生滅死懸景日以破暗府魔妄於是乎悉摧棹慈航以登明宮含靈於是乎既濟能事斯畢亭午昇眞經留廿七部張元化以發靈關法浴水風滌浮華而潔虛白印持（闕一字）一字融四照以合無拘擊木震仁惠之音東禮趣生榮之路存鬚所以有外行削頂所以無內情不畜臧獲均貴賤於人不聚貨財示罄遺於我齋以伏識而成戒以靜慎爲固七時禮讚大庇存亡七日一薦洗心反素眞常之道妙而難名功用昭彰強稱景教惟道非聖不宏聖非道不大道聖符契天下文明太宗文皇帝光華啟運明聖臨人大秦國有上德曰阿羅本占青雲而載眞經望風律以馳艱險貞觀九祀至於長安帝使宰臣房公元齡摠仗西郊賓迎入內翻經書殿問道禁闈深知正眞特令傳授貞觀十有二年秋七月詔曰道無常名聖無常體隨方設教密濟羣生大秦國大德阿羅本遠將經像來獻上京詳其教旨元妙無爲觀其元宗生成立要詞無繁說理有忘筌濟物利人宜行天下所司即於京義寧坊造大秦寺一所度僧廿一人宗周德喪青駕西昇巨唐道光景風東扇旋令有司

將帝寫眞轉模寺壁天姿汎彩英朗景門聖迹騰祥永輝法界案西域圖記及漢魏史策大秦國南統珊瑚之海北極衆寶之山西望仙境花林東接長風弱水其土出火浣布返魂香明月珠夜光璧俗無寇盜人有樂康法非景不行主非德不立土宇廣闊文物昌明高宗皇帝克恭纘祖潤色眞宗而於諸州各置景寺仍崇阿羅本爲鎮國大法主法流十道國富元休寺滿百城家殷景福聖歷年釋子用壯騰口於東周先天末下士大笑訕謗於西鎬有若僧首羅含大德及烈竝金方貴緒物外高僧共振元綱俱維

絕紐元宗至道皇帝令寧國等五王親臨福宇建立壇場法棟暫橈而更崇道石時傾而復正天寶初令大將軍高力士送五聖寫眞寺內安置賜絹百疋奉慶睿圖龍髯雖遠弓劍可攀日角舒光天顏咫尺三載大秦國有僧佶和瞻星向化望日朝尊詔僧羅含僧普論等一七人與大德佶和於興慶宮修功德於是天題寺牓額戴龍書寶裝璀翠灼爍丹霞睿札宏空騰凌激日寵賚比南山峻極沛澤與東海齊深道無不可所可可名聖無不作所作可述肅宗文明皇帝於靈武等五郡重立景寺元善資而福祚開

大慶臨而皇業建代宗文武皇帝恢張聖運從事無爲每於降誕之辰錫天香以告成功頒御饌以光景衆且乾以美利故能廣生聖以體元故能亭毒我建中聖神文武皇帝披八政以黜陟幽明闡九疇以維新景命化通元理祝無愧心至於方大而虛專靜而恕廣慈救衆苦善貸被羣生者我修行之大猷汲引之階漸也若使風雨順天下靜人能理物能清存能昌歿能樂念生響應情發目誠者我景力能事之功用也大施主金紫光祿大夫同朔方節度副使試殿中監賜紫袈裟僧伊斯和而好惠聞道勤行遠自王舍之城聿來中夏術高三代藝博十全始効節於丹庭乃策名於王帳中書令汾陽郡王郭公子儀初總戎於朔方也肅宗俾之從邁雖見親於臥內不自異於行間爲公爪牙作軍耳目能散祿賜不積於家獻臨恩之頗黎布辭憩之金罽或仍其舊寺或重廣法堂崇飾廊宇如翬斯飛更効景門依仁施利每歲集四寺僧徒虔事精供備諸五旬餧者來而飯之寒者來而衣之病者療而起之死者葬而安之清節達娑未聞斯美白衣景士今見其人願刻洪碑以揚休烈詞曰

眞主元元湛寂常然權輿匠化起地立天分身出代救度無邊日昇暗滅咸證眞元赫赫文皇道冠前王乘時撥亂乾廓坤張明明景教言歸我唐翻經建寺存歿舟航百福偕作萬邦之康高宗纂祖更築精宇和宮敞朗遍滿中土眞道宣明式封法主人有樂康物無災苦元宗啟聖克修眞正御牓揚輝天書蔚映皇圖璀璨率土高敬庶績咸熙人賴其慶肅宗來復天威引駕聖日舒晶祥風掃夜祚歸皇室祓氛永謝止沸定塵造我區夏代宗孝義德合天地開貸生成物資美利香以報功仁以作施暘谷來威月窟

畢萃建中統極聿修明德武肅四溟文清皇域燭臨人隱鏡觀物邑六合昭蘇百蠻取則道惟廣兮運惟密强名言兮演三一主能作兮臣能述建豐碑兮頌元吉

至咸

至咸貞元中大聖善寺沙門

雲麾將軍河南府押衙張府君夫人上黨樊氏墓誌銘 并序

代之所重曰名人之所實曰位休禎奕葉昭德延祥其惟張氏乎公諱銑隴右天水人也曾祖元植皇朝盧龍府折

衝祖定遠甘州司馬父崇正潭州長沙縣尉公即長沙之允子也幼而貞敏長而嚴毅歷職清貫皆著能縮兵權於湖南總劇務於河府才當幹蠱京牧爪牙天不慭遺溘先朝露以貞元十年八月廿日終於洛陽永泰里之私第春秋六十九夫人樊氏曹州南華縣丞彥府君之息女蘊德柔明言行端淑習禮笄總而從好逑鳳凰於飛和鳴霄漢彼蒼不祐所天先逝撫訓孤幼孀迴纏哀妄疾遽嬰闕一字然怛化以貞元廿年四月十日終於家第享年五十有子三人長曰叔重次曰叔威皆幼而敏惠年未弱冠相次夭喪季子叔齊泣血叩踊弔影長號惟家之艱克紹先烈有女五人長女出家寧刹寺大德法號義性戒律貞明操行高潔弟妹幼稚主家而嚴二女適京兆杜氏及禮而亡三女適天水趙詡四女適安定梁秘五女在室而殞今孤子孤女等哀號失容擗踴屠烈先遠有日龜筮協宜以永貞元年十月廿日合而窆之雙棺同穴葬於平樂鄉朱陽原禮也栽植松檟以標不朽爰託斯文旌乎厥美詞曰

於戲官達兮英武雄名遂身歿兮弓劍空夫人淑慎兮相次終哀哀嗣子兮泣蒼穹良辰宅兆兮安壽宮青山黯黯兮何人在白楊蕭蕭兮多悲風

真言

真言貞元初沙門

大唐金剛般若石經記

有唐相國寺大德曰景融建金剛般若石經於大梁當唐氏帝天下百六十有八祀貞元元年龍集乙丑皇帝拜南郊之來月壬戌立於寺奉國報慈從昔願也夫先佛者法法空則鏡證後佛者教教離則言亡雖至德而無形亦假名而有後繇是脫靈之源流重華於漢土慧命之懸解載

頌於曾文融公宣之與慧命是矣公性惟明敏量秉淳固生而好學幼則老成孝傳鄉黨名冠緇宿心堅不玷之玉行滿上弦之月爲儒之龜鏡則在三之義全紹佛之弓冶則第一之道立加以才高利用迹著通方掌僧有火光之烈待客有泉水之稱不求虛飾外以浮榮異世同流聯芳并美公以出塵而不爲宗之嗣毀服而不爲邦之史常追昊天之報每蓄維桑之敬遭逢世故蕩溺兵間定亂之術非孫吳不可問安之禮非荀趙不大君親之効我復何有遂乃恭已懇志建言有謀以爲至聖無私會感必通正智

無情在幾必兆因疇遺訓歷考故實願欲寫誦章句潛融觀照持三輪空成萬象印禍不却而自抑福不招而自剋本無爲以寧家體淳化以建國則知刑賞之內權衡制之刑賞之外我法綏之事無績而有忠功不伐而多義斷其今古度以優劣苟折骨刺血於皮紙則節晉而難就欲垂露懸針於竹素則工費而易朽所以徵藍田之美璞擬繁昌之麗刻庶覽勞而永固與天長以地久於是月殿西次雕楹南嚮四序光景六時香煙模可以廣千萬經觀可以更億兆衆公與眞言十年之長三紀之故假詞抒意難讓課虛謝命含毫感事題記者也

潛眞

潛眞字義璋俗姓王氏太原人後徙爲夏縣朔方崇道鄉人開元二十六年住靈覺寺代宗朝預翻譯新經貞元四年卒於興善寺年七十一

新譯文殊師利菩薩佛刹莊嚴經疏奏

此經凡有三譯一西晉太熙中法護翻名佛土嚴淨經文勢多古語簡理幽二天后久視中實叉難陀於清禪寺翻名文殊受記經三即今大歷六年所譯也伏惟寶應元聖

文武皇帝陛下天垂帝籙人歸寶圖德厚乾坤明侔日月仁恕滋物夷狄仰德而輸誠慈惠利生正教承風而演化頃者鄜坊節度使兼御史中丞杜冕奏爲國請諸大乘經明詔下於祇園梵旨開於貝葉因請三藏不空譯此經等數十部續有勅下天下梵宇各置文殊菩薩像以旌聖功也又詔以文殊菩薩爲上座皆三藏所請三藏學究瑜伽解窮法印身口意業祕密修持戒定慧學顯通宣暢唐梵文字聲韻具知傳譯此經善符聖旨文質相兼燦然可觀潛眞識智愚昧學藝庸淺幸陪清衆謬在翻傳虛空藏經

課虛潤色猥蒙驅策述疏讚揚雖文義荒蕪已傳京邑今之所作蓋有由焉有金閣寺大德道超禪師學盡法源行契心本親覩靈境密承聖慈故久在清涼屬興淨業仍於現處建窣堵波尋覲法緣來詣京國以此經爲大事以大聖爲本師顯揚聖德無過此者乃稽首三藏誓傳大聖法門不以潛眞庸虛轉祈和尚邀令述作和尚不念前之鄙陋又令讚釋此經竊難契眞詮敢不盡其愚誠

良秀

良秀俗姓郭氏蒲津人幼出家中條山柏梯寺貞元四年

詔與罽賓國般若三藏譯經

奉勅造波羅蜜經疏進上表

去年十一月二十八日右街功德使王希遷奉宣令良秀等修撰新翻大乘理趣六波羅蜜經疏者伏聞至道同源聖人一貫大雄示相演妙音於獨園實位分身霈湛恩於雙闕開佛日於聖日降絲綸於法輪所以揚化慈航致人壽域不然豈得握眞符而契合應休運以感通況以此經如來之密印羣生之度門得白馬之寶函啟青龍之祕藏是第一義理去筌蹄於最後乘說無分別加以天文煥發睿思昭回眞如契心已闡微於釋氏般若製序諒纘文於太宗慈雲溥潤於太根湛露垂滋於貝葉良秀等材惟末學性異生知謬寄討論伏增殞越上承嚴旨徒側管以窺天虔奉本師懼升堂而鼓瑟所修撰疏一部謹附王希遷隨表奉進伏乞聖慈許令同修疏沙門談筵於當寺讚演及流布中外所冀落落眞言示丹青於新學明明像教流粉釋於將來

清晝一

清晝字皎然俗姓謝氏宋靈運十世孫住吳興興國寺有詩名與刺史顏眞卿諸名士酬唱預撰韻海鏡源貞元中勅寫其文集入祕閣

寄贈于尚書書

朱校書至猥辱書問幷示孟處士碑篆端由捧讀彌日抃躍無次夫旌善人採遺美蓋有位君子之所行志豈伊薄劣敢議發揮言輕賜重益用惶駭又於朱校書處恭覩製

作約數十篇高格侔山嶽迅勢擬波濤邁氣薄雲霄遠思躡鸞鴻當世翰墨都無此手臟腑悅悅至今悸動斯可謂煥乎文章也一昨奉辭伐罪統貔虎之師沈謀偉畧洞入神鬼以鎮則有制以戰則有威巍巍赫聲振恒寰海斯可謂盛乎武事也文武吉甫佐天子贊襄使姦臣賊子無萌芽於禍亂者我尚書之謂矣小人君子咸知幸甚其一凡夫也棲遁匡廬垂二十年讀書不及於豎儒把筆纔過於常談泯泯人事鄰乎強仕斯亦不足畏也然徒欲有愚妄之意愛大名慕大節懸芳竹帛爲千古榮勤勤懇懇正謂此耳小子聆閣下之事業英姿豪韻迥如古人私心歡喜動作顚沛況前旨稠疊猥賜誘喻令一至峴首一作山追賞風景一作光小生何人當此珍重誠宜奔走拜伏旌麾間識征南之儀觀揖當陽之談話凝襟滯想從茲泄露屬入夏多病氣力衰羸火雲始生道路且遠瞻仰尊重魂爽飄然若望溟海未知濟涉如此誠激何緣上達唯有簡牘可寄肺腸今故持差祇承人呂及自潯陽專往奉狀塵黷鈴閤伏惟鑒察愚樸不責狂瞽幸甚幸甚候問起居之禮謹俟異日此無多談

答權從事德輿書

權三從事足下傳吏至辱書謬蒙發揚殊增悚恧觀其立言典麗文明意精實耳目所未接也幸甚幸甚貧道隳名之人萬慮都盡强留詩道以樂性情蓋睎聲起餘塵未泯豈有健羨於其間哉初貧道聞足下盛名未覩製述因問越僧靈澈闕古豆盧次方僉曰楊馬崔蔡之流貧道以二子之言心期足下日已久矣但未識長卿子雲之面所恨耳先輩作者故李員外遐叔故皇甫補闕茂正故嚴祕書正文故房吳縣元警故閤評事士和故朱拾遺長通故處

士章此數子疇昔爲林下之遊遐叔當時極許貧道四十韻之作其畧曰中宵發耳目形靜神不役色天夜清迥花漏明滴瀝東風吹杉梧幽月到石壁此中一悟心可與千載敵又曰不然作山許改服乘下澤君嚮元亮冠我脫潛師屐各倚高松根共逃金閨籍又能秀二祖義門讚其畧曰二公之心如月如日四方無雲當空而出遐叔因此相重元謇著道交論比於高雲獨鶴意謂關於詩而不關於事貧道亦無推焉今再遇足下見知則東山遺民時免擗琴絕弦於知已矣靈澈上人足下素識其文章挺拔瓌奇

自齊梁以來詩僧未見其偶但此子跡冥累遷心無營營雖然至於月下風前猶未廢是公遠之友豆盧次方才識超邁所得經奇飄飄然有淩雲之氣而不輕浮此乃山僧惠眼遠見亦嘗與論物理極天人之際言至簡正意不虛誕足下精鑒豈無此子乎在於貧道不得不言耳承索弊文見已繕寫問元二十一判官木夾中緘封甚難以此未及寄上彼來使無限請近作三五章至至之言旁通我決佇以適山情助禪教耳幸甚十二月二十日皎然白

贈李舍人使君書

自湖上一辭十有餘載公貴爲方伯晝跡在空林出處殊踈音塵不接蓋理然也晝從辭後自謂年多志固名踈道親惟慕空門若有所詣然未曾遇知已嘗戲爲一章自詠曰樂禪心似蕩吾道不相妨獨悟歌還笑誰言老更狂昔謝太傅每賞支公善標宗要若九方堙之相馬畧其元黃而取其駿逸晝今日於公即道林逢太傅之秋也又晝於文章理心之外或有所作意在適情性樂雲泉亦何能苦健羨於其間哉頃者目疾相嬰濛濛如隔煙霧兼患脚氣行李不進昨承至止病中不獲躬詣門闌披敘離濶形礙

神往有所恨也謹馳狀兼簡雜文晝性野思拙機淺忽若偶中風律終期匠者賞鑒不遺幸甚幸甚釋晝白

贈包中丞書

改年伏惟永感罔極晝之理心本在忘情及經節序惘然悲愴去歲馬某往已奉狀計上達孟春猶寒伏惟中丞尊體萬福即此晝蒙免一昨見秋晚離披菊一章使晝却顧鄙拙盡欲焚燒凝思三復彌得精旨中丞寄重任大堆案日盈而言詩至此豈非凝心悉到耶今海內詩人以中丞爲龍門賢與不肖靁同願登仰測中丞之爲心固進善而

拒不工也。畫無西施之容。不合輒議西施之美。然心之服矣。其敢蔽諸今之馳跡。實有所薦。有會稽沙門靈澈。年三十有六。知其有文十餘年而未識之。此則聞於故祕書郎嚴維、隨州劉使君長卿、前殿中皇甫侍御曾嘗所稱耳。及上人自浙右來湖上。見存竝示製作。觀其風裁。味其情致。不下古手。不傍古人。則向之嚴劉皇甫所許。疇今所覿。則三君之言猶未盡上人之美矣。讀其道邊古墳詩則有松樹有死枝。塚上唯莓苔。石門無人入。古木花不開。答范祕書作則有綠竹歲寒在。故人衰老多。雲門雪夜作則有天

寒猛虎叫。巖雪松下無人。空有月。千年像教人不聞。燒香獨爲鬼神說。石帆山作則有月色靜中見。泉聲深處聞。題李尊師堂則有古廟茅山下。諸峯欲曙時。眞人是皇子。玉堂生紫芝。題曹溪能大師蔣山作則有禪門至六祖。衣鉢無人得。登天姥岑望天台山作則有天台衆山外。歲晚當寒空。有時半不見。崔嵬在雲中。傷古墓作則有古墓碑表折。荒壠松柏稀。福建還登黎嶺望越中作則有秋深知氣正。家近覺山寒。九日作則有山僧不記重陽日。因見茱萸憶去年。宿延平津懷古作則有今非古獄下。莫向斗間看。又有歸湖南詩則有山邊水邊待月明。暫向人間借路行。如今還向山邊去。惟有湖水無行路。此僧諸作皆妙。獨此一篇使晝見欲棄筆硯。伏惟中丞高鑒宏量。其進諸乎。其捨諸乎。方今天下有故。大賢勤王。輒以非急干請視聽。亦昭愚老不達時也。然上人秉心立節。不可多得。其道行定慧無慙安遠。嘗著律宗引源二十一卷。爲緇流所歸。至於元言道理。應接靡滯。風月之間。亦足以助君子高興也。晝疾弊未期奉展。伏深瞻望。近應府公三五首。謹憑靈澈上人呈上。年暮思蹇。多慮迷錯。所希宗匠一爲指瑕。幸甚幸甚。晝白。

詩式總序

夫詩者。衆妙之華實。六經之菁英。雖非聖功。妙均於聖。彼天地日月。元化之淵奧。鬼神之微冥。精思一搜。萬象不能藏其巧。其作用也。放意須險。定局須難。雖取繇我裏。而得若神表。至如天眞挺拔之句。與造化爭衡。可以意會。難以言狀。非作者不能知也。洎西漢以來。文體四變。將恐風雅浸泯。輒欲商較。以正其原。今從西漢已降。至於我唐名篇麗句。凡若干人。命曰詩式。使無天機者坐致天機。若君子

見知庶有益於詩教矣

詩式中序

貞元初余與二三子居東溪草堂每相謂曰世事喧喧非禪者之意假使有宣尼之博識胥臣之多聞終朝目前聆道侈義適足以擾我眞性豈若孤松片雲禪坐相對無言而道合至靜而性同哉吾將深入杼峯與松雲爲侶所著詩式及諸文字併寢而不紀因顧筆硯而笑言曰我疲爾役爾困我愚數十年間了無所得况爾是外物何累乎我哉住既無心去亦無我今將放爾各原其性使物自物不

關於余豈不樂乎遂命弟子黜焉至壬申夏五月會前御史李公洪自河北負譴遇恩再移爲湖州長史初與相見未交一言恍若神合余素知公精於佛理因請益焉先問宗源次及心印公笑而後答温兮其言使寒蘗之欲榮儼乎其容若春冰之將釋余乃受辭而退他日言及詩式余具陳夙昔之志公曰不然因命門人簡出草本一覽而歎曰早歲曾見沈約品藻惠休翰林庾信詩箴三子之論殊不及此奈何學小乘偏見以夙昔爲詞耶再三顧余敢不唯命因舉邑中詞人吳季德即梁散騎常侍均之後其文有家風余器而重之昨所贈詩即此生也其詩曰別時春風多掃盡雪山雪爲君中夜起孤坐石上月公欣然因請吳生相與編錄有不當者公乃黜而竄之不使瑯玕與碔砆齊列勒成五卷粲然可觀矣

報應傳序

語曰死生有命富貴在天蓋垂教之意也或曰盜跖日殺不辜而終天年顏回積仁累行而不幸短命天之報施是耶此皆本於天也今請以釋氏論之夫生生之理罔有不關於業則報施有歸報施有歸則因果不爽因果不爽則

空見不生有去來三世之殊故鉅細必顯有染淨二心之別故涇渭既分性自我能命自我有豈神授而天與乎涅槃經云無有自作他人受果豈怨天尤聖乎知遍計有如龜毛兔角決定無也依他緣生非自然也圓成實性體則妙有相乃眞空其一切恒沙功德不周靈空無爲而無用也右若沙門法海字文允俗姓張氏朱方人也圓入一性學階空王擅當代獨悟之名剖先賢不決之義一時學外儒釋該通六書究其源流三易窮於變化嘗謂予曰佛法一門獨開心地皆椎輪也於戲天造溟涬惑網高張非大

圖眞詮曷能示明明之義俾羣生知正修之路哉日者象季之數吾道陵夷朋溺妄空謂無因果公乃救將弛式紙反之教哀弱喪之子其報應昭驗見聞可憑者因採而記之編爲三卷鱗羽有性之類亦皆附焉以爲動物尚爾而況於人乎況於鬼神乎下以軌正於邪宗上以禆益於眞理若佛日未墜於地庶幾將有證焉

蘭亭古石橋柱讚并序

山陰有古臥石一枚卽晉永和中蘭亭廢橋柱也大歷八年春大理少卿盧公幼平承詔祭會稽山攜至居士陸羽

因而得之生好古者與吾同志故讚云

古橋石柱亭亭殊類渾璞璘玢亂錢蒼翠遺在蘭渚遷於客位雲狀未銷水痕猶漬在物頗重則人無棄石豈有心求人所貴若瓊與玉呈瑙蘊異如彼陸生不文其器此猶可轉豈君同志

達摩大師法門義讚

我師西來傳於眞訣大輪當路小乘忘轍冥冥世人初見日月權迹有歸光雲不滅

天台和尚法門義讚

我立三觀卽假而眞如何果外强欲明因萬像之性空江月輪以此江月還名法身

二宗禪師讚

裁玉爲璧一體殊稱二聖淵淵果名同謚安贊天后寂佐元宗卷道就迹與時從容邈邈安公行越常致高天無言九有咸庇大海無心百川同味不授心印但以無言應世而物無不化曈曈大照有跡可覩不異六宗無慙七祖禪罔一傾人天何怙

能秀二祖讚

二公之心如月如日四方無雲當空而出三乘同軌萬法

斯一南北分宗亦言之失

誌公讚

大動之地我安其中高景無氛靈鶴在空出生死阨隨物有終務形駭俗借續開蒙常攜刀尺精意誰通

唐大通和尚法門義讚

觀淨之筌斯言不住四色蓮花白花爲喻應知離相或未圓通吾師惠心雲開天空

唐鶴林和尚法門義讚

眞見之體知而不知性猶無主禪何有支我本圓寂湛而

不移聿來化人慈力所爲

畫救苦觀世音菩薩讚 幷序

繪工匠意通幽若菩薩出現湛兮凝心於內怡然示相於表非法王妙用何哉誰其主之即湖州刺史諫議大夫樊公夫人范陽縣君盧氏所造也初夫人有恤允之兆嘗念觀音夢雲初懷育月方誕命曰是女且不正名蓋取宜子之意也公以積德樹仁膺其錫羡雖菩薩大慈不昧亦江漢間氣所鍾詩云維嶽降神生甫及申斯蓋申甫之儔乎於戲至誠旣敷上願思答乃於寶勝殿內按經圖變祇於

壁上觀示現之門不捨毫端禮分身之國詞曰

聖人之體兮有而無迹至人之心兮用而常寂公之小君兮惠性造微我之大士兮慈心莫違保幼子兮永貞無悔覩眞儀兮常明不昧慈爲雨兮惠爲風灑芳襟兮襲輕珮

畫藥師琉璃光佛讚 幷序

佛以大慈療生死巨瘵示藥師名以大知證圓明妙身受琉璃稱無私之鑒湛乎不動誠懇之至感而遂通湖州刺史諫議大夫樊公夫人范陽縣君盧氏得之矣頃因懷姙默念於心先徵佩印之祥載見懸弧之至遂圖此變以答佛慈光射金扉日月不開於天上影朧珠綴煙霄自出於壁間東方如來瞻仰長世輒揚盛美有愧謏才詞曰

藥師之仁隨心至兮十二上願慈不遺兮琉璃之身爲我示兮八十種好相畢備兮繪像報德公夫人兮初祝允子果克禋兮早見才童邁人倫兮將成大器應甫申兮如來惠父長可親兮貽厥孫謀壽萬春兮

烏程李明府水堂觀元眞子畫武城讚

烏程魯邑異日同風洋洋絃歌復聞我公元眞跌宕筆狂神王楚奏鏗鏘吳聲瀏亮舒縑雪似頒彩霞狀點不誤揮

毫無虛放藹藹武城披圖可望咫尺之內天高水清月疑山吐風恐松聲晴雨雲佮春冬草榮比公爲政德暖生成盛烈暉暉雙揚厥靈

沈君寫眞讚

誰識英姿披圖宛在月動光芒風生神彩勻毫點睒天質無改聽似欲言窺不敢息佩可鳴玉冠宜附蟬鸞翔鶴顧志氣翛然侯伯之量於斯鑒焉

王安吉寫眞讚

性正氣高外爽神徹遠人瀅渟秋天寥泬銳工傳逸點漆

開頤風儀秀發毫髮無遺當獨立處似不言時如嚬如顧何慮何思披影相對眞身是誰

大雲寺逸公寫眞讚

畫與理冥兩身不異淵情洞識眉睫斯備欲發何言正思何事一牀獨坐道具長隨瓶執堪瀉珠傳似移清風拂素若整威儀

楊達處士寫眞讚

識洞才高天貸神與霜縑之上逢君不語聳聳山立翹翹鶴舉置之巖石邈然無侶

洞庭山福願寺神皓和尚寫眞讚

虎頭將軍藝何極但是風神非畫色方顏明眸亦全得我豈無言道貴默雙飛曙起趺坐時百千門人自疑惑

思村塔銘 并序

東漢始有佛塔之制或冶金埏坏琢珉雕杼觸類可作蓋惠門之扃鐍也我唐大歷丁巳歲建子月某日沙門某洎居士若干人於思村東北古隄之上樹修塔焉粉檽素簷炯如雪積雖埃氛晝晦月魄宵淪重重入空千里可矚使夫倦鳥有托迷客知歸獠叟彂弧以革心漁童卷緡而易慮作者之志其仁溥哉

崇崇靈塔掃氛孤出平砌沓雲層輪麗日瓊容皓曜雁影依稀初驚地湧忽視天飛塔何情矣監惡斯止塔何言哉誘善不回至人默默與我同德寂語忘教而人自效明明者闕一字曷可齊焉上階於天下窮於淵深谷爲陵其功不騫

座右偈

水月無根緣生則有莫辨其端莫窺其後以有爲瑕以無爲垢不廢不立誰觸誰受寂念淵元紛然何咎

唐杭州華嚴寺大律師塔銘 并序

魏晉中穎邁之士多尚出塵白足高步於海隅青目遐視於湘表千有餘祀禪律師宗吾知若人出秉伊說之鈞處躡黃綺之躅亦躬珪之與和璞隱顯之殊乎我律師其人也法諱道先俗姓褚氏踰齔出家方冠受具詣光州和尚學通毗尼於時夏淺德崇壇場屬望蓋天資眞士爲東南義虎雲雨慈味笙鏞道聲常持法華兼創佛廟洎沒身不怠也世壽七十九惠壽五十八上元庚子歲仲秋月示滅於本寺是日馳陽昧昧淫雨颼颼烈風崇朝嘉禾爲折乃

東土福盡之徵也俄然喜氣五色亭亭如蓋移晷不散徧映精廬卽西方往生之意也初吾師未歿其月三日質明支疾凝神視色觀身彌陀具相忽現師前滿庭碧花昔所未覩其四日昧爽有異人請師謂師爲和尚遂開目彈指曰但發菩提心五之日曼陀羅華自天而雨悲夫非哲匠去世安至是耶門人神烈義精等攝齊何仰繞塔徒哀履名跡而可師書琬玉之不墜詞曰

我法末季哲人是生眞慈在物澤灑飈清高戒嚴身佩月與瓔貽訓徒張逝不可作瑞花冥濛卿雲縈薄靈轜何止

於此山椒寒飈斷續影塔蕭寥五峯諸子泣望終朝

唐湖州佛川寺故大師塔銘 幷序

夫萬有朝徹獨立而不改其妙空乎泊鴻濛以還民溺情海安不幻之跡喪全眞之旨若識浪不作幻何有哉我釋迦本師獨開宗極遽而告滅降蘊魔也在而言逝爲狂子也以八萬四千正法首付飲光飲光以下二十四聖降及菩提達摩繼傳心教有七祖焉第六祖曹溪能公能公傳方巖策公乃永嘉覺荷澤會之同學也方巖卽佛川大師也大師諱惠明俗姓陳氏漢太邱長寔之後世居穎川顯祖某永嘉南遷爲司徒掾陳氏受禪四代祖仲文有佐命之勳封丹陽公祖某雙溪穀熟二縣宰考某蘭陵人也大師雖世有榮閥而未嘗自稱蓋處塵世之餘累矣先夫人初感之曰如持佛戒足惡履於葷圃口不嘗於鱻器神夢髫齔長聞法音旣而誕焉年漸及丱方祈捨俗大人從之至受具時卽開元七年也耳未誘於聲戒眼不瑕於色塵清行剋終如鑒寒玉嘗謂人曰昔者繁刑首作伯成子高遁焉吾雖不捨律儀而惡乎淨論紛若心卽心之法至矣哉西詣方巖頓開心地於戲冥冥其機赫赫其師寂乎大

空之淵而不疑放乎萬緣之律而不變天寶年將有願於清涼山淮汴阻兵師乃旋策偶與禪侶西之宛陵闕文於上石爲神明柰何使我蒼生每被血食豈知此事殃爾業耶神曰非弟子本意人自爲之禮懺再三大師乃授以菩薩戒神欣然曰若和尚移寺弟子願捨此處永奉禪居言畢不見其後果移寺焉於祠側獲銅盤之底篆文是吾師法號更有異器畧而不書建中元年春忽顧左右愀然而歎曰夫人生百年蓋一念耳昧者安知揭日月以趨新哉吾將往淨方爾曹勉之於時報年八十四僧臘五十一以

其年正月十一日有疾。其日庭木春悴山雨晝冥猛虎繞垣悲嘯而去十二日奄然長往二月十二日建塔於佛湘川西山有慈烏滿林舉衆驚異受法門人自湘淮楚不遠而至有若孤東律綱默持心印惠解比邱卽其人也德輿物數言隨性寢聲采不飾世謂渾金惠敏比邱卽其人也外學以文內修心行跡不疑聖機能造微如知比邱卽其人也菩薩戒弟子刺史盧公幼平顏公眞卿獨孤公問俗杜公位裴公清惟彼數公深於禪者也謝太傅之通於宗要殷深源之造於精微常恐大師之言將墜於地顧謂小

子志之予曰必使覩至人之奧知地位之極則未敢聞命若盛美之跡人所見聞何嘗敢忘請退而記之刻諸靈石詞曰

青山我廬白雲我曹吾師處焉人退跡高跡高伊何降心鍊魔傳教方嚴傾珠竭河持而不撿放而不過匪雲異月如水與波見獨超超證法無兩生死誰羈我不可執若搖空輪如蹙風響何爲告滅亦由狂子忽示雙桐空棺隻履佛去川在人亡寺留使吾舊境寂寞長秋泣露草繁悲風樹滿此物無心盡如淒斷門人千萬昔爲法來悟者不蹙常情自哀祥花雨墜靈峯晝開眞子相顧全身在哉

唐石圮山故大禪師塔銘 并序

天作高山山孕人靈其間氣則賢人當之而動用有異夫黃鶴遊於天驪龍樂乎淵從其性也賢人治世則匡贊我后出世則誕敷上乘圮山禪祖其人也師諱神悟字通性隴西李氏之子其先屬西晉板蕩遷家於吳之長水世襲儒素幼爲諸生及冠忽嬰業疾有不可救之狀咎心補行力將何施開元中詣前溪光律師請醫王之方執門人之禮師示以遺業之教一日理懺二日事懺此神聖所授行

必有徵遂於菩提像前秉不屈之心爇難捨之指異光如月朦朧紺宮極苦可以感明神至精可以動天地蓋菩薩之難事歟洎天四中受具足戒身始披緇天八中舉九異行名隸寺建其曉節益見苦心每歲置法華道場九旬入長行禮念觀佛三昧於斯現前因語門人曰夫陰薄日而何傷風運空而不動苟達於妄誰非性耶方結宇於勞勞山東中谿石圮達分仙渚猛獸馴於禪榻祥雲低於法堂中夜有山神現謂禪師曰弟子卽隋故新成曹世安生爲列侯死典南嶺今和尚至止願以此永奉經行言訖隱而

不見故吏部員外李公華今殿中侍御史崔公益嘗問孔老聖教優劣於吾師對曰路伽也典籍皆心外法味之者勞而無證其猶澤朽思春乾水取月之相去天何遠乎去辛卯年春寢疾大漸於戲悼死樂生下士之事吾師了性空豈關情哉便趺坐告終歸於寂樂其時世壽六十三惠壽二十六闍維之日獲舍利五百餘粒珠顆纍纍燦然在矚蓋由專精所致門人湛一圖一潔身力行夏淺功崇亦分河不絕之意也吾聞古之君子生有名而死有諡勲業昭乎彝器箴規煥乎方冊何有哲匠作人天師遺德不書

吾誰仰則銘曰

聲傳於籥剖之無根象出於鑑窮之不源至人應物體寂名存寂可神照名宜性泯妙用無生示生而盡燈留火續骨化珠分眞子徒仰慈聲不聞堂披遺影地起方墳萬木春析諸天晝曛年年世上空望歸雲

欽定全唐文卷九百十八

清晝二

唐杭州靈隱山天竺寺故大和尚塔銘并序

水之性不動而鑒得非夫實相之體耶雖積爲洪溟而未嘗變亦眞我自在之妙致也如來大師獨秉至教羣聖拱手俾寘冥到識破堅冰之惑豈逾一念之中哉靈隱大師雖外精律儀而第一義諦素所長也故小子誌之大師生祿錢塘范氏諱守眞字堅道齊信安太守瑝之八葉禮既冠眾君子器之夙有邱園之期不顧元纁之錫遂詣蘇州

支硎寺圓大師受具足戒是夜眼中光現長一丈餘久而方沒蓋得戒之禎也後至荆府依眞公三年苦行尋禮天下二百餘郡聖教所至無不至焉無畏三藏受菩薩戒香普寂大師傳楞伽心印講起信宗論三千餘遍南山律鈔四十遍平等一雨小大雙機在我圓音未嘗異也乃發殊願誦持華嚴遂於中宵夢神人施珠一顆及覺惘然如珠在握是歲入五臺山轉華嚴經三百遍追宿心也又轉大藏經三遍廣正見也至開元二十六年有制舉高行道俗請正名隸大林寺後移籍天竺住靈隱峯時大歷二年也

至五年三月寓於龍興淨土院謂左右曰夫至人乘如而來亦乘如而去亦其必然也而愚夫欲以長繩繫彼白日安可得乎吾非至人豈逃其盡以此月二十九日告終於茲地春秋七十一僧臘四十五其間臨壇既多度人無數今不復紀也顯明弟子蘇州辨秀湖州惠普道莊越州清江清源杭州擇隣神偃常州道進如彼鸑鷟之彩共集旃檀之枝江淮名僧難出其右晝之身戒亦忝門人幸參四子之科獨許一時之學斯文在我何敢讓焉詞曰

房星在天降爲應眞好爵縻我視如埃塵既投其簪亦壞

其服戒日纔佩禪秀乃沐四十餘夏振振盛名大江東南爲法長城宣尼既沒微言乃絕我師云亡眞乘亦輟靈隱峯上春日秋天風生松柏如師在焉持教門人楚英吳傑儒方荀孟道比文列宿習未盡妄涕猶霅宿已忘眞如水如月古之君子名書彝器大師不書將墜於地紀功者銘傳心者燈藏諸名山不騫不崩

唐湖州大雲寺故禪師瑀公碑銘 并序

昔在穆天子我如來大聖沒於西土蓋示身也其聲教紛綸湮沒而復紀者九十六種外道持衡於五天是僣佛號俾戒月生魄寶星爲彗涅槃河水汩泥揚波而天下騰口襲心翼然而喪精矣我本師爰勑大士中興南州激童蒙竅檮杌摧異道破邪黨彼日月是出爝火不息其爲光也不亦難乎其有躡清氣允種性雲龍相召與蒼生爲春則我大師矣大師諱瑀字眞瑛俗姓沈氏吳興德清人也其先世國於沈因以爲氏按春秋沈子之後也五代祖敏梁東陽太守不言而理不猛而威揚之以和風灑之以甘雨殷氏既喪公其嗣焉高祖某勇而仁直而信少好理體機若缸轉六歲讀孝經至參不敏署而不讀師問之故曰此

大人稱之而小子曷稱之十七州舉孝廉陳侍中徐陵特相器重名位不達終於邱園曾祖某學藏於晦辨守於訥大業之際州辟不起祖某考三教之源精一貫之旨結廬於金鵞山下怡然獨得父某湖山是傑言行孔臧里有不爽而訓之隣有不給而錫之燠兮春風凜兮寒松心可以育物德可以垂裕以五世樹善而瑀公生而聰慧不以師受年未總角辭親出家患身之資忘若遺躓爽口之味飲如我仇以如意年大赦度人壞衣削髮煤口世事怡懌至道弱冠遊東京大福先寺厥受大戒懇懇勤勤不遑假寐

三日之夕戒相出焉見有神人假然在目倏來忽往或同或異得非至誠乎於是燭如來燈佩菩薩印證聖中歸於大雲道場堅執律柄僧綱釐舉不亦宜哉公素履純厖無咎無譽使天下之士有外道焉有闡提焉心如飄風言若泉湧撓我聖教擠我妙門公示以從容誘以方便莫不稽首挫色而聞命焉常禮一萬五千佛名兼慈悲懺日夜一匝或二日或三日一匝苦節貞勵飲冰茹霜夜有聖僧九人降於禮懺之所相與行道彈指而去或夜無燈燭心口是念圓光照室如坐月中如此則往往有之公常喟然曰

自明帝夢金人孫權獲舍利茫茫中土是有正法而德清偏邑罕有塔寺使蒼生蒙昧罔知所之悲夫至人無名陶鑄而名之耳安可糠粃有爲金璧無相二見齊楚皆性者流豈知履如之功萬法無外此大菩薩自在之盛行吾將爲爾行焉於是繕以香臺作以茞殿卿雲蓄泄於户外麗月昭回於簷下是知觀象大壯法誤雲室豈不宜哉前後寫經二藏凡一萬六千卷不以皮爲紙不以血爲墨是身臰穢靡潔書寫非難捨哉晚節工於禪門頓入懸解言越性靈之外心冥文字之表天寶初臨安足法師死經三宿將入地獄冥見瑀公引至王所謂王曰此師解講涅槃經大王宥之王曰唯聞嚴能講不聞此師名何也如此再三王不能屈因赦之嗟乎至人之作用不動此身而流形於彼非無緣慈力何哉曾見鄉人施揭(音桃)牛者天然不孕因而出乳及瑀公寢疾日有饋之非夫人含動植德感明神亦何能致此希有之事也他日蹙然改容據梧而歎昔孔子蚤作悲歌於門者此聖人所以同我生亦同我死莊生曰適去夫子順也吾亦何懼哉以十一年秋禪坐滅度嗚呼婉婉蓮步應隨白雲寥寥香林空見孤月余不知其至

人幽機妙用髣髴化爲天星乎飛爲列霓乎不然將有異名於他國乎某月某日飭以靈龕崇以寶塔擊以法鼓吹以法螺門人號慟於是葬斂十二年春將欲啟靈龕遷寶塔炎炎金火以求舍利豈知容色不壞凛然如生識者以爲涅槃本義絕動植之知窮寂照之惠存不壞之身滅大化之體此四者而公得之昔少林孕𩯭蘄春育髮何獨嘉也寺主元崖等皆秉大明惠開道區中吠琉璃天移夕爲晝彼什公四子亦季孟之間歟大理評事攝監察御史姚澹主客郎中姚沛稟龜溪之靈鷲山之英門多才傑世著

匡佐而瑀公善焉。刺史楊惠才識深敏。器宇調暢。虞譚之流也。令吳測微。清慎有度。奸回無欺。賀循之流也。皆入境問俗。飲風眷德。徘徊歔欷。有恨來暮。嗟乎。法本無名。是歸寂樂。門人垂淚顧刻豐碑。予誠不敏。哀以見託。銘曰。

法本無生示生兮。法本無名強名兮。大師振振沖邈兮。蒼生茫茫啟覺兮。堅持律藏是非兮。深入禪門杳微兮。鷲峯岑崟莫涉兮。龜渚瀇瀁莫測兮。五千佛懺是禮兮。十二經文是啟兮。聖僧異人降語兮。[牜曷]（音桃）牛非孕垂乳兮。同衆生病同差兮。同衆生沒罔壞兮。門徒病矣號絕兮。姻族潛然

鳴呼兮。烏臺華省思人兮。邦君邑宰敬神兮。無言可象湛寂兮。身謝名飛刻石兮。

唐蘇州東武邱寺律師塔銘 并序

律者聖道游入之津。爲心見所瑕。多溺近果。不然則極地之堦乎。武邱律師諱齊翰。字等至。通教之士也。吳興沈氏之子。高祖陳國子祭酒。曾祖某。隋魏州司馬。祖考二世不仕。律師綺歲從大人至山寺。覩高靜無塵之躅。惻然有宿命之知。因請出家。大人從之。至天寶八年八月五日。奉制度配名。永定九年十月。依分壇受具足戒。後移名開元。大歷中移名武邱。皆兩州道俗所請也。律師道性淵默。水則淡然。蹟不近名。身不關事。長在一室。寂如無人。豈比夫駢行鼓簧之士哉。晝始疑斯人未造精極。因問業報之理如何。師對曰。夫鼓毗嵐之風。有物皆壞。而靈空不動。蓋無相也。心且無相。業何累焉。但懼陷於偏空。妄撥無耳。繇是始知律師心之所至。精相部義。窟洞法華經。王蘇湖戒壇。每當諸首。大歷十年某月。入流水念佛道場。是夜西方念中頓現。蓋精誠之所致也。至某年春秋六十八。僧夏四十七。遇疾之日。謂弟子曰。有鶴從空飛下。回翔我前。爾曹見乎。必謝之期。小聖猶病。安能免哉。即以某年某月終於本院。

受業門人如隱壇場門人宣兒。誠肅禪心。律儀已有時譽。晝則律師之鄉僧也。戒有一日之長。許爲法兄。昔媿隨肩。今傷分影。有清規之可採。則文石而言焉。銘曰。

漫漫（去聲）情海。多生沒兮。趨趨我師。一念越兮。舊寺龜溪。爲僧傑兮。新居武邱。匠時哲兮。適來示生。亦示滅兮。山上人間。有遺轍兮。故雲茫茫。餘水泱泱。留廢房兮。黃蘗心苦。青松節寒。對空壇兮。升堂門人。結社居士。依扉履兮。或刻貞石。或書勝幡。思師存兮。

唐杭州靈隱山天竺寺大德詵法師塔銘并序

西周之叔世本師淪蹟於拘尸那城千有餘年教行東漢元綱遐屬殆如綴旒而先經異時至機終義故我唐聖歷中大方廣梵文四譯斯備雷霆始懼於魔耳天地再造於人心瞳瞳無邊佛日正出其時私道之士有燉煌公得他心稱是文殊後身洎四葉傳於吾師本孫氏之子長沙桓王十有三世孫母也初感夢吞明珠遂黜鱻惡葷誕彌厥月生有異表中歲若成寥兮眞姿不棲於俗願移榮於道忘錫羨於家至十五辭親從師依年受具行學一集鬱爲

教宗終卷伊呂立功之致陋黃綺肆志之適遺形理性與山木爲羣故地思貞大師屬我以華嚴經菩薩戒起信論心以靜銳智與經冥徹照淵元萬法一念宵景盈空而不見晨曦溢目而何有有而不可有者吾其見眞師之心哉受經彌時乃疑未契其夕夢乘大艑直截滄溟橫山當前峻與天極不覺孤帆戾懷裏止濟峯竦竦而忽焉雲溶溶而在下既寤形若委衣流汗輕醒自此句義不思而得一部全文常現心境事事無礙之旨如貫花焉天寶六年於蘇州常樂寺畫盧舍那像寂念初明十身竝現日月何咎惟吾師自知大歷三年講於常州龍興寺纔登法座忽有異光如曳紅縷漸大縈於香室久修行者會中光覩前後講大經十遍制義記十二卷誠感之事此類固多今畧而不載受業比丘大初付以香爐談柄知其意有歸深於吾道者則有尋陽正覺會稽神秀亦猶儒氏之有游夏荀孟雖賢議德其造形之異乎至大歷十三年十一月七日沙門惠覺夢巨塔橫仆陷地二級無何而吾師示疾顧門人曰死生者衆人之桎梏至人之作用昔尼父逍遙曳杖發泰山之歌蓋欲顯本知終示動歸靜吾非不敏幸異夫

流遁不返者乎言已奄然與物而化春秋六十一惠命三十二以其年某月日甲乙建塔於某處終終之義也噫素旌晨出異昔經行衆籟啾啾以風號細雨茫茫而天泣世流有逝法流何逝而常清世土自騫法山何騫而常存吾知夫一貫而何言時邦城肅公得離性之文代予爲銘刻石松門辭曰銘闕

唐蘇州開元寺律和尚墳銘并序

至人於生死一也物有之我亦有之若日月可蝕虛空可涔乎在至人爲宅心之勝地誠謷夫不返之瀑流哉於戲

我法自五天揚於漢廷八俊四賢橫世傑出後之學者聆休風企高躅何吾師之穆其芬馥歟吾師諱某字某先劉氏之子漢楚王交三十一代孫烈祖某永嘉南遷爲丞相掾四代祖遠隋東陽守顯其遺榮之蹟畧載本枝全拔俗之高不書後葉蓋亦垂訓之意乎吾師幼孤伯父哀字如禮名因教立孝自天生而宿植緣深心田欲稔因請伯父哀而捨之事靈隱某禪師因問師入道之次師語曰夫爝火明乎太虛以爝火之心當太虛之境境非心外心非境中兩不相存兩不相廢今我所詣是爾所知曷有萬法之

深淺優劣乎語畢如涼風入懷醒然清悟天寶四年受戒於東海大師鑒眞傳講於會稽大師曇一至德中舉高行隸名開元乾元中有詔天下二十五寺各定大德七人長講戒律吾師其選也頃年淨土一門不惑於念嘗謂人曰昔聞西方之行是有相大乘此乃蓬心不直達之說何者夫出言卽性發意皆如而一色一香無非中道況我正念乎於時六十七天年三十六僧夏一十六壇場孤制律樞正持僧綱自胥湖南北皆宗仰焉以建中元年六月十五日寢疾而逝其時有庭樹一本枝葉扶疎及吾師將亡之朝花正拆而遽萎條始繁而方拆亦恒河水上旃檀樹枝榮枯之意也其年七月五日遷靈龕於武邱西寺松門之右嗚呼青山不歸白林長謝秋原之上萬境皆悲雨冥冥而晝陰水浼浼而東逝門人道亮道該淸會亮以毗尼繼其行會以才學傳其賢該以詞華蹤其美三子之外居廊廡者充江漢焉故觀察使韋公元甫觀察李公栖筠今號州刺史李公紓今御史中丞李公道昌林下之蹟可追山陰之遊尚想懷人撫事相顧泣然晝實蔑才曷足揄揚盛美以吾釋門之事安敢讓焉詞曰

本師示終兮元綱絕香山崩兮香海竭大地動兮旃檀折人天冥兮千光滅我師出嗣兮遺教張如何斯人兮天不臧星旣雨兮地亦霜生涯眜兮四流長捧遺言兮循往跡庭無人兮月寂寂百年遐壽兮日長夕萬春上服兮塵已襲門人慟兮世人悲瞻影塔兮山之垂宿昔經行兮舊路岐雲眇眇兮雨霏霏方城芥盡兮長乘移樂石香名兮不騫不虧

蘇州支硎山報恩寺大和尚碑

我先大師曰佛嘉言孔碩大造人天張無生極宗懸衡於

羣教之表自第一義諦皆我之蘧廬也況儒墨名法道家之流哉教之斯行資乎哲匠今大師即其人也大師諱道遵字宗達吳興張氏之子崇勳茂德世爲吳中右族大師夙負殊操潔士稱之榮耀不足關其心聲塵未曾觸其性其年二十詣天竺威大師初受具戒事報恩興大師首宗毗尼依佛教也常愀然而嘆曰孔老之學不明三世昭昭之業何異夫適郢而求冥山哉先大師則不然觀萬像無根我獨以無生一心覆疑山之峻知四流妄有我獨以不動二字停倒海之波室是遠而悟者天隔昔在漢明永平

之際大教洋溢霈然而東與生靈滌心觀天地更始正士自摩騰以降持法有如關中者秉律有如南山者海內髦士亟歸乎我如凱風微揚嘉禾先發北齊惠文大師傳龍樹智論一性之教即我釋迦如來九世祖師文殊所乘也惠文傳南嶽南嶽傳天台始授一心三觀之旨以十身佛刹微塵數修多羅如懸帝網丕出正念無遺即中蓋如來一斯教之扃鐍也天下宏經士窺我宗者不得其門而入天台去世教傳章安章安傳縉雲縉雲傳東陽東陽傳左溪自龍樹已還至天台四祖事具諫議大夫杜正倫傳教記今大師則親承左溪一受心宗方造其極物有凋折而苦節不衰時有晦明而至行不變法華三昧淵乎我衷嘗從容謂門人曰堯舜之民不必獨義教之至也教若不至民何咎焉吾恐大教未周羣機未發陷諸子於邪見之網吾徒得無過乎乃欲廣寫法華經置道場闢經院以燭繼晷揚大雄慈聲蓋平生之願與一之日發其心二之日規其趾作不逾序厥功成焉居山之福地於戲羣峯合沓以就我當大藏而孤峙疑天作以待用此持經之境也及以清晝山空杉吹不動眞念凝乎寂寞經聲在乎窅冥此持

經之心也大歷元祀州將韋公元甫兵部尚書劉公晏侍御史王公圓開州刺史陸公向殿中侍御史陸公迅大理評事張公象境誘眞心共獲殊勝乃相與飛表奏聞詔書特下署名曰法華道場焯哉盛乎經王之惠日昇於天乎自江以東惣一十七所皆因大師之首置也舉精行大德二十七人常持法華報主恩也大師以無緣慈眼極觀四生多溺空見乃鑄盧舍那及毘盧遮那像明智身不有法體非無將顯古佛證經之由乃起多寶妙塔開淨土當生之業遂作彌陀色身法華一經駭聲聞得記方等四部喜

廣教盡收無垢淨光蓋是如來極開方便跡雖有作功乃無爲接人天機使知有殊常之福又寫天台一教溢乎道場眞詮昭昭與清景不極大師有言佛法壽命其惟常住乎常住不存我法安寄於是置莊二所世田爲義侯嘉穀以登身田是修期聖禾不絕非夫大師平等之施孰能於事理雙全哉物役我慈日用不足門人有懈廢者接彼退機講法華元義天台正觀四分鈔文臨壇度人授心揚律願盈乎石室之籌天寶年於靈巖道場行法華三昧忽觀大明上燭天界我身正念儼在光中異日問天台然公公

曰知慧光明從心流出非精志之所致耶又於本寺入法華道場忽覩此身在空中坐先證者知是大師滌垢之相不然則萬法有無礙之用哉其年春秋七十一僧臘四十六以興元元年七月二十九日告終於支山本寺嗚呼象法梁壞苦流增波無數人天從今何怙初當寺盞公輪公一夜同夢大殿忽崩得非法匠將亡之應乎示疾之日驕陽久僁嘉苗若燎辭世之夕風號雨暴天地慘黷亦我法陵遲之變也傳教門人靈輪法盛道欣可入如來之室豈唯宣父之室哉俾厥鴻猷張而未弛奉教門人猶子靈源等高志嚮拔德鄰先賢精細行以檢儀敷大乘以基性予雖後學夙聆德聲昌云不驀貽諸樂石銘曰

泓澄吳江靜幾於道清氣蓄焉誕我僧寶洸洸大師與道爲藩義天無孛慈釭不昏巋然支山緊公所履建塔闢院夷荒而趾乃基靈峯靈峯崇崇乃啟祕藏祕藏彤彤天色在下日輪當中眞經無言至象非象冥理徹性不昧不朗三觀一心如懸帝網雪山嵳峩有時而裂香樹偃蹇有時而折世相若斯師何示滅示滅何之天泣人悲高邱漠漠細雨霏霏攜履西去相逢是誰見海未乾疑山尚阻囂囂

魔民爰得其所吾師寂寥空留法語入室數子皆宏我經安公如月遠公如星恭恭秩秩釋氏儀形塔影亭亭長在寒樹天上花落人間日暮猶飄苦雲與我爲喻

唐洞庭山福願寺律和尚墳塔銘 并序

道賢上游其德如陽和亭毒萬物生而不予成而不繇或曰異於是蓋繇無生空惠冥乎其間哉曁洪唐盛明之朝我法九重五教四分颺揚景張南山律宗居天下第一後弟子如大師鮮矣大師望出徐氏諱神皓字宏度八代祖摛齊竟陵王西邸學士子陵梁尚書左僕射其文與庾子

山齊名逮陳氏革命因佐吳邑遂家姑蘇高祖碩學通三禮中年卽世曾祖曇隋王府咨議參軍祖德恭潯陽郡詞曹考君定深於釋典不屑名宦大師天情耿潔風韻朗邁幼負脫俗之姿嘗有言曰沙門者高潔其道秉空王平等之性一念不昧坐登佛階吾自知此身履龍淵取明月曷有三圭之貴重侯之高而能動我心哉乃依杭州龍泉道場一和尚出家敗髮損容越出流輩鏗然法器如琢玉焉天寶六年天降板詔請釋眞行一州許度三人獨居薦首吾以是知大師初皈佛教滌心地也今奉國恩正世名也

因隸僧籍於包山福願道場初進具於興大師次通鈔於曇一大師五夏未登學精三藏天台宗旨難爲等夷淵元絕思之科如良庖之導大窾也十講律鈔五昇壇場傾江而東願禮其足後生學者仰其聰明惠性如追麒麟之步大師嘗引錫西望想包山舊居包山卽洞庭仙都之一峯湖澄氣清日出水上疊嶂合沓生乎影中得非天遺此中與師成道耶乃命舟而還使野童誅茅山童掃石顧左右曰昔者如來崇飾塔廟乃是啟發羣信開人天淨境豈爲已哉此少黷廢久之非先師本意乃闢僧院創食堂衆有怠慢者醜其行而理之舍有傾者懸其邪而正之墾田置莊開畎泄澮功既成矣業亦博矣百千人俱皆受其賜曩日洞山水滸業湖之氓罾罶咽川繒繳亘渚大師以如來不殺之戒黜彼蠱食迴小人之腹爲君子之慮乾元祀有詔天下二十七寺各奏大德七人長講律戒因請住開元寺欲果願具且懼簡書遂僶俛從命奉戒弟子開州刺史陸公向前給事中嚴公涗服道弟子禮部侍郎劉公太眞前大理評事張公象欽風弟子前廉使亞相李公栖筠天誘厥衷俾揚我法精識通敏言爲世程謝太傅之流也其

時常熟地偏僧多闕行李亞相欲以德撫乃請大師統而正之一化而革心再化而知道三化而闔邑從風大師末年工於圓宗縱心皆是以文字而用不以文字爲病是念佛寫經備行教法置西方社廣淨土因專誦法華經九千餘匝遊四大寺登五老峯遍欲觀古僧得道之所此亦至人之餘事應物如動自視闕然貞元六年十月春秋七十五僧臘四十三其月在開元遇疾忽言曰吾愛夫得道者心如澄溟知如晨曦不染如浮雲自在如遊鴻吾雖非斯人亦未肯以有生爲累其月十一日顧門人雒諒我去世

後汝若置塔可歸洞庭故山言畢而逝是夜琉璃色天星霣如雨往往有西方之應覩而不書奉遺命也門人維諒有文有道獨步當時執師之喪不以證而廢教也列座門人道超靈俊道濬道稜維誠皆積解以詣空門邁德以藩象教吾聞古之僧高者述誄與碑自晉朝始也二三子思吾師盛德將欲銘黃金勒貞石垂裕後昆使昭昭之教長燭於人天銘曰

於穆大師立言可經身佩戒光高月亭亭怖魔以袪襲智以醒如何斯人忽號冥冥天樹春折雲花夜零空留一燈

寂寂青熒伊昔行道坦坦素履跡雖可攀行不可擬乃知我師應世無已優游人天自在生死門人維諒躡彼高塵嶷嶷靈塔紀功於人於山之峯於湖之濱風凄遠鐸月慘重輪瞻禮雲上如逢化身

強居士傳

人生性靜而遷乎可欲可欲萌乎憂喜者病之源一作原也故至人觀其靜見萬物之眞觀其動見萬物之遇客有強君隱士之儔也理照淈俗寄於和扁之伎而時人無能知者予嘗問君以醫之術君對曰夫妙有統於心而通於物理其靜爲性其照爲覺覺也者日月之謂乎性也者太虛之謂乎故理世爲儒可以敷五典理性爲釋可以越四荒一作流理病爲醫可以空六診使定命可追業疾可亡而世教罕能迫之故醫王未悉辨也予曰至哉斯言命小子志之

欽定全唐文卷九百十九

普門子

普門子俗姓何氏岳陽人登進士第後爲沙門住南岳寺貞元八年卒門人曇環集遺文二百篇行於世

妙法蓮華經元義釋籤緣起序

四教成列開合之旨蘊乎其中十子既往幽贊之功在入方絕惟三轉遂周一乘載道經文顯而約元記博而深後進難窺蒙求尚壅不遠而復存乎其時我哲匠湛然公當之矣公孩提秀發志學名成淵解得於自心博贍振於先

達無適不可以虛受人洎毘壇以至於國清其從如雲矣聞者島夷作難海山不寧徇法之多亾身巖穴或謂身危法喪莫如奉法全身僶俛遂行暴露原野是樂法者請益悅隨且法實無邊身則有待宏數未暇籤訪有憑因籤以釋思逸功倍美哉洋洋乎登門者肯綮未嘗望涯者恥躬不逮乘是以訓文其可廢耶先德既詳雖大科不舉諸生未達在小疑必疏凡十卷不忘於本以天台命家善繼其宗以釋籤順學信所謂觀象得意俾昏作明永代不朽者也普早歲在塵後時從道徒欲擊其大節獨不愧於心乎

止觀輔行傳宏決序

宗虛無者名教之道廢遺文字者述作之義乖古先梵王乘時利見聖賢道契德音莫違尚（闕一字）言詮寄諸結集況時淹像季學鮮知幾領會之賓十無一二至有窮年默坐（闕一字）節於昏（闕一字）白首論心遲回於半滿人之多（闕一字）其若是乎（闕一字）階撝象各陳乳色或謂即心是佛悟入之一（闕一字）色不異空本末誰述將冥（闕一字）待章句（闕三字）呼大教陵夷若是蓋由未辯文字之性（闕二字）喻總持之功深惟昔智者大師降生示世（闕一字）敷元德大拯橫流洛覆簣於大思

振絕維於龍猛命家作古以中觀爲宗師立極建言以上乘爲歸趣爰什灌頂頂公引而伸之欽若（闕一字）持廣有記述教門戶牖自此重明繼之以法華威威公宿植不忝於素復次天宮威威公敬承如水傳器授之於左谿元朗朗公卓絕天機獨斷相沿說釋遑恤吾文載剟於毘壇湛然然公間生總角穎悟左谿深相器異誓以傳燈嘗言止觀二門乃統萬行圓頓之說一以貫之噫纘承四世年將二百魚魯斯訛不無同異方將繹思津道元流遂廣斥邪疑旁薄今古質而不野博而不繁著輔行記凡十卷備前聖

廣畧之旨。允今人勝劣之機。豈維錯綜所聞。將以隱括所治。所治即行。三多之妙。運遽階。所闢唯解一眞之元覽。洺夫行有歧路。則始終天隔。解無方隅。亦淺深隨類。建言輔行。以舉其全。故自遠方來。詢疑請益。擊蒙發覆。孜孜日夕。庶幾幽贊。欽若傳宏。道之將行。不孤運矣。咨予末學。輕說上乘。其猶爝火。增輝二曜。

靈祐

靈祐俗姓趙氏。福州長溪人。從本郡法恒禪師出家。入天台。遇寒山子。造國清寺。遇拾得。元和末至長沙。住大溈山同慶寺。大中七年卒。年八十三。諡大圓禪師。

警策文

夫業繫受身。未免形累。稟父母之遺體。假衆緣而共成。雖乃四大扶持。常相違背。無常老病。不與人期。朝存夕亡。剎那異世。譬如春霜曉露。倏忽即無。岸樹井藤。豈能長久。念念迅速。一剎那間。轉息即是來生。何乃晏然空過。父母不供甘旨。六親固以棄離。不能安國治邦。家業頓捐繼嗣。緬離鄉黨。剃髮稟師。內勤剋念之功。外宏不諍之德。迥脫塵世。冀期出離。何乃纔登戒品。便言我是比邱。檀越所須。喫用常住。不解忖思來處。謂言法爾合供。喫了聚頭喧喧。但說人間雜語。然則一期趁樂。不知樂是苦因。曩劫徇塵。未嘗返省。時光淹沒。歲月蹉跎。受用殷繁。施利濃厚。動經年載。不擬棄離。積聚滋多。保持幼質。導師有勑。戒勗比邱。進道嚴身。三常不足。人多於此。躭味不休。日往月來。颯然白首。後學未聞旨趣。應須博問先知。將謂出家貴求衣食。佛先制律。啟創發蒙。軌則威儀。靜如冰雪。止持作犯。束斂初心。微細條章。革諸猥弊。毘尼法席。曾未叨陪。了義上乘。豈能甄別。可惜一生空過。後悔難追。教理未嘗措懷。元道無因契悟。及至年高臘長。空腹高心。不肯親附良友。惟知倨傲。未諳法律。戢斂全無。或大語高聲。出言無度。不敬上中下座。婆羅門聚會無殊。椀鉢作聲。食畢先起。去就乖角。僧體全無。起坐忪諸。動他心念。不存些些軌則。小小威儀。將何束斂後昆。新學無因傚倣。纔相覺察。便言我是山僧。未聞佛教行持。一向情存粗糙。如斯之見。蓋爲初心慵惰。饕餮因循。荏苒人間。遂成疎野。不覺龍鍾老朽。觸事面墻。後學咨詢。無言接引。縱有談說。不涉典章。或被輕言。便責後生無禮。瞋目忿起。言語駭人。一朝臥疾在牀。衆苦縈纏逼迫。曉夕思忖。心裏恛惶。前路茫茫。未知何往。從兹始知悔過。臨渴掘井奚爲。自恨早不預修。年晚多諸過咎。臨行揮霍。怕怖慞惶。縠穿雀飛。識心隨業。如人負債。强者先牽。心緒多端。重處偏墜。無常殺鬼。念念不停。命不可延。時不可待。人天三有。應未免之。如是受身。非論劫數。感傷嘆訝。哀哉切心。豈可緘言。遞相警策。所恨同生像季。去聖時遥。佛法生踈。人多懈怠。畧伸管見。以曉後來。若不蠲矜。誠難輪逭。

夫出家者。發足超方。心形異俗。紹隆聖種。震懾魔軍。用報

四答。拔濟三有。若不如此。濫厠僧倫。言行荒踈。虚霑信施。昔年行處。寸步不移。恍惚一生。將何憑恃。况乃堂堂僧相。容貌可觀。皆是宿植善根。感斯異報。便擬端然拱手。不負寸陰。事業不勤。功果無因克就。豈可一生空過。抑亦來業無裨。辭親決志披緇。意欲等超何所。曉夕思忖。豈可遷延過時。心期佛法棟梁。用作後來龜鏡。常以如此。未能少分相應。出言須涉於典章。談說乃傍於稽古。形儀挺特。意氣高閑。遠行要假良朋。數數清於耳目。住止必須擇伴。時時聞於未聞。故云生我者父母。成我者朋友。親附善者。如霧露中行。雖不溼衣。時時有潤。狎習惡者。長惡知見。曉夕造惡。卽目交報。殁後沈淪。一失人身。萬劫不復。忠言逆耳。豈不銘心者哉。便能澡心育德。晦迹韜名。藴素精神。喧囂止絶。若欲參禪學道。頓超方便之門。心契元津。研幾精妙。決擇深奥。啟悟眞源。博問先知。親近善友。此宗難得其妙。切須仔細用心。可中頓悟正因。便是出塵階漸。此則破三界二十五有。内外諸法。盡知不實。從心變起。悉是假名。不用將心湊泊。但情不附物。物豈礙人。任他法性周流。莫斷莫續。聞聲見色。蓋是尋常。者邊那邊。應用不闕。如斯行止。實不枉披法服。亦乃酬報四恩。拔濟三有。生生若能不退。佛

階決定可期。往來三界之賓。出沒爲他作則。此之一學。最妙最元。但辦肯心。必不相賺。若有中流之士。未能頓超。且於教法留心。溫尋貝葉。精搜義理。傳唱敷揚。接引後來。報佛恩德。時光亦不虚棄。必須以此扶持。住止威儀。便是僧中法器。豈不見倚松之葛。上聳千尋。附託勝因。方能廣益。懇修齋戒。莫謾虧踰。世世生生。殊妙因果。不可等閑過日。兀兀度時。可惜光陰。不求升進。徒消十方信施。亦乃辜負四恩。積累轉深。心塵易壅。觸途成滯。人所輕欺。古云彼既

丈夫我亦爾不應自輕而退屈若不如此徒在緇門荏苒一生殊無所益伏望興決烈之志開特達之懷舉措看他上流莫擅隨於庸鄙今生便須決斷想料不由別人息意忘緣不與諸塵作對心空鏡寂只爲久滯不通熟覽斯文時時警策強作主宰莫徇人情業果所牽誠難逃避聲和響順形直影端因果歷然豈無憂懼故經云假使百千劫所作業不亡因緣會遇時果報還自受故知三界刑罰縈絆殺人努力勤修莫空過日深知過患方乃相勸行持願百劫千生處處同爲法侶乃爲銘曰

幻身夢宅空中物色前際無窮後際寧剋出此沒彼升沈疲極未免三輪何時休息貪戀世間陰緣成質從生至老一無所得根本無明因茲被惑光陰可惜剎那不測今生空過來生窒塞從迷至迷皆因六賊六道往還三界匍匐早訪明師親近高德決擇身心去其荊棘世自浮虛衆緣豈遍研窮法理以悟爲則心境俱捐莫記莫憶六根怡然行住寂默一心不生萬法俱息

福琳

福琳元和中沙門

唐湖州杼山皎然傳

釋皎然名晝姓謝氏長城人康樂侯十世孫也幼負異才性與道合初脫羈絆漸加削染登戒於靈隱戒壇守直律師邊聽毗尼道特所留心於篇什中吟咏情性所謂造其微矣文章儁麗當時號爲釋門偉器哉後博訪名山法席罕不登聽者然其兼攻並進子史經書各臻其極凡所遊歷京師則公相敦重諸郡則邦伯所欽莫非始以詩句牽勸令入佛智行化之意本在乎茲及中年謁諸禪祖了心地法門與武邱山元浩會稽靈澈爲道交故時諺曰霅之

晝能清秀貞元初居於東溪草堂欲屏息詩道非禪者之意而自悔之曰借使有宣尼之博識胥臣之多聞終朝目前矜道侈義適足以擾我眞性豈若孤松片雲禪座相對無言而道合至靜而性同哉吾將入杼峯與松雲爲偶所著詩式及諸文筆併寢而不紀因顧筆硯曰我疲爾役爾困我愚數十年間了無所得況汝是外物何累於人哉住既無心去亦無我將放汝各歸本性使物自物不關於予豈不樂乎遂命弟子黜焉至五年五月會前御史中丞李洪自河北負譴再移爲湖守初相見未交一言恍若神合

素知公精於佛理因請益焉先問宗源次及心印公笑而後答他日言及詩式具陳以宿昔之志公曰不然因命門人檢出草本一覽而歎曰早年曾見沈約品藻慧休翰林庾信詩箴三子所論殊不及此奈何學小乘褊見以宿志爲辭耶遂舉邑中詞人吳季德梁常侍均之後其文有家風予器而重之晝以陸鴻漸爲莫逆之交相國于公頔顔魯公眞卿命裨贊韻海二十餘卷好爲五雜俎篇用意奇險實不忝江南謝之遠裔矣晝清淨其志高邁其心浮名薄利所不能啖唯事林巒與道者游故終身無惰色又與

冥齋蓋循燋面然故事施鬼神食也晝舊居州興國寺起意自捐衣囊施之嘗有軍吏沈釗本德清人也夕從州出乘馬到駱駝橋月色皎如見數人盛飾衣冠釗怪問之如何到此曰項王祠東興國寺然公修冥齋在此伺耳釗翌日往覆果是鬼物矣又長城赴胥錢沛行役泊舟吕山南見數十百人行并提食器負束帛怡然語笑而過問其故云赴然師齋來時顔魯公爲刺郡早事交遊而加崇重焉以貞元年終山寺有集十卷于頔序集貞元八年正月勅寫其文集入於祕閣天下榮之觀其文也亹亹而不厭合律乎清壯亦一代偉才焉晝生常與韋應物盧幼平吳季德李萼皇甫曾梁肅崔子向薛逢吕渭楊逵或簪組或布衣與之交結必高吟樂道道其同者則然始定交哉故著儒釋交遊傳及內典類聚共四十卷號呶子十卷時貴流布元和四年太守范傳正會稽釋靈澈同過舊院就影堂傷悼彌久遺題曰道安已返無何鄉慧遠來過舊草堂余亦當時及門者共吟佳句一焚香其遺德後賢所慕者相繼有焉

至賢

至賢元和中沙門

楊岐山甄叔大師碑銘

楊岐大師法號甄叔幼而聰敏倜儻不羣心月貞明具大人相觀死生輪上見三聚羣迷猶焦螟處在蚊睫勝妙欲藥似嚼蠟無味遂投簪削頂具佛壇式求正覺了義扣大寂禪門一造元機萬慮都寂乃曰羣靈本源假名爲佛體竭形消而不滅金流樸散而常存性海無風金波自湧心靈絕兆萬象齊昭體斯理者不行而遍歷沙界不用而功蓋元化如何背覺反合塵勞於蔭界中妄自囚縶形同水

月。浪跡人天。見岐山羣峯四合。乃曰坤元作鎮。造我法城。纔發一言。千巖響荅。松開月殿。星布雲廊。青嵐色中。化出金堺一所。宴坐四十餘年。滿室金光。晝夜常照。宜城化緣已畢。機感難留。元和庚子歲正月十三日。忽棄塵區。還歸大定。門弟子如父母逝。痛腸於心。泣悲震海。哀聲動山。如月隱天衢。羣星失曜。大集眾木。積爲香樓。用建茶毗。獲舍利七百粒。於東峯下。建窣堵坡。巖掟錦障列其前。澗撲銀河落其後。永光法嗣。用鎮山門。上足僧有任運者。飽飲法乳。誓報深恩。涉萬重山。經三千里。來投於我。請述斯文。將

副其心。式旌不朽。銘曰。

吾師內外皆明澈。如淨琉璃含寶月。常將定水灑羣靈。大注禪河未曾竭。獨步楊岐山闕一字頂。建出花宮勝仙闕。樓臺扛勢闕一字虛空。魔界輪幢盡摧折。闍浮月隱須彌角。一念收光歸寂滅。長留舍利鎮山河。光透支提照巖穴。猶如薝蔔花飛去。枝上餘香常不歇。無限門人臭此香。還向枝頭香更發。

師用

師用。太和中沙門。

爐峯院鐘記　幷銘

聖人立法制器。以利濟於時。其義遠矣。釋氏教有以鐘號法鼓。鏗以致信。信以警時。時以集事。其用勤矣。故凡緇侶住處。必懸以簨簴。立以臺閣。蓋取斯也。南陵邑境有靜勝之地。曰爐峯道場者。在老山之艮方。是處本京地杜處士之業也。故處士諱有正。樂天養素。而隱於邱園。以此地氣爽而泉甘。木秀而草蕃。雖在人境。勝勢特異。將建淨宇以棲眞徒。彰其言而未果其事。無幾何。屬壽迫大運。以永貞元年而終。嗚呼。修短之分。其可歎也。洎元和年中。賢夫人徐氏命其子著藹蕃芃等。追成先考之志。乃剏院宇。請尼

惟操尼義靜等居之。裝嚴住持。士女皈向。增修堂室。供給壽用。興福建善。未之有極也。杜氏季子芃。既習善履。敬久而彌殷。以白法斯宏。鴻鐘乃發。願而營之。詢謀同緣。有遂厥志。於太和二年十二月二十八日。集正信。命良工。施洪爐。鼓橐籥。革金而成焉。其形其聲。咸所妙好。觀聽者謂杜君之威冥祐也。且夫中人之務學於道者。或勤而不息。或惰而不勵。惟鐘能節之。使知時合宜。得進退之度。警告昏曙。發幽暢遠。聆其響者。肅然起慈敬之念。況拯危拔苦之

感彰乎前傳哉芃既情敬於中事契於理功成願畢刊石以記之告於沙門師用請贊其盛事師用既察其所以迺揚斯人之善而銘云

釋門信鼓是曰洪鐘能齊進退實警昏蒙叩則鏗鍠應人春容沙門斂念舊感冥通檀那杜君宿習正因迹在儒仕情超世塵爰求良工乃鍊精鐵成茲寶器狀貌殊絕茲聲隱隱振水搖雲思息炎熾魚停劍輪景福無際殊切不朽勒銘於斯昭示其後

道振

道振太和中沙門

福巖禪院讀法華經姓名記

郡城東南三十餘里丹流灣曲山疊翠屏雲霞生雙髻之峯碧霞吐香爐之石谷深景邃地近山幽藏陰南連禮浮非接硤石之名本非寺號徑通人行時共稱焉初有曇始禪師大齊起義之首奏藏陰寺講涅槃經感野雉來聽藏神遺絹獼猴奉果山神獻飧時之異人乎其難識矣周朝有惠遠法師卽晉城霍秀人也制涅槃疏擲筆昇空精義入神以驗其旨名振古今號擲筆臺已現存焉近唐代宗之運神墨禪師唐之貴葉學究典墳善閑莊老捨榮慕道晦迹忘名藏陰宴坐林藪行節孤迅人難可儔眞元之時有智通法師近朝供奉聰惠天假其靈善談涅槃眞 闕 制六波羅蜜疏流於世也今有惠愔禪師業善儒門博通子史高道不事棄筆從緇究禪理而眞心自閑習心觀而定惠雙運居無定所雲林是家遠尋靈跡來届此山時有智岑善講天台教門深遠妙源精義尤博誓爲佛使行化人間來亦於此知山靈秀景勝處幽名僧繼踵其時懷公至此欲過嵩嶽志求法華道場之處土地時運宿緣所追乃

感邦伯邀留及有清信長老結邑請住去太和二年上方刱造僧院兼置普賢道場爲山寺荒廢歲久杜絕人來道者難居蓋爲差稅時太守王公以善理人慈愛育物敬崇三寶荷護伽藍自至山門殷勤留請兼捨祿粟及勸官僚資助幷咸降差科時有清信之士以議助濟差科時有廿八入 闕 經 闕 年間人卽論散出邑今有六七人同爲竭力崇供山寺科 闕 幷造閣一所兼素畫彌勒兼諸方信施者幷邑外持念經人具歷此石法華之應事亦具載矣邑人司徒暎等宿植深厚菩提種成法雨潤根善 闕 開發又能

晦跡藏名。隱遁州城。緣肆和光。混俗樂道。安貧共結良緣。同修福利。心貞志固。刻石記文。感集陳情。命余題述。

匡白

匡白太和中沙門。

江州德化東林寺白氏文集記

文其規諫者。乃有國之龜鏡也。其於哲后眞事。未嘗不討論之。聽納之。將欲俾雄圖令嗣。延百千世之奕葉。何止於萬歲哉。苟無鑒裁。不偶其時。則秦之坑焚。衛之翦伐。何所存焉。皇唐白傅之有文。動鈞私。乃惟曰此必補之。蓋不銷吾之力也。及旋旆於府。卽命翰墨者繕之。不期月。𢰅染畢函而藏之於辨覺大師堂之座左。誡其掌執者嚴以鐍鑰。開閉準白侯文集。無令出寺。勿借外人。又圖白侯眞於其壁。使人敬憚之。不敢苟違也。仍傳敎令下屬幽愚。令紀歲䄵。用刋琬玉。匡集七十卷。一置東都聖善。一置蘇州南禪。一置廬山東林。其間表牋制誥。文賦歌詩。讚頌碑銘。議論箴誄。無不以諷諫爲旨。黜陟爲事。使讒諛奸詭。所不能隱匿矣。而流於搢紳。莫不滋味之。以爲藥石也。洎唐之季世。兵火四起。向來之美。殆爲煨燼。餘則固知東林者其已墜焉。有吳之天下也。武以定亂。文以延英。繇是業儒者兟兟然。源流淵湊。慶稔宗親。德化令公大王處青宮日。雖以宴遊參侍宸扆。而友愛棣華之美。靡間於君臣。其或歡洽之餘。經綸之際。何嘗不以筆硯簡編致其左右。至若良宵靜晝。輟膳獨寢。或以風月爲儔侶。騷雅爲仇儷。雖姬旦之多才多藝。不足以同年語也。常於白集是所留情。俄膺天命。秉旄鉞。出撫江城。江之民。足蹈手舞。忻忻然乃曰天從人善。願降父母之君。於是藩信矣哉。王爲理淸淨。視事之暇。閑採圖經。蹶然而悟。且曰。白傅嘗謫爲是邦典午。及訪之遺跡。又洗然憶東林等有其集焉。又詢諸耆僧。咸曰執事者不勤。翦無遺矣。王咨嗟良久。顧謂諸輩。何疎慢之若是亡斯寶耶。然於勝事頗闕一字白也冥蒙。釋子述作。非能仰認。獎錄之深。詎可輒爲陳讓。含毫騁紙。愧懼煎恪。股慄流汗。不能已矣。時太和六年歲次甲午八月己巳朔十二日庚辰。管內僧正講論大德賜紫沙門匡白記。敢獻頌曰。

緬彼樂天。其眞古賢。才器天付。辭華世傳。集有七帙。芳逾百年。言其婉麗。理且淵元。向羅騷擾。幾至沈遷。非逢至鑒。亦類投泉。聖主求理。英王出藩。恩榮在上。典籍居前。省覽餘時箴規是思且吟且諷乃歌乃詩曾不釋手應亦忘疲念彼東林而嘗有之尸掌不專逸漏堪悲爰命傳寫用補闕儀祕之龕藏勒彼神姿品流所好翫閱於茲玉魚金鑰彰嚴誡遺無令外借永作良規龍天所衛嘉猷肯移俱期不朽并吾大師

東乂

東乂太和中山陰沙門

唐故越州衙前總管杜府君墓誌銘

唐君諱闕其先闕平闕詩曾祖闕祖珍名宦不敘欲畧故

也府君氣宇英明風神雄大闕門之緒且時從闕傑闕展伏波早世天命闕賢良所嗟太和三年三月二十六日私第而故享齡六十以其年四月二十四日卜闕於山陰承務鄉九里村馬闕之地宅兆之禮也夫人李氏元和十二年四月二日先夫而終內則令範可傳女史今合祔墳塋蓋琴瑟榮枯嗣子師素弓裘克繼泣血茹闕哀號事喪岵瞻屺瞻闕雷在闕風悲拱木月闕佳城恐山谷遷變勒銘萬古詞曰

府君之生林闕祿位文武猗歟令名天命何欺遽違人世喪親怙恃窀穸俄闕哀孤孝子荼毒肝腸奉柩扶護合葬龍岡松柏新栽風光萬古佳城異代刻名泉戶

唐王府君墓誌銘

戴仁而處抱義而行者即瑯琊王府君公諱仕倫字文迴其先晉右軍十闕代孫也曾祖璆皇祖思皇考良忠貞不仕公春秋五十有七以太和九年六月二十二日終於暨陽之私第嗣子宗志次子劉老稚年荼毒泣血絕漿以當年八月二十九日葬於故朱夫人之同塋所也山連樂王之岡地闕建興之壟且離城郭不逾一里知人烟十步有

餘焉恐山川遷變乃刋石爲銘

賢哉哲人抑抑秩秩無嗜輕挑好求之質云何積善而遘斯疾悲占青松哀辭白日萬古千秋於焉終吉

歡川

歡川直心寺沙門太和中充內供奉

佛頂尊勝陁羅尼經幢銘 幷序

於戲行律比邱尼願字闕一三階教大禪祖荼毗林畔先大師荼毗所哀慟樹是明幢比邱歡川爲其銘師姓耿氏諱揔靜年五十四夏三十四太和五年正月二十六日長安

縣羣賢里直心寺(闕一字)滅灰舍利閟是下(闕二字)分律舊疏大上研而達底拔臨壇法三階法甚若習法華等大乘經大小乘戒至是蚤夜無已願證以其師嘗來學先天寺余先大師臨壇四分大師下悉熟行道(闕二字)乞詞是豈宜(闕四字)茫茫歸人前有何向明度總持(闕二字)之仗覺者先後師光唯徒先歸本根福唯後數不爾塔萬瓴懿爾幢一石資糧爾師聖地之力而佛昭格

澄觀

澄觀字大休俗姓夏侯氏越州山陰人年十一依寶林寺

霈禪師出家元和中住太原府大崇福寺後住清涼山大華嚴寺開成三年卒謚清涼國師

答皇太子問心要書

至道本乎一心心法本乎無住無住心體靈知不昧性相寂然包含德用該攝內外能深能廣非有非空不生不滅無終無始求之而不得棄之而不離迷現量則惑苦紛然悟眞性則空明廓徹雖即心即佛惟證者方知然有證有知則慧日沈沒於有地若無照無悟則昏雲掩蔽於空門若一念不生則前後際斷照體獨立物我皆如直造心源無智無得不取不捨無對無修然迷悟更依眞妄相待若求眞棄妄猶棄影勞形若體妄即眞猶處陰影滅若無心妄照則萬慮都捐若任運寂知則衆行爰起放曠任其去住靜鑒覺其源流語默不失元微動靜未離法界言止則雙忘知寂論觀則雙照寂知語證則不可示人說理則非證不了是以悟寂無寂眞知無知以知寂不二之一心契空有雙融之中道無住無著莫攝莫收是非兩忘能所雙絕斯絕亦寂則般若現前般若非心外新生智性乃本來具足然本寂不能自現實由般若之功般若之與智性翻

覆相成本智之與始修實無兩體雙亡證入則妙覺圓明始末該融則因果交徹心心作佛無一心而非佛心處處成道無一塵而非佛國故眞妄物我舉一全收心佛衆生渾然齊致是知迷則人隨於法法法萬差而人不同悟則法隨於人人人一智而融萬境言窮慮絕何果何因體本寂寥孰同孰異惟忘懷虛朗消息沖融其猶透水月華虛而可見無心鑒象照而常空矣

大方廣佛華嚴經疏會本演義鈔序

至聖垂誥鏡一心之元極大士宏闡燭微言之幽致雖忘

懷於詮旨之域而浩瀚於文義之海蓋欲寄象繫之迹窮無盡之趣矣斯經文理不可得而稱也晉譯幽祕賢首頗得其門唐翻靈篇後哲未窺其奧澄觀不揆膚受輒闡元微偶溢九州遐飛四海講者盈百咸叩余曰大教趣深疏文致遠親承旨訓髣髴近宗垂範千古慮惑高悟希垂重剖得覩光輝順斯雅懷再此條治名爲隨疏演義昔人云人在則易人亡則難今爲此釋冀遐方終古皆若面會然繁則倦於章句簡則昧其源流顧此才難有慚折衷意夫後學其辭不枝矣

大方廣佛華嚴經疏序

往復無際動靜一源含衆妙而有餘超言思而迥出者其唯法界歟剖列元微昭廓心境窮理盡性徹果該因汪洋沖融廣大悉備者其唯大方廣佛華嚴經焉故我世尊十身初滿正覺始成乘願行以彌綸混虛空爲體性富有萬德蕩無纖塵湛智海之澄波虛含萬象皦性空之滿月頓落百川不起樹王羅七處於法界無違後際暢九會於初成盡宏廓之幽宗被難思之海會圓音落落該十剎而頓周主伴重重極十方而齊唱雖空空絕跡而義天之星象燦然湛湛亡言而教海之波瀾浩瀚若乃千門潛注與衆典爲洪源萬德交歸攝羣經爲眷屬其爲旨也冥眞體於萬化之域顯德相於重元之門用繁興以恒如智周鑒而常靜眞妄交徹卽凡心而見佛心事理雙修依本智而求佛智理隨事變則一多緣起之無邊事得理融則千差涉入而無礙故得十身歷然而相作六位不亂而更收廣大卽入於無間塵毛包納而無外炳然齊現猶彼芥瓶具足同時方之海滴一多無礙等虛空之千燈隱顯俱成似秋空之片月重重交映若帝網之垂珠念念圓融類夕夢之

經世法門重疊若雲起長空萬行芬披比華開錦上若夫高不可仰則積行菩薩曝鰓鱗於龍門深不可闚則上德聲聞杜視聽於嘉會見聞爲種八難超十地之階解行在躬一生圓曠劫之果師子奮迅衆海頓證於林中象王迴旋六千道成於言下啟明東廟智滿不異於初心寄位南求因圓不逾於毛孔剖微塵之經卷則念念果成盡衆生之願門則塵塵行滿眞可謂常恒之妙說通方之洪規稱性之極談一乘之要軌也尋斯元旨却覽餘經其猶杲日麗天奪衆景之耀須彌橫海落羣峯之高是以菩薩搜祕

於龍宮大賢闡揚於東夏顧惟正法之代尚匿清輝幸哉像季之時偶斯元化況逢聖主得在靈山竭思幽宗豈無慶躍題稱大方廣佛華嚴經者卽無盡修多羅之總名世主妙嚴品第一者卽眾篇義類之別目大以曠兼無際方以正法自持廣則稱體而周佛謂覺斯元妙華喻功德萬行嚴爲飾法成人經乃注無竭之涌泉貫元凝之妙義攝無邊之海會作終古之常規佛及諸王竝稱世主法門依正俱曰妙嚴分義類以彰品名冠羣篇而稱第一斯經有三十九品此品建初故云大方廣佛華嚴經世主妙嚴品第一

華嚴法界元鏡序

余覃思大經薄修此觀羅其旨趣已在疏文恐墜業於深經少讚演兹元要精誠之旨時一發揚數子懇求叩余一闡咸言注想訪友尋源或學或傳徧求眾釋積歲疑滯令方煥焉夕惕勤勤願釋深旨顧以西垂之歲風燭難期恐妙觀之淪胥使枝辭之亂轍乃順誠請畧析幽微名法界元鏡冀將來道友見古賢之深衷矣

玲幽

玲幽開成中清河沙門

建功德碑銘 幷序

緬夫造化厥初以渾元爲首乾坤纔著二儀始分爰有三皇降其間五帝居其次然乃驪連栗陸尊盧赫胥神農伏羲禹湯堯舜周秦之後迄至隋唐開闢以來君王宰輔不可繁載備如傳記者也唯有西域之教生於周昭王甲寅之歲來自漢明帝永平之年摩騰天竺法蘭刱於此矣然則釋道儒門如鼎之三足若拯溺救難易危成安莫過乎釋氏之教矣有志信上黨樊公先代楚有將軍燕有烈士

公則是其緒裔也曾祖及祖尊諱不書竝高尚不仕隱於里閭則榮宦貴祿勿干懷也考諱元信曾任武寧軍討擊副使雄名振古英畧貫時動曰羽以猿驚彎月弓而雁落郡府捐其闕一字軌轅門仰其規儀藝絕奇能莫可儔也嗣子樊忠義家本上黨來居魯邦巨產洪基里閈推最公量爲河海氣納乾坤幼而謙長而恭文武忠孝備於厥躬無虞邱三闕一字有榮期三樂不苟名宦遁跡邱藪時人望之不及也有子長曰德亮仲曰德安季曰德平竝事父能竭力事君能盡忠與朋友交言而有信公家務之暇暫爾靜

思乃喟然長歎曰余覽維摩經見是身如芭蕉中無有堅又金剛經云一切有爲法如夢幻泡影吾今年侵蒲柳齒髮漸衰若不預造梯航將何越於苦海遂乃捨繰帛割餘資轉法華經一部七卷四十九遍已終持金剛一軸之經一萬之數云畢更以絹捨東素粟麥一車入修當村佛殿工價又兩施絹六疋臺山設三百僧齋大聖文殊遂加密護更施絲二百一十八兩將充贖香四州供養僧伽三綱飛狀迴報若不標記胡表素誠爰訪他山之異石遂立豐碑名素緘之良工得班輸之奇士更造功德一鋪數有十

軀家闕一字部一十五人虔誠侍側且尊容相好竝悉圓嚴菩薩神龍無不殊麗經文有聯環之字隨心識而鐫成佛前有宛卷之花從子下而鑿出建造在於私第成就遂至伽藍萬代子孫永充供養此寺之勢也東接太公之遺跡西鄰古冀之州闕一字南眺豐城北倚厥國且昔時堂殿尊像儼如今粉瓆碑屹立於此所有功德先奉我國家伏願帝歷長明金輪永御大吏常侍休佐堯階州縣采寮鎭居祿位樊公先靈尊眷諦國受生現在一門保全慶吉仍恐日月驟改桑田幾變將刊貞石以紀闕一字工銘曰

天地將分兮盤古生焉濁氣爲地兮清氣爲天三皇降德兮五帝其間周秦相禪兮唐祚聯緜釋道儒教兮齊致如鼎三足兮無偏時主不易兮鄭重樊公志信兮闕一字虔轉金經兮數部捨資財兮無邊立不朽兮貞石石斑爾兮彫鐫建尊像兮儼若合家稽首兮佛前獲福壽兮此世他世立碑記兮千年萬年

元應

元應京兆莊嚴寺沙門

興國寺故大德上座號憲超塔銘并序

上座俗姓太原王氏累世京兆涇陽人也童子事師年過受戒報終七十有六而僧夏五十爲業精妙法於大歷八年試業得度隸名住興國寺也上座行操寒松戒德霜白道洽群物而悲敬齋行持念無虧經聲不輟優曇花之句偈曉夕相仍分陁利之門數香風不絕向萬餘徧稟學定於總持東院繼七業之蹤爇心燈於巨夜之中明終不絕而忽於今年覺是身虛憊氣力漸微絕粒罷飧唯茶與乳右脅而卧四旬如生命入室門人上座子良都維那智誠等曰吾今色身應將謝矣努力勤策法乳相親金泉磴及

梨園鋪吾之衣鉢將入常住以爲永業言已帖然累足而去也門人子良等號呼慟天空字闕一血灑淵流汨咽庭樹摧枝川原無色悲風慘然巍巍哉鴈塔崛起於西原飀飀松吹金龜之田即於其年三月七日於興國下庄淨室飛香神顏不易狀若平生黯爾終矣門人子良等採以荆珉徵搜哲匠鏤於金石刻之以銘欲使後賢而知今矣詞曰

戒行嚴潔松篁比貞秉志堅直如崑如荆衣珠內瑩獨耀心靈精持妙法德冠羣英四旬絕粒而亡內遍諸漏蠲除聖賢不測

欽定全唐文卷九百二十

宗密

宗密俗姓何氏果州西充縣人元和二年依遂州道圓禪師出家住終南山草堂寺太和三年賜紫會昌元年卒於興福塔院年六十二謚定慧禪師

答溫尚書書

一切衆生無不具覺靈空寂與佛無殊但以無始劫來未曾了悟妄執身爲我相故生愛惡等情隨情造業隨業受報生老病死長劫輪迴然身中覺性未曾生死如夢被驅

使身本安閑如水作冰而溫性不異若能悟此意即是法身本自無生何有寄託靈靈不昧了了常知無所從來亦無所去然多生習妄執以性成喜怒哀樂微細流注其理雖然頓達此情難以卒除須長覺察損之又損如風頓止波浪漸停豈可一身所修便同佛用但可以空寂爲自身勿認色身以真知爲自心勿認妄念妄念若起都不隨之即臨命終時自然業不能繫雖有中陰所向自由天上人間隨意寄託若愛惡之念已泯不受分段之身自然易短爲長易麄爲妙若微細流注一切寂滅圓覺大智朗然獨

存卽隨現千百億身度有緣衆生名之曰佛

盂蘭盆經疏序

始於混沌塞乎天地通人神貫貴賤儒釋皆宗之其惟孝道矣應孝子之懇誠救二親之苦厄酬昊天恩德其惟盂蘭盆之教焉宗密罪釁早年喪親每履霜露之悲永懷風樹之恨竊以終身墳壟卒世烝嘗雖展孝思不資神道遂搜索聖賢之教虔求追薦之方得此法門實爲妙行年年僧自恣白四事供養三尊宗密依之修崇已歷多載兼講其詰用示未開今因歸鄉依日開設（闕一字）俗耆艾悲喜遵

行異口同音請製新疏心在松柏豈慢鄉閭式允來情發揮要道

金剛般若經疏論纂要序

鏡心未淨像色元空夢識無初物境成有由是惑業襲習報應綸輪塵沙劫波莫之遏絕故我滿淨覺者現相人中先說生滅因緣今悟苦集滅道旣除我執未達法空欲盡病根方談般若心境齊泯卽是眞心垢淨雙亡一切清淨三千瑞煥十六會彰今之所傳卽第九分句偈隱畧旨趣深微慧徹三空檀含萬行住一十八處密示階差斷二十七疑潛通血脈不先遣遣曷契如如故雖策修始終無相由斯教理皆密行果俱元致使口諷牛毛心通麟角或配入名相著事乖宗或但云一眞望源迷派其餘胥談臆注不足論矣河沙珍寶三時身命喻所不及豈徒然哉且天親無著師補處尊後學何疑或添或棄故今所述不攻異端疏是論文乳非城內纂要名意及經題目次下卽釋無煩豫云

大方廣圓覺修多羅了義經畧疏序

元亨利貞乾之德也始於一氣常樂我淨佛之德也本乎

一心專一氣而致柔修一心而成道心也者沖虛妙粹炳煥靈明無去無來冥通三際非中非外洞徹十方不滅不生豈四山之可害離性離相奚五色之能盲處生死流驪珠獨耀於滄海踞涅槃岸桂輪孤朗於碧天大矣哉萬法資始也萬法虛僞緣會而生生法本無一切惟識識如幻夢但是一心心寂而知目之圓覺彌滿清淨中不容他故德用無邊皆同一性性起爲相境智歷然相得性融身心廓爾方之海印越彼太虛恢恢焉晃晃焉迥出思議之表也我佛證此愍物迷之再歎奇哉三思大事旣全十力能

權樹下魔軍爰起四心欲示宅中寶藏然迷頭捨父悟有易難故仙苑覺場教興頓漸漸設五時之異空有迭彰頓無二諦之殊幽靈絕待今此經者頓之類歟故如來入寂光土凡聖一源現受用身主伴同會曼殊大士創問本起之因薄伽至尊首提究竟之果照斯真體滅彼夢形知無我人誰受輪轉種種幻化生於覺心幻盡覺圓心通法徧心本是佛由念起而漂沈岸實不移因舟行而驚驟頓除妄宰空不生華漸竭愛源金無重鑛理絕修證智是階差覺前前非名後後位況妄忘起滅德等圓明者焉然出㲉

良駒已搖鞭影埋塵大寶須設治方故三觀澄明真假俱入諸輪綺互單復圓修四相潛神非覺違拒四病出體心華發明復令長中下期克念攝念而加行別徧互習業障惑障而消亡成就慧身靜極覺徧百千世界佛境現前是以聞五種名超剎寶施福說半偈義勝河沙小乘實由無法不持無機不被者也噫巴歌和衆似量騰於猿心雪曲應稀了義匿於龍藏宗密髫專魯誥冠討竺墳俱溺筌蹄惟味糟粕幸於涪上針芥相投禪遇南宗教逢斯典一言之下心地開通一軸之中義天朗耀頃以道非常道諸行無常今知心是佛心定當作佛然佛稱種智修假多聞故復行詣百城坐探羣籍講雖濫泰學且師安叨沐猶吾之納謬當真子之印再逢親友彌感佛恩久慨孤貧將陳法施採集般若綸貫華嚴提挈毗尼發明惟識然醫方萬品宜選對治海寶千般先求如意觀夫文富義博誠讓雜華指體投機無階圓覺故參詳諸論反復百家以利其器方爲疏解冥心聖旨極思研精義備性相禪纂頓漸勒成三卷以傳強學然上中下品根欲性殊今將法彼曲成從其易簡更搜精要直註本經庶卽事卽心日益日損者矣

華嚴原人論序

萬靈蠢蠢皆有其本萬物芸芸各歸其根未有無根本而有枝末者也況三才中之最靈而無本源乎且知人者智自知者明我今稟得人身而不自知所從來曷能知他世所趣乎曷能知天下古今人事乎故數十年中學無常師博考內外以原自身原之不已果得其本然今習儒道者祇知近則乃祖乃父傳體相續受得此身遠則混沌一氣剖爲陰陽之二二生天地人三三生萬物萬物與人皆氣爲本習佛法者但云近則前生造業隨業受報得此人身

遠則業又從惑展轉乃至阿賴耶識爲身根本皆爲已窮其理而實未也然孔老釋迦皆是至聖隨時應物設教殊途內外相資共利群庶策勤萬行明因果始終推究萬法彰生起本末雖皆聖意而有實有權二教惟權佛兼權實策萬行懲惡勸善同歸於治則三教皆可遵行推萬法窮理盡性至於本源則佛教方爲決了然當今學士各執一宗就師佛者仍迷實義故於天地人物不能原之至源余今還依內外教理推窮萬法初從淺至深於習權教者斥滯令通而極其本後依了教顯示展轉生起之義會偏令

圓而至於末文有四篇名原人也

示學徒文

一從別後相憶是常未審朝暮用心在何境界得背塵合覺否外境內心覺了不相關否定慧輕安適悅否修行若忘失菩提心知之總是魔業否數數覺察勤勤觀照習氣若起當處即休輒莫隨之亦莫滅之何以故陽燄之水不應趁故不應滅故不應趁故免落凡夫縱情不應滅故免墮二乘調伏圓宗頓教畢竟如斯但與本性相應覺智自然無間長時之事難可具書畧標大分自須努力不多述也

義叶

義叶會昌中沙門

重修大像寺記

太和乙卯歲潁川郡陳公爲左神策將軍以其誅暴息亂宸衷親付之右地公上酬天造忠奉國恩內戢三軍外安百姓擁二州之地霧卷波澄寧萬乘之心雲銷烟滅冀恢宏乎至道實匡贊我有唐至開成戊午歲公因觀地無遺利農則有秋遂謁（闕一字）元以告清慎拜大像以請鴻福方

歎鳩鴿巢頂荊棘掩砌廊宇霖漏樓殿欹傾寺無居僧爰詰耆舊曰頃者莊田典賣於鄉里林木摧毀於樵童賴（闕）舊地出清俸以收贖因茲請僧重復其業然耕耘菑穫未有倫次焉尚書乃命僧藏乂爲赴知已者時不歷二祀裝慈尊以金（闕一字）飾（闕一字）殿以丹雘而眾事云畢至於儲蓄車乘與生生之具兼頃畝年代並錄之於寺記碑陰以示鄉里鄉黨爲免侵奪不朽之驗凡百君子敬而聽之

元楚

元楚大中時江夏沙門

廬山東林寺觀音方丈記

觀音之於諸先覺猶孔門之有亞聖其悲智應用鴻纖毫億刹常如示諸掌是以郢川屈殳因伯兄宗厚上人爲空王入室弟子手足相愛嘗得聞斯語遂捨二十萬於新殿東南造觀音方丈一間四厦西嚮峻棟嵒嵒間出廊廡又以香泥仗普門功德克類端莊天飾梵儀如語如嘿危冠百寶風容動搖式繫拳拳靈睍斯在俾愚菲薄旌寘堅貞愚無文茍欲贊其播植善稼於斯而已矣噫茲寺也自晉至唐五百餘歲以土木有壞因而造之者數也眞風未弭

因而復之者時也由是前九江太守給事中博陵公奉詔指撝之舊龍象三十人經營建立之方三四年基構宏壯特新前象遂得鑪峰增色圖牒再張車蓋貴遊結轍林下逢迎相賀輝動巖軒挹虎溪之波瀾清麈尾之風韻閱繹故事飽飫前生從容吟嘯而去若是則安知來者之無柴桑乎往者之無雁門乎矧馨香庭實千花雪明重修白社期在旦夕矣愚江干宿齒常夢寐舊岑力杼肺腸遠謝泉石亦厚公之惠也以唐十六葉聖宣皇帝大中六年壬申春二月十五日江夏僧元楚記

清越

清越大中時敬亭山沙門

新興寺佛殿石階記

十三年秋嗣天子用舊制安天下釋像明年二月茲寺鉅殿石砌果而成功維時冠祠刹尊貌踞極敞千户比其在階陛得無堅強耶始台傑河東公定而崇之儼然峻峙既像素壁繪座嚴侍列中瞻環眡千一煥若乃丹其甍乃赭其楹林池谷壑煜爚輝爕遂以修覽務周其功不六七年蒿張蔓植圮缺大半盱者傷目咸不爲然始十年秋徒聚

文議以爲祇敬有本不類他構言其石也於器堅永能百千萬歲天地日月而終始者餘無如之因擇其善俾化於俗鳩贐悉備易而牢之寺有耆德惟恭行苦心眞亟欲俾壯惟族勝樂聞其善犁晨遽征詢道之俗雖祈寒暑燠衣壞履穴不暇修歇晝思夕慮惟殿之陛如是凡五年而完之其爲利則深矣爲功則永矣信夫根斯而施也覽羣施而無儔焉故始末之知人多不與殆知之則梟生師內萬室皆空艱於化緣肯棼難就不有勁志孰能修之且不固其根不理其源豈高棟大廡徒得飄而處之耶抑初名工

選石他嶠内懷糾纏不洩於抱及就礱琢曲折勢狀自新於心目皆奇之陛級鏤飾若本天匠則陰沴浸徵陽火蒸鑠信無變沕以贖其初余謂庶幾乎既而覺翼廊楯前廡材石交結闕硎鐵好上符稱氣增名藍繇是賓車日來僉共嗟敬譽極樂者又何云乎噫大道汩而像設見彼誑誑然不知所歸汲不以玆耶其或嘻嘻族居不能以毫益豈慈聖之徒耶必爲而忘之神不玆泥則遊外者亦何以誚余謂後五百歲嗣佛子作佛事如恭者人無間然大中十四年二月二十一日敬亭僧清越記

正言

正言大中時沙門安國寺大達法師弟子

病中上寺主疏

正言自小入道謬列一作烈緇倫陪行伍今緣身嬰風疾恐僧務多有故用悟用三寶聖言所有罪障不敢覆皆消滅有少許嚫利充衆僧外請將自出錢買得廢安所在萬年縣滻川鄉並先莊並院内家具什物兼莊内若外若輕若重並囑授内供奉報聖寺三教談論首座答製賜紫大德兼當寺主有手下弟子李自邊並付莊悉是自出錢物買得盡不並諸同學等事並皆無分今法師爲主一捨永捨生死綱維和上老宿大德徒明謹疏

高閑

高閑湖州烏程人出家開元寺後入長安住薦福西明等寺大中朝賜紫加號十望大德後歸鄉里卒於本寺

此齋帖

此齋破除京中所得物猶未盡豈得更受相助錢物勞送此意便令却還本請檢納六日高閑白

延昭

延昭俗姓劉氏餘杭人咸通中鎮州保壽寺沙門

臨濟慧照禪師塔記

師諱義元曹州南華人也俗姓邢氏幼而穎異長以孝聞及落髮受具居於講肆精究毗尼博賾經論俄而歎曰此濟世之醫方也非教外別傳之旨即更衣遊方首參黃檗次謁大愚其機緣語句載於行錄既受黃檗印可尋抵河北鎮州城東南隅臨滹沱河側小院住持其臨濟因地得名時普化先在彼佯狂混衆聖凡莫測師至即佐之師正旺化普化全身脫去乃符仰山小釋迦之懸記也適丁兵

革師卽棄去太尉默君和於城中捨宅爲寺亦以臨濟爲額迎師居焉後拂衣南邁至河府府主王常侍延以師禮住未幾卽來大名府興化寺居於東堂師無疾忽一日攝衣據坐與三聖問答畢寂然而逝時唐咸通八年丁亥孟陬月十日也門人以師全身建塔於大名府西北隅勅謚慧照禪師塔號澄靈合掌稽首記師大畧住鎮州保壽嗣法小師延昭謹書

知宗

知宗咸通中沙門

盤山上方道宗大師遺行碑

師諱道宗俗姓田唐千牛將軍賓庭之後元和九秋師年弱冠於燕庭金閣寺受戒禮志敬寺如琳爲師後至永泰大師所與師契合謂師曰薊門舊里田盤靈山可構淨居師蒙指教驚喜難名太和二年居盤山峯頂多逢獸跡莫面人蹤境類虎谿地蟠龍腹師止棲處所如在四禪柏茶半斤稻米數斗二年所食一半猶存皎月銀河借爲燈燭松風石瀨指作笙簧息煩焰於塵塗瑩戒珠於巖岫曾遊絕嶽墜地無傷山現蓮池龍降香水猛虎每蹲於坐側巨蛇長遶於階前一上雲嶺兩更歲華偶因樵采之夫始見住持之跡初傳鄉里漸達州邦千里風聞四衆雲集方伯太尉相國清河張公仲武遙瞻道德渴想音徽專飛簡章特有招辟師以松蘿誓節雲水堅懷三十九年不下棲隱侍中清河張公允伸大闡釋風遠欽道行頻馳清奉累降尺書命建豐碑以崇盛德於是沙門知宗撰文節度判官梁知至書石咸通七年暮春之月師化緣時畢說偈整衣悄然靈脫至咸通九年荼毘於靈壇獲舍利數千塔於寺之東南隅

詞浩

詞浩乾符中京左街永報寺沙門

牛頭寺經幢讚

妙覺出興廣宏利濟教演多途開聾除翳惟其尊勝三世佛心能慈能惠惟密惟深其力闕一字大其功頗微塵沾影霧盡獲超昇今之建置斯有所爲資先考靈冥途永離神棲浮刹闕二字花闕一字三惡道閉七寶路通眞空永入幻有長祛豈勞歷劫便獲無餘

文貞

文貞中和時興禪寺上座

善化寺記

大德以唐宣宗大中十二年春來燕。選名寺以憩。雷嚮德者盈途。青松節峻。白雲志高。侍中張公崇敬。別卜禪居於遵化坊吉地。闢開梵宇。儼似蓮宮。奉請賜額爲善化。

登輝

登輝。悟達國師門人。昭宗龍紀時內殿講德。賜紫。

護聖寺鐘銘

滅六趣業。震十方界。旣範以考。法響無礙。惟唐龍紀元年

十月十七日。梓州三軍官吏百姓等。以節度吳郡顧公繕甲治兵。扈僖皇帝有功。授鉞典我邦。稱禮。以監軍使樂安孫公輟自親侍。撫吏民以法。家財施命其季漢州刺史彥暉叔僧棲讓。鑄重五百鈞。以十一月二十六日懸像殿之右。

南敘

南敘。景福中左街內殿講論兼應制大德沙門。

憫忠寺重藏舍利記

茲舍利者。昔隋文帝潛龍日。有梵僧自印土至。授舍利一瓶曰。此釋迦佛遺形耳。檀越可爲主。洎登寶位。年號開皇。至廿年。改仁壽。至仁壽二年壬戌正月。敕天下大州一百處建舍利塔。時幽州節制竇抗。創造五層大木塔。飾以金碧。扃舍利於其下。至大唐文宗皇帝太和八年甲寅。經二百卌三年。天火焚塔。迺後五六年閒。武皇迺闕一字釋教。至宣宗初登寶位。歲在丙寅。敕修廢藍。將興畚闕一字得石函於故基下。時旌麾清河公。曉示人天。溥令供施。遷藏於憫忠寺多寶塔下。復經卌三載。中和二年。歲在壬寅。又值火災。延憫忠寺樓臺俱燼。旋遇燕闕一字陶汰空侶。不期年。隴

西令公大王大庇生靈。巨崇像設。捨已祿俸。造觀音閣。橫壯妙麗。逈於舊貫。寺僧復嚴陳力化導。塑觀音像。當景福壬子年。僉欲遷舍利於閣內。乃陳辭上瀆。請發封壤。上許之。卽是年六月。徒侶雲萃。各竭其誠。壓墡曜靈。香筌人手。未淹食頃。俄逢巨函。縫印香泥。記鐫貞石。繇是撤其蓋。發其緘。舍利光芒。異香郁烈。尋錄狀捧金函詣子東門上獻。旌幢中權後營皆澡闕一字沐心。通宵瞻禮。重沓䞋施。復還本寺。顯示城隍道俗闕一字黃金瓶如蜒麥量。內藏一粒仁壽舍利也。二粒在塔闕一字內。又二粒在小金合子內。又九

十粒如銀粟狀在琉璃瓶內玉環二髮七綜金銅棺槨異香釵釧等今又有二粒舍利光彩甚瑩在銀結條琉璃瓶內即故臨壇大德明鑒平昔隨身供養臨終授弟子栖忍今同收函內矧夫聖日久歿遺形尚留爲福人天堅固不壞幸遇王臣信重正法興隆同於寶坊載禮金骨而今而後何年更逢匪獨人心澆醨抑亦時侵末法重閟於此觀音象前谷變陵摧猶憑刊石記曰

大燕城內地東南隅有憫忠寺門臨康衢中有寶閣橫雲業虛閣有巨象觀音聖軀當象之前緘於舍利外石函封

內金函閟塡以異香雜以珍器用記歲年景福壬子

亞棲

亞棲洛陽人善書光化中賜紫

論書

凡書通即變王變白雲體歐變右軍體柳變歐陽體永禪師褚遂良顏眞卿李邕虞世南等竝得書中法後皆自變其體以傳後世俱得垂名若執法不變縱能入石三分亦被號爲書奴終非自立之體是書家之大要

澄玉

澄玉天祐時中嶽沙門

踈山白雲禪院記

且夫踈山者貫造化之工爲而有矣分地鏡而插天心用之則圓蓋方輿共爲覆載攝之則橫河石阜饒借其形嶷峙堞而吹浮雲列澎流而走洪浪龍渦鳳翼萬象含虛牛首蛇豈千峯簇翠昔是周迪王分霸之場畚鍤基壘尚在連漪巴徼控截郡城襟帶七閩奇分五嶺自大中之初有儒士何仙舟棄爵藏名隱乎此地釣臺書榭基址筼簹有猛獸時來樵人懼矣荒榛之後立爲道觀觀將圮墜延至

僧居僧則未詳其字也道孤性靜茅室草菴獨而住矣時遇白丁攘辟鯨鰐相吞四海沸騰諸藩蟻聚郡無苛政民絕慘生至中和之初攙搶方定隨土所立爲主帥矣掌領郡印貴在安民上貢不停乃有勑下封官寵優其爵令知郡矣即汝南危公也（曰諷）公乃寬而得衆強而有謀一鎭臨川三十餘載銷劍戟而爲短耜化箭鏃而作長鑪賦稅薄施俗無饑色至大順元年我大師領徒而至太守危公見而深加敬仰乃令都押衙前江州刺史曾公（曰徙）於阜郭山林僉居曾公遂驟駟而巡到玆山迴對曰去此六十里有

山曰書山是周迪王匡霸之地古儒讀書之場因而俗號也極而勝槪堪作禪居汝南危公堅請而住大師允而居焉後改爲疎山也師則廬陵郡淦陽人也俗隴西李氏其父在仕師自誕生之時紫胞異瑞龍章鳳質頗峻靈儀凡是俗茹不愜其情年至八歲乃於一日而告親曰且夫雲羅霧轂癡愛著身銀箭金壺生死之本安能解脫矣乃往投於政禪師出家禪師則舊山大師上足弟子也師爲立號匡仁自剃度給侍三五年間凡是教文深達其理後年登闕品至於東都鉢塔院集毘尼藏三年覩其文義洞達

指歸乃嘆曰吾聞先德云離文字學吾今何滯乎遂以布毳芒鞋巡遊請益乃聞高安之西有山曰洞卽新豐是也有大善知識眾五六百而可往之師以言險路峻凡有問者失其機矣我大師此時遂扣之故知道合符契一聞十悟得大總持譬如兩鏡對明終無異照鋒鋩相權彼亦何虧乃駐泊法筵眾經炎燠至咸通十有一載方乃出山南造大溈又成淹泊至乾符歲屬庚子聞廬陵有山號嚴田遂往開闢時禪侶相依乃告檀越李公曰眾既聚而山又薄居必難乎吾聞巴山聳峻實屬臨川可往而遊乎至中

和三年方開巴山白雲禪院檀越朱公爲過邊使師又告曰山深地冷時植不收僧眾漸多難爲供饋遂出山見太守危公公乃延請而住茲山矣師退而讓之公曰佛尚不違眾生之願師何得讓乎乃允而住焉遂以芟薙蒿蕪基平峙瀆翦擘雲之杞梓斫嶰谷之琅玕重簷將鳳翅而齊飛疊石與龍頭而並舉崢嶸寶殿疑從兜率飛來精粹金容眞似天宮降下窗連碧岫時跨虹蜺門枕郵亭日明蝃蝀宵扃戶牖闡疎磬之三聲曉卷簾櫳見長江之一帶奇分閬苑壯若蓬壺麻姑之仙鶴時來乳洞之靈香不散名

花異草四季長存高節禪流五湖併集汲用既廣事有闕緣水磨山泉久銷人力眾議取備乃就其工鑿管流通走歸阜棧靈材築險勢截秋江鏗軸而斗轉輪飛炭業而雷奔電卷枕榔闕色不異蘇山諸緣且置饘饋尚微師曰秋稼如雲自乏東皋之分故知水月相映啐啄同時乾寧甲寅歲春乃有上饒郡太守汝南危公曰昌公卽臨川刺史之季子也隼旟闕筆盡掌虎符乃心捨祿下水田莊一所並火幕牛犢等永充常住爲供眾僧之齋粥矣師曰如來出世道蓋恒沙吾今資生未聞帝耳時有京堂後官虞公武

夷人也自閩迴歸京朝覲因假道歇駕而來禮敬師焉公尋便結駟而辭曰師之所住院額何無師曰茅屋草菴逐時難擬公曰到京之日專爲奏置焉後乃有勑下賜爲疎山白雲禪院額幷隸僧一七人住持貴在焚修實刹轉正法輪沐浴皇風永延國祚師曰人無心於物萬物未嘗無符契之緣自然而已時有袁州牧鍾公(曰時)卽洪州廉使之子也公以懷善心在求因於佛乃捨洪鐘一口入院莫不鏦錚鎮篪振海上之清音蹻躩蛟龍(闕)天邊之落月又潯陽太守潁川陳公(曰卓)公以身居王務無暇禮延乃素幅寫

師眞用飾瞻敬竝捨俸祿之財於江之西南隅去院各卜里置莊兩所一曰西莊南號佐俄是也後以風俗所譚聞而益敬乃有軍事押衙李勛常來請問師曰凡俗進修且以福智二嚴得爲釋梵報矣後忽言弟子有小莊近院之北願捨入常住師乃受矣無何否泰不時星臨郡壁秣馬利兵之衆強敵而來師嘗欲遊山果恢行止此時遂往福船南連嶺界漸遠舊址聲徹閩城廉使琅琊王公(曰知)望風而敬乃以差僧三人賫持牋疏虔請衆欲就而師曰臨川太守危公特遣軍將隨行侍衞又安能就請矣天祐五年春師却返故山綠蘿青靄早拂簷楹禪徑苔陰欲平履跡至天祐六年淮海統兵收復當郡危公公既陷而軍將散矣師端居丈室不欲離雲左右侍衆堅舁而去師曰且釋迦遇金鏘馬麥之難復何往乎乃憫衆而出曰數半旬便回歸院矣自郡城部屬淮南除替官資不停周至孫孫至劉劉至隴西李公盡申虔敬竝爲外護檀主李公曰德誠捨俸祿之財於山之東置莊一所永充常住之齋粥矣師其年七十有三化緣將盛僧匡七百衆矣其有扣敵者如攘芥投鋒承機者若澄油瀉鋋其有所主張院事盡是挺

持之人前替後來無非強幹衆多德行不可一一標名時有僧可珪杖錫離雲循環梁苑旋之東洛謁見前建州剌史隴西李公(曰肅)公乃建安人也以文華居身進士及第累遷官品勑與郡符公不副任後轉爲檢校司空知租庸發運使矣公聞師道化如蜂聚王乃問僧可珪曰山門事力有何闕乎對曰知識所居山記塔銘二俱未備公曰願爲置矣遂捨帑藏之財與僧歸山而置之矣師令余爲文澄玉才非刻鵠藝拙雕龍無瘠頭五十紙之書乏洗眼一千行之頌所冀年移代變勒爲不朽之工烏日元霜永鎭蓮

宮之界乃爲記矣

欽定全唐文卷九百二十一

雲眞

雲眞天祐時上京右衛文章大德本街修撰掌內道場詞疏沙門

西林寺水閣院經藏銘 幷序

湛湛佛身不離三界明明經卷只在一塵剖一塵而經卷舒豈俟於貝多葉上了三界而佛身現寧居於娑婆樹間楚金範以非眞海墨書而莫盡是曰恭敬是曰受持不虧不崩無喪無得四魔以之恐懼二乘以之震驚然後從智

起悲迴眞入俗於圓常路開方便門導彼出生死之源令其踐聖賢之轍就泯相而示相向絕言而演言報化於是乎垂形漸頓於是乎立教忉利未下優塡遂琢於旃檀俱尸已滅迦葉乃集於妬露金容螺髻瞻之者萬福攸同玉軸琅函聞之者百祿是總津梁六趣耳目羣生天上人間何莫由斯者矣廬山者影搖匯澤根蘸湓江既曰洞天亦稱德鎮名花吐其錦繡幽鳥鳴其笙簧雨過長空積翠出數州之外春來平陸凝烟當萬戶之前西林寺者曇現訪落已來惠永經綸之後陶範光祿爲檀越於晉朝歐陽率

更撰豐碑於隋代年既緜邈事亦周詳水閣院者即貞元閒齊朗律師之所居也朗師精通律部宏護法門屢陟香壇廣度緇侶江西佛法於焉而昌天下鴻名於焉而振逮乎皇唐再造上德中興眞風頹而復揚慧日昏而更曉斯院藏經即褒國孝定公奉烈祖元宗之仙駕答今上之睿恩捨其俸金之所造也爰是鯉飛東海馬化南朝鬱爲帝宗兼開相府器度高邈識量宏深孝以承家忠以奉上閨門雍睦棣蕚和諧然而諦信佛乘歸依法寶雖廣陽輔魏竟陵佐齊無以尚之念斯院也每萃眞徒猶虧海藏藏之

弊者以其行之密宇之小施之忙工之攘所致矣我則加其墨增其紙偉其軸恢其函俾眉壽之僧朧高之士或雨昏凭几雪夜臨燈無眇視之艱哉孝定公於是親灑神毫徧題經目結因緣事表般重心緗褁已周錦條告僃追二聖在天之駕祝吾皇無疆之休慶讃云畢不幸孝定公薨當不渝之時自書遺誡囑累是經矣保定縣公安吉縣公情切友于心存求矣欲資冥祐兼助良緣由斯建其藏殿矣市徂徠松度豫章木般輸獻藝離朱督繩獸挐綺錢花分藻井熒熒列宿夜逼璇題溽溽繁潊秋和金鐸凡行宮之內藏藏心之佛像供養什物靡不畢備兼置眞堂迎孝定公眞容於其西序耳亦既見止忽驚魏邴貞姿望之儼然似得劉雷高趣斯院即上京右街演教大師爲他年肥遯之所經藏將畢亦命而尸之夫報天倫之義懷陟岡之情結勝事於名藍樹良因於寶藏使其覽之者因指見月自教明心此之爲福福亦大矣此之爲報報無加焉何止薦香魂於安養之都助眞識於歡喜之地故賈瓊問恕文中子曰爲人之弟者以其兄之心推而達於天下斯可矣二縣公其恕乎雲眞才愧披文詞非尚實叨蒙英顧令紀

芳猷輒率愚懷謹爲銘曰

佛即三界經在上塵一塵經卷三界佛身悟則無上剖則正眞不垢不淨無我無人般若觀空區和涉有爲象王迴類獅子吼八藏流通三葉傳授詮以眞心生從佛口我我廬阜鬱鬱西林惠永道蹟齊朗修心水擊清響松偃繁陰香燈熠燿臺殿嶔岑懿哉定公建斯經藏宇龕軸偉表帙函壯魁齒之僧尨眉之相披閱研精實爲現量定公薨矣疇薦重泉怡怡情切綽綽心專架樹紺殿成就元詮惟二縣公畢此良緣日映綺窗雲凝繡闥楶梲穹隆欒櫨轇轕

勝果克臻福田彌潤用薦貞魂永歸解脫

齊己

齊己名得生俗姓胡氏潭州益陽人出家大潙山同慶寺復住衡嶽東林寺荆南高從誨迎置龍興寺署爲僧正自號衡嶽沙門卒於豫章西山金鼓寺著有白蓮集十卷

粥疏

粥名良藥佛所讚揚義冠三檀功標十利更祈英哲各遂願心既備清晨永資白業

淩雲峯永昌禪院記

五老東西有淩雲峯巉崪聳峭上插空碧下吞江湖飛湍激瀨連接絕壑孰究其本古老相傳曰昭德源也中有秦公徧扣南宗既決心要周由聖蹟過於山前倚錫而望疑爲棲宴之場俄有一叟自源而出乃問曰君不當此山之主乎叟曰斯國家名山某王者百姓然樵於上耕於下取諸利輸諸官爾師曰予欲廬於其間可乎叟曰天下大嶽大川唯釋氏廟之元元祠之固亦多矣士有抱浩然之氣韞清淨之德渾於麋鹿狎於禽猨絕聖弃智大忘世間何有不可哉師曰子雖匪其人竊慕久矣叟於是引師躡屩擁錫撥草而進則左眄右視怡然莞爾謂其叟曰予其終焉於斯矣時則芟蕪伐莽夷石疏泉初自一卭一庵一榻一席韜光味道影不出谷累積歲時野俗相嚮始覺鳥徑漸通人烟雲遊上流來往或擁避之不可復廣其堂隱之既難乃居其額則天祐五年前使隴西公所給用旌其名況乎樹植芳貞掩映巖岫梨橘既實松檉欲偃所謂荆棘殄而珍卉華蕭艾除而忍草茂矧夫處如是之方作如是之事又安可堅守自得之趣無有利他之望哉予歷於二林達於幽致耳飫天籟神融山光忘歸之心邈矣塵外因

詢其始乃見諸末遂命筆硯不俟請而紀之曰光化己未歲迄於天祐丁丑年一十八載矣

貫休

貫休字德隱俗姓姜氏婺州蘭谿人七歲投本邑和安寺圓貞禪師出家乾寧初獻詩吳越武肅王復北謁荆帥成汭後忤汭黜出黔中再遊荆南高季昌館之龍興寺天復中入成都王建留住東禪院署號禪月大師尋建龍華道場令居之累加龍樓待詔明因辨果功德大師翔麟殿引駕內供奉經律論道門選練教授三教元逸大師守兩川

僧籙大師賜紫大沙門梁乾化二年卒年八十一

陳情頌

有叟有叟居岳之室忽振金湯下彼巉崒闢蜀風景地寧得一富人侯王旦奭摩詰龍顏日角紫氣盤屈揭日月行符湯武出天步孔艱橫流犯蹕穆穆蜀俗整整師律髯鬢垂雪忠貞貫日四裔蘇活萬里豐謐無雨不膏有露皆濡有叟有叟無實行實一瓶一衲既朴且質幸蒙顧盼詞緩思鬱軒鏡光中願如善吉

堯銘

金册昭昭列聖孤標仲尼有言巍巍帝堯承天眷命罔厥矜驕四德炎炎皆蕡不凋永孚於休垂衣飄飄吾皇則之小心翼翼東陽亭毒不遑暇食土堦苔綠茅茨雪滴君既天賦相亦天錫德輔金鏡以聖繼聖漢高將將太宗兵柄吾皇則之日新德盛朽索六馬罔墜厥命熙熙蕭蕭塊潤風調舞擎干羽圍入芻蕘既玉其葉亦金其枝葉葉枝枝百王允釐享國如堯不疑不疑

舜頌

高高歷山有黍有粟皇皇大舜合堯元德五典克從四門伊穆大道將行天下爲公臨下有赫選賢用能吾皇則之無斁無逸綏厥品彙光光得一千幅臨頂十在隨蹕大哉大同爲光爲龍吾皇則之聖謨隆隆納隍孜孜孜孜切切六宗是禋五瑞斯列排麟環鳳披香立雪四方納賚九圍有截昔救世師降生竺乾壽春亦然萬年萬年

續姚梁公坐右銘 并序

愚嘗覽白太保所作續崔子玉坐右銘一首其詞旨乃典乃文再懇再切實可警策未悟貽厥將來又見姚崇卞蘭張說李邕皆有斯文尤爲奧妙其於東扃婉娩乃千古之

鑒戒資腴矣愚竊愛其文惟恨世人不能行之十得其二一日抽毫遂作續白氏之續命曰續姚梁公坐右銘一首雖文經理辯不逮於羣公而亦可書於屋壁云

善爲爾諸身行爲爾性命禍福必可轉眞懇言前定見人之得如己之得則美無不克見人之失如己之失是亨貞吉反此之徒天鬼必誅福先禍始好殺滅絕不得不止守嫌寡欲善善惡惡不得不作無見貴熱諂走雙雙無輕賤微上下相依古聖著書矻矻孳孳忠孝信行越食愈衣生天地間未或非假身危彩虹景速奔馬胡不自強將升玉

堂胡爲自墜言虛行僞黷殃爾壽須戒酒腐爾腸須畏厲志須至樸滿必破非莫非於飾非過莫過於文過及物陰功子孫必封無恃文學是司奇薄患隨不忍害逐無足一此一彼諧宮合徵親仁下問立節求己惡木之陰匪陰盜泉之水匪水世乎草草能生幾幾直須如冰如玉種桃種李嫉人之惡酬恩報義忽己之慢成人之美毋擔虛譽無背至理恬和懸暢沖融終始天人之行盡此而已丁寧丁寧戴髮含齒

虛受

虛受嘉禾禦兒人咸通中充左街鑒義廣明中住大善寺後唐同光初住京左街敬愛寺賜紫三年卒

大唐嵩山少林寺故寺主法華鈞大德塔銘

夫眞如不變假澄湛以彰名俗諦有遷因去來而立號考眞俗而雖異論性相而何殊是知生滅之途古今恒式若夫性本神裕道唯天與者即嵩山少林寺故鈞大德之謂也大德法諱行鈞俗姓閻氏鄭州陽武人也始自髫齔便鄙諠譁年十有四捐俗慕法依止嵩山會善寺西塔院法華禪師爲和尚執持瓶舄旦暮焚修誦法華經勵堅固志三度寒暑一部終畢其師深器之遂與落髮迨年滿受具於本寺瑠璃壇自後遊講肆習毗尼屢易炎涼矣然志在諷誦蓮經六千部遂卜居石城山檀越信士欽承道德崇重行藏於廣明庚子歲請住少林寺乃曰末法住持無先像設由是名募有緣葺修大殿首尾三載締構悉成而遇釋門澄汰遂從毀廢後值再闢佛法重勵身心復立殿堂兼塑佛事剏以一自住寺罔輟諷經供養衆僧星霜四紀興慈拯物臨壇度人戒德馨香道風遐奠士庶寫葵藿之敬僧尼傾歸仰之心能事既周化緣又畢於同光三年七

月廿日示滅春秋七十八僧臘五十九本寺門人等依西國法茶毗之薪盡火滅收其灰骨起塔於寺之東北隅禮也落髮弟子宏省不遠百里命余敘其懿行辭避不已乃作銘云

眞如不變兮世諦推遷迷滯流轉兮達悟幽元釋宗碩德兮幼慕金仙住持嵩嶽兮載誕圓田兩修佛殿兮不移乎地長諷蓮經兮如一其志供僧臨壇兮聲響遠被化終示滅兮今昔同致崇寶塔兮寺之隅播芳塵兮期罔墜

桂琛

桂琛俗姓李氏常山人幼投本郡萬歲寺依無相大師出家後住漳州龍溪羅漢院後唐天成三年卒年六十二清泰二年謚眞應禪師

明道頌

至道淵曠勿以言宣言宣非指孰云有是觸處皆渠豈喻眞虛眞虛設辦如鏡中現有無雖彰在處無傷無傷無在何拘何閡不假功成將何法爾法爾不爾俱爲脣齒若以斯陳埋沒宗旨宗非意陳無以見聞見聞不脫如水中月於此不明翻爲剩法一法有形翳汝眼睛眼睛不明世界

崢嶸我宗奇特當陽顯赫佛及衆生皆承恩力不在低頭思量難得撥破面門闕一字覆乾坤快須薦取脫却根塵其如不曉謾說而今

道清

道清後唐天成中沙門

磁州武安縣定晉山重修古定晉禪院千佛邑碑

原夫佛理志大意微有德而風靡三皇無位而匡乎八表化跡隱顯利用投機闕四十二字宣戒善日用日新道證無生不的不莫有相不憚於理執空恐滯於魔昔在千人志居中闕二字敬闕三十五字也生知罪福闕二字猛列出家志氣異於常徒頓捨親孤然山峪暑風寒雪已辯春秋葉落花生方知冬夏緣闕三十一字東魏黃初三年高歡帝所造也又雜集異記云魏時有大乘僧不知生族諸天降食以供其齋忽夜夢二豎凭闕二十二字俗服於山石邊有大桐樹本堅枝密其僧將法衣往樹欲挂其樹忽爾開而售之儼然掩合神力彌縫乃婚媾長於二子後一十二年却至樹邊樹開而闕十四字有虎鬬菴前師乃以手約杖驅而皆弭伏後之人因其樹號桐禪師之寺焉又改爲定晉禪院禪室山巖唯高

唯窰龍池虎穴左之右之上至天宮下窮於地獄乃爲師之闕二字道清以考此凡志求闕二字蹤揆度古基特興葺造從大唐同光元年歲次癸未七月起功至天成元年歲次丙戌九月院成法堂僧堂廚庫闕一字屋竝在巖巒之下禪棚石室佛經闕一字像安於峭壁之中木秀山巍闕四字禽闕一字獸崗畔成羣洞闕一字祥風泉源細水花芳豔翠香逐雲濃散雨龍寒飛霜石冷幽閑異境大聖所居古跡金田遂重修葺昔日禪定石室一所闕一字塞無蹤忽然自開收得道具數件乃是桐禪闕一字僧所用之物也有單梯一條

鄰高百闕一字倚於巖下莫知年載有坐禪棚一所出於峻壁之中下去地一十五丈於同光三年九月十闕一字特然修換材木皆新棚上有阿彌陁佛一尊聖僧一座倚子一隻盏一頂道清覩此聖事乃全枯意馬苦楚心猿又罄勤忠焚香發願別化千人之邑同修一劫之緣蓋造高樓安排佛像茲願已集碑紀微功所住山中素無青石求之莫有於天成二年歲次丁亥七月二日有二龍鬬於寺前峪內雷訇電曜水溢溝穿現出青石一條長一丈七尺瑑之如珉磨之瑩然龜頭贔屭皆獲足矣建茲福事際會明朝

立闕一字之功上歸皇化君聖臣賢之代民康鼓腹之年牧藪謌而樂乎哉風雨時而禮何有三郡潛龍之地九州一統之時帝慕堯風皇宗舜海金枝黃鉞掌鉅鏕之山河帝子親王秉邢臺之旌節闕二字樂業豐稔田疇民義於君君賢於德罰忠勸善刑法無差舉直退私人滋壽富皇天后土翼助山河湮毀困窮皆霑霈澤浩浩九圍之道民無德而稱焉滔滔六合闕二字禹吾無間然矣滏陽西面古跡重興雲嶺巖前金園再建巍峩突砤插霄漢以廷廷聳峻岐嶒掩蓮宮之欝欝棡禪解闕之虎窠穴仍多賢良造化之基器用不少凡施功力暗叶神聽永彼元規如蒙聖助無私善事眾慕如歸利物深緣易爲成就千門萬戶自捨家財伐木窮山人心不憚有邑首都維那三人次維那十人悟身若幻生務生闕一字其構良因耳相勉導逐處鄉邑次立維那舉其萬法之門結會千人之數各有名氏鏤之碑餘基我邦家垂諸善則鄉闕一字稟命動靜咸宜化名信心從風集事繼千佛之大行踵百福之遐功克荷僧徒捐情聖業筠篁志氣山岳心田重義輕金守公奉法歲寒如一運順始終建碑勒名以彰成事邑主沙門闕三字心化利上

報皇恩錄彼聖蹤請敘文也沙門宗仁僧門無藝儒教荒疎自度鉛刀難鐫寶玉豈將瓦礫連布瓊瑤頻垂雅命堅令撰修兌之既難實錄前志後之闕四字所冀殊禎絕瑞萬代長存巨福良因千年不泯更顯前事章句頌焉

日月遞照乾覆坤維四時列序萬象咸宜去彼取此昭德塞違天地之心聖人則闕五字一東魏仁君一匡天下八表咸賓棡禪是敬悟法情忻金田刱造寶搴勤勤二化緣有盡聖道多門或隱或顯有法有存留眞設像資福濟闕五字福利後闕一字三一僧堅操二利俱陳深山守道古寺求眞心猿

息慮苦節於身。巖巒作伴。虎豹爲鄰。（闕四字）三業障重。六賊爲親。勤修十善。遠劫良（闕六字）出沈輪。巨善邑會。日用日新。五

守澄

守澄陝州夏縣景福寺沙門。晉乾祐中充左街講論大德。

陝府夏縣景福寺故思道和尚重修寶塔銘（幷序）

竊以理智凝然。眞空清淨。三常妙用。十號圓明。黙惠燭於昏衢。起慈心於苦海。冤親普攝。凡聖齊收。五乘既貫於羣生。三藏統包於教理。宏張覺路。大啟元門。金文演解脫之音。王偈讚無爲之法。人天共仰。道俗同遵。咸知生死之源。

頗喻無爲之本。即我和尚俗姓師。琅琊氏。生。丱角出家。三十成道。夏縣人。和尚道高安遠。德邁琳生。爲檀越之福田。作如來之法眼。深達了義。久議菩提。自然變易之身。曠劫起凡之德。同塵不染。悲濟有情。現大神通。無妨自在。山中採木。風雨送來。寺內看經。龍神護助。崢嶸鹿菀。巍峩鷲峯。一方之瑞邑長新。四野之風光景麗。名聞寰宇。譽滿帝鄉。去（闕一字）德二年十二月二日示滅。其時也。祥雲貫日。天樂橫空。異香遍於蓮宮。甘露盈於衆木。靈禽噪樹。異獸啼山。悲風飄凡聖之衣。血淚洒人天之目。盡歎無生無滅。皆嗟有去有來。門徒弟子。哀慟難攀。如喪考妣。空深歲月。幾歷星霜。寶塔隳殘。無人再葺。比邱志德。出家當寺。學業諸方。持念法華。法聽習中觀論。覩師遺跡。遂發志誠。勸化羣賢。重興祖塔。一言道合。盡自迴心。擺脫塵機。同親盛事。捨財而三事體空。施物而三輪清淨。非上智無以發深誠。非哲人無以崇斯善。日月昏而再朗。林巒變而常榮。可以添川鏡之殊祥。可以壯法門之嘉瑞。平覲禹國。坐眺臨池。千株之寒柏侵雲。萬嶺之嵐峯挂月。幾多英信。歸心玉石之堅。數縣良能。懇意給孤之行。殊因告滿。郢伎休工。冀靈聖之

照明。願神祇之鑒祐。況守澄也。謬爲釋子。深昧儒功。因閑暇於禪關。偶苦心於螢牖。披書積學。雖無閱市之名。揣拙成文。麤有奪袍之志。今則既成懇（闕一字）難議堅辭。遂罄荒蕪。聊爲記述。誠有慙於漏落。實無備於徽猷。乃敘銘曰

先師聖德。神通自然。迴超三界。而出四禪。慈悲願廣。覆廕鄉川。恒爲燈燭。永作舟船。重修寶塔。勢聳雲烟。如山不動。似海深困。恩霑沙界。福利人天。遐邇歸依。萬歲千年。

契撫

契撫南唐乾德時沙門。

本業寺記

夫以星池布彩扶烈宿於元穹鶴樹收光運眞風於像教遠則摩騰入漢近乃達摩來梁傳三乘一性之宗古今恒爾指見智無生之忍人我自除所以佛依法住法假人宏道本無心卽心悟道未證斯理體解如然喧寂之居故非常得依王水土事佛缾盂設戒防身藏名遠惡剋修三界不止六塵稟奉四儀方歸八正其本業寺者梁天鑒九年有釋淨（闕一字）捨宅爲寺累代廢興石像既存鄉人崇信凡經亢潦衆聚祈求唯奉圖而事家實遵堯而慕舜其民戚

戚其化堂堂既偶主上垂衣寰中舉首山河秀實日月光輪遐邇奔趨車航輻湊三教齊興於聖代一乘別紀於明朝非頻婆王而再出如何非須達多而重生弗（闕一字）於保大五年有上元縣近寺衆多檀信（闕一字）義開寧兩鄉周俊周裼等雲集（闕一字）圖奏請開善寺僧令安歸寺整葺焚修蒙先元宗皇帝御批奉功德使齊王旨承省司給牒重賜開基再修此寺江月沈而猶出塞雁去而還來唯酬帝祚之恩永感乘時之德爾後名募四方檀信共挪伽藍紺殿光鮮晨夜之香燈馥郁青龍迤邐寒暄之芳翠聯環寺主安上人俗姓（闕一字）當門人事開善出家順義六年武皇戒品習筵經論罷好虛閒擬易高蹤應來衆議（闕一字）居名跡獨質劬勞執火拾薪猶希弟子有上足門人道新道昇道通道暹道圓等相次出家（闕一字）承旨訓如子奉親及至經業該通昇元受具甘露之香壇灌頂如來之戒制持心戴日銜恩（闕一字）山捧國師資之義恭劾無疲侍膳之心始終曷已次教化造得正堂廚庫其有廊屋僧堂必（闕一字）圓就良時已偶星宇重興東接文園昔是儲君之圡西連蔣嶠今玆蕭帝之蹤幾百年而（闕）梵冷音流傳佛事一千載之

龍圖闡化普遍皇恩願戈鋋無討伐之心願稼穡有豐登之序九功樂業三界同安長開十善之門共續五天之教金言可顯磐石恒堅名籍有圖遺蹤莫朽年移事往紀德難勝繼踵宏揚刻鐫銘石謹記時唐乾德五年歲次丁卯七月十九日建

白西

白西江陰人南唐時沙門

重光院鐘銘

大唐都省江陰縣重光院保大三年歲次乙巳六月十八

日銘云

物匡大信世指何立九乳樓鑿三乘雲集妙利斯啟餘功罔及光澤有唐良緣永襲

彙征

彙征善詩文吳越忠懿王命爲僧正賜號光文大師著有詩文集七卷

上天竺寺經幢記

夫立幢之垂範乃造塔之濫觴刊梓刻檀嫌其易朽鏤金鐫碧慮以難藏不若挺屹羊射武之貞姿編貫玉聯珠之

梵語可大可久如山如河尊勝陁羅尼者花藏貞心竺乾祕語濟善住七生之苦道闡欲天感文殊一現之恩敎傳漢地舟横業海車指迷津息肩惡道之間提耳昏衢之內拯湮淪於歷劫延短折於浮生備載靈編久彰神應或置麗譙之內或安窣堵之中或勒在幢間或表之山上風觸而輕塵及物尚落罪花日臨而清影到身猶凋業蔓克行盛事緯有善人佛弟子吳保容吳鐔雙驥標奇二龍竝轡壎箎合韻跗萼聯芳耨情田而畢使豐登澄心水而無令混濁與會首謂衆人曰給孤長者之園苑香山居士之林泉可以同携善門寄茲寶地獨營則其力不逮衆辦則厥功易成遍覓信人獲錢卅萬購之貞石命彼良工鑿勒精奇磨礲細麗蓮花捧日雲葉盤空層層異狀奇形宛如飛動面面眞軀聖相忽謂經行仰窺鶴表以爭高側視雁層而競巧固可利霑家國福贊君親凡施貲財皆列名氏承有爲之善力至無作之眞歸其次滯魄孤魂銜冤負累應念而皆期解網有心而悉使登車雖引善以及人終獲報以于己命予序述式紀歲時染逸少之鹿毛摛子雲之蟲篆文質包蓋於君子辭華有覥於外孫且曰昔也鐵墖傳

芳聞諸河朔今也石幢蔵事見之浙陽彼則受福於人寰此則譬心於佛道以今況古一何遼哉時乙未歲冬十二月壬寅朔十一日記（同二幢）供使衙書寶幢手殷承訓（左幢書）幢記僧儀月（右幢吳越國王造末行題五大字竝正書）

欽定全唐文卷九百二十二

曇域

曇域貫休弟子精大小篆重集許慎說文

禪月集序

先師名貫休字德隱婺州蘭溪縣登高里人也俗姓姜氏家傳儒素代繼簪裾少小之時便歸覺路於安和寺請圓貞長老和尚爲師日念法華經一千字數月之內念畢玆經先師與鄰院童子法號處默偕年十餘歲同時發心念經每於精修之暇更相唱和漸至十五六歲詩名益著遠近皆聞年二十歲受具足戒後於洪州開元寺聽法華經不數年間親敷法座廣演斯文邇後兼講起信論可謂三冬涉學百舍求師尋妙旨於未傳起微言於將絕於時江表士庶無不欽風年齒漸高屬天下喪亂時處默和尚謂師曰吾師抱不羈之才懷自然之道時不與我能無傷哉復爲先師曰分袂無血淚望處空闌干後隱南嶽闕二字不闕一字先聃爲備者曰吾聞岷峨異境山水幽奇四海騷然一方無事遂乃過洞庭趨渚宮歷白帝旋聞大蜀開基創業奄有坤維歎曰不有君子寧能國乎遂達大國進上先

皇帝詩其畧曰一瓶一鉢垂垂老萬水千山得得來高祖禮待膝之前席過秦主待道安之禮踰趙王迎圖澄之儀特修禪宇懇請住持尋賜師號曰禪月大師曲加存恤優異殊常十年以來迴承天眷無何壬申歲十二月名門人謂曰古人有言曰地爲牀兮天爲葢物何小兮物何大苟愜心兮自欣泰身與名兮何足賴吾之治世亦何久耶然吾啟手足曾無愧心汝等以吾平生事之以儉可於王城外藉之以草覆之以紙而藏之慎勿動衆而厚葬焉言訖奄然而絕息遂具表聞天先帝蹙然久之乃命所司備一期葬事於時在城士庶無不悲傷曇域遂以先師遺言上奏請以薄葬之禮帝曰朕治命可行焉勑命四衆共助葬儀特竪靈塔勑謚白蓮之塔以癸酉年三月十七日於成都北門外十餘里置塔之所地號昇僊葬事既周哀制斯畢暇日或勛賢見訪或朝客見尋或有念先師一篇兩篇或記三句五句或未聞深旨或不曉根源衆請曇域編集前後所製歌詩文贊日有見問不暇枝梧遂尋檢藁草及暗記憶者約一千首乃雕刻成部題號禪月集曇域雖承師訓藝學無聞曾奉告言輒直序事時大蜀乾德五年癸

未歲十二月十五日序

禪月集後序

有唐翰林學士兵部侍郎吳融請爲敘先師長謂吾門人曰吳公文藻贍逸學海淵深或以揖讓周旋闕一字待矣或以文害辭或以辭害志或以誕飾饒借則殊不解我意也子可於余所著之末仰重序之曇域乃稽顙而言曰語云子疾病子路欲使門人爲臣子曰欺天乎曇域小子何敢敘焉師曰子不知皆孔子弟子記諸善言以成其書況吾常酷於玆心勤形瘵訪奇稽古慰以大道曉然皓首豈爲

賣其聲耶且吾昔在吳越間靡所濟集聊欲係志於翰墨得以亂思不慭遺老矣子無辭焉但當吾意而言之然又不可以過之樂天長吉似之矣吾若與騷人同時即知殊不相屈耳直言之無相辱也曇域遜讓不暇力而敘之

延壽

延壽字沖立俗姓王氏餘杭人年十六獻齊天賦於吳越忠懿王年二十八爲華亭鎮將以官錢放生坐死獲赦遂出家住天台智者巖天柱寺宋建隆元年忠懿王命主靈隱寺後遷永明道場賜號智覺禪師開寶八年卒年七十二謚永明宗照大師

金剛證驗賦

無住般若教海威光諷誦而感通靈異受持而果報昭彰畢使凡身未來而位登寶覺能令促命現世而壽緒金剛洪範五福其一曰壽堅持之者偏承靈佑湖神歸命受淨戒而挫兇暴之威病者投誠愈沈痾而軫慈悲之苦大旨甚深罩古籠今字字演無生之性重重敷不住之音任布七寶之珠珍難偕四句縱捨三恒之身命莫比持心大教正宗眞如海藏靈神擁護陰官歸向坐一層之金榻拔出

冥中降五色之祥雲迎歸天上斯經也降心爲要無我是宗信解而體齊諸佛受持而福等虛空法力難思不墮刀峯之所神功罔測能超駭浪之中一心受持千聖稱讚滯魄投誠而歸淨道苦戰敗陣而超危難獄官現證冥魂脫而世命增惡友妬心金文隱而霞條散或乃身枷自解毋眼雙明口門光耀肉體堅貞天香馥郁仙樂淒清臨法而三刀不斷命講而束素俄呈寫在空中點點而雨霑不溼求於紙內重重而文綵全生是知大報攸長正宗罕措旨妙而難解難入信順而不驚不怖金剛神暗使變肉爲骨

須菩提密令斷葷啖素因書力而懺罪遇火光而得度積祿延年扶持擁護異哉爲羣典之大還上昇覺路

法華瑞應賦

一心妙法巧喻蓮華誦持而感通靈瑞校量而福比河沙善神擁護眞聖咨嗟知命如見證果非賒兵仗潛空密衞而皆居福地異香滿室坐化而盡駕牛車爾乃然臂歸向焚身供養紫氣騰空而演瑞白光入火而標狀燒時而列宿飛下跡處而金園立相形消骨盡捨珍寶而難可比方火滅煙飛唯心舌而鏗然紅亮書寫經卷功德無邊感佳

夢而正誤送金精而入緣白雀呈瑞隱士書詮四衆潛淚哀聞大千寶殿遙分而夢處神僧送藥而病痊妙字繞成逝者而已聞生處眞文旣籍殀喪而忽尒增年帝釋迎前天童侍側普賢摩頂以慰喻廟神請講而取則口放異光而何假銀燈舌生甘露而豈須玉食投崖不損乏氣增力或施戒而行悲或謗消而難息說法聞於金口得定超於眞域能令凡質毛孔孕紫檀之香任壞肉身舌表現紅蓮之色甘雨灑地天花墜空紅燭然於眼裏白蓮生於掌中神遊佛國跡現天宮水滿金瓶自冬溫而夏冷齋陳玉饌遂應供而身通猴侍虎隨除魔去病異花生於講座甘澤霔於談柄冥司隨喜靈神請命扶危懺罪駕苦海之慈航拔死超生懸幽途之明鏡當圓寂之時靈通可知或山崩而地動或花雨而樂隨金殿房中而煥赫寶蓋夢裏而威巍駕乘潛來見身忽生於他國空聲密報栖神俄託於蓮池食感舍利空中彈指講聞異鐘錫扣池水或救旱而使龍或持咒而降鬼可謂獨妙獨尊盡善盡美任千聖以讚揚難窮妙旨

宗鏡錄序

伏以眞源湛寂覺海澄清絕名相之端無能所之迹最初不覺忽起動心成業識之由爲覺明之咎因明起照見分俄興隨照立塵相分安布如鏡現像頓起根身次則隨相而世界成差後則因智而憎愛不等從此遺眞失性執相循名積滯著之情塵結相續之識浪鏁眞覺於夢夜沈迷三界之中瞽智眼於昏衢匍匐九居之內遂乃縻業繫之苦（闕一字）解脫之門於無身中受身向無趣中立趣約依處則分二十五有論正報則具十二類生皆從情想根由遂致依止差別向不遷境上虛受輪迴於無脫法中自生繫

縛如春蠶作繭似秋蛾赴燈以二見妄想之絲纏苦聚之業質用無明貪愛之翼撲生死之火輪用谷響言音論四生妍醜以妄想心鏡現三有形儀然後違順想風動搖覺海貪癡愛水資潤苦芽一向徇塵罔知反本發狂亂之知見翳於自心立幻化之色聲認爲他法從此一微涉境漸成戛漢之高峯滴水興波終起吞舟之巨浪爾後將欲反初復本約根習鈍不同於一眞如界中開三乘五性或見空而證果或了緣而入眞或三祇重鍊漸具行門或一念圓修頓成佛道斯則剋證有異一性非殊因成凡聖之名

以分眞俗之相若欲窮微洞本究肯通宗則根本性離畢竟寂滅絕昇沈之異無縛脫之殊既無在世之人亦無滅度之旨二際平等一道清虛識智俱空名體咸寂迴無所有唯一眞心達之名見道之人昧之號生死之始復有邪根外種小智權機不了生死之病原罔知人我之見本唯欲厭喧斥動破相析塵雖云味靜冥空不知埋眞拒覺如不辯眼中之赤眚但滅燈上之重光罔窮識內之幻身空避日中之虛影斯則勞形役思喪力損功不異足水助冰投薪益火豈知重光在眚虛影隨身除病眼而重光自消息幻質而虛影當滅若能迴光就已反境觀心佛眼明而業影空法身現而塵跡絕以自覺之智刃剖開纏內之心珠用一念之慧鋒斬斷塵中之見網此窮心之旨達識之詮言約義豐文質理詣揭疑關於正智之戶薙妄草於眞覺之原愈入髓之沈痾截盤根之固執則物我遇智火之鎔融唯心之鑪名相臨慧日之光釋一眞之海斯乃內證之法豈在文詮智解莫窮見聞不及今爲未見者演無見之妙見未聞者入不聞之圓聞未知者說無知之眞知未解者成無解之大解所冀因指見月得兔忘罤抱一冥宗

捨詮檢理了萬物由我明妙覺在身可謂搜抉元根磨礲理窟剔禪宗之骨髓標教網之紀綱餘惑微瑕應手圓淨元宗妙旨舉意全影能摧七慢之山永塞六衰之路塵勞外道盡赴指呼生死魔軍全消影響現自在力闡大威光示眞實珠利用無盡傾祕密藏周濟何窮可謂香中爇其牛頭寶中探其驪頷華中採其靈瑞照中耀其神光食中啜其乳糜水中飲其甘露藥中服其九轉主中遇其聖主故得法性山高頓落羣峯之峻醍醐海濶橫吞眾派之波似夕魄之騰輝奪小乘之星宿如朝陽之孕彩破外道之

昏蒙猶貧法財之人値大寶聚若渴甘露之者遇清涼池爲衆生所敬之天作菩薩眞慈之父抱膏肓之疾逢善見之藥王迷險難之途遇明達之良導久居闇室忽臨寶炬之光明常處躶形頓受天衣之妙服不求而自得無功而頓成故知無量國中難聞名字塵沙劫內罕遇傳持以如上之因緣目爲心鏡現一道而清虛可鑒辟羣邪而毫髮不容妙體無私圓光匪外無邊義海咸歸顧盼之中萬象形容盡入照臨之內斯乃曹溪一味之旨諸祖同傳鵠林不二之宗羣經共述可謂萬善之淵府衆哲之元源一字

之寶王羣靈之元祖遂使離心之境文理俱虛卽識之塵詮量有據一心之海印楷定圓宗八識之智燈照開邪闇實謂含生靈府萬法義宗轉變無方卷舒自在應緣現迹任物成名諸佛體之號三菩提菩薩修之稱六度行海慧變之爲水龍女獻之爲珠天女散之爲無著華善友求之爲如意寶緣覺悟之爲十二緣起聲聞證之爲四諦八空外道取之爲邪見河異生執之作生死海論體則妙符至理約事則深契正緣然雖標法界之總門須辯一乘之別旨種種性相之義在大覺以圓通重重卽入之門唯種智

而妙達但以根羸靡鑒學寡難周不知性相二門是自心之體用若具用而失恒常之體如無水有波若得體而闕妙用之門似無波有水且未有無波之水曾無不溼之波以波徹水源水窮波末如性窮相表相達性源須知體用相成性相互顯今則細明總別廣辯異同研一法之根元搜諸緣之本末則可稱宗鏡以鑒幽微無一法以逃形則千差而普會遂則編羅廣義撮合要文鋪舒於百卷之中卷攝在一心之內能使難思教誨指掌而念念圓明無盡眞宗目覩而心心契合若神珠在手永息馳求猶覺樹垂

陰全消影迹獲眞寶於春池之內拾礫渾非得本頭於古鏡之前狂心頓歇可以深挑見刺永絕疑根不運一毫之功全開寶藏匪用剎那之力頓獲元珠名爲一乘大寂滅場眞阿練若正修行處此是如來自到境界諸佛本性法門是以普勸後賢細垂元覽遂得智窮性海學洞眞源此識此心唯尊唯勝此識者十方諸佛之所證此心者一代時教之所詮唯尊者教理行果之所歸唯勝者信解證入之所趣諸賢依之而解釋論起千章衆聖體之以宏宣談成四辯所以擬奇提異研精洞微獨舉宏綱大張正網撈

攬五乘機地昇騰第一義天廣證此宗利益無盡遂得正法久住摧外道之邪林能令廣濟含生塞小乘之亂轍則無邪不正有僞皆空由自利故發智德之源由利他故立恩德之事成智德故則慈起無緣之化成恩德故則悲含同體之心以同體故則心起無心以無緣故則化成大化心起無心故則何樂而不與化成大化故則何苦而不收何樂而不與則利鈍齊觀何苦而不收則怨親普救遂使三草二木咸歸一地之榮邪種蕉芽同霑一雨之潤斯乃盡善盡美無比無儔可謂括盡因門搜窮果海故得創發

菩提之士初求般若之人了知成佛之端由頓圓無滯明識歸家之道路直進何疑或離此別修隨它妄解如鑽氷取乳緣木求魚徒歷三祇終無一得若依此旨信受宏持如快舸隨流無諸阻滯又遇便風之勢更加櫓棹之功則疾届寶城忽登覺岸可謂資糧易辦道果先成披迦葉上行之衣坐釋迦法空之座登彌勒毘盧之閣入普賢法界之身能令客作賤人全領長者之家業忽使沈空小果頓受如來之記名未有一門匪通斯道必無一法不契此宗過去覺王因茲成佛未來大士仗此證眞則何一法門而不開何一義理而不現無一色非三摩鉢地無一聲非陀羅尼門嘗一味而盡變醍醐聞一香而皆入法界風柯月渚並可傳心烟島雲林咸提妙旨步步蹈金色之界念念覰薝蔔之香掬滄海而已得百川到須彌而皆同一色煥兮開觀象之目盡復自宗寂爾導求珠之心俱還本法遂使邪山落仞苦海收波智楫以之安流妙峯以之高出今詳佛祖大意經論正宗削去繁文唯搜要旨假申問答廣引證明舉一心爲宗照萬法如鏡編聯古製之深意攝畧寶藏之圓詮同此顯揚稱之曰錄分爲百卷大約三章立

法正宗以爲歸趣次申問答用去疑情後引眞詮成其圓信以茲妙善普施含靈同報佛恩共傳斯旨耳

思有

思有檢校釋門威儀

請宣示御注金剛經奏

自像教西流具文東譯學傳師口凡今則多註訣聖情前古未有臣請具幡花奉迎於敬愛寺設齋慶賀其御注經伏乞示天下宜付史官

純白

純白新羅國沙門

新羅國石南山故國師碑銘後記

恭惟我國大師始自出胎終於沒齒生緣眷屬觸事因緣卽門生金長老允正所修錄具門人崔大相仁渷所撰碑述之今白之所記者恭以大師於唐新羅國景明王之天祐年中化緣畢已明王諡號銘塔仍勅崔仁渷侍郎使撰碑文然以世雜人猾難爲盛事是以年新月古未立碑文至後高麗國凡平四郡鼎正三韓以顯德元年七月十五日樹此豐碑於太子山者良有良緣者乎爰有國師之門

神足國主寺之僧頭乾聖院和尚者法諱讓景俗姓金氏字曰擧國爲師而或體或心爲王而乍耳乍目將恐芳塵風埽美跡雲消黃絹將斕翠炎弗植師恩雀報自立龜碑和尚王父藹元聖王之表來孫憲康王之外庶舅清廉謠聒於街路忠孝譽酣於尊卑內知執事侍郎外任浿江都護父訪禮才兼六藝學貫五經月下風前屬緣情體物之句春花秋月呈撫絃韻竹之聲內至執事舍香外赴朔州長史和尚始自華邑終於叟身動止言談行蹤風格可備別錄此畧言焉且國師碑之與錄可記而未記者曰龍潭式照乾聖讓景鷲口惠希宥襟允正請龍善現靈長元甫石南迴閑嵩山可定太子本定右九師者國師存日羽翼在卵未翥青雲之際國師沒後角足成體始遊碧海之中師之在時法席闕一字牛毛之數師之入滅禪座財鐘乳之多人謂之評曰九乳若鐘養九方之佛子一面如鏡正一國之君臣古所謂翼衆銑銑玆焉在焉其允正長老者乾聖同胎之弟也戒高持者名出有人存歿言行門人別錄其母氏夢妊盈之日日入於寢室娠季之月月入於密窟果誕乾聖與宥襟也豈翅曇諦阿母夢二物之徵慧侄阿

孃獲二果之瑞而已哉仁渷者辰韓茂竣人也人所謂一代三鶴金榜題迴曰崔致遠曰崔仁渷曰崔承祐闕一字中中人也學圃海岳加二車於五車才包風雲除三步於七步實君子國之君子亦大人鄉之大人是或折桂中花扇香風於上國得葱羅域推學究於東鄉承大師重席之恩撰大師鴻碑之記白也執尺占天郍終近遠傾蠡酌海豈度少多然則言而不常黙猶不可後來君子取之捨之而已

賢義

賢義廣順三年益都縣大雲寺講經沙門

雲門山功德記

伏自玉毫掩相求瞻覩以無由金像遺蹤猶修崇之可託且我佛住世莫久像教是依了達者位證三乘漸成者道隆五福伏以雲門山大雲寺者未可知其始建之時也因覽古碑云開皇年中曾有修建但以寺居峻嶺地枕長郊覩聖像之陵夷見精藍之荒廢近則雖興新搆必知未稱舊基唯有壁龕彌勒石像依稀相闕一字隱映儀形風雨交侵間損雕鏤之質歲華綿邈全無彩繪之蹤蓋事有廢興

理關舒慘豈期今日獲遇信心闕一字清信弟子彭仁福本貫浙江寓居海岱固安賜履未遂三乘唯闕一字夙懷善因便至信知修崇之可託明幻惑之不堅是以廣闕二字因投諸蘭若此則因參遠寺傍覩眞容遂乃愼選良工精求彩筆果得入神之妙闕一字瞻如在之儀重新兩龕加闕一字修飾雖遙柰施何異闕一字峯一羣遠黎豈起闕二字之想四來闕二字頓生恭敬之心諒此淨因必獲多福更有會同良友亦是闕一字知各起齋心助成勝事仍雕闕六字庶使萬古千秋不泯增修之狀陵遷谷變常開化導之門如賢義者跡忝緇衣辭虧黃絹常復斯言之戒敢述刊述之文蓋猥付非才而堅令敘錄既難退讓何免譏尤謹題

釋遠

釋遠六祖法嗣號龍門法眼禪師

坐禪銘

心元虛暎體絕偏圓金波匝匝動寂常禪念起念滅不用止絕任運滔滔何曾起滅起滅寂滅現大迦葉坐卧經行未嘗間歇禪何不坐坐何不禪了得如是始號坐禪坐者何人禪是何物而欲坐之用佛覓佛佛不用覓覓之轉失

坐不我觀禪非外術初心鬧亂未免回換所以多方教渠靜觀端坐收神初則紛紜久久恬淡虛閑六門六門稍歇於中分別分別纔生已成起滅起滅轉變從此心現還用自心反觀一徧一反不再圓光頂戴靈焰騰輝心心無礙橫該豎入生死永息一粒還丹點金成汁身心客塵透漏無門迷悟且說逆順休論細思昔日冷坐尋覓雖然不別也大狼籍剎那凡聖無人能信匝地忙忙大須謹愼如其不知端坐思危一日築著伏惟伏惟三自省察是身壽命如駒過隙何暇閑情妄爲雜事既隆釋種須紹門風諦審

先宗是何標格道業未辦去聖時遙善友師教誡不可捨自生勉勵念報佛恩惟已自知大心莫退報緣虛幻不可強爲浮世幾何隨家豐儉苦樂逆順道在其中動靜寒溫自愧自悔

十可行十頌序

華嚴以十法界總攝多門示無盡之理禪門有十元談以明唱道洞山有十不歸以表超證山僧述十可行以示後生庶資助道譬諸蓬生麻中不扶而直又如染香之人亦有香氣有少益者書之於后

終南山僧

僧姓氏無考居終南太一山

衆經音義序

自法王命駕導之者九乘宏傳聲教統之者三藏然則指月之喻無爽於恒規因言之義有契於常則所以實相窅冥開宗於文字權道綜御崇尚於方言且夫一音各解惟聖之筌蹄隨緣別悟在凡之準的西梵天語邃古莫虧東華人言沿時遷貿至於說文在漢字止九千韻集出唐言增三萬代代繁廣符六文而挺生時時間發寄八體而陳迹求其本據諒在前後覈其離廣誠歸物議夫以佛教東翻六百餘載舉其綱紐三千餘軸隨部出音聞之往說殷鑒羣錄未曰大觀然則必也正名孔君之貽誥隨俗言晤釋父之流慈非相無以引心非聲無以通解有大慈恩寺元應法師博聞強記鏡林花之宏標窮討本支通古今之互體故能讐校源流勘閱時代刪雅古之野素削澆薄之浮雜悟通俗而顯教舉集畧而騰美眞可謂文字之鴻圖言音之龜鏡者也以貞觀末歷勑名參傳綜經正緯咨爲實錄因繹尋閱捃拾藏經爲之音義注釋訓解援引羣籍

証據章明煥然可領結成三帙自前代所出經論諸音依字直反曾無追顧致失教義實迷匡俗今所作者全異恒倫隨字刪定隨音徵引並顯唐梵方言翻度雅鄭推十代之紕紊定一朝之風法文非詞費務在綱正恐好異者輒復畧之斯則得於要約失於義本救弊開信終掩元化故重陳委悉無昧焉序之云爾

欽定全唐文卷九百二十三

張果

果不知何許人武后時隱中條山往來汾晉間自云年數百歲武后遣使名之佯死不赴開元二十一年恒州刺史韋濟以同遣使齎璽書邀迎之至東都元宗好神仙欲以玉眞公主降之果不奉詔懇辭歸山乃賜號通元先生銀青光祿大夫爲造棲霞觀於隱所入恒山不知所之

道體論序

夫渾然未兆得喪無涯名質既分則凡聖義顯然凡不自

悟必積感以求通聖不棄物亦因機而設教教緒彌綸宰容窮數約其一應之迹所謂道德所言道者極妙環中圓通物化因通立稱故名爲道德者殊能廣洽全任無功成迹可目故名爲德然則道以通化彰名忘通則會旨德就全任標稱泯迹則德全斯二兼忘宗極無主者也將欲顯彼元源導茲弱喪法不自闡宏之在人故先以老子標爲首題萬物芸芸封心華競至人懸解返本無爲故曰老子體雖泊然機來則應應迹嗣興目之爲子德不自樹妙成在法本其所通字之曰道然道體虛凝常爲軌訓其名不去號之爲經建言至末此章爲首故曰道體論

黃帝陰符注序

陰符自黃帝有之蓋聖人體天用道之機也經曰得機者萬變而愈盛以至於王失機者萬變而愈衰以至於亡厥後伊呂得其末分猶足以拯生靈況聖人乎其文簡其義元凡有先聖數家注解互相隱顯後學難精雖有所主者若登天無階耳近代李筌假託妖巫妄爲注述徒參人事殊紊至源不慚窺管之微輒呈酌海之見使小人竊窺自謂得天機也悲哉臣固愚昧嘗謂不然朝願聞道夕死無

悔偶於道經藏中得陰符傳不知何代人製詞理元邈如契自然臣遂編之附而入注冀將來之君子不失道旨矣

太上九要心印妙經序

夫九要者要乃機要也以應大丹九轉故以道分九篇法顯九門九門合理篇篇歸根雖不得親師之旨得此要如親師訓得者坐獲天機悟之者爲之心印若依行者在欲無欲居塵出塵分立九門還元二儀學道君子細意詳之先序顯用次要應體以體兼用性命備矣

葉法善

法善括州括蒼人自曾祖三代爲道士皆有攝養占卜之術法善少傳符籙尤能厭劾鬼神高宗聞其名徵詣京師將加爵固辭求爲道士因留内道場睿宗卽位稱法善有冥助之力先天二年拜鴻臚卿封越國公仍爲道士京師景龍觀開元八年卒年一百七歲贈越州都督

乞歸鄉上表

道士臣某言臣江海野人素無道業澗飲木食枯槁自居屬聖朝宗道之門大興元範臣得沐皇化服事五朝竭忠盡誠披肝瀝膽一有所補萬死無恨況屬聖朝重張寓縣再安品物凡在含識咸用昭蘇陛下不棄芻蕘復收簪履臣愚陋過蒙恩渥假其列棘之司加以茅苴之封褒榮忻被澤漏泉扃然臣胡顏堪此大造灰身刎首不能上荅前歲天恩賜歸鄉里殘魂假息獲拜先塋聚族聯黨不勝悲慶屬親姊莫年百餘三歲見臣還邱壟載喜載悲纔逾一旬奄忽先逝雖死生有命理則固然而骨肉有情豈無哀痛積年之疹一朝遂發形容枯劣殆不能勝往者虔奉綸音俾投龍璧奉使之後禮應復命心馳魏闕意欲駿奔病在江鄉力難勝致自前年之冬末驟辭南土去歲之夏首

纔達東京死魂餘步抑難訓說寧有形枯心疾叨厠莫宜紫綬金章人臣極貴自非功高帶礪不可錫其光寵況道本希夷無關視聽謬膺匪服實玷國猷伏願陛下特賜餘魂得歸邱墓則物善遂性天覆無涯方違闕廷不勝攀戀無任懇禱之至謹詣朝堂上表以聞臣誠惶誠恐死罪死罪謹言

乞歸鄉修祖塋表

道士臣某言二月二十一日扶病陳誠特乞餘魂歸修塋墓而高天未聽跼地無所因此舊氣發動殘生如線未辭聖代奄成異物幸賴天覆含育未卽泉壤貸及餘命得遂微心臣前奉絲綸賜歸桑梓既齎龍璧備歷山川夙夜周章恭承國命比及鄉里時迫嚴寒屬數年失稔百姓逃散親族餒饉未辯情理欲樹碑碣私願莫從而碑石猶在蘇州未能得達鄉里臣焦心泣血以日爲歲若此不遂死不瞑目伏惟陛下覆燾亭育昆蟲遂性孝理之教被及含生臣皮骨空存命均風燭乞餘喘未絕所願獲申一聞聖恩九泉無恨方當辭違宸極舁疾江湖伏枕疏襟不勝悲戀謹詣朝堂上表以聞臣誠惶誠恐死罪死罪謹言

乞回贈先父爵位表

臣聞孝道之大人行所先故洪覆無言神女有卷綃之應厚載至廣江鱗表充膳之徵斯實感於神祇通於天地者矣伏惟皇帝陛下孝道叶天地聖德符神祇齊郡擢靈芝陵寢降甘露此陛下孝感之應故當錫類及物而臣幸生孝理之代目視靈應之符身無橫草之功虛受茅苴之錫九卿之任下譬江海五等之爵上應星緯臣崦嵫日迫泉壤無幾生我父母竟未答於劬勞覆我聖恩實有重於山嶽臣誠則微物豈能無心自忝辱朝列日夜惶懼生無益

於聖代死實負於康時而犬馬私情切有所願乞以陛下所授爵位回贈先父臣上不違陛下孝道之風下得展臣罔極之念一遂哀疚萬死爲幸且臣雞皮鶴髮形骸若是殘魂假氣奄忽無時去冬辭違闕廷輿疾道路曲蒙陛下覆養之德復喜生全令得重謁紫宸趣躡丹地及兹餘喘披瀝微誠陛下所假臣厚祿賦錢乞納天庫官名封號以被泉門則聚族糜軀合宗臚騰存亡幸甚所不敢言伏願天慈沛然聽許再生非重百身靡贖不勝哀苦悲懇之至謹詣闕上表以聞臣誠惶誠恐死罪死罪謹言

報弟子仲容書

汝將吾詩及書進上不得求官當奉詔監喪歸葬括蒼吾去後百六十年外卯山當出一人更過於吾若有人於吾舊居修行即其人也

成元英

元英字子實陝州人隱居東海貞觀五年名至京師永徽中流郁州

南華眞經疏序

夫莊子者所以申道德之深根述重元之妙旨暢無爲之

恬淡明獨化之窅冥鉗鍵九流括囊百氏諒區中之至教實象外之微言者也其人姓莊名周字子休生宋國睢陽蒙縣師長桑公子受號南華僊人當戰國之初降衰周之末歎蒼生之業薄傷道德之陵夷乃慷慨發憤爰著斯論其言大而博其旨深而遠非下士之所聞豈淺識之能究所言子者是有德之嘉號古人稱師曰子亦言子是書名非但三篇之總名亦是百家之通題所言内篇者内以待外立名篇以編簡爲義古者殺青爲簡以韋爲編編簡成篇猶令連紙成卷也故元愷云大事書之於策小事簡牘

而已。內則談於理本。外則語其事迹。事雖彰著。非理不通。理雖幽微。非事莫顯。欲先明妙理。故前標內篇。內篇理深故每於文外別立篇目。郭象仍於題下卽注解之。逍遙齊物之類是也。自外篇以下。則取篇首二字爲其題目。駢拇馬蹄之類是也。所言逍遙遊者。古今解釋不同。今汎舉紘綱。畧爲三釋。所言三者。第一顧桐柏云。逍者銷也。遙者遠也。銷盡有爲累。遠見無爲理。以斯而遊。故曰逍遙。第二支道林云。物物而不物於物。故逍然不我待。元感不疾而速。故遙然靡所不爲。以斯而遊天下。故曰逍遙遊。第三穆夜

云。逍遙者。蓋是放狂自得之名也。至德內充。無時不適。忘懷應物。何往不通。以斯而遊天下。故曰逍遙遊。內篇明於理本。外篇語其事迹。雜篇雜明於理事。內篇雖明理本。不無事跡。外篇雖明事迹。甚有妙理。但立教分篇。據多論耳。所以逍遙建初者。言達道之士。智德明敏。所造皆適。遇物逍遙。故以逍遙命物。夫無待聖人。照機若鏡。既明權實之二智。故能大齊於萬境。故以齊物次之。既指馬蹄天地混同。庶物心靈凝澹。可以攝衛養生。故以養生主次之。既善惡兩忘。境智俱妙。隨變任化。可以處涉人間。故以人間世次之。內德圓滿。故能支離其德。外以接物。既而隨物升降。內外冥契。故以德充符次之。止水流鑒。接物無心。忘德忘形。契外會內之極。可以匠成庶品。故以大宗師次之。古之眞聖。知天知人。與造化同功。卽寂卽應。既而驅馭羣品。故以應帝王次之。駢拇以下。皆以篇首二字爲題。既無別義。今不復次篇也。而自古高士。晉漢逸人。皆莫不躭翫。爲之義訓。雖註述無可閒然。並有美辭。咸能索隱。元英不揆庸昧。少而習焉。研精覃思三十年矣。依子元註三十三篇。輒爲疏解。總三十卷。雖復詞情疎拙。亦頗有心迹指歸。不敢

貽厥後人。聊自記其遺忘耳。

江旻

旻貞觀時希元觀三洞道士。

唐國師昇眞先生王法主眞人立觀碑

觀夫天德惟溥。亭育肇其不差。人靈本智。聞見資其愈甚。是以役成則百用不足。事逸則萬物皆勤。莫不鼎鉉黃金。尊崇居處。闕四字　資養性靈。青襟慚於履霜。白首成於聚嶽。但畏途捷徑。豈所般遊。風葉寒荄。忘其飄賤。假使維捎挂席。終違寶岸。縣車東馬。詎越崇山。闕一字　未有若斯之甚者

也至人應世爲而不處援手濡足拯溺救焚滌其含垢之性復其既迷之轍立關鍵樹隄防艤慈舟於罕濟之川明慧炬於未昕之夕當其虛往應以眞知被薜紉蘭吞虹噬月踐赤墀而宏眾妙排翠扆而播元風踵牧臺之舊蹤襲闕一字山之遺軌勝業與鼇峯竝峻睿澤共鯤海同流理絕名言事忘稱謂可久可大猗歟偉歟法主姓王諱遠知字廣德瑯琊臨沂人也眇迹周闕十字襲於上賓之胄非同薛族託闕一字於平輿之門垂密雲而灑潤御長風而縱響道無常器應有常倫故得幽貺鬱其枝條潛祉被其遐構則

有葉縣奇蹤雷門逸響闕二字閱世伯喈珍其異闕二字信遯時威明貴其縫掖故乃百川紛湊滄溟浸無涯之廣累石不窮惟嶽至極天之峻法主大父景賢梁征北將軍江州刺史考曇選散騎常侍太子右衛率輕車將軍陳車騎將軍揚州刺史建安郡公食邑三千戶鼓吹一部班劍二十人哀華載鬱台扃啟曜動成儀表肅以具瞻法主鎮五石於生宮韞三田於命府降靈以資妙氣受鍊而浴蘭池闕二字漱其芳津二儀賦其純闕一字望德門而直指睠華宗而誕曜母氏濟陽丁夫人陰祇降嬪柔德垂美夙有神明之契先稟嘉祥之符嘗因晝寢夢身爲飛鳳所集既寤見赤光貫乳遂感而娠七日便啼聲聞於外纔經少選而載闕一字焉昔浩靈受錫仰神嗣於妃瑛柱史流沙託日精於元妙叶符元慶高騰聖迹復迺流光外朗豫顯火傳之敎希聲內發先闡導俗之音既而聖縱自天稟至知於弱植道闕三字備闕二字於藏往孝友冥至就養無方業隆幹蠱情忘健羨加以俯同學斅盡銳典墳三易述其殷周四詩傳其鄒魯著康成之韋簡聽季長之絲竹黼藻三古琴瑟百家玉書見重金籯取貴明毀縣鏡照奪清淄迺深棄俗纏早

生厭離寂寥愛網牢落塵情望元關而一息傃蒼雲而長往時有國師宗道先生識洞幽微智深元妙宣風黃道作訓紫宸九重致禮百工興敬攝齊撰屨妙簡英奇法主以體二沐元風知十升堂奥握照廡於荆藍之下抱燭乘於隨合之濱宅空成性智之所漸沿無致學惟幾必彰理詣希微忘所言而知道情遺徑庭就日損以爲德爰在冠年虔修上法迺有族雲浮紫羣鶴呈素晻曖高垂徘徊迴屬周尹候氣詎可參衡晉野揮弦曾何扶轂斯蓋元心廣運遠結冥祥故能幽貺不言嘉瑞爰發法主顧眾芳以指信

因羣靈以擄抱內戰斯止道勝則肥去有欲之廉息多聞之智六經三史縹帙緗囊昔所硏味竝皆棄絕物色眞應躭尚元虛吐納六宮去來三景峻巢由之節勵夷皓之行便卽辟穀休糧惟資松水六塵不染智照杜其氛埃五味性空慧口絕其甘旨遂乃避聲於銜枚之路滅影於至陰之域茅山華陽卽三十六洞天之第八也峯秀龍文之鼎水叶鳳門之泉仰三山以交眞思五便而竚聖迺抗表闕廷願歸巖谷黃門侍郎賀徹奉宣中旨繼是山棲所須竝令官給旣而雅志獲從幽襟獨往高蹈俗外舉手時人羣公祖道衣裾聚觀法主投簪有所終焉是託潤淹草樹光溢林泉拂雲徑以展足援喬枝以移視雖復金錞和鼓獨韻新聲玉琯調時偏諧雅氣與夫道風遐暢遠秀松筠之表勝趣挺生孤映烟霄之外安可亂其清越革我寒暄故以仙伯嗟其格高雲將談其氣遠仍值旗蓋南歇禮樂西歸法主養粹中巖不染氛穢隋開皇十二年晉王分陝維揚尊崇至教欽味風範具禮招延辭不獲命出自山谷長史王子相承候動止諮議顧言每申談對法主豪墨所至必罄今古辭義所該殆無遺逸幽尚有本固請還山晉王

重違所守遣使將送遂投於天窗背嶺鑿崖考室卷晦聲迹纔可修行十三年正月七日夜端坐精思彷彿朱衣羽人握節而進謂法主曰岫隱川藏事由獨善寓形寰宇宜宏利益重官品藻以鄉閈教一方可宣揚法味開度後學旣受茲靈誥始有應物之心焉於是澄止水於衆象竦貞松於羣望應運元機盛談名理重關複奧故以啟其幽深六瑚四璉曾不矜其器用山門著錄三千許人竝立精舍實爲壯麗十九年勅使鄭子騰送書詢問欽尚殷勤誠深下輦大業七年煬帝遣散騎員外郎崔鳳賫勅書迎請見於涿郡之臨朔宮帝迺歎曰朕昔在揚州師已素髮今茲重覩更有童顏豈非道固存焉養之得理者六軍返旆邑駕洛陽奉勅於中嶽修齋俄而炎德遂卑忠良解體欃槍遠燭格澤旁流沈馬謬三十之占膠船無五反之愼蒼生塗炭天命有歸大唐景運龍輿元象斯構皇上繼明理物光宅黔元參天二地經文緯武神謀廣畧道屬雲雷曬晷曜於已晦綴參辰於將落毀隅具固闕二字廓清復修祏廟還爲俎豆非夫唐風惟大大章可以作歌軒德如雲雲門所以流詠其孰能至於此乎故使天成地平其武功也如

彼戢戈歸獸其文德也如此諒可以四三王而六五帝蹈
東戶而穆南風瑞發雲星祥應禎素涸泉獻醴茂棘垂柔
神筵衛蘇芳蕡翊砌巍巍蕩蕩未有若斯之盛者歟猶復
役情動慮旰食已勤克己思治宵衣彌篤仁高穹昊澤漏
重泉於是嗣興至教尚想元極在昔藩朝頻經降問法主
卷懷處世三變市朝語默人間一逢有道既遇龍田方知
必舉之翼將攀鳳羽故審扶搖之勢以茲先覺曲掐恩禮
累有陳聞乞還江外迺詔洛州資給人船竝施法服勅潤
州於舊山造觀一所賜田度道士七十人以爲侍者貞觀

九年四月至山勅文遣太史令薛賾校書郎張道本太子
左內率長史桓法嗣等送香油鎭綵金龍玉璧於觀所爲
國祈恩復遣朝散郎蕭文遠賫璽書慰問竝賜衲帔几杖
等皇太子以其年六月又遣將仕郎張萬迪送香油龍璧
供山中法事勅又遣桓法嗣送香八月十三日至觀法主
沈吟久之方遣恭受謂弟子曰此香何能燒盡可分四近
諸觀廣供齋講莫能感徹十四日午時適因睡寤喜形於
色侍者在旁諮問所以答曰吾向蹔遊洞宮仙官見報欲
以疲朽補爲仙伯名位已定行在不久十五日沐浴冠帶
焚香正坐集諸弟子述聖朝立觀之由勵學人策勤之志
十六日旦忽聞異香入室鳥獸哀嘷顧謂侍者曰日時早
晚曰辰時迺應曰好即轉身平臥自正衣冠九易之形一
朝解束春秋一百二十有六歲肢體柔輭顏色不變停殯
旬餘倍勝常日州遣行參軍馬君偉訃山弔祭弁以狀奏
聞越二十八日以符竹託祔定錄神山之右夫劍解之道
皎昧難知至於刊名伯札勒功仙品青銑成文名帝晨之
旨紫玉爲簡錫太元之命建圖獨立總要羣靈若得之於
千載猶逢之於萬劫自許邁以來未之有也初法主從容

謂所親曰國家爲吾造觀恩德極重自惟徵應恐不見其
成至是時也斧斤始就前刺史辛君昌與五縣官人爰集
山所定方準極八桂運於瑤阜五杏伐於緇林塹荊峯而
求寶玉決河宮而取珠貝郢人負其塗器般匠獻其奇斤
百姓子來四方悅服闕一字排若堵鍤動如雲商畧雲崖考
量泉石迺於積金洞門之右太元降眞之地其山則峯岫
開天逼乾行之峻谿谷括地窮艮象之深滴瀝懸流因風
振響葳蕤喬木承雲聚翠於是式摹大壯建其精宇據修
原而却揖陪秀嶺以斜列飛陛排雲危墉列漢構元櫨以

轇轕纍丹栱以崔嵬儼香閣於烟空鬱珍臺於倒景烏容拂曉假道璇題之間兔色分宵晦影綺疏之側埃壒滅而瑤甍遠寒暑隔而寶殿深綺霞共藻棁爭輝清風與琅玕競響披軒迴眺鬱鬱之千巖不窮鑿牖俯臨蒼蒼之萬壑同色螭龍鱗甲動青玉之鏤雲霧光芒列赤璚之案闕一字九色雜流蘇而迴卷華旛百戲拂藻井而斜縈霜鐘韻鳧氏之音仙盎盡輪人之妙列卬佺於東序憩羽客於南榮簷度元霜庭凝絳雪昔漢宗萬乘元宮繞峙於豫章齊侯九合正寢止聞於拱柏未若綸誥爰發雕礱勝地元都萬雉植立天窗之間蕭臺九層輝耀洞天之表故以一鑿

崑驪中貧海瀆又於內殿奉爲文德皇后造元始天尊像一軀二眞夾侍擬香園之妙寫空歌之儀遐邇歸依人天讚仰法輪常轉洪恩不替州伯武陟公李使君諱厚德眞人胄裔衣冠舊緒天潢分其遠派帝圃竦其旁枝政循化穆途謠里頌崇信法門義不忘本弟子陳羽弱年服道暮齒不疲稟洞神之言得入微之致平昔應徵已當付囑今玆綜理復隆堂構弟子王軌夙挺機緣幼恭德宇鑽仰聞於奧室舉措循於綱常清言餘論演暢有歸羽等迺與遠近同門道俗耆舊以爲日月迴薄總盈縮之期春秋遞代運盛衰之道實宜騰芳垂茂遠播清塵但韋編既絕宣尼深易道之歎簡書遽落東晳補由庚之辭是用樹彼高垣題其瓏石立言紀事傳諸不朽上願皇圖定七百之基符千載之運同玉京而等固與金闕而俱遙敢述撮猷迺爲銘曰

生靈蠢蠢世界悠悠吉凶竝騖愛惡相謀如彼蕣華望昬不晝如彼蕙茵棄捐無秋至人顯用夙膺元籙勝己克勤

導揚斯屬非相遊道無言匡俗物有可甄寧憚濡足幾採其妙鑒獻其明鍊微毓德凝元肆情才高楚澤價重秦城義堂縱辯文路蜚英跡淪青嶂聲邇丹墀蹈禮河濱當仁茨嶺師臣是屬如綸攸騁爰名瓌林構茲嚴整偉哉瞰迴壯矣淩虛儀形元圃輝映方諸欄垂疊璧甍間連珠岧嶢仙阜焴爚神居迷迭香隮合昬奇樹擾麐遙集馴蜺迴赴入歲招缺騎箕引傅蔽虧日月杳冥雲霧化周道息靜鑒潛神鸞旂宛宛象躅鱗鱗乘飇叔茂析理元賓永言終古無絕清塵

史崇

崇武后時太清觀主授金紫光祿大夫鴻臚卿員外置同正員河內郡開國公。

妙門由起序

夫至道難究，虛皇不測，雖無爲無形，而有情有信。無爲無形也，忘功用而起視聽；有情有信也，孕生靈而運寒燠。乾坤得之以開闢，日月得之以貞明，天子得之以致理，國祚得之以太平，爲一切之祖首，萬物之父母也。若乃虛空自然，變見生爲，凝靈結氣，化成聖人，卽元始天尊之謂也。故經云：無狀之狀，無物之象，是謂恍惚。又云：恍惚中有物，恍

惚中有象，杳冥中有精，其精甚眞，其中有信。又云：元始者，道之應化，一之凝精，因氣感生，轉變自然，此既不由胎誕，因經姓系。夫有天地方有人焉，有人焉方有氏族。天尊生於混沌之始，何宗祖之有乎？其後改號示變，應迹垂靈，託胎洪氏之胞，降形李母之腋，蓋有由矣。然五身既分，三代斯別，隨機應物，拯溺安危，汲引羣迷，財成庶族，慈悲覆燾，難以勝言。所謂眞身者，至道之體也；應身者，元始天尊、太上道君也；法身者，眞精布氣，化生萬物也；化生者，堀然獨化，天寶君等也；報身者，由積勤累德，廣建福田，樂靜信等也。然元始天尊、太上道君、高上老子，應號雖異，本源不殊。更託師資，以度羣品，或命尹喜入天竺，以化胡人；或與鬼谷之崑崙，以行聖教。慈濟之道，無遠不通。蓋方圓動靜，黑白燥溼，自然理性，不可易也。吹管操絃，修文學武，因緣習用，不可廢也。夫自然者，性之質也；因緣者，性之用也。因緣以修之，自然以成之。由此而言，高仙上聖，合道歸眞，固增廣善緣，精進無退，度人濟已，通幽洞冥，變粗爲精，鍊凡成聖。而惑者遂云神仙當有仙骨，骨法應者，不學而得，何其謬哉！然法界高深，天宮悠曠，五億五萬，布其方域，三千大

千，分其國土。則有元都妙境，玉京延至聖之游；宛利仙居，寶臺致神君之化。眞庭杳眇，陽和七曜之天；妙躅深沈，太微九靈之觀。斯乃存諸浩劫，著自遐齡，厥迹紛綸，卒難詳載。夫津梁所建，開度攸先，國土不安，陰陽致沴，凶衰係起，疫毒流行，遂能保祐帝王，安鎭黎庶，此之功德，何以加焉。然道士立名，凡有七等：一者天眞，二者神仙，三者幽逸，四者山居，五者出家，六者在家，七者祭酒。其天眞、神仙、幽逸、山居、出家等，去塵離俗，守道全眞，蹤寄寰中，不拘世務。其在家、祭酒等，願辭羣利，希入妙門，但在人間，救療爲事。今

劍南江表此道行焉所以稱之爲道士者以其務營常道故也至於法衣非無差降黃裳絳褐式崇正一之儀鳳氣飛雲用表洞元之服載諸經教此不縷陳原夫眞經實惟深奧或凝空結氣自然成章或浮黎協晨聖人演妙或天書下降玉字方傳或代出聖師撰述靈旨其後遞相傳授使得流通或寶座敷揚十方聽受所以護持帝王使國土安寧拔度淪亡使魂神遷陟利人濟己契道冥眞法力幽通難以爲喻崇信者因而享福毀謗者於是延災若影之隨形響之應聲也是以軒轅夏后崇信也致昇仙之道成

太平之功梁武齊宣毀謗也招禍敗之辱受覆亡之報我國家承宗李樹襲訓騫林恒締想於眞靈每稽芳於道德無爲無事載揚垂拱之風迺聖迺神逾闡不言之教既而形闈少事紫掖多聞披鳳笈之仙章啟龍緘之祕訣文多隱諱字殊俗體欲使普天率土廣識靈音故勅金紫光祿大夫鴻臚卿員外置同正員上柱國河內郡開國公太清觀主臣史崇爲大使銀青光祿大夫檢校太子僕射上柱國臣盧子眞爲副使宣議郎試右領軍衛長史臣史杲爲判官與銀青光祿大夫檢校中書令兼太子右庶子昭文館學士上柱國平安縣開國子臣崔湜金紫光祿大夫行禮部尚書昭文館學士上柱國晉國公臣薛稷銀青光祿大夫右散騎常侍昭文館學士權檢校左羽林將軍上柱國高平縣開國公臣徐彥伯銀青光祿大夫右散騎常侍昭文館學士權檢校右羽林將軍上柱國壽昌縣開國侯臣賈膺福銀青光祿大夫行黃門侍郎昭文館學士上柱國贊皇縣開國男臣竺乂銀青光祿大夫行太子右諭德昭文館學士兼宋王侍讀上柱國臣邱悅正議大夫行工部侍郎昭文館學士柱國臣盧藏用正議大夫行祕書少

監昭文館學士柱國臣韋利器正議大夫行太府少卿昭文館學士上柱國吳興縣開國男臣沈佺期通議大夫主爵郎中權檢校右羽林將軍兼昭文館學士上柱國臣李猷正議大夫行太子洗馬昭文館學士上柱國臣張齊賢大中大夫昭文館學士輕車都尉臣鄭喜朝散大夫檢校祕書丞昭文館學士臣胡皓金紫光祿大夫崇文館學士上柱國魯國公臣祝欽明銀青光祿大夫行黃門侍郎兼修國史崇文館學士東海郡開國公臣徐堅朝散大夫守中書侍郎崇文館學士臣王琚銀青光祿大夫崇文館學

士上柱國平涼縣開國子臣員半千銀青光祿大夫崇文館學士上柱國臣胡雄銀青光祿大夫行國子司業崇文館學士兼皇太子侍讀上柱國臣褚無量通議大夫行祕書少監崇文館學士知館事上柱國居巢縣開國子臣劉子元朝議大夫行中書舍人崇文館學士上輕車都尉臣賈膺朝散大夫中書舍人內供奉崇文館學士柱國臣蘇晉大德京太清觀大德張萬福大德劉靜儼大德田君楷大德阮孝波京元都觀主尹敬崇大德京東明觀主寇義待大德京太清觀法師孫文儁大德時居貞大德單大昜

大德高貞一大德張範大德田克勤大德范仙厦大德宗聖觀主侯元爽大德東都大福唐觀法師侯抱虛上座張至虛劉元良大德絳州玉京觀主席抱舟等集見在道經稽其本末撰其音義然以運數綿曠年代遷易時有夷險經有隱見或劫初即下劫末還昇或無道之君投以煨燼或好尚之士祕之巖穴因而殘缺紊其部伍據目而論百不一存今且據京中藏內見在經二千餘卷以爲音訓具如目錄餘經儀傳論疏記等文可易解者此不詳備其所散逸佇別搜求續冀修繕用補遺缺而經且久遠字出靈聖梵音罕測雲篆難窺或爲無識加增或爲傳寫妄誤或持浮偽之說竊揉眞文或採菁華之言將文釋典不可齊其所見斥以靈篇今之著述或所未晤中間闕疑用俟能者名曰一切道經音義竝撰妙門由起六篇具列如左及今所音經目與舊經目錄都爲一百十三卷崇等學昧琅書情昏寶訣伏承天渙敢罄謏聞披錦藴而多慚對絲言而自失

王太霄

太霄成都人武后時度爲至眞觀道士

元珠錄序

先師族王氏俗諱暉法名元覽先祖自晉末從幷州太原移來今爲廣漢綿竹普閏人也太霄繼體承華蒙恩入道豈能敵先人之舊德測天性之涯量哉伏聞鄉老說師年十五時忽異常日獨處靜室不羣希言自是之後數道人之死生兒童之壽命皆如言時人謂之洞見至年三十餘亦卜筮數年云不定棄之不爲而習弄元性藴反折法捷利不可當躭翫大乘遇物成論抄嚴子指歸於三字後注老經兩卷及乎神仙方法丹藥節度咸心謀手試旣獲其

要乃攜二三鄉友往造茅山半路覺同行人非仙才遂却歸鄉里歎長生之道無可共修此身旣乖須取心證於是坐起行住惟道是務二教經論悉遍披討究其源奧慧發生知思窮天縱辯若懸河瀉水注而不竭而好爲人相爨種逆知豐損別宅地之利害見墓田之氣色識鬼神之情狀況衆咸信重之嘗有一家欲造屋材木已具問立屋得不不許立至明年又問得不又言不得更至明年又問得不亦言不好於是數月間家遭官事屋宅資財無以供賣此人方念斯言有一家兒子患眼爲祭其門前桑樹朽孔

遂差或有問病爲處方合藥驗後以爲奇有人平常請問災厄或報云至明年四月一日方好果至月前三十日夜中亡縣中故人家有患難無遠近皆往問卽便爲言臧否人信之及還如所言或到深厚家莫不盡出子女親表求相皆爲列言其貧富壽夭預鑒於未然行事多奇皆此類也亦教人九宮六甲陰陽術數作遁甲四合圖甚省要年四十七益州長史李孝逸名見深禮愛與同遊諸寺將諸德對論空義皆語齊四句理統一乘問難雖衆無能屈者李公甚喜時遇恩度爲道士隸籍於至眞觀太霄時年兩

歲也旣處成都遐邇瞻仰四方人士欽挹風猷貴勝追尋談經問道將辭之際多請著文因是作眞人菩薩觀門兩卷貽諸好事曾往還州路過道靜人稀時有賢者在後數十步有一老人如隱者狀逆行來過顧視師良久逢賢者語云此人是眞人賢者問若爲老人曰眼瞳金色言訖行去以是論之亦元會於嘉號矣年六十餘漸不復言災祥恒坐忘行心時被他事繫獄一年於獄中沈思作混或與藏圖晚年又著九眞任證頌道德諸行門兩卷益州謝法師彭州杜尊師漢州李鍊師等及諸弟子每諮論妙義詢

問經教凡所受言各錄爲私記因解洪元義已後諸子因以號師曰洪元先生師亦不拒焉又請釋老經隨口便書記爲老經口訣兩卷並傳於世時年七十二則天神功元年戊戌歲奉勅使張昌期就宅拜請乘驛入都閏十月九日至洛州三鄉驛羽化嗚呼人而云亡道焉乎在非經文翰千載誰傳蘇遊靈驗記雖畧陳梗概太霄以暗乏不明慈訓有預聞見寡於深遠謹集諸子私記分爲兩卷並爲序傳題曰元珠取其明淨圓流好道元人可貴爲心寶故以珠名之師亦名之爲法寶故法寶序云聖人之經淺者

見之有淺義深者見之有深理深淺俱通眞僞等用竊以往古當今元文空論清言脆句趣道之速未居於上非得之於赤水奚以鑒諸云爾

欽定全唐文卷九百二十四

司馬承禎

承禎字子微河內溫人爲道士事潘師正傳其符籙及辟穀導引服餌之術止天台山武后聞其名召至都降手勅讚美之景雲二年睿宗復召之固辭還山開元九年十五年元宗兩召之勅於王屋山建陽臺觀以居卒年八十九贈銀青光祿大夫謚貞一先生

請五嶽別立齋祠所疏

今五嶽神祠山林之神非正眞之神也五嶽皆有洞府有

上清眞人降任其職山川風雨陰陽氣序是所理焉冠冕章服佐從神僊皆有名數請別立齋祠一所

坐忘論

夫人之所貴者生也生之所貴者道也人之有道如魚之有水涸轍之魚猶希升水弱喪之俗無心造道惡生死之苦愛生死之業重道德之名輕道德之行喜色味爲得志鄙恬素爲窮辱竭難得之貨市來生之福縱易染之情喪今身之道自云智巧如夢如迷生來死去循環萬劫審惟倒置何甚如之故妙眞經云人常失道非道失人人常去

生非生去道故養生者慎勿失道爲道者慎勿失生使道與生相守生與道相保二者不相離然後乃長久言長久者得道之質也經云生者天之大德也地之大樂也人之大福也道人致之非命祿也又西昇經云我命在我不屬於天由此言之修短在己得非天與失非人奪捫心苦晚時不少蚤所恨朝菌之年已過知命歸道之要猶未精通爲惜寸陰速如景燭勉尋經旨事簡理直其事易行與心病相應者約著安心坐忘之法畧成七條修道階次兼其樞翼以編敘之

信敬

夫信者道之根敬者德之蔕根深則道可長蔕固則德可茂然則璧耀連城之彩卞和致刖言開保國之效伍子從誅斯乃形器著而心緒迷理事萌而情思忽況至道超於色味眞性隔於可欲而能聞希微以懸信聽罔象而不惑者哉如人有聞坐忘之法信是修道之要敬仰尊重決定無疑者加之勤行得道必矣故莊周云隳肢體黜聰明離形去智同於大通是謂坐忘夫坐忘者何所不忘哉內不覺其一身外不知乎宇宙與道冥一萬慮皆遺故莊子云同於大通此則言淺而意深惑者聞而不信懷寶求寶其如之何故經云信不足有不信謂信道之心不足者乃有不信之禍及之何道之可望乎

斷緣

斷緣者謂斷有爲俗事之緣也棄事則形不勞無爲則心自安恬簡日就塵累日薄跡彌遠俗心彌近道至神至聖孰不由此乎故經云塞其兌閉其門終身不勤或顯德露能來人保己或遺問慶弔以事往還或假修隱逸情希昇進或酒食邀致以望後恩斯乃巧蘊機心以干時利既非

順道深妨正業凡此之類皆應絕之故經云開其兌濟其事終身不救我但不唱彼自不和彼雖有唱我不和之舊緣漸斷新緣莫結醴交勢合自致日疎無事安閑方可修道故莊子云不將不迎爲無交俗之情故也又云無爲名戶無爲謀府無爲事任無爲知主若事有不可廢者不得已而行之勿遂生愛繫心爲業

收心

夫心者一身之主百神之師靜則生慧動則成昏欣迷幻境之中唯言實是甘宴有爲之內誰悟虛非心識顚癡良

由所託之地且卜鄰而居猶從改操擇交而友尚能致益況身離生死之境心居至道之中安不捨彼乎能不得此乎所以學道之初要須安坐收心離境住無所有不著一物自入虛無心乃合道故經云至道之中寂所有神用無方心體亦然源其心體以道爲本但爲心神被染蒙蔽漸深流浪日久遂與道隔今若能淨除心垢開釋神本名曰修道無復流浪與道冥合安在道中名曰歸根守根不離名曰靜定靜定日久病消命復復而又續自得知常知則無所不明常則永無變滅出離生死實由於此是故法

道安心貴無所著故經云夫物芸芸各歸其根歸根曰靜靜曰復命復命曰常知常曰明若執心住空還是有所非謂無所凡住有所則自令人心勞氣發既不合理又反成疾但心不著物又得不動此是眞定正基用此爲定心氣調和久益輕爽以此爲驗則邪正可知若心起皆滅不簡是非永斷知覺入於盲定若任心所起一無收制則與凡人元來不別若唯斷善惡心無指歸肆意浮游待自定者徒自誤耳若遍行諸事言心無染者於言甚美於行甚非眞學之流特宜戒此今則息亂而不滅照守靜而不著空

行之有常自得眞見如有時事或法有要疑者且任思量令事得濟所疑復悟此亦生慧正根事訖則止實莫多思多思則以知害恬爲子傷本雖騁一時之俊終虧萬代之業若煩邪亂想隨覺則除若聞毀譽之名善惡等事皆卽撥去莫將心受若心受之卽心滿心滿則道無所居所有聞見如不聞見則是非美惡不入於心心不受外名曰虛心心不逐外名曰安心心安而虛則道自來止故經云人能虛心無爲非欲於道道自歸之內心既無所著外行亦無所爲非靜非穢故毀譽無從生非智非愚故利害無由

至實則順中爲常權可與時消息苟免諸累是其智也若非時非事役思強爲者自云不著終非眞覺何邪心法如眼也纖毫入眼眼則不安小事關心心必動亂既有動病難入定門是故修道之要急在除病病若不除終不得定又如良田荊棘未誅雖下種子嘉苗不成愛見思慮是心荊棘若不除翦定慧不生或身居富貴或學備經史言則慈儉行乃貪殘辯足以飾非勢足以威物得則名己過必尤人此病最深雖學無益所以然者爲自是故然此心由來依境未慣獨立乍無所託難以自安縱得暫安還復散

亂隨起隨制務令不動久久調熟自得安閑無問晝夜行止坐卧及應事之時常須作意安之若心得定但須安養莫有惱觸少得定分則堪自樂漸漸馴狎唯覺清遠平生所重已嫌弊漏況因定生慧深達眞假乎牛馬家畜也放縱不收猶自生鯁不受駕御鷹鸇野鳥也被人繫絆終日在手自然調熟況心之放逸縱任不收唯益麤疏何能觀妙故經云雖有拱璧以先駟馬不如坐進此道夫法之妙者其在能行不在能言行之則此言爲當不行則此言爲妄又時人所學貴難賤易若深論法惟廣說虛無思慮所

不達行用所無階者則歎不可思議而下風盡禮如其信言不美指事陳情聞則心解言則可行者此實不可思議而人不信故經云吾言甚易知甚易行天下莫能知莫能行夫唯不知是以不吾知也或有言火不熱燈不照闇稱爲妙義夫火以熱爲用燈以照爲功今則盛言火不熱未嘗一時廢火空言燈不照闇必須終夜然燈言行相違理實無取此只破相之言而人反以爲深元之妙雖則惠子之宏辯莊生以爲不堪膚受之流誰能科簡至學之士庶不留心或曰夫爲大道者在物而心不染處動而神不亂無事而不爲無時而不寂今猶避事而取靜離動而之定勞於控制乃有動靜二心滯於住守是成取捨兩病不覺其所執仍自謂道之階要何其謬耶述曰總物而稱大道物之謂道在物而不染處事而不亂眞爲大矣實爲妙矣然則吾子之鑒有所未明何則徒見貝錦之輝煥未曉始抽於素絲纔聞鳴鶴之沖天詎識先資於鷇食蔽日之幹起於毫末神凝之聖積習而成今徒學語其聖德而不知聖之所以德可謂見卵而求時夜見彈而求鴞炙何其造次哉故經云元德深矣遠矣與物反矣然後乃至大順

簡事

夫人之生也必營於事物事物稱萬不獨委於一人巢林一枝鳥見遺於叢葦飲河滿腹獸不恡於洪波外求諸物內明諸己知生之有分不務分之所無識事之有常不任非常之事事非常則傷於智力務過分則弊於形神身且不安何情及道是以修道之人要須斷簡事物知其閑要較量輕重識其去取非要非重皆應絕之猶人食有酒肉衣有羅綺身有名位財有金玉此並情欲之餘好非益生之良藥衆皆徇之自致亡敗靜而思之何迷之甚故莊子

云達生之情者不務生之所無以爲生之所無（生之所無以爲者分之外物也）蔬食弊衣足延性命豈待酒食羅綺然後爲生哉是故於生無要用者竝須去之於生雖用有餘者亦須捨之財有害氣積則傷人雖少猶累而況多乎今以隨侯之珠彈千仞之雀人猶笑之況棄道德忽性命而從非要以自促伐者乎夫以名位比於道德則名位假而賤道德眞而貴能知貴賤應須去取不以名害身不以位易道故莊子云行名失己非士也西昇經云抱元守一至度神僊子未能守但坐榮官若不簡擇觸事皆爲則身勞智昏修道事

闕若處事安閑在物無累者自屬證成之人若實未成而言無累者誠自誑耳

眞觀

夫觀者智士之先鑒能人之善察究儻來之禍福詳動靜之吉凶得見機前因之造適深祈衛定功務全生自始之末行無遺累理不違此故謂之眞觀然則一餐一寢居爲損益之源一言一行堪成禍福之本雖則巧持其末不如拙戒其本觀本知末又非躁競之情是故收心簡事日損有爲體靜心閑方能觀見眞理故經云常無欲以觀其妙

然於修道之身必資衣食事有不可廢物有不可棄者當須虛襟而受之明目而當之勿以爲妨心生煩躁若見事爲事而煩燥者心病已動何名安心夫人事衣食者我之船舫我欲渡海事資船舫渡海若訖理自不留何因未渡先欲廢船衣食虛幻實不足營爲欲出離虛幻故求衣食雖有營求之事莫生得失之心則有事無事心常安泰與物同求而不同貪與物同得而不同積不貪故無憂不積故無失跡每同人心常異俗此實行之宗要可力爲之前雖斷簡病有難除者且依法觀之若色病重者當觀染色

都由想耳想若不生終無色事若知色想外空色心內妄妄心空想誰爲色主經云色者全是想耳想悉是空何有色耶又思袄妍美色甚於狐魅狐魅惑人令人厭患身雖致死不入惡道爲厭患故永離邪婬袄豔惑人令人愛著乃至身死留戀彌深爲邪念故死墮地獄永失人道福路長乖故經云今世發心爲夫妻死後不得俱生人道所以者何爲邪念故又觀色若定是美何故魚見深入鳥見高飛僊人以爲穢濁賢士喻之刀斧一生之命七日不食便至於死百年無色翻免夭傷故知色者非身心之切要適

爲性命之讎賊何乃繫戀自取銷毀若見他人爲惡心生嫌惡者猶如見人自殺己身引項承取他刃以自害命他自爲惡不遣代當何故引取他惡以爲己病又見爲惡者若可嫌見爲善者亦須惡夫何故同障道故若苦貧者則審觀之誰與我貧天地平等覆載無私我今貧苦非天地也父母生子欲令富貴我今貧賤非由父母人及鬼神自救無暇何能有力將貧與我進退尋察無所從來乃知我業也乃知天命也業由我造命由天賦業命之有猶影響之逐形聲既不可逃又不可怨唯有智者因而善之樂天

知命不覺貧之可苦故莊子云業入而不可舍爲自業故貧病來入不可舍止經云天地不能改其操陰陽不能迴其業由此言之故知眞命非假物也有何怨焉又如勇士逢賊無所畏懼揮劒當前羣寇皆潰功勳一立榮祿終身今有貧病惱害我者則寇賊也我有正心則勇士也用智觀察則揮劒也惱累消除則戰勝也湛然常樂則榮祿也凡有苦事來迫我心不作此觀而生憂惱者如人逢賊不立功勳棄甲背軍以受逃亡之罪去樂就苦何可愍焉若病者當觀此病由有我身我若無身患無所託故經云及吾無身吾有何患次觀於心亦無眞宰內外求覓無能受者所有計念從妄心生若枯體灰心則萬病俱泯若惡死者應念我身是神之舍身今老病氣力衰微如屋朽壞不堪居止自須捨離別處求安身死神逝亦復如是若戀生惡死拒違變化則神識錯亂自失正業以此託生受氣之際不感清秀多逢濁辱蓋下愚貪鄙實此之由是故當生不悅順死無惡者一爲生死理齊二爲後身成業若貪愛萬境一愛一病一肢有疾猶令舉體不安而向一心萬疾身欲長生豈可得乎凡有愛惡皆是妄生積妄不除何以

見道是故心捨諸欲住無所有除情正信然後返觀舊所癡愛自生厭薄若以合境之心觀境終身不覺有惡如將離境之心觀境方能了見是非譬如醒人能知醉者爲惡如其自醉不覺他非故經云吾本棄俗厭離人間又云耳目聲色爲予留愆鼻口所喜香味是怨老君厭世棄俗猶見香味爲怨嗜欲之流焉知鮑肆爲臭哉

泰定

夫定者盡俗之極地致道之初基習靜之成功持安之畢事形如槁木心若死灰無感無求寂泊之至無心於定而

無所不定故曰泰定莊子云宇泰定者發乎天光宇則心也天光則慧也心爲道之器宇虛靜至極則道居而慧生慧出本性非適今有故曰天光但以貪愛濁亂遂至昏迷澡雪柔挺復歸純靜本眞神識稍稍自明非謂今時別生他慧慧既生已寶而懷之弗爲多知以傷於定非生慧之難慧而不用爲難自古忘形者衆忘名者寡慧而不用是忘名者也天下希及之是故爲難貴不能驕富不能奢爲無俗過故得長生富貴定而不動慧而不用德而不恃爲無道過故得深證常道故莊子云知道易勿言難知而不言所以之天知而言之所以之人古之人天而不人慧能知道非得道也人知得慧之利未知得道之益因慧以明至理縱辯以感物情與心徇事觸類而長自云處動而心常寂焉知寂者寂以待物乎此行此言俱非泰定智雖出衆彌不近道本期逐鹿獲兔而歸所得蓋微良曲局小故莊子云古之修道者以恬養智智生而無以知爲也謂之以智養恬智與恬交相養而和理出其性恬智則定慧也和理則道德也有智不用以安其恬養而久之自成道德然論此定因爲而得成或因觀利而見害懼禍而息心或因損捨滌除積習心熟同歸於定咸若自然疾雷破山而不驚白刃交前而無懼視名利如過隙知生死若潰癰故知用志不分乃凝神也心之虛妙不可思也夫心之爲物即體非有隨用非無不馳而速不名而至怒則元石飲羽怨則朱夏殞霜縱惡則九幽匪遙積善則三清何遠忽來忽往動寂不能名時可時否蓍龜不能測其爲調御豈鹿馬比其難乎太上老君運常善以救人昇靈臺而演妙略二乘之因果廣萬有之自然漸之以日損頓之以不學喻則張弓鑿戶法則挫銳解紛修之有途習以成性黜聰隳體嗒焉坐忘不動於寂幾微入照履殊方者了義無日由斯道者觀妙可期力少功多要矣妙矣

得道

夫道者神異之物靈而有性虛而無象隨迎莫測影響莫求不知所以不然而然之通生無匱謂之道至聖得之於古妙法傳之於今循名究理全然有實上士純信克己勤行空心谷神唯道來集道有至力染易形神形隨道通與神爲一形神合一謂之神人神性虛融體無變滅形與之同故無生死隱則形同於神顯則神同於形所以蹈水火

而無害對日月而無影存亡在己出入無間身爲滓質猶至虛妙況其靈智益深益遠乎故靈寶經云身神共一則爲眞身又西昇經云形神合同故能長久然虛心之道力有深淺深則兼被於形淺則唯及其心被形者則神人也及心者但得慧覺而已身不免謝何則慧是心用用多則體勞初得小慧悅而多辯神氣散洩無靈潤身生致早終道故難備經云尸解此之謂也是故大人含光藏暉以期全備凝神寶氣學道無心神與道合謂之得道故經云同於道者道亦得之又云古之所以貴此道者何不日求以

得有罪以免耶山有玉草木因之不彫人懷道形體得之永固資薰日久變質同神鍊神入微與道冥一散一身爲萬法混萬法爲一身智照無邊形超有際總色空以爲用合造化以爲功眞應無方信惟道德故西昇經云與天同心而無知與道同身而無體然後大道盛矣而言盛者謂證得其極又云神不出身與道同久且身與道同則無時而不存心與道同則無法而不通耳則道耳無聲而不聞眼則道眼無色而不見六根洞達良由於此至論元教爲利深廣循文究理嘗試言之夫上清隱祕精修在感假神丹以鍊質智識爲之洞忘道德開宗勤信惟一蘊虛心以滌累形骸得之絕影方便善巧俱會道源心體相資理踰車室從外因內異軌同歸該通奧賾議默無違二者之妙故非孔釋之所能鄰其餘不知蓋是常耳

太上昇元消災護命妙經頌序

天尊示見三畧慈憫四生開衆妙之門救無極之苦是以垂文元教曲奏妙音俾未聞者聞令未悟者悟此經者蓋太上元元老君之所作也其旨也即妙性之本萬法之宗焉文雖簡畧理實淵深一毛吞四海之波巨黍納無鞅之

衆神明莫測智識難詮不可以聲求不可以色見遠而無外近而無親追之不見其前伺之不來其後無上之上不可階而升也元之又元不可得而聞也混先天而不古歷浩劫以長存尊而無名貴而無位逡巡萬變倏忽無邊照耀則日月有虧覆載則乾坤不昔隨機化導對境忘心抉疑網以入元宗引輪迴而歸覺路散余一氣毓彼羣生失我則逝水以俄傾保我則後天而不老毀之者持巨帚以掃崑崙究之者類鴻鵠之飲滄海所以元言莫暢聖道難彰縱有修行徒多讀誦朝聞夕死未見其人不揆斐然輒

爲頌云

上清含象鑒圖序

夫四規之法獨資於神術千年之奇唯求於烏影含光寫貌雖覩其儀尚象通靈罕存其制而鑒之爲妙也貞質內凝湛然惟寂清暉外瑩覽焉遂通應而不藏至人之心愈顯照而徵影精變之形斯復所謂有貞明之道也有神靈之正也捧玩之寶莫先茲器既可以自見亦可以鑒物此鑒所以外圓內方取象天地也中列爻卦備著陰陽也太陽之精離爲日也太陰之精坎爲月也星緯五行通七曜

也雷電在卯震爲雷也天淵在酉兌爲澤也雲分八卦節運四時也此表天之文矣其方周流爲水以瀉四瀆內置連山以旌五嶽山澤通氣品物存焉此立地之文也詞銘四句理應三才類而長之可以意得此寄言以明人之文也故曰含象鑒蓋總其義焉勒書於匣詳觀制器之象矣

天地宮府圖序

夫道本虛無因恍惚而有物氣元沖始乘運化而分形精象元著列宮闕於清景幽質潛凝開洞府於名山元皇先乎象帝獨化卓然眞宰湛爾冥寂感而通焉故得瓊簡紫文方傳代學琅函丹訣下濟浮生誠志攸勤則神僊應而可接修鍊克著則龍鶴昇而有期至於天洞區畛高卑乃異眞靈班級上下不同又日月星斗各有諸帝並懸景位式辨奔翔所以披纂經文據立圖象方知兆眹庶覿希夷則臨目內思馳心有詣端形外謁望景無差乃名曰天地宮府圖其天元重疊氣象參差山洞崇幽風煙迅遠以茲縑素難具丹青各書之於文撰圖經二卷眞經所載者此之畧備僊官不言者蓋闕而未詳

天隱子序

神僊之道以長生爲本長生之要以養氣爲先夫氣受之於天地和之於陰陽陰陽神虛謂之心心主晝夜寤寐謂之魂魄如此人之身大率不遠乎神僊之道天隱子吾不知其何許人著書八篇包括祕妙殆非人間所能力學觀夫修鍊形氣養和心虛歸根契於伯陽遺照齊於莊叟長生久視無出是書承禎服習道風惜乎世人夭促眞壽思欲傳之同志使簡易而行信哉自伯陽而來唯天隱子而已矣

景震劒序

夫陽之精者著名於景陰之氣者發揮於震故以景震爲名式闕備氣之義是知貞質相契氣象攸通運用之機威靈有應攝神代形之義已覩於眞規收鬼摧邪之理未聞於奇制此所以劒面合陰陽刻象法天地乾以魁罡爲杪坤以雷電爲鋒而天罡所加何物不伏雷電所怒何物不摧佩之於身則有內外之衞施之於物則隨人鬼之用矣

陶宏景碑陰記

大哉道元萬靈資孕其自然也忽恍不測其生成也氤氳可知若夫稟習經法精思通感調運丹液形神鍊化歸同

一致舉異三清自古所得罕能盡善兼而聚之鑒而辯之靜而居之勤而行之者實惟貞白先生歟蓋特稟靈氣胎息見龍昇之夢卓秀神儀骨籙表鶴僊之狀心若明鏡洞鑒無遺器猶洪鐘虛受必應是以天經眞傳備集於昭臺奧義微言咸訣於靈府纂類篇簡悉成部帙廣金書之鳳篆益琅函之龍章闡幽前祕擊蒙後學若諸眞之下教爲百代之明師焉覩先生寫貌之象則道存目擊覽先生著述之義則情見乎辭縱逾千載亦可得之一朝矣至於思神密感之妙鍊形化度之術非我不知理難詳據敬以修身德業受書道備按夫科格固超眞階命分殊途顯然異軌應從解景不事登晨冥昇上清弗可得而測識已然隱几云化虛室仍存代劒未飛陰邸尚閉道尊德貴終古不渝披文相質迺今無覩朝代累革年世轉睽永懷僊烈久增誠慨子微將遊衡嶽暫憩茅山與諸法義聚謀刻石郤陵撰製美具當年今以書勒言全往行因運拙筆聊述眞猷紀於碑陰式昭年世時大唐開元十二年甲子九月十三日己巳書

上清侍帝晨桐柏眞人眞圖讚并序

夫得道成眞有隱有顯躋神化質多術多途大茅君辭親入嶽僊業備而歸來坐致椦輿白日輕舉高邱子解形避世丹藥就而不返行馭龍鶴遯景潛昇見靈妙者以奬諸道學之勤混終婞者以息其生離之墍或命分有照冥之異事不可違或性樂有語默之殊理從自適古僊出處兼此顯晦時人記傳罕能詳測故迹有再三述有前後會通機變方知至妙焉桐柏眞人王君即周靈王之太子子晉也按史記云太子聖而早卒據列仙傳曰隱而登僊兩說不同蓋有由矣司馬公述乎國史劉子政驗以道書國史

載其前卒之蹤道書著其後僊之事眞僊相反尚見異於同時彼我相違況與懸於數紀且其特稟靈氣已積習於前生假孕人胎暫應身於此世幼而通聖是習性之久也誕而有髭是身貌之昔也鍊神入微謫僊促限知賓帝之一舉期師曠於三載說賓帝乃沖形之旨豈肯沈魂誡師曠愼不壽之言明知弗天良以早彰人間遽還僊境輕此儲位重彼眞僊遊洛川以佇懷暢笙歌之逸韻感浮邱而降接傳出世之奇方故能蛻形示終隱山學道振羽之日謝時沖天其初卒後僊亦不足疑怪也是以京陵之墓經

古啟而劍飛緱氏之祠迄今立而神在化昇之致事理昭然承禎早處嵩獄慕山林之抗迹每謁堂廟欽影響之餘靈對風景而虛心懷七日之如昨瞻雲天而悠思仰三清之又元復以玉晨策命當侍弼之榮秩金庭宰職赴桐柏之名山五嶽是司羣神所奉八洞交會諸僊遊集周紫陽受素奏之符夏明晨稟黃水之法密契者傳祕訣於同道歸誠者告幽遯之殊庭靈墟信奇丹水濟成神之域福地旌異黃雲靄不死之鄉林宇巖房存諸棲憩石梁峯闕紀其登遊所以負笈幽尋爲室靜處希夷尚闕視聽罕通乃覿僊傳追伊洛之發迹復披眞誥慕華陽之降形輕運丹青敬載圖象敢爲讚述庶表誠心方以焚香啟麗窺天洞於素牒聽氣內思奉光儀於絳府自以在世迄於昇眞凡有一十一圖纂成一卷

圖畫周朝宮闕作穀洛二水相合而鬬稍毀宮城處人夫負土欲壅此川作太子具冠服立於靈王前諫事讚曰

稟神幼聖繼明英聰咨諫壅水切爭飾宮如何不納更事修崇預言禍敗果致卑窮第一

圖畫東殿宇作太子坐處與叔譽師曠問答事其師曠乃舉蹻其足讚曰

學聚該洞辯物談述叔譽斯窮師曠匪詰隱妙神性謬測聲質賓帝有期瞑臣詎悉第二

圖畫太子吹笙遊於伊洛間道士浮邱公降接之事讚曰

位寓儲宮宇著僊閑志淩雲漢迹厭城郭學鳳調篁思眞佇洛浮邱降授解形是託第三

圖畫宮殿作太子臥卒形羣臣嚬泣事及太子

共浮邱公東南行向嵩高山事讚曰
劒杖有術符藥多方代形未化蛻質黙詳尋師道長辭親愛忘隱山自逸瘞墓徒傷 第四
圖畫嵩高山作修學巖林居處巖中有經書丹竈浮邱公坐在其中巖前作壇王君坐在壇上燒香精思事又王君出於山次見桓良共語事讚曰
棲山隱跡學道鍊形年淹數紀業契羣靈告期七日將邁三清桓良返報周國待迎 第五

圖畫王君乘鶴駐在緱氏山頭舉手謝時人幷作周國帝王儀仗及時人衆等望不得到及王君控鶴昇天事讚曰
傾人國內駐鶴山巔遙謝舉手永絕歸年畱情數日沖景三天孤軒暢遠衆被悲旋 第六
圖畫天上上清宮闕作道君形像仙眞侍衛作二童側立共捧案案上有玉策幷作一眞人側立宣付王君讚曰
形聲入妙道備登眞奉朝金闕稟策玉晨德業爰敘職位攸遵二儀齊奉萬劫凝神 第七
圖畫王君乘雲車羽蓋僊靈侍從旌節導引龍鶴飛翔從天而降欲赴桐柏山洞宮事讚曰
班錫所稟羽儀咸備雲景浮軒龍鶴騁轡旍節導從雲僊會萃自天乘階瞻山赴位 第八
圖畫桐柏山作金庭洞宮王君坐在宮中衆僊侍衛幷五嶽君各領佐命等百神來拜謁讚曰
山有玉洞宮曰金庭九天通象三晨伏精侍帝斯任弼王

所貞領司五嶽統御百靈 第九
圖畫眞人周季山作道士服於桐柏山見眞人王君王君以左手執素奏丹符欲付周君周君長跪而受之作夏馥著古人衣遇見王君王君把一卷書欲付馥馥長跪舉兩手受之其周夏二人皆作山人裝束各作一笈解在其人邊石上皆跪於王君王君作眞人衣服幷有三五箇僊人侍在左右讚曰
周君訪道丹符見授夏氏求僊黃水之宛鍊形奇術非師

不就幽感爰通冥期可俟第十

圖畫茅山楊君學道壇宇處王眞人降見着芙蓉冠絳衣白珠綴衣縫帶劒楊君把紙筆附前而書其衣作眞仙之製其劒皷依經中樣式讚曰

眞仙匪遙感通惟密應彼幽志降茲靈質誠訓著言詠歌兼述見景非久沖眞返一第十一

含象鑒銘

天地含象日月貞明寫規萬物洞鑒百靈

龜鏡銘

龜自卜鏡自照吉可募光不曜

青蓋作鏡大吉昌巧工刋之成文章左龍右虎辟不祥朱鳥元武順於旁子孫富貴居中央

素琴傳

桐琴字清素臨海桐柏山靈墟之木也其先自開闢之初稟角星之精含少陽之氣胎生厚土挺出崇嶽得水石之靈育清高之性擢幹端秀抽枝扶疏盤根幽阜藏標散木經億萬歲人莫之識唯鳳從之遊以棲蔭焉神茂靈嗣子孫彌遠承先胄之裔者聚於魯郡嶧山之陽分株徙植畧遍諸嶽既因地受氣亦殊體異林雲和空桑冬夏異奏繞梁焦尾世代奇聲昔伏羲氏之王天下也以諧八音皆相假合思一器而備於律呂者編斷衆木得於梧桐製爲雅器體名曰琴琴者禁也以禁邪僻之情而存雅正之志修身理性返其天眞夫琴之制度上隆象天下平法地中虛合無外響闕暉暉有十三其十二法六律六呂其一處中者元氣之統則一陰一陽之謂也而律管有長短故暉間有賒促當暉則鳴差則否亦猶氣至灰飛時移景正神理

不測其在茲乎上爲人頸人肩取其發聲之位也中爲鳳翅取其來儀之音也末爲龍齗取其幽吟之感也其餘形製各因用立名施以五絃繩繰有差品以五音調韻成弄於是奏之通神明之德合天地之和黃帝作清角於西山用會鬼神虞舜以南風之詩而天下理此皇王以琴道致和平也故曰琴者樂之統君臣之恩矣師曠爲晉平公奏清徵元鶴二八降於廊門再奏之引頸而鳴舒翼而舞瓠巴鼓琴則飛鳥集舞潛魚出躍師文各叩一絃乃變節候改四時總諸絃則景風翔慶雲浮甘露降醴泉涌此明閑

音律者以琴聲感通也黃老君彈雲和流素之琴眞人拊雲和之琴內經號琴心文涓子著琴心論此靈僊以琴理和神也孔子窮於陳蔡之閒七日不火食而絃歌不輟原憲居環堵之室蓬戶甕牖褐塞匡坐而絃歌此君子以琴德而安命也許由高尚讓王彈琴箕山榮啟期鹿裘帶索攜琴而歌此隱士以琴德而興逸也伯牙鼓琴鍾子期聽之峩峩洋洋山水之意此琴聲導人之志也有撫琴見螳蜋捕蟬蔡邕聞之知有殺音此琴聲顯人之情也是知琴之爲器也德在其中矣琴之爲聲也感在其中矣無成與虧雅量貞固有操而作嚮應通變至於五性有殊習之而

愈勵則箕子以全忠子夏以明孝六情有偏聽之而更切則景公之酣樂漢祖之傷心與夫冥寂之士怡閑之居者希音通於反聽太和沖於浩然則孫登之神遊宇外稷公之道長邱中猗歟夫子之所翫也宏矣深矣予以癸卯歲居靈墟至丙午載有桐生於堦前迨壬子祀得七歲而材成端偉枝葉秀茂松竹爲林堅貞益其雅性颸瀏爲友清泠叶其虛心意欲置之棲鳳而鳳鳥未集不若採以爲琴而琴德可久俟璚霜之既降俟珪葉之凋去定陰陽之向背揆長短之尺寸爾乃取其元榦不暇待其孫枝以甲寅年手操斤斧自勤斲削重其清虛外運力思然琴之體既有人肩而無其首尚象之義將爲未備斯所以圓其首曲其翅方其肩短其足自餘改制頗殊舊式七月丙戌朔七日壬辰造畢於是施軫珥調宮商叩其音韻果然清遠故知彼羣山之常林此台嶽之秀氣用白賁之全質施緣綺之華彩遁世無悶有託心之所寂慮怡神得導和之致與其遊靈溪登華峯坐皓月凌清颸先奏幽蘭白雪中彈蓬萊操白雪引此二弄自造者其木聲也則琅琅鏘鏘若球

琳之竝振焉諸絃合附則采采粲粲若雲雪之輕飛焉眾音諧也則喈喈噰噰若鸞鳳之清歌焉因時異態變化不窮觸類通神幽與無已非絲桐之奇致何感會之若是耶聲之入神者清角清徵體之全眞者素也故云見素字以厥義式表其德敬而友之期乎益矣夫木之爲用也多矣樂之爲聲也眾矣未若以桐制琴之爲也何者咸池率舞資八音之協簫韶來儀備九成之奏而桐樹自延於丹鳳琴聲乃降諸元鶴爲感通之所致斯在樂之特優豈不以其象法天地其音諧律呂導人神之和感情性之正者哉

自古賢人君子莫不操之以無悶玩之而無斁左琴右書蓋有以也清素者以山名桐柏而桐樹生焉地號靈墟而靈氣出焉故有將遽長佳林則成雅器調高方外弄送邱中同心之言得意於幽蘭矣歲寒之操全貞於風松矣相與爲冥寂之友者淡交於琴乎

欽定全唐文卷九百二十五

吳筠一

筠魯中儒士舉進士不第乃入嵩山依潘師正爲道士傳正一之法元宗聞其名遣使徵之令待詔翰林天寶中李林甫楊國忠用事堅求還山不許乃詔於嶽觀別立道院祿山將亂求還茅山許之終於越中

思還淳賦

伊太素之元風追羲軒而寖隱雖樸散以成器暨唐虞而未泯淳化日以淪亡及殷周而殆盡唯挺生之尼父覩澆漓而致慨乃修詩書制禮樂以救崩隤將驅末駕以旋軫

元元適彼流沙遺道德於關尹信文約而義曠俾浮競以返本固天運之推遷雖聖人亦不能扶其顛隕五霸既沒七雄交馳爰至暴秦儒殘道隳皇漢底定人懷緝熙孝文御宇所向無爲刑法幾措歡心秉彝孝武好夫征伐亦兼崇於典儀雖純懿未舉而文章載施元成懦弱政教陵遲彼蒼生息肩之日在世祖中興之時何孝明之匪德爲祆夢之所眩創戎神之祠宇遵恍惚之妄見始涓涓於濫觴終浩瀚以流羨歷三國而猶微更五胡而大建華夏之禮

廢邊荒之風扇沴氣悖以興行人心颯以傾變遂侮君親蔑彝憲髡跣貴簪裾賤事竭思以徼福劣舍疑而懼譴上發跡於侯王下無勞於獎勸尊贔屓之金狄列崢嶸之紫殿伐千畝之竹不足紀荒唐寓言傾九府之財焉能充悃款誠願於是寶樹瓊軒凌雲照日鏗鍠窈窕不可談悉越章華之宏壯羅區宇而比櫛棟宇以來未有儔匹重貝葉訛謬輕先王典籍欽刑殘鄙夫宴廣厦精室使白屋終勞緇門永逸自國至家祈虛喪實虔而是者則紿之以嘉祥沮而非者則欺之以罪疾故中智以下助成其姦宄之術可謂至眞隱大僞出所以孽黨妖徒此焉遊息儲不因耕衣不俟織誘施冒貨鯨吞蠶食若蛟螭之在水猶豺豹之附翼罔不假小善以外慈藏深邪而內賊豈止一時之封豕乃爲萬代之蟊賊足使宵人得意而傲睨上士傷心而憫默於戲天道乎人事歟天道遠而難曉人事近而可詳雖孽自天厥亦祆由人彰斯乃鍾劉石之兩羯偶符姚之二羌憑胡書之詼譎資漢筆以闡揚道安討論於河洛惠遠潤色於江湘圖澄挾術以鼓舞羅什聚徒以張皇跡無徵於班馬理唯竊於老莊褒蠻陬爲中土貶諸夏爲偏方務在乎噬儒吞道抑帝掩王奪眞宰之柄操元化之綱自古初以逮今未有若斯之弊逆天暴物干紀亂常爰自晉宋迄於齊梁靡不興之者滅廢之者昌竟流遁而不返終取悔以危亡者其故何哉蓋蓼蟲忘辛習其久翫將助其理反增其亂若運窮數極則君悟臣斷億兆不謀而密移神祇應感而冥贊山川爲之澄穆日月爲之炳煥自然朝思文明野莫貞觀譬層冰之堅積非陽春不能使之剖泮當是時也太上有命爰徵萬靈勅司姦以糾慝遣執法以詳刑五帝合符三皇同征乃命天將總天丁伐天鼓揚天旌揮金鑲擲火鈴使列缺激迅霆出昭曠入杳冥捕無影搜無聲獲妖師殲氛兵正太階埽欃槍盪遺祆於千載流惠澤於八紘班師下土功歸上清然後人倫可以順化神道可以永貞變訛僻之俗爲雍熙之吡佇淳風之克復吾乃鼓腹擊壤於巖垌吟咏柏皇與驪連大庭而已矣

巖棲賦

感元聖之垂訓悟已親而名疏言可放而從默身應卷而勿舒愛鵷鶵之巢林在一枝而有餘性所悅而難違託茲山以結廬果棲遲而我愜即逍遙之靈墟觀其嶙崇巒橫

峻谷激泌泉。羅森木。後巍峩以縈紆。前參差而聳伏。追陰壑之夏涼。偃陽崖之冬燠。美勁節於松筠。翫幽芳於蘭菊。虛籟清耳。閒雲瑩目。因海鶴以警夜。任鵾雞以知旭。慮靜於無擾。神恬於寡慾。於是歌考槃於詩人。諷嘉遯於大易。遠浮俗之艱險。消毀譽之損益。蹈方外之坦途。信可免於兢惕。既卽陰以息影。由不行而滅跡。雖區中之末計。實世表之長策。人所棄而已收。故處約而恒適。覽無見以收視。聽無聲以黜聰。和非專於旨酒。樂奚必於絲桐。焚清香以鍊氣。啟玉檢而擊蒙。期遣滯於昭曠。庶近眞於感通。鑒太

虛之有象。覆妙用之非空。朝天甚簡。採藥多暇。形猶資於吐納。意已迸於將迓。知道無廢興。而物有存謝。故挹生本而常生。體化宗而不化。蕭蕭絕塵。誰與爲鄰。跡遠而朋遊益廣。機忘而鳥獸可馴。韻靡叶於當時。心常依於古人。仰由皓之逸軌。咏羲農之化淳。師黃老之元奧。友松喬之道眞。慚無功之速物。良獨善於吾身。秖所幸其自得。敢韜精於隱淪。

登眞賦

悟世促而道永。知名疎而體親。遂忘機而滅跡。方鍊骨而清神。道不孑欺兮感通。象罔天必我鑒兮保合元眞。陰滓落而形超。陽靈全而羽化。惟九仙之奕奕。降八景而來迓。何霓旌之悠揚。吾其整此霄駕。持造化之柔。出存亡之表。遠四野之冥冥。近三辰之皎皎。涉虛寥之浩曠。覺宇宙之卑湫。龍鸞竦兮升我於元都。流玉音於至寂。散金光於太無。星官後從。雲將前驅。使八威於六領。盪遺祆於天衢。麾百魔以震伏。總萬靈以遊娛。翠旌紛紛兮。拂重霄而淩厲。入閶闔之九關。過太微而一憩。倚華蓋而招眞。登紫庭而謁帝。飲予以沆瀣。樂予以元鈞。左盼夫欝儀。右瞻乎結璘。

信巍巍以蕩蕩。肅肅而振振。享謙斯徹。遨嬉未已。泛鮑河之廣流。搴析木之芳蕊。靈香靄而八衢。寶雲沓而四起。諒玆境之足悅。乃此情之匪啻。揚玉輪以遐進。更冉冉而上浮。控三氣而高舉。何萬夫之足越。覲元始於玉晨。謁虛皇於金闕。眞朋森而無算。咸顧予以致悅。於是凝而爲有。散而爲宗。見不以察。聞不以聽。視極於無際。聽周於無窮。動不因心。飛不假翼。與浩劫而靈長。視萬椿爲一息。或躋綺合之榭。或宴圓華之房。躡太漢之清迥。弄明霞之焜煌。仰瑤嶺之嵯峨。俯碧津之湯湯。羅絳樹之杳藹。激神風之琳

琅何至樂之靡極，永逍遙以爲常。

洗心賦

嘗甄道以謀己，考往哲之所經。資忠孝與仁義，保存歿之令名。伊周功格於皇天，孔墨道濟於生靈。始崇崇於可久，終寂寂而何成。唯聞松喬之高流，超乎世表，以永貞意，稟受之使然，固修煉之所得。奚稽疑以究理，庶髣髴乎遺則。斯乃御太易之祖先，體虛和之宗極。出變化之機範，離陰陽之動息。知成我者神，則我者人。神符性以契道，人應情以喪眞。彼昭然而獨見，乃蕭邈以殊倫。故能積精微而顯

著，乘一氣以日新。昔予感夫前修，良反俗於壯齒。捐區中之末駕，騁方外之逸軌。收當世之所遺，賤時人之所偉。俯滄海以淵濬，仰赤霄以聳峙。人耽厚味與華飾，吾不知其所美也。於是遠塵境，棲雲岑，潔其形，清其心，方冀覩杳冥之狀，聞虛寂之音。眞人居高以流惠，正氣無遠而見尋。鑒雙景之皎皎，翼萬靈之森森。瑩丹宮之神光，漱玉池之靈液。修五緯以飛奔，蹈七元而縱歷。陽晶煜以景萃，陰滓渙而冰釋。體因用而彌和，心有存而轉寂。味元旨以永日，諷靈篇以自怡。雖天路之邈夐，庶通感而可期。何逆虜之干紀，集兵戈於洛師。畏巢焚以鳥逝，聿投迹於江湄。憂虞匪遑於專靜，吾道於是乎中虧。使清虛恬淡乖其致，爲垢濁喧囂之所欺。遂荏苒以忘返，將十年而迨茲。惜流光之不駐，鑒華髮以興悲。噫嗟！進有馳車升邱之難，退有轉規入谷之易。縈塵務以汩沒，皆近習之所致。狥人情之所取，必神道之我棄。理無往而不復，思挺然以釋累。洿可以洗，濁可以澄。俾疎墮之情廢，則精勤之思興。代甘芳以淳淡，易浮蕩以虛凝。合抱生於毫末，履霜至於堅冰。孰謂希夷之無物，吾必知恍惚之可憑也。乃復拂衣長林，從其夙尚，近

宗仙經，遠稟眞匠。機已忘而氣正，戰復勝而神王。庶斯道之有恒，喜勿藥於无妄。夫造物者結虛而爲實，致道者反麤而至精。所以齊天地之悠遠，叶日月之昭明。哀衆人淪胥以徂謝，吾方獨務於長生。

廬山雲液泉賦并序

筠所居之東嶺，其側有泉，洪纖如指，冬夏若一。山少凡石，至多雲母，其水色白，味甘且滑，此則雲母滋液所致，因名雲液之泉。乃結宇其旁，引於軒廡之下，既飲既漱，永翫無斁。今茲夏季不雨，至於十月，江河耗，井澗涸，此泉泠泠不

減平昔懿其若是爰以作賦

坤元孕氣潛暢成泉冠五行之首爲萬物之先爰有清流出此山側處蒙險而難知猶井渫之不食我搜靈祕載披載登見其地僻至潔源深有恆沍寒不爲之損暑雨不爲之增乃考室就飲而樂在枕肱甘侔元玉之膏滑乃雲華之液疢可蠲生可益引充狎翫惟意所適懸之則潔素䨱之則澄碧晝浮光以悠揚夜含響以淅瀝陰陽爲災水旱失節不雨炎夏暨乎元月汪汪洪波久已竭耿耿瀑布今亦絕控江湖之浩蕩沈澗谷之微劣斯泉秉彝毫纖無虧

雖遠不霑惠而近有所滋彼淵霈於疇日豈不慚涓涓於此時夫醴泉無源而易涸丹濁乍見而難挹曷若止以爲鑒酌焉取給何異神仙之瀵帝臺之漿涌異域之表湛無人之鄉茲亦標奇於絕境眞可謂靈而長者也

竹賦

惟神靈之播育何備物之實繁偉茲竹之標挺得造化之清源契道合虛表貞示節葉森散以翠錯莖鮮修而瓊潔爾其和風流暢萬彙昭陳揚葩煜其密苑蒙柳藹於通津不郁馥以啟曜但葳蕤而有筠亦未之爲異也至如殺氣淩厲凝霜蕭瑟覽平楚之蒼茫窺眾林其如失冒冰霜之凋沍逾青熒以鬱密則殊可重焉故詩曰如苞書稱厥貢猗茲淇園美彼雲夢昔在軒后肇官陰陽俾伶倫於嶰谷伐修竹之珍篁裁六律以協氣調八風而順常然後成竽籥以備樂其聲濫而彌長笙鏞以閒鳥獸蹌蹌諒自然之純粹曷羣材之可方若乃渭川千畝山陽數林會稽方潤於碧玉羅浮比色於黃金上默默以雲翳下泠泠而風吟祛赫曦之燠景納淒清之涼陰王子所以嘯詠嵇生爲之幽尋名嘉賓及令友暢醆醞與鳴琴美遊盤之逸趣清寂

寞之遠心若乃夾滄江倚丹崿藹水霧之沈沈搖巖煙之漠漠湘妃有揮涕之感楚謠興防露之作或挺鼓吹之嶔崟或垂天門之旁薄皆鸞鳳之所翔集孔翠之所棲託豈獨嬋娟於廣漠之壤亦有璀璨於蓬萊之峯結實珠粒敷花紫茸拂皓粉以飛雪擢紺莖以韻鐘固列仙之攸翫匪吾人之所從也亦有化雉吳國成龍葛陂含人筤簹育蟲桃枝一笋明其允嗣三節獲乎嬰兒榮燈纂以感孝茂𥳑檽以表奇篤冢壇以塵滅環石牀以蔭滋皆靈變之譎怪良難得而備知爾其眾彙非一則有篻簩筋簜簹筒箖箊

筴篿篠箠之肅矗。龍鍾雲母之扶疎。筈箭浮邑以縹煥。篰篕綷文而繡翚。據方志之所遺載。山經之所闕書者。安可得而詳矣。靡不勁堅其性。葱蒨厥邑。不規而圓。不揉而直。故高皇製冠以守位。孝文剖符以表職。博望侯傳於大夏之外。穆天子樹於元池之側。推此類以彌廣。匪斯文之可極也。

元猿賦 并序

前志稱周穆王南征。君子變爲猨鶴。小人變爲蟲沙。夫神用無方。未必不爾。筠自入廬嶽。則覩斯元猿。嘉其雨昬則無聲。景霽則長嘯。不踐土石。超遙於萬木之間。春咀其英。秋食其實。不犯稼穡。深棲遠處。猶有君子之性。異乎狙猱之倫。且多難已來。庶品凋敗。麋鹿殫於網罟。遺甿困於誅求。此獨蕭然。物莫能患。豈不以託跡敻絕。不才遠禍。昔夫子歎山梁雌雉曰。時哉時哉。予因感之。聊以作賦云耳。

伊元猿之所育。於南國之層岑。動不踐地。居常在林。離泛泛而無據。亦熙熙而有心。雲嵐昬而共默。風雨霽而爭吟。使幽人之思清暢。羇客之涕霑襟。何必聆嶰谷之管。對雍門之琴哉。歷千尋之喬木。俯萬仞之危嶠。弄遊雲之亂飛。嬉落日之横照。連肱澗飲。命侶煙嘯。或聚而閒棲。或分而迴趠。壽同靈鶴。性合君子。阻重巖之險。非虎豹所履。蔭交柯之密。豈雕鶚能視。故逢蒙操弓。憚高深而止。鄧公折箭。舍惻隱而已。何患累之罕臻。不干物以利己。詎若狒狒淩人以就戮。猩猩甘酒而遄死。夫時珍貉褎。世寶狐白。彼徒工於隱伏。終見陷於機辟。麝懷香以買害。狙伐巧而招射。小則翡翠殞於羽毛。大則犀象殘於齒革。孰能去有用之損。取無用之益。因棄置於常情。永逍遙以自適。無威刑相臨。有族類相親。食資諸物。衣取諸身。不賦不役。靡勞靡勤。如政教之未施。保巢居之淳淳。匪虞氏之所及。何狙公之能馴。吾固知人爲萬物之貴。又焉測元化之所謂大鈞乎。

逸人賦

粵眞隱先生者。體曠容寂。神清氣沖。迥出塵表。深覩化宗。偃太和之室。詠元古之風。收人之所不寶。棄人之所必崇。以道德爲林圃。永逍遙於其中。有翫世公子。思發其蒙。乃詣先生之所舍。詢出處之異同。於是稽首跪而稱曰。僕聞士之生也。備百行。榮九德。靜爲物軌。動爲人則。可見故不隱。可言故無默。使上叶唐虞之化。下安仁壽之域。旣兩儀交泰九有不攜然後分人之土執人之珪故伊尹負鼎而去有莘太公釋鈞而出磻溪朝淪洿泥夕升丹梯若喬木之集鵷鳳清流之躍鳧鷖何必矯抗斯慕中和見睽躡跡巢許追蹤夷齊膏屯於骨月和勦於吡黎捐坦蕩之修衢履幽廢之荒蹊漱寒泉之泠泠藉青草之萋萋悲林風之夕振厭山鳥之晨啼始支離而餒息終攣卷而寒棲信行藏之足驗唯名實之可稽願一聞其至言俾向方而不迷也先生宇合寥天心凝帝先泯禍福之境杜樞機之權將有言而中止不得已而應焉曰夫洪荒之際物靡艱阻上

如崇邱下若平楚高卑定位各暢其所賢愚同條智詐罔舉孰爲出孰爲處孰爲默孰爲語迫乎時遷樸散質變淳訛升沈異躅明暗殊科剛柔相軋曲直相摩或貪餌以吞鉤或橫飛以觸羅惟皇王之愍俗爰拯溺於洪波乃自揖讓迄於干戈雖政教之異宜誠法令之滋多欲遏亂以求理譬招風而靜柯遂飾禮以邀敬修樂以導和雖聖哲之區區卒傾頹而奈何於是上有淫君下彰忠臣龍逄之列萇宏之倫苟徇義以成名竟違天而殺身祇足以增惡聲於暗主竭惠澤於生民故全德之士韜精保眞悟歷數之在運知存亡之匪人將扶危而翼顛猶一髮之擢千鈞塊壤之壅長津所以守嘉遯之元吉從少微之隱淪於是洪崖廣成肇其端子州善卷緒其後汾水見傲帝之賓穎陽聞洗耳之叟以鴻名爲糟粕以大寶爲塵垢情蠲於取舍意適於林藪不刳心而無慾非吐納以永壽眄江河爲畎澮謂嵩岱爲培塿故天子不可得而臣諸侯安可得而友豈作者之維艱誠歷世之可久莫不道貫通於古今跡無繫於奇偶鎮末代之偽薄使向風而歸厚若乃子高之規夏禹臧叟之誨周文仲連之却秦師干木之藩魏君弦高

俛仰以成績四皓從容以立勳初混世以表用竟超然而絕羣旣抗志於青霞聿棲身於白雲茲乃無封滯於萬物時撫俗以解紛者矣若乃顧推讓有泰山之重視富貴若鴻毛之輕則孤竹之子王季之兄甘食薇於首陽之下悅採藥於句吳之垌柱史歸周而道闡關尹去職而眞成晨門藏名於抱關沮溺避世而耦耕漢陰抱甕以忘機漁父乘流而濯纓於陵灌園以逃相萊氏負戴以辭聘南華漆園以寓跡列子鄭圃以消聲楚狂隱晦蜀嚴湛冥丞相推堂於蓋公廷尉結韈於王生故文景尊黃老之術國旣富

而刑清季主卜筮以訓俗文通訟田以汚名顏闔鑿坏以避聘伯休潛遯以脫榮龐公課妻以耘鉏嚴光拂衣於帝庭啟期三樂以達意梁鴻五噫以抒情尚子平之持操畢婚娶以長往許叔元之守節遺伉儷以遐征聽蘇門之咏嘯若鸞鳳之和鳴見夏統之長歌歘雲飛而雪零至於焦先翟硎郭文董京天機符於太素淵默會於眞精寂爾無悶則子眞仲蔚確乎不拔有臺佟管寧或琴書以自娛或澹漠以無營此則同人者體貌異人者神明抱不易之純粹含自然之孤貞道取怡於閒放業故無於屯平曉物理

之尚簡知天道之惡盈彼鴻飛寥廓奚弋者之能纂故寵章焉得而見累悔吝何由而相傾哉爾其陰德密庸元功潛著不感其所毁不欣其所譽爲無爲以成性事無事以澹慮洞希夷之可察涉恍惚而斯據托松涓以結友忽駕景而飛去茲乃隱道其誰能測無何鄉之處乎是以朝廷之士一入而不出山林之客宜往而勿還若沽名於白賁銜跡於青山覬蒲輪於谷口希束帛於雲關非巖泉之養正實邱壑之藏姦緊末世之鄙薄曷清流之可擊或因茲以幸達詎不蘊終身之厚顏矣夫徼福之萌禍胎祈昌之結衰根故不韋之識奇貨獻孕妻以密言呂公之辨龍顏謀納女以永尊計克從而事捷排天路以騰翻遽變生而殃搆揣釁罰以鍾門霍氏之翼三后謂伊周之復存何赫奕於當時亟殄殲其子孫鑒興亡之體勢實異代而同源已覆敗於前車又傾摧於後轅秦肆坑儒之毒漢流黨錮之冤衆君子欲修名顯著乃貽戚於塋魂仰天居之悠迥誰克叩於帝閽固知祥風依於蓬蓽沴氣襲於華軒吾方將反汗漫師元元黜生死同乾坤當愈幽憂之疾所以秉斯道而彌敦也先生之言既畢公子拜首而謝曰小子久

耽淺近之常議幸沐精微之奧論可謂滌除遺滓披拂重昏願澡雪其形神以遊夫子之末藩而已矣

進元綱論表

道士臣筠言臣聞道資虛契理藉言彰臣曩棲巖穴之時輒撰修行之事伏以重元深而難賾其奧三洞祕而罕窺其門使向風之流浩蕩而無據遂總括樞要謂之元綱冀循流派而可歸其源闡幽微而不泄其旨至於高虛獨化之兆至士登仙之由或前哲未論眞經所畧用率鄙思列於篇章伏惟開元天寶聖文神武證道孝德皇帝陛下爲

至道之主宏自然之訓品物咸熙於陶鈞之際黎元輯寧於仁壽之域豈纖塵有裨於崇嶽爝火能助於太陽然芻蕘雖微明聖不棄敢陳菲薄希矚天光所述舊文謹隨表奉進輕瀆宸扆伏增戰越臣筠誠惶誠恐頓首頓首謹言

天寶十三載六月十一日中嶽嵩陽觀道士臣筠表上

檄江神責周穆王璧

昔穆王南巡自郢徂閩遺我文璧僉曰此津貫緯百紀洊歷十春念茲文璧故問水濱江漢取之自求多益反我名瑞躍此華璧則富有漢川世爲江伯如有負機心迷懷寶

情感藏玉泥中匿珪魚腹使公孫躡波而長吁子羽濟川而怒目佽飛舞劍而東臨菑邱躍馬而南逐打素蛤而爲粉碎紫貝其如粥又有川人勇俊處乎閩濮水居百里泥行萬宿右睨而河傾左咤而海覆乃把昆吾之鋼純鈎之鋏被魚龍之衣赴螺蛤之穴引澍東隅移燋北島使蓬萊之根鬱而生塵瀛洲之足淨而可掃按驪龍取其頷下之珠搦鯨魚拔其眼中之寶皇恩所被繁枯潤涸威之所布窮河絕漠願子三思反此明玉

元綱論後序

東方角亢二星列宿之長故曰壽也二星之間則天門也亦曰天關凡得道朝元皆由此門而入得此道者告元神則感通享壽星則關奏錄係於天門矣功滿昇天元辰接引入門則無礙予四十年方遂一第既知命寡遂慕尋眞討究仙經莫得生理因南訪茅君修眞之跡登茅巔入石室先得元道眞經即太上道君歸根復本號而不嗄之理也乃執其理十餘年惟攻胎息續用既勞嗟乎非眼前之睫也後再遊逢老叟曰汝欲學仙乎學仙者從塵入眞如鍊礦而鎔金也何不先求命術以延其生後修陰德登其

漸階乎天仙也者功感上天詔授錫命乃遂輕舉而爲仙人也雖達仙境猶鍊眞氣氣與神并故曰神仙神仙體虛故能跨鸞馭鶴乘雲氣飛騰太虛壽齊天地汝得元道眞經求仙之筌蹄也其莽蕩魚兎難尋昔茅君上昇留大君命術藏於山巔石室俾吾守之蓋欲傳於夙分者也汝格孤氣清必有仙骨乃出此九章授予而去囑曰此即所求之魚兎也道非身外寶之寶之乃錄其言爲序以紀之仍目之曰內丹神訣矣吳筠序

天柱山天柱觀記

太史公稱大荒之內名山五千。其在中國有五岳作鎮羅浮括蒼輩十山爲之佐命。其餘不可詳載。粤天柱之號潛霍及此三峯一稱矣。蓋以其下攉地紀上承天維中函洞府之謂。豈唯韞金碧宅靈仙所貴興雲雨潤萬物也。自餘杭郭泝溪十里。登陸而南弄潺湲入崢嶸幽徑窈窕纔越千步忽巖勢却倚襟領環拘而清宮闢焉。於是旁訊有識稽諸實錄。乃知昔高士郭文舉創隱於茲。以雲林爲家。遂長往不復。元和貫於異類。猛獸爲之馴擾。晉書逸人傳具紀其事。可畧而言。自先生閟景潛昇而遺廟斯立。曁我唐

宏道元祀。因廣仙跡爲天柱之觀。有五洞相鄰。得其名者謂之大滌。雖邃莫測。蓋與林屋華陽密通太帝陰宮耳。爰有三泉。二潄一濫。殊源合流。水旱不易。擁爲曲池。縈照軒宇。夏寒而辨沙礫。冬溫而育萍藻。既潄而飲之。曲肱而枕之。樂在其中矣。土無沮洳。風木飄厲。故棲遲者心暢而壽永。盤礴紆燠。氣淳境美。虎不搏。蛇不螫。而況於人乎。貞觀初有許先生曰邁。懷道就閑。薦徵不起。後有道士張整葉法善朱君緒司馬子微暨齊物夏侯子雲皆爲高流。繼踵不絕。或遊或居。窮年忘返。寶應中羣寇蟻聚焚爇城邑。蕩然煨燼。唯此獨存。非神靈扶持。曷以臻是。州牧相里造縣宰范愔化洽政成。不嚴而理。遺氓慓附。復輯其業。筠與逸人李元卿樂土是安。捨此奚適。恐將來君子靡昭厥由。故敘而志之。表此貞石。大歷十三年正月十五日。中嶽道士吳筠記。

吳筠二

形神可固論

余嘗思大道之要元妙之機莫不歸於虛無者矣虛無者莫不歸於自然矣自然者則不知然而然矣是以自然生虛無虛無生大道大道生氤氳氤氳生天地天地生萬物萬物剖氤氳一炁而生矣故天得一自然清地得一自然寧長而久也人得一炁何不與天地齊壽而致喪亡何也爲嗜欲之機所速也故元和經云人絕十二多少抱宗元

一可得長生又王京山經云常念餐元精鍊液固形質胎息靜百關寥寥究三便泥丸洞明景遂成金華仙此可與天地齊壽日月齊明矣其門大開無人解入豈不哀哉余雖不才輒敢爲論見此碌碌之徒區區之輩在道門者不知有守道服炁養形守神金丹之術或國之重臣匡扶社稷在於儒典祿位彌高不知有攝養之術易形之道反精之規卻補之妙多見使形體枯槁不終其壽實可傷哉余今輒論先賢之故事列以五章才不足比之爲文詞不足詢之爲議畧述大體是非之道今守道者取虛無自然正眞之一服炁者知兩半之前胎息之妙綿綿若存爾淘去三尸日滿上昇元中之至合丹藥者鍊鉛取金化石爲水黃芽河車神室殼矣制伏水銀而爲金丹刀圭入口天地齊年悟則明矣迷爲詞繁惟後學者審而消息萬不失一庶品同修感而不應得之者閉兌尋之者靜思何慮節符不契大道萌生者哉

神仙可學論

洪範嚮用五福其一曰壽延命至於期頤皇天猶以爲景福之最況神仙度世永無窮乎然則長生大法無等倫以

儔擬當代之人忽而不尚者何哉嘗試論之中智已下遠乎民甿與飛走肖翹同其自生自死昧識所求不及聞道則相與大笑之中智已上爲名教所檢區區於三綱五常不暇聞道而若存若亡能挺然竦身不使恒情汨沒專以修煉爲切務者千萬中或一人而已又行之者密得之者隱故舉俗罕聞其行悲夫昔桑矯問於涓子曰自古有死復云有仙何如涓子曰兩有耳夫言兩有則理無不存理無不存則神仙可學也嵇公言神仙以特受異氣稟之自然非積學之所能致此未必盡其端矣有不因修學而自

致者。稟受異氣也。有必待學而後成者。功業充也。有學而不得者。初勤而中惰。誠不終也。此三者。各有其旨。不可以一貫推之。人生天地中。殊於衆類明矣。感則應。激則通。所以耿恭援刀。平陸泉湧。李廣發矢。伏石飲羽。精誠在於斯須。土石應猶影響。況丹懇久著。真君不爲潛運乎。潛運則不死之階立致矣。孰爲真君。則太上也。爲神明宗極。獨在於窈冥之先。高居紫微之上。陰騭兆庶。詩稱上帝臨汝。書曰天鑒孔明。福善禍淫。不差毫末。而迷誤之子。焉測其源日用不知。背本向末。故遠於仙道者有七焉。近於仙道亦

有七焉。當世之士。不能窺妙門。洞幽賾。雷同以泯滅爲真實。生成爲假幻。但所取者性。所遺者形。甘之死地。乃謂常理。殊不知乾坤爲易之韞。乾坤毀則無以見易。形氣爲性之府。形氣敗則性無所存。性無所存。則於我何有。此遠於仙道一也。其次謂仙必有限。竟歸淪墜之弊。彼自昏於智察。則信其誣罔。詎知塊然之有。起自寥然之無。積虛而生神。神用而孕氣。氣凝而漸著。累著而成形。形立神居。乃爲人矣。故任其流遁則死。返其宗源則仙。所以招真以鍊形。形清則合於氣。含道以鍊氣。氣清則合於神。體與道冥。謂

之得道。道固無極。而仙豈有窮乎。舉世大迷。終於不悟。遠於仙道二也。其次強以存亡爲一體。謬以道識爲悟真。云形體以敗散爲期。營魄以更生爲用。乃厭見有之質。謀將來之身。安知入造化之洪爐。任陰陽之鼓鑄。遊魂遷革。別守他器。神歸異族。識昧先形。猶鳥化爲魚。魚化爲鳥。各從所適。兩不相通。形變尚莫之知。何況死而再造。誠可哀者而人不哀。遠於仙道三也。其次以軒冕爲得意。功名爲不朽。悅色耽聲。豐衣厚味。自謂封殖爲長策。貽後昆爲遠圖焉知盛必衰。高必危。得必喪。盈必虧。守此用爲深固。置清

虛於度外。肯以恬智交養中和。率性通真爲意乎。此遠於仙道四也。其次強盛之時。爲情愛所役。班白之後。有希生之志。雖修學始萌。而傷殘未補。靡蠲積習之性。空務皮膚之好。竊慕道之名。乖契真之實。不除死籍。未載元籙。歲月荏苒。大期奄至。及將殂謝。而怨咎神明。遠於仙道五也。其次聞大丹可以羽化。服食可以延年。遂汲汲於爐火。孜孜於草木。財屢空於八石。藥難効於三關。不知金液待訣於靈人。芝英必滋於道氣。莫究其本。務之於末。竟無所就。謂古人欺我。遠於仙道六也。其次身栖道流。心溺塵境。動違

科禁靜無修持外邀清譽之名內蓄姦回之計而人乃可欺神不可罔遠於仙道七也其次性躭元虛情忘嗜好不求榮顯每樂清閑體氣至仁含宏至靜栖眞物表超迹巖巒想道結襟以無爲爲事近於仙道一也其次希高敦古刻志尚行知榮華爲浮寄忽之而不顧知聲色能伐性捐之而不取翦陰賊樹陰德懲忿窒慾齊毀譽處林嶺修清眞近於仙道二也其次身居祿位之場心遊道德之府以忠貞而奉上以仁義而臨下宏施博愛內瑩清澈外混囂塵惡殺好生近於仙道三也其次瀟灑華門樂貧甘賤抱

經濟之器泛然若虛洞古今之學曠然若無爵之不從祿之不受確乎以方外爲尚恬乎以攝生爲務此近於仙道四也其次稟穎明之姿懷秀拔之節奮忘機之旅當銳巧之師所攻無敵一戰而勝然後靜以安身和以保神精以致眞近於仙道五也其次追悔已往洗心自新雖失之於壯齒冀收之於晚節以功補過過落而功全以正易邪邪亡而正在轗軻不能移其操諠譁不能渝其慮惟精惟微積以成著其近於仙道六也其次至孝至貞至義至廉按眞誥之言不待學修而自得比干剖心而不死惠風溺水

以復生伯夷叔齊曾參孝已人見其沒道使之存如此之流咸入仙格謂之隱景潛化死而不亡此例自然近於仙道七也取此七近放彼七遠謂之拔陷區出溺途碎禍車登福轝始可與涉神仙之律矣於是識元命之所在知正氣之所由虛凝淡漠怡其性吐納屈伸和其體高虛保定之良藥匡輔之使表裏兼濟形神俱超雖未得昇騰吾必知揮翼丹霄之上矣夫道無形無爲有情有性故曰人能思道道亦思人道不負人人無負道淵哉言乎世情謂道體元虛則貴無而賤有人資器質則取有而遺無庸詎知

有自無而生無因有而明有無混同然後爲至故空寂元寥大道無象之象也兩儀三辰大道有象之象也若但以虛極爲妙不應以吐納元氣流陰陽生天地運日月也故有以無爲用無以有爲資是以覆載長存仙聖不滅故謂生者天地之大德也所以見宇宙之廣萬物之殷爲吾存也若煙散灰滅何異於天傾地淪彼自昭昭非我所有故曰死者天人荼毒之尢也孰能褒大德黜荼毒拂衣絕塵獨與道鄰道豈遠乎哉行斯至矣夫至虛韞寂待感而靈猶金石含響待擊而鳴故豁方寸以契虛虛則靜凝至靜

以精感感則通通則宇宙泰定天光發明形性相資未始有極且人之稟形模範天地五臟六腑百關四肢皆神明所居各有所主守存之則有廢之則無有則生無則死故去其死取其生若乃諷太帝之金書研洞眞之玉章集帝一於絳宮列三光於紫房嚥二曜之華景登七元之靈綱道備功全則不必瑯玕大還而高舉矣此皆自凡而爲仙自仙而入眞眞與道合謂之神人神人能存能亡能晦能光出化機之表入大漠之鄉無心而元鑒無翼而翺翔嬉明霞之館宴羽景之堂歡齊浩劫而福無疆壽同太虛而

不可量此道布在金簡安可輕宣其奥密乎受學之士宜啟玉檢以探其秘焉又儒墨所崇忠孝慈仁仙家所尚則慶及王侯福薦祖考祚流子孫其三者孰與爲大嗚呼古初不可得而詳之羲軒以來廣成赤松令威安期之徒何代不有遠則載於竹帛近則接於見聞古今得之者皎皎如彼神仙可學炳炳如此凡百君子胡不勉哉

金丹

金丹大藥文字縱橫互有隱顯看文不如口訣口訣不如眼見眼見不如手傳然修身未合其眞且須宗元一炁其藥也金土配乾坤龍虎生骨髓魂魄爲夫婦龜蛇二女子午神本四位三炁還守二法象得成龍姹女因留止爲得鉛中金兼得石中水節序奉行日月合軌賢者待行道北方水金是赫然還丹成元黄煥爛熗赩焜煌煒煜日月五星不足比其光澤也生陰長陽變化無倫翺翔碧落縱曠元漠飄飄大素歸虛反眞體造化之所成以刀圭入口共天地齊壽可與雞犬同飛室宅拔上謂之靈聖眞人感應也

養形

夫人未有其兆則天地清寧剖道之一炁承父母餘孕因虛而生立有身也有一附之有神居之有炁存之此三者遞相成可齊天地之壽共日月而齊明何者爲修身愼行助育元炁胎息藏府存神想思含虛守無宗皇之一西昇經曰知一萬事畢則神形也抱朴子曰人不知養生焉能有爲生人不曾夜行焉知有夜行故知養神修身者壽老棄神愛慾者中天也莫逆理而爲事敗長久之佳珍陰陽之道以有此身身含形神全一心動則形神蕩慾不可縱縱之必亡神不可辱辱之必傷傷者無返期朽者無生理

但能止嗜慾戒荒淫則百骸理則萬化安若人遺行不可爲之年或恐力不可致何者若鑄頑冰以爲寶鏡駕石舟以泛波瀾非鬼神能助之非天地能運之況人受道炁則剖得神分得一有此形骸而不能守養之但擬取餘長之財設齋鑄佛行道吟詠祈禱鬼神以固形骸還同止沸加薪緝紗爲纆豈有得之者乎形之與神常思養之自以色聲香味以快其情以惑其志以亂其心此三者敗身逆道亡形沈骨喪身之所由生者也

服炁

夫元炁之術上古已來文墨不載須得至人歃血立盟方傳口訣只如上清禁訣玉函隱書百家諸子誥傳詞文乃至老君祕旨內外黃庭灼然不顯不露五千眞文畧述只言元牝門謂天地根似顯枝葉本蔕深容每尋諸家炁術及見服炁之人不逾十年五年身已亡矣余生好道術志在元和每見道流皆問無事千說萬別互有多般或食從子至午或飲五牙之津或吐故納新仰眠伸足或餐日月或閉所通又加絕粒以此尋之死而最疾何者爲攻內受外故速死也抱朴子曰兩半同升合成一大如彈丸黃如橘就中佳味甜如蜜爾牢持之謹勿失子若得之萬事畢是以炁之爲功如人之量器如水之運流堤壞則水下流矣閉通則炁不居矣但莫止出入自然之息胎鍊精神固其太和含其大道若明胎息則曉元炁胎息與元炁同也道德經曰可以却走馬以糞如嬰兒之未孩故龜甲經曰我命在我不在天不在天者謂知元炁也人與天地各分一炁天地長存人多夭逝何也謂役炁也炁者神也人者神之車也神之室也神之主人也主人安靜神則居之躁動神則去之神去則身死者矣

守道

夫道者無爲之理體元妙之本宗自然之母虛無之祖高乎蓋天深乎包地與天地爲元與萬物爲本將欲比竝無物能等意欲測量無處而思於混成之中爲先不見其前毫釐之內爲末不見其後一人存之不聞有餘天地存之不聞不足曠曠蕩蕩渺渺漭漭人能守之天地如掌故岐伯曰上古之人知道者法則陰陽和於術數飲食有節起居有度爲而不爲事而無事卽可柔制剛陰制陽濁制清弱制強如不退骨髓方守大道大道者多損而少益多失

而少得益之得之至眞之士也益者益形得者窈冥得此窈冥感通神明說苑曰山之高雲雨起水之深魚鼈歸人守道福自至

心目論

人之所生者神所託者形方寸之中實曰靈府靜則神生而形和躁則神勞而形斃深根寧極可以修其性情哉然動神者心亂心者目失眞離本莫甚於茲故假心目而發論庶幾於遣滯清神而已且曰心希無爲而目亂之乃讓目曰予欲忘情而隱逸率性而希夷偃乎太和之宇行乎

四達之逵出乎生死之域入乎神明之極乘混沌以遐逝與汗漫而無際何爲吾方止若且視吾方清若且營覽萬象以汩予之正悅美色以淪予之精底我邈邈於無見熙熙於流眄搖蕩於春臺悲涼於秋甸凝燕壤以情竦望吳門而髮變瞻楚國以永懷俯齊郊而泣戀繫庶念之爲感皆寸眸之所眩雖身耽美飾口欲厚味耳歡好音鼻悅芳氣動予之甚皆爾之謂故爲我之尤職爾之由非爾之懟而誰之仇乎目乃忿然而應之曰子不聞一人御域九有承式理由上正亂非下忒故堯俗可封桀衆可殛彼殊方而異類猶咸順乎帝則統形之主心爲靈府逆則予捨順則予取嘉祥以之招悔吝以之聚故君人者制理於未亂存道者克念於未散安有四海分崩而後伐叛五情播越而能貞觀者乎曷不息爾之機全爾之微而乃辨之以物我照之以是非欣其榮感其辱暢於有餘悲於不足風舉雲逝星奔電倏紛綸鼓舞以激所欲既汩其眞而混其神乖天心而悖天均焉得不溺於造物之景迷於自然之律哉故俾予于役應爾之適既嬰斯垢反以我爲咎嗟乎嗟乎何弊之有心乃愀然久焉復謂目曰顧予與爾誰明其

旨何隱見之隔而元同若此既庶物之爲患今將擇其所履相與超塵煩之疆陟清寂之鄉餐顥氣吸晨光咀瑤華漱瓊漿斯將期靈化於羽翼出雲霞而翺翔上昇三清下絕八荒託松喬以結友偕天地以爲常何毀譽之能及何取捨之足忘諒予圖以若茲其告爾以否臧目曰近之矣猶未爲至若然者所謂欲靜而躁隨辭埃而滓襲闇乎反本之用方邈然而獨立夫希夷之體也卷之無內舒之無外寥廓無涯杳冥無對獨捐茲而取彼故得小而遺大忘息陰以滅影亦何逃於利害伊虛室之生白方道德之所

載絕人謀於未兆乃天理之自會故元元挫銳以觀妙文宣廢心而用形軒帝得之於罔象廣成契之於杳冥顏回坐忘以大通莊生相天而能精歷眾聖以稽德非智謀之是營蓋水息瀾而映澈塵不止而鑒明未違世以高舉亦方寸之所寧故能泊然而常處感通而斯出不光而曜不祕而容冥始終而誰異與萬物其爲一因而靡得是以罔失誠踵武於坦塗可常保於元吉若棄中而務表乃徼往而不窒其故何哉水積而龍蟠林豐而獸居神棲於空洞道集於元虛苟不剗其所有焉能契其所無非夫忘形靜

寂瑕滓鏡滌元關自朗幽鍵已闢曷可度於無累焉不然安得駕八景昇九霄覿金闕之煌煌步紫庭之寥寥同浩劫之罔極以萬椿爲一朝予心於是釋然於衆慮凝澹於前豫澄之而徐清用之而不遽致謝於目曰幸我以善道宏我以至言覺我以大夢啟我以重元昇我以眞階納我以妙門縱我於廣漠之野遊我於無窮之源既匪羣而匪獨亦奚靜而奚喧協至樂之恒適抱眞精而永存遺之而無遺深之而又深通乎造化之祖達乎乾坤之心使我空欲視於目盲之外塞將見於元黃之林觀有而如見空寂聞韶而若聽谷音與自然而作侶將無欲以爲朋免驅馳於帝主保後天之所能窒欲於未兆解紛於未擾忘天壤之爲大忽秋毫之爲小處寂寞而聞和潛混溟而見曉應物於循環含光而閉關飄風震海迅雷破山滔天焚澤而我自閑彼行止與語默曾何庸思於其間哉

守神

夫人生成分一炁而爲身稟一國之象有炁存之有神居之然後安焉身者道之器也知之修煉謂之聖人奈何人得神而不能守之人得炁而不能採之人得精而不能反

之已自投逝何得怨天地而不祐按黃帝書云人因積炁以生身留胎止精可長存天年之壽昭昭著矣抱朴子曰自古人移遺却妻今世人移遺却身何也謂不解反精採炁故遺也且一陰一陽天地之道男不可無婦女不可無夫男女陰陽皆合大道不節則失理亡形沈骸且據老君祕旨內外黃庭上清禁訣玉函隱書黃帝赤文沖和子眞訣灼然有陰陽之道昭矣祕旨曰吾不敢爲主復爲客愼勿臨高自投擲促存內想閉諸隙正卧垂囊兼偃脊四合五合道自融吸精吐炁微將通裊裊靈柯不復空時時玉

壘補前功補之之道將如何元牝之門通且和泝流百脈塡血腦夫妻俱仙此其道欲求長生壽無極陰戶開時別消息又按太陽子谷陰女曰我行青龍與白虎彼行朱雀及騰蛇東九西七南三北五中居一反精採炁而補我身虛入實出甑我藏府卽可壽無涯矣陰符經曰經冬之草覆之不死露之見傷火生於木禍發必剋精生於身精竭而死人之炁與精神易濁而難清易闇而難明知之修鍊實得長生豈不見鯨魚失水被螻蟻之所食人不守神被蟲蛆之所潰得道者魚常遊於澤則不涸人若常固於炁

則不死矣人皆好長生而不知有益精易形人皆畏其死而不知有守神固炁能依此者子無喪父之憂弟無哭兄之患則不可握無形之風捕無見之物天年之壽自然而留矣

元綱論

曰道至無而生天地者也天動也而北辰不移含虛不虧焉地靜也而東流不輟興雲不竭焉故靜者天地之心也動者天地之氣也心靜氣動所以覆載而不極歟通乎道者心寧以同於道氣運以存其形不爲物之所誘是之謂至靜者也本無神也虛極而神自生本無氣也神運而氣自化氣本無質凝委以成形形本無情動用以虧性故生我者道也滅我者情也情亡則性全性全則形全形全則氣全氣全則神全神全則道全道全則神王神王則氣靈氣靈則神超神超則性徹性徹則反覆通流與道爲一可使有爲無實爲虛與造物者爲儔矣道不欲有心有心則眞氣不集不欲苦志苦志則客邪來舍在於平和恬淡澄靜精微虛明含元有感必應應而勿取眞僞斯分矣故我心不傾則物無不正動念有屬則無物不邪邪正之來在

我而已惟鍊凡至於仙煉仙至於眞煉眞合於妙合妙同乎神神與道合卽道爲我身所以升玉京遊金闕能有能無不終不歿矣宗元子曰吾嘗謂神仙有可學之理焉夫有不學而自至者稟異氣也必學而後成者功業充也學而不得者初勤終怠也故遠於仙者近於仙者各有七焉形氣爲性之府形氣毀則性無所存性無所存則我何有此遠於仙者一也或謂仙必有限歸於淪墜此遠於仙者二也或謂形體以敗散爲期營魄以更生爲用安知入造化之洪爐任陰陽之鼓鑄此遠於仙者三也或謂軒冕爲

得意功名爲不朽悅色耽聲豐衣厚味此遠於仙者四也強盛之時爲情愛所役及斑白之後習學始萌而傷殘未補竊慕道之名乖契眞之實此遠於仙者五也汲汲於爐火孜孜於草木此遠於仙者六也動違科禁靜無修習此遠於仙者七也若夫耽元虛寡嗜慾體含至靜以無爲爲事此近於仙者一也翦陰賊植陰德懲忿損欲齊毀譽修清眞此近於仙者二也身居祿位心遊道德仁慈恭和宏施博愛此近於仙者三也辭之不從祿之不愛恬然以攝生爲務此近於仙者四也靜以安身和以養神精以致眞

此近於仙者五也失於壯齒收之晚節以功補過以正易邪惟精惟微積以成著此近於仙者六也忠孝清廉不待學而自得謂之隱景潛化死而不亡此近於仙者七也取七近放七遠是爲援陷區出溺塗者也

化時俗章

道德者天地之祖天地者萬物之父帝王者三才之主然則道德天地帝王一也而有今古澆淳之異堯桀治亂之殊者何也夫道德無興衰人倫有否泰古今無變易性情有推遷故運將泰也則至陽眞精降而爲主賢良輔而姦邪伏矣時將否也則太陰純精升而爲君姦邪弼而賢良隱矣天地之道陰陽之數故有治亂之殊也所以古淳而今澆者亦猶人幼愚而長慧也嬰兒未孩則上古之含純粹也漸有所辨則中古之尚仁義也成童可學則下古之崇禮智也壯齒多欲則季世之競浮僞也變化之理時俗之宜故有澆淳之異也覈其所以原其所由子以習學而性移人以隨時而樸散雖然父不可不教於子君不可不理於人教子在乎義方治人在乎道德義方失則師友不可訓道德喪則禮樂不能理雖加以刑罰益以鞭楚難制

於姦臣賊子矣是以示童蒙以無誑則保於忠信化時俗以純素則安於天和故非執道德以撫人者未聞其至理者也

明道德章

道者何也虛無之系造化之根神明之本天地之源其大無外其微無内浩曠無端杳冥無對至幽靡察而大明垂光至靜無心而品物有方混漠無形寂寥無聲萬象以之生五音以之成生者有極成者必虧生生成成今古不移此之謂道也德者何也天地所稟陰陽所資經以五行緯

以四時牧之以君訓之以師幽明動植咸暢其宜澤流無窮羣生不知藉其功惠加無極百姓不知賴其力此之謂德也然則通而生之之謂道道固無名焉畜而成之之謂德德固無稱焉嘗試論之天地人物靈仙鬼神非道無以生非德無以成生者不知其始成者不見其終探奧索隱莫窺其宗入有之末出無之先莫究其朕謂之自然自然者道德之常天地之綱也

道無棄物章

或問曰物自道生道無棄物何獨得道者靈長失道者滅

亡乎愚應之曰夫龍之與魚同育於水明之與暗俱生於道龍則興雲施雨出有入無魚則在藻而樂失泉而枯龍則得水之妙而能化於水魚不得水之妙而不能化於水也上士則棲神鍊氣逸於霄漢之上下士則伐壽損性淪乎幽壤之下上士得道之妙而能化於道下士不得道之妙而不能化於道也故魚不知水之生乎已而棄之非水之棄魚也人不知道之生乎已而棄之非道之棄人也或曰龍魚異質明暗殊稟安能使魚化於水凡化於道也愚答曰魚龍潛淵深匿幽穴不貪餌及其大也卽奮鱗激鬣超呂梁而爲龍矣人能遊空洞息淡泊絕嗜慾及其至也卽合徼契虛蹈眞境而爲仙矣所恨藏身不密保神不固水之與道豈負魚之與人哉

專精至道章

或問曰古之學仙者至多而得道者至少何也愚應之曰常人千而知道者一知道者千而志道者一志道者千而專精者一專精者千而勤久者一是學者衆而成者寡也若知道者能立志立志者能絕俗絕俗者能專精專精者能勤久未有學而不得者也曰然則理世者絕望於神仙

乎曰不然若特稟眞氣大庇羣生者則無妨於理世又何損焉若中人好道志慕輕舉必藉閒曠故太昊襲氣母軒轅升雲軿顓頊處元宮文命遊紫府斯皆撫俗而得道者也若乃元元寄柱史南華從漆園王喬泣葉縣方朔登金門此亦佐時而得道者也又仙欲隱密道貴無名或晧其蹤或祕其跡不可以一途而察不可以一理而推案眞誥及抱朴子元始上仙記咸云自古至忠至孝至貞至廉有大功及物者皆有所得不同常流堯舜伊呂昔諸聖賢皆上擢仙職斯所謂死而不亡者壽闕白華自以隨世畏死

而希仙沒爲靈官其骨不朽巧充之後靈肉附骸返魂還形倐忽輕舉若爾者則片善不失而況專以神仙爲務者乎

道反於俗章

或問曰人情之所至愛者皆道家之所至忌何也愚應之曰福與壽人之所好禍與夭人之所惡不知至愛者招禍致妖無欲者介福末壽而過求自害何速之甚乎且燕趙豔色性之冤也鄭衛淫聲神之喧也珍饌旨酒心之昏也縉紳紱冕體之煩也此四者捨之則靜取之則擾忘之則

壽躭之則夭故爲道家之至忌也

簡寂先生陸君碑

先生姓陸諱修靜吳興東遷人也代爲著姓舊史詳之先生道與真氣天挺靈骨幼含雅性長絕塵滓雖博通墳籍旁究象緯以爲鍊形契道與天地長久者非經術占候之所能致故存而不論乃研精玉書稽仙聖奧旨知羽化在我道不吾欺遂勤而行之不捨寤寐聞異人所在不遠千里而造之果遇其真叟受祕訣乃雲棲荆岫卻粒修行雖身隱彌靜而名逃益彰江漢之人虛往實歸者莫知紀極

元嘉末因市藥京邑文皇帝聞之使大臣宣旨固請先生確乎不拔遽有太初之難或推獨見之明遂拂衣南遊遐討絕境志悅廬嶽乃卜其陽衆峯干霄飛流注壑窈窕幽藹宜其爲至人之所止焉先生方絃琴以樂元和覃思以運正氣佇功充而道叶聊駕景以高舉屬世宗明帝欲播元風於無垠導蒼生以敦樸非至德之士則莫能獎而成之素欽先生之風乃備徵求之禮至於再至於三先生秉操逾堅因辭以疾天子側席意厚理無推謝遂恭承詔命降跡城闕亦旣見止帝心則愉於是順風問道抗對窮理

千古疑滯一朝冰釋乃築先生之館於外俾朝野有宗師焉時司徒袁公北面請益先生指邪以明正循派以示源由是翕然一變頹俗矣明年天子不豫詔先生爲塗炭之齋是夜靈壇之間卿雲紛郁翌日疾瘳蓋精神所致初先生登車之日有熊虎猿鳥之屬悲鳴擁路出山而止其忘情感物有如此者先是洞元之部真僞混淆先生刊而正之涇渭乃判故齋戒儀範爲將來典式焉初桂陽王橫逆暴骨蔽野先生悉具棺櫬收而葬之立德施仁皆此類也雖跡寓塵躅而心遊象外爲追恩命有違宿志遂元徽五

年春正月。謂門人曰。吾將還舊山。可飾裝整駕。弟子僉悮詔命未許。而有斯言。至三月二日。乃儼然解化。膚色暉爍。目瞳朗映。但聞清香。惟不息而已。化後三日。廬山諸徒咸見先生霓旌紛然。還止舊宇。斯須不知所在。相與驚而異之。顧命盛以布囊。投所在崖谷。門人不忍。遂奉還廬山。春秋七十有二。所謂鍊形幽壤。騰景太微者也。凡著述論議百有餘篇。並行於代。有詔以先生之居爲簡寂觀。謚曰簡寂先生。果有道也。天寶末。筠與友人荀太象避地茲境。敬先生之洞府。慕先生之高風。感世祀之綿遠。慨銘志之湮

滅。乃與道士吳太清宋沖虛詢謀僉同。建此貞石。其詞曰。猗先生。本天眞。蘊至妙。懷深仁。知名疎。悟體親。忽榮祿。辭闤闠。餐霞景。甘隱淪。道彌高。聲益振。不得已。登蒲輪。揚元風。還紫宸。功允著。德惟新。忽解形。爲帝賓。僊道密。難昭陳。紀遺烈。庶不湮。大唐上元二年歲次辛丑九月十三日中岳道士翰林供奉吳筠撰。

欽定全唐文卷九百二十七

李含光

含光揚州江都人。天寶時道士。

表奏十三通

道士臣含光言。今月十八日。品官王遊仙宣口敕。賜臣法衣六副。又今日將軍高力士宣旨。賜臣御製詩一首。兼二百疋并香爐等。臣雖在道流。素無深識。因遇聖代。仍荷國恩。霓裳羽服。出自天府。神筆睿藻。頻集微軀。臣之叨受。實踰涯分。臣自嬰風疾。十載有餘。形衰力弱。觸事俱廢。惟願

香爐致福。上答聖躬。終此餘生。不敢有二。無任恐懼之至。

道士臣含光言。今月二十四日。中使唉庭瑶及道士唐若倩齎貺物并詞至山。即以二十五日。與庭瑶若倩於華陽洞門燒香讀詞。兼藏貺信。至暮事畢。臣又奉敕旨。錫號并賜法衣。忽承聖旨。進退惶懼。臣以僥倖。頻忝國恩。功微德薄。寄情靡所。不勝悚荷之至。因投貺已了。謹遣楊愼脅奉表陳述幷謝以聞。

臣含光言。竊見紫陽觀東隱居先生舊合丹所。忽生芝草八十一莖。形狀瓌奇。光采秀麗。根憑松石。氣鬱蘭荃。斯實

曠代希有當今罕見伏惟陛下推誠洞府展敬無虧睠言紫陽載興修葺是以神物繁植用表吉祥凡與知聞僉云聖德所感莫不喜悅臣不勝欣躍之至謹遣楊愼奢先奉表以聞今圖寫芝形委曲詳辨事畢之日別差使上聞

臣含光言今月十八日中使啖庭瑤齎御詞并香至山臣即以昨十九日與庭瑤及同法劉行矩等詣紫陽觀東大橫山石燒香啓眞密宣詞旨以今月依法採芝其芝草大小八十一莖巃盛如列無任喜懼之至因庭瑤謹奉表以聞

臣含光言臣弟子唐若倩與前句容縣令李越成進芝并奏以今日到伏承芝生藥院素表千莖丹化神鑪光踰九轉自非聖德至重希代神物無由卒至謹按參同契論此丹云帝王永御千秋常存旣未聞於往日實有徵於聖代不勝慶躍之至謹奉表陳賀以聞

臣含光言臣雖服膺道法而拙於理身久患風疾腳膝無力入秋以來漸覺羸弊物性所習南北異宜伏望天恩許還本土冀漸醫藥稍延視息無任區區之至

臣含光言昨十四日內侍袁思藝宣口勅以御製送臣歸廣陵詩一首見賜伏惟陛下虛己應物巨細無遺爰寄睿懷降茲神筆翰兼雲篆之妙詞發玉晨之音顧慚優渥捧對無倦臣行裝已辦即日戒途違遠闕廷但深愧戀

臣含光言季夏毒熱伏惟聖躬起居萬福去月八日中使啖庭瑤至山宣口勅以所齎縑二百疋并香三合令臣於茅山用施齋醮并賜臣衣兩副臣謹承聖旨於紫陽觀東鬱岡山石別立靜院剋取今月二十七日人定啓齋二十八日寅時爲正齋之始自此之後以漸遵行計至冬間法事迺畢務盡心力以求感通但臣無功每蒙賜及伏增戰懍今供擬已辦謹遣弟子唐若倩隨中使齊令詵奉表以聞

臣含光言晷度環周日長南至伏惟陛下膺納乾祐馨無不宜臣等今於茅山爲國焚修齋醮無任欣悅之至謹遣中使啖庭瑤起居謹奉表以聞

臣含光言前所奏請紫陽觀東鬱岡山石奉修齋醮自六月二十七日起首行道至今月七日冬至日初出時緣是齋人及中使齊令詵等咸見齋壇四遠松樹悉有甘露其色白其氣香其味甘其松去壇漸遠者而露亦漸少計今

凡降甘露松樹都有二百三十株謹按道德經稱天地相合以降甘露人莫之令而自均焉元聖著經以爲嘉瑞齋醮遇此又爲吉祥敢不以聞謹遣弟子唐若倩隨中使齊令詵奉表供進甘露二合

臣含光言孟春猶寒伏惟聖躬起居萬福去載十二月二十五日中使啖庭瑶及臣弟子唐若倩等至伏奉恩勅勞問臣蒙賜絹百疋行道道士賜絹二百疋又奉聖旨以本命紫紋七十疋五方紋繒各二十疋銀五百兩令臣依河圖內篇奉修齋謝并餘功德臣爰以去載十二月晦及今

載元正之日先於廣陵郡大唐廣業大龍興觀謹修歲節吉齋以助履新之慶今又於茅山紫陽觀中銓舉同法有戒行者共營齋具講習之儀務令合法然後施用至夏齋畢隨時上聞但臣自顧非林謬參道法不意庸淺頻荷國恩雖竭愚誠豈酬萬一無任悚懼之至

臣含光言仲夏炎熱伏惟聖躬起居萬福臣先奉聖旨令於茅山修奉河圖齋謝頻屬霖雨遂闕施行至今月八日夜始就宿啟次九月十日夜依法正齋并伸禮獻次十二日江中投璧以望日設齋飯賢自始及終頗爲周悉但臣等學非師授材愧聰明雖謹按成規而所疑未洗不勝惶懼之至謹遣唐若倩奉表以聞

臣含光言昨十日中使孟遊仙齎勅至茅山修功德所仰感聖恩伏增恐懼先於此日與諸道士能戒行者共遵香燈之務庶以助國扶教消災致福但臣等雖班法任愧乏感通區區之心不敢有二因孟遊仙使回謹奉表上謝以聞

太上慈悲道場消災九幽懺序

原夫赤明始闢雲篆肇形於霄極炎漢後啟靈文漸布於

人間西蜀則金闕遺科東吳則太極傳教繇是大有祕笈洞眞瓊章張徐顯之於前陶陸敷之於後師資繼踵代生其人矣太上慈悲道場消災九幽懺者始自太極左仙公葛元於後漢桓帝時居天台上虞山隱身修行感太極眞人徐來勤下降於仙公之室以靈寶天書玉字洞眞洞元洞神三十六部寶經授之於仙公焉仙公在山精思靜念數十年間通神感聖山精木鬼衞護稽首沈魂逝魄悉得超生自謂大乘奧旨可以開導衆生拯濟沈溺遂於三洞品內撮其樞要纂集懺文使令當世羣生悉聞悉見將來

多士易悟易行至於無間酆都阿鼻寒夜三途五苦八難九幽沈滯苦魂不遺幽閉乃及見存過去未來所犯新罪宿愆冤結災難普得法潤俱會正眞因而流傳當爾之後趨惡緣者百不二三悟善因者十有八九是故仙班之業爰備化導之功既盈故立斯文標於卷首云耳

尹愔

愔秦州天水人初爲道士開元二十年名拜諫議大夫集賢院學士兼修國史固辭不起詔以道士服視事乃就職卒贈左散騎常侍

五廚經氣法序

臣聞易曰精義入神以致用也利用安身以崇德也富哉言乎富哉言乎是知義必精然後可以入神致用致用必利然後可以安身崇德義不精而云致用用不利而云安身身不安而云知道者未之有也然則沖用者生化之主也精氣爲物謂之委和漠然無間有與立矣則天地大德不曰生乎全其形生者在乎少私寡欲抱樸柔和遊心於澹合氣於漠且清明在躬志氣如神嗜欲將至有開必先故聖人垂教以檢之廣業以持之專氣致柔以導其和向晦宴息以窒其欲洗心藏密窮神知化然後身安而國家可保德用而百姓不知是以自天祐之吉無不利矣伏讀此經五章盡修身衞生之要全和含一精義可以入神坐忘遺照安身可以崇德研味滋久輒爲訓詁臣草茅微賤恩霈特深天光不違自忘鄙陋俯伏慚懼徊徨如失臣愔頓首頓首開元二十三年十二月十一日京肅明觀道士臣尹愔上

蔡瑋

瑋天寶時宏道觀道士

玉眞公主朝謁應闕二字眞源宮受闕三字王屋山仙人臺靈壇祥應記

皇上闕三字天下之冊載也物歸混茫人闕一字太璞故我元元聖祖闕一字服龍駕雲闕三字天明示眞闕一字錫以寶符靈命國祚嘉祥所謂純嘏丕業永昭於左契矣明年春三月既望乃詔上清元都大洞三景法師玉眞長公主有事於雎都闕二字宮洎名山闕一字岳亦既闕十一字無休也公主承天恭拜受命毄假闕七字所以履虛闕一字而昭炯戒也於是浮函關之紫氣望帝鄉之白雲登華闕三字睢及溴驅馳百靈

悠闕一字千里闕二字月居於闕一字宮闕一字懇宣闕二字誠闕一字若闕一字奠闕一字聖敬之闕一字德闕一字皇心之在人精意闕二字休闕二字跡闕一字先天后廟有朱文隱成太字垂八角之闕五字宮有飛龍躍闕一字重泉闕二字井之瑞既而闕一字金簡闕一字河圖則天地合蓂貞明連曬或潛虬吐液以澄映仙鶴縈空而鳴舞紫霞散壇彩雲拂樹允所謂降福穰穰惟休於無疆若是其至矣者哉迴闕二字旋闕二字太室捫日一闕字步元州挹上清羽人焦眞闕一字於中峯絕頂訪以空同吹萬之始丹田存一之妙不逾月又將朝於王屋之天以

及仙人臺而北岳洞靈宮胡先生賁闕一字來會先生文離其德骨乂其容河畔徹聰嶽犀橫偃思闕二字寶聲動天庭廿五人獨守貞於恒代卅六洞遠陟降於清虛公主因齋心順風膝行避席請受八籙三洞紫文靈書先生竝虛已闕四字冥合遂以是月下宿甲午子夜象設壇宇星陳香燈以金寶盟天霜羅薦地時也煙霏夕霽闕一字罟朝徹林外如有靈官闕一字儀法位周列簫管清籟闕三字發倦成希微髣髴觀闕三字灑萬水颭然闕一字音而壇無搖旌燈不闕一字焰公主於是官三極府百神左右不戒而嚴肅如也洎乙未丁酉巽夕同符皆有甘露夜零珠明玉潤華滿庭樹闕一字龍人闕三字臺下有泉石闕三字紛綸闕二字殆不可測每有至人精思遐感則霜韻潛鳴迺五月辛丑之夕公主闕二字文闕一字玉闕一字鐘聲闕二字發深底遠闕二字韶自瞑達曙春容不絕壬寅佩五老眞印杖八威神闕一字瑞五嶽靈飛六甲傳谿闕三字或日月交輝或煙霞動色晃朗天宇揚光仙山至若闕一字陰闕四字雲闕一字鬱儀結璘之錄闕二字宴景之道則有闕一字公闕一字保三闕二字司皆降飛雲闕一字朝闕七字授闕二字冥感闕二字故署仙格曰玉眞萬華眞人闕一字有命

自天理闕三字甲辰宮功受袪闕二字解散闕一字有祥煙蓬蓬自中壇而起闕一字神闕一字羽駕歸飛於太空闕八字徐轉公主闕一字鳴闕一字大鼓闕三字延闕二字之迄乎居室矣是歲東周炎冗自春徂夏人闕二字力野無良苗公主闕一字仙闕二字洞府闕一字鑪闕五字剛俾夫金龍驛傳壁奠闕一字禮闕七字流盈尺故當時遠近咸謂之爲公主雨焉則知大德苞於經濟者其惠也廣行通於神明者其感也深自非降闕一字彤庭孕靈金格持受無闕二字爲至人則曷能靜該闕一字道闕三字天祐祈誠必應休有明徵者哉公主法號無上眞字元

元睿宗大聖貞皇帝之十女今上之闕二字妹青闕五字洞虛闕一字葆闕一字元門而禎符不一年十二歲當景雲之初始受闕一字道於括蒼羅浮眞人越國葉公其時老君爲親降法壇闕一字烏三刻言皆口授旨以神融故闕二字章隱訣代莫得而聞也今見事載青史辭編玉諜西京闕一字陽闕一字之樓觀者昔文始先生尹眞人望氣之所山水屋蓋蒼蒼古墟崢嶸丹宮後聖有作公主以闕二字天寶之前歲孟夏月佩采靈之印混闕二字之心能自存眞斯焉悠處若然者七日而所居精室卿雲覆之有二青衣玉童自雲來拜因

而動承指使常在左右也闕一字仙格之稱不其闕二字自是闕三字之闕六字踵息聽道遺形絕粒動無違事矣不闕三字能周闕一字萬象徧索羣岳得於茲山焉夫此山者隱元陽臺小有天洞環合曾翠淩闕五字騰赤霄闕六字丹闕一字而闕四字行闕二字千闕三字皆秀孤松自煙況其呀谷攢峯玉林瑤草昔王子晉舉手緱嶺息駕於斯者詣天壇凡卌里傍連大可名言也公主未笄闕二字爲采眞人居闕一字門闕六字丹竈闕一字日藥園長春白水闕四字卷石可以闕二字也主上前年揮灑宸翰光題寶額曰平陽洞府小有仙臺又於山門別署金牓爲靈都觀公主爰遊爰處將廿年功行已成昇仙階近故凡五闕一字眞錄闕二字植闕一字合闕一字移步闕三字如闕四字之輕舉元默天闕一字蓋闕一字願祝堯不能忘魏是知無往不適與闕一字道爲徒者非至德其孰能與於此焉有若監度保舉中岳三洞鍊師闕三字王玉京同法壇西岳道士敬延壽中岳內謁者監程元遷王屋令李拯官寮道俗莫不咸同盛觀時東京法衆元元觀主王虛貞等闕一字金闕二字靈封陪闕一字乎絳節之前倘佯乎碧宇之外闕三字會闕一字聲揚言慶大君受祚於元元大妹同符於女偊詠歌

不足願紀斯文瑋幸得捧辭瑤壇舐札仙府輒敢扣沖寂搜窅冥昭列元猷闕一字茲闕二字誠慚闕一字翰或愧當仁時昭陽記歲蕤賓貞月有唐天寶十二載也

唐東京道門威儀使聖眞元元兩觀主清虛洞府靈都仙臺貞元先生張尊師遺烈碑

先生諱探元字體微家世南陽正一眞人道陵師君之胄也眞人光上清之版蓋中古之仙眄睞而驅馳鬼神指麾而震動河岳仙支流乎百代眞氣降於三天元元將斧纘妙門光傳法印興復乃烈是生貞元曾祖儼周襄國紫州

刺史大父幹隨平州司馬襲封朝陽縣開國子父睿遭季世亂離終身向晦莅州也政符於德儒司武也才叶於文若避世也道鄰於仲御盛矣哉其先自沛遷鄧朝陽因官徙廣平令爲臨洺人也先生童而遜悌冠而貞愿勁若修篁之節和如浮磬之聲正衣冠而冰雪在容離堅白而嶽郤遊刃師君之施遠矣文明初天皇下席國家延慶於道度爲仙官隸本郡明山觀道士開元初輔西京景龍觀大德恩詔供奉將授諫官先生執心堅明守道純固辭見許十年朝廷增崇大聖祖元元廟祠庭有伷密邇宮垣擇

賢才以時禋潔天子精選黃褐親垂紫書先生與莪眉王仙卿青城趙仙甫漢中梁虛舟齊國田仙寮等允膺宸鑒有司備禮冠蓋紛迎登邙山俯河洛飄飄明霞之外窅窅凝元之際望者以爲神仙之會也廿一年詔爲東都道門威儀使與洞元先生司馬秀同拜於玉清元壇冠重疊之五雲佩離羅之九色霜臨絳府冰鑒元都邈登仙階永執天憲自是采眞遊者知諮歸之所存焉俄兼聖眞元元兩觀主清飈不弭令望如初先生異時靡然歎曰始吾擢德繕性矜仁宿名將以跡混人間心存應帝殊不知外護內

揵已滑眞葵和大丈夫當神動天隨披然闕是因歷選海岳至止乎茲山焉入清虛洞宮得皇人祕記曰凡初躋道位必先詣陽臺卽此山是也先生乃考卜幽勝薦辭明靈至誠元通若遇神授雖子眞谷口遠遊邙中亦一時也古老相傳曰仙人臺也昔周王昇仙太子朝天壇於此臺上有憩笙鶴之跡我唐玉眞公主於臺下構館爲集靈仙之都元風嘉聲信萬古之同德其地卽是古奉仙觀前有投鐘泓爲蜺桓之潘每至陰凝黛碧則霜韻常聞雖千載之湮淪亦九州之殊異者也公主以天人之貴帝子之尊玉

鏡清懸瓊華洞照自夫署眞官於金格列仙位於瑤臺曰大洞三景法師四紀於茲矣頃年搖羽節吟鳳簫眞相光煌於九天風馭周遊於羣岳以爲此地青溪萬仞碧洞千門煙蘿嘶風金澗生月可冥八祕滋五牙朝會丹田豫遊沖漠皇上奉尊祖之孝穆友于之仁恩降紫宸光融碧落題上方公主幽居曰平陽洞府小有仙臺又於山門別署金榜爲靈都觀貴主又罄散湯沐首事增修先生亦德契言從道同心一盡以天恩所賜巾裘器服及私居莊磑園野資營繕焉惜乎厥功未就而奄然體逝享年七十有六

默遷於山口雲泉之業時天寶元年七月丙寅也先生將示疾也豫修金籙法事躬奠河圖醮禮倏有二仙光降百神昭明其景象靈命及遺誡元諱誌傳詳焉文多不載及乎解蛻也非煙覆寢異香盈室麥老龍之户疏子鶴之塋鄉人見先生紫衣白馬俄亡所在烈風迅雷晏而後息八月壬寅封樹之際赤氣被於元宮信夫昇仙之驗也奉仙觀主段抱質聖眞觀監齋寇含光夙奉主恩經始靈都之役道士席守元馮若水字闕一絢朱運劉意竝承天澤服御元牝之門猶子庭芝門人靈應或感愴泉洞或悽傷竹林

相與歎雲霓之不歸望松櫝之增慕瑋也肅尚其德悅聞其風敬謚曰貞元先生頌崖畧於幽石

溥博泉源清瑋孕靈淪激波怒如雷如霆於昭乎貞元才全而德形端若表炯若星嶷岳峙潛泉渟同乎而來委天和而出寧修然而往混元化以歸冥乘日之車兮馭雲之軿飛霞丹霄兮流金火鈴小有空洞兮清虛明庭雲層峩峩兮上震下炯浩刼洋洋兮厥德彌馨

楊礪俗

礪俗天寶時丹陽郡紫陽觀道士

謝恩制表

道士臣礪俗等言伏奉五月十三日恩制紫陽觀取側近百姓二百户太平崇元兩觀各一百户竝蠲免租稅差科長充修葺灑埽者實以光昭洞府永構元門埽飾開清靜之場施力增人户之福伏惟開元天寶聖文神武應道皇帝陛下廣崇道化克著眞宗重闡徽猷彝倫法要遂使靈山祠宇載葺頹綱茅許仙居感蒙創迹臣等愚昧濫在法流叨沐殊恩曲霑濡澤所以遠馳丹禁跼蹐天庭無任感荷喜悅之至謹躍龍門奉表陳謝以聞

丁政觀

政觀開元時景龍觀道士

謝賜天師碑銘狀

敕內肅明觀道士尹愔宣敕內出御文賜臣師圭臣跪奉天章仰瞻宸翰以惶以喜載慶載悲臣忝與門人不勝感愧之至謹錄陳謝以聞

元辨

辨天寶時道士

謝親教道士步虛聲韻表

臣自凡愚生逢大聖服膺眞教庇影元門謬得侍奉禁闈恭承待問夙夜兢惕將何克堪伏見陛下親教步虛及諸聲讚以至明之獨覽斷歷代之傳疑定騶驥於海陸分景鏡於眞僞平上去入則備體於正聲吟諷抑揚則宛仍於舊韻使詠之者審分明之旨聞之者無譌舛之嫌妙協鈞天克諧仙唱伏以靈章本趣理固如然但爲流傳人間訛謬滋久非應道之主孰能正之是可以振暢元風發揮聖作臣忝趨仙禁豫聽正聲欣戴之誠倍萬常品乞特賜編諸史冊宣示中外

欽定全唐文卷九百二十八

楊智遠

智遠仙壇觀道士

梅仙事實

昔梅仙君河南壽春府人名福字子眞乃西漢成帝時受命洪州南昌縣尉居官清節志厭浮華每以恤民爲念未嘗加鞭朴於民時值王莽作亂僭竊神器王鳳專政浸盛災異數見羣下莫敢言福不忍天下生靈坐於塗炭乃奮忠義之氣上災異書以陳治亂書曰臣聞箕子佯狂於商

而爲周陳洪範叔孫通遁秦歸漢制作儀品夫叔孫先非不忠也箕子非疏其家也而畔其親也不可與言也昔高祖納善如不及從諫若轉圜聽言不求其能舉功不考其素陳平起於亡命而爲謀主韓信拔於行陳而建上將故天下之士雲合歸漢爭進奇異知者竭其策愚者盡其慮勇士極其節怯夫勉其死合天下之知并天下之威是以舉秦如鴻毛取楚如拾遺此高祖所以無敵於天下也孝文皇帝起於代谷非有周名之師伊呂之佐也循高祖之法加以恭儉當此之時天下幾平繇是言之循高祖之法

則治不循則亂何者秦爲無道削仲尼之跡滅周公之軌壞井田除五等禮廢樂崩王道不通故欲行王道者莫能致其功也武帝好忠諫說至言出爵不待廉茂慶賜不須顯功是以天下布衣各厲志竭精以赴闕庭自衒鬻者不可勝數漢家得賢於此爲盛使武帝聽用其計昇平可致於是積尸暴骨快心胡越故淮南王安緣間而起所以計慮不成而謀議泄者以衆賢聚於本朝故其大臣勢陵不敢和從也方今布衣迺窺國家之隙見間而起者蜀郡是也及山陽亡徒蘇令之羣蹈藉名都大郡求黨與索隨和

而無逃匿之意此皆輕量大臣亡所畏忌國家之權輕故匹夫欲與上爭衡也士者國之重器得士則重失士則輕詩云濟濟多士文王以寧廟堂之議非草茅所當言也臣誠恐身塗野草尸並卒伍故數上書求見輒報罷臣聞齊桓之時有以九九見者桓公不逆欲以致大也今臣所言非特九九也陛下距臣者三矣此天下士所以不至也昔秦武王好力任鄙叩關自鬻繆公行伯由余歸德今欲致天下之士民有上書求見者輒使詣尚書問其所言言可采取者秩以升斗之祿賜以一束之帛若此則天下之士

發憤懣吐忠言嘉謀日聞於上天下條貫國家表裏爛然可觀矣夫以四海之廣士民之數能言之類至衆多也然其俊傑指陳世政言成文章質之先聖而不謬施之當世合時務若此者亦無幾人故爵祿束帛者天下之砥石高祖所以厲世磨鈍也孔子曰工欲善其事必先利其器至秦則不然張誹謗之網以爲漢敺除倒持太阿授楚以柄故誠能勿失其柄天下雖有不順莫敢觸其鋒此武帝所以辟地建功爲漢世宗也今不循伯者之道迺欲以三代選舉之法取當世之士猶察伯樂之圖求騏驥於市而不可得亦已明矣故高祖棄陳平之過而獲其謀晉文召天

王齊桓用其讎無益於時不顧逆順此所謂伯道者也一色成體謂之醇黑白雜合謂之駁欲以承平之法治暴秦之緒猶以鄉飲酒之禮理軍市也今陛下既不納天下之言又加戮焉夫鳶鵲遭害則仁鳥爭逝愚者蒙戮則知士深退間者愚民上疏多觸不急之法或下廷尉而死者衆自陽朔以來天下以言爲諱朝廷尤甚羣臣皆順承上旨莫有執正何以明其然也取民之所上書陛下之所善試下之廷尉廷尉必曰非所宜言大不敬以此卜之一矣故

京兆尹王章資質忠直敢面引廷爭孝元皇帝擢之以厲直臣而矯曲朝及至陛下戮及妻子且惡惡止其身王章非有反畔之辜而殃及家折直士之節結諫臣之舌羣臣皆知其非然不敢爭天下以言為戒最國家之大患也願陛下循高祖之軌杜亡秦之路數御十月之歌留意無逸之戒除不急之法下無諱之詔博覽兼聽謀及疏賤令深者不隱遠者不塞所謂辟四門明四目也且不急之法誹謗之微者也往者不可及來者猶可追方今君命犯而主威奪外戚之權日以益隆陛下不見其形願察其景建始

以來日蝕地震以率言之三倍春秋水災亡與比數陰盛陽微金鐵為飛此何景也漢興以來社稷三危呂霍上官皆母后之家也親親之道全之為右當與之賢師良傅教以忠孝之道今乃尊寵其位授以魁柄使之驕逆至於夷滅此失親親之大者也自霍光之賢不能為子孫慮故權臣易世則危書曰無若火始庸庸勢陵於君權隆於主然後防之亦無及已又言國舅王曼事帝俱不納復上建三統書曰臣聞不在其位不謀其政政者職也位卑而言高者罪也越職觸罪危言世患雖伏鑕橫分臣之願也守職不言沒齒身全死之日尸未腐而名滅雖有景公之位伏櫪千駟臣不貪也故願壹登文石之陛涉赤墀之塗當戶牖之法坐盡平生之愚慮無益於時有遺於世此臣寢所以不安食所以忘味也願陛下深省臣言臣聞存人所以自立也壅人所以自塞也善惡之報各如其事昔者秦滅二周夷六國隱士不顯逸民不舉絕三統滅天道是以身危子殺厥孫不嗣所謂壅人以自塞者也故武王克殷未下車存五帝之後封殷於宋紹夏於杞明著三統示不獨有也是以姬姓半天下遷廟之主流出於戶所謂存人以

自立者也今成湯不祀殷人無後陛下繼嗣久微殆為此也春秋經曰宋殺其大夫穀梁傳言其不稱名姓以其在祖位尊之也此言孔子故殷後雖不正統封其子孫以為殷後禮亦宜之何者諸侯奪宗聖庶奪嫡傳曰賢者子孫宜有土而況聖人又殷之後哉昔成王以諸侯禮葬周公而皇天動威雷風著災今仲尼之廟不出闕里孔氏子孫不免編戶以聖人而歆匹夫之祀非皇天之意也今陛下誠能據仲尼之素功以封其子孫則國家必獲其福又陛下之名與天無極何者追聖人素功封其子孫未有法也

後聖必以爲則不滅之名可不勉哉帝亦不報於是有歸休之志於戲所謂臣之於君再三諫而不從則逃之此豈虛言哉遂解衣挂冠東都門納官棄妻子去九江恐國舅攝之易姓名爲吳市門卒以保其身厥後求師慕道訪山採藥多隱名山廣谷之間嘗與張留侯子房執版唱無生曲以快其情也訪鴈蕩諸山即會稽之南也遊南閩入支提山修鍊數年未就爲闕所觸憤然曰靈丹九轉愈久愈精何厭成功之晚遂入仙霞山即武夷之東也徬徨乎無人之境逍遥乎塵埃之外猿啼古木虎嘯幽巖有竹曰瘦

腰有草曰黃芽靈苗異種雜然莫能盡識遂依巖結菴堅心苦志辟穀餐松慕學神仙積有年矣每望閩粵間有紫氣頗異復往建城立壇修鍊未幾一日山色溟濛煙霞滿室瑞氣浮空紫雲蓋覆於山頂天樂嘹喨有一神人語福曰空洞仙君至須臾仙樂近仙君臨福拜而迎之仙君曰念子學道志堅吾故下臨授汝外燒內鍊還返大丹之法九老仙都濟世之文汝可擇名山依法修鍊方得成仙言竟而梅君謝焉彩雲散空天樂自鳴仙君乃隱隱而去梅君精視天文數日下山行濟世之法無不靈驗初至雞籠山修鍊被尸鬼相魔次至毛竹洞夜夢神人曰此山非先生修鍊之所遂入演仙山修鍊又爲野火所燒繼往玉華山修鍊昔神人居焉方欲修鍊而羣賊四起次至烏石山修鍊樵婦觸之梅君嘆曰道緣淺薄障魔羣起遂再行濟世之法數年至劍江西嶺修鍊一日祥雲瑞氣覆於山巔開戶視之乃道師空洞君降梅君拜而迎之告道師曰弟子恭依師旨廣行濟世之法遊歷名山修鍊多爲魔苦道至於此道師曰汝之道緣在飛鴻山也再授汝八神却魔靈丹乃召二光童子控赤駿白馬於山前君可急乘馬領

童至飛鴻山精修成功之日吾當舉汝使汝骨像同昇也言訖道師隱於雲中梅君遂乘馬領童至飛鴻山卓菴修鍊千日神遊體外丹光燭天而道成矣遂開爐出丹一丸祭天天神收之一丸祭地地神護之一丸自服服訖拜謝天地畢地神奏於三官三官奏聞天闕言西漢梅福成道於飛鴻山梅君乃乘白馬領童欲回九江二童馬前撫掌吟詩隱於山溪巨石之下須臾紅光射日紫霧漫空甘露天花一時飛降雲中仙樂嘹喨金童持節玉女執旛力士控鸞侍仙捧詔向梅君曰天闕詔下令汝乘鸞上昇梅君

拜謝天恩棄馬乘鸞昇天而去白馬墜於水中自後飛鴻山號曰梅仙山是也山之西有墜馬洲三十里有遺鞭山山之下有登仙里山之東溪有逃童石驂馬渡山之側有甘露源山之後有天花嶺石上有花跡自後鄉人號曰癩石嶺是也至今丹光隱伏猶存山根有梅君道院崇奉香火自後浮屠占之爲居址棄仙像塑佛像改名觀音院將梅仙像移入開山堂安奉郡之民相傳只呼梅仙院不從其額其院中有護法五聖公顯靈立廟院側人只呼作梅君廟梅君同其名乃仙聖跡也自漢至今歷二十二丙寅

矣自元始中至今貞元二年丙申計一千二百五十九年不泯矣時依建寧府梅仙堂傳本彼有梅山鍊丹之所故云爾

盧道元

道元貞元時人學道於寒棲子

太上肘後玉經方序

昔巢居子奉事東海青童君以節苦心寂奉師禮具暑雨祁寒無懈無怠僅二十年乃口授元法手錄聖方曰若求跨鶴昇九霄未易致也若優游乾坤之內守顥然之氣容色不改心目清朗壽數百年不歸可得矣然神仙祕術不可傳失其人長安年中巢居子以寒棲子賢人也使沐浴齋戒乃授其事至貞元八年寒棲子以余不揆陋微游放自適所從來者匪世俗之士無聲利之交若天與之正性謂不虛授乃傳之余以隱棲子文華之士昔登上科忽遺馳騖息心道門僅六七年其元法祕術無不得之而至理之要曾似未遇顧余有此遺禮留愛久之而言余知其志士也心忘爵祿遯時稱騷雅之什有而若無實而若虛者哉必當羽化雲飛豈止龜鶴齊壽寶歷乙未歲霞棲子盧

道元敬持太上八方絪緼元寶一軸以授隱棲施君敬之哉戒之哉

孫智清

智清太和時茅山三觀威儀道士

請重賜勅禁止樵蘇狀

伏以華陽洞天眾眞靈宅先奉恩旨禁斷弋獵樵蘇秋冬放火四時祭祀咸絕牲牢自經艱難失去元勅百姓不遵舊命侵占轉深採伐山林妄稱久業伏請重賜禁斷準法護持差置所由切加檢察庶得眞場嚴整宮觀獲安具元

禁疆界如前。

軒轅集

集會昌時人。武宗好神仙。集以山人進。宣宗卽位。流嶺南。居羅浮山。大中十一年復徵至長安。名問長生術。尋歸羅浮。

太霞玉書序

太上忘言。其次立言。流若卮言。民斯蔽矣。夫執形爲有。累無往而可袪。悟有爲無。元隨在而可詣。故天地以無名爲妙。本大道以抱一爲眞詮。應萬彙而大象無形。體混成而

神功不宰。合符帝一。超入太信之根。孕元宗風。宏自元始之炁。逍遥齊物。則曰大鵬天籟。華蓋隱元。則曰玉珮金璫。得其意者。象帝之先。昧其眞者。墮身於劫。獨力而不改。周行而不殆者。能幾人斯。我皇唐大歷之初。集棲朱明之埜。忽石樓前洞。砉然中闢。眎我靈文。成茲玉書。結空絜以成篇。洞幽寥於無眹。凡我兆景。慎勿以執形求也。釐爲十有二章。統以太霞。蓋究厥守中之道。原諸法象之宗云爾。高上三元。能妙一而不窮。靈芝八景。本在身而非外。則此之所云。皆爲芻狗。

吳子來

子來。大中末道士。嘗止成都雙流縣興唐觀。

寫眞自贊

不材吳子。知命任眞。志尚元素。心樂清貧。涉歷羣山。翛然一身。學未明道。形惟保神。山水爲家。形影爲鄰。布裘草帶。鹿冠紗巾。餌松飲泉。經蜀過秦。大道杳冥。吾師何人。矚思下土。思彼上賓。曠然無已。罔象惟親。

寂爾孤遊。翛然獨立。飲木蘭之墜露。衣鳥獸之落毛。不求利於人間。絕賣名於天下。

薛幽棲

幽棲。道士。

太上洞元靈寶無量度人上品妙經敍

夫道者。在於寂默虛無。心冥神契。經者。資於書寫傳授。誦詠宏暢。非寂默則莫能契道。非敷誦則無以宏經。雖宗轍有殊。而體貫齊一。張之則異域。混之則同歸。因道所以立經。因經所以明道。道爲經之本體。經卽道之跡用。本跡相明。體用元合。是以煥眞文於空洞之上。開洪源於紫極之館。則三品眞目。析羣方飛天之書。七部衆經。播雲篆光明

之跡於是元始天尊坐於元都玉京紫微上宮以三洞正經居前三大副經居後道德二篇爲輔弼玉清隱書爲教主且洞元靈寶則三洞中洞之一部無量度人則中洞一部之一卷修習之法則一部多門諷誦之篇則此卷爲首上消天災保鎮帝王下禳毒害以度兆民中拔祖宗已身得道斯則巍巍大範獨步三清者哉此經義旨冥奧音韻隱祕皆申明大梵之理非化誘常途之辭故云上聖已成眞人通元究微能悉其章所以誦讀者多焉精達者鮮矣今不揆蠛蠓之力強舉千鈞之重直以凡下裁斷聖意儻

親奉元師必冀蒙詢誨故爲是敘

李沖昭

沖昭南嶽道士

南嶽小錄序

沖昭弱年悟道近歲依師泊臨嶽門頻訪靈跡唯求古來舊記希窮勝異之事莫之有者咸云兵火之後其文散失遂徧閱古碑及衡山圖經湘中記仍致詰於師資長者嶽下耆年或得一事旋貯篋笥今據所得上有五峯三澗古來宮觀藥院至於歷代得道飛昇之流靈異之端撮而直書總成一卷目爲南嶽小錄庶道侶遊山得之披覽麤知靈跡之所自云時壬戌歲冬十月序

張沖虛

沖虛後唐同光時太清宮道士

上枯檜再生表

謹按瀨鄉記此樹枯來莫知年代自高祖神堯皇帝武德二年太上老君見於晉州羊角山語樵人吉善行云爲報唐天子吾是爾遠祖亳州曲仁里是吾降生之地有枯檜重榮唐祚永興高祖遂於羊角山置興唐觀其地改爲神

仙縣封羊角山爲龍角既至亳州果有枯檜樹復生枝蓊鬱後因安祿山僭號之時萎悴及祿山殄滅元宗翠華歸奏枝葉復榮今年十月中又於其上再生一枝約長二尺聳身直上迥出淩虛葉密枝繁獨異衆木

倪少通

少通南嶽道士

玉清廣福觀碑銘 并序

玉清觀者法玉清聖境而名自吳及梁相續重興漢文帝之禖蘇眞人耽自郴陽上昇衆仙迎往元辰曾遊斯地吳

大帝之代。葛仙翁元在句容受道。煉丹於湧泉。亦經於此。不獨實錄具在仙籍。左右靈蹤。古今不泯。赤松山畔。曾聞叱石之羊。王喬嶺前。昔現飛鳧之履。鄉鄰白鶴。有傅翁得道之巖。境接赤烏。卽施君住宅之址。社連金闕。洞秀玉華。草木長春。煙雲迴秀。黃精遍野。白朮盈川。闕監臨楊元德門人王太清心營半載。箕斂萬緡。山現良材。地呈貞礎。林麓聽丁丁之響。庭除覿矻矻之功。法天上之皇都。布凡間之紫府。闕銘曰。

觀本無名。古仙像成。會朝金闕。遂法玉清。寶殿締構。祥雲送迎。元功福蔭。普壽函生。玉清聖化。棲隱名賢。誘彼英信。構茲良緣。福流曠劫。功逮幽元。解釋羅酆。神登九天。棲神之鄉。鄰有沖陽。其道不宰。載之無疆。洞馨蘭菊。林翥鸞凰。表瑞旌祥。福資聖唐。仰覿洞府。靈路稀有。蕩滌妖氛。資崇祿壽。太清太虛。建功不朽。名載碑珉。天長地久。

太一觀董眞人殿碑銘 并序

原夫自然生道。道生太一。太一生二儀。二儀既立。銜明三景。三景列像。以均四氣。四氣氤氳。潛配五行。五行相屬。而聲六律。六律爰敘。以旋七政。七政將平。而定八方。八方布設。是爲九宮。九宮各據。周羅十極。十極剖判。而成萬彙。萬彙既終。返乎太乙。卽太乙孕靈之道。變化還元。妙用虛無之旨也。混沌既分。張乾畏坤。中有太乙。虛無之尊。騰闢二氣。散爲眞根。清濁異體。元牝通門。道德之祖。自然之孫。卽太乙眞精灌溉之理矣。右月左日。光輪星質。大遊小遊。分綱列職。照運寰區。定臨凶吉。寒暑數遷。災福靡失。唯德可順。唯道無窒。卽太乙神處變遷之用矣。動靜杳冥。中含一精。沖和純粹。天清地寧。統貫三才。神靈谷盈。春發夏養。秋合冬成。遂道開布。萬化俱生。卽太乙神氣覆育之道矣。紫清之上。玉皇御中。有太乙之府。上台之宮。宮有九署。三官所宗。太乙眞人。太伯仙翁。定生丹籍。落死北酆。統制萬靈。元化無窮。卽太乙掌符錄權總之化也。故陰陽不測之謂神。神者太乙之祖氣也。是以一大謂之天。故經云象帝之先。卽元元之首矣。廬山眞人殿者。按仙傳卽太乙眞人隱化之所治也。連虎溪福地。按詠眞洞天。上應仙曹。下通陰府。眞人遂代降世。魏末晉初。孕靈於閬川侯官。寓姓董氏。名奉。字君異。託跡混時。行仁布惠。活士燮於交址。救屈女於柴桑。種杏拯民。蘇苗降雨。攝欺闕以威虎。歸貞信以輕金。驗太乙丹符。知非常道。散無功轂帛。遠非常名。眞人久處下方。將朝上界。以晉永嘉元年三月十五日。感上帝錫命曰。太乙眞人。歷居凡世。功滿三千。可任碧虛上監。仍掌吳楚人民生死之文。罪福之籍。旌幢降處。千條之蜺影盤空。羽駕行時。萬朶之仙花出洞。竟望天門。隱隱而上。卽知聖人遁世。俗眼何遼。千載累功。一朝現化。暨乎風遺今古。事有改遷。道隱時訛。民囂淳散。巨唐天寶初。制下重加葺修。後値世更。屢經兵火。山口半里。額挂卑祠。少通幸憩名山。訪茲聖境。榛蕪隘道。荆棘漫穹。水石亂基。狸鼠交穴。目

淩幽谷。對百鳥傷嗟。情斷孤雲。聽流泉嗚咽。默然憤志。誓續眞風。與弟德規。力勤三禩。形忘疲倦。手覺胼胝。迺遇韓王。節鎭江城。仁霑野澤。減有餘之俸。助無罄之緣。匠運斧斤。基圓殿宇。時感松凝甘露。山吐靈光。沿綻交蓮。林抽合竹。禎祥異事。郡國咸驚。卽今上皇帝膺嗣。明堂丕圖寶位。堯雲四布。舜日廣昭。仰紫氣於函關。重光道德。敬朱髮於羊角。纖肅乾坤。文明丕彰。無爲自化。保大十一載。遣北苑使董源。支慶王帑藏錢物計三百萬。大建仙宮。造四殿五堂。重門諸廈。都一百三十間。正宇塑五十九品眞容。莫不山見良材。巖呈異礎。工勤商伯。匠巧般輸。神助禁勞。元資夙智。首尾四稔。備用都周。緜是梁竦虹軀。簷飛鳳翅。風搖金鐸。巖洞響清。日映朱欄。松筠影翠。麗移崑島。景象蓬瀛。瀑注方池。稱養琴高之鯉。雲鋪疊砌。宜昇索靖之凫。九水民歡。五峯靈暢。山燈夜照。巖香曉歆。文武星攢。緇黃雲集。寶臺齋建。霞分紅杏之原。紺殿晨開。光射白蓮之頂。鯨鯢鎖躍。簨簴龍吟。靈應九霄。道傳萬古。功標丹雀。善記羅酆。福利幽陰。神超靜治。冀扶帝座。長慶皇宮。少通受業朱陵。叩與眞跡。非邀名譽。貴顯元猷。愧無夙契之人。直紀象先

之德。用刋貞石。永固仙壇。誠懇誠歡。勉爲銘曰。

元黃未判。大道爰昇。太乙將兆。萬化俱興。爲而不恃。得而不矜。日用匪測。混然常澄。無象有象。非眞是眞。道旣設教。德乃通神。功動幽壤。福慧生人。聖恩不泯。等劫長春。皇化元化。眞功神功。靈光出谷。仙花散空。殿雲香靄。壇星燈紅。天長地久。算福無窮。江嶺甌閩。高仙混塵。丹生冥腐。杏拯孤貧。遺風碧洞。流香紫宸。感乎聖德。像化咸新。溢水城南。詠眞天北。晃晃眞宮。巍巍聖德。道合昌時。靈扶睿國。自晉流唐。元功靡測。日月輪明。人生萬徧。山無改遷。化有更變。

杳擁仙壇。香歆寶殿。實謂瀛洲。飛來嶽面。山鎖平原。亭臺秀麗。甘露凝松。祥雲繞砌。天上何殊。人間莫繼。化獎元風。百千萬歲。唐保大十二年歲次乙卯十一月記

王棲霞

棲霞一名敬眞。字元隱。七歲以神童及第。天祐時避亂南渡爲道士。徐知誥輔吳。名至金陵。館於元觀館。昇元初加金印紫綬。賜號元博大師。又加號眞素先生。保大元年卒。年六十二。

靈寶院記

粵靈寶者。空洞赤書之祕號也。鬱勃自然。生天地先。運無爲德。被有爲作。是以太上立德。其次立功。德者乾坤之大生。功者生三中利益也。苟德以潤身。功能濟物。即示輕舉如躡歸徑。革喧囂於蛻脫耳。且校籍所載。眞跡所存。有非常人。立非常功。遂歷古今。芳猷不絕。茅東卿棣鄂。以直道仕。愷悌立身。周物者智。樂靜者仁。去黨咸陽。初依恒嶽。尋棲此山。介然掩躁。克奉元寂。陶然若樸。惟德動天。遽繡衣持九錫之文。芝蓋導三清之路。元鵠下盤。感應無昧。斯積業夙習之感哉。緬維異代。同途繼踵。美蹟者諒我公矣。公以踐履德業。游泳忠信。松高韻遠。玉眞芒寒。景鐘麟史。臺構襲蹟。鳳池龍節。鴈序分寵。致君一匡。錫我所履。威臨鐵甕。貴擁朱輪。智發未萌。道了得一。蒲鞭舉而過改。桑附謠而政遐。謂我無欲民樸。我無爲民化。法黃老而熙帝載。考始制而宏象教。乃顧名都。更植世福。靈寶院者。梁天監歲貞白陶先生宏景所創也。始本昭眞。其號焉。紫陽觀即長史宅界於東。小茅嶺雷平山列於南。鍾山西朝焉。良常北衛焉。其餘勝概。羣阜若衆星之環拱。不可殫論。先是迥臺層漢。攸閣亙雲。祕三洞璚文。集丹邱羽客。門人周仙君子

良勤修於是。崇習元風。鍊金石。身騰煙霞。轍時移代變。瓦木之功寖泯。及唐太和中。太尉贊皇李公。每瞻遺躅。屢構遐緣。門師道士孫智清。復討前址。再建是院。尋諸舊號。額曰靈寶。爾後既遇兵焰。靈致煨燼。荊棘相森。凡材圍長。狐兎往焉。芻蕘往焉。弗芟弗薙。歷五十載矣。棲霞冑叨素業。幼專不息。雖童丱獲名。而屢厄兵難。跡不遑處。遺構殆空。斷梗杳泊。自北徂南。幸托元化。遐欽茲境。聿諧所適。乃勵畚鍤。忘疲勞。砌壇植松。結茅庇拙。紉蘭餌朮。願言終遁。俄奉先齊王旨。命出居會府。齒朝修事。沐浴恩遇。揚歷館伺

甄道銜表命服再瑨再篇是埏是銘洎我公移鎮是邦自以風痺厥躬告從谷隱公遂捨俸錢一百萬俾於舊基別崇利有稟命之際亹亹勉勵夙夜匪懈思竭克勤冀荷恩教噫事難謀始智寡周防且虎視非一雀之圖而雀終噪蟾盈非片雲可同而雲或掩時哉理非契也非台曜覽幽幾止終廢繇是度揆經營月期日就博邀執斲量材取制墻茨必襄圖蔓必薙平瓦礫以等阜屏豺狼而斷羣力工約萬緡歲靡期剞劂督奇丹雘牖妙造正殿三間中塑靈寶天尊景從砌壇三級三門三間環繞廊廡一十六間拜

葺壞整頹降眞堂續遷於內重新沿沚再築垣墻東北隅卽忠義太保公之季弟先於舊閣基建瑞像殿三間兩廈中塑羊角山應現老君西南隅向曰三官堂三間塑像岌岌其狀亭亭其勢金碧其飾輪奐其暎瓦疊鴛鴦甍差鳳翹睟容禮而若眄侍衛瞻而乍愕旌幢翻翻雲鶴軿軿對偉崛起異疑飛來非我公願力斯應象教斯感卽荒鹵之域安歘睹壯麗乎足使眞風永布靈致恒芬配天地而齊壽總山川而介福亹亹烈烈可久可大棲霞智慚絕妙才非述作蓋受恩於始受命於此謁誠竭慮迨茲成功聊實記於貿文呈台覽而刊於將來也時太和三年重光單閼歲九月乙酉朔九日癸巳謹記

山元卿

元卿紫陽眞人

新宮銘

良常西麓源澤東泄新宮宏宏崇軒巘巘雕珉盤礎鏤檀竦楶碧瓦鱗差瑤階肪截閣凝瑞霧樓横祥霓騶虞巡徼昌明捧關珠樹規連玉泉矩洩靈飈遐集聖日俯晰太上游儲無極便闕百神守護諸眞班列仙翁鵠立道師冰潔

玉成衆饌瓊爲糜屑桂旂不動蘭幄互設妙樂競奏流鈴間發天籟虛徐風簫冷徹鳳歌諧律鶴舞會節三變元雲九成絳雪易遷徒語童初詎說爲毀乾坤自有日月淸寧

二百三十一年四月十二日建

欽定全唐文卷九百二十九

杜光庭

光庭字賓至縉雲人一曰長安人咸通中應九經舉不第入天台山學道從僖宗幸興元留蜀事先主爲金紫光祿大夫諫議大夫封蔡國公賜號廣成先生遷戶部侍郎後主立授道籙於苑中以爲傳眞天師崇眞館大學士後解官隱青城山號東瀛子年八十五卒

紀道德賦

道德清虛元默生帝先爲聖則聽之不聞搏之不得至德

本無爲人中多自惑在洗心而息慮亦知白而守黑百姓日用而不知上士勤行而必克既鼓鑄於乾坤品物信充物於東西南北三皇高拱兮任以自然五帝垂衣兮修之不忒以心體之者爲四海之主以身輓之者爲萬夫之特有皓齒青娥者爲伐命之斧蘊奇謀廣智者爲盜國之賊曾未若軒后順風兮清靜自化曾未若皋陶邁種兮溫恭允塞故可以越圓清方濁兮不始不終何止乎居九流五常兮理家理國豈不聞乎天地非道德也無以清寧豈不聞乎道德於天地也有踰繩墨語不云乎仲尼有言朝聞道夕死可矣所以垂萬古歷百王不敢離之於頃刻懷古今云古今感事傷心驚得喪歎浮沈風驅寒暑川注光陰始衒朱顏麗俄悲白髮侵嗟四豪之不返痛七貴以難尋夸父興懷於落照田文起怨於鳴琴雁足淒涼兮傳恨緒鳳臺寂寞兮有遺音朔漠幽囚兮天長地久瀟湘隔別兮水潤煙深誰能絕聖韜賢餐芝餌朮誰能含光遯世鍊石燒金君不見屈大夫紉蘭而發諫君不見賈太傅忌鵩而愁吟君不見四皓避秦峩峩戀商嶺君不見二疏辭漢飄飄歸故林胡爲乎冒進貪名踐危途與傾轍胡爲乎怙權

恃寵顧華飾與雕簪吾所以思抗跡忘機用虛無爲師範吾所以思去奢滅慾保道德爲規箴不能勞神效蘇子張生兮於時而縱辯不能勞神效楊朱墨翟兮揮涕以沾襟

代陶福太保修瀘口化請額表

臣某言伏以瀘口化者卽二十四化之第十八也節應配於小滿列宿應於畢星陳安世白日昇天臺蹤尚在葵女仙乘車得道轍跡猶存每歲春秋准勅祈醮頃自用軍之後並已摧殘古殿空壇僅餘基地仙儀像貌盡翳榛蕪往來絕瞻敬之門士庶無依歸之所豈期福地一旦蕭條臣

輒備興修願資聖壽伏惟陛下軒帝靈源緱山仙緒纘天御極用道臨民萬方荣廣覆之慈三教被維新之澤芝田柰苑咸荷精嚴古廟儒宫亦蒙繕飾况是長生之教敢申崇葺之儀旋以蓊薙蒿萊興營宇室像設免嗟於暴露簪冠克遂於焚修邀彼靈蹤還爲勝槩香燈有託齋醮無虧兼名道士楊元敬獨孤知元和某等三人就觀居住訖但以荒涼既久門額全無敢祈雨露之恩特飾神仙之境其化伏乞聖慈依瀘口舊名仍賜給聖壽額許臣自製造懸挂庶使琅書銀牓長懸日月之輝漢水仙山永祝聖明之壽臣某無任之至

謝新殿修金籙道場表

臣某言伏奉聖旨與右街威儀何沖薇等二十一人於新殿内修金籙道場七晝夜今月十四日開至二十日散供奉官楊紹業依時設拜言功表贊訖者伏以天贊聖功鼎新大内瑤軒玉砌超三島之鰲宫青瑣丹扉逾九清之鳳闕叶皇居之壯麗覩帝宅之深嚴萬國仰瞻千靈森衛纔畢瓊宫之製先開金籙之壇鋪舒而一一精新祇敬而重重鐲潔龍香上達依稀而萬聖俱臨蟾月低光彷彿而千眞入會延洪睿算遐永皇圖近臣拜手以投詞宰輔齋心而瞻祝殊禎允集巨貺無涯隆大寶於千春總八紘於一統臣叨膺科教獲備焚修豐玉饍於天廚躡雲庭於仙境兢榮已極頒錫薦臨伏蒙宣賜襯錢銀器疋段等澤深溟海恩重嵩衡顧慚鷦燕之微何報聖明之獎臣無任之至

謝恩除户部侍郎兼加階爵表

臣某言伏蒙恩勅除授光祿大夫尚書户部侍郎上柱國蔡國公廣成先生者睿慈春煦宸翰雲敷叨榮而但覺逾涯荷渥而罔知所措臣某中謝臣聞聖明居上是必授任

才能俊乂在官乃貴陳力就列皆以道包經濟言達變通上有致君之能下盡爲臣之節處既得地用務適時苟虧利物之期必致取容之誚如臣幽憫榮奉休明循顧庸襟敢臻殊寵伏惟陛下披圖創歷握紀繼天明逾兩曜之懸德合二儀之普蕩滌氛垢蘇泰寰區功宣而萬有同心化被而八紘繞指夢通巖壑肱股符命説之求景仰煙波輔弼契非熊之兆元勲貞佐捧日扶天人傑時英誕星降嶽青宫翼贊日月重光朱邸忠貞盤維增永臣某江湖賤質簪褐微才爲儒既昧於成麟學道甘期於畫虎刻復辭吳

歲久。奉聖年深。杳無山水之思。每感風雲之會。歸棲照育。三十餘秋。施重嵩衡。遇深溟渤。變枯荄爲茂草。起敗骨爲豐肌。徒曰奇功。難偕聖獎。是以臣俯盈丹懇。積感皇慈。曉動神魂。夜驚形影。效報未申於絲髮。憂惶空溢於肺肝。況復啓運之初。垂裳之始。錫峒山之美號。加北省之華資。無以身諭國之譚。上裨天聽。乏造膝沃心之議。仰副宸衷。揣身世而榮顯居多。於爵位而貪饕已極。豈可重塵清級。更履殊榮。紹碧落之嘉稱。集元關而瓅質。且如漢推曼倩。晉有稚川。未聞聯居清重之司。再踐非常之秩。揣量職越。進退兢榮。仰對宸嚴。無階陳讓。唯虔砥礪。久答鴻恩。臣不任

謝恩奉宣每遇朝賀不隨二教獨引對表

臣某言。伏蒙聖慈。以臣每有起居稱賀。皆與道衆儕人齊班。特降宣旨。令臣自今以後。獨入引對。不隨衆列者。禮加異等。事越常倫。褒稱發自於聖心。榮盛獨光於道域。隆恩顯示。負戴難勝。臣某誠榮誠懼。頓首頓首。伏惟陛下誕睿承天。執符御極。包乾坤而覆載。懸日月以照臨。披金鏡之光華。無幽不察。調玉燭而亭育。有物皆春。由是露灑天根。澤流地表。肅武功而定氛祲。禁黠悛心。修文德而服要荒。姦宄革面。毳幕穹廬之俗。冰居穴處之鄉。重跰來庭。占風入貢。理定而樂作。功成而禮行。舉三代之頹綱。興百王之墜典。有沿有革。無黨無偏。至若羣后朝元。垂衣當宁。儼三傑十臣之佐。冠非熊審像之賢。文物羽儀。輝今映古。其或雲衫羽服。仰丹階而効嵩呼。白足方袍。列彤庭而申華祝。此時微臣常依旅進。得面雲階。每驚巖墊之微。獲在煙霄之上。今則迥隆睿獎。頓革前儀。念臣雖迹預簪冠。而身叨爵秩。清級纔移於北省。華資又接於南曹。特令數奏之時。不雜緇黃之侶。俾其獨引。顯示優恩。昔者魏重謙之。梁尊貞白。漢稱曼倩。秦有子平。禮容靡覯於新規。朝揖皆循於常度。今者降九天之明命。垂萬世之宏規。退省幽孱。但切淩兢之感。顧慙纖弱。何勝雨露之恩。惟勵丹誠。永酬鴻澤。臣某無任之至。

謝獨引令宣付編入國史表

臣某言。伏蒙聖慈。特降宣旨。賜臣不隨二教。獨引對歟。以臣謝恩表宣付史館者。迴自宸衷。光申異禮。仍編信史。永戴優恩。祇荷難任。寵榮增極。臣某中謝。伏惟陛下大明御歷。至聖宣功。廓覆載以覃恩。竝曦舒而流照。賢良入輔。庭

多命世之臣夷夏歸仁府積殊方之貢有俗皆臻於富壽無爲欲蹈於華胥由是蓬島芝宮咸加炳煥祇林柰苑畢集精嚴四靈挺質以呈休六氣調時而表貺元儒鼎盛緇褐同歡臣猥以常倫榮逢景運道籍兩塵於美號官榮再履於崇班别顯殊恩賜其獨對緇黃班裏受宣而徑入雲天鵷鷺庭中顧影而疑生羽翼今則寵編國史昭示寰區迴隆非次之遷永載不刋之典荒愚有素難勝雨露之恩蕭芥至微何報乾坤之德惟虔修勵上答聖明臣不任

賀黃雲表

臣某伏覩鴻臚卿趙溫珪奏今月二十三日皇帝駕幸得賢樓看閱將士皇太子自城南閱馬帳頭迴入城至酉時城上有黃雲兩片狀如華蓋逡巡變爲紫色者臣謹按堯之誕生常有黃雲垂覆舜之御宇常有黃雲凝空又漢宣帝幸甘泉宮紫雲入殿宋世祖踐祚紫雲見於端門黃帝有瑞雲以雲紀官今者德動天休瑞呈雲物華夷共仰海嶽同歡臣某中賀伏惟陛下體道握符惟天縱聖仁周動植惠普寰瀛柔遠俗以文明懾兇奴以武畧蓋以中原未泰品物未寧將申戢靜之機用拯生靈之弊授律則南推醜蚩鑿門則非掃煙埃鐵軸牙檣水耀龍驤之旅霜戈雪戟陸陳隼擊之師振動山川奔驅雷雹佇聞恢拓以廓乾坤爰命皇太子訓整六軍申明三令紫輪挾輈之士壯氣淩空拔山扛鼎之夫雄心貫日皆堅金石咸勵忠貞允合天心果昭靈貺輪囷對起蕭索齊凝成金柯玉葉之奇高浮帝座變紫蓋如葩之狀低接皇城初呈蔭鼎之姿漸結臨闕之色有以見圓穹贊祐皇德升聞越唐堯虞舜之徵超宋祖漢宣之感自此率賓八極同軌萬方增聖壽於億千固宏基於隆永臣躬深睿獎疊覩殊祥敢謠詠以抒情誠効謳歌而頌聖德詩一首陳進

賀雅州進白鵲表

伏覩嚴道縣多功團崇善里百姓李彥韜於楠樹上獲白鵲進獻者五行表瑞見金運之隆昌百辟同瞻賀玉京之貽貺臣某中賀臣聞王者正名立訓體乎天意勝殘去殺慰此人心則有異木珍禽來儀朝闕霜毫動色紺趾標奇斂羽呈姿應見徒誇於漢魏傳聲送喜翺翔顯奉於皇明伏惟陛下瑞冠百王功超三古協序而風調禹律燭昏而鏡滿軒臺亭毒萬方再樹乾坤之本照臨下土重懸日月

之光鄙炎漢之息肩邁唐堯之鼓腹人歌歲稔物賴時康況乃萬旅貔貅千營鎧甲擒兇翦孽撫弱字孤雷擲鉦鼓之行雲黯旌旗之舉發令而雄豪踴躍申恩而疲瘵昭蘇五星運度以垂休八海承風而寢浪遂至山河効祉禽羽呈祥遠離海上之巢來對雲中之闕覩其玉籠乍啟雪姿不驚望聖苑以迴翔對天慈而鼓舞往來瑤陛棲泊珠簾認素羽以難分聽新聲而已熟不是成橋之侶殊非繞樹之羣既彰圖雪之容實煥來金之盛佇見干戈載止奸邪屛除蕩疆場之煙烽永歸壯極靜寰區之榛梗自我西方

信超魏德之雄更掩漢成之代臣獲逢昌運累覩殊祥輒陳歌頌之詞上凂聖明之鑒臣謹課頌聖德紀瑞詩一首陳進干瀆冕旒無任之至

賀天貞軍進嘉禾表

臣某伏覩天貞軍留後崔善進射洪縣百姓王友田上嘉禾合穗圖者聖德遐通祥符疊至文武瞻覩中外歡呼臣某謹按瑞圖云嘉禾者美瑞也稔歲精王者德至於土則二苗同秀昔者唐叔得禾異畝同穎成王問周公曰二禾一穗意天下和同乎王命唐叔作嘉禾篇由是九土會同八紘歸化旅獒西貢越雉南來三十世之宏基七百年之大業輝前映古逾夏掩商今在聖明復彰斯瑞伏惟陛下紹軒皇之聖緒承周帝之洪源應歷數以配天總華夏而類帝惟恭惟儉絕嗜音酣酒之娛乃聖乃神有明目達聰之美宏武德而先懲不軌電掃奸妖播文風而旋撫戎羌雲奔琛賮憂勤黎獻軫憫耕農歲致豐穰田無炎潦德通於地見共秀於二苗應達乎天果異畝而同穎契聖祖與周之瑞表吾君拓土之徵昔則合天地爲一同今則包萬方爲一統況屬王師薄伐誓衆弔民雄稜已懾於彼方禎異先呈於近境佇觀收剋永蕩氛霾開九天日月之光顯

符周卜合四海生靈之望同比唐禾臣竊仰瑞圖賡歌聖德願預採詩之錄思陪唐叔之篇謹課頌聖德嘉禾合穗詩一首進上

請駕不巡幸軍前表

臣某伏覩宣旨駕幸北路軍前者臣聞展義巡功禮經垂典誅兇伐叛有國通儀蓋欲迴廣照於一方輯五瑞於羣后翦其暴亂慰彼蒸黎況蠢爾邠岐久迷大順匪朝伊夕卽覩殄平不足以親駕戎車遠臨狡穴依依衆懇僉用驚

疑伏惟陛下逾舜文明超周神武稟秋霜之令敷春育之恩委以至公推其大信覆載之內風偃化行而隴渭之鄉岍岐之俗甘寒谷之氣自棄陽和息惡木之陰顯孤臨照恃蟻封而稱固巢燕幙以偷安今則上將專征雄師薄伐遠憑聖算必剗根荄竊惟漢曲褒川方當寒沍霜雪嶮棧豈易躋登況射鮒穿蠅詎用千鈞之弩孤城荒堞寧煩萬乘之威伏乞聖慈俯徇羣心特寢成命佇觀剋捷永統華夷干冒宸嚴無任戰越兢懼迫切屏營之至謹詣閤門奉表陳請以聞

第二表

臣某伏覩宣旨駕幸北路軍前皇太子宰臣百官等上表陳請未賜俞允者省訪風俗雖經典之舊儀慰撫師徒乃君父之慈愍但以道途險阻水陸嚴凝遐邇羣心實切憂灼伏惟皇帝陛下體堯慈惠逾舜欽明欲令寰海之人共沐雍熙之化憬茲汧隴密邇封隅久負歡盟深辜恩信識變通者已束身効順迷向背者猶掩耳偷安致一境之生靈銜積年之怨抑徇吠堯而有日思慕舜以無由所以授斧鉞以整師築韓壇而誓衆風馳號令雨驟雄豪上將等威震雷霆心堅鐵石指期剋日必就削平豈勞親駕翠輿躬麾白羽六龍八馬驅馳嶮棧之中萬騎千官迢遞層峯之外方零霜雪漸逼沍寒伏乞聖慈俯聆億兆之情特駐省方之命上為宗社下慰華夷佇對捷書更開土宇臣叨深睿獎倍慊明誠塵冒宸嚴不任待責望恩迫切禱祈之至

謝恩賜興聖觀宏一大師張潛修造表

臣某伏覩恩敕宣賜左街興聖觀宏一大師張潛令修葺住持者寵自宸衷榮臻道域簪裳增忭芝朮騰輝臣某中謝伏惟陛下道鈞軒后聖竝放勳凝懷於姑射之峯寄夢於華胥之境睠言大教理契生津棲神泯合於無為屬念潛期於有德化合清靜善利家邦觀宇蕭條像設塵翳爰敷綸渥載俾葺崇伏以前建觀地接玉清昔為道學尋改貞元之宇復標紫極之宮至德年中易名興聖前臨廣陌東距錦江宛是靈墟實惟勝所況門庭具設像貌儼存誠歷代之仙蹤乃皇都之福地今則重加繕飾盡撤葷腥拂塵埃於湫隘之中還瞻玉相蕩氛霓於蒿榛之內別築瑤壇灑雨露而奪樹增榮薦沈虧而睟容伊穆張潛等精專

剞劂。恪勵住持夕磬晨鐘。祝遐長於聖壽朝香暮燭。期隆永於皇圖臣某獲列教門躬榮睿澤不任之至

謝恩宣賜衙殿點鐘表

臣某伏蒙聖旨宣賜衙殿前點鐘一口於日院內充齋醮扣擊者恩垂霄漢榮及簪裳抃蹈無階輝華增極伏惟陛下二儀覆燾三景照臨澤浸無涯惠敷有截故得八溟息浪長鯨將殄於昌時五緯循常巨彗欲銷於永夕削平夷夏倒戢干戈而復俯軫皇情留慈元教致感應於洞府符應見於靈仙固當齊聖壽於日月星辰隆寶祚於乾坤海

嶽今者念臣院宇之內簨簴未全每於齋醮之辰尚闕舂容之響既乏通眞之器莫諧集聖之儀輟瑤階泛日之音來從天上頒豐嶺含霜之韻降在人間事超錫樂之榮恩重點鐘之賜永當炷焚芝朮禱祝眞靈冀啟禎休仰酬聖獎所宣賜鐘臣敬以焚香祇受訖不任

謝恩賜玉局化老君表

臣某言伏奉恩勑宣賜舊玉局洞門石像老君歸龍興觀御容院閣下西間奉安供養其蓋石舍一區移拆就觀起立幷賜錢設齋道衆將幡花引歸觀表讚等者皇澤霈臨元門增耀康莊改觀道俗同歡臣某中謝伏惟陛下法道披元垂衣運化暢清靜無爲之理敷希夷不宰之功已洽大寧將臻一統以元元像貌密邇宸居雖香燈無曠於常儀而供養合歸於法宇爰申明命豐備齋羞焚蘭朮以飄香森幢幡而成列鐃金鳴玉纔離象闕之庭雲邁風行遽入龍興之閣羣心瞻仰萬象歡隨雷喧讚悅之音霧集聖明之福臣與道衆等獲棲大教疊荷隆恩永勵修持上酬睿獎不任之至

賀收隴州表

臣某伏覩北面軍前隴州節度使桑簡以手下兵士及城池歸降收復隴州者睿算遐宣元勳效節纔申薄伐已復雄城臣某中賀伏惟陛下聖邁黃軒威超周武運神機於掌內動有成功料勍敵於轂中舉無遺策自岐郊負義關外隳盟深辜敦好之儀遽絕睦鄰之分擁豺狼之一旅恃疆土於三州巢折葦以偷生坐積薪而稱固小不事大春秋所誅所以義士盱衡謀臣扼腕皆期殄掃遂舉戈矛六軍奮躍以爭先八校喑嗚而致勇蹴土佇摧於吳岳飲馬將竭於渭流桑簡以智合變通心明向背倒戈銜璧効命

投誠獻千里之山河不施寸刃復一方之户口無損秋毫便迴亳社之鋒自收商受之衆想回中之路絕退且無歸顧灞上之雠深竄將奚適料其元醜卽見梟擒廣通於八水三山永統於九州四海俱頌舜歷盡入禹封臣獲奉昌期莫覩大捷無任之至

壽春節進章眞人像表

臣某伏以皇圖昭永上帝開祥北極瑤樞煥虹光而誕睿中天玉斗飛紫電以凝華萬國歡聸羣心增抃伏惟陛下二儀炳靈九清集瑞至化塞乎天地清明肅於鬼神肇三

十世之宏基方隆周業興四百年之景運佇越漢圖浸德澤於元儒鼓薰風於夷夏今屬壽春大節祝聖昌辰琛賮雲馳梯航波委咸修芹禮以繼山呼臣與當院道士等虔拂華壇精依祕格諷琅書寶軸披霧韞霜羅克嚴蠲潔之誠永廣乾坤之福鑒聖眞人昔師道祖躬受靈篇傳眞記於先天緘瓊文於福地豫明皇業洞達元樞嵩公之識神堯貞白之知梁武以之校美詎可同年是敢藻繢縑緗式資瞻仰庶因焚炷克嗣禎休干冒宸嚴臣無任祝聖虔切屏營之至其畫像功德數等謹詣閤門奉進以聞伏聽勅旨

黃萬祐鄧百經賜紫衣師號謝恩表

臣某伏覩恩勅夔州道士黃萬祐賜紫衣仍師號羅江縣道士鄧百經賜紫衣者大聖御天神功及物庭有賢良之佐野無遺逸之人率土朝宗允當聖日臣某中謝伏以黃萬祐等林泉得志麋鹿爲羣深處巖巒罔窺名利或丹華救物有迴生駐景之能朱篆誅邪有蕩魅除兇之效皆彰道用潛贊明時遽捧鶴書來朝鳳闕萬祐既趨於錦水百經至自於羅江共仰堯天俱榮舜澤歷觀前史莫得比倫

伏惟陛下道邁唐堯功高軒后想汾水凝神之日尚遠九重比峒山請益之辰猶勞載駕今則蒲車允至桂檝云來徑捨煙蘿躬朝旒扆顯封嘉號俱錫服章美耀簡編光揚簪褐不任之至

詔與黃萬祐相見謝表

臣某言伏奉宣旨令臣就內樞密院與宏道大師黃萬祐相見者天慈軫念俯及孱微荷載難勝兢榮增極臣某中謝伏惟陛下化宏有道理尚至仁憂勞普及於萬方軫念無遺於一物故得眠雲逸士遙馳向闕之心傲世高人盡

識朝天之禮宏道大師夙探至術深隱嵌巖名姓可聞儀形莫覿今者爰隨徵詺直詣闕廷捨草帶荷裳寵紫衣師號事光史筆榮耀道門伏蒙聖慈宣命微臣與之相見獲奉睿明之獎得瞻雲鶴之容步武壺天躋身蓬島祇膺異渥榮耀萬生顧惟鷦鷯之微何報乾坤之德臣某不任

皇帝爲太子生日設齋表

右臣伏奉聖旨爲皇太子生辰特宣賜莊宅庫錢陸拾貫文省除於北帝院差選道眾二十一人於七月八日開置黃籙道場七晝夜至十五日散齋者伏以紫氣充庭青宮誕睿動歡聲於六合凝喜氣於九重凡在寰區皆虔祝賀伏惟陛下恩周中外念軫臣僚以皇太子素切修行常思儉約懼無名之破費使眾力之煩勞一應諸司欲有齋修竝令止約須賜內庫錢物特開仙觀壇場祈玉京金闕之眞廣宸殿離方之福美高典冊事邁古先臣某獲奉絲綸將申焚祝覩維新之寵澤垂正大之宏規不任抃蹈之至謹錄狀陳賀謹奏

欽定全唐文卷九百三十

杜光庭二

詣老君殿修黃籙齋表

臣某伏奉宣旨於北帝院奉太上老君修黃籙道場三日設齋散壇給內莊宅庫錢陸拾貫文省除差選道眾二十一人行道禮懺須令精潔伏惟陛下功包五帝德懋三皇凝旒敷有道之風端扆暢無爲之化宸心密感萬靈響應以潛通睿想遐周四海雲隨而奉聖故得乾坤交泰日月貞華歲阜年康風恒雨若神戈所指長蛇與封豕皆誅惠渥所覃虐魃與潛螭自屛由是仙山邃洞休瑞繼聞玉印銅符禎祥間出今則拯橫流之難興時雨之師將廓八溟同歸一統而又翹心元教讓德皇穹於中元齋潔之期備三境香花之會上答元元聖力特開黃籙寶壇用臻巨福洪休克固瑤圖睿壽臣獲隆聖獎祗奏德音唯勵精誠以虔焚祝不任荷戴之至

宣示解秦邊垂謝恩表

臣某伏奉聖旨宣示東北面軍前所奏得鳳翔出歸官健王彥釗等分析賊中事宜幷有謠言秦邊垂曲子待來年

者臣某言伏以天道元微潛思眹兆神功幽晦實主福祥必憑謠詠之言以告休徵之旨昔吳時青童謠於廣陌尋驗吳亡陳時異鳥下於高臺果彰陳滅五星飛落爲虞舜受國之期一馬化龍乃元帝興王之應斯皆發於天意感契人心詳考嘉言允歸聖德伏惟皇帝陛下繼天誕膺應運啟圖徇億兆之樂推撫臨海嶽承昊穹之睠命拯救生靈國寶珍符不求自至夷琛塞賮望日爭來而猶北境負恩孤城背義坐積薪之上即致焚燒巢折葦之端立瞻虀粉果見明神示讖里巷傳謠竊聞所告之詞便主剋平之

義所言邊垂者乃國家散關之外聖心協順即同時雨之師神道言祥先陳徯后之詠成功克敵翹足可期即當蕩定三秦統臨萬國瑤圖寶歷地久天長臣獲奉天慈躬聆吉語輒陳淺見干冒宸嚴不任之至

謝宣賜天錫觀莊表

臣某伏蒙聖慈宣賜漢州通記縣天錫觀唐友則莊一所永充常住者伏惟陛下纘天受命應運垂裳鴻圖豫定於上清寶冊遽呈於厚地鼎新觀宇允答休禎三殿之像貌崇嚴終歲之香花精潔今則特頒睿澤廣錫莊田輟彼膏腴永爲常住皇慈迥降元教增榮自玆日給齋羞免有勞求之闕晨香暮燭益尊焚祝之心祈聖壽之延洪保宏基之隆永臣某叨榮聖奬躬荷殊恩不任之至

謝恩令僧行眞修丈人觀表

臣某伏覩惠進大師僧行眞狀奏奉聖旨修青城山丈人眞君殿功畢者伏惟陛下恩撫萬方仁深二教祇園蓬島咸均崇飾之慈鹿苑鰲宮俱被興修之賜爰於仙宇特命高僧載申剞劂之功克就莊嚴之勝俄成邃殿永鎮福庭期五山十洞之靈增彌劫齊天之壽臣獲居元教躬荷皇

慈不任之至

宣爲皇太子修生日道場散齋表

臣某伏以九天集貺三景凝祥動樞殿以飛光降春宮而誕秀華夷增抃億兆同歡皇帝廣捨縉錢精崇齋福必冀上清照鑒隆萬壽於聖躬至道貽休介千祥於儲后克昌大寶永統九圍臣某等獲勵焚修榮頒襯錫不任惶懼之至

謝允上尊號表

臣某伏奉恩旨俞允宰臣等所上尊號者丹懇上陳皇情

下賜自天有命率土同歡臣某中謝伏惟皇帝陛下元鳥誕商赤符興漢救焚拯溺神資命世之才日角月庭天啟乘時之瑞懋宏勳而崇睿德功蓋前朝總歷數而廓洪基祇膺寶運由是三靈改卜萬國攸歸鄙成湯周武之君陳師用鉞笑創魏開隋之主侮寡凌孤振衣而康濟九圍凝旒而光臨大寶承耀魄中黃之祚執招拒西白之符握金鏡而照寰瀛人神交泰撫璿璣而觀海島億兆樂推故得御端門而嘉氣橫軒發圜丘而神兵扈仗謁清廟而織雲四卷月瑩中霄膺鴻名而白氣輕飛煙籠廣砌麟呈洛沚

龍躍江湍草樹含文雲霞絢綵金符踊篆玉璽流光雖讓德於上蒼已盈編於太史又若天涯地表右塞南荒列奇貨於明庭貢神駒於天廄寶香來於絕域美玉薦於殊封漢孝武之四隅請頒正朔唐高宗之屬國願混車書將復禹封更闡堯土百揆時敘六樂克和信及豚魚恩加動植矜通已責恤獄省刑天無入牢之星地絕成牛之氣俘囚繫頸咸蠲鈇鉞之威孽黨臨誅特有緡錢之賜牲牷肥腯粢盛潔豐敢昭事於神明致仁賢乎紱冕達誠心於天地罄恭恪於郊禋感無不通動叶喜應不銜奢靡不御纖華無沈湎之游無沾灑之惑不尚馳騁靡徇畋漁靜必肅嚴舉惟典禮豐財和衆禁暴安人大閱以正武威大蒐以示軍實貔貅百萬皆稟輪拔拒之豪騄牝千羣盡驥子龍孫之駿延獎忠孝博採器能片善無遺微功必錄專經稚子激之以高科靖節幽人縻之以好爵賞勤敦本務穡勸農歲多棲畝之糧時豐廩實野有如雲之稼國富家肥四隅無烽燧之勞百里有歌謠之樂星芒武將功高而武烈洸洸嶽秀儒臣業贍而儒風穆穆雖仲謀之興江表元德之有坤維較美籌功曾何彷彿今則關河克靜鞞柝無諠鄰

封之玉帛交馳近境之干戈載戢人歡富壽政洽雍熙文武諸臣願增徽懿中外懇懇華裔同辭果迴日月之光俯降俞允之詔戴圓履矩率土普天觀盛禮而有期仰高穹而增抃臣與道衆等不任踊躍歡呼激切之至

代人請歸姓表

臣聞磐石之宗義非他族維城之重實自本枝將垂久大之規合定親疎之分臣自乖文律識昧武經獲履戎行早塵天渥提戈擊劍惟傾報主之心北伐南征每誓勤王之節伏惟皇帝陛下駕驅豪傑掃蕩寰瀛念其纖芥之勞假

以殊常之澤賜爲骨月列在宗祊但勵捐軀冀酬睿造今屬以乾坤改卜天地降休土德潛移金行啟運徇華夷之推戴副億兆之歸依端居而神器自來遥同舜禪恭己而龍圖肇創不假周征緱山之寶祚天長淮水之瑤源地久巍義帝緒須承綿瓞之宗浩蕩皇基難雜蓬門之子循襟省己榮極增憂輒披昧死之誠甘置逆鱗之罪期分貴賤永敘仙凡伏乞聖慈許臣却還本姓干冒宸嚴無任待罪望恩涕泗隕越之至

賀太陽合虧不虧表

臣某伏覩司天奏今月一日丁未巳時四刻太陽合虧於軫宿十一度至未時四刻復圓今測驗不虧者日華騰景君德齊尊超術歷而不虧彰睿明之通感中賀伏惟皇帝陛下元陽誕聖二曜均明昇若木於震宮曜重輪於乾道體冬曦而流愛九有咸恩比春煦以延慈三無竝照故得大明增彩推筴難窺契覆載之殊休越陰陽之常度祥光彌盛元德動天逾漢日之再中邁堯輝之合璧書之紬史實冠瑤圖臣獲奉昌期叨觀嘉貺退顧桑榆之景倍傾葵藿之心不任歡躍之至

謝恩宣示修丈人觀殿功畢表

臣某言伏覩長平山惠進禪師行眞奏伏惟宣旨重起立丈人觀眞君大殿功畢者聖造旁敷仙祠重創巨功克懋靈迹增榮伏惟陛下德洽萬方惠分二教文風遐布殊庭効柔服之誠武烈光宣異俗稟雪霜之令蓬宮柰苑咸遂與修寰區聘禮樂之容夷夏識元緇之訓功侔太古美冠前王去冬以丈人觀置立年深堂廡凋壞命高僧而制度賜物力以興隆於是運石他山伐材幽谷楩柟入用剞劂程能俄成大壯之功克致齊天之固虛簷瞰日廣砌橫空

雲拂危梁風生疎牖垣墉不改圖畫如新截岡阜而豁庭除闢溝源而護階磴衝流莫及迸石難侵遠符睿聖之慈顯比殊常之績集奇功於不朽增聖壽於無疆臣叨列元關夙深皇澤唯虔焚炷上啓休明不任

宣醮丈人觀新殿安土地迴龍恩表

臣某伏奉宣旨以青城山丈人觀新殿功畢修醮安謝者伏以陛下仁周海嶽澤溥儒元翹屬靈山垂恩仙觀殿宇之凋摧既久教門之興葺無由詔命眞僧須宣國力宏麗有疑於化出巍峩遠比於神功鎮彼福城與天齊永臣獲

承睿奬虔啟醮壇嚴香燭以焚修遍眞靈而告謝霞峯雲蹙如聆萬歲之音玉歷金符更廣千椿之壽以今月二十三日設醮訖却迴謹詣閤門奉表起居以聞

賀獲神劍進詩表

臣某言伏覩今日趙匡業所奏合州江上得神劍一口宣示中外者伏以將啟昇平祥符必降欲清兇孽神劍斯呈助聖明斬斷之功表天地匡扶之力伏惟陛下功超三五威肅寰瀛仁格幽明道均天地故得山川林谷吐金焰於層崖風雨雷霆見霜鋒於萬里一條秋水初觀出地之姿

數尺練光宛耀倚天之勢微彰變化顯著神功昔嬴帝得之於水心果吞六合今陛下獲之於江上即統萬方剸鐘切玉者詎可比倫斬馬斷蛇者那堪儔擬臣榮逢昌運獲覩殊祥輒貢詠歌願揚睿感謹課頌聖德七言四韻詩一首陳進干冒宸嚴無任之至

賀誅劉知俊表

臣某伏覩勅旨劉知俊以兇橫異常已誅戮訖者罪惡貫盈神人共憤永符聖斷克正嚴誅臣某誠抃誠快頓首頓首伏惟劉知俊性惟兇狡器本凡庸有貪狠苟且之心無報德懷恩之志頃思危迫歸我大朝顯敷雨露之慈旋受節麾之寄委之非次待以不疑更隆推轂之恩特付專征之任而咆哮自恣殘忍爲懷屠害黎元罔遵刑憲隳大國撫柔之旨辜聖朝弔伐之仁既負鴻慈難逃顯戮伏惟陛下恩宏天地仁冠堯湯體至道以好生布春和而煦物夷蠻戎狄皆知慈育之深日月星辰共鑒包荒之廣而知俊獨違聖造肆用淫刑致邊徼之未通阻四方之向化今則雷霆震令斧鉞興誅使普天率土之人荷去惡除兇之德克昌祚歷永福生靈臣等獲覩宸威無任欣躍快抃之至

賀鶴鳴化枯樹再生表

臣某伏覩卭州團練使張敬周奏大邑縣鶴鳴化元一大師郭昭美申當化有古柏樹内有七株枯已多年今再生枝葉鬱茂異常州司差人覆驗有實者仙山表貺嘉樹呈祥符睿德之感通彰神功之茂育臣某誠懽誠抃頓首頓首臣按瑞圖云帝王德及草木政致昇平則松柏常生木有禎異伏惟陛下膺圖啟運握紀承天修文化而服遐荒耀武威而平九有恩周草木惠及蚑蟓窮蕃解辮以歸仁獷俗梯山而納賮由是涵濡異類感動殊恩雪兎霜禽棲

翔接影應龍神蔡表見爲常今者玉洞雲峯靈墟古化當炎漢建平之際乃天師修道之鄉林麓森疎煙霞爚赩蒼崖蘚織凌雲之轍跡猶存翠墠莎封化鶴之壇基尚在而巖前古柏枯朽多年霑雨露以重榮吐荑芽而再茂喬柯裊翠密葉凝陰彼王廙之豫章難偕茂盛雖瀨鄉之仙檜莫繼禎祥惟七柏之興榮契卜年之遐永祥編瑞牒古昔無倫臣獲奉昌期頻聆嘉瑞敢陳謠詠願播寰瀛謹課頌聖德七言四韻詩一首陳進稱賀以聞

賀西域胡僧朝見表

臣某伏以西域天竺僧到闕朝覲者天慈遐被異域懷歸致萬里之番僧朝千年之聖主華夷率化億兆同歡臣中賀伏惟陛下繼聖統天體元立極惠周覆載仁匝寰區戎蠻夷狄之鄉皆遵聲教舜禹商周之德莫繼欽明由是賝賨川馳梯航霧集貢無虛月史不絕書今者天竺遠戎蔥山夐俗在積雪流沙之外比蜂岑鹿島之間遙望千霄之雲遂起朝天之意言須重譯路想經年崎嶇不憚於窮荒匍匐願瞻於舜日雖圖澄入夏祇辭于闐之東羅什依秦亦自龜茲之北校其迢遞亦驗專勤緬惟臣子之心允自聖明之感永編國史克廣聖功臣獲奉天光不任

壽春節進元始天尊幀幷功德疏表

臣某伏以九曲澄瀾二儀交泰星渚表流虹之應斗樞開飛電之祥瑞叶千年歡周萬國伏惟陛下握符受命端扆承天宏至道而繼三皇敷上德而超五帝化覃海嶽恩普華夷辮髮襢裘常修職貢四荒八極畢贄賝珍平六府而天降殊祥洞三泉而地呈嘉貺莫不書披玉篆波躍金鱗獸顯霜姿禽飄雪翅芝英菌蠢膏露葳蕤靈仙時見於煙巖貞檜重榮於雲谷瓊儲歲稔寶貨川臻無向隅不獲之

夫有比屋可封之俗故得遐方慕聖異域歸庭鼓舞翹誠歡呼率化桑乾瀚海僧法靜則稽首朝天身毒罽賓三滿多則傾心入貢皆瞻北極共祝南山今屬日麗九芒風和八景壽春大節誕聖昌辰輒繪眞容願崇睿福臣某與當院道衆起今月一日開置靈寶延壽道場七晝夜香燭錙潔焚誦精虔冀憑妙道之功永祝無疆之壽前件畫像及功德疏一通謹輒陳進干冒宸聰無任

謝恩賜陽平山呂延昌紫衣表

臣某伏奉敕恩賜陽平山主呂延昌紫衣仍補充內殿焚

修大德者恩垂霄漢榮及巖林草木增輝煙霞動彩凡茲簪裾共感休明臣某中謝伏惟皇帝陛下惟睿開圖握符御宇仁覃九土咸臻禎昱之私政布八荒已洽雍熙之化由是羣方述職重譯賓庭屬祝堯之昌辰標壽春之大節布鴻私於二教灑皇澤於萬區呂延昌久處煙蘿深精藥餌方專心於葺理敢企望於寵榮豈謂陛下念切勳臣獎深術學以呂延昌醫方著效致服彥諲危疾綢除迴降隆恩顯頒命服霓裳象簡難勝天地之私暮燭朝香誓荅聖明之照臣某與道衆等不任

宣進天竺僧二十韻詩表

臣某伏覩西天三滿多到闕朝對者伏以北通玉塞西渡金河路出重關程逾萬里班定遠之經歷才及烏孫張博望之訪尋秖過青海或蛇州魅磧人跡莫窮或飛雪流沙馬蹄難至由是聲教或異職貢少修崑崙白環首標瑞典鍾山火玉顯謂祥珍況身毒居葱嶺之陰于闐隔雪峯之外天竺遼夐跋涉辛勤慕中華億兆之尊獨大蜀聖明之主專申朝覲實美簡編伏惟陛下縱聖體乾膺圖啟運德逾羲頊仁冠堯湯修文德而御要荒耀武功而安寰海故得四夷率服萬寓知歸南通交趾之鄉北聚穹廬之俗獻琛奉贄無曠歲時竊惟聽政之餘每降自天之澤興宏道釋勸奬崇修寶刹精嚴道功煥麗一心齊致二教俱榮紫霞洞之仙客効祥天竺國之胡僧入貢咸歸睿感共福皇圖率土臣僚同深抃蹈臣某芝田末學蓬岫孤蹤獲奉天慈俯宣明命謹課頌聖德七言詩二十韻一首陳進冒黷宸嚴無任兢懼戰越之至

賀封資王忠王表

臣某伏覩降制封資王忠王者絲綸顯降典禮昭行宗社

貽休寰區增抃中賀伏惟皇帝陛下仁推立愛道慕篤親增玉歷於延洪固瑤枝於遠大鳳書錫命麟趾增華浮喜氣於絳霄集榮光於朱邸臣歡逢聖運仰覩威儀不任

賀新起天錫殿表

臣某伏覩恩勅大內新殿成賜名天錫殿者鼎新正寢光錫嘉名中外榮瞻華夷增抃臣中賀伏惟皇帝陛下承樞啟運握斗垂衣包九土以君臨闢四門以敦睦法天構宇隆帝宅於上京括地開基壯皇居於億世由是前羅象闕遐敞龍庭總日月之貞華高嚴秀闥集星辰之瑞彩廣啟

文軒巍峩壓參井之墟岌業應氐房之狀莫不嶽靈飛碣川后貢林人以子來功資神助雖鎬宮魯殿直瑣細以難儔漢闕周堂固尋常而莫竝功云告畢寶額爰新顯神授於上元以符天錫耀宏圖於八極永播聖功臨海嶽而開琛珍會諸侯而朝萬國將陳大禮以福羣方叶神明贊助之期廣天地遐長之壽臣某榮逢聖日仰覩神功不任

賀聖體漸痊愈表

臣某言伏審昨日已來聖體頓就安愈臣某誠懽誠躍頓首頓首伏惟皇帝陛下深仁御宇至道垂裳惠匝萬區恩

周品物晝乾夕惕焦勞而滕理愆和旰食宵衣憂軫而寒暄爽候今則神明幽贊川嶽効靈清廟貽祥元穹降福克安聖寢彌增兩耀之輝廣納洪休益永萬年之壽華夷抃悅億兆歡呼臣某日旬以來目疾未減不獲趨馳玉闕蹈舞天階瞻望煙霄不任

賀疾愈表

臣某言伏審聖體日就痊平中外臣寮咸增踴躍臣某誠懽誠抃頓首頓首臣聞五緯經躔尚有差其行度四時運動猶或爽於慘舒雖寒暑之乖宜蓋陰陽之常數伏惟皇帝陛下順時設教以德臨人萬幾每繫於宸襟六氣稍違於聖體今則神靈叶贊宗廟垂祥廣集天休頓安聖寢足嗣唐堯之一統永延周帝之遐齡須賞賜於醫功恩流內帑鼓疑呼於品物聲震層霄臣昨自三月已來偶縈疾苦不獲隨例舞蹈堯階無任懽呼屏營之至

謝手詔表

臣某言今日伏奉恩旨以臣今月十一日上表稱賀聖體痊復事賜手詔獎飭者絳闕流恩紫泥頒寵仰承天造俯慰凡庸臣某誠榮誠恐頓首頓首竊以臣叨從疎野幸列

班行雖焚修每祝於龍圖而旦夕合趨於鳳闕洎嬰疾苦稍曠朝天昨日以皇帝陛下庶政懷勞萬幾關念偶致違裕尋就痊和是以臣稽首歡呼飛章稱賀實贊裳之素分乃周列之常儀豈謂皇慈曲頒紫詔臣謹已焚香跪受訖無任瞻天荷聖激切屏營之至

謝宣賜道場錢表

臣某言今日伏奉聖旨以臣自前月二十一日就當院集在觀道眾老宿等於三清壇上爲皇帝陛下開置靈寶消災轉經禮念道場伏蒙宣賜錢二十貫文省除者伏以中

朝錫寵內庫頒財仰奉天慈倍銘凡懇臣中謝伏以叨爲教主深受國恩凡日焚修皆歸職分豈期聖造仍降寵私仰天上之龍顏已增感聖捧禁中之鵝眼更切祝堯其所賜錢臣已依數跪受俵給道衆訖臣與道衆等無任感恩激切屏營之至

賀嗣位表

臣某言伏審今日皇嗣寶位光御洪圖率土歡呼普天欣戴臣中賀臣聞成王嗣位舉千載之徽猷舜帝繼明爲百王之茂典上膺天命下契人情伏惟皇帝陛下道比成湯

仁同大禹德宜符於五緯運潛契於二儀是以克紹宗祧光昇寶位鼎祚彰惟新之命洪基顯隆永之期卽使車書混同夷夏清泰九土有歸山之馬四溟無橫海之鯨克振皇綱永安大業臣叨榮昌運獲列簪裳仰馳捧日之心雖同鼇抃俯抱卧漳之恨莫遂鳧趨臣無任瞻天望聖踴躍屏營之至

賀德音表

臣某言今日皇帝御殿宣降德音者臣聞聖德法天應候每行於亭育神功體道順時克布於生成莫不澤被九黎惠敷萬國凡居覆載咸動歡呼臣某中賀伏惟皇帝陛下宅據寰中日臨天下克儉而茅茨不翦棲神而金鏡高懸是以鴈塞窮荒雲奔玉帛雞林絕域霧集梯航運在無爲俗欣有道今則普宣德教克順正陽安地表之遺黎高開壽域御天錫之新殿更扇薰風慰征役於藩方免逋懸於郡縣魅鄉遷客俱從釋宥之恩囹圄縲囚盡舉寬明之典式因三赦將俟一同臣伏恨疾瘵所縈不獲隨例蹈舞玉階無任歡呼踴躍屏營之至

又賀德音表

臣某言今日皇帝御殿宣降德音者雷雨作解渥澤滂流溥九土以無遺致羣生之咸泰華夷億兆孰不歡呼臣某中賀伏惟皇帝陛下嗣聖繼明握圖御宇蒸蒸大孝同漢惠以承祧翼翼小心比周王之纂極文懷遠俗武戢退荒膺乾而化洽無垠出震而仁周有截今則凝旒御宇正殿宣恩安地表之黎元高躋壽域灑中天之德澤更扇薰風憫征戍之勤勞釋賦租之逋滯投荒遷旅囹圄縲囚俱從赦宥之私盡舉寬明之典騰歡聲於域外浮喜氣於雲間車軌書文佇歸一統瑤圖玉歷克保千春臣獲以衰遲躬

逢睿聖方嬰疾疹不獲蹈舞堯階瞻戀天慈無任歡呼踴躍屏營之至

欽定全唐文卷九百三十一

杜光庭 三

謝批答表

臣某言伏奉恩勅以臣今月二日上賀登極表一道賜批答獎飾者寵降丹霄榮臨元敎綸垂五色出僊禁以昭彰日煥九芒向芝田而照燭驚榮失次抃舞無階臣中謝伏惟皇帝陛下珠衡誕瑞玉斗縱神出震域以重光爲乾樞而纂聖德超啟誦宏孝德以垂衣明繼勳華宣大明而御宇湛恩遐布惠渥旁敷歡呼振野以成雷喜氣凝空而作蓋華夷億兆就日瞻雲臣某限以衰遲兼嬰疾恙仰龍墀而潔懇陪獸舞以無因遂貢封章遙陳誠悃豈謂特降睿獎俯降天章成行之瑞露葳蕤聯幅之卿雲芬郁捧對而嵩衡未重感恩而溟渤非深鷦鷯至微乾坤難報所賜批答臣謹已焚香跪受訖無任荷戴聖恩之至

慰中祥大祥禫制表

臣某頓首頓首言日月不居大行皇帝奄及某祥伏惟皇帝陛下攀號痛慕聖情難居上爲宗祧下徇億兆俯全大禮永福華夷臣衰疾所縈不獲隨例起居奉慰無任隕越

屛營之至謹奉表陳慰以聞

慰釋服表

臣某頓首頓首言日月不居大行皇帝崩背如昨奄經禮制伏惟皇帝陛下攀慕永遠聖情難居四海臣妾服制終禮贍天靡及履地無容臣伏恨衰疾所縈不獲趨詣闕庭哀慟臣無任感咽摧慕之至謹奉表陳慰以聞

慰冊廟號表

臣某言今月某日追冊大行皇帝尊謚及廟號者伏惟大行皇帝應天誕睿乘運開圖豐沛振衣功超於漢祖邠岐

杖箠仁邁於周文考唐堯翊善之名遵虞舜盛明之號今則式崇尊謚爰美聖功億兆咸哀寰區共感伏惟陛下悲纏罔極孝理萬方仰弓劍以難追奉冊書而增感普天率土哀殞同深

慰啟攢表

臣某言伏承大行皇帝今月某日啟攢宮者哀纏百辟號慟六宮伏惟陛下攀慕哀號聖情難處對弓劍而增感嘆光景以冥懷臣伏恨衰疾所縈不獲隨例哀慟無任隕越屛營之至

慰祔廟禮畢表

臣某頓首頓首言伏承某皇帝祔廟禮畢者禮重宗禋序申昭穆克遵嚴祀永耀神功云云伏惟陛下順考禮經欽明孝德正春禘秋嘗之典宗配天奉聖之儀允集鴻休永崇清廟普天率土哀慕同深

慰封陵表

臣某頓首頓首言伏覩大行皇帝陵寢封爲某陵者臣竊惟大行皇帝吞日協祥履星應夢握乾元而啟歷拓坤野以開基鄙吳魏之三分廣行恩化欲華夷之一統將混車

書陵寢正名允符聖德伏惟陛下纂承事重追美爲先光顯遺功輝華盛禮仰瞻懿躅稍慰聖情凡在臣寮同深哀慕

慰發引表

臣某言伏惟大行皇帝靈駕以今月某日發引者二儀交感兩曜無光億兆銜哀雲霞共慘臣某誠摧誠咽頓首頓首伏惟陛下孝思罔極聖情難居望僊駕以漸遙聽薤歌而增咽追攀不怠哀慕難勝

賀登極後聽政表

臣某言伏審今月九日皇帝御明德殿聽政者文物羽儀初陳於玉砌行鴛振鷺乍列於瑶墀中外同歡寰瀛共賀臣某誠歡誠躍頓首頓首伏惟皇帝陛下九天誕聖七政縱神執玉斗而御乾龍將寧四海握璿衡而司大象爰牧萬方敷啟后之文明懋成王之道德令則雲開碧落齊瞻北極之尊霞散滄溟共奉大明之照恩覃有截惠洽無垠臣蹟滯芝田榮逢寶運悲越吟而自感趨漢殿以無由瞻望堯天不任抃蹈歡呼激切屏營之至

慰山陵畢表

臣某言伏承大行皇帝山陵禮畢者神宮長閉僊寢永安率土生靈不任號慕云云伏惟皇帝陛下追慕不怠聖情難居對馬鬣以增悲攀龍髯而永隔遊衣尚在僊駕已遥追想英威摧慕何及臣伏恨衰疾不獲奉慰闕庭不任號殞摧咽之至謹奉表以聞

請不赴山陵表

臣某言竊承山陵甫畢皇帝陛下哀慕無窮欲躬赴陵寢者恭聞中旨實駭人情凡被照臨莫不惶惑臣某誠惶誠恐頓首頓首伏以皇帝之孝也法天順人緣理制禮俾生靈咸若而宗廟永安未聞以弓劍之哀誠履曾閔之獨行遠勞警蹕親奉告修伏惟皇帝陛下考百王之舊儀詢歷世之成典特迴聖鑒俯契禮文遵前古之通規示後王之令範彌彰孝理以慰萬方臣不任瀝懇虔望迫切之至謹奉表陳乞以聞

奏於龍興觀醮玉局劄子

右臣先蒙今年十月二十二日宣賜舊玉局洞門官舍一所并石像老君一座移在當觀其舍今於殿後講堂基上起立功畢便用安置石像老君焚修供養伏以名山大川

二十四化春秋常祀著在舊儀其玉局化所修常醮伏請起天漢元年二月八日委本府縣祇就龍興觀玉局石像老君前修設冀免曠闕以協敬恭又北邙化在舊州積年已來醮祝皆闕況居率土之內宜申咸秩之文前件二化今亦欲就龍興觀一處與玉局同用延祝景貺永福聖朝謹舉如前伏聽勅旨

賀江神移堰牋

伏覩導江縣令黃璟奏六月二十六日江神移堰事伏以大禹濬江發洪源於龍冢李冰創堰分白浪於龜城導彼

靈津資乎民用而涸脛泛屙之誓表則有常若懷山沃日之多奔騰難制立虞墊溺必害蒸黎昨者夏潦渤興狂波未息顧岷江之下瀨便逼帝都當灌口之上游遽彰神力於是震霆驀地白雨通宵驅陰兵而鼓譟連天簇靈炬而熒煌達曙迴山展石巨堰俄成浸淫頓減於京江奔蹙盡移於硤路仰由聖感仍假英威見天地之合符覩神明之致祐編於簡冊冠彼古今叨奉獎私彌增忭躍謹奉牋陳賀以聞

太上洞元靈寶素靈眞符序　杜光庭

素靈符者天師翟君乾祐乾元中自黃鶴山泝流入蜀至巫山峽躭翫林泉周歷峯岫躊躕歲餘南至清江北及上庸周旋千餘里神墟靈蹟巖扃洞室靡不臨眺一夕夢眞人長丈餘素衣華冠立於層崖之上俯而視之若有所命君翼日登天尊峯瞻仰禮謁果見眞人也俄於天尊手中得丹書一卷拜而受之卽素靈符也按而書用竊痾瘵疾徵魔制靈驅役鬼神迴尸起死名罝風雨鞭策虎狼三峽之人大享其惠天寶中詔入內殿順風問道復還僊都山其後平昌叚成式與當時朝彥荆郢帥臣咸師奉之累年乃得道而去有得此符者傳以救人用之必驗余天復丙寅歲請經於平都山復得其本編入三洞藏中冀將來同好共知濟物之志焉廣成杜光庭序

道德眞經元德纂序

道本至無能生妙有運至無之道成妙有之功其惟太上老君元元皇帝乎起於象先尊爲化本融神億劫之始分靈覆載之中亭毒萬殊陶鈞庶品由是三皇受命尚遵淳一之風五帝握圖漸散無爲之樸老君雖歷代降蹟隨時應機或爲國師或爲賓友授經傳道以教時君洎唐虞禪

讓之初世道交喪之際舉元凱於野行四罪於朝尚賢之蹟既彰癉惡之形又舉內雖揖讓外有干戈人心漸澆道樸云散老君號尹壽子居於河陽憫物性之遷訛恐眞宗之陵替以爲三皇大德不足以程式後王五帝常道不可以垂訓末俗撮重元奧義著道德二篇欲明道無爲也因德以顯之德有用也因道以明之資立言以暢無言因理本而宏妙本爲理身理國之要乃至精至極之宗以授於舜非謂絕仁義聖智在乎抑澆詐聰明將使君君臣臣父父子子見素抱樸泯合於太和體道復元自臻於忠孝世

儒不知以爲老君之道棄仁義廢禮智非立教之大方且夫至仁合天地之德至義合天地之宜至樂合天地之和至禮合天地之節至智合天地之辨至信合天地之時宏淳一之源成大同之化混合至道歸仁壽之鄉固不在乎踶跂雍容噢咻蹩躠然後謂之仁義等也故仲尼亞聖皆默而得之隳體黜聰遺形去智超乎物表永爲眞人非末學小儒之所知也綿夏商周漢數千百年煥乎與日月齊光巍乎與乾坤竝運雖百家詮註羣彥校揚挹之彌深酌之不竭行之於國刑措而太平修之於身神全而久視拊

几揮柄時有其人宏農強思齊字黙越濛陽人也幼棲元關早探妙旨卝歲侍先師京金仙觀講論大德賜紫全眞居葛仙中宮讀頌之餘服勤不怠綽有聲稱爲時所推僖宗皇帝順動六飛駐蹕三蜀五月應天節黙起祝壽行殿寵賜紫衣高祖神武皇帝應歷開圖配天立極二月壽春節允承明命賜號元德大師奕世棲心皆洽光寵羽衣象簡其何盛歟每探討幽元發揮流俗期以譚講之力少報聖明之恩手纘所講道德二經疏採諸家之善者明皇御註爲宗蓋取乎文約而義該詞捷而理當者勒成二十卷庶乎覽之易曉傳之無窮後之學者知強君之深意焉乃題曰太上老君道德經元經纂疏乾德二年庚辰降聖節戊申日廣成先生光祿大夫尚書戶部侍郎上柱國蔡國公杜光庭序

太上洞神太元河圖三元仰謝儀序

經曰河圖仰謝之法學道之士常能行之度洪災之劫昇爲種民若兵戈水火旱潦螟蝗星辰變怪天地易常山摧川涸日月薄蝕風霜不時雷雹害物妖氣作沴鬼邪惑衆四境不寧猛鷙爲暴若帝王國主不安及疾厄災異至於

民間危急當告謝天地元感穹旻乃可解度耳天道惘物元聖流慈太上出河洛龜龍之書青文綠甲之字以授帝王此蓋教民致福謝過度厄解災之法也行之則上合天道舉無不應矣三元仰謝齋用壬辰癸巳之日戌亥之時戌亥爲天門蛇對於樞知變卽成龍龍當其機識化卽入道戌亥者天門之津塗辰巳者龍蛇之樞機也感悟求眞必由斯日故用辰巳日也壬者陽氣所生太乙之位也故戌亥時昇壇告謝子時陽氣通生之首也道法執象導物伏鬼制神御天統人以十二辰爲用立德於子表成於丑

愼衰於寅戒敗於卯運智慮於辰用消息於巳救傾於午卽安於未防亂於申開大於酉歸根於戌太平於亥歸根則陰氣盡太平則陽氣昇道運則陽昇水柔則道合故壬癸爲勝順陽合道故也急有祈謝未及壬辰日者寅以愼衰午以救傾戌以歸根此三辰日時急亦可用合天道矣苟能丹苦感徹必契神明者餘日無爽不拘於此矣未齋三日灑掃內外禁絕庶事約飭僚友惟務精嚴一心營備無忘謹敬也

道德眞經廣聖義序

序曰珠韜玉札云太上老君降蹟行教遠近有四其一歷劫稟形隨方演化卽千二百號百八十名散在諸經可得徵驗矣其二此劫開皇之始運道之功孕育乾坤胞胎日月爲造化之本天地之根播氣分光生成品彙自五太之首逮殷周之前爲帝王師代代應見卽鬱華錄圖廣成尹壽因機表號是也三皇迭往五帝不歸雲紀龍師時遷數革鳥官火運川逝風移步驟不同澆淳漸變雖揖讓斯在而干戈屢興阪泉有窮戮之師丹浦有專征之旅智詐行而太樸隱仁愛顯而孝慈生元默希夷日以寖薄陶唐以耄昏厭位虞舜以歷試登庸憂軫萬方服勤庶政老君號尹壽子居於河陽以道德眞經降授於舜經之旨也道以無爲居先德以有稱爲次亦猶三皇之書言大道也五帝之書言常道也其下薄裁非之義節兼愛之仁損俯仰之禮挫銛巧之智斥用兵之暴抑譎詐之謀使人復樸還淳以無爲無事爲理舜雖力而行之竄凶舉相明目達聰敦睦九族平章百姓而恬和淸靜之道莫能致也故禹湯之後天下爲家各親其親各子其子大道旣隱元化不流禮樂滋繁政刑大用矣其三老君以商陽甲子代降神寓胎

武丁之年誕生於亳卽今眞源縣九龍井太淸宮是其地也或隱或顯潛化羣方當周昭王癸丑之年以此二經授關令尹喜傳於天下世得而聞焉其四將化流沙與尹喜期會於西蜀靑羊之肆示現降生卽昭王丁巳之年也此道德經自函關所授累代尊行哲后明君鴻儒碩學詮疏箋注六十餘家則有節解上下內解上下想爾二卷河上公章句嚴君平指歸十四卷山陽王弼注南陽何晏河南郭象穎川鍾會隱士孫登晉僕射太山羊祜沙門羅什沙門圖澄沙門僧肇梁隱居陶宏景范陽盧裕草萊臣劉仁

會吳郡徵士顧歡松靈仙人晉人河東裴楚恩秦人京兆杜弼宋人河南張憑梁武帝梁簡文帝清河張嗣梁道士臧元靜梁道士孟安排梁道士孟智周梁道士竇略陳道士諸糅隋道士劉進喜隋道士李播唐太史令傅奕唐嵩山道士魏徵法師宗文明仙人胡超道士安邱道士尹文操法師韋錄道士王元辯諫議大夫肅明觀主尹愔道士徐邈直翰林道士何思遠衡嶽道士薛季昌洪源先生王覩法師趙堅太子司議郎楊上善吏部侍郎賈至道士車弼任眞子李榮成都道士黎元興太原少尹王光庭道士

欽定全唐文　卷九百三十一　杜光庭　十二

張惠超龔法師通義郡道士任太元道士沖虛先生殿中監申甫岷山道士張君相道士成元英漢州刺史王眞道士符少明元宗皇帝所注道德上下二卷即今所廣疏矣所釋之理諸家不同或深了重元不滯空有或溺推因果偏執三生或引合儒宗或趣歸空寂莫不竝採驪室競掇珠璣俱陟鍾山爭窺珪瓚連城在握照乘盈懷數宏則光綮纖緗演暢則綵文編簡語內修則八瓊玉雪雰靄於丹田九轉琅膏晶熒於絳闕盡六氣迴環之妙臻五靈夾輔之功忘之於心息之於踵得無所得而了達化元矣語品證也則擺落細塵超登上秩遊八外而放曠指三境而躋昇蹈太乙之位矣而總內外之要兼人天之能者未有其倫我開元至道昭肅孝皇帝降神龍變接統象先戡內難以乘乾洛中興而御極無爲在宥四十五年汾水襄城靡勞轍迹具茨大隗自得朋游廓八溟爲仁壽之庭普萬寓爲華胥之國至道至德超哉明哉欽若尊經本朝家教象繫不足以擬議風雅不足以指陳橫亘古今獨立宇宙雖諸家染翰未窮衆妙之門多士研精莫造重元之境凝旒多暇屬想有歸躬注八十一章製疏六卷內則修身之本

欽定全唐文　卷九百三十一　杜光庭　十三

囊括無遺外即理國之方洪纖畢舉宸藻遐布奪五雲之華天光煥臨則兩曜之色固可以季仲十翼輝映二南若親稟於元元信躬傳於太上冠九流而首出垂萬古而不刊則大風赤雁之詞誠難接武典論金樓之作詎可同年但以疏註之中引經合義周書魯史互有發明四始漆園或申屬類後學披卷多昧本源輒採摭衆書研尋篇軸隨有比況咸得備書纂成廣聖義三十卷大明在上而爝火不休巨澤溥天而灌浸不息誠不知量麤備闕文天復元年龍集辛酉九月十六日甲子序

天壇王屋山聖蹟序

國家保安宗社金籙籍文設羅天之醮投金龍玉簡於天下名山洞府謹按道藏龜山白玉上經具列所在去處十大洞天內一王屋山清虛小有之洞周迴萬里在洛京西北王屋縣仙人王眞人治之傳曰黃帝於元年正月甲子列席於王屋山清齋三日登山至頂於瓊林臺禱上帝破蚩尤遂勅王母降於天壇母既降黃帝親供侍焉王母適名東海青童君名九天元女授與破蚩尤之策黃帝依命殺蚩尤於冀天下乃無不克海內安然王母遣西方白虎

之神賜黃帝元羽之衣乃命帝會於孤竹之野帝欽命齋戒嚴駕而行既至孤竹見空中千乘萬騎或有丫髻青衣童子數百人或五綵羽服或乘飛龍或乘飛虎或乘鸞鶴或執珠幢錦傘霓旌絳節或持如意九曲几及前後歌舞妓樂不可名狀俄見寶車一乘駕五色斑龍九頭上有羽葢九重中有仙女一人衣黃裳戴金冠隱隱而至左右侍從有仙童一人謂帝曰此西王母也帝接至母令仙童二人命帝坐賀帝曰聖躬安天下寧矣久卽戎事得無勞乎帝謝曰賴上帝厚恩聖母諭教得寧天下豈敢稱功乎母乃命飲筵上花果鍾鼎器皿光赫大小各異而不能辯其一焉復遣仙女宋妙英歌萬年長生之曲歌罷母賜帝茹芝數枚食之不饑不渴又賜修眞七昧之書授訖母沖天而去後三載於八月一日母遣西方白虎之神爲使命黃帝時在大隗山受母命帝卽齋戒至洛陽帝自白波涉渡至王屋清齋三日登山卽八月十五日至頂上祝香禱焉俄而西方天香馥郁自天而下遍聞山谷青鳥先至帝曰阿母降矣俄而見空中千乘萬騎一如孤竹之儀既降天壇帝列席下見仙衆羽服冠簡環佩履舄帝乃頻顧之母

曰帝何爲哉帝曰恐左右不謹母曰帝何不實耶帝乃實對母曰天上之服非人間之有此衣非朝禮星辰國王父母不可服焉帝曰朕南面承尊不敢以羽衣賜人臣母曰善羽衣不拜帝王者自此始也帝欲設食母止之謂帝曰吾之仙衆不饑不渴豈欲造人間之饌乎王母戒帝曰設欲供養神仙上界星辰日月但擇吉日築壇場設淨席布香燈花果而已如無用清水藥苗代之餘皆不可言畢王母賜帝碧霞之漿赤精之果訖王母沖天而去自此每年八月十五日四方善士雲集於此山此日亦係清虛宮中

考校功行仙籍於此山也又眞誥云元元帝時命四海龍神所修天下十大洞天用疆鼓之石重重相疊於此尚存焉又上方院者卽上訪院也昔軒轅黃帝訪尋四山故曰上訪院後司馬承禎改作上方院焉唐睿宗皇帝時玉眞公主於金仙觀修道今卽靈都觀是也帝幸眞元金仙二觀與西京相對出元武門渡大河至東章村爲之曰東章驛敕東濟源縣南河淸縣西邵源縣北陽城縣四縣界分巡護金仙貞元二觀王屋山自軒轅黃帝後至晉南嶽魏夫人上帝遷號敕小有洞主王子登下敎魏華存於小有

淸虛宮中四十七眞受學道畢南嶽靈官仙衆自淸虛宮迎夫人赴南嶽衡山司命之任矣蓋天地不言須憑集文籍開示古傳實迹今錄聖境眞元混沌未分道氣包含妙本陰陽旣判眞形出見元經著爲圖經俾來者知所自云

欽定全唐文卷九百三十二

杜光庭四

墉城集仙錄序

墉城集仙錄者紀古今女子得道昇仙之事也夫去俗登仙超凡證道駐隙馬風燈之景享莊椿蟠桂之齡變泡沫之姿同金石之固長生度世代有其人綿歷劫年編載經誥元圖祕籙燦然可觀神仙得道之蹤或品昇上聖或秩豫高眞或統御諸天或主司列嶽或騎箕浮漢或隱月奔晨或朝宴九淸或迴翔八極開皇已往劫運之前三洞寶

書多所詳述洎九皇三古之後服牛乘馬已還皆歛天府而下拯生靈由仙曹而暫司宰制垂法立敎秉國佐時儒籍史臣備顯其事至有韜光混迹駕景登晨或功著巖林遡煙霞而輕舉或身離囂濁控鸞鶴以沖虛或躬替帝王或樂居畎俗陰功克就元德昇聞使雞犬以俱飛拔庭除而共舉光於簡冊何世無之昔秦大夫阮蒼漢校尉劉向繼有述作行於世間次有洞冥書神仙傳道學傳集仙傳續神仙傳後仙傳洞仙傳上眞記編次紀錄不啻十家又名山福地之篇括地山海之說搜神博物之記仙方藥品

之文旁引姓名別書事跡接於聞見詎可勝言則神仙之事煥乎無隱矣常俗之流或言神仙者必俟身形委謝魂識成眞而後謂之神仙非是骨月昇舉此蓋愚瞽未達之甚也何者眞經云得道去世或隱或顯證道雖一修習或殊故云神仙之道百數非一途所限非一法所拘也或爲眞人之友或爲天帝之賓倏忽而龍駕來迎參差而雲駢遐邁者則谷希長里青光赤松之例是也或受書稟籙陰景鍊形靈肉再生前功克懋者則五老上帝四極眞王之例是也或精誠不易試難不移目注崑邱心朝大帝而得

道者黃觀韋道微傅君之例是也況復大洞七變八稟三圖胎精斑符隱芝曲素玉精金液黃水祕符赤樹青英瓊剛絳實白羽皇象九轉八瓊服之而化鳳化龍餌之而爲金爲玉復有金璫玉珮之訣三皇八景之文華丹素奏之靈神虎金眞之要飛行之羽超虛攝空流金之光攝神制逆翺翔則翠羽元翮控御則飛蓋曲晨七十四方之所修靡虧毫髮三十七色之所授漸備羽儀至或降九錫以騰淩践七試而貞介資師祕訣證自我心歷象不能易其堅雷霆不能駭其聽富貴不能惑其志聲色不能誘其衷此

則我命在我長生自致故古今得者詎可殫論南眞云功滿三千白日昇天宏道无已自致不死此之謂也夫神仙之上者雲車羽蓋形神俱飛其次牝谷幽林隱景潛化其次解化託象虵蛻蟬飛然而沖天者爲優尸解者爲劣又有積功未備累德未彰或至孝至忠至貞至烈或心不忘道功未及人寒棲獨鍊於己身善行不加於幽顯者太上以其有志太極以其推誠限盡而終魂神受福者得爲善爽之鬼地司不制鬼錄不書逍遙福鄉逸樂遂志年充數足得爲鬼仙然後昇陰景之中居王者之秩積功累德亦

入仙階矣如此則善不徒施仙固可學功無巨細行無洪纖在立功而不休爲善而不倦也修習之士得不勗哉又一陰一陽道之妙用裁成品物孕育羣形生生不停新新相續是以天覆地載清濁同其功日照月臨晝夜齊其用假彼二象成我三才故木公主於震方金母尊於兌澤男眞女仙之位所治昭然觀夫誥籍之中圖傳所述混同載錄未有解張今按上清七部之經存注修行之事日月五星之內空常飛步之篇元父元母以兼行陽號陰號而具著纂彼衆說集爲一家女仙以金母爲尊金母以墉城爲

治編紀古今女仙得道事實自爲墉城集仙錄上經曰男子得道位極於眞君女子得道位極於元君此傳以金母爲主元君次之凡十卷矣廣成先生杜光庭撰

錄異記序

怪力亂神雖聖人不語經誥史冊往往有之前達作者述異記博物志異聞集皆其流也至於六經圖緯河洛之書別著陰陽神變之事吉凶眹兆之符隨二氣而生應五行而出雖景星甘露合璧連珠嘉麥嘉禾珍禽珍獸神芝靈液卿雲醴泉異類爲人人爲異類皆數至而出不得不生

數訖而化不得不沒亦由田鼠爲鴽野雞爲蜃雀化爲蛤鷹化爲鳩星精降而爲賢臣嶽靈升而爲良輔今古所載其徒實繁又若晉石華神憑人幻物鳥血魚火爲災爲異有之乍驚於聞聽驗之乃關於數歷大區之內無日無之聊因暇辰偶爲集錄或徵於聞見或採諸方冊庶好事者無忘於披繹焉命曰錄異記臣光庭謹敘

洞天福地嶽瀆名山記序

乾坤既闢清濁肇分融爲江河結爲山嶽或上配辰宿或下藏洞天皆大聖上眞主宰其事則有靈宮祕府玉宇金臺或結氣所成凝雲虛構或瑤池翠沼流注於四隅或珠樹瓊林扶踈於其上神鳳飛虬之所產天驎澤馬之所棲或日馭所經或星躔所屬含藏風雨蘊蓄雲雷爲天地之關樞爲陰陽之機軸乍標華於海上或迴竦於天中或弱水之所縈或洪濤之所隔或日景所不照人迹所不及皆眞經祕冊敘而載焉太史公云大荒之內名山五千其間五嶽作鎭十山爲佐又龜山玉經云大天之內有洞天三十六別有日月星辰靈仙宮闕主御罪福典錄死生有高眞所居仙王所理又有海外五嶽三島十洲三十六精廬

七十二福地二十四化四鎭諸山今總一卷用傳好事之士其有宮城處所得道姓名洞府主張仙曹品秩事條繁廣不可備書聊紀所管郡縣及仙壇宮觀大數而已天復辛酉八月四日癸未華頂羽人杜光庭於成都玉局編錄

太上洞元靈寶無量度人上品妙經序

讚詠之作始於天地之初三景既分五行生化於是五行三景之氣流行太無之中感激凝結浮於太空之內氤氳交錯而成文字非霧非氣非烟非雲號曰天章亦名天書輪囷不散垂芒耀彩煥乎虛空之間蓋三景之精英五行

之華秀也太上大道君命天眞皇人依形模寫迴環曲折謂之天篆亦名眞文以五氣所凝者爲五帝之篇以八會所成者爲八天之篆其文在空中爲天風飄泛自然生八會之音聞之者神襟明暢飄然有飛躍騰淩之意聽之則神和於內氣逸於外可以致道可以延齡所圖寫之文自諧音韻勾度高妙出人意表今所存靈寶赤書大梵隱語上清大洞三十九章三皇內文洞神大字九鳳篆蓬萊龍書及三洞寶籙金符玉章皆本文也故能保制劫運名役鬼神招眞集靈通神達妙無所不能萬魔覩之以摧伏百

神仰之以朝宗謂之信符乃天地神明之信也其成音曲章句者卽上清歌詠之曲六甲靈飛之章靈寶步虛之篇玉檢龜山之頌或高聖之述或上眞所裁或指修眞之門或敘長生之訣或敷揚靈奧或宣讚深冥或祕在上京或降於前古所以天眞遊宴衆聖會朝陳鈞天廣樂奏靈章萬舞卽其事也今九等齋法傳授軌儀始自初階至於畢籙隨品升降各有讚誦之篇散在諸經不可周覽依所傳品目合而序之

玉函經序

醫門廣博脈理元微凡稱診脈之流多昧死生之理儻精心於指下必馳譽於寰中可療者圖散宜投難起者資財愼取免沈聲迹圖顯功能余幼訪明師徧尋奇士粗研精於奧義敢緘祕於卑懷謹傍難經畧依訣謌乃成生死歌訣一門非敢矜於實學欲請示於後昆焉

洞淵神呪經序

西晉之末中原亂離饑饉旣臻瘟癘乃作金壇馬跡山道士王纂常以陰功濟物仁逮蠢類値時有毒癘殞斃者多閭里凋荒死亡枕藉纂於靜室飛章告天三夕之中繼之

以泣至第三夜有光如晝照耀庭中卽有祥風景雲紛馥空際俄而異香天樂下集庭中介金執銳之士三十餘人羅列如有所候少頃之間珠幢寶幡霓旌絳節紅旗錦旆相對前迎白鶴交飛朱鳳齊舞又二青衣持花捧香又四侍玉女擎持玉案地舒錦席前立巨屏左右龍虎將軍侍衛官吏各二十餘人立屛兩畔如有備衛焉復有金甲將軍諸大神王等各數十人次龍虎二軍之外班列肅如也須臾笙簫駭空自西北而下五色奇光灼爍豔溢有一人執簡佩劍而前告纂曰太上道君至矣於是百寶大座自

空而來。郎見道君乘五色飛龍。蓮花之座。去地丈餘。有二眞人二天師侍立焉。纂遂拜手蹈蹐迎奉。道君曰。子憫生民形於章奏。刳心泣淚。感動幽明。地司列言。吾得以鑒盼於子矣。纂匍匐禮謝畢。道君曰。夫一陰一陽。化育萬物。稟五行爲之用。而五行互有相勝。萬物各有盛衰。代謝推遷。間不容息。是以生生不停。氣氣相續。億劫以來。未始暫輟。得以生者。合於純陽。昇天而爲仙。得以死者。淪於至陰。在地而爲鬼。鬼物之中。自有優劣強弱剛柔善惡。與世人無異也。玉皇天尊慮鬼神之肆橫。災害於人。常命五帝三官

檢制部御之。律令刑章。罔不明備。然而季世之民。澆僞者衆。淳樸既散。妖氣萌生。不忠於君。不孝於親。違三綱五常之教。自投死地。繇是六天故氣。魔鬼等與歷代敗軍死將。聚結成黨。戕害生民。駕雨乘風。因衰伺隙。爲種種病。中傷甚多。亦有不終天年。罹於夭枉。昔在杜陽宮中。出神呪經。授眞人唐平等。使其流布。以救於人。世間無知愚俗。見有王翦白起之名。謂其虛誕。此蓋從來將領者。生爲兵統。死作鬼帥。積功者遷爲陰官。殘暴者猶拘魔屬。乘五行敗氣。爲札爲瘥。然陽威憚之。神呪服之。自當殄戢矣。今以神呪化經。復授於子。按而行之。以拯護萬民也。郎命侍童披九光之韞。以經及三五大齋之訣。授之於纂曰。勉而行之。陰功克充。仙階可覬也。言訖。道君及侍衞衆眞。皆西北而舉。遂按經品齋科。行於江表。生民康乂。疫毒消弭。自晉及今。蒙其福者。不可勝紀。在乎蠲潔莊敬。惟精惟勤。明誠感通。應猶響答。若怠慢輕泄。自速罪尤。修奉之人。愼遵斯戒。又況此經浩博。元皇之金口親宣。其理淵深。太上之微言密示。若有冥心誦持。眞靈立感。神兵騎吏。應時而雷埽姦妖。猛馬天騶。隨處而風消毒厲。禪寶祚之延洪。更超周卜。祝聖年之遐永。克廣堯齡。車軌混於普天。正朔覃於率土。贊

大道威神之德。助國朝惠育之恩。洪福元休。浩浩無極。

道教靈驗記

道之爲用也。無言無爲。道之爲體也。有情有信。無爲則任物自化。有信則應用隨機。自化則冥乎至眞。隨機則彰乎立教。經曰。善者吾善之。不善者吾亦善之。德善。此明太上渾其心而等觀。赤子也。書曰。不獨親其親。天下皆親。不獨子其子。天下皆子。此明聖人體其道而慈育蒼生也。惡不可肆。善不可沮。當賞罰以評之。經曰。人之不善。何棄之有。

故立天子置三公此聖人教民捨惡從善也又曰為惡於明顯者人得而誅之為惡於幽闇者鬼得而誅之又曰為善者善氣至為惡者惡氣至此太上上垂懲勸之旨也書曰惟上帝不常作善降之百祥作不善降之百殃此聖人法天道福善禍淫之戒也由是論之罪福報應猶響答影隨不差毫末豈獨道釋言其事哉抑儒術書之固亦久矣宣王之夢杜伯晉侯之夢大厲恭世子之非罪渾良夫之無辜化豕之報齊侯結草之酬魏氏良霄之殂駟帶鄭元之捽劉蘭直筆不遺良史攸載足可以為罪福之鑒戒善惡之準繩者也況積善有餘福積惡有餘殃幽則有鬼神明則有刑憲斯亦勸善懲惡至矣大道不宰太上好生固無責於芻狗而示其報應直以法宇像設有所主張真文靈科有所拱衛苟或侵侮必陷罪尤故歷代已來彰驗多矣成紀李齊之道門集驗記十卷始平蘇懷楚元門靈驗記十卷俱行於世今訪諸耆舊採之見聞作道教靈驗記凡二十卷庶廣慎微之旨以宏崇善之階直而不文聊記其事

青城山記

神州之內有名山五嶽列於五方山海經所謂五嶽各領名山三百六十凡一千八百有神仙洞室福地靈墟顯於仙經載於方志其山皆上應列宿傍係星宮上帝俾正神所居以司善惡邦國祥沴咸所主焉亦猶太山為角宿之根咸池為方城之險嶓冢應於井絡魁首屬於井陘者也自方圓肇基融結定位衆山波屬以鎮一隅則蜀之山近江源者通謂之岷山連峯接岫千里不絕青城乃第一峯也按漢書及傳記言岷山之下沃野有蹲鴟為靈寶經亦云地出美芋名曰蹲鴟闞駰十三郡記稱蜀郡西盡岷山華陽國志稱蜀郡北接岷山斯則青城峨眉為坤維之巨鎮也岷山導江但導其流非謂江源出於岷山矣福地記云青城山高三千六百丈周迴五千里有甘露芝草天池醴泉玉匱經云黃帝封為五嶽丈人乃嶽瀆之上司尊仙之崇秩一月之內羣嶽再朝六時灑泉以代晷漏一名赤城山一名青城都一名天國山亦為第五大洞寶仙九室之天對之西北在岷山之南羣峯掩映牙相連接靈仙所宅祥異甚多任豫益州記云崗巒巖嶌連亘千里上有仙都地理志云西徼之外江水所出天彭青城連峯下絕李

膺記云入山七里至赤石城有羊馬臺三師壇上五里至瀑布水濶二百步有二石梯有一石笋高三丈過二石門絕崖數百丈下起常道觀高峯下有水六時灑落東北有二石室名龍宮可容百餘人從龍宮過至石室名龍橋又有一梯洞穴深淺莫知所極西北有石室宛然見存又有黃帝壇石天地上圓下方濶一丈二尺有十二角觀東有石日月各濶五尺厚一尺二寸相對柱上烏兎爍煒方圓磅礴可觀焉五嶽眞形圖云洞天所在之處其下別有日月分精以照其中龍橋處二山相去二百餘步其峯危竦

相對橋在峯首其橋中半漸漸促小可六寸長一丈五尺兩邊懸崖俯臨不測山傍有誓石天師張道陵與鬼兵爲誓朱筆畫山青崖中絕今嶮斷石並丹色濶二十丈深六七丈望之赩然福地記曰青城山有赤石如鹿形今誓石多有如野獸之狀者又云天師居赤城崖舍中卽今石室也觀北上十餘里有亭臺孤聳獨秀霞表名曰軒轅臺下望諸山如蟻垤焉連抱之樹有若薺也此臺非得仙之人不可居之觀前有靈燈齋日必見或五或三亦無定數常因元宗皇帝勅道士王仙卿就黃帝壇修醮其燈遍山僖宗皇帝幸蜀之年山中修靈寶道場周天大醮神燈千餘輝灼林表其山逸士高人多所憩息葛稚川神仙傳云仙人李阿朝遊成都市暮宿青城山宋大明中道士楊超遠秀才費元規亦居此山唐有逸士馮鄭王仙柯於此修道皆有感降玉眞公主肅宗之姑也築室丈人觀西嘗詣天下道門使蕭邈字元裕受三洞祕法籙遊謁五嶽寓止山中就拜靈峯於寶室洞前有仙雲五色元鶴翔舞焉此山前號青城峯後名大面山其實一耳同體異名猶岱之天合亦謂之桐柏也東北臨阜水西南亘平川西枕黑溪北

拒洄水洄水今在蕃界大面之頂去平地七十二里爲玆山之主非常人所到靈禽異獸奇花仙草靡不有焉其上瓊樓仙室金闕玉堂得道之人造之乃見非凡俗所窺也有七十二小洞應七十二候有八洞應八節第一太乙洞第二九仙寶室洞第三婆羅洞第四高臺玉室洞第五麻姑洞第六寶圜洞第七聖母洞亦名聖主洞第八都督洞亦應八卦以通八水其中五大洞上應五星之宮乃五行五常所化也瑤林寶樹金沙玉田水清而甘草靈而秀上清記云神仙王方平領仙士萬五千人以鎮玆山又云洪

崖眞人隱居其内昔寗封先生栖於北巖之上黄帝師焉請問三一之道先生曰吾聞天眞皇人被太上勑近在峨眉達三一之源可師而問之也因以龍蹻經授黄帝黄帝受之能策雲龍以遊八極乃築臺其上拜寗君爲五嶽丈人使川嶽百神清都受事乃入峨眉北巖受皇人三一之道周旋海嶽車轍存焉又有得道仙民遊散未受職者分居諸洞之中絶峯之頂烟雲常覆之每日晴霽才六七度四面山峯各有名字載於圖經矣

修青城山諸觀功德記

眞誥云大天之内有十大洞天中有日月伏根三辰之精光照洞中明並二景皆金城玉闕眞仙所都青城卽第五寳山九室之天也寗君居之黄帝乘飇車受龍蹻之道拜君爲五嶽丈人司掌羣嶽轍迹壇址於今尚存嶽神於絶巖之上六時灑水以代晷漏西極總眞王君又領萬仙鎭玆洞府自然神燈照燭林巒值雨增焰因風散化其峭壁複崖矗如雉堞赩若飄霞謂之赤石城亦名爲天國同體異稱葢一山耳昔漢祚陵遲人鬼交雜鼓氛吹毒代殺生靈太上命正一眞人三天張君自渠亭鶴鳴頓駕玆嶺行明威之法清滌林澤折衝萬里拔鬼城鬼市刻石爲天地日月羊馬臺三師壇命魔幢以誓鬼神各司晝夜丹筆畫山青崖中斷筆跡在焉經圖攸載絶頂曰上清宫首冠諸峯秀出雲表傍有天池旱潦如一下曰接龍橋石梁懸架信靈仙之窟宅也常道觀頃爲僧所奪開元十二年甲子特勑移歸山内舊所御碑存焉詔賜丈人眞儀以祠宇爲觀是日仙雲成葢甘泉注空洎天寳西巡望山禱醮卿雲散郁靈蛇効祥中和辛丑歲僖宗駐蹕成都封希夷嘉號驛騎降止龍吟澗中尋以靈應疊申齋薦神鐘自響仙炬

遍山肉角金蛇具於壇上枯梭再茂六榦重生符瑞駢羅咸編青史景福元年壬子址峯之上石逆泉飛危殿巋然當流不壞自此一派隆冬弗衰注於中廚無煩汲引非造化至神孰能與於此也山中有丈人常道威儀洞天諸觀歲祀綿遠頽毁者多前宰博陵崔正規渤海吳廷休並加繕飾將復舊基旋屬輦輅省方部邑供億不遑締葺漸至斁隳雖芝檢奔馳星車旁午十年之内無所增修癸丑歲縣令南郡莫公廷乂奉勑常醮躬行奠禮閲其勝異痛此榛蕪不率私財不侵公用二年注意兩觀鼎新福地山祠

各設其位刻石爲像用圖永年觀其虹繚迴廊翬飛廣殿明綴烏兎色籠烟霞雲棟風牕金碧交映虬簷鶱潘丹翠相輝俱斥淫奢克全大壯復命賜紫大德張素卿圖九江五嶽之主十山四瀆之神妙極丹青彌加煥麗或周天展醮或黃籙開壇報國爲時惟嚴與敬固可以會眞靈而福邦國也又老君觀宸容暴露棟宇傾摧示懋厥功創爲輿置夫自然之化無爲之風宏之者至人也勤之者上士也勤宏不怠惟公得之初相國司徒王公安撫副使張公僉以青城處二江上游爲一川劇縣賦輿殷會水陸兼資非

能政全才難膺愼擇飛上章奏而授於公旣至則恤孤惸撫羸弱懲奸宄戢豪強寃訟平逋竄服彰善癉惡徇公滅私期月而人稱公理亦猶卓茂在密仲由爲蒲之化也剽燔之餘廨宇未立經始營創惟新其謀工以子來用以農隙曾不越月巨勣告周大厦森沈虛庭宏敞不踰制以僭上不媟卑以偪下非務矜後允執厥中亦猶叔孫一日必葺之志也縣臨大江歲有水患漂泛昏墊常人苦之公遐眺波心揆諸水脈截濡爲堰移江趣東數載之中無復浸溢亦猶金堤竹落之防也常年渠堘修必後時擁耒將耕尚俟培築公方冬授矩甫臘罷功元正大田澮流闕注家有積穀境無惰農亦猶任延墾田龔遂佩犢之勸也列邑租賦此縣居多菽麥炭竹之征糧帛芻薪之稅事無虛月納不曠旬每歲所徵半爲逋欠雖捶扑交至靡能濟之公嚴令其下始自局吏後及居人常限未終先期已畢禁束胥屬不入鄉閭里有謌民門絕喧鵲至於遐鄉遠部細戶貧民必設法代輸不施櫝櫛時相國師九隴摩壘逾年飛輓芻糧輪轍相望督發泉貨絡繹道途辦無後期動必成集亦猶公沙穆神明之政也闢荒招戶政務所先讞獄祥

刑國章斯重公懷人以德決獄以情襁負胥來盡墾將蕪之地幽寃坐雪再生就戮之魂亦猶鄭渾誘民虞經審法也溫恭待士南北如歸謙敬下賓吐握不倦由是輕車高蓋爭趨義風芰服鶉衣共奔仁惠亦猶鄭元之門孔融之席也夫功德者在道則功及幽明德兼覆育在儒則功捍大患德禦大災公修於道則如彼行於政則如此功德盛矣廣矣加以廉潔明達立事立功瑞麥兩歧則抑而不顧嘉禾盈畝則蔽而不言方之於今罕侔全德必俟回翔雲路步武明庭下福烝黎上贊昌運豈止銀章朱紱百里一

同而已哉。光庭早熟馨芬。初窺崇葺。輒書事實。非敢諛詞。

乾寧二年乙卯九月二十日癸酉杜光庭記

欽定全唐文卷九百三十三

杜光庭 五

歷代崇道記

穆王於崑崙山王屋山嵩山華山泰山衡山恒山終南山會稽山青城山天台山羅浮山崆峒山致王母觀。前後度道士五千餘人。秦始皇帝併吞六國。招方士。好長生之術。遣使往蓬萊採不死藥。造宮觀一百餘所。度道士一千七百餘人。漢文帝竇太后並好黃老之術。造宮觀七十二所。勅天下如不通黃老經者不得注官。又親訪河上公問道

德之要。天下大治。計度道士一千餘人。孝武帝奉道彌篤。感王母降於宮中。遺帝白銀像五軀。曰是太上老君之真形也。帝別營三殿而供養之。後移像於柏梁臺上。後又移於甘泉宮內。以一殿而並列之。南向設座。自茲始也。又度公主數人。及度道士約五千餘人。並造觀三百餘所。其嵩嶽萬歲觀泰山登封觀華山集仙觀終南望靈觀王屋通天觀並不得令庶姓居之。以為恒式。其萬歲觀因帝巡幸而聞山呼。遂捨行宮而為觀焉。至孝宣帝時有上黨郡功曹李惲因入抱犢山採藥。於石室內獲天書四十餘卷。并

玉箱玉杖。獻於河東郡太守張純。純立遣使上進。帝視之大驚。不覺流涕。乃令宣示內外臣僚。時冉癸爲主書中郎將。見之泣曰。此是武帝臨崩時遺制令葬於梓宮之內。何由至此。及披之卷後所有臣僚校勘姓名。於今見有存者。帝乃遣使檢校茂陵。即又安宛如故。帝乃爲武帝造觀二所。一在長安城內。一在茂陵之下。以奉先帝也。復度道士二十人。以奉香火也。後赤眉之亂。茂陵爲賊所發。於梓宮之中。但見有劍一口。方欲取之。其劍忽然哮吼。騰空而去。世祖光武皇帝既平王莽。天下大定。東封禮畢。乃爲本朝

十一帝追薦。及南陽舂陵名山大川。長安洛陽計造觀一百二十所。度道士一千八百人。魏明帝爲武帝及先太后造觀於五都。計一十三所。度道士一百九人。仍詔道書同御史裴飾。吳主孫權於天台山造桐柏觀。命葛元居之。於富春造崇福觀。以奉親也。建業造興國觀。茅山造景陽觀。都造觀三十九所。度道士八百人。晉武帝於洛陽造通天洞天靈仙靈寶四觀。及諸州共二百所。先魏末隴右臨洮郡有神人長三丈。著白衣。垂素髮。戴金冠。現於襄武縣。告縣人王始曰。不久當見太平。及武帝授禪。果天下一統。帝乃令於所現處造告平觀。即李宗之故居也。別度道士七人。并前後所度道士共計四百七十二人。時吳郡臨平湖岸崩。獲石鼓一枚。遣使上進。帝問司空張華。此物何用。曰但以桐木刻作鯨魚形。扣之必有聲聞於數里。至惠帝時於宮中忽夜鳴不已。帝甚惡之。乃遷嵩山萬歲觀。擊之集衆。自玆始也。後魏道武帝於雲中太原及河朔造觀計五十所。度道士六百餘人。太武勅令天下造太平觀共二百七十五所。度道士一千三百人。帝受籙。改太平眞君元年。仍令四方內外上書言太平眞君皇帝陛下。自後嗣帝位

並皆受籙。後周武帝於長安造通元館。以延羽客。隋高祖文皇帝遷都於龍首原。號大興城。乃於都下畿內造觀三十六所。名曰元壇。度道士二千人。煬帝遷都洛陽。復於城內及畿甸造觀二十四所。度道士一千一百人。皇朝高祖神堯大聖大光孝皇帝於隋末大業十三年。感霍山神。稱奉太上老君命告唐公。汝將來必得天下。至武德元年。晉州浮山縣羊角山著素衣。戴金冠。乘朱騣白馬。令吉善行告神堯。汝今得聖理。可於長安城東致一安化宮而安道像。則社稷延長。天下大定。善行辭見天子。何以爲據。太上

曰但去有獻石龜者可以爲信善行乃告晉州刺史賀君孝義孝義遂將善行見秦王具告神人現事羣臣拜慶遂差左親衛帥杜昂與善行於所現處設祭太上又現一如善行所言以鞭指昂曰汝是何人昂曰是秦王使者太上曰我不飲不食何用祭乎所有委曲令人具知昂還乃言神人復現秦王大悅乃令昂將善行入京上奏至京立未定果有印州治中張達獻石龜上有文曰天下安子孫與千萬歲千萬葉遂入面奏高祖大悅詔授善行爲朝散大夫賜物一百段乃令通事舍人柳憲於羊角山立廟復改

浮山縣爲神仙縣羊角山爲龍角山太上又現爲善行曰天子喜歡否對曰大喜又曰疑惑何事復對曰爲不知聖者姓名耳太上曰我是無上神仙姓李氏號老君即我也我即帝之祖也史記中有傳亳州谷陽縣本廟有枯檜再生爲驗我已令周公旦領神兵助國家打劉黑闥得四月節即破矣孝義又令善行入奏高祖乃勅善行馳驛往洛陽軍所宣勅示諭至時果平黑闥四海大定枯檜亦重生焉乃改廟爲慶唐觀內有明皇御製書碑及列聖眞容並在武德三年詔晉陽道士王遠知授朝散大夫幷賜鏤金冠子紫絲霞帔以預言高祖受命之徵也太宗又加遠知銀青光祿大夫並遠知預言之故也羽衣人賜紫衣自茲始也高宗龍朔二年詔洛州長史譙國公許力士於切山建上清宮以鎭鬼仙洞掘得古石案即仙人帛仲理之故基也及功畢帝令設醮太上又現百官進表稱賀帝大悅乾封初帝東封禮畢迴鑾亳州親謁太上謹上尊號爲混元皇帝聖母爲先天太后仍改谷陽縣爲眞源縣又爲太宗及文德皇后造東明觀於京師又勅道士宜隸宗正寺仍立位在親王之次文明元年天后欲王諸武太上乃現

於虢州閿鄉縣龍臺鄉方興里皇天原遣鄜元崇令傳言於天后云國家祚永而享太平不宜有所僭也天后遂寢乃捨閿鄉行宮爲奉仙觀後慶山湧出於新豐縣界高三百尺上有五色雲氣下有神池數頃中有白鶴鸞鳳四面復有麒麟獅子天后令置慶山縣其諸祥瑞具載天后實錄以表國家土德中興之兆也又捨中嶽奉天宮爲嵩陽觀以追薦高宗大帝也竟傳位於中宗孝和皇帝景龍元年勅天下州郡並令置景龍觀二年改爲中興觀三年改爲龍興觀其度人一依前代故事睿宗捨東京宅爲景雲

觀又捨太原宅爲唐隆觀爲資薦天皇天后也明皇開元中勅諸道並令置開元觀又製混元讚帝親書勒之於石又勅五嶽置眞君廟又勅上都置太清宮東都置太微宮以太原神堯舊宅爲紫微宮潞州潛龍故宅爲啟聖宮並給袞冕絳紗帷幄交龍門戟一如宮闕之制帝又注道德經及製序引詔天下士庶並令家藏一本兩街道衆乃以幢旛伎樂自禁中迎歸於太清宮香花之盛近古未有又勅置道舉一如禮部之制帝親自策之達者甚衆後蒲州奏因修紫極宮掘地獲玉石狀如半月復有仙人杵藥之

像扣之有聲頗甚清遠帝令懸於太原元元廟庭號之爲偃月磬東都留守張琦奏汝州魯山縣因修仙居古觀獲玉瑛扣之聲聞數里帝令懸於太清宮聖祖廟庭衢州爲建觀宇穿地得魚一頭長三尺其狀似鐵微微帶紫碧之色又如青石光瑩雕鐫殆非人功所成也扣之甚響其魚亦不得名遣使來獻帝令宣示百僚亦不能辨帝乃呼爲瑞魚磬仍命懸於太微宮非講經設齋不得擊之由是諸觀競以木石模之以代集衆又詔諸宮悉以宰臣及本道節度使領之永爲常式帝又製霓裳羽衣曲紫微八卦舞以薦獻於太清宮貴有異於九廟也帝東封獲江淮間三脊茅乃令於所獲之地置靈茅觀及禮畢迴謁聖祖於亳州本宮親札道德經於石作大幢造八角樓覆之於虛無殿之前又幸懷州開元觀及閿鄉奉仙觀爲王公萬民所請亦親札二經以大石對峙立之一如太清之製乃詔授鄔元崇爲虢州刺史開元十七年夏四月五日益州大都督府長史張敬忠奏大聖祖混元皇帝應現於當管蜀州新津縣興尼寺佛殿柱上自然隱起木文爲太上老君聖像當頂上有華蓋足下前後各有雲葉天花共一十三處

謹差判官益州功曹參軍王大鑛檢覆得狀與本州刺史李忠徇別駕盧昉縣令李韶道士僧尼一百三十人狀同方敢上奏至五月二十四日勅差內侍林昭隱宣取像柱入京於大同殿供養又令兩街宮觀各賜供養七日却令進入大內於今見在前後瑞應極多難以具錄二十九年正月七日陳王府參軍田同秀於丹鳳門外忽見紫雲自西北暎樓又見混元乘白馬侍從二童子二童子謂同秀曰我昔與尹喜將入流沙之日藏一匱靈符在桃林故關尹喜舊宅汝可請帝取之同秀具事聞奏勅差內使李志

忠監同秀往陝州桃林縣南十二里故函谷關墟求訪之。俄有紫雲白兎現於枯桑之下。便乃穿掘。下至水際得石函經匱玉版朱書細篆。帝聞奏大悅。即令京師列十部樂。歌舞鼓吹。自通化門入。其文於寶輿中五色放光洞照天地。帝於丹鳳樓上身披龍袞手執金爐。六宮嬪婇競於樓上散花焚香。遙自作禮。帝又令亂撒金錢於樓下。縱令士庶分取。以爲歡樂。斯須山呼之聲震動京邑。帝令置寶符於靈昌殿。是夜樓閣林樹之上。皆有神燈。乃於正月一日改開元三十年爲天寶元年。改桃林縣爲靈寶縣。其後三

年帝見靈符有天寶千載之字。天寶已應改元之號。遂改年爲載。乃於其地長樂亭置天寶觀。御製并書靈符銘立於所獲之處。又於大內置靈符殿。賜同秀五品正員官。宰相請加尊號爲開元天寶神武之字。制可之。乃大赦天下。其年閏四月。帝夢混元謂帝曰。我在城之西南久矣。當與汝於興慶相見。可速迎我。帝謂宰相李林甫牛仙客曰。朕臨御海內。向三十年。未嘗不五更而起。具朝服禮謁眞容。爲蒼生祈福。近因假寐見混元。具言上事。遂差內使與道門威儀蕭元裕於城西南尋訪數日。忽於樓觀山谷間見有紫雲現白光屬天。於其下穿之。果得玉像老君高三尺餘以進。其日帝在興慶宮大同殿親自迎謁。果符興慶之言。置於內殿供養。仍令所司寫眞容。分送天下諸道宮觀。遂大赦天下。五載帝夢見混元言。我有靈應。尋當自至。遂於太白山獲靈符玉冊。及迎到京。置於靈符殿。親自供養。仍封太白山神爲靈應公。改獲符洞爲嘉祥洞。於山下置眞符縣。乃令諸道置眞符觀。仍編入史。其年十二月帝幸華清宮。其月四日日未出時。忽見驪山頂雲物積異。須臾雲散見混元聖祖現於朝元閣上。帝與內人瞻謁良久乃

隱。詔改會昌縣爲昭應縣。其新豐縣隸入昭應。又封會昌山爲昭應山。封山神爲元德公。改朝元閣爲降聖閣。內出圖本頒示天下。宣付史官。八載帝獲二十七仙玉像於寧州羅川縣。勅令迎像入京。一如天寶初迎靈寶符儀注故事。帝親自製讚。尋改羅川縣爲眞寧縣。於所獲處造通聖觀。帝製碑文立之。於今並在。其年六月。大同殿產玉芝一莖。又造金仙玉芝二觀。復度公主二人爲道士。又太白山人李渾上言。見混元言金星洞內有玉版石。記聖皇福壽之符。勅御史中丞王鉷入遊谷行四百餘里。求而得之。勅

以殊祥頒示中外乃於其地造靈符觀閏六月丙寅帝謁太清宮加五聖尊號作仲尼四子像侍立於混元之前又勅十道大郡置玉芝觀大赦天下九載太白山人王元翼上言混元大帝降現言寶仙洞中有妙寶眞符詔帝取之勅刑部尚書張均工部尚書王倕往取獲之乃造眞靈觀十三載正月帝謁太清宮又上混元尊號爲大聖祖高上大道金闕混元天皇大帝五聖各加謚號帝加開元天地大寶聖文神武證道孝德皇帝大赦天下十五載帝幸蜀混元現於漢中郡三泉縣黑水之側帝親禮謁遂命刻石

像眞容於所現之處又於利州益昌縣山嶺上見混元騎白衛而過示收祿山之兆詔封其山爲白衛嶺於所見之處置自然觀又於嵩山置興唐觀成都置福唐觀肅宗至德二載三月十八日混元現於通化郡雲龍岩初因郡人爲國祈福建大齋會十八日忽煙霧異香氤氳不散至辰時漸漸開霽神光照天因見混元眞像立於山前自地接天通身白衣左手垂下右手執五明之扇儀相炳然衆盡瞻禮其山雖高亦不及肘良久乃隱遂具上奏內出圖本太上皇製讚并敘文繁不錄具編史冊仍示天下乾元二年帝夜夢二青童導從至一宮闕謁見混元混元衣雲霞之衣冠九鳳之冠坐方席垂寶蓋凭玉几執白拂左右侍衛眞人玉女神仙童子五天力士羅列極衆帝著絳衣秉圭立侍於混元之後遊涉山海經歷甚遠帝一一潛記又見混元鬚髪皆黑及明宣下兩街訪諸瑞像於務本坊先天觀聖祖院果獲黑髭老君之像圖寫以進帝見大悅一如夢中所睹乃出帝眞容令侍立於混元之後仍頒示於天下普令供養代宗初於楚州安宜縣獲八寶因改安宜縣爲寶應縣勅於所獲之處造寶應觀遂改元爲寶應元

年大赦天下德宗貞元十年混元潛使金母累降於果州金泉山授鍊炁之術付女貞謝自然修習功成其年十月十六日白日上昇後三月乃歸謂刺史李堅曰天上有玉堂最高老君居焉壁上皆題神仙之名時注脚下云在人間或爲帝王或爲宰輔神仙入謁老君皆四拜焉自然言訖遂却昇天敬宗寶歷二年正月帝有事於南郊朝獻太清宮御駕將至長安縣主簿鄭薊忽見老君衣白衣容狀異常謂薊曰當此路有井可速實之不然禍在不測薊驚惶顧其地已微陷遂并力實之因失老君所在駕至具以

上聞。百官稱賀。詔兵部侍郎韋處厚爲碑。起居郎柳公權書。立於實井之側。乃編付史官。其年十二月十八日。柳公權書碑之際。忽有勁風颯然而起。旋飈不已。乃見混元著紫衣。金冠金履。立於白蓮花之上。右手執五明扇。左手垂下。空中光明如金色。公權與鐫碑人瞻覩良久。因以物畫地記形像。及畫畢。混元忽以扇指空中。流光四散。乃騰空而去。衆皆側身仰視。漸遠漸小。沒於雲中。遂以事上聞。詔編事迹入碑之中。又勅於兩京造延唐觀。文宗開成二年五月。中書舍人高元裕爲閬州刺史。於州北八九里嘉陵

江上小山之前。忽見崖壁間光彩有異。近而觀之。石上自然石文。成老君眞像。眉髮衣章。巾履服飾。無不周備。傍有一人。寬衣大袖。持鑪薦香。後一人童子雙髻高束。謹若聽命。皆非人力圖繪鐫刻所及。元裕每有所禱。卽紫氣上浮。又有靈泉自湧。士民請福。無不立效。遂刻石建宇用旌其瑞。乃畫圖呈進。乞編入史。詔從之。武宗會昌元年。勅以二月十五日大聖祖降誕之日爲降聖節。仍令兩京及天下諸州府設齋行道作樂。賜大酺三日。軍期急速。亦不在此限。永爲常式。懿宗咸通十年九月十日。徐州逆寇龐勳領從黨三千餘人。來亳州太清宮。其日宮北百姓三百餘人。見老君自宮中乘空而南。須臾黑霧遍南川中。羣賊迷路。自相殺戮。龐勳溺水而死。羣兇自此殄滅。汴州節度使太清宮使李蔚具事上聞。詔曰。吾國家系承混元。教導清淨。苦縣舊里。聖祖故鄉。宮宇具嚴。廟貌斯設。昨者餘妖奔突。縱火將欲焚燒。陰霧覆閉於晴空。狂寇顚迷於道路。散逸原野。遂至誅夷。緬惟元功。申茲靈貺。內出青詞。又委李蔚虔申告謝。布示中外。仍付史官。十三年三月。台州刺史姚鵠奏。於天台山修老君殿。於其地穿穫得石函冊文以進。

乞付史館。頒示四方。詔從之。廣明二年三月。河中節度使王重榮奏。據晉州申。龍角山慶唐觀老君殿側柏樹上。瑞葛枯死重生。先是武德中混元應現。後於二樹間立殿宇。逾年之後。柏樹上忽自生葛蔓。長十餘丈。榮茂於常。其後齊王奪嫡。此蔓枯死。旬月之後。自其末青翠再生。齊王遂敗。至中宗復位。安史叛逆。朱泚謀亂。皆忽枯落。久而復生。廣明元年。黃巢犯闕。其年秋葛蔓枯死。二年冬枝葉重茂。又於傍樹上別生一枝。旬日之中。長五十餘尺。相對繁茂。有異於常。奏詔褒美。編付史官。其後祥異皆有詔勅。蓋美

乎藹藹慶其神謀。瓜瓞昭其遠祚。混元流貺。奕葉無窮者也。皇帝駐蹕西蜀。中和二年八月九日進到。帝令宣示內外。三年三月十一日。亳州刺史潘稠差道士馬含章孫棲梧等奏。太清宮自乾寧四年。已累有逆寇侵犯眞源。少或逾千。多或逾萬。皆窺伺是宮。欲爲焚劫。或來攻城邑。或旁犯縣城。老君皆密垂神化。忽起濃雲。或驅以陰風。或擊以雷雹。率皆顛沛。尋至敗亡。靈貺益彰。神功罔測。尋詔昇眞源縣爲鹹縣。仍內出青詞。修崇告謝。帝卽稽首東拜。八月十二日。勅亳州太清宮是混元降聖之里。名高道祖。福蔭

皇基。九宮之瑞井涵空。一鹿之仙蹤在樹。累代之禎祥可紀。近年之感應尤彰。所宜嚴盛於福庭。安可荒涼於靜宇。潘稠能施善政。久樂眞風。廣出俸錢。備修宮觀。垣墉棟桷。無不精新。像設丹青。彌加煥麗。觀圖考事。深可慰嘉。其住宮威儀道士吳重元可賜紫。仍號凝元先生。道士馬含章孫棲梧竝賜紫。潘稠加金紫光祿大夫檢校工部尚書。餘竝如故。其年八月二十九日夜。詔帝房宗室李特立與道士李无爲於成都府青羊肆元中觀混元降生舊地。設醮祈眞。忽見虹光如彈丸許。漸漸明大。出於殿基東南竹林中。跳躑入西南梅樹下沒。於沒處穿地三尺已來。得寶塼一口。長一尺一寸五分。濶七寸四分。一邊厚一寸三分。竝有花文。一邊厚一寸八分。重一十二觔。有古篆六字。各方二寸。深三分。鐫刻瑩潔。迨非人工。文曰太上平中和災。九月一日。西川節度使侍中陳敬瑄奏曰。皇帝陛下稽古順天。膺圖撫運。凝懷至道。屬想大同。是用省方。以明罪己。深仁旁達於下土。至德昇聞於上元。符讖允臻。禎祥間出。降太上匡時之命。清中和寇孽之災。迺示明文。爰形古篆。足表妖氛卽殄。聖祚無疆。克知收復之期。便是清寧之日。至

十二日。帝令宣示百官。中書侍郎平章事韋昭度。戶部侍郎平章事蕭遘。門下侍郎平章事鄭畋。御史中丞張濆。宗正卿嗣曹王龜年表賀曰。伏以崔蒲嘯聚。車馬省方。天災流行。國家代有。陛下降成湯罪己之詔。徵王者有征之師。顧彼兇妖。卽當殄滅。清平既彰於嘉兆。幽贊爰覩其祕文。赤雀銜書。貺豈同於太上。元龜負卦。慶難比於平災。況因宗室齋醮之辰。仍有祥光跳躑之瑞。其爲感現。可謂丁寧。樞密使李順融十渾十二衞都指揮使田令孜表賀曰。今者又有維城來於仙觀。至誠纔發。嘉兆俄呈。現此時在地

之赤光是昔日度關之紫炁及穿積土果獲古文驗逸勢於龍蛇卽知平於梟獍於沖邃理頗甚昭明既太上令與平災知中和永昌厥祚所現全因聖祖掘得又自皇枝捧此靈蹤可明天意且混元聖祖每逢多難皆有殊祥唯彼明徵備書正史昔於丹鳳門上告田同秀以天寶復國之期今又青羊肆中示李特立以陛下還宮之慶莫不天下幸甚乞付史館帝竝俞之十五日李特立授太子校書李无爲賜紫仍各賜縑帛三百疋二十一日又詔曰太上元元大帝與弟子文始先生講眞經於樓觀之臺約後會於

青羊之肆便乘雲駕俱入流沙仙記傳聞地圖標載自周昭至於此日歷數約二千餘年景像寂寥基蹤牢落今因巡幸靈貺昭彰殊光跳躍於庭前靈篆申明於樹下塼舍古色字驗休禎中和之災害欲平厚地之禎符乃現足表元穹降祐聖祖垂祥將殲大盜之兵戈永耀中興之事業須傳簡冊兼示寰區已付史官備令編錄仍模勒文字告示諸道及軍前其觀可改號爲青羊宮仍置殿堂屋宇側近屬觀田地約有兩頃近來散屬黎甿多植蔥蒜淸虛之地難使薰蒸已賜錢二百貫便令收贖仍給公驗永歸請廬宗子特立已除官道士李无爲已賜紫所宜昇奬用荷慶靈敬瑄位冠公台風行郡國効節於延洪之代修心於道德之鄉遂令境內消兵地中呈寶其爲休美倍可嘉稱至十月七日勅高品郭遵泰監造青羊宮土木之工竝用內庫宣賜自獲靈瑞之後至是月癸丑近蜀郡寇相次擒戮旬月之內遂至淸平駕至青羊宮頒賜有差李特立賜緋授龍州錄事參軍又下詔曰太上垂祥青羊應現禮宜崇飾用答殊休諸道州府紫極宮宜委長吏如法修飾仍選有科儀道士祭醮是月乙卯奏收復京城有以見大道

垂休聖祖昭祐洪圖延永唐祚無疆者也又勅翰林學士承旨尚書兵部侍郎知制誥樂朋龜撰碑立之伏乞頒示天下以表皇家承神仙之苗裔感太上之靈貺實萬代之無窮也臣今校會從國初已來所造宮觀約一千九百餘所度道士計一萬五千餘人其親王貴主及公卿士庶或捨宅捨莊爲觀竝不在其數則帝王之盛業自古至於我朝莫得而述也中和四年十二月十五日上都太淸宮文章應制宏教大師賜紫道士臣杜光庭上進謹記

欽定全唐文卷九百三十四

杜光庭六

麻姑洞記

繁陽山麻姑洞即三十四化之第一陽平之别名也在繁水之陽因以爲名本際經云天師張道陵所遊太上說經之處在成都府新都縣南陵江十五里衆山連接孤峯特起是也神武皇帝潛龍之時光化二年已未五月四日丙申山土摧落洞門自開縣吏時康鄉所由楊靖道士張守眞等以事申府云自洞門開後每日有百姓往來者府差縣典楊澤畫工任從同往檢覆畫圖申上稱把燈燭入洞

看檢其第一門對北高二尺濶三尺五寸入至第二門約五尺以來第二洞門方一尺六寸入内竝是黑處長一丈二尺濶六尺有石窟兩處在東畔竝西南有洞門兩路南畔一路圓濶一尺六寸入内長一丈二尺濶一丈高四尺南畔有窟三處西畔兩路入内通繞門圓濶一丈七尺内各濶五尺高六尺以來門相去一丈門屋一所高五尺濶四尺從内往來有刻料栱甋瓦約山作石日月兼作日字月字隔子房一所濶二尺五寸高一尺五寸刻料栱甋瓦石龕一所高一尺濶一尺五寸門濶五寸石窟三處各濶七尺又西入洞門圓濶一尺七寸彎曲入向南門屋一所高六尺濶四尺從内往來有石枓栱甋瓦又有龕模兩所共一牀高一尺濶二尺三寸門濶八尺有石枓栱西北角又有一門方一尺六寸四方二丈以來南畔西畔北畔各窟一所南角又有一洞圓濶一尺六寸以來將燈燭近前有黑氣出燈火即滅更入不得其洞連接繁陽本山相去三里以來其山據諸鄉張生張贇等狀稱繁陽是古跡山每准勑祭祀其洞亦是元有往往閉塞元和中南康王韋

臯莅蜀洞忽開時人咸云洞門開即年豐物賤尋又閉塞至是復開其後果豐稔其洞本名麻姑洞側有麻姑宅基蓋修道之所也

豆圌山記

緜州昌明縣豆圌山眞人豆子明修道之所也西接長岡猶通車馬東臨峭壁陡絕一隅自西壁至東峯石笋如圌兩崖中斷相去百餘丈躋攀險絕人所不到其頂有天尊古宮不知所製年月古仙曾作繩橋以通登覽而絙笮朽絕已久里中有言曰欲知修續者脚下自生毛相傳如此

咸通中。山下有毛意歡者。幼而爲道。常持誦五千言。著敝布褐。於市乞酒。醉而登山。攀緣峭險。以絕道爲橋。山頂多白松樹。繫之繩。橫亘中頂。布板緣繩上。善男女隨而度焉。數年。繩朽橋壞。無復緝者。咸通歲。令與賓客醮山於西峯。時展禮毛師。他遊。人謂令曰。此峯之側。有小徑抱崖。纔通人跡。無所攀援。意歡常遊此而去。逾旬不出。令疑其隱在穴中。座內有廣陵郭頭陀者。令請由此徑往探求之。頭陀驚眙不能語。久之而後言曰。此徑去約三十餘丈。然到一穴口。纔三五尺。下去平地猶數百尺。穴內可坐十餘人。中

有巨木櫃。緘鎖極固。意歡讀經處。石面平滑。有足膝之痕而經卷在焉。不知意歡之所。其家有一妻一女而已。疑其得道者也。意歡每多持燈椀。度繩橋。山側居人視之。以爲常矣。山多毒蛇猛虎。里中人莫敢獨往。意歡夜歸。亦無所畏焉。常有二鴉。客將至。必飛鳴。意歡整飾賓階坐榻。未畢客果至矣。

天壇王屋山聖迹記

蓋聞天元設象。運日月以璇衡。地道綱維。布山河而列政。有王屋山者。在洛陽京北百餘里。黃河之北。勢雄氣壯。岡阜相連。高聳太虛。倚懸列宿。西接於崐邱。東連於滄海。謹按龜山白玉上經曰。洞天周迴萬里。山水之源。圖經曰。上則接於崐邱。下卽侵於蓬島。最高者首名天壇山也。黃帝內傳云。爲之瓊林臺。眞誥云。瓊林者。卽清虛小有之別天也。其下卽生泡濟之水。中有水芝。人得服者長生耳。昔黃帝上臺。見一級高可及二丈許。下石二級。高可七十尺許。四方壁立。皆造化融成。黃帝於此告天。遂感九天元女西王母降授九鼎神丹經陰符策。遂過克伏蚩尤之黨。自此天壇之始也。其上多石。可生草木。實爲五嶽四瀆十大洞

天三十六小洞天神仙朝會之所。每至三月十八日及諸元會日。五更之初。天氣清明。輒聞仙鐘從遠洞中發。寥寥之聲。清宛可入耳。將日出則日氣炯炯。可以見生死之情狀。觀天地之變化。當曉時分別之際。則聞仙雞報曉。往往飛棲下地。象小於家雞。其毛如雪。又壇心有石燈臺。四門中高可丈餘。製造甚奇。鎮於洞天。諸元會日。靈山眞聖皆朝會壇所。考校學仙之人。及世間善惡籍籙之案。是日往往則陰雲蔽固。竟日方散。是日有道之士。學修仙之人。投簡奏詞。醮謝其下。壇隅有造石燈臺小碣。記云。天寶八年

新安尉公使內使宮闈令符璡喜因爲國爲民醮壇置碣陰刻廬仝高常嚴固至太和五年凡字鈌損壇心高突秀出羣峯每日初出影西度掩西方山脊亦可及千餘里上無飛鳥風若松聲太虛中孤危而四面無礙人立於上沖和血氣狀如勇心直脛而立目視歷歷亦可自辨其形影似憑高眺遠飛越崖谷長天未曉身若浮萍又如精氣所乘飈不得落此果乃眞仙遊行之所也心若不志銷爍其精魂耳似有怖懼凡有道之士身若輕舉天明日朗則夜聞人語笑之聲或簫鼓奏於其上又壇西有懸泉名曰太

一泉其水味甘如醴其泉水流如線落在石蚪中深可數尺千人飲之不耗經年不汲如故次西一石巖名曰黑龍洞洞上半崖高數十丈有一洞深二丈許正射西北天門名曰按雲庵舊有葛梯人蹬躡可到昔太乙元君修道於此其太一泉水伏流其下東爲濟水其泉次南有一巖曰紫金堂昔軒轅黃帝駕憩於此沿堂側其道徑甚嶮至一石門側身可上乃止壇頂其門名曰東天門門東有換衣亭壇頂上有三清殿東西有廊廡壇畔有四角亭臨崖百尺凭闌四望南視嵩峯少室大河如帶西有王附山東北有王母三洞壇東北隅有一石長丈餘濶尺許突出崖頭下深百丈登壇人供侍香火朝拜王母三洞心有恐怖者不敢上石名曰定心石北望析城山東北望太行東觀日出如生滄海四面瞻視羣山皁如邱阜方顯洞天之獨尊高表神仙之聖跡壇東一峯甚秀名曰日精峯壇西峯名曰月華峯峯南一平嶺號曰躡雲嶠下有一澗名曰避秦溝西南下十八盤次南曰仙人橋東有伏龍嶺南一小峯名曰雞子峯次下仰天池次南路有歇息亭自壇頂至上方院八里又曰中巖臺乃司馬子微修行遊息之所前下

紫微溪至陽臺觀八里中有仙貓洞不老泉觀東有燕眞人洗耳井仍存在陽臺觀東北百餘步俗呼燕家泉其觀前分八岡名曰八仙岡昔司馬承禎天師河內溫城人也乃西晉司馬宣王之後今溫縣西二十里招賢城是也尚有晉三帝墳在焉唐睿宗皇帝女玉眞公主好道師司馬天師天師住天台山紫霄峯後睿宗宣詔住上方院其司馬初師嵩嶽潘師正師正師茅山王昇眞昇眞師華陽隱居陶仙翁其四世不失正道唐明皇即位於開元十二年勑修陽臺觀明皇御書寥陽殿牓內塑五老仙像陽臺有

鐘一口。上篆六十四卦。曰萬象鐘。有壇曰法象壇。有鐘樓名曰氣象樓。殿西北有道院。名曰白雲道院。司馬號白雲先生。有亭曰松亭。有先生廟堂。先生撰文一部。曰白雲記篆書別爲一體。號曰金薤。乃流行於世。先生未神化時。注太上昇元經及坐忘論。亦行於世。至開元十五年八月十五日。有雙鶴繞壇西北而去。彼時白雲自堂中出。聞簫韶之聲。此先生顯化之驗也。王屋縣宰崔日用聞奏。明皇異之。先生神化時年八十有九。謚贈銀青光祿大夫。謚白雲先生。堂西壁上畫先生遊行。乘駕黃犢車。白雲步步相隨。

觀西有山神廟。即王屋山神也。天寶年。其神用陰兵助郭子儀破安祿山。後明皇封爲總靈明神天王。仍敕修其廟。觀南有太山廟。南王屋縣去西八里有藏花洞。其水春綠夏赤。秋白冬紫。水味甘美。壇東南附山名青羅峯。下有青羅仙人觀碑存焉。壇北有五斗峯。通蘇龍藥櫃二山。王屋山中有洞。深不可入。洞中如王者之宮。故名曰王屋也。藥櫃山次東有趙老纑。昔趙眞人修道於此。及四眞人煉丹於此。有石室二十餘間。霍仙人修煉於此。名霍師堂。壇東南有山名齊嶺。下有山名垂簪峯。又側有清虛小有洞。洞內周遊萬里。昔唐建三清殿及清虛觀。其洞內有因兵火居民避亂。穢氣所觸。民出洞後有石落塞合洞門。眞誥云。其洞中日月。晝夜光明。輝映朗接太虛。與外日月無異。此乃爲日月伏根也。日曰神精。月曰陰精。明照在洞天之中。天亦高大。星宿雲氣。無草木萬類。洞宮之中。有金玉之殿。及多寶貝黃金瑠璃瓊璧。不可名狀。有五闕五山。加於五嶽。上生紫林方華。星髓金津。碧毫朱靈。夜粲細實。竝壺中洞天之所生也。人得食之。乃長生神仙矣。洞主王君掌校仙籍。善惡之錄。處事其中矣。太素三元上道君遣青眞左

夫人郭靈蓋右夫人楊玉華齎神策玉璽。見授王君爲太素清虛眞人。領清虛小有洞天。王分主四司。左保上公治王屋山洞天之中。給金童玉女各三百人。掌上清玉章太素寶元祕籍上品九仙靈文山海妙經。盡掌之焉。又總洞中明景三天寶錄。得乘龍跨虎。金輦瓊輪。八景飛輿出入上清。受事太素。寢宴太極也。小有洞天者。乃十大洞天三十六小洞天七十二福地之宗首也。仙都所宗。太上所保。故重其任。以委羣眞矣。元始天王曰。夫小有洞天者。是十大洞天之首。三十六小洞天之總首也。齊嶺東一山名曰

玉陽山山東次南有瀑水如練長百尺落半崖澗下有深潭名曰攙鐘湓其山名西玉陽山靈靈都宮東北有山名東玉陽山山有洞深百尺國家時投金龍於此洞旁有一憩鶴亭高數丈上有鶴跡存焉昔因周靈王太子王子晉與師浮邱公遊天壇回憩鶴於此天壇四面附山峯巒澗嶺泉谷勝跡總目於后頌曰

王屋天壇福地元清虛小有洞天仙無窮勝境於人物有感神通今古傳

東西女學洞記

長安富平縣北定陵後通關鄉入谷二十餘里有二洞一名東女學一名西女學其東女學崖壁懸絕洞門在崖面躋攀不及夜往往聞讀書之聲其西女學約山有路可到洞門近門一石室可容一二十人其洞門時有人秉燭可入行一二十里兩面有五門皆各有題記或云通蓬萊及諸仙境近年有石摧下遮閉洞門不通人入又山頂有一天井直下深二丈許有自然橫石旁出石下天井亦可二丈餘可通人過其底傍有崖龕梯磴而上曲屈甚廣龕內有道經數萬卷皆置於柏木板牀之上有一石人俯首凭案而坐形如生人天井之底有道門所投之簡委積朽爛不知其數其大順年中富平奉道人姓徐第七曾於洞內取養生經出外傳寫却送山洞中又向北行二十餘里有三泉山谷中有石山嵌可容二三百人當谷內有三石盆其盆各廣丈餘制度光滑殆非人功三盆湧出泉水常滿餘水流出山外故老云時有仙人浴此盆大都此山有人觸犯即立致雷雹傷損苗稼由是鄉里多隱蔽蹤跡難於尋訪山上有仙人靈聖蹤跡極多東女學山前有神鵰一窠常護洞門人或侵犯者神鵰擊之立致隕斃古有道流

刻五石人置於山上民有鋤禾者爲鵰所驚走避於石人之下置笠於石人頭上鵰即擊之石人頭隕於今見在其山下通關鄉多姓公孫賈家山上石保村多姓呂氏麻氏

迎定光菩薩祈雨文

元旱自天豈容私禱急難告佛實出微誠恭惟定光菩薩智海難量便門廣闢不辜衆生之願肯辭千里之遙靉靆慈雲既無心而出岫滂沱法雨端有意於爲霖

隸書解

世人多以隸書始於秦時程邈者非也隸書之興興於周

代何以知之按左傳史趙筭絳縣人年曰亥有二首六身是其物也士文伯曰然則二萬六千六百有六旬也蓋以亥字之形似布筭之狀按古文亥作亢全無其狀雖春秋之時文字體別而言亥字有二首六身則是今之亥字下其首之二畫豎置身傍亥作豕此則二萬六千六百之數據此亥文則春秋之時有隸書矣又酈善長水經注云臨淄人有發古冢者得銅棺棺外隱起爲文言齊太公六代孫胡公之棺也惟三字古文餘同今書此胡公又在春秋之前卽隸書興於周代明矣當時未全行猶與古文相參

自秦程邈已來乃廢古文全行隸體故程邈等擅其名非創造也

戸部張相公修遷拔明眞齋詞

臣聞太上開圖元皇演敎三籙定金明之典功被人天九幽懸玉匱之科惠周存沒竊尋經旨遵按元文仰祈遷拔之恩輒備懺陳之懇今月二十五日是臣先妣唐楚國夫人蜀追封宋國太夫人劉氏忌辰今月三十日是臣先考唐丞相太子太師致仕蜀追贈太尉忌辰謹賫油燭香花供養之具於成都府玉局化北帝院奉修靈寶明眞道場一晝一夜道士一十四人三時行道三時轉經對乾象以披心馳香龍而上奏伏惟高尊憫鑒衆聖垂光普告四司關明三界降九龍符命開長夜寒庭鍊沐形魂遷拔神爽出元陰之府入洞陽之宮罪咎蠲消冤讐解釋落名地簡列籍道階輪轉福鄉克登仙品九元幽識咸遂超昇誓勤修奉之心上答眞靈之澤

張氏國太夫人就宅修黃籙齋詞

伏以妙道元功濟時佐國眞經祕旨拯物救人肇宏規於億劫之前宏大化於萬天之内宗之者儲祥納祐修之者

駕景登晨披究古今昭彰典誥張氏克承禎貺運偶聖明被沐天光輝華帝澤循懷顧分常抱兢憂省已修躬每爲炯戒實恐往世之積瑕未懺此生之累釁將深幽陰有注誦之書冥漠有考延之籍又張氏今年天符臨於木墓之位暗曜住於飛化之年火星照於身宮仍當剋之性分大運逢王金之上火力稍微小運值生金之鄉木氣已薄緬思厄會倍用憂虞竊惟大道無方施恩普洽式申虔祝必介休祥是用蠲潔丹心修崇黃籙像瑤壇而肅列按瓊韞以敷陳質信諸天燭蘭缸於午夜告明三界飄檀蕙於九

時露懇馳誠希恩悔過伏惟高尊太上萬聖千眞憫鑒叩祈昭宣渥澤勅天司地府命陰職陽寮黑簿落名青宮著籙和平債訟消解冤讐北都除執對之篇年齡增遠南極定延長之紀祿祚允宜五行祛災滯之文九曜息照臨之咎常懽舜日永廕堯天眷屬樂康子孫忠孝九元七祖往逝先亡或拘滯昏衢未超福路願承道力便遂往生利佑見存允蒙貞吉其有三塗六趣夜府寒鄉亦因懺滌之緣盡獲逍遙之果陰陽將吏宅宇龍神長悅豫以安寧俾凶衰而殄息上願皇圖遐廣聖壽延洪卜年克大於姬周享祚更隆於炎漢寰瀛一統書軌混同共傾捧日之心咸沐自天之祐

奉化宗祐侍中黃籙齋詞

伏聞道本無爲降元精而生二象象而後數羅五緯而備羣形維地麗天無違於律歷陽舒陰慘咸繫於裁成由是善惡循環吉凶倚伏乾剛坤載不能排九六之期蟾魄烏輪不能革盈虧之勢況乎二儀稟質三命定生未超變化之機固有推遷之理是宜兢懷省己審過知非常加策勵之心冀動眞靈之鑒臣夙承元廕早沐洪休運偶睿明身

叨寵任推忠陳力未申匡濟之勞翊聖扶天累荷超逾之渥將壇相印委遇益隆蒼佩行師徽榮彌厚戒滿盈而徒切報君父以何階尚恐動靜行藏有乖於素分屬心舉念有忤於神明或在公有失於賞刑統衆有愆於裁斷或往世之九違未解或積生之冤債未袪有一於斯皆宜懺滌又今年二運俱逢於墓位飛天仍直於火星雖居華蓋祿德之方恐有刑剋照臨之數以茲兢懼倍切懇誠徐氏年運之中亦有災滯大小二運金火氣微飛宮遇於計都天符臨於生月恐爲災滯志在懺祈是敢恭備信儀虔申齋潔按元都品格修黃籙道場嚴香花於二日六時名眞聖於諸天諸地凝神注念瀝懇披心伏惟萬聖迴光衆眞流鑒憫其丹款錫以休祥赦已往之罪瑕息將來之厄滯明星暗曜無臨照之凶三命五行除衝妨之會冤仇和釋債訟消平嗣允繁昌壽祿延益九元蒙福幽夜開光眷屬康寧龍神安豫上願聖躬萬壽大業永昌布聲教於九圍咸懽舜澤混車書於八極共樂堯仁百穀豐盈六氣均暢普傾忠孝上酬英睿之慈克勵精誠仰副眞靈之祐

上官子榮黃籙齋詞

伏以大道元功。至真妙感。隨方流貺。應念垂慈。佐國濟人。恩周於動植。祛災降福。惠及於幽明。凡所啟祈。必蒙昭鑒。某氏以今年大小行運之內。恐三命衰微。陰陽宿曜之中。恐五星臨照。致成災厄。無所告祈。竊聞黃籙妙齋。功德廣大。無災不解。無厄不攘。輒罄丹誠。冀蒙元祐。謹依科法。開置壇場三日。香燈九時。懺謝至真。冥應有感必通。伏願三境諸天。高真眾聖。降無涯之澤。垂廣覆之恩。為某氏解除積世罪瑕。多生冤債。隨懺消平。應時除蕩。眷屬安貞。公私和泰。誓傾忠孝。永奉聖朝。

飛龍唐裔僕射受正一籙詞

伏聞冥寂之初。混元之首。道生一氣。分彼兩儀。陰陽有昇降之殊。清濁有仙凡之異。是則紫清金闕。高居太妙之庭。黃軸風關。下鎮窮泉之域。隨機染惑。因生進退之疑。委跡沈浮。遂有飄零之痛。既非先覺。必在指迷。元元大帝。當東漢之季年。啟南宮之寶笈。首傳真籙。大拯群生。修之則駕景沖虛。行之則濟人佐國。或蕩平氛沴。或懲革凶妖。正日月之天綱。風雲叶候。靜災邪於地紀。生植無愆。歷代所尊垂休靡極。臣夙承道廕。獲奉皇慈。功輕而渥澤愈隆。力薄而君親未報。常思禀窺祕籙。宗受靈文。勤旦夕之香燈。勵精虔而禱祝。所冀家國同納禎祥。今則嚴備信儀。恭開壇墠。通宵懺滌。稽首歸依。蘭燈夜燭於九冥。檀炷晨飛於三境。恭馳懇款。冀達尊靈。伏惟太上三尊。元元大帝。十方眾聖。三洞威神。鑒丹懇之誠。賜通感之應。靈官真氣。咸賜授傳。使內保身安。外祛災沴。名臻道籍。罪滅陰曹。九元離積夜之香。永棲長樂。舉族享無涯之善。常奉休明。算壽遐延。公私清泰。上願龍圖悠久。鳳歷延洪。增聖壽於無疆。乾坤共永。布皇恩於有截。海岳咸安。同為至道之風。共暢無為之化。

皇太子青城山修齋詞

臣聞靈寶陳規。齋戒感希夷之兆。真文設教。行藏通修鍊之功。莫不啟之於心。宏之於道。上可以虔祈穹昊。昭達元微。次可以宣布精誠。祇延福祐。永言奉信。敢薦虔恭。伏以皇帝劃地開基。法天垂覆。定禍亂而爰承土德。闡真明而克應金行。翼翼小心。宏朽索薄冰之懼。朝乾夕惕。有櫛風沐雨之勞。備歷歲時。益勤祇敬。是致年豐歲稔。國富兵強定蜀漢之疆圻。扼黔巫之襟帶。允文允武。咸序彝倫。至公至平式崇治本四方慕義萬里歸仁梯航無隔於高深書軌盡同於風教蓋九霄之靈蔭信大道之冥扶用啟帝圖聿昌宸算永言戴仰彌切兢持近者以星象畱行稍掩時景分野觀矚實資禱祈是用潔志清心忘機滌慮名十洲之法侶約三洞之元科敬設清齋仍啟大醮伏願上眞降鑒眾聖宣慈迴機軸於元關啟輝光於丹道凡言災沴並獲消除但有吉祥皆承應感增聖壽於千秋之外播皇猷於萬宇之中壽山罙峻於五山福海更深於八海與乾坤而齊固共日月而合明叶華戎推奉之情遂臣子依憑之

懇盡繄至叙俯契微衷冒瀆眞仙無任兢惶戒懼激切屛營之至謹遣得一大師賜紫張茂卿等一十四人虔修法事願鑒丹誠

普康諸公主爲皇帝修金籙齋詞

伏聞道運虛無泮元黃爲九元之始象疑恍惚標化育爲獨化之源於是覆載以乾坤照臨以日月三才共道剛柔之用迭興品彙攸生善惡之端遂列然後降之以君父佐之以股肱法高皇不宰之慈體大帝無言之貺宏安疆域大庇黎甿伏惟皇帝陛下出震臨人承乾御歷稟樞機之精耀含嶽瀆之靈源明契三辰運符四序當天人之允屬表讖瑞之咸臻因念陵夷遂康烝庶鎮寧郡國割裂江山辛勤侔大禹之功化洽媲成周之德豈忘宵旰莫憚焦勞是用和平永期清泰某等今以時當端月節遇正陽屬二氣之將交處午位之炎景思宏百福用薦千齡啟金籙之靈壇造玉京之勝地伏願皇帝明齊月桂壽比天榆握金鏡以御寰瀛致衢樽而歎億兆垂旒問道覿元凱之忠貞負扆調元獲夔龍而翊贊四三皇而共固一六合以無虞仰奉虛皇俯垂元造莫納虔祈之志共申懇禱之誠

皇太子爲皇帝修金籙齋詞

伏以浩邈無涯育乾坤者至道彌綸莫極運造化者元功凝一氣以生三才周六虛而吹萬有所以春皇秋帝雲紀火官承妙用以御寰瀛體無爲而統天地曷嘗不含和韞粹端拱穆清執大象以臨人乘飛龍而布化雖流金爍石湯德彌光懷山襄陵堯風益扇皇帝應圖負扆握鏡開基慕元元慈儉之宗仰黃帝華胥之躅日愼一日雖休勿休故得聲教旁敷京坻積稔俗臻暇豫民樂雍熙交歡自洽於鄰封賧贐爭來於絕域倍增寅畏祇荷穹旻昨以垂象

飛芒。天文炯戒。躔次雖殊於分野。禱祈勵切於焚修。恭啟皇壇。敢希鴻福。仰玉清之元化。稽首知歸。開金籙之道場。齋心發願。所貴者達誠碧落。薦壽皇躬。與日與月之同明。共天共地之咸久。青詞奏御。俾金慧以韜光。丹表通眞。致珠囊之叶度。災躔永息。禎瑞常臻。鳳歷克調。狼烟不警。政隆三五。祚越億千。位忝儲宮。實欽仙境。輒傾素懇。仰望元慈。

欽定全唐文卷九百三十五

杜光庭七

中元衆修金籙齋詞

伏聞至道希夷。眞精元寂。宏化於混元之表。凝光於太極之先。散淳一之根。潛分步驟。鼓生三之氣。以制寰瀛。所以乘龍襲氣之君。畫卦垂衣之后。順敷道要。創厥皇基。恢妙用而福寰中。布神功而利天下。昭彰帝紀。炳蔚人文。允屬睿朝。誕膺天睠。皇帝儀乾受命。應運開圖。繼軒皇帝頊之靈源。茂亶父文王之至德。纂承土運。光啟金衡。端旒扆以穆清。慕唐虞而眞正。思洽大同之理。以康九土之民。稼穡連豐。華戎咸泰。皇儲輝重明之美。遐方贊有道之風。中外恬夷。生靈輯睦。況屬三元令序。大宥昌辰。宜虔齋潔之誠。共祝君親之壽。拂瑤壇而展禮。按金籙以陳儀。龍綵質心。香花備信。焰九光之蓮炬。下照冥津。飄三素之檀煙。上聞眞域。必冀三天降祐。萬聖延慈。宗社隆昌。寶圖安鎮。齊乾坤於聖壽。等日月於睿明。文德武功。綏寧八極。天枝寶允。輝映萬齡。儲皇享椿桂之年。常扶大業。妃后潔蘋蘩之德。共翼宸居。朱邸清朝。彌臻景貺。外藩內輔。益履殊榮。常樂雍熙。皆登富壽。其有宿殃積釁。往債前冤。年辰命運之災。算紀飛旗之厄。秉茲懺謝。竝乞消平。即冀宗廟尊靈。生神三境。臣等九元七祖。受福諸天。貽祚流祥。傳休無極。上願天文昭著。象緯澄清。回直符太一之旗。息玉彗金芒之耀。蕩憂患於井參之野。延福祥於梁益之墟。九穀無虞。五兵斯戢。螟蝗水旱。無肆沴於農功。疫癘凶荒。靡非災於閭里。幽關舒泰。品類滋榮。海岳歸仁。寰區稟化。至有立功將士。往逝都頭。勳著勤王。忠推致命。每因齋薦。皆爲懺祈。必離冥漠之鄉。更遂逍遙之樂。或幽陰尚滯。渙澤未霑。或嗣續

已無。蒸羞多闕。九宮符命。即爲遷神。三籙洪恩。俱令濟苦。勿爲疵癘。速詣福庭。動植飛沈。盡登眞道。

皇帝修符瑞報恩齋詞

蓋聞歷代帝王。受天符命。咸宗至道。以御鴻圖。莫不用慈寶以臨人。仗元功而濟物。克致雍熙之運。仍頒祥瑞之文。顧以薄躬。猥臨大寶。寰區尚擾。思偃武而未臻。法令須行。念措刑而莫得。內惟兢業。莫敢遑寧。今年七月。漢州什邡縣百姓郭迴芝。於仙居觀採藥耕地。掘得銅牌。長七寸。廣四寸。上有六十字。老子通天紀云。丁卯年甲戌乙亥人王生。亨二百年天子。王從建王元膺王萬感王嶽王則王道義五字篆文。後云北邙化張宏道天寶留此明聖代欽承元貺。虔佩靈符。識大道之垂休。知卜年之惟永。爰傾丹懇。用答殊休。按九等之科儀。修靈寶之法事。所願丹心徑達。聖鑒俯臨。社稷永昌。休徵必應。四時合序。萬物以嘉。俾令率土之賓。盡保無疆之福。稽首謹詞。

黃齊助黃籙齋升然燈詞

伏聞三元大宥。乃諸天降福之辰。九夜長幽。是厚地重陰之境。將消積暗。爰假神燈。上納三光。下照羣爽。經科所重。

濟護攸先。今屬序屆中元。壇開黃籙。三時朝懺。萬罪蠲消。輒備香油。同申供養。伏冀鸞輝鳳焰。凝光地府之中。星布蓮敷。散景泉扃之內。盡超苦趣。永出冥津。九祖生天。六親介福。災袪未兆。善洽無疆。奉上安家。竝希元吉。

黃齊爲二亡男助黃籙齋詞

臣聞包容萬象。至道爲亭育之尊。宏濟羣生。天尊演虛無之道。莫不恩覃纖芥。澤普存亡。明眞開玉匣之書。長夜釋重陰之苦。丹誠上感。元貺必臻。臣過咎夙彰。神明垂譴。纔逾一月。繼喪二男。憔悴中年。寂寥孤影。痛蒸嘗之將絕。念

冥漠以何依懼彼營魂尚爲拘滯伏思遷拔惟仗焚修捨其服用之資助此香燈之會涼飈韻磬應聞泉曲之中秋月凝壇想照夜臺之下願乘齋福俱出幽關鍊魄朱宮生神絳府各遂逍遙之路盡登清淨之鄉永奉正眞長居道域人間天上終際會於善緣萬劫千生更團圓於眷屬昭昭願力眞聖鑒知不任涕咽虔祈之至

趙郜助上元黃籙齋詞三首

至道流慈元皇垂貺三宮四赦爰孚作解之恩品物昭蘇共樂如春之澤皇壇巨祐幽顯無遺臣以庸愚叨逢聖運

早承寵祿常戒滿盈猶恐年歷之間星辰之內因躔厄會九切兢憂輒因黃籙道場虔申悔謝仰希上聖俯鑒沖襟密賜福祥潛祛災咎壽年增益家眷康宜存沒幽明同臻景祐

中元

律移朱夏節應素秋鼓夷則於西郊斂火雲於南極裁非戒惡尤屬茲辰猥以塵凡叨親道化身參丹籙名隷元壇而過尤易結世網難祛動靜行藏未混融於大道年辰宿曜猶躔集於眾災輒因黃籙寶壇助營香供冀蒙聖力俯鑒愚衷聞罪書而解赦愆尤豁塵累而蕩鎘厄難九元受賜舉族霑榮永承祐護之恩誓竭歸依之願

下元

臣以宿因獲承積祐早參職務旋忝官榮而所主重難常深憂懼尚慮行年災滯星躔加臨遂履困蒙莫知祈告今屬元冥居節水帝司辰星杓方指於孟冬朔氣正雄於北陸年光遷貿修奉彌專敢因九奏之壇虔瞻上聖盡瀝萬重之懇願降殊慈賜臣罪咎消平災凶殄息前冤宿債乘功德以和寧往世今生荷懺祈而濟拔九元享福舉族霑

榮克承憫祐之功永勵歸依之懇

馮涓大夫助上元齋詞三首

伏以大道垂文澤周存歿天尊演化恩及幽冥廣敷九等之科以拯重冥之苦敢持哀懇仰叩元關今月二十六日亡妣隴西郡君贈隴西郡太夫人李氏忌辰詣玉局靈壇因上元勝會同修香供用禱福祥伏願亡妣鍊景朱陵棲神元圃悟恬澹希夷之道契長生永劫之眞元會無爲克臻妙果

中元

伏聞黃籙明科紫陽具典元元勝力丹簡宣恩拯拔幽沉照臨冥夜古今宗稟生死銜恩有感必通所祈克應今月二十六日是臣亡妣贈隴西郡太夫人忌辰輒因玉局壇場中元齋薦同申修奉冀達眞靈伏願亡妣乘此福緣高昇道境遊神碧落蛻影丹臺永登快樂之鄉克證希夷之道

下元

伏以黑帝御時元冥肇序下元勝會大宥昌辰所宜虔祝上眞勵精下土用祈禎貺以福存亡今以玉局靈墟瑤壇

展禮輒持法信用助齋誠敢希眾聖鑒臨萬眞昭祐九元開度超離冥漠之鄉五族協和長荷安貞之福災凶殄息罪咎消平永誓丹襟仰承洪澤

周庠員外助上元齋詞二首

伏聞齋敷九等節啟三元是萬方禱福之辰是眾聖宣恩之日今屬元元眞化玉局靈壇陳黃籙之儀按元都之品九時奏御三日焚修精助香燈同申懺滌伏冀高尊錫祐大道流慈採納精誠降頒洪福九祖遂超昇之願六親霑覆護之仁消厄滯於將來解冤讎於既往罪咎原釋疾苦痊平壽祿增延凶災除蕩克叶發生之德敢忘大道之恩

下元

伏以元帝司辰水官統序乃請福延恩之節是凝心滌慮之期況玉局仙蹤瑤壇盛禮九時焚祝必介於休禎三日齋莊敢同於懺謝所冀災躔殄息冤債消平罪咎咸蠲存亡共泰永虔修奉以答元慈

盧蔚大夫助上元齋詞四首

伏以大道周行三元立訓陟明考校毫末無遺臣早慕元虛夙宗清淨每展恪勤之懇以祈昭祐之慈今以玉局靈

壇上元福會輒齎香燭同助焚修所祈消解災凶滌除罪咎蠲平疾厄延益年齡善功克被於存亡禎貺旁周於眷屬永勤丹慊仰副元慈

上元

伏以考校良辰先春令序當上元陟明之節乃羣生舒泰之期式罄齋誠以申虔祝今屬錦都靈化玉局瑤壇啟黃籙之眞儀展元科之盛禮輒持香信同助良因伏惟眾聖垂慈萬眞昭鑒憫其修奉錫以禎祥惠普存亡遐袪罪咎解災纏於未兆增祿壽於惟新永勵丹心上副元貺

中元

伏以四始周行，三元定籙，陟明顯晦，考校無遺。臣素奉道科，早師元穀，每逢良會，必勵修崇。今以玉局朝元，霜壇蕆事，輒賫香燭，潔助齋功，所祈大宥之恩，允降自天之澤，疾恙痊愈，祿算增延，仰薦先靈，旁沾眷屬，永承丕祐，欽贊元勲，不任歸命丹切之至。

下元

伏以水德配時，元冬叶候，當二氣謹藏之節，是諸天校會之期，所宜勵志重元，凝心至道，滌瑕悔過，請福希恩。況玉

局皇壇，錦城福會，敢營香幣，同助齋修，三日肅虔，九時朝懺，冀蒙昭祐，廣錫休祥，賜臣元祖，超昇陰冥，開泰存亡，濟度災咎，消平釋冤債於夜庭，落罪尤於地簡，疾厄痊復，算紀遐長，誓傾嚴奉之誠，常副眞靈之祐。

上元玉局化衆修黃籙齋詞

伏聞道出虛無之表，識在生成，德超仁義之先，功包慈育，化綿億劫，教普羣方。由是三皇以道御乾坤，五帝以德承天地，人臻福壽，俗致雍熙。雖金木運遷，步驟時革，理家康國，惟道爲先。行之則四海晏清，代還淳樸；違之則中原板蕩，物變澆漓。我國家師太古之風，紹元元之訓，懷道抱德，祖舜述堯，故能縱神武以滌埃氛，中興鳳歷，光聖文而安社稷，克固鴻圖。臣等夙荷道慈，獲逢昭運，微功未著，寵澤已深，思虔齋潔之誠，仰報君親之德。今屬天官統序，木帝司方，當上元持戒之期，是下土精修之節，共賫法信，同詣靈壇，修玉籩金豆之儀，陳十極四華之禮，蓮釭散焰，續陽景以燭幽關，蘭炷飄煙，御星纏而達卑懇。必冀衆眞迂駕，萬聖迴軒，俯鑒羣心，洪施巨福，上扶宸極，安帝業以天長，仰奉廟謨，鎮坤維而地久，邊烽不警，氣序式和，穀稼滋豐，

生靈舒泰，寰瀛輯睦，車軌混同，妖沴不興，禎祥薦委。臣等存亡介福，七祖生天，族屬霑榮，三災弭息。或前生今世，罪網未袪；或往債宿冤，過尤未解；或刑章有失，或宰割不明；或故殺誤傷，因成果報；或運心履行，有犯神明；或土木奢華，服用繁侈，三官紀過，五帝司非，憑此懺祈，皆希洗蕩。賜臣等壽齡延永，祿祚遐長，災厄蠲消，冤讎和釋。其有同心事主，戮力勤王，風露先驚，古今俄隔，緬惟夜府，願享福緣，爰伸濟拔之因，俱遂超昇之路。其次蒸嘗曠絕，冥漠無依，亦俾往生，勿爲淪滯。龍神正秩，五廟靈司，乘黃籙之殊恩

沐元都之景貺肅清風景安鎮方隅疫毒無侵干戈不作蜎翹異品動植殊形六趣四生三途五苦九龍符命三寶威光普沐神功竝登眞道

白可球明眞齋讚老君詞

伏聞道本至無化分妙有功包覆燾恩普幽明家國稟之以安寧存亡得之以開濟神威靈澤妙用無窮臣以玉局洞天神仙奧府將申瞻敬式表宸儀遂爲元祖幽扃塑造眞像睟容端穆侍衛駢羅疑珠宮下降之初若玉座浮空之際巨功既就妙相益嚴日角月庭煥矣羣生之主綠着

皓髮巍乎萬聖之尊永福一方以鎮靈化是用虔修表讚載展誠祈披玉匱之科備明眞之典轉經行道然燈炷香瀝懇上元冥心下土伏冀傾光三境迴駕九清憫鑒塵微降流禎貺潛扶寶祚密祐聖朝契自然清淨之風臻太古無爲之理次願坤維肅穆川境晏安符瑞有聞災凶不作臣九元幽爽七祖魂神出長夜之庭昇洞陽之館毀絕地籙超翥天衢洎乎有識含生三塗六趣俱霑景福各遂生成臣積罪銷平宿瑕除蕩災躔霧廓道化風行得罔象之元珠入希夷之祕籙誓精修奉以答元恩

溫江縣招賢觀衆齋詞

伏聞妙道融眞高出混元之表天尊立教光敷浩劫之先歷代化人隨機濟物大惟邦國普及幽明俱賴神功咸承景貺臣等叨逢聖運夙稟眞詮欽元元道德之宗覩烈祖神仙之躅尚拘世網未脫樊籠分地用天恭守元儒之訓節財約己敢忘覆載之私今屬至聖垂衣元勳撫俗五兵罷警百穀薦登野洽謳歌人歸富壽當九井降生之月是三台誕瑞之期將報洪恩莫先黃籙是敢博求衆力同備信儀嚴飾仙蹤遵依祕格披心十極歸命諸天然燈炷香

馳誠達懇伏冀三尊駐景下察丹襟萬聖迴軒旁流元澤上扶社稷配天地以安禎仰贊聖躬同日月而輝煥台星福曜常鎮坤維將署廟謀永宣井邑一方昭泰四境乂安疫毒無侵戈鋋不作臣等九元七祖超度泉扃五族六親允蒙禎祐消平罪咎和釋災凶農蠶克保於豐穰幽苦咸期於扶濟龍神鎮守風雨均調道化周行靈威廣被茫茫九土擾擾四生承黃壇普懺之緣因太上九龍之命俱昇道果普陟仙階飄浮絕祭之魂霜露霑零之魄勿爲疵癘各遂往生道力所覃永叶元吉

犀浦劉殷費順黃籙齋詞

伏以清淨之宗託重元而設教生成之本資妙用以宣功家國稟之而允昌古今運之而不竭粤惟道化首出帝先今屬睿聖御天元台分闉敷宏道德字育蒸黎法伊堯嬀舜之仁導后稷皋陶之德萬方有泰四境無虞共感殊恩何階上荅是用率勉寮屬考按經科嚴飭壇場備申齋潔精香燈而達懇奉信幣以表誠注念九清馳心三境伏冀元光下燭至聖冥通俯鑒羣情滂流巨澤上扶帝業光讚聖猷比三辰以竝明媲兩儀而等固鯤池鳳穴之野聲教

遐傳桑津濛谷之鄉車書混一保寧藩部匡祐元戎天祿永增壽涯彌廣臣九冥元祖超苦趣於幽關五族周親享善緣於道域封隅之內三農有積於倉箱政化之中羣瑞日編於簡冊干戈靜息疵癘無侵其有滯骨飄魂久悲風露傷墳敗廟常苦凋荒乘此勝因咸臻妙樂龍神安鎮士庶昭甦蠢動有生同昇福界

飛龍使君裔爲皇太子降誕修齋詞

臣聞惟道爲大運元功而生育乾坤惟帝爲尊握洪樞而主張造化廣司萬國遐統羣生承景命於三清定洪基於九土由是瑤圖積瑞銀漢騰華載誕元良恢宏大業今屬祥虹泛綵寶電飛光當重離啟耀之期是率土虔誠之節敢披雲笈恭詣仙壇備靈寶之道場儼長生之勝會鯨鐘鳳磬飄逸響於九天鶴焰龍煙達精誠於三境伏冀皇圖隆永均雨露以無窮聖壽高崇與渤溟而比大六宮內職協讚宸居萬彙羣方昭宣睿德皇太子龍文鳳質嶽固松貞超漢盈周賢扶一統大同均化旁及黔黎共宗有道之期竝洽無爲之運臣某不任禱祝虔祈歸命之至

興州王承休特進爲母修黃籙齋詞

臣聞上聖垂科天眞設教神功救物無遺動植之中惠力宣恩普及昇沈之內粤自上古逮於茲辰荷澤蒙慈莫知紀極由是酆山北部潛祛邪沴之塵斗極南昌廣布生成之煦必資虔潔方獲感通臣猥以凡微叨榮道蔭遭逢睿獎踐歷官常入侍天階高陟九霄之上出持符竹寵臨千里之中或齊肅師徒須行刑憲輯寧封部須舉威章慮乖折衷之宜自掇過尤之目以茲兢灼常貫肺懷今則臣母竇氏本命甲子某月日生災運所躔遂嬰疾苦雖勤服餌未獲痊平恐是往債宿冤尚爲注訟前生今世旋結罪名

或星曜所臨或年辰所歷凶災淩撓命祿衰微曉夕憂惶罔知救護況臣主持王事迫遽道途不得躬奉庭闈親調藥膳心馳萬壑目斷千山惟憑大道之慈冀集感通之効是用歸依靈觀稽首華壇修黃籙道場告元眞上聖願迴聖鑒俯介福祥賜臣母氏易短促之齡益遐長之祚蠲消厄會蕩滌災衰使六氣均調百關康愈咎瑕除解冤債和平克贍日月之華別降生成之福三途幽夜六趣殊倫同享勝因共臻善貺九元開度五族安寧臣常奉二親得勵旨甘之願榮朝聖主永勤忠赤之誠惟誓丹襟上副元祐

不任瀝懇望恩虔祈之至謹詞

胡常侍修黃籙齋詞

臣聞妙本希微至眞虛寂運神功而化育陶品物以生成應感無私周流靡及所以九元三古咸宣燾載之慈天上人間共沐涵濡之澤金科玉律雲篆瑤章先萬法以垂文具九流而拯世大哉至教無得而稱臣夙荷道恩欣逢景運優游元造沐浴皇風逸豫順於天和俯仰榮於大化早參祕籙常勵明誠燧燭焚香每肅虔於曉夕瓊儀寶韞敢有怠於敬恭族屬周親常臻蔭護是用精修黃籙上奉元休案十華三境之儀備羽磬霜鐘之禮歸心萬聖稽首諸天伏惟俯鑒丹襟曲垂元造憫茲誠款錫以休祥賜臣九祖七元生天證道六親五族受福霑榮存亡均康濟之仁動靜獲安貞之賜災凶殄息冤債和平罪咎蠲銷祿算延益普天含識率土懷生俱承道德之緣永樂雍熙之化不任歸命虔祈之至謹詞

李元徽爲亡女修齋詞

臣粤自塵微早依眞教叨深元渥夙荷靈休迫以俗機縈纏世網久拘職宦罔遂初心思羽褐以未期欲奮飛而徒

切依棲修敬敢怠私誠而過咎所鍾女子殞逝光陰遄往傷痛難勝但女子初笄之年歸於儀氏夫歿之後誓志道門已造製法衣繕寫經籙永期頂冠佩服虔奉修持値臣以王事征行未果前願俄嬰疾恙奄此淪亡抱幽懇而莫申念冥關而增恨伏惟三尊慈憫衆聖哀憐曲迴鑒祐之恩特降遷昇之澤俾其魂魄得契歸依積生之冤債銷平在世之罪瑕蠲釋拔度幽泉之苦獲居善爽之中道力元功常加祐護其亡女所修寫法籙道衣等謹於道場前焚燒上奏伏惟至聖鑒照愚衷勅其魂神開度領受臣不任

瀝懇虔祈哀痛迫切之至謹詞

天冊巡官何文濟爲東院生日齋詞

臣聞天地分靈君臣定位必資輔贊用致昇平猶風虎以相須若雲龍而感契由是吹塵入夢諭鼎養賢審像求形商王思阿衡之美闢門籲俊虞庭齊軒后之風莫不輝灼帝圖光昭史筆以康億兆以福寰區今屬歲紀壬辰日乘庚午朔居天候月合水衡凝南斗之禎休集東陵之瑞彩景風入律星火開祥誕昴降嵩允當令序叨備青襟之列輒祈元聖之恩虔詣華壇願崇鴻福蘭釭夜燭檀穗朝飛

仰陳三奏之儀必達九天之鑒伏冀青函紫筆延生題東極之書絳簡朱編得道署南昌之籍壽同山峻祿竝海深樂鏡增澄萊衣顯德雁序繼三台之美鯉庭超七葉之雄陶冶九圍匡扶元聖政歸一統俗洽大同普覃東夏之方永鎮雍熙之化臣某受恩隆異省巳虛孱惟叩靈真曾明感激不任瀝懇虔心歸命之至謹詞

宣勝軍使王讜爲亡男昭允明眞齋詞

伏聞大化無方神功廣被洞幽明而赴感普生死以垂恩拯度無遺古今蒙澤臣頃者專征北陸統領師徒橫黑矟以臨戎誓傾臣節奮琱戈而效命志洗國讎山川有登涉之遥糧饋有輓輸之重惟期辦集正切憂兢又一軍之人苦於瘥疫死傷枕藉相望道途兼小男昭允疾恙所嬰性命懸迫發丹誠而啟願冀元聖之鑒臨尋遂迴戈免貽曠闕再朝丹陛祗奉皇慈恭荷道恩敢申昭謝是用按洞元品格披靈寶典儀考九幽長夜之科遵玉匱明眞之式精修齋眞上答靈慈伏冀三界昭臨諸天憫護賜九元七祖超苦趣於幽關眷屬親緣享福祥於昭代臣積生釁咎往世冤讎及主務以來公私負犯或賞刑不當或裁斷失宜

俗有怨嗟過傷陰騭致使動貽障塞莫值亨通晝夜循懷常增憂惕因今齋謝竝乞懺除亡男昭允未及壯年飄魂異境憫其淪謝悲痛九深或有邪沴侵傷或是幽靈拘制虔祈道力俾遂生神度南丹流火之庭昇上境洞陽之府參元證品悟道登眞罪咎蠲除冤債和釋臣等災躔超解厄運清消祿秩壽涯更期延益惟勤誠節永酬聖主之恩克勵焚修仰副眞靈之祐

欽定全唐文卷九百三十六

杜光庭八

王承鄴爲亡考修明眞齋詞

伏聞至道開圖三尊垂教惠覃幽顯澤浹死生遊觀八門播宏慈而濟苦憫傷幽夜迴法炬以流光南宮鬬鍊化之庭丹簡啟超昇之籍上智童子願開罪福之由飛天神人請示懺陳之品敷明眞奥典拔度幽關披玉匱靈科解銷考對元清昏翳灑潤焦勞拯拔窮魂咸爲善爽終天載劫俱沐元慈臣先考運偶道風常參寶籙身逢聖日累踐官

榮處世網之中寧無過悞履塵寰之內必有愆違况職主庖羞須行宰殺旋司戎伍每舉刑章出領郡符入居近密或抑强扶弱或三令五申既爽重輕即爲釁咎又自鄉關隔越兵火亂離故里墳塋或有侵毁塚訟延注逮及子孫兼割貨所居移易門巷土木修造有觸明神以此憂惶皆祈懺謝是敢遵靈寶科格修明眞道場精潔香燈豐嚴信幣披心露懇悔過希恩伏惟太上三尊十方衆聖神光下燭惠渥旁流赦先考累世以來深殃積罪削名地簡濯質天衢故傷誤殺之愆往債前冤之目役嗣考延之咎先人怨責之瑕竝賜原除內外清淨即乞鍊神丹霍列籍青華不經於岱嶽酆山克證於福堂天路上願九元開度七祖超昇墳墓安寧幽冥潛靜三途六趣共洽勝功內族外親俱臻景祐刳心投血拜手祈天不任號殞激切涕咽之至謹詞

皇太子宴諸將祈晴感應靈寶齋詞

蓋聞至道應機有同響答明神赴感無異影隨緬惟幽贊之私每荷垂休之力六月二十二日皇太子大會諸將用卜吉辰方當暑雨之時遂有晴明之禱果蒙靈貺協此誠

祈不移頃刻之間驟止滂沱之勢羣山曉碧天高而屏翳收雲六合風清日朗而羲和弄轡讌筵克備中外同歡今則旋整車徒爰申弔伐千軍雷動山川絶泥潦之虞萬馬星馳戈甲曜晶瑩之色佇平凶梗大拯黎元思答眞官式陳齋薦蓮燈夜簇蘭穗朝飛儀禮精嚴香花紛郁必達清都之聖更崇紫府之勳仰叩元功以昌鴻業不任虔祝之至謹詞

皇帝爲老君修黃籙齋詞

蓋聞混漠之先希夷之表厥惟至聖光宅九清敷澹然沖

寂之宗行不宰無爲之教上自三古旁逮萬區欽若眞風贊乎成化粤自經綸之始洎膺推戴以來常矢明誠每申瞻奉而光靈累洽禎貺繼臻仙居賜受命之符顯隆基業宣室發祝祈之念必至感通由是風雨常均氛邪不起四封無警百穀常登祗荷恩休實思昭謝爰因令序特啟齋壇三日精嚴六時蠲潔冀憑關奏上答元功今則方命師徒將平凶醜猶資道力俾殄梟巢借豐隆列缺之威掃鑿齒貪狼之族更垂熹祐永泰寰瀛不任祝望之至謹詞

蜀州孟駙馬就衙設銷災遷拔黃籙道場詞

臣聞至道深微元功廣大包萬天而布化周品彙以流恩故能下拯冥關廣寧邦國鎮安土地和豫神明皆遵宰制之歡盡悅慈悲之力古今共稟幽顯無遺臣夙奉元休早承皇澤未展涓埃之効驟叨符竹之榮況累掌重權兼司刑憲評詳獄訟慮乖仁恕之規主領兵師實寘訓齊之要動貽過咎常切兢憂自臨莅郡城每懷兢慎遽鍾殃罰敢望生全禮制所拘殞絕無所偷延視息又降渥恩泣血籲天煢煢何訴竊聞元元啟教紫陽有遷拔之儀正乙垂科黃籙有懺祈之路是敢肅嚴公署崇設齋壇拜表九清騰詞三界伏冀三尊衆聖宏憫濟之慈夜府泉扃遂超昇之路賜鄖國夫人某氏魂神安泰福善資薰積過深瑕皆從蕩滌不拘地府徑上天堂七祖九元前亡往逝俱昇道力齊會福庭又宅宇之中累經修改恐因觸動未獲安寧願憑齋薦之緣旁解犯違之過龍神復位土地安和居止利宜凶災銷殄城隍社廟里域眞官密享神功永居福地上願帝圖隆固聖壽延洪太子諸王擁宏休而奉國后妃嬪主承景貺以匡朝中外寮臣六軍萬姓同歡昌運克遂安貞歲有豐登俗無疵癘率土之內一統萬方竝臻仁壽之

鄉咸奉昇平之化不任歸命披心虔誠懇願之至

邛州刺史張太博敬周爲鶴鳴化枯柏再生修金籙齋詞

伏聞至道元通神功廣運裁成天地敷讚帝王羲軒融燧之君堯舜禹湯之主莫不師資沖漠啟迪雍熙致祚歷之厖洪俾聲明之振赫或乘飈滄海或證品紫庭光燭九遐壽均三景伏惟大蜀皇帝乘樞御運握斗披元執大象而撫華夷駕六龍而綏億兆德逾堯禹聖越羲融穹廬窮髮之君奉琛向化靡漢渥洼之虜重譯來賓澤浸山川仁覃

草木靈禽棲於內苑嘉獸宅於上林三秀呈祥十朋表異而猶勞謙恭已讓德於天符寧謐無爲棲心於祕要今則神明幽贊靈化垂休渥澤潤洽於朽根枝榦再榮於枯柏風來翠壁重飄遠近之香月過華壇復覩扶疎之影其爲嘉瑞實冠古先有以見天枝帝葉之繁昌聖壽寶圖之永遠雖禾生清廟蓂吐彤庭徒美前聞難偕聖感臣榮逢昌運叨領郡符屬邑之中覩茲上瑞藻繪朝陳於龍闕絲綸夕降於鳳牋旋賜御詞嚴申醮祝褒稱顯煥榮耀優隆量恩而溟海未深荷聖而乾坤難報敢因皇帝本命之日修

金籙道場翹馨丹襟仰祈元貺伏冀諸天降鑒萬聖照臨流巨福於社稷尊靈增景祐於宗祧先聖二儀竝固萬國同文皇帝壽等岷峨明齊日月普頒正朔一統寰區皇后受福紫宸增齡丹籙皇太子永扶皇極養德青宮公主嬪妃榮匡聖日諸王百辟欽贊皇基九土乂康五兵韜戢煙塵殄息稼穡豐登動植飛沈三途六趣俱承惠渥咸詣福庭臣誓傾忠孝之規上答聖明之澤

衆修北帝衙醮詞

伏以五氣元天北宮大帝司明善惡統御死生壽祿吉凶成資校錄臣竊恐天文宿曜有臨照之災本命行年有刑妨之咎仰祈眞聖特具修禳虔罄丹誠同申醮禮伏乞解除災厄延益年齡落死籍於北酆上生名於南極公私和泰眷屬安寧卽仰荷帝君慈祐之恩

三會醮籙詞

臣獲奉正眞參受元籙內期修鍊以保身心外冀威靈以禳災沴依科佩受早遂寶持但慮世務所拘塵機所役齋戒之日朝謁有虧修行之辰香燈或闕善功未立過咎易彰眞氣靈官未垂應祐元司天府譴責不專三命五行災

衰未蕩旦夕憂懼冰炭在懷今以上會之辰天官考校之日功過善惡巨細無遺是敢瀝懇披心虔誠悔過精修醮禮拜奏章文伏惟衆聖垂慈赦其愆咎降流靈應銷解災凶三部吏兵常加祐護動息康泰永享利貞卽仰荷法籙眞官濟護之恩

軍容安宅醮詞

伏以二象旣陳三靈配位陰陽陶鑄天地權輿巢居穴處之君澆漓未作上棟下宇之制締構云興由是取則五行定規六紀順之則福延善著違之則禍起災生考其主張

實惟五帝臣所居之處經始有年土木之用繼新畚鍤之功累作竊恐上干五帝旁犯衆神又今歲興修當行年之位近則馮氏忽嬰疾苦懼因犯觸所成輒按元科虔伸醮謝備三天之舊法請五帝之靈符乞降正神俯流真氣永錫安鎮俾獲乂寧凶邪不侵內外康泰疾厄蠲蕩眷屬咸和青宮增祿祚之文黑簡息災蒙之數克勤修奉以答神功不任

王虔常侍北斗醮詞

臣以凡微獲逢道化常承覆祐實荷真慈自頃以龍紀元

年奉使支郡方傳上命遽蹈禍機危懼之中真靈俯祐獲全形命盡脫憂疑兩地未通三年隔絕臣男延龜懇伸禱祝累告神明天鑒誠深親承應兆仰惟至聖介此殊恩思罄丹心克伸報謝今則上元大節啟福良期輒備醮筵上酬明貺伏冀省臨薄禮采納菲誠答往願於當年期降恩於此日永當修奉以荷神庥不任

馬尚書南斗醮詞

伏聞清濁分形高卑定位南北御死生之籍陰陽有舒慘之殊由是南斗尊神六宮衆聖紀功舉善克揚不死之文主籙定年惟啟長生之本欲使物皆歸道人盡登真副天尊廣濟之慈遵大道好生之理而塵波易溺意馬爭馳罪網牢籠莫有奮飛之路情關固閉曾無開拓之門臣跡處人寰心拘俗役機權在握須行懲勸之文刑賞是司難徇沖和之用慮其過咎累積陰曹吏屬災凶便為厄會雖繼伸祈懺上叩於天曹而未吐明誠仰陳於南極今則考祥吉日崇設醮筵輒按真科盡披丹懇元元下土虔露於瑤階昭昭上真必降於瓊席敢期哀宥俯念凡微釋罪除災落北宮之陰簡錫年增祿上南斗之陽篇六宮永紀其姓

名五緯潛資其福祐乞使九元七祖介福朱陵五族六姻延祥紫府誓勤精奉以答鴻慈不任

李綰常侍九曜醮詞

伏聞二氣降和乃形品物三光布象以育羣生惟茲最靈仰承明祐至於行藏善惡動息吉凶咸繫上天以司下土臣幸承前福叨沐道風事主立身得罄忠誠之節循懷省己常持兢慎之心祿秩所霑神明是貺每增憂灼實慮玷危而眼疾所嬰累年為苦針藥雖至服餌益勤未獲痊瘳倍增驚懼恐陰陽年運遇此重災宿曜循行成其困厄曾

申禱醮冀獲安寧今又身宮之中暗虛所歷當茲久疾值此災期啟向無門彷徨失據伏聞眞科有格醮酌垂文輒竭丹誠上希神鑒精修醮禮延降尊靈伏惟九曜威神分光照納解其宿咎和釋冤尤銷彼災躔蠲除疾厄使紫童守衛眼宮無痛惱之侵青帝護持肝臟有安平之候凶衰永息祿算惟新敢忘修勵之誠以答照臨之賜不任

馬尚書北帝醮詞

臣獲以凡微早聞道化棲心澹泊注念正眞每展祈誠必蒙昭祐昨以公田旣闢壠麥初齊遲遲之春日載陽霏霏

之油雲未布眷茲農畝正切憂惶輒叩幽關杲垂鴻澤爐香散處便呈潤石之容禁水噀時已變如膏之雨遂使西成有望東作無愆可俟京坻以豐川蜀上聖之延祥旣厚下臣之報德何階虔拂翠壇式陳單菲蘋蘩薀藻誠非仰薦之儀繒燭香花敢備上酬之禮伏惟采納永錫嘉祥謝過祈恩不敢繁啟不任

馬尚書南斗醮詞

伏聞大聖無私隨機赴感至眞下濟應念降靈變通不間於塵凡救度豈遺於微眇臣自惟幽陋竊慕元虛洗心依冥漠之鄉潛希懺罪稽首仰鴻濛之境冀滌前非上祈拯拔於七元次乞和寧於四境纔披素款遽降鴻慈寔俾神交授其嘉夢魂清氣爽全殊化蝶之時捫腹安懷有類得鮫之夕固可表豐歲之兆知災息之徵緬維神功申茲景貺兢榮失次感激難勝思答靈恩重修醮禮鴛燈吐焰參差玉斗之光龍霧飄香散漫瑤池之色全祛萬慮共運一心伏惟丹府上眞六宮高聖俯迴鶴轡暫降霓旗采納寸誠哀憐末俗拂長生之金札開大宥之洪休賜其延永之年增以自新之祿主務則三農告稔訓戎則七德申威罪

咎蠲銷公私昭暢存亡介福眷屬延生非元除錄過之書九府錫增年之籍況復五緯循行或逢臨照三元繫命時有屯亨遇災生福盡之期當減祿奪年之數常情罔測揣分懷憂非仗道慈無由自濟伏聞太上啟修禳之典天師著祈醮之科謝罪必銷祈恩克降今以本命之日輒披正一之文虔拜靈章式陳微醮三宮五緯咸罄誠祈六府七元普申懺謝伏冀眾尊昭祐大聖鑒臨赦已往之過尤錫將來之福慶三災弭息九厄蠲消壽紀潛延祿祚興益七元九祖超度幽扃五族六親均承道廕公私永泰存沒康

寧卽仰荷大聖罔極之恩不任

唐洞卿本命醮詞

臣宿運所鍾遭値道化佩奉眞籙獲以稟修而功業未彰愆尤易積陰陽爽候疾疹所嬰憂迫既深叩祈是切果蒙昭祐旋獲痊平又以中元之辰欲陳黃籙之會仰告眞聖願遂丹心今則壇席克終功德成就關盟有應風雨無侵冥感聖慈効酬難盡敢因本命虔備科儀設微醮以展誠拜靈章而請福伏冀高尊鑒領衆聖照臨前願已圓殊祥下及使臣罪銷厄滅業著功充奉親既保其安寧薦遠必

霑其遷拔永堅誠礪以答眞靈不任

告修青城山丈人觀醮詞

伏以青城仙山丈人靈觀開九室而數洞觀羣嶽以稱尊自軒后錫封漢皇望秩元宗構宇先帝增崇仙室益嚴清壇彌肅近則良宰興葺靈宮鼎新而正寢之西猶虛隙地邃牖之北或睹餘基元元之像設未陳帝子之遺蹤究在輒欲興修祖殿經始齋房永資焚謁之儀克壯清虛之境將施畚鍤慮犯龍神敢備醮筵虔伸昭告伏惟允茲丹懇降以元休使功用必成上下無撓工徒安泰福善攸新不任

嚴常侍丈人山九曜醮詞

伏聞天地分靈三官定死生之格陰陽懸象九曜垂照燭之功南宮開延壽之符北府顯繩違之簡星躔嶽瀆考校無私凡在人寰咸由統御臣自惟微薄獲奉元慈而履行之間恐乖陰騭運心之際未合神明因遇災凶復兼愆咎遽成厄會莫遂懺祈今年中宮則天符所臨身位乃土星對照大運猶居於劫殺飛旗又寄於行年三命五行恐逢刑剋列星九曜更慮照臨所以轗軻未寧災厄頻作非憑

至聖無路叩祈是敢虔罄丹誠克申大醮伏惟衆聖俯降福祥消災咎於將來釋過尤於既往六曹司命增福算於丹天七紀尊神介休祥於元極公私清泰眷屬安康卽永荷衆聖祐護之恩不任

青城令莫庭乂爲副使修本命周天醮詞

伏聞道化宣行元功覆載陰陽不測亭育無私由是五帝三皇御六儀而統物天官水府司八會以持綱南宮明錄善之科北極總繩非之品吉凶罪福咸繫靈曹竊惟全蜀奥區華陽會府提封八國柔服諸蕃玉帳既崇金臺實峻

外清殊俗威懷則文武兼資內握雄兵申令則賞刑俱用臣切以張某久持重柄獨運赤心上稟聖謀仰遵廟畧或指蹤貔虎清蕩邊陲或恢復城池剗平疆土或誅鋤姦猾摧挫兇豪或督課賦輿經營軍食以茲多事詎可禁刑深虞斬決之間重輕有失因成譴咎曾未懺祈又恐三命五行或逢衰厄明星暗曜或值照臨神道至幽常情靡達非聞至聖難滌深瑕是敢依詣靈山修崇大醮遍天地陰陽之府周星辰日月之宮瀝懇披心祈恩悔過伏願靈光迴鑒除已往之愆違惠澤下臨息將來之災否允垂嘉祐永

介福祥延壽紀於丹篇落罪名於黑籍以康川境永保羣生不任

莫庭乂爲川主修周天醮詞

伏聞元聖開光高尊俯化澤周品彙慈覆萬夫懸罪福之明科標死生之大法上惟邦國下及人臣同歸統御之門咸宗沮勸之訓古今不紊纖介無遺臣伏念佐聖立功非賢不濟扶危拯難非德靡先節度使王某義貫神明忠衞社稷耀武畧而先朝返正鼓仁化而今聖理平用是茂勲錫茲巨鎮其間或剋收宫禁誅蕩妖兇秦甸行師褒川振旅廓清庸蜀底定盧彭外靜邊方下戢姦暴蓋不得已未能去兵至乃宣天子之威用將軍之鉞無非仗順必在爲時尚慮故殺誤傷因成釁咎天曹地簡或紀愆違又恐宿曜所臨行年有厄歷運衰否分野災凶須備懺陳以期昭洗臣叨居寮屬輒按經圖仰罄丹誠恭申大醮潔禮頌於仙嶽奉榛糈於靈壇上叩虛無極諸天而禱祝旁周海宇俯九地以虔祈冀達精思曲流眞祐願北宫赦罪南極延生五行之否塞清銷三命之災衰弭絕壽將川廣祿與山崇穀稼豐穰蒸黎輯悅常扶聖日永福羣生上願國祚遐

長聖朝寧泰戈鋋自息文軌大同三光順度於上元萬類繁昌於下土幽明異趣水陸殊階咸沐眞慈共臻鴻澤不任

莫庭乂周天醮詞

伏以天地萬神陰陽具職敷舒道化拯育羣生北極西宫秉刑章而定罪南躔東府播含養以宣功粤自帝王洎諸臣庶咸歸宰執以判吉凶臣夙荷福因叨塵官籍蹈艱危之路當戈甲之秋一從戎旃再居名邑而疆陲遐邈征稅繁豐寛柔則征督無功剛峻則疲羸有怨類驅雞而豈易

顧馴雉以殊難況未洽和平猶資刑賞雖絕私自勵惟理自從尚慮重輕或乖中道深憂故誤遂結瑕疵又恐辰耀所居行年所歷因其厄滯以搆災衰境麗仙山雲藏眞觀洞包雷雨地集神龍仰靈都於罔象之中願披丹懇瞻玉相於煙霞之表必降元慈是用按靈寶舊科設周天大醮普九圍之宮府遍十極之威神拜手歸依傾心祈懺洪纖罪目今昔愆違未兆之災將來之咎並期蠲赦曲賜消禳衆厄清夷宿冤和釋更增徽祿俾遂遐年九祖超昇三途開泰臣一家骨肉兩地親緣早獲團圓俱賜貞吉頃因修

造處有侵傷冀獲安寧共貽祥祉當境靈廟川澤職司俯祐生靈旁祛氛沴邑無水旱俗富倉箱其有冥漠無依漂零魂爽霑茲福利亦契逍遙不任

莫庭乂青城山本命醮詞

伏聞三光表瑞九曜凝輝配金木以司方四時攸敘定陰陽而立象萬彙生成立宰幽明統臨罪福臣自惟凡陋獲奉眞靈懼履行之間易成愆咎修持之道未契神明況職務所司重輕咸繫恐乖彝法更積過尤惟夙夜在公敢忘虔恪而吉凶難測倍切兢憂兼以宿曜所臨輒罄懺祈之懇爰因本命恭備醮筵備香火以貢誠列星燈而展禮所冀希夷至聖俯鑒丹心九曜上尊曲流元貺釋罪尤於既往解厄運於將來冤債銷平凶衰除蕩更增壽福永介祉祥眷屬乂安公私和泰不任

丈人觀畫功德畢告眞醮詞

伏以青城仙山丈人靈觀久無營葺近再修崇既畢巨功爰徵繪事輒於廣殿圖肖眞儀鶴貌雲容疑謁潛靈之府瓊姿淑態似來澄碧之容莞爾可瞻肅然如在必冀降靈威於水德流福澤於人寰克展醮祈仰希鑒祐無任

畫五嶽諸神醮圖詞

伏爲丈人觀久爲荒毀近畢修營土木之役既興粉繪之功是設爰於閎殿圖貌靈儀翠雲丹錦之袍元璧黃琮之器星景日精之品五華七稱之殊二驂六馬之車雲翼霞軿之輦儲副二室佐命八山嶽君水帝之儀溪女河侯之列山林孟長洺沚靈司帝王咸秩之曹典策所封之位或傍司海裔東距方諸或別領洞天西鄰崑嶠莫不振揚雷電嘯嘷蛟鯨按察幽明掌錄川澤贊太上正眞之理宣帝王亭育之恩歆彼六氣成乎大化比秋冬春夏遵時令以

無虧風雨雪霜均歲功而不爽俱奉軒轅之命皆持宰執之權與嶽瀆衆靈供上司之職則希夷眞君居天尊之重當臨御之嚴須序朝宗所宜森列今則揮毫匠手彩布循垣爍若星陳矗如雲擁由是宏裾褒袖玉劍珠旒火佩含星瑤珪斂月或瓊顏蒨袖若藐姑射之峯異狀奇姿似照潯陽之浦丹青式備絢煥如生固當契彼神明纂茲福祉上扶邦國傍祐黎元調十雨五風以登稼穡普九州六合以致雍熙洪圖齊日月乾坤元化匝蚔蝝動植虔修醮酌恭罄祝祈佇降威靈允孚禎貺謹詞

莫庭乂本命醮詞

伏以三官領籍五帝定生南天司祿算之文北斗統糾繩之目至於嶽瀆眞府本命宮曹主張而罪福無差考校而死生攸繫臣竊慮謬膺撫字有曠輯和刑章或爽於重輕教化未臻於德義因成罪咎錄在靈司未申祈謝之儀恐致災凶之兆又慮天文脩曜或値照臨本命行年或逢否塞兼天符五鬼在坤艮之位居本命之辰況正月對衝九懼衰厄敢因元命之日虔詣靈山修設醮筵披露誠款伏惟天曹釋過地簡祛災凶咎潛銷福善昭集克延算祿永錫利貞更乞邑境安寧生靈康泰穀稼豐植水旱無侵人無疾癘之傷俗洽和平之美不任

莫庭乂本命醮詞

伏聞大道生成元和鼓鑄流形品物布化羣靈申上元宰制之功垂下土吉凶之戒是則懲惡勸善信爲格言害盈福謙固惟常訓臣夙聞元旨敢不冥心揣分兢懷省躬思道而叨居祿秩未脫羈縻秉朝憲則筆定典刑督邦賦則庭施檟楚功或興於土木膳未罷於炮燔故誤之罪莫知重輕之文或爽以茲憂懼恐結尤違況臣今年天符臨本

命之辰太白居愁滯之位竊恐志隨災易留連於聲色之間情逐禍移沈湎於杯觴之內因思警愼仍切懺陳敢於本命之辰虔罄焚修之禮濯心靈洞歸款名山仰斗極星躔冀銷往咎瞻鳳軒龍蓋顧降新恩使罪戾蠲平冤尤和釋災凶寧息祿算遐長骨月則雨地樂康生靈則一邑豐泰兵鋒永偃疾癘無侵水旱勿興農桑滋阜龍神安鎭遠近昭蘇誓策丹心上副元造不任

欽定全唐文卷九百三十七

杜光庭九

晉公南斗醮詞

伏以朱陵閟境南昌上宮御正陽長育之方行大道生成之化凡所祈啟必賜降臨臣以愚蒙叨逢聖日參榮禁密荷寵雲天常慮庸虛難勝恩遇恐行年厄運宿曜災凶有加臨刑剋之期有滯塞邅迍之數惟增惕懼罔敢自安輒罄丹誠虔修醮禮特希冥護俯降威光銷已往之過尤解未萌之災咎續南極丹書之簡更益年齡除北都黑籙之

文重新祿祚克垂濟度永荷靈恩無任

晉公后土醮詞

伏以惟地惟天厚載廣覆生成庶品孕育羣靈坤德母儀光被萬有粵自君臣父子洎於動植飛潛厥有誠祈盡申昭告臣封境之內戈甲屢興害及邱墳戮兼嬰耄遠近塗炭人鬼不寧痛彼一方毒深骨髓念茲萬姓誠切禱祈瀝血披心仰希鑒祐伏冀曲哀虔祝俯借威靈命山川嶽瀆之神助平災沴勅雷電風雲之吏共靜郊原大開倚劍之門不隔朝天之路昭蘇疲俗洗滌深冤豈伊項籍之祠能祛蜀難無使蔣山之廟獨助晉師奉竿陳詞言興涕霣不任

晉公北帝醮詞

伏以五緯在天三元運氣上宗斗極下統人倫陰陽有休否之期躔次有照臨之數伏慮元命之內宮宿之中因遇衝妨遂成厄滯敢憑吉日虔備醮筵上叩尊靈特希鑒祐使三命九宮之厄盡獲銷禳明星暗曜之災竝蒙寧息一川康泰萬姓輯和解甲偃兵年豐俗阜永虔素懇以答元慈不任

晉公太白狼星醮詞

伏聞垂象上元各有主宰或統軍兵之會或司氛祲之源仰矚光華繫其休戚臣封疆之內干戈逾年野廢農蠶人罹塗炭念茲冤抑痛迫肺肝是敢稽首炷香馳心禱福冀因感激俾獲照臨伏希運金方肅殺之威垂大義裁非之力助茲武旅清彼郊畿拯一川墊溺之憂活萬姓倒懸之命弓弢戈偃雨順風調百穀有年五兵永息不任

晉公北斗大帝醮詞

伏以斗御中天旁周八極招搖所指邪正聿分今以節及

上元時當考校羣物被維新之澤萬方承煦嫗之功念此封隅尚聽兵甲生靈塗炭壠畝榛蕪當發生播植之功曠黎庶耕桑之業以茲憂痛倍切叩祈伏惟北極宮中七元籍內輟衆庶凋傷之目改一方淪喪之災克睹和平永銷鋒鏑臣或身逢厄塞罪繫星辰甘實明科以謝羣品不任

馬元通火醮詞

伏聞乾坤覆載陰陽有消息之殊日月照臨寒暑有推遷之候吉凶在運否泰相沿雖歷數使然有堯水湯災之變而修禳有道見返風退舍之文惟此郊原方當厄會蒸黎

未泰戈甲繼興徵彼星圖實惟火曜是用歸心大道虔叩上元開太乙之壇行三五之法躡紅飈而請福步元斗以祈天所希列火騰威應星芒於上境陽光散焰蕩陰穢於下方仰福聖躬大庇川蜀人登福壽野息戈鋋同沐神功永銷憂患不任

晉公北帝醮詞

臣聞斗極居尊統臨八表指揮萬象總御衆靈杓建所加災凶自息今以封疆之內兵革尚興人未息肩時方震懼既勞備禦必廢耕桑念彼榛蕪益深憂歎敢憑醮醊重罄祈誠伏惟太宰揚威七元振令使雷車電騎掃蕩四方畢雨箕風蘇舒品物克清境域大庇生靈如臣躔次有災陰陽搆厄乞當天譴用息人殃元元丹誠仰俟昭鑒不任

川主太師北帝醮詞

伏聞垂象表靈位尊北極統臨萬有照燭羣生八十一變之威容三十六兵之神武肅清造化臨察幽明殄惡誅邪安人護國今以朱陽居候赤帝司方南方資長育之恩四敘叶清和之節蠶功將就農務方繁而疫癘兼行鉦鞞未止民多殍仆野困逋逃既投足無場豈息肩有所叨居盤

護實切憂傷更因銜醮之辰再布誠祈之悃伏冀神兵助役蕩氛翳於郊畿雲騎騰威掃疾癘於閭里生靈有泰遠近無虞昏霧永銷見三蜀山川之色浮雲自滅開九天日月之光厄運蠲平災危靜息常傾丹素以副元休不任

晉公北帝醮詞

伏以六氣周流天道爲生成之本七星杓準斗君爲統制之元罪福吉凶咸歸校錄臣以近戢未泰戈甲猶興四野靡安疾疫斯搆念茲疲瘵痛逼肺肝敢因銜醮之辰更達叩祈之志伏冀曲迴聖力俯借神威垂景貺於四人息災

厄於三蜀休兵偃革時泰民安厄運銷平福祥臻會不任

謝恩北斗醮詞

臣以凡愚叨依簪褐修持多闕過咎易盈遣責所臨疾瘵斯搆羸形幾喪微喘偶全三洞法師杜宏廣情切本枝念深危疾式披丹懇冥叩元眞果蒙降以殊休續其餘算仰荷眞靈之祐再窺日月之光螻蟻力微乾坤恩重用申醮酌仰報生成伏惟聖慈俯賜歆鑒不任

五星醮詞

伏以三光垂耀五緯流輝盈縮有常古今無忝循環列次主宰羣生影響靡常吉凶攸繫臣叨膺命秩獲履土疆惠未洽於飛沈境方躔於災沴兵鋒淩暴士庶流移千里瘡痍一方殘毒念茲憂痛實切肺肝竊惟上聖好生至眞育物敢憑慈煦再罄醮祈伏希太白揚威助武功於原陸歲星舒彩播仁澤於郊圻五辰順軌以呈祥萬類承風而納祐野無悲怨俗洽和平誓竭丹襟仰酬元貺不任

本命醮北斗詞

伏聞斗正中天杓臨八極魁綱所指福祚必臻臣行運之中土居身位遊年之內災向離方今屬斗在南天日躔命宿仰申告醮冀獲感通願垂宰制之威以靜晦蒙之數克垂元祐敢負明恩不任

本命醮南斗詞

伏聞南斗六宮文昌眾聖壽涯所繫生籙是司動植幽微咸資主統祈生請福益露明誠臣叨荷寵恩謬司藩部功無塵芥過積邱山而行運之中方當否塞宿曜之內併有照臨敢因章奏之壇重有禱祈之望伏冀朱宮上聖丹闕高尊垂迴凶度厄之慈開出死上生之路使一境之兵銷革偃四時之雨順風調拯癘魄於窮泉拔遊魂於長夜降元和之澤濟冥漠之鄉浮雲不蔽於青天忠懇獲伸於白日元元之志仰佇鴻休不任

本命醮三尊詞

伏聞大道昭明獨著好生之化天眞慈惠偏宏濟物之仁亭育必均撫臨無失臣自惟凡陋叨荷寵榮未著勳勞洊深渥澤而維鵜起誚聚鷸爲災蓋薄德而招亦迍蒙所萃三命之內別有刑衝九曜之中仍周臨照敢因元命虔叩上元伏希迴此凶衰錫其禎貺赦過尤於既往解厄會於將來得傾忠赤之心上答乾坤之澤誓當砥礪以答元慈

不任

周天醮二十八宿詞

伏聞元象在天萬有咸照動植荷無私之德幽明承不宰之功臣早被寵光謬司藩翰誠慚薄德繼履深災郡邑凋夷生靈淪斃於茲傷痛須勵誠祈伏惟允降元休克寧疲瘵使兵旗永卷無聞冤訴之音稼穡惟豐自洽和平之化至於山川之內地分災期躔次之中天文厄運竝希銷解俾獲乂康誓竭丹誠仰副鴻澤不任

禮記博士蘇紹元九曜醮詞

臣以凡微叨逢聖日荷三境照臨之賜承二儀亭毒之恩常慮跡處昏衢身居俗網修持有闕罪咎易增雖佩奉祕文遵參寶籙香燈息惰葷濁侵淩道氣不降於百關靈官暗遷於六府由是虛邪內集疾恙旁縈夙夜兢憂懼不全濟又慮五行三命運遇凶衰兼以土曜木星仍臨宮宿顧茲凡昧素寡善功當此災期倍深惶惕是敢按河圖舊典披啟醮壇依靈寶尊文請求天像伏冀元慈俯矚靈眖遐霑洗滌過尤解銷災咎明星隱曜共介禎祥八卦九宮竝祛刑厄疾患痊復邪癘蠲除增祿秩於維新續年齡於延永行年神將法籙吏兵輟罪舉功咸賜貽祐永當修勵以答元恩不任

川主天羅地網醮詞

伏聞一氣肇胎三靈資始乾奇坤偶定彼陰陽金華土浮明其次舍九興於坎戌亥謂之天羅六起於離辰巳謂之地網乃二體昇淪之所是兩儀代謝之鄉陽伏而不能剛陰絕而不能繼行年所歷實迫災期況天地中和圓方化育流形挺質命世降奇皆歸鼓鑄之權難逭興衰之數顧臣凡昧敢避晦蒙丙辰當厄會首臨丁巳乃災期將解惟

茲二歲實抱百憂上祝元穹敢祈銷解仰惟聖鑒俯念誠祈顯降威靈大祛災釁使乾綱坤紀息氛沴於一方地網天羅解凶期於小運行歌擊壤歸聖朝朴素之風東甲弢弓副元祖希微之教永勤香火以答元慈不任

川主醮九曜詞

臣叨荷國恩謬分戎閫西南粤壤擧蜀雄都三舍當參井之躔八國控羌蠻之域區封既廣統制斯難常慮非才有負殊寄夙夜憂懼不敢遑安近歲以來凶災未息疾癘時起干戈日尋今按考黃圖驗求元歷分野之內太白將臨

況運兵籌方迣武旅仰裁成之義仗肅殺之威佇靜四郊以康萬姓伏冀天光俯鑒聖力潛資濡渥澤於九重救倒懸於千里櫜弓解甲鑿井耕田里閭無瘥疫之家遠近有歡呼之俗長庚所指幽滯俱通卽永荷昭祐之恩不任

楊鼎校書本命醮詞

伏以斗御中天杓移列次握帝車而獨運浮華蓋以高臨吉凶得以司明罪福由其考校雖塵凡杳隔仰星晷以無階而天聽甚卑有心誠而必鑒丹襟所叩元應攸彰臣頃以災蒙偶逢艱梗道塗阻塞骨肉支離因與幼男兩地睽

隔倉皇相失音信莫通惟晝祝長天夜瞻斗極冀其通感再獲團圓炷香而血淚共垂拜手而心魂俱往果蒙昭祐遽遂歸還常懷再造之恩未答自天之澤兢憂度日芒刺在躬今則玉局仙居錦都靈化下藏洞府上屬星躔肸蠁可期眞靈攸會輒投勝境願展醮祈將酬福祐之慈少達敬恭之禮佇迴眞鑒俯納塵心小男以壬子主生微臣以庚申定命常希聖力永錫保持祛五行三命之災解宿度天文之厄得勤修勵永奉休明黍稷非馨眞仙是鑒不任

川主令公南斗醮詞

伏聞天覆地載資大道以生成稟質孕靈由至眞而潛運用能彌綸不極生化無窮眞宰主張元功統御雖太虛遼邈劫歷遐長庶品詣闐九圍曠蕩刑政繁雜分野幽深災福攸司安危是繫臣遭逢聖運塵忝恩榮授以節旄委之輔相地雄巴蜀境控羌蠻慙無綏撫之能常切兢憂之懇況舉善癉惡須用賞刑伐叛誅凶仍施斧鉞戎祀有牲牷之具賦輿有徵督之勞有土有人蓋不得已實恐詮材不當委任失宜因起怨咨遂成災沴今又土星行度對照此方地一移宮將離益部五鬼臨於坤位火曜躔於井宮又

臣大運在衝破之鄉小運當命墓之歲木既薄弱火亦衰徵天符臨於行年遊行逢於絕命土方對照又在妻宮金火伏行亦居滯位木星處愁煩之宿暗曜出乖背之方垂象至明陰陽有數得無警懼以自勵修尚恐過咎易深九違旋積因其愆失災及生靈省已撫心不遑寧息竊聞正陽之月丙午之辰是六星降鑒之期南斗定生之會滌瑕介福宥罪覃恩輒按明科願申昭謝詣元元眞府玉局靈壇精備信儀肅虔香火普日月星辰之界遍山川海嶽之司咸罄丹心恭修大醮伏冀迴無私之鑒垂不測之神降

彼南宮盻茲下土共流眞貺俯察微誠解地分之災躔銷天文之謫見息三命五行之厄除九宮八卦之凶靜土星所照之方克承嘉祐禳地一將移之數允錫休禎黎元咸保於乂康穀稼必期於豐衍連營有泰四境無虞疫毒不侵戈鋒弭戢上願三光表瑞循黃道而福帝躬五緯順常扶紫微而拱元極龍圖永固鳳歷攸昌其有境土龍神山川祠廟共延祥祉用拯幽明至於地府陰關遊魂苦爽肖翹飛走水陸沈潛仰承濟護之恩永享安寧之祐不任

川主周天南斗醮詞

伏以蜀之星躔上當鶉首蜀之分野下接坤維當申未之方在參井之度今以土星對照金火正臨五鬼方寄於二宮地一將移於益部恐政乖慈育法爽哀矜野有怨嗟人罹災眚又行年之內本命之中刑剋衰微慮成災厄敢以正陽令月丙午良辰虔備醮祈以申懺滌伏冀大開恩宥俯念精修解天文地分之凶祛三命五行之咎曲迴禎貺永錫乂安誓傾求理之心以答好生之澤不任

川主周天地一醮詞

伏以天皇大帝司察萬方太乙十神巡遊八極垂災降福巨細無遺凡在君臣敢忘炯戒今以地一行位將出蜀鄉深虞刑政之門必有愆違之失惟增震惕輒備懺祈虔修香火之儀用表依歸之懇伏願鑒其虔切錫以禎祥俾境宇安寧生靈蘇泰時和歲稔偃革弢弓克新憫祐之恩敢負照臨之賜

周常侍序周天醮詞

伏以道氣運行元和亭育分萬靈而布化垂列宿以麗天凡曰含靈咸歸稟受仍俾主宰以定吉凶臣猥以庸虛叨承渥澤運籌藩閫慙無制勝之謀剖竹方州實寡綏懷之

績況地連夷落境控巴賓短才常慮於闕遺雜俗尤難於撫諭惟精兢慎獲保初終既卷隼旗復依戎幕顧恩榮而益厚在循省以何安憂畏所深疾恙因作每慮積生之始以洎此身三業搆非六情結釁前冤未弭往債所躔或理務之間賞刑不當烹殺之際故誤難明或天文宿度之中有逢臨照或三命五行之內有値刑衝又今年五鬼在於妻宮天符入於財位小運則丙祿値墓大運則子水向衰金火行於身宮綱星加於驛馬皆爲厄會倍切危疑所以疾苦之時冥心禱祝佇其銷解用展效酧今則萬聖垂慈

衆眞憫祐拯其疾厄賜以痊平仰元造以知歸感鴻恩而上答披河圖眞格詣玉局靈壇備蠲潔之儀設周天大醮星辰日月畢罄誠祈地府天關遍申昭謝伏願降臨丹懇采納素誠永錫吉祥克加濟護使罪尤除蕩算紀遐長冤債和平災凶超度誓勤修奉以副元慈不任

王宗璲六甲醮詞

伏以大道凝華元尊布化肇分一氣品列五材終始循環生成萬有上惟劫歷資運數以推移下統人倫配吉凶而陶鑄稟形毓質咸賴元功臣早慕清虛志親沖漠獲參秘

籙常冀遵修昨以奉使京華經途險遠每虞曠闕冥有祝祈果蒙道力潛扶殊休密衞達秦甸有安貞之吉迴蜀城無敗累之憂仰感靈恩實思昭報今屬重陽藹節甲子佳辰虔備菲誠恭申醮禮伏冀神威俯鑒微願克酬採納丹襟頒宣洪澤使罪尤蠲蕩冤債和平災咎清消福祥臻會事親奉國常蒙憫護之恩守職進身永荷眞靈之貺不任

孟彥暉西亭子南北斗醮詞

伏聞大道孕靈天尊演化乘機誕瑞命世降賢所以匡國濟時宣功利物稟星辰之正氣總嶽瀆之英華莫不受命上天凝神中土恢宏器業拯祐生靈臣以節度使瑯琊郡王生屬休期累承聖澤以武威扶持唐祚以忠節翼贊睿圖光啟中興克安天步貢賦常盈於內府明誠首冠於藩維推此勲庸宜承禎祐今以誕生令序禱福佳辰輒備信儀虔修醮禮依太乙祈眞之品詣眞人朝斗之壇香散虛庭燈繁靜夜傾心上奏冀獲感通普垂象以冥思遍眞靈而醮祝伏願星躔日域地局天司衆聖迴光萬神昭鑒照祥符而延巨貺開壽域而懋鴻勲永佐聖朝長扶帝座然願龍神叶贊川境安寧百穀滋豐五兵韜戢俗洽和平之

美年無災沴之虞動植幽明同臻道化不任

勇勝司空宗恪九曜醮詞

伏以大道垂慈萬靈分職陰陽布化星象垂文照燭幽明裁成品彙主張有度罪福無差臣獲以塵微仰蒙覆燾謬叨寵祿早忝恩榮久統師徒仍分符竹實慮才輕任重福過災生夙夜兢憂不敢寧處又以今年行運天符入於中宮寄王之方復臨大運況驛馬爲五鬼所對小運與大運相衝生月及本命之辰皆遇土星所歷遂成災疾未獲痊平省已循懷伏增憂懼竊聞天曹上聖主籙死生北斗南

宫司明罪福是敢披心瀝懇拜醮希恩虔詣靈壇精修奏薦雖物儀單菲而誠願拳勤伏惟萬聖衆尊開恩鑒祐赦臣積生罪咎解臣三命災凶落北斗之死名上南宫之生籙銷平厄會和釋冤仇疾苦蠲除祿算延益誓勤修勵以答元恩不任

衙內宗夔本命醮詞

伏以大道生成陰陽亭育主張有度罪福無遺臣叨荷恩榮常增戒懼雖側身思過省已捫心每虞操履之間難免纖微之失今年三命之內土木氣微行運之中命祿皆薄

天符臨官祿之位遊年當絶命之方大運則土曜所加小運乃元辰所主計都居鈍滯之宿金星入乖背之鄉旦夕憂兢恐爲災厄是敢按遵科典精潔醮祈望靈化以馳神仰元穹而勵懇伏願天司地府九曜南宫克鑒丹誠俯垂元祐賜臣自新之澤赦臣既往之非解五行三命之災銷列宿暗虚之厄罪瑕清滌冤債和平遂推公去已之心傾奉主事親之懇公私昭暢家眷康宜普及存亡咸希福利不任

徐耕司空九曜醮詞

伏聞天府地司主張命籍南宫北斗統籙死生三官持考校之文五帝領栽成之籍顧惟下土實繫上元況乎處世立身善功難著乘非蹈過罪目易盈早忝殊榮靡申續效或理務有刑章之失或專城有賞罰之差積尤違於地府天曹結罪咎於星躔日域曾無悔謝莫遂蠲除又自行運之中方當厄會火星飛於小運天符入於中宫水曜伏刑厄之鄉土星退愁煩之宿祿火雖王辰土尚衰數年以來疾苦未減元元之懇實切憂惶竊惟上聖至眞垂慈育物冥心注念有感必通輒憑香火之緣精展醮祈之禮虔誠

悔過稽首希恩伏惟愍鑒庸微俯宏慈祐解已成之災厄赦既往之罪尤南斗延生北宫落死潛增年算克賜乂安疾瘵痊平眷屬康泰即永荷衆聖再生罔極之恩不任

川主太師南斗大醮詞

伏聞大化權輿元精剖判生成天地陶鑄陰陽正三統以疏基役四時而成歲由是萬靈受職五氣分鑣天府地司領生校籍罪福以之詮敘報應以之弛張毫末無遺古今不忝況復上標躔次下制山河隨運歷而慘舒因恭惕而昭戒仰窺元訓得不稟修臣夙荷天慈克符睿奬峻台衡

之位提斧鉞之權玉律金科慮爽重輕之信五申三令慙乖訓撫之宜雖盡力匡君傾心許國翦長蛇而復宮闕清巨祲而息戈矛再拔城池頻摧寨壘變蟻結蜂攢之俗穆爲寶向化之人三蜀乂寧四民和穆實乃上資聖力明稟靈恩猶恐政理或虧罪瑕難逭審已或違於道德遊心未契於神明或分野災期或行年厄會臣今年小運逢於劫殺大運遇於天符土曜對於身宮行年沖於命位每懷憂戒思展懺祈竊以丙午良辰是南斗降眞之日六宮衆聖主籍是司輒申醮酌之儀願達依歸之懇伏冀天關流貺

斗極延慈赦既往之尤違錫將來之休祐災凶弭息境寓安寧遠近昭蘇龍神輯睦風雨均暢疾癘清銷以俗泰爲嘉祥以年豐爲上瑞忠以扶於社稷靜以答於神祇虔肅丹誠上副元澤不任

欽定全唐文卷九百三十八

杜光庭十

賈璋醮青城丈人眞君詞

伏以岷蜀雄都西南巨鎭下蟠萬壑上拱九清爲造化之殊庭乃神仙之奧府瑤宮璿闕深祕於洞臺翠壁丹崖仰呀於雲霧高眞之所棲息上聖之所宴遊實掌休祥以福寰海臣獲逢道化夙荷元慈慚無塵芥之功難報乾坤之德而立身處俗易結罪尤往世此生寧無過咎五行三命恐值災衰躔次星文慮爲臨照或冤仇所滯或債訟未明

有一於茲是用憂懼輒敢披心靈嶠稽首仙都輒備信儀遙申禱祝伏願鑒其丹懇錫以元恩使景福潛資壽涯延益災凶銷蕩罪咎蠲除冤債和寧祿祚繁永兼乞子孫嗣續宗緒昌隆誓傾虔奉之心以答仙靈之祐不任

蜀州宗夔爲太史於丈人山生日醮詞

伏聞道化栽成天元立極申命眞宰主張衆靈於是乎賦命禀神流形挺質咸資籙籍以繫上元臣荷大道生成感睿明倚注地分岷楚任極鈞衡功業所彰未裨於造化恩榮所錫已冠於古今況屬天步艱難皇輿省狩恨不得手

扶宸極身衛帝車克定乾坤重清日月永安大寶以致中興虔叩眞靈冀扶忠節仰惟青城巨鎭天國仙都羣聖依棲列眞統制必能振揚神力驅役陰兵蕩災運而靜中原拯橫流而匡大業爰遵祕格虔啟醮壇願迴不測之威以介無疆之福使妖氛寧息帝祚隆昌鳳歷龍圖天長地久臣積生咎釁未兆災蒙因此懺祈咸希銷解臣今年大小二運俱在酉鄉與命辰對衝又火星所照既臨分野仍在身宮土躔厄會之方金伏乖背之宿年臨三殺之位仍當六害之門恐災咎所加伏深憂惕惟憑醮酌以達精虔所

祈災數剋平忠誠大展盡報主酬君之節成摧兇定難之謀光佐聖朝實佇靈祐不任

宴設使宗汶九曜醮詞

伏以二象炳靈三元運化稟形毓質仰資大道之仁賦命受生率荷神明之德臣獲承元廕叨遇休明累忝恩榮載塵職祿顧勳勞而未立感寵澤以殊深而愼行謹身敢忘惕勵運心屬念尚慮曠遺況所主重難務當宰膳宴賓犒士須備烹羞撫衆訓戎時行懲賞實恐刑章之內或爽於重輕庖割之中寧無於故誤因成冤債遂積罪瑕或往世此生宿愆未解五行三命厄運未祛今年則暗曜土星在身宮之上天符五鬼臨行運之方火星近刑厄之宮金星躔剋性之位忽成疾苦久未痊除伏恐災咎方深叩祈無所竊惟至眞濟物大道好生廣開禳謝之門俯示感通之力是敢按遵科典虔啟醮壇遍九曜以披心瞻列星而瀝懇伏冀天光下鑒聖造旁資解故傷誤殺之冤赦積世他生之罪銷平厄會清蕩災凶六氣宣通百痾痊復續將盡之福祿祚增延賜再生之恩算命延益公私昭泰眷屬乂寧仰望元慈不任

遂府相公周天醮詞

伏以虛無大道孕育於羣生天地萬神主張於庶品至於誕形稟氣垂象炳靈咸資鼓鑄之功率賴生成之力臣內惟涼德夙荷道慈勳勞未贊於聖朝寵遇已隆於藩翰隼旗龍節疊奉殊榮相印兵符頻叨睿獎顧茲虛薄實切兢憂每慮賞罰不明刑章不當舉措有乖於理體綏和未叶於物情與修有土木之煩宴犒有烹燔之費故傷誤殺往債宿冤兼此罪尤成其譴責或五行三命暗曜列星共結災躔遂爲疾厄尚未痊復倍用驚危臣今年大運居衰氣

之鄉小運在馬破之位木星退身宮之上土星照三合之方金水二星臨乖背之宿飛天火曜居本命之辰九宮土星復當生月覩此災運深切禱祈是故按靈寶元科河圖祕格設周天大醮懺謝上元伏冀萬聖感通眾神照鑒納其懇志介以福祥解宿債前冤赦深災重過續其祚祿增其壽年五星四景之中永銷危厄天府地司之內別注休禎所疾蠲平克賜安豫益堅忠孝上奉君親即仰荷眾尊祐護之恩不任

親隨爲大王修九曜醮詞　杜光庭

臣聞垂象炳靈代天行化發揮道用昭著神功粤自剖判之初卽顯司明之力生靈動植咸賴元恩臣獲稟天慈深叨帝澤功業未酬於覆載寵榮已冠於人臣常慮綏撫乖宜賞刑有失金科玉律或爽於哀矜伐叛誅兇或輕於鈇鑕前代之冤讎未解此生之過咎旋彰於此省循常懷震惕又臣今年大小二運俱在對沖首尾蝕神皆爲臨照支干火木在衰氣之中天符飛行居驛馬之上併爲災滯九切憂惶近則微恙所嬰尚未痊復希恩謝過倍切禱祈輒因本命之辰虔誠奉醮伏惟至聖俯鑒丹襟赦已往之罪瑕解將來之厄會增延算祿和釋冤疑得以罄竭微衷扶持大寶撫安疲俗匡贊中興誓傾修勵之心永答眞靈之貺不任

果州宗壽司空因齋修醮詞

伏聞三光麗天下司羣品死生是繫罪福攸司臣以塵微仰蒙鑒祐而三命之內水火力微值辰戌魁綱爲天羅地網二運逢墓併屬災期又火星到元首之宮暗曜在命宮之位災數重疊憂懼殊深是敢遵按明科虔申醮奉仰崇齋福精備醮祈三日恭嚴九時關奏伏冀元慈俯燭洪澤濡臨賜臣災運銷平凶衰超度克延祚祿允介福祥永保乂安常加護祐奉親事主報國寧家誓罄丹誠上酬元澤不任

青城鄭瑱尚書本命醮詞

伏以稟氣分靈全資大道挺生毓質仰繫上元報有盈縮之期理協始終之分五行倚伏二氣推移實憑宰制之功敢怠敬恭之懇臣今年火曜居本命之方九宮金星在行年之上久躔疾苦未獲痊平竊慮履行運心有虧陰隲字人育物有曠政經或積生釁咎未除或往世冤讎未解構

茲重厄無路懺祈況境控仙山地當洞府明誠可告眞鑒難誣敢因本命之辰虔備醮祈之禮洗心謝過瀝懇希生伏惟少駐鸞驂下臨塵壤愍其歎迫假以恩休輟死籍於黑書再延命祿定生名於丹籙盡赦疵瑕冤債和平災凶銷解公私昭泰眷屬安寧敢忘策勵之心上副眞靈之祐不任

忠州謁禹廟醮詞

伏以三氣肇胎九元裁質清浮濁厚眞精鑠造化之鑪出震乘乾大易啟乾坤之蘊堯天繼覆舜日傳明五教允敷

未革懷襄之歎四門是闢尚纏昏墊之憂惟我睿明拯茲下土驅馳四載勤瘁萬方浩浩無虞百谷識朝宗之路巖巖可仰羣山知維嶽之尊區別九州撫寧庶彙鑄鼎之功既集錫班之報攸彰懋此宏勳光於終古臣夙承洪澤獲奉仙祠巴雨巫雲捧臨瑤殿岷江楚澤瑩蕩瓊階顧迴疏曠之慈俯鑒虔祈之懇探經玉洞展醮靈岑副蜀王遐祝之誠遂微臣歸還之願不任

楊神湍謝土地詞

伏以道氣分光元功宰制下鎮靈化上配列星萬聖之所宴遊羣仙之所棲息肇於歷劫以逮茲辰玉女上賓謁香泉於江瀆元元駐駕留玉局於城隅耀天日之祥華以安井絡啟洞宮之徑隧以福坤維爲錦都靈勝之墟乃蜀國神仙之府而繕營久曠蕪薈幾侵清壇爲蹂踐之場閟殿染膻腥之雜我蜀王迴開神鑒矚此元關遽命澄清俾其嚴飾拂烟煤於石壁早挹仙儀薙蒿篠於荒階再窺靈洞邇後累加締葺漸獲精新堂宇相望樓臺櫛比復還門闥俯及康衢夕磬晨鐘得以備朝修之禮朝香暮火得以申蠲潔之儀報德何階感恩有自輒陳醮祝冀達眞靈伏惟

廣灑神休大頒嘉貺增聖主遐長之算寧謐萬方延蜀王椿桂之年乂安三蜀連營將校各崇竹帛之勳比屋生靈共樂和平之化龍神悅豫稼穡豐穰疵癘無侵鋒鋋永戢其有薰腥穢瀆穿鑿侵傷承此懺祈咸蒙銷解臣等佐時濟俗行教立功奏御上通遵修咸契公私貞泰眷屬利安然願往化法流先師舊德冥關無滯道果速圓內外職寮陰陽將吏遷功加品永贊福庭克宏王道之風常荷尊靈之澤不任

蜀王仙都山醮詞

伏以眞精表瑞元氣分形積秀氣於人寰凝爲仙嶽集幽奇於物外儼設洞天上屬星辰下福邦國由是瓊宮珠闕祕邃難窺羽葢霓幢飄飖特降二眞人三都跡顯九鼎功成白晝登眞丹霄控景威靈益振物象長新寶冊眞經琅函玉篆貯靈宮而作鎭與嘉蹤而常存遐想元風遙馳素懇今以三川觀化累遇干戈鳳札龍書靡存於魯壁虎符龜籙難訪於秦坑大教淩夷所宜宏拯是用翹懃翠巘稽首白雲申醮酌之儀冀神仙之鑒輟鸞洞緘藏之本爲人天宗奉之經佇建殊功却還舊所竊惟道無不在法許流通仰望鴻休允諧丹欵亦願潛迴禎貺普及寰瀛元元之祚允繁昌聖主之宮城匡復九圍寧謐萬彙昭融臣境宇乂安生靈康泰災躔自息算祿增延永持忠赤之心上副至眞之祐不任

自到仙都山醮詞

伏以元化既分茲山作鎭前臨楚望旁控巴城衆流迴環嚴設龍蛇之府羣峯拱衞秀爲眞聖之都二眞騰翥於前朝千載昭彰於懿躅巖巒蔽日松檜參雲禎祥時耀乎簡編福祉潛資乎邦國蜀王扶天茂績命世雄姿八國二江早列封圻之內黔城楚硤皆歸陶冶之中惟此仙山光於境寓仰靈蹤而稽首遙展誠祈望闕境以馳心虔修醮酌將以求書禹穴佇逢八會之篇探簡洞庭願值五符之訣敷宏奧賾演暢眞宗況屬大教淩遲中原多難俾其紹習須俟流通某躬泛長波式遵成命焚香昭告願鑒丹誠所期汜水橋邊不獨傳於漢相典陽泉上豈止授於千君捧袂西歸中興聖教不任

李延福爲蜀王修羅天醮詞

伏以道冠虛無功先覆載陶甄有物亭育無私綿劫歷以長存後天地而悠久載成不竭生化彌彰臣夙荷元休克承道運功輕塵露任重台衡數千里之山河周旋六鎭十七年之臨撫宰制一方每虞福過爲災力微成釁兢榮循省憂懼難勝況復大駕未還中原多壘訓兵勵士徒懷於報國勤王望闕馳心其奈於天高日遠微勳靡効孤懇何申今復大遊四神方在雍秦之野小遊天一仍臨梁蜀之鄉地一次於坤宮月孛行於井宿仰茲緯候緬彼災蒙深慮鳳輦鑾轅百二之關河未復陵園寢廟九重之城闕猶虛惟切禱祈佇迴鑒祐是用按依元格遵鍊明科修黃籙

道場設羅天大醮九清三界咸陳懺謝之儀天眞地靈備展奏祈之禮晉日月星辰之域遍山川嶽瀆之司畢罄齋莊用期通感伏冀天尊降命聖祖貽休俯借神功載康國步鴻圖克固鼎祚中興齊北極以常寧比南山而共永臣允承天澤長奉唐年享椿松延廣之齡竭金石忠貞之節境無災沴歲洽豐穰雨澤不愆干戈不作龍神安鎭士庶乂寧幽扃霑開度之慈絕域慕和平之化誓宏清淨以答眞靈不任

羅天中級三皇醮詞　杜光庭

伏以元蓋上浮黃輿下鎭元精降瑞應運開圖握六紀以君臨恩周率土體三才而司牧惠洽羣生寰區而聲教攸傳亘古今而光靈不泯臣謬膺天澤作鎭坤維荷覆燾以難勝誓忠貞而有守屬乾綱未舉天數中微瞻雲而河洛方遙捧日而山川尚阻徒傾丹赤莫展勤勞今又大遊四神在雍秦之分小遊天一次梁蜀之鄉地一鎭於坤隅月孛行於井宿考遵緯候伏切憂虞是用披按明科修崇黃籙備羅天大醮祈三界眞靈願假神休共迴天數使忠貞義烈振風雷埽蕩之威文武尊神借戡定經綸之力重昌祚歷永息妖氛九圍覩清晏之期三蜀荷安寧之賜災祛未兆福降無窮動植存亡同臻恩祐不任

羅天醮太一詞

臣伏按歷緯今年大遊四神在雍秦之分小遊天一次梁蜀之鄉地一屆於坤宮月孛臨於井宿仰披天度緬屬災期省巳捫心伏增憂惕是敢按遵元格崇啟壇場修黃籙寶齋備羅天大醮輒披元蘊敷露眞文伏冀尊神迴景上元貽休下土旁垂禎貺永息災躔賜臣封境乂安龍神輯睦生靈康泰遠近昭蘇疵癘無侵干戈弭戢唯虔修奉上

副神功不任

羅天醮嶽瀆詞

伏以二象昇淪剛柔定位三靈恢廓川岳裁形坤儀彰厚載之功品物荷資生之德雖混淪莫極猶廣九六之期廣博無疆以繫屯亨之數今以陰陽所運歷緯所甄天一小遊既移於梁蜀四神太乙亦次於雍秦地一屆於坤宮月孛行於井宿仰惟天度伏用震惶竊以臣叨荷寵恩久司藩屛封圻六鎭襟帶重江水惟四瀆之尊山居五嶽之長仙壇靈化皆驂虬馭鶴之蹤珠岸金堤乃禹導秦通之野

眞靈攸處祥應實繁必介休符以副虔祝是敢齋陳黃籙醮啟羅天冀衆聖之垂光會萬靈而降福共安天步永奉帝圖蕩昏曀於神京重瞻聖日混車書於海宇克保唐年臣境土安寧生靈舒泰邊無烽燧俗洽謳歌息未兆之災躔解已往之愆咎誓虔砥礪以答神功不任

羅天普告詞

伏聞元功宰制道化宣行稟象流形凝神運氣天覆地載爰起於渺茫日照月臨肇分於萬有至於陰陽昇降劫歷推移乾坤有九六之期烏兔有盈虧之數將期拯護允仗

眞靈臣以微躬遭逢昌運叨塵異渥踐履殊榮龍節虎符攝封壤山河之重金科玉律掌生靈性命之權常慚撫育非才每以滿盈爲戒而屬中原多難天步方艱社稷綴旒寰瀛塗炭訓齊武旅徒懸報國之誠追遞神都莫得扶天之路今者稽求歷緯考察經圖大遊四神方在雍秦之野小遊天一傍臨梁蜀之鄉地一屆於坤宮月孛躔於井宿緬維天度彌切憂兢是敢披靈寶簡文按河圖品格設羅天大醮開黃籙寶壇仰金闕玉京虔祈萬聖遍寰中象外普告衆靈馳意馬以披心託香龍而薦懇冀蒙鑒佑允降威神伏惟三界諸天四司五帝乾元主宰地府尊靈降陰陽不測之神假變化無窮之力神兵密助眞應潛彰大業中興萬方安泰皇基永固四海澄清埽彗孛於長空勦鯨鯢於巨浪常瞻聖日共載堯天賜臣境域安寧災凶弭息五兵韜戢四氣均調黎元無瘥疫之虞稼穡有豐登之望三川六鎭士庶龍神克洽歡康同臻貞吉其有幽魂滯識六趣三塗沐元澤以生神詣朱陵而受福存亡開度動植蘇舒誓傾忠孝之誠仰副神明之鑒不任

羅天醮衆神詞

伏以人爲神主神依人以變通神福於人人資神而讚祐承天統地有國有家惟古及今率由斯道我大唐臯陶種德聖祖垂休光宅中原傳二十帝元風扇於萬寓皇澤浸於九圍徧彼羣倫咸蒙覆燾而運鍾艱否時屬播遷天數未寧帝車未復忠臣義士皆懸報國之心望日瞻天敢怠勤王之志今以小遊天一躔梁蜀之鄉大遊四神在雍秦之野月孛行於井宿地一次於坤宮緯候所明兢憂是切是敢按遵元格披考靈科修黃籙寶齋設羅天大醮下窮九壘上極三清嚴陳懺請之儀願假感通之應伏惟尊神

眾聖憫鑒丹誠雷發神威風回景貺埽欃槍於碧落殄氛翳於皇都永固鴻圖中興大業次願封疆分野銷解災蒙祛厄會之期致和平之氣龍神輯睦風雨均調疵疫無侵戈鋋允戢誓勤握政上副神功黍稷馨香必虔於蠲潔蘋蘩薀藻克展於齋莊瀝懇陳情不任

蜀王本命醮葛仙化詞

伏以元穹列耀上表於龍星方局裁形下分於仙化實司命籍以統人倫臣獲稟元機夙臻景祐早承寵渥牧此烝黎縮六鎮之封疆德慚涼薄控諸化之靈勝誠切欣榮常

虞政理之乖莫副眞仙之鑒今屬太乙行運分野慮災或臨梁益之方或在雍秦之境月孛躔於井宿地一災於坤隅稽考緯書伏增憂懼況歲當丁卯是臣元命之年月屆仲春是臣稟命之節詣本命之化以本命之辰虔備香燈精申禱祝伏冀元尊憫矚眾聖鑒臨騰素欵於上宮錫鴻休於下土帝圖興復息災期而輦蹕還秦境寓康寧銷否運而禎祥介蜀俾罄報君之節允符憂國之心百穀豐登羣生和泰龍神貽貺疵疫無侵臣七祖生天年齡增永誓宏道化以答靈恩不任

莫令南斗醮詞

伏以元道聿分化機肇啟清濁定昇淪之位陰陽運刑德之樞南斗主生垂吉昌而勸善北宮紀死編罪惡以繩非神明用之以化人帝王用之以致理纖微不失今古攸同臣宿稟眞謨仰宗元訓敢忘勗勵以自秉修而叨備官榮屬茲多事雖加勤恪實有懼於曠違徒切兢憂固取譏於尸素誅奸癉惡或舉刑章或督懲愆或施鞭楚犒士或開其宰戮宴賓雖廢於烹燔恐因故殺誤傷遂結深冤厚釁又臣行年所歷小運逢災宿曜所躔火星爲照月臨申未

天符居本命之辰位對丑寅飛旗當衝破之地慮成厄會彌切震驚雖省己循懷寛刑慎行減饌節酒遠色防非猶慮凶咎未蠲福祥莫應恭披典冊虔詣靈山按南斗文儀法上元分緯九微燈影星羅遠擬於六星一德香烟雲邑高連於三素竹殿既招其虛實松軒可降於眞靈向此披心敢期符祐伏願六宮上聖輟死籙以延生五緯尊神碎禍車而流福冤尤銷解災厄和平骨月安寧境邑康泰風雨調順穀稼豐登寇盜不興沴瘥無作所請靈寶玉篆赤帝天書伏願解臨照於南丹錫恩慈於下土永承貞吉以

遂禱祈不任之至

鄭頊別駕本命醮詞

伏聞元天垂象斗極居尊統萬彙以無私御四時而成歲下司命籍總制吉凶有感必通有祈皆應臣粤自童丱竊仰威靈以七星爲天地之樞五氣爲裁成之本主張禍福制録鬼神傾心每奉於上元有醮必存於北斗疊蒙昭祐累降禎祥動若影隨事猶響答至或願捐所職謝病尋醫或懼履禍機違凶就吉或雪志於侵誣之際或滌瑕於猜忿之中潛瀝懇於長天暗馳誠於永夜至眞在鑒有願咸

從而多事所縈靈恩未報常期精潔冀啟醮筵今者天徇深衷神諧夙望幸叨攝任獲在仙鄉玉闕瓊都咫尺封隅之內凝嵐積翠高低城邑之旁況屬命辰仍當秋景遂得躬披松檜深躡雲霞展三獻之禮容猶申公務酬積年之祈禱兼遂私心省分循懷既榮且忭是敢奉持詞欵營備香燈雖澗蘋行潦之微難迴聖鑒在隨感赴機之德願納愚誠所祈答已往之恩佇將來之澤賜其貞吉介以康寧俾縣境無虞農功有歲人和俗阜遠睦邇安臣或本命五行災衡所及天文九曜臨照所經或政理有所未明賞罰有所未當新冤往債故殺誤傷並乞蕩除永承恩祐不任

孫途司空本命醮詞

伏以二氣肇分五行運化鼓陰陽之槖籥執生死之樞機亭毒無私陶融靡倦司短長於五帝校善惡於三官維斗居尊總御羣品臣自維幽陋仰荷栽成獲備冠裳每憂叨竊遵素儒之明訓守元聖之格言尚慮動息成非行藏乖道難階福善易結過尤仍恐三途推移或逢災數九曜躔次或在厄宮況今年天符臨勾絞之方小運當伏吟之位十三宿內月孛所經大運行年猶居衝破以茲疑懼恐履

災凶敢用本命之辰虔申醮謝伏惟眞聖俯鑒誠祈赦已往罪尤和冤釋結錫將來福祉增祿延年眷屬寧康公私和泰即永荷衆尊慈祐之恩不任

欽定全唐文卷九百三十九

杜光庭十一

李仇中丞本命醮詞

伏以二氣陶融，三元生化，栽成品物，亭育羣方，受命稟形，上繫天府。至於壽算遐促，祿祚短長，立身有罪福之因，行運有吉凶之數。天司地簡，主宰無私。臣伏恐三命五行，或逢災咎；九星七曜，或値照臨。陰陽有刑剋之期，祿算有凶衰之會。又恐積生所犯，冤債未除；積世所行，過尤旋結。常情罔測，神道難知，非託醮祈，無由解釋。輒因本命之日，虔

備香燈，仰元象以披心，對星壇而瀝懇。敢希至聖，俯鑒丹誠，三官落罪簡之文，五帝削災妨之籍。臣宿瑕蕩滌，積釁銷平，輟死北宮，上生南極。天曹增祿，司命延年，眷屬和寧，公私清泰，卽荷衆聖之恩。不任

張道衡常侍還願醮詞

伏聞垂象九天，流光萬有，帝車周運，聖力遐通。裁四海以無私，福羣生而不宰，惟祈必應，有願克從。臣頃以大順二年，遭逢危厄，憂逾蹈火，危甚履冰。既難保於朝昏，敢望全於形命。元元丹懇，啟愬無門，惟注念蒼穹，冥祈元斗，潛輿大願，冀贖深災。果蒙大道鑒臨，至眞通感，垂好生之澤，開罔極之恩，獲洗罪尤，盡消冤戾。仰天慈而積感，報元造以無階。旋屬公役所拘，道途無暇，歲華累改，誠願未申。況復水陸經過，江山往復，幾逢傲擾，頻値艱危，幸脫鋒鋩，免罹凶橫，皆承蔭護，倍切兢榮。今以本命之辰，於玉局靈化，詣北斗七元之殿，當元卿大帝之前，虔備醮壇，恭酬往願。昔所許奏錢若干貫，請至今年八月五度奏納取畢。伏惟斗中衆聖，元府上司，鑒顧丹誠，曲迴鴻造，使宿願周備，賜靈澤遐霑，赦過除災，延祥介福，年祿增益，危厄銷平，眷屬乂

安，公私貞吉，卽永荷斗極衆眞覆祐之恩。不任

周庠員外爲母轉經設醮詞

伏聞三洞寶經，九天眞訣，虛無凝炁，混合成文。龍篆鳳章，發舒杳冥之始；瓊編玉檢，敷宣天地之先。大則制御乾坤，保鎮劫運，安寧祚歷，昭祐帝王；次則和輯五行，調平六氣，蠲邪度厄，濟物利人。遵修則災咎可銷，諷誦則禎祥可降。臣等以母行年衰厄，疾苦所嬰，憂懼但深，告祈無所，敢憑元聖，披瀝丹心。伏願勑三寶威神，命侍經寮屬，解五行刑剋，卻三命凶衰，增祿南天，延生司契，六府調理，百病痊平。

永垂覆祐之恩克享遐長之福謹以玉局化轉經設醮冥叩至眞不任

莫庭乂爲張副使本命甲子醮詞

臣聞天道無親輔兹有德功或及物福必無涯當川安撫副使張琳奉主無私酬知盡節初終一致雖風雨而不渝籌畫萬端越歲寒而彌勁頃以四郊多壘兩鎭稱兵物力將虛經費逾廣厚斂則生靈必困薄賦則供億不充出自良謀豐其軍食糗糧山積戈甲雲屯人不告勞物無失所益振貔貅之勢佇成弔伐之功但以張某三命之中猶逢

災厄二運之內甲祿氣微天符臨本命之宮土星逆愁煩之位慮爲災咎輒罄誠祈爰託皇壇旁希元祐伏願十華降福三聖迴光錫善貺於諸天災殃自息蕩過尤於九府祿算增延永俾安寧共康藩屛臣情誠迫切冒瀆高明不任

駱將軍醮詞

伏以二氣淸寧表天地亨貞之道五材倚伏荷乾坤成育之恩至於命籍短長祿祚豐薄立身罪福行運吉凶莫不上自天司旁資元命主張考校巨細無遺臣竊恐列宿五行躔次有照臨之咎九宮三命陰陽有厄會之期以此憂兢恐成災厄今以立冬令節祈福良辰虔罄丹誠精陳醮禮仰天闕而瀝懇瞻地府以冥心佇降恩慈曲流洪福使災凶殄息過咎蠲銷錫以嘉祥增其壽祿落罪書於北府紀生籍於南昌眷屬安寧幽明康乂回翔天路長親日月之光棲息人寰永沐眞靈之祐不任

馬尚書醮詞

伏聞歷象推移運三元而成歲陰陽變化資大道以宣功澤霈幽明事均今古其有宏仁秉義體順和光則天錫禎符神彰吉貺或動乖守愼志協回邪乃蹈彼艱虞兆茲否

塞影響之報理實昭然臣猥以庸虛早塵職祿雖肅恭自立畏愼推誠常懷聚鷸之譏每懼維鵜之誚況復訓齊戎伍秖奉藩垣鋒鏑猶施鉦鞞未息摧堅挫銳徒申擒討之謀故殺誤傷慮搆幽冤之咎以茲屬念深用寘懷今則秋帝考功地官校籍罪福咸舉毫末無遺或臣有塵忝之非有殺傷之故有六情之罪有三業之辜有注訟未除有冤讎未釋事題黑簿名挂陰曹乞垂悔謝之緣並降蠲消之澤俾其克勵得以自新至於宿曜垂災行年値厄亦希趨

度獲保乂安上祈九祖生天三塗離苦飛沈遂性生植無傷四方之戈甲早寧萬户之農桑畢就俗聞謠詠野息氛埃咸歸清淨之風大洽希夷之道虔修醮酌懇薦章詞遙祝仙壇仰望眞祐不任

馬尚書本命醮詞

臣以庸微叨承宿運謬參職秩繼忝官榮統御戎車襲行條令或剋收境邑除蕩奸宄外禦寇讎內綏疲瘵而宴賓犒士須有宰傷去弊誅邪必資刑律誠非徇己務切安人竊慮斬決之間重輕有失傷殺之際故誤難明以此憂惶

恐貽譴責又慮臣行年三命或值凶衰宿曜五星或逢臨照因其厄會遂履凶危又恐九祖幽儀未蒙遷拔六親滯識猶有拘留緬長夜以魂驚念陰關而心懼思馨歸依之懇仰申薦奉之誠輒憑本命之辰式備資薰之力冥心靈化遐想寶壇陳醮禮以肅恭貢章詞而精禱伏冀元元錫祐大道流慈光開泉曲之庭詔下酆都之府使九元超度衆苦蠲消生神碧落之天蛻影朱陵之洞福延後嗣惠被宗親其有往世愆瑕無窮冤對咸承懺滌並使和平乞臣罪簡落書生宮注籍災凶弭息祿算遐長兼祈福介川源澤覃遠近戈鋋早戢疵癘不生野復耕桑人歸富壽洎乎沈潛異質冥漠殊庭同沐元風咸昇道域誓虔丹懇永奉鴻慈不任

司徒青城山醮詞

伏以灝氣漸凝羣山挺秀高扶宸極厚鎮坤輿惟彼西南上通參井結靈積瑞含藏日月之華疊翠推嵐包括神仙之宅位崇衆嶽秩亞三山爲天下之福庭冠域中之勝概崇臺比立黃軒之祕跡猶存巨浸旁分大禹之神功可覩每彰符應以祐生靈頃屬雨澤踰旬泉源坌涌丹崖翠巘

雖傳隕圮之聲紺殿彤軒靡有震驚之變緬茲羣異益驗光靈臣叨荷殊恩膺茲重寄綏撫之能未著兢憂之懇常深恐臣過咎所招仙嶽降異常之兆災蒙所襲神峯垂警告之祥夙夜省循若據冰炭莫展披陳之路惟虔禱謝之誠輒按明科恭申大醮庶蒙鑒祐以贖愆違不任

馬尚書本命醮詞

伏聞元化運行三才資始體乾坤而成象感陶煦以凝神由是懸命籍於天關繫生死於斗極其有行藏巨細舉措纖微八靈伺察以無遺十値考讎而畢至善功潛著則名

列仙曹過目所彰則書編鬼錄用茲懲勸以導於人其惟本命尊神主張校錄緬思元旨實切稟修臣猥以凡微曾無機畧唯奉公克己效命爲時未展勞能累驚塵忝揣循增懼委任益深況封畿戈甲之餘壠畝榛蕪之後疲羸未復瘡痏未平撫之則濡沫纔通撓之則溝湟甫及而縣司六邑務彼三農暑耨寒耕雖勤劬於人力有秋望歲殊仰俟於天時但罄丹心禺祈元祐敢因本命之日虔申醮謝之儀所祈眞聖鑒臨福祥臻萃赦臣叨據之苦獎臣肅奉之誠使鋒鏑早寧京坻有積人無疵癘之苦年祛水旱之

虞俾臣九祖超昇三塗清宴其或宿曜運行之厄歲年刑剋之災淫刑濫賞之非故誤殺傷之咎竝希昭祐普錫蠲消永誓歸依以酬眞貺不任

莫庭乂青城本命醮詞

伏以稟氣分形上資元化主算定祿仰繫眞曹臣伏恐履行之間或貽愆咎年運之內或遇災凶非仗神功難申懺滌輒干眞鑒虔備醮儀頃以此山嶽瀆上司神仙福地洞裏之玉樓金闕塵俗難窺人間之古殿荒臺蹤基易變梁摧蝃蝀瓦落鴛鴦若無營葺之興已雜蒿萊之徑某叨居宰宇竊備繕修既俾功庸仍申藻繢圖五嶽九江之像貌河侯溪女之眞肅穆晃旒駢羅珠翠如登貝闕似挹驪宮旣輝煥於素垣益深嚴於元德所冀少城天府永賴休禎秋報春祈克承嘉祐敢因元命之日虔修讚祝之筵伏惟應念迴軒分靈降澤錫臣以增延祿算助臣以消解災凶兩地之骨月安寧一境之生靈蘇泰誓傾丹悃上副元慈不任

莫庭乂青城甲申本命周天醮詞

伏聞妙本應期元精啟運三光分照萬有陶形圓清方濁

之間遞爲主宰日域星躔之內各備職寮大則司刼歷弛張小則察人倫善惡有逾衡鏡無隱鋒毫竊惟九室洞天羣眞會府丹崖蕩日翠谷呀雲鸞旗之所往還霓節之所遊集叨膺宰宇獲詣仙山雖食蘗苦心飲冰潔己功應無補過必彰聞況於咫尺之中敢罔眞仙之鑒更慮九辰行運三命推移福善不常災凶靡測拳拳素懇若履顛危輒因本命之辰載申祈醮之禮天衢地壤水府星宮咸罄血誠仰祈明祐伏乞解災釋過延貺垂祥壽祿惟增凶危自息已往則九天開度見存則兩地安寧一境生靈同承福

廥兵車休駕封部無虞長欣靜謐之期永荷靈眞之澤不任

莫庭乂九曜醮詞

伏以二象分華三元列曜司悔吝吉凶之契操死生罪福之權主宰無遺幽明咸繫臣自惟凡昧夙奉正眞叨荷寵章獲忝位祿循涯省分常懼於曠官恤物安人敢忘於勵己尚慮動違恭愼日積愆瑕上瀆眞靈潛貽厄會又恐五星進退四曜運行或居身命之宮或臨惡弱之位況臣今年天符臨於命卦木星未出身宮第二十宿中蝕神所歷

小運行直又值天羅竊憂福過災生命衰祿薄按河圖內品太元祕文瀝懇貢詞披心備禮仰華蓋儀璘之闕若對九芒瞻星辰日月之宮盡傾丹款伏冀宸光下燭開昏晦而洗沈冥靈景延暉碎禍車而焚罪網使年齡克保品秩攸昇一境之士庶康寧兩地之親緣安泰仙山表貺人無瘥疫之傷靈府垂禎歲有京坻之望唯虔素悃上答元功不任

川主相公北帝醮詞

伏以七政上尊五靈元老位司北極部制中天至於地分吉凶天文災福五行六氣三命九宮萬彙慘舒咸歸考校臣以兵戈既久殘瘁逾年念彼生靈痛深肌骨敢因醮謁載罄祝祈瀝懇紫微叩心元象實希憫鑒俯降禎祥消沴氣於郊原退災星於井絡一川康泰萬有昭蘇永戢戈矛惟新祿算九天霧卷重披日月之光三蜀烟清再播雲雷之澤卽仰荷帝君憫護之恩不任

川主相公周天后土諸神醮詞

伏以天府名區少城奧壤龍神福地天帝雄藩豈以凡微叨茲臨鎭而謬分朝寄總此封疆十載於茲日深兢懼但

以粵初莅任便屬艱難黃巾犯秦翠輿幸蜀行朝萬衆駐蹕五年力盡扶天誠深報國功宣匡復以及迴鑾其間有跋扈稱兵盱睢竊發秀昇擁師於下瀨郭琪奮臂於中軍咫尺乘輿震驚輦轂上資睿武旁假神威相繼克平以安大駕感茲靈祐常貯血誠今則時未底寧人方肆亂帝車順動又幸陳倉中原有焚燎之災六合靡晏寧之所雖誠深憂國志切匡君難申嵇紹之忠山川杳隔空抆袁安之淚扈衛無由緬想神功必垂濟助爰申醮禮仰冀靈通希迴助順之恩共安天步少借害盈之力遠掃兇渠復黃屋

於上京延寶圖於萬葉椒漿之奠永答明慈臣不任瀝懇披心虔請之至

葛仙山化醮詞

惟彼仙山鎮茲坤壤八十一洞分日月於地中二十四峯繚烟霞於天際潛司罪福以統生靈臣夙慕元機早崇清靜躬逢聖日既叨輔贊之榮夢想靈山常貯逍遙之志尚縈多事徒鬱素懷今節及仲秋禮當望秩遐瞻翠巘杳隔紅塵虔備醮壇用申誠祝伏冀虎旗龍旆遠辭八極之宮鶴馭鴻驂聊降二仙之駕歆茲薄禮錫以殊休俾稼穡有年凶災不起幽明共福家國咸安比帝祚於崇岡續唐年於劫歷必期修潔以奉靈光不任

川主九星醮詞

臣聞九元御極綜列宿於紫微七政垂光統衆星於黃道指攝提而臨萬象運招搖而主百靈生死吉凶咸繫司牧臣以受年之時此月火星及暗曜罡星皆臨本命以茲戰悚恐蹈災危敢以丹誠上祈元祐虔修大醮備瀝微衷伏惟九聖延慈乘帝車而降福七眞垂眖迴杓建以袪災二十八宿行藏皆資祥慶一十二宮分度永息屯蒙誓勤忠赤之心以答靈眞之念不任

中和周天醮詞

臣以庸虛猥當大任極台衡之秩居藩屏之崇雖傾捧日之心莫著匡君之績頃以四郊多壘中國不寧戎馬載馳兵車尚駕或近臣肆逆或遠鎮辜恩纔滅梟巢初迴鑾輅又聞薄伐再致省巡凡在人臣豈勝憤惋惟炷香冥想望聖祖之貽休拜表祈眞待陰兵之助役果見僞王孽相連頸殲夷兇帥朱玫繼蹤斬馘緬維幽讚更切明誠近又太乙運行已照蜀分五星移度或在身宮慮薄德所招卽凶災洊至常加惕厲罔敢遑寧遂有鄭君雄韓球兩地結連逮興兵甲隔絕恩信淩犯關防殘掠生靈焚燒郡邑數州塗炭千里傷夷憫此幽冤痛深骨髓臣所以上祈至道明禱眞靈志先憂國憂人誠匪爲家爲己由是上天悔禍大道降靈包藏者尋就誅鋤黨附者皆從翦撲封疆繼靜凋瘵旋蘇韓球敗亡君雄梟戮漸通道路將雪冤沈尚以芟刈之時殺傷非一仰體好生之旨震悼何安俯嗟遊岱之魂淒涼莫已是用凝神叩寂拜手歸心陳謝恩謝過之儀瀝祝地祝天之懇庶祈元聖曲鑒丹誠輝映清壇降流洪

澤蠲除愆咎弭息災凶使生者又寧幽途開泰臣又聞衆星拱極百谷朝宗蠢彼不庭敢違天道更鄰近境綿亘數州山寨相望久爲兇逆欲恃其蜂合蟻聚之勢仗鉏耰白挺之徒垂二十年不賓睿化擬因揭竿之便將申破竹之功爲國除奸爲人除害重希神力克震軍聲酆都以三十萬兵常袪沴氣洞泉有二十五將潛制妖徒正道殛邪神明助順敢緣斯旨再罄赤心伏惟俯鑒奏陳克迴明祐使昌瀘梓遂永無虵豕之災草木藂林盡化鋒鋋之狀咸知帝力主復王謡然後論賞龜城拜章鳳闕弢弓解甲歸馬

休牛長諧魚水之歡克暢君臣之道明明血懇大道鑒之不任歸命祈恩屏營憤切之至謹詞

程德柔醮水府修堰詞

伏聞大道垂功裁成品物眞靈設位主宰羣生至於水府明神山林正職各司罪福以庇烝黎當縣地控上游素名劇邑賦輿重大耕稼茲繁堤堰所防安危是繫某所修堰分當彼瀁流自汎溢以來累有摧壞雖俾夜作晝竭力焦心旋有葺完尋聞傾陷豈水脈所注不可備防豈龍神所爲未容障塞憂惶迫切無所告祈且食乃民天人爲邦本或虧秋稔必致年凶況天府膏腴勢連下瀨少城戶口旁接通波若爲侵軼之災必有泥沙之變救茲墊溺須仗元威伏惟大道開恩明神流鑒愍其農畝念彼生靈迴不測之神功借無私之聖力特垂濟護俾獲安全使黍稷永豐京坻有望息襄陵懷山之禍叶年豐俗富之期蘋藻效誠敢負靈貺不任

川主醮五符石文詞

三寶開光五文孕化凝水火木金之氣成雲霞龍鳳之書保制乾坤鎭寧天地洎乎降傳下土濟護羣生夏禹得之

以成功仲尼奉之而興詠有家有國罔不遵修所以服御神祇鎭安川嶽禳除氛沴清肅宮城至於居宅之興亦在鎭禳之例臣頃於所部特創新居既畢巨功爰申大醮按河圖品格依靈寶文儀篆刻眞符清修香火所冀解銷犯觸安集正神名彼靈官永垂擁衞伏惟元元鑒祐衆聖流慈勅勤職司錫其禎貺居止寧泰眷屬康安分近天皇大火之鄉況屬身宮或鄰對照捫心震惕循已驚虞是用瞻本命福山仰列仙靈化歷三元而禱祝遍九曜以虔祈伏冀洞府神眞披香奉御元元尊聖垂澤降臨賜臣以景貺

禎符解臣以災期厄會克承祐護允洽康寧上願皇業天齊聖圖嶽鎮伊川洛汭運叶中興八水三山俗諧昭泰戢鋒鋋於九野共文軌於萬方臣得勵忠貞永扶英睿不任

蜀王爲月虧身宮於玉局化醮詞

伏聞大道縱靈元和肇化燭三光而上列運六氣於中天播栽成宇育之功物無不遂持寒暑暄涼之柄政無不均所以五星秉大帝之符司明罪福十神行太乙之命統御吉凶律歷難欺古今所秉臣遭逢聖運塵忝殊榮山河控井絡之雄封壤握坤維之重常虞福過實懼災纏今則涼

德靡修太穹垂戒月朔則太陽薄蝕當對照之方既望則太陰變虧在身宮之位飛天火曜臨於命辰干祿納音仍逢衰氣恐成災咎彌切憂惶是用遵按元科勵精丹懇奉香羞於玉局陳醮禮於瑤壇仰三景以希恩普周天而禱福伏冀昭彰俯鑒肸蠁垂休錫禎貺於三命五行解災期於身宮分野至有故傷誤殺往債宿冤咸賜蠲除永俾貞吉上願皇圖悠久聖壽延長還秦符大漢之隆宅洛契宗周之盛干戈偃戢夷夏昭蘇得傾報國之心克叶自天之祐不任激切虔祈之至謹詞

安宅醮詞

伏聞道氣流布三才乃分陰陽陳變化之機水木肇相生之象巢穴之風既替宅宇之作遂興順二氣以營修體五行而制度實資神化大庇生靈臣以庸愚不明元理因時改作隨力興修土木之功曾無避忌穿鑿之處深有驚喧或抵犯王方或背違天道致使龍神未守居止非宜恐迫凶衰更延災厄謹歸心大道稽首三尊按靈寶明科修五帝大醮虔恭懺謝拜請符文懺已往犯觸之非祈將來安寧之福伏冀二儀介瑞五帝垂祥凶惡蠲除龍神鎮守人

口清泰動靜康寧營造興工常蒙利祐公私和暢眷屬乂安卽永荷太上衆尊五帝祐護之恩不任

八節醮詞

伏以大道垂化元氣流形鼓鑄羣生有清濁剛柔之異舒張八節定春秋冬夏之方所以考校吉凶司明罪福惠既周於家國恩亦普於存亡臣等獲值昌期早欽道化資神功而生育荷聖力以栽成竊慮處俗立身寧無過咎前生今世必有愆瑕或五行三命之中遭逢厄會或暗曜明星之下因值照臨以此兢憂輒思祈醮爰逢令節同竭丹誠

是天元啟候之期當大聖延慈之日翹心靈化稽首瑤壇精潔香花虔恭醮祝伏冀高尊鑒祐衆聖哀憐垂罔極之慈賜無疆之澤使積生罪惱累世冤讎已往傚非將來厄運乘八節自新之力降三宮肆赦之恩竝賜蕩除永錫貞吉使臣九元七祖受福祉於南宮眷屬親緣落死名於北府公私和洽壽祿遐長卽永荷衆聖祐護之恩不任

都監將軍周天醮詞

伏聞大道混融羣材昭著陰陽昇降吉凶之理肇分善惡循環罪福之文是啟玉虛大帝金闕元皇申命眞靈俾其

主宰三官五帝爰居勸沮之司南斗北元以統死生之錄洪纖備舉億劫無差所以丹簡元經有修禳之祕訣祈天悔過有懺滌之明科竊仰宏慈敢陳徼願臣獲膺宿會運偶昌期猥以凡庸遭逢異寵伏念戴清履濁寓世立身事主奉親自家刑國雖忠貞勵節勤瘁在公而休祉難臻衍違易集況臣頃因扈衞時屬艱憂豺豕欺天氛霾蔽日曆巖瑞氣但布護於帝車九陌妖塵正昏蒙於輦道乃忠義奮身之際是人臣效命之期得以手捧天樞身排鯨浪克寧皇極以磬丹心遂叨非次之恩遽荷重難之寄連營貔虎千里提封慚無監撫之能但切兢憂之懇竊恐臣前生今代歷劫以來未達正眞動成罪戾或上虧天理下犯地宜中忤人情旁違物性十纏外積三業內興或助順除奸誅邪佐命或故傷誤殺秉法持綱或星曜運行時逢臨照或三命經歷因值衰危八卦九宮有刑妨之數冤讎債訟有考對之文幽晦常情眇然難測惟資修奉上叩元虛冀獲感通克承覆祐是用按河圖眞格披正一靈科溥海嶽以貢誠遍乾坤而瀝懇恭陳醮禮以展肅虔伏惟三寶迴光衆聖流鑒赦其宿過錫以殊休罪簡緘消生名列品和

平冤債清蕩災凶九元七祖同霑洪澤六姻九族咸沐元慈俾川境安寧生靈輯睦俗無疵癘野有謳謌幽府冥司神輝朗徹飛行蠢類惠渥滋濡上願國步夷平聖躬和暢五兵戢偃萬寓乂康鑾旗早復於秦京象法重懸於魏闕瞻天望日言發心馳不任

欽定全唐文卷九百四十

杜光庭十二

衆修本命醮詞

伏聞大道垂光三靈資始人天設位萬化互分稟氣有清濁之殊賦運有吉凶之異昏明既判罪福亦彰於是太上宏慈元尊愍護南極闢延生之府北都陳銓善之科兩曜列星布無私而照燭三官五帝開大宥以君臨蓋欲使共洽無爲俱臻清靜品登道果名列眞階臣等叨沐神功幸逢昌運聞元儒之妙旨履仁義之康衢坐挹堯樽行歌睿

德揣躬省已榮抃實深但慮往劫此生立身舉措動成違戾率忤幽明六情之愛染難袪三業之愆非易積文昌簡上未紀善名酆部宮中已標罪目又恐行年災咎宿曜加臨或土木興功犯干禁忌或故傷誤殺結聚冤尤遂使暗奪年齡潛消福祿非憑勝會難寫深誠今屬白露凝神清秋居節是懺罪祈眞之日乃延恩致福之期輒率慕同誠歸依至道齋持法信稽首靈壇遍天府以披心望星宮而注想伏冀三元上聖十界衆尊南極威神北臺寮輔念其虔懇降以光靈流福祚於存亡息災凶於永遠使臣等九元七祖咸得生天五族六親並蒙安泰罪瑕除蕩祿壽延長門宇清寧運求諧遂五行三命永無刑剋之災私室公庭長荷利貞之福不任

張道衡還北斗願詞

伏以元象垂光物無不照帝車周運感無不通臣以幽微仰蒙鑒祐頃以大順二年身陷危厄性命是虞輒瀝丹心上祈元造遂發誠願奉錢十萬貫文旋獲安寧克蒙清雪螻蟻之生已保眞靈之澤未酬尋以奔迫道途辛勤南北難逢良會莫報宿恩冰炭在懷寢食增懼今則歸心靈化

稽首瑤壇虔備香燈精修醮酌自今年四月至今月五度奏錢滿十萬貫兼於玉局化北帝殿塑造北斗眞君像溥修功德用申素懇上答元恩伏惟聖慈曲賜昭納使誓圓昔日願滿茲辰宿罪蠲消餘災蕩滌冤讎和解年祿增延公私叶貞吉之期眷屬享乂寧之福存亡咸泰品彙霑恩不任

行軍僕射醮宅詞

伏聞大道融眞天尊演教赤明御運靈寶開圖八會成文凝結太空之表五符流跡昭宣大有之中五帝受之以度

人。九天得之以定位降於下土。護國濟人。摧伏兇妖。誅滅邪惡。凡所興造。皆許遵行。臣頃以營繕所居土木將畢。恐有干犯。難備考詳。竊按元科。請行符命。修崇黃籙。關奏清都。刻五方大帝之文。依三洞鎮禳之格。下告五土。上奏九微。伏願衆聖垂慈。萬靈孚祐。勅命符吏。須示職司。降以威靈。布其真氣。蕩除魔怪。安靜龍神。八卦九宮。五行六甲。陰陽刑殺。太歲將軍。各鎮方隅。永祛災咎。其有伏尸故氣。金土邪精。滯爽游魂。幽靈暗魄。各乘善力。俱遂逍遙。克保安寧。永臻福祐。不任

衆修補三會醮詞

伏聞人之稟生。資於二氣。陰陽定體。魂魄守身。稍或愆和。即成災否。三會之日。是三魂攢奏之辰。罪福吉凶。纖毫無失。增壽奪算。賞罰甚明。所宜積善除非。立功補過。用祈吉應。以保遐齡。元聖格言。真經明訓。敢不遵守。以戒身心。臣等數年以來。於下會之日。共申祈醮。以罄焚修。昨者迫以塵緣。運違佳節。中心憂惕。不敢遑安。今則別選良辰。旁招善友。同營香火。特展醮祈。靜夜寒更。冥心注念。真經必降。誠願冀通。伏惟萬聖迴光。千真鑒映。錫其禱祝。除彼災凶。制魄拘魂。各遂修生之望。迴凶變吉。咸開遐永之程。臣等或三命衰微。九宮厄滯。或星文照臨。災運縈纏。或宿債未平。餘殃未息。或故傷誤殺。積過深瑕。俱乞蕩除。克賜昭祐。合家蒙福。九祖生天。公私有通泰之祥。眷屬荷乂安之澤。不任

皇帝設南斗醮詞

伏以三光麗天。照臨萬有。衆星垂象。統御羣形。南斗文昌。實掌生籙。爲正陽煦物之本。乃帝王壽命之司。按天元上清等經。若五月五日值丙午之辰。則啟福延恩。濟生利物。

和寧品類。安鎮邦家。陽德所資。普享其福。今年以火水金土四星。聚於實沈之墟。又逢日度所經。皆爲順伏。五月合朔。太陽當蝕而不蝕。洎乎既望。太陰當虧而不虧。斯乃五日得丙午之辰。純陽所應。顧惟寡昧。欽荷元功。懃化理之未周。念聲教之未普。敢祈流貺。以及微躬。所願大道延慈。上天錫祐。俾九州四海。俗泰民康。年豐而六氣均調。候正而四時和暢。弢弓偃革。歸馬休牛。咸臻保命之祥。克廣好生之德。冥心丹禁。稽首元壇。瞻八景以低臨。冀九光之迴燭。鑒茲醮酌。介以禎休。辰輝炳靈。幽讚之功已著。人天交

感協和之氣可期混一車書大同寰宇式虔祇荷上副元慈不任

皇帝周天醮詞

臣聞風雨霜雪之不時則星辰示象蘋蘩薀藻之可薦乃天地垂休緬是前修實爲通論臣恭臨大寶虔奉丕圖不敢遑寧若臨冰谷而頻移圭律七變槐檀慮兆庶未康恐一物失所或刑政乖謬或恩信未孚干戈猶駐於疆場正朔未同於夷夏水旱不節富庶未臻昏墊札瘥繼聞於羣縣盜賊欺誑尚恣於鄉閭雖則務嗇勸分貶食省用不過

聲色永絕畋遊瓦器蚌盤敢忘於刻己雉頭虎魄豈事於娛情猶慮上曹重書厥罪顱家有愧首謝無由近則金火二星水土兩曜併聚蜀分皆次實沈日月爲薄蝕之期朔望卻史臣之筆太陽順伏分野垂休豈此禎祥併歸沖渺益勵退修之志彌彰戒懼之心敢因午日之嘉辰聊答上元之厚貺靈官渺邈紫府深嚴雖昭告之備申慮誠明之莫達齋潔選日懇悃陳詞寂寂元壇儼威儀於乙夜飄飄仙馭降福祐於人寰伏冀八表乂安黎民清泰邦家鞏固社稷永寧六府孔修九功攸敘簪裾奉職書軌同文不任

醮瀘州安樂山詞

伏以楚蜀連封西南重地江馳萬派嵐積千峯天帝以之會昌龍神以之固護惟茲奧壤獨擅雄名三層蜀煙月之光八洞閟靈仙之宅常宏勝利以祐蒸人年無旱潦之傷俗保安貞之吉致泝沿之攸濟獲絲枲之蕃豐銜三觀威靈荷二眞慈貺傳諸遠近載彼經圖翹首注心共歌元澤臣名拘輦轂望切林泉每憐素豹元猿常戲芝巖桂岫延頸企踵跡滯神遊輒贄微香遙陳孤懇臣以所居北帝院齋醮所給鐘簴未周雖申降福之儀幾闕飛霜之韻始聞

仙山之內法器且多既無考擊之期虛備鏘洋之美道隨誠感鐘固可移願減有餘資其不足輟於翠巘還就皇都清聲漸遠於彤雲洪響佇聞於紫禁願俞誠祝永鎮京華謹差正一弟子張謙卿奉詞陳請以聞不任

醮名山靈化詞

伏以大道融精是分二象元尊布化以播萬靈咸稟運於裁成共輯寧於邦國欽哉羣望實總休禎伏自應天順人開基創業雖未致昇平之理而幸成庶富之鄉四國爰來百辟咸在人心允若天意昭然而或教失義方情牽慈愛

付藥盛之大任委監撫之重權庶人元膺益恣胷襟都忘孝敬用奸邪之扇惑興背叛之兇狂矢石欲及於乘輿金鼓近喧於侍從猶賴上天垂祐靈化降祥不容梟獍之心坐殄豺狼之黨未更昏旭悉已蕩除中外再寧寰海稱抃爰擇良日仰報威靈遠申昭告之誠輒罄潢汙之薦敢期鑒祐永叶安貞不任

鎮江侍中宗黯解纜醮水府詞

伏以道化所覃神休普被上惟邦國下及人倫咸資拯護之功潛假保持之力古今無爽水陸攸寧臣猥以常林叨

逢聖運經綸締構慚無竹帛之勞渥澤超昇累荷乾坤之造遽蒙睿獎顯授兵符登韓信之齋壇授呂侯之金鉞錫茅分閫推轂專征省循徒切於兢營倚注靡容於陳謝選辰練日遄命啟行況楚硤上游錦江下瀨舳艫則千艘亟駕泝沿則萬派爭奔實用眞靈總斯陰隲皇帝宸襟所屬每切敬恭思布化以睦鄰亦申謀而懷遠雄師銳旅首在此行將解纜以乘流爰潔誠而致醮伏惟元元大聖五老高尊命靈將元司助洪休巨福迅浪皆期於利涉驚湍盡變於安流萬里通津百神加祐克昌大業更廣鴻基外屛中朝共臻禎福不任

周庠員外填本命醮詞

伏以天鑒孔明有感斯應神道正直無祈不通每垂拯護之仁以副禱祈之願祛災流貺猶響應聲竊佩斯言常虔片志每因元命得備焚修式勵深誠實荷明祐但慮塵機未息過咎易盈宦路所拘悔尤難遣因星辰臨照值年運衰危但懼災躔敢思福會自從軍鄰部寓跡外封一駐戎軒兩周天序既闕奏陳之禮必招逋慢之愆本俟凱還併申醮謝今則方當剗壘未議櫜弓久曠香燈不遑寧處是

用馳心靈觀遐叩至眞備三醮之物儀同一壇之關告伏惟元聖俯鑒丹誠解厄消災延生保命宿瑕蕩滌往咎蠲平克覩成功永臻多福不任

大王本命醮葛仙化詞

伏以二氣資靈五行稟象法元穹而定命體厚地以流形罪福吉凶皆由陰隲運心履行咸繫主張況荷殊榮久叨重寄循涯省分常切兢懸每因章醮之壇敢忘敬恭之禮冀憑修奉上答君親今屬元君之辰詣本命靈化精誠香火祈叩眞仙願鑒丹襟俯頒鴻福俾臣罪瑕除滌壽祿增

延疆寓乂安生靈康泰災毒無侵於四境農桑克美於有年得傾葵藿之心永奉昇平之運不任歸命虔誠之至

大王初修葛仙化告眞詞

伏以九隴名區三仙化跡上通心宿下鎮錦川雲霞疊綺繡之光松桂竦煙嵐之色五宮高闕狀西靈南極之儀四輔交輝列東華北眞之像最標形勝獨占幽奇斜界玉輪旁臨石硎而屬師徒傚擾鉦鼓震驚火彗橫空霜戈照野熊經鳥伸之士抗步不還漱流枕石之人拂衣長往眷茲勝異一變榛蕪崇樓之金碧塵銷廣坐之儀容蘚剝緬惟殘毀深可歎嗟況某本命之辰配於茲化宜申締葺用答眞靈乃命三洞道士唐洞卿伐木鳩工揆星選日得風箕直事當甲子良辰虔告至眞恭修大醮伏冀鑒其誠懇錫以休祥災沴無侵功庸速就續昔賢之遺搆成曠劫之良規播美洞天勒銘雲谷然願眞靈誕祐川境謐寧稼穡滋豐災氛殄息受靈丹於九輔聞至理於重元常傾拱極之心仰副上眞之貺不任懇願之至

親隨司空爲大王醮葛仙化詞

伏以上清仙山葛眞靈化爲川中之勝境乃天下之福庭

呀玉洞以藏雲聳瓊巒而蔽日彩霞朝散神燭夜飛乳滴幽巖泉鳴深竇九井之光靈自顯三眞之肸蠁常存拱鶴觀於中方應龍星於上境紅軒紺宇舊制相望蕭殿韋碑古跡鱗次每彰休瑞以及寰瀛臣以本使蜀王元命之辰配屬茲化頃申締葺遽獲周圓飛閣層樓奪晨輝於峭壁風窗雲棟增異境於崇林再敞洞天用安錦府四十州之封域歲稔京坻五千里之山河俗臻富庶人皆受賜孰不知恩臣曲荷陶鎔實深造化唯虔禱祝少答恩慈輒備醮筵上祈道力伏惟九天孚祐衆聖鑒臨下燭丹誠廣垂洪澤三川鏡廓八國塵清稼穡蕃登災氛蕩滌神傳靈藥克享於遐年功讚聖朝永隆於大寶再安社稷常福寰區臣不任禱福希恩虔誠歸身之至謹詞

冉處儔還北斗願詞

伏以垂象上元照臨下土帝車運載杓的指揮罪福吉凶咸歸主宰臣等頃因銜命遠涉道途踐歷艱危登臨險阻每持丹懇潛祝元眞果蒙鑒祐之恩克獲安寧之貺仰承靈澤志切上酬敢因某日之辰虔備焚修之禮炷香答願拜荷元恩仰冀高眞採納微款祛災蕩厄增祿延齡來往

坦夷公私貞吉路歧無滯眷屬咸安常覩日月之光克奉休明之主不任

紫霞洞修造畢告謝醮詞

伏以大道希夷神仙變化示無方之妙用垂不測之元功幽讚帝王潛扶邦國惟今及古史冊煥然所以唐堯姑射之遊軒后具茨之謁周穆之登瑤水漢皇之幸崑山皆披眪煙霞瞻窺冰雪是用享年遐永致理和平克振宏休允彰道祐顧惟涼德啟創丕圖金闕玉京敢怠敬恭之禮九清三境每懷寅奉之誠粵以永平二年壬申七月二十一

日丁卯漢州什邡縣獲太上老君錫命讖文留玉篆於仙居刻銅符於厚地生辰命屬時日姓名敘奕世之蟬聯明卜祚之延久四年八月二十四日戊子利州團練使王承賓奏此山靈洞顯見神仙遂命威儀任可言高品楊知淑專申告謝仰答光靈十月一日甲子纔啟醮筵再聞應見雲旌羽旆參差崖壁之中鶴態神儀羅列洞門之內事邁於崑山瑤水美超於姑射具茨祇荷禎祥彌增震惕是用考諸典禮特舉封崇以是月甲申改道長山爲元都山陽謨洞爲紫霞洞景谷縣爲金仙縣封元都山神爲玉清公創厥壇場鼎新觀宇自初揆搆逮於畢功累見真儀益彰靈貺謹遣金紫光祿大夫左諫議大夫廣成先生蔡國公杜光庭等一十二人齎信幣香花按元科具典於紫霞仙觀修金籙道場況屬下元允當大節式陳昭謝再顯旌封伏惟洞府眾聖高真仙官寮宰鑒茲丹懇錫以元休使九土乂寧萬方平一天宮地府常垂愷悌之恩卜世享齡克叶延洪之福稽首謹詞

洋州宗夔令公本命醮詞

伏聞誕質流形咸資大道稟生賦命必繫上元苟乾坤覆

載之慈均氣運陶甄之力惟精修勵寅奉真靈伏念臣獲以微塵累叨皇澤入參輔衞出領藩維曾無涓露之功常切滿盈之懼今則歷象之內身宮之中暗曜正臨火星對照慮成厄會無所告祈竊惟太上垂文元皇設教正一著修禳之品河圖有陳醮之科苟罄精勤必蒙昭祐敢因本命之日爰伸九曜醮祈蠲潔丹心歸依元極伏惟眾真大聖俯鑒明誠蕩滌罪瑕解除冤債消平災厄延續年齡增祿祚於南宮落凶衰於北府洗心克己上酬真聖之恩奉國推忠永答君親之德臣不任

又本命日醮詞

臣聞天地之德以生爲先生成之恩以福爲本臣叨承福會獲奉昌期蒙三光照燭之慈荷聖主儀隆之澤便蕃寵遇履歷顯榮每虞於福過災生惟切於持盈約己彌增惕懼豈敢遑安今則躔次之中身宫之位火星對照暗曜正臨仰垂象以冥心何階告謝顧微生而勵志但切憂兢是敢於本命之辰備河圖醮禮虔披丹悃冀降元慈伏乞賜臣災咎消平凶衰殄息壽年增益祿祚豐延得傾嚴奉之誠永答至眞之祐

越國夫人爲都統宗侃令公還願謝恩醮詞

伏聞至道元通隨機赴感冥丹心於下土動元鑒於上清響答無私影從靡隔妾夫王宗侃男承肇等去年以統戎伐叛助國勤王俯迫孤城遽淹旬月烽煙警急音問寂寥瞻褒沔以魂馳望山川而目斷憂危徒切祈叩無門遂虔詣道宫乞申章奏嚴陳法席降請天兵肸蠁感通眞靈保祐俄聞堅壁大破兇狂成掃蕩之功副聖明之奬骨肉團聚師旅凱還克平實自於睿謀護助亦兼於道力輒因良日昭答元休重申章醮之儀式罄謝陳之禮精心備信拜手焚香仰眞駕於三十六宫祈大儀於八十一好庶祥輝炟爚低臨壇墠之前巨貺滂洋永錫邦家之吉聖圖遐永舉族蕃昌誓勤嚴奉之誠克副靈眞之貺不任荷聖謝恩虔切之至

司封毛絢員外解災醮詞

伏聞道氣宣行元功鼓鑄三靈資稟乾坤司覆載之權五緯操張寒暑柄推遷之運由是挺生賦命咸繫天關福善禍淫畢由神化是宜恪勵以奉靈休粵自幼沖即逢聖日便蕃異奬寵沐殊恩北省南宫亟榮於踐歷紆朱曳紫已

極於輝華常推報國之誠每切律身之戒尚慮陰陽揆課或值凶衰厄曜運行或爲臨照興功動土有忤於龍神履行立身或虧於畏愼未申祈懺倍用兢憂今則立運臨於命辰天符飛於艮地大運在戌仍值魁罡土星方伏於身宫所照對衝於丑位懼成災咎彌用驚危伏聞南府文昌主生銓善非宫斗極舉過懲非吉凶無爽於錙銖報應有同於懸象眞教開懺陳之格惟感必通元經垂醮謝之儀有祈皆應輒因吉日虔備醮筵披瀝丹誠冀迴眞鑒伏乞賜臣解消災滯蠲釋凶衰厄會平夷過尤除蕩更增祿算

允介福祥。誓勤忠孝之規，上答君親之念，永銘素懇，祇荷元慈。不任謝過祈恩懺災之至。謹詞。

張崇允修廬山九天眞君還願醮詞

伏以軫翼雄區，匡廬眞躅，位尊五嶽，地控九江，玉闕金城，包括神仙之奧府，鑪峯雲蓋，合藏眞聖之高都，宛然凝碧之中，迥秀洪波之上，每申瞻禱，必介福祥。臣頃歲以謫宦九重，漂蓬一葉，途經閟境，心禱上眞，冀迴濟祐之慈，必備椒漿之獻。精誠既啟，肸蠁垂徵，尋以路阻戈矛，波驚艫艦，孤帆有隔，假道言歸，常貯素誠，未酬元祐。今則須宣聖澤，

棲憩蜀都，尋禮道宮，追思宿願，輒申醮酌，恭達明誠，竊聞惟感必通，道無不在，期迴羽仗，豈云萬里之遙，稍降科車，不以三川為遠。納茲丹懇，顯錫鴻休，前願克圓，殊恩遐被，乞為臣更蠲罪錄，永削災躔，成匡堯讚禹之功，享二首六身之壽，得傾忠孝，以奉君親，誓當備勵虔恭，歸依道力。不任。

張崇允本命南斗北斗醮詞

伏聞三靈肇位，萬象稟形，體陰陽之至和，韞天地之眞系，於是挺才賦命，各有職司，主死領生，互分關鍵，纖微具舉，考校無遺。臣伏慮前世今生，至於累劫，愆違易結，罪咎旋彰，秉持未契於神明，履行或虧於恭恪。因星文臨照，値年命凶衰，遂搆災危，罔知禳謝。今則躬依玉化，虔對瑤壇，選卜良辰，肅陳醮禮，伏冀南宮六聖，別賜生名，北斗七眞，明祛死籍，三官消罪，五帝除災，酬往願於名山，降休祥於聖澤。又臣既須詔命，將赴闕廷，江山有登泛之憂，水陸有舟車之險，實資明祐，俯契深誠，獲達帝鄉，克賜元吉，敢忘修奉，上答眞靈。臣不任。

漢州王宗夔尚書安宅醮詞

伏聞太極肇分，三靈設位，巢穴之風既替，棟宇之制聿興。太古聖人，隨時立教，蓋所以庇寒暑燥濕，備風雨晦明。其後象類滋繁，擬議殊廣，錯之以乾坤震兌，體之以徵羽宮商，推彼陰陽，運其刑德，乙辛庚癸，互列職司，子午丑寅，旁羅主宰。六神四殺之界，龍虎交馳，五黃九紫之鄉，禎祥蔡萃。法覆載而成用，揆星日以程功，乃考吉凶，實聞顯據。所以鵲隨太歲，燕避將軍，況在最靈，敢忘戒懼。臣頃以所居室宇湫陋非宜，遂卜良辰，再申締搆，取諸太壯，棄彼僭奢，慕剪茅築土之風，佩山節藻梲之戒。圬墁云畢，土木告周，

竊慮畚鍤所興或違禁忌功用之際或犯神靈乖五姓之宜虧二宅之要或侵傷地脈或穿鑿岡原或汚瀆吉神或鎭壓凶位因成災咎曾未懺陳是用詳按元經勵精丹懇虔修大醮恭請眞文啟靈寶赤書依洞元符命辟斥凶惡安復龍神謝過延恩祛災請福伏冀三尊降鑒五帝垂光勅八會威靈命三元將吏保寧宅宇清肅方隅赦已往之罪尤賜將來之貞吉允膺祐護永遂乂安其有住宅之中土地之主古今遷易五姓雜居因此醮壇兼申奠祝歆茲誠禮各保逍遙往陟福庭勿爲疵癘俾臣舉家蒙澤九族

同榮常傾忠孝之心以奉君親之德不任

馬師穆尚書土星醮詞

伏以一氣分華三光摛耀照臨羣品司牧萬方遵黃道而有常麗元穹而不忝大則繫乾坤劫歷邦國興亡否泰所宗安危攸屬次則繫人倫善惡年運吉凶祚歷短長咸歸主宰臣以身官之內土曜所經本宿之中暗虛所歷大小行運皆值衝妨命位之鄉天符所駐災危重疊疾厄嬰纏徒訪三醫未祛久疾恐是積生罪目搆此凶衰往世愆違成茲滯厄或理務之所刑賞不明立身以來過尤結集神明咎責年命屯蒙夙夜憂兢願申祈謝是用考詳躔緯披按科文恭詣靈壇虔修醮禮仰中方而瀝懇瞻列象以馳心拜手炷香披誠悔過伏冀元司衆聖垂大有之慈至道高尊降載生之澤蠲除罪犯解削災期和釋冤讎銷平殃對使百關宣暢六氣均調疾苦痊瘳福祥臻會延生南斗落死北宮克承覆祐之仁敢負眞靈之貺

欽定全唐文卷九百四十一

杜光庭十三

皇太子醮仙居山詞

伏以日闕震方爲天中之都會瑤壇桂殿乃人世之福庭或眞聖之所晏遊或神仙之所窟宅莫不藏奇韞秀演貺流祥濟祐人天幽贊邦國惟茲古觀果顯殊禎得天寶眞符出老君祕記金文鳥印篆字虬蟠分明而瑞跡如新拂拭而苔痕尚在幾千年之前定聖主開圖二百歲之昌期吾皇享國御名國姓生日年辰一一指陳重重符驗繼書

薄德備列姓名載詳圖籙之文益切兢營之懇遐瞻煙岫仰感靈恩輒因醮酌之筵遙寘焚修之念上願洪基克固比溟渤以無涯聖壽增延並岷峨而更峻九圍順化萬宇歸仁誓虔忠孝之誠以副眞靈之祐不任

皇帝醮仙居山章仙人詞

大蜀皇帝謹稽首北邙化得道章眞人夫以紫府高眞元洲上士乘飈駕欻坐有立無昇汗漫以遊神入鴻濛而隱景或明符邦社旁濟生民或幽贊帝王共清否塞李順興保持靜帝陶貞白佐佑蕭王子年潛諫於府君意期密悟於昭烈稟之則受禧介福忽之則違吉貽憂煥彼纖緗皎同日月今者百姓郭迴芝採藥於仙居觀得眞人天寶年所留銅牌六十字之周旋名姓與年辰備在二百年之藏祕錢文與篆跡皆全嗣續具明日時無爽苔侵土蝕固當靈將護持應驗合符實荷眞人示見顧惟薄德顯契休徵事超於赤伏黃圖理冠於鳳銜龍負既覩延長之數敢忘兢業之懷爰啟醮壇冀酬元德仍薙蘖刈棘揆日僝工俾翠檻朱簷鼎新舊址郴樓邃柱重認歸途虔祝眞靈鑒茲昭報三十六天官之遠必降威光萬四千甲子之期永言

佩服不任

敕醮諸名山大川詞

伏以道列三界地載羣生或仙人修鍊之鄉或眞官總治之所靈基有觀神化無方朕寅奉上元光膺大寶俯循區域在潔禋祠適者軍國事繁干戈歲用未遑周普常抱惕兢思述虔恭庶消災咎今命三洞道士並遣使臣嚴備醮儀潛通元鑒所願四時有裕六氣不侵壽命延長邦家興盛皇枝帝祚百辟千官內自朝廷外及區宇億兆之衆福祐咸均敬記青詞粗陳丹懇不任

皇帝於龍興觀醮玉局化詞

伏以天分列宿地布名區燦垂象於圓羅儼福庭於方澤明施主掌以祐邦家竊惟玉局洞臺元元降跡鎮茲都會密邇城闉年祀徒深光靈不泯虛寂靡殊於林谷貽祥每及於烝黎常切敬恭敢忘瞻奉伏自祇膺歷數啟創朝廷象闕端門須就正陽之位霜壇羽殿遂從遷革之宜而石室洞門老君眞像陳暮燭朝香之禮惟務恪虔接龍墀鳳闕之嚴彌加崇潔固可以與天共永終古長存尚慮主宰神龍陰陽官屬與功擾動衆役喧驚既踐暴以爲憂憑醮

祈而懺謝爰自吉日式備香壇翹注匪遙眞靈必鑒伏惟元元降祐大道開恩赦已往之尤違錫將來之禎祚使寶圖延永社稷安寧風雨均調龍神輯睦災期蕩滌罪咎銷平其有眞符太乙之運行將移地分火曜土星之臨照欲及身宮願迴力以護持致微躬之昭泰烽爟不飛於四境沴瘥無撓於兆人永誓丹襟上奉元貺不任

靜遠軍司空承肇本命醮詞

伏以至道生成元功陶鑄陰陽主宰品彙區分稟質誕形仰資神化臣獲逢道蔭叨荷朝恩被服寵光主張戎伍省功庸而未著顧塵忝而已深夙夜揣循敢忘惕勵尚慮秉修或闕履行多違旋積愆瑕未申懺滌或五行三命有刑剋之期九曜列星有照臨之數或宿仇未釋或往債未袪神道難明常情靡測因成災滯悔謝無由輒於本命之辰虔申醮酌依天眞科格拜伏大章伏惟高聖感通眞靈鑒護察其丹懇降以元恩災厄銷平壽涯延益潛增祿祚廣赦罪愆解已往之恩讎錫將來之福祐誓傾忠孝永奉君親不任

太子爲皇帝醮太乙及點金籙燈詞

伏聞元化肇分二儀構象融結定陰陽之位神明司匡御之權太乙天尊高皇上帝坐勾陳而臨察命神使以周行於是五行八風天一地二揚鑣雲路駕景星躔順九野以遐觀潛施炯誡歷諸方而俯燭顯示吉凶惟古及今敢忘砥礪臣以直符所屆在明堂之宮四神所行居咸池之位所宜蠲潔用罄禱祈皇帝受命上元握符承統宏慈儉之化敦清淨之基恩洽太和以康萬國昨者以鄰封背義越境干盟殘剽蒸黎侵淩郡邑旋平凶孽盡廓氛埃指麾元自於睿謀讚助實資於神力今則封疆寧晏襞漢肅清星

紀迴天。歲聿云暮。當此月壬申之日。乃新歲首值之辰。輒備壇場。虔申告謝。修太乙大醮。燃金籙神鐙。下照幽關。上通元極。蕩祛災滯。延降福祥。伏願宗廟安昌。社稷隆固。寶圖攸永。聖壽遐長。纘雲官火紀之崇。邁炎漢姬周之業。速臻一統。克致大同。六宮式表於匡扶。百揆共傾於忠讜。三元朗照。四序均調。歲有豐登。俗無疵癘。龍神悅豫。成五風十雨之祥。川嶽乂康。流澤馬器車之瑞。照明丹懇。上答眞靈。仰祈鑒祐之恩。廣錫延洪之福。不任

道門爲皇帝醮太乙并點金籙鐙詞

伏聞一氣肇胎。萬形資始。高垂象緯。明判剛柔。統御之權。歸於至聖。天命帝以司牧。帝承天而撫臨。攝提握糴之初。君臣定位。揖讓干戈之世。道德兼行。時危則元德彌彰。運否則洪休自廣。大蜀英武睿聖光孝皇帝德符穹昊。功被生靈。受命儀乾。永康三極。神明符讚。人間之玉燭調時。律歷均和。天上之珠囊叶度。俗臻豐衍。歲有蕃登。美瑞嘉祥。日書月至。猶復晝乾夕惕。恭巳奉天。夤敬幽明。憂勤億兆。專拯溺救焚之念。無蕩心悅目之娛。軫慮萬方。期於仁壽。昨者以四神行運。在咸池之宮。直符所臨。次明堂之野。旋興戈甲。尋致剋平。彼背盟構逆之徒。思漂杵燔枯之敗。斯則神歆睿德。天助皇威。睹變災成福之祥。示國泰祚延之兆。今則歲聿云暮。氣序將交。荷即日之元恩。禱新春之景貺。願酬聖力。輒罄齋誠。燃金籙神燈。備河圖大醮。伏惟高尊鑒省。大帝感通。十神常介其休光。三載允承於福祐。寶圖隆永。宗廟安寧。皇帝等壽五山。齊明二景。八紘順化。萬國宅心。皆臻有道之風。盡掃不庭之孽。皇太子重明耀彩。文教聿昌。輔贊睿謀。延洪大業。六宮百揆。咸均翼戴之心。兆庶六軍。俱享乂康之福。龍神密衛。川嶽恒安。幽顯飛沉。永承洪澤。不任

皇帝本命醮詞

伏聞大道垂文。元元演教。佐時助國。宣化度人。功格象先。惠周物表。寶章上御。人間之懇願必通。天澤下臨。眞境之休貞允降。羣生蒙祐。巨細無遺。某今年大運所闕值三殺之位。小運支木當衰弱之中。干祿納音。俱逢土塞。飛旗四殺。仍在寅鄉。羅睺躔剋姓之宮。土星臨乖背之宿。火曜行度。將入身宮。行年所經。況當地網。又醫方所診。藏氣未調。榮衛未和。正氣衰薄。六脉未復。九府猶虛。恐構災凶。更深

厄運。又恐積生往世。寃債未除。運意行心。罪瑕旋結。須憑章奏。冀達懺祈。是敢依按明科。選求良日。列詞備信。拜奏章文。請天官吏兵。降鑒營護。某内安腑臟。外却災凶。上解星辰臨照之期。下銷年命刑妨之咎。寃讎和釋。債訟蠲平。六氣舒通。百關調理。衰危超度。命祿增延。北宮迴短促之年。南極注遐長之壽。伏惟至眞大道。太上三尊。常宏憫濟之慈。允錫安貞之福。誓虔忠孝。克勵身心。讚明君化育之仁。報至道生成之澤。不任。

尹居紘辛酉本命醮詞

伏以大道宣功。三靈資始。稟形賦命。表識定生。體化育於坤偶乾奇。配吉凶於天曹地府。三官考校。罪福無遺。五帝主張。死生咸繫。臣顧惟塵陋。獲奉休明。籍係中樞。名參内署。鴛鸞闕下。叨步武以多慚。日月光中。揣分涯而增懼。微功未著。積過必深。每慮前世宿瑕。此生罪咎。未申懺滌。難遂原除。又恐三命五行。天文年運。或逢厄會。或值災期。犯神明主宰之司。違仁義元儒之訓。或侵人利己。或故殺誤傷。罪目易盈。善功難就。或壽齡促少。或稟祿單微。常於元命之辰。式備醮祈之禮。兼將課念。上奉明靈。旋以天步艱

危。神州紛擾。或脫身林嶺。或奔命道途。五任於茲。不遑醮奏。香燈既曠。寢食難安。今屬銜命西南。稅鑣岷劍。道路無阻。關梁大開。帝澤天波。遐通於四裔。歡聲喜色。震曜於一方。況此少城。實惟仙府。可以冥心貢懇。可以禱福祈眞。爰卜令辰。仍當本命。賫持信禮。撰備香花。併以此時。追塡往醮。精誠有達。靈鑒必通。伏惟採納丹襟。降流洪福。獲酬昔願。更洽新恩。賜臣災厄蠲銷。祿算延遠。存亡俱泰。眷屬咸安。上願社稷興昌。乾坤肅靜。三光順軌。六氣均調。武偃文修。時和俗阜。克迴鑾輅。永固龍圖。俱諧虔祝之心。盡睹太平之運。不任。

胡璠尚書地網醮詞

伏聞五緯稟生。三才列位。荷陶鈞於至道。感孕育於上元。而歷運推移。陰陽升降。吉凶倚伏。寒暑循環。否往泰來。災生福過。考諸物理。斯爲格言。況在庸虛。敢忘戒懼。臣行年之内。併屬災期。大運居甲辰之中。小運當丁巳之上。又茲兩月。咸值四宮。是地網之鄉。兼本卦之位。恐成厄會。無所告禳。更慮宿曜加臨。飛旗應變。五行刑剋。三命衰微。雖驛馬臨年。恐災能制福。退思履行。内省身心。須在懺祈。用明

哀懇。爰憑吉日。虔備醮壇。延降尊靈。以希照鑒。伏惟三官五帝。下燭丹誠。斗極星君。俯流鴻澤。注延生之籙。錫以福祥。焚積罪之書。赦其瑕咎。解災凶於地網。銷厄運於巽宮。使壽紀增新。休貞允萃。公私和泰。眷屬安寧。永承濟護之恩。敢負真靈之祐。不任

胡賢常侍安宅醮詞

伏聞易象垂文。取諸大壯。聖人著法。代彼橧巢。棟宇聿興。古今是則。由陰陽而定位。配刑德以裁規。爰命衆神。各司其職。逆之則凶而獲戾。順之則吉而降祥。臣頃以所居不

庇風雨。因時改作。隨便營修。越月踰時。巨功告畢。但慮起土運石。增下損高。畚鍤所侵。不知禁忌。穿鑿所及。有犯神明。未申醮謝之儀。常切兢憂之懇。兼以所居之地。五姓相因。歲月既深。主宰非一。慮其神識。尚有淹延。憑此醮祈。俱令遷拔。是敢肅嚴庭宇。恭啟法壇。請靈寶符文。按太元科典。降延真聖。披露懇誠。伏惟五帝鑒臨。衆神昭祐。敕下符吏。宣告地司。安鎮龍神。銷平犯觸。使凶殃殄息。真氣滂流。禳未兆之災衰。納惟新之福祚。蕩伏尸故氣。遷滯魄遊魂。自明及幽。咸得其所。六甲五行之象。九宮八卦之方。各靜封隅。永垂貞吉。闔門清泰。舉室康宜。勉勤修勵之心。以副真靈之貺。不任

衆修南斗醮詞

伏以大道凝真。元功化育。清濁之源既異。陰陽之位亦殊。南斗上宮。實司生籍。上惟邦國。偏洎人倫。壽紀短長。祿祚豐薄。咸歸主宰。無間纖微。臣等獲遇聖朝。躬逢道運。覆載稟質。動用愆違。處世立身。寧無過咎。未申懺謝。因構災危。又恐宿曜行年。九宮三命。或逢災厄。或遇刑衝。神道難知。凡情罔測。須資香火。用罄禱祈。敢以吉辰。虔申大醮。伏願

流光下燭。元鑒俯臨。察丹切之心。降龐洪之福。祛災度厄。增祿延年。削罪目於陰曹。上生名於陽籍。公私和暢。眷屬康宜。存歿沾恩。幽明蒙祐。不任

莫庭乂九宮天符醮詞

伏以博厚成形。中黃定位。統水火而稱長。冠金木以居尊。孕育萬靈。苞含五緯。上惟邦國。下及人倫。凶吉攸司。安危是繫。臣本宮震卦。五鬼所臨。運氣飛旗。仍當此月。恐爲災厄。尤切憂惶。虔考吉辰。精修醮禮。伏惟鑒其丹懇。錫以鴻休。迴危就安。變凶成吉。解災除厄。增祿延年。眷屬康寧。公

私和泰不任

莫庭乂爲安撫張副使生日周天醮詞

伏聞道分一氣人配三靈善惡發於丹誠吉凶應於元極苟輿嘉願必叶殊祥況在名山俯臨仙洞炷香祈願瀝懇陳詞必能響達神明顯垂福祉伏以當川安撫副使張琳禀澄達之識秉清正之心穎鑿無私忠貞不撓推公奉主虛懷同止水之明御下恤人從善有轉規之易況連營貔虎四時之犒賞皆豐積歲干戈千里之輓輸無闕言惟憂國志絕營家每切勤恭動忘寢食人皆受賜孰不知恩臣

孤子官名低擢翅羽恃其拯護方果奮飛思禱眞靈用申答効今屬陽和動煦林谷舒春爰記生辰虔修大醮仰星文而貢懇徧川嶽以歸心香雜溪雲燈和嶺月千巖景寂午夜風清展肅恭莊敬之儀備蘊藻蘋蘩之禮伏願光迴三景飈降十仙鑒茲醮酌之誠錫以昭彰之福延二首六身之壽除五行三命之災善功克懋於仙階陰德光隆於世緒然後封隅寧謐邊徼晏清瘥癘無侵戈鋋罷用聖主洽垂衣之理藩垣著柔服之恩幽顯咸安飛沉各遂敢忘砥礪以奉休明不任

皇帝醮仙居山詞

伏以聖主明王必臻符瑞膺圖受籙爰著謳歌旣居億兆之尊遂忝帝王之命洎臨大寶將及六年教化未浹於生靈華裔尚乖於正朔兢兢業業罔敢遑寧慮刑法之不均慮賞罰之非當屯兵絡野念富庶之未臻暴骨盈川固殺傷之不一每思首謝用贖愆尤敢言圖讖之文併屬庸虛之士今年七月八日漢州什邡縣百姓郭迴芝於仙居觀採藥掘地得銅牌長七寸廣四寸上六十字云老子通天記云丁卯年甲戌乙亥王生享二百年天子王從建王元

膺王萬感王岳王則王道宜五字篆文未詳後云洛州北邙化章宏道天寶年留此明後聖代顧惟薄德遽捧殊祥云歷數之延長紀子孫之次第佩服元貺益用兢慚敢罄深衷專深醮謝伏冀畢朝福地總召名山各駕仙車共歆丹懇示安社稷咸泰人民致風雨之不愆俾干戈之載戢翳賴靈貺深置於懷不任

皇帝修靈符報恩醮詞

伏聞惟天降祐彰瑞於河圖洛書惟帝法天受命而膺符執契古今所禀歷數迭興臣運偶元休德慙寡昧承土德

陵夷之後億兆無依叶金莖啟創之初寰瀛推戴恭膺大寶於玆六年常以未明求衣日旰忘食兢兢業業上奉穹旻今則銅版靈文出於古觀示太上降祥之兆應承乾受命之徵名姓具彰年辰畢載斯乃豫定於九天之上先期於億歲之前祕篆昭宣眞文煥赫告延洪於寶祚表遐永於孫謀省已循懷以兢以懼欽惟靈貺彌切勵修是用虔肅寶齋依歸至道庶諧多福永庇萬方不任

聖上與葛仙本命化醮詞

伏以景列上元山分下土乾坤交應罪福攸司緬彼靈蹤

鎭於天府藏雲噴雨旁資生化之功玉洞瓊巖深閟神仙之宅果叶殊休之運爰膺開國之祥惟此命辰配玆眞境契清明之嘉候耀大火之靈光當人天禱福之期是鸞鶴上賓之日式陳醮祝用達精誠坐宣室以馳心望白雲而稽首所冀旁流景貺幽贊鴻圖羣生共樂於和平萬國必同於書軌永言修奉以答元功不任

皇帝又醮葛仙化詞

伏以列宿麗天羣山鎭地爰通氣象以福邦家每申望秩之儀必介惟新之祐皇帝承天啟歷應運執符本命之山實惟玆化洞含雲雨峰夐煙霞必有光靈潛宏讚祐況當令序式備醮祈翹首歸心恭希景貺伏惟諸天上聖俯鑒明誠三眞衆仙同流巨渥使帝圖延永社稷隆昌二十四峰克膺於聖壽百千萬歲長固於皇基四海九州咸賓睿化五兵戢息百穀豐穰俱登仁壽之鄉並契正眞之道不任

威儀道衆玉華殿謝土地醮詞

伏聞三境九清琳房日闢凝雲結氣宅聖棲眞因法象於上天授規模於下土觀宇之製其在玆乎所以進退全和

必資嚴潔朝元降福固在清虛況乎仙跡靈壇所務蠲邪蕩穢用期安靜以契修焚當觀鳳闕乾岡龜城福地肇興隋運綿歷唐年呈祥則瑞露凝甘發地則香泉涌浪累彰禎異煥彼簡編碑鏤天章額題御筆崇樓夐漢玉殿參雲披文則劉美才盧照鄰金玉相宣闡教則黎元興蔡守沖英奇間出昭灼蕃盛垂二百年偶以蠻蜑憑淩王師禦捍撤我層閣壞我循廊庭荒而綠草欺人樓碎而洪鐘委地或瞻軍之日形階爲屠宰之場或屯旅之時綉檻爲狴牢之所腥羶溢鼻褻瀆傷神寂寂虛壇久息吟元之韻蕭蕭

古牖空餘擁座之塵肸蠁不虧光靈有待我皇帝承天啟祚縱聖康時駕豪傑而濟橫流攬英雄而拯危運超羲掩皞邁舜逾堯屬念重元凝情大教以爲清靜者理人之要無爲者成化之源三皇則務道爲先五帝則宏德爲本爰敷渥澤載葺凋零浹旬而碧嶂層分不日而飛軒四合瓊舒御殿將嚴當宁之容嶽立麟臺即寫扶天之貌香花芬馥繕飾周圓徒榮廕祐之恩未展醮祈之禮言念於此憂心愵然又自去載以來繼有危懼講堂摧圮道侶淪亡慮虧昭謝之儀是獲眞靈之譴敢虔衆懇恭啟福筵伏惟大

聖貽休元尊降鑒錫殊祥於金運增福壽於聖躬一統寰區大同文軌五兵韜戢百穀豐登咸成不宰之功共樂太平之化道衆等同臻景貺各沐元慈法教隆昌龍神和豫旁賁幽顯普及生靈克遂逍遙盡蒙禎泰往逝者生神丹霍見居者耀籍青元法界含生光承道廕犯觸之咎俱乞銷平臣等不任

御史中丞劉浞九曜醮詞

伏以太上元元陶融萬化五老上帝統御羣生九曜宣照燭之光三官主賞刑之籍共司品彙以播元功由是北臺陳校勘之科南府示獎延之籙蓋欲使人倫之內知懲勸之方各勵精修用寡尤悔有過者可期於懺滌有災者可至於祈禳廣此宏私大彰神化眞經奧典幽顯蒙恩臣猥以塵凡早崇至道棲心稽首常依清靜之門世網俗纓莫遂逍遙之願久嬰微恙猶未痊除近屬傷寒尤增羸瘵值大運小運與生日相刑土星火星照行年之位天符飛旗臨本宮之上飛天火曜居今歲之中支命納音氣皆衰薄以茲厄會倍切兢憂是敢虔罄丹誠叩祈元聖恭修醮禮披瀝上聞伏惟大道宏慈至眞下濟垂好生之澤降罔極

之恩賜臣以罪咎原除冤仇和釋災凶消解疾疹瘳痊續將盡之年齡錫惟新之祿祚息幽陰之債訟絕往世之考延六氣內調衆邪摧殄得勵爲臣之節永奉昌期誓勤修道之心常宏大教不任

欽定全唐文卷九百四十二

杜光庭十四

先鋒王承璲爲祖母九曜醮詞

伏以列曜五行。是司罪福。上棟下宇。亦有主張。於成生孕育之間。寧無凶吉。在應護居棲之內。必有愆瑕。須憑道力元功。以解深災重過。元皇立教。三洞垂文。敢按經科。虔祈福祐。臣祖母代國太夫人某氏。年八十歲。本命乙卯三月十三日戊午生。今以土火二曜。居三合之方。天符飛旗。衝大運之上。五土剋於子水。仍臨生日之辰。以此刑妨。因成

微恙。兢憂戰越。罔敢自安。伏念臣叨逢聖時。獲承福緒。而早悲孤藐。繼履家艱。惟祖母慈顏。得晨夕侍奉。刳心瀝懇。願祝遐年。今則所疾瘳仍。災躔臨照。竊恐居宅之所。或有犯違。積世以來。或有冤債。或往逝有考延之釁。或幽陰有訟逮之文。構此衰危。盡希懺解。是用選求吉日。恭備醮壇。伏惟大道垂光。衆尊憫鑒。爲臣祖母某氏解銷災咎。延續年齡。增生祿於南宮。落罪名於北府。疾瘵除蕩。腠理和調。神藥潛資。靈官密衛。克蒙平愈。永賜安貞。洎乎宅宇之中。常諧吉祐。龍神鎮守。邪惡銷亡。惟冀勵修。上答元造。不任。

蜀王青城山祈雨醮詞

伏以五嶽上司。總眞輿府。雄稱天國。峻極仙都。鎮尋厚地以巍峩。高捧太穹而峭拔。眞靈所會。水陸攸尊。數惠育於羣方。廣包容於三蜀。陽崖蕩日。陰壑藏雲。讚時則表貺垂禎。叶聖則呈祥薦瑞。古今崇仰。遐邇依憑。臣叨荷聖慈。鎮臨重地。兼梓遂黔巫之境。亘微瀘巒番之封。位極台衡。任崇將相。每慮功輕恩厚。福過災生。循分兢營。拊心憂惕。自青春屆序。甘雨愆期。農畝虧功。驕陽害物。雖歷申祭祀。遍告神明。密雲但布於西郊。膏雨未霑於南畝。皇皇衆庶。叩

向無門。竊惟大道垂文。天師演教。有章奏之品。有祈醮之科。將展焚修。須依靈勝。是用披心雲洞。拜手仙峰。佇眞侶之感通。冀明誠之御達。賜臣以時和歲稔。拯臣以雨順風調。驅肥遺於窮荒。舞商羊於中境。巖巒曹屬。鼓列歎以舒威。洞府龍神。震靈霳而助化。消除虐魃。蘇息枯苗。克歆黍稷之馨。允洽京坻之望。臣當悅心求理。戮力徇公。上答靈慈。永承道祐。謹差左都押衙檢校尚書右僕射前黎州刺史曹嶽與左右街宏教大師賜紫杜光庭。虔誠章醮歸命希恩。不任。

蜀王葛仙化祈雨醮詞

伏以四七在天，垂文定位；三八鎮地，設象分靈。列宿所以統幽明，諸化所以司罪福。況心宿爲天皇之府，上清乃神仙之都。迴控長川，倚玉輪之聳秀；雄臨巨屏，面銅馬之膏腴。緬彼福庭，廣蔭庸蜀。臣本命所係，獲在茲山，而謬握珪符，仍居仙域。每慮位崇任重，力寡才輕，超五爵以疏封，制六鎮而爲政。或賞刑乖當，或撫字失和，下有怨咨，上虧仁育。兢憂未暇，咎戾旋加。粤自仲春，卽愆時雨。塵侵壟畝，赫日騰威；風鑠郊原，油雲匿影。生靈歎息，懼失於農功；沼沚

魚喁，將懸於枯肆。焦勞在念，叩啟無由。至於餚膳精豐，備陳於廟貌；牲牢肥腯，無愆於禱祈。徒罄誠心，靡聞響答。仰惟神仙濟物，罔間幽明；大道好生，普均慈施。太上著修禳之品，三天開奏醮之科。恭望神峰，遠傾凡懇，虔申大醮，仰叩至眞。伏惟憫鑒所陳，大施恩宥，赦其愆咎，賜以福祥。使雷電揚威，龍神悅豫，霈霑渥澤，克致豐穰。南山騰虺虺之音，東作盛芃芃之稼。永諧望歲，允契有年。誓勤修奉之儀，上副眞靈之貺。不任

什邡令趙郁周天醮詞

伏以天地分靈，統之者至聖；陰陽不測，體之者至神。主宰死生，司明罪福，有祈必應，無感不通。臣謬以非才，理茲劇邑。賦輿所總，徵督所難。鄉里凋荒，緝綏尤切。洗心求瘼，克己徇公。果蒙道力潛資，眞靈密助，徵科辦集，境土乂安，疫毒不侵，生靈以泰。思酬元造，罔竭丹誠。共崇黃籙之壇，虔備焚修之會，兼申大醮，上答靈恩。況境接仙山，人懷道化。李相國之神功宛在，羅眞人之聖力時彰。控諸觀之福庭，標二化之眞府。必垂昭鑒，納此誠祈。伏惟太上延慈，衆神孚祐，普茲幽顯，遐及存亡，俱錫福祥，咸蒙濟祐。使一方清

謐，百穀滋豐，疫癘兵戈，永無侵軼，飛沈蠢動，各遂安全。臣等九祖七元，生天受福；三途九夜，離苦參眞。並乞災厄蠲銷，罪尤除蕩，潛增祿祚，克保年齡。同力運心，俱霑巨祐。不任

嘉州王僕射五符鎮宅詞

伏聞大道開光，五篇垂教，凝自然之氣，成空洞之文。上正天元，下安地紀，中制劫運，旁福生靈。三界所宗，萬神所稟。其或葺修之地，土木興功，暗犯神靈，明干禁忌，皆憑祕篆，以鎮方隅。臣頃以所居，須資揆構。巨功旣畢，輒備焚修，啟

黃籙之壇場廣申懺拔展五符之醮酌遍用鎮安伏冀太上宏慈至眞流鑒使龍神寧謐災咎蠲銷永無干犯之虞常荷乂安之福其有從來主宰五姓神靈各遂往生並獲開度卽仰荷大道罔極之恩不任

張相公九曜醮詞

伏聞大道凝光上元垂象照臨九土覆育羣生主籙吉凶司明罪福洪纖備察毫末無遺而金簡垂文玉書演法開懺祈之路懸悔謝之儀虔罄明誠必賜昭祐臣某顧惟虛薄運契遭逢位極台衡務專繁劇詳評獄訟裁制典刑或

爽重輕慮招咎釁或操心屬念偶結尤違或積世此生未袪冤債靜言循度每用兢憂今則迍滯宮中土星所歷身位之內計都所臨神首火星仍居對照生月命位俱值天符以此災躔遂成疾厄捫心震惕瀝懇歸依仰元象以叩祈竭丹誠而醮酌伏惟至眞上聖列曜高尊憫鑒塵凡降流恩宥釋前冤往債原重過深瑕增續年齡銷平災厄賜臣以百關調豫六氣和平盡解凶衰全除疾苦推忠効節永酬睿主之恩潔己凝心上副尊靈之祐不任

衆修三元醮詞

太上無極大道元始天尊太上大道君太上老君十方自然靈寶天尊五老上帝三元君天地水府三官三十六部尊經元中大法師太極眞人三天法師天曹地府三界眞靈三官曹府一切元司臣等塵世凡微積生福會得遇元化參奉至眞而跡處人寰身拘俗綱沈浮聲利流浪死生未窮超拔之源徒慕清虛之旨六情三業動結罪條陰簡黑書旋增釁咎或前冤往債尚繫幽關故殺誤傷未申懺露或五行三命災運所臨暗曜明星凶神所犯常情靡測祈謝無由三元有考定之期五帝無陟明之典至或九元

七祖猶滯三途注訟相延愆過委積福盡禍至首悔何門因今某官校籙之辰衆申祈醮之禮願迴元鑒俯察丹誠介福垂恩延生保命九元開度除右簡之罪名衆厄清銷上左宮之生籙永蒙道廕常荷鴻休上願帝祚延洪天元元晏生靈和泰遠近乂安九稼惟豐五兵自偃九幽六趣罪爽窮魂俱承曠蕩之恩各遂逍遙之性不任歸命虔誠懺請之至謹詞

王宗璩等下會醮六甲籙詞

臣等早以庸虛志希元奧凝心妙道歸命眞乘參六甲之

秘文。慕長生之要旨。而寄身名宦。莫遂精修。三元四始之辰。香燈或闕。五臘六陽之會。存注莫專。恐兼故殺誤傷。仍有前冤往債。或行年厄運。或宿曜災期。曾未懺陳。但增憂惕。敢以下會吉日。醮籙希恩。伏冀五帝高尊。降流禎福。六甲眞吏。洗滌罪瑕。上生籍於天曹。削死名於地簡。舉家蒙祐。七祖生天。祿算增延。公私貞泰。永勤焚炷。以答元慈。不任。

三會爲弟子醮詞

臣以庸微。負荷大法。敷宏眞訓。開度天人。授道傳經。濟時

行化。弟子某等夙慕大道。歸命至眞。奉信元科。參受符籙。傳付之後。已歷歲年。或慮未受道之前。及佩籙之後。立身注意。動有罪條。三業十纒。恣其愆過。三元八節。朝謁不專。本命庚申。修行有闕。或啖食葷血。穢亂正眞。或嗜欲繁華。負違禁戒。非憑三會。難遍懺祈。今因某會之辰。考校之節。同申大醮。拜章言功。罪謝十天。歸誠三寶。並乞宿殃清蕩。衆罪蠲除。善簿定名。生宮列籍。冤仇和解。債訟夷平。眞氣内充。百關悦豫。靈官外護。萬惡消沈。五行三命之中。暗曜明星之内。永無臨照。長息災凶。九祖生天。六親蒙福。公私貞吉。動靜康宜。年命增延。福祚遐廣。誓令修勵。上答元恩。不任。

皇帝本命醮詞

太上無極大道。元元老君。五老上帝。天地水三官。天曹四司君。北斗七星君。高上玉皇元卿大帝。嶽瀆地府。甲子衆神。伏以二氣裁形。五行構象。稟大道生成之德。荷元和亭育之恩。至於命籙興衰。祿祚豐薄。立身罪福。行運吉凶。上自天司。旁兹本命。主張考校。巨細無遺。某夙荷洪休。仰承元澤。繼天立極。應運撫時。慙德教之未孚。慮賞刑之或失。

搯懷增懼。馭朽兢憂。惟仗神功。以康黎獻。是用冥心宣室。稽首靈壇。冀道力以潛資。佇靈眞而幽贊。俾五兵偃戢。百穀滋豐。中外和寧。生靈舒泰。普傾修奉。用副元慈。不任虔祝之至。謹詞。

皇太子本命醮詞

伏以大道分光。天元布化。生成萬象。孕育三才。爰命眞官。以司籙籍。五行休王。皆稟於神功。三命興衰。悉宗於靈府。臣夙叨洪澤。備位青宮。侍膳問安。惟勵恪恭之懇。資忠宏孝。難酬君父之恩。敢於元命之辰。虔備醮祈之禮。所願祛

災悔過。介福延休。增萬壽於聖躬。永安大業。降千祥於寶運。長奉昌期。仰罄丹誠。敢希元祐。不任歸命之至。

崔隱侍郎元象九宮醮詞

伏聞上元垂象。則七政循環。下土推機。則九宮飛化。因其履歷。以示吉凶。由是三命五行。有災祥之應。陽奇陰偶。有善惡之徵。臣今年九宮飛旗。天符臨於中位。五星行度。火曜對於命宮。行年當地網之鄉。大運與小運沖破。因成災厄。未獲痊平。敢緣大道慈救之門。遵太上醮祈之旨。披心靈觀。翹注虛壇。普元象以告虔。遍眞靈而悔謝。伏冀南宮

六聖。開長生致福之文。北斗七元。賜輟死降祥之力。增延棣算。消解災凶。示遐永之期。迴短促之紀。使百關舒泰。六氣均調。釋往債前寃。赦深瑕重過。九元介福。舉族安貞。克勤修勵之心。上副尊靈之祐。不任

醮閬州石壁元元觀石文老君詞

伏以造化靈都。神仙奧壤。秀橫空際。翠竦江干。煙靄峯前聖祖之宸儀。迴出松篁林內。玉童之眞相。旁分非雕鐫藻繪之能。運天地自然之妙。所以潛流景貺。貽福烝人。常袪旱潦之災。幾叶休貞之應。況今鑾迎漢渚。路隔秦州。祈元祖之光靈。拯神孫之播越。克清萬寓。以泰羣生。無俾沂水橋邊。獨掃龐勛之黨。霍山祠畔。空推劉武之鋒。虔俟元感。載昌鴻祚。不任祝望希恩之至。

醮閬州天目山詞

伏以山鎮地心。洞開天目。含藏烟雨。韞蓄風雷。崖祕仙經泉澄神沼。觀署福唐之美。邑標奉國之名。憑此禱祈。必符禎貺。今則翠輿順動。丹闕貽災。虔希幽贊之功。共啟中興之運。敷聖祖重元之力。更炫重瞳。揚宣尼四教之宗。克明四目。無使壽春山上。猶傳助戰之威。濟順祠前。獨美迎鑾

之事。克宏道化。以廣眞風。不任虔誠祝望之至。

皇后修三元大醮詞

伏聞道化裁成。神功亭育。氣分二象。垂包容覆載之私。節啟三元。定罪福賞刑之柄。所以北都泉曲。常爲銓赦之期。南極文昌。每洽超昇之澤。至於人倫之內。善惡吉凶。虔啟丹誠。即承鴻廕。周氏叨榮宿福。運履昌期。備位彤宮。輔寧皇極。每慙涼德。罔答殊休。恐往世積生。疵瑕未蕩。五行三命。厄會或臨。火星將及於身宮。天符又居於生日。懼成災咎。志切懺祈。屬中元大宥之辰。是率土希恩之節。冥心靈

觀稽首醮壇歷眞府以輸誠期迴鑒祐遍靈曹而露懇願釋尤違賜周氏以寬債和平罪瑕除滌災凶消解年祿延長疾患無侵福祥臻萃九元七祖證品仙庭眷屬親緣臻榮聖日上願宗祧安鎮聖壽遐延紫禁青宮匡扶大業維城磐石保乂洪基羣寮畢契於忠貞萬寓咸歸於撫御式虔叩禱洪望元慈不任歸命瞻天望聖之至

趙球司徒疾病修醮拜章詞

伏聞妙應無方道推濟物元慈廣運惠普羣生開祈眞悔罪之門垂拯厄希恩之品功成不宰澤布無涯敢緣覆育

之仁輒罄歸依之懇臣自惟福運榮奉昌期自參扆衞之班遂陟烟霄之路功輕任重效寡恩深常切兢憂難酬寵擢近以災殃所迫疾瘵斯嬰軫聖慮以慰安降名醫而撫視未蒙痊減倍用兢惶伏念臣跡處塵寰素昧修稟立身履行寧免愆違或害物殺生曾無惻憫或摧鋒禦敵輕賜誅鋤總戎乖申令之宜爲政有賞刑之失幽夜致冤仇之訴微躬成滯疾之危又恐往世積生尚縈釁咎五行九曜兼值災蒙或興修有犯觸之非或土木有侵傷之所捫心省過惟切懺祈是敢拜奏寶章崇修大醮告虔下土請命諸天伏惟大道垂慈至眞鑒祐勅靈司而解災度厄流神貺而祛疾延生落死籙於陰曹定仙名於陽簡故傷誤殺寬債和寧新罪宿瑕元慈蕩滌誓期勵節永答道恩臣某不任

張道衡塑造北斗七星眞君醮詞

臣粵自幼沖恭聞大道歸心斗極屬念元虛每有啟祈克蒙慈祐感靈休而罔極報鴻澤而無階今考卜吉辰以天德合直之日於玉局北帝之殿塑瑤樞中斗之尊兼以輔星列於八位狀虹蜺之彩服寫龍鶴之神姿列於大帝之前儼若中天之會輒備聞告爰命興功伏惟七聖降臨衆

靈昭祐永垂嚮應長介福祥俾羣心有禱祝之門品彙得依歸之路永虔香火以答至眞不任稽首歸命之至

杜元繼常侍醮火星詞

伏聞陽靈表瑞火德承天分日域以繼明御離方而定位爰因夏歷以正歲功由是出入絳霄循環黃道應期不忒讁見無私雖懸象著明繫諸邦國而垂災介福亦及纖微臣叨荷元休蹈茲昌運立身潔已未階無過之場元命遊年實配五行之內竊披術歷方有照臨恐構災蒙伏增憂

懼是敢精陳禮物虔備香燈上祝靈華仰希昭祐伏冀顯消災咎潛釋過尤錫以福祥賜其貞吉永勤丹懇上答元慈不任

王宗壽常侍丈人山醮詞

天地分靈三官定死生之格陰陽懸象九曜垂照燭之功北府繩違南宮延壽星躔嶽瀆考校無私凡在人寰皆歸統御臣自惟微薄獲奉元慈而履行之間恐乖陰騭運心之內未合神明日遇災凶復兼愆咎或成厄會莫遂懺祈今年中宮則天符所臨身位乃土星對照大運猶居於劫

殺飛旗又寄於行年三命五行恐逢刑剋列星五緯更慮照臨所以轗軻未寧災危頻作非憑至聖無路懺祈虔罄丹誠克申大醮伏惟上元眾聖俯降福祥消災咎於將來釋過尤於既往六曹司命增祿算於丹天七紀尊神介休禎於元極公私清泰家眷安寧即永荷眾聖宏濟之恩不任

鮮楚臣本命九曜醮詞

伏聞三光表瑞九曜凝暉配金木以司方四時攸敘定陰陽而立象萬彙生成主宰幽明統臨罪福臣自惟凡陋獲奉真靈懼履行之間易成愆咎修持之道未契端真況職務所司重輕咸繫恐乖省慎更結罪尤雖夙夜在公敢忘恪勵而吉凶難測倍切兢憂兼以宿曜所臨輒罄懺祈之懇爰憑本命恭啟醮筵陳信幣以貢誠列香燈而展禮伏冀希夷至聖俯鑒丹心辰曜高尊曲流景貺赦罪尤於既往解厄運於未然寬債銷平凶衰除蕩更增祿算永賜禎祥眷屬乂安公私清泰誓勤修奉以答靈恩不任

衆修甲子醮詞

伏以太樸既分元精獨運陰陽肇化支干承基六十正神

統四時而司晝夜八百符吏行凶吉而定死生大則天地邦家咸遵歷象小則災祥罪福必繫主張考龍胎石室之經披鳳篆琅函之要既明宗旨倍切依歸臣等仰賴神功獲逢道運塵機久鬧俗網未祛行藏不合於儒元動息必貽於過咎又恐五行之內或有刑妨三命之中因逢否塞非憑至道難懺深瑕輒因六甲之辰五元之首同誠勵志瀝懇祈恩仰碧落以降真拂元壇而展禮伏冀洪休允洽照鑒無私咸賜吉祥永銷災厄青宮增祿丹簡延生存歿俱安公私並泰克勤精奉永答靈慈不任

衆修本命醮詞

臣等宿值福緣。獲逢道化。至眞垂教。元旨宣行。仰承覆祐之恩。常切兢營之懇。但慮行乖禮讓。動履愆瑕。處俗順時。率成罪目。積生今世。罕有懺祈。伏聞三天垂章醮之科。正一著修禳之格。敢因吉日。同勵丹誠。恭詣壇場。庚申祝謝。伏惟三官九府。五帝高尊。斗極眞君。命辰靈將。錄其素懇。降以鴻慈。赦已往之過尤。釋將來之災厄。星曜息照臨之數。行年除妨剋之凶。年祿增延。福祥繁會。公私貞吉。族屬安寧。常期祐護之恩。永誓焚修之志。不任。

庚申醮詞

臣以仰披眞訣。虔按元經。庚申爲修奉之辰。大帝降考覈之簡。是日三尸陰魄。標奏罪名。巨細無遺。纖微必紀。始定籍於太元之府。終寓書於泉曲之庭。凡在修心。實切憂戒。冀因令序。同懺深瑕。輒備香羞。恭申醮謝。伏惟三尊憫護。大帝鑒臨。斥陰尸妄奏之文。降大道好生之澤。使臣等災消過滅。善積福臻。九元離寒夜之鄉。五族獲安寧之祐。所爲貞吉。立願亨通。常傾修勵之心。上答正眞之貺。不任。

欽定全唐文卷九百四十三

杜光庭十五

南斗北斗醮詞

伏聞大象既分。三靈設位。各稟自然之道。俱垂不宰之功。無爲則天地長存。有用則衰榮易變。吉凶悔吝。由此而成。於是南極丹篇。生名所繫。北都黑簡。死錄所歸。二宮之考校無私。萬化之死生有屬。臣夙資善貺。獲履昌時。沐浴皇風。稟承元化。但慮運心動念。乖越五常。累過積非。彰明二簡。五行三命。陰陽有刑剋之期。暗曜列星。遲速有照臨之數。未申祈懺。因結災凶。敢以吉辰。虔修醮禮。虛壇夜靜。靈化晨清。元念必通。眞靈可降。伏冀丹臺六聖。司命開延永之符。元極七眞。大帝除促齡之日。憂危自泰。年祿更增。幽明同浴於殊恩。眷屬咸均於巨福。公私貞吉。老少乂康。即永荷二宮衆聖罔極之恩。不任。

龍興觀御容院醮土地詞

伏以瑶闕琳宮。星房羽殿。森列三清之上。宏開八景之中。萬彙之所朝宗。羣眞之所遊息。於是裁模世域。垂象人寰。周穆西歸。掖層臺而結宇。漢皇南矚。遵太乙以疏基。由是仙觀靈墟駢羅海嶽風簷霞棟煥麗煙林爲眞聖之所棲亦福祥之所萃頃以龍興觀肇基隋運歷載唐年日月既深凋摧云久是用鼎新營構特懋功庸況越歲時深虞撓觸爰申醮酌安復龍神所期國泰民和時康俗阜克隆鴻祚永錫元休不任虔祝之至

中和泰中化龍池醮詞

粵若二氣是分五靈惟龍司造化之機運降升之妙寄神功於乾象孕元德於坎宮昔我祖明皇巡功蜀甸果聞飛躍實効禎祥爰俾濬池用資安處今則年光遞易堤址荒

殘草積波痕砂封泉脈應靈未爽肸蠁猶傳每垂霖雨之恩以濟畬夫之望眷言故實深用軫懷朕寡德承圖撫時有寇省方巡俗尚駐坤郊龍其申彼霆威震其風令掃渠凶於北陸清氛霧於中原克洽理平永臻多福不任

皇太子爲皇帝生日醮詞

臣聞元穹廣覆無勞仰祝之辭碧海周涵亦納涓添之露敢緣斯旨輒罄明誠某月日是皇帝生日本命甲戌之辰錫祕記於先天豫昭靈貺湧珍符於厚地潛契明文卜年開萬葉之榮推策彰百神之助爰申大醮虔俟鴻休集三元萬聖之祥永北極南山之壽昭明丹懇恭望元恩臣某不任稽首虔祈激切之至

川主大王爲鶴降醮彭女觀詞

伏以道化無方眞仙有應於恍惚希微之內示元黃變化之容下盼塵寰以度羣品考諸事跡載彼經圖所以丁令歸時曾窺丹頂蘇耽降日亦顯霜翎流萬古之美譚標當年之瑞牒今者忽聞靈鶴棲止雲峰乃元元行化之山是彭祖昇天之所元壇蘙薈久無焚薦之蹤林木陰森果致感通之事實聖朝之上瑞豈藩閫之所招顧祈山壽鶴年

以奉龍圖鳳歷遐瞻煙嶠伏切懽愉冀憑奏醮之儀以達歸依之懇謹差賜紫大德上官知眞兵馬使王承琛精誠香火上告眞靈不任歸命虔祝之至

天錫觀告封章李二眞人醮詞

伏以稽考前王握圖受命必荷元貺以贊鴻基頃屬海嶽多虞生靈靡託遂膺推戴奄宅岷嶓四方之琛貢雖來中土之山川或阻凝懷求理夕惕晝乾砥礪戈矛申嚴號令佇行弔伐以拯顚危非有尚於佳兵蓋欲靖其多難以兹軫念倍用焦勞而郡國諸侯頻獻祥瑞鱗介羽毛之品藂

林竹樹之間。或挺質稱奇。或成文顯跡。每加撝讓。累抑奏陳。永平二年秋七月。於仙居雲山。獲古篆銅識。乃太上通天之記。是章眞所鑄之文。名姓生辰。子孫年數。重重顯迹。一一合符。周公揲策之求。郭璞揲蓍之得。眞爲天授。克驗神功。顧寡昧以多慙。豈欽承之敢怠。是用創新觀宇。別署嘉名。備像設之儀。改鎭縣之額。齋修金籙醮。啟瑤壇。雖陳昭報之誠。難荅上元之賜。章眞人親緘祕字。李眞人首鎭仙山。共洽休禎。光於郡國。須展褒封之禮。以旌贊助之功。爰舉彝章。式陳歎款。今封章宏道爲鑒聖眞人。封李八百

爲元應眞人。謹遣廣成先生金紫光祿大夫左諫議大夫蔡國公杜光庭。精備香燈。虔申醮告。伏惟闕九清之日。闕降八景之雲輿。俯鑒明誠。滂流惠渥。俾九州六合。蕩氛靄以爲家。地久天長。混車書而成化。式遵元訓。永勵丹襟。不任虔祈之至。

天錫觀告封章眞人詞

惟君名標丹簡。天付仙才。人間之玉軸珠軒。何嘗眄顧。物外之雲棲霞飲。自得貞閒。早受靈書。精窮緯候。鉤深索隱。藏往知來。鏤銅篆於仙山。證金行於蜀國。二百餘年緘祕。蹤迹長新。五十八字。周旋禎祥。盡驗。顧惟薄德。祇奉靈休。雖揆構華居。崇嚴塑貌。新邑市之額。展齋醮之科。尚歎素懷。未酬元貺。爰申典禮。特舉褒崇。今封君爲鑒聖眞人。謹遣杜某。虔啟霜壇。恭申昭告。鸞輜鶴轡。將從文始之遊。綠室瓊幃。敘列太元之品。眞人更垂幽贊。常假靈光。俾一統於九圍。庶永昌於大業。惟勤宵旰。以泰生靈。謹詞。

封李眞人告詞

惟君仙李芳枝。關雲令緒。元邱自誌。元非促景之才。道骨眞風。本列長生之品。振衣世表。抗跡雲間。厭駒窗電逝之

勞。得鼇嶺雲行之趣。棲遊蜀國。顯晦塵寰。三隱靈峰。八百餘歲。神丹化石。猶存昌利之山。拔宅昇天。遂表仙居之宇。爰於舊址。果獲靈文。緘藏久祕於瑤墟。出見克符於金運。緬惟涼德。祇荷殊休。雖繕飾蹤基。肅嚴像貌。率齋莊而告謝。命羽褐以焚修。尚歎素懷。未酬元德。今則考茲具禮。爲以嘉名。想星佩霞裳。早昇眞位。而芝泥露篆。願表勤誠。循省沖襟。良多靦愧。今封君爲元應眞人。謹遣杜光庭恭設醮壇。虔申昭告。冀流元廕。永福皇基。開宣室以遐思。佇高眞之俯鑒。謹詞。

漢州太尉於仙居醮詞

臣聞至道無爲，包萬天而成化；元功有作，運四象以陶鎔。覆載含宏，古今無爽。由是三靈克敍，五緯循常，景福被於幽明，鴻休覃於邦國，人天荷賴，渥澤遐霑。臣夙感靈慈，獲逢昌運，累歷殊寵，出居符竹之榮，頻洽隆恩，入奉重難之寄。顧惟虛薄，未著勞能，省分憂惶，兢懷震惕。雖傾心戮力，誓酬君父之私；懼福過災生，或履晦蒙之數。竊恐主張戎伍，宰制封疆，理民有獄訟之繁，奉職有賦輿之廣，沮勸有賞刑之用，送迎有宴犒之常，殺傷有故誤之憂，裁斷有重輕之失，因成罪目，曾未懺祈；或往債前冤，未蒙和釋；或星文命運，猶值災期。粤自夏初，至於秋月，久嬰微恙，未獲痊除。非憑至道之緣，孰致眞靈之祐？今屬醮陳翠墠，詔降紫泥，高仙肹蠁以停輿，萬聖昭彰而介祉。敢因勝會，輒備香鐙，披寫丹誠，虔祈元廕。伏惟鑒護，賜以福祥，俾臣罪咎蕩平，冤仇和釋，災凶超度，年祿增延，疾厄蠲銷，休禎臻集。將壇師律，勵陳翼聖之勤；青蓋朱輪，敢怠行春之至。不任歸命披心之至。謹詞。

前嘉州團練使司空王宗玠本命詞

伏以二氣運行，五材生化，稟形賦命，咸繫上元。顧惟微眇之資，叨荷裁成之澤，克逢昌運，累冒寵榮，入居近密之司，出領河山之寄，主張戎伍，臨莅黎元。慙非經濟之才，常懼滿盈之戒。果乘厄會，遂蹈危機，實深睿聖之慈，再齒簪裾之列。夙興夜寐，感聖懷恩，寸心徒切於勤劬，微効未酬於君父。伏自累年之內，災滯縈仍；中秋已來，疾恙頻作。雖加醫砭，靡就痊瘳。竊以土星居身命之宮，於兹數載；火曜臨田宅之位，猶在子方。太歲爲六害之辰，小運當歲破之上。雖冬首有木星之福，而即時值行運之災。履此凶衰，倍深憂懼。又恐理民主務，皆繫重難，用刑或寡於哀矜，主膳或誤於烹宰，久爲冤債，未徧懺祈。又恐往世罪瑕，幽關絓注；或住宅有龍神犯觸，或鄉關有塋壠損傷，流逮於身，致兹危厄。拊心思過，惟切禱祈，敢因本命之辰，虔備香燈之禮，仰元穹而請命，罄丹懇以希恩。伏惟天地眞靈，陰陽主宰，降流巨祐，采鑒深衷，蕩滌罪尤，銷除災厄，和平冤纍，解釋殃流。先人獲泰於冥津，後嗣期安於聖日。三關勝理，無壅閼之虞；六腑機衡，有均調之望。賜其痊愈，介以福祥，續年齡於將盡之秋，保形命於再生之日。刳心投泣，瀝懇祈眞。

誓傾修奉之誠上答尊靈之祐臣某不任虔祝之至謹詞

前漢州令公宗夔上元醮詞

臣聞裁成天地陶鑄陰陽三元爲布化之辰五緯爲主生之紀總其宰制歸乎至眞用能福被邦家惠兼幽顯南昌丹籙式宏進道之階北部黑書爰示繩非之旨是申戒勸廣庇人天臣獲奉眞宗常遵明訓惟勤惕厲上副元慈伏念荷國恩深致君力寡功未刋於鼎鉉賜已冠於人臣出擁節旄總司戎旅薦新寵澤載践崇榮青瑣位隆黃樞寄重循懷增懼報主無階但虔焚祝之儀冀答君親之德令

屬天官御節太皞司方少陰敷煦育之仁大宥布生成之令是敢精持香火恭啟醮祈仰景象以宴心佇休禎之應念上願寶圖悠久聖壽延長中外樂康寰區寧泰八紘九土咸歸一統之尊歲稔氣和永叶無爲之理寘關朗晏動植舒榮率土普天咸登壽域臣某祈災凶蕩滌冤債和平罪咎蠲銷福祥臻萃公私有泰眷屬長寧誓傾忠孝之心克贊休明之運不任

趙國太夫人某氏疾厄醮詞

妾聞天眞憫物大道好生常宏拯護之慈俾遂安全之願顧惟至化育此含靈氤氳之二氣裁形昭灼而三元定命吉凶罪福上稟天司妾以命祿俱衰納音在墓雖值合神之吉又當衝破之凶遊年既值於天符本命仍逢於五鬼身宮之內暗曜所躔鈍滯宿中土星所歷刑厄位上復值火星重疊災衰遂成疾瘵未復痊退彌切憂惶竊恐前代今生罪尤未解負財負命冤債未除非憑大醮之筵難罄懺祈之懇是敢捨其服玩備此香饈嚴設壇場虔申禱祝伏惟諸天憫護衆聖矜憐申再造之仁全好生之德三官五帝暗曜七元南斗北辰天司列宿嶽瀆尊聖地府明靈

及妾本宮遊年八卦內外應感三界靈司賜於府曹之中簡籙之內有冤仇罪犯厄運災期勅命所司特賜原赦續其祚祿加以年齡蕩滌凶衰蠲平疾苦百關宣適六腑安和重覩天光再履人事推心勵節永酬濟祐之恩念善參元上副眞靈之澤不任瀝懇披心希生請命迫切虔祈之至謹詞

王宗玠宅宏農郡夫人降聖日修大醮詞

妾聞元元道祖太上老君凝神三境之中屬念普天之下將加拯度爰降眞儀垂太陽五色之華駕旭日九龍之轝

夢渦川而寓景攀仙李以誕生陸地開蓮初承玉步虛庭涌井瑩濯瓌姿宸容彰挺特之儀睿旨闡希微之教萬天宗稟歷代師資標令節於昌辰錫殊休於品物宜崇勝會用表精誠妾早悟眞乘嘗參寶籙延生妙篆紫陽丹陛之文飛化靈圖絳闕朱宮之籍正身心於九室檢神氣於三關滌過蠲邪利幽濟顯每勤修敬敢怠香燈爰因大宥之期恭備醮眞之禮是用馳誠鶴宇矚想龍輿瀝丹款以騰詞拂碧壇而蒧事天闕地府日域星躔三官五帝之曹北部南丹之署下周川嶽旁徧幽靈畢罄明誠冀蒙昭鑒上

願皇基隆永睿壽遐長道化和昌聖教宣布九區四裔常尊道德之風庶類羣生共樂昇平之運妾九元七祖往逝先靈擢質丹陵生神碧落災祛未兆善降無涯年算更增罪瑕俱釋誓虔注念上副鴻慈不任歸命之至

洋州令公生日拜章詞

伏以三天布化正一垂文煥起元功廣濟羣生欲使天光下燭陰關息幽翳之悲凡想上陳陽景遂宣通之願由是敷二十四籙命千二百官統領人倫主張眞籙騰心靈爲騎吏飄香穗爲驛龍積思而感契可期拯護而誠明必達古今宗奉惠渥昭彰臣夙慕正眞常叨廕祐將壇相印未申報國之勞潔己澄心每切修生之願今則虔膺綸詔暫撫遠邊爰屬生辰輒祈靈貺恭陳醮禮精備章文伏惟大道延慈天師鑒祐降兵官將福祐護持俾戎遏成功烽煙罷警殊方草面咸襁負以歸仁獷俗悛心盡梯山而向化佇清寰海永致雍熙臣祿算增延災凶殄息道運寧泰將吏輯和普及幽明俱承元祐不任歸命虔祈之至謹詞

東院司徒孟春甲子醮詞

伏以大道開光元精垂化氣分五緯五帝操代謝之權節

布三元三官主死生之籙由是百神受職品物知歸寒暑推遷成歲功而明罪福支干配合統人事而定吉凶今古攸遵應靈無爽臣叨承元廕獲佐昌時福過災生每切持盈之戒才輕任重惟虔報國之誠今者候及上元序新六甲考校當天官之首司明值甲子之初屬此令辰恭修大醮敢祈元聖俯鑒丹誠臣某伏念身遠庭闈禮遥温凊今茲迎侍尚阻江山况隴硤縈紆江波濬險惟憑神力冀保畏途伏惟五帝高尊三官大聖六十甲子應感威神俯迴肸蠁之靈特降昭彰之祐使輕舟利涉萬里無虞靡勞陟

屺之吟速遂綵衣之養俾諧懇願敢負明恩誓勤嚴奉之誠永荅眞靈之祐不任歸命披心禱祝祈恩激切之至謹詞

刁子趙太尉陽平化醮詞

伏以至道分光仙曹列品上浮辰曜下結名山包洞府以深嚴擁雲霞而秀異潛符邦國大庇生靈統籙人天主張命籍降災降福有感必通臣獲奉聖明叨榮爵秩總領戎伍慙無韓白之功部握魚符愧乏龔黃之政常虞盈滿以致災衰早罄丹心歸依元教傳修經籙宗仰眞靈所願國

祚延洪聖壽遐永萬方一統四海會同臣某削落災危蠲銷罪咎六親蒙福九祖生天祿算惟增功名克著誓虔忠孝永奉休明庶期修勵之心上副眞仙之祐恭修醮酌庶達明誠不任歸命虔祈之至謹詞

宣醮鶴鳴枯柏再生醮詞

惟彼仙山奠兹南土雄盤厚地秀拱穹旻控綿洛之川原總岷峨之形勝巖巒捧日洞府棲眞連空之松檜扶疎千載之威靈肅穆果聞祥異顯此福庭垂至陽生化之功變枯柏凋摧之質柔條迴茂灑瑞露以飄香密葉重榮動晴風而裊翠神仙幽贊宗社福招叶此元休永兹禎貺是用精嚴醮祝仰答眞靈凝心宣室之中翹想雲峰之外冀華夷昭泰海嶽晏安稼穡滋豐氛埃蕩定永期祇奉以副元私稽首謹詞

李忠順司徒拜保護章詞

臣聞道用無方神功不測隨機應念惟感必通正一垂文傳寶章而拯物盟威立訓陳醮品以濟民粤自古先逮於兹日惠覃顯晦澤普天人臣某夙荷元慈獲逢聖日天波浩蕩人爵優宏慙無經濟之能深處寵榮之極況居司戎

伍出鎭魚符或賞酬乖善惡之宜刑律有重輕之失俗懷咨怨民抱傷嗟有一於斯式彰譴咎又恐五行三命運值災蒙暗曜明星或當臨照或經過水陸侵觸龍神或土木興修犯干禁忌或前冤往債或故殺誤傷動結罪條兼逢厄會致成疾恙彌切兢憂竊惟大道好生至眞設教著祈禳之典開懺謝之門是敢虔備壇場精修章醮拜天悔過瀝懇希恩伏惟三境高尊諸天大聖降流慈施憫鑒塵微勅天府地司徧陰曹陽境解消災厄原赦罪尤削落凶衰和平冤債蠲除疾苦安鎭魂神六氣均調百關宣暢易短

促之數賜延永之齡萬罪千災咸遂超度誓處修勵仰奉眞靈臣某不任謝罪祈恩披心請命之至謹詞

欽定全唐文卷九百四十四

杜光庭十六

東院司徒郡夫人某氏醮詞

伏聞大道垂科元眞設教正一有祈恩之品河圖有謝過之文虔告尊靈必賜昭鑒某氏以夙叨靈貺擢質人寰祇荷恩庥常深戒懼近者忽嬰疾恙未獲痊平竊恐履行立身措情屬念有違誤之過有抵觸之非或結釁流殃有所延注或明星暗曜有所照臨搆此災纏未蒙消解旦夕憂懼罔敢遑寧又以身宮之中當土曜行度命當危迫誠切

告祈是敢遵按明科虔修大醮伏惟三寶上聖九曜尊神垂罔極之慈降護持之力賜某氏解消災厄和釋冤仇延續年齡增加祚祿使百病痊愈六氣均調蕩滌凶衰蠲除罪咎永期修奉上答元恩不任謝罪祈眞虔誠請命激切之至謹詞

東院司徒冀公醮天羅詞

臣聞賦祿稟形資於道化延生保命繫彼神功至有三命興衰五行代謝星躔經歷卦象吉凶苟逢厄會之期必示修禳之旨是則元眞愍俗大道好生垂法濟人有感斯應

三天正一寶章宣致福之儀太元河圖醮品啟移災之旨古今遵奉拯護尤多臣叨荷靈休躬逢昭代恩榮隆異名分超逾揣己循懷每切器盈之戒誓心戮力常思福過之虞今則大運猶住戍鄉小運仍當亥位今年之內併值天羅竊慮舉念屬心牽成釁咎積生往世宿有愆瑕雖切秉修寧無違悞又暗曜行於辰分火星在於身宮況寵極才微功輕位重恐貽災滯深積兢憂是敢攷按元經肅恭丹懇精修醮禮拜奏章文謝過九天祈恩衆聖伏冀眞靈鑒省渥澤滂流詔天境地司勑陽官陰府赦罪尤於既往蕩

衰沴於將來消宿曜之災解天羅之厄豐延祿祚增益年齡得虔忠孝之誠永贊聖明之化誓勤砥礪上副元慈不任歸命之至

田崇謙盧昭乂受六甲籙詞

伏以至化將行元文肇著五千垂教六甲開圖首於虞舜之朝傳自姬周之代修於內則凝眞反一駕日月而躡煙霄行於外則保國寧民康品彙而豐萬宇爲法之本歷代所尊臣等獲賴元符況逢皇運眞風廣被妙旨遐宣願遂參修永期遵守允當嘉節虔露明誠伏惟元聖融慈衆眞流鑒成其懇願降以威光使存注感通功行圓就九元開度積過獨消福善攸臻壽年增益濟人佐國宏道宣經永揚清靜之風克保希夷之道不任歸命之至謹詞

范延煦等受正一籙詞

伏以正一南宮紫陽玉殿祕陽華之眞籙緘飛化之靈圖下可以制禦凶妖宣和氣序上可以輯寧區宇朝會神仙保國安人古今攸稟臣獲逢聖日咸沐道風早振氛囂俱棲羽褐願期參受克勵焚修伏惟衆聖宏慈俾諧宗尚衣星履斗契九天飛步之蹤佐世立功成大道化時之效炷

香拜手歸命祈眞翹望元恩不任激切之至謹詞

王讜修醮拜章詞

伏聞河圖寶典垂醮品以濟生正一明科顯章文而助化俱宣道要廣福生靈臣獲奉元關叨參祕籙而焚修每闕過咎旋彰主務在公動多悔吝或詳評獄訟賞刑有爽於重輕訓撫師徒沮勸有虧於申令捫心省己夙夜增憂非仗元功無門懺謝又五月之末土火將入於身宮以此憂惶志希禳救今則精嚴信幣求乞章文伏惟太上衆尊三天化主垂大慈之澤降罔極之恩命天官吏兵依職祐護

賜臣罪瑕除蕩寃債和平九曜迴臨照之災三命息刑衝之厄克獲貞吉常遂亨通誓虔焚炷之誠上答尊靈之祐不任

刁子宗勉太尉謁靈池朱眞人洞詞

伏聞生成妙道宏大教以度人不宰元功布慈風而及物隨迎靡滯拯護無遺由是青簡丹篇繼著登眞之品幽關夜府亦該鍊化之仁薪火傳明古今攸普某身逢景運名造眞乘每虔焚祝之心潛希道力冀敵延洪之福上答君恩期靈常勵於丹襟屬念早麥於元籙翹勤徒切景仰何

階伏惟仙君道逸冥鴻壽逾遼鶴指三山而高舉莫認雲程越累歲而暫歸想非塵世某慚盧敖之末跡瞻若士之遐蹤瀝懇齋心爇香拜手佇迴眞鑒俯沃元波俾於修學之中少達希微之趣推誠律已永酬君父之慈見素全眞願奉神仙之躅不任

太傅相公修黑符醮詞

伏聞至道垂科正一啟醮祈之品河圖著訓太元開懺謝之門蓋所以拯護人倫恢宏法力恩庥廣被今古攸宗臣運偶昌期叨膺重寄雖竭誠而報國未効涓埃懼福過以災隨因罹疾疹今則黑符飛化正入中宮本祿納音爲災尤重是敢冥心元極稽首清壇恭備香燈虔申醮祝伏惟元元降鑒五帝宣慈勅九宮貴神命三官曹屬解消厄運和釋寃仇蕩滌罪瑕增延祿算使百關調豫久疾痊平誓傾忠孝之心冀敵聖明之澤永遵妙道仰副元慈不任

洋州令公宗夔宅陳國夫人某氏拜章設九曜詞

伏聞天地萬靈陰陽庶品資元和而覆育稟道氣以生成三命五行是定吉凶之數南宮北府爰司罪福之文善惡無遺錙銖不爽況復三元遷易九曜躔移示譴降祥影隨

響答得不兢懷悚惕祇敬眞靈某氏以土火二星行於午地既當命位仍在身宮小運丑中況爲六害大運戌土又值墓神大運則午命稍衰小命則壬祿初薄以玆憂懼恐履災期是敢精勵丹誠歸依元象遵拜章之典式稽首三天備祈醮之物儀馳心九曜伏惟至眞惻祐衆聖垂恩赦往歲之罪瑕解積生之寃債消平災厄拯度凶衰延益壽年增加祿祚克蒙覆護常賜安貞永奉眞靈誓勤修敬不任歸命虔祈之至

洋州令公宗夔生日南斗醮詞

伏聞列曜凝光。麗天垂象。南昌上府。生籙是司。致福流祥。潛資邦國。河圖祕戒。式明瞻敬之文。正一靈科。亦備存修之旨。敢披元訓。虔罄素誠。臣夙荷洪庥。躬逢景運。便蕃寵澤。踐歷恩榮。無濟時匡國之功。叨相印兵符之重。循懷震惕。難酬造化之私。誓志恪恭。冀荅君親之德。但勤砥礪。敢怠初終。是以輒就生辰。精修醮禮。仰丹臺而稽首。望元極而冥心。靈炷騰煙。期達九清之上。良宵効懇。願通六聖之前。賜臣災滯蠲消。冤仇和釋。增加祚祿。延益年齡。赦已往之過尤。介將來之禎福。九元昇度。舉族康寧。誓嚴尊奉之

誠。永副真靈之祐。不任歸命虔祈之至。

青城山丈人殿功畢安土地醮詞

伏聞混元既判。融結分形。惟彼岷山。廣吞西徼。壓二江而作鎮。冠五岳以居尊。窟宅神仙。含藏洞府。層峰疊巘。捧日月於雲間。積翠堆嵐。隔塵埃於人世。闢天國而真靈雜集。廓成都而芝朮駢羅。是曰福庭。統茲形勝。希夷真君道成上古。名重高真。軒帝南巡。嘗展師資之禮。明皇西幸。仍加崇飾之功。敞豐祠於炎漢之年。旌懿號於中和之日。每彰休應。丕祐寰區。頃者躬拂煙蘿。仰瞻羽衛。睟容在目。寤寐寧忘。近以闕闥層楹。風凋雨漬。歲華暗貿。頹朽可虞。爰命慧進大師行真。度木鳩工。成茲大壯。飛甍耀景。碧霤排空。四垣之圖像如新。重檻之階陛不改。爰復正寢。永播元休。俾天地山川。神明職秩。常加禎貺。大庇烝黎。鷙暴不侵。沴癘無作。稼穡蕃稔。風雨以時。昊穹觀璧合珠連。夷夏覩文修武偃。邊烽靜息。妖孽殲平。車書佇混於萬方。正朔期同於九有。生靈蒙福。宗社永昌。式勤蘋藻之儀。常奉馨香之薦。遣廣成先生杜光庭虔修大醮。昭謝真靈。遐望雲軒。仰希元鑒。不任。

宣再往青城安復真靈醮詞

蓋聞天設神墟。地開仙府。真靈是宅。幽顯攸尊。握羣嶽之紀綱。司萬方之休否。雲峯霞觀。歷代所崇。垂貺庇人。古今受賜。頃者以遠披蘿薜。躬造軒庭。仰堂宇之威容。覩四垣之儀衛。光靈如在。翹矚常深。遂命圖繪神姿。鋪舒內殿。朝燃玉穗。夕備銀釭。禱祈蓋切於生民。注念非關於祕祝。欽惟不昧。必鑒斯誠。今則山觀之中。已加興葺。鼎新殿宇。別命焚修。既無葷雜之虞。益有清嚴之致。是用特申醮禮。精具告陳。謁請真靈。復還仙觀。霓幢鶴鑾。優游松月之鄉。蕙

郁藹芬瀟灑虛無之路永安眞域丕祐邦家自茲寰海之民常傒寵洪之福不任祝望之至謹詞

黔南李令公安宅醮詞

伏以道化肇分百靈受職晦明幽顯咸繫統臨既興棟宇之功須辨主張之位或五姓有宮商之異八宅標乾坎之殊陰陽各配於德刑亥巳互陳於首尾吉凶區別悔吝乃彰違之或虞其災殃順之寧虧於福善伏自恩賜第宅於茲數年近象闕以巍峩接天橋而煥麗每慚薄德靡稱華居今則咫尺對衙大興土木雖阡陌之有阻且斤斧之相聞

眞聖生辰賀詞 二首

禊事時修慶長安之佳麗極樞電遶宜上聖之篤生星拱羣心葵傾率土伏念某世崇香火身囿恲懞幸逢毓聖之辰敢效呼嵩之敬諷演琅函之旨披陳玉軸之文用傾螻蟻之誠仰祝龜蛇之衛伏願一劍掃除於妖氣六丁拱衛於仙班德日新日日新齊天悠久壽萬歲萬萬歲永世無窮

三月三日天氣新篤生上聖萬年萬壽文德治取薦微誠共惟佑聖之資實作元天之主孕太陰而成質一氣甚宏涵水德以耀靈五陽方壯惟功行圓成之久故威嚴變化之神宜民庶之皈依拱帝尊之高上某泊焉五濁陋甚一寒夙修香火之緣久託雲天之庇恭逢盛旦輒控丹衷輔正除邪永作北方之鎭銷災降福益綏南服之民

老君讚

無上元元化身萬億開闢乾坤古今莫測萬象之宗帝王之則先天地生備全道德

无上黄籙大齋後述

粤自三无已降迄於巨唐寶軸靈文或隱或見出於史策或著在別傳至宋朝簡寂先生校讐之際述珠囊經目萬八千卷其後江表干戈秦中兵革眞經祕策流散者多後周武帝立通元觀收集衆經猶及萬卷洎隋火板蕩唐土龍興翦掃氛妖底定寰宇至開元之歲經訣方興元宗著瓊綱經籙凡七千三百卷復有玉諱別目記傳疏論相兼九千餘卷尋至二胡猾夏正教凌遲兩京祕藏多遇焚燒上元年中所收經籙六千餘卷至大歷年申甫先生海內搜訪京師繕寫又及七千卷長慶之後咸通之閒兩街所

寫纔五千三百卷。近屬巨寇淩犯。大駕南巡。兩都烟煤。六合榛棘。眞宮道宇。所在凋零。玉笈瑯函。十無三二。余屬茲艱會。漂寓成都。扈蹕還京。淹留未幾。再爲搜訪。備涉艱難。新舊經誥。僅三千卷。未獲編次。又屬省方。所得之經。尋亦亡墜。重遊三蜀。更欲搜訪。累阻兵鋒。未就前志。時大順二年辛亥八月初三日庚辰。成都玉局化閱省科教。聊紀云爾。杜光庭述。

釋老君聖唐冊號

夫所言太上者。統教之尊名。證聖之極果也。太者大也。上

者高也。太者大也。無大於太。上者高也。無高於上。乃修行證果極位之稱也。世人修行。自凡而得道。自道而得仙。自仙而得眞。自眞而得聖。聖之極位。昇爲太上。太上者。六通萬德。無不畢備。紹法王位。統臨萬聖。卽得居此尊名。亦如代閒皇帝。代代紹位。皆得稱之。自元始天尊之後。卽有太上大道君太上老君太上丈人太上高皇帝。皆極此位。而太上丈人高皇帝雖兼有尊極之名。而不行教。其傳祚行教爲萬天之主。惟道君老君耳。元者深也。妙也。亦云道也。天也。至高至妙。不可言詮。約妙與深。以元爲證。言深妙元遠。以明道體。故謂之元。元者初也。始也。祖也。爾雅云。肇道根源。萬物宗祖。處世出世之法。皆爲之本始。故謂之元。皇者大也。謂大道也。道大曰皇。尚書序曰。三皇之書。謂之三墳。言大道也。帝者天也。其德配天。次於道也。德大曰帝。道德兼稱。故云皇帝。又云法道法天。謂爲皇帝。秦始皇既一統天下。垂法後代。上取三皇之尊名。下取五帝之美號。兼而稱之。曰皇帝焉。尚書序曰。五帝之書。謂之五典。言常道也。內號者。隱號也。老君千名萬號。不可備窮。以當時天下所稱。謂之老子。亦乃道尊德貴。不可斥名。天上人閒咸稱

曰老子。是則以老子之內號也。我大唐高宗天皇大帝乃老子三十三代聖孫。大唐之第三帝。太宗文皇帝之第三子也。承乎嗣極。握記垂衣。耀仙李之靈葩。展昇平之盛禮。迴鑾苦縣。謁聖眞源。表大孝於奉先。贊元元於聖號。以乾封元年太歲丙寅二月二十八日下詔曰。東臺大道混成。先二儀而立稱。至人虛己。妙萬物以爲言。粤若老君。朕之本系。爰自伏羲之始。暨乎姬周之末。靈應無象。變化多方。游元氣以上昇。感日精而下降。或從容宇宙。吐納風雲。或師友帝王。丹青神化。譬陰陽而不測。與日月而俱懸。屬交

褱在辰。晦迹柱下。大宏雅訓。垂範將來。雖心齊於太虛。而理歸於眞宰。若夫絶聖棄智。安排寡欲。寂寞杳冥之際。希夷視聽之表。澹爾無爲。宛然自得。酌之不竭。用之不盈。執大象而還淳。滌元覽而遺累。邈乾坤以長久。跨陶鈞而亭育。至矣哉。固無得而名也。況復大聖所資。克昌寶祚。上德所履。允屬休期。朕嗣膺靈命。撫臨億兆。總三光之明。而夙宵寅畏。居四大之重。而寢興祗惕。盡孝敬於宗祧。慶懷柔於幽顯。行清淨之化。承太平之業。登介邱而展采。坐明庭而受記。飛烟結慶。重輪降祥。鶴應九皋。山稱萬歲。越振古

而會休徵。冠帝先而爲稱首。大禮云畢。迴輿上京。迂駕瀨鄉。躬奠椒糈。仰瑞柏以延佇。挹神泉而永歎。如在之思既深。敬始之情彌切。宜昭元本之奧。以彰元聖之功。可追上尊號曰元元皇帝。仍改谷陽縣爲眞源縣。當縣宗姓。特給復一年。冀敦崇遠之情。用申尊祖之義。布告中外。咸使知聞。主者施行。又永淳二年癸未十二月四日下詔曰。君崇於道。宅紫微以垂衣。臣修於德。罄丹心而作礪。若使上守於義。下尊於禮。名教所以乖淳。忠信由其漸薄。在昔胥庭連陸。媧燧伏羲。不宰而天下化。軒頊堯舜禹湯文武。至公

猶行。深仁尚積。及秦居閏位。奢泰之漸聿興。漢襲霸圖。元默之風已替。遐觀魏晉。近鑒周隋。代益囂浮。人踰僭侈。窮百王之弊俗。極千年之否運。以承大亂之後。方開大聖之期。既逾交喪之辰。必興交泰之緒。我高祖神堯皇帝受鑲宮之景命。蕩鬱野之妖氛。重懸日月。一匡宇宙。太宗文皇帝披圖汶水。杖鉞參墟。降斗極之神兵。滌懷襄之巨浸。張四維而安赤縣。勞百戰而徇蒼生。聲教遐覃。隄封遠亘。緬維洪業。無得而稱。朕以寡昧。忝膺丕緒。未嘗不孜孜訪道。戰戰臨人。日愼一日。三十四載。於今矣。況下安則上逸。時

弊則君憂。雖身處九重。而情周萬姓。建本之懷愈切。抑末之念逾深。今庶績雖凝。而淳源未洽。朕之綿系。兆自元元。常欲遠叶先規。光宣道化。變率土於壽域。濟蒼生於福林。屬想華胥。載勞寤寐。所冀內外寮寀。各竭乃誠。敦勸黎萌。俱從簡質。舊染薄俗。咸與惟新。憑大道而開元。共普天而更始。宜申霈澤。廣被紘埏。可大赦天下。改永淳二年爲宏道元年。仍令天下諸州置道士觀。上州三所。中州二所。下州一所。每觀度道十七人。以彰清淨之風。佇洽無爲之化。主者施行。是則奉先尊祖。復樸還淳之旨也。

毛仙翁傳

毛仙翁者名于字鴻漸得久視之道不知其甲子常如三十許人其鬒容穉姿雪肌元髮若處子焉周游湖嶺間常以丹石攻疾陰功救物受其錫者不可勝紀大中戊寅歲進士張爲薄遊長沙落魄數載以詩酒自得不汲汲於隨計一旦值女奴於岳麓山下若豪家之青衣焉奔而歸之張遽惑焉歲餘寖成羸疾尫瘠骨立待時而已毛翁自海陵來泊於逆旅卽張所止也請謁之者逡巡盈門皆曰尊師十年二十年一屆於市人仰其惠猶夏日之陰冬日之

陽也蒙其澤者多矣顧見張愍之曰子妖氣邪光洽徧肌骨苟不相値殞於旦夕也吾有鮑南海丸以一粒授爲於香爐焚之郁烈之氣聞數百步張之魅妾長號一聲蹷然而斃因共視之卽木偶人也心下至足肌肉如人心上至頂猶木偶之狀衆共異之棄於江中師曰此魅逝矣子之性命可全形骸可保也又以丹砂三粒其狀如黍米命張吞之旬月之間肌豐力倍憊疾都瘳師忽告去不言所之張遂爲詩別焉其略云羸形感神藥削骨生豐肌蘭炷飄靈烟妖怪立誅夷重覩日月光何報父母慈黃河濁滾滾別淚流漸漸黃河淸有時別淚收無期自是去別莫知所適湘江間至今以爲口實張後亦南入釣臺山訪道而去今覩朝彥贈仙翁文集果符長沙之事裴晉公度牛公僧孺令狐公楚李公程李公宗閔李公紳楊公嗣復楊公於陵王公起元公稹當代之賢相也白公居易崔公鄲鄭公尉澣李公益張公仲方沈公傳師崔公元畧劉公禹錫柳公公綽韓公愈李公翺當代之名士也望震寰區名動海島或師以奉之或兄以事之皆以師爲上淸品人也或美其登仙出世或紀其孺質嬰姿或異其藏往知來或敘其

液金水玉霞綺交爛組繡相宣蓋元史之盛事也自元和洎大中戊子五十餘年容色不改信非常人矣奇章公獨以上昇爲疑者乃拘敎守常未達神仙之深旨矣夫仙之上者骨肉昇飛與天無極又九天之上無何之鄉爲極陽之都神仙之府也世之得道者鍊陰而全陽陰滓都盡陽華獨存故能上賓於天與道冥合則黃帝駕龍而騰躍子喬控鶴而飛翔赤松乘雨而飄飄列寇御風而上下史簡昭著又何疑焉所云胡國胡法將終之事是設幻化之誣詞謗神仙之輕舉者有是焉耳嘗試論之眞一旣判元精

肇分。清氣爲人。謂之三才。皆稟於妙無。成於妙有。人之生也。參天而兩地。與氣爲一。天地所以長存者。無爲也。人所以生化者。有爲也。情以動之。智以役之。是非以感之。喜怒以戰之。取捨以弊之。馭努以勞之。氣耗於內。神疲於外。氣竭而形衰。形凋而神逝。以至於死矣。故曰委和而生。乘順而死。率以爲常也。修道之士。黜嗜慾。隳聰明。凝然無心。淡然無味。收視返聽。萬慮都冥。然後虛空生。胎脗合。自然觀化之初。窮物之始。浩然動息。與道爲一矣。與道爲一。則恣心所之。從心所欲。是非不能亂。勢利不能誘。寒暑不能變

生死不能干。指顧乎八極之外。逍遙乎六虛之表。無所不察。無所不知。目能洞視。耳能洞聽。亦能視聽不由乎耳目。何者。神鑒於未然。智通於無地也。如此則世人之休咎壽天。富貴貧賤。皎然在目。豈待乎陰陽之數。蓍龜之兆而後知之乎。毛仙翁則其人也。衆君子歌詩誌之。序述讚之。曷足盡仙翁之道哉。因以神仙之事。亦紀仙翁之功。書之於卷末云。通政元年丙子三月七日辛酉。杜光庭記。

欽定全唐文卷九百四十五

周氏

周氏。番陽曹因妻。

曹君墓碑

君姓曹。名因。字鄙夫。世爲番陽人。祖父皆仕於唐。高祖之朝。惟公三舉不第。居家以禮義自守。及卒於長安之道。朝廷公卿。鄉鄰耆舊。無不太息。惟予獨不然。謂其母曰。家有南畝。足以養其親。室有遺文。足以訓其子。肖形天地間。範圍陰陽內。死生聚散。特世態耳。何憂喜之有哉。予姓周氏。

公之妻室也。歸公八載。恩義有專。故贈之銘曰。

其生也天。其死也天。苟達此理。哀復何言。

牛應眞

應眞。牛肅長女。適宏農楊唐源。著有遺芳集。

魍魎問影賦

庚辰歲。予嬰沈痼之疾。不起者十旬。毁頓精神。羸悴形體。藥物救療。有加而無瘳。感莊子有魍魎責影之義。故假之爲賦。庶解疾焉。魍魎問於予影曰。君英達之人。聰明之子。學包六藝。文兼百氏。賾道家之祕言。探釋部之幽旨。旣虔

恭於中饋又希慕於前史不矯性以干名不毀物而成巳伊淑德之如此良精神之足恃何故羸厥姿貌沮其精神煩冤枕席憔悴衣巾子惟形兮是寄形與子兮相親何不誨之以崇德而教之以自倫異萊妻之樂道殊鴻婦之安貧豈痼疾而無生賴將微賤而欲忘身今節變歲移臘終春首照晴光於郊甸動暄氣於梅柳水解凍而繞軒風扇和而入牖固可蠲憂釋疾怡神養壽何黙爾無營自貽伊咎僕於是乃勃然而應曰子居於無人之域遊乎魑魅之鄉形既圖於夏鼎名又著於蒙莊何所見之非博何所談

之不長夫影依日而生像人而見豈言談之足曉何節物之能辨隨晦明以興滅逐形骸以遷變以愚夫畏影而蒙鄙之性以彰智者視陰而遲暮之心可見伊美惡兮由巳影何辜而遇譏且予聞至道之精窈兮冥至道之極昏而黙達人委性命之修短君子任時運之通塞悔吝不能纓榮曜不能惑喪之不以爲喪得之不以爲得君子何乃怒予之不賞芳春責予之不貴華飾且吾之秉操奚子智之能測言未卒魍魎惕然而驚歘爾而起曰僕生於絶域之外長於荒遐之境未曉智者之處身是以造君而問影既談元之至妙請終身以藏屏

鮑君徽

君徽字文姬鮑徽君女善詩德宗嘗召入宮與宋若昭姊妹齊名每賡和賞賚甚厚

乞歸疏

臣以草茅嫠婦重荷寵恩自謂生有餘幸矣獨念妾也幼鮮昆季長失椿庭室無雞黍之餐堂有垂白之母衷情迫切臣不啻隱忍方慮控訴無門爲茲者幸遇聖明詔臣吟詠一入御庭百有餘日弄文舞字上旣以洽明聖之歡心

擱管揮毫下旣以倡諸臣之賡和惟是煢煢老母置諸不問豈爲子女者恝然若是耶臣一思維寸腸百結伏願陛下開莫大之宏恩聽愚臣之片牘得賜歸家以供甘旨則老母一日之餘生卽陛下一日之恩賜也臣不揣愚昧冒死以進

温氏

温氏李邕妻

爲夫謝罪表

妾温氏言邕效職不謹狀涉貪狼逼迫囹圄獲罪以聞誠

宜不待刑書便當殞滅然事有所隱恐負明時天地覆遠覽訴不敢倉卒之際分從嚴誅豈謂天鑒仁明邕得生竄荒外再遣之幸上荅何階死罪死罪邕少習文章薄竊時譽疾惡如讎往任拾遺奏張昌宗之黨後參憲府劾武三思之罪坐此為累不容於眾秉邪佞者切齒攻文章者側目由是頻謫遠郡削跡朝端不見闕庭何啻十載歲時凝戀聞者傷懷屬國家有事東岳大禮告成法駕西旋路遊近境普遵牛酒之獻各展臣子之心不意天澤曲垂恩私屬沐邕當再躍何以為心懇至夙誠冀遂申劾妾聞正直

見用邪佞生憂邕之禍端自此為始且邕比任外官竟無一議天顏暫顧罪則旋生諺云士無賢不肖入朝見嫉伏惟陛下明察此言妾之微軀萬死無恨死罪死罪邕初蒙勘當即便禁身水不入口向逾五日孤直援寡邪黨相趨窘急至深實不堪忍氣微息奄惟命是聽遣邕手書事生吏口貸百姓蠶糧抑稱枉法市羅以進令作贓私吏以為能寄此加罪當時匭使朝堂潛皆守捉號天訴地誰肯為聞嚴命將行恭往奔逐泣血去國沒骨炎荒長任欽州示以無用願邕充一卒之用効力明時膏塗朔邊骨糞沙壤使得身死王事成邕夙心妾則碎首粉身萬死為足妾夫婦義重常見其志不避罪責冒死上聞儻天光垂照即當殞滅妾之榮幸實荷再生謹奉表投延恩匭

李元真

元真越王貞之元女孫曾祖珍於先天中得罪配流嶺南元真祖父皆亡歿嶺外雖經恩赦而未昭雪元真進狀請歸葬越王墓次詔許之即勅於咸宜觀安置為女道士

請歸葬祖父於越王塋次狀

曾祖名珍是越王第六男先天年得罪流配嶺南祖父皆

亡歿嶺外雖累蒙洗雪未還京師去開成三年十二月內嶺南節度使盧均出俸錢接借哀妾三代旅櫬暴露各在一方特與發遣歸就大塋合祔今護四喪已到長安旅店權下未委故越王墳所在伏乞天恩允妾所奏許歸大塋妾年已六十三孤露家貧更無所依倚

鄭氏

鄭氏侯莫陳邈妻

進女孝經表

妾聞天地之性貴剛柔焉夫婦之道重禮義焉仁義禮智

信者是謂五常五常之教其來遠矣總而爲主實在孝乎夫孝者感鬼神動天地精神至貫無所不達蓋以夫婦之道人倫之始考其得失非細務也易著乾坤則陰陽之制有別禮標羔雁則伉儷之事實陳妾每覽先聖垂言觀前賢行事未嘗不撫躬三復歎息久之欲緬想餘芳遺蹤可躡妾姪女特蒙天恩策爲永王妃以少長閨闈未嫺詩禮至於經誥觸事面墻夙夜憂惶戰懼交集今戒以爲婦之道申以執經之禮並述經史正義無復載乎浮詞總一十八章各爲篇目名曰女孝經上至皇后下及庶人不行孝

而成名者未之聞也妾不敢自專因以曹大家爲主雖不足藏諸巖石亦可以少補閨庭輒不揆量敢茲聞達輕觸屏扆伏待罪戾妾鄭氏誠惶誠恐死罪死罪謹言

胡愔

愔號見素子居太白山註黃庭內景圖一卷

黃庭內景五臟六腑補瀉圖序

夫天主陽食人以五氣地主陰食人以五味氣味相感結爲五臟五臟之氣散爲四肢十六部三百六十關節引爲筋脈津液血髓蘊成六腑三膲十二經通爲九竅故五臟者爲人形之主一臟損則病生五臟損則神滅故五臟者神明魂魄志精之所居也每臟各有所主是以心主神肺主魄肝主魂脾主意腎主志發於外則上應五星下應五嶽皆模範天地稟象日月觸類而取不可勝言若能存神修養克己勵志其道成矣然後五臟堅強則內受腥腐諸毒不能侵外遭疾病諸氣不能損聰明純粹却老延年志高神仙形無困疲日月精光來附我身四時六氣來合我體入變化之道通神明之理把握陰陽呼吸精神造物者翻爲我所制至此之時不假金丹玉液琅玕大還自然神

化沖虛氣合太和而升雲漢五臟之氣結五雲而入天中左召陽神六甲右呼陰神六丁千變萬化馭飛輪而適意是以不悟者勞苦外求實非知生之道是故太上曰精是吾神氣是吾道藏精養氣保守堅貞陰陽交會以立其形是也愔夙性不敏幼慕元門鍊志無爲棲心澹泊覽黃庭之妙理窮碧簡之遺文焦心研精屢更歲月伏見舊圖奧密津路幽深詞理既元賾之者鮮指以色象或略記神名諸氏纂修異端斯起遂使後學之輩罕得其門差之毫釐謬逾千里今敢搜羅管見罄竭謏聞按據諸經別爲圖式

先明臟腑次說修行并引病源吐納徐疾旁羅藥理導引屈伸察色尋證月禁食忌庶使後來學者披圖而六情可見開經而萬品昭然時大中二年戊辰歲述

楊氏

楊氏宏農人宰相王搏妻著女誡一卷

傷子辭

予有令子儉衣削食以紀先功志刊貞石彼蒼不遺俾善莫隆令予建立痛冤無窮

欽定全唐文卷九百四十六

馮真素

燈賦

日杲而朝隮月朧而宵出稟純陽而合彩體沈陰而函質照未被於覆盆光豈周於暗室顧茲燈之煥炷保謙光於自薦推九華於洞房攢百枝於複殿嗟微瑣之陋質侍君子之高讌光逶迤於舞袖影朦朧於歌扇絲竹夜響綺羅春絢玉階星列金釭花徧至若上客將歡中樽未闌吐氤氳於玉宇流豔溢於金盤雜行月而浮桂乘流風而泛蘭瑟韻喧兮逾炳更籌深兮轉寒覺離筵之闃寂知別恨之良難別有蕩子遠水賤妾空閨掩錦屏而緜歎下羅幔而長啼既嬋娟於永夕亦委鬱於孤棲花伴妝而共落煙遠思而俱迷況復古人處否通道居幽門庭闃寂景物清秋憤書劍之無託意年華之不留抱枯簡以銳想對寒燈而足愁及其遇曉韜暉乘昏吐耀明以利物光非自照希助美於太陽豈聯暉於庭燎雖寓詞於感物終有類於體要

對九日登高墜腳判

楊甲九月九日登高墜腳致跛乙告爲不孝科

不應爲

楊甲溺志妙賞開襟季月採幽仙術既播美於銷災膾彼禮經復傳芳於作賦萸房辟惡插鬢徒存菊花泛罇傷足旋及下堂之懼空負子春之懷登階與言方貽婦人之笑窮其孝道雖則致於毀傷校彼刑章豈有涉於情故乙誠妄告甲乃無辜輙賜片言能符至理

對澤中得堇判

王祖母饑病立冬劉公孫因澤中取土得堇栗遺之後有火過於西隣隣告云妖有司科之使

司奏請旌異

元象凝邈羣品必具沈潛昭著衆感無隱懿哉公孫躬履節養惇彼祖母欵纏饑疾心乎謂何天亦明視驗粟有殊於籬下泣堇終同乎澤中可謂嗣德劉殷追蹤李密激芳塵於西蜀譪嘉聲於東晉霜竹擢笋自可包羞冰魚振鱗頗亦慙德第如蔡順伏柩劉昆叩頭驚風由其蓄縮洪焱爲之卷欻精誠所致緗素備列嗟乎至孝孫其善隣所司科妖將涉厚誣之酷明使旌異深符清德之美

封殷

鄉老獻賢能書賦 以行藝昭洽可升王庭爲韻

至哉求士之方稽彼側陋書乎善良備采擇於鄉老爰升薦於天王乃曰行之實藝之長可謂舉不踰等信乎幽而有芳用之則行豈遐方之繫滯時不可失逢昭代之明揚於是申衆寡稱旗章播唐風而靡闕同周制而有常操簡兢兢顧獻巖廊之器率徒濟濟咸從禮義之鄉佐理之源匡時之盛可以榮鄉黨可以輔國政豈徒稱藝能褒德行而已亦以示尊寵尚賢能再拜之儀設五物之禮興俾地官而是載命天府而爰登膺選以行豈黃冠而是阻策名

之後見青雲而可升所謂納芻蕘拔淹滯或端莊而果行或踴躍而負藝聞善必舉誠哉不過其辭惟賢是求豈曰後難爲繼是以臻彼道德致乎雲霄多士如流可閱一編之上羣才是選寧辭萬里之遙矧物類之咸若在皇明之孔昭考鄉閭之中既已爲善顧周行之內無愧嘉招原夫進以守法明乎化洽庶所以觀士無取乎徹甲方今搜賢鄉黨致理國經具名氏於尺牘先貢獻於彤庭隨籍而來先容必假於垂白進善以致克己自期乎拾青士有其心徒堅其誠未果道寧忘於光大藝必慚乎微瑣沈潛下國

隨鄉書而計偕希望榮名在王庭之試可

封玠

對越關判

越度關府欲科罪稱告急切不暇請公文

王者置關是爲巨防所以察出入驗符繻故終軍入秦棄之以擊節臧文相魯廢之而受嫌彼何人斯輒此踰越稱急切之利往莫刑章而免科當今烽堠無虞蠻貊請職荒徼不聞於擊柝私室寧容於度關請科罔上之人用杜憑虛之說

封孟申

信及豚魚賦 以聖朝道孚微隱爲韻

皇帝奉天心執人柄自毛羣之賤品及水族之微命咸安其生各遂其性小既化矣諒庶物以知歸大亦宜然由一人之有慶允所謂法中孚以立極體渙汗而施令其信也符天之不言其德也與道際其聖徒觀其行藏出處安逸逍遙時乃上冰且不爽於春候時乃登俎幸見錄於清朝何政令之不誠何性命而不保清瀾自適則樂我深泉行葦不傷則樂我豐草趨時者保去留之性默處者契雍熙之道懿夫堯之爲理行路皆如此易之取象叶義必同茲物苟在微則豈唯豚爾類苟在隱則何必魚乎可謂德侔造化道泯虛無無遠不均將由夫大而不約何幽未及詎同彼小且未孚穆穆巍巍我后垂衣域已臻於仁壽信乃及於賤微恣彼喁喁在安流而長逸睹其膚革與至道而俱肥斯可以見聖皇軌物誠理是非奚獨黿龍假而表瑞麟鳳降而增輝而已哉士有象既得而言欲忘信已誠而行庸謹安貞誓於耋期慎獨秉乎齠齔觀光上國感豚魚之以孚願仕清朝匪巖穴之可隱

師貞

秋露如珠賦 以涼風變節疑露可觀爲韻

風入秋而方勁露如珠而正圓映蟾輝而迴列疑蚌剖而俱攢綴別葉之中時翻的的轉衰荷之上微振珊珊虛靜內瑩圓明外寒且驗目前之美何殊掌上而觀懿夫寓物成規效微應節含綠葵而結綠方麗耀黃菊而中黃轉瀲落蒹葭之浦誠媚川而可移泫庭宇之間雜照廡而何別所以未逢朝溘還著夜光當助海而爲深功雖至薄蒙沈泉之是棄德且非涼比蟬飲之爲狀與蛇銜而允臧發澤

之道素昭。結霜之儀漸露。咸欣遐被之德。寧起暗投之怒。遙瑩空際。思縹緲之金莖。散照林中。謂璀璨之瓊樹。宛轉無窮。精明有融。乍見紅蘭之內。如尋赤水之中。稍迷遲蔓偏入園叢。每祕彩於晝景。何流形於夜風。時也草始化螢。星逾流火。叶物候而增美。信晶熒而必果。想游女於水上。訝鮫人之淚墮。降自天而任彼無私。照於乘而孰云不可。湛湛方積。纍纍正凝。彌增皓鶴之警。不憚驪龍之興。遠睇平蕪。俛首而鮮苗益潤。俯觀朝藿。傾心而靈液是承。嗟乎彼以少而為貴。此以多而豈賤。遇沾衣而未化。如被褐而

初見。其克好以員來。孰若順陰而適變。

岐敬忠

對主司徵算採卵窺鄰判

得主司徵算癸訴未冠又毋邛三兒登木採卵鄰人以窺見室家遂縛之

輕傜賦則人安。不覆巢則鳳集。有司徵算。誠遠符於漢主。毋邛採卵。斯近慕於晉臣。癸且有詞。實庸人之告訴。邛為無賴。何小子之猖狂。若國用耗虛。自七歲而宜算。宅居鄰里。思一顧而便窺。亦何限於冠年。須發怒於登木。況為無事。詎藉稅錢之斂。既幼而小。何處望風之責。甲宜釋放。癸請不徵。

儀崇哲

對惰農判

甲有田不耕被罰三夫稅粟以質劑致人甲告旅師施惠散利法司科旅師罪不伏

三推貽訓。昭責於天田。萬井開規。發揮於地利。故五稼庭碩。成厚下之道。四畔阜滋。得奉上之績。甲圭衡賤彙。農保浮生。青郭無起伏之田。綠野有菑畬之地。爰稽版籍。舊列

郊封。匪蠶而衣。著於前誡。不耕而食。豈免後科。且甲異嗇夫。師非田畯。瞻惟惰窳。不勤百畝之勞。空致質劑。未舍三夫之稅。訟旅師之散利。以避罰而尤人。美（疑）合券以免科。終飾非而為己。眷茲甲罪。宜峻刑章。惟彼旅師。請從寬典。

韋敬辨

韋公厥智誠峒序

直上千萬仞。周圍數十里。昂焉若嵩岱之奇形。隱焉若蓬壺之雅趣。丹梯磊落。絢五色之彩霞。元峒幽虛。吐四時之嵐氣。懸崖墜石。有羣羊伏虎之形。激澗翻波。若排鵝捕蛇

之勢幽溪修阻絕岸崢嶸蘆荓森羅嘉禾充牣韋使君性該武禁藝博文樞窺禍福於未萌察安危於無像往以釁起蕭墻變生肘腋處茲險奧爰創州臺位列班曹砥平繩直周圍四面悉用雕鐫絕壁千尋宜皆刊刻前臨沃壤黍稷與稻秫芬芳後通崇隅嵐氣與翠微隱映澄江東逝波開羅錦之花林麓西屯樹擁長青之葉遠山近水匪暴客之咽喉澗戶湯池豈奸雄之鼓吹寬蹤退散怨跡沈埋同氣之誼日隆手足之情元厚豈不戴名山之景祐沐靈嶽之洪休危而爲安禍而爲福聊鐫翠𡶶謹述巖猷

韋摸當

金鏡賦 以聖人握之以臨天下爲韻

大哉唐之爲盛授寶歷兮握金鏡御乾符兮秉坤政順四時以立法侔上帝而作聖其德維新其照惟均金也者取剛克以成質鏡也者取清明之在身染之無汚磨而不磷守清淨以自立形大小而各陳是故傳咸擬之於良史莊氏比之於至人懿夫不鼓不鑄匪雕匪斲堅貞爲義同匪石以居心溥博其功異明珠之在握見而後信動必先覺細察毫芒遠包海嶽處明難疲居昏不濁含清輝於寂默體元化以希夷有以取象無得可持雖無分於動息終不混於妍媸斯實百王之道也可與三光而揭之原夫司契之君端拱而理北辰定位南面恭已惟其道之有孚必心鏡之爲始何彊名於此意嘗試言其所以豈非體合沖漠功優照臨苟遇物而必覽信緣情之所任皎皎圓月既昏曉而常潔沈沈精彩豈塵垢之能侵作此鏡焉生於化權無形象以留賞有光華而克全清明象水廣大配天討之不窮隨五行而往復韜之無際假六氣以周旋則知守實者持之罔捨於以宣化源統天下如是三皇之與五帝較

我德之殊寡

朱草合朔賦

縣官執大法闡大猷道惟行遠化必通幽彼朱草以合朔示皇天之降休月始而生用資乎陰騭月虧而落事契夫冥搜其於作候靡或不由乃知天罔私親神惟輔德苟明智之有務必冥報而無忒或産水涯或生巖側布赤葉之蒨練挺朱柯之翕赩既周復而莫窮與乾坤而不極誰究其義吾知其爲美一人之化洽俾萬國而澤被由是節候不疑生榮以時依天聽以叶祉順月魄以呈姿朔告合朔

表皇化之無異草名朱也比丹心兮自持較瑞不慙於蓂莢稱珍豈讓夫靈芝觀其光彩妍媚文理密緻資亭毒以榮落以神祇之奧祕三五之前逐蟾光以潛長二八之後與桂華而暗墜匪權量之能侔將漏刻而齊致其氣芬芳其色焜煌聖帝攸感靈仙是常何纖芥之微物遇休明而效祥諒君恩之克播致天意之溥將可以同規日月共貫陰陽豈止瀆元醴變金漿而已哉懿夫分莖灼爍擢穎超邁候朔自呈詎比夫偶陽而動既望斯隕寧同乎見晛曰消幽元不測神化孔昭自然澤浸有截化行無外三光並

明兩儀交泰於靈草以配歷冠古今而爲大

韋希顏

對舉人據地判

潁州常居於本屬舉刺史問所能乃據地而言刺史將爲奇才察吏爲詞色倨傲不堪獎仰處分

常居汝潁奇才邱園高士干進二千石自謂五百年陳思王之藝能惟聞自舉馬相如之文藻故且先容蓄銳門庭蟄居龍之已訖露才州府望維駒之有期舉善進賢英翹是務負才任氣倨傲何傷詐吏猶揖司空處士何卑刺史或是栖遲之倨禮律未閑流宕之夫拘檢不足取優退劣赦過舉賢庶以爲宜未敢懸定

歸晃

謝兄除官表

臣某言伏奉某月日恩制授臣兄前湖南觀察判官侍御史內供奉賜緋魚袋國子監博士雨露殊私忽霑微賤儒雅盛職光寵衰門承命震驚感恩躍踴臣聞聖王勸學庠序爲本故堯命后夔典樂以教冑子周立師氏以教三德

漢制博士以教五經歷考學校之官蓋今博士之任用人之選非賢莫居臣兄幸遇昌時守臣之訓孤貧好學以傳家業而聖代推恩遂及兄弟位登五品光貴一門感鶺鴒之詩增友悌之愛齒羔雁之序媿荀陳之才況臣受任方隅莫申涓効寵榮薦及灰粉難酬誓期殺身以酬萬一無任感戴隕越之至

諸葛若鸞

對括州貢士判

括州（括州即括蒼也大歷十四年改爲處州）申貢士少

諸侯列土貢士有差稱彼地靈登之天府括州水鄉遐服台嶺仙巖梓漆標林幾馳聲於俊造竹箭爲美亦飛響於東南頃以充賦上京頗規前古在褰帷而未失何直繩之見欺然則國家獵異搜奇招弓頓網移鄧林之茂樹接影槐庭掩澤國之瓌材連芳芸閣既惟新而製典何昔禮之云稱廉使此推薦申朝憲州將雖拒有昧隨書

對所知哭寢門判

太史令緒所知亡哭於寢門之外告違禮

歲月驚過人生若浮棲露不居空嗟溘死截飇易往共盡

何言令緒歎交臂之無依恨同心而遽失瞻九原而長想白日何年撫三益而傷魂青松上月雖墳未宿草而室無其人同宿罼疑之奄終類一哀而出涕寢門興慟未見其容外野申悲當聞斯旨致哭雖稱失位寧戚亦著前聞禮貴因情夫何推究

吳晃

昭文不鼓琴賦

息絃軫兮大樸元同忘琴音兮至人守中道不緣情則去聲而外寂德惟抱素故含和而內融於是見高士之心出常人之境其養貴默其伎尚靜及卷懷而克順反不鼓而是逞蘊藝如何元德靡他知迷則達用晦實多虛張不彈俾指節而交暢全聲入妙胎心曲而同和且人心靜爲常琴心虛爲主將寧體於道樞亦守器於德宇懷之無故常寂響而有餘用之則虧乃含音而莫吐故自適於胸臆亦何用於角羽顏子所以如愚昭文由是不鼓近情好樂尚德養空罷奏南音悟人間之客寄不操三峽體山下之泉蒙斯懷柔之古者竟生白於仙宮夫動極則靜音繁不復守樸外眞含虛內肅施絃罔舉則見素而如絲沈聲莫發

乃繁根而猶木因雅韻而不奏識道情之所蓄此則恬然誰與寂爾自躭希夷既造妙理難探栗里無絃淵明則矯王門碎質安道更慚是以飾外者貴其體備厚內者尚其包含於戲琴心懸解幽響何答於以閑和於以虛納十指攸措咸制動而是宜五音知常各處寂而不雜故琴默而美昭信仁靜而道合

吳連叔

謙受益賦 以君子立身謙德之柄爲韻

執勞謙者可以爲天下君習撝謙者可以爲天下勳在易

也有自牧之義於書也有受益之文行己立身而道自著御人率衆而德有云在上則騰茂實居下則播令聞亦足以化乎四表而行乎三軍若乃天地之義鬼神之理或禍其滿盈或福其廉恥故執羔雁而行者得之而益貴秉耒耜之列者得之而易使在臣下之尚然況繼天而爲子是以敷之而化行執之而教立被車書之所至霑雨露之所及故能邇無不洽遠無不賓豈不以言出乎口行發乎身求之於己加之於人者也夫心者難備物者難兼故先王所以戒慎往哲所以崇謙不然者宣子何以稱賢太伯何

以爲德書三讓之策文作千古之程式其執謙也必在乎合宜其在卑也亦存乎隨時過之者俯而就失不至者跂而及之無貽誚於巽牀之義無見刺於相鼠之詩惟木兮從繩則正惟后兮從諫則聖雖不富於其鄰而有助於爲政理於身也合仁義之五常理於國也則文武之二柄宜播美於筆端傳謙德之雅詠

吳大江

棊賦

奇謀入妙巧思參元雖一枰之可美起三隅而邈然似將軍之出塞若猛士之臨邊及其進也則鳥集雲布陣合兵連或參差而易決或齟齬而難便開馬眼以防後張虎口而遮前磊磊似玉石之相飾粲粲若衆星之麗天爾其深思遠慮知白守黑以仁義爲反道用詭譎爲明德或意在東南而僞擊西北類行藏之通變同陰陽之不測於是且侵且戰不恃不平雁行絡繹魚陣縱橫寧扶危以救死不貪敗以喪生或偏攻於畧地或專命於用兵或轆轤以成劫或宛轉而入征雖勞形而竭思固難得以言名及夫雌雄有決疑多勝寡思悠揚而不定氣沈吟而未下名不可

竊智不可假千慮萬計復何爲者行必量力動則相時其措意也屢巧其適變也多姿既得之者榮失之者辱此餘而未已彼懷而詎足馳神不竭應運無窮勢出心外命懸手中圍初開而復閉路欲塞而還通伊仁智之可託豈造化之爲功使夫離婁喪睛隸首迷術公子罷宴而驚視樵客入山而忘出

蘇寧

對假求官判

乙詐假求官科其罪訴云求而未得詐僞

爲官擇人聿求俊乂强學干祿必正科名彼乙伊何不求諸已射宮明試無聞六義之能藻鏡掄材將亂九流之序況今唐虞御極才子在官王裴持衡至公選士方聽得賢之頌寧容詐假之辜顧三面而闕斯宅既稱未得須議減論

蘇廙

十六湯品

第一得一湯火績已儲水性乃盡如斗中米如稱上魚高低適平無過不及爲度蓋一而不偏雜者也天得一以清

地得一以寧湯得一可建湯勳第二嬰湯薪火方交水釜纔熾急取旋傾若嬰兒之未孩欲責壯夫之事難以哉第三百壽湯人過百息水踰十沸或以話阻或以事廢始取用之湯已失性矣敢問皤鬢蒼顏之大老還可執弓抹矢以取中乎還可雄登闊步以邁遠乎第四中湯亦見夫鼓琴者也聲合中則失妙亦見磨墨者也力合中則失濃聲有緩急則琴亡力有緩急則墨喪注湯有緩急則茶敗欲湯之中臂任其責第五斷脈湯茶已就膏宜以造化成其形若手顫臂嚲惟恐其深缾觜之端若存若亡湯不順通故茶不勻粹是猶人之百脈氣血斷續欲壽奚苟惡斃宜逃第六大壯湯力士之把針耕夫之握管所以不能成功者傷於麁也且一甌之茗多不二錢茗盞量合宜下湯不過六分萬一快瀉而深積之茶安在哉第七富貴湯以金銀爲湯器惟富貴者具焉所以榮功建湯業貧賤者有不能遂也湯器之不可捨金銀猶琴之不可捨桐墨之不可捨膠第八秀碧湯石凝結天地秀氣而賦形者也琢以爲器秀猶在焉其湯不良未之有也第九壓一湯貴欠金銀賤惡銅鐵則甆瓶有足取焉幽士逸夫品色尤宜豈不爲

瓶中之壓一乎然勿與誇珍衒豪臭公子道第十纏口湯猥人俗輩煉水之器豈暇深擇銅鐵鉛錫取熟而已是湯也腥苦且澀飲之逾時惡氣纏口而不得去第十一減價湯無油之瓦滲水而有土氣雖御胯宸緘且將敗德銷聲諺曰茶瓶用瓦如乘折脚駿登高好事者幸志之第十二法律湯凡木可以煮湯不獨炭也惟沃茶之湯非炭不可在茶家亦有法律水忌停薪忌薰犯律踰法湯乖則茶殆矣第十三一面湯或柴中之麩火或焚餘之虛炭木體雖盡而性且浮性浮則湯有終嫩之嫌炭則不然實湯之友

第十四宵人湯。茶本靈草。觸之則敗。糞火雖熱。惡性未盡。作湯泛茶。減耗香味。第十五賊湯。竹篠樹梢。風日乾之。然鼎附瓶。頗甚快意。然體性虛薄。無中和之氣。爲茶之殘賊也。第十六魔湯。調茶在湯之淑慝。而湯最惡煙。燃柴一枝。濃煙蔽室。又安有湯耶。苟用此湯。又安有茶耶。所以爲大魔。

蘇倩之

對造帳籍判

戶部符下諸州令造帳籍。州司以百姓艱辛。人未歸。復請待兵散後造。省司不許。云人爲國本。賦在均平。戶若不知。軍何取給。

四海既清。萬人求理。在乎平均井賦。議計師田。脩閭里之政役。辨夫家之名數。是分衆寡。無失重輕。必當按彼版圖。稽其勞逸。故三年大比。國有彝倫。百役小差。人其胥怨。由是周官克崇於大閱。蕭相先務於圖書。瞻言諸州。不克致理。未能洗舊污之俗。開新政之源。使懷土知歸。趨邑如市。而乃拒省司之命。紊軍國之經。此而可容。孰不可忍。

朱萃

對鑿井獲鏡判

鑿井得古鏡。不送官司。鄰告違法。

乙也鑿井通墳。而獲古鏡。抱春銅之色。涵明月之輝。罷照秦樓。未懸溫室。玉女窺而不倦。仙人磨而益明。異龐儉之得銅。殊宣尼之對缶。既曰奇觀。理合歸官。雖隱則有愆。刑故無捨。然物非古迹。事或可矜。請更詳審。方可裁斷。

對知謀判

甲爲邊將。私布渠答。仍滅防兵。御史糾其傷財惰職。詞云既禦邊寇。復息邊人。輒欲論功。不敢當罪。

敦陣整旅。必務成師。正合奇勝。亦資制敵。苟取强於技擊。豈見貴於軍旅。惟甲推轂總戎。請纓爲將。仲升投筆。方期燕頷之封。馮緄發笥。且得蛇文之兆。於是閒途伺敵。減戍恤人。渠答爰施。踐更斯遣。賦晉臣之一鼓。俾困蒺藜。削漢卒之伍符。佇歌杕杜。虜塵坐清於芃野。公問寧候於瓜期。誠可論功。孰宜書罪。且如器械爲費。用不假於千金。士卒獲休。功乃逾於三捷。止戈若稱惰職。棄甲何所論刑。執簡是科。失言斯甚。雖疾惡爲事。叔孫誠得於指楹。而見善則

遷子夏自宜於投杖舍而勿問斯則爲然

對玉節判

癸盜玉節千疑諸其家科盜罪不伏

符璽出入惟帝之命節傳迓送有國之恒寶山圖歟知林木之多虞澤國用龍取江海之安裼飾之玉者惟人所持萬里無塵寢於廟堂之上四郊多壘行於軍陣之間癸何人斯不率而盜子卿漢朝之勇將擁節不移無忌魏國之名臣竊符加罪彼已之子曾不是思藪之雀蒲尚聞攻伐邦之旌節安可穿窬請歸義於鈞金庶無譁於束矢

朱休

駕幸太學賦 以人安國泰大播儒風爲韻

皇帝念儒林之繁會當天地之交泰降萬乘以爰來使八方而咸賴視其鼓篋之地文在其中禮於釋菜之庭化行乎外睿想難踰精搜典謨屬車連延輾御陌而後入翠華容裔向文圃以前驅臺觀惟新牆垣盡飾宗伯禮賢以蒇事司成執經而奉職端冕旒而絲仗初立始駐六龍發聲教而翠華未旋以行萬國整衣裳之楚楚習威儀之翼翼入門而冠劍陸離布位而貂蟬逼側若乃展先師之禮示後進之人張國容以貴道闡文教以尊神升夫子之堂所謂以德行行周公之禮豈可不躬親不然者何以自謙於至聖而親饗於陪臣哉是以講學斯陳德音遠播念月將而日就各呈材而切磋龍顏不遠顧採索之惟勤天步下臨曷斯須之敢惰雲布星攢周回可觀彼儒風之習習資睿思以安安頤指於學海儒林自因澤及目擊乎雄詞麗藻誰謂才難恩下育而冬暖命遐宣而晝寒濟時以勤學爲先居上以易俗稱大倬情遊者咸思於經籍好勇者亦高其冠帶既而宣化畢盛禮終繳素志播皇風轉龍旂於

祥煙之表返鑾輅於瑞氣之中盛矣哉載筆之史不紀乎教化之宮

欽定全唐文卷九百四十七

盧碩

畫諫

漢文帝時未央宮永明殿畫古者五物（兩漢故事文帝三年於永明殿畫屈軼草進善旌誹謗木敢諫鼓獬豸凡有五色物也）成帝陽朔中嘗坐羣臣於下指之曰予慕堯舜理故目是以自況大司馬陽平侯王鳳拜舞而賀曰陛下法古爲治上稽唐虞仁遠乎哉行之斯至旌鼓之屬在陛下建之而已矣至於神草靈獸臣知不日當產於明庭以彰上天之允答也微臣不勝鳧藻之忭御史大夫張忠出次而言曰斯無用之物也臣請即日圬之且是畫肇於太宗之時凡八聖矣開眼而覩之者背面而違之未聞有裨於治也臣敢爲陛下條舉臣嘗聞文帝時雒陽人賈誼爲博士能誦詩屬書嘗爲上陳古先帝王之道漢朝正朔之法上以公卿之任無以易誼俄絳灌馮敬之伍害其賢而毀之遂疎而不信傅卑濕之國後雖徵還卒不得大用喪志而死至今負才藏器之徒猶以爲憤此則善雖進而不能用也帝又降詔除誹謗之令許人言事迨中宗朝大臣楊惲蓋寬饒以譏刺辭語皆坐大辟先帝

在東宮言其法太深刻中宗竟不悔此則木雖旁午人不敢書上也初元帝時宏恭石顯專權亂政前將軍望之嫉其姦邪諷上除之不從望之反罹其憊迫以自殺此又邪不可觸之驗也前日安昌侯禹居陛下師傅之尊不能率己以儉而乃決涇引渭廣開田疇便身娛耳多置侈樂平陵朱雲上書請斬其首陛下怒不可忍遽將誅之雲倉卒無據乃至喪膽失魂臣意列聖用此乃類是乎臣之狂瞽欲陛下言而必行丹艧之設不足以留連聖念也且大司馬親勳之望朝野所倚不能因事而諫反以爲賀佞孰甚焉臣謹以指之若斧鑕將及是陛下誤屈軼也臣不敢就僇

上洪範圖章 并序

予以尚書洪範篇書於縑素施於屋壁有客覩之而言曰此其所謂君人之大法武王所以繼三爲明蓋能盡心於是也苟將諸吾君列乎鳳扆之右足以與三代之理予乃條其事爲章以奏之

臣聞下言上貢各以其職儒家之流請以儒言夫彝倫九疇不可廢敘之數之自微而彰持之一得陰陽咸賴行之

一失細大被咎夫始之以五行蓋明五行所主之宜也繼之以五事爲事在諸身順之則乎道故貌恭作肅言從作乂視明作哲聽聰作謀思睿作聖夫行不敬則貌不恭正不理則言不從明不察則視不皦心喪識則聽不達性不通則思不睿次之以八政教之勤以足食也教之求以積貨也教之以敬鬼神以成化也設司空主土居人也司徒教衆禮義也司寇考淫盜而原過濫也賓師以往來而防姦賊也又次之以五紀所以占日月星辰歷數之變度君理內則五紀和叶一歲之功成焉又次之以皇極所以用

五福錫庶人亦天子作民父母爲天下王也又次之以三德謂人君之德有三也能以正正人之曲能以剛强立已之事能用和氣以理於物皆隨義而伸道也次之以稽疑謂先占謀於龜筴與人事叶吉而後歸之於正也又次之以庶徵謂風雨暘燠寒也風以動雨以潤暘以乾燠以長寒以成君尚敬則雨潤尚理則暘舒至明則燠暢能慮則寒順去察則風調　疑　習狂妄行過差專逸豫縱剽急肆昏暗則咸反次以五福六極謂君善茂育則人蒙壽富康寧好德終命之福死危凶疾憂貧惡弱之極也九者具於天蟠於地格於人

喻古之治

軒昊之代君爲心兆民爲百骸堯舜之代君爲目兆民爲物三代之時君爲醫兆民爲疾五伯之治君爲工兆民爲林二漢之時君爲隄兆民爲水夫心治則百骸從視明則衆物露醫善診則疾不彌漸工善度則木無棄材故委心乃無爲軒昊之治自治也任目必有待堯舜之治求治也醫不全則生死危三代之治存乎仁工不審則曲直乖五伯之治資於智迨斯已降民爲水矣政爲隄矣隄之不完

水漂邑矣寖乎曹馬乃成壞衰焉戲民不可使爲水水而隄之困矣然則軒昊誠堯舜明三代仁五伯智二漢法禁人之叛也禁之以致君爲畝兆民有冦讐焉

盧綽

眞元先生箴天論

有眞元先生者深粹虛寂沖凝簡素故其動也則局四海而隘九垓其靜也則棲一枝而覔環堵履眞守樸與物無競雖質居巖穴之間神王煙塵之表以首月元日乃陰雲蓋翟飛流涉西岑面東陸操白簡染朱翰俯而屛息仰而

起曰。天蕩蕩乎。蒼蒼乎。固無得而稱也。余有疑焉。請杜其惑。夫虧盈益謙。天之道也。禍淫福善。天之察也。春榮秋落。天之時也。晝明夜晦。天之運也。擊電鼓雷。天之怒也。蒸雲施雨。天之澤也。因斯以言。則庶類萬物。非天無以成。受形育氣。非天無以立。大哉博哉。乾之化也。故書云。唯天爲大。唯堯則之。詩云。謂天蓋高。不敢不跼。易云。先天而天弗違。後天而奉天時。是禎祥之來不誣也。至於報施。何乃爽與。或惡均而異罰。或善同而殊效。唐虞慎讓。祚不及子。湯武逆代。福垂累世。應物無親者。其若是哉。諂諛饕餮。非貴則

富。廉潔貞素。不賤必貧。譎詐反道者。曜蟬鳴佩。直言順常者。傳及伏鑕。悲夫。何蓬蓽草萊之人。遇時而爲卿相。膏腴縉紳之士。失勢而作輿臺。豈窮達之有數乎。何否泰之無定也。至於積德致敗。僥險成功。立信受尤。行仁招咎者。豈勝數哉。或一餐莫給。或萬錢頓竭。或綺紈斯弊。或裋褐不完。或黃髮未終。或襁褓先斃。其於平施。不亦謬乎。夫德合天地。道濟生民。而有削伐之累。貞貫古今。廉稱百代。而有餒絕之憂。其於與善。不亦過乎。然負異才。蘊奇調。洞識幽顯。智周動植。而不免繩樞瓮牖。糲食布衣。何所累若此之

斥也。夫鷙隼以摯擊爲恒理。不可食之以粒。豺虎以搏噬爲常性。不可啗之以草。非其故爾。固性分然。然則既授之以距角。而責之以觸蹙。既任之以爪牙。而罰之以獲殺者。不亦近於諂乎。苟正其味。則一改兩全矣。化惡不知變形。教善若易嗜也。鴆毒害吻而裂腹。虺蝮觸手而解腕。然則欲其勿害也。曷若勿生乎。如力不能易。則不可稱聖。能而不改。則不得謂仁。匪聖匪仁。將何以爲萬物主也。扛鼎投石者。不得云不舉鴻毛。竭河飲澤者。不得云不盡坳水。是知大既任小。何以辭乎。必爲治其若是。將恐亂之未息。於

是少選之閒。肅然若有自天而降者。襜霞衣。控風鸞。飛鳳駕。拖蜺旌。如影如響。若虛若滅。乃謂余曰。帝有命焉。子其清耳。曰。一氣既分。萬象云備。隨感斯化。生而無記。故大者自大。不可移之於小。短者自短。不可易之以長。多者不覺有餘。少者不知不足。滅之斯傷。各守其貞。任之自是。豈較工拙於其間哉。是以百足一蹠。其行一也。六眸一目。其視一也。火鼠夏遊而不知其熱。水草冬茂而莫辨厥寒。各安所安。不可易位。必非其位。則西施與嫫母同姿。苟當所甘。則竹實將腐鼠齊味。各稟其性。余何預焉。若美則留之。醜

則去之其於簡也不亦勞乎若善則與之惡則奪之其於慮也不亦繁乎故任之則理息放之則無累余以無告故能成萬物余以無心故能安羣有是知善惡共域吉凶同貫唯爾所召誰其制之今子誚余以不治何乃爽也故不治而謂之至治夫生不余謝死則余尤榮不余善辱則余讐多不余獲少則余求不與余共樂而責余同憂乎乃憖而訓之曰若物皆然則爲惡招禍修善致福徒虛言耳又復余曰何言之容易也論者多云命有定數運有常期非補養所能延非備習所能益此皆非通識不可與言道也

是以不昵不義因此而行無賴無取自斯而作以之爲家則家敗以之爲國而國亡故桀紂志之於前而莽卓踵之於後所以覆宗絕嗣事至而不寤者良此之由也悲夫請以近小喻之遠大夫廣厦崇基人之居也褒衣博帶士之服也故棋蹉柱趺則廢而正之所以無壞傾之處領決襟汚則綴而浣之所以無穿垢之憂故能恒保其貞固常守其完潔也若傾而不視穢而不澤則坐見頹陷立視繿鐖矣故修福禳災爲惡敗德若聲之名響影之隨形各有主司自然冥會惡積者報速善小者應遲猶夫秋生則夏殞春敷則冬落根深則難拔器滿則易盈故不可以遠近證有無不可以賒促定虛實疑耳信目中庸尚所不免以短度長下愚固其致蔽是知朝菌不可言椿鶴蜉蝣不足語春秋况以七尺之形百年之命欲辨生於沙界語死於塵刼其可得乎然言者皆以應報與自然異此蓋思之未精至也夫所名者莫非由己所感者皆是自致萬物各有本性故因而用之耳猶藝苗蒔果初雖耕灌在功至於結實成味則非人力所爲也又靈芝駐年神丹養性竟能御風撫羽陵煙蹈霞此乃功用自然者也萬象運爲莫非此類

終日施用不悟其理動成鋒楯不亦昧乎至於自然之性余亦不知其所以莫知所以然而然也於是言終形滅莫知所之余乃惕然怳然忘視聽若遺形骸者久之乃神魂定憂盡累息蕩然與萬物同心不知榮辱之有異也

盧朏

對男取江水溺死判

顴乙從母所好令男十五里取江水溺死不爲之服

立身之道忠孝爲先訓俗之規喪紀攸重所以王祥王覽

閔損曾參曉於九族傳諸萬古顧乙芳揺美蔚業嗣良弓挹至孝之清猷得隨時之大義母之所好志必無違嘉旨精誠乃臻異物長江泛濫取汲何功孝情至切於求魚喪制奚遵於舐犢欲遵寧戚恐阻承顏所以僶俛於懷幽哀密念憶將離之曲不忍聽琴對驅蚊之宵更勤扇枕眷彼純至足以揚名逝者如斯男何不弔三殤之服誠合切於哀情五禮之文貴取順於顏色既循姜詩之孝難科漢尉之刑

盧士瞻

對什一稅功臣判

得京兆府行什一稅功臣不伏云賞地無國徵

禹貢三壤周官九賦此爲古制實曰有經且四方無虞法宜仍舊三邊有備政可隨時瞻彼咸京是爲上國擁山川之固護百二稱雄開井邑之菑畬什一編稅將期倉庾流衍斯箱發詠於詩人軍國豐盈盍徹見遵於有若功臣何者曾不是思忘雨露之鴻恩有違上命矜爪牙以怙寵無入國徵同彼宋人不修職貢類茲楚子闕薦苞茅罰可寘於刑書訟何聽於詭說

盧仁贍

對長安令登夫家判

長安令初上登夫家衆寡因移用其人觀察使以爲煩擾云各逐地宜救其時事

求才審官以恤人瘼施貢須賦宜遵國章苟玷爾舊規亦荒我王度瞻彼邑宰實曰能賢物土之宜使廬井之有伍隨時改作在稅征而無差方今弓矢未櫜疆埸仍駭眷言州縣尚勞其供億念茲倉庾已竭於籲乎固可當官而行慮善以動均有無於鄉黨足可安人稽衆寡於夫家是資贍國議事以制且叶於時宜執法奉公何乖於古典觀察所見理或未然請從百里之謀佇聽千箱之詠

盧隱趙

玉臺寺記

皇唐之御天下也故巍巍乎蕩蕩乎其稱也鑿乾張宇布惠露於天花拓地開寰敷慈雲於靈壽想茲仙界生生塵劫之前親比神方世世希夷之外欲昇妙覺先登圓滿之臺冀去昏迷速臨具足之鏡法輪欲轉銷五蘊於三天惠燭方施照六塵於十地不生不滅舉仙掌而承空非晦非

明。橫法眼而度世。轟轟往日。瞬息而逝水千年。隱隱當今。倏忽而經霜百歲。既勞傳火。終役流烏。馳白馬而西上。驅騄驥以南遊。曠成不二之心。豈敢往來之業。方便言而法教寂滅。變化說而道尚虛無。至於昇超銀臺。當歸解脫之中。蹈踐金門。不離苦空之下。無為之業。種植而生滅不同。有限之緣。修飾而果因各異。而乃東瞰滄波。濯塵勞於扶桑之岸。西矚雪嶺。蕩疾疹於日浴之津。南對堯峯。鬱鬱而紫氣千秋。北峙龍山。隱隱而青霞萬道。漏寶塔而終謝。莊嚴暫塗丹而即隳。微妙將九轉而匪益。紅顏修未來而常

滋正果。幢幢錯轂。往往稻麻。空懷可作之心。歎無絕哉之念。粵有功德主僧守一。范陽之貴胄也。遠紹勝果。深悟法音。就五障而化導郡人。戒三朋而開通庶善。修法海而津梁有涯。置俗流而洗心必備。梯航已往。舟楫未至。可以雕金紀德。將萬劫而無窮。刊玉彰能。並恒沙而莫竭。記可陳之不朽。永以傳之無忘。其詞曰。

巍巍勝果。廓落無邊。導以業障。開通有緣。修善善滿。建福福圓。既廣心利。必貴身田。並其秋菊。比及春蘭。為已往之帆楫。作未來之舟船。

于洺

明堂賦

天子朝諸侯於明堂。惟古之制。始以講信修睦。終以布憲施惠。含至德之休光。旌中國之巨麗。下之象地也。以列五位之神。上之法天也。以配五方之帝。稟太一之威靈。順陰陽之開闔。左个右个。分以寒暑之宜。以筵以几。度以堂室之際。觀乎萬國來朝。威儀濟濟。聖人負斧扆而南向。以布政。百僚端冕弁而北面。以陳禮。是知人以君為心。君以人為體。宴會之節。以明於尊卑。慶賜之儀。以旌於孝弟。原夫

宅中而起。繼天而作。遐眡嵩少。俯枕伊洛。巍巍煌煌。厥高不可乎彌度。聳龍襳以蚴蟉。亘虹梁而各落。絳以綺藻。施以丹雘。四闥以四氣而開。八牕以八風斯廓。祥風布影。對寶檻以交輝。皎日懸光。曜金牀而璀錯。於是陳三獻之禮。臻九成之樂。申儀於辟雍。崇業於太學。甄古今之至理。議沿襲之蹖駁。既而順斗極。運天關。皇恩普矣。貴賤以頒。東門之外。以朝乎九國。南門之下。將享於八蠻。正德是宏。惠風斯布。禁淫慝。節制度。重三台之任。乃申命於中階。寵五霸之功。遂授鉞於東户。夫明堂者。明帝之德。體天為狀。必

資闡化以準程。豈獨宏規而取壯。出庶物而咸仰。包宇宙而爲量。惟先聖之是則。信百代之可尚。

郗象錢

對私取行馬鸝爵享禰判

得暨師私取行馬以爨爲主司所擒獲。又乙弗鸝鵲爵不更享禰以翰音或告禮薄。並仰處分

行馬申儀。事章恒典。翰音致享。理煥經書。爲法藉於隄防。設禮光於昭穆。暨將入爨。有異鳳琴之鳴。乙制不更。遂舉鸝杯之禮。但關梁禁遏。本防內外之姦。黍稷粢盛。彌益室

家之道。私取既無陳請。已犯嚴科。薄禮即欲告言。恐傷孟浪。主司擒獲。誠曰奉公。乙弗所違。理宜窮詰。且法不違貴。必行之命攸申。禮不下庶。輕重之端宜審。竊尋名姓。莫辨高卑。請更參詳。然後科結。庶使西曹議獄。罷雙璧之堅疑。北寺平刑。絕百金之奸利。

符子叔

漏賦

仰察天文。俯觀地理。參律呂而權度。審衡平而潛擬。則閏餘之數乖。歷攝提之運無紀。空跡馬遷之能。竟絕郤平之美。時運紛其鼎革。禮術於焉中圮。樵夫恥王道之不談。天子慭挈壺之闕。史乃分建斯官。疇咨此職。將啟閉合敘。以繩平俾夙夜在公。而端直於是。金徒抱箭。銅史司刻。尊靈蚪吐納之規。揆抽繭高卑之力。信是模範可爲法則。體象陰陽代爲作式。故雞人合唱。洪殺無差。鶴蓋成陰。員流不息。夫其開闔之勢。財成之規。準度毫釐之末。錙銖圭撮之儀。則離婁失其精思。班匠亡其所爲。將運功於不測。當稱物以平施。乃若鑑持日夜。書備明晦。爰受授而是司。考事事而必載。雲物順其端序。寒暑成而不昧。雖末代於天工

亦無預於權概。能收視返聽。周流六虛。策勤補拙。寅亮三餘。校擊刁之有則。均聚木之不踈。察銅衡兮氣混混。純積水兮來徐徐。臨泉非誠危之懼。巢幕寧誠安之居。是使名勳合道。彰國器於周書。則知漏之爲器。其大矣哉。聖人資之以端拱。日月順之以行藏。賢者不能減其分度。智者不能損其纖芒。存之則雙美。廢之則兩傷。是用齊天長兮地久。均國祚兮無疆。

崔陟

鴻賦

翩翩者鴻刷羽疏風賓燕薊之北旅江湖之中何斯禽之寡識亦陰陽之載通若乃編名漢川棲身禁籞易象嘉其漸陸詩人美乎遵渚晉文以賓客見規齊桓以君臣相許既隨軒於良吏亦銜丹於仙女其德性也肅肅習習繽繽紛紛泛濫綠水翺翔白雲飛則有貫集則爲羣跡不以沙泥自混貌不以元黃自分敏清眞之不雜同樸畧之無文於是寒月改躔朱星移度苔濃春水草滋甘露園木含榮溪水解泝乃連太陰於北漠違少陽於南路唼藻而至豈鷹鸇之見猜銜蘆以飛何罻羅之足懼至於長距賞利

嘴見升豹以尾而自貴鶡疑以尾而自矜巢睫之蟲終幽微而莫覩垂天之羽竟寥廓而難徵孰與夫鴻也窮遠適縱遐觀凌天衢拂青漢横逸翮奮羽儀空違沮澤竟屬汙池有四海之心而人莫識有八方之氣而人莫知年歲蹉跎兮行不返毛羽翕習兮飛未遠願借勢兮自强庶高翔兮不晚

鴻漸賦

易之爲書也八卦分體萬象潛通漸之爲義也進以得位動而有融故聖人假物筌理爰託喻於茲鴻鴻之爲物也跡狎洲渚去軼雲空始於干而漸陸竟自卑而陟崇飛則有序和而不同有類夫君子進德修業積微成功陟遐以自邇謀始而利終者哉原夫交頸頡頏乘波澹淡逍遙自得罻羅莫掩匪干時以强進每卑棲而自檢雖欲致雲霄之高故必階磐陸之漸洎乎理翰海表驤首煙路既應日而春來亦隨陽而類序行藏不昧於節進止不愆於素匪親鳧鷖之羣豈思稻粱之顧誠羽儀之可重奚燕雀之能慕豈比夫鸜鵒銜其羽翮徒矜才以取譽然無罪而見獲鄉國迢遞籠檻窘迫慕侶心斷沖天望隔不階漸以苟進

非忤物而致厄豈同年而語哉

崔釋

對私雇船渡人判

洛水中橋破絕往來渡縣令楊忠以爲時屬嚴寒未可修造遂私雇船舫於津所渡人百姓杜威等連狀舉忠幹濟廉使以忠懦弱不舉職事以邀名科罪不伏

三川朝市六合樞機冠蓋如雲擁金錢之馬埒軒車若水赴鐵鎖之虹橋遐邇所資往來爲要不謂波湍溜激柱朽

梁摧捉烏鵲塡河空餘處所驅黿鼉駕海尚有規模自合修營豈宜停廢楊忠佐光銅墨境控圭壓仙舸橫流異林宗之共泛漁船返浦非仲御之來遊縱徇私情恐乖公理雖當冬月況屬閑時造橋用功冀暫勞而永逸渡船費力但有損而無成官橋自可官修何關縣長私船輒爲私雇便累宰君郡人褒揚將何稱首廉察附請即可甘心以狀告知庶無喧訴

崔宏慶

君子無屈論

君子無屈道無屈也茍行君子之道身至困而道不屈茍失其道困亦宜之象害舜桀伐湯紂囚文王管蔡謗周公桓魋傷孔子臧倉毀孟軻小人見之曰爲善多屈也不善而伸君子則發揮也道在我不怍或忙攘失道昧邪以爲正乃觸途因以隨之亦宜矣申生自絕仲由就醢泄冶誅於陳屈原沈於湘是也爲德行伸於德行爲言語伸於言語爲政事伸於政事爲文學伸於文學自此以來未有行之而道未伸者也立於世未嘗不出於人也不伸不高乃似是而非名之曰妖和之不正言德行之妖辨之不正言文學之妖身爲妖而不知困將至而乃怨是由大惑也至於六藝百工茍得其道亦伸也嗚呼人以貴尊極爲道不屈余以道尊名遠爲道伸文王伸於王道周公伸於輔相孔子孟軻伸於儒學都至（疑）賤道愚人謂之屈而不爲也聖賢茍利於人隱其身亦不恥而乃爲也稷播殖禹治水伊尹負鼎太公屠釣是也自舜至於邱軻道皆同也當行道之心非求富貴也道茍行矣曷謂之屈哉君子無屈昭昭矣

解詰論

宏慶作君子無屈論有爲文學伸於文學之說或詰宏慶曰子非君子歟何道屈也久矣是夫迷其問詰然未數所以酬也及審己行之行而解之余誠非君子也讀孝經則思君子之行讀春秋則思君子之志讀易則思君子之性命讀詩則思君子之諷興讀書則思君子之載言讀禮則思君子之防亂讀樂章則思君子之理心至於非法道未嘗敢言行也夫是鄉里稱余朋友佳余於不道覽（疑）伸也矣曷來謂爲屈哉如以行之未備志之未固性命之未達諷興之未深載言之未當防亂之未至（闕十字）虛舉之濫彰

此乃朋友情也非吾之咎語曰四十五五十而無聞焉斯亦不足畏也矣余年去三十尚二年矣則去四十五十尚十年二十年矣足得開其心術實其文譬也余又何畏哉若以進取之道屈則孔子至聖終於下位顏生至賢竟歿於陋巷顏孔以來則歷觀書史聖賢尚屈於進取況聖已降乎余於進取之道不敢言屈也已矣況余得其反未六七年望其進三四年到於七十尚有四十餘年今天下一家主聖臣忠又不可比披靡之周齷齪之燕而余生之時非爲不遺也求進爲久也前不遠也豈終於寒餒困苦於千萬人之下哉

裴曠

對廳子判

廳子執硯翻瀉汙物擒獲欲科之

瞻言署曹克崇廳事既分官而授務冀虛室而清神華茵載敷綺屏儼立頗有尊卑之禮須知進退之儀彼何人斯輕其主守迹既殊於審慎事終致於愆尤足待數知有慚對馬墨因誤點更謝成蠅坐彰怠慢之心須示鞭笞之罪且刑責閱實政蠹深文汙雖有憑物終未驗儻非情故式可矜容請稽源流庶符明慎

秦用

對祭侯判

得甲祭侯辭曰強飲食御史糾非息宴之禮不伏

五善與能三侯是列俾射夫有獻庶君子必爭甲藝窮決拾心惟審固成規月滿則先張之弧如破風馳能發彼有的對梓人之成器受司馬之滿觴祭則有經辭豈失舊既不寧是抗非貽福謂何且使臣農夫息宴以禮而主皮棲鵠降殺異宜如或獸侯斯張是則豸冠虛觸尚迷歧路更佇指縱

秦璃

柏梁體狀雲門山物序

狀比也比與釋氏有藥草諭品詩家則六義之一焉義取覿物臨事君子早辨不當有似是而非採詩之官可得而補缺矣無以小言黜無以細言棄相尚佳句題於層閣古者稱會必賦其能闕乎星郎主文賓賦所以中雋也

辛溥

大唐故眞空寺尼韋提墓誌銘

和尚賈氏。洛陽人也。曾祖憲。朝請大夫河南府陽翟縣令。祖闕一字朝散大夫衛尉寺主簿。父元禕。綿州昌明縣令。皆德音孔昭。庶績斯在。世濟厥美。不殞其英。慶溢鍾於上人。上人即昌明府君之第二女也。天生聰明。道貸神氣。夙聞眞覺。早悟迷津。童年出家。克精象法。洎乎處道。降伏其心。入清淨智。破昏暗德。經行苦行。莫之與京。謂眞如之其凝。

豈波句之見惑。住持戒律。曾不倦闕一字荒寧。潔已修身。每屢空而無積。享年卅有闕五字十一月十二日。大漸於眞空寺也。無累日之疚疾。有一朝之溘然。晤言不昏。視寂滅之闕一字亂。其容不改。則愼行而彌肅。倏忽大夜。宛闕一字云亡。緇徒飲恨者繼踵。門人芒然者如擣。偕痛疾之何依。空啼咷而永曰。上人之昆弟闕一字或澄清闕二字或從政郡邑。服勤王事。咸闕臨喪。粤以闕二字十一月廿五日。安厝於萬年縣禦宿鄉。禮也。於戲。闕四字彼仁何負。積善多慶。彼善何爲。冥冥泉户。何闕三字寂寂蒿里。誰德爲鄰。溥忝從母之義。慟瞻仰之闕五字毫強爲銘曰。

闕四字必闕二字法雄。慶流於德。必先我大通。於何上闕四字終。降年不永。飲恨攸同。悲涼已矣。天問難窮。

辛齋物

對番官判

番官請稍食不給訴求達吏

六卿分職。百揆時敘。開之以府寺。間之以胥徒。所以理天下之人。將以成天下之務。雖動珂振珮。嘗聞獻納之臣。而負版持囊。亦資趨走之吏。番官之輩。實惟卑冗。九流未齒。

一命何階。心有規於斗儲。意仍希於稍食。恭尋甲令。細覿彝章。事列科條。誰敢踰越。

辛則然

對掌麑擅放穿墻流惡判

丁獲麑付已掌。已慜麑放之。丁毆已。又甲孟穿墻爲水竇。流其惡於街衢。坊人論告。

帝德廣運。皇綱載紐。鳥獸咸若。閭閻且千。麛卵無不時之求。比屋有可封之美。丁以庸妄。謬居東户之朝。孟以謏聞。獲染南風之化。自合依仁游藝。頌明王之盛德。鼓腹擊壤。

歌太平之樂事何得盤游無度肆情於麀鹿之間穿穴匪恒流穢於街衢之內已則志惟惻隱處食野之長驅坊則情深嫉惡在公庭而載理徵諸故事已有託付之高考之令法孟有干違之釁請科殿巳之犯仍坐穿墻之愆庶不慚於丹筆亦無媿於青史

陳廷章

水輪賦 以汲引之道成於運輪爲韻

水能利物輪乃曲成升降滿農夫之用低徊隨匠氏之程始崩騰以電散俄宛轉以風生雖破浪於川湄善行無迹

既斡流於波面終夜有聲觀夫斲木而爲憑河而引箭馳可得而滴瀝輻湊必循乎規準何先何後互興而自契心期不疾不徐迭用而寧因手敏信勞機於出沒惟與日而推移殊轆轤以致功就其深矣鄙桔槔之煩力使自趨之轉轂諒由乎順動盈科每悅於柔隨遠望蹄涔詎有朱殷之色挹茲鱗起終無塗附之期作霖或自於斯干流逕更彰乎就燥回環潤乎嘉穀游至踰於行潦鈎深致遠沿洄而可使在山積少之多灌輸而各由其道爾其揚清激濁吐故納新輾桃花之活活搖杏葉之鱗鱗一勺每勞於濡軌三材必賴於工人浴海上之朝光升如日御泛江中之夜影重似月輪常虛受以載沈表能圓於獨運低徊而涯岸非阻委曲而農桑是訓惠可周於地利空霑負郭之田材足任於天津多寄臨川之郡池陂無漉畎澮既瀦用能務實勢欲凌虛磬折而下隨恣彼持盈而上善依於當浸稻之時寧非沃壤映生蒲之處相類安車異矣哉俯此溝塍潤於原隰成形必仰乎膏雨屈已且安於卑溼苟量遠大之功庶無慙於甕汲

斗牛間有紫氣賦 以平吳之後異色逾朗爲韻

陳廷章

天空原清劍氣方呈始象奪朱之色未知埋獄之情氛昏乍歇淮海初平貫斗牛於九霄正當吳分藏轆轤於午夜遠在豐城歷彼歲時間於躔次雄芒既表乎潛感靈物且悲乎遐棄增華台室方期獨見之明流彩天階乍惑衆人之意思上徹而既久欲旁求而未遂謂繞樞之電郁郁彌彰想干呂之雲亭亭自異殊祥可驗直質不渝委照自歸乎有晉藏鋒若避於亡吳對西揭之星望何勞於尹喜臨北走之塞相寧藉於風胡觀其出以標奇凝而成象既蜿蜒而久鬱亦曈曨而再朗儷日中之青暈每駐寥空掩天

際之非煙潛通惚恍光而不耀昏以爲期漠漠而淪精詎滅昭昭而默識猶而疑東方未明始訝乎氣之聚也地不愛寶益見乎天將假之仰觀列位之中俯叶偃兵之後利刃猶鬱清時幸偶宣精溢目乍殷銀漢之流侔色衛身未配金章之綬其象也甚殊其明也則逾憤陸沈於江表結一彩於天衢淩夾月之霞徘徊碧落透靄空之露隱映白榆永夕猶存其光未匿齊效珍之金景鄙如虹之玉色不因槎客之犯如遇雷公之識儻觀此以見求冀龍泉兮可得

腐草爲螢賦 以積腐有光可名爲螢爲韻

厭浥敗草霏微夜螢若受天之明命能在地以成形始爛然於朽壤俄蠢爾於荒庭形質甚微異囊中之點點本根既朽想河畔之青青彼若昧而未彰此如茨而久積始前衰而委化終後顯而可覿寂然不動應大暑於茲時默爾而成颺溫風於永夕徒觀夫從微至著出死入生幾變青袍之色漸加丹鳥之名匪我愆期故分形於夜朗自他有耀因易貌而宵行故得脫陳根騰宿莽質化幽藹氣非腥腐無聲無臭同朽葦之成蛩有顯有微殊積穀之爲蟲小明必俟其時變待闇稍觀其類聚並桃蟲而映彼中林齊蘿蠋而光於舊圃始則退藏終能發揚詎棠龍於階砌初熠燿於池塘豈比膏腴之地多依糞土之墻每留滯於三時不愆於俟既生成於六月必見其光徒有異於升沈信莫分於彼我得賦象而自出故非時而不可晶熒乍起訝林際之無煙的皪漸生疑池中之有火隕霜殺兮自晦零雨被兮增萋考書文之小大咸若載月令而遠近相隨始繆黃落之餘三年不化既及朱明之節一日可爲農夫之務既停薙氏之芟已久飛光兮倏爾而至向晦兮於何不有斯所以成武子之能勤冀聚之於書牖

艾人賦 以懸艾爲人以禳毒氣爲韻

採彼艾兮及此佳辰標至靈以衛物因善救以成人當戶而居惡莠言兮結舌負墻而立甘萊色以安身異發能以求舊方止惡以知新原夫生亦有涯寂然沒齒盈腰雖賤於楚客奮臂若威乎厲鬼苟三年之疾雖云來者可追而五日爲期豈復怨乎不以蓬頭亦取其容直蒿目似存乎深視行止於百姓之病雖云具體而微育材於萬物之靈必見盡瘁以俟直躬不墜邪氣可禳每表先生之候善爲

君子之防類宗則之初來一朝而獲順夏正之聚蓄久要不忘終躡虛而挂户爰撫實以升堂想在野之時豈謂生無根柢及得門之後如其自有肝腸列名號於冰臺載典常於玉燭免繩持而遏惡因草創而成俗以枝葉爲膚革之胞藉麻絲爲筋骨之屬待時而用益彰惟爾之能不怒而威詎可比子於毒起自蒿萊之下處乎軒屏之前奉百藥而首出展四肢而脈連異萱草之忘憂孰云言樹等匏瓜之不食焉肯徒懸藹爾端容森然屏氣逾芻狗而善御並木奴而爲貴雖雷奔電激寧聞乎危者使傾而暑往寒

來亦見乎後生可畏故得擘蘭莫比懸葦未奇委質而桐君是錄焚軀而介子相隨宜爾室家畧備詩人之採不祈土地雅同儒者之爲及夫氣散於中貌萎於外干時匪謂其徵福焦思亦齊乎遠害斯人也而有斯疾見靈溝之靈艾

風不鳴條賦 以天下和平則如此爲韻

風之起兮不觸而行條之應兮有動無聲察微祥於生植表靜理於承平輕搖而曉露初滴暗裊而春鳩轉鳴入楊園而若舞拂花徑而如迎寂兮寞兮自南自北其去莫止其來可測方縈仙樹萬年之影稍垂爰報聖時五日之期不忒長養資於皇化沈潛契乎元德似有心於松柏之內上下依依類無言於桃李之間往來默默嫩葉隨轉柔萁共舒颺絲光於空際惹絮影於春餘聽莫得聞訝繁柯之蔑爾視之不見驚疊萼之攢如倏自遍而通遐俄起彼而集此順八方之候若有若無調四序之宜時止則止由是輕纔偃草細不揚波異秋吟之摧木同春扇而微和均習習之容寧比夫空穴而至絕蕭蕭之響誰謂其高臺則多散漫千林翺翔九野修通匪亂於疾徐溥暢必齊其高下

含其元也亦類於人焉靜以化之乃符於王者片塵靡驚於厚地羣籟皆息於晴天對翩翩之歇鳥任嘒嘒之鳴蟬感之深殊桂鳴於秦樹害乎物鄙禾偃於周田我國家化將時茂德與風傳佇見傾梧之後棲儀鳳於君前

冰泉賦 以應陽氣而發蒙爲韻

衆潤將行一陽初勝剛柔合德遠近潛應動能依節自契周書之言流未入淇豈若衛詩之興時也冰填井甃日冷池塘甃無聲於短景終有驚於靈長於是微消涸沍稍變潛藏既聞乎下能順上豈關乎陰不承陽深且異於潢汙

孰云感竭用堪和於酒醴誰見必香居壅鬱而將聽聲潺湲而尚未雖幽深之可測終遠大之爲貴未知所適願添滄海之流必得其宜無俟黃鐘之氣潋灩如彼清冷注玆其道也誠於遠矣其深也可以述而望朱夏而龍文生定四時而不惑當元冬而麋角解後五日以爲期暗漾懷珠之媚潛抽漱玉之姿鄙借勢而爲瀾每遇秋風之冽冽待流聲而解凍必由春日之遲遲全其性以守柔相其時而勿越思玉溜之纔吐若岷江之初發出陽崖之下潛潤潤毛湧陰溪之中輕搖石髮決諸可見其澹淡冽彼詎同夫

汩沒異雷驚之蟄猶若陸沈當治疑理之時不虞乾沒當今化源畢啟時令皆同覩陽光之下達昭帝澤之潛通浮帶地之功暫留坎窞運知天之德終異童蒙倘或導於外發其中冀有裨於江漢得流善於無窮

陳硎

螳蜋拒轍賦 以怒臂當車生不知量爲韻

蠢彼微蟲勇而不懼當往來之轍跡阻東西之馳騖聞轞轞而虎蹲佇轔轔而狼顧見危致命方確爾而靡遷唯敵是求乃毅然而增怒且肖形卓犖植性強梁豈奔衝之足畏非會達而不當逸性喬桀雄姿激昂拋輕軀致之死地壯前趾若有巨防觀卧轍之時似當黃霸想埋輪之處何憚張綱其或輸粟千箱迓姬百兩方擊轂之自遠已張拳而相向死且如歸路何能讓苟不折節於焉用壯睅其目曾不見機揮以肱豈爲知量其理何如其生忽諸禍甚觸株之兔危同戲鼎之魚行無逗撓立必籧篨在聖人之經誠宜避地非長者之轍詎肯迴車且麟傷豈仁龍醢非智思控摶而莫及諭壓溺而何啻不若履薄兢兢臨深惴惴任肖翹之可適曷彊禦之不避微茫膚血豈足殷其左輪

展轉路塵寧止斷其右臂居當假息動必阽危捨鳴蟬而莫捕蔑黃雀而不知儻所據非據亦何斯違斯謂豺狼之不若念虺蜴而何爲且含氣之類求生之厚豈必賢哉曷云能不獨不降志自貽伊咎誠輣轢之所加諒虀粉而何有奚必矜夫趯趯冒彼彭彭願陳力之方盛意當途之足驚曲循天理深居物情徒糾紛而莫紀固密勿而難明儻不載馳載驅廣人之用當念無輗無軏遂爾之生

陳惇修

賄賂公行論

春秋之時晉主夏盟威服天下及大夫專政賄賂公行內外離析是故示威平邱而齊叛辭請召陵而蔡叛盟於沙鹹而鄭叛次於五氏而衛叛涖於鄭會於夾谷歃血於黃而魯叛諸侯既叛於外大夫復叛於內故奔於晉陽而趙鞅叛入於朝歌而荀寅與士吉射叛以晉國之大天下莫強焉而卒之敗壞而不能守者臧哀伯曰國家之敗由官邪也官之失德寵賂章也晉卿始禍緣衛貢也樂祁見執獻楊楯也蔡侯從吳荀寅貨也昭公弗納范鞅賂也而晉室不復能主盟矣夫爲國以義不以利而處晉朝者賄賂

公行如此晉安得而不敗乎典午之時政以賄成亦由是也杜預在外鎮數餉遺洛中貴要或問其故曰吾但恐爲害不求益也夫杜預最爲忠賢且復當武帝時朝廷清明紀綱未甚紊亂而預所以爲保身之計者尚只在於饋遺權貴則是賄賂之風固已濫觴於此時矣延及後世茲風益熾荀郁都督青兗見朝政日亂懼禍及己多所交結每得珍物即遺都下親貴兗去洛五百里恐不鮮矣募得千里牛旦發暮還觀荀郁之所以爲身謀者亦無以異於杜預也夫厚苞苴以賂權門在二子固不得爲有守然所以使人如此則當時在朝廷者亦不得爲無罪也是故讀王沈之釋時論有曰融融皆趨熱之士其在爐冶之門者推挾炭之子苟非斯人不如其已讀魯褒之錢神論有曰京邑衣冠疲勞講肄厭聞清談對之假寐見我家兄莫不驚視何必讀書然後富貴觀二人憤時之所作者如此則知當朝士大夫貪墨成風幾於不可救藥也晉室安得不凌遲毀譽亂於善惡之實情慝奔於貨慾之途干寶謂晉之敗壞也如此其知言乎

陳仲卿

駟不及舌賦 以樞機一發榮辱之本爲韻

言如流兮惟舌是出咎將至兮徒駟之疾既力竭而罔逮則厲階而非一孰云不進諒金鑣以難追尚謂莫捫苟星奔而愈失由是知所大者吾將誡之雖欲加於鞭策誠有謬於毫釐不且息焉想喋喋而自遠非敢後也因駸駸而罔追爾其逝矣將輿班如忽越彼懸蹄之莫馳伊利口之斯發猶在耳而旋失須臾若過隙而終傾滅沒詹詹如掉俄出有而入無薄薄陟遐想勞筋而苦節豈獨瞿然未殄倏爾既徂徹其如駕之捷防其不密之樞如沸如騰訏已

成於枝葉靡瞻靡顧信空騁於道途原夫貴以寡尤取之不辱慮一出而匪賤故再驅而是最苟如簧之靡定是見瘁躬若捕影之無由寧勞蹀足是知聽之則咎鼓之或非靡不忘於可復固必在於知機雖齊景之則多爰思滅迹儻張儀之尚在詎可塞違至哉立彼教言先乎根本宏影響之靡誠懼衆多之招損崩騰未渫俾逐日而自勤反覆雖柔見如電之將遠是知孔甘者辱若訥者榮期自虞於速禍故必遺於遄征君子所以存勸誡立度程雖奔走而致遠吾知夫莫疾於聲

陳山甫

五丁力士開蜀門賦 以蠻國廓開遂通人俗爲韻

伊山爲蜀是曰蠻俗惟天俾秦厥生神人拔長蛇而贔屭闢廣岫之嶙峋在昔褒斜未通羌棘異域彼爲夷國物產難究封疆罕測秦將欲廣其南冠其北張儀於是度其勢量其力假牛之計斯設饋女之功是克蜀王乃命力士闢高山貪功饕餮忘情險艱捫峯巒於日側抉虺蜮於雲間將以砥嶄崒等躋攀振衣而力抗千嶂攘臂而威陵八蠻俄而白日蕩搖元天忽霾鬼哭神怨風號霧廓怒髮森植雄心震躍灑珠汗以雹散瞪星眸而電落將欲斷煙靄排嵒崿訝巨靈之所拓蹂重林迴絕壑疑夏后之所鑿吁可畏哉砰轟若雷虎視五嶽鯨吞九垓徒見其豁若谷嵽若堆橫隱嶙直崔嵬大應心踣高隨手摧江標峻棧之形呀然地裂闕闢高峯之色騞若天開已而後患方啟前心莫遂喧闐兮乍進秦卒邐迤而全收蜀地道路無阻關梁有備旋聞五丁死而蠻黨移一徑通而秦人至雖共工之勇將觸也非雄項籍之力將拔也寧同曾未若擘秀嶺駭蒼穹今古攸賴華夷是通羽毛讋死以塡谷草樹驚摧而墮空遂使鞭石之帝移山之公壯志難奪莫不慕其英風

有征無戰賦 以安人以德不戰而旋爲韻

皇威克宣強敵無全始建牙而耀武終不殺而摧堅授師律以徂征鑿門而出指戎夷而向化掉鞅而旋靜難以仁勝殘以德綏懷未及方資弔伐之謀氛祲潛消詎假貔貅之力命將必先於制勝數謀寧勞於逐北三令著而狼野自淸七德彰而梟心已息是知訓戎有律料敵無遺乘地形而動衆順天討以行師播武烈爲先登之旅尊英風爲遏亂之資利百勝者不其殆矣尚九變者於斯遠而於是

指途而邊鄙革心按甲而兇渠授首向威懷而將順將血刃而何有行當盡敵制在於成規武以止戈匪勞於善誘念安人之可待懷鬬志而終不當其蘊龍韜以啟路馳豹騎以清塵鄙身膏於草野笑血染於車輪所以示專命柔遠人揚分閫之威無逾六月來有苗之類不俟七旬一舉干戈載櫜弓矢惟義是徇惟仁是以有以見解紛之謀有以見知難之旨且夫治兵在於克敵定亂在於圖安苟率人以知化寧黷武以自殘所以不矜其庸功不事乎權變文教被於含育武德彰於寓縣由是而言善用師者不在乎善戰

漢武帝重見李夫人賦 以求諸異術再見眞形為韻

昔漢武帝喪李夫人歎妍婉兮不返悲繐帳兮空陳於是詔祕籙之方士致平生之幻身來其跡於虛無初驚有象察其儀之婉麗已訝如眞時也齋心月殿屬目蘭室髣髴煙光飄颻蕙質修蛾再覩不俟返魂之香逝水潛迴詎假長生之術原夫恍惚之際從容視諸想車塵於霧眇疑珮響於風餘峨峨兮稍辨雲鬟冉冉兮漸識綃裾洛水之靈非匹巫山之夢不如所謂神仙之事變化之異過隙之光已無傾國之容再媚悲睿旨於疑聽悼皇情於睇眄恍兮有望知感召之多方倏爾員來訝生死之殊致當其椒風向夕蕙露盈庭謂已從於雲雨終不間於幽冥寂寞瑤階永謝虛無之跡淒涼月幌猶分似是之形若往還留心迷目眩誠君恩之再造異術足徵豈風燭之重然眞形可見固可以辨其妄輟其求去清懷之惑志釋元思之殷憂擾擾紛紛意眞靈之如在薰歇燼滅竟芳塵之不留其來也形之如寄其往也生之若浮於是望斷驚鴻悲深解珮向窈窕而乍失顧容華而不昧由是而言可以知生之不再

禹鑿龍門賦 以利濟生人功存聖德為韻

控引河源鑿山為門闢兩崖而龍蟠虎踞飛一帶而電激雷奔所以拯流離於品物佐含育於乾坤邈矣而高蹤斯在巍然而詭狀斯存昔夏王披簡援圖盡力溝洫萬方附會以恭命百工子來而奉職畚鍤具而勢慶風雲巖岫分而狀成閶闔波濤有路無非汲引之功鱗介攸居咸被生成之德異夫屹爾崖巘張為閈閎懸流赴勢以中注巨石乘危而下傾拉叢林而山靈叶贊迴大壑而水怪奔驚故凝滯者得以流其惡昏墊者得以厚其生當其相地所宜

兆人攸利山崢嶸而洞敞水噴薄而俄至湯湯浩浩俱成畎澮之流原隰陂池皆爲生植之地道邁前古芳流後塵豈不以開濟之功莫大通流之用如神龍躍新渚魚迷舊津四載之勞終成於舜日九年之患空媿於堯人始也設以規模不資銓閉雲橫結駟之狀浪走高車之勢廣濫觴之運水無不通裨造化之遺人無不濟茂績崇崇與流無窮谿岩嶤而分遠碧來浩渺而寫晴虹不媿錫圭之命寧慚拓土之功是以羲軒等美唐虞齊盛故當煇爍於帝圖不然何以應千年之聖

望思臺賦

漢武帝以惑亂生聽衛太子以危疑出奔始誤讒諛之巧長違覆育之恩高臺有揭悔過無門峨峨九層已斷與哀之目眇眇千里不歸幽憤之魂嗟乎望以窮高思以及遠爲父之慈靡及恨而莫追爲子之道既乖慙而勿反當其版築初設土工聿修旁窺日轉下視雲浮所以取其遠無不鑒近無不周導宸衷於曠望表元思之殷憂豈比夫柏梁爲耳目之翫通天窮汗漫之遊流眄無涯增懷永久意來思之可待念追悔而終不事殊子伋空引決以自傷跡異申生諒爲孝而何有悲夫見危致命有去無歸誠一朝之忿斯極豈三年之恩可違於是跨層高之杳杳屬遠思之依依俯洊雷之音常思出震仰列星之象猶戀重輝豈知登臺有悼往之心陟岵無懷歸之歎曉光東上含萬恨而意深暮色西沈向四隅而望斷徒勞乎積財厚地累土長空想迢遙於元圃悲寂寞於青宮鑑失聰明將後悔而何及臺高雲漢自貽咎於無窮原夫義絶君親禍由臣僕致兩傷於疑忌在一言之所黷是臺也可以申鑒於後王豈徒處高明而縱目

陳有章

幽蘭賦 以遠芳襲人終古無絶爲韻

翹翹嘉卉獨成國香在深林以挺秀向無人而見芳幽之可居達萌芽於陰壑時不可失吐芬香於春陽所以縈翹十步名傳九畹自下幷高結根聳幹布葉邀密重陰未晚開緗蕊而乍合擢丹穎而何遠好遵正直生匪臨於斜徑不向嶮巇質寧被於長坂獨茂幽壑厭若錯薪幾沾雨露猶苦風塵采掇兮有日芳菲兮度春得臨刈楚之地曷異修詞之人燕妃夢中榮何名而不遂蜀琴曲裏奏何聲而

不新況衆英聚集傳香氣而相襲佳色葱蘢帶煙翠而攢叢固已歎夫貞潔期見賞於始終幽處斯久照臨忽通喜會無私之日深繫有力之風幽莫過於芳蘭誠匪同諸草莽充佩而靈均不棄入握而仙都必取詎比夫山上蘼蕪泥中蘅杜將虛名以共播竟無善而足數焉知夫光善才於左思能成賦於師古而已哉知我者謂我如碩儒不知我者謂我如生芻此幽人之未已亦何代而云無幸逢昭代得遇良哲雖偕薰蕕固有分別勿以卉賤不顧幽芬勿以地寒不軫孤絕倘折英而入用庶有光於優劣者也

文嵩

卽墨侯傳

石虛中字居默南越高要人也性好山水隱遁不仕因採訪使遇之於端溪謂曰子有樸質沈厚之德兼有奇相體貌紫光噓呵潤澈頗負材器但未遇哲匠琢磨耳禮不云乎玉不琢不成器人不學不知道子其謂矣今明天子御四海六合之內無不用之材無不成之器我今奉命巡察天下風俗採訪海內遺逸安敢輒忘厥職見賢不薦者歟子無戀溪泉自取沈棄耳虛中曰僕生此南土遠在峽隅自不知材堪器用既辱採顧敢不唯命是從採訪使遂命博士金漸之規矩磨礲不日不月果然業就虛中器度方圓皆有邊岸性樸謹默中心坦然若汪汪萬頃之量也採訪使以聞於有司考試之與燕人易元光研覈合道遂爲雲水之交有司薦於上上授之文史登臺省處右職上利其器用嘉其謹默詔命常侍御案之右以備濡染因累勳績封爲卽墨侯虛中自歷位常與宣城毛元銳燕人易元光華陰楮知白常侍左右皆同出處時人號爲相須之友史臣曰衛有大夫石碏其先顓帝之苗裔也出靖伯之後曰甫甫生石仲仲之後曰碏春秋時仕衛世爲大夫焉卽墨侯石氏與衛大夫卽不同也蓋出五行之精八音之靈岳結而生稟質而名懷寶爲玉吐氣爲雲發硎利刄與天地常存者也

管城侯傳

毛元銳字文鋒宣城人闕於東墅而生昴宿一名旄頭遂姓毛氏世居兎闕少昊時因少暴農之稼爲鶻鳩氏所擒誅之以爲乾豆其族有竄於江南者居於宣城溧陽山中宗族豪盛元銳之世二代祖聿因秦始皇時遣大將軍蒙

恬南征吳楚疑其有三窟之計恃狡而不從使前鋒圍而盡執其族擇其首領酋健者縻縛之獻於麾下大將軍問聿之能曰善編錄簡冊自有文字已來注記畧無遺漏大將軍奇之用命爲掾掌管記及凱旋聞於上爲築城而居其族遂以文翰著名其子士載漢時佐太史公修史有勁直之稱天子因覽前代史嘉其述美惡不隱文簡而事備拜左右史以積勞累功封管城侯子孫世修厥職能業其官累代襲爵不絶皆與名賢碩德如張伯英衛伯玉索幼安鍾元常韋仲將王逸少王子猷並爲執友歷宋齊已來

朝廷益以爲重銳之曾大父如椽與王珣爲神契之交大父如聿與江文通紀少瑜有綵毫鏤管之惠皆文章之會友也銳爲人頴悟俊利其方也如鑿其圓也如規其得用也稱旨則黙黙而作隨心應手有如風雨之聲者有如鸞鶴迴翔之勢龍蛇奔走之狀者能爲文多記不倦濡染光祖德也起家校書郎直館遷中書令襲爵管城侯聖朝庶政修闕易元光同被詔常侍御案闕須之友天子以六合晏然志在墳典因詔元銳專職修撰銳久蒙委用心力以殫至於疲憊書札粗疏懼不稱旨遂懇上疏告老上覽之嘉歎曰所謂達士知止足矣優詔可之曰壯則驅馳老則休息載書方冊有德可觀卿仰止前哲宜加厚禮可工部尚書致仕就國光優賢之道也仍以其嗣職焉

史臣曰管城毛氏之先蓋昴宿之精取筆頭之名以爲氏以與姬姓毛伯鄭之後毛氏不同族也其子孫則盛於毛伯之後其器用則徧及日月所燭之地也天子至於士庶無不重之者也朝廷及天下公府曹署隨其大小皆處右職功德顯著宗族蕃昌云

樊子新

對廳子判

廳子執硯翻瀉汙物擒獲欲科之

各備爾曹以供其職罄輸冰操同洽風規公府崢嶸具寮瞻矚事光文物掌設防非猶衆派之源流若提綱而集目尚恐禽棲入噪絡青瑣於傍喧蛛網交絲架朱窗而上掩豈意故爲翻瀉用慢章程德不繕心罪亦旋踵違周氏之戒器水覆繩衍覽劉氏之朝衣羹傾宥過法開有誤理亦從宜

欽定全唐文卷九百四十九

孫祕

散木賦

窅窅冥冥至道之精視之無見聽之無聲伊散木其何識迺沖用而保生夫其措跡隱深寓形偏寂青崿右聳紅溪左闢漱滴瀝之飛泉枕嵌巖之古石將舍休以處順不祈椽而自適故其幹也閜砢盤䖘蟲穿鳥剝其節大兮不可以爲桷擁腫輪囷抱蠹生津其軸解兮不可以爲輪空心兮若喪拳枝兮不申理不中於規矩才豈任乎斧斤似支

離之有疾固哀駘之入眞日者秦構鳳凰漢營鳷鵲崇臨海之殿豐冠山之闕窮宇内之瓌寶盡域中之蘅薄雖片善之必收故散木之不作用能以損之益居貞而晦不恃而成不有而大白雲至止雜蘿薜以成帷清風來兮協笙竽而吹籟異鵲宵集祥鴛曉會隱士挂瓢仙人倚蓋不逆於物夫何於害及夫郊暄淑氣景媚風煙夭桃變兮穠李發乍揚芳以競妍既乎寒露朝變凝霜夜結櫨梨剝兮橘柚摧澹無情兮何折動息無撓榮枯任節道將契於攖寧德以庶於朗澈與夫五柞三槐仁賓君子東吳豫章西蜀蕭杞文杏聳於千尋木蘭香於十里皆蚪蟠鱗接重葩疊葉杳藹芊緜拂日摩天根柢深固表裏巖泉並恃才而喪質咸爲名而夭年是知明不若昧語不如默爲善者離其道立行者陰於德社櫟入夢而幾亡野桑因言而自剋豈若聖智雙遣形神兩忘委不才以居寂任無用以爲祥鬱鬱於絶冥之界落落於無何之鄉與天地而長久吸日月之明光蒙子休聞而歎曰吾且逍遥其旁

幽松賦

惟天地之覆載麗日月之貞明幸雲雨之廣潤及草木之

滋榮代何村而不用材何代而不生若乃地勢卑而路修迥有孤山曲澗之幽松挺百尺而歘其狀聳千仞而擢其容柯幹夭矯花葉芊茸枝橫栖鶴蓋偃盤龍皴皮膚而文疊嵬宏磊砢而谷深重代人之所未見匠者之所未逢抱雅操兮積年載持槪節兮佇時雍梢森乎巖之畔扶疎兮山之足稟二儀而自清居四時而常綠其孤高也則排煙而蕩霧其貞堅也則超代而越俗偏睹日而疏陰邈自然而孤直起喻有叔夜之林入夢表丁君之職澗底幸左思之詠歲寒蒙孔子之識偉哉盛矣屬時代兮多杞梓其用

無隔窺幽澗兮茂松柏梓待構而見須松堪棟兮希擇其文理也奇絕可以雕楹架棁其雅操也昂藏可以振雪凌霜向日貞心擢臨風古氣揚深谷如棠顧此地有材良王爾經過而歎曰帝德咸亨此松挺生公輸俯仰而顧曰王道利貞大厦用成希皇鑒之留盼感鬱鬱之餘情者也

孫崇古

對造橋判

河陽欲造石梁以費廣請造舟計風烏海燕亦用鷁巨萬州使相爭不定

河陽地卽帝畿境惟天邑石季倫之別業吹樓雲斷潘河陽之古縣春樹花開波石沿洄沓崑崙之水車馬闐咽侯黿鼉之構虹梁鵲柱既暫勞而永逸風烏海燕但有損而無成爰叩兩端且多職競將申一部希効管窺宜輿鞭石之功無取接舟之議

孫欽望

對染甕灑塵判

丙傾染甕惡街衢縣令笞丙云便灑軌塵於事無廢

閭閈撲地咽綺城之歌鼓軒車沸曉度紫陌之煙埃攸更湫隘或資灑埽丙也業在門居向惟街道傾茲染甕殊漢陰之息機灑以香街異汾水之流惡黃圖作宰當旌卧疾之奇元覽滌除令察軌塵之穢將加箠令允符鞭作灑濘之愆已聞揭厲無良之刺難漏刑名令既有科自成美錦之製丙期無訟難雪素絲之泣

對溺死判

甲與乙同舟既而甲懼水自投因溺死其家訟乙故殺縣斷以疑

靈長演派資潤下以流謙習坎疏源含內虛而濟物故桂林望斷漢臣嗟其水源航葦無因衛女歎其河廣由是刳木爲檝利涉存焉造舟爲梁有自來矣惟甲與乙俱因行邁駕言出遊大川爲阻家非溱洧不可褰裳地若滄流爰憑鼓棹既而甫辭岸浦喜二子之同舟方駕波心嗟一夫之墜魄尋漆園之奧旨未昧藏舟考司寇之微言旋驚逝水至若沃焦不易呂梁難闢一類士龍之笑幾慚漁父之勇家人告稱故殺縣司斷以疑係乙則有詞未云甘伏向若平生宿憾殞命猶或推科如其邂逅相逢自死如何結

罪誠可俾竿而求水府豈得陳牒而訟官曹不悟生也有涯將等死而無弔欲使長江岸上式旌孝女之碑箜篌曲中永作狂夫之曲竊稽狀迹不伏爲宜

孫文臣

對祭星判

甲祭司人沃盥執燭而獻人數未便陳玉徹奠監祀糾其失儀甲云來歲美惡豈玉能知

天垂衆象地列百神四時祀之廢一不可所以爰命於甲有事司人如在表至誠之懷惟馨祈莫大之福遂能就盥

除穢用燭明儀既俎豆而式陳冀圭璧而必薦諸具已備惟玉未陳謂監祀而罔知何糾事而斯當詞雖不已其難捨諸

元弼

魚躍龍門賦 以揚鬐鼓鱗撇波直上爲韻

彼龍門之津流水激射斷山嶙峋厥功彰於夏禹斯險際乎蒼旻河源炳靈以峻極水族候時而薦臻副天用也佇龍行兮驤首參神選也同鯤化兮脫鱗徒觀其向天倪辭水府望霄漢之九越泥沙之五來如及門出若由戶雖懸波而千仞終作氣而一鼓我鬣既張彼川何長仰雲路而抑揚終不息而自強我功既獎彼河徒廣揖天衢而直上誠擇利而攸往變化伊何升沈亦多瀠洄曲渚泛灩長波背蛟室而大集指龍門而遠過至於激厲果決乘陵險絕雖迅湍奔雷駭浪噴雪終瞬息而上膺騰而撇揮其尾而不勞騁其力而不竭於是俄變魚服倏爲龍姿志氣自負威靈自持豈同塗於點額寧較力於掀鬐哉於戲道有行藏運有通塞天資性靈神輔正直始有水而呀鰓忽升天而振翼然後隨方受變千里一色風雲際會未始有極慕

李膺之往哲孰不願遊追老氏之元蹤而闕字一不測儻眞宰之可仰終進德於君門之側

元子貢

對夷攻蠻假道判

夷攻蠻道由邊邑麥已熟或請人皆出穫宰不許郡長讓之云恐爲不耕者所得

法不可易政貴有恒利物雖在於隨時出令必資於長久遏矣遠邑濱諸蠻夷茂其蝸角之兵無能猾夏不虞蜂聚之衆將犯麥秋同鄭伯之襲溫若齊師之入魯自可申之

備預固其封疆豈宜因彼犬戎縱其斂積是教翫寇何以字人雖無厚於讐前監是興然不耕而穫後嗣何觀邑宰不從得宜頗類於惢予郡長見讓失指有契於季孫宰實有詞理宜無罰

袁玘

對射御策

問五曹演妙六藝騰英吹蠹延奇貫葉騁術眷茲兼藝理國曰資取要適時何者爲急然則旁觀往籍逖聽前規六藝之道同歸十哲之流必習何則書數之事獨列於學官

而射御之利不分於師氏今欲鳴鸞逐水落雁穿楊並列膠庠可乎不可至若魏臺漢帳誰擅其能三正一侯孰當其禮軒轅訪道驂其乘者何人夏禹奠山究其理者奚是近從曹馬遠遠羲軒所創之功並宜別白

對觀天察地必籍於四時奠主安人莫先於六藝若乃九宮祕法六範奇功懸針垂露之能落雁啼猿之妙永言四術咸濟於時譬以五行理難廢一至於出入軍國之謀道達陰陽之氣取要適時射御爲急者先王建國正位辨方順文武以分官仰星辰而布教使僕者知其五御射者掌其六耦各班師氏咸有司存此則垂範將來爲國要道何必附輿執轡同歸雁序之庭七札五豝並列鴻都之學事資仍舊無或改焉爾其仲將之署魏臺梁鵠之題漢帳聲傳千載能擅兩朝三正實諸侯之儀一侯乃大夫之禮軒轅訪道昌寓驂其乘夏后奠山豎亥窮其理紛綸前史逖聽可尋竊以遠覽羲軒近觀曹馬心計不過於隸首善御孰若於王良史籀飛毫鍾繇騁翰后羿持籥李廣張弦所創之人所工之事畧陳一二固難悉備謹對

袁令問

對錦衣狐裘判

有錦衣狐裘者或舉之違僭稱取地受服命者則何

諸侯錫服封之所謂天子胙土列爵駁貴班瑞等官紀律有藏紕繆無籍彼食舊德實光象賢引之表儀用服臧禮分之彩物有文庇身無剡圭之削土是獻劍以當室淹恤草莽乃徵褰之與襦恭承七豐宜錫裘以用錦期委曲以趨禮何譎詐而見尤無聽偏辭使叶中典

對造室判

丁爲室斲其椽而礱之法司科罪訴云新加三

命

九儀辨等八柄正名設貴賤之地立財用之宅如或居處無節制度不經動而失中難以爲正彼丁爲室將宜是居有覺其極於梁而埽上棟下宇燥溼不交輪焉奐焉鳥鼠攸去既成輿作如位崇而德尊不事廉隅知物誘而心汰無法自守用奢宣驕安且燠兮其功可取斲而雕也於禮則邪且加命則大夫之命此室則國君之室何取彼義自用於身請麗本刑無撓常度

韓鉞

烏巢大理寺獄戶賦 以昔開元中刑措至此爲韻

皇帝恩霑庶類道格元功化覃於萬國之間苛慝不作烏巢於圜扉之內囹圄知空載飛載止以雌以雄寂寂無猜於牖下翩翩不去於林中足驗時淸可知刑措廉恥必格寬仁有裕垣深不阻於歸飛鑰動何驚於反哺蒼鷹莫擊寧懷獄吏之憂疎網無加豈有虞人之懼夫刀鋸勿用犴牢洞開顧叢棘而未下拂青槐而乍回拾卵無聞於貪吏焚巢自絕於燃灰表異而居飮和而至翻然用刑之處闃爾無人之地中臺柏老顧棲息而難安念室扃閒每飛鳴而自遂實由吾君信孚禽鳥澤及黎元共履安平之路咸知仁育之恩向日寧憂於圜戶知風不憚於轘門定國徒美於祥明何施善政冶長不罹於縲絏豈見銜寃自然罔遇殘傷免於彈射曾無滅趾之士不有抱關之客既生既育八九子以均安不識不知四三皇於往昔是知政惟惠愛不尚威刑止夏臺而自逸陋楚幕之不寧永夜風淒或徘徊於月樹逾冬候暖欣寂寞於訟庭彼三足徒稱夫盛事素容虛美於祥經懿夫昭德塞違柔遠能邇大無用於兵革細罔行於鞭箠每夕宿而來斯寧夜啼而去彼昔周

稱訟息漢號刑淸曾何足而致此

山呼萬歲賦 以聖德潛融陰靈效祉爲韻

嶽則降神君惟作聖爰膺萬壽之福以奉一人之慶至誠斯感瑞既發於希聲盈數足徵道方期於永命伊昔漢德方至神人以寧展升中之盛禮備昭報之天經休徵是格明德斯馨帝道昌而延祚天心啟而昭靈諒惟恍而惟惚覺非雷而非霆若自觀心數已超於卜祝匪因騰口事全過於夢齡曾異石言方承帝祉大君肅穆以傾聽羣后左右而驚視訝寂寂以無人每洋洋而在耳數惟萬式彰悠

久之期呼至三用表丁寧之旨瞻彼維嵩極天比崇明神是處應感潛通降喜聲於碧嶂遵密命於元穹慶彼盛時巖嶺且聞於隱隱暢茲和氣人心盡樂於融融天旣輔於無親神方降於有德在肹蠁而昭異俾聲明而莫測孰謂乎不識不知曷昭夫或語或默懿其發茲大號騰彼宏音做谷神之虛宅振山木之高林周流崖巘散越嶔崟和清風之遠韻凝翠靄之層陰若非報地承天恪愼克孝洋溢乎德澤布濩乎聲教則何以跡追三五之蹤歲表十千之效聞然震盪忽爾沈潛儼翠華而將下仰太室而迴瞻至

矣哉斯前代之盛事惟我后之能兼

韓子休

對去官判

得甲去官居白沙里人云我家池中龍種本縣科里人妖言訴云美其德讓不伏

度地居人量地制邑九有旣乂萬邦是孚甲密勿具寮僶俛從仕陳力就列罷職言歸克昌拾芥之榮方展維桑之敬爰居爰處以遊以娛且故國之生平卽襄陽之耆舊人知仰德我不求蒙譽擬潘安聞諸鄉曲榮參龐統頗曰池中發其言而有由速之辜而未可請以里人爲美無宜告者稱妖欲措常刑其如反坐

韓希銑

對去官判

得甲去官居白沙里人云我家池中龍種本縣科里人妖言訴云美其德讓不伏

甲孝以居家學以從政非子房之晚歲翹想赤松類元亮之中年棲神素里琴書養德道義資身青雲舊遊惜鵷行之中斷白沙鄰好善龍種之來歸異趙壹之招嫌同任光

之見愛孔子垂教在家必聞程鄭有言寵而能降善莫之大復何加焉至如勝友如龍高才比鳳渥水千里丹山五色語其事類蓋亦繁多考以條章實難科罰

潘待福

對戰勝銘功火災貯水判

得小侯戰勝作彝器銘林鍾軍正訟言妨時云示子孫又巴東每歲火災廉使無術禁止唯令鑿池積水人户稱勞

理國之宜有時用戰爲政之要莫先利人先王以禁暴詰

姦良吏以移風易俗訓兵習武熊羆之士卒在和積習生常卭僰之火災歲有銜枚被練必徇死而輕生飛焰浮煙或焦頭而爛額小侯以出車受脹始希分閫之威廉使以建節乘軺方展褰帷之惠功成戰勝知彼竭而我盈令行禁止用防微而慮遠林鍾有作同季武之克齊藿笲無施類國僑之相鄭軍正有訟均夫臧仲之非人户稱勢昧彼廉公之化京觀不築楚功既存積塗而防宋災亦免因人之功不可藏示之道何施利物之惠爲多無術之談或爽備諸前史焉敢費詞

顏瑨

對祀玉判

甲掌六器不依方色所由加罪訴稱玉人闕供

國有五禮甲主六器或欽若天地或虔奉廟祧將以降神祇辨方色則必臨之以莊敬守之以豐潔使舊章攸敘靡物不精甲忝曰司存宜其祇肅徒尸此職曾不是省六宗有祀已墜虞章三禮何知載愆周典所由加罪亦謂金銘勿一作金石罪言文過飾非方推玉人有闕若徵求有志一作至自可預論既臨時有乖欲何逃責闕供之罪定罪非遙未知祠祀所須爲復陳設所犯待知本坐庶諭如律

對薦新判

春日薦新乙不送鹽

蒼龍正宿朱鳥方春山梅早花沼蘋新葉嘗新傳於楚俗先薦表於周年採蘋奠誠式遵於南澗進櫻追遠首在於西京至若類獸之鹽惟調和於醯醢闓陽之薦恐有隔於烝嘗請準恒科以懲其慢

對埽道判

甲主郊道當汜埽反道甲修故而除無所改易

所由科之不伏

經途九軌列以城國通莊四會達彼川梁廣直如弦有文侯之擁篲修平若砥見伯也之執殳非據蒺藜將樹桃李無使障塞用絕艱虞歲祀不除時饗不理甲掌惟郊道侯承祠祭喪者輟哭田燭是爲百神以宗方陳明水之薦三條是務式崇新土之宜類築傳巖固將遵於大制殊開京兆亦何更於前名苟雜榛蕪足歆蘋藻誠爲獻力匪曰犯刑且汜埽理在恭嚴反道義非變易何必改作方設興功修故而除足奉虔誠之節棄核而按未通折獄之明

田備

對高潔之士策

對聖人出震博訪芻蕘大帝登庸詢謀師相是以周稱尚父呂望擢自磻溪殷曰得賢傅說求諸版築莫不舟楫羽翮鼎實鹽梅表匪寓之明明成朝廷之濟濟自隆周洎乎幽厲朝政在於諸侯炎漢至於哀平威權任乎卿相貂蟬耀彩雄俊遍五侯之門劍履生光賓客滿四豪之第吹竽彈劍犬吠雞鳴用才各任所能取士不求其備弓旌之命非道德之門蒲帛之徵乖有道之室方今前疑後丞龍輸

鳳翼左輔右弼岳氣星精加以徵逸璞於巖廊索遺珠於窮海邱園之下羔雁成行閭巷之中軒軺相次元纁之禮既備巢父長謝山林圭璧之問不空夷齊豈食薇蕨

田鶴

扇賦

若夫暑氣緜緜炎光赫然毒衝心而氣盡汗帀背而珠漣是日何貴茲扇爲先匠者呈巧所重惟素疑織飛禽而寫妙規曉月以成圓葉隨意出花逐情妍飾金翠而作彩緻膠漆以期堅爾乃題竹流謇贈葵稱美雖見重於人臣未承恩於天子曷若克箴貢隨筐篚比德進賢齊芳獻雉從倚君側徘徊宮裏揮拂涼來動搖風起逢陽氣而不息遇重陰而暫止心素何所欲常愁歲月馳珠簾秋氣滿羅幌曉風吹中道恩旣歇棄捐誰見知

田沈

明賦 以從入至平爲韻

夫何明之爲用將燭幽以鑒黙故日有朝靈月有宵德衆星垂耀於穹昊爝火與螢而不息皆能懷獨見之明破重昏之𨼆使晨臨者可分於丹素夜視者不謬於南北蓋所

謂明明在上以爲人極者也至於桂花未魄虞泉斂暝幽室何觀空堂靜聽飛落木於軒砌吟暮蟲於行徑則有銀燭初然蘭膏未爇昭昭耀耀亦何其盛況乎秦宮曉鑑淄川秋水君子思正其莊容槃兮用修其膚理或拂金光之清景愛瑤華之特起或指波瀾之碧池玩澄泉而未已然非大道之遵至白之光且日月閒浮雲之蔽燎火有撲滅之常水猶人撓鏡以塵障豈夫穆穆天子德昭晰以蕙馥皇皇侯伯義赫烈而椒芳寸心所燭萬物無藏旣臨表以識裏仍察陰而辨陽然後禮樂設文武張明珠不混於江

浦美玉無韞於山岡幽藪盡拔蒙潛載揚由是觀之則燭龍之遐照離婁之遠望魏乘之所炫蘇績之攸傷安得儔其大小與短長而已哉

驕陽賦

維皇穹之造物何靈鑒之不昭寂然陰閉倏爾陽驕風行天而故象水干土而成妖山蛇則四翼呈歲日烏則三足升朝亭皋背春兮失色草木先秋而欲凋螢飛火井蛙動陽飈嗟乎林之云滌山之方焦旱如何其農爲是恤雲祁祁而始布日杲杲而行出立畜夫於丙丁命小童於甲乙

春雷無聞奮豫夜月罕當離畢阡陌之多稌不滋堯湯之下人斯疾是則墳封孝婦東海之守非才圄繫冤囚河南之尹未黜而明明我后罪已彤闈日中而御菲食昧爽而籠繡衣慨祥正兮無潤嗟土膏兮遠晞冠華秉翟郡縣襲舞雩之祭務農畜用山川申祝鼎之祈出德號兮休力役鋪皇恩兮鑠帝睞於是驗靈圖稽祕籙封朽腐宥寃獄損有餘補不足躬耤田以率下遣皇華以問俗借如晉平老矣所好者音古樂侯文侯之睡希聲憎師曠之心德不足而自撫災無何而是侵赤地三年兮罕闢皇天一怒兮何

深野無盈尺之潤山無膚寸之陰至如周宣中興視人如子旱魃爲虐於藩服羣元輟耕於耒耜饑饉薦臻惔焚未已畢崇奠瘞之設不絕郊宮之祀寧莫我聽憂心如𤈦及夫下邳内史任在責誠鍾亢陽之有悔毒蘊隆之無生乾坤不交兮茲焉中否雷霆不動兮何時滿情求下哀於人瘼希通鑑於神明爾其廣漢從事捫衷自省霑灑不時奚能泣盤地則水淪金穴天則泉枯玉井走羣望而何階誓中隅而有請是以孫武止矢誚梁君之射鳥臧文抗議非魯國之焚巫齊阻饑而問孔鄭有事而咨晉彼炎亢之爲

患信古來而有乎昔者商罪貫盈邢爲不道周師初克而年豐衛國致疑於請訴猲獫兮叛渙伊將驕兮師老方按甲而天誅未迴戈而彗埽行看郅支之亂且見呼韓之保將覆油陰佇蓋行潦是時也上方受釐宣室訪議雲臺所以仰乾封之兆稱時運之災濁河清兮龍馬出滄海晏兮鯨魚來山聲萬歲壇勢三陔式行和鸞之節常希法駕之迴皇乎備矣侯不邁哉

田季羔

對毀壞壓死判

乙有毁壞而誤死人科其備慮不謹訴合所由不伏

乙惟賤工。執用爲事。撤彼墻屋。嘗聞作向之詩。誤此殺人。載犯謨虞之律。雖因緣毁壞。宜申重典。而過失殺傷。非無彜憲。毁垣之下。人盡違而去之。壞宅之閒。乙恐非其罪也。且凡所隳圮。尤資審愼。梟臺構落。非梓匠之良規。廣厦榱崩。必鄭僑之見壓。備慮欲繩其不謹。懸危可恐乎無情。既殊故犯之名。請抵從輕之議。許其收贖。竊謂平反。

田義寵

對遺腹襲侯判

乙將襲祖侯。以遺腹無識。訴云生而有文。小同爲字。

靈慶所章。錫允乃承家之本。恩華薦及。疏封則開國之儀。是知禮備十倫。系宗祊而敘昭穆。榮標五等。列畿甸而制子男。載德象賢。山河必復。謀孫翼子。弓冶方傳。乙以夙所禍胎。喪嚴顏於未誕。冥包豈始。傾厚蔭於生前。若趙氏之遺孤。如鄭門之棄孕。母兮鞠我。等令伯之成人。生也有文。同仲子之先兆。旣而聿修祖德。將克於家。未展茅封。爰疑載弄之日。遽從初議。復引冠字之年。敬省彜章。未可隔其遺誕。恭惟典制。理宜允其嗣徽。

錢衆仲

舞中成八卦賦 以中和所製盛德斯陳爲韻

舞者樂之容。卦者象之則。故因舞以成卦。乃觀象以知德。八音是節。位必配乎八風。五方具陳。衣必表乎五色。是以德從之理也。功加有截。化洽無爲。作樂以習舞。同文而共規。俾萬姓覩而悅服。百代勤而行斯。懿其舞者員來。樂人攸敘。匏土革木兮夙設。六律五聲兮具舉。初就列以修容。

忽揚袂而進旅。體殊舜樂。九成徒辨其疾徐。跡類羲文。八卦自分其處所。行綴罔失。俯仰攸同。乾坤定而有倫有要。震兌分而自西自東。稟雷澤以浹洽。象天地之昭融。紛綸乎抑揚之際。輝煥乎節奏之中。進退相依。變易交映。艮巽布而若離若合。離坎峙而不譁不競。體山風之次序。叶水火之情性。周旋乎元武之閒。繁會乎羽籥之盛。旣而諧管磬。感神人。卦成列而不已。節有序而復頻。赴度應聲。倏鳳轉而龍翥。攢青拖紫。駭霞粲而錦新。翹搖兮比大章而未匹。縹緲兮異鈞天之下陳。我后惟明。舊章爰製。以嗣以續。

不陵不替和樂且孺每立象以化人德音不忘故體乾而稱帝是知卦之設也八方正四序和彼象功以明德安可與茲舞而同科

國子舞賦（以持羽後見形貌雍雅爲韻）

天子斂賢才之地合禮樂之府命宗伯因四時之宜教胄子以六代之舞惟德是務以和爲主翕左手以執籥就前軒以樹羽方將發揮五禮張皇六詩忽投步而赴節乍整容而自持雖鏘鏘與濟濟必庸庸以祇祇及夫鐘鼓鏗訇絲竹宴衎音容間起干旄迭見屹然山立歘然風從觀者

如堵曷不肅雍實經國之洪範蓋訓人之中庸且樂以平其心舞以發其貌故無小無大是則是傚宜合國之子弟實教人於忠孝其儀不忒其德惟馨遠人由是以來之故時無違命明神可得而禮矣故物無遁形大哉聖人其道可久約我以禮樂宏我以孝友覩蹮蹮之屢舞實循循之善誘文德溫恭則羽籥在歸根之時武士發揚則干戈居蘖萌之後夫手之舞之有小有大成童舞象弱冠舞夏並允浹於生靈良克諧於風雅莫善於樂執而勿舍聖人若斯須而去身則孰能垂拱於天下

蕭匪名

對助鄰婦喪判

得聞人有鄰婦喪自三日而不舉火乃力借凶事之給所以言黨人未獲因主斂爭訟官以先近後遠罪具不伏

仲尼講三王之禮垂百代之範臨喪寧戚實先匍匐之風力行近仁更著威儀之則永惟鄰婦忽奄泉扃（一作宮）蘭閨生向月之悲幽隧切行雲之望於是哀歌佇引尚有具於飯含夢容猶邇誰見勤於營護三日不舉九原若何彼人

以桑梓情深芝蘭愛厚欲奔波於黨屬先假借於鄉閭劬勞之志莫辭終始之心愈（一作逾）勵項將軍之志業比德猶（一作無）慙郭有道之風猷方斯未遠且爲主斂緣是善鄰親疎之爭鬱興牒訴之喧爰起官司以公平在慮剖析存懷申報禮以明愆討彝章而見（一作告）罰既叶平邦之典妙符淳古之風徒更有詞終成飾說

姚迯

五星同色賦（以天下和平君臣合德爲韻）

至道無偏陰陽至理象緯不愆爰或五星同色四序調年

非天莫能輔聖非聖奚能動天列位有恒皆向北辰爲拱偶運則聚寧惟東井見傳觀天文之元吉由人文而化宣爾其歲星配春維德斯專五常仁也五事貌焉彼若仁無虧失貌則終日乾乾熒惑紀於朱夏禮貴知於言雅受制之月每獨入於太微休咎之時則先標於分野發號不乖於火德庶績其凝於天下太白出處衆星異科西則陰星以夕見東則啟明以曉過係金爲主用義方多政洽則義當政失則言訛蓋秋令之不逆俾金氣而能和辰象韜精用晦而明智克存而聽審冬令順而水清或奎晝而春見

或角亢而秋呈既度數而有準知乾化之升平中央稱鎮應土而分昔則各主方色今則同色垂文特感無爲而理實彰有道之君稽乎漢志抑有前聞堯舜爲主伊吕作臣時維尚質俗以還淳六氣氤氳風不鳴於樹三光朗麗雨必降於旬豈惟七步而見祉蓋亦四夷以來賓感而遂通休徵薦荅諒朝廷之嘉瑞表君臣之道合豈比夫河在天而虛横斗建月而空帀宿離不忒實禎於國使七政之已齊何五行之相勉既垂象以昭泰可仰觀而取則因明試而賦斯敬頌聖人之大德

姚幹

謁華山嶽廟賦

沐蘭湯兮同之子采白蘋於南澗羞府君之明祀祠肅肅兮山之下神萃萃兮凜千古辛夷楣兮葯殿（疑房）載雲旗兮駕虬虎澹閟宮之瀏侐紛進拜於軒宇靈連蜷兮既留子蹁躚而屢舞顧馨香而嘉薦豈神祇之或吐精享既周歷勝飛眸東拓巨靈之掌北控長河之流殷其雷也寧示力於贔屭成其物也配祀典於清秋豈徒三峯峻秀四面若削扇萬鑾以雲騰飛長天而雨落將有開之必先實明神

之攸作則知神也無私正直是持禍淫福善幽鑒無遺余總角之年每專精於書圃洎乎既冠之日亦切磋於文詞謂一飛之摩昊胡十上之遊悲聞至誠之必應何功名之太遲豈媚竈而先獲寧守道之後時神乎神乎莫使心疑我后之文思望賢如調飢礪乃鋒刃以俟鹿鳴之時收片玉於宗伯冀神兮無我欺

苗收

對貢士不歌鹿鳴判

甲秀才充貢郡送不歌鹿鳴之詩

甲才惟國寶。秀彼士林。孫宏適見於贈芻。郄詵佇希於擢桂。旣忝鄉賦。將覲國光。雖賓薦可嘉。而禮容未足。鹿鳴不奏。鳳德何衰。爾闕其儀。我愛其禮。甲有言矣。郡何詞焉。自速其尤。誰曰無咎。

欽定全唐文卷九百五十

高無際

井賦

若夫羣萌異質。品物殊狀。俱擾擾以祈生。各營營而自養。莫不濟時爲要。利物爲先。法星文而鑿井。規卦象而開泉。大舜垂功於茲日。龐君著績於此年。貧女德而成潤。播靈液而澄鮮。潛流洞澈。細影凝冽。不以處幽而易清。不以居深而變潔。於是雕以玉甃。飾以銀牀。棲永康之瑞鳥。呈魯國之羵羊。持素綆以就汲。引金缾而未央。爾其紅桃春映。

若新妝之臨寶鏡。朱李下垂。疑明星之列玉池。喜丁公之得利。懿媖母之來窺。至若鐵騎雷駭。劒士雲列。燕山之陳欲舒。疎勒之泉已竭。旅客愁聚。征夫思咽。應下拜而將飛。表忠臣之高節。此甘泉之神用也。至若冬凝溫色。夏湛寒輝。旣不偏滋於隆重。亦不減潤於卑微。飲之咸濟。汲之無違。轄將投而鳳沒。錢始出而鳧飛。此甘泉之普施也。若乃沖融表裏。類彼君子。鑒之無窮。挹之何已。悟帝王之無力。學仁者之往覩。徘徊銓庭。思盡美矣。

漢武帝後庭鞦韆賦 并序

臣無際才非馬融位叨麟閣屬秘書監博陵崔公畫鞦韆障而得一觀皓齒蛾眉徧於後庭鞦韆之歡樂焉考古之文苑惟鞦韆賦未有作况鞦韆者千秋也漢武祈千秋之壽故後宮多鞦韆之樂今因覩斯畫而善前名臣雖不敏謹述漢武後庭鞦韆賦以歌之詞曰

大哉漢武兮尊一人域中無事兮天下皆春豐比泰兮欲東巡風雨時若兮輝光日新百寮良哉六宮清謐外無金革之警內馭玉帛之逸王母呈益地之圖素女授延齡之術河鼓効職於永巷洛神貢書而入室當是時也初度褉

鶯之辰未居親蠶之日鬭春服競新裳臨鏡臺耀殿堂態越千金之態香殊百和之香下珠樓巡玉砌並伍徐出叢三連袂照綠池而嬌多步晴天而影細妍兮雅佳兮麗爭攀桃李之花競說閒以紅綈叢嬌亂立以推進一態嬋娟而上蹻乍龍伸而蠖屈將欲上而復低擢纖手以星曳騰弱質而雲齊一去一來鬬舞空之花蝶雙上雙下亂晴野之虹蜺徑如風捷如電倏忽顧盼萬人皆見香裾颯以牽空珠汗集而光面時進時退以遊以遨類七縱而七擒期必高而讓高第取其至樂靡辭其體勞徒觀其天仙步虛飛鳥頡頏飛鳥不離於羽族天仙不舉而自上漢皇由是闢昭陽臨未央歌虞舜誡幽王知所以失知所以昌察六宮之閒曠耗五綵之衣裳念一朝之罷織想十月之寒霜俾遊者有禮乃輟而不荒豈茲賞之爲樂蓋欲習夫采桑必令勤也無害何必勞而有妨詔宮掖慕共姜克勤筐篚之事繼美葛覃之章則知漢武之德與堯舜而齊芳於昭聖王兮穆穆兮皇皇

大明西垣竹賦

嶰谷修篁移植仙堂左聯溫室之樹前對鳳池之芳一生

孤貞四時青蒨不爭麗於夏色不改貞於秋霰保此歲寒之容得蔭宰衡之院露纍懸以珠綴風清泠而響繁雜金絲於北掖對稷禼於西垣曉視含煙朝窺捧日挺八柱以獨秀與三槐而交密若夫制爲用也則笙可以下鳳凰笛可以奏宮商筆可以播文章管可以調陰陽信無施而不可若有待而韜光亂曰託根勝地兮擢幹梢雲抱貞節兮葱鬱氤氳若賞七賢之清曠不可一日無此君者也

高敭庭

瑞麥賦

聖人順動文思欽明天地貞觀品物咸亨去憑虛而就安處面周洛而背咸京雲旗電發霜戟林行太陰用事其日在斗萬國來庭百神奔走泉潛動而荄落水益壯而冰厚冠異氣於繚垣吐嘉蕤於寒藪不忌風雪全抽雨穗逼日月之光華得雲雨之攸利芒纖纖而擢隴葉青青而聳翠同黍谷之移暄類榆林之因地瑞紀增煥嘉禾異植出天苑以稱奇訪人寰而未識凌玉霜而表勁挺金莖而孤植顧擢穎於年和望生成於地力偉彼藩翰其代天工即漢庭之相國類晉室之清通拜殊祥而北首列圖史於南宮

紆睟容於有穆冠鴻業而無窮實穎實栗是崇是奉可以爲瑚璉之粢可以爲穜稑之種偉長至之馭序同少陽之在候成粒貴於鳥銜覆苗期於雉雊夫瑞也百王之珍事其生也二儀之大德道泰則稱物呈形政乖則羣方皆慼伊小草之何幸逢大人之允塞願均照於離明祈作禎於王國

平露賦

惟唐累慶惟天眷命植平露之殊祥表吾君之睿聖不窺於牖可以辨百寮之賢不下於堂可以觀四方之政其儀可尚其義可象平也者所以表太平之時露也者所以彰雨露之澤以此知庶類光贊神功昭格也希代以出曠古而無空嘗睹於青史獨有驗於祥圖借如嘉禾合穗且生於隴畝萐蒲扇食未遠於庖廚孰與夫薦祉於彤庭之際含榮於紫殿之前亭亭葉擢的的規圓屬乾坤交泰風烈昭宣是以執正自守居中不偏偶香階之蓂莢對玉户之賓連以承君顧盼以奉君周旋非夫聖哲首出英賢在位君臣同心上下一致五帝可以六三王可以四亦曷能感於茲瑞如或政有所缺道有未光則低枝傾蓋應是知方

寧茲物兮自爾信有神兮所將似能存於炯誡豈獨效於禎祥客有聞之而歎曰於戲哉莫瑞匪靈匪聖莫丁偉茲平露卓爾祥經物之咸若國之康寧覩珍符之有炳敢不頌乎德馨頌曰官惟賢兮政無失君與臣兮德惟一伊平露兮應時出彰聖代兮光史筆

高思元

對芝草白兔由刺史善政判

岳州人王懷俊幼喪二親廬於墓側負土成墳

至孝潛通屢呈祥瑞其地內生芝草兼白兔刺

史元利濟仁明訓俗善績著聞廉察使以爲由刺史錄奏懷俊不伏

天經地義聖人不加通幽洞冥神心必應懷俊幼傾怙恃早標孝德充窮之思巳結於楹書孺子之感更纏於匣扇旣而日月有時爰從筮宅墳塋是託俄見葦廬馬鬣新封牛岡載闢有同文讓柏逕栖烏還類許孜蒿埏集鴈故得皎皎仙兎孕質而呈祥藹藹靈芝抽莖而表瑞豈以劉家之菫唯出於生前王氏之魚不彰於死後此由聖皇御寓恩覃錫類神靈滋液品物昭蘇純仁蹈於二儀禎符效於

萬象假使六條闡化千里宣風侔郭賀之深仁媿劉寬之善績何禎祥之所及豈徵應之所臻廉察推功妄塵旒扆懷俊不伏徒勞漫訟莫大之孝何以自安

曹銑

對士祭判

爲士殺犬豕或人告君子遠庖廚凡有血氣之類不身踐訴云有故準禮不坐

禮標寧儉士有等威苟不體於牲牢則無儀於享祭惟乙命士克由舊章入戶僾然感四時而展敬祭神如在瞻一廟以式思告全將敵其血毛備物乃利於犬豕修戴禮而不忒豈呂刑而可加或人何斯居然昧識好生軫憲徒有効於愛羊速訟不稽寧無慙於相鼠雖庖廚可遠身踐則誠爽至仁而蠲潔在躬親割乃允孚主敬稱以有故於何議刑

對小吏陵上判

得丁爲小吏好陵上爲人操下如束濕薪議者稱其酷吏曰其理有所効

九命攸分百工惟敘率溫恭以成政資謙讓以恪居丁屈

蠖未伸搏鵬始舉且安身於小吏期漸陸於大來將能克巳爲仁翻乃直而無禮誘人孔易奚昧政於蒲蘆雨雪其滂奚取方於束濕不覽內省見惡探湯何甯成而可師逢郅都而陵忽斯爲酷吏允叶班書欲因效以辟名實文過而取誚

陶詠

對樂土判

人進素衣朱襮欲從于沃或告擅去云我聞有命不可告人

德以綏人。遠來邇悅。服以旌禮。上衣下裳。苟政刑之不修。則顛倒而成刺。今者素衣見進。白石作詩。是曰無良。因知暴政類桓叔之從沃。若太王之有邠。自可責以無歸。豈得告其擅去。且信美非好。如登王粲之樓。寧食與謠。猶思建業之水。斯以聞命。抑難有詞。既無善閉之能。任從樂土之適。

何據

射楊葉百中賦 以藝通於神動不虛發爲韻

于稽百氏。爰得六藝。射之制。伎之銳。既取象於逢蒙。且規

模於飛衛。寢石遇而洞啟。蹲甲徹而激藝。疑作勢 於是盼牂。牂之葉。引騂騂之弓。撥長弰而累氣。慮輕葉之搖風。心與手兮冥合。神與術兮元同。標的外準。精和內融。杯水凝而色粲粲。金鏑擬而光雄雄。亦既縱橫。鳴絃激羽。馳虛走空。柳雖大。志於所志之外。葉雖小。舍之必取其中。力不屈。道必通。牢籠五善之奧。揔括百中之工。時稱絕技。實曰巧發。貴乎揖讓。賤乎矜伐。豈直志歸貫星。繁弱銜月。鴈迸落於雲霄。猨洞叫於巖樾而已哉。客有覩之而歎曰。弧矢之利。器之維新。而彼審鵠爲美。曷若中葉可珍。衆謂之葉。我視如輪。參於靈妙。達於鬼神。飛後鏃而挺出。劃前括而相循。養叔之復一矢。顏高之持六鈞。庸麗景而同塵。此射禮所以宜爾。善射所以溫如。其發也不虛。慎於末。善厥初。角弓猶有勁。楊葉碎無餘。不見於動不三字官韻

古鏡賦 以明達古今鑒無善惡爲韻

此鏡何代。良工鑄成。四規是徵。百鍊彌輕。裁冰比麗。止水侔清。時開寶匣。以厭山精。時既荷於提挈。敢有疲於將迎。所以圖象必盡。遇態必呈。天地不藏。毫髮不形。悅孤鸞之舞影。怨垂淚之表情。曉挂玉堂。將助晴陽之照。夜流金鵲。

不讓太陰之明。夫其月曙開匳。膽昏啟闔。目短自見。因君以達。髮亂未理。待我將豁。曩者久積氛霧。半沾沙土。蟾埋影澀。痕深翳聚。其性不耗。其器不窳。何造化之奇物。歷春秋之萬古。幸得懷鉛再治。負局斯臨。盤龍發彩。元兔生陰。篋笥見賞。緇塵不侵。鑒窮高遠。光燭湮沈。舉棄物於未廢。喜昔人之遺音。未見今字官韻 何異荆山辨玉。豐城識劒。蓂莢虧而轉麗。平冰鋪而不陷。近日而陽燧無燄。向人而元髮奪鑒。若乃秦樓對月。魏乘臨珠。共照而車中轉麗。雙明而臺上不孤。持衡在人。銓署重其進退。元龜不遠。掌握通於有

無夫其創物斯妙成規作典盍視有同異而鑑無深淺秦得金以龍輿夏亡玉而國蔚喻無不至作戒示於後昆湛而不流比水通於上善國工是作端形是託將審已於寸心察衆人之所惡

鏡花賦

金鏡精寶兮珠秀華臺插珊瑚之樹鈎垂菡萏之花眹若無質循則有體洞望空其何際湛清潭其絶底鸞舞翩於瞳曨龍怒鱗於清泚淮南王懸而玩之東方朔見而稱曰此瑾瑜之榮碝磩之英負陰而内景冰澈面陽而外景花

明惚兮怳其中有象杳兮冥其中有精爾乃遇妖閑之佚女陶清爽之芳時爭捧鴛匣臨乎鳳墀既翻輪而隱耀又飛花以生姿如玉之明如雪之皎度翠壁以星落薄采塵而霜皛拂高淩深緣隙入奧乍滅沒而在空遂迷失其所適徒美夫不根不蔕扈扈煌煌若漢皋靈媛解仙佩洛川神女獻明璫似珠水之皎皎日月之相望芒角璀錯罔兩搖揚至用在無兮摶之不得極虛爲有兮應而不藏淮南王曰旨哉大夫之體物也

琥珀拾芥賦

天地之根孰知其源忽而化化歘爾存存琥珀拾芥屬形精蘊物之冥會出乎意外於是氣以冥合物由化造礎因雲以積潤燧取火而就爆伊琥珀之爲珠亦屬形而吸草既璀錯以瓊豔又熒煌而金藻爾乃探其至賾持其自然手與心愜視與目全美寶擢色以臨矣飛芒乘虛而附焉此見機而作間不可省彼因感而應道不可傳故能異質胞合殊途元通播形的皪透影玲瓏似乎月含桂以貞明泉泛籜而映淨雲發彩於虹玉竹乘陰於鵲鏡虞都尉見而言曰昔者楓丹岸綺松翠山衣膏淪甘壤珠孕清輝全

其眞詎蜂巢之所僭守其璞寧鶴卵之能希進乎潔已一薰一蕕而竝揉德以繫物拾蕭拾艾而同歸且珠之於寶也至貴芥之於草也至微不以貴而黜菅蒯不以微而替葑菲君無謂我厲爲螢有耀君之經是照君無謂我弱爲舟有徵君之流可乘物猶尚爾人亦諒只若泰初之偶薰蕕長公之俯青紫生芻對如玉之容芳荷被懷璧之士則珠豈草以相期芥得珠以成美吾乃今知然乎至矣

何迴

焚柴賦 以報天享日精意觸潔爲韻

於穆聖君功高德輿利澤能廣靈祇必禱溢周夏之珍符繼三五之徽號順吡心而展禮擇良日而大報所以后土祈穀圜丘祭天雍雍濟濟翼翼乾乾建朱干而日曜張翠帳而雲懸皇帝嚴法駕而戾止詔羣官而萃媾藉白茅以肅若望青壇而仡然我君精潔我后孝享容衛翩翻威儀森爽就陽之位斯在薦帝之儀罔失陶匏必成牲玉惟栗風伯戒道元冥司律惟天命子之辰惟帝告天之日靈神以之保乂昊穹以之宥密殺核洋溢鼓鐘鏗鎗三靈同感庶物皆精故祭者修禮之義柴者告成之意燎焜煌而上

熏煙勃窣而傍馳朝野美乎聖澤華夷贊乎能事惠浹洽於煇庖恩汪濊於民吏則知柴而致福祭示吉蠲效周室之爲禮望虞家之有年福福應兮飛焰神神來兮駕煙珪組既陳酒醴皆潔繼功前王垂裕來哲化成而萬壽無疆禮畢而四方有截諒夏郊之義擧媿序能之筆拙

麻不欺

珮賦

夫聖人彰德以建物表意以與名禮容孔備制度昭明衣冠振序簪紱齊榮亦茲珮之爲用隨劎履而揚聲觀其所興爰自古昔玉華既重於周后蠙珠亦珍於漢辟蓋將以威儀節度知無不易豈徒矜珠玉之芳聲喧步頓之前跡懿其符彩照燭流耀暉光宮徵合韻左右鏗鏘此亦邦國之儀範爲衣裳之典章於是垂爲臣倚爲主式標上下動合規矩亦非獨洛妃解贈於陳思漢女見授於交甫爾其幽人所重君子攸貴則蘭蕙馳馨於楚客象環騰譽於宣尼斯亦偶物昇榮助荷衣之葱翠因時適用陪藻服之葳蕤既而天子會朝臣御華闕冠蓋雲發公侯進退而爲容卿士俛仰而趨謁茲珮也幸朝儀不棄流響未歇既連帶

於虹蜺庶傳名於日月

衝牙賦 以君子佩玉由我成聲爲韻

佩必有節牙惟應聲既熠熠以光動始鏘鏘而韻清馳聲曲折之間突爾乃激方隨步武之際跳然若驚嘉其琢自良工飾於君子冀靜聞而中矩每徐轉而知止乍旁達以散遷忽高飄而間起比於德寧無故以去身習乎容諒和鳴而入耳是知宮徵交應周旋必聞助清音而靡絶混眞質以纔分將觀其禮朝於君假抑揚而有耀俟動靜以成文故乃藉此相攻彰夫必佩宵爾同聲服而非礙顧規模

之可則宛在其中聽寥亮之無差不離於內則知俯仰寧阻進退皆由引異響而非往配禮容而必周虛徐互振寂寞相求洞晨照而彌徹驚微風而更幽原夫製彼奇形韻茲良玉雖杳杳以將盡竟遲遲而潛續濟以成章靜而應曲重輕莫雜恒宛轉而下垂左右皆調每玲瓏而中觸由是孤光屢進片影彌輕駐幽音而乍默值逸勢而俄成方將映組綬廁瑤瓊應疾徐而洞徹順激射以鏘鳴故其悄以分音玲然自我當待叩而逾寂匪輕搖而孰可豈不以佩服紛綸威儀眾夥徵衡牙之微旨然後知古禮之不墮

楊迺

舜歌南風賦 以能感和樂生殖羣物爲韻

巍巍舜德於今人稱居北極而惟大歌南風以敷宏歌之伊何制絲桐而合奏風之至矣信長育而有徵茲可謂無爲而自理天縱而多能美夫誠發深衷物能應感憫沃瘠之勞逸均陰陽之舒慘是用作則於世利之孔多風詠凱兮美萬物之蕃衍樂操琴也佳五聲以同和復而不厭遠而匪他方將煦嫗之爲意豈徒娛樂於斯歌觀其發宮應徵揚清激濁自南習習同詩人喻彼棘心入夜泠泠異貧士叩其牛角則知聖人審音以知政化俗而作樂者有矣夫懿其出乎幽谷應以繁聲若雲龍之潛召同律呂之相生萬籟動八音清滙鳴條而扇物方靡草而作程是以人荷時康功歸帝力四氣以之而不撓百穀從茲而蕃殖節有度守有則始從邇以及遠終自南而徂北爾乃匪徐匪疾乍過乍聞颯颯清音疑少女之初至泠泠餘韻謂別鶴之求羣亦爲父母之罔極何必聲變而成文是以德冠百王致成萬物正南面而恭己懋功千載而不昧

楊濤

揠苗賦 以無助苗長時至斯茂爲韻

苗生有漸兮時不可踰揠而求長兮是謂甚愚謂坐致其滋茂翻立見其萎枯欲速之誠雖切受益之理固無計牽挽之功雖則勞止在播植之道不亦疎乎原夫勢惟探掇心則陵遽曾本固之靡思徒末大以生慮附麗無所同伐木而蹷根援引靡辭似拔茅之連茹苟離根而去本必有損而無助然則抽軋奚補枯槁是招雖盡區區之意彌損芃芃之苗助長且乖於載績速成空望於一朝殊不知潤以膏澤託茲沃壤待天時以煦育地力以養諒物生之有

恒何力拔而能長豈不以立心有惑措手無疑俄見宛其死矣猶云有以助之不發悟於盡瘁空深迷於務滋謂短長皆由於已謂遲速不繫乎時勞而無功殄乃自致方揠蘭而勢並比捽草而功異增高之望莫從盡揠之助爰至徇躁求之性始望如雲乖馴致之方終貽委地逆其理而如是傷其物而由斯欲益爲謀冀有秋之彌疾過求生害嗟不日而已萎是以君子明於休咎每因緣於根本不苟且於華茂推於命俟於時無若宋人之大謬

庭燎賦（以天覆之廣文德以來爲韻）

楊濤

王者親政以虔遲明於未明之前佇來朝於昧爽爰設燎以光宣爛然具舉赫以相鮮燧人載馳俾流光而燭地羣后咸造將辨物以朝天時也四照方陽千官是候星尚泛於銀漢夜未窮於玉漏烘廣庭之際艷以朱陽曜紫微之傍皎如白晝伊有爛之通照契無私之光覆於是逮其時灼其姿影搖丹檻光動形墀凌霜氣而炎威轉熾拂輕飇而委燼潛遺設必有因蓋欲司其明也幽無不察豈假望而畏之事光乎國典詠美乎周詩如是則稱蘭膏者自滅影於是夜言金釭者敢呈輝於此時豈設王庭其照能廣既烈烈之傍達亦勤勤於睿想尚早斯至激環珮以鏘洋居高匪遑燭宮闈而曭朗功殊甸燎事美蘭薰焚五夜而幽明已辨輝九重而鵷鷺斯分小投炬以流景嗤銜璧之呈文息其燚而恒讓朝日浮其煙而乍雜瑞雲有以啟天顏輝至德燐亂炳煥熒煌翕艷連珠户而散彩暎丹桂而混色懿夫勳烈有融用舍合理當其晦可燔爇以生讓其明可撲滅而止原燎縱而奚匹爟火通而何以未若茲燎之舉天庭之隈可使九門洞啟諸侯畢來

蟻穿九曲珠賦（以延一縷以尋之爲韻）

楊濤

蟻爲質兮微眇珠有竅而虛圓苟一縷之是繫雖九曲而可穿當通幽以洞微絲莫能貫俾有條而不紊蟻可知先始蠢蠕以中出稍連絲而外延豈不以內彼瀉輝曳茲纖縷纔容小往之徑乍見規行之迂（於武切曲迴貌見集韻）入惟追曲窮瑩質以誠難途匪履端觀巧歷而可數宛轉而進縈紆是尋似登折坂之峻如出重泉之深始九折以漸達終一貫而克任去似洞中方游剖蚌之質動殊牀下奚聞鬭牛之音是知聖者之使宛如窮理誠在小而罔遺俾入微而有以蟻周遊而在內進必束身絲抽縷以貫中屈如繞指

隔青熒而可見。如邐迤而未已。苟非委實而行之。安得茹柔而展矣。詰屈若茲。周流出之。當曲轉之中。才可容髮。既旁通之後。亦既牽絲。苟柔弱之是引。則繚繞而奚辭。雖云曲徑而入。終殊在垤之時。斯則貫纍纍而匪匹。達規規而如一。求蹊而投彼。夜光出室而曾非。時術茲蟲也。小而近智。故可以穿無類之質。

巨鼇冠靈山賦 以滄溟之上神化不測爲韻

海環四方。東爲之滄。有巨鼇兮其大無極。戴仙山兮其力難量。是山也根無附麗。彼鼇也勢則騰驤。積浪淪漣。拖其

身而歛以動盪。攢峯回互。加於首而隨以低昂。豈不以稟茲魁大。舉其峻極。當一動一息之際。見翻海迴山之力。延頸而羣嶺騰青。聳身而半天映黑。徵物象之無比。見神用之罕測。亘橫天極地之質。邈爾形標。冠蓬萊方丈之尊。輕如首飾。然則神岳之高兮。莫知大鼇之壯兮若茲。視鯤鵬如纖芥。比嵩華於毫釐。嶔崟之容。初結根於無地。突兀之狀。終冠首於此時。舉其大。吞舟不足稱也。喻於小。戴勝有以似之。觀其轉峯巒。偃波浪。萬派沸渭。特立放曠。荷至重而非重。見大壯而用壯。風水之運。贔屭而上。摩天垠。邱山可勝。嶒崪而高標。海上蓬臺之靈。神仙之扃。獨冠宕亭。橫截滄溟。莫究其廣大之形。谿谷陵阜。嶄巖紛糾。仰戴於首。無可無不。乃與夫天地相久者哉。茲嶺磅礴。隨流混淪。聳切雲之高。且知其抗首鼓翻波之勢。想見其側身順時而或踴或躍。推理而乃聖乃神。比愚公之移有異。想龍伯之釣無因。茲可謂氣冠溟瀾。力均造化。則鼇之戴山也。以地載之力相亞。

狐聽冰賦 以將濟大川愼其所履爲韻

風之壯兮長川凝閉。狐之聽兮將往復滯。慮陷身之有咎。

常屬耳而未濟。究陰冰之厚薄。聽潛流之微細。蹀足將舉。故軫墜泉之憂。傾首不移。酷似枕流之勢。豈不以稟心囘惑。澄思精專。欲趑趄以未進。恐疑沍之匪堅。青熒在目。懍慄臨川。躡彼素姿。恐有希夷之韻。憂其翠漵。忽生步武之前。何危疑以立身。非果敢以行己。不處其薄。豈陷而止。蟲疑之理有殊。鶴警之聽可比。俯連白之上。唯恐有聞。顧莫赤之軀。重其所履。若將墜而常怯。致身謂蓋厚而方敢舉趾。且夫冰結也徒稱百丈。狐疑也何啻三思。顧流音之蔑爾。增殺氣以淒其。同夫不可陷也。曷肯聞斯行之。所以汔

濟等在梁之囿係安同履地之時蓋由乎懼彼其融處於不磷雖磑磑而罔釋猶兢兢以克愼焉河有志且居安以思危濡尾是憂故易退而難進觀其俯皓質映清光惟審固而後行或逗撓而不遑審固而或行或止逗撓而若迎若將猜忌罔恤雖稱妖婦之化戒愼爲意未踰君子之防所以志無堅決狀若虛佇想清流之若驚知素履之有所諒躡虛以爲警將係全以爲大侯無聞而後行豈貽乎滅趾之害

水母目鰕賦 以有相須而後濟者爲韻

楊濟

物有相感動無不濟嗟水母之不明假鰕目以能䁯因依倚以自警當行止而有制苟茲盼映非唯一目之所加遊彼波瀾固亦兩心之潛契生雖異稟趣則同途託清明之餘照導茫昧之微軀誠有利於攸往胡可去其斯須唯暗是投唯明是假彼動容而有類此轉盼而奚捨乍若蒙駒之未視從彼母兮又似瞽人之將行待彼相者備察察於清矑之際共悠悠於碧波之下俾其誠以明之是同我之身也斯則目非獨見用必更相形質既資於自晦視瞻每比於偷光分水類之餘睛每能瞿瞿遊泉室而有路曾不倀倀雖則視之不見終似闇然而章豈不以水母爲名鰕居其首委雙眸而不恡當四望之能久處浩浩之無際瞻之在前俾冥冥之有知不曰我後由是審利害之所宜俾出處之從時合之則昭然發蒙固無隱也離之則寂爾無覩豈不黙而既精誠之是達在終始以相持我無爾虞既一作恒司明之不替而一作爾爲我目其在暗而無疑則知明不自守昧者爲偶物有察而應心功有踰於假手是同久要之道曾不吾欺每思一盼之恩慙非已有

楊頤

對函人所掌張侯下綱判

函人所掌不利欲告鎔範非工又景張侯下綱不及地武

建侯行師豫順以動弦木羽蒿睽威以作數我軍實昭彼文章犀兕允著其壽年熊虎方異其班飾則考功有職梓人不替五等差數三屬分明實戎律之所先誠保大之攸急聿宜精其鎔範勗彼弛張對夫子之和容拒養由之徹箭且賓人實貫昧我通規函人之仁徵乎所掌是以綱不及地將和容之未足而或告非工處常刑而誰捨聖澤遐

湊皇明幽燭射以觀士武以備文中罕主皮賓有書於揖讓作而不利人無取於能函晉陽之美旣虧矍相之儀何觀請徵非道方寘嚴刑

楊成象

對書齒判

乙合書生齒之數遂闕法司罪云未及三歲

秋官聯職司人其位克守爾典用承天休所以辨九土之廣輪紀萬方之衆寡生齒之日必載版圖弱冠之年將均征賦兄陰陽殊氣性有剛而有柔男女異倫齒或七而或

八以小大斯比生死必登爰稽五刑罪也難麗未及三載詞之有乖

對新作南門判

甲新南門或人糾不時訴稱以新易舊

門户攸設姦慝是禁以關以閉在昏在晨當啟塞之從時實終始而合制若位崇列國名大諸侯因農隙而度功旣日至而斯畢且魯門所作邱明書以不時長府匪仍宣聖議其有改蠹茲甲者興事不臧雖善閉之典聿修而從時之宜或紊糾之則可稱易何爲

楊愼虛

心鏡賦

嘗觀夫乾位始造坤儀廣生運元和而產氣因自有而含精萬靈羣分立圓形以標貴四體成物包寸心而致亨含妙有而成象貴虛無而自明故其端以居中動不違正藏牝谷而爲主闢靈臺而作鏡將驥之而不昏因澄之而彌靜旣剗邪而窒慾復窮理而知命然後和精神明情性俾存存而不惑恒皎皎而孤映由觸類而感有爲必因象物知器乘時利人敷禮經以導俗馳精義以入神探禍福而

知運任行藏而理身所以君子處順而情逸明王不言而化淳若乃潛英議蓄明斷欲鴻濛而未析忽冒昧而相亂凝至精而一臨俾羣疑而四散故使立身者潔之而清貞自守入官者朗之而美化攸贊語衆妙之元通分萬殊於大觀然則物以心鑒心由物遷掇輕花而意豔坐孤石而情堅所以去彼取此削觚爲圓將欲保至和而不撓存大璞而自然茲會有體彼管攸設選賢而官知人則哲端靈心之朗暢拂清鏡之光潔取捨妙諧於物宜推擇靡遺於井渫遣許郭而齊鑑與山盧而比傑可謂張英風著徽烈

嗟小子之庸蔽。撫蓮心而望絶

楊式宣

對水損免輸判

天作淫雨。害於嘉穀。東夏之人。實罹其弊。發倉賙餼。已軫聖皇之心。舉恩累折。猶有下人之請。雖承恩屏水。皆在當年。而經國寧人。事貴可久。人惟邦本。本固邦寧。人或不康。君何足取。且禮莫盛於封禪。歡莫大於觀禮。人霑厚慶。自給非常之恩。歲及大祲。何阻後時之澤。請從周賚。以副堯心。

楊伯曦

對當襲偽喑判

甲從軍戰亡。嗣子當襲。偽喑讓人。告詐病

天子建國。酌疇庸之典。諸侯立家。重延賞之業。甲位居戎旅。道在干城。覩三邊之羽書。獻七縱之奇計。閫外之事。既受命於爪牙。軍中之法。幾申號於蔥嶺。雖王師有征。而胡兵尚冦。甲第之歡未展。庚日之悲已及。逝者何追。空怨盧龍之塞。嗣子克荷。爰受白茅之封。眷彼鴈行。同夫鳥啄。韋賢之子。固是齊芳。劉憲之兄。宜其等列。棣華有訓。桃李無言。不慙孤竹之風。願守延陵之節。前史嘉其德讓。今人胡乃告論。卽議霜科。寧符日用。

欽定全唐文卷九百五十一

張耀

井賦以清汲遇時美爲韻

原夫井之爲德以不變而居貞旣成形於方載亦列象於圓清潤下之功爰修之於六府習坎之義則配之於五行惟斯井之肇作實伯益之所營爾乃玉甃爰起銀牀斯立窺尋丈以惟深覘清泉之始及青梧下映泛桂葉以搖揚素綆高懸弄銀瓶之出入光洞徹而緣止影飛翻而爲汲且其盥之取新渫之去故體清通之惟審知應物而無忤

居上善而且平挹清規而可遇庶乎鸞鏡熒煌而可比鳳池皎潔而爲喻別有前臨紫殿俯映丹墀上棟下宇繡栭文楣意者豈非至尊尚恬澹而取諸動善時而已哉懿夫粉署清華飛禽載止對仙郎之章奏近尚書之劍履竊自羞嫫母之陋姿鑒清瀾之眩美

張文

氣賦

若夫氣之爲物也寥廓無象沖虛自然激混混而爲地蔚蒼蒼而稱天其下降也日月星辰著矣其上騰也山河樹木生焉虹樓隱於雲際蜃閣浮於海邊聖人遇之而爲主道士餐之而得仙紛蓋松而吐霧擁鑪柏而生煙若乃變化千體包含萬類結慶呈祥敷榮表瑞翳春榮而綺靡籠秋蘂而枯顇噴朝霞而共丹縢晚靄而孤翠觸途無限遇物相因扶心體而爲命運手足而爲身九關用而殯魄六腑通而谷神朦朧虎岫晻曖龍津重輝贊於太子五色彰於異人出春陵而表睨度函關而浮真旣霏微以薈蔚復蕭索而輪囷象圓光於淺暉搖碎影於微塵爾其橐籥無窮坱圠異態乍舒乍卷如顯如晦罕養懸匏虛驚衆竅或

散漫而成羅綺或昭彰而爲黼黻昏曉樹而沉沉羃遙峰而靄靄至若噓精吸液含風吐雲拂鮑肆而均臭凝麝幃而共芬和妝臺之豔粉雜舞閣之輕裾汎蘇皋而鬱郁襲桃徑之氛氳有色可見無聲可聞助罍杯之桂馥添鳳俎之蘭薰肹蠁難名睢盱不測隨致動靜與時消息聚散無定盈虧獨全其纖也入於有象其大也出於無邊憑太虛而作宅終造化而爲年隨之不見其後迎之不見其前惟恍惟惚元之又元吾不知其誰氏之子象帝之先

張嚋

對虁代封逃判

丁長當虁代封逃主司以有兄不錄其弟

先王有作班氏敘其家風遠代無違韋孟陳其祖德是知本枝可重宗葉難輕丁胄望素高勳庸夙著金柯玉葉冠蓋之望攸崇青社白茅諸侯之業斯大上林春至花萼均芳下澤秋歸鴻鴈齊列既而風枝不靜星琯屢移何劭承家泫然流涕桓元虁爵悲不自勝苟懷揖讓之風遂有逋逃之迹昔延陵去國令範猶存太伯辭周遺芳未泯必若情深讓弟義等脫身請封韋氏之次男無虧太伯之高節

張憑

對貢人帖經判

漳浦郡貢人景帖策不通所由將坐郡守云未成分仰處分

唯賢是舉慎擇為先明試以言得失斯在惟景策名歲貢待扣禮闈將登甲乙之科翻速主君之戾何則帖茲學圃既謝專經策以詞林仍非善中遂使仙臺清鏡徒訝於才難幽谷遷鶯空悲於歲晚顧惟州將豈曰能官據條雖未成分於是恐非公薦景當冒貢請用遠郊之禮守舉非才宜從削地之罰

對屯田不開渠判

甲當屯於戊已校尉故地乙告其常行厭勝之術御史按云唯使丁開渠播種不伏科罪

富國强兵允資重穡闢土殖穀必俟良農雖云因地之利無爽用天之道惟甲克勤稼穡受任軍屯候正歲之布和乃宣乃理及王瓜之生夏或錢或鎛遂使其荚如粱必周戊已之地其比如櫛不忝京坻之詩眷此屯功宜業上賞誰聞興利之舉翻招厭勝之訟然而六甲紀則剛柔異體五行統歲禳厭分區苟獲賴於柔嘉固無嫌於法術況丁也為役職此開渠雖決泄之誠勞豈倉黃而妄告仰稽古訓甲則無辜旁酌人情乙宜致詰必若事非政要術異農祥請遵持斧之繩勿恕薄言之訴

張璜

對田中有樹判

乙有樹於田中里人讓之稱在疆場

國有謨訓人唯定居非周封之井疆異秦制之阡陌乙有嘉樹森乎甫田上含煙飈下潤溝洫擢本抽幹豈彭澤之

五柳負陰向陽等江陵之千橘此乃是地良美縣條草木有滋稼穡看施鎡野之勞益我公私見滿如坻之積縱使羣木聳秀何妨百穀用成今則不廢蕪萎況乎實在疆場里人之讓未知相土之宜司寇之局須寘贖金之名

張淵疑

對驅儺判

月晦所司闕堂贈之禮

景家非綿上室異廢焚初聞問馬之辭旋至歌龍之艷將救餘燼昧元瑜之舊林言訪遺烬異僖父之前室望人矜

茲逝者歌彼蕩乎亦既聚財更其所傷弔生以禮因不違於賵贈哀死及屍亦何儀於贓物誠以魯策求之宋妻邱旣吾無閒然預令得爲義矣

張德昇

聲賦

夫禮樂相成人之有生物歸乎理感在乎聲聲之所起其應多矣旣聞鄭以戒荒亦稱韶於盡美至若詩陳鐘鼓禮奏笙簧音懷律呂韻合宮商或嬋娟而如絕或窈窕而復揚將曲盡而逾妙遇風吹而更長潛鱗競躍儀鳳來翔嘉此聲之可貴樂吾君之奉常則有思婦傷離芳年屢換織素寒早調砧夜半埋鳴鶴而初合砌吟蛩而正亂何此聲之可悲使空閨之浩嘆況復金徽遠奏（一作金徽遠戍）玉律窮秋陰風烈烈邊樹修修聽胡笳之互動看隴水之分流何此聲之可怨使征客之含愁亦有遁世無悶閒居棲託坐蕭竹林忘形菌（一作苫）閤憐宿鳥之喧藪愛飛泉而噴壑何此聲之獨殊使幽人之爲樂夫意存則言發言發則聲來順之則喜逆之則哀是以文君聽琴而悅矣子期聞笛而悲哉何悲歡之易感使衆人之難裁客有吟者潸然下淚吾

將不言安知所謂退失路而流落進無媒而自致思巫峽之猿啼聞洞庭之葉墜易曰同聲相應同氣相求儻知音之見許期厚德而相酬

張時敏

登鳳凰臺賦

客有憑崇高吹玉簫挾飛仙兮遊遨嘗訪於丹邱之阿附鳳翼而飄颻一日過昇州躡層樓望三山豁雙眸乃見其鍾山龍蟠石城虎踞爰有崇臺中焉而處其高也莫窺幾仞其廣也不知幾許上有琳琅之竿林林兮參穹窿下有

堅貞之璞。粲粲兮鎮后土。左雨華兮爲之翼。右烏臺兮爲之輔。銅雀雖高兮焉可與之侔。龍虎何壯兮莫能與之伍。百靈見之而辟易。六丁守之而呵護。此其爲金陵帝王之地鳳凰來集之所也。維時煙銷霧斂。晴旭初升。萬象森列。衆露畢呈。長江靜其如練。天籟寂其不鳴。方將振塵躡陟崔嵬。舒玉管。據崇臺。訪謫仙之遺咏。拂龜龍之莓苔。歎鳳凰之已去。徒撫掌而徘徊。嗚呼噫嘻。想靈物之雝雝兮。羌太和而出世。苟或遇之非時兮。又奚足以稱瑞。昔虞姬之繼作兮。胡來儀而鳴岐。表雍熙於一代兮。斯爲瑞也固宜。

偉茲臺之致祥兮。盎太和而闢翕。下必有其丹泉兮。上必具夫玉食。地博厚而鍾靈兮。水甘馨而泌汩。顧葳蕤而來翔兮。繽五綵而翼翼。覽德輝而一鳴兮。應元嘉之寶曆。宜茲臺之擅美兮。歷千祀而不易。今也不往。終焉悒悒。於是攀鳳棲。涉丹池。追故跡。訪前知。盼遺蹤其忽恍。眩寒璞而煙霏。景不可乎復得。益感歎而忘歸。客乃脫帽解襟。獨倚臺楹。縱舒玉吹。聲淩太清。聲未既。碧穹如洗。俄而有仙子駕彩鳳於雲衢。下斯臺而暫止。客視而驚。悚然懼。矍然興。屏氣斂容。稽首稱臣。跛踖前詣。請問其因。仙曰。方今天命以仁。文運一新。制禮作樂。多士彬彬。立廟堂者。乃瑞時之丹鳳。居翰苑者。乃表祥之白麟。雖高蹈而遠舉。亦徵用而超伸。際雲龍於風虎。總附翼而攀鱗。故其進也。優游乎巖廊之上。其退也。笑傲於山澤之濱。惟聲和而氣和。俾嘉瑞之畢臻。吾天帝之孫。文昌之賓。覩子之登崇高。吹玉簫。振嫋嫋之清聲。協喈喈之和音。律高而調婉。克享於天心。吾其駕鳳以征。達聰以聽。進汝爲席上之珍。登汝爲天府之琛。客聞其語。領然而悟。敬再拜而稱謝。仙子攜客。跨鳳而去。

張處信

對折獄之理

對。五材遞用。前聖因而設刑。四象代興。往賢則而爲治。所以明弼五教。敬成三德。爲安上之鞭策。作御下之隄防。粉黛帝歆。脂澤王化。故軒皇六禁。設言而不違。嬀帝三居。畫象而無犯。既而末代多僻。亂政滋章。網密凝脂。文深刺骨。威逾夏日。苦烈秋荼。或酷甚棄灰。或刑深盜土。遂使棘林之下。鬼哭呈袄。函谷之前。冤魂表沴。雖漢文易肌膚之痛。孝景減鞭扑之科。竟未革弊除煩。焉能救焚拯溺。方今膺期千載。係業重光。表至德以泣辜。布深仁於解網。𢽾刑若祭。重獄如傷。誠宜削季葉之慘科。襲至安之有美。自可駕三皇而驂五帝。超千古而籠萬方。欲廢彼黃沙。赦茲丹筆。眷言斯理。蒙竊惑焉。何者。德刑遞施。寬猛相濟。是知明君至乂。不獨任於詩書。哲后欽明。豈專行於禮樂。此乃殺以止殺。刑期無刑。緜絕代而不渝。邁終古而無替。愚謂擯蒼鷹之酷吏。棄乳虎之屠伯。然後舉皋陶而作士。命隨會以守官。則內盜自奔。不仁斯遠。自然防萌之術無闕。削觚之化有餘。豈止封府之赦不施。遺冠之宥無設。用捨之義。夫

何足疑。且律之興。其來尚矣。蓋三光列景。法星麗於天文。五位成形。習坎彰於易象。爰洎貳負初沿維縶之科。降及四凶。始受殛流之罰。及庭堅翼舜。獄律遂此陶情。蕭相主劉。甲令於焉刻意。至如鋸鑽之絕。班固書而可知。肉刑之興。孫卿論而已備。謹對。

張懷道

對坐大夫簀喪姊不除服判

諫議大夫廖貞坐黜。疾用大夫簀。又俞仲喪姊不除服。

位列千官。藻火陳輕重之制。禮明五服。麻絰分喪紀之儀。苟失其中。章程是紊。廖貞門承累葉。坐登朝散之榮。俞仲痛切連枝。行招墨綬之問。潘仁之遺譴。累將復位而無階。子路之寡兄弟。欲除喪而未忍。與其易而寧戚。稍越周公之經。當其疾而未遑。猶卧大夫之簀。下烏臺而遠糾。如申避馬之威。舉丹筆以緩刑。似得求羊之術。與奪合理。法有固於隄防。刑罰失中。人無措其手足。縱其床簀不易。見譏非帛之書。服制將逾。豈累絃歌之化。言規小過。欲寘深文。令長臨人。未庶幾於蠶蠏。鷹鸇逐雀。亦何問於狐狸。聽子

輿之言。闕罪不假於科繩。事終期於改正。仲之無罪。小鮮之責太深。貞亦何辜。大理之折斯當。

張存則

舞中成八卦賦（以中和所製盛德斯陳為韻）

樂之容。舞為則。導於情。崇於德。製其衣而五方咸備。頌其序而八卦不忒。然後體利貞而疾徐有度。法行健而循環不窮。數盈而剛柔匪雜。綴短而明德將融。初配六以迴旋。狀馬行於此。及變三而成列。如龍化其中。信乾坤之簡易。應金石之變通。於是步日而前。因風而舉。乘飄颻而婆娑

雜沓映照燭而長短合序既順之而不却亦明之而有所則離巽之不差豈進退之無旅則有應水之理象木之規疊若奔溜散如繁絲五色相宣謂神龜初負八音咸奏知靈鳳來儀震也坎也何斯違斯既以悅隨企其遵令象山而作結作凝依澤而若游若泳狀巍巍之德仰之彌高節蕩蕩之音於斯爲盛是知艮兑之爲美故必隨而不競是故聖人窮樂之變制舞惟新效知來而藏往故有要而有倫非干戚之前設若鈞天之所陳至若卿雲共臨瑞日同齊乍離乍合若翔若滯隨方辨色非前代之舊章應節成文實我唐之新製是知舞以適道無煩樂以審政同和觀象取則異乎側弁峨峨則斯舞也實百代之不訛

張彥震

駕幸宣輝門觀試舉人賦（以君聖臣肅精擇多士爲韻）

望之如雲聖人爲君克敷厥德以嶷鴻勳大庇黎元始躬耕而載耤旁求俊彥終訪道而崇文於穆我皇乃神乃聖開四目以達聰掩八荒而布政羣龍順啟沃之旨多士奉疇咨之命大哉邈乎於斯爲盛爾其庶士冢宰百寮近臣大夫師長之旅版築巖穴之人舉爾所知乃寸長無捨褒然而至雖片善必申於是朝無遺逸野絕沉淪激昂於鳳闕之下鼓舞於鴻漸之辰且聖澤昭宣惟聞有典有則天威咫尺孰謂不躬不親伊何（闕四字）百寮增肅仰清問而矯首拜昌言而俯伏烝哉髦士綠驥方呈於長衢賁于邱園白駒自來於空谷亦既贊休命亦既陳厥成將獻可而替否必覃思而研精意彼逸足俾乎先鳴錯翹薪以割楚聊擢桂而數榮懿乎文物明明威儀赫赫搖綵仗於雲路闢禁闈於廣陌雖知人不易實在乎區分而天鑒孔明自彰乎慎擇夫然才爲世出才應時多以才從政兮國有恒典以才爲輔兮人知匪他於以代天工則百寮矜式於以掌邦憲則庶事協和亦自此立功亦自此致理邁前王之蹤垂可大之紀維翼翼之聖朝務濟濟之多士豈止夫堯吁舜咨可疇德而已哉

張眞祥

嘉禾合穎賦

南山之下兮無人之境力穡此中兮均夫躁靜勞則不憚既寒耕而熱耘慶有所歸忽異畝而同穎莖駢惜芃芃之色秀合垂蓴蓴之影此焉觀瑞亦秖以異比於木乃連理

之祥在於人蓋同心之義粹已開於二尗莖乃殊於九穗豈非德之能及實聖朝之所致爰考休徵豐年是憑麥兩歧而能匹茅三脊而徒稱固神倉之可貯期郊廟之以升欲薦堯階且聞秠秠之穫將登禹膳遂入烰烰之烝天道元默瑞以表德豈無沃土而光於我家豈無異方而祚此王國不有嘉生孰謂實榮友朋之心因取輿於連茹兄弟之樂遂作戒於分荆佇聞唐叔之獻頌我后之昇平

張元覽

欹器賦

夫陽烏中而則謝陰兔望而斯蝕諒天道之常理豈人情之能測何此器之知機體變通之消息其形也菲陋任其淳素之姿其質也欽敬無假丹青之飾平而則正滿而斯側不平不滿無窮無極夫盛衰共貫倚伏多途或始吉而終否或前榮而後枯纔聞棲越遽見亡吳不知戒其盈溢空有歎於姑蘇是知高而不危則治操而有求則饒見握髮以存誠慮宵衣而致命老氏貴其善建大易崇其積慶殷湯鏤几以爲虞孔甲鐫盤而自鏡爾其冥豫不止懷足無厭釁成山嶽禍起微纖愚者已然而不見智者未兆而斯瞻聖人損之而又損君子謙之而更謙大禹惟聖每殷勤於菲食惟堯則哲終眷戀於茅簷然而默默如存隆隆自絕天且不能固西北之壞地且不能補東南之缺天地尚不能久矧人道之不滅勒茲器以爲箴庶作鑒於來哲

張彥振

指南車賦

緬窺皇始傾聽巢風時儀樸略化跡冥蒙結繩云謝徽章漸通乃服牛而乘馬爰斲木而觀蓬故聖人因象以制器隨物而興功北斗在天察四時而行度司南在地表萬乘

之光融爾其法制奇詭神妙無窮見其指而皆知其向覩其外而莫測其中輪須藉乎奚子妙乃發於周公觀其作也扃關脉湊衡樞星設煙縈電轉鬼聚神滅離朱目亂計然思絕公輸服其心工王爾慚其手拙雖詞給而口敏終難得而縷說至如帝容順動王塗允泰二月東巡萬國南會羽衛出而天動笳鼓鳴而雷磕司南於是備屬車引行旆候薰風而進指仰卿雲而承蓋超搖光景之中縹緲煙霞之外同夫越鳥常有意於南枝異彼魯人竟無情於殷最惟皇明之遠矚驅八駿以遐擧既訪道於襄城亦尋仙

於海渚。豈須老馬之智。寧藉小童之語。賴我司南。不迷其所。伊司南之用。浦達國道之昌。平就日月於天路。聞簫韶於玉京。常使朝朝承北闕。何辭歲歲指南行。

大章車賦 以上方所造問文羽儀爲韻

舜爲君兮禹爲相。七政齊兮八風暢。備禮容兮和樂章。同車書兮一度量。龍樓恭己。則無爲以垂衣。鸞蹕豫遊。或有時而端望。伊大章之攸作。冠輪輿而爲上。其始也。委材質於賁斧。授規模於梓匠。其終也。援桴鼓於天街。動輗軏於霜仗。乃畫界疏疆。正位辨方。候之以節。步先之以敵。行象

雷而鳴。曾不聞其霆擊。如蓬之轉。終不見其飄揚。遵彼坦途。達茲險阻。勿忘情而習靜。殊不知其處所。類智者之行藏。同至人之默語。歷代傳寶。鼓車逾好。有異人謀。宛同靈造。行不由徑。動能合道。向使貴賤混并。高卑不問。應無迷遠之疾。詎有窮途之患。則是大章爲器。國容之利。指方位於遙空。數田里於厚地。節六鼓以疊駭。首五輅而鱗次。望塵不及。初非千里之遙。聽響爭先。終欣一日而至。夫然則可以式序秩宗。發揮樂府。扶持輦轂。隱翳干羽。以家刑國。何一二之能該。自邇陟遐。雖萬億而可數。墨客何爲。來攀桂枝。懸鼓待鳴。仰淳淳之風俗。剋車就駕。識穆穆之威儀。伊可大而可久。諒斯焉而取斯。

響賦 以庭下雲晚響輕爲韻

伊二儀之陶甄。覽萬物之生長。爲隨方而可見。獨不測乎茲響。同夫道之無質。每憑虛而起象。既不覩其洪纖。亦罕知其尺丈。爾乃依聲於發。有待而生。觸萬竅而皆異。會五音而共成。隨人心之哀樂。因感召而重輕。至於驚激萬籟。高卑千轉。臨牝谷而悲多。因歸風而去遠。感華鐘於霜曙。思孤鴈於秋晚。觸物類以成態。託空虛以運形。爾其細也。

草蟲鳴於潛穴。至其大也。震雷作於天庭。離朱拭目而不見。師曠清耳而可聽。爾其響發乎器。必聲有假。故器有盈虛。而響爲高下。隨之則不可究。及之如或可寫。信造化之自然。亦焉知其爲者。乃有厭處雞羣。窮棲海濱。垂六翮而未舉。鳴九臯而不聞。願託響於星驥。希可徹於高雲。

張鳴鶴

空賦

造化不測。長空浩然。生於未有。物莫能先。故其走目遐甸。幽不可見。流聽高冥。漸不可聽。既從天而共色。又鑒水而

同形若乃變化隨時憑乎動止韶容春遍火雲夏起流電奪目殷雷激耳立繞樹之千巖廣長風之萬里鶖飈既臨彩虹破陰雨盡天遠雲空澗深百尺樓頭見朝陽之赫奕九重宮裏聞衆鳥之喧林何高秋之遼迥至窮冬而不極感在物之捐華益窮人之歎息惟長空之愛此終生靈分動植歌和光以同塵每因空以悟色至人恬澹既將元之又元卜智多非豈斯文之果測

張餘慶

竹宮望拜神光賦 以親饗虔潔靈報光燭爲韻

洪惟漢后有事郊禋感流光之委照爰拜賜於上神初自竹宮覩殊祥之溢目俄低玉佩方致敬而俯身有以見感而必應孰謂其尊而不親徒想夫寰宇肅清齋庭夜虔辛日惟吉明神是饗德馨而祀事精慤福降而禎祥歸往彼靈輝之自天若有答於吉蠲下雲路而皆爾照祠壇而炯然冥感而來狀如虹之炳耀齋莊前致配明火以昭宣武皇自以爲備物展禮儲精告虔苟降鑒之不昧宜受賜於上元仰而望之初奪目以爛爛俯而見也且鞠躬以拳拳若然者豈不以蒼壁儼陳圜丘宿設帝心精一祀物豐潔天瑞聖而爲光委靈壇而不滅不然則何以煌煌熒熒發自杳冥於以表異於焉效靈臨爟火以助耀照俎豆而分形者乎跡彼光臨實惟冥報宜望拜以俯僂表至精而懇到是知君德允臧天道孔彰崇嚴祀而神降之吉潔齋心而物效其祥初電娫以散色忽星流以耀芒降自彼天豈懃於紫氣不資於水且異於榮光國家德邁炎靈時稱玉燭擁神光而先敬修祀禮而將續有客觀光歎美不足何待時而就列庶餘光之可矚

祀后土賦

粤若盛唐勃承天光禮樂克備典謨允臧固以轥轢軒昊跨躡堯湯豚魚信行於寓縣鵷鷺才擢於巖廊至於我后招賢林藪朗金鏡於南面運璿樞於北斗總四靈爲禎祥以萬物爲芻狗將以天之靈命纘乎已躬國之盛烈在祀與戎乃詢訪太史總攬英雄金門曉闢御路橫通隔歲梅花氛氳於帳殿迎春楊柳搖曳於離宮戈橫鐵騎旗掣長虹疊靈鼓於流水引繁笳於朔風威單于而過代北祠后土而幸河東故致虔誠練吉日甸師清野宗伯奉秩端旒垂綖左輔右弼修五禮之大道酌千靈之故實綵幣藻耀

曡壇嶕峣黃琮展前以備陳白茅有藉而間出元酒式降以尚本瑞珪不琢而貴質繁纓藻帶爍爛於祭容孤竹雲和鏗鏘於聲律鬱人獻爵司干授器據青野之雕阜肅黃祇之神位鼎氣歊雲神光燭地魏珠映天子之輦汾鴈入大夫之贄薰風偃草以浹洽遲景暄空而明媚河圖所以無隱天寶由其不祕於是湛露汤濿羣后徜徉接武委贄述職勤王神具醉止降福穰穰包六合而布化橫萬乘以騰芳吾君終以守謙靜重賢良其儀不忒其言有章豈比夫魯蜡有乖仲尼聞而發歎漢祀多僻匡衡陳其用祥顧惟不才宅生帝道願候云亭之事素懷封禪之草儻中人之見談賦上林之振藻

青玉案賦（以報之貞亮因物瑩心爲韻）

當羣物之具陳唯玉案而是珍青瑩自乎天產追琢資於匠人呈形而色有溫潤成器而道無緇磷由是功倍几杖質殊琳珉當施設之不倦幸發揮而有因顧瞻之時愛苕色之增麗拂拭之後覺花文之轉新振彼高價膺茲美名潔其內而冰徹虛其中而砥平嘉韞櫝之資忽雕鐫而有立以出藍之色作治瑩而斯成美乎充玩好守堅貞小大

合度高卑有程諒當人而可託信在物之惟精厠彼華筵雲母之屏邊色麗置乎虛室瑠璃之牕下寒生玉貌宜臨丹心可瑩成其高而有足歷其遠而有脛將以表青骨傳素心既捧執以來此亦保持而在今甘寢之時虛色而空憐角枕閒居之處凝光而但對瑤琴是宜君子之娛用資端操質美而徵瑕莫容色淨而纖埃不到況能坦蕩而爲物以俟依憑而寄傲伊錦繡之段誠可見投此瓊玖之珍是宜相報平居之時中心甚夷當卓爾而空承簡牘忽藏諸而遂映簾帷見賢之眼惟永日而觀矣比德之心可終朝而用之則知瑰麗之狀物無以尚欲隨時而共美因體物而先唱空附識眞之人將一鑒其瀏亮（不見物字官韻）

張公乂

竹宮望拜神光賦（以親饗虔潔靈報光燭爲韻）

祀之嚴者饗帝德之盛者降神不勵精孰謂福之自已非表異曷知天實無親武皇卜郊以元吉祈靈於上辛密命始傳光則絪緼未感齋宮爰拜神其肸蠁有因蓋以穆爾精勤凝然存想屬屬乎蒼璧既奠煌煌乎太壇攸仰委佩盡飾庶無譁以端莊秉圭展儀（闕二十字）彼雷破乎祥煙逮闇

之時煩燭而明爛矣遥望之處拜起而容肅然豈不以配合崇高昭陳宿設圜丘之上將候其耿光竹宫之中以備其齋潔旣恍惚而有見竟超遥而未絕或左或右通幽洞冥照灼兮疑分輝於晝燭焜煌兮乍聯影於低星所以彰有德赫炳靈實見祠祈周流福庭望神之休惟一人有慶主日之際必上帝是聽故天降德祥人窺其奧至德而感豈元黷之不臻至誠而祈豈昭彰之不報首茲祀事實在陽方望拜雖同乎手拜神光且異乎蕭光人皆見之孰不仰而祇慄夜則艾矣諒惟遠之馨香殷雉雊而稱異魯郊

牛而用傷皆祈報之瑣細非昊穹之降康豈比夫神祠太乙之靈樂歆歌童之曲雖望之而如在懼敬之而不足漢后之虔恭也如此故景光而下燭

欽定全唐文卷九百五十二

張純如

對遺腹襲侯判

乙將襲祖侯以遺腹無識訴云生而有文小同爲字

周道不虧嗣從嫡長魯風一變新用休祥爰稽仲子之文實定伯禽之裔抑爲大典猶天之志蔑云議以合權繼月之書可仰惟乙誕茲蘭夢慶及茅封天孤逮事之歡神錫小同之字等康成之後允克紹家聲類桓子之先宗儻爲

公輔且立嗣不拘遺腹無長則合承家非俗說之輕談固典章之彝範乙當承襲理在不疑

張榮問

對勞農有闕判

冬勞農大會有闕主司糾劾訴稱六物未備

蓋取諸益乃九扈之資始仰法於旗亦六齊之攸作國家制事利物順時設教豳詩土鼓不忘舊章飲酒勞農聿修前典屬務畢南畝歲居北陸司穡無事索綯以居野人得所草笠斯糾我皇流澤既一弛而一張農夫力田必强飲

而強食。俾乎老物是息。畯人醉止。百禮以洽。一國若狂。瞻彼大酋。掌此公酒。旣盎緹之有闕。云秫稻之未備。人而是糾。方事畢修。職司其憂。必作事而謀始。欲求無咎。豈惟刑之可逃。

張子琳

對觀生束脩判

庚補觀生所學未就。其師同算生例徵束脩。訴云蓋伎術不可爲例。必其抑納遣出幾何。師曰算之伎術生終不伏

師資之道。非惟今日。隨時之義。亦自從來。顧諟觀生。積習元象。窮大衍之數。藏往知來。考天官之書。鉤深賾祕。雖請益不倦。而斯道難宏。忝曰服膺。束修宜其見贈。雖云伎術。酒脯何所欲供。算例無憑。師同苟失。人情未爽。庚實可矜。

對牢祭有違判

孟壬具少牢祭仲巳遽執畢入。贊者告巳有違。巳云以備失也。得禮之中。何乃妄告。俱詣博士定博士曰禮和爲貴。豈在爭乎。科贊者不伏

祭禮崇孝。祀事孔明。旣前期筮賓。亦將獻諏日。於是闢廟門以展禮。所敬在供。列有司而行事。不敢違犯。孟壬義重五經。職惟三命。有豐卷之位。不請田以用牲。明周公之典。據少牢而乃給。然尸祝甚儼。雷洗具陳。剛鬣柔毛。則云肥腯。簠簋普淖。所謂馨香。宰人銜命以抽扃。仲巳遽資於執畢。又以舉肉。在禮實曰無違。贊者則邪。每事寔其不問。患旣自擾。爭乃增羞。博士勿謂於貴和。贊者終宜於伏罪。

張默之

對祭星判

甲祭司人。沃盥執燭而獻人數。未便陳玉。徵眞

監祀糾其失儀。甲云來歲美惡。豈玉能知

祭祀之儀。精誠爲大。陳列之品。持玉攸先。苟違禮經。神將焉饗。故博碩肥腯。無禮不足爲豐。潢汙行潦。有禮不嫌於薄。雖旣灌之後。吾不欲觀。而陳玉之前。故爲徵眞。有年雖不由玉。無禮誰愛其羊。覽甲訴之詞。覺其小失。詳監祀所糾。頗爲合宜。

張彥勝

露賦

夫露者。陰陽之精氣。天地之靈液也。秋冬濁而春夏清。晞

於朝而生於夕。隨時應變。不凝不積。遇物受彩。因象而光。滴滴瀝瀝。熒熒煌煌。爾其爲大也。澄九天而淨六合。爾其爲廣也。清四極而灑八荒。故能消歇氛埃。生成草木。羃䍥千品。霑濡萬族。其澤厚矣。其潤深矣。願聞其始。試言厥初。兆自元氣。生於太虛。巨人飲之而不死。上古吮之而穴居。天無雲兮珠的皪。野有草兮玉扶疎。寫蟲鳥兮爲篆。懷蛟龍兮著書。河洛建都兮氣均風雨。甘泉築館兮名亞儲胥。或泛灩池臺。或葳蕤竹柏。鵾鵬鳴兮色紫。鴻雁來兮光白。露之爲德也。天乙所以爲王侯。露之爲文也。詩人所以歌

召伯。既因甘而作頌。稱未晞而留客。是時蟄鳥初聲。鳴蟬向晚。悲九節之相催。恨三危之路遠。或乃幽閨織婦。初下鳴機。徘徊空院。悵望秋暉。洞房月入。羅帳螢飛。看鴻雁之將度。怨良人兮不歸。灑交頤之玉筯。苦寒露之沾衣。至如關山氣寒。瀚海風急。胡侵隴塞。兵屯馬邑。征人此時思歸下泣。不覺漣如。沾我衣溼。別有洛陽才子。人間秀士。遠自巖曲。來遊學市。有恨驚心。無人知己。聞墜葉而歎息。對浮雲而愁起。悽悽兮悅若有亡。覩蒹葭之蒼蒼。惜白露而爲霜。宋大夫聞而歎曰。歲乎不我與。一寒一暑。昔時春晚。拂楊柳於南津。今日秋深。落芙蓉於北渚。古人未達。平生羇旅。君何爲而絕絃。感知音而相許。重曰。白日黯黯兮秋風多。綠川蕭蕭兮空水波。聞郢中之有曲。試調露而爲歌。歌曰。天降氣兮地凝精。皇德茂兮芝蓋平。金盤瀆兮玉杯清。葉有露兮落有聲。遼東之鶴中夜驚。日南之雞淩晨鳴。華山柏兮多珠露。松子服之得長生。

張太古

對觀生東脩判

庚補觀生所學未就。其師同算生例。徵束脩。訴云蓋伎術不可爲例。必其抑納。遣出幾何。師曰

算之伎術。生終不伏

天地設位。義和配職。節氣序分。保章有典。叶四時之明著。授生人之出入。庚來就學。補我觀生。朝視禎祥。夜瞻恒象。願知分野。思辨華夏。未明蜀使之來。尚昧嚴陵之坐。師徵其禮。同彼算生。以觀七宿之功。援引六觚之事。尚乖著業。徒爾受財。雖勤望於束脩。終難同於伎術。生之不伏。頗同無犯無隱。師之固求。有異惟貞惟一。各宜知理。奚至費詞。

張叔㢸

對引弓不中判

兵部奏善射人署爲列校遇敵引弓悉不中大將論之所選將依格式

射以選德期於禦武引或不中病在即戎瞻彼夏卿置茲列校行乎歷試采五善於禮容俾其載張徵七札之武力然以進不失鵠取必穿楊授受皆據於格文是視靡求於戰勝戴鶡興論雖繩闕事之非司馬與能難加有司之罰

王渭

爲族兄瑗謝守度支尚書表

臣某言伏見詔書以臣族兄瑗守度支尚書三元告慶萬國朝宗榮命與璧月相輝厚澤與金雲並潤顧其疎薄寧不震驚臣某中謝臣聞坳堂之水必膠於置杯曲木爲賨無階於刻桷何則適用之風斯替其效靡成失材之道既彰厥功寧著相彼庶物尚或其然矧伊名器理難冒居微臣自料浮淺業藝何甄德匪潤身學慙爲已文辭小道曾無沉鬱之才刀筆淺能非有精明之譽特以夙因多幸遭奉承華猶見錄其疲駑且弗遺其菅蒯高榮好爵疊委屢縻入掌便繁傍參侍從自然積步竟慙一割竊妨賢路深希退託降階之念空誓丹愚昭著之恩更彰綸紱差肩六尚方駕八元内省輪輕義無祇冒伏惟陛下明兼七曜照及九幽寧在微臣近虧則哲特願褰茲旒纊察是芻蕘迴此如綸矜茲匪石則失善之應永息得人之美載揚物議允諧朝經式序

王系

對廩無積粟判

得甲爲縣宰廩無積粟人言其過曰蓄積於人

設法安人守官之能政革弊易俗經邦之茂典必從宜而

有素豈循常以見稱甲恤隱在懷薀利爲任思豐壤以務本患杼柚之將空畝稅惟輕地利斯盡庶無捐瘠俾家給而藏嫌於聚斂何縣廩是積況詩刺重賦傳美寬征魯公不足聞諸有若之對齊國以富實資管仲之言曾謂舉善奚其數過但恐永圖難繼涼德不堪苟闕斯人容無效此

王運充

對亞歲上罇闕酒判

亞歲遇羣吏於庭將賜以罇酒所司闕供

主上大明臨下有赫國章式序天秩孔昭亞歲崇時見之

儀羣吏修會同之禮倬玉階之仗左右薰風頒金彝之酒東西湛露庭實千品間皮馬以分行朝會九賓錯華蟲而雜燕羽觴無算元澤初流兕觥其觩皇歡以接賜上罇之旨酒帝命空露承大聖之鴻恩天廚不給眷言此咎罪莫重焉所司罷供實違常典旣罹深罰邦有常刑

王雄風

對造室判

丁爲室斲其椽而磨之法司科罪訴云新加三命

易稱上棟下宇禮載度堂考室眷言崇飾誠有等威動而或踰過則誰任丁沐我皇化策名清時旣登大夫之職方用少牢之禮爰修其廟載飾其椽斲之則通礱之未可事且非據法實難容尋考父之銘雖同三命徵穀梁之傳則僭諸侯憲局所科罪斯得中

王重華

對縣令祭山川判

乙爲邑宰祭其封內名山川將按其非法訴稱旱暵甚所以祈之苟利於人不敢避也

山川咸秩嘉其以靈雪霜不時於是乎禜庪縣斯設典禮孔明乙職惟奉公思不出位百里行善且在子男之列十倫展祭爰僭諸侯之封孰謂鄒人不如林放固宜按法曾是簡彝必也驕陽害時司嗇憚暑詩歌太甚義救如焚信靡神而不宗在精祈而則可用寧旱暵難責規爲雖欲正名如其恤隱不乏吾事須旌墨綬之賢空惜爾爲無尤彤襜之舉

王嵩岳

孔子石硯賦

昔夫子有石硯焉邈觀器用宛無雕鐫古石猶在今人尚傳從歎鳳兮何世至獲麟兮幾年世歷近王近霸年止幾徂幾遷任往迴於几席垂翰墨於韋編時亦遠矣物仍在焉非聖人之休祐安得茲而不渇洎乎俗遠聖賢教遺齊魯列廟以居先師攸主上熒熒以光澈旁纍纍以色固介爾堅貞確乎規矩昔諸侯立政周道無聞嗟禮樂之仍缺歎詩書而未分聖人乃敵以褒貶垂以典墳必藉茲器用成斯文蓋石固而人徃亦事存乎硯云至乃方質圓形銅模龜首雕飾爲用陶甄可久橫彩煙而不絕添綠水而常

有豈如石焉斯爲不朽昔偶宣父厥容伊何旁積垂露中含偃波時代遷移去游夏而彌遠日月逾邁變炎涼之已多别有逢掖書生獻策東京仰希先哲攻文後成叨秉筆以當問愧含毫而頌聲

王子先

進賢冠賦

天道廓兮日月爲久聖人作兮衣冠爲首彼將照臨萬有此將肅穆羣后是以明王代寶君子學干總朝廷之要惟進賢之冠寸之七且比夫七德梁之三又取夫三端至美

乎威儀棣棣經營乎東帛戔戔知人不易行之維難將欲招隱逸責聲實脅讒佞爲忠貞革貪侈爲廉質則以正御下雖居高匪危以虛制有縱持滿何溢動法道靜得一自代兮經爲此名無止兮驗彼天秩徒以賢能有意於賢不言而信不用於權俾荷寵祿者賢賢而易色禁上林者安安而能遷久要不忘雖微必加於首嫌疑不涉李下豈整其偏則鶡之果也武重蟬之潔也政先諒當用而爲用信元之而又元若因物揆理易人推遷非德不依智也非禮勿動慎也唯賢必舉義也任用無爲順也包四善而世濟其美别九儀而尊固其信夫預明試者稽乎人言爲大夫者貧乎能賦則流問以體物敢不立言以存務將欲存義（闕一字）終則用之不窮將（闕一字）述功之懋則物無能措詩云服之無斁吾以斯文之爲度

笏賦

昔者聖人之理天下也辨方位垂衣裳制兹手板整乎維綱莫不明有德著才良法天地體陰陽欲其表行見能則外文而內質取其前讓後敬則上圓而下方笏之時義遠矣大矣蕭何列其深規郭璞辨其微旨請原爲用之本特

申建造之始採文竹拔象齒爰謀爰相載考載擬華晥功（一作切）錯英明卓峙煥飛霞綴流星殊相逸發奇文秀起五嶽備焉四瀆呈止上及君帝下及庶士或魚鬚而表其章或玉珽以申其美故能朱紫不奪尊卑咸理懿夫植性端平文理中正間瓊弁而雪白對華纓而冰淨出入必書俯仰惟敬其在宗廟即搢而請享其在朝廷即端而受命豈不用舍隨時物莫之令雖冠冕之貴黼黻之飾徒有備於朝儀孰與兹而同德

王奉珪

明珠賦

歷衆珍以探美惟明珠之獨妍自然虛靜不假雕鐫光熠熠以照物勢規規而抱圓西山之下隨珠星而隱見東海之上逐明月而虧全故能色奪琉璃光射金玉鮫人泣吳江之際游女弄漢皋之曲在蜀郡而浮青居石家而字綠無脛而至有感必通去映魏車之乘來還合浦之中垂輕簾而璀璨綴珠網之玲瓏然明鑑不渝奇如何賞觀之則符彩溢目捧之則分明盈掌使野客取於驪龍仙帝歸之象罔豈直水懷川媚夜光晨朗而已哉偉夫宛轉周流通

冥洞幽物有求於我我於物無求是則文魚謝恩將我酬於漢室靈蛇報德將我答於隋侯則知珠之爲用久矣爲用深矣一丸則鶴贈於噲參九曲乃蟻穿於夫子所貴藏於寶匣不可避於金市有褐被之士懷而不厭敢向君以暗投請不驚於按劍者也

日賦

杲杲太陽昇自扶桑既移晷而高下亦候時而短長其沒也天地爲之黷色其出也遠近爲之生光及夫春景初動寒威始歇煦百川以冰開暖千林而花發行乎赤道應其朱明煎綠潭而水沸爛青雲而火生於斯之時誠可畏也既而暑退涼進煙歸霧返懸淨影以悠揚度斜暉而晼晚送秋景之已末屬冬陰之方盛融晴雪而曭朗曝晨霜而溫映於斯之時誠可愛也故能明以成象高以臨空有形必鑑無幽不通在七政雖擅其長照萬物不競其功抱三足之靈烏掛五彩之輕虹魯陽揮戈而三舍漢皇握鏡而再中曜凝霜而輕白帶飛霞而澹紅皎兮潔每守團圓不虧缺曈兮曨暮落西山朝海東誰復知其動靜安能察其始終徒美其委質上浮流光下濟不擇好惡不遺巨細葵

藿向之傾心旂常畫以增麗匪杖策之能及豈長繩之可繫至若螢火聚然魚燭並爇明月高映繁星遠列爭散彩以炫晃競騰輝以昭晰見白日之一臨總光沈而影滅則知赫然作色無物不憚溫然爲容有情皆玩終而復始既明且煥自非造化之至精焉能作羣生之壯觀

王延翰

瀛州天尊院畫壁贊

瀛州天尊院立於唐孝明皇帝時方尊老子爲元元皇帝故道士之徒樹官以奉焉至於二百年高堂非故遺構尚

存畫壁一堵固獲無損其父老並云天寶間吳曹過此一夕所成圖寫既畢騎驢徑去院中人追留再三終不可得觀其意思遐邈筆迹有神誠希代之妙也瞻諦無已爲之贊云

海天蒼蒼海波浪浪島嶼碎破乾坤開張指我片壁坐收八荒遠樹亞日疑迴扶桑樓臺飛空雲烟俱揚曹落筆快如吹霜不待劒舞縱橫佚常絕藝誰授胸含神明揮斥僧繇笑叱長庚唯千載而獨出以光有唐

王鈞

新安令元璀頌德碑記

惟公曾祖諱皇行都督府錄事參軍祖雯壹州刺史考忠滑州靈昌縣令公能繼大賢克昌厥後解褐薛王府參軍歷河南新安縣尉轉濟源縣主簿遷光祿寺主簿官雖未遠名乃益隆由是宰汝州梁縣懷州河內三縣今鏤章是式朱紱斯皇加朝散大夫猶舊任也甲子歲二月有詔大擇邑長俾康人庶公歷試甸服適多頌聲自山陽復爲新安令明號令正獄刑閱疆理均井賦一之歲不茹不吐二之歲作懟乃止三之歲不競不絿四之歲人異周漢化同蒲密此邦也郭抱連麓門開故關當洛陽西偏之境接長安東狩之區日候萬乘歲供百役公化洽於下使推循良名聞在天人願襁負翰飛臺閣其則不遠鈞等仰念遺惠永懷令紀文成不刊可勒永久頌曰

天命良宰操刀必割三科設教四人棄末庶政其凝在邦必達愷悌君子德音來栝人有子弟卵而翼之人有土田播而植之用人惟已去惡無疑永懷惠化頌德豐碑

房元恪

仙掌賦 以白帝西下黃河北來爲韻

造化巍巍表迹西夏蓄巨靈之贔屭擇雄峯以照寫迥抗羣嶽旁臨九野誰謂河廣我則視之於掌中誰謂山高我則數之於指下駭乎哉當其清濁未判兆朕未彰孰謂真宰廓此殊常奠峻崿之蔥翠分靈掌之元黃直指無虧受金莖之勁質如山不動合仁義於聖王闢其雲散天澄烟消雨霽旭日暉映陰崖虧蔽狀若拍紅霞之霏微捧青霄之搖曳察其迹也雖見於東峯混其嶽焉是配於秋帝及乎蓐收謝元冥格日彩寒霜氣白上捫星漢左控虞虢南聳羣嶺北臨廣陌將招泛槎之仙如指迷途之客至其嵐

翠朝鬱輕雲夕過桂影依稀而流照松風髣髴而扇和時也靄靄溶溶疑掩冰紈之袂蒼蒼冪冪如揮舞袖之羅功洽於人則擘太華援長河俾安流而不極適徂東而自北千古獲其永賴兆庶階於壽域同彼補天之功陋其拔山之力然而山匪我開功匪我栽班形今古任質徘徊人之睹也因似而生意靈之契也曷究其從來風物已淒我來自西駭高掌之隱嶙思元化之端倪顧稅駕以攀覽庶登路而見攜

欽定全唐文卷九百五十三

常暉

舟賦

昔者帝軒君臣道叶刳木爲舟剡木爲楫洪水以之徑度大川於焉利涉疑夏日之初蓮似秋風之落葉動而必利其物居而必虛其心善蘭桂之得性惡泥滓之陸沈清流澈影岸狹波深直容與而孤運非軌轍之能尋動而何極居而不測以謙虛而受盈尚樸素而思飾爲而不有質而能力不以克己辭於功不以利物矜其德夫潛行不離於水有似智焉虛已以濟於物有似仁焉不畏蛟龍之浦不恥魚鼈之泉任規模於匠者隨物理之推遷橫不測之流無懟於勇決指送歸之路有類於神仙爾其渡遼按甲伏波受命絕島如雲長川似鏡值衝風之颯起引孤帆而高映榜人奇唱櫂聲不一赴海淩川箭馳風疾臨地角而長逝望天涯而迴出飄颻畫鷁決孤影而排風迢遞檣烏轉危竿而就日且夫履有常道濟無不通嘉守義於共伯慚棄仁於衛公安而不傾得性江湖之上悠哉獨運託質浮沉之浪爲用也大爲德也廣操檝則津女輕歌畫土則麋

君孤往。襄城帶其寶劍。神亭飛乎銀仗。惟傅巖之版築臨巨川而長想。

大舟賦

崇崇大舟。內谽谺而坑谷。外突兀以山邱。長百尋受萬斛。淺淮泗滯原陸。兀若籔大海以出鯨魚。邈如漂崑崙而橫地軸。及夫縱大壑鼓雄風。疊高濤肇蒼穹。連山業於天外。疾雷吼於地中。當此時也。忽然湧出。漫若乘空。挺無何之鄉。樹摩天之檣。檣櫳不舉。雲帆高張。平林倏閃以藏。沒羣島飛動而相望。兩儀混沌。萬象渺茫。崇山成秋毫。滿月猶

隙光一日二日。經岷峨而歷扶桑。外甚馳驚。中唯虛閑。所以望之者勢同纍卵。居之者安如泰山。借如唐堯洪水大浸桑田。包山上陵。刮地滔天。無巨舟矣。人其魚焉。有若漢武習戰。羽衛雲陳。鑿昆明者四十里。坐豫章者一萬人。夫其為大與世殊倫。暨乎巨象初來。輪囷其貌。錙銖犀兕蟻蠓貔豹。向非刻舟鑒其淺深。殆輕重而難較。岑彭西伐。杜預南征。千里江漢。三軍甲兵。若非廣艘宏舸。何以蜀滅吳平。稽前代之為用。信殊途而同軌。以古況今。相去遠矣。何者。我后無唐堯洪水。懲漢武昆池。笑魏家秤象。偃晉國輿師。則大舟之用。殊於昔時。乃令守在海外。化漸無垠。浮三江以實倉廩。遶四溟以周乾坤。既而飛鳳詔宣鴻恩。或西盡月窟。東臨朝暾。南國徂遊。北極馳奔。窮水路以適遠。為大舟之用。存於戲向者將遊萬里之外。滯一曲之內。故知德有所長。皆以拙於用大。今以濟渡為功。適天下而皆通。假其風水之力。不離江漢之中。向使移舟為人。以海為主。元首契合。大舟夾輔。則傅說之濟川。同功軒皇之刳木。何取。客有扣舷而歌曰。是舟也。非大匠則無以成。非大水則膠而傾。非大風則道不行。此皆大匠之則。大海之德。一日千里者。風之力也。

常德志

兄弟論 并序

余以天倫篤睦。日重月深。每惟兄弟孔懷。在物無喻。嘗讀陸士衡之兄弟文。懃懃懇懇。未嘗不廢卷歎息。尚其為人。而世人云陸機兄弟同居。以之為異。傷哉斯固異其所稀見也。將恐悠悠千載。不無此惑。敢託陸之旨。以作論云。

客謂陸平原曰。吾聞天降地騰。夫婦之情見矣。星分岳列。兄弟之義存焉。是以聖人之立教也。上稽元極。下順人情。

故使牉合爲同穴之親。昆季有異居之道。斯則人倫之大典。豈作者之謬陳哉。而子大夫。名爲習禮。伯仲無門庭之別。室家匪琴瑟之閒。雖激揚風俗。獨爲君子。違道任心。將使先人事也。事不師古。蒙竊惑焉。豈有說乎。願聞其旨。平原曰。何居。斯言之玷。可謂末學膚受。曾莫是師。即如君子之談。必且輕於身而累於俗矣。獨不聞夫六龍方駕。斯有御天之功。駟馬班如。用效行地之力。是故大鵬之始究轉北溟。鄧林之初婆娑下土。至於羽翮相資。遂能負蒼天而遊。覃青雲而立。此則相須之道宏也。至如梁山萬仞。上干

星辰。楚殿三休。俯臨風雨。及土石異勢。榱棟分離。遂與沙麓俱崩。均堂共泯。此則相須之道乖也。是知同德者易爲功。離心者難爲力。在物猶爾。而況人乎。然不善莫大於不睦。溺於情者薄於義。寡於私者豐於道。故牝雞晨鳴。三賢孥戮。關雎樂得。十亂同心。固名賢之所聞。豈烏有之談也。且夫兄弟者。同天共地。均氣連形。方手足而猶輕。擬山岳而更重。靈蛇可斷。兄弟之道無分。鶺鴒載飛。急難之情斯切。先王知兄弟之爲重也。故歌之於韶夏之舞。誦之於風雅之篇。敦骨肉而正人倫。風鬼神而動天地。大矣哉。請爲左右梗槩其說。夫兄弟之情也。受之於天性。生之於自然。不假物以成親。不因言而結愛。閱牆不妨於禦侮。踰里猶惜於伐樹。馭朽則須洛而歌。彎弓則涕泣而道。斯乃情存於不捨。義形於惻隱。豈如悠悠良辰。從容永歎而已。是以四鳥禽也。不能鳴離別之聲。三荊木也。不能忍分張之痛。矧在人流。有靦面目。折枝分骨。如何勿傷。至於夫妻之爲義矣。非有血屬之親。譬猶風虎雲龍。騰嘯相感。至如髮彼兩髦。結歡二族。始有共牢之禮。終爲同穴之親。斯亦未爲輕也。然而德在聽從。主唯蘋藻。不可以寄百里之命。不可

以託六尺之孤。況有棄姓無常。拂衣再醮。至如買臣之室。主父之妻。固未可以言也。自非道讚移天。德均維鵲。孰能長螽斯之羽翼。茂葛藟之本根者乎。是以通人君子。動無失德。全同生之重。則恭順有章。戒惟家之索。而椒蘭無替。夫妻和於鼎飪。兄弟穆於清風。綠衣無燕燕之悲。角弓匪騂騂之歎。其或分星宅土。開國承家。則能藩屏維城。左右王室。力足拔山。不敢問九鼎之重。才能動俗。不敢窺司馬之門。遂使封豕長蛇。望國門而斂迹。井蛙幕燕。覩磐石而飛鳴。故能本支百代。洪基峻極。配合二儀。平章百姓。其在

白屋黃冠華門圭竇三逕五畝有足相容至有同衾共席推梨讓棗樂以簞瓢榮同華萼死生契濶白刃交前弟瘦兄肥無胥遠矣爾其友于怡怡揚名以顯高視風俗長揖縉紳斯又足爲樂也而無賴之徒不思其友或溺於私愛棄彼天倫生在膏腴乘藉地勢錫珪分竹奄有山河不能輔車相依股肱同患乃欲搖動我家室拔塞我本源旣而青蠅飛於干旌無極遊於二壘集矢長句撫劒共池是以五爭四裂非關虵鬬之妖九合一匡猶見蠱流之禍鬼神不勝其酷生民不勝其弊吁可畏也何其謬哉又有里閈

之人繩樞之子棲息不過於蓬蓽咀嚼不越於糟糠無財可不忿爭乃復尺布斗粟不能相容睚眦蔕介側目切齒遂使蕞爾箕帚蠢爾孩童萋菲其章成是貝錦於是乎分裂蝸角稱競鴻毛骨肉爲行路之人兄弟無陟岡之望痛矣悲矣何必情矣宮之奇脣亡之歎深可撫心王叔治斷臂之言足爲流涕其知也如此其繆也如彼遠乎得失豈可同年而語哉是知禍福無門唯人所名靜言成敗則可得而論何則存亡之道若行邁之有途得之者安於廟堂失之者顚沛斯及至如三叔狼顧七國雞連貔虎摶噬江

山表裏當其時也滄波可汲而斷泰山可蹋而覆朱旗尚卷蒼兕未馳不待高壘之謀勿俟銜枚之陣固以冰泮瓦解魚潰鳥驚身膏草莽名彰史策經過者爲之迴車言談者爲之洗耳斯豈時不利而兵不勁者哉固以天地所不容人神所同惡者也斯乃在和不在衆在德不在強商周之不敵亦所聞也假使驅長狄駕遺風宋萬附輿慶忌參乘彀弓飲石長劍拄頤冠雞佩猳拖象拉兕然而使之趍九折跨三危浮呂梁赴滄海五尺童子心知必亡何則道之非也苟令心腹無瑕昆季輯穆雖使要離策杖不占緩

步周流九逵容可危乎近者劉荆州之意氣袁渤海之縱橫當其吐納荆揚鞭笞河朔猛將厲於鵰鶚謀臣盛於雲雨從容嘯咤有席卷八荒之心固以震慴人靈熏灼宇宙者旣而良圖未就壯志先秋瘡痏實生蕭牆糜潰天道與人心共往生人與草木俱萎雖睦於曹公尚無旰食之睽安得馬上而舞哉斯有惑之甚也豈如稷契昇朝同心同德魯衛爲政雖休勿休得使康哉良哉之歌洋洋盈耳卜代卜年之祚悠悠無極是知管蔡之玉食不如夷齊之餓死君頹之萬闕不如延陵之退耕詩不云乎此令兄弟綽

緯有裕不令兄弟交相爲瘉善哉言也吾無間然今吾子以同穴者重之於天倫異居者成之於行路是見詩人之糟粕未覩宮牆之室家固未可與適道也若以骨肉遠而爲疎即手足無腹心之用胖合近而爲重即衣衾爲血屬之親若衣衾附體而可離手足遠身而可絕斯則室家之不侔於兄弟固亦明矣況作者之意有異是乎夫異家者所以避私同穴者示以不返故傳曰昆季一體又兄弟之道無分然而有分者何謂異居同財者若委支體於行路阻天倫於胡越固非其所謂願聞也且余與士龍少遭憫

凶攀風樹而興歎懷仁義以罔極零丁齠齔霜露摧心契闊九夷更相爲命常恐黃耳蕭條白駒超忽洞庭木葉零巖花落無時雖復飲啄相依先華未著跼天蹐地每深慙德友于兄弟何日忘之將謂吾子有以成教而反問我比以流俗祇足以攪其心慮非所望於吾賢也於是客赧然而起曰僕固小人無聞至道雖生堯舜之代未登孔子之堂苟有胷而無心遂逐情而忘性言排名義之外身陷泥塗之下今子大夫幸而見覩博我以友弟宏我以禮經洋洋乎理出天人之表恢恢焉道周仁義之鄉而今而後謹聞命矣是知安社稷御邦家調陰陽化風俗播清猷於緗素垂令範於黎甿橫之於天地而自安處之於生死而無憾者其惟兄弟乎

常惟堅

立春出土牛賦 以平秩東作敬授人時爲韻

月周於紀水次於行其候凜冽其氣清英倏歲陰之將盡復陽春之載萌知北陸之寒光尚斂喜東郊之暖氣先迎是以候雁思朔潛鱗或驚裂金犬以取諸助氣策土牛以示乃發生在弦望而宜早當晦朔而得平我皇於焉以設

教賢相由是以持衡請循其本也太史告時有司選吉冬官蕆事牛人乃出將協地紀克符天秩約歲時之儉泰示農耕之遲疾惟穀是登惟人是恤察前後之準祈倉廩之實故知丑以牛爲用牛以土爲質合陰陽之妙旨齊冬夏之祕術豈比夫作享昊天爲牲繭栗而已哉於是時既斯得令無不通候農祥而取正引丁壯而就功我疆我理自西自東以兹政行而化洽宜其人和而年豐徒觀乎彼蟄將啟斯牛是作正我耒耜務我耕鑿首巍巍以山聳角戢戢而林錯制以洪爐飾以丹雘出北陸以送寒佇西成而

取穫野人知五畝可樹遊子懷二頃負郭國之有令罔敢不敬一人布和萬邦咸慶恩深草木澤浸翔泳考來今之規矩立振古之龜鏡自得上行下效紛紛輝映然後鼎取新革去舊惟利是持惟時是授自可家給而人足無乃兵强而國富曾孫之稼克稔唐叔之禾乃秀不忤於物有利於人稽乎天文上列於乾象究諸地志下協於坤珍不獨山川其舍曷云九十其犉夫如是物各遂其性農不奪其時仰崇邱之翼翼登春臺而熙熙相陳力而久矣願負重而來斯永懷種德冀念茲而在茲

唐榮

紙鳶賦

代有遊童樂事末工飾素紙以成鳥象飛鳶之戾空翻兮度將振沙之鷺杳兮空先漸陸之鴻抑之則有限縱之則無窮動息乎絲綸之際行藏乎掌握之中其翰非逸其羽乃疾弄輕影昂素質侔瑞鵲之臨河學靈烏之就日詭狀萬殊奇姿非一衝激吹而頻驚入增塵而乍失及夫晚際蕭寥近日迢遙出虛景逼長宵豔豔裔裔亭亭迢迢如片雪之初下似殘雲之欲消何裕如之囂囂紛攜茲而玩玩其上同綺翼之遷喬其下若馴雛之就奐虞羅獲免弦繳莫憚野鵲來遷而伴飛都人相視而指看歎乎升騰得勢眞假相亂殊不甄鸚鵡之被籠蒼鷹之受絆六鷁尚退於宋都大鵬猶沈於海畔彼無識而無知亦曷足以見嗤但仰牽運不能自爲無仙鶴九皋之響乏晨雞五德之奇零落倏忽悠揚暫時偕鵷鸞之侶入鳳凰之池向若勞力高風莫吹安有望於寥廓必不出於藩籬且紙之所尚事有攸往供筆陣之樂起詞華之賞故莫載於鳳文而反圖於鴟像因人而進爭路而長固不濟於時須欲屏之兮何爽

唐南華

對修河隄不溉田判

乙主河隄郡守詰其不以溉田詞云亦有以據

長河千里聖主一清漢帝宣防猶負薪於瓠子王尊東郡尚堅立以安人所以河公不仁時聞泛濫主司有事每見隄防蓋郤畧於石門亦摧殺其水怒傳以客土將全其邑居聚之淇竹實拯以昏墊常流不弛於正道四野寧浮於谿桑諒迴植之爲功奚褰帷而見詰必人同鄭白食我京師或且溉而有餘何屯膏而不作均夫鄴令招不智於漳

河異彼武安頓遺利於郇邑良能沃野義在隨時請據河渠之書無違溝洫之志

姜庭琬

對祭侯判

得甲祭侯辭曰强飲食御史糾非息宴之禮不伏

祭以主敬射以觀德三侯既設遂聞熊豹之差二簋可享爰申脯醢之奠甲進退有度揖讓而升方備於五善詎畧於六藝有如武子之妙以取牛心類后羿之能無全雀目

祭必如在神當格思唯寧者立以繼代不屬者抗而射汝强飲强食陳祝史之正辭克禋克祀介曾孫之景福必也正其齒位稱彼兕觥將勞農以休息乃示宴以惠慈鐵冠所糾恐未三思鉛刀見用終資一割同於噬腊難以甘心

彭朝曦

勤政樓視朔觀雲物賦（以天地交泰萬國歡心爲韻）

聖上以睿德昭宣宸衷吉蠲靜以法地動而合天天何言哉每降鑒於明主君爲政也亦仰觀乎上元是以魯史薦書雲之典禮經徵視朔之篇於時寓縣昇平朝廷無事闢朱樓於曉日垂紫旒於空翠至誠必應果呈證聖之祥至感必通遂有效明之瑞乍異色而抱日或神光而覆地是知昊穹成命必在於昌期元象著明詎違於躔次萬國來朝十月之交時當盈數氣發陰爻晴色俯臨遠接黑龍之水清輝四散仍縈彩鳳之巢臣竊觀前代之君也居九重之深據四海之大遇皇天之陰騭屬當時之交泰則必息政理而不修唯昇平而是賴今陛下則不然體至道以得一播元精以吹萬發號施令必酌於故實垂範制法亦咨乎前憲古人云朔者蘇也陛下視之所以蘇息兆人雲者

運也陛下觀之所以廣運明德人既蘇而寧靖德乃運而充塞猶儲精而谷神尚克己而作則方將揚耿光於五聖布深仁於萬國三事大夫抃而同歡上言曰陛下敦本棄末圖易於難夫此視朔情深履端況式瞻於萬象將布政於千官固可軼緹油而播美藏金匱而不刊然聖上方以無爲作慮不宰爲心鼓元氣之橐調薰風之琴以至德撫御以大明照臨盛矣夫聖德若此豈微臣之所能謳吟

湯浚

對酤酒不供判

太常申博士請供鬱鬯酒光祿以久無匠人且金草不知所出不造祠部亦以爲禮有沿廢不允所請寺執見著唐禮豈得不行祠部云藉田准令兼給廪犧藉田令或不供犧亦廢用酒無鬱鬯於事何闕寺猶固執

祀事孔明必先於酒醴神其戾止亦在於馨香所以實彼樽彝達其牆屋太常恪勤乃職無忝司存光祿簡慢是彰自貽伊戚且酒人之職素著於周官酎飲之儀頗聞於班史殷因夏禮斯損益之可知漢立秦祠固典章而無墜本

經不失前法宜遵何廢禮而速尤欲廢官而招譴包茅不入尚責於齊侯鬱鬯廢供且虧於唐禮既不知於金草斯自掛於玉條祠部所云奚其不當徒稱沿廢罕顧禮經且千畝陳儀牲牢致用而三清之薦犧象焉施仙臺所論愚管非測禮虧禹若刑其捨諸

康子玉

瓜賦

巫山之岡秦川之陽垂條引蔓布綠敷黃彌皋被野含芬吐芳轉晨風之穆穆湛宵露之瀼瀼花葉則煜煜煒煒文彩則焜焜煌煌錦繡爲之失色霞日爲之奪光遠而望之粲兮爛繁星列兮曜長漢光色連延遙相煖迫而察之燓兮緜明璣盈蚌媚重泉大鱗巨介近相連細雨流風每飄颻兮葉上遊蜂戲蝶時歷亂於花前爾其大則三尺二升美則金漿玉實貍頭羊骹之字黃瓟白摶之質感仙貴於孫鍾避世資於步騭異蔕表於前代同心彰於曩日既而橫綺席會嘉賓琴罇逸賞海陸具陳香分四座氣雜八珍既取類於母子亦取辨於君臣欽哉彼美流玩不已何以剖之金錯刀何以澆之玉英水郤平因植以著業阮籍託

詞而興巳非但留怨於戍夫抑亦取識於君子

康元懷

對爲吏私田不善判

景爲吏公田善私田不善或以譏課不齊辭云非吏之罪

阜俗敦本長財飭力三時展務九扈分官自公田而及私田俾我疆而豐我理千箱起詠佇美於詩人四體既勤孰慙於夫子當勤甽而有典奚議課以不齊景也伊何職兹爲吏任農均力未恤於人言徇公害私旋招於物議事頗

彰於妨奪。法難追於科繩。考魯宣之舊章。有同大桀。徵穀梁之前志。須示小懲。宜詳刑於士師。盍歸罪於田畯。

康季子

對事貌相似判

甲容貌與乙相似。甲殁後門人師事乙。鄰人讓其非禮

容貌相似。陽貨惑於仲尼。德義可尊。門人師於有若。歲丁辰巳。甲遂云亡。月亦居諸。乙方傳學。實喪予於東魯。復疑汝於西河。巳寂琴歌。詎聞金石。思其笑語。寧忘罰（一作水）菽

之恩。慕彼威儀（一作循誘）。爰動頽山之戀。不墜吾師之業。還昇弟子之堂。惟爾嗣音。專之可也。讓其非禮。於巳不然。有事古風。未驚今聽。

良士

代韋令公謝先人贈官表

臣某言。伏蒙天恩。贈臣父尚書右丞司農卿。先臣某揚州大都督。禮極哀榮。感戴增懼。臣某中謝。臣父受教儒門。宣力王室。雖典司綱轄。而未及崇班。臣殃咎所終。早失嚴蔭。恭守遺訓。致及人倫。逮事休明。謬登清貫。常恐不克負荷。忝辱祖宗。豈謂陽和之仁。因下炎上。雨露之澤。自葉流根。大府名藩。位秩崇重。援之庶姓。罕有其倫。是臣父著績於先朝。蒙寵於今日。臣事君之節。未効涓塵。爲子之方。巳榮松櫝。感恩思報。豈謂爲忠。覆族殞身。孰云非孝。方任有限。拜謝無由。傍徨海隅。進退哀懼。不任荷恩之至。

成震

對稅畝多于什一判

得縣官稅畝多於什一。御史糾其擅賦斂。訴稱盡供軍旅。二猶不足

當官而行。必議徵斂。賦里以入。宜均有無。政或違於小康。稅乃行於大桀。是以我疆我理。分上下之田。有國有家。建中正之術。不是過也。皆將取焉。伊惟縣官。昧爾爲政。誠合酌於古訓。量其經入。使穀不過藉。人斯樂輸。今乃將多徵於前。復重斂其後。所謂莫益。或擊徒聞。浚我以生。雖億兆是謀。用給如貊之士。而徵求失道。寧忘碩鼠之詩。且九年之儲。常聞富國。二猶不足。匪曰能言。請從避馬之繩。庶叶公羊之訓。

程嬰

論窮達志

君子寧小窮而大達。小人寧小達而大窮。小者人之役。大者人之道也。孟子論帝王之道於諸侯。諸侯不志我言則去之。豈不以小窮而大達也歟。衛鞅論帝王之道於秦伯。秦伯寐。於是鞅乃易之以霸强之術而苟容之。豈不謂小達而大窮歟。君子不患乎無才。患乎不知窮達之理也。孟子大達遠盜蹊而遵正路者也。衛鞅大窮舍正路而趨盜蹊者也。秦不知蹊以問鞅。鞅指之趨盜蹊而强去也。我知盜之蹊而返然之。曷若遵正路而遠盜蹊哉。

凌正

對履畝稅公田判

渭南縣履畝稅而御史劾之曰公田不善恐乏

軍儲

兵惟靜難。食以聚兵。儻歲計之無虞。必軍須之不繼。縣司以職其日給。科彼倉儲。蕤蕤公田。嗟不登於晚歲。嗷嗷士卒。慮縣罄於糗糧。厚斂之旨。豈坐於冉求。盍徹之稅。已聞於有若。情非徇己。事或從權。請齋霜簡之威。庶獲兩田之稔。

欽定全唐文卷九百五十四

劉珣

渭水象天河賦 以題為韻

昔我先王。肇修人紀。乃建邦國。以立都鄙。或處沃而稱奥。或宅中而爲美。周分景臺之測。用會陰陽之擬。漢據鶉首之分。實爲山河之理。故右扶風而左馮翊。距涇川而浮渭水。潼函襟帶。酆鄗巍峨。下則崇岡於地險。上乃取範於天河。城雉周環而斗設。宮觀駢互而星羅。轉曲江於前岸。俯冀闕於中波。車馬喧阗。渾泒聲之交錯。風塵日夕。與津霧而相和。蓋聖人垂則。必天之象。王者都會。大洽斯享。運璇

衡以齊玉燭。法露盤以崇金掌。四方輻湊。萬國攸仰。風雲以之吸合。日月於焉澄朗。茍禎祥而應會。則乾元之攸往。何必河出圖。洛出書。然後爲卜食之華壤者也。懿哉作者元后中興。後嗣同天之道。順人之意。橫橋乃牽牛之設。素滻則飲龍之謂。晚光瀲灩。接鳳苑之祥烟。曉色清明。連斗城之佳氣。樓臺傍而津涯隱。伏鐘鼓作而波濤汩沸。不覩斯焉以取斯。寧復知王者之貴。不察所由於所以。又安明坎德之靈而主乎渭。徒觀其遠界汧隴。橫截秦川。沃長安

之霞日浮京兆之雲天都邑傍於左右舟楫來而泝沿上林之烟開霧卷建章之户萬門千朝而望兮蓬瀛若留乎岸側夕而臨也河漢宛在乎目前是以夷敬云被山帶河四塞為固豈不謂天道無親惟德是輔祥符不及瑞圖斯遇以登仁壽之理用表坤靈之喻請謂東周安處先生之徒與須知西都翰林主人之作賦

劉乾

招隱寺賦

其始穿竹田以行崎嶇詰曲十餘里而後至草木幽異猱猿下來空谷無人水流花開寺門東向趾古構新茅茨接於碧瓦畫牆見乎苔侵青山澹乎吾慮潭影空乎人心噫予何來之晚也寺之東南山氣森肅泉名虎跑石泓萬斛色若潰藍聲如戛玉下注三坎雷奔雪觸懸崖赴壑而不危附川到海而氣足嗚呼奇哉古人之文流出肝肺混混而不竭者甚有似於斯而今也不在於僕舊聞有昭明太子此曾養晦讀書於此安得起九原而與之言哉忽然天風吹衣林木清嘯仙邪鬼邪萬竅叫邪客有五人者攜壺促予披雲上征求所謂讀書臺而弔之立孤峰以展眺探古洞而搜異拂蘚文之半封悵石章之滅既雲冉冉以閒飛松飃飃而晴吹驚怪木之如龍悅鳥語之禪味悟我生之無始卑佛書之揭諦假使昭明之猶在將謂此語之不易彼既與未死而俱往吾故乘元化而再至臺之上兮多月明臺之下兮古道不可行茅山青兮練湖平美人不復兮我心如縈遂與客躡雲根緣鳥道踞磐石而坐焉烟霞極目其平如席殘陽一片萬屋露脊參蒼閒赭如畫如織閱大塊之文章歎斯遊之奇跡已而悲風淒其四起暝色合乎寒城客待予而俱返別遣謝乎山靈

劉銛

對徵官為蔭判

乙請以父徵官為蔭所由以其父不在用蔭例

以功受賞繼統承嗣父不食於周粟子罕取於吾餘乙家尚隱淪素行貧賤固知鶴鳴子和配幽貞以就閑安得孤侵父名茍僥倖而求庇傳業且違於父志請蔭寧沐於君恩昔傚天書不脫薜蘿之服今從地勢難依桃李之陰所由不許誠哉此見

劉元淑

夏雲賦

崇山作鎮，峨峨秀絕。暑氣潛蒸，夏雲孤洩。其稍進也，間古木以深沈；其上昇也，鏤太陽而明滅。其質散漫，其光氛氳。抱翠石而留影，入明水以寫文。粲粲爛爛，摩太虛而歷漢；郁郁紛紛，從皓景而橫汾。美其任運高下，與時消息。似大道之無心，同達人之有識。時康則應，伴雨足於一旬；主聖乃浮，變歌聲於五色。俄頃萬里，不資天地之功；膚寸九霄，豈假陰陽之力。爾乃含精飄揚，逐吹低舉。周游散適，不常其所。出塞邐迤，暮爲陰山之陣；入夢嬋娟，朝是陽臺之女。

別有孤陋沉淪，文章日新。既作淩雲之賦，未爲天子之臣。

劉公輔

對士不合設壇判

甲嘗有大事，祫於王父及其曾高，遂設壇爲墠。

或曰僭而不經，甲稱其有後命。

聖教因親，人事有禮。春秋祭祀，以時思之。眷言於甲，愼終追遠。祫父志高，展於孝敬。將序昭穆，以列尊卑。神明始交，哀樂兼半。祝史陳信，貿無媿詞。彼或何爲，忽乎興訟。然則五廟諸侯大夫，此之等差，非無典誥。儻貴通五爵，甲稱固則有憑。如位列萬人，或告不宜無當。請責名品，方正刑書。

周鍼

羿射九日賦（以當晝控弦九烏潛退爲韻）

伊祁氏之有天下也，十日並出，或明或晦。不唯差乎歷象，抑亦紊乎覆載。留一陽永照，俾九日潛退。羿操弓而進，挾矢而前曰：彼赫赫縣縣，如珠之連，爍我下土，暨我上元。今當盡臣術之微妙，協君德之昭宣。於是和容體正，審固心虔。張六鈞之在手，期九烏之應弦。弓既無雙，矢惟用九。一發而弦上霆激，再發而空中雷吼，三發而輪震乾坤，四發

而輝流星斗，五發六發而煜煜霞散，七發八發而離離電走。九矢皆中，訝妖氛之忽無；一曜高懸，望邪明而何有。蓋帝所惡，天所嫌。始騰淩而翕赩，倏攙搶而殄殲。貫忘歸而自消，難彰變化；落園陵而盡死，永契沉潛。瑞景將明，彤弓尚彀。百辟仰觀乎黃道，孤光下燭乎清晝。莫不由藝之就，神之授。混燭滅而平權衡，晷運正而分刻漏。然後職羲和之任，司掌御之圖。位寅賓於東極，宅昧谷於西嵎。故得萬國謳歌，迴覩重輪之日；九天寥亮，長飛三足之烏。則知道潛會而發必中，神自通而何再控。鏡四海而弓罷張，亘萬

古而誰敢當設使堯德不聖羿技不臧則蒼蒼茫茫終亂紀綱又安得廓六合定三光故曰天無二日民無二王

同人于野賦 以君子之道何往不通爲韻

善本身修名由道長惟君子之所履遇同人而遂往不修其正誠邪枉於出門既叶於心視野郊於指掌守柔以處亦何後而何先秉健而行諒無偏而無黨蓋以居謙不躁應上潛通欲垂文於天下須立志於胷中雲合霧開孰無機於豹變聲馳響答皆有意於雷同必使量統含宏義資探討包利貞而共濟顧言行而相保情田波注將符若水之時德宇馨香用法如蘭之道乃言六二是乘柔之主九五爲行健之資乘乎柔而何剛敢奪行乎健而何往不之況能辨方知類視險如夷念同氣以導彼實忘言而在茲於以審吉凶較能不始居中而體正終處上而爲首理方求友喻伐木以攸宜義在同心於斷金而誰有所期利比浮雲悠然莫分光於身者曰道聲於教者曰文故得退無失位進得其羣將果行以育德候移忠而事君則知福應無他元亨由巳理契和順心惟知止不然何以風雲偶會咸爲得路之人悔吝不生盡似同舟之子別有勵志彌久勞謙已多既考之於六位亦化之於四科且如今日之進也道如之何

登吳嶽賦 以崇巒險固永鎮西疆爲韻

吾嘗文戰將北羇遊極西覩吳嶽之孤峭計羣山之莫齊由是躋崖谷遂攀躋入雲霧出塵泥既臻頂上用視天倪雁塞殊小戎眉甚低蓋以氣壯神扶雄標國祚揖白帝兮不見抱皇城而自固嵐光擁翠拓開霄漢之心岫色橫空鎖斷戎夷之路帶嵲旁竦岧嶤上干碧草春合清風夏寒遙瞻魏闕迴立烟巒疑超洞府謂在天壇中隱深溪日月之光不到外連層阜龍蛇之勢斯蟠當其區宇正寧氛埃初見覽造化之宏制識乾坤之設險汧水縈盈而線走隴山峛崺而螺掩西窺劍閣霜地表之千鐔東瞰蓬萊黛波間之數點遐徵衆嶽式並隆崇彼皆受封於百代此獨不視於三公森笋立以削成寧慙太華黯雲凝而化出豈讓維嵩況乎萬仞凌虛千里倒影虎踞華裔鯨吞虜境疊巘攢壁迴巖列屏捍絕域以增隘固中原之甚永直使以禮賓九有仁服八荒臂賢以爲輔弼宅道以作封疆亦須假我嚴衞憑我巨防遍藩垣於都邑遠隔閡於氐羌吾唐重

其功崇其鎮爰升成德之號用補極天之峻小儒是以竟日興感抽毫賦韻登詠畢兮歎岑指長安而後進

釣盈舟魚賦（以心無所望故能取之爲韻）

詹何以跡繫魚舟心遊水府樂垂釣以放志存大川而爲主是故傍遥汀依極浦下纖鉤而任運念紅鱗而必取原夫綸抽獨繭鉤屈芒鍼綴香餌半粒褭荆篠數尋泛萬頃之潤投百丈之深不爭之以手而爭之以心蓋以釣於魚也無情魚於釣也奚懼斯不中而有中信難遇而終遇自得鈎深之旨誰明引重之故觀其躍濤戲瀨掉尾揚鰭視

吾釣而非釣觸吾絲而非絲果審之以無物遂吞之而不疑所以入其口挂其頤據洪津而曾不暫驚靜宜尅也恐巨力而難乎連制動必隨之欲舉未舉相去幾所牽之默計於輕重縱之潛知其出處且以弱制強者道之宏以剛鬬柔者死之徵不然則焉得綸甚微而不斷魚至大而不勝勢窮則龜龍莫之衛護氣作乃波瀾爲之沸騰我體正而方逸爾力盡而何能此達守柔彼休用壯沈鉤纔出於水面斃質已充於舟上圖大且異於任公識時固同於呂望設使專情待物切有於無則手也縱操於釣餌魚也終樂於江湖吾常不操不撓不馳不趨垂竿於仁義之域鼓楫於道德之衢然後憐玉兔惜金烏當盡釣於人間之盛事豈獨盈舟而已乎

周夔

到難

天子握乾符之六歲末秋臣羽皇客於南裔水浮溟波陸上青山或時晝短宿在林壑繇是嵐溪烟嶠之勝得湞陽之石室焉兩崖卷東勢合如屋屏顏百間開待朝旭峭然嵐壁宛矣偃躅羽容霓色霏遶瑶局加以上戴霄峰中流

晴溪碧瀾之下寸寸秋色若夫崆峒見月於半夜翠竇有雲於朝日乳枝凝斷而磬落松籟疎風而琴續不書其奇可知矣於戲斯室斯溪也與覺古同出野夫樵子無日不到冠劍百族代誰知之使靈室烟霞寂寞無主龜山挹玉堂之會瑶池宴王母之觴彼何人邪秋九月有釋氏子智捷聞於聚落持律第一探得是室亟言於上谷侯君侯君名著字伯昭德門之裔也宰於湞陽蠻筐范綾之政行焉事歸條貫官有餘日初與三四賓客遊焉既昇於室皆踞盤石注目峭絕壑形渠渠忽驚呀豁危起騰立背倚青壁

久而不寧擲谿飲水稍稍神定噫乎古之王文考何平叔不値斯室也向使値之必爲之賦廣言磅礴洞蕩垂文雄傑則靈光景福不得獨豪矣大凡人間跼束難有閒日瞻彼石室嗣子之到者誰邪上谷交親同辭舊山者京兆韋君長文時爲南郡曹掾手持密轄杳在蓮府緬昔泉石俱爲逸人張琴寫古以彈操語默不歌而飲酒簪纓軒冕浮雲也今日烟霞林壑思同甚難故鑿室琢壁顧余以到難命篇上以侯羣仙之降次將遲京兆之遊些京兆韋長文上谷侯著河南史傑清河崔存慶存範蘭陵蕭及上谷侯

從直清河張君奭張甫釋澄雅智捷明則成文後一月琢石又一月儒釋侶十四人同遊立之

周彥之

對遺腹襲侯判

乙將襲祖侯以遺腹無識訴云生而有文小同爲字

乙在夢蘭生逢集蓼岐嶷纖體戀兮冶之餘澂詩禮無聞想山河之舊業望九原而不作松石增哀思五等之崇班茅封闕嗣同夫嵇紹未有識於巨源類彼叔敖亦無言於楚相當今封比干墓式商容閭豈可使諸葛之苗隨時歇滅樂毅之後没代湮淪況乎血屬詳明宜存必復之始手文昭著須傳幹父之能討以前聞義何殊於仲子酌其故事跡頗類於周文則知眞藻獻誠禮不乖於大柄析薪克荷事可優於小同

邱岣

對均輸田判

吉泰將均輸地上已籍下人告不合

禹制初闢周疆肇建蕭收漢閣益掌虞邦井田有差徑遂

無紊順陽和以肅事映秋霜以畢力四時得業萬邦作一作永孚豈容吉泰愚駑致心誣妄枅言興盜亂名改作草公田以入己自犯嚴科移私籍以安居不知天憲往聞臣子令覩吉生幸付司刑以議其罪

邱眞孫

對工商貨幣策

問夫貿遷化居資貨以通守位聚人理財爲用故龜貝贍於夏殷金幣富於周漢頃國弗崇侈而府無盈儲賦不加厚而黎庶彌貧實由貨重物輕以臻斯弊若有單子推權

之宜賈生斂散之術其具陳之

對臣聞哲王之統俗也陳貨洪範通有無之用取市噬嗑致交易之所至乎九府立其法貢幣諒其宜蓋理本救人而輕重隨代故周景鑄金穆公規其實漢文造幣梁傳議其違雖貫朽貴濫而市非物輕粱肉不匱而家非貨重何者淳樸既散澆僞成俗惰農奪其歲功徇利昧其日用所以負販盈廛分穀布野崇朝思餐則物不得貴爭利因阜則貨不得賤故弋綈雖御國之所先悉人乃乂邦之攸本故賈誼慷慨陳力農之戒仲舒殷勤明重穀之說今宜思

五土之宜勤三時之務教養殖人常課田畯重遊適之賦輕力穡之役師李悝於魏邦式蔡癸於漢代用能遺穗委畝紅粟露積垂拱巖廊擊壤衢巷詠歌升平豈不盛歟臣學不師古識昧政化勉酬枉問敢獻瞽言

閻湊

對里尹爲主判

乙妹無子寡而死請里尹爲主決曹掾科其違禮訴云其夫無族

死生有命男女大綱於其不天可以往唁惟乙之妹華而無實始窈窕以適人桃夭斯美俄惸獨以處室荼毒何深生無託於偕老死奄赴於同穴言念夫族曾何孑遺嗟兮鄰人復巳湮滅乙以骨肉之戚匍匐而來據親則可奔喪執義不合襄事況臨窀穸復引銘旌諒天窮之人請里尹爲主決曹雖詰於禮無違

閻楚封

臨風舒錦賦 以賦之明麗當如此爲韻

風嚮清韻錦明色絲閱攢花之麗緣當偃草之驚時拂褰而起翻光益滋始暉暉之展也俄習習以動之且爛兮則

舒爰假不周之力及斐然而異誠同絕妙之詞爾其黼黻宏開浸淫遠度蘊鳴梭之巧思比擲地之麗賦暉光亂起如蕩漾之波翩彩狀閑飄若逶迤之霞布觀夫引曳交映彰施煥盈當大塊之初發遇迴文之巳成奪雲彩耀日晶激颸颸而愈疾動獵獵而增明向水而搖似挂帆之欲去當軒而列謂施障之將行況復入座輕泠橫空掣曳當蜀郡之新濯擬潘文而更麗絪緼乍舉時牽素手之中煦嫗潛來遠自青蘋之際晚映花户暗臨洞房簸烟暉之照灼騰藻豔而飄揚裊輕吹鑠流光扇涵和而迴觸攄炳麗而

前當五色相宣。喻體物之詞彩。八風迭起。駭織文之鳥章。且蕭颯初戾。紅明正舒。照瑣窻而粲矣。煥雲幄以暉如。彩曜克宣。諒本因於藻飾。精華可翫。終亦藉其吹噓。是知修詞者莫貴其精微。製錦者莫尚其綺靡。善染翰之瑰麗。狀臨風之旖旎。懿哉文之義也。諒發明之在此。

良玉出匱賦（以藏輝久矣善價今來爲韻）

美玉於斯兮。韞匱未揚。閟其質。韞其光。寧處幽而遂久。將發蒙之可望。貞必俟時。奚甘其隱伏。寶實稀代。安得而蓋藏。勿謂愛之而不見。願使闇然而後彰。比事詎同乎剖蚌。契已可侔乎鈞璜。其始也。不琢而成。效珍可喜。絢彩旁射。寒煙溢起。辟礦璞而山輝乍無。受緘縢而虹氣未已。同被褐之內朗。類守墨之中美。君方固扃鐍。彼孰得而沽諸。君儻力提攜。必同茲而出矣。於是至寶將啟。良工肯來。目力深昧。心源獨裁。念孤貞之特達。聊徙倚以徘徊。將發蒙之是思。玉不得不發。苟開物以爲務。匱不得不開。既而眞質騰精。孤光盈手。貞非受采。明不容垢。希成器而入用。因比德而見厚。荷拂拭於惟新。忘沈淪之永久。溫其朗潤。動有清輝。知照廡而識之者異。將抵鵲而用之者非。用如之何。

規模之下。爲環而循理不盡。製佩而流韻相偕。在昔退藏於密。何敢稱珍。幸今顧盻生光。終希善價。乃知良玉之比也重。出匱之義也深。雖寓言於彼。而察人在今。欲使出處有節。貞方其心。無毀匱之嗟。誠非肆志。起生芻之詠。寧懼陸沈。則有報匪瓊玖。器慙瑚璉。儻雕琢之見嘉。庶英華之獨善。

閻抱庶

對祭四鎮判

祭醫無閭非是五郊迎氣日復無祀官法司科

營州刺史罪不伏

凡諸嶽瀆。年則一祭。祭當何日。五郊迎氣之辰。祀用何官。千里宣風之職。只如無閭峻嶠。作鎮邊方。營州刺史。須崇望秩。自合禹若觀盥。率由舊章。豈容祀匪其時。身不預祭。[illegible]貽厥咎。何逭其愆。行睽奠祭之規。坐招法司之議。準法科附。仍下營州。

閻至爲

對行盜甕破奴死棄水判

甲負甕行。被乙盜。倒甕破。索陪。乙不伏。又景奴

死棄水中人告之

惟甲與景殊途異致或行因負甕頗類漢陰之賓或家有役僮不讓江陵之樹既而甕被盪倒奴則云殂鑿坯無返於在甄丹籍忽辭於白日原其情理覈以根由責之以賠未盡其意棄之以水何太不仁但法貴從寬事或通誤必也康莊廣陌甲負乙乘矜其輕肥故此行突將徵其價尚或未懲如其狹路稠人風昏日暮邂逅而損知欲何傷若取全賠恐乖設律至如畜生之罵猶慮其懟醜犬馬之微不棄其帷蓋藏諸廣柳之內託義彌深葬以江魚之腹在

情焉取既爲人告不可無辜請施懲罰輕科以符捨事誅意

康方俊

對佯狂讓弟判

陳乙襲爵佯狂以讓弟甲嗣爵後方入仕鄰人告甲非嫡子不合襲

封襲大典存乎嫡嗣公侯榮胄貽厥後昆陳乙以代先崇班天賜重爵嗣業相繼家聲遠傳不好榮身克遵於謙讓欲求封弟乃致於佯狂祖業斯廣友于多稱法雖有乖恒典事則不爽人情昔元成見承非妨入仕今陳甲爲襲難可寘刑

欽定全唐文卷九百五十五

李容

興國寺碑

原夫大道沖元。皎三徽於秘象。眞闕一字寂滅。窮四諦於宏津。故知化闕一字天中證涅槃而闕一字解。神遊闕四字劫而闕一字因緣寶介福而無量。寄花奉佛。功猶未泯。福不唐捐。是知教自東闕二字雲雷之化闕一字道光南土闕一字極樂之門巍巍乎闕一字將聖之迷路。蕩蕩乎扇闕二字之無珍。乃使四地不住。二景無停。推律管以闕一字年。轉玉音而同氣。有靈之闕一字莫貴於人。人倫之重。莫先於孝。今有清信佛弟子上谷郡闕二字成公曰思闕一字周公之允。緒奕業相承。更有志成桑公曰闕一字生闕一字同闕二字一堂生居徐部。皆是種植闕二字識苦海之難闕一字知法船之運。已早覺火宅。以闕一字焰闕二字之闕二字也不才闕三字之門。諸宣考取藉其詞。雖閒人闕一字陵雲闕二字童闕一字之闕二字思闕二字賈闕一字於詞林冀闕一字伐之闕一字芳保介福而無量。遂去闕一字九載闕一字日闕二字忽蒙寐闕四字境施伽藍地一所。號曰神化。又建立神碑闕一字造阿彌陀佛一軀。上元闕四字安樂天下廓清師僧父母常保康闕一字見存眷屬闕二字十闕一字七代先闕四字其碑乃直匠刊琢。藻繢瑩然。立岌乎狀蓮蕚而闕一字雨露璀璨乎若闕一字山而控瓊樹。其龍也莊嚴煥然。暉赫曜闕一字即得闕三字輪復闕一字爛闕一字之眼眩。恩之意亂。其像乃光明赫奕闕一字弊衆星。其地也左望連青之闕一字右眺任城前林滕阜。却闕一字敬夫其時信仕闕二字咸曰闕三字人傾邦俱稱闕一字大乃爲詞曰。

古照三空闕一字元關寂智度闕一字普闕五字中貞闕一字孝闕二字闡造像建立闕二字同闕一字其一三界眇芒。四大成虛。取闕三字貞心未餘闕三字海入清淨廬。三乘一合不住闕二字其二下闕一字由闕一字易谷陵無恒。匪闕十字妙法眞能天闕一字地闕二字相常存。其三

李膺

斷僧結黨屠牛捕魚事由判

違西天之禁戒。犯中國之條章。不思流水之心。輒舉庖丁之刃。既集徒侶。須務極刑。各決三十。用示伽藍。

李濬

華月照方池賦以凝素光淨寒水爲韻

天開圓月水淨方塘月則桂華初滿水則蘋風不揚徘徊委照瀲灩交光素魄將臨合浦之珠乍吐清漣同映玉壺之冰始藏契禪心之寂寂發郢思之蒼蒼何茲景之逾麗信終夜之難忘況乃萬里澄埃三秋罷霧始曈曨之啟夕巳龠淪之納素前臨不測姮娥下入於河宮永望長空明鏡上騰於天步碎蟾影於龍鱗之浪混瓊華於雪毛之路天泉合而盈空毫芒鑒而必具故夫秋以爲節氣以宵凝紅蕖落而渚淨白露降而波澄泳之游之始方舟而取翫今夕何夕若乘槎而上升豈獨發清管滅華燈思淒切於阮戶光漾蕩於玉繩而已哉觀乎麗天者月習坎者水水以柔而居月月以輝而垂美一鏡合而內外澄鮮雙影分而上下相似驚夜聲於鳧鷁鋪皓彩於蘋芷規沉泉底豈魚目之能倫勢出波中乍洛妃之可擬異乎纖纖樓上的的雲端未若麟不鬬於天宇魚不驚於釣竿舟蕩漾而烟空轉麗風澌澌而桂影生寒佇以取鑒適夫情性寂以喻道斯道也逾深色以喻空其空也逾淨故體上善之爲德中含光而不競既彰元教之樞用播詩人之詠

李曾

山川出雲賦 以維岳降神生甫及申爲韻

天地爲大不能獨生山川通氣然後化成故雲者氣也感時而先出雨者施也憑雲而後行亦由將有邦家神必生其賢智獲其輔佐化乃洽於文明且觸石爰分陵空可覩雜峯巒而勢逸奇狀掩山川而氣騰雄怒變而可大隨風散以飛揚用而有成從龍作爲霖雨因知雲之將出合君臣之道賢之將來爲帝王之輔所以神致命於開周岳降神而生甫者巳天不我欺雲出以時濟旱災而有望播膏澤而無私則臣既在茲君當以維黃彩有豐年之驗青光表舉賢之期豈獨郁郁紛紛合嘉氣以成慶朝朝暮暮向陽臺而有思其爲體也且多其爲狀也難及舒則杳冥而無際卷則涓液而並入況至帝鄉而散城邑隨蓋狀以徐轉對陣影而遙集君無謂輕虛而不眞君無謂悠揚而不覩有以通天地而爲化有以合陰陽之至神與道興滅隨時屈申爲君重陰覆萬人於炎暑爲君載雨滌四海之埃塵蔽虧窮巷遶山扉以升降迴旋翠幄拂仙家而繇邈應賢爲瑞願浮色於洛川改容非烟冀騰光於崑岳

李歆

對社中木鳩朔望秩酒判

甲旅食於人飲三爵行見社中木鳩闕嚴駕而去因告主人謀殺又景朝朔望所由供秩酒不如法

甲常寄食同韓信之未遇景朝朔望拘孔光之暮年王者優賢仍存几杖之禮主人愛客遂陳觴酌之儀三爵初行未應醉止上樽有闕罪即司存既而鳩闕社中華佗於焉辭去醴酒不設穆生所以言歸非養老之恩有虧乃起訟之徵斯驗害人無兆本非謀殺之條供秩乖儀須遵闕養

欽定全唐文　卷九百五十五　李歆　李杭　五

之律罪歸酒正請送士師誣告主人應科反坐

李杭

對樂請置判懸判

有州申百姓皆好操縵都不識雅章以不能易俗請置判懸供釋菜賓社之用使人觀習省以爲非所宜言不爲聞欲科罪訴云州將鹵簿見著令文且方古軒縣爲降已其置之何過

樂章修設國風式備延陵聘魯竟辯興亡之徵魏絳和戎始受歌鐘之賜干舞有序上下於是協和金奏克諧陰陽以之交泰所以考性情之不忒質鬼神之無疑靖俗調人比物適節雖擊石拊石萬物必諧於大雅而不識不知百姓尚迷於古奏然而古今異制沿襲匪常阜蓋朱軒按國章而有著奏籥振萬徵古禮而斯易學操縵於雅曲乃大輅之椎輪感頌漸音行當易俗何必引軒判之制操賓祭之儀非所言焉象刑之典宜及古之制也鹵簿之例徒施

李希定

對丹書判

甲以經多謬乃自丹書碑使工鐫刻立於太學

欽定全唐文　卷九百五十五　李杭　李希定　六

門外其親友一作觀友摹寫者日千餘人兩京尹以其聚衆笞之訴稱有故

去聖久遠微言將絕人用其私各安所見闕文不及大義已乖非有獨見之明誰解僻儒之患甲總覈六藝研精百氏紕繆必考朱紫斯分既祖述於舊儒升我堂矣自光揚於漢策職爾之由竹簡之書且或朽蠹金碑之字道茲鐫刻魏文典論起列鴻都揚子元經虛傳麟閣觀者如堵且聞紙貴將萬古而不刊於千兩而何有京尹之罰其或病諸既無索於杜季庶息感於甯越

李農夫

幽蘭賦

蘭之猗猗。窅窅其香。遁世無悶。抱道深藏。不以無人而遂廢其芳。磅礴冰霜之際。虛徐蕭艾之場。揭之揚之。於古有光。不采而佩。於蘭無傷。豈膏黍之爲用也。必焚必割。珠犀之畢通也。必剖必絕。雖佩玉而垂紳。亦吐哺而握髮。

李雲卿

京兆府獻三足烏賦 以平上去入周而復始爲韻

杲杲靈烏。萃於神都。耀彼殊彩。呈茲異軀。披拂四氣。翺翔

九衢。恥祥鸞之止棘。慕儀鳳之棲梧。瑞表孝紀。名標祕圖。將有感而必集。豈獨殷周與有虞。觀其降自日域。戾於天府。音諧雅頌。動中規矩。顒顒其質。差池其羽。步芳草而三趾徐來。遡祥風而六翮微舞。珍奇莫測。觀者如堵。諒茲禽之禎祥。告我皇之福祜。於是羅者旣獲。虞人是薦。貯以瑶筐。登於玉殿。凝睿想。迓神盻。孤飛砌上。似於雲際而遊。獨立君前。疑乎日中而見。聖情不極。念茲莫黑。彼應感而至我有道而得狎。以馴擾。安其棲息。夜啼玉壘。聲雖入於舜聰。曙喚瑶階。心豈知夫帝力。不然者。曷足以昭我皇之元化。表吾君之恭默。是知國將昌則降而爲祥。政或缺則歸彼扶桑。天道不昧。神心孔彰。豈有情在於斯。烏固靈應昭乎彼蒼。字闕二之旨。旣集吾君之福祉。與天地而終始。儻不翦其毛羽。願長飛乎帝里。

李令琛

對書史百家策

問。卦分江使。圖演天文。文籍於是濫觴。書契以之抽緒。皇墳帝典。述紀言以聯鑣。五傳六經。紵禮樂而齊騖。斯並懸諸日月。煥乎文章。至如諸子相騰。小說奔競。有慚屑玉之

化。無異雜鉛之寶。請用於火。恐招傳奕之譏。將扇其風。復爽芟夷之義。二塗交戰。一爲解環。百兩之篇。孰關其善。七分之術。孰著其能。誰求天下之書。誰決冢中之錄。識二篇者何子。觀四轍者何人。京兆耆舊之篇。起於何代。陳留神仙之傳。創自何人。誰先孝子之圖。誰首逸人之記。倘無詖於雕棘。將有薦於拔茅。

對。日月經天。星辰助其明耀。江河紀地。畎澮資其廣深。俱麗於乾綱。同歸於坤軸。況六經旣出。百子並驚。萬卷五車。七略四部。組織仁義。琢磨道德。雖非全璧之珍。亦是連珠

之寶。當有求書之官。遠探禹穴。近聞汲冢之文。具修蠹簡。或陰陽不謬。朱紫自分。仲任叢殘之議。並非通論。稚川翡翠之喻。實得大方。豈重以芟夷。加之翦截。敢申直筆。以塞異端。則有百兩之篇。張霸所善。七分之術。京房獨精。陳農訪天下之書。荀勖決冢中之策。識二簡者束晳。觀四轍者穆王。京兆耆舊之篇。創於光武。陳留神仙之傳。起自阮蒼。劉向修孝子之圖。梁鴻首逸人之記。謹對。

李善感

諫作奉天宮疏

自古帝皇。莫不以登封告成。爲盛事。陛下封泰山。告太平。致羣瑞。與三皇五帝比隆矣。數年不稔。餓殍相望。四夷交侵。兵甲歲駕。宜恭默思道。以禳灾譴。更廣營宮室。勞役不休。天下莫不失望矣。

李孝言

對私雇船渡人判

洛水中橋破絕。往來渡縣令楊忠以爲時屬嚴寒。未可修造。遂私雇船舫於津所渡人。百姓杜威等連狀舉忠。將爲幹濟。廉使以忠懦弱不舉職事以邀名欲科不伏

曲洛圭塵。交風鼎邑。途開九達。城控八關。積溜澄雲。王子吹笙之浦。驚湍落日。馮夷剖蚌之川。衣冠之所往來。商賈於焉交集。所以亘茲星柱。架此虹橋。疑海上之浮黿。似天津之飛鵲。誠合因人啓塞。隨事脩營。豈可使曲岸前崩。危梁中絕。驚波淼淼。却停流水之車。急浪悠悠。翻擁桃花之騎。楊忠莅斯劇縣。輒樹私恩。不遵十月之規。有損二周之化。造舟之義。自有公營。浮航之機。詎宜私雇。道橋有闕。懦弱可知。請依直指之科。寘以曲從之坐。

李仲雍

對觀生束脩判

庚補觀生。所學未就。其師同算生。例徵束脩。訴云。蓋伎術不可爲例。必其抑納。遣出幾何。師曰。算之伎術。生終不伏

仰乎天文。用察昭應。辨彼雲物。以知休祥。矜術數以分官。列保章而命職。庚以幽微可尚。精妙希探。躡梓慎之陳迹。採劉向之故書。補職觀生。扣鐘師業。銀河宛轉。瞻一水而初分。玉漏蕭條。齊七政而寧察。業則未就。師何有言。且束

脩自行誨無倦矣六藝有數算其異歟言生合有束脩稱算不同伎術始和昭布甲令明懸請從多少之差方定是非之理生之不伏愚亦謂然

李靈光

對學歌元宴判

得景學歌元宴多肉好之音人告非時

圓首方足戴天履地稟陰陽生殺之氣有喜怒哀樂之心舞所以節宣禮容歌所以吟詠情性故端木發問豈盡師乙之節薛談學謳未窮秦青之技才有用捨命有通塞滄

浪水清不行南楚白石山爛遂感東齊窮者或歌道固難廢惟景所學應有攸歸微妙之音雖聞是習貞俗之禮亦復懸殊悼彼元宴之辰宜暢清都之奏紫芝仙客揭雅曲於重元丹洞羽人吹真聲於倒景聆彼肉好奇殊骨鬪既非慶雲韶夏之作又匪白雪陽春之調睽彼嘉會乖茲正聲人告非時雅符通典

李處仁

虹藏不見賦 以陰陽所陵故結伏之爲韻

虹在東方小雪而藏貫日之形莫覩彌天之象難詳居曖昧之中光而不耀入混茫之裏闇然而彰表天時而無失其候順寒暑而不愆於陽眇望遼夐窮覽洲渚邈不察其形容何以知其處所見飛梁之跨水髣髴猶疑望慶雲之在天依稀延竚豈不以晦明有日隱見有期寒節方來斯則潛雖伏矣清明如到終當出而見之閟乎渥彩蓄以雄姿類成文隱霧之日同衣錦褧裳之時眇眇天末悠悠雲路御座之祥不逢美人之號難遇冥蒙向晦徒欲想其爛然杳靄藏輝孰能知其去故究得啟閉之道以明天地之心憐彎環之挂空猶隔層碧思紆餘而飲井當阻重陰不

測之狀難狀無形之形罔尋若夫風雲尚慘我則隱蔽而知藏陽氣未騰我則炫燿而不結亦有霞散成綺雲吐如縉曷若拖軒之名將順時而出沒迴館之勢每應候而升陵至哉終取貴於彩章亦何慚於小畜孕明於烟霧之際誰辨輝光混迹於沉埋之間難呈紛郁事同嘉遯道叶攸伏虹兮虹兮何當灑其霢霂

李子仞

傷斃犬賦

何仲尼之仁智雖敝蓋之不棄憫畜犬之將死恐肝腦以

塗地。豈不以其守禦之功多。惻隱之情至。況歲年馴養。倏忽非命。生而效能。死不因病。分以身首。委其陷穽。我誠拙於人謀。彼何傷於物性。雖無衛生之智。且有天然之識。出其門吠非其主。知其愛搖尾求食。傳尺書而致遠。逐狡兎而盡力。信聰慧之兩兼。亦忠勇而何極。原夫萬物莫不以智遇禍。以材喪身。象以其齒。龜以其神。蟬得美蔭而忘巳。魚貪芳餌而挂綸。由此言之。莊周達者。老氏至人。吾將師之。養素全眞。

馴猿賦

節彼南山。宛出人寰。天分翼軫。地界荆蠻。標奇峰於海上。矗高嶺於雲間。千林蓊鬱。萬壑幽閑。蓄霧藏烟。信洪爐之造化。匪朝伊夕。即元猿之往還。爾其稟質元造。游心遠峰。徹三聲於谷靜。藏萬影於山重。聯緜綠竹。牢落青松。其捷難絕。其居易容。不衒文章。輕霧中之隱豹。豈矜變化。賤雲裏之非能。但恣乎任情之樂。寧知乎有智之凶。旣而列卒籠山。張羅竟野。陣影鬧鶴。雲光亂馬。迫吳質之檻中。驚楚臣之箭下。旣歎拙謀。還傷力寡。踰峰越嶂。宛辭本寂之居。歷暑離寒。欻就喧卑之舍。於是屈猛從縶。宛安順遊。顧步蘭砌。因依蕙樓。踴標影之高下。挫人心之去留。載馳載驅異追風之整轡。或驚或躍。同在水之銜鉤。日潛餘巧。空長孤愁。悲夫自貽伊戚。信美非珍。雖徘徊於厚養。終惆悵以勞神。夜廡幽陰。憶南隴之吟月。花朝明媚。想喬林之弄春。未屬放麑之慜。且從飛雀之馴。巳矣哉。樂鶢以鼓。載飈以車。固不如深林之棲息。窮谷之虛徐。諒物性之同此。希達人之鑒諸。

李純甫

華嚴原人論後序

草堂禪師佩曹溪心印。註華嚴法界觀疏圓覺經。又恐其理甚深。世俗未辨。著原人論。而學者猶苦其難入。蓋唯心之旨。非自悟者不能信受也。後三百歲。白衣弟子李純甫又作睡語。題其端云。如人初夢一剎那頃。根身器界。異類衆生。一時頓現。種種各别。一念力頓成就。具足無量境界。覺人呼覺。始知夢中元無我人衆生壽者諸相。亦無地水火風等物。畢竟虛空。唯依第六意識以爲根本。然則覺人所見山河大地十二類生。幷自身相。唯依第八業識。其理曉然。無可疑焉。有大覺者。開說眞空。始故長夜。宛如大夢等無有異儒者道家夢中說夢未知是夢復有既知是夢戀著夢境不知覺寤佛爲世人開說人天乘復有既知是夢厭惡夢境不知睡眠佛爲是人開說聲聞緣覺二乘復有既知是夢故無戀著亦無厭惡寤寐自如佛爲是人開說菩薩最上大乘於大乘中復有未知夢由妄念而有境界佛爲是人說法相教復有未知本無妄念夢境亦空佛爲是人說破相教復有未知夢中之人即世覺者佛爲是人說顯性教故知衆生本來成佛初發心時即登正覺示起於座便入涅槃原人一論即覺者之一呼也繹其首尾

大畧如此法同寢者應如是觀

李瀚

對請益不退判

戊侍先生視日早暮不請退鄉大夫責之詞云方及請益

書稱敎胄禮貴來學問一之道式昭在三之儀斯著戊行敦素履行列青衿懼扞格之無誠誠佻達以自制滿籯不顧方欲期於俯拾重席擬登何敢遽云請退然先生在位侍坐有儀自合發問以條使師逸功倍何得請益無節致視日欠伸雖涉進德之端其若伏膺之道鄉大夫之責是謂知言門弟子之禮不應飾說息焉有故邊生且放嬾眠懲之勿深甯越豈宜鞭撻請舉坐觥之罰式陳鼓篋之誡

史蒖

上李中丞書

禍之將至鬼神奪魄豈有委身府幕塵忝下寮而擅犯威重前後非一中丞審蒖豈非知禮之人豈非感恩之人自拜揖馬塵十有三載盃酒歌詠久蒙提攜未省竟有差失中丞因賜賞鑒辟書府及陪接萬里星霜二年正當策名

之時豈顧固有千觸此蓋命之牽陷一至於此實非常情之所料也豈非十二年間東馳西走肝腦塗地竟無所成鬢髮班白幸逢推薦恩命垂至自貽顛危昏昏薄言罔知攸處豈非命矣豈非命矣且初坐之時每舉一盞酒未嘗不三思其過似覺體中有酒亦哀請矜量既對衆賓復不敢苦訴俄而迷亂乍合若怪魅以憑心神事且不知死亦寧悟哀哉微命有此外剝中丞縱寬以萬死蒖亦無所施其面目不即引決者伏念累世單緒一身早孤中年未婚晚乏兒息封樹何日先靈靡安痛此纏迫乞哀殘喘今覬

翦首髮自爲毁責。期在粉骨。永知此過。中丞旋旆之日。願隨一卒步走後塵。洗飾布誠。以期他效。伏願少垂舊惠。戀戀故人。無任憂悸感切之至。謹投書閤下。荒辭無序。萬不申一。仍憑押衙口哀謝不宣。蓑再拜。

史敫

對卒史有文學判

有司選擇卒史以文學掌故備員有比百石已上誦多者先求之不得訟如功令

學古入官。議事以制。既敘功而論德。將按名以責實。眷乃

卒史實惟王人。爰從推擇。以膺明試。同馬遷之有論。望絶爲鄉異晁錯之登科。才非一作細掌故。進取棄於皃短。擇先得於龜長。雖漢制四科。先於德行。而孔門十哲。稱以文學求之者何。方倚相之能讀。有司奚失。俾平津之下第。且一言體國。珪爵斯分。片善不遺。草萊靡滯。薄言之訟。功令式昭。舉事之愆。有司彌遠。

欽定全唐文卷九百五十六

許景休

對立春設土牛判

得宜春縣門外各隨方色造牛耕人州司科不應爲訴云春前二日

元陰方窮。青律肇起。霜歸寒雁。露洗春冰。是以星駕方廻。知四時之代謝。歲行更始。識五行以爲法。甲以名秝。令長頒政邑人。固合酌規前經。考禮中典。將以助養生物。叶贊歲時。然而固陰沍寒。王者以磔雞送節。達陽導禮。主司以

土牛迎氣。所爲雖合於典則。方色頗乖於禮經。訴以立春之前。雖有近於月令。若以隨方之色。誠可寘於秋官。州科典刑。竊以爲當。甲將妄訴。罪實難逃。

呂務博

對鑿井獲鏡判

鑿井得古鏡不送官司鄰告違法

乙既鑿井。將開射鮒之泉。欲施繘瓶。已獲盤龍之鏡。清源初鑿。疑菱花而始成。玉甃將升。似明月而飛出。寶匣藏而晦宇。美人拂而生光。王濛覽影。已堪自愛。秦嘉贈心。歎惜

何極眷言此得誠所珍奇爰令送官不怯於下誠亦允當固無所疑卽以鄰者之言寘乙之辜庸人昭法只堪矜憫請寛於乙將謂恤刑

呂令則

河隄賦

水以潤物飛梁載舟居信順動法謙處柔朝滄溟以委輸習坎德以安流善利爲水涵育乎萬族極深不測灌注乎九州壅之則有備無患決之則致敗爲憂先設其防以遏奔瀨興版築護衢道惟精惟一是經是造其舊鍵也齊叫

以雷震其揮錨也連刃以霜皓矗長隄其若雲岌修岸其如島何固護之克壯息奔突以永保既夾植於菱蓮又賁緣於萍藻雖興役賦而一勞永固牛馬由其望辨樓船可以逕度清深鏡澈時升曳尾之龜左右人稀每帶銜魚之鷺行旅於是乎無虞耕耘於是乎知措夫水可以爲人之利隄可以防水之溢隄修則中國無憂水敗則下人多恤亦由人之爲政政成人逸政或不成姦詐以出則河隄之義取類非一可以合人之安危可以喻政之得失凡百在位愼乃終吉別有沉淪戒忤漂搖衢術幸登涉於河隄冀露濡於瑣質

井賦

體羣物以畢要多井功之大成灑元氣之洪液翕泉源之至精巽下坎上創庖羲之畫象錨壞畚土喜伯益之初營澹其味澄其清同不變以育德履剛中而益平汪濊津潤兮物得其利沃盥盥漱兮人賴其生是以養而不窮則取之而逾出止而有分卽舍之而不盈故啟幽人之三徑首先王之五行若乃寒漿是汲美人至止玉甃駢闐銀牀沓起轆轤宛轉以旋目素綆逶迤而度趾羅袖互引扇皓腕

而生香金餅數傾曲纖腰而貯水雖騰突於溜源不混淆於泥滓汔至而繘竊已就猶尚滑聲而駭耳濯之旣潔澈之則美何自下而汲上與漢甃而殊音故其旁搜詭迹遐評殊見土精攸出惕羵羊之怪奇缺角已沉鬱神龍之氣變金色化粥山形留殿源洞德陽之兵勢匿江陵之縣秦分星聚卬都火熉漢皇欻應於雲飛葛公一窺而電煙斯故潛怪之所蓄洩吾不可得而言徧徒美其括坤之靈包坎之德往來井邑用之不忒秉虛澹而能施守卑靜以自得終勿幕之有孚保元吉而無感苟在時而不泥庶當渫

而見食。

義井賦 并序

鑿地生泉之爲井。施人不倦之爲義。兼濟往來。存乎惠也。置當衢路。仰無私也。皎鏡清虛。尚其潔也。三德既備。萬物是仰。井乃無心。義惟我謀。當衢鑿井。稱物平施。酌而不竭。奉衢樽之化焉。見義不爲恥也。遇善莫書過也。義既行矣。文在茲乎。賦曰。

夫地脈伏泉。天文垂井。式觀象而遂鑿。雖暫勞而功永。深不過於數仞。用有要乎萬頃。風動無波。物對生影。勁陰殺

節。挹之而彌溫。炎旱烝天。探之而逾冷。況地接一都之會。邑居狹俗之境。川流兩縣。車馬於焉往來。風擧雲搖。帝王由茲行幸。魏主罷指梅之策。隰朋息尋蟻之請。豈非人有其願。地不藏靈。色湛湛以天碧。嵌陰陰而晝冥。高風始秋。泛落桐之一葉。太陽既沒。映長天之數星。因注水而暫盈。縱改邑而常寧。素綆下懸。映垂冰之皛皛。銅餅上汲。滴淺溜之泠泠。清泉既汲。白日可見。豈獨兼濟行李。抑亦取給茲縣。隨所求而皆足。豈有殊於貴賤。若乃連巖之曲。闉闍之前。兩苔環合生其上。露桃蓊鬱植其邊。殊季氏之有缶。異疏勒之無泉。入夜雲開。涵長河之短直。向晨霧歇。映大天之小圓。玉甃護崩。誰識下無禽矣。銀牀防墜。不閑中有人焉。乃有去國征人。奔星驛騎。或注情於故櫪。或銜悲於遠寄。飲之則長鳴而忘其苦辛。酌之則充量而欣其普施。雖一勺之蓋鮮。亦懷恩而感義。餅之罄矣。既虛來而實歸。爾牛來思。亦滿腹而受賜。故知理邑者賢。濟人者井。揚聖人之道。用而不竭。守君子之德。澄而彌靜。鑿飲忘帝王之力。汲用嘉仁明之境。儻見惻於莫食。庶微功之得省。

呂指南

太常觀樂器賦

客有遊於太常者。叔夜才貌。長卿文雅。歷階戺之間。目簷楹之下。彼美聲奏。諒先得而聞焉。繽紛器物。復可今而觀也。絲竹畢備。匏土俱陳。混季氏之八佾。擬夐人之六鈞。瑟既稱趙。箏還號秦。伐修竹於嶰谷。來浮磬於泗濱。羽蟲畫之也。可以成鳳翩。鱗蟲刻之也。可以作龍脣。物以古兮不可識。代雖殊兮亦可珍。豈直有斯而已哉。徒觀其廣廈駢闐。修廊逼側。蘊今古之殊號。被丹青之異色。貫路鼗鼓。干戚羽旄。斑彬翕赩。巨萬盈億。文墨者莫之而記。言談者罕

之而識嘉夫貴賤攸重華夷是欽舜湯一舉而進韶濩荒隅一奏而成俅任君徒見雕瓊鏤玉之餘彩殊不聞宮商徵角之奇音及夫金皋氣變珠樓春始煌煌帝庭濟濟卿士五樂具奏八音俱起惟斯器之有作備無爲之燕樂紛綺靡之容裔混魚龍之交錯金木羅張厥用匪常施之於國則政其攸敍饗之於廟乃神其降祥舞青田之唳鶴儀丹穴之鳳凰諒鄙人之罄思固難得而備詳

呂巖說

靈茅賦

有靈茅之繁育稟堪輿之粹晶間叢薄以孕彩候韶陽之發生與百卉而同氣擅三脊而異名探纖條以爲族拔連茹以彙征延蔓亭皋鋪敷原陸白華霜淨翠莖雲沃雜春澗之長松亂寒潭之明薊不剪彰帝堯之儉緼袍識子路之服若乃菁蔚匝地低昂順風或結根於江漢之澳或蓄茁於嶺岫之中挺芳心兮蕁蕁吐修葉兮叢叢煙霞之所蕩拂昆蟲之所翳蒙納日月之光照資雨露之霑融東市驗左生之術南征紀周王之功嘉此物之爲用蓋今昔之攸同至若錫履於齊俾侯於魯頒容衛之所藉實禮儀之攸覩純束美夫詩人縮酒貢其任土宜有意於遺芳諒無替於終古茅之爲物也賤尚見采於先王士之所貴者道豈敢昧於文章慕朝宗之涓滴對詞林而抑揚若邦國之是賴希寄心於棟梁

褚實

偃伯靈臺賦 以時成泰和伯義德久爲韻

偃伯師節也國家武成止戈文致皇極小宗伯樂之廣有命賦

國家執道紀酌天和敷皇極以協德作武成而止戈由是

天子居穆清之中念康濟之策乃訊元老禮鴻碩愜至道以垂裕議靈臺以偃伯且以韜五兵屏三革服仁義以爲壁壘仗道德以爲矛戟俾其庶績咸熙百工惟時弓矢載櫜詎資乎司馬之法仁義無敵寧取乎丈人之師矧乎豐財保大之謂仁濟物安時之謂義義也者所以溥洪暢之德仁也者所以廣生成之施我是以却馬於糞車務仁於穡地然後頌大武歌由庚協神道以廣運致人文以化成以在宥萬物以厚利羣生則夫乾元貞坤元亨彝倫敘而太階平豈不以其遠至邇安有截無外却兩階之干羽頒

五戎以冠帶百神肸蠁以薦福二氣氤氳以交泰亦以播無疆之休昭有道之大固能協乎上下承以天休俎豆陳而五刑措干戈戢而七德修展威儀之秩秩卷旌旃以悠悠始欲登三以咸五豈徒歸馬而休牛尚矣哉茂祉之彰元德之厚貞神明之所福宜配天地而長久偃師節於靈臺之上返淳風於混元之首諒遊聖而難知徒叩虛而責有

魯唐客

對男加布首縣宰倉漏判

得王甲散官八品有男將爲加布其首筮於堂又尹乙掌縣倉漏三所斷徵銅自解職仰正斷

王甲迹匪九流榮參散冗尹乙聲高百里任總絃歌玉樹先庭早襲夢熊之慶銅章列位未洽烹鮮之術禮經攸設存乎冠昏人天所賴在於倉儲緇布有序三加之義式陳禮節其興千箱之積斯在過庭之訓教子未虧於義方作宰之規爲政殊乖於慎密矧茲卜筮迺撰良辰惟彼蓋藏旋聞弊漏於堂則有虧明禮墮職則須按常刑稽以三千詳諸五聽阼醮陳其升降深謂合宜龜玉毀於櫝中誰執其咎在禮無失於法有違存以威儀同仲尼之好禮輒求解職異淵明之去官加布未爽於前聞罰銅請依於州斷

杜顒

對天雨壞墻判

乙富家天雨壞墻其子曰不築且有盜鄰人之父亦云暮而果失其家知其子而疑鄰人之父告之鄰人引其子不伏

雲蒸晝暝天雨滂降當此激射或頹圜一作環堵乙者何也而貨殖馬既得陶公之術有同宋人之富雖家惟四壁而

堂累千金當戒爾不虞宜納善人之訓何故爲誨盜不從幹父之情入門各媚信自負於知言鄰或爲讐欲見疑於忠告引之爲證事則可憑訟之無稽法亦難設謂宜按記庶叶簡孚

杜環

大食國經行記

一名亞俱羅其大食王號暮門都此處其士女瓌偉壯大衣裳鮮潔容止閑麗女子出門必擁蔽其面無問貴賤一日五時禮天食肉作齋以殺生爲功德繫銀帶佩銀刀斷

欽酒禁音樂人相爭者不至毆擊又有禮堂容數萬人每七日王出禮拜登高座為衆說法卜人生甚難天道不易奸非劫竊細行謾言安已危人欺貧虐賤有一於此罪莫大焉凡有征戰為敵所戮必得生天殺其敵人獲福無量率土稟化從之如流法唯從寛葬唯從儉郛郭之內里閈之中土地所生無物不有四方輻輳萬貨豐賤錦繡珠貝滿於市肆駝馬驢騾充於街巷刻石蜜（一作木）為盧舍有似中國寶轝每至節日則獻貴人琉璃器皿鍮石瓶鉢蓋不可算數粳米白麵不異中華其果有褊桃又千年棗其蔓

菁根大如斗而圓味甚美餘菜亦與諸國同蒲萄大者如雞子香油貴者有二一名耶塞蔓一名没囯（女甲反）師香草貴者有二一名查塞華（蒲孔反）一名葜蘆茇綾絹機杼金銀匠畫匠漢匠起作畫者京兆人樊淑劉泚織絡者河東人樂隈呂禮又以橐駝駕車其馬俗云西海濱龍與馬交所產也腹肚小脚腕長善者日走千里其駝小而緊背有孤峯良者日馳千里又有駝鳥高四尺以上脚似駝蹄頸項勝得人騎行五六里其卵大如三升又有䕩樹實如夏棗堪作油食除瘴其氣候溫土地無冰雪人多瘧痢一年之內十中五死今吞滅四五十國皆為所役屬多分其兵鎮守其境盡於西海焉又云米祿國在亞梅國西南七百餘里胡姓米者茲土人也其城方十五里用鐵為城門城中有鹽池又有兩所佛寺其境東西百四十里南北百八十里村柵連接樹木交映四面合匝總是流沙南有大河流入其境分渠數百灌漑一川其土沃饒其人淨潔牆宇高厚市廛平正木既雕刻土亦繪畫又有細軟疊布羔羊皮裘估其上者直銀錢數百果有紅桃白柰遏白黃李瓜大者名尋支十餘人飡一顆輒足越瓜長四尺以上菜有蔓

菁蘿蔔長蔥顆蔥芸薹胡芹葛藍單達茴香英薤瓠蘆尤多蒲萄又有黃牛野馬水鴨石雞其俗以五月為歲每（一作首）歲以畫缸相獻有打毬節鞦韆節其大食東道使鎮於此從此至西海以來大食波斯參雜居止其俗禮天不食自死肉及宿肉以香油塗髮又云苫國在大食西界周迴數千里造屋兼瓦壘石為壁米穀殊賤有大川東流入亞俱羅商客糴此糶彼往來相繼人多魁梧衣裳寛大有似儒服其苫國有五節度有兵馬一萬以上北接可薩突厥可薩北又有突厥足似牛蹄好噉人肉

杜信

對襲代封逃判

丁長當襲代封逃主司以有兄不錄其弟

夏分五等周開九命國庸人爵貽厥孫謀青土白茅將傳欒郤之室裘裳鐘鼎必襲金張之家丁既慶積山河用光家國不聞必復之業旋有逋逃之讓榮命不顧同顏闔之鑿坏遁迹方來共丁鴻之蹈海一去鄉縣幾變星霜蓂疇庸之有主在昆弟而可錄不謂政也無二法不容私終使長襲代封沮元成之宏義幼而時棄允張純之格言

宇文暹

對附貫五年復訖判

景於會郡附貫給五年訖差隴外鎮並訴不伏所由以為無據

瞻彼景也是何人斯逋逃故鄉離邊爾土苟不家食常懷旅遊比巢幕之未安如轉蓬之不定聿來茲郡奠厥攸居爰歷星霜載罹寒暑河源沙塞地鄰戎狄必資膂力以鎮疆埸惟景伊何當是役也自可有死無隕為主將之先鋒結袵抽戈斷賢王之右臂不聞為力翻事游詞孰有沐君之恩食君之土偏蒙五稔之復不徇六尺之軀人之無良罪宜從重當復滅鼻無或噬膚

尹程

觀秋水賦

乘秋日之遊豫縱奇觀於長川惟秋水之清泚宗大壑而瀰漫波浩蕩而不極影澄澈而彌天波沉馬邑類貞人之雲度岸迷牛影疑織女之河邊柳浸影而如臥萍隨流而似牽鳧帶藻而聲澀魚亂流而水圓晴霞晚鋪如漢江之濯錦夜月初上若銀鉤之映泉乃與斷金之好連璧之友

矜壯歲之紅顏怯衰年之白首效淡水之密契就河濱而置酒惜素節之彫荷歎嚴風之入柳況夫澄淡逶迤涵空寫淨符老君之上善同至人之不競處下不辭其垢濁攻堅豈難乎流盛星光夜照如臨剖蚌之珠菱影朝開似照盤龍之鏡爾乃長波澒洞洪濤泛溢晴天淨而空鮮夏雲臨而峯出照鄒忌之蕞貌鑒陸雲之笑疾遂有感於莊篇託微言於拙筆

趙宇

求元珠賦 以道德非智求珠以真爲韻

元者道之眞宗。珠者物之至寶。南華醜去聖之昏惑。因立言以探討。將依物以見眞。故假名以喻道。豈不以精理冥默。妙體希微。任元覽而自契。運無涯而反違。共趣於眞。所觀皆指。齊驅於苟。何適不非。是以遺之者異跡。得之者同歸。若乃軒轅之理。蓋以心中正天下。肥遁復築特室。靜端闡思。瑩之而英華不泯。懸之而日月齊輝。於是捐聰塞明。離形去智。兀然而心無所適。漠然而體無所寄。在宥而同乎太和。守靜而成乎簡易。不自矜伐。而人受其賜。斯則不違黃屋之間。而得元珠之義。豈同夫無脛而走。有類可收。

百金擬價。徑寸無儔。焉假物而則。是在身心而自修。搏之不得。何謨詬之能致。視之不見。豈離婁而足求。且夫珠以精眞比道。道以圓澈比珠。豈瓦礫之能雜。固聖賢而不殊。是以似之者將千里之遠。照懷之者如三光而莫逾。況國家騰凌羲軒。藝映文史。重光累聖。抱一而理。自元元而得之。傳我皇而未巳。傳之謂何。無爲是紀。得之曷若。徵賢選士。契漆園之寓言。悟元珠而有以。況人能宏道。道豈遠人。體之則是。任之則淳。不獨遊於崑崙之側。臨乎赤水之濱。而在於彼。獨得其眞。夫珠之爲義。豈只喻道。亦以比德。將求價而不收。同君子之否塞。況其勞於翰墨。握而爲則。懷恩欲報。照乘斯得。料明哲之深知。冀投之而不惑。

趙瓘

對旱暵判

設官分職。體國經野。風雨不時。山川是禜。眷彼新鄭。地惟故韓。歷代升平。俗懷遺愛。百里之任。無製錦之能。四時之徵。乏如絲之雨。青青媚草。卷書帶於槐壇。灼灼鮮花。發綬文於李徑。密雲不雨。徒矯首於龍星。離畢無徵。空舒誠於兔月。其才不淑。縣令寧假於鈞金。明德惟馨。尸祝勞神於

靳。不州佐道優展驥。法峻蒼鷹。責其不藝之辜。處以免官之坐。恩謂直筆。理合緘詞。

趙撫

對省官員判

有司議户口減耗。請省州縣。百姓訴云州縣廢則所隸闊遠。罷人益困。請省官員

禹別九州。秦稱百郡。非無沿革。屢有廢興。苟損益之或差。亦因循而是務。頃者暫遇奸宄。人或流亡。軍旅是加。荒饉仍及。遂使黔黎失業。喬木罕見於人烟井邑爲墟。壞垣寧

聞於畎畝。洎乎皇威遠被。寰宇肅清。頻霑利澤之私。遂亡干戈之患。省司以罷人是恤。議廢置於州縣。百姓以退路告勞。難駿奔於隸屬。衆以減員是請。或願取新官以省邑爲謀。盍宜仍舊。從人欲也。無或違之。

趙勵

秋鴻賦

若夫隨陽之鳥。翩翩者鴻。高飛晴日。長鳴朔風。乘秋陰於迴塞。結陣影於遥空。觀其羽翮聯翩。出入寥廓。念江山而猶遠。犯霜露而無託。昔年春去。愛洲渚之芳菲。今日秋來。

値關山之搖落。借如良人遠戍。賤妾孤居。帷屛曠望。意息空疎。路杳渺而無限。心嬋娟而有餘。憶紫塞之年盡。怨青樓之夜虛。莫不聞之者憤惋。聽之者淒如。罷迴文之織錦。思繫足之邊書。若乃明月宵懸。黃雲晝洩。牢落天地。蒼茫溟碣。行宛轉而初上。影參差而不絕。愁輕岱北之雲。訏負遼西之雪。既而南遊澤國。北別沙場。千里萬里。懷稻懷粱。強能鳴以取愛。恐不才而見傷。所願免虞人之矰繳。得狎君之池塘者也。

趙泉虬

對臘嘉平神位判

先嘉平之夕。索室不設存神之位。有司告其師訴云小黃之過。仰依禮處分

歲律仲冬。寒生季朔。尊狩而臨清祀。因蜡而祭嘉平。承八政之勞。農暢四人之休息。既而日沉西障。月下南軒。夜復清而多閑。神將肅而是享。主不存位。祭則無依。幽靈無地。元酒何設。如在之誠。事既驗於闕行。虧禮之尤。理合從於寘罪。乃典職之有失。事未一作昌可容。類龜玉之將毁。人何逃責。有司推詰。理妙一作合其宜。訴非可憑。庶歸常典。

對助鄰婦喪判

得聞人有鄰婦喪。自三日而不舉火。乃力借凶事之給。所以言黨人未獲。因主斂爭訟。官以先近後遠罪其不伏

鄰婦時命先秋。生涯凋落。四德之名尚在。九泉之魄俄沉。存既寡於周親。沒亦感於鄰義。既而朱火不舉。俯凶事而無從。元燧未臨。仰生人而何託。聞人以蹈危爲意。憂濟留心。爰行博施之恩。自合無喪之服。論其主斂。則親屬爲先。語其科辜。則聞人無罪。

趙嘉昭

對贓賄判

河南縣丞張季昭貸官錢一千貫私用縣令王楷糾從枉法季昭云既立帖取明即擬還不伏御史宋沖斷爲眞盜

雷電作威先王以嚴刑斷獄脂膏不潤古人以從政立身故貪乃敗名子罕以不貪爲寶財悖而入疏廣以多財累愚河南帝城四方取則毗贊之職必惟其人季昭策名清時沐我元化不能獨峻其節有勵冰霜翻乃難滿爲心自

同谿壑況飛龍在運振鷺盈朝官材必孚名器無假不義而富聞夫子之有言刑故無赦著文王之作罰臨財苟得古則恥之陳力不能今也宜止黃圖貴令欲以枉法定刑繡衣御史斷爲眞盜論罪既立文帖應有限期或即結刑恐成疑獄空仰九天之問慙無一割之能待詰事由眞之邦典

對流人降徒判

大理申去年流人恩降徒令徒會處合免刑部駮制免徒罪此非本坐不許徒者寃訴

曼倩持法恭聞至理之名公閭在官雅得平反之績與其失善寧可利淫頃以澤被寰中風行水上象雷雨以作解自昆蟲而必及五流之罪恩降一至於徒年三宥之條會處復加於清雪渙然無咎咸與惟新大理以處合從寬雅符平典刑部以徒非本坐何太深文

馬貽

對教吏爲缿筩判

景爲守教吏爲缿筩得其書託子弟所言以相告訐採訪使科其不能和睦於人辭云以散其黨

閑邪存誠禦姦以德彼訓人者爲政先之其有風俗未齊泉藪爲患共成黨與率相比周作法於涼且從權而救弊誰能執熱故逝濯以隨時惟景化俗臨人除患務本散落奸黨在三輔而尤異糾訴豪族爲一切之權宜同夫汙衣致偷問羊知馬類鉤距之能事物無隱情俾枹鼓之稀鳴人皆懼法既且違於從政復何恤於人言効廣漢之缿筩聿聞操簡比國僑之刑鼎終見貽書既度時而立功亦反經而合義如肯綮之投刃乃豪猾之云鋤何八使之縱劾

在一晝而斯蔽

馬光粹

對科木作道判

當路多石所由科木作道科擅賦役

繕理通衢必遵時令蓋藏多暇農人務閑旣刊木以爲工亦隨方而適用於是取材深谷與役平人將肆力於夷塗必希心於公道馳驚由其克濟行李於是知歸何所虧違論其罪坐必情惟害物據法須峻刑名若功可利人撫狀猶宜獎應縣爲斷結理未融平請更下推使其無訟

馬子才

送陳白然西上序

朔風驚沙枯梢號寒子行亦良苦聞之京師曰米如買珠薪如束桂膏肉如玉酒樓如登天驟雨至矣黑潦滿道則馬如游龍淸霜激風客衣無襦抱膝而苦調則火如紅金子之遊京師所以待此具者其挾幾何豈子之家位高金多父母兄弟渠渠款款厚撫以遺子乎曰無有也豈子之鄰里鄉黨相悅以義出門辭東家而西家待矑矣寧有是乎曰無有也豈子之昵親俠友入室握手說無說有把酒相別飲酣氣張有解劍而指廩者乎曰無有也然則子之此遊挾何術以往曰吾視囊中不見其有物視吾胸中耿耿者尚在也以吾之耿耿者遊天地閒庶幾必有合乎予聞其言而壯之曰今人適百里必宿春而淅乃敢出門戶今子有數千里之役徒手以往浩然無憂予固驚怪子矣果如子言予來春於江南林石之下聞北方有焰焰者必子也夫

上官遜

松柏有心賦 以君子得禮歲寒不變爲韻

觀卉木之庶類而松柏之異羣貫四時而不改柯易葉挺千尺而恒冒雪凌雲抗高標於物外遠卑冗於代紛其榦則直其理則文驗受命於方地信無奇於此君於是載離風霜多歷年紀持本性而常茂抱幽貞而獨美太華之上森森映仙掌之峯台嶺之傍落落蔭靈溪之水經冬不改憐江南之竹箭乘春暫榮笑東園之桃李故見稱於前聖喻德於君子夫其勁節可嘉明心不忒實繁衆類生我邦國故將枝葉無隔於心源豈同橘柚有限於南北錯萬物以爲佐求其族而始得是以後凋之義久不刊於魯經有

心之言永昭著於戴禮。吉士遠託。或亭亭於嶺上。山苗作凌。時鬱鬱於澗底。雖彼此殊軌。而榮華一體。若乃背徂年。當芳歲。林烟乍卷。秋雨時霽。仙侶或遊。隱淪常憩。莫不對偃蓋以瀟灑。仰仙雲而搖曳。暢方外之遐遊。滌樊籠之流滯。若乃幽澗之側。高岫之端。葉離離而日來冬暖。枝梢梢而風至夏寒。不以無人而不秀。又同美乎芳蘭。至若大廈方構。長材是求。詣藪澤。訪陵邱。遠近必度。大小所謀。有斯木之特達。惟工倕而擇。不重曰。歲聿云暮兮何木不變。惟松柏兮凌霜葱蒨。儻有心之可嘉。期君子之一眄。

蔣諫

對教吏爲鉆箭判

景爲守教吏爲鉆箭得其書託子弟所言以相告訐採訪使科其不能和睦於人辭云以散其黨

學以入官。貞足幹事。苟隨時而制法。則助化之通方。施於在公。是亦爲政。景忠而奉職。知無不爲。置以鉆箭。方茲水器。觀書記而察過。託子弟以爲言。冀乎擒奸。固曠黨與。嗟爾人吏。胡爲告訐。未能反身三省。而乃相怨一方。不悛厥心。覆怨其上。使司急夫求瘼。務彼澄清。察以不能。責其非當。斯則小人難養。抑亦君子何情。顧禮義之不愆。奚糾舉之能恤。

蔣勵躬

對承襲稱狂判

甲承襲稱病狂有司按以爲妄

賞功行封。父歿子繼。義存昭穆。理在宗祊。夏殷以前。罕詳斯制。周漢之後。咸用此途。甲忝籍勳庸。得參纓冕。誠宜率德改行。嗣先人之業。翼子謀孫。崇保家之道。焉可忘析薪之荷。搆佯狂之謀。內虧孝子之心。外爽忠臣之節。同衣裘而鮮食。類接輿而欲歌。必事等元成。何替名家之譽。情符孟蓺。不聞良史之嫌。即按所司之科。恐失惟輕之典。待盡情僞。方申斷割。

景少遊

對里尹爲主判

乙妹無子寡而死請里尹爲主決曹掾科其違禮訴云其夫無族

乙妹三從靡依。一志空潔。榮落朝蕣。魂棲夜臺。生則事凡。

義或遵夫歸妹。死而誰主。禮用行乎寡妻。夫無執紼之姻。里有主喪之尹。雖親不可間。義並連枝。而事寧敢逾。禮從異教。決曹謬舉職。我之由。訴者有詞。今汝則盡。尚恐邑多匍匐之予。家有不相之鄰。未詳其宜。莫適問罪。

柳觀禮

對大夫采地祭判

得宗人掌三辰之法。以猶鬼神祇之居。辨其名物。保章不供本職。輒事左道。人云采地所祀

天子建國。法合掌於三辰。諸侯立家。禮許修其五祀。非直

爲之糾禁。抑亦辨其名物。各有職守。無相奪倫。至如日月運行。陰陽消息。乾坤測度之法。山川沉埋之儀。蓋存公道。布憲於觀臺。豈合私爲。輒陳於采地。宗人所祀。正當左道之條。保氏所陳。深得禮刑之制。

欽定全唐文卷九百五十七

沈逵

山元玉賦 以奇質異文作佩公侯爲韻

佩玉之設。所以導容止節威儀。惟山元之在御。配組織之標奇。山以表名。蓋取山崇之德。元而載色。且昭元黙之宜。合殊姿於雅稱。俾服玩以無虧。懿其韞匵稱珍。連城表質。爰制衡牙之用。以戒趨馳之失。匪取乎截肪自資。乎純漆響既清越。理惟縝密。色溫合乎緇衣。韻鏘鳴乎玉律。動之在聽。隨矩步而聲繁。佩之在躬。寧風趨而影疾。羣寮奉贄。

庶官陪位。貴賤畢陳。高卑咸萃。我則發清響標奇器。飭彼雅容。遵乎深意。配元侯而禮盛。奉上公而儀備。豈比瑌珉彰庶士之殊。水蒼表大夫之異。況乃黝衡比色。緇組侔文。體元端而位辨。表黼衮而功分。或倚或垂。昭君臣之異。載揚載揖。殊進退之聞。宜發明乎盛德。永光錫乎洪勳。其質貞清。其光錯落。官推玉府之典。制自玉人之作。是用比德賢臣。表功王爵。始自韞石未彰。含暉尚晦。隱元山以參差冠元雲而靃靃。哲匠莫顧。俊賢未佩。徒棄置於層巒。豈琢磨於明代。及乎偶拂拭遇磨礱。服之容美。執之禮崇。自可

實同乎金錫。豈惟價重於王公。則知其律聿修。在禮斯柔。非夫賜象服錫鳴璆。何以膺山元之瑞於諸侯者哉

沈逢年

對鐘官所鑄判

庚爲鐘官所鑄不充歲計工部按其罪訴云鉛錫未足

國家業耤承平道惟禮樂。既克諧之是作。豈鐘鼓之云乎。調白雪之琴。薰風已被。蓄應霜之氣。職務司存。必俟洪鐘之功。更叶陶鈞之力。而和戎魏絳。須賜歌鐘。救衞于奚。理存名器。豈得時須有失。歲計不充。懼金玉之科條。託鉛錫之闕乏。何不豫呈功課。早計有無。遠乎鑄銅之山。近取罰鍰之坐。寘棘之典。今也何逃。握蘭之見。斯焉謂得

苑榮

測景臺賦

大聖崇業。萬象潛通。據河洛之要。創造化之功。建以黄壤。亘以紫宫。右輔伊闕。左連轘嵩。銀臺比而可擬。瀛壺方而詎同。掩扶桑於日域。包蓬萊於海濛。式均霜露之氣。以分天地之中。於是仰元穹之文。俯黄壤之理。下壓坤德。上羅乾緯。垂形象物。既不假於銀衡。司刻採元。何必邀於銅史。其細也難究。其妙也若此。斯豈光陰而若易徙。且夫聖不可測。道實兼致。天地與能。幽靈必契。囊括衆巧。網羅羣藝。自然而來。疇能比詣。今來古往。時移道替。滋歲月以成朽。覺風塵之漸異。人有代兮俗異。沒地有形兮無制。零落空階。莓苔古砌。頹墉邐迤。但覺蕭條。高阜荒凉。寒城蕪翳。攀聖迹而難企。感吾徒而流涕。猗歟成周。系聖基極。君少臣輔。流言更逼。自陝卜洛。其儀不忒。公歡其化。人盡其力。惠而不費。功成事息。欽聖德之微奧。豈賦者之能識

三無私賦 以平上去入爲韻

天得一以清。地得一以寧。日月得一以明。聖人法之以化成。無私之謂。莫之與京。三者不忒。天下和平。天之道也。存乎至輕。潛運而三光是麗。不言而四時是行。夏以長。春以生。亭毒之德。以無私覆爲名。地之義也。爲利至廣。大流百川。細包草莽。因金風而物成熟。遇木德乃氣騰上。且無私載。坤德存乎易象。月之來。日之往。無幽不燭。有形斯仰。其照無私。實至明而稱朗。若天地不能存之以信。則生成之理息。日月不能存之以明。則終古之道爽。苟不失歷義和

得其所掌我天子今九有是御用無私以成心每宵衣以達曙奉此三道守而勿去大象是執選賢爲急昭昭爲大與天地而相參明明鑒下齊日月而出入天光發乎幽滯仁聲振於潛蟄儔陽之德因時行而有階起予者商想茲道而無緵苟志斯道立之斯立當軸者斯焉取斯何憂乎地芥之難拾

殘雪賦 以明月照積雪爲韻

謝惠連遒文擅名藻思騰聲覩階墀之積雪因體物以興情曰是雪也感沍寒之德陶元化之精元冬御時固凄其

而以降青春換律奚浩然以居貞豈不以其氣勁其質清處慘無昧遇蒙而成若就陽呈姸已遇乎東風所解且居陰寓質望晞夫朝日之明乃春宵尚寒銀漢未沒質瑩庭廡光搖林樾雜凝花於春露亂素影於夜月小山盧映瑤峯盈尺而潛生樛枝乍垂梅花照樹而將發詎比夫瓊蕊難求夜光可照且昧不貪之寶未得卷舒之妙或消或結吾將任其行藏是翫是瞻彼何爲乎銜耀當其朔風駛同雲劇既散亂以飛空或繽紛而下隙於是出野而萬頃連縞晞山而千峯合璧既見晛以俱消將飄零而委積隨時之義雖守潔而在今潤物之功固呈豐而自昔既而陽氣長陰氣滅將散有以歸無尚殘光而固節已矣哉人道不能無否泰天道豈可無寒熱固可洞消息以從之何必託興於殘雪

觀風臺賦 以曾構重屋以觀八風爲韻

我天子德廣虞夏業傳高曾展義之心攸克觀風之禮必登故臺之用也斯建臺之名也是宏然後度材比德奢而不盈興功俾役儉而不陋萬物是集百工是湊從繩罔越運斤以闕欻以山立揭焉雲構豈不謂鴻休叶贊元德時

雖錯綜之典不革經始之道克從闢以九戶聳以千重接祥光於溫液見張平子東京賦納瑞氣於鼇峯覩乎大廈耽耽飛簷穋穋殊形詭制羣品異族或霞駮而電開或龍蟠而獸伏浩飾彰盛洞文潛蓄既藻井以垂珠亦丹墀而布玉晴天返照垂蝃蝀於雕梁霽色澄明挂蟾光於重屋混合元麗巍巍特起入窈窱兮不知所之視瓌瑋兮不知所以及夫西成罷務北陸將寒霜封原隰雲蔽峯巒金輿斯御緌仗初攢寧傷心以攸往必風俗之所觀設教陳詩事必彰於禮備承天統物政本在於人安至如庭宴薰薰衣冠察

察其樂將萬其儀用八奏金石兮匪疾匪徐命鼓琴兮載擊載戛既而若登僊境若奪神功度宏規兮其外變多態乎其中傍眺六合遠視八風吐元和而納純懿詠仁洽而歌道豐則魏之所造漢之所崇伊制作而靡及豈古今而遼同客有觀乎順動審彼始終因厥誠兮垂慶宜永永兮無窮

范憕

競渡賦

楚之人兮有舟利於涉者節以檝飾而競馳因汨羅拯溺

之事爲江漢載浮之嬉以娛黎烝以穆風俗故歲習而無虧爾其月維仲夏節次端午則大魁分曹決勝河滸飾畫舸以爭麗建綵標而競取聿來肇自於北津所屆聊期於南浦選孟賁烏獲以用壯酹川后天吳以潛輔重輕莫異於錙銖先後不差於步武外希得儁之稱內約疇庸之伍降箬裾以列筵擁士庶兮如堵於是鷁首齊向飄然羽輕引長絙以觀整羅小艇以持平遠岸天闊乘流鏡清攫棹者氣作於一鼓理櫂者伎懩於先鳴聆大呼之始發若縱袘而迅征直衝諒駛於狂兕忽往未殊於駭鯨日正晝而惺眩浪無風兮欻生鳴聲吹竽上聒天衢如伏波整旅合水戰於江湖建旗列卒俯映泉室若五利將軍訪仙師於溟渤攝靈奇以潛駭恒游泳而下逸羣聲合譟羣手齊力慮勍敵之我先莫遑舍於瞬息乘輕若在於風馭處疾互飛於首餙舳艫惟正審流鏑之向齊檝櫂翻然亂驚鳧之揮翼投勁竹以交擁各庶幾於獨尅向背適中勝負攸分一喻馬之旋濘一如龍之曳雲始差池以接影忽夐絕而殊羣曾不移晷倏然戾止去孤標於部黨爭距躍而赴水有麾竿以贊獲或振綵以揚美中程者雖多欲於上人後

時者猶未甘於勝已懲既往之敗績佇將來以雪恥由是勵能激憤赴派而迴其逐進也速飛電之經目其引退也緩孤鴻之應媒彼狃淺以生怠此方殷而有猜仰興慕於三節爰息徒而復來論始作之功雖掉鞅而偏擅稽未事之效乃發渠兮備該然後弭舟檝宴沙場叶同黨之誠願錫上官之寵光徵固(疑)敵之財以頒賞合如澠之酒以飛觴勉居後人以成績翻有初於不藏水府澹以澄靜人羣欣而樂康夫吞刀倚巧而幻人之伎角觝稱妙而狡童之戲豈比夫仙舟以濟川之器競渡有救災之義非百夫之

衆無以較其捷。非九江之廣。無以藏其事。總夷夏之具搜。爲壯觀之能類。

范仲芭

對祭社判

宋元君叩鄫生鼻血祭社。人告妖。

滅蔡用隱。無宇興言。伐莒獻俘。周公不享。馬先猶不用馬。人社寧容祭人。惟彼宋君。志多剛很。惡有大而必陷。善無細而必違。遂取鄫生。以血祭社。愚管窺此。其傷實多。或人所告深符至道。殺人者死。傷人者刑。先達所制。後進攸則。

（一作行）宜投正法。庶草來犯。

仲之元

玉賦

眇坤珍之潛。思察妙有之嘉。生伊靈卬之産。玉得天地之純精。超衆寶而惟美。比君子而居貞。含溫潤之麗色。抱清越之奇聲。神光照廡。高價連城。瑜瀸有私而不掩。珪美無心而自明。爾乃太元分儀。洪纖是質。瓊瑤琬琰之殊。琥結綠懸黎之衆。述五色相宜。千名競出。振鶴羽以益鮮。聳雞冠而增煥。匪蒸栗之足侔。何純漆之能亂。乃堅以守正。妙以通微。洪鑪不能易其色。厚地不能瘞其輝。乍騰虹於白氣。或見女以青衣。山林孕之而含鬱。川瀆育之而漣漪。昭靈神之景命。啟聖哲之昌期。無終設漿而獲偶。渭浦投釣而匡時。復有逍遙人俗。彷彿仙府。泛醴流膏。崇臺結宇。飛華崑閬之岫。結影蓬瀛之浦。使人主齋戒。班倕歎揚。磨礱規矩。華睆文章。琢之爲珪。下辨君臣之節。合之爲璧。上連日月之光。既展禮於天地。亦分榮於殿堂。垂纓珮兮濟濟。登鑾輅兮鏘鏘。入管絃而流韻。備樽俎而含芳。然而運有屈伸。時兼否泰。當其潛影幽阻。抱璞荒外。碔砆紛糅。砂礫

無汰。空泥涅而不緇。何風雲之難會。嗟夫雖天下之至寶。必俟鑑而後知。苟非人而妄進。則按劍以興疑。故卞和爲之漣泣。鄭陽爲之銜悲。夫物不可以衒賣。將韞匵而藏之。

宋昺

獬廌賦

精瑞氤氳兮生獬廌之炳靈。志耿介而不羣。世情僞而亢雜。動微明而鏡分。詩美乎思無邪。道貴乎解其紛。得道之實。爲身之文。豈徒神明其形。將以幽贊人君。涇也濁。渭猶兮在薰。辨之以履霜堅冰。無俾乎水深雪雰。則致明如日

月靈應如風雲所不至者固亦有聞夫道無爲神無方聖人之政有以相合靈物之質不必咸章名用而行跡舍而藏與麟趾同符騶虞齊光肇允丕應時唯我皇咨爾輔弼咸懷忠良感觸邪之義成無妄之綱五福備峙四靈彷徨爾有足兮不行而至爾有角兮其用也剛人是知勸實丁厥祥孰與鳳鳥去飛龍圖未揚惜睽闊於明代竟流連於素王物亦生蠱邪行紊德雖明足辨類凶族起於唐虞智足周身讒巧傾於孔墨水火不可以同器邪正不可以同國懿茲神獸間執讒慝分兩造之疑冠百祥之特勇毅而

能斷智明而不惑守法者仰之以司南疾惡者投之於有北固操斧而思用因伐柯而取則龍闕分官烏臺肅政扶直指之角象繩愆之性聯繡衣以生風借白簡而增勁物莫不肅時靡有競所謂君子道長邦家德政苟違中人斯同妄行豈王臣匪躬之德叶哲后授賢之命睎彼法冠恐其規鏡則戴鷊聚鷸足爲服之盛何必儀形神物示人以敬庶乎在位者竭能而輔政

宋悛

漲昆明池賦 以白水滿春塘爲韻

於廓靈沼其流湯湯控清源於近甸澄積溜於方塘頃者天子時欲出池苑瞻農桑納獻可之規諫設成務之紀綱乃斬杞柳破堤防將欲抑耳目之遊觀資稼穡於乂康一物失所若已納隍竭其澤則龜魚無咸若之地害於物則邦家無好生之方豈以成功者不可以適變識道者克在乎順常乃天意怡豫人謀允臧不遠而復載濬其隍亦既具畚鍤亦既豬沼沚將挹彼而注茲乃引流而激水總括趣絕見鯨波之大來委輸成深覺鳧舟之漸起且池之盈矣亦云自頻修軌躅雖聞於仍舊開浚引終期乎取新鱗

介將枯而復躍草木咸滋而更春皇矣我后有如其仁懿乎哉仰對一水旁連九陌流惡有類於汾澮納汙頗同於川澤烟收霧斂混天色而波清秋霽霜晴浮月華而影白載育菱芡羣浮羽翮將飛有翼時棲太乙之雲欲濟無梁幾滯璧池之客且流謙者聞於善下惡盈者誡於自滿儻從事於水鑑庶可形乎長短

宋伯宜

對泉貨策

問義農之時市井爰立夏殷以往泉貨無聞太公立九府

之法夷吾通萬鍾之藏輕重良由於出令斂散實在於得時自此以還資幣數改景王寶貨單穆立母子之識文帝四銖賈生深博換之歎既而白金易賊赤仄難行小則米石至萬大則一當五百禁鑄彌重姦錢益多雖復棄市相尋黥罪日報苟非其術爲害更深且示以厚利隨以重辟是誘良民陷之坑阱朕屬此流弊情甚傷之故罷均輸之官省鹽鐵之利復欲收銅於斷鑄勸百姓於農桑奪商賈之權塞兼并之路而象稱交易書載懋遷歷代相承行之已久一日變改公私非便且軍國所須虛一作靡費猶廣尺

寸爲用分裂亦難益國寧民應有長策明言爾志以沃朕心

對臣聞楚王明月之珠寒而不可服魏王照室之寶饑而不可餌然則養羣黎之氣命爲萬姓之衣被苟異農桑義難豐渥雖繼天象日之際猶爲血飲但立地甄海而還誰不粟食質文空變高深自徙親藉躬桑殊途共致故得時名有道世號無爲英聲鼓而未窮茂實飛而詎已方驗稱爲寶者不勞氣白如虹謂之天者不假圓而似蓋且鑄金爲貝信有從來漢改四銖秦行半兩用捨更互廢輕就重之宜損益不常地馬天龍之異復有豫章銅岳蜀道銅山全歸佞倖之爐頻入諸侯之冶所以公私大半僞實相蒙姦佞用此而兼并豪戚因茲而聚斂洛京三鄽之內賈客雲屯齊宮七市之間商人霧塞乃令東漢楚予高閣浮空西蜀彭家連樓跨術雷車雷騎多出工巧之家列鼎撞鐘無非貨殖之里賓徒藿肉鮑書不足論僮僕藜餘張詩莫能序三田爲之廢業五稼由此多荒伏惟陛下依乾度立坤功道則光格四天德乃牢籠九地五羊銜粟時和之義光表雙雀飛鳴歲稔之徵已見尚留情天下之命置懷天

下之本欲絕彼工商斷茲鹽鐵乃還淳之要術非進取之權道何者今東南雖款西北未平戎馬可馳兵車驟轉假復銅頭鐵額本無敵於黃軒緹甲行師固有勞於蒼帝誠宜立彼田畯闢茲泉府既篤墾草之功還修上林之務耕疆抗隆織室開扉採彼三條藉茲千畝時行范子擒吳之祕計兼宏管相霸齊之遠畧隴西馬援監舊鑄之司淮陽汲黯塞姦爐之巧乃復鑿杜冶之便宜疏鄭陂之浩淼羽林創其始中郎嗣其末王基進業勞就沮漳鄧艾申權功成陳蔡邱陵滅矣禾粟之鏡未虧洛水竭焉資貯之蓄寧

滅於是修天陣縱天兵旣飲馬於南池遂徵鷄於西海然後收銅勿用沉璧而歸崇士女於耕桑禁綺繡於商賈則堯心舜行併可陵勝火職雲司翻能度越者矣謹對

宋全節

對造帳籍判

戶部符下諸州令造帳籍州司以百姓艱辛人未歸復請待兵散後造省司不許云人爲國本賦在均平戶若不知軍何取給

國之彝倫資於版籍儻或廢闕是長姦回頃者寰海微波

編戶失業枌榆暫別蓬蘽無歸聖朝提象握符再造區夏矜百姓之流蕩廢三年之典故且量地出稅據丁授田法在畫一事宜經久永言州府恤此疲人曾無草弊之規徒徇隨時之義昔漢朝倉卒猶或先收今盛代升平寧容後造租賦所繫不可憑虛豪右主藏須從摭實欲施小惠亂我大猷人有憚於暫勞國遂忘於固本州司所見頗昧通途爰扣兩端敢申獨見

李子康

對員外郎讓題劒判

員外郎陳景居官清謹上親以宸一作神筆題劒賜之有龍泉字景撝無功不敢當受遂表奉讓御史彈故違勅不伏

陳景門接聚星望高披霧香含紫帳鳥下丹墀待漏南軒依玉壺而轉潔書章北闕暎金波以自清趨簡要之司握蘭任重出神仙之路題柱恩深電影分龍星芒自轉霜毫寫鳳神筆俄飛事頗叶於韓稜寵方同於漢主慙無功最固有謙辭奏草輸忠初聞賜劒吹毛入罪忽見彈珠然而鴻澤旁流將崇懋賞烏臺典法欲寘深文郎官未越常規

御史到疑同違勅旣無負犯並宜告記

對刺史求青牛判

許州人鄭傑家有青牛刺史張勣從傑求市不與及勣身死傑將牛贈勣子鄉人告取牛父爲監臨

張勣家承七葉政舉六條經一作謠日無戲方馴白鹿韋星可暴欲好青牛鄭傑榮水通門襄城編戶旣仰留棠之德旋聞化梓之求言惜清廉少從拒抗雖林中鳳集已見秦彭而天上鶴來忽徵王距銅符此闕玉樹斯存始叶朱暉

處玷解刀一作鉤之化終齊季札即追懸劍之誠昔孔氏脫驂猶見疑於弟子今張勤受犢何嚴感於鄉人論情不是監臨撫事適當投贈輒爲糾告深懵古今不犯刑書理宜絕筆

費光裕

對卒史有文學判

有司選擇卒史以文學掌故備員有比百石已上誦多者先求之不得訟如功令

懿文聚學以期致遠難進易退必在從誠且晁錯多才亦先於掌故東方答客豈望於侍郎茍有求於敘進亦何問於卒史受祿不誣致貴有漸陟遐由邇楊園必倚於畝邱在著從微增冰有成於積水方進寧辭於計食陶潛不恥於折腰矧茲百石之比乃是上農之秩誦多爲美誠有司之合甄先求見黜宜功令之致訟罪自己招誰可怨咎

魏宥

對奏安代樂判

禮部責太常不奏安代樂訴云今之所奏雖曲名不聞聲調相類且簫難備何用此爲

禮因樂聲既沿且襲須有專達司於太常是知六律六呂之差三成四成之奏所以感和天地降格神祇煩手淫聲必有所禁轉人安代奚乃之違則韶濩其名匪一夔而可辨笙鏞以間何細器之能諧輒游厥詞過亦奚追

魏炤

蜩甲賦以似之而非爲韻

精氣爲物物必有依遊魂爲變變亦有歸蜩者精氣所聚甲者遊魂以飛功存造化理暗幽微察形如在責實而非覩乎離隱出穴先號後喜或附枯枝或映深水擇幽跧伏臨危聳跱致身勞苦不獨附贅懸疣動足艱難何殊駢拇枝指上懼於雀下憂於蟻情有感於仁人事不可乎以已效神仙尸解之術得龍蛇變化之理雖欲全生且同半死既坼既副如動如止一體區分雙形酷似高冠而立瞑目而視莫躁其心能靜諸己飲露則躍翻風忽起再生之命蠢焉不存之皮朽矣覩遺跡於棄甲想能鳴之在耳空披腹心徒伏泥滓其內也既等混沌之無竅其外也何患螳螂之利觜與繪事而均功齊木偶之所擬昔則如羹如沸孰能聽之今則不飲不食何憂餒而數往有分塗窮有時

雖滅天理尚存幽姿已脫輕翼猶帶懸綏有象受服者解褐衣而去又同適越者棄章甫於茲既逍遙以脫屣非蠆芥以僵尸其靈託馬蘧廬可以設喻其質去矣魍魎曷足措詞文非變虎鷇等枯龜莫懷爾詐仍謂我欺心通者不惑性殊者猶疑君徒見僵仆塊然而無用曾不如脫身輕舉而莫追

魏式

工先利器賦 以器苟未精將何爲巧爲韻

工有習藝求名志在不朽乃言曰藝未達不可求以諸已

器未精徒勞措以其手安得輕進自貽伊醜於是摩厲爲先動用爲後識旨趣之可尚實果決之不苟所謂作事謀始本立道生繩墨盡索斤斧畢呈慮姸媸之稍違而或愆規矩審鋒鋩以求銳而必取專精懃懃不怠矻矻有營欲盡心於鋟鏤用度木於林衡亦如舟楫良然可思其濟涉耒耜利始得識其耦耕於其發硎可視以精爲貴不然何以能久用之不既驗樸斲之有辭懼剞劂之猶未爰究爰度無或不良揣八材之質淬百鍊之鋼然後切磨效奇成至寶之美剸劖中度用巨材之長呈機巧以盡善豈濫竊之是將且斟酌不撓矜名嘗巧雕鐫非他施功幾何既適心而便手因投刃以攢柯向使因循爲心則器必殘缺若苟且從事則人亦詆訶安得不分班倕之元妙就玉石之琢磨觀夫欲展而能先利其器以工立喻則人不二可爲庶士之規寧比匹夫之志故曰用藝者儆戒不遠立身者得失由斯若幸而濫進則人必爾窺是以君子不容易於所爲

魏加慶

對甲居重澤田獲三品判

得甲居重澤介疾有喜遂存乎辭或告其妄于他事初不量力甲云剛德閑邪何往不利又景田獲三品自稱有功所統斷爲強暴天物且違時禁景詣三司訴持法不中

麗澤作兌馳騁爲獵大易克演老氏攸誡故違者匪宅是卜終莫之陵愚者動而離制事不師古甲也所處得八卦之龜輿景其律田獲三品之獸物隔疾生喜式損於悔吝自衒厥功載象於士女詳諸訟者反而不思稽以斷之固未爲失初尋量力義叶獲麟之傳末觀強暴罪桂吞鯨之

網苟用則得歸藏之繫象可尊奄詣有司温柔之薄言斯在況何往不利違禁見嬰宜寘妄干之責勿容不中之訴則高尚其事甲取類於緇衣下人之蘗景乖慕於白賁

魏兼柔

對祭侯判

得甲祭侯辭曰強飲食御史糾非息宴之禮不伏

揖讓而升發彼以祈爾爵正鵠苟失必也反求諸身甲主張三侯是供五射簋貳以薦初陳強飲強食之辭金奏既

動間以采蘩采蘋之節屬九圍有截五兵載櫜宜習禮於澤宮可觀德於相圃下綱不及於地武中掩以待於手予惟若寧侯則抗而祝也所以擇士乃與之祭焉稱非息宴妄爲柱史之糾觀其守職未失梓人之規無咎可徵甲免夫戾

路蕩

拔茅賦 以靈茅類征吉爲韻

彼大易而探賾偉元言之杳冥惟乾坤之交泰獲品物之流形惟卦也泰之義廣惟卉也茅之性靈其用也潔身而白當春也應候而青或茂江國或生楚郊三脊之異是稱靈茅刺其無禮詩人引之於純束責其不入諸侯終貢於厥包不然者草則多矣胡著之於繫爻哉故可比君子喻物類惟人也能同其地人易心則兩苦茅分族則雙悴苟連茹以相依夫何往而不利是則傳其潔守其貞榮落惟運窮通爲情道或屯蒙滋雨露而育質時違振拔與連類而共征確乎莫移以保貞吉用之錫命既著之夏典將以縮酒又薦於周室異芝蘭之稟性不同其香等葵藿之有心尚思向日歲聿云暮霜風慘慄願當蕪没之時不棄輕

微之質

徵苞茅賦 以九合諸侯一匡天下爲韻

猗彼菁茅挺生不雜縮醪醴以致潔與清明而相合荆人是職將有體其精誠王澤不流遂無聞於賦納故小白仗義夾輔衰周言念彤弓元矢實征九伯五侯惟苞茅之有闕乃伊人之所羞爾貢或愆於先職王祭誠非於異求有命是遵雖云我疆理無思不服孰曰風馬牛於是戒徒無譁命衆以律顧爾心之有二諒我德之惟一楚子承擯以請罪夷吾將事而靡失陳師鞠旅見旌旆之翩翩伏軾致

辭想德音之秩秩。且曰祭有百籩。縮酒爲先。類生芻而比潔同有奠。以告虔。職貢斯巳。爾則不共於命。馨香罔薦。我將譴見於天。豈可狃爾車徒。恃乃封守。慢上則君臣異等。黷兵則齊楚非偶。議乎品列。我則齒兄弟之二三。揆以疆埸。我則吞蠻荆之八九。是以來求獻捷。豈敢定居。如憂連茹而亡。禍之大者。乃將任土作貢。禮可忽諸。於以止戈寰區。折衝罇俎。俾潔白於粢醍。肅君臣於上下。泰壇之禮成彼菁菁者茅。問罪之師。罔倦悠悠於野。然後率職四方。用賓於王。信耀德於千祀。豈矜功以一匡。異魯隱觀魚以犯

憲。笑晉文將狩以亂常。曷若返行葦之積德。遵方物之舊章。美哉無私之舉也。將歷代而彌光。

欽定全唐文卷九百五十八

傅夢求

圍棊賦

待隱之園。神仙所都。世隔兩塵。維以逍遙云爾。飲過三爵。不有博奕者乎。於是巍巍邃翁。黃扉鉅儒。召曲阿之仲子。延相水之堯夫。枰設文楸之木。子出滇南之爐。值天清而地僻。命對壘以爲娛。小子不敏。拜賜良圖。抽毫進牘。以博胡盧。夫其取法象於天地。分剛柔於陰陽。參駢羅於列宿。措經營於四方。衍圖書之定位。非巧歷之能詳。頗牧生乎

尊俎。良平坐乎帷幄。轉盼變乎風雲。倏忽交乎電雹。乃局面之一新。豈依傍而保角。若夫揮戈退日。指掌回天。寶鑑造形而炳髮。鸞刀迎刃而割鮮。譬當路之不遐。何決機之復連蹻。至如中外戒嚴。連烽繹騷。蜀道之難若破竹。秦關之卒如燎毛。韜神機於密授。見一著之孤高。別有龍戰收功。虎穴得子。倒載干戈。勝心不起。享乾坤之清夷。悟盈虛之妙理。期大雅之明哲。誠國手之擅美。嗟夫。智者創法。萬變無形。達人大觀。一順無情。稽古今之因革。等陵谷之紛更。通無方之妙用。均多岐之錯行。於是翁也首肯。尊俎無

犨相與推枰而一笑目送浮雲之遐征

傅懷海

對命農判

得習壤常命農夙駕桑田採茅爲索人訴遇雨不充其役

農爲國本本固邦寧人生在勤勤則不匱爰以習壤夙駕命農匪雞則鳴已驅人於里巷白駒未駟方執耒於疆場克始克終惟掇惟採緜蕝豈禮儀之用縮酒非祭祀之須彼茅所資桑田爲事時若見奪不利於人宵爾索綯惟彼

南畝田畯之喜意在東皋將以息末取源還淳反樸致君於堯舜貽厥於孫謀農人性未適時智非及遠苟徒沮事妄作薄言豈遇雨而可憑欲將雪而無禮

邵卿

對承襲稱狂判

甲承襲稱病狂有司按以爲妄

建邦設都天秩有禮襲裘紹冶人教攸先甲以榮冠鼎宗躬忝門子對謝庭之蔭蔚玉樹搖春窺陳氏之英靈珠光聚夜纂乃舊服誠宜象賢故違正徒而冒狂疾伯夷去周雖則有諸酈生不狂誰信其妄若棲心讓美宜從溫睦之規如譎行沽名須遵復禮之議自然日蕃錫馬晉象明受寵之文庭有懸鶉詩人寢伐檀之刺至公之道其在茲乎

賀蘭恒

對卒史有文學判

有司選擇卒史以文學掌故備員有比百石已上誦多者先求之不得訟如功令

學古入官選才署吏以賢制爵無替舊典必加明試抑有前聞惟彼司存綜乎推擇課以經藝節其通敏或奉常以

述職乍春坊而視事遂使晁錯通經將智囊而見擢東方答客議雄辨以登難然則服勤滿歲人實勞心纔補卒史報亦何輕無儒雅之超升執刀筆之叨據訟如功令誠謂有乎

尚理

對賜告養病乙父在喪母立凶門判

得甲爲郡守賜告養病出界歸家法司科奉制不敬之罪訴云予告得歸賜告亦合又乙父在喪母立凶門或告一家不合二門訴云禮既虞

而作主今未有主故以重當主

漢閣官儀揚眉可見魯門喪紀拊膺何言觸甲前由竹符持手稽乙令迹桐杖摧心專城無時墾室云入輀車尚動落書誓於尊前杯棬猶存飄繐帷於舍下芝泥有制則五馬歸來柳翣無因則九雛相失周人已歿合殷禮之前虞漳濱未痊罷淮陽之獨卧稱賜則元非奏請出自宸衷言主則今者始爲乃關喪後病不堪理河内無借寇之談門或以施淹中絕問喪之禮哀欲從重法貴從輕既無不敬之刑恕此訴云之罪三削藁札十捫蓬心恨流落之多年

辱清通之此問愚所不盡謂愜事宜

尚馳

諸葛武侯廟碑銘

漢代之季天下不得不三分蓋有由矣曹氏挾王室之威重孫氏藉父兄之餘業劉氏獨不階尺土開國於廿命行旅之間天贊一武侯即鼎足之勢均也公諱亮字孔明身長八尺嘗躬耕隴畝好爲梁甫吟雖經綸之林隱括未用而寥廓之志舉措輒形既先主扶世奠民渴明智用謀之佐致三顧見咨當代之畫公於是輕重中夏揣摩全吳定王業於胸心決神機於掌握由是身爲先主所起計爲先主所用自北徂南周爰執事夷險平亂靡所不之卒使劉氏以岷峩之地爲巳封梁益之人爲巳蓄曹操不敢以兵強驟進孫權不敢以境闊妄動彼相之力焉屬先主創業未半中道而歿遺詔邦家之事大錄於公勑後主事公如事父至於職爲臣行令如君其名近嫌也位爲君事臣如父其形近猜也不然豈周公賦鴟鴞之詩成王啟金縢之詰此雖大小有異託付不殊竟能上不生疑心下不興流言苟非誠信結於人格於神移於物則莫能至是公復總

戎仗律無歲不征將繼舊邦之業用復先君之命所以南擒孟獲而不殺志在綏戎狄矣西拔祁山而不賀志在吞河洛矣設木牛流馬濟人之力巳紓矣制陣圖兵法敵國之軍可譅矣故得三關不封二邦喪氣大勳未集行師而殞戎夷野祠甿庶巷祭遺愛所使豈求而得之噫國之將亡本必先顛且以蜀之連山峻極其險不爲公死而平沃土富饒其利不爲公死而薄甲兵士卒其衆不爲公死而減府藏穀帛其富不爲公死而貧及鄧艾揚聲於前鍾會躡跡於後滅蜀三十萬户如撓羣羊劉禪竟不免面縛轝

門。身爲降虜。天事歟。人事歟。天事遠。吾不知之矣。以人事而論。使武侯常存。隱若一敵國。勝於本朝百萬之師。北向爭衡。司馬懿復惕息而不敢戰。足明中原非曹丕所有也。舉其大畧。眞命世之雄。未可以身許小國之君。延霸王之佐。因曰才有所詣。不逮前賢。向令伊呂並世而生。殷周易地而處。則太甲不放桐宮。而四海咸理。諸侯不誓孟津。而天下大定。但爲天不假年。志晝莫就。生居於後。功績在其下耳。然非先主之識武侯。或不能輔成於王業。使百代令君用人。必由此道。欲使社稷不振。賢智逃於藪澤。其可得

邪。公死之日。遺令葬漢中定軍山。祭法曰。法施於民。以死勤事。以勞定國。則祀之。至今官書廟食。成不刊之典。一山之內。每有風行草動。狀帶威神。若歲大旱。邦人禱之。能爲雲爲雨。是謂存與歿。人皆福利。生死古今一也。死而不朽。反貴於生。銘曰。

漢室大壞。埽地無依。人心各動。天命未歸。角力爭負。有翼者飛。突兀臥龍。吟嘯待時。一論世事。起拜軍師。魚水相得。生死以之。仗順收兵。行權畧地。氣蓋全吳。胃吞大魏。國政成三。人臣莫二。乃建社稷。興王之器。旣得武侯。虓虓魏都。敵國未滅。謀臣已殂。大本去矣。不降得乎。荒墳四頹。拱木皆枯。尚餘精爽。能禁樵蘇。人生異代。仰止山隅。

盛烈

陳威應侯廟記

侯少習武弁。雄猛豁達。爲時豪傑。習兵法。征南越。大擊醜虜。闕於唐季。功業甚著。避祿辭榮。退居西山四十里。號曰陳巖峭峯。歲時往還。挈鞍秣馬。憩於驛之東偏。乃留弓劒。一夕而斃。始疑侯殆豪傑之士。功成不偶。避世桃林。若介推范蠡之爲者歟。

令狐紹先

對街內燒灰判

令月望日。西市商人街內燒灰。曝布署令梅登以其犯禁。決三十。致死。家人訴濫刑

赤帝司節。朱明肇位。月當旣望。時屬正陽。理通幽化之急。須長明生之氣。商人徇利。小子鬻賈。同長房之居。產不得神仙。類弦高之聚財。寧宜犒士。遂焚灰上路。曝布長衢。旣觸陰科。且亂陽禁。躔次有累於干紀。草木不滋於殖豐。梅登所守。薄有笞刑。精氣爲物。頹齡俄謝。論辜不知於內外

定罪須憑於繩墨。家人雖訴，須審而行。一作如何

孟翺

謙受益賦以君子立身謙德之柄爲韻

求百行之規矩，考三才於典墳。歎撝謙之上德，出雅誥之明文。天得之而配地，臣得之而輔君。昭明茂緒，啟迪洪勲。匪招益而日益，不求聞而自聞。謙之伊何，愼爾攸止。益之伊何，介爾繁祉。謙持益兮爲輔爲車，益賴謙兮成綱成紀。在寵思辱，居終慮始。昧之者所謂憸人，行之者是稱君子。其在炎漢，英髦盛集。京房辭榮，疏廣撝挹。挂衣冠以長往，

辭闕廷而不入。棄人間而遠遊，顧君恩而尚及。斯謙德之尤著，軼羣賢而獨立。降及南山綺季，谷口子眞，逃居避寵，遠害全身。旣逍遙以齊物，獨放曠以懷仁。斯受益之爲用，在有聞而足珍。固知將欲求益，莫如好謙。覽孫宏之爲筴，滿而恐撲；觀周廟之作誡，其難更添。若露才而揚已，寧韜光而自潛。勿謂天蓋高，其道正直；勿謂神無形，恒處幽默。旣惡盈而惡滿，斯好謙而好德。同形影之相隨，在毫釐而靡忒。旣警旣戒，念茲在茲。慮日月之逝矣，當寤寐而求之。凡曰儒行，如何勿思。吁嗟謙兮，惟道之性。能執一以無舍，一作私在神明而輔正。惟觀鉛素，希易象之一謙；仰望銓衡，歌周官之八柄。

鄭訥

對公廨供給判

丁以公廨供給親屬，郡科之，云亦是實。

受祿必資善，戒飭躬且務勤王。反是不思，罪亦難逭。彼丁何者，忝曰吏人，苟徇私親，以減公用。式彰不令，曾是養求。重斂聚財，可謂同於碩鼠；食貨棄命，曾不思於伐檀。若情在恤貧，志懷賙急，奉其祿秩則可，給於公廨而何？雖曰衆

實，終爲多僻。郡司所糾，允執厥中。

鄭希稷

壎賦

至哉壎之自然，以雅不僭，居中不偏，故質厚之德，聖人貴焉。於是挫煩淫，戒浮薄，徵甄人之事業，暴公之作。在鈞成性，其由橐籥。隨時自得於規矩，任素靡勞於丹臒。乃知匪合成，亦天縱。旣數有以通無，遂因無以有用。廣纔連寸，長匪盈把。虛中而厚外，圓上而銳下。器是自周，聲無旁假。爲形也則小，取類也則大。感和平之氣，積滿於中；見理化之

音激揚於外通而不逼遠而不背觀其正五聲調六律剛柔必中清濁靡失將金石以同功豈笙竽而取匹及夫和樂既翕燕婉相親命矇瞍鳩樂人應仲氏之篪自諧琴瑟雜伊耆之鼓無相奪倫嗟乎濮上更奏桑間迭起大希之音見遺里耳則知行於時入於俗曾不如折楊之曲物不貴人不知豈大雅守道之無爲夫其高則不偶絕則不和是以桓子怠朝而文侯恐臥豈虛然也爲政者建宗立樂者存旨化人成俗何莫由此知音必有孚以盈之是以不徒忘味而已

笛賦

南鄰退食兮北里朝迴門列長戟兮庭張吹臺珠簾半捲兮錦筵四開蛾眉戾止兮寶笛爰來狎主人與愛客侑珍羞及玉杯方見稱於嘉賓因得擅其所徵厥草創自羌酋更尚本乎所營伐竹之貞寫龍之吟宰匠於是董制伶倫於是審聽狀以材力質來正直是揮刀斧乃約繩墨斷絕肌膚刳穿胸臆周繞運同長短合得器雖蹈乎姘庸性故傷於剸刻故知懷實者見毀抱明者自煎向無適於所任始孰多於是焉闕二字何止將就其美苟成乎名奚情違理幸承薦揚得奉恩光濡君口手之澤冒君懷袖之芳不濫吹噓端合雅正堅外守節虛中俟命有若違親事主適道撞政樹以風聲達乎天聽美其窮不易規管能有截柔指斜㩧丹脣上列引氣內塡流音外泄更微迭盛將聯復絕及乎和暢平施百志熙熙拂怨爰作萬夫矍矍協宮商以節宣隨應變以牢絡俾簫不獨舞鳳瑟不獨躍鱗嘯無以振木歌無以驚塵諒飛動之咸運豈金石之足倫願馨能兮宅君之掌握願度曲兮布君之禮樂儻不遺於賓筵顧何辭於樸跡

箜篌賦 以奇弄已關爲韻

山有梧兮猗猗乍雲鬱而風披豈雅琴之獨得諒箜篌之可爲操斧者取則不遠度木者形之又奇篌以姓而得箜以坎而知考宮商於制氏窮巧妙於般倕虛受其心北牖之清風合韻曲全其勢南樓之華月半虧雕鏤雜錯絲組懸垂倚銀屏而燭爛拂綺褏而彰施矧陰陽之應節蓋風俗之能移況乎度曲無方安位必中呼韓美其寵錫師曠加其撫弄調而合雅聲則殊衆鄙羌笛之吟龍輕秦樓之吹鳳既而越豔秦娥南鄰北里玉戶卷兮眞珠箔清揚婉

兮鄣犀齒青樓何處倚城向日九烏雛綺帳初開絲綏銜花雙鳳子斥瑤琴而不御彈箜篌以爲美絙朱絃揮玉指邀鄭舞以徐進雜吳娃而競起靡靡乎蕩心洋洋乎盈耳窮斯樂只我有酒兮嘯也歌歎彼狂且公莫度兮宛其死苟哀樂之能變可謂感人情之不已且禮則常履樂焉可闕禮處身而不至樂因心而乃發惟宏雅兮鏗鏘守之不變豈桑間與濮上而能亂越恨牙琴之不知奚由瑟之自伐

鄭若方

對鐘官所鑄判

庚爲鐘官所鑄不充歲計工部按其罪訴云鉛錫未足

我皇開元首正禮交樂舉智力者盡其謀能聰明者竭其視聽不勤爾職自貽伊咎相彼鳧氏實乃鯨鐘理宜鎔鑄有方必使功程無闕鐘之爲用其大矣哉至若密勿九重奏晷漏於銅史鏗鍧萬樂應宮懸於玉階可以和人神可以節寒暑庚乃不率厥典坐於縱墮鉛錫未足胡不倡言尸曠有歸虛爲詭訴且六師分掌四方取則既參詳於甲令亦簡孚於庚罪續用莫展誠自得之寮佐斯替固其宜矣

鄭太昊

浮漚賦

粵若雲橫於斗月離於畢石燕初化泥牛未失重陰潤礎看澍雨而交飛行潦浸階見浮漚之亂出爾其合散無常漂蕩自然形色虛潔表裏澄鮮似珠胎之出漢若星象之浮川拂還風而獨轉偶倒景而雙圓夫其仁也不輕黿鼉之穴夫其勇也不怯蛟龍之泉觸奔槎而遠碎近浮藻而

還連觀夫遶砌潢汙迴塘綠水長簷連霤通溝表裏排亂滴而攢生遍潨流而細起乘川則逝遇坎則止雖有近於泥沙信無累於罝滓既生既滅如幻如夢體象明媚上下沖融徘徊未息展轉何窮識盈虛之不定知造化之皆空則知生也若浮榮兮如寄秉陰守不競之德就下保撝謙之義清虛自若有高尚之風隱顯無恒有行藏之智則有縉紳公子思浮思沉乘時趨勢佩玉鏘金見浮漚之形象息狙詐之機心況乎失路書生懷憤胸臆規術恬靜節行孤直覺萬化之俄頃知千齡之瞬息能不操紙彈毫敘浮

漚之德

鄭皤隱

富貴如浮雲賦 以不義而得有如浮雲爲韻

義重所守雲輕不居苟崇高而非據等飄薄之無餘比赫赫之榮不因於道德似悠悠之質且寄於空虛推在天之所自諒於我其焉如昔宣父以飲水爲娛枕肱方息原憲在左顏生侍側感落落以抱影見英英之改色明徵職室之誠窮彼吉凶遙憐出岫之容齊乎失得且曰得之不處生也若浮放於利而安仰止於天而不留將以輕列爵動

諸侯雖南國佳人漫學如蟬之鬢西園危檻空齊似蚕之樓察彼載浮異茲長守高冠始加而已失雅歌式遵而非久象往來之車蓋圓影難追映蹀躞之馬蹄嘉名何有誠以善惡不昧卷舒有時由得之而濫矣果飄然兮已而暴則不居異郁郁紛紛之狀求而非道同朝朝暮暮之姿然則觸石而起者如苟得之易從風而滅者非能散之義顧炎炎之色鼎食皆虛仰片片之多煙空如寄倏忽時變悠揚日曛垂一言於百代揖萬國之孤雲月榭風臺空復散其蕭索藻扃黼帳皆不駐於氤氳可以定聖哲之窮達審是非於得不山川之氣俄失高明之象速朽至乎哉如雲之喻傳於二三子之口

風賦

惟茲風之興寂獨元妙而無形託萬物以成象隨八卦而立名大則宇宙普洽小則纖毫必經翕翕習習清清泠泠排春樹而如動帶秋蓬而似輕所以炎清順夏勁厲隨冬入金縢而彰聖道通蘭臺而表雌雄飄玉蕊於濃草零圭葉於衰桐候吳範於帷內御列子於空中爾乃下振方輿上飛圓蓋懷壯士之適秦悅高皇之還沛乍靡靡於眾卉

時颼颼於叢籟若乃乘陵高迥出入幽微搖寶釵於雲鬢動環珮於羅衣飄游絲於陰映舞輕雪以零飛銅烏迎而迴翼胡馬聽而思歸乍來復往有聲無象驚塵則白日晝昏卷霧則珠星夜朗肅瑟長松之下嘹唳高樓之上送夕鼓而傳音振晨鐘而成響出幽巷而搖拂擊草堂而清敞浸淫遷延散漫聯緜送清聲於琴上落細粉於牕前乍卷通天之霧時飄覆水之煙勃起則大木斯拔暫息則洪波肅然或動或靜時來欻失聆之兮有聞察之兮無質形乃虛無體兼散逸雖含毫而搦管豈神仙之能述

風不鳴條賦 以扇微和於五日之候爲韻

柔條之杪兮低垂。和風之起兮舒遲。極柔而動。搖斯易至。和而音響則遺。習習兮便人。順以巽也。嫋嫋兮不紊。默而識之。風自南而薰。條可結如線。氣引容裔。色搖蔥蒨。穆若無聞。蠢然可見。中林靜拂。寧喧許子之瓢。圓葉孤翻。似動班姬之扇。霽景相煦。芳塵共飛。條冉冉以順動。風徐徐而表微。蕩弱質以婀娜。視之若有。播清飈之溥暢。聽之則希。觀其谷輿隧出。匪徐匪疾。彼條暢而無聲。信木訥而可匹。此焉表瑞。既偶聖於萬年。於以應期。恒不違於五日。荏苒

虛徐。條風相於。將墜而復舉。若卷而還舒。契彼無言。靜入桃蹊之上。示諸有德。潛來草偃之餘。細影中糅。浮光外透。示諸扇其微和。豈將摧其獨秀。諧清淨之理。助發生之候。風如以諷。俾聖教以無私。條若以調。配樂和而不奏。飄以長逝。倏然遂多。煦大塊而爰發。泛柔木而惟和。拏鬅兮還同轉蕙。寂寥兮無撓靜柯。道合知微。時方太古。嫋其長而輕颸含其和而不吐。暗起軍營之柳。取象於衡。校潛飄清廟之松。同和於土鼓。彼化鵬摶於九萬。此至人御於十五。與夫不鳴之道兮。曾何足數。

鄭遙

初月賦

初生微月。若無若有。出城中兮纔廣於簷。入堂上兮不盈於手。若乃金壺稍滴。銀漢將流。暗鵲驚夜。寒蛩送秋。天清暈滅。露白光浮。臨皓壁而添粉。映珠簾而半鉤。纖光潤海重明表壑。的的飛上。娟娟未落。銜破鏡而飛斜。抱彎弓而勢卻。蓂稀葉少。桂短花新。無篋笥之團扇。有虛空之半輪。悵徘徊以將失。情鬱結而莫伸。命後車之文雅。恭進牘於詞人。

明月照高樓賦 以明月樓四字爲韻

千里著明者唯月。百尺崇高者曰樓。月照耀而莫大。樓宏敞而寡儔。光含雪淨。勢寫雲浮。生滄海而皎皎。度飛宇而悠悠。皓天地而彌廣。沉氛埃而已收。於是隱映澄寂。特起峻峭。月上樓高。樓明月耀。黃鶴驚而欲翥。素娥集而匪召。垂輪簾外。疑鉤勢之重懸。透影牕中。若鏡光之開照。其望也可以相思。其登也可以遠眺。及夫高秋廓落。寒夜肅清。四空迥而晃朗。九層屹而崢嶸。列歡宴。會友生。去洞房兮即重屋。滅華燈而臨前楹。玉檻連彩。粉壁迷明。動鮑昭之

詩與銷王粲之憂情則有離居獨處愁思未歇持鳳管而坐樓矜蛾眉而對月徘徊宵際悵怏明發步蓂葉而盈盈顧桂華而忽忽

鄭自新

對作刻出關判

甯成抵罪得脫乃作刻出關漢書作解脫詐刻傳出關未知科何罪

錫以忠貞庶諧輕典嗟乎漢吏眷彼甯成不見德音唯聞刻薄乳虎之怒士卒所驚貪狼之名區宇攸震擅南方之

利益志在徇私叛西土之寵章心懷背國刻傳既稱虛假論辜深是乖違宜置金科方形玉律

鄭宗哲

溫洛賦以天上何言因物表聖爲韻

惟上天降厥瑞瑞著於川惟君人臨厥聖聖通於天由感德之應矣化清洛之溫然當短至之時景爲凛烈及暄變之際應在淪漣散彼皇明受茲靈貺奚獨稟於和氣乃潛感於深浪遂使清冰不戒於洲渚之曲白露罷凝於蒹葭之上狎而玩信溫溫以異流廹而觀亦滔滔以難量爾其發自山谷會於河濱其外也皎兮如鏡其中也煦然如春夏蟲不疑失輕冰於曲渚秋鴻欲去戀微暖於通津豈止元覽不昧呈祥有因測彼淺深窮茲浩淼方將表瑞氣於澄潔豈獨激巨浪於昏曉揭厲之輩謂初寒初失於波中游泳之徒疑薰風遠至於天表若夫德至則應天且不言就其深則酌之不竭變其性乃即之也溫狀眞宰爲爐於其底意鄒子吹律於其源若彼火井之熒煌湯泉之湓鬱徒及時於四氣寧善利於萬物德之感其感良多水之瑞其瑞惟何方將吹籟之共凛忽猶鼓橐之相和霽日初懸

似陽燧之藏深瀨紅霞不散若陰火之在空波方今地不藏寶天惟瑞聖茲水也有時而溫由一人之德感

鄭楚容

對圭田判

得甲受圭田所由什一收稅不伏

禹別山河周開井邑諸侯建國錫土之義載光大夫稱家食采之文攸著甲因門緒得賦圭田傳冀缺之封襲彤班之賞外繇取給私室是殷雖居五等之尊猶均什一之稅縣司情深奉法志在優人庶貢賦之取均冀上下之攸利

權豪罔避。貧弱是優。所俾無得其人。今訴誠難爲理。

欽定全唐文卷九百五十九

斛律齊

對賢良方正科策

問。朕聞處域中之大。據天下之圖。莫不設簴以思賢。解琴而顧化。雖君唱臣和。而明鮮晦多。所任者或非其人。所行者儻乖其道。歸於浸弊。罔弗由茲。朕寅畏上元。負荷先構。靜言爲國。有若涉川。風俗未淳。政教猶鬱。黎元寡遂。鸞鳳不臻。當宁永懷。良深愧歎。子大夫講聖人之高誼。明王事之大綱。蓄憤謀忠。歷年載矣。何施而反本於古。何用而救末於今。何術而人物阜安。何德而神靈滋液。爾其無隱無忽悉之究之。通其條貫。朕當親覽。

臣對。聖人法天而理。察道而行。心膂俊賢。子惠黎獻。吏恭爾位。人樂其業。朝無粃政。俗詠康哉。書曰。惟天聰明。惟聖時憲。惟臣欽若。惟人從乂。此其謂也。雖根英異轍。火木殊途。革去故而鼎就新。變咸池而歌大夏。然而無易茲典。其故何哉。蓋以因天人之和。順陰陽之教。不可替也。皇上道高西聖。德邁南薰。黃龍薦圖。翠鳳爲寶。至於膺正歷。享靈符。朗七曜於銅儀。安萬人於寶歷。延祥降福。陟酌疑登封。

八表黎元。歌皇風而周地絡。四夷酋長。頌元化而建天樞。此皆以刻於玉版。載於金匱。爲帝者之祖宗。與乾元而終始。至於坐衢室。端冕旒。寂然不動。感而遂通。赫赫明明之美。無聲無臭之化。固以榮鏡宇宙。發暢神人。振古已來。未有如斯之盛矣。猶復寅畏上帝。憂念下人。思返樸於鷇居。佇遷訛於鴻古。夕惕勤止。良以深焉。授降綸言。俯詢輿議。此陛下沖謙之道也。愚臣何足以知之。然而忝跡明時。敢忘披露。臣聞帝皇之道。藉英彥以張風。邦國之圖。資謨明以垂化。故能庶徵有序。美政無虧。當今制禮作樂。懸章布憲。可謂文物大備。刑政中和。而紫宸宏卷舒之風。黔首罕阜安之業者。良以官僚虛曠。宁宰荒寧。不能宣裕皇明。洗蒸徒之耳目。發揮神化。變澆薄於閭閻。夫遷物化人。著誠去僞。豈惟君上之道。實亦官聯之職。故文翁好儒。蜀學比於齊魯。毛玠崇質。魏士素其裘裳。是知易俗移風。使天下迴心而嚮道者。非俗吏之所能爲也。故董子云。黎人未濟。皆長吏不明。使至於此也。賈誼云。下之有過。吏之罪也。夫聞伯夷之風者。貪夫以廉。見柳下之跡者。鄙人能泰。故教人莫如垂範。垂範必仰良材。阜俗莫若興農。興農必由循

吏。且擇賢而處。其弊猶濫。負乘爲政。何以克堪。今若選英俊而實百僚。自朝廷而及州縣。咸令法易簡之道。順刑德之教。賞以春夏。慎其濫矣。罰以秋冬。敬其刑矣。夫賞刑中則庶人安。庶人安則財用足。財用足則百志成。百志成則天人和。天人和則神靈滋液矣。然後垂訓而理。勤法而行。宣九式以均財。修六禮以節性。明七教以興德。齊八政以興邦。道格元亨。風還太古。時雍之和可致。濟俗之義可宏。唐虞之美可逾。文景之軌可越。謹對。

叔孫伯

對棄農判

乙農家子棄業從戎。縣令捕而科之。詞云徵稅繁重。餒在其中。苟圖庇身。非棄本也

三農飭力。九穀是資。田祖報以斯籍。蒸民由其粒食。乙輟耕壠上。擐甲戎行。棄帶經肆力之勤。務投筆徇身之計。遂使經行靡望。委臺笠於中田。尺籍移名。閉蓬門於故里。父耕子播。亦足庇身。君義臣行。如何棄本。而乃昧洪範之先食。決逐嫖姚。黜素王之去兵。輕逃力穡。徒託詞於凍餒。終難逭於刑憲。且縣尹之職。鄉戶是司。觀惠化於字人。定否

藏於福員必也稅符大禁詠減易堯坐琴堂以素餐帶墨綬而尸祿自宜褫服寧止免冠待窮兩造之詞聊舉一隅之說

薛昇

代崔大夫諫造銅燈樹表

臣伏見兵戈以來紊亂法度小有權位即爲僭奢殫物竭財務資嗜欲故俗無廉恥政有侵漁自陛下蕩穢滌瑕躬儉節用漸清遠邇靡然從風夫以京邑翼翼四方取則故曰城中好高髻四方高一尺城中好廣眉四方且半額伏

願陛下日愼一日使美化行乎萬邦夫先近以及遠自家而及國文王所以造周也臣竊以所造燈樹匠人計料用錢四萬貫道路運致又約一萬貫百姓辛苦將辦實難况揚州到上都三千餘里州縣所過人皆見之未審此物欲將何用若聖意別有所在即非愚臣合知或有因時施設使夷夏共觀愚臣竊謂有力者愛而效之侈心又萌何可復制非抑奢從儉敦本塞末之道也昔漢文罷露臺之役晉武焚夏翟之裘豈徒惜一女之功愛十家之產焚而罷之蓋欲愼所好而使天下如所焚（疑）矣書之青史千載美談今陛下聰明之理美事多矣當更昭儉德以示四方不軌不物明主所愼臣叨居重位師長百寮心有所疑敢不聞奏伏惟聖鑒裁擇臣某無任

薛愻

戲摴蒱頭賦（以酒酣舉白爲韻）

在衆藝兮所尚伊摴蒱兮自久招邯鄲少年命諸葛新友分曹列席促罇舉酒猶賢博弈將取適於解頤乃責先鳴故決爭於遊手終日莫閑連宵戰酣不拔其旗且背城而借一并兼是視豈分土之惟三瞋目賈勇危冠競貪鑒座

中之奔北爲席上之司南然用之斯行捨之斯去老氏以訓人立範莊生以亡羊是舉佐歡有則任物有敍既無我以推移每隨之以處所別有膏粱之子縉紳之客時爲此物以代支策初一擬而純盧忽連呼而成白相顧則笑泯然無隙請傾耳而側目看後來之一擲

郝名遠

大厦賦（以君子用吉爲韻）

昔者天地氤氲洪氣始分穴居野處獸聚鳥羣逮乎聖人演卦垂文上棟下宇信宮室之取則紫微黃屋表巖廊之

在君爰制廣廈克崇景勳崛起黃道孤橫翠氣巋峗穹崇若巨鼇負山出大壑巍巍岌岌業似神龍飛漢矗長雲原其本也蕆事作圖成終慮始命班倕召王爾鏟削巍平邐迤斬豫章之梗楠伐雲夢之杞梓關山百轉水陸萬里江妃析藏捧明月而時來泉客辭波薦夜光而至止於是規模具工徒庀經之營之載考載擬版築既畢剞劂將巳邈矣層構佗然獨起觀其萬栱交撐千櫨叢倚連甍軒昂以鳳翥飛龍天矯而虹指鱗次翼張岑立嶽峙綺疏齊列洞户相似翕絕電（一作雷電）煥爛倚桅山楶藻梲蟠蛟螭於上楹

方井圓泉奼芙蓉於倒水壯而且麗豐不踰軌輪焉奐焉美矣盛矣懿其梁棟之任固非斗筲之子夫成大海者百川所歸構明堂者多材是共亦猶一人出分百僚從爰建股肱而作輔當其無而有室之用張公獻禱奚子作頌蓋亦美上古之淳樸防後代之驕縱皇矣上帝臨下有秩六合清晏八荒夷謐方將抑末敦本斲雕歸質異茅茨而立宇惡其飾以取卑宮之名削土階而度堂起其厚而崇破觚之實猶且明敭沉隱寤寐英逸燕雀聞而相賀鸞鳳來而應律思與羣公卿士衆官庶匹議經濟之法度籌安危之得失優哉游哉日慎一日斯乃國家之盛事嗟難得而賦述獨有閒迹林野洗心蓬蓽想芳桂以淹留撫寒松而未出希薦之於大廈保柱石之終吉

白鸚鵡賦（以容日上飾孤飛色媚爲韻）

珍禽生矣於彼南域稟離宮之淳精得金方之正色明而且慧聰而多識雖羽族之殊流與人智而同德懿其霜毛雪毳鮮襟皓臆明眸珠朗修趾赬飾理翮整翰仰雲路而翻飛自邇陟遐託風林以棲息及夫出層嶠集高松刷勁翼端麗容遇天網之四掩獻君門於九重用能辭羣別類

重譯而至閉以雕籠處之丹地夫違忤則傷性常順旨以從人乖背則喪生不貪榮以求媚爰遊上都隻影長孤懷好音而願語每稱名而自呼當其踰山越嶂萬里遐曠常恐微軀毀全無妄豈知承曲成之惠渥奉君子之嘉貺朝食琅玕之實夜宿畫梁之上而已哉顧慕多違自惜容輝夢鄉山而欲戀思恩波而不飛獨有邈乎長想忻然志逸效彼珍寶瑞我帝室坐使素鳥惡彩白鵰慙質若炎淵之愁霧嘉長安之聖日信能言之見知接鶯谷而同出

郭元超

水藻賦

遊子行邁登晉山之孤巘翠谿畠以淪漣紅嶂赫兮崩駮爾其雲崖委溜風壑鳴泉苔彬彪以冒石藻漫莽兮山疑川于以采藻于彼行潦沼沚之毛汙潭之草靃靃靡靡汎汎悠悠乍黄緣於春水或纍懸於春洲觀其往往縈散離離無畔嬡娟島嶼暐煜江漢碎流月於澄渙隱孤雲於斷岸生不擇所長亦無叢不資潤於微露不懼威於勁風纖莖璀璀密葉茸茸宿銀塘之白鷺矯清水之文虹則知乘流則遊遇坻則植柔而能全弱而能直其爲隱也不居高

而處卑其爲謙也常韜光而晦色嗟茂族之無託顧貞芳之見移生君之銅沼汎君之瑤池雜青蓮與翠荇偶杜若與江蘺生於水人不知歲歲年年幽澗垂

郭階

永寧觀鐘銘

人之巧者與造物同功器之著者與陰陽齊力此邑紫府修建鴻鐘懸重千鈞量逾百石爰有南海賢士陳明羽人一言於邦千里來應祥金自積良冶子來立埏埴而成模制橐籥而運用大力斯拔高爐正開金火合流雲雷皆至紅光旁照踊躍密移善應長保於歲年仙侶永聞於時夜昔稱北宮之賦三月而成今覩東郭之師不日而就振於無境鳴而當律喜堯年之陶鑄荷聖澤而書名皇闕遠冒於遐方景福顧歸於魏闕銘曰

越金既聚鳧氏作則至用出虛宏之克塞既集仙聖永清道德遠及千春方兹一刻蹲熊下峙盤龍上陳剛亦能吐聲實爲賓形如天覆響若谷神遠韻無斁用之不勤

白宏侯

請以諸太子神主祔莊恪廟奏

伏以惠昭太子廟（元和七年立）悼懷太子廟（太和四年立）懷懿太子廟（開成三年入惠昭太子廟）莊恪太子廟（開成三年立）前件太子四室共置三廟每當修飾其費用極多四時奠享所司未必豐潔三處行事人力實爲勞煩將欲求其便宜莫若移就一廟且今太廟九室尚在一處太子各置廟宇禮實非宜伏以莊恪太子廟地實高敞建立又新只添一間可容三室所費益寡其利實繁非止即安可以永逸請待修理畢擇日備禮遷諸太子神主皆祔莊恪廟中列位次居匪失彝倫之敘祀事同享無虧長幼之儀其廢廟瓦木極多諸廟添修

計亦合足其廢廟官等未得資者望許非時參選臣官守緜蕝職忝參詳事關禮文合當舉請

石山輝

金賦

夫五氣降於五行五星均於五德助天地而爲政體陰陽之有則犧圖八卦之文所以化成禹錫九疇之道由其平直分宗別序正位辨方春青夏赤羽黑宮黃育龜麟之體貌煥鸞鳳之文章物庶幾而盡善然後從草而能剛若夫寅亮陰德發揮秋令帝少昊而爲主神蓐收而在正生水

尅木非無父母之儀承土伏火亦有謙卑之性爾其於乾道則使俟入青女光垂白陸寒陰作而霜露濃殺氣横而風雨肅此金之節也爾其於坤道則使麥苗含秀二粒同稃既收成於萬物復搖落於千株此又金之功也爾其於王事則使出軍行師擁旄仗鉞所以征叛逆而敷明伐此又金之威也爾其於人事則使農夫業就商旅懋遷儲蓄邦家之重錢刀布泉之先此又金之利也彼觀其山川合育之祕採掇工取之程鎔鑄陶鈞之術雕鐫磨礪之形非一途而共貫實萬象而殊名用之爲鼎天下之至寶用之爲劍天下之至精用之爲量天下之至信用之爲鏡天下之至明亦有金河金瀨金潭金穴金谷金陵金城金埒紫山重夷吾之對光石訝胡人之別渤澥水之仙宮西北荒之神闕魚龍雀馬之玩鐘鼓樓臺之列皆具美於明圖豈能窮於縷説余復何爲長貧若斯揚雄之産非廣季布之諾無移嫌衆口之銷鑠嘉同心之見知命舛時泰將通復否徒效拙於淩霄實勞工於畫水無體物之奇策失緣情之妙旨太沖三都分從陸雲之笑孟堅兩京甘受張衡之鄙

石岑

海水不揚波賦 以平上去入倒用爲韻

太極立天地疏嶽瀆所以鎮四維横九服伊海之爲德有王之法象故量納羣川而道尊百谷功配乾絡運迴坤軸氣蒸混於灝元潮動襄乎山陸示懲惡則鼓怒見夫羣怪將瑞聖則不波介以景福唐興百三十有四載湛恩溢乎荒外倬五聖之在天奄六合而稱大赫吾君之光贊敷至道而允泰政符純德昭千古而惟新澤體上仁同萬類而咸賴八狄窮陬而盡歡九夷無遠而不會則成周之德未

足雙越裳之來今至再是以四海盡鏡九瀛涵影寫合璧之祥光湛連珠之瑞景德侔上善洗物而容潔道本元元澄心而體靜湛兮恒清晏兮砥平泊乎無情蕩乎難名如君之道酌焉而不竭象君之德注焉而不盈所謂皇得一則政能貞海得一則波不驚怳兮惚兮其中有物杳兮冥兮其中有精精罔奇而不育物無大而不成鯤將化鵬欲征蚌且剖珠其明誰能一借扶搖便爲君銜之貢王城

翟楚賢

碧落賦

散幽情於曩昔凝浩思於典墳太初與其太始高下混其未分將視之而不見欲聽之而不聞爰及冢廓其猶橐籥輕清爲天而氤氳重濁爲地而盤礴爾其動也風雨如晦雷電共作爾其靜也體象皎鏡是開碧落其色清瑩其狀冥寞雖離婁明目兮未能窮其形其體浩瀚其勢渺漫縱夸父逐日兮不能窮其畔浮滄海兮氣渾映青山兮色亂爲萬物之羣首作衆材之壯觀至妙至極至神至虛莫能測其末莫能定其初五石雖補九野環舒星辰麗之而照耀日月憑之而居諸非吾人之所仰實列仙之攸居爾乃遺塵俗務遐躅養空棲無懲忿窒欲陵清高而自遠振羽衣以相屬七日王君永别緱山之上千年丁令暫下遼水之曲别有懷真俗外流念仙家撫龜鶴而增感顧蜉蝣而自嗟乃鍊心清志洗煩蕩邪凝魂於祕術馳妙於餐霞雲梯非遠天路還賒情恒寄於緜邈願有託於靈槎

觀鑄鐘賦

陰陽作炭兮天地爲爐陶甄庶類兮品物昭蘇上法下象兮智者紀圖終宵盡日兮工人製模圖之如何情專思苦模之若何聚沙凝土金堅以爲様度窕搬而成規矩設機

關立扉户憑虛無以威疑疑橐籥之有主尊鳬氏之宏規鑄龍宫之信鼓青蓮妙果兮蒼生所怙檀施如山兮縱觀如堵回禄用事兮烈氣激揚飛廉呈巧兮熾聲赫怒沸沸渭渭奪於日光霍㸌燐亂青熒蒼黃元穹之星夜落焉可侔象赤城之霞朝起無以比方疑崑崙之飛爍吸晴天之太陽聚徒侶走匠石煎金膏煉鉛液青白之氣畜精粗之氣適伶人奏樂以先諜法侶焚香而接跡顧觀者攢眸以弁騰畏欣者連袂以辟易開寶泉注歸模電射同倏忽而成功乃踟躕而方闢攢鍾開長繩曳衆力拔羣扛制歸禪

闢之清淨亂埃窖之堙瘞禮含稟説之文旋起熊龍之勢懸於簴鼓於宮氣淩厲聲沖沖清塵濁警昏蒙惟良匠之鎔鑄尙其如此況鴻鈞之陶冶行乎至公

天行健賦 以天德以陽故能行健爲韻

大哉乾元神不可測其內也剛其外也直直所以保合太和剛所以運行不息故王者奉之而垂化君子體之而進德者也原夫天者乾之形乾者天之名用九以則得一而淸名也者純陽之經形也者太無之精語其動兮孰知其動語其行兮孰知其行得不詳其所由稽其所以歷土圭

以窮妙因渾儀而採理左出右沒不行則何以變三辰之度上騰下降不動則何以爲萬物之始履柔兮居常配坤兮秉陽笠也誰覆弓也誰張四德雖具未足以擬議十翼雖廣未足以披攘微乎哉得於幽者道盛乎哉得於道者王縣縣若存户樞不蠹較之則火井易滅當之則金梘難固持剛靡失既兼柔克之資用壯罔虧亦取易知之故是以爲君爲首爲金爲冰杳冥兮不慮乎盈縮寂寥兮何有於騫崩喻彼成形是顯飛龍之象旌其致遠且推良馬之能且夫天也者陽乾也者健窺之於裏則其象歷歷瞻之無表則其容恩恩不言非涉於可名不拔方知乎善建大道非物豈容媧后之功小説惑人何傷秦宓之論皇家恩流品物禮達上元垂文明畫一之令秉神武不殺之權推之蕩蕩守之乾乾儒不知其易一作異信所謂親上而法天者歟

林處山人

鍾期聽伯牙鼓琴賦

天贊厥德惟伯牙與鍾期一則能清師曠之耳一則能調園客之絲愜易象斷金之義應詩人伐木之詞審爾律呂

不爾瑕疵何千載之見遇使二妙以同時且琴者所以納正禁邪弄者所以協情和性必藉其手敏亦假其心靜使音無所容於姦聲安得惑於鄭若然者信可謂能彈而復思乎善聽能彈奚若播於往古善聽伊何奏難莽鹵所以協律之六應聲之五故將中感於天地豈惟外合於匏土不爾何貴鍾期之聽何尙伯牙之鼓緬想二子徽音不瑕冥合匪懸於郢匠絶藝方超於瓠巴賴爾能聽知予有嘉苟解揮宫以按徽豈勞樹羽與崇牙乃若被褐懷珠當年入賦合絲桐之響希爾促柱有金石之音思君惠顧以聲

韻當於清彈以詩書同乎雅琴顧惟小人之述得迴君子之心儻能順聽欲仰訴於知音

雁門公

元解録序

余少抱甚疾專意修養至於金石服餌亦嘗勤求竊見時之好事者不顧貨財大修鑪鼎謂河車立成可變土石謂金砂立化可壯筋骨然而往往有爲藥所誤醫救莫及何哉豈根源不正歟師法不明歟致終始不相副如此之甚也余因覽道書偶見九霄劉泓丹藥要訣乃喻俗徒都未

窺至道之毫末而妄自誇衒誑誘時人凡所施爲無非自伐之捷逕能無悲乎真仙之言定不誣矣余久懷滯惑方困於是今故抉其要語書之座隅目之曰元解録冀觀覽之時疑撓盡釋雖未達金液守身之術當必免毒丹傷命之虞亦天年之幸也如有同我斯志者固願攻其未悟耳

大中九年乙亥歲五月十七日甲子纂

闕姓幾元

汝南公主墓誌銘跋

故祭酒崔十八丈綽嘗與寇章賀拔惎皆以賞鑒相尋每稱服膺虞書多歷年所自會昌以來時觀斯帖因致其真隷有加頃年崔丈每送予兄弟下第東歸必云此去獲見汝南帖亦何減於昇第邪所惜者闕其銘文耳咸通二年春於存神室輟獻子凝良足嗇愛也

歸耕子

三元寶照法序

歸耕子者士之不遇所稱也余幼習文武之藝好奇異之術洎乎立身之年過梁適鄭遊嵩少之間憩於大樹下遇一老叟年八十許眉目疎朗神氣閑靜因揖坐石上移時

與語多話虛無出世之言謂余曰叟居不遠可一往焉余唯唯同之見所居皆古木修竹門逕閴寂室無人矣余因徵黃帝昇天及戰蚩尤使風后鑄鐵照法叟曰子聞神仙鍊丹點鑄三元天地人寶照否曰未曾聞也遂稽顙再拜願先生指陳幽賾以去塵惑曰觀子骨氣異常人也可以教授乃於囊中出其文皆古篆也曰此非子之身之事乃太平天子之所爲也若遇道德淳素合天地心四海晏如民有謳謠之詠可依法鑄之余稟是誡叩首再拜俟來旦叟曰此非子久處宜去也後三紀復相見余告辭再拜之

洛秘之肘腋之間。未敢輕傳其非人也。時唐天復二年仲春月歸耕子述。

强名子

真氣還元銘 并序

余幼親墳典。長慕烟霞。比跳龍門。欲攀蟾桂。著錦衣於世上。騎躍馬於人間。置立機關。開張造化。榮沾父子。福及子孫。體仁義爲當代之楷模。用禮智作將來之規矩。夢未同於傅說。釣不遇於姜牙。而遂灰心志。求仙道。詩書陡罷。筆硯頓拋。見寰區之多少是非。覩朝市之無限得失。榮如石

火。貴似浮漚。不假高低。瞥然聚散。尸行鬼步。非聖哲莫可知之。動肉活塵。非賢良莫能分別。遁後專尋幽洞。遍訪名山。歷嶮登危。二十年矣。自梁貞明歲遊於泰山頂高松之下。忽見一人。形容異俗。言語非常。惟稱萬代之師。祇道九天之主。余遂稽首長跪。謂余曰。汝有仙相。方得遇吾。付汝學仙之門。汝能受否。余又長跪感謝形言。又曰。吾請汝翦髮揷血爲盟。與汝屈伸吐納鍊形之術。又曰。兩紀之內。輒莫傳人。傳之非人。彼受譴責。余又長跪。忽然不見。余自後嘗依次第不輟功夫。但是微言。無不神驗。余既承師命。合秘天機。兩紀將終。許傳人世。而乃重修舊則。删作新經。寫之市朝。藏諸山石。後來學者得之幸哉。

一氣未分。三才同源。清濁既異。元精各存。天法象我。我法象天。我命在我。不在於天。昧用者夭。善用者延。氣和體寂。守一神閑。靈芝在身。不在名山。反一守和。理合重元。精極乃明。神極乃靈。氣極乃清。清氣爲神。濁氣爲形。因氣而衰。因氣而榮。因氣而滅。因氣而生。喜怒亂氣。情氣交爭。擁陽成病。神形豈寧。鍊陽消陰。其氣自行。其神自靈。以正遣邪。其患自平。乾坤澄靜。子後午前。閉目平坐。握固冥然。納息

鑪中。吐息天關。入息微微。出息綿綿。以意引氣。腑臟迴旋。然後呵之。榮衛通宣。但有不和。遣之踵前。呵五六度。無疾不蠲。凡欲胎息。導引爲先。經脉不擁。關節不凡。或如射鵰。側身彎環。或舉腰背。如蟾半圓。交指腦後。左旋右旋。歷手足。氣出於指端。擺掣四肢。捉搦三關。熟摩尺宅。氣海亦然。叩齒集神。合眸固關。冥心放骸。任氣往還。覺氣調勻。擁塞喉關。擁塞則咽。三咽相連。轉舌漱入。咽下丹田。以意引氣。令聲汩然。一咽三咽。再咽如前。三十六咽。胎息成焉。大道無爲。而無不爲。若能無爲。是名無思。若能無思。萬物是歸。

法象無二不假施爲不寒不熱不渴不饑妙中之妙微中之微恬然無欲以道自怡懷道君子銘之佩之

徐 名闕

上闕兼左驍尉大將軍知内侍上柱國虢國闕像銘

上闕之師字闕三來亞如來之聖闕莫不心字闕二寂果示人緣字闕四六字闕二除三有窺法門字闕三肇苦海之津梁則虢國公字闕三其人也立身幹蠱英謀駿字闕一橫行邊徼追馬援之功字闕二庭字闕一盡曾參之養自保釐字闕五心揚名顯親忠孝字闕一矣字闕二浮字闕一祿位深鏡眞如覺五蘊字闕二空

闕二字非實知三世之字闕一法字闕一相何字闕一雖迹混朝倫而心字闕三以爲字闕一臒之飾點風塵字闕七涉歲月而先朽闕九字日奉爲烈字闕八先字闕二先妣字闕二夫人字闕四鑿石龕遣十字闕三世字闕四藏菩薩各一軀字闕五好字闕一就眞容儼然字闕三幻字闕一紺字闕一垂瓔珞以嚴身字闕三城聳蓮字闕一以承字闕七神足周於塵字闕九名而字闕四於戲字闕七忽向非抗迹崇高宗字闕二勝啚能成就丕業福佑無窮字闕一以鏤功實以敷德重宣此義而字闕一偈云

於惟最勝二菩薩大庇衆生臻解脫妙身無碍本通達闕四字存像字闕一峩峩靈山山幾重一雕一琢現字闕二逶迤石路邇曾峯攝心迴向字闕一相從純孝字闕三竭力殑伽沙闕四字

謹案碑在洛陽龍門撰人名已泐銜亦不全惟存慈源縣開國公徐撰八字

闕姓 字褱

大唐齊州神寶寺碣銘

觀夫三皇五帝氏王夏殷周漢氏作淳源竭而不流澆俗紛其方扇雖孔門將聖老氏谷神猶龍之道德西浮歎鳳之詩書東返竟不能庇交喪拯闕遠驅彼黎俗登兹仁壽徒存紫氣之言終絕素王之筆啚若金身化跡超十地而

孤尊寶樹應期乘四輪而廣運大雄有已見字闕一生溺之苦海於是虖橫寶筏而濟之大雄有已見諸子迷之朽宅於是虖駕舟杭而出之視之以五蘊皆空明之以諸漏已盡泊玉毫騰彩挄賢功之象位金儀入門現神通之日月經傳白馬眇闍崛以移來刹起青龍蘊闍浮而錯峙遂令有國有家者得其道而四海以寧元元蠢蠢者得其門而六塵高謝豈與夫向時之二教同日而言焉神寶寺者實山南面岱宗北陰岡巒隱轔而石壁萬尋林藪蒙龍而澗壑千仞貔豹蹛躅人絕登臨虺蜥縱橫鳥通飛路粤有沙

門諱明。不知何許人也。律師德隆四輩。名優六通。僧徒輿起。羣生宗仰。晨遊棘園。四念經行。夜宿榛檀。六時禮敬。貔豹枕腳。禪心寂而不驚。虺蟒縈身。戒定澄而不亂。水瓶朝滿。羽仗夜來。事跡非凡。故非凡測。親題節記。自敘因由曰明。以正光元年。象運仲秋。於時振錫登臨。思同鷲嶺。徘徊引望。想若雞闕欵彈指發聲。此爲福地。遂表請國主。驅策人神。立此伽藍。以靜然爲號。自梁齊已來。不易題榜。屬隋季經綸。生人板蕩。草鼎推變。真俗盈虛。今之所存。殆將半矣。至我大唐御宇。重遷九鼎。再補二儀。四海廓清。萬邦一

統。用光正道。建三寶以傳燈。化洽垂衣。統羣生於壽域。迺格命天下。有固廢伽藍。先有額者。並使申修。於時有鄉人王卽應蒼州縣申聞。以此寺北有寶山。東有神谷。因改爲神寶寺。爾其寺也。望會開基。臨齊作鎮。堂宇宏壯。樓閣岧嶤。砌壁瑤璜。階塗金碧。法容有睟。瑞相無違。發妙彩於天金。馨奇遺於龍石。手輪合字。臨珠綴而披網。背宇舒毫。鑒壁璫而上月。寺內有石浮圖兩所。各十級。舍利塔一所。衆寶莊嚴。胡門洞啟。石戶交暉。迓宇鏘鏘。飛檐巘巘。半天鵬起。遙遙烟霧之容。壹地龍盤。宛宛丹青之色。挹朝霞之盿。湛夜月之濯濯。風牽則寶鐸鎗鎗。日照則花盆晶晶。迢迢亭亭。鬱鬱青青。皓皓盱盱。煥煥爛爛。遠而望之。炳若初日照灼皎扶桑。近而察之。一似素雲靈霽闕一字夕陽方之雁塔。有似飛來。譬以化城。還疑湧出。實瞻仰之形勝。是歸依之福田。寺內先代大德僧明幹提智慧燈。照無明闇。僧彥休護惜浮囊。微塵不犯。僧元質積行勤苦。軌範僧倫。僧神解高樹論幢。摧諸憍子。僧宏哲持經得驗。舍利猶存。僧惠沖般念西方。期心安養。所造功德。觸類滋多。僧景淳釋戶綱宗。元門樞紐。僧貞固勵心宏護。結念修營。僧濬將齠

齔出家。童顏落彩。三齊負笈。猛探鱗角之先。九洛求筌。迥出牛毛之外。並俱沐聖恩。僉成道器。忽鶴州風急。鹿苑霜飛。早謝傳燈。空懸錫影。現在諸大德寺主僧慧珍戒珠澄月。道骨含星。堪忍作衣。濾空成座。六時禮念。脇不至牀。壹食標心。口不再歃。是慈悲父。是良福田。廣濟蒼生。普心供養。大都維那僧惠沼標格千仞。崖岸萬里。吐妙瀝於脣吻。納山岳於心胷。縱橫道門。洞達無礙。上座僧塵外戒香紛馥。有賓頭盧之軌儀。都維那僧敬祥慧劒如霜。繼舍利弗之談說。僧敬崇柰苑良林。橫愛河而濟羣溺。僧智山祇園

杞梓敞瀛宇而庇蒼生並騰麟俊藪矯鳳仙途飾厚柱於春臺撫定輪於秋駕祥烟飛錫來遊歡喜之園宴坐經行實名和合之衆故同鐫寶碣高旌福門大唐開元神武皇帝陛下朝宗萬國整頓八紘金鏡合七曜之輝玉燭和四時之氣慶雲澄彩瑞鳥呈祥仁動上元力侔大造瀚海天山之地盡入提封龍庭闕穴之鄉咸沾教化封金岱嶺刻玉僊閒榮鏡乾坤光華日月刺史盧諱全義門有卿相家襲銀璜強幹則不發私書肅清則遽然官燭矜孤恤隱愛士慕賢故能詠入來蘇謌登至晚山仕縣令梁曰大夏幹

局貞斂神情警悟風琴寫韻則瑞雉爭馴冰鏡澄清則祥鸞自舞誠梵王之福地眞釋帝之名區爾其澗戸深沈山扉窈窱玉床雷乳問抱朴而頻疑石壁藏經訪嚴遵而不識奇卉怪木如窺須達之園瑞藥僊苗似入提伽之境象王獻菓下甘露於珠盤鳳女持花拂靈香於寶帳迦陵頻伽之鳥百囀閒關優曇鉢羅之花九光凌亂漢皋遊女對玉洞以傾心季梁賢臣仰瓊堂而頓首庶使文殊過去憶妙説之清塵彌勒下生見神功於貞石式鐫寶碣而爲頌云

大雄降跡蔥山本元奄有三界非無二門不生不滅若亡若存遍看羣有無如我尊其一　鴈門惠遠罽賓羅什明公繼玆伽藍此立俗戸易窺眞門難入道闕一字　龍象前後相及其二　大唐受命當宇握鏡化洽萬邦功齊七政緑圖舒卷紫雲迴暎惠日再暉薰風在詠其三　門庭華敞房宇輪奐蓮臺畫閣危樓飛觀竹韻宮商花然灼爛僧衆虔仰士女稱歎其四　亭亭妙刹灼灼精廬彫盤瞰野鏤檻淩虛珠懸日淨鐸迴風徐闕一字　甍棲鳳倒井銜蕖其五　峩峩寶碣落落神軒邪山整岫苦海澄源錦雲震烈轂霧風翻此中何地給孤獨

園其六

闕姓宏仁

渤海郡孫子高憲建神道功德碑記

夫圓清上廓方濁下凝幽源叵究遼理難窮天長地久用之不勤矣則有志孝高公者渤海人也承子闕一字之後允者乎有典有則貽厥子孫祖代綿遠貫於任邑者闕一字　曾闕一字　諱匡祖諱昇考諱騰云公貞信康讓闕二字　克柔幼尚孝悌文武俱全長而慕道不及闕二字　門傳闕一字　善家瞻三乘常嗟有漏之軀闕四字　之果思昊天之罔極感劬勞之艱

報（闕五字）心易摧，樹（闕一字）靜而風難止。伏恐阿毗（闕五字）苦海難登，於彼岸以助幽冥，匪福（闕六字）鹿苑志慕蓮宮，即見當村古院（闕五字）露光容，遂乃發心修飾，礱像建崇梵（闕四字）心無捨晝夜，裨補裝嚴，功纔畢矣，遂即（闕三字）其美石在醜，以訪良工，雕琢磨礱刻之（闕三字）龕一佛二菩薩阿難迦葉裝嚴皓相多（闕七字）願三代先亡，俱生淨域，見（闕八字）於吉慶，使覩相兮佛教彰呈同（闕五字）無滅，乃爲頌曰：

造化陶甄，後植眾軀，生休死（闕一字）萬品一途。儼兮其若容，渙兮冰將釋，使萬古兮歸心，惟千秋兮躅迹。歎苦海之無邊，藉法舟而拯溺，瞻隙車之易枉，望屺岵而難陟。心不悟兮恒沙，感緣覺兮瞬息。謹案：碑在山東濟寧州晉陽山下張家村，撰人姓已泐，惟存銜名云

鄉貢進士（闕）宏仁撰

華（闕名）

唐故處士吳興施府君墓誌銘

府君諱昭，字昭，吳興人也。曾祖獻，大父言，厥考琺，皆不徇微祿，浪跡自怡，善效風規，未嘗隕德，是以遂勝避地，就土築業，乃貿遷涇川。君之昆季有四，而君嗣其嫡。頃因天寶喪亂，遂羽翼分飛，花萼隨風，枝葉離散。君守道自適，而儀

範特殊，諷（闕）以和清虛肅慎，積財能散，義與道合，禮不越路，信聞於人（闕二字）尚靜物我如一。君夫人潁川汪氏，婦德貞操，蘭桂同心，禮適施君，有一子一女，男字清河，孤標慈孝，稟性溫厚，亦可比於高孟也。竭力侍省，嘗無慍容，膝下之報，纔申溫凊之年，不待夫人先君而故，已五稔焉。心喪之憂，始平昊天之痛，旋迫君以元和四年夏五月遘疾（闕二字）方術不（闕）荏苒六旬，藥石不救，於膏肓安巢，乃沉於骨髓。皇天不祐，殲於淑人，以其年秋七月十九日終於涇之南第，春秋七十有三。號天叩地，泣血無訴。嗚呼！光陰不駐，世情倏忽，朝晞薤露，夜壑藏舟，平生風流，一旦已矣。然則士庶有制，幽明路殊，舉厝從時，塋兆將備，龜筮習吉，窀穸乃修，絳旐引車，哀歌即壙。以是年冬十二月一日，歲在乙丑朔，次壬申，祔窆（闕一字）於故夫人之墳東，禮也。原塋鄉里，已載夫人之誌焉。雖非合葬，有若同穴，亦恐年代（闕二字）將來無聞，乃刻石爲文，以昭其墓也。銘曰：

荒墳峩峩，邱陵匪他，夫妻並穴，瘞此南坡。颯颯青松，緜緜女蘿，日月其逝，恐易山阿。誌於貞石，以讚哀歌。

（闕姓）庠

唐殘墓誌

闕四十五字之後代有其人。闕十二字曾祖諱豪。皇不仕。王父諱旭皇仕靳。闕五字府君諱若。皇仕左武衛率府長史。君實府君第四子也。闕三字而上或仕或不。與時昇降。自晉室東遷。衣冠南隨。君之闕二字因渡江而家。越之山水清秀難偕。乃祖乃宗閲是勝槪。卜居蕭山。伯氏仲氏。官爵相繼。或闕庭班列。或郡縣清途。門風禮讓。鄉里軌儀。君承家代之休美。稟闕二字之靈異。生而好學。長而能文。尤工於體物。舉進士。亟敗於垂成。獨闕一字名闕一字時闕二字之無何。風樹不靜。家禍

遽鍾。萬里奔喪。骨立柴毀。乃闕三字親闕一字勉之。方微進粥食。及禮制外除。是歲將再就鹿鳴。闕一字中闕四字無徵。奄隨物化。國喪賢良。家亡令子。嗚呼。人之闕一字齡闕一字遐闕一夭。孰主張是。而不繫於善惡孝悌也。詩歎淑人君子。胡不萬年。謂是闕一字也。以咸通十年歲次己丑四月戊子朔廿二日己酉終於家。享年四十九。娶河東裴氏。先府君諱懿登進士第。從事陝郊。終使下員外。君之內子。卽員外長女也。有男兪九。女二人。男未及冠。長女適於鍾氏。次未及笄。藐爾諸孤。朝不謀夕。鴒原對此。何痛如之。以咸通十一年二月廿四卜於昭元鄉昭元里社頭村之原也。庠嘗射策春闈。竊在下風。熟君德聲。及此承乏。數月相從。一篇一酌。每至促膝。無不移時。歡猶未艾。悲又間之。嗚呼哀哉。天亦茫茫。殲我良友。邱壟旣卜。執紼有期。願刻樂石。以表永別。乃爲銘曰。

嗚呼公都。碩學鴻儒。修身無玷。立行不孤。今其逝矣。可勝歎乎。其一　幾從鄉薦。累敗垂成。天耶命耶。有德無名。殁而不朽。永播烈聲。其二　松兮桂兮。風雨摧之。文章世業。一旦已而。銘茲貞石。川谷難移。其三

欽定全唐文卷九百六十

闕名一

管中窺天賦

惟大也不能以小測。惟高也難可以近知。況窮天之至象。徒執管而潛窺。縣景風激。馳光電移。迷蒼蒼之正色。杳的的而成規。桂魄未圓。餘輝來而尚溢。陽烏當晝。遠色照而全虧。當其懸象在天。明眸在管。環視而遠維不極。仰觀而長河若斷。雲明滅而浮影時聚。星曖昧而流光倏滿。紫微黃道。斯蔽其縱橫。北陸南躔。曷究其長短。觀其悠然遠象。

浩兮元穹。老氏守真。不窺而自見。裨公億度。屢中而無功。況乎溥天四極之大。依微徑寸之中。詎能分其經緯。固且昧其變通。若乃迢夜澄月。高飇掃霧。衆形必流。羣象斯布。邈上下之遠邇。覔東西之晷度。儔能算其盈縮。孰可研於推步。元機莫覩。徒騁離朱之明。大象都迷。安徵平子之賦。且夫莫細匪管。莫高匪天。仰瞻而範圍斯昧。垂覆而周流自遷。則知德之微難以片言語。道之廣難以一理筌。苟持此而不舍。吾未見極深而造元者矣。

天賦

彼蒼者天。成形物先。初鴻濛以質判。漸輕清而體圓。生五材以亭毒。運六氣以陶甄。故使晦明相繼。寒暑遞遷。遠眺其原兮亦極之無極。近詳其理兮固元之又元。諒神功之罕測。實靈造之自然。徒觀其潛化不言。惟德是輔。列九野而爲號。峙八山而爲柱。其爲道也。或比之以張弓。其入夢也。或方之於漱乳。惆鄒衍則嚴霜夏降。應陳實則繁星夜聚。孔階遠而難登。樂霧披而已覩。雖覆幬之可燒。豈鍊石之能補。美夫有功不伐。無遠不葢。德冠三才。名參四大。日朝上而疑璧。河夜橫而如帶。破鏡飛乎其所。長劍倚乎其

外。違之則風雨差錯。順之則陰陽交泰。況乎觀文察變。虧盈尚默。則大著美於唐君。慮崩見譏於杞國。徒瞻蕩蕩之體。孰辯蒼蒼之色。在玉衡以齊政。任銅史以司刻。名既入於四知。光鎮臨於八極。顧惟仰歎。載之無力。思斡運之莫原。惟遠近之難識。倘聞鳴臯之響。願奮垂雲之翼。嗟天道之大哉。非管窺之可測。

二

黃人守日賦 以君德同明遠人來附爲韻

日觀天文。彼黃人之離立是守。麗紫霄而規模乍分。揖杲杲之光。豈勞披霧。舉駸駸之足。詎假凴雲。孕靈自稟於貞

宰肖貌方瑞於明君觀其異體同心雙形合力如左右之司局以扶持而受職樂天成象豈殊連璧之文就日無私特比鑄金之色所以煥人寰彰土德高尋罔差其晷度迴鶩靡愆於頃刻類聚炎上朋來熱中遙集丹極迴翔碧空援四彗而克資煩手蹔重輪而叶贊元功發祥光之照爛將德輝而統同不然者何以挺玆妙有倬彼輕清夾輔驪次周旋運行通理之形容可辨和光之顏色混成當烏釆甫臨之初則温温而引耀遇雞人未唱之際亦專專以在明髣髴如蘭之契逍遙若木之程及夫曈曨既昇昭晰將

晩厥瑞皆見斯人甚遠宵依愕夢伴程昱以少留晝遇揮戈感魯陽而俱返恭已無怠旁行有鄰化天隅之一氣爲日邊之二人久照不疲匪迷陽於上帝四夷云格方取契於援神所以靈貺克開容裔徘徊非其時則抱影長往偶乎聖則差肩並來隨冬曦之煦嫗與夏日之恢台然後竦輕軀而退步分明天表雙美雲路願將守黑之心望離宮而景附

黄雲捧日賦

正月初吉觀大明之東吐閒瑞氣而曉出初混色於青山之上猶謂護霜漸凝華於黃道之中分明捧日與抱珥而偶方守人爲匹原夫皇帝御紫宸垂至仁恩覃日域澤被雲津居其中得通理之體察其外想維城之親然後蔚亭亭之彩環杲杲之輪左之右之擁榮光於碧漢或先或後敷正色於青春懿乎日者君之德雲者臣之狀彼無私以臨下此竭誠而奉上故得配陽精而爲煥符土德而標王以此圖國國乃豐盈以此示人人知揖讓既而呈彼瑞暾曜於天門似佐無爲之化如承煦嫗之恩自東徂西異衆星之拱極陳力就列同萬品之尊元其瑞如之何以慶其

主其色如之何非聖不覩像伊皐之羽翼同周召之夾輔麗焉成象非徒負舟之龍照也騰文盡若苴茅之土蕭索籠光徘徊效祥抱一輪而匪烏莫黑散九野而何草不黃是日也乾坤交泰霄漢熒煌風以動之謂奉中央之帝人皆仰也如披元吉之裳識我者寡遇我者衆思飄飄而有託目眇眇而遙送飛烟下接乍迴屏翳之姿喜氣上浮疑繞羲和之控信乎聖德所加禎祥不遐天道悅人謀嘉故得無心之雲出山川而變色有耀之瑞應圖牒而增華

慶雲抱日賦 以雲日輝映精彩相耀爲韻

太陽淳精兮表德於君德感珍瑞兮應天垂文曉望東方升輝輝之麗景晴分上漢靚郁郁之祥雲若乃運協堯年靈符舜日燦玉葉以繁布抱金輪而半出灼爍兮乍似漢祖隱居橫紫氣曈曨兮又若楚王乘舟捧萍實豈錦江之所擬諒秦鏡之非匹既而五彩不散三足增輝英英而浮光並射杲杲而合璧相依信乾坤之道不昧知君臣之德同歸我唐由是邁五馳聲超三表聖臣如雲而仰均雨露君並日而用敷德政故表乃禎祥之主遂其雲日之性始漢漢以飛空復昭昭而遠映迹前王之能事曷比夫今日

之休慶也徒觀其啟重霄而迴出得中道而退征不傍樓臺詎隨於聚散不依城闕但耀其眞精氤氳兮匪氛霧而能雜泱漭兮知沴氣而不生懿夫日麗天兮出巨海瑞應臻兮見其彩雲浮空兮靄休祥靈輝集兮寶其相故可以卜年永祚奕聖蕃昌大矣哉兹瑞之爲慶禆福善而無疆若鯫生者飲化闕庭削迹海嶠覩慶雲而動詠仰聖日以覯妙是知物無不感幽罔不照蠢兹動植之類莫不息陰而發耀

日載中賦 以漢文帝時數如此爲韻

赫矣陽精瑞色融爛輪既側而復正景將曛而重煥考祥歷於休明識天心之叶贊信遐荒丕耀而品物貞觀夫其禎烟空耿霄漢始由度而方映忽移躔於已昕長空斂雲爌朗烟熅考殊祥於瑞牒軼衆象於天文燭乎幽同無私於聖代鑒乎下將比耀於明君宜穹蒼之朗霽屏黃道之氛曀跛烏翻翼以迴翔羲和弭節以容裔亭亭兮直午位而逾正杲杲乎爍離宮而增歷休徵屢發於漢皇德感更侔於唐帝雖百官奉職疇人展藝異迴戈之所麾非長繩之能繫是則元貺告祉皇明受釐日之昃兮靡虧於常度

日復中兮叶慶於昌期土圭不能測其晷玉漏焉足定其時照委晴空曖祥光之郁郁時當春晝添麗景之遲遲惟我后之至化驗靈符而斯數懸金鏡於天衢提璿衡於掌握不然何以表昌期之會迴倒景之車澄清光而炯若扇炎盛而赫如徒倚遙漢徘徊太虛夸父之奔於焉少息垣平之對難以比諸信可以遵祀典委裘而拜命太史以望而書日麗天兮運行而未已日再中兮表慶於遐邇每同葵藿之誠冀流光而及此

二氣合景星賦 以其狀無常出有道之國爲韻

國家握乾符定天保禮樂修而叶德星辰行而軌道是以南方之氣共列色於少陽北斗之靈乃垂衣於元造是時玉燭調律攝提司方巽爲發生我則青而呈瑞離爲正位我則赤而啟祥其數也合三才而列曜其色也表一德而中黃雖感而匪遠亦見不于常所以合天地之貞觀明教化之昭彰應朱鳥之精生而垂翼躔踆烏之道出則加房觀其氤氳映空光明在上乍元氣之肇分若連珠之遠狀是以覩天道因德而祐符我皇乘土而王乃知惟天爲大惟聖則之聖觀象以立極天應聖而無私故星合度於三

統氣不奸於四時者也若乃鎮之所加歲之所守則合氣而出有精淪五老台坼六符則乘氣而入無豈惟繫隱見於虛實定躔舍之徐疾瞻寶玉而非獨衡斗俾滂沱而徒云離畢所以掩萬代而莫類超百祥而獨出不然者何以表至化之文明見元象之陰騭於是天子占太史命有司諒修德而無怠在降福而不遲是必隱於兇孽是必耀於孝思嗚呼後代不敬曷其太史退而書曰於時君臣同德蠻夷率職道合上帝信孚下國於是二氣正而叶和三星黃而合色承清問而載言俾洪裔而作則

景星見賦 以垂象含輝有道則見爲韻

皇天有知明命不疑旣何言而守默亦懸象而高垂彼星之見者下符睿哲上麗圓規將旌德之治亂必審時而推移故行藏克協乎道盈縮不失其宜於是稽其義觀其象色煥炳光炯晃挂青漢粲粲其輝連白榆歷歷其狀天以祚聖垂元精而臨下聖以應天憑至誠而感上覩其貌美天文之昭昭原其本知王道之蕩蕩蓋以瑞本斯表祥光是含五緯知讓七紀懷慙與時俱明兮皇化齊美將聖共出兮元德相參豈同夫入蜀而使臣應其二在户而詩人

詠其三徒觀其象高而遠質明而微如曙燈之欲滅若秋螢之不飛夜則出焉麗乾元以發彩晝而隱也讓太陽而藏輝不然則安知國家無爲無事垂拱垂衣乎我唐至德可久立功不朽澤及四海化被九有繫彼景星契我元首俾千品萬類仰而知其太平四夷八蠻瞻而慕乎聖后若然則其驗可徵其事可考伊星之叶聖如風之偃草其靈也在乎或出或處其應也彰乎有道無道彼漢祖之聚五星唐堯之感五老未若帝命是錫生靈載造天祿無疆鴻業永保者也原夫莫大匪天莫明匪德天也惟德是輔德

也惟天是則是以垂一星而呈萬國其明孔彰其儀不忒至若雲開天碧昭然可觀炳如金粟粲若銀礫煌煌其明爛爛其色九霄靜而載揚光芒千里望而不違咫尺客有觀天文察時變惟景星之所在信有道而則見美盛德之形容懷斯文而願薦

登天壇山望海日初出賦 以題為韻

客有曉躡稜層高山獨登覽烟嵐之忽斂見海日之初昇赫彩旁照炎光上騰影乍搖而滿目霞碎波不動而長空血凝由是倚危巒立天壇夜色既啟炎精始團赤氛上煥

於雲路朱輪乍碾於波瀾照耀一海之中剖開萍實分明百丈之外洗出金盤浩渺無涯曈曨在望高居崢嶸之頂下視赫曦之狀焚爇巨浸浮沉奔浪陽烏浴羽而載飛羲和按轡而直上不沉乎泉將麗乎天爍雲濤而有曜類庭燎而無烟赫赫光滿規規質圓纔湧出於溟渤之底已盡見乎巖嶺之巔所以躋高峯訖丹彩明暗既分昇沉斯在望若木之初出疑槎泛於天河想陰火之潛照見熖燒於滄海出水未遠騰輝已殷託高迹於巉崒之際指大明於顧盼之間湧上扶桑謂蟠桃之有蕊照出仙島疑燭龍之映山欻赫滿空淵渟沃日當銀漢而炫晃泛金波以洋溢巨鯨之瞑目霍張洪爐之鑄鏡飛出及登乎軌度射破氛霧洗光華而不溼衝塵埃而寧汚倚九天以照臨見百川之奔赴故游者徙倚遐望徘徊久駐因物屬詞媿升高而能賦

五色卿雲賦 以題為韻

於穆聖唐建其皇極通三微兮昊穹降祉禔萬福兮陰陽不測答禧祥於一人見彩雲之五色其為狀也乃從龍以分氣其為勢也若摶鵬之垂翼蓊蔚非觸石而興縹緲盈

畫工之飾蔥翠炯晃蕭索氛氳迴合斐亹散聚分文轉光風則動而愈出衝霽日則燦然皆分古之函關紫氣帝鄉白雲豈比澄鮮流慶作瑞吾君夫德施者帝王之所崇雲行者天地之所溥惟帝德之動天諒卿雲之飛吐光浮碧落奪虹彩於太虛影下清潭照錦色於曲浦將以發揮明時騰邁前古雖建官惟賢列爵惟五降及品彙莫不是覩緬彼瑞牒詢夫物名則有甘露降黃河清狐九尾而來擾草三秀而敷榮若以匹敵莫之與京式昭聖理承應天卿是乃感壽以呈休應君以來附苟非至道則未期遇故漢

主之祠后土也。寶鼎見兮。其色同昭。軒轅之誅蚩尤也。華蓋蒙兮。一疑形乃揣。推衆聖於往昔。亦効祉而斯靚。式贊其揄。原注左傳揄美也恭命述賦。

白雲無心賦以山川出雲天實爲之爲韻

觸石起於膚寸。散遠天以迤邐。既輪囷而合道。澹搖曳以無爲。綴廣莫以霜淨。凝太虛以纓垂。出處靡常。同至人之無著。卷舒罔究。類君子之不羈。翹玉葉以繚繞。耀金柯而陸離。其兆無質。其形罕一。匪潤礎以上昇。或從龍而迴出。入房呈貺。偶作瑞於殷王。登封効祥。諒無情於漢室。影迤

連於遠水。光俯接於平川。幾徘徊以暫散。條迤邐而相連。分至必書。驗其物而有則。荆棘不别。表玆性之無偏。勢出塞以繽紛。色瑩空以氤氳。被漫漫之精氣。成英英之白雲。抱翠石以流彩。入清池而寫文。或假勢於重嶺。或隔閡於孤山。挺奇峯於天末。亘橫陣於巖間。順細雨而低舉。隨輕風而往還。哂魚鱗之覆地。輕鵬翼之垂天。誠莫測其所感。亦安知其所然。五色競彰。我則匪黃匪黑。五方皆遍。我則何後何先。至矣哉。信潔白之無心。實敷華之不實。雲之容兮。或明或暗。雲之體兮。乍徐乍疾。唐堯沉璧而受釐。軒后紀官而修吉。異哉遠近相追。紆餘葳蕤。出蒼梧以漠漠。入帝鄉以遲遲。媿作淩雲之賦。思歌出谷之詩。儻賢良以見舉。庶微才以應之。

氣賦

余嘗志於元言。每尋莊老。莫不虛心竦神。鋭精厲志。究夫道源。孰不因氣而生者。其功也大。其應也細。述之無已。遂成賦曰。

二儀混合兮成天地。四氣汗漫兮育萬類。離雲騰陵而千峯崔嵬。震風飂飀而百卉蔥翠。宵中星虛。則大火西流。律

應黃鍾而凝陰東萃。惟玆氣之浩然。胡應物之無匱。若乃假名爲聲。託體而成。憑乎動息。美惡必呈。挫鋭解紛。庶同歸乎老氏。虛心弱志。或契合乎莊生。逆之爲怒。順之爲貞。縱之則逸。舍之則盈。若也勇冠三軍。神雄思鋭。善戰善勝。徒激憤於項王。嘉謀嘉猷。望旗靡於曹劌。爾其瞻白虹之貫日。眺紫氣之衝牛。應精誠之所感。顯神異之潛周。隨時變易。物莫能儔。則知氣之爲用。其道飛浮。或聚或散。處剛處柔。能從達人之性。偏攻思婦之愁。其興也勃。其去也休。伊萬古之造化。胡六合之因由。陰陽以之準則。天地以之

通流匪斯文之可測終銘簡於千秋

明水賦 以元化無宰至精感通爲韻

明水之設其義斯元水以潔著明由色宣神靈是享祀典攸傳籩豆靜嘉取其濯溉麴蘖不用存乎吉蠲審靈變之無方實太陰之相借月當盤而冥召水承月而潛化沖融其色連桂影於晴空泛灩其光映銀河於永夜理包幽奧質本虛無在洞徹而彌朗介清明而不汙冠澄酒之尊禮其式序方行潦之酌亦實有殊懿夫淨透霄光遠浮星彩取之不竭從而不改彰至敬而用協神心兆無形而道符

眞宰信體微而義博知事簡而功倍當其配饗宗祧告成天地壇壝廣設粢盛大備爰命司烜聿持陰燧月晃朗而遐臨水潗湆而潛至既清既潔表勤昭事之心克誠克明載展奉先之意原夫物以類聚應因感生水惟坎德月實陰精所謂聲同即應氣合乃幷行之斯行且比夫流而不滯止之斯止亦似乎滿而不盈徒觀夫皓魄淒清湛然澄瀞出於朕兆形乎有感國家烝嘗是奉享獻惟崇明水載挹至誠遂通始分素魄之下俄傳清廟之中應召而生寧假挈瓶之智順時而委豈煩汲井之功固將降肸蠁於純嘏表虔恭於聖衷者哉

藉田賦

帝王之德無以加於孝乎惟孝之理惟農是先我上皇傳璽之二載聖主飛龍之四年日在陬訾祇事於九宮之位時維戊巳躬耕於千畝之田祥風發於耒耜瑞雪掩於郊鄽萬姓禺禺若百川之朝海九宮濟濟如衆星之麗天帝乃儼然蔭華蓋被袞服戴冕旒佩瓊玉朱紘炯以照灼藻繂紛其繁縟敬齊之色既肅肅以雍雍禮樂之容亦皇皇而穆穆於是出甲乙之帳命先農之官設庭燎而晰晰陳

量幣而戔戔旌旆夾於翠幕簨虡列於青壇然後華鐘撞焚燎舉馨香發乎聖躬烟煴感乎寰宇常伯撰播植之器宗人掌牲帛之數既金石而間陳亦籩豆而靜旅晨光漸朗湛露初晞告九天之事畢將三辰之禮依帝猶懷神農之務穡想伯禹之疆理一之日於是躬耕二之日於是舉趾秉金耦而禺若駕鐵驪而禮矣將致美於粢盛遂盡力於耘耔望農祥之晨正知土膏之脈起所寶惟穀故大歆以勞農所貴惟人故躬耕以悅使俾夫三時不奪六府咸修遂放牛於藪澤還卻馬於田疇道方齊於雨粟化實遠

於焚裘務穡勸分顧勤於稷卨授時度地彌甚於殷周職乃分於九扈政不逮於諸侯豈惟人和而俗阜亦將力穡而有秋是日命丞相巡行山林道達溝瀆因物土以分宜隨川原而刊木畫爲九野教種百穀實萬代之儲祉況九年之所蓄猶以爲不躬不親庶人不信降麹車以徵求發紅粟以恤賑絺弋不加於嬪御茅茨永慕於堯舜祭惟司嗇蜡必田畯即異畝同穎豈獨瑞於往年象耕鳥耘是錫羨於今運適有田父起而歌曰畇畇千畝兮理有疆濟濟千耦兮稷既良躬三推兮供神倉分九扈兮應農祥粢盛普淖兮潔敬斯皇神之聽之兮將登穰穰

土牛賦

土牛所置惟民是利將立表以勸農勝陶冶而爲器相韋之狀或垂象而在天覩出之期諒成形而在地所以無芻豢之損殊死生之類實大塊之所資豈一撮之所致故乃用爲恒典藏其成事執農政之後先固策人以相示觀夫出康莊之際當立春之期既合土而象矣還服箱而似之誠鞭策而無用信耒耜之是持與彼土龍每因旱而方致同夫芻狗表至仁而無私若非農爲國本曷能敬授人時原其事始誠則有以圖白巫以侔形每蒐犒而在視寧同日夕與羣羊而下來諒在月窮惟御人之所指是以先春斯舉農正是供察之者覺順時而行令觀之者知有事於上農既惟人而是瞻豈與驥而同阜足以符務農之政足以叶勸人之道立之於後訝春事之尚遲御之於前悟農功之在早令出惟行百姓昭明既有象而垂則表得時而親耕立以示農豈憂燧尾之禍莫由而飯奚聞扣角之聲事有開而必先義任重而致遠既遵之而爲早方驗之而知晚非同金鎖入寒渚而無蹤有異紺轅行藉田而方墾夫然則土牛之出也可以爲農政之本

元日觀上公獻壽賦 以題爲韻

惟皇御曆也播一德之景光統三正之令日端大裘於正位酌中靈於休吉元老伏稱於丹墀大夫建祚於聖術致君壽日比華封而祝堯獻酒福庭與鈞天而合律於時銁龍啟曙文物斯崇六英鏗鏗而迭奏萬國鏘鏘而會同上方端玉珽儼宸衷布發生之明命暢大化於元功欲以宣景福於遐邇同介祉於君公壽獻南山率土願歌於周雅位登北極惟仁亦播乎薰風既而舞蹈於丹禁之前再拜

奉陶唐之酒。趨雲陛以陳詞。向爐烟而稽首。升降濟濟。將宣納祐之晨。俯仰愔愔。大啟如天之壽。進退有則。威儀可觀。頌百靈於更始。賛萬祀於履端。傳喜氣而六事以正。布春令而五教在寬。故知我道化無疆。德風吹萬。皇猷大啟。青陽始建。千秋御歷。既同傅氏之詞。五采綴觴。有異邯鄲之獻。慶流華夏。德配乾坤。傳呼而珍符畢集。應時而嘉瑞實繁。所以麟鳳來祥於聖澤。日月揚光於化元。士有觀國之光。賡歌大睍。當元正之令節。仰禮容於仙仗。佩聲的皪。大矣三公之儀。瑞氣絪緼。邈乎九天之上。

七夕賦

若夫銅儀改候。金氣迎辰。驚飛灰於素管。送流火於清旻。聽涼風之喚響。視秋露之凝津。月蒼蒼而上桂。風蕭蕭而吹筠。步廣庭而延佇。仰層漢而馳神。惟暮序之靈匹。仰良宵而展會。息龍杼於仙機。駕羽橋於淺瀨。耀九微之華彩。澄八極之氛靄。儼翠鳳以翔鑣。舉丹蜺而振旆。籠霧縠於雕輦。疊雲花於綺蓋。舟容裔於水濱。駕逶迤於烟外。若乃仙娥侍轂。玉女承驂。嬴簫後唱。洛鼓前摻。褰九霄之雲幄。曳五色之霞衣。珮搖星而玉振。扇掩月而紈飛。陵紫宫而沉景。轥黃道而騰暉。始徘徊而好密。契方阻而情違。悵此夕之行盡。恨前秋之未歸。恡宵光之不駐。泣晨露之將晞。於是蚪水移箭。魚關驚鑰。槎客河低。鍼樓月落。分一筵於俄頃。解雙袂於今昨。河漢忽其無梁。秋期杳其無度。銜別緒而惆悵。對離居之寂寞。思纏綿於曉雞。情顧盼於歸鵲。浩長歌於耿介。弔孤影其焉託。歌曰。悲莫悲兮離別。長怨莫怨兮私自傷。斂橫波而向秋野。垂玉筯兮沾羅裳。歌響既畢。恍然如失。獨盈盈兮一水間。空望望兮三秋日。

水始冰賦 以律報司寒冰因水結爲韻

闕名

潤下之性。有時可凝。暑歸寒集。陽閉陰升。吹寒風之遠派。蹙凍雨而成冰。俾巨海以息浪。胡涓波之足徵。北陸陰涸。寒泉井洌。天吳外搏。靈胥自結。含貞抱虛。既瑩且澈。斷流而稜稜劒威。照日而片片霜切。駁坳曲。陵湫穴。蒼山甃石。大冶流鐵。圓光而蚌珠可擲。朝涉而馬蹄可折。既否隔於風雲。亦閉藏於魚鼈。爾乃命海若。戒馮夷。連廞絕於火井。俾梁成於水湄。乘險無替。旬日不衰。若擁輕絮。如積素絲。秋令雖終。尚占庚辛之色。嚴風更肅。將奉元冥之司。其爲水也則陷。其爲冰也則履。畜成比玉之壺。散作流謙之水。

柔性是著仙顏是比方稽化而轉疑蓋不知其所以夫其瀑布流湍迸射交攢簷溜承綆垂空凍乾微波煙冪大壑雲漫滴貫珠而呈脆排層巖而召寒至於六尺表奇百丈涵奥鼠北方而可規蠶東夏而稟操堅貞應運渡光武而堪奇孝德幽通獻赬鯉以爲報始冰之初立冬之日將鑿井望納秩剛室應候司管調律溫泉殊沼夏蟲異術閶闔門靜瑯琊井溢當腹堅而將藏候朝陽而迺出（不見因字官韻）

以德爲車賦（以國家道通遠邇爲韻）

皇帝守位以仁爲車以德將喻夫博載庶物取象夫經行萬國垂衣而退與人謀結旌而克陳帝力因樂推以發軔任不言而憑軾始效駕於情田之內不驅不馳終挂轄於王道之中自南自北夫改奢即儉尚質去華量包覆載迹達幽遐行乎道而四方是則同乎軌而六合爲家是知乘玉輅者又何足比駕金根者失其所誇爾其伐輻於自然之林斲輪用無爲之道鑒馭朽以作訓念輶毛而是保前覆後誡諒成敗之足徵殊塗同歸信始終之可考伊至化之所備（一作被）如風令之偃草道德仁義配弨弓以致賢孝敬溫恭代輭輪而養老萬邦攸同九有克通樸斲在心詎

比質於流水周行任道豈觀象於轉蓬以得賢爲輪轅之助以守信爲輗軏之功動天而善行無迹持重而利用不窮且工爲車兮脆而易破德爲車兮勞而成晚哂摧輪於太行憫困驥於吳坂域中咸賴功超乎大輅小戎天下皆肥力竭乎引重致遠澤可鑒而招損美不稱而崇侈爾則速禍以宣驕我則去彼而取此靡自家而刑國俾視遠而若邇豈徒與奚仲造父之徒論功而效伎

積薪賦（以帝取汲黯爲韻）

僕少好讀書長而無替謝絕門客幽關長閉志尋經史見汲黯積薪之言即知君臣有道之契乃廢卷憤色竦袂臨砌豈吾道業謝於古人君德慙於往帝竟空鹽梅之用長虛舟楫之濟於是辭雲林裂荷薜赴以時貢擬先秋詁何歲華之不與幾山川之迢遞積薪暗入於心期後來空望其他惠積薪何薪唯楚與桂其採之也翹車載馳畢搜其林壑其得之也良材盡取靡遺其巨細風塵爾勞阡陌相繼辭雲壤而百處指王城而四詣得大有之妙象同萃亨之深智無怠其功有司是主雖不近於丹陛幸得貯其華宇然蓄薪而雖多非有命而不取每至膳夫與造金鼎初

汲論食玉而來竄將然桂而先挹勿貴先至在其下兮必棄置於後時勿輕後來居其上兮必取用而先及此自然之神理胡物情之可習已矣哉蒼苔蕪兮白露湛愁來曉夜紅顏減君若助化於聖明伏望留情於汲黯

欽定全唐文卷九百六十一

闕名二

太學觀春宮齒胄賦 以德成教尊在乎齒學爲韻

我聖人之有國酌古訓建皇極太學備崇儒之禮春宮勲齒胄之則宗伯貳事司成奉職叶三王之教可知順四時之儀不忒域中於是乎宣化天下於是乎觀德既而儲駕戾止虞庠肅清傾章甫之列駐和鸞之聲讓其齒也長幼之節著明其親也父子之道成達其尊也君臣之義行疑三善兮皆得實萬邦兮以貞故曰先知後爲上行下效宏

當代之楷式奉前王之德教於以識尊卑之倫於以觀莊敬之貌大矣政本至哉化源膺秬鬯之丕烈訪典謨之格言揖讓於詩書之府雍容於禮義之門敬其學而德至親其師而道尊青青子衿其容不改亹亹儲嗣其福斯在則孰能不恭而志佚孰能不學而思殆所謂導萬民刑四海也鄒魯儒生文在茲乎依稀兮翔集闕里髣髴兮詠歌舞雩七十子兮三千徒實將執經以問豈獨摳衣而趨哉則知大學之義國風之始在明德在貴齒禮師臣延胄子尊賢所以抗法講藝所以惇史有觀者曰玉琢成器人可不

學亦因此習禮樂夫如是實國家之大柄而德行之有覺

朝元閣賦 以高抗山頂升覽清遠爲韻

皇帝於驪山之上起仙閣於神皋得淩雲之體勢彰考室之劬勞冠千峯而迥出聳百尺之彌高蓋取惟清惟靜而藉乎以遊以遨干碧霄而宏壯依絕頂而高抗仰之者目眩心驚俯之者興逸神王納煙霞於襃裏看日月於掌上改山爲會昌之號建福無疆題閣取朝元之名升天有望徒觀其出地表俯人寰飛重簷於日下疊千栱於雲間金鋪燭耀玉碣皆斑蓮井雕梁之彩錯綺牕綱戶之虛閒屹

屹然下臨千仞亭亭然遠對黃山若乃初旭澄霽則勢能孤迥早霞初照如赤城在天台之峯積雪未消若銀臺處蓬萊之頂每歲農務隙寒事興聖人之玉輅是動金梯是淩限三休而爰至歷重檻而方憑寒鴈正來下秦山之八水暮煙初起繞漢家之五陵以人心爲心則遇物多感以眞趣爲趣則放情元覽豈不由登此而存所誠處此而無所營方抗隱而遺物覺山空而益瀟七聖不迷勝軒轅襄野之遊豫萬靈畢集若夏禹塗山之會成昔周日之中天擅美秦代之阿房著名既煩費於徭役復荒淫於性情豈與夫險不恃兮高不傾囂塵絕兮虛白生光一人之息偃歷千載而彌遠者同日而言哉

請長纓賦 以願得長纓終期繫頸爲韻

昔終軍志蘊勇謀辯能遊說願陳交漢之威武遠挫勁越之鋩銳以謂嘉言是發不假短兵之交遠略無儔思得長纓以繫乃言曰蠢爾越裳僻在遐方隔華夏之正朔闕貢賦之典章遂欲持漢節適蠻荒得執纓以奉使期繫虜而來王既存乎功莫我大奚辭於道阻且長摧倔強於舌端匪申北面之禮曳歲數之首飾將服南方之強既而屆彼

絕域於焉辨惑以利害爲紀綱以禮義爲組織明其攻取之計比以衆寡之力越王於是俯而敬聽仰而失色徒慮梟首之有期惟懼束身而莫得乃解其椎髻願與華同獻明珠翠羽之珍曾無虛月化斷髮文身之俗莫不嚮風諒約束以在始故羈縻而有終原夫三寸之舌自騁七擒之術作警俾其氣攝於胸常恐兵在於頸聽絲綸之命已有懼心受縲紲之時敢不引領是知纓之是持功罔懋期錫王者之服章禮以韋率加越人以文冕義在縶維斯則繼陸賈之前功乃立可俟也來尉佗於丹徼非遠莫致之則

知善於激勸乃適我之願詞可縱橫故縻之以纓則雕題黑齒之類孰不從風而行

日觀賦 以斜對杳冥中宵見日爲韻

泰嶽東南峯開一室傍接天路低臨曉日隱埋玉兔動宵漢之微明曉報天雞越氛埃之迥出初其暝色蔥巃懸崖倚空獨出清虛之外遙分莽蒼之中隱霧猶白經天漸紅披草樹以燈亂耀波濤而血融及夫林嶺寒消煙雲色變星河寥落以初沒峯巒邐迤而徐見火動山頂輪移水面穿暗隟以飛鏡歷幽牕而走電至若門宇蕭條霜空泬寥

晴開曙景暖入殘宵揚晶彩以艳艳散芒角而飄飄露灑文薄風葦影搖觀夫望極天涯生從地表扶若木之歷歷出窮陰之杳杳萬壑收暝千巖送曉消古砌之晴雪動寒庭之宿鳥遙空冷滑傷寸晷之難留碧嶂岧嶤望孤光而漸小拔地生疾騰空影斜氣亂山燒光分水花絕壁孤危覺靈海之津狹炎輝咫尺信長安之路賒既而背暘谷以徐來汎圓靈之不礙蒙水氣以珠暗露松陰而壁碎霞色收錦天風斂黛披雲闕之斜視豁天門而俯對依簷乍吐威生齊魯之間過嶺逾明煦及草芽之內由是遠桂寥落高辭絕溟萬象焜煌而畢照六龍夭矯以無寧安得足躡聳峭手扶青冥陳白晝之苦短請暘烏之暫停

瓦松賦

式觀圖籍幽山窮野聞卉木之名焉考神農之嘗者根莖可驗洪纖不捨惟瓦松兮闕書何昔人兮智寡原其所托高而又雅抽形先寄於鶴樓聳質更資於鴛瓦旖旎芬葩含風接霞既當春而吐葉亦凌秋而黜花異山苗之極秀狀澗松兮抽芽高居壤靈匪雜泥沙向朝陽兮發秀經夕露兮增華常在危簷心必直詎欲牽風影暫斜小大殊品

高卑異盼離離兮若星榆之昭灼煜煜兮疑石蒲之蔥蒨既乏棟梁之用寧怯鐫雕之變豈比夫桂山上蘭谷中長幽隱兮銷馥爲芬芳兮敗叢奚若茲物之獨茂無憂患兮養蒙

衡賦 以同律量衡爲韻

先王之欲齊政立信平施執中天下之利害攸同則非衡無以達其志非衡無以成其功故後代聖人奉之而不墜懸之而無窮遠必照乎庶物近罔欺於厥躬少多之分著彼我之情通廉者不約貪者不豐昭昭有禮殊之義洋洋

有樂和之風乃以見權衡之德器用之雄也觀夫製形有象稱物以律萬萬靡差銖銖罔失雖遇寡而必舉亦裒多而不溢倘有賈竪懷虛背實雖手巧而用售終身平而貞吉節在不欺德咸有一用之則竭力於百戰舍之則甘心於三黜其昭明也有景緯之文其重墜也有沈潛之質是以春秋仲而均之以法日夜分而俾之無妄體正居中懷柔抱壯揣千鈞之重不羸其材稱萬物之多莫窮其量夫然則人亦有是豈惟斯平士爲之物官爲之衡材之云多雖默必重文之不腆雖語必輕非榮辱莫敢怨得喪莫敢

驚挺然誠懸不可欺以輕重確乎不拔孰敢議其屯亨吾當禺禺視聽直心舉措豈能朶頤騰口　如羨也

衡誠懸賦 以無敢欺以輕重爲韻

衡之誠也義在乎有乎懸之審也法貴其不渝先賢所以宏建作智者所以通規模俾人事之有準在權衡之合符端平可以揣金石輕重可以分錙銖遠取諸天旣齊七政不私於物亦象三無質因材而斯宣文綴星而可覽臨用詳備而有誠物情詐僞而何敢比良工之度木同藻鏡之照膽故審其思者爲衡可持端其事者於物無欺以之忖刻舟爰定其圭撮以之明度量不失其毫釐實同途於執政將一體於有司誠可大而可久必念兹而在兹若乃懋遷有無應用鄙里萬物禀原百貨資始苟執其均平孰不我以稱物則合於聖人有常乃比於君子至哉權衡功與利并成天下之務其利斯溥爲天下之式其功不輕道在乎至要理歸乎至貞提握之間而萬人取則尋尺之內而九有致平豈不以作者之聖述者之明守而勿失用之必行將度量而並設與規矩而齊名掄材至精多士無壅以權衡擬升降以中正爲遵奉當平施而不差仰衡誠之義

重

駕幸宣輝門觀試舉人賦 以君聖臣肅精擇多士爲韻 有序

籍於天田之歲也洎正月下明詔及仲秋萃賢良凡今才人莫不麇至他他籍籍不可勝言於以躬親示納人之獻可也爲之加膳示恤之以飫賜也旣自渴賢不足實爲觀國之光君舉必書敢賦其事

惟天爲大則之者我君有嚴有翼乃武乃文據天地之大寶建社稷之元勳道不虛行於從政乎何有試可乃已俾濫吹者區分於是移千官以就日闢高闕以連雲濟濟磬

山林之士莪莪列鵷鷺之羣且木以從繩則正君以從諫則聖廣開替否之規遂下昌言之命采彝倫翹錯薪能官於是乎癉惡則哲自可以知人得孫宏爲舉首趨倚相爲史臣儼端居於咫尺恭大問以絲綸睿旨臨天威肅咸怵惕之若厲俱進退之維谷將畢力於謨猷乃竭誠於啟沃帝載惟貞垂範作程有典有則惟一惟精重席表其彰善持衡所以貴平便便有司能奉法而宣令高高在位更責實以循名觀賢謂何務於慎擇或告之誠訓或旌之束帛日旰豈疲於端想躬親不患於胡獲夫如是王者無外誰

爲方外之臣野無遺賢誰爲在野之客獨有扣角勞歌憂心孔多仰天門以難叫咏碩人之在阿則知代實須才生此多士惟賢非后不食惟后非賢不理一技稱最徒仰惠堂之榮三道登科敢望太常之美儻連茹之終及乃願一申於知已也

吳公子聽樂觀風賦（以自鄶以下無聞馬爲韻）

有東吳子博識洽聞欲觀風於上國期屬意於南薰審樂聲以殊志將理化之可分名藉藉以播物意飄飄以凌雲聿來洙泗當周之季禮樂之化已虧文武之音亦墜嗟矇瞽之多逸歎君臣之不自閒鄒魯之儒書獨可稱其樂器爾乃金石迭奏匏革互起主每齊於屈伸客克諧於音旨宏慈愛於寬裕展肅敬於廉恥和風陶陶以感心繁音洋洋以盈耳剛不怒兮稽其度柔不懾兮得其理雖曲度而屢絕尚鏗鏘而未已政教則異褒貶無愆題深思於唐俗稱大風於齊篇察邶詩之不困知鄭祀之不延釋猶憾之南籥歎黍離之東遷是皆清明光鑒修短昭然雖謂千祀曾何聞焉幸遇休明沐茲至化太和覃於夷狄神功格於上下五英六莖之義咸池大章之徒與歷代而共樂非古

有而今無且夫樂著太始配天爲大實欲庶物之暢茂非獨五音之繁會故省樂之理明乎否泰方且樂於無聲又何假聞乎自鄶

泗濱浮磬賦（以水中見石可以爲磬爲韻）

禹别九州磬浮泗水爲下不昧雖深可視或浮於涘其滑如砥含餘音而未振漱迴流而增美日月其逝水石相攻形潛水府律與天通値君子之深識調聖人之大中備六音以繁會與四氣而元同於以布聖理於以宣王風配以閶闔之位應乎東則之宮伊美石之潛處隔清波而迭見

儻混衆流不逢顧盼詎辭泗水之濱寧受徐方之薦安可配黄鍾而備清懸乎洎大君之御寓乃乘時而光宅作樂以應天象邦之成績設業設簴擊石拊石德音横於覆載至理彰乎損益鳥獸以之率舞祖考於焉來格固宗廟之登用豈泥沙之棄擲夫人之度物物無不可制禮作樂實忘已以愛人漾川濟深亦披沙而求我不以爲磲磲不以爲瑣瑣將使致中和非以娱密坐述堯心之克讓豈鄭聲之興禍當其人之未知確乎安卑無小無大極幽而不隱不擊不考舍和而莫移動符於有德静合於無爲不然者

何以别清濁於是考存亡於斯降天神登地祇哉夫和之至者樂音之清者磬天地之位辨君臣之分定苟失是邪以害直忠若於佞故君子之所以理躬姦聲不畱於聽未見

以字官韻

竹賦

總羣籟以擇音歷衆材而簡質惟兹竹之珍勁獨懷貞而守一若洗文濃露濯影華池離離嘉實冉冉纖枝含夕氣而拖翠照晨旭以舒猗凌積霜而莫改因虚心而不虧上横桂暉下拂松蓋抗修莖於雲表脱輕花於霞外千仞未極其高十圍寧伸其大既絶羣以標傑亦冠叢而稱最連星影而類珠晚虹挂而猶帶蒙密柔柯布蔭繁葉白日朝映素輪夜接色淨潭深影沈攢疊洎乎層陰結長颸起清徵奏鳴弦理金罍溢而未傾玉山儼而猶峙詆訶六籍咀嚼三史窮元熙之根柢極天地之終始此乃至人勝集七子磲磲則安足齒故語其用也則五離十折絲剖毫分縈九華於紈扇結雙雉於簟文乍揺紈褻時拂湘裙掩凝鉛之豔逸籠流麝之氤氲若夫取象制儀激商流雅圓徵有素清亮非假信鳳鳴之可習實龍吟而可寫乃曲絶而和

微非韻高而調下豈知分光綺殿散影華軒淡雲霞之遠色霑雨露之餘恩嘉庭樹之獨忽歧桃李之無言庶歲寒而無易常耀節於梁園

洞簫賦

南國之紀兮江水深中巘巘兮天姥岑試一望兮見簫筦之差參碧雲凝其正色白日出其重陰每含和以自守雖歲寒其莫侵於是乃使夫匠人凌嵒淼入幽窅攀重蘿闚豐篠截成枝之龍質擬銜花之鳳鳥作爲洞簫其聲窈窕矇瞽之士純精所至尤澹澹兮無營浩紛紛兮縱肆纖指

敏手隨抑揚之虛滿曲折等分任吹噓而懿濞爾其爲樂也則龢羅稽詣而逸其爲苦也則瀏溧洌清而悴或噲峵以相從復淋漓而遠被有若層山抱空而晴燭巨海涵虛而夕湓是以君子聽之載其平粹及乎弄玉既好簫史亦出登翠檻之巍峩結紅羅之婉蔚揚葉鮮吹荷花浴日對吟空瀾之情復感神仙之術若乃漢皇未躍周勃護喪哀笳左引畫翣前張靈逶迤而就挽思徘徊而永傷悽其吻吭誰非斷腸故若翔若止心中定矣若反若墜不遺其類趣從容以向空乍猗那以內闕信大雅之紆直繹茲聲之

開塞匪天地兮同和孰能與夫偕極

白鸚鵡賦

稽聖人之遺文懿珍禽之不一彼善言之靈鳥孕聰明以自逸苞火德之奇姿誕金方之素質匪含章以就殞故遠時而襲吉憐碧山之孤高恃榮松之蔽密傳眾音於清吹凝白華於皎日由是既飲既啄載留載飛觸雲網以摧羽閉雕籠而見歸豈不由蓄素姿以罹患懷海陰而遂違雖失羣以傷指亦順人而可依登玉架覘朱闈苟安性以知樂每求榮而自微雪膚皎晶擯池鷗之光潔霜毛瑩淨奪軒鶴之清輝且其翔不忘止居必任側莫厭傳弄豈驚撫拭狎君子之光儀遠虞人之網弋感珍念而矜眷託恩馴以棲息而愛其豐姿冰華全體玉色匪鷄彩之爭妙何眾禽之比德呼名自應隔羅幔而飛來教語半成學美人之漸逼故對綺琴而傾聽上金屏而斂翼蒙正平之翰藻應司空之寵識夫元默者動之所求潔素者黙之攸尚矧聰性以受紲悲惠心之爲亮抗幽意於霞表羨高儔於海上彼不材兮見留此能言兮何妄或曰物惡近以招累理貴遠而無凶雖遁形以取美獨抱清而不從豈知夫善生者

託人以遠害能壽者輔德以自容是以承君子之恩渥獨蒙幸以遭逢者也

舞馬賦 以奏之天庭爲韻　有序

書曰擊石拊石百獸率舞是知時貞而物應德博則化光故九有宅心萬方惟允我開元聖文神武皇帝陛下懋建皇極丕承寶命揚五聖之耿光安兆民於反側功成道備作樂崇德上以殷薦祖宗下以導達情性則有天馬絕足來從東道出天庭而屢舞仰皇心而載悅豈止綠錯開圖分九疇於夏后汗溝走血服四夷於漢皇而已哉野人沐

浴聖造輿觀盛德敢述蹈舞之事而賦之

皇帝叶天行乘春候張廣樂而化通鬼神徵舞馬而懷柔奔走爾其聆音却立赴節騰湊顧遲影而傾心效長鳴而引脰徘徊振迅類威鳳之來儀指顧倏忽若騰猨之驚透眄鐘鼓而載止暢簫韶之九奏洎宛跡遲遲汗血生姿順指不動因心所之日照金羈而晴光交映風飄錦覆而淑氣相資顧以退而未即將欲進而復疑絕節交衢而大人相慶赴曲齊列而皇心則怡豈若檀溪水上章臺路前塵埋玉勒汗溼金鞭竟空疲於力用固無取於當年孰若矯

足騰摧婉柔姿而近日驚身聳躍嬌逸態於鈞天別有假象天星因時降靈雙瞳夾鏡而異質兩顴夾月而殊形出渥注兮道已泰歷吳坂兮心匪寧顧因百獸之相率舞聖德於天庭

舞馬賦 以奏之天庭爲韻

渥洼之駿兮逸羣特秀簡偉之來兮稀代是覯豈憚夫行地無疆是美其承天之祐弭雄心以順軌習率舞而初就因大樂以逞狀隨伶官而入奏樂彼皇道上委折於一人押節廣場下歡心於百獸飾金鏤頓紅綏類却畧以鳳態終宛轉而龍姿或進寸而退尺時左之而右之至如疊鼓歷考龍笛昭宣知執轡之有節乃蹀足而爭先隨曲變而貌無停趣因矜顧而態有遺妍既習之於規矩或奉之以周旋迫而觀焉若桃花動而順吹遠而察之類雷影倏而橫天固絕倫之妙有豈衆技之齊焉我皇端拱無事垂意至寧愔愔正聲以九變而合樂逐逐良馬終萬舞而在庭豈比夫漢皇取樂而同轡魯侯空牧而在坰以今古而匹敵何長短之相形

漢文帝却千里馬賦 以清道乘輿前警後蹕爲韻

皇天眷命兮炎漢斯興運鍾三葉兮文德可稱六龍整儀賤纖英而不服五馭飭駕却良駿而不乘由是遐邇授首蠻夷屈膝梯山航海者望之如雲納賮貢珍者府無虛日別有吉良之種渥洼之出媿飛黃於軒宮奪驊騮於周室歷無草以入貢涉流沙而効質就御服以馴養顧驅馳而警蹕其體也廣膺滿腹其目也擁後決前眸點漆而鏡朗權應規而璧懸稟月精於地法星象於天鬣上朱明溝中血走朝辭辮髮之俗慕聰雕題之藪驌驦慙專美於前騕褭愧垂名於後及夫噴玉勃而沫素鳴金珂而響清指九

重以獻壽勒百禮以効誠帝於是宣皇風馳聖道前賢斯鑒古訓斯考嗟轍迹於穆王想旅獒於召保乃宣言曰朕法天以清淨法地以元虛有典有則不疾不徐梢星之旗建於前步彗雲之旆設於後車吉行三十而當息良馬千里而馬如爾以馬爲寶我以德爲輿與其授受之交喪曷若乾乾而捨諸獻馬者乃黯覥慙顔低徊弔影步遷延以眷眷神寂寞而耿耿於是德日洽祚惟永俾來葉之嗣君仰斯道以自警

繪事後素賦 以瑟彼玉瓚黃流於中爲韻

闕名

穆彼作繪聞諸色工增乎華諒以文爲質分乎像示非素不終惟繪也成文不亂惟素也允執厥中蓋以昭聖人微論喻君子飾躬豈分黑黃與蒼赤列山龍與華蟲已哉古人以盼倩之姿彰敦樸之俗知女得其禮不專於舜華士有其容或同於冠玉雖言詞爲藻繪威儀爲朱綠自可畢行不回持禮自勗亦猶布采者以質相從爲素者以絢相屬借如葉公之繪飛虬也蟠蜿騰驤非素則其勢不揚漢氏之圖明妃也嬋娟窈窕非素則其容不彰是以間其文彩布厥元黃譬瀑布之界道如溝塍之畫疆然後五色成文班簡而不雜遐方圖物賦鼎而可詳且無文無質其比如緇何貴專一之琴瑟不離不亂其間如織自同流中之圭瓚既黯綴而無遺亦聯綿而不斷原夫染人獻色工人始謀巧心方逞濡翰方流似刃地之無礙疑繭緒之方抽入衆色之中自分文質發羣象之表如別薰蕕且殊受采之性寧有奪朱之憂則知素之體也眞繪之色也侈守厥貞白雜乎麗靡理衆惟寡既以一而處多守樸不雕遂出此而入彼將黼黻而奪麗匪組織之所擬別有彬彬向就肩肩行諸志惟厲乃仁則依於期霄漢之振拔假詞賦爲蘧廬讀孔聖之言雖云由巳承卜商之問終媿起予

霓裳羽衣曲賦

霓裳綽約兮羽衣蹁躚高舞妙曲兮似於羣仙長裦若緩而若急雅音或斷而或連想奏禁城之裏如聞玉皇之前迎拍動容縹緲而羅衣曳霧含霜吐曲響亮而德音徹天止有餘態動無遺妍昔開元皇帝以海內清平天下豐足思紫府瑤池之樂制霓裳羽衣之曲夭夭而花貌呈妍冉冉而雲鬟垂綠金石鏗鏘而不雜絲竹要妙而相續觀夫降輦路臨廣場被羽衣披霓裳始逶迤而並進終宛轉以

成行舞隨節以哀急歌和氣而韻長退若游龍之乍婉進如驚鴻之欲翔趨合規矩步中圓方想其奏也示安寧尚敦樸明樂之雅正辨樂之清濁雅聲發乎宮商清音發乎徵角似到蓬萊之殿見舞仙童如昇太乙之宮忽聞帝樂爾乃若止若行或疎或傾進退合度俯仰應聲聽之而雅正斯在聞之而奸邪不生天地爲之交泰日月爲之貞明今我皇紹唐堯之業繼聖祖之德制禮作樂而和兆人端拱垂衣而朝萬國於是陳廣樂宴羣臣鄭衛之聲是遠神仙之曲是覩雅音奏而合律妙樂作而入神變態而波迴

風轉顧步而雲飛霞新已矣哉想曲罷而舞歇當皇州而正春

欽定全唐文卷九百六十二

闕名　三

元圃園講頌 并序

竊以寶山峻極駘足未窺惠海遙波輕舟誰泛故以探沙亂（一作詩）元妙類杵迷形百代同昏千年誰啟皇上託應金輪均符玉鏡俯矜若習續照慈燈鶴禁還春龍泉更曉元水躍祥丹陵寫電功韜火宅德覆昏衢智惠之光猶初日照忍辱之力如明月珠天成地平遐肅邇穆澤漏無底化行靡外滄河鏡淥碧海調氛停瑞氣於三辰汎祥煙於五節

鱗羽被解罹之澤黎元沐至仁之道正化潛通法輪常轉類空鏡之傳虛猶懸河之寫潤儲君德彰妙象體睿春瓊視膳閑辰遨遊心法搦管摛章既便娟錦縟清談論辯亦參差玉照夏啟愧德周誦慙風乃於元圃園棲聚德心（一作懋）之英並命陳徐之士謳談永日講道終朝賓從無聲芳香動氣七辯懸流雙因（一作林）俱啟情遊彼岸理愜祇園靈塔將涌天花乍落于時藏秋仲節麗景妍辰氣冷（一作含）金扉霜浮玉宇聖慈沖邃獨幸朱堂玉砌碧水銀沙鳥弄翅（一作鳩）於瓊音樹葳（一作藏）甤于妙葉波水穿流蓬山寫狀風

生月殿。日照槐烟。網叨籍殊寵。陪奉末塵。預入寶樓。竊窺妙簡。晃藻喜抃。獨營心靈。敢作頌云

皇儀就日。帝道昌雲。化隆垂拱。德曼鴻芬。機秉八解。道照三境。巍巍蕩蕩。萬代一君。重離照景。玉潤舒華。七淨標美。三善稱嘉。降茲法雨。普洽生牙。漣漪義水。照曜文花。芳園鑁鏈。天宮類寶。析論寘空。元機入道。密宇浮清。（一作清幽）重闕一（一作檐）相藻。日映金根。（一作雲）風搖銀（一作瑞）草。肩隨接武。握寶靈珠。皆抽四照。並按九衢。顧惟多軼。徒奉瑛瑜。終如燕石。更似齊竽。

造石浮圖頌

大唐（闕二字）九載歲次庚寅十月景辰朔十八日癸酉。（闕二字）斯亡（闕三字）原夫超三界越四生者。非至眞至聖。其能勉（闕二字）至眞如何。無徵不著。至聖如何。無求不救。是故欲拔苦紛。當憑眞正。仗有爲之相。功德是修。究無爲之體。理默虛運。粵有處士薛待伊者。望河東汾陰人。門盈組綬。冠冕相輝。雄氣過人。志節逾衆。承家孝友。奉公懇誠。故訁（闕一字）如之境如危（闕一字）難久緬祖德之餘訓。懷父母之鞠育。思報恩昊天無極。遂獨深願。敬造七級石浮圖一（闕二字）見存父母棄福善齊眉百齡。嘉祐日新。永招餘慶。爲亡（闕六字）氏樂安（闕三字）功德願（闕一字）冥杖永拔三塗。長昇五（闕二字）前外內眷屬等同茲（闕三字）負乃材極崑岷。匠窮異術。方如珪者。爲彫（闕一字）級緻如形者。（闕三字）信莫不瞻仰發念。頂禮消愆。不曰云（闕四字）果恐浮（闕六字）勒頌貞碣。以表將來。其詞曰。

至眞（闕一字）象浮圖示形。（闕三字）華鈴韻（闕二字）瞻禮（闕一字）影。泉壤拔靈。含化（闕一字）仰。通幽洞冥。（其一）至人眞（闕二字）心遠盈涅而無緇。（闕一字）濁能清。倜儻博物（闕二字）孔明一（闕二字）勝埒一（闕一字）鈞（闕一字）（其二）

授武三思鴻臚卿制

門下。典於屬國。列彼正卿。班秩既崇。寵光斯在。金紫光祿大夫行國子監祭酒武三思。延恩戚里。効職公朝。能勵恭勤。以修名檢。頃在膠序。頗淹星歲。度材而用。舉類而遷。宜增三揖之榮。俾正九賓之禮。可行鴻臚卿。散官如故。

謹案此制文苑英華誤爲孫逖作。考逖知制誥在開元二十四年。時武三思久被誅。且新舊唐書亦不載三思官鴻臚卿。題與撰人必有一誤。今存疑編入闕名

擬中書侍郎平章事制

門下。四輔齊耀。衆星拱於北辰。百職分官。萬物歸於西掖。

翺翔鳳閣。泛泳龍池。報我祖宗。格於上帝。今獲良弼。天實賚予。

屯田郎中李景進可工部郎中制

勑某官李景進。昔漢館陶公主爲子求郎。而不得。何者。非其人也。今汝景進。亦吾外戚。而謹愿儒雅。好學善言。久爲臺郎。頗副時望。故均慶澤。擢轉名曹。彼漢推公。而吾獎善。兩得其道。不亦宜乎。

除王寓黃翼度支郎官制

辭不正則名數亂於昏踰。非不禁則儲蓄盡於姦慝。理財

之義。繫斯二者。今天下之金穀。調度萃於戶部。而度支實司其會計出納之繁。則非知古理財之要。莫能補察以佐其長。以爾寓服職書館。羣居是儁。而能以文學精深秀發其間。試諸繁使。其必有可觀矣。以爾翼丞於都水。非閑職也。而器能有裕。濟登無遺。究其所知。何紛不理。進膺劇選。益觀事功。

授李燧平盧軍節度使制

門下。跨千里之山河。察五城之風俗。海物惟錯。民庶實繁。作我藩侯。斯爲重寄。膺是任選。其惟信臣。通議大夫檢校工部尚書兼少府監充內中尚使上柱國襲岐國公食邑三千戶實封三百七十戶賜紫金魚袋李燧。鐘鼎垂休。勳庸襲慶。擅文武之全致。蘊公忠之大經。用富機權。學贍韜畧。智足成務。詞能飾身。屢更惟月之曹。亟踐執金之貴。嶠南著招撫之績。涇上垂訓齊之名。英烈之門。爾實爲冠。於戲。乃祖乃父。克成元勳。惟子惟孫。合異常寵。是用擢爾於優散之地。復爾於節制之雄。擁我朱旗。往鎮青社。爾其敷我雨露。修我政刑。竭丹款以事君。推赤誠以御衆。虛已接士。傾心禮賢。勿恃貴以自驕。罔厚斂而虐下。使精銳之號。

益振於三軍。愁歎之音。不興於百姓。優崇之典。吾何愛焉。俾遷秩於秋卿。仍兼榮於弄印。勉懋休績。克終令圖。可檢校刑部尚書兼青州刺史御史大夫充平盧軍節度使登萊棣州觀察處置等使。散官勳封如故。主者施行。

授王安實天雄軍節度使制

門下。虜無南牧。漢高魏尚之功。地霸西戎。秦用孟明之力。平襄舊壤。成紀雄軍。控壓外夷。保障中夏。請兵出塞。非幢節無以取威。謀帥因時。非傑材不足授任。安邊制勝。移孝爲忠。俾膺紅旆之榮。且用墨縗之典。正議大夫前守右金

吾將軍上柱國太原縣開國男食邑三百戶賜紫金魚袋王安寶韜鈐宿將勳閥名門家傳淮水之靈神授圯橋之畧堅剛不拔捷勇欲飛訓武旅以衛宸嚴握兵符而參禁近匪躬奉上宣力任公剖竹淄川克茂藩條之政執金緹騎彌昭夙夜之勤朕以七萃屯師三秦繕塞屬山西之氣俗扼隴首之咽喉地要而城孤野豐而兵勁張其羽翼可以捍此疆陲壯彼金革無辭戒於鼙鼓息疑專城之舊制築命將之新壇揆務與能選材伸用苴麻順變聞命登塗載仗出車之令佇揚鎮遠之聲總輯師徒撫寧蕃部無邀

功以生事勿慢政以啟戎俾老少安懷郊坰靜一假南臺之憲印分北落之朝班勉樹嘉庸以固吾圉可起復忠武將軍守金吾衛將軍兼秦州刺史御史大夫充天雄軍節度秦城河渭等州營田觀察處置押蕃落等使散官勳封賜如故主者施行

授韋有翼劒南東川節度使制

門下授律中權分憂外閫制彼短長之命握予生殺之機境壓賨渝封含要害克膺委屬必在忠賢朝散大夫守尚書兵部侍郎兼御史大夫充諸道鹽鐵轉運等使上柱國賜紫金魚袋韋有翼蘊德無隅藏鋒向晦行滋蘭畹志茂松心當官澄止水之明臨事出龍泉之利早升台閣備歷清華陳藥石於諫曹司黃素於右掖長纓得俊美價自騰左輔施河潤之功右陝繼召南之愛佐於三典麗刑多哀敬之心貳彼五兵整武得弛張之道委兹權管制以重輕才識變通法均寬猛今以劒外之封疆奧邈東蜀之輿賦殷繁慎簡難能俾承重寄是舉報功之典庶協易祿之文於戲荆州思叔子之仁蜀郡愛文翁之化壤界相錯風謠尚存用使潼川獨無賢守題劒重登壇之貴持綱增攬轡

之威往圖嘉庸對我休命可檢校工部尚書使持節梓州諸軍事兼梓州刺史御史大夫充劒南東川節度副大使知節度事管內觀察處置等使散官勳封如故主者施行

南華經策問

問安時處順泊然懸解至人之心也故曰材全而德不形又曰休影息跡與夫五漿先饋履滿戶外者固不侔矣然則以紀渻之養雞痀僂之承蜩匠石之運斤梓慶之削鐻用志不分移於教化則萬物之相刃相靡者悠然而順闇然而和奚在於與無趾無脤之徒支離形德然後爲德耶

顧聞其說

謝奉聖製隆國寺碑表 顯慶元年三月

既發天華觀河宗之奇寶虔開祕篆聆雲英之麗曲包萬葉之鴻規籠千祀之殊觀相趨慶抃莫知所限竊以慧日西照朗巨夜而開冥法流東徙洽湅茇而挺秀無方之化不一應物之理同歸歷代迄茲咸崇斯典伏惟皇帝陛下垂衣截海作鏡中區錫類之道彌光出要之津尤重開給園於勝境咸稱首以閒居地穹輪奐人標龍象重茲濬發沖旨爰製豐碑妙思難涯元襟獨王義趍繫表理邃環中

臣等夙敬眞宗幸窺天藻以坳堂之量揣靈鼇之浚壑蜉蝣之情議仙驥之遐壽式歌且舞咸誦在心循覽周遑不勝欣躍

老君降壇賀表 儀鳳三年

元元皇帝見於廟所金相玉毫彩奪夜明之景白駒丹鬣跡留天驥之衢青童曉引應瓊鐘而降節紫雲宵布籠銀漢而高昇固以克昌厥緒惟新景命恢我皇度光乎兆人所以道冠百王慶隆萬葉永綏寶祚克享無期者也

為王相公請改六書表 武后時

臣某言臣聞兩儀定位法象必在於區分百物正名稱謂不可以相奪然則當至公之運勿用於權虛太朴之辰宜循其本臣竊見周官保氏教國子六書一曰指事二曰象形三曰諧聲四曰會意五曰轉注六曰假借夫假借者謂本無其字假用音者也昔伏羲氏仰觀法於天俯觀法於地爰造書契是生文籍夫書者著也篆者傳也所以昭著誓言傳之不朽推義結字斷天下之疑垂萌示象紀天下之德安可穿鑿音韻假濫言詞者哉自史籀篇亡李斯簡脫古文有數物類難周雖魯恭王壞孔子之宅河內女子

毀老聃之家而屋壁之餘門庭蓋尠敬侯所寫凋訛於正始之間汲冢所開散落於太原之際由是後儒晚學苦音訓之繁著生故老嗟異同之雜下兼索牘旁洎賀劇聽受施行莫能見曉規模典憲於何取則不有釐改孰導羣疑當今受神冊鑄寶鼎封禪之隆固將九皇比德文章之盛豈直三代同風百官以理萬民以察臣伏見御筆前後所製新字等神功開合天地盤旋於筆端元造運行日月相望於紙上玉牒石記無以校其幽深河圖洛書不能方其麗則臣幸承皇訓親沐聖猷竊東國一札之文奉西京七

言之詠。劉德之陳雅樂。雖未登心。劉儻之學史書。頗嘗遊目。輒欲循環睿旨。罄竭蒙情。凡所借音。並加新字。將令分有一定。無汩於源流。理或萬殊。各隨其事業。以此化俗。佇微益於毫釐。以此教人。儻不虧於影響。伏乞上元畢聽。至道曲成。矜此庸愚。霈然聽許。臣即望以類撰綴。隨了進呈。輕觸冕旒。不勝惶惕之至。

請加開元神武尊號表 先天二年十一月

臣聞元化不宰。是有強名。聖德彰聞。必崇大號。伏惟陛下首出千古。體元獨斷。掃氛祲於軒宮。闡文明於宸極。皇綱

絕而復正。神器危而重安。聖達神祇。功齊天地。若無尊號。臣下何稱。易曰。陰陽不測之謂神。傳曰。保大定功之謂武。陛下斷大事於容易。見成形於未兆。故一著呈祥。千里傳慶。斯所謂不測也。興王業於多難。安生靈於反側。故百神奉職。四夷納貢。斯可謂定功也。故臣等敢上尊號曰開元神武皇帝。伏惟從之。

爲劉幽州請致仕表 開元時

臣某言。臣海圻陋品。業尚罕稱。斂袵衡泌之間。角巾山野之際。夙安環堵之室。罔知榮進之階。屬天步方艱。霸圖資始。遂偶飛龍之會。預參汗馬之期。既而慶集私門。恩被昆弟。歷載內外。備蒙選擢。承乏三朝。於茲三十餘載。竟微塵髮之效。空負亭育之私。加以鐘漏巳殫。齒歷云暮。杖國之年斯及。夜行之懼載深。若勉茲衰遲。久玷剌舉。既取紊於官曹。抑貽誚於通識。當今天地休明。賢能方軌。豈可以策駑懷祿。茹怍昧榮。是以量力陳辭。料能寫實。天鑒凝遠。特希憫照。昔廣德休老。方開漢室之恩。陽元請骸。空表晉朝之惠。微臣竊景前懿。敢祈今澤。反初服於東皐。沐薰風於窮巷。倘高春少駐。斂蓋未陳。庶乎瑤池之曲。延望白雲之宴。仙閣之阿。載奉翠華之謁。犬馬之志。實百恒心。臨表鯁

戀。辭意懇結。

爲盧從愿請替東都留守表 開元時

臣某言。臣才輕位重。効淺恩深。鑾駕西巡。猥忝居守。違離罕異。進退門闌。感戀惟深。負乘是懼。臣某中謝。臣初辭之日。伏奉德音。限以周年。許遵舊例。推遷荏苒。星歲再環。夕惕屏營。日月以冀。葵藿傾葉。豈望迴光。犬馬有心。常懷戀主。顧循卑鄙。未敢上聞。伏承今孟冬有事陵廟。慶章覃於四海。國禮盛於百王。伏念漢臣。彌嗟留滯。預逢舜后。願侍

宗祧瞻望之情倍百恒品且三川朝市四塞關河論都抗於西賓作鎮雄於東夏倉儲猶在邦政孔殷臣亦何人久斯重任不勝控款兢惶之至謹奉表附驛以聞伏乞俯矜誠請更擇親賢不棄草茅之微終奉綸綍之委

西河大破吐蕃賀表 天寶元年十二月中書門下

臣等自今月以來累見隴右奏大破吐蕃大嶺青海等軍捷書前至日因奏事陛下謂臣等曰吐蕃背恩神人共棄豈惟隴右頻勝三數日間河西當有大捷今日王倕果奏大破吐蕃魚海及遊奕等軍擒生斬級幷虜獲羊馬不可

勝計竊觀前後克捷皆是特稟聖謀密練驍雄深討兇寇以寡擊衆所向無前天心與睿德合符士卒與神兵叶契九重制勝動必有成萬里知來見於未兆一月三捷千古未聞品物同歡何況臣等伏望宣示朝野編於史冊

賀元元皇帝靈應表 天寶四載二月中書門下

臣等昨十二日因奏事親奉德音朕以正月甲子日爲萬姓祈福初登壇時疾風甚勁及行事之際則恬然清謐又朕親撰黃素文置壇所案上竭誠陳請須臾騰空飛上空中復聞有言報朕休徵論蒼生福慶及行禮事畢又風起如初朕近於嵩山所鍊藥成其時亦置於壇側及夜左右方欲收藥又空中聞語諸靈官雖已赴大同殿其藥且未須收此自監守言聲甚厲其左右祇承及道士等聞者莫不驚悚以達曙之後乃收其藥朕爲蒼生祈福有此殊應與卿等同慶者臣聞上天之載雖曰無聲聖人所感必將有應陛下精誠契道深仁被物親祈介福用濟羣生法事旣陳疾風旋止聖詞上告祕録騰飛遂降神言屢呈昭應始則孚佑下土報黔庶之和平終乃垂護靈丹表皇期於萬億人聽所接神休莫踰希微之地屢有昌言感應之功

不唯幽贊殊祥特異振古未聞諒天意之合符豈山聲之足比無疆之慶萬國同歡況在微臣實倍常品伏望編諸簡策宣示中外

請加應道尊號表 天寶七載五月

臣聞道之應也萬姓叶心德之至也百靈表貺是以帝王從天以受休命臣子奉主以薦尊名下戴上爲至忠上納下爲大順伏惟陛下垂衣而端拱司契而乘時御辯而氣和提象而物覩臣等上稽儀極下考前訓旁求史氏明徵道書皆可以配至極之崇高建大號之美稱陛下宗師懸

解挾五帝之常道恬愉自得陋三王之仁義同符帝典振古莫儔靈寶經曰大寶君者大洞之尊神玉皇之正氣陛下經高上之至理復帝先之淳源九炁生眞二合成德殊休應道已契靈文景命揚符宿彰仙籙則知聖祖以大道授陛下久矣當以應道答之苟人望洽而固違則羣情抑而不副是以公卿宗子懇誠於內緇黃艾耋瀝款於外宜蒙納許以昭介福伏惟陛下承上元乃顧之意順普天翊戴之情伏以端午良辰萬壽來應昌圖與兩儀配永寶運與三景俱長欽若鴻名克彰厚慶聿陳大禮式茂元和臣等謹竭愚誠昧死請加尊號期於成遂以叶衆心

賀寫道德五本表 天寶十載六月中書門下

臣等昨於勤政樓下敘立恭聞德音今日又道門威儀王虛眞奉宣聖意伏承陛下奉爲五聖寫一切道德經五本於太清宮興唐東明龍興觀各置一本仍各賜絹五百匹以申齋慶臣等伏以至理本乎無爲乃隱言以演教孝思存乎追遠必精意以報親陛下欽崇道元虔奉先聖更抒睿思刊定眞經玉軸瓊輪既懸之於日月元宗奧旨方下濟於雲霄罔極之情因心知至無疆之福有感必通式明孝經之誠更闡上皇之化即知北極之字期悟俗於羣迷南薰之風思濟人於壽域凡在士庶孰不歡欣臣等謬列台司幸叨宮使感悅之極實萬常情無任忭躍之至望宣示朝廷編諸史冊

賀大同殿鐘鳴表 天寶十載六月中書門下

臣等今日因奏事伏承昨日辰時大同殿前鐘樓上忽聞鐘聲其殿院常扃閉內更無人即令檢覆其鐘樓門及殿院門皆閉須臾其鐘又鳴如此者三度聞鐘聲響六十下其聲清徹但異人聞左右侍臣及女道士等皆聞伏以至順通微蘊虛無以爲用虔誠上達應精感以交符陛下端

拱清穆欽崇道寶尊玉皇之象未明而朝謁寫羣經之字乙夜而元覽雖高居於紫極常屬念於羣生故得契協希夷跡多靈異雖仙樓未啟而神鐘自鳴不俟鯨魚之擊徹響於雲漢宛同鸞鳳之音諧韻於金石實表羣仙効祉元祖呈祥徧圖牒而罕傳貫古今而未有臣等幸參近侍竊聽休徵欣躍之誠實萬常品無任慶忭之至謹奉狀陳賀以聞仍請宣示中外編諸史冊

賀宮內柑子結實表 天寶十載九月中書門下

臣等今日因奏事承德音聞江南爲橘江北爲枳蓋以地氣有殊物性因變朕近宮内種柑子樹數株今秋以來結實一百五顆乃與江南及蜀道所進無別亦可謂稍異者伏以自天所育者不能改有常之性曠古所無者乃可爲非常之感是知聖人御物以元氣布和大道乘時則殊方叶致且橘柚所植南北異名實造化之有功匪陰陽之所草陛下元風眞紀六合一家雨露所均混天區而齊被草木有性憑地氣而潛通故兹江外之珍果爲禁中之花實緑蔕含霜芳流綺殿金衣爛日色麗彤庭豈比乎搖木移

根俟風而實若榴傳種因石爲名理非自於人謀事實關於神化圖牒未有耳目攸新臣等忝侍軒墀恭聞殊應喜慶交集倍萬常情仍望宣示朝廷光諸史冊

謝許常參官追勝宴樂表 天寶十四載三月

伏奉恩勅令臣等三月已來分日入朝逐便尋勝伏以聖政和平景光部麗道風淳被朝野歡娛陛下均惠澤而不遺俾簪纓其共賞因其無事許以番休草木加春沉翔盖暢生成之德報効何階復以宮闕增修子來云就軍麾告捷飲至初行臣等無汗馬之勞空霑分器懷賀鷰之志敢効獻芹伏請進錢一千貫文以充宴樂願接順陽之慶得伸就日之懇

上老君瑞象表 天寶中

老君越在皇世職表休祥皇帝陛下垂裳多暇鍾想妙門遂乃申模聖像託構崇椒鸞鳳翥於鳥路抗蚪簷於雲表兹焉鑿牖爰申上祥俾夫柱下靈姿散奇光於壇宇棟間仙侍流異景於階庭允應至誠宜符睿德揚七廟之遐慶保億載之宏規豈可與虞致榮光漢延嘉氣靈禽降祀膚葉興封者同年而語哉

河陽陝東破賊賀表 乾元三年正月

伏見元帥行營露布伏承官軍大破逆賊二千餘衆兼燒浮橋柵壘等悉皆蕩盡陝東大破凶徒斬級生擒甚衆又見中書門下稱河陽橋頭因河凌衝突連艦偏斜昨一軍吏夜聞橋下鬧見有神人云我是毗沙門天王爲國家正此橋柱及平明橋忽正又勝州巳北百姓數千人忽見兵馬極衆喚百姓索食其中有人云我是張韓公及王忠嗣領此兵馬爲國家討賊不日當太平百姓陳祭訖須臾不見此皆聖德所感人神合符靈應昭然古今未有者臣聞

聖人者與天地合德日月齊明神祇告休山川輸貺雖五兵暫阻而七德肇修伏惟乾元大聖先天文武孝感皇帝陛下眷德昭融文思光被道沖元漠德同淵明三靈貢珍百神効職頑者兇徒未殄侵軼京師東郊不開尚稽大討幽明增憤動植未康固得天祇護梁神兵啟陣喧聲夜發狀若搆於黿鼉靈契昭然威德清於蚊蚋三軍盡覩百姓咸觀此實止戈之先兆也及師出交懷一戎而羣凶塗地兵臨分陝再戰而餘孽殄殲擒元惡而詰彼兇殘焚賊橋而斷其歸路莫不覩兵勢以懾竄聞軍聲而畏威撲滅之

欽定全唐文 卷九百六十二 闕名 十六

期於斯見矣此則天時人事斷在目前睿算神功致之度內皆經籍未載古今罕聞者也

賀萬年縣甘露表 寶應二年

臣某言今日中使吳永清宣示臣萬年縣靖恭坊南街柳樹上降甘露者臣聞元元皇帝有言曰天地相合以降甘露伏惟寶應元聖文武皇帝陛下事天明事地察所以受三靈之景貺叶萬國之歡心其在陽不晞被葉增固且泫且潔如脂如飴神明有以告祥蒼翠因而不改則顯元之氣下浹於人軒轅之精不愛其寶裨太平之瑞呈上陌之中況地即萬年時當子月不愆寒沍實表靈長禎符薦臻壽域何遠以之興運在陶唐而則然特用紀元於大漢而無愧伏望宣付史館永播休徵臣謬承雨露之恩愧無涓涓之至

賀僕固懷恩死幷諸道破賊表 永泰元年十月

臣某等言臣伏聞逆賊僕固懷恩以去月九日死於靈州鳴沙縣又見成德軍節度使李寶臣露布斬逆賊蔚州刺史曹楚玉幷破黨項部落收諸蕃漢軍兵(一作健)及百姓等三萬餘衆又邠寧節度使白孝德破僕固瑒下兵馬及吐

欽定全唐文 卷九百六十二 闕名 十七

蕃斬首三千級生擒一百五十九人獲馬八百匹兼鳳翔等節度使李抱玉亦破吐蕃羌渾等三千餘衆收其軍資器械不可勝數者臣聞積德者天之所啟反道者鬼得而誅逆賊懷恩者氊裘雜種出身微賤陛下以其久經驅策嘗立功勳任以樞機(一作中樞)升之上將而豺狼其性梟獍其(一作為)心連結西蕃因依北虜大為人患二年於茲謂旅拒可以偷生猖狂可以集事曾不知逆天暴物其惡貫盈故王師未加而元兇自斃又曹楚玉去順效逆與之連衡更唱迭和同爲不道李寶臣恭行天罰遂戮鯨鯢其餘吐蕃

之兵羌渾之旅或毆役郊土或陵逼鳳翔白孝德陷之於前李抱玉破之於後既以翦其兩翼方且覆其全軍信宿之間一作聞非數道皆捷彼進無所入退無所從殄掃妖孽指日非遠臣歷考近事因知天意自祿山開釁思明亂常迄於懷恩三凶繼跡始雖傲擾旋見敗亡社稷危而復安天地否而重泰足明皇穹保佑歷數延長卜年之慶永代無極臣等幸逢昌運忝列朝行慶躍之誠倍萬恒品無任歡忭之至

為裴令公舉裴冕表

臣某言聞忠邪不可以並立善惡不可以同道吳任宰嚭而伍胥誅戮楚任靳尚而屈平放逐遠惟前事孰不痛心伏見灃州刺史裴冕忠肅明允道高德厚匪躬無怠有蹇諤之風道佐先帝驅馳靈武贊雲雷之業成社稷之勳程元振忌其直方遂加誣構投謫荒裔天下稱冤空懷醞正之悲莫雪增嫌之恥今姦邪屏退聖政大明百度惟貞四門以穆寰海之內元元之人莫不延首德音思聞至化願特令追冕列在天朝俾之端揆庶寮平章百姓處詢謀之任當燮理之權必能協和萬邦致君堯舜臣位兼將相職忝股肱思進賢傑共熙帝載臣無任懇願之至

賀雙鵲補天尊殿隙壞表大歷三年四月宰臣

臣聞孝至於天則祥發陵邑德被於物則化及鳥獸伏惟陛下因心廣敎宏道極和時因霜露之恩流行雲雨之澤故前聖垂裕散於明誠皇天報貺賜以嘉應異鵲來感翔集可窺跡比人謀事歸神化伏望宣示中外編諸史冊

賀文單國進馴象表大歷六年十一月宰臣

臣聞春秋二百四十年不紀祥瑞而載異國之朝其在周書亦美西旅之獻蓋重其德化及遠天下大同也伏惟寶

應元聖文武皇帝陛下以至敬事天地以至孝奉宗祀武功以定大難文德以懷遠人故舊史未載之邦前王不賓之長聲教所隔言語莫通悠颺南溟幾千萬里瞻望中國知有聖人踰海而來歷年方至緜邈重阻奔波載馳黃金飾冠白璫充耳服柔羣象牽致闕前低徊馴擾稽顙屈膝隨萬國而來庭與百獸而率舞如知禮樂之節益盛羽儀之容有以彰仁化元通醇源濬暢至和大順以兆昌期事軼於軒皇迹超於漢代矣臣等謬塵樞近獲覩洪休伏請宣付史官光昭簡冊

皇帝一發連二兔請付史官表 大歷七年十月宰臣

聞王者有日官動而必書事無虛美用成善終之義觀乎君舉之明體合忠直輔宣法教斯良史之任也帝者盛美紀於一時關登雅頌彰示國家斯君子之罪也昔漢武有獲蛟之歌魏祖有南皮之事皆盛其殊能敘列前載元宗開元中蒐於岐陽親御弧矢陳九軍之禮有百中之捷煥耀圖史布昭詠歌今陛下以豐歲皆秋農郊始隙因依時令習用戎事遊涉靈囿經於上蘭以一發之神連三窟之狡弦匪再控騎無角逐進異前禽之失舉明不合之圍事

過舊聞妙歸天縱足以重威四海高視千古恩賜之後榮慶中朝公卿庶尹動色相賀垂於簡牘允叶禮經若聖情沖深過於謙讓則史臣曠職後代無稱凡在庶位罔知所出伏願特迴聖慈俯遂誠情

賀瑞禾成文表 大歷十二年五月宰臣

頃者賊臣兇狡敢蔽聰明陛下以時發覺咸就誅放與人更始在物惟新浹辰之間果獲佳應至德之化光賁草木太平之時遂形文字伏望藏於祕閣宣付史館

爲李懷光讓起復表 大歷十二年

草土臣某言伏奉某月日制書起復授臣某官兼某使捧對恩命哀號失圖微臣夙遭凶釁幼集荼毒亡母鞠育累歷暄寒三十年間勤勞備至俾臣習武教臣觀書丁寧懇切僅至成立自逢昌歷累辱驅馳待罪朝行或申微効皆母之訓以及於斯凡在輩列莫不知委而久從王事靡有定居晨昏屢違甘旨多闕則臣之於母所負實深扣地呼天萬恨何極伏願察臣哀迫許臣終喪少申子道無乖企及無任迷謬崩迫之至

爲李懷光讓起復第二表

草土臣某言一昨具陳哀懇冀蒙諒察旋奉墨制有阻微誠精魄震蕩五內分裂中謝臣爲學至淺昧於禮經今冒死上聞實私情懇迫臣年未弱冠即罹閔凶終鮮兄弟惟臣與母零丁孤苦繼以屢貧衣食所資悉資紡績比臣從戎朔漠漸列軍行適遇艱難累經戰陣北出恒趙西趣鳳翔或往鄜下或留河上臣母別臣積憂成疾禪誦之外泣涕終日形貌支離殆於骨立及兩京既復九方既同臣在邠寧粗申力養豈謂無狀速禍殃罰所鍾深顧起復之恩永負劬勞之報興言及此摧心痛骨則臣母於臣異於常

母臣之於母不逮常人誠合服縗廬墓以終餘齒豈可忘哀徇祿所務從權此則天地不容名教所棄伏乞納臣窮款矜臣血誠俯遂愚衷許終喪紀儻殘生未泯子道獲全必當竭力他年以答元造雖復捐身鋒鏑死且無恨無任荒迫之至

代宣王誦讓皇太子表 建中元年正月

臣誦言臣自奉明命累表陳乞懇誠無感聖慈未迴進退兢惶如履冰谷臣誦誠惶誠恐頓首頓首臣聞少陽之重嗣守宗祧故傳曰年均擇賢義均以卜爲國之本繼奉休

明臣質惟愚蒙未經師傅問安侍膳夙夜奉養之規秋籥夏弦昧於齒冑之訓無以上承匕鬯展敬粢盛內省多慙豈敢飾讓未蒙諒察惶怖失圖臣所以累獻封章備陳丹懇伏望俯迴天眷曲遂愚衷臣無任懇款之至

爲吉州太守賀赦表 興元元年正月

臣某言伏奉今月日詔書大赦天下禹湯罪己霈澤旣同羿浞負恩姦謀自蹶中賀伏惟陛下以天聖匡難宏慈御物而賊臣棄義乘亂一作釁敗常爰幸近郊方勤遠畧改元更始統歷惟新猶復惕厲懷柔誠明引咎務好生之德恩覃萬類遵泣辜之典罪止元兇振廢滯而片善無遺安反側而羣邪革慮損去徽號帝堯之克讓也貶徹服御大禹之師儉也罷榷筦之利征賦就恒正封畧之侵干戈繼息辟賢致理疏爵報功減冗官而祿秩有倫優死事而存歿知感喜氣充於六合仁風被於八荒孰非昭蘇罔不率俾自然假息之孽輿櫬就誅改轍之徒束身請命八龍旋軫萬國來庭不勞王者之師重集康哉之化臣忝守藩維不獲稱慶闕庭忭躍之至倍萬恒品云云

謝勅書賜臘日口脂等表 貞元七年

臣某言中使某至伏奉某月日勅書幷手詔勞勉臣等兼賜臣衣一副臘日口脂紅雪一合中和尺一貞元八年歷日一通陛下道邁古先德動天地凡於一物必寄聖慈欲臣襦暖慴燮故衣裳是賜欲臣除去人患故良藥下霑欲臣永駐衰容故馨香流潤新歷方啟慶昌運之無窮龔尺辨才審度量而不昧力微賜重捧戴兢惶臣無任

謝勅書賜臘日口脂等表 貞元八年

臣某言中使郭昕至伏奉手詔幷賜臘日口脂紅雪貞元九年歷日等拜受怔營不知所措臣某中謝伏以玉皦降

於仙宮金膏流於祕藏含芳咀味覺六府之和潤骨凝膚改三年之觀況復惟新聖歷受朔齊人稱慶戴恩倍萬恒品不勝踴躍之至

謝勅書賜臘日口脂等表 貞元十四年

臣某言中使吳千金至伏奉十一月九日賜勅書手詔存問臣及將吏百姓等自天渙汗隨地涵濡徧施稚孺普及纖細歡呼未暇聖念再加老幼奉恩感動肌骨又以臘日將及賜臣紅雪口脂各一合貞元十五年歷日一通跪啟緘封榮抃相集伏以方傳上仙藥成中禁却老除患妙絕

如神嘗所聞知豈期親授況階蓂候朔晷度不差蒲柳微生又膺天歷恩波逾重蹐跼難勝不任感恩荷聖踴躍之至

爲河東副元帥馬司徒請刻御製箴銘碑表 德宗

臣燧言臣前竊睹御製賜靈鹽節度使杜希全君臣箴一篇輒請刻石於太原興王之都與元宗所製起義堂頌碑並列垂訓後代光示萬邦伏奉批表及賜臣等手詔俯蒙允許仍賜臣一本又賜臣御製宸扆台衡銘二首幷敍精義微言深於義文之旨明訓大誡叶於舜禹之謨涵周詩而軼商頌準天地而懸日月五彩彰施而濫目八音均調以動心至於上下咸和君臣交儆僻邪無自而入猜虐不萌於中鬱堙底伏之氣宣強悍讒諛之説泯授申甫以作誡紹唐虞而追蹤誠文教之極而至治之本也臣餘生陋質材朽功微陛下獎勵過深寵錫逾厚使得獲覩殊觀接聞至音目以勳賢稱其威武跪捧震駭顧循悚怍實願周旋奉戴內以爲子孫藏忯演昭宣外以垂金石刻今者琢磨已就刊勒方施至於次序篇章論載年月未敢即定謹令圖畫進上仍請於碑首正面刻作御製箴銘四字其下

刻年號月日字建箴銘二首幷序其碑首陰面伏請準起義堂頌碑例刻年號月日字建其下刻臣所上表疏伏蒙批表勅語及所賜臣手詔庶使後之觀者尋其幷連究其本末以知盛德之事懿鑠丕顯游揚無極臣之所願也不勝忻懼悃懇之至謹遣某官臣某奉表以聞臣誠懽誠喜頓首頓首謹言

爲趙侍郎乞歸河中侍兄表

臣某言臣私門積釁幼集荼蓼賴諸兄訓育得漸有成比登官序各限中外聚居則少離別則多兄薰頃任河中少

尹先因風痺成疾手足不理於今累年中間迎到上都臣自躬親方藥兄以枌榆松檟盡在河東懷土之心暫來輒去近從數月頗益沉綿形貌支離言詞蹇澁甥姪數輩年盡兒童雖在左右未能侍養欲重迎至此在兄則羸瘵難堪將馳往近關顧臣爲官守所繫魂銷氣索志往形留百憂攢心動失次第伏以聖慈涵育至德潛通肖翹之倫各遂其性特乞罷臣所職許以還鄉儻得數歲侍兄必冀沉痾有間然後星言匍匐稽首闕庭臣之至願於斯萬足無任懇願迫切之至

欽定全唐文卷九百六十三

闕名 四

上太上皇及皇帝尊號表 永貞元年十二月宰臣

臣聞帝堯之禪虞舜也業歸於異代漢祖之尊太上也禮循乎虛名未有履尊極而捨萬乘之榮奉晨昏而傳七廟之重斯則堯圖未遠漢道未全倬然冠洪名而超古昔者孰若今之盛也伏惟皇帝陛下誕受聖姿欽膺寶歷自天生德與神契合近者太上皇恭默在疚禪受未行萬國注心思言堯以致理羣生屬望渴聖人之利見陛下忠感於

天地孝達於神明成堯舜之內禪固邦家之景命功莫盛於配天孝莫大於寧親讓莫高於傳聖故太上皇釋天下之負所以成其讓陛下受宗祧之寄所以保其功惟文王爲無憂惟武王爲善繼夏祀永固周命維新巍巍蕩蕩固無得而稱矣又聞皇帝之道必體於至公稱號所加不私於爲已將體元以立政必紀年以垂號伏願肇茲獻歲允極鴻名發揮元功昭示景化則太上皇之德可表於徽冊陛下之孝克施於寰海然後父父子子君君臣臣仰東海者知聖化之深躋南山者願聖人之壽臣等不勝大願請

上太上尊號曰應乾聖壽太上皇。請上陛下尊號曰文武大聖孝德皇帝。因三正之慶會。鼓萬國之歡心。奉寶冊以薦鴻徽。率羣臣而朝上日。然後退自問寢。列茲充庭。先陳教孝之儀。方受慶君之禮。斯實邦家之耿光也。古今之絶典也。雖朝賀有次。已稟於綸言。而徽號所尊。蓋勤於俞詔。兆人懇願。罔不喁然。

賀收劍門表 元和元年二月

臣某言。伏見正月二十九日制書。以劉闢擢於非次。授任節旄。不立朝章。擅有侵軼。詔命左右神策行營節度使高

崇文領馬步將士嚴礪李庸等討會討伐。臣又得上都進奏院官高振報。嚴礪下告捷官嚴公睨奏。正月二十二一作三日收復劍門。破賊五千。斬傷授劍門刺史武德昭訖。又夏州叛將楊惠琳援絶城孤。勢窮力屈。王師進襲。計已剋平。凡在遠邇。不勝慶幸。臣某中賀。伏惟皇帝陛下誕敷元德。廣被文明。寰海乂寧。戎夷款附。蕞爾狂狡。敢縱奸兇。藉方伯任用之資。乘軍城變故之際。阻兵拒命。肆虐讐鄰。陛下志在安人。尚爲含垢。頃令申諭。許以自新。誠宜改過感恩。迷而知一作不非復。而乃恣情干紀。長惡不悛。既慝稔而禍盈。俾人怨而神怒。今戎臣授律。睿畧遐宣。迫脅者知有所歸。忠義者得以自効。因利乘勝。犄角攻驅。固無遺鏃之勞。佇見輿尸之變。臣忝職藩服。受任偏師。憤激之誠。倍百常品。無任踴躍之至。

請加尊號表 元和十四年五月中書門下

臣聞惟帝之尊。不言而理。惟天爲大。無得而名。所以舉鴻徽。昇大號者。體乾坤之心也。伏惟睿聖文武皇帝陛下。璿樞御柄。氣母躋神。總三靈以紀元。宅萬國以鋪化。霽日出海。雄光照天。烟霞變舒。草樹動色。夫寨大寶者。重光之德

崇。張帝圖者。屬統之功盛。十聖儲祉。貞明下土。一天鏡開。引耀幽蟄。此臣所以稽衆心而窺景鑠者也。臣聞孝於其父。則導善因心。忠於其君。則望美終日。蓋性本於內。義激於中。將曲成以無違。期取實而不苟。所以然也。陛下早臨宸極。十有五年。道本至公。誠深馭朽。有盡下之意。無自我之規。以喜怒之氣。調陰陽之德。比類百則。有帝堯之聰明。周旋一心。秉神禹之恭儉。繇是朔陲之兇。以謀勝。庸蜀之虜。以刑誅。徐夷之固。以德歸。吳寇之強。以氣滅。茂昭以二郡至。宏正以全部來。幽鎮無聲。滄景交代。至若從史執縛。

宗爽明刑。語於大朝。斯爲細事。頃自淮淝稔禍。海岱奮妖。歷五聖而不龔。稽四紀而負恃。陛下英威電斷。睿畧風行。決必取於天心。示不疑於輿聽。此忠賢所以盡力。猛毅所以捐軀。一舉而元濟受擒。再動而師道傳首。地維自正。天下一家。六十餘年。不聞此事。野老擊壤。仁風扇和。巍巍成功。蕩蕩區域。遠可以比崇於唐虞軒頊。近可以丕顯於高祖太宗。且元宗自先天三年至天寶十三年。四十年間。六上徽號。今陛下發揮元祉。燀赫洪猷。攄積憤於祖宗。駕千齡於天地。飾文武之氣象。納廣大於昊穹。澤及隱微。仁霑

動植。圜方不足稱其遠。辰象不足契其明。瑞舞神魚。祥升鳴鳳。若不駿尊大號。仰陟鴻名。豈非臣下之恧。與臣等是以夕惕夙夜。翕肩累息。上探元命。下採羣情。不勝懇戴誠願之至。謹上尊號曰元和順天應道聖文神武皇帝。以崇莫大之業。以配無爲之功。伏惟陛下奉順人靈。俯從公議。鑒深誠於億兆。顧景貺於神祇。喁喁四海。孰不踴躍。

賀黃河清表 元和時

臣某言。臣得進奏官狀。伏承河陽奏。汜水西界從洛口黃河清一百六十六里。又橫海軍奏。界內黃河清。澄徹分明者。臣聞聖人在上。天下和平。風雨時若。則海波不揚。黃河清。夫土所以載水。水所以利物。天意鍾土德之道。開水瑞之華。符我上聖。祥於下土。中賀。伏惟睿聖文武皇帝陛下蹈十聖之原軌。陳一王之大法。垂衣裳以朝萬國。舞干羽而來四夷。平泰階於天躔。偃師節於靈臺。故得濁波渾渾。千載一清。長瀾浩浩。百里如鏡。氣新天宇。光澈地脈。仰分萬象之法。中涵千聖之德。初澄海裔。表陛下橫恩波於海上。再清洛口。助陛下鋪文明於土中。二十八日。兆陛下告成之日也。百六十里。期陛下得聖之數也。臣謬承分閫之

寄。叨榮持節之權。生當海晏之年。幸識河清之日。未奉明詔。不敢擅離軍府詣闕。隨公卿蹈舞明庭。下情無任西望踴躍之至。

蘇州賀赦表

臣某言。伏奉二月十三日敕下。垂拱臨軒。親受典冊。大赦天下。與人更始。中賀。伏惟元和聖文神武法天應道皇帝陛下用人情爲田。播殖萬類。細徹微妙。靈通幽神。洗盪危疑。開釋罪罟。酬勞而傾盡府帑。貶用而大減租入。逋負除而餧者自活。力役省而耕者倍功。繼絕存亡。忠賢飲德於

黄壤棄瑕肆眚奪俄再麗於遺骸極天地之歡心盡帝皇之上事疲史臣之筆編簡難書涸詩人之思謳謡絶路臣總集黎老伏讀德音不寤微生坐階仁壽不勝慶抃之至

請上尊號表 長慶元年四月中書門下

臣聞上帝至尊也其名有九所以顯高明之位西方大聖也其號有十所以旌神化之功王者提寶運而光宅握瑤圖而首出必建徽號以稱鴻猷斯乃臣子之誠有所法則天之所與不可辭讓伏惟皇帝陛下欽明御歷神武纂戎挺上聖之姿撫中興之運鼓雷霆而清八極懸日月而照

九圍粤若祇事郊廟敬養長樂大孝也省刑責己偃草息兵大澤也慶雲見甘露降羽毛呈瑞草木發祥天符也億兆歡心而太和蠻夷蹶角而威服人瑞也祖宗未賓之地帝王不收之甿皆勿耀天威獨運聖算未嘗血一刃勞一夫文軌罔不同桀驁罔不化則軒有阪泉之戰堯有丹浦之征求之往籍彼宜慚色陛下有格天之大勳動天之大德徽烈已冠於前古而稱號猶抑於當今凡在朝野敢不知罪臣等不勝大願伏乞迴天眷啟宸衷擇吉日崇徽號塞人祇懐懐之望合夷夏喁喁之誠

再上尊號表 太和六年正月中書門下

伏以昭闡大猷崇建明號爰自列聖實從人心或不踰一二年或至於再三冊伏惟陛下握乾符而執左契掃氛祲而廓夷途時清俗平世更於七足以光寶祚暢洪徽追成規崇典禮而況百靈効祉庶績其凝祝告元穹孝光長樂慶澤躋天而接地仁風輝古而映今休禎見於星雲嘉瑞洽於禽草英聲騰軼於八表和氣旁達於九圍而乃尚執勞謙未允誠望凡在臣庶實所憚惶夫無爲而理者不在於去名稱在於遂萬物之宜曲而成之者也恭默思道者

不在於變典冊在於天下爲公居而不有者也故曰惟天爲大惟堯則之又曰聖人無常心以百姓之心爲心然則王者舉措有法弛張隨時伏望答上帝乃眷之懷副下人傾心之望畧撝謙之小節奉祖宗之舊儀臣等不勝大願謹上尊號曰太和文武至德皇帝伏乞仰遵成式俯順羣心命有司擇吉日光膺盛禮允答天人天下幸甚

上慶成節表 太和七年八月中書門下

臣聞帝王有必著之符神靈無虚應之兆所以電繞樞極氣感虹流元鳥祚商赤光啟漢考驗今古章焯圖書伏惟

皇帝陛下馭三統之元。膺千年之運。當誕聖之日。爲河清之祥。元律應期。乾宮以之定位。開冬戒節。水德表其靈長。道若合符。事光載籍。臣等伏見前史稱漢宣之德。則曰修武帝故事。並以漢之隆平。莫如武帝。後之爲理。無及孝宣。舉此二主。以爲極盛。今陛下功濟天下。道覆寰中。威統百靈。宰御羣品。修祖宗之德。莫如貞觀開元。且太宗幸慶善之宮。即降誕之所。賦詩賜宴。播爲樂章。元宗降聖之辰。爲千秋之節。王公上壽。士庶交歡。流於管絃。書之甲令。此時張說宋璟。歷懇獻章。二臣之心。必無違理。國史所載。昭然

可徵。近者廣集緇黃。多爲法會。誠有資於景福。且未叶於舊儀。夫四時成歲。百穀成實。必在首冬。用成神化。今臣等不勝大願。請以十月十日爲慶成節。著在令式。以示四方。是日陛下於宮中奉迎太皇太后與昆弟諸王。盛陳宴樂。羣臣詣延英門奉觴上千萬歲壽。天下州府置宴一日。積嘉祚於元命。慶延洪於昌期。上表中興之耿光。次復開元之盛典。臣等無任慺慺懇款之至。

請上尊號表 太和七年十二月中書門下

臣聞自古帝王之有天下也。必建崇名。立徽號。號者功之表。名者德之光。所以配天立極。傳於億祀。表功明德。示於四方。伏惟皇帝陛下運啟中興。業隆大寶。總道德而施教。法陰陽以爲心。雖日昃忘勞之規。馭朽興念之戒。身衣弋綈之儉。乙夜觀書之勤。斯皆前代之令猷。而哲王之懿範。有一於此。則爲聖明。陛下總而行之。孜孜不倦。而又抑退浮薄。崇獎貞廉。必齊素厚之風。每尚儒學之本。端靜邁於時俗。孝愛浹於人倫。掃滄景之妖兇。定羌蠻之俶擾。去華尚樸。先自六宮。端本澄源。行乎四海。近者旱暵偶數。時雨稍愆。陛下切納隍之憂。深在予之責。德音纔發。靈貺已隨。

變慝消災。有如影響。熒惑受制。以軌道。壽星叶紀。以揚光。品彙昭蘇。風雨時若。元功之化。覆載同和。成貸之仁。肖翹皆遂。干戈載戢。華夏以清。自三代以還。仁明聰聖。未有如今日之盛者也。而自龍飛代邸。將及十年。聖德咸通。鴻名久曠。何以彰祖宗之盛。軌副億兆之懇誠。臣又聞行過乎恭。自非中道。名以出信。斯蓋格言。使尊稱抑而未揚。大典闕而不舉。天地之符未答。神祇之望莫申。臣等不勝大願。謹上尊號曰太和文武聖神皇帝。伏惟誕膺丕典。永峻鴻猷。葵藿纖誠。庶傾心於迴照。犬馬微志。獲蹈舞於康衢。無

任悃款屏營之至。

請仍以國忌日行香表 開成四年十月

國忌日天下依舊不舉樂。不視事。不鞭笞。伏以道釋二教。澶漫虛無。陛下靡所歸依。誠契至理。但以列聖忌日行香。及兹修崇。示人廣孝。兼以天下州縣。不舉樂。不視事。不鞭笞。以此海內蒼生。當知列聖廟號。今既停罷行香之後。勅內又無其日徹樂廢公。止行如舊之文。伏恐遐遠之地。迷其所向。便與居常之日。率皆無殊。臣思此事。終關聖慮。禮曰。君子有終身之憂。而無一朝之患。故忌日不樂。謂不舉

吉事也。伏以陛下聖睿留想。若以設齋資福。事損不經。起今罷之。已有詔旨。其曰天下州縣。不舉音樂。不視公事。不行鞭笞。伏請重下明制。依前遵守。則凡在遐陬。遠於蠻貊。不忘廟號。有裨孝理之源。

賀殿前穿井得甘泉表 文德元年九月

臣聞至德動天。天乃垂甘露。神功浹地。地故出醴泉。然猶兆自郊圻。啟諸甸服。未有因於改井。得彼甘泉。不離禁掖之中。便是殿庭之側。澄清若鏡。汲引而固絕羸缾。香美如飴。濟利而終期勿幕。況銀床萬所。玉甃千門。味不足以和太羹。美不足以調甘食。若非皇帝陛下幽通井德。明契天宮。則何以草故從新。致斯元貺。移鹹變苦。降此休禎。臣等幸偶盛時。叨塵寵祿。思與堯年野老。鑿以興歌。願得漢水丈人。汲而成樂。

上嘉會節賀表 龍紀元年三月

臣聞聖人受命。天必降其殊靈。王者應生。國必蒙其介祉。故華渚有流虹之異。元樞呈大電之祥。而皆近感神明。遠符乾象。叶千年而啟運。契六合以居尊。伏惟皇帝陛下德邁方圓。道融三五。因社鳴而正位。逢井聚以樂推。膺彼昌

期。宏茲丕構。今者發生司律。歷數在躬。值清明馭氣之時。當仁壽悅隨之始。固可年同鶴算。歲比山呼。永符垂拱之風。長保後天之慶。

賀朱全忠進白兔表 天祐元年九月中書門下

今日東頭承旨常郁至。奉聖旨者。質素光而應候。容潔朗以協時。既熙耀於明庭。實昭彰於聖德。臣等覽晉中興書徵祥說曰。白兔者。月精也。抱朴子云。兔壽千歲。滿五百歲則色白。顧野王云。王者恩加耆考。則白兔見。協太陰之瑞。實表坤慈。應千載之祥。雅符乾德。伏以皇帝陛下膺圖纂

嗣。壓紐騰休。紹祖宗之丕基。示孝慈於衆彙。敦禮耆老。委任勳賢。所以致八孔之效靈。應三秋而發皓。來從月窟。疊霜毳以蒙茸。獻自梁庭。粲冰毫而皎潔。足以增輝瑞牒。歸美皇猷。聞天遠自於元勳。拭目共觀於多士。豈比魯傳趙郡。獨歌如練之詞。實同晉獲壽春。又繼凝鉛之詠。

爲王尚書遺表

臣某聞死生者天地之常數。忠孝者臣子之本心。某孝未立於家。忠未報於國。而桑榆遽迫。風燭俄驚。雖修短之分偶然。而古今之歎一也。臣受性頑疎。昧於攝理。常服石乳。

頗歷歲年。始自去冬。微覺發動。皇慈軫念。睿渥旁流。特賜祕方。兼傳要訣。王人薦至。驛騎載馳。竊見聖心。密聞天語。方驗君臣之藥。旋收瞑眩之功。碎首微軀。無階上答。將謂載安營魄。更長皮膚。得霑雨露之慈。可延犬馬之命。不悟才微任重。福過災生。從此月十二日已後。舊疾再發。氣緒羸憊。心慮沉綿。徒加藥餌。竟未瘳損。自二十二日已後。轉覺危惙。生意寂寥。視陰恐盡。渴日不足。臣自揣度。必難保全。雖覆載所容。亭育之恩至廣。且鬼神不捨。膏肓之計已成。永辭明聖。憂在漏刻。臣自荷深恩。謬居方鎮。三承寵命。六變星霜。撫俗臨戎。幸無敗闕。此皆陛下聖謨宏貸。元貺昭宣。誓欲乘此遭逢。少施勞効。使千載之後。知聖代有守土之臣。焉永懷楊僕之移關。常念子牟之戀闕。是以仍歲抗表。備述本誠。瞻望軒墀。冀獲朝覲。儻丹誠曲遂。元鑒俯從。則臣此生。没齒無恨。豈意隱慝爲咎。至誠不通。徒知生也有涯。何遽死之將至。行潦微波。望朝宗而先竭。衰楊弱質。待歲寒而已凋。無由假魯陽之戈。空想結杜回之草。伏惟聖念。俯察哀懷。仰天無聲。伏表流涕。無任感戀歔欷之至。

代鄜州太守賀赦表

臣某言。伏奉月日制書。大赦天下。鴻恩至德。曠古無鄰。喜氣休聲。韶光共茂。化流海內。澤及荒陬。震雷作解於九霄。渙汗霑敷於萬國。生靈交感。動植增榮。中賀。伏惟陛下天覆地載。昭升聖暮。執契垂衣。財成庶品。搜百王之墜禮。舉三代之嘉猷。明達四門。駿奔九有。揭天綱以齊衆理。運斗極以示羣方。精微於元造之源。拯救於蒼生之弊。釋縲械於囹圄。徵遺逸於邱園。矜水旱所沴之方。慎牧宰重難之選。蠲苛已責。崇德報功。有典必禋。無文咸秩。普天率土。飛翔所加。俱臻仁壽之鄉。一作場共戴乾坤之德。臣忝承戎寄職列藩隅。雨露之恩。草木同慶。

請更定選曹事例表 同光四年三月

諸道州縣。皆是攝官。誅剥生靈。漸不存濟。此蓋郭崇韜在中書日。未詳本朝故事。妄被閑人獻疑。點檢選曹。曲生異議。行矯枉過直之道。成欲益反損之文。其選人凡關一事闕違。並是有涉踰濫。或告赤欠少。或文字參差。保內一人不來。五保皆須並廢文書。一紙有誤。數任皆不勘詳。且自天下亂離。將五十載。無人不遇兵革。無處不遭焚燒。性命

脫免者尚或甚稀。文書保全者故應極少。其年選人及行事官一千三百餘員。得官者纔及數十。皆以踰濫為名。盡被焚毁棄逐。遂令選人或斃踣於旅店。或號哭於行途。萬口一詞。同為怨酷。臣等頃曾商議。堅確不迴。以致二年以來。選人不敢赴集。銓曹無人可注。中書無人可除。去年闕近二千。授官不及六十。乃致諸道皆是攝官。朝廷之恩澤不行。搢紳之祿秩皆廢。銜寃負屈。不敢申陳。列局分曹。莫非僥倖。且攝官只自州府。多因賄賂而行。朝廷不知姓名。所司不考課績。皆無拘束。得恣貪殘。及有罪名。又不申奏。互相掩蔽。無迹追尋。遂使人戶流移。州縣貧困。日甚一日。為弊轉多。若不直具奏聞。別為條例。不惟難息時病。兼且益亂國章。臣等商量。伏請特降勅文。宣布遠邇。明言往年制置。不自於宸衷。此日焦勞。特頒於睿澤。兼以選曹公事情偽極多。中書條流亦恐未盡。望以中書所條件及王松等所論事節。並與新定選格有輕重未盡處。並委銓曹仔細點檢酌量。但可以去其踰濫。革彼弊訛。不失本朝舊規。能成選曹永例者。務在酌中。以為定制。

請建宗廟表 天福二年正月

皇帝到京。未立宗廟者。夫以受命握圖。既啟無疆之祚。宗文祖武。宜遵有國之規。伏惟皇帝陛下歷數在躬。艱難創業。拯黔黎之塗炭。廓宇宙之氛霾。寰區既定於一戎。基構方開於萬祀。恭惟宗廟。須切追崇。將示肅恭。豈宜稽緩。臣等商量。望令所司速具制度典禮以聞。尊始敬先。既光於太后徽章茂典。永顯於洪猷。

上嘉慶節表 乾祐元年十二月

色變長瀾。肇皇靈之寶構。光流華渚。開聖緒於瑤圖。莫不慶洽同文。光昭大象。刻玉波沿於鳳紀。鳴金飈振於洪猷。

所以顯氣凝空。編爲令典。神光燭夜。允叶昌期。皇帝陛下守位以仁。繼明以德。化敷有感。慶洽無疆。當九龍洽聖之辰。是五緯聯光之夕。凡縈地載。共祝天長。皇帝三月九日誕聖。請以其日爲嘉慶節。休假三日。羣臣宴樂上壽。

上永壽節表 廣順元年六月

恭以少昊乘乾。曳祥虹於華渚。軒轅出震。流瑞電於樞星。所以玉牒表天地之禎。金策紀皇王之異。仰惟聖德。允叶昌期。伏惟聖帝陛下德輝三五。道煥古今。開階成周室之昌。啟運得堯基之典。豈可使方濁澄明之狀。未顯洪名。圜

清燦爛之文。不章懿號。臣等傾誠紫禁。都慶丹邱。願隆百代之基。冀正萬年之祚。臣等請以七月二十八日皇帝降聖日爲永壽節。羣臣上壽。內外宴樂。

上天清節表 顯德元年七月

伏以壽邱降跡。爰符出震之期。里社應祥。式契乘乾之運。頃觀舊史。抑有彝章。幸當載誕之辰。仰奉延洪之稱。伏惟皇帝陛下道超九聖。祚啟千齡。紹文武之耿光。比成康之迪哲。自登天寶。益顯聖功。運龍韜而親御戎車。仗金鉞而立平賊寇。破幽并之妖孽。救澤潞之生靈。觀兵而直抵晉陽。奮武而遠臨代北。元兇假息。雜虜摧鋒。還京闕而契人心。謁園陵而伸孝道。飲至纔踰於旬日。覃恩已被於八方。四塞關山。漸息烟塵之警。萬邦臣妾。咸登仁壽之鄉。今則候屬澄河。時當降聖。是甲觀懸弧之日。乃銅律禦戶之時。鱗水鶼林。望堯雲而獻祝。桓圭穀璧。趨禹會以駿奔。臣等叨遇休明。俱塵祿位。荷君父巍巍之德。伸臣子僂僂之誠。祇率典謨。尊奉宸極。臣等不勝大願。謹以九月二十四日降誕日奉上節名爲天清節。所冀金相玉振。貞寶歷以彌新。地久天長。煥青編而不朽。

爲李諫議賀赦表

臣某言。伏奉今月二十四日制書大赦天下。恩覃九有。化被萬方。至仁與陽和並舒。大霈一作霈澤隨雨露偕潤。凡在品彙。莫不昭蘇。臣某中賀。臣聞天地功成。是先煦育。皇王立極。必洽好生。所以書著眚災。傳稱肆赦。將其更始。咸與惟新。廓氛霧於八紘。滌塵霾於四裔。幽隱有感。動植懷恩。朝野交歡。率土胥慶。恩覃有截。惠及無垠。固天縱之知。四門已闢。閶日躋之敬。百度惟貞。滌雪舊痕。蕩除宿負。宥赭衣之罪。得辨平人。洗白玉之瑕。復爲重寶。唯才是急。仄席搜

揚阜俗爲期常賦蠲滌悉中賦以贍經費罷別進以息疲黎錫死事之官卦幽明知感禮高年之粟帛老幼乂安班爵以勞勤敘親以修睦貔貅之士累洽恩私搢紳之徒同榮慶賞返縲囚於異域出幽閉於深宫感人心而禮定體乾道而化光澤及華夷仁霑草木含生之類孰不欣懽歌一德之心邇遐齊貫傳萬國之慶上下同聲祥光若浮瑞氣可覽億兆所未見古今所罕聞臣某備列班榮親覩盛禮踴躍兢抃倍萬恒情無任慶悅之至

闕名 五

定朔請從李淳風議奏 貞觀十四年

伏見李淳風表稱古歷分日起於子半勘得今歲十一月當甲子合朔冬至故太史令傅仁均欲苟異張胄元法減餘稍多子初爲朔遂差三刻用乖天正又南宫子明薛頤等並云子初及半日月未離淳風子午之法推校春秋以來晷度薄蝕事皆符合奉勅付所司及公卿詳加考定謹與國子祭酒孔穎達等一十一人尚書八座參議得失惟仁均定朔事有微差淳風推校理尤精密請從淳風議

請忌日仍理軍務奏 貞觀十九年五月

禮云君子有終身之憂而無一朝之樂此所爲星迴改歲親沒同辰思其居處不可爲樂自大駕南轅晉徒東徙或增名似之節而出典彝之外既乖俯就流若不歸 疑 襄公擊殺陵而墨縗伯禽赴徐戎而變 闕 金革之事無所不通伏惟陛下親御六軍已登寇境戎務繁擁伏待剖斷不可以遵先聖之常經畧近代之公議請今月六日所有軍機要切百司依式奏聞

升祔後請肆樂奏 永徽元年正月

依禮祀郊廟皆奏宮懸比停數朞恐致廢忘伏尋故實兩漢升祔之後庶事如故國之大禮祀典爲先今既踰年禮宜從吉若不肄習實慮不調誠敬有虧致招罪責

請停親拜嶽瀆奏 證聖元年有司

伏以天子父天而母地兄日而姊月於禮應敬故有再拜之儀謹按五嶽視三公四瀆視諸侯天子無拜公侯之禮臣愚以爲失尊卑之序其日月以下請依舊儀五嶽以下署而不拜

上劉子元議孝經老子註易傳奏 開元初中書門下

劉子元奏註孝經請廢鄭依孔註老子請停河上公行王易傳非子夏所造請子元博識誠則純儒全非衆家亦則未可且孝經鄭義行已多時老子河註用亦云久并子夏易傳文不折於片言望並付所司令諸儒與子元對質定必須理勝義成不得飾詞爭辨論定聞奏

上司馬貞等議孝經老子註易傳奏 開元初禮部

臣等議稱今文孝經是漢河間王所得顏芝本劉向以本參較古文省煩除惑定爲此一十八章其註相承云是鄭元所作而鄭志及目録等不載故往賢共疑焉惟荀昶范煜以爲鄭註故昶集解孝經具載此註而其序云以鄭爲主是先達博選以此註爲優且其註縱非鄭氏所作而義亦敷暢頗將爲得雖數處小有隱實亦未爽經通其古文二十二章元出孔壁先是安國作傳後遭巫蠱代未之行荀昶集註之時尚有孔傳中國遂亡其本近儒欲崇古學妄作此傳假稱孔氏輒穿鑿改更僞作閨門一章劉炫詭隨妄稱其善且閨門之義近俗之語必非仲尼正說按其章云閨門之內具禮矣乎嚴親嚴兄妻子臣妾繇百姓徒

役之句凡鄙不合經典又分庶人章從故自天子以下別爲章乃加子曰二字然故者連上之詞既爲章首不合言故是古文既亡後人妄開此等數章以應二十二章之數非但經文不眞抑亦傳文淺僞又註云因天之時就地之利暴其肌體朝暮從事露髮塗足少而習之其心安焉此語雖旁出諸子引之爲註何言之鄙俚乎與鄭元所云分別五土視其高下高田宜黍稷下田宜稻麥優劣懸殊曾何等級今議者欲取近儒詭說殘經缺傳而廢鄭註理實未可望請准令式孝經鄭註與孔傳依舊俱行又得議稱

老子道德者是謂元言註家雖多罕窮厥旨河上蓋憑虛之號漢史實無其人然其註以養神爲宗以無爲爲體其詞近其理宏小足以修身潔誠大可以寧人安國故頗歎曰河上公雖曰註書即史立教皆沒畧遠體指明近用斯可謂知言矣王輔嗣雅善元談頗採道要窮神明乎橐籥守靜默於元牝其理暢其旨微在於元學頗謂所長至若近人立教修身宏道則河上爲得令望請王河二註令學者俱行又得議稱謹按劉向七畧有子夏傳但此書不行已久今所存者多失眞本又荀勗中經簿子夏傳四卷或

云丁寬所作是先達疑非子夏矣又隋書經籍志云子夏傳殘缺梁氏六卷今兩卷是其書錯謬多矣王儉七志引劉向七畧云易傳子夏韓氏而載薛虞記又今祕庫有子夏傳薛虞記其傳文質畧指輒非遠無益後學不可將帖正經伏奉今年三月十日勅曰孝經者德教所先自則天以來獨宗鄭氏遺旨今則無文又子夏易傳近無習者輔嗣註者亦甚甄明諸家所傳元有得失獨據人說能無短長令儒官詳定所長令明經者依習若將理等亦可兼行其作易者兼帖子夏易傳詳其可否奏聞者又奉四月九日勅曰太子左庶子劉子元奏孝經註請廢鄭依孔老子註請停河上公行王輔嗣易傳非子夏所造者付臣所司令諸儒與子元對質定詳必須理勝義成不得飾詞爭辯者臣等與國子博士司馬貞太學博士郗常通等十人對如前

請仍用冬至日受賀奏　開元八年九月中書門下

伏以十四日冬至一陽初生萬物潛動所以自古聖帝明王皆以此日朝萬國觀雲物禮之大者莫逾是時其日亦祀圜丘令攝官行事質明既畢日出視朝國家以來更無

改易緣新修條格將畢其日祀圜丘遂改用立冬日受朝若親拜南郊受賀須改既令攝祭理不可移伏請改正

長至祥瑞奏　開元十一年十一月太史局

平明陰雲祁寒及其日出有雲迎日又有祥風至須臾日出有黃白冠及日南有珥臣謹按黃帝占云冬至之日陰雲祁寒來歲大稔人安五穀豐熟又曰風不及地和緩而來謂之祥風王者德至於天則祥風起日冠且珥人主有嘉祉太平之嘉應臣請宣付所司

請移植三脊茅奏　開元十三年四月

昔齊桓公九合諸侯一匡天下將欲封禪問於夷吾夷吾對曰江淮間三脊茅生用以縮酒乃可封禪其時無茅桓公大慙而罷自歷千古今始一生昔宣王南征責楚包茅不入王祭不供則是其地生茅今高一尺至七八月長足方堪縮酒特望聖恩至時令采用祭泰山并根搦取苑内植之

駁請移植三脊茅奏 開元十三年宰臣

管夷吾爲桓公是諸侯不合封禪故稱茅拒之及伐楚之日尊周室行霸道乃責楚云包茅不入王祭不供若以茅

爲瑞是不知經義臣等歷任荆楚博訪貢茅沅江最勝臣巳牒岳州取訖今稱撫州有茅請移根入苑且貉不踰汶橘不過江移根苑中信是虛語望勑撫州且進六束與沅江相比用之

老人星見奏 開元二十一年八月太史局

臣謹按春秋文曜鉤云王者安靜則老人星臨其國主壽昌萬人安常以秋分節候之南郊今應期而見請付所司

老人星見奏 開元二十四年八月太史局

臣謹按春秋文曜鉤王者安靜則老人星見孫氏瑞應圖云王者承天則老人星見臨其國又黃帝占云老人一名壽星色黃明大則主壽昌天下多賢士伏惟陛下以千秋節日祀於星壇而祭期將臨美應先至知歷數之方永嘉萬壽之昌期請付史官以光典策

覆舅母服制奏 開元二十四年中書門下

頻奉墨制重令詳議臣等淺陋不達不敢措詞聖旨深微特垂開曉陛下體至仁之德廣推恩之道將宏引進以示睦親再發德音更令詳議謹按大唐新禮親舅加至小功與從母同服此蓋當時特命不以輕重遞增今聖制親姨

舅小功更制舅母緦麻堂舅袒免等服取類新禮垂示將來通於物情自我作古羣儒凡議徒有稽留並望准制施行

千秋節祥雲見奏 開元二十五年八月太史局

今日卯時有祥雲出東方及其樂作非烟燭於西北巳午之時日有抱戴伏以陛下聖歷方永福履無疆洊臻嘉瑞之符載洽繞樞之日臣等不勝抃躍請宣付史館

南北郊祥瑞奏 開元二十五年十月太史局

今日陛下虔報豐稔昭祭神祇臣謹候天地清謐星辰明

朗初祭則樽俎適陳祥風拂地既奠之後瑞氣縈壇其風則暢和緩之候其氣乃蓄龍鳳之色臣謹按王者德至於天則祥風起又堯沈璧於河休氣四塞伏惟陛下一德馭物而天祥薦祉盡皇王之靈貺躋蒼生於仁壽請宣付所司編入史冊

上慶雲奏 天寶元年正月太史局

今旦卯時日有紅碧黃氣數見及紫赤雲氣潤澤鮮明在日上謹按瑞應圖名曰慶雲太平之應請編入史冊

議加文列庚桑爲眞人奏 天寶元年三月中書門下

莊子既號南華眞人文子請號通元眞人列子號沖虛眞人庚桑子號洞靈眞人其數子並望隨號稱經

請頒賜洞靈等三經奏 天寶元年五月中書門下

兩京及諸郡崇元學生等准開元二十九年正月制前件人合習道德及南華通元沖虛等四經又准天寶元年二月制改庚桑子爲洞靈眞經准諸條補崇元學亦令習讀伏准後制合通五經其洞靈眞經人間少本臣近令諸觀尋訪道士全無習者本既無廣業實難成并通元沖虛二經亦恐文字不定元教方闡學者宜精其洞靈等三經望付所司各寫十本較定訖付諸道採訪使頒行其貢舉司及兩京崇元學生亦望各付一本今冬崇元學人望且准開元二十九年正月諸條考試其洞靈眞經請待業成後准式

請旌表董思寵奏 大歷七年十一月京兆府

櫟陽縣人董思寵五代同居子孫凡八十餘人友愛敦睦鄉里稱之天寶末寇盜剽掠村閭此家獨全年遭水旱此家獨免至於征稅每先於人伏望旌表門閭編諸史冊

請禁諸州借使度支錢物奏 建中元年五月度支

諸色錢物及鹽井利等伏緣財賦新有釐革支計關供在臣職司夙夜憂負今後望指揮諸州若不承度支文牒輒有借使及擅租賃迴換本州府錄事參軍本縣令專知官並請同入已枉法贓科罪庶物無乾隱事有條流其應合徵收諸色錢物所由官有違程限致闕軍須請停給祿料

請免田希鑒後嗣死罪奏 興元元年十月中書門下

李晟巡邊欲至涇州田希鑒潛伏兵馬謀害統帥李晟察其奸計今已伏辜原其情狀合坐宗族頃以朱泚竊處奔竄涇原希鑒去逆歸順閉門不納恐須錄其前効特全後

嗣。其妻王氏幷男太子通事舍人華左金吾倉曹參軍葦折衝芮折衝萱等幷請免死差綱遞送嶺南分付杜佑令配諸州。

定追葬沈太后儀注奏 貞元元年九月禮儀使

太皇太后沈氏厯代登眞於今二十有七年大行皇帝至孝惟深哀思罔極建中初已發明詔舟車所至靡不週遍歲月滋深迎訪理絕謹按晉庾蔚之議云尋求三年之外又俟中壽而服之。今參詳禮經博稽故事伏請以大行皇帝啟攢宮日。百官舉哀於肅章門內之正殿。先令有司造

褘衣一副。發哀日令內官以褘衣置於幄座自後令宮人朝夕上食。先告元陵次告宗廟上太皇太后謚冊次造神主。擇日祔代宗廟。其褘衣備法駕奉遷於元陵祠殿置於代宗皇帝衮衣之右便以今年十一月二日發哀爲忌追冊曰睿眞皇后。

請選人兼用兩考奏 貞元二年三月吏部

准今年二月十三日勑除臺省常參官餘六品以下。並准舊例。都付本司處分者。其六品以下選人中有人材書判無闕相當承前准格皆送中書門下又立功狀奏請要有褒揚等。令並委本司注擬即不同常格選人若無闕相當。一一令待續闕事即停滯必招喧訴應緣功狀及非時與官合授正員額內幷選限內無闕注擬者伏請量事計日。用成三考闕。如臨時人數稍多。注擬不足灼然須處置發遣。即請兼用兩考以上得資闕幷量人材資敘注擬訖准勑送中書門下詳定可否其六品以下有官資稍高合入五品。縱非五品亦請依前送名

請令浙東西依稅限納當錢奏 貞元三年閏五月度支

浙江東西節度使韓滉自建中年已後供軍資費賞設等

每年續加當錢六十一萬六千貫准今年五月五日勑近日甲兵止息。無別徵求此是常稅。先有成例。宜令浙西觀察使白志貞浙東觀察使皇甫政各據道本元額依舊每年兩稅徵收發遣其錢物到別庫收貯。每有給用。皆先奏取進止。其錢舊例每年六月舉徵。如秋限送納。令京西師旅頗衆經用尤多。望令依稅限納市輕貨送上都

澄清選例奏 貞元四年八月吏部

伏以艱難以來年月積久。兩都士庶散在遠方三庫勑甲又經失墜因此人多罔冒吏或詐欺混見官者謂之擘名。

承已死者謂之接脚乃至制勅旨甲皆被改張毀裂如此之色其類頗多比來因循遂使滋長所以選集加衆眞僞混然實資簡責用澄涇渭謹具由歷狀樣如前伏望委諸州縣府界内應有出身以上便令依樣通狀限勅牒到一月内畢務令盡出不得遺漏其勅請令度支悉付州府州司待納狀畢以州印印狀尾末縫相連星夜送觀察使司定判官一人專使勾當都封印差官給驛遞驢送至省上都五百里内十二月上旬到千里外中旬到每遠較一千里外即加一旬雖五千里外一切正月下旬到盡黔中嶺

南應不合北選人不納文狀限其狀直送吏部曹不用都司發人到日所司勘會即姦僞必露冤抑可明如須盤問即下所在州縣責狀其隱漏未盡及在遠不及期限者亦任續通依前觀察使與送所在勘責必有灼然踰濫事跡著明者據輕重作條件商量聞奏庶稍澄流品永息踰濫

公除赴祭奏 貞元六年正月吏部

准禮諸侯絶周大夫絶緦所以殺旁親之喪不敢廢大宗之祭士則緦不祭者謂同宮未葬欲人之吉凶不相瀆也魏晉以降變禮從權緦已上喪假内衣纕謂之喪服假滿即吉謂之公除凡既葬公除則無事不可故江右潭殷仲堪並云既葬公除廢祭者非也故其時公除者則行公祭蓋大夫不敢以家事辭王事春秋之義也今國家行公除之令既已即吉於祭無嫌私家之祭則無廢者公家之祭則猶禁之是有司限文進退維谷若以服爲禁則懼虧祭禮若以例奏差則懼違令文先王立禮所以進人爲善也立法所以禁人爲非也彼公除者人各思君親莫不欲祭使子得祭其父孝莫大焉臣得祭其君義莫重焉苟祭而不許是禁人爲善也苟私祭不禁則公祭無嫌是則垂之

空文不若行其變禮今請申明舊令使行之可守凡有慘服既葬公除及聞哀假滿者許吉服赴宗廟之祭其同宮未葬雖公除者請依前禁之庶輕重有倫以一王法

請有罪奪實封奏 貞元七年三月户部

伏以周漢故事有功即加地有罪即奪國既明賞罰方申沮勸其犯除名以上罪有實封准法合除比來因循兼不申舉自今以後應實封人或緣罪犯其堂省及本軍本使本貫奏狀請令並標實封户數本犯州名同奏勅下户部以爲憑據其犯法罪三分望奪一分流罪奪一半除名以

上罪即准法悉除並以本犯條論不在減贖之限其奉特勅貶謫驗制詞內所犯無正條者伏請准流罪奪一半

請臺司增置法直員額奏 貞元八年正月御史臺

伏以臺司推事多是制獄其中或有准勅便須處分要知法理又緣大理刑部斷獄亦皆申報臺司儻或差錯事須詳定比來皆却令刑部大理法直簡勘必恐自相扶會縱有錯失無由辨明伏請置法直一員冀斷結之際事無闕遺其糧料請取臺中諸色錢物量事支給其功優等請准刑部大理處分

定承襲食封奏 貞元八年八月

准貞元七年三月二十日勅節文比來食實封人多不依令式皆身歿之後子孫自申請傳襲伏請自今以後并令日以前應食實封人並一年內准式具合襲子孫官品年名并母氏嫡庶於本貫陳牒如無本貫即於食封人本任本使申牒如合襲人有罪疾及身死者亦限一周年內申牒請立以次合襲人仍俱家口陳牒請附籍帳本貫勘責當家及近親如實是嫡長即與責保准式附貫然後申省到後即取文武職事三品正員一人充保

請給六品已下左降官祿料奏 貞元十年二月刑部

准建中元年正月十七日勅諸州府五品以上正員及額內上佐宜四考停其左降官不在此限者五品左降官既不許停祿料六品以下未復資已經四考未量移閒其祿料伏望亦許准給

請三年一造職田文簿奏 貞元十一年八月屯田

諸州府送納內外文武官職田及公廨田四至白簿等前件簿書准天寶十四年八月十二日勅每年六月十三日勘造申省如建本判官牒吏部先用闕本典准法科處者

伏以地段佃户並無改移隨年造簿實有勞費今請令諸州府及畿內縣三年一送違限者准勅科處

請收市銅物鑄錢奏 貞元十五年中書門下

伏准羣官所議鑄錢或請收市人間銅物令州郡鑄錢當開元以前未置鹽鐵使亦令州郡勾當鑄造今若兩稅納匹段或慮兼要通用見錢欲令諸道公私銅器各納所在節度團練防禦經畧使便據元勅給與價直并折兩稅仍令本處軍人鎔鑄其鑄本請以留州留使年支未用物充所鑄錢便充軍府州縣公用當處軍人自有糧賜亦校省

本所資衆力幷收衆銅天下併功速濟時用待一年後鑄器物盡則停其州府有出銅鉛可以開鑄處具申有司便令同諸監冶例每年與本充鑄其收市銅器期限幷禁鑄造買賣銅物等待議定便令有司條疏聞奏其上都鑄錢及收銅器續處分將欲頒行尚資周慮請令中書門下兩省御史臺幷諸司長官商量重議聞奏

請添借百司本錢奏 貞元二十一年七月中書門下

勑釐革京百司息利本錢應徵近親及重攤保幷遠年逃亡等今年四月十七日勑本利幷放訖其本事須借錢添

塡都計二萬五千九百四十三貫六百九十九文伏以百司本錢久無疎理年歲深遠亡失頗多食料旣虧公務則廢事須添借令可支持伏望聖恩許令准數支給仍請以在藏庫度支除陌錢充

請令納課陪厨戶等人歸府縣奏 元和二年六月中書門下

伏以聖政惟新事必歸本近又疎理五坊戶邑令府縣却收萬情欣欣喜出望外臣等敢不釐革舊弊率先有司上副聖情用宏至理其兩省納課陪厨戶及捉錢人總一百二十四人臣當司並不收管望各歸府縣

請選儒臣赴學講論奏 元和二年八月國子監

准勑今月二十四日諸州府鄉貢明經進士見訪宜令就國學官講論質定疑義仍令百僚觀禮者伏恐學官職位稍卑未足飾揚盛事伏請選擇常參官有儒學者三兩人與學官有儒學者庶聖朝盛典輝映古今

請肅朝儀奏 元和二年十二月御史臺

文武常參官准乾元元年三月十四日勑如有朝堂相弔慰及跪拜待漏行立失序語笑諠譁入衙入閤執笏不端行立遲慢立班不正趨拜失儀言語微諠穿班穿仗出入

閤門無故離位廊下飮食行坐失儀諠鬧入朝及退朝不從正衙出入非公事入中書等每犯奪一月俸班列不肅所由指撝猶或飾非即具聞奏貶責臣等商量於舊條每罰各減一半所貴有犯必舉

請時享月停薦食奏 元和三年四月太常禮院

太廟時享及告廟朔望薦食同日謹按禮經祭不欲數伏以太廟禘祫祭禮重於時享准禮時享與禘祫同月即其月但行禘祫不行時享蓋不欲煩是禮先重者今時享重於朔望薦食請求禮情參酌輕重於時享之月其朔望薦

食亦合便停若兩禮兼行即祭恐煩黷伏請每至時享及臘享但行享禮其月朔望薦食請停餘月一准舊制如告廟日與朔望薦食日同伏請先行告廟禮然後薦食所冀疎數有節合於禮中

請停實估奏 元和四年二月度支

諸州府應上供受稅疋段及留使留州錢物等每年疋段估價稍貴其留使留州錢即聞多是徵納見錢及賤價折納疋段既非齊一有損疲人伏望起元和四年已後據州縣官正料錢數內一半任依京官例徵納見錢支給仍先

以都下兩稅戶合納見錢充如不足即於當州兩稅內據貫均配支給其餘留使州雜給用錢即請各委州府並依送省輕貨中估折納疋段充如本戶稅錢較少不成端疋者並任折納絲緜如舊例徵納雜物斛𣁾支用者即任准舊例處分其折納疋段定中估仍委州縣精加揀擇如有濫惡所由官并請准今年正月十五日旨條處分應帶節度觀察使州府合送上都兩稅錢既須差綱發遣其留使錢又配管內諸州供送事頗重疊其諸道留使錢伏請各委節度觀察使先以本州舊額留使及送上都兩稅錢充如不足即於管內諸州兩稅錢內據貫均配其諸州舊額供使錢即請隨夏稅旨限收送上都度支收入次年旨符便爲定制伏以諸道兩稅徵斂不常閭井之閒頗聞困弊臣今類會如前

處分盜罪奏 元和四年二月京兆府

准建中三年三月勑節文當府界內捉獲強盜不論有贓無贓及竊盜贓滿三匹以上者並准勑集衆決殺不滿匹者量事科決補充所由犯盜人雖有官及屬軍等一切並依此例處分准天寶十四年正月勑府縣務煩事須疏決

若一一皆待勘覆即必有稽留伏准今年正月勑自今以後諸司應有決殺囚若不承正勑並不在行決之限如跡涉兇險須速決遣并特勑處分者亦宜一度覆奏者伏以京邑浩穰庶務煩劇擒姦戢盜事實尋常若一罪一刑動須覆奏不惟慮於留獄實亦煩於聖覽況畿甸之內尤須肅清其強盜竊盜并犯徒以下罪情准建中三年及天寶十四載勑處分其餘罪犯經有司准按者請准今年正月勑處分

請准舊例分察尚書省奏 元和四年五月御史臺

准舊例。監察御史從下六人。各察尚書省一司。又准興元元年十月勅。令監察從上第一人察吏、部禮部第一人察兵部工部第三人察戶部刑部者。伏以監察第一第二人。已充監察及館驛等使。新人除出使外並無職掌。無以觀其能否。今請守舊制。新人分察。

禁額外徵錢奏 元和五年正月度支

諸州府見錢。准勅宜於管內州據都徵錢數。逐貫均配。其先不徵見錢州郡。不在分配限。都配定一州見錢數。任刺史著百姓隱便處。置其勅文不加減者。即准州府所申為定額。如於勅額見錢外。輒擅配一錢及納物不依送省中估。刺史縣令錄事參軍。請與節級科貶。

論避皇太子名諱奏 元和五年二月太常禮院

百官避皇太子名諱。禮經。公卿大夫與太子同名無嫌蓋尊統於上。太子同在臣子之列。國朝故事。東宮官號。并東宮殿及門名與太子名同皆改。然無百官避東宮名者。德宗在春宮。處州舊名不改。并御史院同姓名者亦不改。伏以宮臣名及宮殿門名。并百官宗姓中有與皇太子名同者。即干儀制。禮合迴避。臺宮及王公爵土名號。推義比例並無改文。

請舉館驛舊制奏 元和五年四月御史臺

御史出使及却迴。所在館驛逢中使等。舊制御史到館驛已於上廳下了。有中使後到。即就別廳。如有中使先到上廳。御史亦就別廳。因循歲年。積爲故實。訪聞近日多不遵守。中使若未諳往例。責欲逾越。御史若不守故事。懼失憲章。喧競道途。深乖事體。伏請各令遵奉舊例。冀其守分。

欽定全唐文卷九百六十五

闕名 六

減冗員奏 元和六年六月中書門下

官省則事省事省則人清官煩則事煩事煩則人濁清濁之由在官之煩省國家自天寶已後中原宿兵見在軍士可使者八十餘萬其餘浮爲商販度爲僧道雜入色役不歸農桑者又十有五六則是天下常以三分勞筋苦骨之人奉七分坐衣待食之輩今內外官給俸料者不下一萬餘員其間有職出異名奉離本局府寺曠廢簪組因循者

甚衆況歛財日寡而授祿至多設官有限而入色無數九流安得不雜萬物安得不煩漢初置郡不過六十文景醲化百王莫先則官少不必政紊郡多不必事理今天下三百郡一千四百縣故有一邑之地虛設羣司一鄉之甿徒分縣職所費至廣所制全輕伏請勅吏兵部侍郎郎中給事中中書舍人各一人錯綜利病詳定廢置吏員可併省者併省之州縣可併合者併合之每年入仕者可停減者停減之此則利廣而易求官少而易理稍減冗食足寬疲甿又國家舊章依品制俸官一品月俸三十千其餘職田祿米大約不過千石自一品以下多少可知艱難已來禁網漸弛於是增置使額厚請俸錢故大歷中權臣月俸有至九十貫者列郡刺史無大小給皆千貫常衮爲相始立限約至李泌又量其閑劇隨事增加時謂通濟理難減削然猶有名存職廢額去俸存閑劇之間厚薄頓異將爲永式須立常規

請減比遠州縣選數奏 元和八年十二月吏部

比遠州縣官請量減四選五選六選請減一選七選八選九選各請減兩選十選十一選十二選各減三選伏以比

遠處都七十五州選人試後懼不及限者即伏請注擬雖有此例每年不過一百餘人其比遠州縣皆是開元天寶中仁風樂土今者或以俸錢減少或以地在遠方凡是平流從前不注至若勸課耕種歸懷逃亡其所擇才急於近地有司若不注授所在唯聞假攝編甿益困田土益荒請減前件選

勾當食利本錢奏 元和十年三月京兆府

祕書省等三十二司除疎理外見在食利本錢應見徵納及續舉放所收利錢准勅並充添修當司廨宇什物及令

史驅使官廚料等用准元和九年十二月二十九日勅仍委御史臺勾當每至年終勘會處分其諸司疎理外見在本錢據額不得破用如有欠失即便勒主掌官典所繇等塡陪者其諸司食利本錢疎理外合徵收者請改案額爲元和十年新收置公廨本錢應緣添修廨宇什物及令史府史等廚並用勒本司據見在户名錢數各置案歷三官通押逐委造帳印訖入案仍不得侵用本錢如入户辦納本利錢縱都數未足亦勒據數與納召主別置案歷准前通押如至年終勘會欠少本利官典諸節級准法處分如

主掌官典改移亦勒造帳交付承後官典具單帳報臺交割分明即給前官典牒知公驗如欠少本利送臺勘責具事由聞奏所冀官錢免至散失年額既定勾當有憑

酌定放免兩稅奏 元和十年三月京兆府

恩勅蠲放百姓兩稅及諸色逋懸等伏以聖慈憂軫疲氓屢蠲逋賦將行久遠實在均平有依倚權豪因循觀望忽逢恩貸全免征繇至於孤弱貧人里胥敦迫及期輸納不敢稽違曠蕩之恩翻不霑及亦有奸猾之輩僥倖爲心時雨稍愆已生覬望競相誘扇因致逋懸若無綱條實恐滋弊自今後忽逢不稔或有恩蕩伏請每貫每石内分數放免輸納已畢者准數折免來年租稅則恩澤所加強弱普及人知分限自絶奸欺

請停散官敘封奏 元和十一年二月司封

文武官五品以上請准式敘母妻邑號乖濫稍多或國疑敘軍功妄參勲籍或偶逢慶澤冒引詔條今請應在城諸軍衛官未至將軍使在外未至都知兵馬使押衙都虞候縱有散官與勲旨文相當者並不許敘封其流外官諸司諸吏職務并伎術等官跡涉雜類並請不在封限

禁代納匹段奏 元和十一年六月京兆府

今年諸縣夏稅折納綾絹絁紬絲緜等並請依本縣時價只定上中下等每匹加饒二百文緜每兩加饒十五文絲每兩加饒二十文其下等物不在納限小户本錢不足任納絲緜斛斗須是本户如非本户輒合集買成匹段代納者所由決十五枷項令衆

定皇太后稱號奏 元和十一年七月禮儀使

自秦漢以來天子之后稱皇后母稱皇太后祖母稱太皇太后加太字者所以加尊稱也國朝典禮皆稱舊制開元

六年正月。太常奏昭成皇太后謚號。已牒禮部。禮部以太字非之。太常報曰。入廟稱后。義係於夫。在朝稱太后。義係於子。並載在史策。垂之不朽。今百司文牒及奏狀。參詳典故。恐不合除太字。如謚册入陵。神主入廟。即當去之。

請裁減食利本錢奏 元和十一年九月東都御史臺

當臺食利本錢。從貞元十一年至元和十一年。息利十倍以上者二十五戶。從貞元十六年至元和十一年。息利七倍以上者一百五十六戶。從貞元二十年至元和十一年。息利四倍以上者一百六十八戶。伏見去年京畿諸司本

錢。並條流甄免。其東都未蒙該及者。竊以淮寇未平。供饋尚切。人力小弊。衣食屢空。及納息利年深。正身既沒。子孫又盡。移徵親族旁食。無支族。散徵諸保。保人逃死。或所繇代納。縱有餘老孤獨。仰無所依。立限踰年。虛繫錢數。公食屢闕。人戶不堪。伏乞天恩同京諸司例。特甄減。裁下。

請申明舉主事例奏 元和十一年九月中書門下

字人之官。從古所重。遂許論薦。冀得循良。其或不依節文。虛指事跡。既開謬舉之路。是長倖求之風。望自今已後。所舉人事迹與節文不同。及簡勘無據。并到官後不稱職。及有負犯等事。並請量輕重坐其舉主。輕則削奪。重則貶謫。伏以前後勅文。雖有條約。比來銓覈多務因循。今重申明。所期畫一。其舉人到省後。所簡勘如與節文不同。仰具事由並舉主名銜申中書門下。如所司鹵莽。便與判成。察知事狀違越。則所司舉主同坐。

請集百官讀皇后謚議奏 元和十一年禮院

謹按曾子問。賤不誄貴。幼不誄長。禮也。古者天子稱天以誄之。皇后之謚。則請於廟。江都集禮引白虎通曰。皇后何所謚之。謚之於廟。又曰。皇后無外事。無爲於郊。傳曰。故雖

天子必有尊也。准禮。賤不得誄貴。子不得爵母。所以必謚於廟者。謚宜受成於宗廟。故天子謚成於郊。皇后謚成於廟。今請准禮集百官連署謚狀。訖讀於太廟。然後上謚於兩儀殿。既符故事。允合禮經。

請改定御史班位奏 元和十二年九月御史臺

御史同制除官。承前名字高下爲班位先後。爲名在前。身在外到却在舊人上。後先有素。勞逸不均。今請以上日爲先後。未上不得計月數。

請宣示申光蔡三州貢物奏 元和十二年十二月戶部

西夷虵蝪攸居。歷年貢賦不入。有司蓋之。今則化被齊民。便為善地。其申光蔡等州今所貢鸂鶒綾生石斛等並同日到。其諸道貢物舊例至今月十五日已進納訖。臣今便欲取申光蔡貢物。以元日陳於樂懸之南。示中外。禮畢請准式送納。

請定錢數出入條制奏 元和十三年十月中書門下

戶部度支鹽鐵三司錢物。皆繫國用。至於給納。事合分明。比來因循。都不剖析。歲終會司。無以準繩。蓋緣根本未有綱條。所以名數易為盈縮。伏請起自今以後。每年終各令

其本司。每年正月一日至十二月三十日。所入錢數及所用數。分為兩狀入來年二月內聞奏。并牒中書門下。其錢如用不盡。須具言用外餘若干見在。如用盡及侵用來年錢并收闕。並須一一具言。其鹽鐵使所收議列具一年都收數。并已支用及送到左藏庫欠錢數。其所欠亦具監院額。緣其事欠未送到戶部出納。亦約此為例條制。既定。亦絕隱欠。如可施行。望為常典。

議錢貨輕重奏 元和十五年八月中書門下

伏准今年閏正月十七日勑。令百寮議錢貨輕重者。今據羣官楊於陵等議。伏請天下兩稅榷鹽酒利等。悉以布帛絲緜任土所產物充稅。並不徵見錢。則物漸重。錢漸輕。農人且免賤賣匹帛者。伏以羣臣所議。事皆至當。深利公私。請商量付度支。據諸州府應徵兩稅供上都及留州留使舊額。起元和十六年已後。並改配端匹斤兩之物為稅額。如大歷已前租庸課調。不計錢。令其折納。使人知定制。供辦有常。仍約元和十五年徵納布帛等估價。其舊納虛估物與依虛估物迴計。如舊納實估物并見錢。即於端匹斤兩上量加估價迴計。變法在長其物價。價長則永利公私。

初雖微有加饒。法行即當就實。比舊給用。固利而不害。仍作條件處置。編入旨符。其鹽利酒利。本以榷率計錢。有殊兩稅之名。不可除去錢額。但舊額中有令納見錢者。亦請令折納時估匹段。上既不專以錢為稅。人得以所產輸官。錢貨必均其重輕。隴畝自廣於蠶織。便時惠下。庶得其宜。其土乏絲麻。或地連邊塞。風俗更異。賦入不同。亦請商量。委所司裁酌。隨便宜處置。

祀風師奏 元和十五年太常禮院

來年正月三日。皇帝有事於南郊。同日立春後丑祀風師。

按周禮大宗伯。以槱燎祀風師。鄭元云。風箕星也。故今禮立春後丑。於城東北就箕星之位。爲壇祭之。開元禮祀昊天上帝於圜丘。百神咸秩。箕星從祀之位。在壇之第三等。伏以皇帝有事南郊。徧祭之義。百神咸在。其五方帝并日月神州以下。緣對昊天上帝皇地祇。尊不得申。並爲從祀。悉無上公行事并御署祝版之儀。風師既是星神。戚降之儀。便當陪祭。如非遇郊祀。其時祭祀如常儀。

請獎班肅奏　長慶元年正月宰臣

將欲清風俗。必在厚人倫。竊見皇甫鎛權位盛時。班行之中。多所親附。及得罪後。議論立變。憎嫉如讎。俗之衰薄。一至於此。惟班肅以曾爲郎官。判度支案。終始如一。獨送出城。周行之閒。多美其事。今郡秩已罷。望授一省官。以表其行。

平河北諸道請告廟奏　長慶元年四月中書門下

伏以太宗平突厥。高宗平高麗。皆告陵廟。蓋以高祖嘗蓄憤於北虜。太宗亦銳氣於東夷。武功未終。後聖繼志。亦既平盪。所宜啟告。伏以鎮冀一道。弔伐再加。幽薊八州。兵戎數起。陛下仁聖臨御。皆使自効忠誠。不勞干戈。盡復區宇。祖宗宿憤。霧廓烟消。兵力所致。功實相萬。豈必獻俘函首。方告清廟。詩曰。維天之命。太平告文王也。考之經典。義亦相符。望下禮官撰儀。擇日薦告太廟。以彰陛下纘服之業。上慰聖靈。

請令諸道年終勾帳奏　長慶元年六月比部

准制。諸道年終勾帳。宜依承前勅例。如聞近日刺史留州數內。妄有減削。非理破使者。委觀察使聞風按舉。必重加科貶。以誡削減者。其諸州府仍請各委錄事參軍。每年據留州定額錢物數。破使去處及支使外餘剩見在錢物。各具色目。分明造帳。依格限申。比部准常限。每限五月三十日都結奏。旨下之後。更送戶部。若違限及隱漏不申。錄事參軍及本判官並牒吏部使　闕

請盟吐蕃不告廟奏　長慶元年九月太常禮院

謹按肅宗代宗故事。與吐蕃會盟。并不告廟。惟德宗建中末與吐蕃會盟於延平門。欲重其誠信。特令告廟。至貞元三年會於平涼。亦無告廟之文。伏以事出一時。又非經制。求之典禮。亦無其文。今謹參詳。恐不合告。

定臨刑稱冤奏　長慶元年十月御史臺

應十惡及殺人鬬毆官典犯贓幷詐僞詐良劫盜竊盜及府縣推斷訖重論訴人等皆是姦惡之徒推鞫之時盡皆伏罪臨刑之次即又稱寃或冀有動搖或貴延日月每度稱屈皆須重推遂使知證平人嘗被追擾經涉時歲獄具無期一姦人自犯刑章數十家因緣破散若無懲革爲弊實深伏請自今已後有此色賊臺及府縣幷外州縣但通計二度推官不同人皆有伏款及經三度斷結者更有論訴一切不在重推問限其中縱有進狀勅下如是已經三度結斷者亦請受勅處聞奏執論庶得公務肅清姦源杜

絕如是告本推官典受賄賂推斷不平及有寃濫事狀言訖便可立驗者即請與重推如所告及稱寃推勘又虛妄及依前無理者除本犯是死刑外餘罪於本條更加一等科罪如官典取受有實者亦請於本罪更加一等如有寃屈不虛者其第三度推官典伏請本法外更加一等貶責其第二度官典亦請節級科處冀使下無寃人上無濫法

請減迴避例奏　長慶二年十月中書門下

諸司要官密戚周親見任府縣官伏以所立隄防正緣權要今諸卿監保傅三少詹事祭酒王傅西班將校等亦無威力敢冒典章一概防閑事誠太過自今已後應宰臣及左右僕射御史大夫中丞給事舍人左右丞諸司尚書侍郎度支鹽鐵使在京城者并諸王駙馬朞周以上親并女婿親外甥請准廣德二年三月十一日及貞元二年二月十三日勅不得任京兆府判司次赤及畿令長安萬年丞簿尉其餘一切並不在此限冀典法易遵羣情大愜

遷廟奏　長慶四年五月禮儀使

謹按周禮天子七廟三昭三穆與太祖之廟而七荀卿子曰有天下者祭七代有一國者祭五代則知天子上祭七

廟典籍通規祖功宗德不在其數國朝九廟之制法周之文太祖景皇帝始爲唐公肇基天命義同周之后稷高祖神堯皇帝創業經始化隋爲唐義同周之文王太宗文皇帝神武應期造有區夏義同周之武王其下三昭三穆之外是親盡之祖雖有功德禮合祧遷禘祫之歲則從合食

修聖政紀奏　長慶四年中書門下

伏以堯舜之政二典存焉君臣之間都俞之旨罔不備載厥後雖代有史官多出於追書所以其事或紀其言蓋畧太宗文皇帝躬勤庶政朝多良臣論思獻替動可紀録故

能遠繼堯舜。煥乎其文章。國朝舊制。每正衙奏事。史官載筆於玉階之下。所有議論政事。悉得聞之。及永徽以後。仗下便退。宰臣謀議。外莫得聞。長壽二年。宰相姚璹以爲帝王謨訓。不可闕於紀述。史官疎遠。無因得書。請自今已後。所論軍國政要。委宰相一人撰錄。號爲時政紀。此事久廢。史官不復得聞。惟寫詔詞記除授而已。臣等常竊憤悱。大懼皇猷未有以光揚於天下。伏望天恩許臣等每坐日所有謀議事關政事者。便日撰錄。號爲聖政紀。書紀緘封。至歲末則付史官。永爲常式。庶得睿謀所載。如日月高懸。聖

政惟新。與天地廣運。臣等不勝大願。

請停奏補奏 寶歷二年十二月吏部

伏以吏部每年集人。及定留放。至於注擬。皆約闕員。近者入仕歲增。申闕日少。實由諸道州府所奏悉行。致令選司士子無闕。貧乏者凍餒滋甚。留滯者喧訴益繁。至有待選十餘年。裹糧千餘里。累駁之後。方敢望官。注擬之時。別遇敕授。私惠行於外府。怨謗歸於有司。特望明立節文。令自今已後。諸司諸使天下州府選限內不得奏六品已下官。

請嚴山陵諸減選例奏 太和元年正月山陵使

伏以景陵光陵以來。諸司諸使所差補押當及雜職掌等官。皆據舊例。合得減選。其中有無選可減者。便放非時選。吏曹緣是承優放選。例多判成。有過格年深。身名踰濫。赴常選不得者。多求減選職掌。圖得非時集。因緣優敕。成此倖門。其吏曹爲弊頗甚。今請應差前資官充職掌。並不得取選數已過格人。庶絕奸冒。

量放宗子出身條例奏 太和元年四月宗正寺

今年二月十三日。應赴御樓陪位宗子。前資見任及常選未出身宗子。據狀共三千二百八十九人。前件陪位宗子

等。准赦書節文。仍據始封每王後與一人出身。委宗正卿詳圖譜。取一房最沉翳者充數。具名聞奏者。伏以所赴陪位宗子。緣遇參選時。遠方臻集。并京畿之內。人數至多。若據赦書節文。所放全少。始封王後只有四十八房。今請條流。從長慶元年四年寶歷元年三度遇恩。並未霑及者。伏請准寶歷元年正月七日赦書節文。每戶下放一人出身。其從寶歷元年已前三度受恩。已曾放出身。檢勘三代名同者。並不在此限。伏冀沉翳。適霑恩澤。遠房孤弱。盡獲出身。

請減山陵挽郎選數奏 太和元年五月禮部

山陵挽郎准先陵合補二百二十人。伏以近者仕進多門。身名轉濫。苟循往例。爲弊滋深。取前宏文崇文館生及已考滿太廟齋郎充。如人數不足。兼取前明經充。其中有未過者。請放冬集。仍減兩選。已定各集者減二選。

請敬宗廟祝文罷稱孝弟奏 太和元年七月太常禮院

敬宗廟祝文。皇帝稱孝弟。臣審詳孝字。載考禮文。義本主於子孫。理難施於兄弟。按禮記卜虞之文。子孫曰哀。兄弟曰某。然則虞之稱哀。與祭之稱孝。其義一也。於祖禰則理

宜稱孝。於伯仲則止於稱名。又東晉溫嶠議宗廟祝辭。以爲非子者不得稱。旁親直言敢告。當時朝儀。咸以爲宜。今臣上考禮經。無兄弟稱孝之據。下徵晉史。有不稱旁親之文。臣謂饗敬宗廟。宜去孝弟兩字。

覆輟朝例奏 太和元年七月中書門下

古有當祭告喪。義在申情。同體過時。及哭於理稍乖。禮院所請合輟朝者。若以聞喪之來日請依。餘約太常所奏。別具品列輕重進定。謹按儀制令。百官正一品官喪。皇帝不視朝一日。又准官品令。自一品至三品以上薨歿。通有輟朝之制。伏以君臣之間。情理所及。事必繫於委遇。官則與時重輕。一用舊儀。或乖中道。臣等參酌。其留守節察防禦經畧等使及京輔刺史。並請各據所兼憲官爲例。

請定諸道奏補及致仕章服等例奏 太和元年九月中書門下

諸道應奏州縣官銜散試官及無出身人幕府遷授致仕官。諸京司奏流外。諸道進奏官等。兩畿及諸道奏長馬縣令錄事參軍簿尉等。兩京及諸道州府六品已下官。除初授外。並合是吏部注擬。近日優勞資蔭入仕轉多。每年選集。無闕可授。若容濫請。是啟倖門。遂使平人。不無受屈。今

請並停。准山南三川峽內及諸道比遠。雖吏部注擬。不情願赴任者。及元不注擬者。其縣令參軍長吏倚賴。義不容私。如有才術優長。假攝勞效。特許前資見任及有出身人中奏請。每道不得過三五人。如諸道縣令錄事參軍政事異能。決疑及緝理殘破。若須旌賞者。許所在奏論。然須指事而言。在選限內。亦請准寶歷二年十二月七日敕處分。京諸司流外官。並每年繫部闕員。今並不許奏請致仕。酌法循舊。頗越典章。自今請自常參官五品以外官及四品者許致仕。餘停。又幕府遷授章服。貞元元和之間。使府奏

職至侍御史然後兼省官至於章服皆类時效人思勤勉克已慕名近日奏殿中及戎卒便請朱紫數事俱行其中著緑腰金皆非典故請自侍御史後年月足後便始與省官至於朱紫許於本使府有事跡尤異爲衆所知者然許奏請唯副使行軍奏職時如先著緑便許著緋餘不在此限又諸道進奏官舊例皆不奏正官近既奏請仍於别道占請有俸禄處頗乖典制今量請奏當道官如資歷已至五品考滿日已前者望許至考滿日

請定科目選官事例奏 太和元年十月中書門下

應禮部諸色貢舉人及吏部諸色科目選人等凡未有出身未有官如有文學只合於禮部應舉有出身有官合於吏部赴科目選近年以來格文差互多有白身及用散試官並稱鄉貢者並赴科目選及注擬之時即妄論資次曾無格例有司不知所守其宏詞拔萃學究一經則有定制然亦請不在用散試官限其三禮三傳一史三史明習律令等如白身並令國子監及州府同明經進士薦送如考試及第明習律令同明經一史三禮三傳同進士三史當年關送吏部便授第二任官如有出身及有正員官本是吏部常選人則任於吏部不限選數應科目選三史則超一資授官如制舉人既諸色人中皆得選試則無出身官人並可以請不用散試官

請令有司勿進祥瑞奏 太和元年十一月

伏以陛下勤求治本澄清化源不以靈芝白鴈爲瑞應方將時安人和爲嘉祥宸翰昭宣睿情斯屬伏請自今已後祥瑞俱申有司更不令進獻

請添賜尚食局本錢奏 太和元年十二月殿中省

尚食局新舊本錢總九百八十貫文伏以尚食貧虛更無

羨餘添給伏乞聖慈更賜添本錢二千貫文許臣别條流方圓諸色改換收利支用庶得不失公事

闕名七

補宿衛官健名額奏（太和二年三月左右金吾）

臣伏以宿衛官健素有名額因循相習漸慢常經臣自受任以來每懷憂懼縱寬尸祿何敢敗官況臣丙夜自當竊希往躅酉點親至備聞前規據人數纔二百以來準元額不及太半去二月十三日已具陳奏令臣搜求諸頭冗剩量減所由資課詢謀舊例斟酌事情遂遣抽收四百四十名人數既足他處驅使亦無欠闕輒具條流伏乞勅臣當司永爲遵守

請禁盜採水柏柴灰奏（太和二年三月度支）

京兆府奉先縣鹵池側近陂泊池井應有水柏柴燒作灰煎鹽等臣勘按先據兩池榷鹽使申長慶三年二月十五日於奉先縣界捉獲水柏柴灰四十石六斗二升數內取一石煎得鹽一十二斤一兩使司恐是盜刮鹻土妄稱是水柏柴灰重收採水柏柴三十斤燒得灰二斗二升煎得鹽二斤一十二兩緣從前未有明勅禁斷所以百姓故有抵犯伏以柏柴灰比曾煎試據所獲灰准舊試例約得鹽一斗八升比類鹻土煎鹽所收鹽分數較多其鹻土亦有勅條禁止其水柏柴灰亂法甚於鹻土不可因循臣今商量從今已後捉獲盜採水柏柴灰重一十二斤即計鹽一斤犯灰一斗即計鹽一斤四兩並准兩池例八斤計折同犯刮鹻土煎鹽勅條節級科罰所冀鹽法齊一榷課免虧

請停廢三衞子弟奏（太和三年三月兵部）

准四年五月起請節文伏以三衞出入禁署子弟期於恭恪近日頑弊者非正身諸司公言納資訪聞亦不雇召士庶假蔭混雜搢紳倖隙一開奸濫紛入其資三衞並請停廢

請禁自薦求遷奏（太和三年四月中書門下）

伏以爲官擇人實資進選舉能考績固切旁求必當按實循名聽言觀行事合先於徇衆道必惡於自媒進退之間風俗所繫近日人多干競跡罕貞修或日詣宰司自陳功狀或屢瀆宸衷曲祈恩波乏受爵讓能之賢啟施勞伐善之弊亦有粗因勞績已受官榮及居今任別無課効唯引向前事狀祇希更與遷陞凡是此流稍要立制伏望自今後應緣官闕須有除授先選吏跡有聞行已務實者隨才

獎用如有志涉浮躁事近邀求者量加擯斥所覬官修其方人思勵行

定糾告行鉛錫錢賞例奏 太和三年六月中書門下

元和四年閏三月四日勅應有鉛錫錢並合納官如有人糾得一錢賞百錢當時勅條貴在峻切今詳事實必不可行只如告一錢賞百錢則有人告一百貫錫錢須賞一萬貫銅錢執此而行是無畔際今請令以鉛錫錢交易者一貫以下州府行常杖決脊杖二十十貫以下決六十徒三年過十貫以上集衆決殺其受鉛錫錢交易者亦准此其

鉛錫錢並納官其能糾告者一貫賞五千不滿貫者准此計賞累至三百千仍舊取當處官錢給付其所犯人罪不至死者徵納家資充塡賞錢

進凱樂奏 太和三年八月太常禮院

謹按凱樂鼓吹之歌曲也周官大司樂王師大獻則奏凱樂注云獻功之樂也又大司馬之職師有功則凱樂獻於社注云兵樂曰凱司馬法曰得意則凱樂所以示喜也左氏傳載晉文公勝楚振旅凱入魏晉以來鼓吹曲章多述當時戰功是則歷代獻捷必有凱歌太宗平東都破宋金剛其後蘇定方執賀魯李勣平高麗皆備軍容凱歌入京師謹檢貞觀顯慶開元禮書並無儀注今參酌今古備其陳設及奏歌曲之儀如後

請限進士帖式字數奏 太和三年八月禮部

進士舉人先試帖經并畧問大義取經義精通者次試議論各一首文理高者便與及第其所試詩賦並停者伏請帖大經各十帖通五通六爲及格所問大義便於習大經內准各明經例問十條仍對衆試口義伏惟新制進士畧問大義緣初釐革今且以通三通四爲格明年以後並依

明經例其所試議論請各限五百字已上爲式

請令孟琯兼往洪潭存恤奏 太和三年十月御史臺

准勅差孟琯巡察米價其江西湖南地稱沃壤所出常倍他州俾其通流實資巡察若便空行文牒或慮遠郡未委詔條今孟琯旣下淮南卽去洪潭不遠伏望便令兼去洪潭

請修書閣奏 太和四年正月祕書省

當司藏書六萬餘卷列官三十一員廨署傾危祕閣摧破久未修葺漸恐費功伏當陛下文明之朝天下宗聖萬方

觀德之日。海内崇儒之時。今者棟宇敧斜。圖籍缺落。臣忝職司。輒申伏乞特下有司。計料修葺。便加功力。庶得完全。

請定諸道奏補事例奏（太和四年五月中書門下）

准太和元年九月十九日勑。鸞華兩畿及諸道奏請州縣官。唯山劒三川硤内及諸道比遠。許奏縣令録事參軍。其餘並停。自勑下以來。諸道累有奏請。如滄景德棣勑後已三數員。伏以勑令須行。不合違越。苟有便宜。則須改張。自今以後。山劒三川硤内及諸道比遠州縣官有出身及前資正員官人中。每道除録事外。望各許奏三四員。如河北

諸道滄景德棣之類。經破傷之後。及靈夏邠寧麟坊涇原振武豐州。全無俸料。有出身人及正員官。悉不肯去。吏部從前多不注擬。如假攝有勞。望許於諸色人中量事奏三四員。其餘勒約及期限。並依太和元年九月十九日勑處分。

請減三銓令史奏（太和四年七月吏部）

三銓正令史。每銓元置七人。今請依太和元年流外銓起請置五人。減下二人。南曹令史一十五人。今請依太和元年流外銓起請節文。減下三人。

請復東西銓廳事舊例奏（太和四年七月吏部）

當司兩銓侍郎廳。伏以吏部居文昌首曹。侍郎爲尚書貳職。銓庭所宜順序。廳事固有等差。舊以尚書廳之次爲中銓。其次爲東銓。自乾元中侍郎崔器以當時休咎爲虞。奏改中銓爲西銓。以久次侍郎居左。以新除侍郎居右。因循倒置。議者非之。伏請今以後。以久次侍郎居西銓。以新除侍郎居東銓。

請定僕射上儀奏（太和四年九月中書門下）

伏准僕射上儀故事。自御史中丞吏部侍郎以下。羅拜階

下。准元和七年雜定儀注。全無受拜之禮。當時盡以僕射非其人。所殺禮臣等以爲衹合係官之輕重。不合爲人而升降。受中丞侍郎拜則似太重。答郎官以下拜則似太輕。臣等商量。令諸司四品以下官。及御史臺六品已下幷郎官。並望准故事。餘依元和七年勑處分。

請定殘欠羨餘錢物條件奏（太和四年九月比部）

准太和三年十一月十八日赦文。天下州府兩稅占留支用有定額。其殘欠羨餘錢物。並合明立條件。散下諸州府者。伏以德澤宏深。優裕郡縣。申明舊勑。曉示新規。使其政

有準繩法無差謬實天下幸甚又諸州應有城郭及公廨屋宇器械舟車什物等合建立修理須創制添換又當州或屬將校所由有巡檢非違追捕盜賊須行賞勸合給程糧者又當州或百姓貧窮納稅不逮須矜放要添貨物者又當州遇年穀豐熟要收糴貯備以防災歉者

請應諸科目並就吏部考試奏 太和四年十月中書門下

應開元禮學究一經二禮三史明習律令科人等准太和元年十月二十三日勅散試官及白身人並於禮部考試其有出身及有官人並吏部科目選者凡是科目本合在

吏部試自分兩處考試每處皆别與人數轉多事理非便臣等商量坐准前吏部收試其諸節目並准太和元年十月二十三日勅處分

請申禁僧尼奏 太和四年祠部

當司准赦書節文緇黃之衆蠶食生人規避王傜凋耗物力應諸州府度僧尼道士及創造寺觀累有禁令尚或因循自今以後非別勅處分妄有奏請者委憲司彈奏量加貶責於百姓中苟避傜役冒爲僧道所在長吏重爲科禁者謹具起請條件如後准天寶八年十一月十八日勅諸州府僧尼籍帳等每十年一造永爲常式者其諸州府近日因循都不申報省司無憑收管造籍起今已後諸州府僧尼已得度者勒本州府具法名俗姓鄉貫户頭所習經業及配住寺人數開項分析籍帳送本司以明真僞又將諸州府及京城應置方等受戒僧尼身死及還俗者其告牒勒本寺綱維當日封送祠部其餘諸州府勒本州申送以憑注毁又諸州府僧尼籍帳准元勅十年一造今五年一造又天下僧尼冒名及非正度者緣經恩赦自太和三年十一月十八日勅前無憑追勘自今已後伏請切加禁

斷先度者具名申省省司各給牒知爲憑入籍又正度僧尼並列於省司請告牒其僧尼童子自今已後不得令私度如有此色勒當寺綱維申報本管長吏其與剃頭師長及專擅出家者當便科決勒還俗其綱維不申報十日已上勒停解便令出寺其所在長吏不爲糾舉者具名銜奏聽進止又諸州府及兩京除舊寺破壞要修理外並不創建造寺仍請具每州縣管寺幾所每寺管僧尼幾人並請具寺額僧尼名申省如有創造寺舍委本管長吏切加禁斷其僧尼有不依典教興販經紀行船駕車擅離本寺於

公衙論競及在俗家夜結戒壇書符禁呪陰陽術數占相吉凶妄陳禍福既虧釋教與俗無殊自今已後切加禁斷如有此色委所在長吏量情科決使勒還俗其天下州府村坊佛堂普通私邑蘭若義井等並請劃屬當州府寺收管又伏准元和元年二月十日勅京城及諸州府寺觀銅鐘因有破損須更製造者請令州府申牒所司奏聞勅下許以本鐘再鑄不得更別添銅者其諸州府近日皆不守勅文擅有鼓鑄自今已後並令申省臣等伏以當司公事廢闕多年名額空存事皆去本因起請再舉舊規比類參

詳依格

請量抽三銓注擬員闕奏 太和五年二月吏部

請量抽太和三年終已來至今年三月四月已來得員及計人成三考闕四十五員伏緣去冬諸色黃衣參選者倍多於常年其間十七人皆是勳臣貴戚及常參官子弟不可任遠處州縣官三銓以當年合用闕方員發遣之外每選各有十餘人未得官今請准元和中及長慶初勅例據現在人數量抽前件闕注擬畢具所用闕聞奏

請權停舊錢奏 太和五年二月鹽鐵使

湖南管內諸州百姓私鑄造到錢伏緣衡道數州連接嶺南山洞深邃百姓依模監司錢樣競鑄造到脆惡姦錢轉將賤價博易與好錢相和行用其江西鄂岳桂管嶺南等道應有出銅錫處亦慮私鑄濫錢並請委本道觀察使條疏禁絕

請諸親注擬外官詳具家狀奏 太和五年六月吏部

准貞元十八年四月一日勅諸親注得外官欲赴任自今已後每年須先奏聞者今請至時准勅簡勘聞奏其諸親已薨歿子弟注得外官者准前後勅合奏聞起自今已後請便赴集更不在重奏限其給解處審勘責仍於家狀一

一具奏諸親等第如違駁放

請杜將健官影占奏 太和五年十月中書門下

應屬諸使外內百司度支戶部鹽鐵在城及諸監院鐵內幷諸州監牧公主邑司等將健官典所繇等准承前例皆令先具挾名勅牒州府免本身色役自艱難已後事或因循多無挾名自補置恣行影占侵害平人自元和二年長慶元年寶歷元年太和三年前後赦令約勒皆令條疏及勒具挾名聞奏所司竟未遵行姦弊日深須有釐革況聖

王在上百度惟新內外有司悉心奉法改更置制令也其時臣等若又依違蒼生何由蘇息望合令本軍本使本司勘會據元勅元管數額合食衣糧資課糧料人具挾名補置年月鄉里分析聞奏此外不得更有影占自此之後有逃死補替仍每年終具替人挾名闕聞奏其挾名限勅下三箇月內聞奏畢左右神策六軍威遠營除請依餘一切委本軍條疏理訖具數聞奏其餘諸司諸使并令御史臺勾當依限申奏仍切加訪察勿許因循

請停節度等使子孫奏留本道奏（太和六年五月御史臺）

諸道節度觀察防禦經畧等使有子孫授京城及諸州府官合赴任奏請勾留在本道事伏以本置官員藉其任守吏曹注擬皆是職司況調選須有出身合年十五已上比及於二十以下十年則二十五年足可以爲成人矣今則皆稱年小奏請勾留在於相承習以成例若實年小卽不合早補身名若實當年又何慮爲官不了今請諸方鎮子孫應選授及奏授官一切勒歸本任不得輒更奏留如或恩出殊常特賜一子者年五十已下卽任奏聽進止庶得藩方絕塵冒之請州府無假攝之官中外遵承典章不紊

請嚴禁雜榷奏（太和七年四月御史臺）

伏準太和三年十一月十八日赦文天下除兩稅外不得妄有科配其擅加雜榷率一切宜停令御史臺嚴加察訪者臣昨因嶺南道擅置竹練場稅法至重害人頗深伏請起今已後應諸道自太和三年準赦文所停兩稅外科配雜榷率等復却置者仰勅至後十日內具却置事由聞奏仍申臺司每有出使郎官御史便令嚴加察訪苟有此色本判官重加懲責長吏奏聽進止

請令舉薦堪爲縣令錄事參軍奏（太和七年五月中書門下）

國之根本係於生靈人之性命懸於守宰刺史猶官重事隔莫得躬親親人之切無如縣令況自兵興以來仍歲災歉百姓凋弊救弊之術在於擇吏又錄事參軍糾察屬縣課責下僚一郡紀綱藉其提舉若曰令吏曹注擬無由得盡人才真偽難知貪廉莫辨准太和二年赦書已令揀擇緣吏部起請多有異同訪聞近年已來所舉殆絕又去年吏部舉請令郎官御史等舉薦堪爲縣令錄事參軍者雖有保任之言殊非責成之道臺省官假使是其親故或素所深知既非得於任官未必究其事實豈若考績效於理

所聽善惡於旼諸則政之否臧較然易辨臣等商量望令京兆河南尹及天下刺史各於本府本道常選人中揀勘擇堪爲縣令司錄錄事參軍人名具課績才能聞薦其諸州先申牒觀察使都加考覈申送至吏部至選集日不要就選場更試書判吏部尚書侍郎引詣銓曹試時務狀一道訪以理人之術及自陳歷任以來課績令其一一條對但事理明切不假詞華取其理識優長者以爲等第便於大縣及難理處注擬仍取稅五萬貫以下縣注授即免盡占常選人闕員其刺史所舉縣令錄事參軍如幷有人人

得上下考就加爵秩者任年考已深者便優與進改其縣令錄事參軍如在任績效明著兼得上下考及陟狀者許非時放選仍優與處分便委本州長吏聞薦庶得詳其實效如所舉縣令錄事參軍犯贓一百貫已下者刺史量削階秩一百貫已上者移守僻遠小郡觀察使望委中書門下奏聽進止其犯贓官縱累逢恩赦亦不在收敘之限所舉人中如有兩人善政一人贓犯亦得贖免如此則長吏切於求理須自擇才上奉朝章必無濫舉

請量罰薦舉不合例奏（太和七年七月中書門下）

諸道諸使停罷郎官御史等望令罷職後其所任官經兩考已上方得冬薦如所任官未經考者許以罷職後計月日成兩考即得冬薦如考數未滿便冬薦者其所舉官量加殿罰如文學才行堪奬用者中書門下別加採擇不在此限諸州府上佐罷秩後便求本道薦狀入城今中外官員年不盈溢聞薦繼至除授稍難其上佐考滿後望量立年限經二年已上方得聞薦其非時替者更守二年即似稍屈望一年後許冬薦如才行政績爲衆所知者望委中書門下搜訪與昇奬不在此限

請詳核刺史理績奏（太和七年七月中書門下）

應諸州刺史除授序遷須憑顯效若非責實無以勸人近者受代歸朝皆望超擢在郡理績無繇盡知或自陳制置事條固難取信或別求本道薦狀多是徇情將明典章在覈名實伏請自今已後刺史得替待去郡一箇月後委知州上佐及錄事參軍各下諸縣取耆老百姓等狀如有興利除害惠及生人廉潔奉公肅清風教者各具事實申本道觀察使簡勘得實具以事條錄奏不得更爲文飾其文狀仍與觀察判官連署如事無可稱者不在薦限仍望委

度支鹽鐵分巡院周訪察各申報本使錄事如除授後訪知所舉不實觀察判官分巡院及知州上佐等並停見任一二年不得敘用如緣在郡贓私事發別議處分其觀察使奏取進止所冀吏皆稟法人獲乂安遷擢之時更無濫授

請斷獄依舊程限奏 太和七年七月大理寺

准今年五月二十九日御史臺奏勅大事限二十日中事限十五日小事限十日奏畢刑部覆大事限十五日中事限十日小事八日奏畢詳臺司所奏卽大理刑部兩司俱

照詳具獄未經刑部覆一則失聖朝慎恤刑獄意二則未合以生事上黷聖聰伏請依舊程限大理寺斷了申刑部覆同訖方奏

定五經博士爵秩奏 太和七年八月國子監

請准今月九日德音節文令監司於諸道搜訪名儒置五經博士一人者伏以勸學專門復古之制博採計當年講授多少以爲考課等級應補當司諸學生等按學令儒術以備國庠作事之初須有獎進伏請五經博士秩比國子博士今左氏春秋禮記周易尚書毛詩爲五經論語爾雅孝經等編簡既少不可特立學官更請依舊附於中經

請定決獄日限奏 太和七年九月御史臺

准太和四年十月二十五日勅大理寺決斷刑獄大事二十日中事十五日小事十日奏畢刑部詳覆大事十五日中事十日小事八日奏畢近日省寺詳斷有踰勅限七十餘日者抑由條奏之間未盡事理舞文之吏得以遷延往往決斷未下瘐死獄中臣請自今以後刑獄本曹詳覽奏狀有節目未具者大事七日內小事五日內條流事由只行一牒再勘本推官三日內具事由牒報省寺如情狀要

節已具省寺不得以小小節目移牒往來四遠州府牒勘本推後事有不具結罪不得者請具事由奏聞不得更逾勅限又准貞觀三年七月十七日勅允推狀內錢物大段事狀已具小小節目未盡不妨詳斷者省寺更不要移牒盤勘又准名例律二罪俱發以重者論臣深詳勅文律意唯懼刑獄淹延使無辜者拘繫囹圄罪惡者潛啟倖門臣請勅下後御史臺嚴加察訪如或踵前廢格知彈御史臺不舉又省寺可斷不斷不具可結斷事情聞奏使結斷不得須便牒本處致其稽遲並請臨時量事大小論罪按罰

請施行新編格後勅奏（太和七年十二月刑部）

先奉勅詳定前大理丞謝登新編格後勅六十卷者臣等據謝登所進詳諸理例參以格式或事非久要恩出一時或前後差舛或書寫錯悞並已下落及改正訖去繁舉要列司分門都爲五十卷伏請宣下施行

請更定禮部放榜事例奏（太和八年正月中書門下）

進士放榜舊例禮部侍郎皆將及第人名先呈宰相然後放榜伏以委任有司固宜精愼宰臣先知取捨事匪至公今年已後請便令放榜不用先呈人名其及第人所試雜

文及鄉貢三代名諱並當日送中書門下便令定例

覆奏疎理諸色入仕奏（太和八年正月吏部）

准勅疎理諸色入仕人等今諸司流外令吏府史掌固禮生楷書醫工及諸軍諸使承優官典總一千九百七十二員共請權減六百五十七員兵部奏應管左右仗千牛僕寺殿中省進馬左右金吾仗長上共一百六十一員今三色共請減六十七員文簡武簡三衛每年三銓都請留六十人爲定禮部奏明經宏文館生太廟郊社齋郎掌坐等共五百五十二人今六色共請減一百三十八人

請讀時令奏（太和八年二月中書門下）

今月十七日臣等於延英奏事陛下以近歲陰陽不和水旱爲害恐作事有乖於時令施教未合於天心問臣等讀月令因何停廢伏以堯命羲和之官以理四時節授人事至漢丞相魏相奏云陰陽者五事之本羣生之命自古聖賢未有不由者也兼引高帝時相國蕭何奏云自天子王侯有土之君能法天地順四時以理國家身無既夭年壽永久是奉宗廟安天下之大禮也顧選氣未應災害之作實恐由斯臣等商量古者敬其事則命以始請從來年正

月依開元禮讀時令陛下御宣政殿如朝朔之禮兼請太常卿先撰儀注務於簡便以酌時宜所冀簡而易從行之可久

請禁斷稱寃越訴奏（太和八年二月中書門下）

准貞元二十一年六月六日勅訴事人不得越州縣臺府便經中書門下陳狀者近日狡猾論競皆不待州府推斷便來詣闕非惟煩黷天聽實亦頗啟倖門請自今已後有此類先科越訴罪然後推勘又准開元十二年八月二十四日勅比來小有訴競即自刑割自今以後犯者先決四

十。然後依法勘當。伏以先自毀傷。律令所禁。近日此類稍多。不至甚傷。徒驚物聽。請連勅牓白獸門。如進狀。又務耳者。准前勅處分。又鞫獄已具。便合就行刑。皆近歲時。覬望恩澤。或緣一人稱冤。即十數人停決。囚繫淹久。奸吏用情。自今後同罪人並伏。雖一兩人解冤。不相連者。並先科決。稱冤者依前收禁聞奏。

先試帖經奏 太和八年十月禮部

進士舉人。自國初以來。試詩賦帖經時務策五道。中間或暫改更。旋即仍舊。蓋以成法可守。所取得人故也。去年八

月節文。先試帖經口義論議等。以臣商量。取其折衷。伏請先試帖經。通數依新格處分。時務策五道。其中三道問經義。兩道時務。其餘並請准太和六年以前格處分。

請更定三考奏改並及第人數奏 太和九年十二月中書門下

今月九日閤內面奉進止。令條流進士人數及諸色人等。進士元格不得過二十五人。今請加至四十人。明經元格不得過一百一十人。今請減十人。伏以國家取士。遠法前代。進士之科。得人為盛。然於入仕。須更指揮。必使練達。固在經歷。起來年進士及第後三年任選。委吏部依資盡補州府參軍緊縣簿尉。官滿之後。來年許選。三考後。聽諸使府奏用。便入協律郎四衛佐。未滿三考。不在奏改限。如任江淮官。特與勉其綱使。又聞每年貢士。常僅千人。據格所取。其數絶少。強學待用。常年不試。孤貞介士。老而無成。甚可惜之。臣等商量。望付所司。精求行藝。起來年。添滿四十人及第。仍委禮部於所試諸色貢舉人元格數內共減一十五人。都守每年放出身黃衣人數。永為定制。編入常格。庶令才人速得自效。經於下位。以致上達。

申論愛州刺史張丹罪狀奏 太和中刑部

據大理寺申。准詳斷安南經畧使韓約奏。丹犯贓。并欲謀惡事。已准法處置訖者。伏以追攝禁勘。即是制囚。不合專擅處置。奉三月十九日勅。宜付所司速詳斷聞奏。今據寺申據律文。反逆謀叛。各有本條。並無欲謀惡事之科。又准律以贓入罪者。除正贓見在。流死勿徵。據罪先勒張丹通款。估納家資。然後就刑。慮涉情故。又張丹男宗禮宗智等年皆幼弱。張丹雖微。愛州雖遠。且常領郡。則謂銜恩。縱合重繩。須候勅命。既歸法寺。必在正名。苟輕荒服之刑。是棄遠人之命。伏以聖朝以慎恤為理。以惠澤愛人。每議典刑

必行寬宥。豈使一夫不獲。吞恨九泉。伏請聞奏推覆。方可詳斷。所冀事狀明白。法令施行。

欽定全唐文卷九百六十七

闕名八

請命代官留任候除奏 開成元年二月中書門下

諸州刺史諸府少尹次赤令諸州府五品已上官并常參官等在任之例。約是三載。命代之後。遽卽到京。人數既多。闕員常少。稍經時月。則訴飢寒。起今後請據舊章。刺史及五品已上官在外應受替去任。非有徵召。未得到京。宜委所在州府每兩月一度申中書門下。其初狀仍具前任政績受代月日。中書門下准前置具員量才除授。其家在上都。因自歸止者。京兆府申奏。

請改知東西兩推奏 開成元年御史臺

舊以第一第二殿中御史知東西推。竊以故事三院御史皆初領繁劇。後卽漸輕。近以新入監察兩人監倉監庫。殿中既無倉庫兼倅。空負推獄憂勤。卽與臺中從劇入輕頓乖舊例。今請殿中第三人第四人分知兩推。希同漸殺之文。

請貴糴便農奏 開成元年一月度支

每年供諸司并畿內諸鎮軍糧等。計粟麥一百六十餘萬石約以錢九十六萬六千餘貫糴之畿內百姓每年納兩稅見錢五十萬貫約以粟麥二百餘萬石糴之是度支糴以六十而百姓糶以二十五農人賤糶利歸商徒度支貴糴賄行黠吏今請以度支貴糴錢五十萬貫送京兆府充百姓一年兩稅勒二十三縣代緡輸粟八十萬石小麥二十萬石充度支諸色軍糧則開成三年以後似每歲放百姓一半稅錢又省度支錢一十萬貫勸農減費物理昭然仍請百姓廣開田畝更不加稅行之有節富庶可期

論郭仲文不合襲封奏 開成元年給事中

伏準制書贈司徒郭釗嫡男仲文襲封太原郡公者臣近訪知郭釗妻沈氏公主之女代宗皇帝外孫有男仲辭已選尚主仲文不合假冒自稱嫡子若仲文承嫡卽沈氏須黜居別室仲辭不合配尚貴主伏以郭仲文尚父子儀之孫太皇太后之姪戚里勳門無與儔比婚姻嫡庶朝野具知奪宗之配實玷風教且仲文仲辭既非同出襲封尚主不可並行伏請付臺勘當

請吏部選人須行長榜奏 開成二年四月中書門下

天下之理在能官人古人以選委重吏部自循資授任銜鏡失權立格去留簿書得計比緣今年三月選事方畢四月已後方修來年格文五月頒下及到地遠已及秋期今請起今月與下長格所在州府牓門曉示其所資官取本任黃衣本貫解一千里內三月十日解到省二千里三千里遞加十日並勒本州賫送選人發解訖任各歸家其年七月十五日齊於所住府看吏部長榜定留放其得留人並限其年十二月十日齊到省試注唱正月內銓門開永爲定例如其年合用闕少選人文書無違犯可較則於本色闕內先集選深人年長人其餘人既無闕可集南曹俱

爲判成榜示所住州縣府許次年取本任州府公驗便依限赴集更不重取本任本貫解

請接濟諸州閑散宗室奏 開成二年六月宗正寺

諸州府如有宗子寄寓貧病不能自濟者有羇旅道途棲遲丐食者並請所在州縣切加存卹兼隨事接借不得令有侵欺致使抑屈如有違犯禮禁自冒刑名卽任所在州縣仔細勘問仍先具罪狀申報宗正寺待寺司聞奏不得懸便科斷所冀遠方宗子平時無困辱之虞守土諸侯聖朝識敦睦之意

請於五經字樣後附九經字樣奏 開成二年八月國子監

得覆定石經字體官翰林待詔唐元度狀伏准太和七年二月五日勅覆九經字體者今所詳覆多依司業張參五經字爲准其舊字樣歲月將久畫點參差傳寫相承漸致乖誤今並依字書與較勘同商較是非取其適中纂錄爲新加九經字樣一卷請附於五經樣之末用證紕誤

請紀錄時政奏 開成三年二月中書門下

延英對宰臣須紀錄伏以陛下躬勤庶政超邁百王每對宰臣日旰忘倦正衙決事二史在前便殿坐日全無紀錄

長壽初宰臣姚璹奏置時政紀寢而不行貞元中宰臣趙憬請復故事無何又廢恭惟聖政必在發明今請每至延英坐日對宰臣往復之詞關教化政刑之事委中書門下直日紀錄月終送史館所冀政猷不墜國史有倫昨日延英面奏已蒙允許

論韋籌進書史解表奏 開成三年八月史館

臣等謹按春秋尚書最爲前史事言異貫義體兩存今韋籌所著意實卽師古欲使本朝大典與千古同風然漢氏已還更立史法稽其指要事歸詳盡伏以聖唐御宇向三百年聲教遠垂文物大備祖功宗德傳諸不朽本紀實錄之外復有注記典歷蓋史氏職司大懼簡略久已著定遽難變更臣等參酌古今須歸的當況歷代編紀名號實繁雖統制各殊悉傳示於後伏請以籌所進之書藏於史館待其著述功畢令與舊史兼行則國朝典法今古咸備

請准受代官赴闕奏 開成三年八月中書門下

伏准開成元年正月一日勅諸州刺史少尹赤令並常參官等授替去任非有徵召不得到京宜委所在州府取其由歷每兩月一度申中書門下省參詳勅意以前件官到

京後未有除授旅食可矜且令在外以候遷陟訪聞遠地不諭朝旨將謂故有勅格阻其戀闕之心于進者亦以迭來守道者便成廢滯恐須釐正以徇重情其諸道州府應有前件官等得替後任赴闕廷或家在四方亦隨所便

請常參官拜掃給公券奏 開成四年二月門下省

常參官寒食拜掃今月七日延英面奏進止令准往例給公券者臣等謹檢舊案承常參官應爲私事請假外州往來給券牒伏準太和八年八月十日勅釐革應緣私事並不許給公券今臣等商量惟寒食拜掃著在令式銜恩乘

驛用表哀榮虔奉聖旨。重頒新令。其有拜掃不出府界假內往來者。並不在給券限。

請量留料錢奏 開成五年五月

准今年二月八日赦節文。應諸色勾留官令尅下手力雜給等與本道州府。充攝官課料。無本司起請者。臣等詳檢諸道官員俸料不一。或正官料錢絕少。雜給雜料過多。若准赦文手力紙筆並令尅下。則正官勾留亦領公事。所請俸料。不如攝官。既未得中。亦恐難守。本司既無起請中書門下須與條流。臣等商量。應諸色勾留官正料及手力課

雜職課雜給雜料紙筆等錢。望各委本州都計錢數。每貫尅二百文。充攝官俸料。其職田祿粟米。望令全還正官。不在計入諸色錢數之限。臣等又以諸州長馬本是散員。判司簿尉。或須假攝。其所尅留錢。望委州司酌量閑劇差署。均融多少支給。亦不要各占本色錢數。及塡滿闕員。仍令每至歲終。分析申報戶部。

許常參等官有疾得乘檐子奏 開成五年六月中書門下

臺司所奏條流檐子事。更須商量。其常參官。或諸司長史。品秩高者有疾及筋力綿怯不能控馭。望許牒臺暫乘檐子。患損勒停。其出使郎官。中路遇疾。令自雇夫者。若所詣稍遠。計費極多。制下檢身。不合貸借。輕費則不濟所要。無借則不可支持。如中路遇疾者。所在飛牒申奏。差替去。以此商量。庶爲折衷。餘請依御史臺所奏。

請更瀍水名奏 開成五年七月河南尹

皇城內伊洛等四水。伏以伊洛四水。載在典墳。令人所呼。其名甚著。其第三水字御名同。東周之人。所以請更其名者。遂勒所府官司。錄以下參議其事。今得司錄參軍韋瓊等狀。謹按尚書周公將營洛邑。卜澗水東。瀍水西。惟洛食。

孔安國傳云。初卜黎水上不吉。追卜此二水之間吉。伏請改第三水字爲吉字者。臣竊以周居洛宅。卜年惟永。今改此水。雅叶祥符。謹具如前。

禁園戶盜賣私茶奏 開成五年十月鹽鐵司

伏以江南百姓營生。多以種茶爲業。官司量事設法。惟稅賣茶商人。但於店鋪交關。自得公私通濟。今則事須私賣。苟務隱欺。皆是主人牙郎中裏誘引。又被販茶姦黨分外勾牽。所繇因此爲姦。科皆追收攪擾。一人犯罪。數戶破殘。必在屛除。使安法理。其園戶私賣茶犯十斤至一百斤。徵

錢一百文決脊杖二十至三百斤決脊杖二十徵錢如上累犯累科三犯已後委本州上歷收管重加徭役以戒鄉閭此則法不虛施人安本業既懼當辜之苦自無犯法之心條令既行公私皆泰若州縣不加把捉縱令私賣園茶其有被人告論則又砍園失業當司察訪別具奏聞請准放私鹽例處分

禁商人盜販私茶奏 開成五年十月鹽鐵司

伏以興販私茶羣黨頗衆場鋪人吏皆與通連舊法雖嚴終難行使須別置法以革奸徒輕重既有等差節級易爲

遵守令既特許陳首所在招收敕令已行皇恩普洽宜從變法使各自新若又抵違須重科斷自今後應輕行販私茶無得杖伴侶者從十斤至一百斤決脊杖十五其茶並隨身物並沒納給糾告及捕捉所由其囚牒送本州縣置歷收管使別營生再犯不問多少准法處分三百斤已上卽是恣行兇狡不懼敗亡誘扇愚人悉皆屛絕並准法處分其所沒納亦如上例

請祧代宗奏 開成五年

謹按天子七廟祖功宗德不在其中國朝制度太廟九室伏以太祖景皇帝受封於唐高祖太宗創業受命有功之主百代不遷令文宗元聖昭獻皇帝升祔有時代宗睿文孝武皇帝是親盡之祖理合祧遷每至禘祫合食如常

請停散試官攝州縣事奏 會昌元年五月中書門下

州縣攝官假名求食常懷苟且不恤疲人其州縣闕少官員令後望委本州刺史於當州諸縣官中量賢劇分配公事勾當如官員數少力實不逮處卽於前資官選擇清謹有能者差攝不得取散試官充

請定祀九宮儀注奏 會昌二年正月太常禮院

准監察御史關牒令月十三日祀九宮貴神已敕宰相崔珙攝太尉行事合受誓戒及有司徒司空否伏以前件祭本稱大祠準太和三年七月二十四日敕降爲中祠昨據敕文祇稱崇飾舊壇務於嚴潔不令別進儀注更有改移伏恐不合却用大祠禮料伏候裁旨

定宰相兩省官拜賀朝儀奏 會昌二年五月中書門下

元日御含元殿百官就列唯宰相及兩省官皆未開扇前立於欄檻之內及扇開便侍立於御前三朝大慶萬邦稱賀唯宰相侍臣同介胄武夫竟不拜至尊而退酌於禮意

事未得中。臣等請御殿日昧爽。宰相兩省官闕班於香案前。俟扇開。通事贊兩省官再拜。拜訖。升殿侍立。

請禁伐桑奏 會昌二年五月天德軍

回紇族帳侵擾部內。勅勸課種桑。比有勅命。如能增數。每歲申聞。比知並無遵行。恣加翦伐。列於鄽市。賣作薪蒸。自今州縣所由。切宜禁斷。

請改河陽等縣爲望州縣奏 會昌三年九月中書門下

臣聞河陽五縣。自艱難以後。割屬河陽三城使。令河南所管五縣中。租賦色役。盡屬河陽。使歸一統。便爲定制。既是雄鎭。足壯三城。臣等商量。其河陽縣望改爲孟州。仍爲望州。河陽汜水溫縣河清濟源等五縣。改爲望縣。其縣令以下。望且令守本官。至吏部注官日替。

請以罰公主封物宣付史館奏 會昌三年中書門下

伏聞定安大長公主。二月二十五日。以回紇背叛恩德。侵軼邊陲。於光順門內脫去簪珥。變服請罪。陛下釋其僭負。方敢對見。又以宣城公主等違勅不到。各罰封物。伏以禮法之行。始此中壼。王化盛事。人倫美談。周易云。正家而天下定矣。臣等忝在樞近。不任抃賀踴躍之至。伏望宣付史

館紀述。爲百代典制。

請禁止奸欺奏 會昌四年七月京兆府

擒盜賊并鬬行鬬毆人等。被奸惡所由與府縣人吏同情欺罔。因緣卜射。求取恣爲。不顧典刑。隱藏惡犯。臣見今推鞫。須立條科。應府縣所由。輒因事取錢。及恐嚇平人。遣重囚典引坊市人户。推問得實。贓至十貫以上者。從今後伏請集衆決殺。十貫以下者。卽量情科斷。如捕賊所由捉搦賊贓至五十貫。請賞三十貫文。如贓至一百貫以上。取本贓一半以上充賞。庶賞罰必行。奸欺止息。

請更定應舉保人例奏 會昌四年十月中書門下

朝廷設文學之科。以求髦俊。臺閣清選。莫不繇茲。近緣厲實不在於鄉閭。趨名頗雜於非類。致有跋扈之地。情計交通。將澄化源。在擧明憲。臣等商量。今日以後。擧人於禮部納家狀後。望依前三人自相保。其衣冠則以親姻故舊久同遊處。其有江湖之士。則以封壤接近素所諳知者爲保。如有缺孝弟之行。資朋黨之勢。跡緣邪徑。言涉多端者。並不在就仕之限。如容情故。自相隱蔽。有人糾擧。其同保人並三年不得赴擧。仍委禮部明爲戒勵。編入擧格。

毀佛像奏 會昌五年七月中書門下

天下廢寺銅像鐘磬委鹽鐵使鑄錢，其鐵像委本州鑄爲農器，金銀鍮石等像銷付度支。衣冠士庶之家所有金銀銅鐵之像，勅出後限一月納官，如違委鹽鐵使依禁銅法處分。其土木石等像合留寺內依舊。

勒令僧人還俗奏 會昌五年七月中書門下

僧尼不合隸祠部，請隸鴻臚寺。其大秦穆護等祠，釋教既已釐革，邪法不可獨存。其人並勒還俗，遞歸本貫充稅戶。如外國人，送還本處收管。

請修繕東都太廟奏 會昌五年八月中書門下

東都太廟九室神主共二十六座，自祿山叛後，取太廟爲軍營，神主棄於街巷，所司潛收聚，見在太微宮內新造小屋之內。其太廟屋室並在，可以修崇。太和中，太常博士議以爲東都不合置神主，車駕東幸，即載主而行，至今因循，尚未修建。望令尚書集公卿及禮官學官詳議。如不要更置，須有收藏去處；如合置，望以所拆大寺材木修建。李石既是宗室，官爲居守，便望令充修東都太廟使勾當修繕。

論韋宏質奏 會昌五年十二月宰臣

臣等昨於延英對，恭聞聖旨，常欲朝廷尊，臣下肅，此是陛下深究理本也。臣按管子云：凡國之重器，莫重於令。令重則君尊，君尊則國安。故國安在於尊君，尊君在於行令。君人之理本，莫要於出令。故曰：虧令者死，益令者死，不行令者死，不從令者死。又曰：令行於上，而下論可不可，是上失其威，下繫於人也。自太和已來，其風大弊，令出於上，非之於下，此弊不除，無以理國也。昨韋宏質所論宰相不合兼領錢穀，臣等輒以事體陳聞。昔匡衡所以云大臣者國家之股肱，萬姓所瞻仰，明王所愼擇。傳曰：下輕其上，賤人圖柄，則國家搖動而人不靜。宏質受人教導，輒獻封章，是則

賤人圖柄矣。蕭望之漢朝名儒重德，爲御史大夫，奏云：今首歲日月少光，罪在臣等。上以望之意輕丞相，乃下侍中御史詰問。貞觀中，監察御史陳師合上書云：人之思慮有限，一人不可兼總數職。太宗曰：此人妄有毀謗，欲離間我君臣。流師合於嶺外。賈誼云：人主如堂，羣臣如陛，陛高則堂高。亦由將相重，君臣尊，其勢然也。如宰相奸謀隱匿，則人人皆得上論；至於制置職業，固是人主之柄，非小人所得干議。古者朝廷之上，各守其官，思不出位。宏質賤人，豈

得以非所宜言上瀆明主此是輕宰相撓時政也昔東漢處士橫議遂有黨錮事起此事深要懲絕伏望陛下詳其姦詐去其朋徒則朝廷安靜制令肅然臣等不勝感憤之至

請詳定廟制升祔奏 會昌六年五月禮儀使

武宗昭肅皇帝祔廟并合祧去舊廟等事伏以自敬宗文宗武宗兄弟相及已歷三朝昭穆之位與承前不同所可疑者其事有四一者兄弟昭穆同位不相爲後二者已祧之主復入舊廟三者廟數有限無後之主則宜出置別廟

四者兄弟既不相爲後昭爲父道穆爲子道則昭穆同班不合異位據春秋文公二年躋僖公何休云躋升也謂西上也惠公與莊公當同南面西上隱桓與閔僖當同北面西上孔穎達亦引斯義釋經又賀循云殷之盤庚不序陽甲漢之光武上繼元帝晉元帝簡文皆用此義毀之蓋以昭穆同位不可兼毀二廟故也尚書云七世之廟可以觀德且殷家兄弟相及有至四帝不及祖禰何容更言七世於理無疑矣二者今已兄弟相及同爲一代矯前之失則合復祔代宗神主於太廟或疑已祧之主不宜更入太廟者按晉代元明之時已遷豫章潁川矣及簡文即位乃元帝之子故復豫章潁川二神主於廟又國朝中宗已祔太廟至開元四年乃出置別廟至十年置九廟而中宗神主復祔太廟則已遷復入亦可無疑矣三者廟有定數無後之主出置別廟者按魏晉之初主多同廟蓋取上古清廟一宮尊遠神祇之義自後晉武所立之廟雖云七主而實六世蓋景文同廟故也又按魯立姜嫄文王之廟不計昭穆以尊尚功德也晉元帝上繼武帝而別享惠懷愍三帝時賀循等諸儒議以爲別立廟親遠義疎都邑遷異於理

無嫌也今以文宗棄世纔六年武宗甫爾復土遠移別廟不齒宗祖在於有司非所宜議四者添置廟之室按禮論晉太常賀循云廟以容主爲限無拘常數故晉武帝時廟有七主六代至元帝明帝廟皆十室及成康穆三帝皆至十一室自後雖遷故祔新大抵以七世爲准而不限室數伏以江左名儒通賾覩奧事有明據固可施行今若不行是議更以迭毀爲制則當上不及高曾未盡之親下有忍臣子恩義之道謹備討古今參校經史上請復代宗神主於太廟以存高曾之親下以敬宗文宗武宗同爲一代於

太廟東間添置兩室。定爲九代十一室之制。以全臣子恩敬之義。庶協大順之宜。得變禮之正。折古今之紛互。立羣疑之杓指。俾因心廣孝。永燭於皇明。昭德事神。無虧於聖代。

請定祝文稱號奏 會昌六年十月太常禮院

禘祫祝文稱號。穆宗皇帝宣懿皇后韋氏。敬宗皇帝文宗皇帝武宗皇帝。緣從前但序親親。以穆宗皇帝室稱爲皇兄。未合禮文。得修撰官朱儔等狀稱。禮序尊尊。不敘親親。陛下於穆宗敬宗武宗祝文。恐須但稱嗣皇帝臣某昭告

於某宗。以下四室。勅旨令禮官同商量聞奏者。臣與令博士閔慶之修撰官朱儔檢討官王皥同考禮經。更無別議。請依前狀。

增諸州刺史俸料奏 會昌六年十二月中書門下

應諸州刺史。既欲責其潔己。須令俸祿稍充。但以厚薄不同。等級無制。致使俸薄處無人願去。祿厚處終日爭先。應諸中下州司馬軍事俸料共不滿一百千者。請添至一百千。其緊上州不滿一百五十千者。請添至一百五十千。其雄望州不滿二百千者。請添至二百千。其先已過者。即得仍舊。並任於軍事雜錢中方圓置本收利充給。如別帶使額者。並仍舊不在添限。

欽定全唐文卷九百六十八

闕名九

請令婚田諸訟先陳府縣奏大中元年四月御史臺

伏以御史臺臨制百司。糾繩不法。若事簡則風憲自肅。事煩則綱紀轉輕。至如婚田兩競。息利交關。凡所陳論。皆合先陳府縣。如屬諸軍諸使。亦合於本司披論。近日多便詣臺論訴。煩褻既甚。爲弊頗深。自今已後。伏請應有論理公私債負及婚田兩競。且令於本司本州府論理。不得卽詣臺論訴。如有先進狀及接宰相下狀。送到臺司。勘當審知

先未經本司論理者。亦且請送本司。如已經本司論理不平。卽任經臺司論訴。臺司推勘冤屈不虛。其本司本州元推官典。並請追赴臺推勘。量事情輕重。科斷本推官。若罪輕。卽罰直書下考。稍重卽停任貶降。以此懲責。庶免曠官。臣今月三日已於延英面奏。令臣將狀來。

交替職田合計閏月奏大中元年十月屯田

應內外官請職田。陸田限三月三十日。水田限四月三十日。麥田限九月三十日。已前上者入後人。已後上者入前人。伏以令式之中。並不該閏月。每遇閏月。交替者卽公牒紛紜。有司既無定條。莫知所守。伏以公田給使。須准期程。時限未明。實恐遺闕。今請至前件月遇閏。卽以十五日爲定式。十五日已前上者入後人。已後上者入前人。據今條其元闕職田。並限六月三十日。春麥限三月三十日。宿麥限十二月三十日。已前上者入新人。已後上者並入舊人。今亦請至前件月遇閏。卽以十五日爲定式。所冀給受有制。永無訴論。

請禁屠牛奏大中二年二月刑部

牛者稼穡之資。邦家所重。雖加條約。多有違犯。今後請委

州府縣令並錄事參軍嚴加捉搦。如有牛主自殺及盜竊殺者。卽請准乾元元年二月五日勅。先決六十。然後准法科罪。其本界官吏嚴加止絕。

請宣示湧泉瑞應奏大中二年十一月中書門下

右伏以川竭既爲時否。泉生必表政成。況近靈祠。實彰聖德。因風湧出。當風化之所資。徧地澄清。誠地經之載理。近者柏樹復榮於李觀。蒙泉亦發於神州。考其祥經。皆合理代。臣等商量。望付史館。書爲國華。謹具如前。

據三司推勘吳湘獄罪狀奏大中三年十一月御史臺

揚州都虞候盧行立劉羣於會昌二年五月十四日于阿顏家喫酒與阿顏母阿焦同坐羣自擬收阿顏爲妻妾稱監軍使處分要阿顏進奉不得嫁人兼擅令人監守其阿焦遂與江都縣尉吳湘密約嫁阿顏與湘劉羣與押軍牙官李克勳卽時遮攔不得乃令江都百姓論湘取受節使李紳追湘下獄計贓處死具獄奏聞朝廷疑其寃差御史崔元藻往揚州按問據湘雖有取受罪不至死李德裕黨附李紳乃貶元藻嶺南取淮南元申文案斷湘處死今據三司使追崔元藻及淮南元推判官魏鉶並關連人款狀

淮南都虞候劉羣元推判官魏鉶典孫貞高利錢倚黃嵩江都縣典沈頒臣宰節度押牙白涉鎮遏使傅義左都虞候盧行立天長縣令張宏思典張洙清陳迴右廂子巡李行璠典臣金宏舉送吳湘妻女至澧州取受錢物人潘宰前揚府錄事參軍李公佐元推官元壽吳珙翁恭太子少保分司李德裕西川節度使李回桂管觀察使鄭亞等伏候勑旨

請定三院御史除授月限奏（大中三年十一月御史臺）

應三院御史新除授月限伏以當司官三十餘員朝廷舊例月限守官年勞考績今監察御史以二十五月爲限殿中侍御史十八月侍御史十三月所主公事起自出使推劾諸色監當經歷六察糾繩官司知左右巡使監臨倉庫四推鞫獄兩彈舉事皆無敗闕方得轉遷承前遠地除官或三月五月然始到京所務逗遛積延時月年終考課使繫虛月官事勞苦併在舊人侍御史周歲而遷或到城欲及滿歲監察二年爲限或在外有至半年致此依違曾無督責臣請自今已後應當司官除新授者並請以上後繫月仍以上日在後者爲新人不更數虛月不惟分月直之

勞苦抑亦促遠來之道途又三館奏請御史充職等伏以臺司三院御史職在專臨如繫他曹必有所紊況推鞫公事察視百司無不急急以副期限倘或官留此地志在異衙固非便宜實亦乖當如書府或須奏請南宮可輟郎官兩館忽將闕入北省自有遺補事理至便兼不曠官伏乞聖慈察臣當司公事繁重特勑中書門下自此更不許三館奏取御史充職兼見有者亦乞落職放還

神主改題不改造奏（大中三年十二月中書門下）

改題改造並無所據酌情順理題則爲宜況今士族之家

通行此例雖尊卑有異而情理則同望就神主改題則爲通允

議罰朝參不到奏 大中四年二月御史臺

應文武常參官本朝及入閤進朝不到并連請假故久闕朝參等臣今月二十一日延英面奏進止以班行務在嚴肅令臣切加提舉者臣伏見元和元年御史中丞武元衡奏止於是吏部兵部禮部三司尚書侍郎郎官等選舉限內久廢朝參雖事在奉公猶奏請釐革近者已久絕提舉稍涉因循應文武常參官多妄請假不妨人事無廢宴遊

但務便安有虧誠敬以至上勞聖念俾肅朝行臣忝憲司親承睿旨苟或避事實虞曠官臣請起自今已後文武常參官等除准式假及病灼然爲衆所知外有以事故請假者並望許臣舉察錄奏其所陳假牒請准舊例每牒不得過三日每月不得再陳牒如本合朝日無故一不到請准常條書罰再不到臣請倍罰頻三朝不到便請具名銜奏聽進止其進朝入閤近例全合赴班一不到准條已倍書罰頻兩朝不到便請具銜奏聞所冀臣寮稍加惕厲班列得以整齊

請禁斷供應户奏 大中四年五月御史臺

所在物產自有時價官人買賣合准時宜近日相承皆置供應户既資影庇多是富豪州縣科差盡歸貧下不均害理爲弊頗深自此已後委觀察使嚴加覺察宜並禁斷切慮諸道州府尚有此色請各牒諸州府勘會巨細申臺以憑鞫理

請監決官先引問囚徒奏 大中四年九月御史臺

准舊例京兆府准勅科決囚徒合差監察御史一人到府門監決御史未至其囚已引至科決處縱有冤屈披訴不

及今後請許令御史先到引問如囚不稱冤然後行決其河南府准此諸州府有死囚仍委長官差官監決並先引問

請嚴禁屠牛奏 大中五年正月中書門下

屠牛之禁格令至重此立條流必令禁斷臣等商量應天下諸州府如有牛死便於所在經官陳狀勘驗無他故然後始令就市解剝貨賣不得更將歸私家如有屠牛事發不惟本主抵法鄰里保社並須痛加懲責本縣官吏委刺史節級科罰仍委諸道觀察使各逐所管州縣穩便更別

立條制須極嚴峻務令止絕其行營處亦准此禁斷

請准崔龜從立私廟奏大中五年四月太常禮院

據中書侍郎兼吏部尚書平章事崔龜從奏臣官准式合立私廟伏准會昌五年二月一日勑旨百官並不得京城內置廟如欲於京城內置廟者但准古禮於所居處置即不失敬親之禮者伏以武宗時緣南郊行事見天門街左右諸坊有人家私廟遂令禁斷但本不欲令御路左右有廟宇許令私第內置則近北諸坊漸逼宮闕十年之內悉是人家私廟今若人家居第廣寬或鄰里可兼并者必便

置廟以展孝思或居處褊狹鄰近無可開廣者便是終身廢廟享之榮公私情禮皆極不便國朝二百餘年在私家側近者不過三數家今古殊禮頗爲褻黷其餘悉在近南遠坊通行已久今若緣南路不欲令置私廟却令居處建立廟宇即須種植松柏及白楊樹近北諸坊竊恐非便以臣愚見天門街左右諸坊不許置廟其餘圍外遠坊本是隙地并舊是廢廟者許令建立則天門街側近既無私廟近北諸坊又免百官占地立廟并官至三品盡得升祔祖禰無乖禮經中外官寮已至三品者皆望有此釐革伏請下太常禮院重定立廟制度及去處庶得祀禮可遵行事無乖當奉今月一日勑宜依所奏下太常禮院詳審制度分析奏聞伏以事亡如存典禮攸重今百官悉在京師若不許於京內置廟則烝嘗之禮難復躬親孝思之心或乖薦奠若悉令於居處置廟又緣近北諸坊便於朝謁百官第宅布列坊中其間雜以居民棟宇悉皆連接今廣開則鄰無隙地廢廟貌則禮闕敬親若依今會昌五年勑文盡勒於所居置廟兼恐十數年間私廟漸逼於宮牆齊民必欲於吞併臣具詳本末冀便公私今請夾天門街左右諸

坊不得立私廟其餘圍外遠坊任取舊廟及擇空閑地建立廟宇應立廟之初先取禮司詳定兼請准開元禮二品以上祠四廟三品祠三廟三品以上不須爵者四廟外有始封祖通祠五廟三品以上不得過九架並厦兩頭其三室廟制合造五間其中三間隔爲三室兩頭各厦一間虛之前後亦虛之每室中西壁三分之一近南去地四尺開一埳室以石爲之可容兩神主廟垣合開南門東門並有門屋餘並准開元禮及曲臺禮爲定制其享獻之禮除依古禮用少牢特牲饋食外有設時新及今時熟饌者並聽

仍請永爲定式

請依舊例放選奏（大中五年十月中書門下）

應赴兵部武選門官驅使官等今年新格令守選二年得驅使官盧華等狀稱各在省驅使實緣長官辛苦事力不濟所以假此武官若廢舊格貧寒不逮卽須漸請停解公事交見廢闕

條陳考課事例奏（大中六年七月考功）

近年諸州府及百司官長所書考第寮屬並不得知昇黜之間莫辨當否自今以後書考後但請勒各牒於本司本

州縣於本司本州之門三日其外縣官則當日下縣如有昇黜不當便任敷陳其考第須便改正然後申省如勘覆之後事無乖謬則論告之人亦必懲殿又准考課令凡官人申考狀不得過兩紙刺史縣令至於賦稅畢集判斷不滯户口無逃散田畝守常額差科均平廨宇修飾館驛如法道路開通如此之類皆是尋常職分不合計課自今以後但云所勾當常行公事並無敗闕卽得准職分無失及開田招户辦獄雪寃及新制置之事則任錄其事繇申上亦須簡要不得繁多又近年以來刺史皆自錄課績申省矜衒者則張皇其事謙退者則緘默不言自今以後其巡內刺史請並委本道觀察使定其考第然後錄申本州不得自錄課績申省又州府申官人覆得寃獄書殊考者其元推官人多不懲殿或云書下考至時又不提舉請自今以後書辨獄官人殊考日便須書元推官下考如元推官自以爲屈任經廉使及臺省陳論其官人先有殿犯官長斷云至書考日與下考者如至時不舉其本州判官當書下考其所申到下考省司較其所犯如與令式相符便較定申奏至敕下後並須各牒州府又近日諸州府所申令錄課績至兩考三考以後並須重具從前功課申省以冀

褒昇省司或簡勘不精便可僥倖自今以後不得輒更具從前功績申上又近日諸州府所申考解皆不指言善最或漫稱考秩或廣說門資旣恥令文實爲繁弊自今以後如有此色並請准令降其考第又准考課令在中上以上每進一等加祿一季中中者守本祿中下以上每退一等奪祿一季准令以此懲勸事在必行近年以來與奪幾廢或有申請之處則言無本色可支徒挂簿書竟無給與今案倉庫令支給糧祿皆以當處正倉充無倉之處則申省

隨近有處支給，又無者聽以稅物及和糴屯收等物充。令式昭然，不合隳廢。自今以後，每省司較考畢，符牒到州後，仰當時便具昇降與奪事繇申請。如違令式不舉明者，其所繇官請奪俸祿一季。其已去任官追奪祿事，並請准令式處分。又准考課令，官人因加户口及勸田農並緣餘功進考者，於後事若不實，縱經恩宥，其考皆從追改。追改之事，近皆不行。自今以後，並請准令式處分。其因此得官者，仍請追奪。又諸道所申考解，從前十月二十五日到都省，都省開拆，郎官押尾後，至十一月末方到本司開拆，多時

情故可見。自今以後，伏請准南曹及禮部舉選解例，直送當司開拆。又從前以來，應得考之人，並給考牒，以爲憑據。近年考使容易給牒不一，或一人考牒數處請給，或數年之後方始請來。自今以後，較考勑下，其得殊考及上考人，省司便據人數一時與修寫考牒。請准吏部告身及禮部春官牒，每人各出錢收贖。其得殊考者出一千文，上考者出五百文，其錢便充寫考牒紙筆雜用。以前件事條等，或出於令文，或附以近勑，酌情揣事，不至乖張，謹並條例進上。伏乞宣付中書門下，請更參詳。苟裨至公，乞賜收采。仍

請三年一度准舉選格例修定頒下。

議平贓定估奏 大中六年十月中書門下

准勑，應犯贓人宜平贓定估等。奉閏七月三日勑旨，刑部奏頗叶中道，宜依，仍編入令格者。臣等今商量，伏以京邑元無土絹，市中所貨，皆是外州縣將到。若據律取當處絹價定贓平估，卽京師當處之絹；若取河南一千一百絹價，卽見在市肆又無此實估。將行新勑，須立定規。今京中市肆所貨諸府絹估，各有等差。但據罪人所犯贓，如是見在絹及金銀雜物等一事已上，並請取京時價估定。如結贓

卽在京諸府土絹上價實估結計。如罪人所取已費使，及不記得當時州土色目，卽請便取雜州土絹市肆所貨實價中估平結計贓。准前取諸州府土絹上估實價定罪。伏以京中諸州府絹價，逐旬移改，貴賤不定。前使推獄，每度臨時估定贓絹，卽罪人性命所繫，秒忽狡吏因玆得以上下。令責兩市絹牙人侯建武等狀，京城元不出土絹，所貨者諸州土絹。果閬州絹最貴，每疋九百五十文，上至五十尺，下至四十五尺。其次宋亳州土絹，估每疋九百文實估價。其河南土絹價亦無一千實估。今以果閬州絹尺每與

尋常絹不同已次校貴於宋亳州上絹伏請永爲定例其外州府比者雖准律文取當處上估絹或有不出土絹縱有出處亦處處結獄之時須有勘估因其貴賤便生異端兼以諸州府絹價除果閬州絹外別無貴於宋亳州上估絹者則外州府不計有土絹及無土絹處並請一例取宋亳州土絹估每匹九百文結計如所取得絹已費使及不記得色目卽請取犯處市肆見貨當取中估絹價平之如不出絹處亦請以當處見貨雜州中估價平之庶使推劾有准斷讞無疑官吏旣難舞文中外自須畫一

請定去任官犯罪科條奏 大中六年十二月中書門下

准名例律在官犯罪去官事發或事發去官犯公罪流已下各勿論疏云謂在本任犯罪去官事發或事發去官者謂事發未給斷問便卽去任職此三事犯公罪流已下勿論又准會昌五年正月三日勑文據律文已去任者公罪流已下勿論公罪之條情有輕重苟涉欺詐豈得勿論向後公罪有情狀難恕並不在勿論之限今伏詳勿論之理者實啟倖門勑律所標科條未具伏見近日已來頻有長吏在官無政被人告論醜迹已達於聖聰苛政又布於人口降制使案劾並已伏愆下法司參詳卽云去任縱有重罪盡得勿論此乃徒致推窮何懲奸濫且當官犯罪事迹已彰旣令推勘自合停替前同去任實有等差伏請自今已後應在官犯罪事發因而去任不論公罪私罪一切准勑律科刑不在勿論之限其去任事發者公罪流已下卽望許引勿論之科其有事涉欺詐情理難恕者請法司詳斷之時審詳事狀如涉此色准會昌元年正月三日勑文並不在勿論之限

責成諸道觀察使奏 大中六年十二月中書門下

諸道觀察使職當廉問位在藩隅受人主之寵榮同國家之休戚不可自恃富貴惟貪優游羅聲色以自娛顧凋殘而不問縱逃顯責必受陰誅自今請責其成效專彼事權使得展意盡心恢張皇化敬事以守法度節用以減征徭有利於國者必行不以近名爲利有害於人者必去不以循例爲辭絕連夜之酣歌務盡忠之讜論常准此道方免曠官其巡屬州縣須知善惡具以上聞隱而不言罪歸廉帥應有論薦須是直書強能立事者上陳不得蔽善懦弱失職者奏免非可徇情如此則遠近相臨上下相制共爲

致理同歸至公。

更定科目事例奏 大中十年五月中書門下

據禮部貢院見置科目內開元禮三禮三傳三史學究道舉明算明法童子等九科。近年取人頗濫。曾無實藝可採。徒添入仕之門。須議條流。俾精事業。臣等已於延英面論。伏奉聖旨。將文字來者。其前件九科。臣等商量。望起大中十年。權停三年。滿後至時赴試者。令有司據所舉人先進名。令中書舍人重覆問過。如有本業精通。堪備朝廷顧問。即作等第進名。候勅處分。如事業荒蕪。不合送名數者。考

官當議朝責。其童子近日諸道所薦送者。多年齒已過。僞稱童子。考其所業。又是常流。起今已後。望令天下州府薦送童子。並須實年十一十二以下。仍須精熟一經。問皆全通。兼自能書寫者。如違制條。本道長吏亦議懲罰。

准勅釐革中外奏請官額奏 咸通十二年七月中書門下

准今年六月十二日勅。釐革諸道及在京諸司奏官。并請章服事者。其諸道奏州縣官司錄錄事參軍。或見任公事敗闕不理。切要替換。及前任實有勞效。且見有闕員。即任各舉所知。每道奏請。仍不得過兩人。其河東潞府邠寧涇原靈武鹽夏振武天德鄜坊滄德易定三川等道觀察防禦等使及嶺南五管。每道每年除令錄外。許量奏簿尉及中下州判司及縣丞。共三人。偏州不在奏州縣官限。其黔中所奏州縣官及大將管內。即任准舊例處分。在京諸司及諸道帶職奏官。或非時充替。考限未滿。並却與本資官。諸道節度及都團練防禦使下將較奏轉試官及憲御等。令諸節度使每年量許五人。都團練防禦量許三人為定。不得更於其外奏請。其御史中丞已下。即准勅文條流。須有軍功。方可授任。自今後如顯立戰伐功勞者。任具事績

申奏。如簡勘不虛。當別具商量處分。以外輒不得更有奏請。其幽鎮魏三道。望且准承前舊例處分。

議免攤配逃亡戶口賦稅差科奏 咸通十三年六月中書門下

今月十七日延英面奉聖旨。令誡約天下州府。應有逃亡戶口。其賦稅差科。不得攤配見在人戶上者。伏以諸道州府。或兵戈之後。災沴之餘。戶口逃亡。田疇荒廢。天不敷佑。人多艱危。鄉閭屢困於征徭。帑藏因茲而耗竭。遂使從來經費色額。大半空系簿書。緩征斂則闕於供須。促期限則迫於貧苦。言念凋弊。勞乃憂勤。不降明文。孰知聖念。其逃

亡户口賦稅及雜差科等須有承佃户人方可依前應役如將闕稅課額攤於見在人户則轉成逋債重困黎元或富者有連阡之田貧者無立錐之地欲令均一固在公平若令狡猾之徒得以升降由已望其完葺不亦難乎全由長吏竭誠方使疲甿漸泰臣等商量令諸道州府準此條流應有逃亡户口稅賦并雜色差科等並不得輒更攤配於見存人户之上務設法招攜多方撫御乘茲豐稔重獲昭蘇苟致安寧自當遷陟不遵詔令必舉典刑

請移樂人不得住祕閣奏 龍紀元年祕書省

當省元掌四部御書十二庫共七萬餘卷廣明之亂一時散失後來省司購募尚及二萬餘卷及先朝再幸山南尚存一萬八千卷竊知京城制置使孫惟晟收在本軍其御書祕閣見充教坊及諸軍人占住伏以典籍國之大經祕府校讐之地其書籍並望付當省校其殘缺漸令補輯樂人乞移他所

請以降誕日爲乾和節奏 天祐元年八月中書門下

皇帝九月三日降誕伏以電曜繞樞軒頊乃降天之日光輝照室明元實命代之辰爰自我朝乃崇令節著爲故事抑播前文伏惟皇帝陛下九五飛龍四三應運國稱利見天表殊休當誕聖之時感眞人以衛室居在藩之際實羽客以獻符是以克紹丕圖光膺寶祚敢循故典爰定美文臣等商量以降誕日爲乾和節易曰乾健也蓋乾以自强不息和則衆彙皆同遠徵易文實諧聖德請依令式休假獻賀

上皇太后尊號奏 天祐元年九月中書門下

伏以陛下光繼寶圖纂承丕緒教道克申於先訓保任實自於慈顏今則正位宸居未崇徽號伏以大行皇帝皇后

母臨四海德冠六宮推尊宜正於鴻名敬上式光於睿孝望上尊號曰皇太后

避哀帝御名奏 天祐元年中書門下

臣等謹按故事漢室以北山改郡蓋爲文皇國朝以復姓稱子實緣憲祖或易建康之縣或更昭穆之音皆因踐祚之初合舉避行之典按爾雅釋樂篇鼓謂之止敔謂之籈今者陛下肇承丕祚始值遷都凡厥惟新式叶正始竊詳爾雅肇亦訓始臣等商量望改爲肇

妖星不見奏 天祐二年五月司天臺

旬朔已前星文變見仰觀垂象時軫聖慈自今月八日夜已後連遇陰雨測候不得至十三日夜一更三點天色暫晴景緯分明妖星不見於碧虛災沴潛消於天漢者

上積善宮名奏 天祐二年五月中書門下

皇太后慈惠臨人寬仁馭物早叶俔天之兆克彰誕聖之符今輪奐新宮規模舊典崇訓既徵於信史積善宜顯於昌期太后宮請以積善爲名

請改定乳母封號奏 天祐二年九月中書門下

伏以妳婆楊氏等保持夙宵善養勞苦且隆恩澤以報勤

劬竊以事體參詳合陳管見臣聞周制宮職夫人只列三人漢氏後宮之號十有四位元帝時置昭儀位視丞相秩比諸侯王至於列妾縱稱夫人亦無裂土割郡之號以乳母郭徵卿胡維著保養宣帝之功後子孫只受厚賞而無封爵之號且帝外祖母封博平君非乳母之例後漢順帝封阿母宋氏爲山陽君則致漢陽地震安帝時封乳母王氏爲野王君亦致地震京師其時中正上言亦以封爵過當乃貽厥咎非叶高祖山河之約至晉室中興乳母阿蘇有保元帝之功賜號保帝聖君既非爵邑又彰其功爰擇美名在理甚當至高齊陸令萱以乾阿妳授封郡君尋亂制度中宗神龍元年封乳母于氏爲平恩郡夫人景龍四年封尚食高氏爲蓨國夫人封爵之失始自於此後睿宗下詔封元宗乳母莫氏爲夫人竊以中宗朝政歸韋氏睿宗朝駕躡軒轅當時無復紀綱歷載寖爲訛弊伏以陛下重興寶運再闡丕圖奉高祖太宗之舊行往代前賢故事克臻至道以顯中興庶彙提綱衆務畢舉今者進封保母爲郡夫人再至加恩須至封國夫人竊以婦人無爵從夫之爵以賞功勳則命爵又四方多事方注意公卿以勳勞

昭著者室家爵邑自郡夫人今則宣授乳母爲郡夫人加恩必及列土朝廷大柄以爵祿爲主命爵不定其等差則天下之人無以爲貴以爲貴功則封比礪山榮室則爵同乳母臣等竊意有室家者實恥之況四海九州之內有功勞安社稷勳賢得不對室家慚於所命之爵其所封乳母楊氏王氏臣等參詳望賜釐革雖居溼推燥畢彰保養之勤但胙土分茅且異疏封之例況昭儀內侍燕寢位列宮嬪夫人則亞列妃嬙供奉左右竊按儀禮乳母緦以其名母方有緦服今則不可以嬪御之號增榮於阿保揆於禮

文有乖事體宜加眷佑當樹鴻私永示規程以服寰宇臣等商量妳婆楊氏望賜號安聖君妳婆王氏望賜號福聖君第二妳婆王氏望賜號康聖君

請修置武明王廟奏 天祐二年九月中書門下

伏自遷都以來武成王廟並未置立今請改爲武明王避朱全忠父諱其廟請於街西選地建立其餘修置及配享十哲七十二弟子並請准故事者

請增貢舉額數奏 天祐三年二月禮部

伏以朝廷累年多事道途艱辛在遠舉人併阻隨計逐年

所司放牓人數不常量其少多臨事增減今者干戈稍弭水陸漸通舉人等皆負笈擔簦裂裳裹足來求試藝競切觀光雖人數不廣於近年而貢籍頗甚其屈轡至於後造亦有其人臣今欲於去年數外更放三數人佇開勸誘之門以贊文明之運已選今月二十一日放牓伏候進止

請諸道申送員闕奏 天祐三年四月吏部

比者格式申送員闕選人多有重疊皆是兩人同到本道致使磨勘之際各有爭論蓋是選人指闕之時妄稱事故銓司無因得知具狀須與注擬如到任替闕參差請准舊條殿選除此外如是格式申送員闕仰且穩便去處請官不得更妄指射諸道假滿拋官不到任不放上停官不赴任員闕及違程不及限等員闕冀其畫一免誤銓司公事者

請禁夜行奏 天祐三年閏十二月皇城使

伏以皇城之內咫尺禁闈晨夜巡警固須清肅伏乞准勅條漏鼓聲絕後禁斷人行今據軍人百姓更點動後尚恣夜行特乞聖慈再下六軍止絕

欽定全唐文卷九百六十九

闕名十

請追封皇兄皇姪奏 開平元年

東漢受命伯升豫其始謀西周尚親叔虞荷其封邑故皇兄存凋零霜露綿歷歲時思莫逮於陟岡禮方宏於事日皇姪故邕州節度使友寧故容州節度使友倫頃因締構俱習韜鈐並以戰功歿於王事永言帶礪合議封崇

請修唐史奏 龍德元年二月史館

伏見北齊文士魏收著後魏書於時自魏太武之初至於北齊書不獲就乃大徵百官家傳刋總斟酌隨條甄舉搜訪遺亡數年之間勒爲一代典籍編在北史固非虛言臣今請明下制勑内外百官及前資士子帝戚勳家並各納家傳具述父祖事行源流及才術德業灼然可考者並纂述送史館如記得前朝會昌已後公私亦任抄錄送官皆須直書不用文藻兼以兵火之後簡牘罕存應内外臣寮曾有奏行公事關涉制置或討論沿革或章疏文詞有可採者並許編錄送納候史館修撰之日考其所上公事與中書門下文案事相符會或格言正辭詢訪不謬者並與

編載所冀忠臣名士共流家國之耿光孝子順孫獲記祖先之丕烈而且周德見乎殷紀舜典存乎禹功非惟十世可知庶成一朝大典臣叨膺委任獲領監修將贖素餐輒干元覽

乞降河南諸方鎮制命奏 同光元年十一月

河南諸方鎮節度刺史昭洗之後未有新官每上表章只書姓名未頒渙汗必負憂疑望宣付各降制命以表新恩

請追取本朝法書奏 同光元年十二月御史臺

本朝法書自朱温僭逆删改事條或重貨財輕入人命或自徇枉過濫加刑罰今見在三司收貯刑書並是僞廷删改者兼僞廷先下諸道追取本朝法書焚毀或經兵火所遺皆無舊本節目只定州勑庫有本朝法書具在請勑定州節度使速寫副本進納庶刑法令式並合本朝舊制

論兩省官常朝宜拜奏 同光元年十二月中書門下

每日常朝百官皆拜獨兩省官不拜准本朝故事朝退於廊下賜食謂之廊餐百官遂有謝食拜惟兩省官本省有厨不赴廊餐故不拜伏自僖宗幸蜀迴以多事之後遂廢廊餐百官拜儀至今未改將四十載禮恐難停惟兩省官

獨尚不拜豈可終日趨朝曾不一拜獨於班列有所異同若言官是近臣於禮尤宜肅敬起今後逐日常朝宣不坐除職事官押班不拜外其兩省官與東西兩班並齊拜

中書不得輕給告示奏 同光二年正月中書門下

準本朝故事加封建諸王內命婦及宰相翰林學士中書舍人諸道節度觀察團練防禦留後郎中書帖官告索綾紙票軸下所司書寫印署畢進入宣賜其文武兩班並諸道官員及奏薦將校勑下後並合是本道進奏院或本官自於所司送納朱膠綾紙價錢各請出給伏自僞庭皆曠

本朝事例每降文字下中書不分別重輕便令官給告示遂致所司公事全失規程自今後如非前件事例並請官中不給告示其內司大官並侍衛及賞軍功將校轉官即不在此限所冀受宣賜者倍榮恩渥非事例者不敢希求一則致顯辨尊卑一則免無名費耗

定諸道奏除官員額數奏 同光二年三月中書門下

糾轄之任時謂外臺宰字之官古稱列爵如非朝命是廢國章近日諸道多是各列官銜便指州縣請朝廷之正授樹藩鎮之私恩頗亂規程宜加條制自今後大鎮節度使管三州已上者每年許奏管內官三人如管三州已下者許奏管內官二人仍須有課績尤異方得上聞若止於簡慎無瑕徵科及限是守常道只得書考旌善不得特有薦奏其防禦使每年只許奏一人並無尤異不得奏薦刺史無奏薦之例不得輒亂規程更有將資官員請他處除授謂之橫薦最亂格文其已前事件如敢違所司不得輒與通進若奏下中書亦不在施行之例

定刺史縣令賞罰奏 同光二年三月中書門下

賞善罰惡致理之源選材任能爲政之本所在刺史縣令

有政績尤異爲衆所知或招復戶口能增加賦稅者或辨雪寃獄能活人生命者及去害物之積弊立利人之新規有益於州縣爲衆所推者即仰本處逐件分明開奏不得輒加緣飾以爲浮詞據事狀不虛則加獎激以勸能吏如在任貪猥誅剝生靈公事不治爲政怠惰具事節聞奏勘覈不虛當加譴罰以戒慢官其州縣官任三考滿即具闕申送吏部格式候勑除銓注本道不得擅差攝官輒替正授者

請准例徵光臺禮錢奏 同光二年三月御史臺

新除諸道節度觀察防禦經略等使刺史縣令及諸道幕府兼諸司帶憲銜兼官。合納光臺錢。謹具本朝元納及後減落錢數如後。兼御史大夫元納三十貫。減落外今納一十五貫。兼御史中丞元納二十貫。減落外今納一十貫文。兼侍御史元納八貫三百。減落外今納五貫一百五十文。兼殿中侍御史元納一十一貫三百。減落外今納五貫六百五十文。兼監察御史元納一十三貫三百。減落外今納六貫六百五十文。以前臺司准本朝例及減落外後徵前數。分析如前。應有諸道節度觀察使刺史經略防禦等使

及諸道幕府上佐官并諸司班行新授兼官者。並合送納前件光臺憲禦禮錢。今欲准例勒辭謝驅使官申報牒兵部勒告身案。除准宜取外。准例須俟送納光臺禮錢了朱鈔到。方可給付轉帖。諸道進奏及知後院等准從前事件申報催徵。無致有隳舊規。

量添縣官尉簿奏 同光二年四月吏部

准本朝故事。州府官員。府置司錄參軍。外有功倉户法兵事六曹。州有錄事參軍。亦置六曹。縣置令丞主簿各一員。尉三員分判公事。自後除兩京外。都督府及州置户法二員。餘四員並省。縣置令主簿各一員。丞尉並省者。伏以今年除本分合格選人外。有郊禋行事人數絕多。伏見州官事簡。掾曹請依舊兩員。縣局務繁。佐官請添一員。其間有尉無簿者。請添置主簿一員。其赤畿次畿。並請准此。除兩京外。其判司只置司户司法兩員。

請令節度等使歸本任奏 同光二年四月中書門下

諸道節度防禦刺史。各著功名。並全忠孝。洎蒙昇獎。皆荷渥恩。雖萌爲治之心。未展分憂之効。況聞藩府不可以久虛。侯伯不可以久闕。藩府虛則兵不輯。侯伯闕則化不行。緣此觀之。爲務甚急。請令歸本任。不奉詔旨。不得輒離治所。

請重行分察條例奏 同光二年五月御史臺

准本朝故事。當司六察合行職事條例如後。吏察應吏部行內南北兩曹磨勘選人。合具駁放判成人。具名銜報分察使。及三銓應鏁注官後。具前銜後擬報分察使典簡。如有踰濫。即察使舉追本行令使推勘。兵察應兵部司公事。一一合報察使。户察應户部司諸州户帳貢物出給鐲符。具事件合報察使。刑察應刑部司法律赦書德音流貶量

移斷罪重輕合報察使禮察應禮部補轉鑄印諸祠祭料法物合報察使工察應工部司工役等合報察使伏以御史臺六員監察謂之分察使察訪綱擧動靜必行但緣曠廢久不施行今欲重行條貫

點檢前資官告勅奏 同光二年五月中書門下

凡有進狀乞官及諸州府初奏請判官薦擧前資自詣中書求官等竊聞所稱頭銜多有踰越中書既無舊案除授何以爲憑起今後凡有諸色前資若命官者除近曾任朝官及有科第外清資官爲衆所知並須追到前任告勅中書點檢後方進擬貴絕虛授以杜僥求

請詳定長定格循資格十道圖奏 同光二年八月中書門下

吏部三銓門下省南曹廢置甲庫格式流外部銓等司公事並繁長定格循資格十道圖等前件格文本朝創立簡制姦濫倫敍官資頗謂精詳久同遵守自亂離之後巧僞滋多兼同光元年八月車駕在東京權判南曹工部員外郎盧重本司起請一卷蓋以興復之始務切懷來凡有條流多失根本以至冬集起選人並南郊行事官及陪位宗子共一千三百餘人銓曹檢勘之時互相援引去留之際不絕爭論若有依違必長訛濫望差權判尚書省銓左丞崔沂吏部侍郎崔貽孫給事中鄭韜光李光序吏部員外郎盧損等同詳定舊長定格循資格十道圖務令簡要可久施行

任諸藩奏辟軍事判官奏 同光二年八月中書門下

僞廷之時諸藩參佐皆從除授自今後諸道除節度副使兩使判官除授外其餘職員並諸州軍事判官各任本處奏辟其軍事判官仍不在奏官之限所冀招延之禮皆合於前規簡辟之間無聞於濫擧

請權停選擧奏 同光二年十月中書門下

獻可効忠前經之令典因時建議有國之明規道既務於化成事亦歉於競勸敢裨宸聽輒罄芻言伏惟陛下業茂經綸功成理定五材七德威冠於伐謀百氏三墳義彰於知教爰自中興啟運下武膺期照臨而日月光華鼓舞而乾坤交泰英明取士睿哲崇儒誠宜便廣於搜羅豈可尚令於淹抑但以今春貢士就試不多即目選人磨勘未畢宗伯冀臻於俊乂天官難辨於妍媸況已過秋期將行公事側聞道路悉是家貧比及到京多踰程限文闈選部皆

礙條流伏請權停貢舉一年俟遷鶯者更勵進修希干祿者益加循省然後精求良幹博採異能免其遺賢庶同樂聖

貞簡太后升祔禮畢請行享祀奏 同光二年禮儀使

伏准禮喪三年不祭惟祭天地社稷爲越紼行事此古制也爰自漢文益尊神器洎至公絕私之義行以日易月之制事久相沿禮從順變今園陵已畢祥練既除宗廟不可以乏饗神祇不可以廢祀宜遵禮意式展孝思伏請自貞簡太后升祔禮畢應宗廟使樂及羣祀並准舊施行

上皇太子婚禮奏 同光二年禮儀使

按本朝舊儀自一品至三品婚禮得服袞冕劍佩衣九章今皇太子興聖宮使繼岌雖未封建官是檢校太尉合准一品婚禮施行其妃准禮婦人從夫之爵亦准一品命婦至行親迎之日太常鹵簿鼓吹前導乘輅車其妃花釵九枝博鬢褕翟衣九等其日平明皇帝差官告親廟一室宗正卿攝婚主行禮其夕親迎興聖宮使乘輅車鹵簿鼓吹前導至女氏之門以結綵車御輪交車

請定東都鄴都奏 同光三年三月詳定院

近并魏州爲東京簡諸道州縣須先定兩府始可各定官品未審依故事京兆河南爲兩府太原興唐爲次府天復以興王之地別有進止勅不惟府額各定於等差兼亦都名須正於升降將爲經久之制宜遵固本之文本朝故事雍州爲西京京兆府雒州爲東都河南府是謂京都兩府并州舊爲北都太原府在兩府之次近以中興大業以魏州爲東京興唐府權謂東京爲雒京竊以雒京歷代帝王之都四方朝貢所便爰自漢魏迄於隋唐方建都城是比辰極宜依舊以雒京爲東都魏州改爲鄴都興唐府與北

京太原府並爲次府豈獨設官分職命秩免惑於有司抑亦畫界分疆取則無違於故事

請定鄉貢童子事例奏 同光三年五月禮部

當司准流內銓牒應請定冬集舉人內有前鄉貢童子者三銓已前團奏冬集皆署前鄉貢童子伏准格文只有童子科此無鄉貢字銓司先爲請定冬集舉人九經張仲宣等內有前鄉貢明經童子成光誨遂檢尋六典及蘇冕會要又無本朝書子細檢詳惟有十三年閏十二月勅諸道應薦萬言及童子起今後不得更有聞薦據此童子兩字

皆由諸道表薦。固無鄉貢之名。又無口議帖經。亦不合有明經之字。進則止於暗誦。便號神童。此外格文別無童子其成光誨銓司准格只收署前童子團奏。去二月十五日具狀申留司宰臣取裁。奏例准申者。伏緣三銓見團奏冬集。右內有鄉貢及明經字。已依成光誨例。准格只署童子團奏文諸左。伏以院司常年考試。皆憑諸道表薦。降勅下到當司。准格考試及格者便放及第。其同光二年童子郭忠恕等九人。皆是表薦童子。勅內并納到家狀。並有鄉貢兩字。院司檢勘。同便牓示。引試及第後。先具白牒報吏

部南曹。續便團奏者。關奏狀下到中書省。追當司元下納家狀檢點。同覆奏放。勅經過諸處。勅下後方始到當司。備錄黃關牒報御史臺尚書省并吏部南曹。今准流內銓牒伏緣院司承前皆憑勅命施行。童子勅內並有鄉貢兩字若使下落。恐涉專擅者。

皇太后喪服議奏　同光三年七月太常禮院

案故事。中書門下翰林學士在朝文武百官內諸司使供奉官已下。從成服三日。每日赴長壽宮朝臨。自後不臨。其服以日易月。三十日除。至小祥合釋服。每至月朔月望小祥大祥釋服日。未除服者縗服臨。已除服者則素服。不臨。並赴長壽宮先拜靈訖。移班近東。進名奉慰。又奏准故事文武前資官及六品已下未升朝官并士庶等。各於本家素服一臨。禁衛諸軍使已下。各於本軍廳事素服一臨。僧尼道士各於本寺觀一臨。內外命婦各於本家素服朝臨三日。諸道節度觀察防禦團練刺史及寮佐等。聞哀後。當日成服。三日改慘。十三日除。

議毀京內南北城奏　同光三年九月中書門下

右。補闕楊途先奏。毀廢京內南北城。臣檢到同光二年八

月二十七日河南尹張全義奏。臣自僖宗朝叨蒙委寄。節制維京。臨涖之初。須置城壘。臣乃取南市曹界。分兼展一兩坊地。修築兩城。以立府衙廨署。今區宇一平。理合毀廢其城濠如一時平治。即計功不少。百姓忙時。難爲差使。今欲且平女墻及甕門。餘候農隙別取進止者。奉勅。京都之內。古無郡城。本朝多事以來。諸侯握兵自保。張全義土功斯毀。李罕之塞地猶存。時既朗清。故宜除剗。若差夫役。又恐擾人。宜令河南府先分劈出舊日街巷。其城濠許人占射平填。便任蓋造屋宇。其城基內舊有巷道處便爲巷道

不得因循。妄有侵占。仍請限一月。如無力平剗。許有力人户占射平塡。

甄錄僞蜀官員奏 同光四年二月中書門下

僞蜀官員。先有赦旨黜降。近者員數極多。相次到闕。並是未承前勑。慮抱憂疑。宜令御史臺具所到官員出身歷任。三代家狀。約僞官品秩。准前勑次第。當擬同正官奏復。如是僞蜀將相家屬稍多。即於山東州府安置。如位卑家屬少者。或是本朝舊人。有骨肉見在班行。即任便居止。或是三川居人。願還本土。亦俟三兩日放歸本處。或有本朝曾

登科第。歷任班行。材器爲衆所知。可以甄錄。即續具人才酌量奏擬。

欽定全唐文卷九百七十

闕名十一

請停賜庶僚官告及朝對奏 天成元年七月中書門下

往例朝廷命官。除將相外。並不賜官告。因僞朝條流。凡准宣授官。即特恩賜。令使府判官皆許本道奏請。或聞多在京師。至於令錄。悉是放勑後。本官自於吏部出給告示。中書不更管繫。今若爲點檢所授官吏器能。欲令親承聖澤。臣等商量。自兩使判官州縣令錄在京除授者。即望令於内殿謝官。便辭赴任。不便進納官告。其判司主簿以下。極

是卑秩。不合更許朝對。勑下後。望准舊例處分。

請定新除官及差使辭謝奏 天成元年八月御史臺

凡新除官及差使者。合於正衙謝辭。每遇正殿起居日。百官不於正衙序班。致差使及新除官辭謝不得。或恐差使者已定發日。除宣催發。以一日無班。便妨辭謝。臣今參詳。每内殿起居日。百寮先序班於文明殿庭。候辭謝官退。則班入内殿。冀便於官吏辭謝者。

請定臺參奏 天成元年十一月諸道進奏官

今月四日中丞上事。臣等禮合至臺。比期不越前規。依舊

傳語。忽蒙處分通出。尋則再取指揮。要明審的。又蒙問大夫相公上事日如何。臣等訴云。大夫曾為宰相。進奏官伏事中書事體之間。實為舊吏。若以別官除授。合云傳語勞來。又堅令通出。臣等出身藩府。不會朝儀。拒命則恐有奏聞。遵稟則全隳則例。伏恐此後到臺參賀。儀則不定者。

請復臺巡舊例奏 天成元年十二月御史臺

謹具本朝舊例。合行公事如右。應諸道進奏院准本朝例。各合置臺巡驅使官一人。凡有公事。並合申報臺巡。逐日在臺祇候。應奉公事。應諸道進奏官每四孟月初及五月冬至。新除大夫中丞。並合臺參。伏自偽朝以來。全墜舊例。今准敕命條流。請准本朝舊例施行。應諸道節度觀察防禦經畧團練使及諸州刺史新除赴任。及郎幕上佐官等得替。及准宣進奉到闕。及歸本道。並合廊參正衙謝見辭。如遇大夫中丞入臺。並合臺參。兼凡有公事及到發日。並合申報。如遇追勘。進奏官典勘責科罰。又伏以偽朝以來。全隳往制。既未條理。轉失繩規。伏乞特降朝敕指揮。免令隳紊。

請定檢勘非理死亡及喪葬儀制奏 天成元年十二月御史臺

應在京兩街司及坊市士庶人家。及諸道經商客旅。或有投井自縊。及僕婢諸色人等非理歿故。伏據近年以來。凡是死亡之家。並是臺司左右巡使舉勘。差驅使官與諸司人同行檢驗指揮。如此施行。相承已久。臺司若不差人舉勘。即非理幽冤。無由申雪。若一一檢驗。即事故之家。多稱騷擾。況臺司亦常憂兩巡驅使官與諸司同巡檢節級等於有事人家妄有所求。今詢訪故事。准當司京兆按往例。凡京城內應有百姓死亡之家。祇勒府縣差人檢驗。如是軍人。祇委兩軍檢勘。如是諸道經商客旅。即地界申戶部

使差人檢勘。仍逐司各具事由及同檢勘行人等姓名。申臺及本巡察。其間或有事涉冤濫。曲直不分。察訪得知。及有人論訴。臺司並行追勘。如是兩班官吏之家。即合是臺司檢勘。伏請自今以後。並准故事施行。除百司外。臺中不更差人。誨疑 例檢勘。如是則軍人百姓各有區分。事涉冤誣。即行追勘。合具舉明。庶遵故事者。兼得左右巡使狀抄錄到喪葬格例。所設車轝儀注物色。祇為官品高下。無官秩若陳儀主具供應。故犯典刑。今則凡是葬儀。動踰格物。但官中只行檢察。在人情各盡孝思。徇彼稱家之心。許便

送終之禮。臺司又難將孝子。盡決嚴刑。祇以供人例行書罰。以添助本司支費。兼緣設此防禁。比爲權豪之家。多有違禮從厚。若貧窮下士。尚猶不便送終。必無僭禮可以（闕）罰。兩京即是臺司舉司。諸州府即元無條例者。凡棺槨不計有官品。並不得於棺槨上雕鏤畫飾。施戶牖欄檻楹等。官至四品以上使方相。七品以上使魌頭。四目元衣朱裳執戈揚楯如常制。七品以下及無官品者勿用。凡明器等三品以上不得過九十事。五品以上不得過六十事。九品以上不得過四十事。當廣地軸誕馳馬及執役人。高不得

過一尺。其餘音聲隊馬威儀之屬。各准平生品秩所用。仍以木瓦爲之。不得過七尺。及別加畫飾。諸轝今謂之鵝毛五轝。五品以上竿長七尺。五品以下長五尺。無官品者勿用。諸三品以上引披鐸翣挽歌鼓六行。每行六人。五品以上二引二披四鐸四翣挽歌四行四人。九品以上二翣。無者勿用。諸車轝。三品以上油幰朱絲絡網施襈。兩廂畫龍虎幰。竿朱垂六旒蘇。今之纓帶也。七品以上油幰襈。兩廂畫雲氣。垂四旒蘇。九品以上無旒蘇。車轝上有結絡者。三品以上及將相有鳳臺。自諸品官及郡守升朝者羚羊山華。餘並平幰。百姓喪葬祇合使鼈甲車。無幰襈畫飾。並無已前儀禮部格物。凡官人百姓送葬。競爲奢僭。不依禮式。宜令所司。切加糾察。如物色等數目大小有違條式。及輒飾以金銀者。杖六十。奉勅。今後文武兩班及諸司官吏并諸道經商客旅。凡有喪亡。即准臺司所奏故事施行。其街坊百姓及軍人之家。每有死喪。兼所使厮兒妮子。因依瞑及行投井自縊。非理自致身命者。據臺司狀委府縣及兩軍軍巡差人檢勘。竊慮前件事故之家。或所居隘窄。兼阻暑毒之月。尸靈難久停留。若待申報官中檢勘。縱無邀難。

須經時日。今仰本戶可便喚四鄰看驗。如無他故。便任本主送殯。仍具結罪保明文狀報官。若有枉有傷害致死。鄰人妄有保明。本戶并保人勘責不虛。各量罪科斷。兼聞諸州官府士庶之家。或有死喪。亦是須候分巡院檢勘。頻致淹留。既鼓瑟調。甚傷風教。亦仰約有在京事條例理處分。其庶人喪葬所設車轝儀注格例狀稱。近日庶流多有違越。臺司又難將孝子。盡決嚴刑。祇以供人例行書罰。添助本司支費。據此懲創名目。且非爲政憲綱。自今以後。所有各計品秩之外。及庶人喪葬。宜令御史臺委兩巡御史點

檢假憑行人須依條例如有違越據所犯重輕臨時科斷臺司不得妄有攪擾

請增五經考試官奏 天成二年正月禮部

五經考試官先在吏部日長定合請兩員數年係屬貢院准新定格文祗令奏請一員兼充考試官緣今年科目人數轉多却欲依舊請考試官各一員如蒙允許續具所請官名進御申奏

請定選人過格奏 天成二年三月中書門下

據南曹駁放選人累經銓及經中書門下論接准堂判具

新舊過格年限分析申上者伏以選人或有出身或因除授各拘上例方赴調集多因遠地兵戈兼以私門事故遂致過格固非願爲新條標在七年舊格容於十載臣等參詳其選人過格年限伏請且依舊格不問被憂停集除本選數過格十年外不在選集之限

王蟾應歸吏部考試奏 天成二年四月中書門下

禮部貢院申當司奉今月六日勅吏部流内銓狀據白院狀申當司先准禮部貢院牒稱具成德軍解送到前進士王蟾狀請罷攝深州司功參軍應宏詞舉前件人准格例應重科合在吏部其王蟾并解送吏部請准例指蹤者當司遂具狀申堂奉判送吏部分析近年事例如何者伏緣近年別無事例今檢登科錄内偽梁開平三年應宏詞登科二人前進士余渥承旨舍人李愚考官二人司勳郎中崔景兵部員外郎張貽憲者再具狀申堂奉判送吏部准例指揮者其前進士王蟾應宏詞考官試官合在流内銓申請者前進士王蟾請應宏詞伏自近年以來無人請應今詳格例合差考官二人又緣只有王蟾一人獨應銓司未敢懸便奏請差官者奉中書門下牒奏勅宜令禮部貢

院就五科舉人考試者伏以舉選公事皆有格條准新定格勅文宏詞拔萃准長慶二年格吏部差考試官二人與知銓尚書侍郎同考試聞奏又准格節文内准太和元年十月二十三日勅應禮部諸色貢舉人及吏部諸色科目選人凡無出身及未有官只合於禮部應舉有出身有官方合於吏部赴科目選其請應宏詞舉前進士王蟾當司當年放及第後尋已開過吏部訖若應宏詞例待南曹判成卽是科目選人事理合歸吏部況緣五科考試官只考學業難於同考宏詞者

請下所司抄錄詔書送館奏 天成二年九月史館

伏奉九月八日勅國祚中興已逾五載皇基統嗣爰及兩朝其有紀年之書行事之紀未聞編錄實謂曠遺所司既不舉明史官又無起請因循斯久闕漏轉多宜令史臣先修太祖武皇帝莊宗兩朝實錄速具奏呈新朝日歷行事亦可精專纂錄無使廢墮者伏以簡編事重久闕鑿修須循廣記之規以備必書之要館司或有闕漏公事盡令提舉施行伏自陛下赴難雒京以副人望宰臣百辟諸道藩侯各貢牋章請臨寶位羣情尤切三讓彌堅且行教令之

規先進代王之號既從俞允尋就纘承皇澤播於萬方聖功超於千古伏自大駕臨至德宮宰臣百官諸道侯伯各上勸進牋表及聖旨謙讓批答兼宣諭諸道教令詔書及寶冊文並自天成元年四月後至今年九月以前內降詔書陛下日親時政金口所宣去弊除姦及近日數奏省費從寬之事並請下所司各檢抄錄送館所冀編修總無漏畧

請添點檢朝班御史奏 天成二年九月御史臺

每遇入閤日只一員侍御史在龍墀邊祗候彈奏公事或有兩班參雜失儀點檢不及難於舉奏者伏以入閤之儀務在整肅或少虧於恪敬則有慢於典經今欲依常朝例差殿中御史二員押鐘鼓樓位仍各綴供奉班出入所冀共爲糾察免失規程敢將舉職之程粗益朝天之敬

條覆選人事例奏 天成二年十二月中書門下

應諸道選人等其中有過格年深無門參選者准天成二年十月二十三日德音並委吏部南曹磨勘如實曾阻兵戈者許令注擬如或詐稱不在此限者凡是選人專思合格不肯固踰選限自滯身名縱限干戈須在州縣應有過

格人仰吏部南曹子細磨勘曾阻兵戈州府去處或曾假攝即有隨處文牒一一指實即便送銓司亦須詳先授告身攝牒及審驗年貌方可注擬三銓注擬自有常規從前或有宰臣占著好州縣員闕不令銓曹注授今年應是員闕並送曹銓候移省之時若有好闕尚在必議勘尋其請託及受囑人等當行黜責選人之內族類甚多經任之中資考備在應南曹判成人等仰三銓各據逐人出身入仕文書一一比驗年貌灼然不謬方與注官據長定格選人中有隱憂者殿五選伏以人倫之貴孝道爲先既有負於

尊親定不公於州縣有傷風教須峻條章自今後諸色官員內有隱冒憂勞者勘責不虛終身不齒所有入仕已來告勅並封付所司焚毀

覆追崇廟號奏 天成二年宰臣

臣聞德教重於日新禮經不自天降故歷代之有損有益隨時之可止可行且華蟲象袞之規三皇未備雲鳥紀官之制五帝皆殊考其言而既出舊章窮其理而便爲故實恭惟朝廷之重宗廟爲先事繫承祧義符致美將以觀盛德於七代展明祀於十倫一時而儻墜斯文千載而永爲

闕典且聖朝追尊之日即引漢氏舊儀在漢氏封崇之時復依何代故事是以理關凝滯未協聖謨道合變通方爲民則且王者功成治定制禮作樂正朔服色尚有改更尊祖奉先何妨沿革若應州必立別廟即地遠上都定虧孝享之儀徒有尊崇之稱伏據開元中追尊臯陶爲德明皇帝涼武昭王爲興聖皇帝皆立廟於京都制度斯在況陛下入清內難光闡帝圖德澤廣浹於華夷廟享猶虧於祖禰若宮廟須成於遠塞則烝嘗慮闕於孝思今臣等商量所議追尊四廟望依御札並加帝號兼請於雒京選地立廟

請令宰臣兼判國子祭酒奏 天成三年正月中書門下

伏以祭酒之資歷朝所貴爰從近代不重此官經天緯地莫如文戡定禍亂莫如武武不可不講文不可不修況屬聖朝方勤庶政須宏雅道以振時風望令宰臣兼判國子祭酒事如蒙允許望內賜處分

重給告身事例奏 天成三年正月

吏部格式司狀申當司先准勅及堂帖指揮應焚毀告身勘同人及失墜文書等臣伏請重給告身令先與檢勅甲

如無勅甲可檢即仰取同勅甲人告身勘驗同即與出給若是本朝授官及同光元年後授勘檢同即重與告身如是僞朝授官勘檢不虛即與出給公驗便同告身例處分者伏以再給文書實爲難重有司點檢務在周防當司近曾申堂請以合准指揮出給告身公驗旋具選人出身歷任行止牒甲庫永爲應驗證明奏判准申者其所追取到選人授官勅甲或同勅甲告身勘驗既同須准前指揮出給見有勅甲者便須注出重給事繇年月日若不注破處恐選人却將失墜告身參選刺驗勅甲既同文書浩大所

司難爲一一點檢。如是引驗同勑甲之人告身出給。從後却將失墜文書選時甲庫又無憑應驗。其同勑甲人告身。欲於後面連粘紙。亦須使印批注。仍牒報南曹。要憑將來檢勘者。

請定奏薦人數奏 天成三年五月中書門下

在朝庶官。有託故停官者。時日稍多。即却與前官百司人吏合格者並從選。未合格者逐司以年勞奏薦。只與勒留官。凡百司長官月限將滿及已有人替。不得奏薦人。使改補職次。諸道薦人。總與不可。全阻又難。今後諸道節度使

每年許薦二人。帶使相者許薦三人。團練防禦使各一人。節度觀察判官並留旨授。書記巳下即隨府

請臨軒冊命奏 天成三年十一月中書門下

舊制。凡降冊命。至尊臨軒。伏自陛下纂襲。繼有封崇。但申持節之儀。尚闕臨軒之禮。今後有封冊。請御正衙。雖勞萬乘之尊。冀重九天之命。如此則行之者禮備。受之者感深。寧惟轉耀於皇猷。實亦永標於青史。

論宰臣常朝宜拜奏 天成三年十二月中書門下

逐日常朝。宣奉勑不坐。兩省官與東西兩班並拜。押班宰相不拜。或聞班行所論。承前日有廊餐。百官謝食。兩省即各有常廚。從來不拜。或云侍臣不拜。檢尋故實。不見明規。百寮拜爲有廊餐。即承旨合宣有勑賜食。供奉官不拜。亦恐非儀。且左右前後之臣。日面天顏。豈可不拜。臣等商量。今後常朝押班宰臣亦拜。通事舍人亦拜。閤門外放仗亦拜。

朝官升任宜令中謝奏 天成四年正月中書門下

准往例。起居補闕拾遺御史郎中員外郎少卿監國子司業巳下。每加新命。祇於正衙謝後便常朝。竊見邊遠令錄尚自對敭班行。臣寮並宜中謝。今後凡升朝官望並令中

謝。

請復置格杖奏 天成四年三月御史臺

臺中舊有格杖。近年不行。每有決遣公事。皆於河南雒陽兩縣追取人杖。今緣臺中常有囚徒勘責。若一一於兩縣追取。又緣地理遥遠。及後差人往來。交妨指揮公事者。今臺請置行人杖。免妨滯公事。

羣臣乞假覲省請量賜茶藥奏 天成四年三月中書門下

孔子有言曰。教以孝。所以敬天下之爲人父者。教以悌。所

以敬天下之爲人兄者教以忠所以敬天下之爲人君者往聖深旨中古明規方當孝理之朝尤重人倫之本今後羣臣內有乞假覲省者欲請量賜茶藥所貴勸人之善表主之恩誠有益於皇猷且無損於國勢況在班行有父母者甚少既資風化動挂宸衷

請准舊式五月一日起居奏 天成四年四月中書門下

五月一日入閤起居准貞元七年四月二十八日勅昔者聖賢觀象因天地交會之次爲父子相見之儀沿習成風古今不易王者制事在於因人酌其情而使中順其俗以

爲禮咸覿之禮既行父子之間資事之情豈隔君臣之際自今後每年五月一日御宣政殿與文武百寮相見京官九品以上外官因朝奏在京者並聽就列宜令所司量定儀注頒示天下仍編禮式永著常規者伏以本朝舊制近代不行方當開泰之期難曠會同之禮宜興墜典以耀明庭五月一日應在京九品以上官及諸進奉使並准貞元七年勅就位起居自此每年永爲常式者

景宗宜合食太廟奏 天成四年五月中書門下

先據太常寺定少帝謚昭宣光烈孝皇帝廟號景宗伏以本朝基構垂三百年昭宗以中否東遷少帝以沉冤晏駕始封侯於僞室新立廟於聖朝追奕世之尊雪當年之恥先皇帝初定中原之後昭宗少帝尋合一時入廟所司不舉遂成闕禮既睽昭穆難會烝嘗太廟有合食之儀外邑無登歌之奏生曾爲帝享乃承祧既號景宗合入太廟如不入廟難以言宗須叶徽章免貽羣議於理而論祧以遠廟安少帝神主於太廟卽昭穆序而宗祀正今或且居別廟卽欲不言景宗只云昭宣光烈孝皇帝兼冊文內有基字是元宗廟諱尋常泛行詔勅皆不迴避少帝是繼世之

孫冊文內不欲斥列聖之諱今改基爲宗字

請及第人文書詳書履歷年月奏 天成四年七月禮部貢院

今年諸色及第人中有曾攝州縣官及有御署攝牒兼或有正授官及曾在賓幕赴舉者諸條格中書奏及第人先曾授職官者宜令所司於守攝文書內署重任舉及第年月日或改名不改名分明印押懼其轉賜於人假資冒進也其中曾授正官御署并佐幕者仍約前任資序與除一任官如自中興以來諸科及第人曾授職官者並令所司追給文書到日准今年及第人例處分已授官者不在此

限兼勒貢院將來舉人納家狀內各分析曾爲官及不曾爲官改名不改名其曾爲職官者先納歷任文書及第後准例指揮

請檢勘南郊行事官文書奏 天成四年九月中書門下

來年二月南郊大禮應諸司寺監合行事官伏以明德惟馨冀神靈之昭鑒作事謀始庶王道之和平前件將來行事官等既預嚴禋希霑聖澤先宜條貫免忤擬倫應合差行事官但是前資并及第黃衣及三司徵科勒留官充任逐司寺監先引驗歷任告身分明則得差補若失墜文書

則須得本處當時公驗不得憑諸處所給憑繇如是州縣官須見四道五道以上應攝文牒皆是節察及直屬京防禦團練使差署仍點勘逐任年月遠近曾親公事及得替因繇不是虛牒則得收補其逐司合差職員官吏須是已經附奏者充不得臨時放出虛牒將來所司磨勘如不依元指揮公然顛倩互容謬妄其逐司官吏并本人並當勘責各行嚴斷

條陳貢舉事例奏 天成四年十月中書門下

應諸道州府解送諸色舉人須准元勑差有才藝公正官考試及格然可給解仍具所試詩賦義目帖繇送省如逐州府解內不署出前件指揮事節所司不在引試之限禮部貢院考試諸色帖經舉人今後據所業經書對義之時逐經須將生卷與熟卷中半考試不得依往例秖將熟卷試問今後主司不得受內外官寮書題薦託舉人及安排考試官如或實講知有才學精博者任具奏聞若受書題囑託致有屈人其主司與發書人並加黜責其所舉人別行朝典三銓南曹亦不得受諸色官員書題薦託選人如違並准前指揮應諸色落第人此後所司具所落事繇別

張懸文牓分明曉示除諸州府解送舉人外餘有於河南府寄應及宗正寺國子監生等亦須准上指揮其中有依託朝臣者於解內具言在某官某姓名門館考試及第後並據姓名覆試諸色舉人至入試之時前五日內據所納到試紙本司印署訖却送中書門下取中書省印印過却付司給散逐人就試貢院合請考官試官今後選舉業精通廉慎有守者充若在朝臣門館人不得奏請

重定正冬朝會禮儀奏 天成四年十一月禮官

開元禮三品以上升殿羣臣在庭竊以九品分官隨時有

異或以畢高定分或以清濁爲資積習是常造次難議請沿近禮依內宴列坐開元禮稱賀之後皇帝戴通天冠服絳紗袍百官朝服以侍坐解劒履於樂縣之西北竊以開元舊制長安廣庭故可以究皇儀而展帝容陳百辟而贊羣后今京邑新造殿廡未更若用前規慮爲狹隘議請皇帝冠烏紗巾服赭黃袍百寮具公服候朝堂宏厰卽舉舊儀二舞鼓吹熊羆之案工師樂器等事繇久廢無次頗甚歲月之間未可補修且請設九部之樂權用教坊伶人

請禁師生稱謂奏 長興元年六月中書門下

伏以國設高科人貪上第所望不小其業須精實以喪亂年多苦辛人少半失宣尼之道倍勞宗伯之心不望超羣且須合格今逢聖運大闡皇猷設官共革於時訛選士實期於歲勝又朝廷較藝爲擇賢才或臣下收恩豈成公道時論以貢舉官爲邱門恩門及以登第爲門生門生者門弟子也顏閔游夏等並受仲尼之訓卽是師門大朝所命春官不曾教誨舉子舉子是國家貢士非宗伯門徒況又斥先聖之名失爲儒之體今後及第人放牓時並須據才藝高低從上依次第安排不得以雋科取鼎島岳斗之名爲貴冀從敦實以息浮澆兼不得呼春官爲恩門師門不得自稱門生除賜宴外不得輒有率斂別謀歡會曾赴舉落第人無故不得改名將來舉人並依據地理遠近於十月三旬下納文解如違不在收受之限

請定銓選事例奏 長興元年十月中書門下

吏部流內銓諸色選人先條流試判兩節並委本官優劣等第申奏文優者宜超二資注擬其次者以同類官注擬所以勵授毫之作亦不掩歷任之勞其或於理道全疎者以人戶少處州縣同類官中比擬仍准元勅業文者任徵

引古今不業文者但據公理判斷可否不當罪在有司兼諸色選人或有元通家狀不實鄉里名號將來赴選者並令改正一一署本貫屬鄉縣兼無出身一奏一除官等宜並不加選限

請依舊格考試進士奏 長興元年十二月學士院

伏以體物緣情文士各推其工拙掄材較藝詞場素有其規程凡務策名合遵常式況聖君御宇奧學盈朝倘令明示其規模或慮衆貽其臧否歷代作者垂範相傳將期絕彼微瑕未若舉其舊制伏乞下所司依詩格賦樞考試進

士庶令分職互展恪勤

請定禘饗配食奏 長興元年太常禮院

來年四月孟夏禘饗於太廟謹按禮經三年一祫以孟冬五年一禘以孟夏已毀未毀之主並合食於太祖之廟逐廟功臣配饗於本廟之庭本朝寶應元年定禮奉景皇帝爲始封之祖既廟號太祖百代不遷每遇禘祫位居東向之尊自代祖元皇帝高祖太宗以下列聖子孫各序昭穆南北相向合食於前聖朝中興重修宗廟令太廟見饗高祖太宗懿宗昭宗獻祖太祖莊宗七廟太祖景皇帝在祧

廟之數不列廟饗將來禘禮若奉高祖居東向之尊則禘饗不及於太祖代祖若以祧廟太祖居東向之位則又違於禮意令所司修奉祧廟神主及諸色法物已備合預請參詳事須具狀申奏

欽定全唐文卷九百七十一

闕名十二

申明土貢奏 長興二年正月戶部

當司所管天下合貢方物法長興元年三月定到七十餘州舊例冬至齊到正仗前點檢至元日於殿前排列當司引進昨點檢今年正仗前七十州所貢方物內六十七州正仗前至其餘二十州自正月至三月方到京師其江陵府所貢胎白魚臣勘本道進奏官狀稱每年臘月裏造至正仗未堪貢進固難及限猶慮其餘州未曾嚴加告諭不

可便議刑名請行勅命約束如來年正仗前貢物不齊其本州錄事參軍及勾押官典量定殿罰又棣州合進蘿蔔子本州稱無本色折進價錢絹一匹伏以任土作貢必須產在封疆本色不供價錢何取兼恐顧茲名目廣有科求其價絹請停

請賜東丹王等姓名奏 長興二年三月中書門下

東丹王突欲遠泛滄波來歸皇化既服冠帶難無姓名兼惕隱等頃以力助王都罪同禿餒爰從必死并獲再生每預入朝各宜授氏庶使族編姓譜世荷聖恩允符前代之

規。永慰遠人之款。自突欲以下。請別賜姓名。仍准本朝蕃官入朝例安排。

請編錄奏對公事奏 長興二年三月史館

當館應諸處及諸司關送到合編錄公事外。伏准舊制。國朝有時政記并起居注。並合送館。以備纂修。近代已來。闕行此事。只以每遇入閤。兼內殿起居。朝臣待制。轉對公事。逐人抄送當館。如有顯具頒行。逐司關報到者。旋據逐件一一於日歷收記。其有直下所司并行之事。當館無由得知。若只憑本官供到所奏狀本。未免簡編不備。本末難窮。已後待制轉對公事等。除顯具頒行關送到館外。應有直下所司及不行未行之事。伏乞宣付當館。旋依次第編錄。其時政記起居注并內庭。逐日合書日歷。亦乞相次逐旋

朝臣丁憂乞頒賚布帛奏 長興二年四月中書門下

尚書都官員外郎知制誥張昭遠丁母憂。伏以大臣枕凷有弔祭之恩。羣寮寢苫無慰問之例。高下之位有間。君臣之事無偏。況卿士甚多。有父母者極少。固於孝道。上軫聖懷。張昭遠望量與恩賜。自此朝臣或有丁憂。亦乞頒賚。其狀尋已印出。今具官員等第支給數目如後。文班左右常侍諫議給事舍人諸部尚書太子賓客諸寺六卿監察御史中丞國子祭酒詹事左右丞諸部侍郎。絹三十匹。布二十匹。粟麥各二十五石。起居補闕拾遺侍御史殿中 監察御史左右庶子諸寺少卿國子監司業河南少尹左右諭德諸部郎中員外郎太常博士。絹二十匹。布一十五匹。粟麥各一十五石。國子博士五經博士兩縣令著作郎太常宗正殿中丞諸局奉御大理寺太子中允洗馬左右贊善太子中舍司天五官正。絹布各一十五匹。粟麥各一十石。左右諸司大將軍左右諸衛將軍。絹二十匹。布一十五匹。粟麥各一十五石。左右率府副帥。絹布各一十五匹。粟麥一十石。

議覆收買京城坊戶菜園條例奏 長興二年六月河南府

准勅。京城坊市人戶菜園。許人收買。竊慮本主占佃年多。以鬻蔬爲業。固多貧窶。豈辦蓋造。恐資有力。轉傷貧民。

請申定官民喪葬儀制奏 長興二年十二月御史臺

先奉勅前守亳州譙縣主簿盧茂謙進策內已事。竊見京城內偶遭凶喪者。身不居於爵祿。葬有礙於條流。頃使轞甲車殯送者。事雖該於往制。勅已著於前文。或值炎鬱所

拘偶緣留駐利便須期於時日貧窮旋俟於告投停日既多塋園又遠伏乞特付所司別令詳定權免龞甲車送葬者奉勑送葬之儀雖防越制令文之設亦許便時其或俟歷炎天事從遠日停留既久遷送有期車中便苦於摵搖陌上可量於凶穢人情所病物議僉同宜在酌中應成惻隱應喪葬自五品已下至庶人自春夏秋宜並許第等置轝其餘儀式一切仍舊兼喪車亦不全廢如要令陳於靈轝之前其轝大小制度及結絡遮蔽所使匹帛顏色并擎舁人數次第仍令御史臺詳核據品秩等級士庶高低各

定規制施行兼空城内舊制比無居人近日許人户逐便居止或有喪死旋須遷送其出時並舁遺次第亦可穩便制置務在得宜者今臺司准勑追到兩市葬作行人白望李温等四十七人責得狀稱一件於梁開平年中應京城海例不以高例及庶人使錦繡車轝並是行人自將狀於臺巡判押一件至同光三年中有勑著斷錦繡祇使常式素車轝其轝稍有力百姓之家十二人至八人魂車虛喪車小轝子不定人數或是貧下四人至兩人迴使素紫白絹帶額遮幃轝上使白粉掃木珠節子上使白絲其引魂車小轝子使結麻網幕後至天成三年中有勑條流庶人斷使轝祇令別制造龞甲車載亦是紫油素物至今行内見使者今臺司按葬作行人李温等通到狀并於令内及天成四年六月勑内詳穩便喪置定制五品至八品升朝官六品至九品不升朝官等及庶人喪葬儀制謹具逐件如後五品至六品升朝官使二十人舁轝車竿高七尺長一丈三尺濶五尺以白絹全幅爲帶額婦人以紫絹爲帶額並畫雲氣周迴遮蔽上安白粉掃木珠節子二十道魂車一小香轝子一並使結麻網幕魌頭車一挽歌八人練

布深衣披引鐸翣各一不得著錦繡明器三十事四神十二時在内四神不得過一尺餘不得過七寸園宅一方三尺其明器物不得以金銀毛髮裝飾共置八轝内許兩箇紵羅已上並不得使結絡錦繡裝飾如事力不辦任自取便七品至八品升朝官使一十六人舁轝車竿高七尺長一丈三尺濶五尺以白絹全幅爲帶額婦人以紫絹全幅爲帶額周迴遮蔽上安白粉掃木珠節子二十道魂車香轝子各一並使結麻網幕魌頭車一明器二十事以木爲之四神十二時在内四神不得過一尺餘不得過七寸不

得使金銀雕鏤帖毛髮裝飾。園宅一方二尺五寸。共置六轝。挽歌一十六人。練布深衣披引鐸翣各一。已上並不得著錦繡結絡裝飾。如事力不辦任從所便六品至九品不升朝官使一十二人舁轝車竿高六尺。長一丈一尺。濶四尺。以白絹全幅爲帶額。婦人以紫絹爲帶額周迴遮蔽。上安白粉掃木珠節子一十六道。魂車一。香轝子一。並使結麻網幕。明器一十五事。並不得過七寸。以木爲之。不得使金銀雕鏤帖毛髮裝飾。共置五轝。挽歌四人。練布深衣鐸翣各一。不得著錦繡及別有結絡裝飾。如事力不辦任自

取便檢校兼試官並依此例。庶人使八人舁轝車竿高五尺五寸。長一丈。濶四尺。男子以白絹半幅爲帶額。婦人以紫絹半幅爲帶額周迴遮蔽。魂車一。香轝子一。使結麻網幕。明器一十四事。以木爲之。不得過五寸。共置五轝。不得使紗籠金銀帖毛髮裝飾。除此外。已上不得使結絡錦繡等物。色如人户事力不辦八人已下任自取便。其喪轝車已准勅不全廢任陳靈轝之前者。已上每有喪葬行人具所供行李單狀。申知臺巡。不使別給判狀。如所供賃不依狀內。及踰制度。仍委兩巡御史勒驅使官與金吾司并門司所由。同加覺察。如有違犯。追勘行人。請依天成二年六月三十日勅文。行人徒二年。喪葬之家卽不問罪者。皇城內近已降勅命指揮。每有喪葬以色服蓋身出城外任自逐便。如迴來不得立引魂旛子。却著孝衣入皇城內者。今請再降旨命指揮皇城內此後每有人户喪葬。令至晚淨後取便出門。不得取內外諸色趨朝官右。謹具定到五品至八品升朝官六品至九品不升朝官及檢校兼試官并庶人喪葬儀制如右。

定衣服制度奏（長興三年正月太常禮院）

衣服制度。准貞觀四年八月十四日詔曰。冠冕制度。已備令文。彝常服飾。未爲差節。於是三品已上服紫。四品五品已上服緋。六品七品以綠。八品九品以青。婦人從夫之色。仍通服黃。至五年七月一日勅。七品以上服龜甲雙巨十花綾。其色綠。九品以上服絲布及雜小綾。其色青。又咸通五年五月十日勅。如聞在外軍人百姓有不依令式。遂於袍衫之內。著朱紫青綠等色短衫襖子。或在閭野。公然露服。貴賤莫辨。有蠹彝倫。自今已後。衣服上下。各依品秩。上得通下。下不得僭上。仍令所司嚴加禁斷。又武德四年七

月十六日制。三品已上服大料細綾及羅。其色紫。五品已上服小料細綾及羅。其色朱。六品已上服絲布雜小綾交梭。其色黃。七品八品九品流外庶人服細綾絁布。其色黃白者。又永徽三年八月十四日詔。魚袋之制。恩榮所加。本緣品命。帶魚之法。事章要重者。臣今詳酌。本非朝命。不得輒懸魚袋。内外臣僚所衣朱紫服飾。降於近代。不越時宜。將健衣裝。各立軍號。當司從來無例檢詳。其經商百姓等。則不得著色樣綾羅及紫皂雜色衣服。金色帶亦不載短長制度。

定使相班位奏 長興三年正月中書門下

見任宰臣四員外。其餘諸使兼侍中中書令平章事。並是使相。向來班序。皆在見任宰臣之下。今緣秦王從榮是親王。新加兼中書令。與諸使相不同。每遇排班及到中書位次。令特商議。伏以政事之權。雖崇四輔。周行之列。亦長諸王。宜顯奉於本枝。固不同於異姓。今後望請親王官至兼侍中中書令。則與見任宰臣分班定位。宰臣居左。諸王兼侍中中書令居右。如親王及諸使守侍中中書令。亦並是使相。既不知印不署勅。亦分行居右。其餘使相請依舊規

重定三京諸道州府地望次第奏 長興三年四月中書門下

奉勅重定三京諸道州府地望次第者。據十道圖舊制。以王者所都之地爲上。本朝都長安。遂以關内道爲上。今宗廟宮闕。現都洛陽。請以河南道爲上。關内道第二。河東道第三。餘依舊制。又本朝都長安。以京兆府爲上。今都洛陽。請以河南府爲上。其五府按十道圖。以關内道爲上。遂以鳳翔府爲首。河中成都江陵興元爲次。中興初升魏博爲興唐府。鎮州爲眞定府。皆是創業興王之地。不與諸府雷同。今望以興唐眞定二府升在五府之上。合爲七府。餘依

舊制。

請更定諸州貢人朝拜儀制奏 長興三年十二月禮部貢院

准會要。長壽二年七月十日。左拾遺劉承慶上疏曰。伏見比年以來。天下諸州所貢方物。至元日皆陳在御前。惟貢人獨於朝堂列拜。伏請貢人至元日列在方物之前。以備充庭之禮。制曰可。近年直至臨鑠院前。赴應天門外朝見。今後請令舉人復赴正仗。仍緣今歲已晚。貢士未齊。欲且據見到人點引。牒送四方館。至元日請令通事舍人一員引押朝賀。列在貢物之前。或以人數不少。即請祇令諸科

解頭一人就列。其餘續到者，候齊日別令朝見。如蒙允許，當司卽於都省黜別習儀。

請下兩浙荊湖購募野史奏長興三年十二月史館

當館昨爲大中以來，迄於天祐，四朝實錄，尚未纂脩。尋具奏聞，謹行購募。敕命雖頒於數月，圖書未貢於一編。蓋以北土州城，久罹兵火，遂成滅絕，難可訪求。竊恐歲月漸深，耳目不接，長爲闕典，過在攸司。伏念江表列藩，湖南奥壤，至於閩越，方屬勳賢，戈鋋自擾於中原，屏翰悉全於外府，固多奇士，富有羣書。其兩浙、福建、湖廣，伏乞詔旨，委各於本道采訪宣宗、懿宗、僖宗、昭宗以上四朝野史，及逐朝日歷、銀臺事宜、內外制詞、百司沿革簿籍，不限卷數，據有者抄錄上進。若民間收得，或隱士撰成，卽令各列姓名，請議爵賞。

新立條件奏長興四年二月禮部貢院

一、九經、五經、明經呈帖經之時，試官書通不，後有不及格者，唱落後請置筆硯，將所納由分明却令自看。或是試官錯書通不，當與改正。如懷疑者，使許請本經書面前檢對。如實是錯誤，卽吏於帖上書名而退。一、五科常年駮牓出，多稱屈塞。今年並明書所對經書墨義，云第幾道不、第幾道粗、第幾道通，任將本經書疏照證。如考試官錯書不粗，請別將狀陳訴，當再加考較。如實錯誤，妄陳文狀，當行嚴斷。一、今年舉人有抱屈落第者，許將狀披訴，貢院當與重試。如貢院不理，卽詣御史臺論訴。請自試舉人日，令御史臺差人受舉人訴屈文狀，并引本身勘問所論事件。或知貢舉官及考試官已下，取受貨賂，昇擢親情，屈塞藝能，應副囑託，及不依格去留，一事有違，請行朝典。一、懷挾書策，舊例禁止。請自今年後，入省門搜得文書者，不計多少，准

例扶出，殿將來一舉。上鋪後搜得文書者，准例扶出，殿將來兩舉。一、遞口授人，迴授試處，及抄義題帖書時諸般相救，准例扶出，請殿將來三舉。一、自是藝業未精，准格落下，出外及見駮牓後，羞見同人，妄扇屈聲，擬爲將來基址，及別人帖對過場數多者，便生誣玷，墜陷或羅織毆罵者，並當收禁，牓送御史臺，請賜勘窮。如知貢舉官及考試官事涉徇私，屈塞藝士，請行朝典。若虛妄者，請痛行科斷，牒送本道重處色役，仍永不得入舉場，同保人亦請連坐，各殿三舉。

請量減選數奏 長興四年十一月中書門下

諸道州府官甚有闕員前資官皆拘選限其間有朝廷選擇侯伯薦揚得者無多餘難驟進或病跧於陋巷或老謝於窮途宜開振滯之門雅合推恩之道令等第減選者一選者無選可減親公事得資考者宜優與處分不得資考者准格施行兩選三選者減一選四選五選者減兩選六選七選者減三選八選九選者減四選十選十一選者減五選十二選者減六選千牛進馬童子齋郎挽郎宜准元和處分

詳斷盧嵩等奏 長興四年五月大理寺

旣關威力之條合處殺人之罪但以情非巨蠹事准格文爰該免死之科式表好生之德盧嵩准格配流天德曳撲人王光祚配流登州

定私鹽科罪奏 長興四年五月鹽鐵使

應食課鹽州府省司各置榷糶折博場院應是鄉村並通私商興販所有折博并每年人户蠶鹽並不許將帶一斤一兩入城侵奪榷糶課利如違犯者一兩已上至一斤買賣人各決臀杖一十三放一斤已上至三斤買賣人各決臀杖十五放三斤已上至五斤買賣人各決脊杖十三放五斤已上至十斤買賣人各決脊杖十七放十斤已上不計多少買賣人各決脊杖二十處死有犯鹽人隨行錢物驢畜等並納入官所有元本家業田莊如是全家逃走者卽行典納仍許般載脚户經過店主人脚下人力等糾告等第支與優給如知情不告與買賣人同罪其犯鹽人經過處地分門司廂界巡檢節級所繇并諸色關連人等不專覺察卽據所犯鹽數委本州臨時科斷訖報省如是門司關津口鋪捉獲私鹽卽依下項等第支給一半賞錢一

斤已上至十斤支賞錢二十貫文五十斤已上至一百斤支賞錢三十貫文一百斤已上支賞錢五十貫文應食末鹽地界州府縣分並有榷糶場院久來內外禁法卽未有一概條流應刮鹻煎鹽不計多少斤兩並處極法兼許四鄰及諸色人等陳告等第支與賞錢欲指揮此後犯一兩已上至一斤買賣人各決臀杖十三放一斤已上至二斤買賣人各決臀杖十五放二斤已上至三斤買賣人各決脊杖十六放三斤已上至五斤買賣人各決脊杖十七放五斤已上買賣人各決脊杖二十處死如是收到鹻土鹽

水。卽委本處煎煉鹽數。准條流科斷。或有已曾違犯。不至死刑。經斷後公然不懼條流再犯者。不計斤兩多少。所犯人並處極法。其有榷糶場院員寮節級人力。煎鹽池各竈戶。般鹽船綱押綱將軍衙官稍工等。具知鹽法。如有公然偷盗官鹽。或將貨賣。其買賣人及窩般主人。知情不告。並依前項刮鹻例。五斤已上處死者。其諸色關連人等。並各支賞錢。卽准雒京邢鎭州條流事例指揮。顆末青黃等鹽。元不許界分參雜。其顆鹽先許通商之時指揮。不得將帶入末鹽地界。如有違犯。一斤一兩。並處極法。所有隨行色

物。除鹽外一半納官。一半與捉事人充優賞。其餘鹽色。未有畫一條流。其雒京幷鎭定邢州管內。多有北京末鹽入界捉獲。並依雒京條流科斷。欲指揮此後。但是顆末青白諸色鹽。侵界參雜捉獲。並准雒京條例施行。慶州青白榷稅。元有透稅條流。所有隨行驢畜物色。一半支與捉事人充優賞。其餘一半幷鹽並納入官。欲並且依舊。一斗已上至三斗。決臀杖十五放。三斗已上至五斗。決脊杖十三放。五斗已上處死。安邑解縣兩池榷鹽院。河府節度使兼判之時。申到畫一事件條流等。准勅牒。兩池所出鹽。舊日若無榜文。如擅將一斤一兩。准元制條。並處極法。其犯鹽人應有錢物。並與捉事人充優賞者。切以兩池禁棘峻阻。不通人行。四面各置場門弓射。分擘鹽池地分居住。並在棘圍內。更不別有遣差。祇令巡護鹽法。如此後有人偷盗官鹽一斤一兩出池。其犯鹽人並准元勅條流處分。應有隨行錢物。並納入官。其捉事人依下項定支優給。若是巡檢弓射池場門子。自不專切巡察。致有透漏到棘圍外。被別人捉獲。及有糾告。兼同行反告。官中更不坐罪。陳告人亦以捉事人支賞。應知情偷盗官鹽之人。亦依犯鹽人一例

處斷。其不知情關連人。臨時酌情定罪。所有透漏地分弓射及池場門子。如是透漏出鹽十斤已下。決脊杖十五放。一十斤已上。與犯鹽人同罪科斷。一斤已上至十斤。支賞錢一十貫文。十斤已上至五十斤。支賞錢二十貫文。五十斤已上至一百斤。支賞錢三十貫文。一百斤已上。支賞錢五十貫文。前項所定奪到鹽法條流。其應屬州府捉獲抵犯之人。便委本州府檢條流科斷訖申奏。別報省司。其屬省院捉到犯鹽之人。干死刑者。卽勘情申上。候省司指揮。不至極刑者。便委務司准條流決放訖申報奏

核定雪寃超資條例奏 長興四年五月中書門下

准長興元年二月二十一日南郊赦書節文州縣官在任日雪得寃獄許非時參選超資注官仍賜章服今詳勑命凡云寃獄者所司推鞫定罪不平迴曲作直已成案牘或經長吏慮問或是家人訴寃重結推訊始見情實迴死爲生始名雪寃仍須元推官典招伏情罪本處檢案牘事節給與公憑吏於考牒內署出候本官滿日便准近勑非時參選若活得一人超一資注官二人已上加章服已有章服加檢較官如在任除雪寃獄外限內徵科了絕減得一

選已上或招添户口至一分已上並許酬奬如加官至五品已上許奏聽勑旨如雖雪得寃獄徵科違限不了合殿選者亦待殿選滿日與敘雪寃之賞或逃却户口亦據降等敘官如本司小小刑獄未經別司縱能處斷不得援例

欽定全唐文卷九百七十二

闕名十三

請優經學出身選任奏 應順元年閏正月中書門下

准天成二年十二月詔曰長定格應文學出身人一任三考許入下縣令下州縣錄事參軍亦入中下州錄事參軍兩任四考許入中下縣令中州錄事參軍兩任五考許入中縣令上州錄事參軍兩任六考許入上縣令及緊州錄事參軍凡爲進取皆有因依或少年便授好官或暮齒不離卑任況孤貧舉士纔年四十始得經學及第八年合選

方受一官於初任之中多不成三考第二選漸向蹉跎有一生終不至令錄者若無改革何以發揚自此經學出身請一任兩考許入中下縣令下州錄事參軍

准勑修凌煙閣奏 應順元年閏正月集賢院

准勑書修創凌煙閣尋奉詔問閣高下等級謹按凌煙閣都長安時在西內三清殿側畫像皆北面閣有中隔隔內北面寫功高宰輔南面寫功高諸侯王隔外面次第圖畫功臣題贊自西京板蕩四十餘年舊日主掌官吏及畫像工人並已淪喪集賢院所管寫眞官畫眞官人數不少都

洛後廢職。今將起閣。望先定佐命功臣人數。請下翰林院豫令寫眞本及下將作監興功。次序間架修建。

諫親送葬奏 應順元年二月山陵使

大行山陵四月二十七日掩元宮。以御札皇帝親奉靈駕至園陵。有司量事供備。臣等伏見累朝故事。人君無親送葬之儀。蓋承繼事大。非薄於送終。

請定刺史選舉軍州判官條例奏 清泰元年七月中書門下

自今年二月後。諸州奏軍州判官九人。行之。擬新詳定敕文。慮在外未知詔。軍事判官宜令本州刺史自選擇舉奏。

初且除本職。未得與官。或與刺史連任相隨。顯有勞能。許本刺史以聞。量與獎賞。仍不許橫有奏薦。其三月後九人。且與施行。

請修奉列聖陵寢奏 清泰元年十一月宗正寺

御史臺轉報。百司各抄六典令式內本司事。舉行職典。宗廟陵園。列聖陵寢。多在關西。梁季爲賊臣盜發。同光初。曾差供奉官李說工部郎中李途往關西巡陵祭告。屬朝廷有故不行。明宗天成初。差丞李郁檢較。又長興四年詔。掩閉無主墳墓。況列聖陵寢。伏遇中興。雖有修奉之言。而無掩閉之實。乞差官檢討修奉。置陵令一員。應屬陵之四封。各乞寺司管係。

請加吳山封號奏 清泰元年

天寶十載正月。封吳山爲成德公。與沂山會稽醫無閭同制封公。至德二年十二月。改吳山爲嶽。祠享官屬視五嶽。今國家以靈應告祥。宜示殊等。

覆奏程遜等陳時務奏 清泰元年中書門下

翰林學士程遜學士和凝張礪等上十三事。其一。前代帝王親觀風俗。訊民利病。其後不暇親行。亦遣使巡行風俗。

唐朝於十道置採訪使一員。請如舊制。亦冀民病蘇舒。其二。天成已來。久不括田。自水旱累年。民戶疾苦不均。今歲夏秋。或稔於常歲。請行檢括。庶獲均輸。其三。中原邊上。率多閒田。可令近下軍都興起屯田。舊時銅冶鐵冶。亦令軍人興置。不費於民。其四。人君求理。欲廣視聽。須羣臣上言。然則人才有短長。智畧有能否。其於聽用之間。乞留睿鑒。伏恐失人。其五。朝野官吏人數衆多。若不行黜陟之科。何以察其能否。望准考課令。凡中外官歲終較考。以行進退。其六。古人得位相讓。所冀不掩賢能。得其髦俊。請依建中故事羣官受命後舉人自代其七治道旣知損益務實去華伏見自中興以來或於邊境權立州縣名目户口不多虛張吏員枉費祿食其權置名目望一切停省以賑邊軍臣伏見徐宿州管內有泗濱院徐山院市邱院白土務所管人户共數千家請罷廢名額其户稅請還州縣其八請止游惰勸農桑減冗食之員停不急之務其九君上置諫諍之官此期聞過況聞官給諫紙虛佇讜言時政有所不便請諫官陳論詔書有所依違請給事中封駁其十國朝承平時諸監鑄錢不輟尚不能給今國家所鑄絶少而市

人銷錢貴賣銅器累行止絶尚未知禁伏乞嚴下條法其銅除鏡鞍轡腰帶外不許市賣銅器犯者以贓論其十一沿邊鎭戍請明斥堠習戰陣謹烽候令戎狄知懼戰必有功其十二每年給散蠶鹽不敷斤兩雜之以硝土請給散之時命清强官止絶其十三伏聞關西河東人民饑饉殍殕者多其城市鄉村積粟之家望令官司通指姓名俾令出糶以濟飢民中書門下覆奏程遜等十三事其置採訪使難擇公清之吏卻生僥倖之門問疾苦則未能勞供須則轉費況刺史廉使自合訪求不勞別置其累年水旱欲與檢田以均勞逸今年夏苗已多災旱秋稼今未及時請下三司可否聞奏其屯田治務興造之初所費不少今國力未辦可俟佗時其受官舉代劉鼎近已上聞其餘九件並可施行擇良善爲心腹羣官書考併省州縣止游惰勸耕桑諫官論事給事封奏斷用銅器邊城習武備差官散蠶鹽均糶以濟飢民等事

請改廟諱偏旁奏　清泰二年五月中書門下

准天成元年正月十六日勅本朝列聖及四廟諱近日中外表疏偏旁文字皆闕點畫凡當出諱止避正呼儻迴避

於偏旁則虧闕於文字宜從樸素庶便公私凡廟諱但迴避正文其偏旁文字不在減少點畫今定州節度使楊檀檀州金壇縣等名酌情制義並請改之

請改定枉法贓罪奏　清泰二年五月中書門下

刺史位列公侯縣令爲人父母祇合倍加乳哺豈合自致瘡痍一昨張宗裔胥吏訟論合當極典法司據律罪止徒流向來此法極嚴纔可存其軀命卽一二十年不復還鄉卻緣近日赦宥稍頻遷易頗數致其兇物不顧嚴刑臣竊惟立法稍嚴則人不敢犯其見行法律望下所司再加詳

酌。

請定朝官除任月限奏 清泰二年八月中書門下

前大卿監五品升朝官西班將軍皆在任許滿二十五月。如銜替已經二十月。卽別任用。少卿監舊例三任四任方入大卿監。五品三任四任方入少卿監。今後並祇三任。逐任須月限滿無殿責者。便入此官西班將軍罷任一年許求官。舊例三任四任方入大將軍。今祇無殿責。或曾任金吾將街使藩鎮刺史。特勅並不拘此例。諸道除兩使判官外書記以下任自辟請。應朝官除外任。罷任後一年方許

陳乞諸道賓席未曾升朝者。若官兼三院御史。卽除中下縣令兼大夫中丞祕書少監郎中員外郎與清資初任升朝官檢校官至尚書常侍祕書監庶子升朝便與少卿監諸州防禦團練判推官並請本州奏辟中書不更除授應出選門官帶三院御史供奉裏行及省銜罷任後周年許陳乞諸州別駕不除令錄仍守本官月限得替後一年許陳乞長史司馬因攝奏正未有官者送名。

議臣寮居喪終制除授奏 清泰二年十月中書門下

奉長興二年四月五日勅朝臣居喪終制委御史臺具名申奏。諸道幕府職事。除喪後宜行恩命。州縣官纔授官及到任一考前丁憂服闋並與除授。依長定格自有節文。應州縣官新授及到任一考前丁憂服闋准格取文解南曹磨勘申中書門下當與除授。不得經堂陳狀。

請更定朝班奏 清泰二年十一月御史臺

今月二日。班入遇雨。移班廊下。知班臺吏董瑾引僕射在中丞三院御史以下。僕射詰問。董瑾稱准常例。臺司刺都省請簡討舊儀。都省稱國朝以端揆之重。師長百僚。雖在列司。皆爲統屬。且左右僕射常朝不在中丞之下。赴宴廊

飧。並在中丞之上。況中丞有公參之理。避路之儀。詳其道理。自有等降。臺司又堅稱李琪盧質任僕射日。班亦如此。又引通事舍人在一品班上。尋申中書門下。奉宰臣判令廊下使重定班位。廊下使言今後遇雨移班廊下。欲請依殿前塼位次第。二品在三品前。一品後。若中丞大夫俱置。卽大夫在中丞前。其西班准此。謹聞。

請定內外官吏對見條例奏 清泰三年三月

內外官吏對見。例應諸州差判官軍將貢奉到闕。無例朝見。以名銜奏。放門見賜酒食。得迴詔進牓子放門辭。臣今

後欲祇令朝見餘依舊規應諸道兩使判官推官巡官無例中謝奏過放謝辭如得替歸京無例朝見臣欲令後除兩使判官許中謝門辭其書記已下新除授及得替並依舊規應文武朝官除授文五品武四品以上並中謝以下無例對謝以天成四年正月勑凡升朝官新授並中謝欲准此例應諸道節度使差判官軍將進奉到闕朝見得迴詔下牓子奏過令門辭應諸道都押衙馬步都虞候鎭將得替到京無例見或在京授任無例中謝進牓子放謝辭應諸道商稅鹽麴諸色務官在京差補亦放謝辭得替歸

京亦無例見在京商稅鹽麴兩軍巡使卽許中謝應新除令錄並中謝次日放門辭兼有只宣誠勵應文武兩班差弔祭使及告廟祠祭祇於正衙辭見不赴內殿諸道差進奏官到闕得見後請假得替進牓子放門辭已前六件望准舊例施行

覆冊四廟奏 天福二年三月尚書省

臣等今月十三日再於尚書省集百官詳議夫王者祖武宗文郊天祀地故有追崇之典以申配饗之儀竊詳太常禮院議狀准立七廟四廟卽並通其理其他所論並皆勿取七廟者按禮記王制云天子七廟三昭三穆與太祖之廟而七鄭元注云此周制也詳其禮經卽是周家七廟之定數四廟者謂高曾祖禰四世也按周本紀及禮記大傳皆云武王卽位追王太王王季文王以后稷爲堯稷官故追尊爲太祖此卽周武王初有天下追尊四廟之明文也故自漢魏以降迄於周隋創業之君追謚不過四世約周制也此禮行之已久事在不疑今參詳都省前議狀請立四廟外別引始祖取裁未爲定議續准勑據御史中丞張昭遠奏請創立四廟之外無別封始祖之文備引古今細

詳沿革合前王之茂典是歷代之通規況國家禮樂刑名皆約唐典宗廟之制須據舊章請依唐朝追尊獻祖宣皇帝懿祖光皇帝太祖景皇帝代祖元皇帝故事追尊四廟爲定臣等考詳典禮上奉聖明雖共竭於懇誠實倍慙於淺近

請准舊式賜食儀制奏 天福二年三月御史臺

唐朝令式南衙常參官文武百寮每日朝退於廊下賜食謂之堂食自唐末亂離堂食漸廢仍於入閤起居日賜食每入閤禮畢閤門宣放仗羣臣俱拜謂之謝食至僞主清

泰元年中入閤禮畢更差中使至正衙門口宣賜食百官立班重謝此則交失唐朝賜食之意於禮實爲太煩臣恐因循漸失根本起今後入閤賜食望不差中使口宣准唐明宗朝事例處分

行朝起居依在京事體奏 天福二年四月御史臺

文武百寮每五日一度内殿起居在京城時百官於朝堂幕次自文明殿門入穿文明殿庭入東上閤門至天福殿序班今隨駕百官自到行朝每遇起居日於幕次東出升龍門與諸色人排肩雜進自外繚繞方入内門臣竊見升

龍門外庭宇不寬人徒大集或是諸司掌事或是諸道使臣方集貢輸不可止約若令與衣冠雜進朝士並趨則恐有壞天官見輕朝序權時之義事理難安起今後每遇百官赴内殿起居日請依在京事體百官於幕次自正衙門入東出横門既協京國常儀兼在行朝便穩

請復舊制廊下賜食奏 天福二年四月御史臺

文武百寮每月朔望入閤禮畢賜廊下食在京時祇於朝堂幕次兩廊下今在行朝於正衙門外權爲幕次房廊湫隘間架絶少伏恐五月一日朝會禮畢准例賜食即於幕次難爲排比伏見唐明宗時兩省官於文明殿前廊下賜食今未審每遇入閤日權於正衙門兩廊下排比賜食爲復別有處分者

進苑恕策奏 天福二年十月詳定院

前洛州雞澤縣主簿苑恕進策五件可行者有二其一云伏見諸道行遣公事皆有前後通規定知後所繇置遞符脚力每遇緩急嘗遣往來既有嚴程孰敢慢事近日州使多差牽攏散從承符步探官等下縣追督公事始發一替專人又致續催使者事則一件兩件使乃五人七人非唯

剥削蒸黎實爲撓煩縣邑及官吏無暇區分庶事唯當祇奉專人如此弊訛特望條貫若令佐稍虧職分或後公期顯有憲章請行法典其二曰自前兩税徵賦已立三限條流官員懼殿罰之威節級畏科懲之罪苟非水旱敢怠區分未嘗有不了之州何處是不前之縣臣今覩諸道省限未滿州使先追仍勒官員部領胥徒云與倉庫會探務行誅剥因作瘡痍全無軫恤之心但恣貪求之意外邑所繇等不免牽費非理盤纏例總破家皆聞逃役自今之後伏乞只憑倉庫納數點算便即委知仍取縣司申聞勘會以

明同異若實違省司期限請依常典指揮會採之名特乞停寢者臣等參詳苑恕所陳事件要絕煩苛當務息民以裨求理誠爲允當望賜施行

進竇溫顏策奏 天福二年十月詳定院

前隰州蒲縣令竇溫顏進策一十一件可行者有二其一曰伏見所在縣令有差配百姓紙筆及課錢户者朝廷付以宰字貴要撫綏支給料錢合專慎守逐日紙筆之用所費不多隨處等力之名皆有定數多是擅放甚爲貪汚特望降以嚴條除其宿弊伏慮州縣官逐月所給正俸皆無

見錢使府給配之時皆是虛頭計算伏請州縣官所給料錢雜物准折一依逐處時估者臣等參詳凡關課户皆是強名縣宰將治凋瘵不合別生差配據茲條件請賜改更所給料錢難議條理

分別常參官奏 天福二年十一月中書門下

准唐貞元二年九月五日勑文官充翰林學士及皇太子諸王侍讀武官充禁軍職事並不常朝參其在三館等諸職事者並朝參訖各歸所務者自累朝以來文武在内廷充職兼判三司或帶職額及六軍判官等例不赴常朝元無正勑准近勑文武職事官未升朝者按舊制並赴朔望朝參其翰林學士侍讀三館諸職事望准元勑處分其在内廷諸司使等每受正官之時來赴正衙謝後不赴常朝大朝會不離禁廷位次三次職官免常朝唯赴大朝會其京司未升朝官員祇赴朔望朝參帶諸司職事者不在此例文官除端明殿翰林學士樞密院學士中書省知制誥外有兼官兼職者仍各發遣本司供事

請改正漏刻奏 天福三年二月司天臺

漏刻經云漏刻之制起自軒轅所以上揆天時下著人事

是故日行有南北晷漏有長短以黃道去極之度而求漏刻日移之變夫中星晝夜一百刻分爲十二時每時有八刻三分之一假令符天以六十分爲一刻一時有八刻二十分四刻十分爲正前四刻十分爲正後二十分中必爲時正上古以來皆依此法自唐室將季黃巢犯京既失舊經漏刻無准伏以見行漏刻自午初四刻元稱已時已入未時猶打午正若不改更終成錯誤今欲每時初打一刻至四刻後正時正牌打八刻終一時後一時却從初起卽上同往古下驗將來

遵勅改定漏刻奏 天福三年二月司天臺

臣等據諸家歷數及太霄論漏刻等經皆以晝夜百刻分爲十二時每時有八刻三分之一凡一時以打一刻起於時初八刻終於時正近取到水秤較驗方知見行漏刻差誤假令以午時爲例從午時五刻上行作午時一刻侵至未時四刻始滿八刻方終午時此則午未兩時中各取半合爲一時也自日出後至日入以來時刻皆如此例相侵伏乞改正從時初打一刻至四刻後進正牌八刻終爲一時後時却從初起時辰自正晷漏無差

進盧燦策奏 天福三年三月詳定院

前守洪洞縣主簿盧燦進策云伏以刑獄至重朝廷所難尚書省分職六司天下謂之會府且諸道決獄若關人命即刑部不合不知欲請州府凡決大辟罪人請逐季具有無申報刑部仍具錄案款事節并本判官馬部都虞候司法參軍法直官馬部司判官名銜申聞所貴或有案內情繇不圓刑部可行覆勘如此則天下遵守法律不敢輕議刑書非唯免有銜冤抑亦勸其立政者臣等參詳伏以人命至重而國法須精雖載舊章更宜條理誠爲允當望賜施行

進李祥疏奏 天福三年三月宰臣

李祥才光鳳閣志奉龍圖聰明有作誥之方名器無假人之理以茲留意爰具上章乃是大綱且非小善既叶聖人之教可嘉君子之言所奏節度刺史州衙前職員等事望賜施行

請准段禺修齋壇屋宇奏 天福三年四月詳定院

太常博士段禺進封事云臣竊見雒京四面所有祠祭諸壇等自近年以來相次官員祭告不住芟薙掃除漸似低

平久虧增飾今乞下太常寺牒河南雒陽兩縣應有管係壇所方以農務未興之時各勒逐近量差三十人功添補修泥須及元格尺丈高闊其齋宮處有經費據難修營稍候秋登亦望條理自然百靈允集萬福攸歸臣等參詳大凡祀祭事在敬恭惟於齋壇最宜崇飾

請詳定明宗朝勅制奏 天福三年六月中書門下

伏覩天福元年十月勅節文唐明宗朝勅命法制仰所在遵行不得更易今諸司每有公事見執清泰元年十月十四日編勅施行稱唐明宗朝勅除編集外盡已封鏁不行

臣等商量望差官將編集及封鑠前後勅文並再詳定其經文可行條件別錄聞奏施行

請建慶昌宮奏 天福四年二月中書門下

陛下應天順人握圖御宇雷遶虹流之地既煥禎符出潛離隱之鄉宜光稱謂其太原潛龍莊望建爲慶昌宮使相望鄉改爲龍飛鄉都尉里望改爲神光里

乞御史照舊例分判事宜奏 天福四年三月御史臺

按六典侍御史掌糾舉百僚推鞫獄訟居上者判臺知公廨雜事次知西推贓贖三司受事次知東推理匭伏乞今

後准故事施行

日食救護奏 天福四年六月司天臺

七月一日太陽有虧缺於北極於東復於南未盈而沒太常禮官詳舊制日有變天子素服避殿太史以所司救日於社陳五兵五鼓麾東戟南矛西弩北盾中央置鼓服從其位百職廢務素服守司重列於庭每等異位向日而立明復而罷今所司法物咸不能具去歲正旦日有食之唯謹藏兵仗皇帝避正殿尚素食百官守司而已

請定公主出降儀奏 天福四年八月中書省

太常禮院定來歲長安公主出降儀太僕寺供厭翟二馬車殿中省備圓方偏扇各十六行障三坐障二繖一大扇一圓大扇二令車障傘扇是同光年皇后法物欲雅飾牙使厭翟之車后以四馬權去二馬用之

請定唐廟制度奏 天福四年十一月太常禮院

唐廟制度請以至德宮正殿隔爲五室室三分之南去地四尺以石爲埳中容二主廟之南一屋三門門戟二十四東西一屋一門門無棨戟四仲之祭一羊一豕如其中祠幣帛牲牢之類光祿主之祠祝之文不進不署神廚之具

鴻臚督之五帝五后凡十主未遷者六未立者四未謚者三高祖太宗與其后暨莊宗凡六主在清化里之寢宮祭前一日以殿中繖扇二十迎置新廟以行饗禮閔帝莊宗明宗二后及魯國孔夫人神主四座請修製祔廟及三后請定謚法

請定官品奏 天福七年五月中書門下

有司檢尋長興四年八月二十一日勅準官品令侍中中書令正三品按會要大歷二年十一月升爲正二品左右常侍從三品按會要廣德二年五月升爲正三品門下中

書侍郎正四品大歷二年十一月升爲正三品諫議大夫正五品按續會要會昌二年十二月升爲正四品以備中書門下四品之闕御史大夫從三品會昌二年十二月升爲正三品御史中丞正五品亦與大夫同時升爲正四品

點檢起居官奏 天福七年五月中書門下

時屬炎蒸事宜簡省應五日百官起居卽令押班宰臣一員押百官班其轉對官兩員封事付閤門使引進本官起居後隨百寮退不用別出謝恩其文武內外官寮乞假寧親搬家及婚葬病損並門見門辭諸道進奉物等不用殿

前排列引進使引至殿前奏云某等進奉奏訖其進奉物便出其進奉專使朝見日班首一人致詞都附起居州刺史并行軍副使諸道馬步軍都指揮使以下差人到闕並門見門辭州縣官謝恩日甲頭一人都致詞不用逐人告官其供奉官殿直等如是當直及於合殿前排列者卽入起居如不當直排列者不用每日起居委宣徽院專切點檢常須整齊

據乞賜院額奏 開運二年六月定州

據郎山招收指揮使孫方簡狀當山有僧院地居山谷道扼鄉閭自蕃戎騷動以來邊界驚移之後多聚強壯自辦戈矛每遇賊軍皆獲勝捷其郎山爲易州之中路滿縣之鄰封通此往來最爲要害乞賜院額者

請定僕射入朝儀注奏 開運二年八月御史臺

宰相和凝新除右僕射入朝就列儀注責得臺吏喬得威狀稱新除僕射正衙朝謝後次日中丞率三院御史到僕射廳公參相次文武百官公參趨朝時不序班入在中丞之前兼舊例除拜御史大夫趨朝退出在兩省之前僕射出在大夫之前近年以來入朝祇在中丞之前朝退僕射

出卻在兩省之後銀臺司遂檢唐朝舊儀伏見元和七年二月七日勅所定僕射趨朝出入儀注甚重今後欲請常朝序班候御史中丞羣官先入以次東宮保傅入次兩省入次僕射入及朝退僕射先出以次兩省官出東宮保傅出次御史中丞百官出

闕名 十四

請修制配享獻享禮奏 乾祐元年六月太常禮院

准天福十二年六月中勅追尊六廟當司尋各牒所司請排比法物修制冊寶并袞龍服通天冠絳紗袍鎮珪等所司修制並無次第者伏緣當司勘造逐年四季祠祭晝日內正月上辛祈穀四月孟夏雩祭及夏至九月季秋大享明堂十一月冬至禮祀昊天上帝夏至祀皇地祇十月孟冬神州地祇皆以祀前二日准禮例奏告太廟一室配座

并四孟月及臘饗於太廟伏以國之大事在祀與戎晝日無配座之儀宗廟闕薦饗之禮今詳典墳有虧禮敬伏乞再下所司申請修制

條陳減選奏 乾祐二年十二月中書門下

准天福八年四月一日勅條舉前後勅文內一件准天福五年十月二十七日勅應州縣官書得十六考敘階至朝散大夫者并歷任內曾升朝及兩使判官者准元勅一選集選期既近理減尤難不得援常選人例妄乞減選每一任無遺闕者候再除官別與加恩其曾任節度觀察推官巡官防禦團練軍事判官并諸出選門官等如卻授令錄者並依見任官選數赴集若在任有考課准格合減選者並與理減除此外今任合七選集者特與減一選八選已上與減兩選仍並合格日取解赴所司磨勘無違礙者即錄名送中書

請朝拜睿陵奏 廣順元年正月宗正寺

漢朝諸陵二仲差官朝拜今鼎命歸周不合管係伏准敕書睿陵宮人職員時日薦享如舊二仲合差官朝拜

請降階迎四廟冊案奏 廣順元年四月中書門下

太常禮院申七月一日皇帝御崇元殿命使奉冊四廟以舊儀服袞冕即座太尉引冊案入皇帝降座引立於御座前南向中書令奉冊案進皇帝搢珪捧授冊使使跪受轉授舁冊官其進寶授寶儀如冊案恭以興王之始稽古爲先四方見尊祖之心萬代傳敬親之道臣等參詳至時請皇帝降階

請勘尋選人失墜告牒事理奏 廣順元年六月中書門下

得司勳郎中許遜申權主判吏部格式選人皆稱值去年十一月內失墜告牒雖尋舊式有例檢行竊緣官員上任

之日。只憑告勅籤符。罷秩之後。卽藉解繇歷子。旣失官牒。得以檢其勅甲。若無解繇。難知眞僞。欲請今後若無解繇歷子考牒者。候牒本道州縣勘尋有何殿最。候迴文與陳狀官員事理同。卽依牒申銓取保再給憑繇。貴無踰濫之人。免有徼求之倖。

請禁業主牙人陵弱商賈奏 廣順二年十二月開封府

商賈及諸色人等訴稱被牙人店主人引領百姓賒買財貨。違限不還其價。亦有將物去。便與牙人設計。公然隱沒。又莊宅牙人。亦多與有物業人通情。重疊將店宅立契典

當。或虛指別人產業。或浮造屋舍。僞稱祖父所置。更有卑幼骨肉。不問家長。衷私典賣。及將倚當取債。或是骨肉物業。自己不合有分。倚强淩弱。公行典賣。牙人錢主。通同蒙昧。致有爭訟。起今後欲乞明降指揮。應有諸色牙人店主。引致買賣。並須錢物交相分付。或還錢未足。仰牙人店主明立期限。勒定文字。遞相委保。如數內有人前卻及違限別無抵當。便仰連署契人同力填還。如諸色牙行人內有貧窮無信行者。恐已後誤業。卽許衆狀集出。如是客旅自與人商量交易。其店主牙行人。並不得邀難遮占。稱須依行店事例引致。如有此色人。亦加深罪。其有典質倚當物業。仰官牙人業主及四鄰人同署文契。委不是曾將物業已經別處重疊倚當。及虛指他人物業。印稅之時。於稅務內納契日。一本務司點檢。須有官牙人鄰人押署處及委不是重疊倚當錢物。方得與印。如違犯。應關連人並行科斷。仍徵還錢物。如業主別無抵當。只仰同署契牙保鄰人均分代納。如是卑幼不問家長。便將物業典賣倚當。或雖是骨肉物業。自己不合有。輒敢典賣倚當者。所犯人重行科斷。其牙人錢主。並當深罪。所有物業。請准格律指揮。如

有典賣莊宅。准例房親鄰人合得承當。若是親鄰不要。及著價不及。方得別處商量。和合交易。只不得虛擡價例。蒙昧公私。如有發覺。一任親鄰論理。勘責不虛。業主牙保人並當科斷。仍改正物業。或親戚實自不便承買。妄有遮吝阻滯交易者。亦當深罪。

請孟冬祫祭奏 廣順三年七月太常禮院

祭禮。宗廟之祀。三年一祫。以孟冬。五年一禘。以孟夏。所以別尊卑。審昭穆也。四時之祭。薦其常事。故禘祫之月。則不行時饗。恭惟追尊四廟。經今三年。准禮合改十月孟冬薦

享爲祫。

迎太廟神主儀注奏 廣順三年九月禮儀使

太廟神主將至前一日。儀仗出城。掌次於西御莊東北設神主行廟幄幕。面南。其日放朝。羣臣早出西門。皇帝常服出城。詣行宮。羣臣起居畢就次。神主將至。羣臣班定。皇帝立於班前。神主至。太常卿請皇帝再拜。羣臣俱拜。神主就行廟幄幕坐。設常饌。羣臣班於神幄前。侍中就次。請皇帝謁神主。既至。羣臣再拜。皇帝進酒畢再拜。羣臣俱拜。皇帝還幄。羣臣先赴太廟門外立班。俟皇帝至。起居。俟神主至。

羣臣班於廟門外。皇帝立於班前。太常卿請皇帝再拜。羣臣俱拜。皇帝還幄。羣臣就次。宮闈令安神主於本室。訖。羣臣班於廟庭。太常卿請皇帝於四室奠饗。逐室皇帝再拜。羣臣俱拜。四室祔饗畢。皇帝還宮。前件儀注。望付中書門下宣下。

量定郊祀璧幣制度奏 廣順三年九月禮儀使

郊祀珪璧制度。准禮。祀上帝以蒼璧。祀地祇以黃琮。祀五帝以珪璋琥璜。其玉各依本方正色。祀日月以珪璋。祀神州以兩珪有邸。其用幣。天以蒼色。地以黃色。配帝以白色。日月五帝各從本方之色。皆長一丈八尺。其珪璧之狀。璧圓而琮八方。珪上銳而下方。半珪曰璋。琥爲虎形。半璧曰璜。其珪璧琮璜。皆長一尺二寸。四珪有邸。邸本也。珪著於璧而四出也。日月星辰以珪璧五寸。前件珪璧。雖有圖樣。而長短之說。或殊。按唐開元中。元宗詔曰。禮神以玉。取其精潔。比來用珉。不可行也。如或以玉難辦。寧小其制度。以取其眞。今郊廟所修珪璧。量玉大小。不必皆從古制。伏請下所司修製。

請祀郊廟用祝版奏 廣順三年九月禮儀使

古者文字皆書於冊。而有長短之差。魏晉郊廟祝文書於冊。唐初悉用祝版。惟陵廟用玉冊。元宗親祭郊廟。用玉爲冊。德宗朝博士陸淳議。准禮用祝版。祭已燔之。可其議。貞元六年親祭。又用竹冊。當司准開元禮。并用祝版。梁朝依禮行之。至明宗郊天。又用竹冊。今詳酌禮例。祝版爲宜。

請定起居舍人朝班先後奏 廣順三年十一月中書省

新除起居舍人邊珝任徹。其邊珝已謝。任徹奉使未回。任徹自左補闕除授。邊珝自右補闕除授。任徹舊官已在邊珝之上。今任徹自勅頭。近日同制授官。多以先謝爲上。伏

慮任徹使回行立班次難定

請删定法書奏 顯德四年五月中書門下

准宣法書行用多時文意古質條目繁細使人難會兼前後勑格互換重疊亦難詳定宜令中書門下並重删定務從節要所貴天下易爲詳究者伏以刑法者御人之銜勒救弊之斧斤故鞭扑不可一日弛之於家刑法不可一日廢之於國雖堯舜淳古之代亦不能捨此而致理矣今奉制旨删定律令有以見聖君欽恤明罰勑法之意也竊以律令之書政理之本經聖賢之損益爲古今之章程歷代

以來謂之彝典今朝廷之所行用者一十二卷律疏三十卷式二十卷令三十卷開成格一十卷大中統類一十二卷後唐以來至漢末編勑三十二卷及皇朝制勑等折獄定刑無出於此律令則文辭古質看覽者難以詳明格勑則條目繁多檢閱者或有疑誤加以邊遠之地貪猾之徒緣此爲姦寖以成弊方屬盛明之運宜伸畫一之規所冀民不陷刑吏知所守臣等商量望准聖旨施行仍差侍御史知雜事張湜太子右庶子劇可久殿中侍御史帥汀職方郎中鄧守中倉部郎中王瑩司封員外郎賈玭太常博士趙礪國子博士李光贊大理正蘇曉太子中允王伸等一十人編集新格勒成部帙律令之有難解者就文訓釋格勑之有繁雜者隨事删除止要諧理省文兼且直書易會其中有輕重未當便於古而不便於今矛盾相違可於此而不可於彼盡宜改正無或牽拘候編集畢日委御史臺尚書省四品以上及兩省五品以上官參詳可否送中書門下議定奏取進止

條陳考課事例奏 顯德五年閏七月考功

奏新勑起今年正月一日後授官並以三周年爲月限閏

月不在其内者當司所書較内外六品下赴選官員考第令後以一周年較成一考如欠日不在計限滿三周年較成三考如考滿後未有替人在任更一周年與成第四考如欠日不在計限兼逐年須具到任年月日自上以來課績功過第二考須具經考後課績不得重疊計功其未考須具得替年月日比類升降自今年正月一日以前授官到任者欲准格例三十個月書較三考今年正月一日後來授官到任者准新勑三周年爲月限每一周年書較一考閏月不在其内所有諸道州府較考申發考帳及當司

較奏各依前後格勑施行應諸司諸色流内出身人等准格並須待附申考近年不經奏考便至參選頗啟倖門應在司見役人等自今後逐年起六月初一日後正身於所司投狀請申較勞考省司據狀却牒本司勘會補奏年月日勑甲頭姓名見掌案分公事牒報省司將元狀檢勘同即與准例申較仍自此後須逐年九月以前較奏了畢不在更與隔年併書之限其考牒本無綾紙書寫勑例今後每年奏下逐人給省牒一紙使大張紙書不在使綾紙及併年都給限據省較勑之日有公事在外差出不虛即本

司雜事須具在職功過及出外事繇牒報考功不得有妨逐年書較如不與申牒其雜事令史量情科決仍殿一選如無故自不經省投狀請奏較不在論訴之限者當司緣新勑促期限慮恐較考遲違今後應合較考人請起自五月一日正身投狀限十日畢至七月三十日以前較奏了畢餘依元格施行

請定文武官朝參不到罰例奏 顯德五年閏七月御史臺

文武百官每日赴朝參不到如是常朝不到於本官料錢上每貫罰錢十五文如是內殿起居入閤行香出城衆集及非時慶賀御殿闕行參不到並是倍罰臺司先牓幕次曉示本官限三日外即牒三司尅折如有故曾陳牒即將領由呈驗又十六懲條准元和二年十二月內御史臺奏文武常參官准乾元元年三月勑如有朝堂相弔慰相跪拜待漏行立失序談笑諠譁入衙內執笏不端行立遲慢至班列行立不正趨拜失儀拜跪不俯伏舒脚穿班伏出門不即就班無故離位廊下食行坐失儀拜起無度抵夜退朝不從正衙門出非公事入中書每犯者奪一月俸今商量比舊條各減一半如所由指揮尚或抵拒即准舊例

錄奏貶降

欽定全唐文卷九百七十四

闕名十五

請立皇太子疏 寶應二年五月宰臣

伏見儲貳未立。明兩虛位。累有陳請。恩誠不從。陛下以郊壘多虞。羌戎侵軼。抑茲大典。姑務安邊。誠聖主憂勤謙讓之心。非國家固本久遠之計。易曰。重明以麗乎正。乃化成天下。書曰。一人元良。萬邦以貞。謹按歷代哲王。守邦建國。未有不先定冢嗣。以叶羣情。然後修禮文。緝刑政。於是諸侯以秩進。戎狄以義敘。匕鬯以時主。監撫以事明。宗祀之本不可暫闕。今大盜初滅。先零猖狂。時號艱虞。人懷底定。

而守嫡不建。繼體未孚。天下喁喁。實有所望。陛下固辭未免億兆搖心。伏願遠圖百代之謀。俯遂羣臣之請。必冀四夷向化。萬國歸誠。

請節哀親政疏 大歷元年五月宰臣

伏以華陽公主輟朝。又當夏至節假。臣等趨事。向隔旬時。惶駭失圖。瞻跼若歲。仰惟公主夙成神悟。仁眷特鍾。嘗禱必親。已承減膳。幽明遽間。倍軫慈衷。臣等微誠。無由感達。伏惟陛下守累聖之公器。御羣生之重畜。夷百戰之艱患。撫四夷之傷殘。虜候爲虞。戎師近警。一言萬務。裁成聖心。得失謬於毫釐。安危存於晷刻。伏慮顧懷猶切。神志未和。衆情之所以不寧。臣子之所宜兢悸。伏願抑周喪之私痛。均品物於至公。下慰黔黎。上安宗社。天下幸甚。

請增添聞奏條令疏 長慶三年十一月御史臺

伏以臺司奏報。並有舊條。昨因左巡奏疏。闕已准勅科罰聞奏訖。臣今檢尋條件。本不該詳。事須添改。令可遵守。伏請添一節文。應諸司科決人致死。雖不死而事異於常。稍涉非理者。並准前條聞奏。禁城內不在此限。庶得從令

以後。免有闕遺。

請罰到任遲延疏 寶歷元年九月御史臺

近日新置刺史。赴官多違條限。請准舊制。不逾十日。常參官及六品以下分司官。比來淹延。亦動經累月。自今以後。常參官分司請勅下後二十日發。其六品以下分司官請待臺牒到發。限外如妄稱事故不發。常參官奏聽進止。六品以下官臺司舉罰兩月俸料。

請釐正託故不之任疏 寶歷二年二月

內外六品以下官有不之任諸色事故勾留等。伏以任官

員數素定。奉公無分有常。一處闕人。庶務失本。法苟不舉。弊恐滋深。今國計所須。江淮是賴。江淮州縣官俸料稍厚。處勾留倍多。除准勅正額勒留人外。有事故離任者。每年須部送兩稅左藏庫行綱。不知處差常務倒置。以官糜費。因緣所害甚廣。況勤勞責累。移在他人。俸祿資考。則爲巳有。欲將求於致理。先是察其曠官。伏請起今除元有勅額勾留之司。及宰相節度使幼小子弟恩例一官不之任外。縱有要籍。並須具事由聞奏。挾名勅下。即任離本官任。仍當時牒報御史臺。有違請免所居官。并殿三選。其州府長

史奏聽進止。

請置祇候屋宇疏 寶歷二年三月御史臺

三院御史盡入到朝堂。從前無止泊處。今請置祇候屋宇門下直省院西京兆府尹院東有官地。請准長慶元年八月於中書南給官地起造。請度支給錢一千貫文。臺司自勾當便從便起造。

請推問臨決稱寃疏 太和元年十二月御史臺

伏以京城囚徒。准勅科決者。臣當司准舊例。差御史一人監決。如囚稱寃。即收禁聞奏。便令監決御史覆勘者。伏慮監決之時。各懷疑憚。務求省便。難究寃辭。恐至無告屈之人。失陛下好生之理。且臺司本定四推。以鞫疑獄。六察職事巳重。不合分外領推。伏請自今以後。有囚稱寃者。監察御史聞奏。勅下後便配四推。所冀獄無寃滯。事得論理。

請設官講明經義疏 天成四年十二月國子監

伏以國家開設庠序。比要教授生徒。所以日就月將。知討論之不廢。卜禘視學。明考較之有程。先生旣以親臨學士。豈宜他適。蓋以頃者監名雖補。各以私便無常。且居罔離羣則學能敬業。終成孤陋。誰爲琢磨。但希託迹爲梯媒。只以多年爲次第。罔思蟻術。惟俟鶯遷。忍淹違養之時。徒積觀光之歲。今國家化被流沙。漸海。政敷有截。無癧。大扇素風。恢張至道。是以重興數仞。分設諸官。教且有常。業成無忒。而況時物甚賤。館舍尤多。諒無懸磬之虞。足待撞鐘之問。但自學徒所好。可以教亦隨機。旣欲成名。必須精業。如有好春秋者。教之以屬辭比事。三體五情。尊王室而討不庭。昭沮勸而起新舊。其所異同者。則引之以二傳也。如有好禮者。則教之以恭儉莊敬。長幼尊卑。言揖讓而知獻酬。明冠昏而重喪祭。其所沿革者。則證之以二禮也。如有好

詩者則教之以温柔敦厚辨之以草木蟲魚美盛德而刺淫昏歌風雅而察正變如有好書者則教之以疏通知遠釋之以訓誥典謨思帝德而敬王言稽古道而建皇極如有好易者則教之以潔静精微戒之以躁動競進體十翼而分六爻應吉凶而先擬議也至於歷代子史備述變通既屬異端誠非教本但以適當凝凍將近試期欲講小經以消短景今已請尚書博士田畝講勸論語孝經行莫大於事親道莫逾於務本如有京中諸官子弟及外道舉人況四門博士趙著見講春秋若有聽人從其所欲顓俟放

牓別啟諸經既温故而知新惜寸陰而輕尺璧顓經者若能口誦碩學者又得指歸自然縻好爵以當仁策科名而得儁幸不孤於選士冀有益於化風

請以壽星配社兩京立萬壽殿狀 開元二十四年七月

月令云八月日月會於壽星居列宿之長五者土之數以生爲大臣竊以壽者聖人之長也土者皇家之德也陛下首出壽星之次旅於土德之數示五運開元之期萬壽無疆之應請兩京各改一殿以萬壽爲名至千秋節會百寮於此殿如受元之禮每至八月社日配壽星祠至於大社壇享之

奏兩監學生員額狀 元和二年國子監

伏見天寶以前國館學生其數至多並有員額至永泰後西監五百五十員東監近置一百員未定每館員額今謹具定額如後伏請下禮部准額補置

請令常參官舉人自代及縣令犯罪坐舉主狀 元和六年十月中書門下

准建中元年勅常參官授上訖三日内上表讓一人以自代者伏以人臣拜職皆有謝章晉太尉劉實著崇讓論請

因謝章便有所讓令主者掌此讓文類其被舉最多者有官闕據此選用如此則事不專於宰府材須選於衆人唐虞僉諧義實由此臣請自今常參官舉人後便選擇進具所舉人兼狀上中書門下如官闕要人先於所舉人中選擇進擬臣又聞周之羣僕委於伯冏漢之多士辟於有司故凡稱大寮皆得進善陛下念黎元之困設令長之科羣寮舉知四海蒙福然薦延相繼沮勸未行苟或容私則處害政伏請所舉縣令到任後刑罰寃濫及有贓犯者其舉薦官削階及停見任書下考

奏得古釜狀 元和九年八月中書門下

夏綏銀節度使今月八日因取土修城於西北角近倉掘得釜大小共計二百五十四並容六㪷以下五㪷以上俱無破損如新器物者伏以人天所資粒食爲本鑄釜之用火化是因今大軍方興此物自出則知向時藏瘞蓋神誘其衷今之彰呈豈天有所助聖作物感一何昭然望付史館

奏姚中立高鍇考試狀 太和三年三月御史臺

據吏部分察姚中立稱准勑考試別頭進士明經等官考

功員外郎高鍇考試禮部關送到進士鄭齊之李景素兩人明經王淑等十八人並及第放牓之後羣議沸騰職當分察不敢緘默及得高鍇狀伏以進士明經並先無格限其所送進士二人文藝並堪與及第明經比年所送不過三五人今年禮部開送十一人及考試帖義十一人並堪與及第

奏鄧琬等禁繫狀 太和五年十月度支

據屯田郎中唐扶鄧州內鄉行市黃澗兩場倉督鄧琬等先主掌貞元二年湖南江南運到糙米至浙江於荒野中權造囤盛貯差鄧琬等交領除支用外六千九百四十五石多年壞爛已成灰塵准度支牒徵原主掌所由從貞元二十年以後所由鄧琬父子兄弟至元孫相承禁繫經今二十八年前後禁死九人追孫及元孫等四人見枷禁

奏酌量增減諸司食利錢狀 會昌元年六月戶部

准正月九日勑文放免諸司食利錢每年別賜錢三萬貫文充諸司公用今准赦文酌量閑劇率配如後准長慶三年十二月九日勑賜諸司食利本錢共八萬四千五百貫文四分收利一年祇當四萬九百九十二貫文今據赦文

所賜錢三萬貫文若據舊數率配即欠一萬九百九十二貫不足今請落下徵錢驅使官每貫二百文課並更請於合給錢內四分中落一分均攤分配長慶三年得新賜錢三十二司外更有剩錢五百四貫八百文使將此錢均給東都臺省等一十四司祇用新賜錢三萬貫文並得充足諸司雖落下一分錢緣置驅使官員於人戶上徵錢皆被延引或人逃散失落常不得足雖有四分收利之名而無三分得利之實今新賜錢入日便請更無懸欠用即可足繫劇司比有官錢出放欠亦侵用本錢今既無本錢支料

須足伏緣中書門下公事不同諸司恐不可落下一分及徵錢人課令請每月並舊錢添至三百貫文其御史臺頻得報牒稱本錢數多支用處廣雖有諸道贓罰公用常不充足今請每月合得利錢數外每月更添至三百貫文內侍省據自司報牒稱省內公用稍廣利錢比於諸司最多今請於合得錢外亦添至三百貫文兵部吏部尚書等銓一十一司緣有舊本錢准勅放免又有公事今請每月共與一百五十貫文并中書門下御史臺及兵吏部諸銓每年共當六千八百二十九貫六百文伏緣三萬貫文均給

諸司已盡臣今於新賜外更請添賜上件錢所費不廣所利至多則內外諸司永得優足伏望聖恩允臣所奏其諸司分配賜錢若據諸司牒報見收利多少分配或以人户逃散經恩放免見在本錢所存無幾其間有三五司自方圓致本數即稍多事例不同難於均一人吏得以欺隱實數不可交尋今請依長慶三年十二月九日均賜錢勅額分配新賜錢三萬貫事有根柢亦得均平酌量閑劇皆有所據其逐日錢數多少續具子細分析聞奏

條奏鹽法狀 大中元年閏三月鹽鐵使

據兩池榷鹽使狀應舊鹽法勅條內有事節未該及准去年赦文合再論理事件等一曰准貞元元和年勅如有姦人損壞壕籬及放火延燒捉賊不獲本令合當殿罰皆已有條制今見施行但未該地界所鄰及無捉賊期限伏以鹽池提禁只仰壕籬如有放火延燒故損壞本縣分一周年內十月度同捉得五斗以上私鹽先准元和十二年六月三日勅與減一選即所酬殊寡難使盡心若必遣縣令須令賞罰相稱伏請從今以後其縣本界內若五度捉得私鹽每度捉得一斗以上兼賊同得者不限歲內歲外但

數足後即與減一選如累捉得亦請累減減至三選即止如是別色現任正官員前官差攝縣令亦准正縣令處分如是散試官差攝縣令無選可減者亦得年五度捉得私鹽并賊同得者即請別賞見錢五十貫累捉得亦請累賞如兩畿令及赤縣令無選可減者在任之日但界內捉得私鹽件數與勅文相當檢勘別無異同即請申中書門下秩滿後便與依資除官如此則必悉心奉法不失罪人其餘即請各准元勅處分一曰應捉獲越界私鹽并刮鹻盜兩池鹽賊與劫奪犯鹽囚徒頭首關連人等推勘是合抵

死刑者。承前並各准元勅極法處分者。伏以本制鹽法束勒甚嚴。近年以來稍加寬令。又准會昌六年五月五日赦文。靈武振武天德三城封部之內。皆有良田緣無居人。遂絕耕種。自今以後天下囚徒各處死刑情非巨蠹者。特許全生。并家口配流。強盜鹽賊蹤入界。各許本州界一月內捉賊送使。如過限不到。即是私存慢易。搜索未精。其元勅內所罰縣令課科。便請准勅文牒本州府。當日據數徵剋送使。又弓矢射所繇等。晝夜只於池內檢巡。其壕籬外面山林掩映。村柵相次。每有姦人興心結構。必須與村人相

熟。乃敢下手。若或無人勾致。即遠賊不敢自來。亦緣從來未立科條。以此沿池所由。都無稟束。伏請從今後。如有姦人損動壕籬。及放火延燒。并有盜竊蹤跡。其地界保社所繇村正居停主人等。如有自擒捉得賊。每捉得賊一人。推勘得實。所捉人當日以官中諸色見錢一十貫文充賞。如漏網及不覺察。到並請追就。便各決脊杖十五。如推勘與賊知情。即請准所犯人條例處分。如是所繇及別色人等捉得。亦請准前給賞。其餘並請各准元勅處分。一曰。諸州府應捉搦販賣私鹽及刮鹻煎賊等。伏請前後勅節文。本界縣令。如一周年內十度同捉獲私鹽五斗已上者。本縣令減一選。如每年如此。即與累減者。伏以私鹽厚利。煎竊者多。巡院弓矢力微。州縣人烟遼夐。若非本界縣令同立隄防。煎販之徒。無繇止絕。其縣令本界漏網私鹽。據石斗各有元勅。並請依舊條處分。如縣令若侍本此三道者。當時應緣鹽法捉獲前件賊等。並是固違勅文。挾持弓刀棒杖。皆非殺人調致。巨蠹兇惡情狀難原。如或詐有生全。則必欺偷轉甚。別無其法可以畏之。今伏請捉獲此色賊。推勘得實。合寘極刑者。並請各准奏處分。以前戶部侍郎判

度支盧宏正奏。臣又得兩池榷茶使檢較司封郎中兼侍御史司空輿狀。自領職以來。披尋捉鹽條制。其間有此三節。須重奏論。伏以鹽法條制。須是嚴刑。稍似寬容。則姦人無懼。招收榷課數闕。伏望聖慈許依司空輿所請。即冀私鹽杜絕。榷課增加。

立二王三恪狀 開平二年十二月南郊禮儀使

詩稱有客。書載虞賓。實因禪代之初。必行興繼之命。俾之助祭。式表推恩。兼垂恪敬之文。別示優崇之典。徵於歷代襲用舊章。謹按唐朝以後魏元氏子孫韓國公為三恪。以

周宇文氏子孫爲介國公隋朝楊氏子孫爲酅國公爲二王後今伏以國家受禪封唐朝子孫李從爲萊國公今參詳合以介國公爲三恪酅國公萊國公爲二王後

覆論周知微奏狀 長興二年四月中書省

周知微踐揚華省獻納明廷所貢讜言深符治道蓋慮細微之物便爲贓賄之名遂致刑章過行深刻須知撙節務守廉隅或是監臨之司或因公事之際凡關取與便涉阿私物若顯屬貨財並宜爲贓罪其餘不是監臨不因公事不在此限應推斷科條不得有違格律

奏忌辰前後日不坐朝狀 清泰元年十一月中書門下

二十六日明宗忌羣臣奉慰行香固有常禮恭以陛下初遇忌辰合存降殺仰惟追感難抑孝思固於茲時不同常歲臣等商量請於忌辰前後各一日不坐

奏請避諱狀 天福三年二月中書門下

禮經云禮不諱嫌名二名不偏諱注云嫌名謂音相近若禹與雨邱與區也二名不偏諱謂孔子之母名徵在言在不稱徵言徵不稱在此古禮也唐太宗二名並諱元宗二名亦同人姓與國諱音聲相近是嫌名者亦改姓氏與古禮有異廟諱平聲字即不諱餘三聲諱側聲不諱平聲字所諱字玉文及偏旁闕點畫望依令式施行

奏李自倫孝義狀 天福四年正月户部

深州司功參軍李自倫六世義居奉勑准格處分按格勑節文孝義旌表苟存虛濫不可褒稱必在累世同居一門和睦尊卑有序財食無私遐邇欽承鄉閭推伏州縣親加按驗狀迹殊尤簡覆既同准令申舉方得旌表當司當本州審到鄉老呈言等自倫高祖訓訓生粲粲生財財生忠忠生自倫自倫生光厚六從弟兄同居不妄

奏定高祖郊壇配坐狀 天福七年十月中書門下

太常禮院狀申高祖十二月二十日祔饗於太廟禮畢合定逐年四季郊壇配坐准禮例逐年勘造祠祭畫日及編附令式伏請奏聞宣下者靖祖孝安皇帝配冬至祀昊天上帝

請量留太谷令李殷狀 天福闕

殷藴務公廉以德化下獄無囚繫刑無鞭樸薪水之事不擾於民力賦輿之數不失於公程三時勸農躬行田井乾餱曝鐵裹行而食一邑熙熙長幼有序流者歸復如戀父

毋令考秩垂滿衆情願留敢希明恩重令治任

張嗣宗不受代狀 開運二年 開封府

嗣宗先被百姓趙覺直論訟不公法寺定罪合徒一年半以官收贖贖銅三十斤府司尋科放訖據新除襄邑令王允昇狀申稱張嗣宗不肯交割縣務稱未考滿者

除宰相劉昫兼判三司擬狀

伏以劉昫經國才高正君志切方屬體元之運實資謀始之規宜注宸衷委司判計漸期富庶永贊聖明臣等商量望授依前中書侍郎兼吏部尚書同中書門下平章事充

集賢殿大學士兼判三司散官勳封如故未審可否如蒙允許望付翰林降制處分謹錄奏聞

授宰相箴

方今兵寇在興民力凋弊所望明公弼成大化彌綸紀綱舉賢任能以光庶事俾萬物各得其理百姓日用不知損不急之官杜私門之請如此則刑清俗富天下自無窮人不宜專政廟堂方行小惠昔子產以己車濟人於溱洧君子謂不知爲政不如以時修橋梁惟明公察焉

欽定全唐文卷九百七十五

闕名 十六

請選良家女充後宮議 貞觀十三年二月

謹按王者正位作爲人極朝有公卿之列室有嬪御之序內政修而家理外教和而國安爰自周代洎乎漢室名號損益時或不同然皆羅寀賢才博採淑令非唯德洽宮壼抑亦慶流邦國近代以降情溺私寵掖庭之選有乖故實或微賤之族禮訓蔑聞或刑戮之家怨憤充積而濫吹名級入侍宮闈即事而言竊未爲得臣等伏請今日以後後

宮及東宮內職員有闕者皆選有才行充之若內無其人則旁求於外采擇良家以禮聘納

定樂議 貞觀十四年

七廟觀德義冠於宗祀三祖在天式章於嚴配致敬之情允洽大孝之道宜宣是以八佾具陳肅儀形於綴兆四懸備展被鴻徽於雅音考作樂之明義擇皇王之令典前聖所履莫大於茲伏惟皇帝陛下天縱感通率由宜極孝理昭懿光被於八埏愛敬純深追崇於百葉永言錫祚斯宏頌聲鍾律革音播鏗鏘於饗薦羽籥成列申蹈厲於烝嘗

爰詔典司乃加隆稱循聲覈實敬闡尊名竊以皇靈滋慶濬源長委邁呑鷟之生商軼擾龍之肇漢盛韜光於九二漸發迹於三分高祖縮地補天重張區宇反魂肉骨再造生靈恢恢帝圖與二儀而合大赫赫皇道共七曜以齊明雖復聖跡神功不可得而窺測經文緯武敢有寄於名言敬備樂章式昭彝範皇祖宏農府君宣簡公懿王三廟樂請同奏長發之舞太祖景皇帝廟樂請奏大基之舞世祖元皇帝廟樂請奏大成之舞高祖大武皇帝廟樂請奏大明之舞文德皇后廟樂請奏光大之舞七廟登歌請每室別奏

舅甥服制議 貞觀中

舅服同姨小功五月而今律疏舅報於甥服猶三月謹按旁尊之服禮無不報已非正尊不敢降之也故甥爲從母五月從母報甥小功甥爲舅緦麻舅亦報甥三月是其義矣今甥爲舅使同從母之喪則舅宜進甥以同從母之報修律疏人不知禮意舅報甥服尚循緦麻於例不通理須改正今請修改律疏舅報甥亦小功

禘祫議 上元三年十月太常禮院

禘祫二禮俱爲殷祭祫謂合食祖廟禘謂禘序尊卑申先君逮下之慈成羣嗣奉親之孝事異常享有時行之然而祭不欲數數則黷亦不欲疎疎則怠故王者法諸天道制祀典焉烝嘗象時禘祫如閏五歲再閏天道大成宗廟法之再爲殷祭者也謹按禮記王制周官宗伯鄭元注解高堂所議並云國君嗣位三年喪畢祫於太祖明年禘於羣廟自爾已後五年再殷一祫一禘漢魏故事貞觀實錄並用此禮又按禮緯及魯禮禘祫注云三年一祫五年一禘所謂五年而再殷祭也又按白虎通及五經通義許愼異

議何休春秋賀循祭議並云三年一禘何也以爲三年一閏天道小備五年再閏天道大備故也此則五年再殷通計其數一祫一禘迭相乘矣今太廟禘祫各自數年兩歧俱下不相通計或比年頻合或同歲再序或一禘之後併爲再祫或五年之內驟有三殷法天象閏之期既違其度五歲再殷之制數又不同求之禮文頗爲乖失說者或云禘祫二禮大小不侔祭名有殊年數相去祫以三紀抵九而合禘以五斷至十而周有玆參差難爲通計竊以三祫五禘之說本出禮緯五歲再殷之數同在其篇會通二文

非相詭也蓋以禘後置祫二周有半數以全數謂之三年一閏只用三十二月也其禘祫異稱各隨四時秋冬爲祫春夏爲禘祭名雖異爲殷則同譬如礿祠烝嘗其體一也鄭元謂祫大禘小傳或謂祫小禘大肆陳之閒或有增減通計之義初無異同蓋象天之法相傳久矣惟晉代陳舒有三年一殷之議自五年八年又十一十四尋其議文所引亦以象閏五年一禘又奚所施矛盾之說固難憑也夫以法天之度既有指歸稽古之禮若茲昭著禘祫二祭通計明矣今請以開元二十七年己卯四月禘至辛巳年十

月祫至甲申年四月又禘至丙戌年十月又祫至己丑年四月又禘至辛卯年十月又祫自此五年再殷周而復始又禘祫之說非唯一家五歲再殷之文既相師矣法天象閏之理大抵亦同而禘後置祫或近或遠盈縮之度有二法焉鄭元宗高堂則先三而後二徐邈之義則先二而後三謹按鄭氏所注先三之法約三祫五禘之文存三歲五年之位以爲甲年既禘丁年當祫己年又禘壬年又祫甲年又禘丁年又祫周而復始以此相承祫後去禘十有八月而近禘後去祫三十二月而遙分析不均粗於算矣假如攻乎異端置祫於秋則三十九月爲前二十一月爲後雖小有愈其間尚偏竊據本文皆云象閏二閏相去則平分矣兩殷之序何不等耶且又三年之言本舉全數二周有半實準三年於此置祫不違文矣何必拘滯隔三正乎蓋千慮一失通儒之蔽也徐氏之議有異於是研覈周審最爲可憑以爲二禘相去爲月六十中分三十置一祫焉若甲年夏禘丙年冬祫己年夏禘辛年冬祫有象閏法毫釐不偏三年一祫之文既無乖越五歲再殷之制疎數又均校之諸儒義實長矣今請依據以定二殷豫推祭月周

而復始

李師道私廟議 元和二年六月太常禮院

伏以師古雖是師道親兄師古身存之日先未祔廟今廟因師道而立即師道便合是百世不遷之宗謹按封爵令傳襲之制皆子孫以下相繼並無兄弟相繼爲後之文則明師古神主不合入師道之廟若師古男自有四品三品官兼有封爵准開元禮合待三年喪終禮祭畢後別立廟宇設師古神主座行祔祭之禮自承宗祀庶合禮經

憲宗聖神章武孝皇帝謚議 元和十五年五月

王者崇高以配天廣大以法地章明以象日月誠信以合四時謂之令王謚以全德所以名盛烈昭至公堯舜禹湯文武成康是也伏惟大行皇帝由疏封以繼明自前星而受命以四海為養以萬乘問安稽古法天自家刑國穆穆峻德煌煌大明煥乎人神塞乎天地國家天寶之季宿兵中原強侯專地往往而有號令不一朝廷包羞元和燀威霆擊箠掃戡夏翦蜀擒潞殄吳夷蔡取齊朝滄納定開千載之期運平六葉之梗俗動也用軒轅之干戈靜也戢武王之弓矢聖神之道其至矣乎以無方之能行不宰之用濟天下之務施天下之仁夷狄之情偽邇遐之虛實揣其變化權其後先屈指前算若合符契多士濟濟任其器畧文武俊傑畢力致用綱目張而萬化具斟酌明而百事宜委庶務於廟堂之上壽百姓於循良之府開直言之路庶無蔽聽闕廣大之恩物無違性宥恕刑獄哀惠困窮省薄徭賦尊禮耆老約巳恭儉推心平明公卿大夫任德終耆近狎貴寵畏忌守法採納羣正聽斷精慎忠直樹立讒邪不行巍巍成功赫赫在上春秋左氏傳曰武有七德禁暴戢兵保大定功安人和衆豐財之謂也殲夷姦宄災害訖

息禁暴也淮河底定大赦疵人戢兵也歸馬於汝南漢南散卒於齊梁淮楚保大也封有勞爵有德定功也寬天下之蠶絲舉域中之方正安人也赦生致之寇虜爵拒命之戎將和衆也乘輿服御儉而有制賜與供給惠而中節豐財也神武不殺之德其若是焉不登軒年不享舜壽百姓思慕如喪考妣同軌畢至昭庭有時敢奉官常尊名稱德謹按謚法兵禁殘暴曰聖應變無方曰神洪度大明曰章為人除害曰武慈惠愛親曰孝戮鯨鯢而清四海不曰聖乎裁造作而刑一德不曰神乎洞明哲而貞百度不曰章乎推仁義而服萬物不曰武乎戴尊親而諧五典不曰孝乎書曰惟天聰明惟聖時憲法也敏也謹酌之謚法質諸六經謹上尊謚曰聖神章武孝皇帝廟號憲宗謹議

穆宗睿聖文惠孝皇帝謚議 長慶四年

臣祐議曰夫垂天人之盛美庖犧建其極含昊穹之正氣金天倅其稱仁聖武異號謚則殊至於兼包二體昭宣一德有自來矣我今因之爰徵克類以騰茂實伏惟大行皇帝睿鑒通微神智周物平由藩邸式踐儲闈誕膺眷命用建皇極纘承丕緒克紹洪勳允釐帝載光被王度以易簡

凝庶績以仁和壽蒸人明遂事而虛受進昌言而不咈清廟嚴薦中壼問安彰愛以誠因心則著永言恭默思致雍熙敦祐庶祗宗承古訓徵特牲之盛禮蘊祈穀之至誠親率公卿祇奉郊祀爰昇大輅俯及端門休祥告應非烟在上輪囷五色迴復半空六轡時按百辟稱賀迨圜丘展敬天感樂和柴燎告終人神胥悅於是雷雨作解惠及萬方布乘春之煦育行惟新之頒賜詳延莊彥敷納正辭納哀敬之書用寬大之典鮐背是恤虐謬斯平優賚困窮矜蠲逋賦三光增耀羣物昭蘇葳蕤汪濊之澤不可得而名也

東寇猖狂在浚爲畔有征之日殲厥渠魁此所謂王者之師不戰而克也昆夷恃衆崆峒騁武亟爲邊患時漸睿謨頻戊巳之戍勞癸庚之餉自我新命咸歸舊封款啟旁午求成修好俯從坎血之盟猥加築館之榮予矢載櫜亭障罷警倚成輔弼清一區宇無私之覆既均不宰之功遽化矧乃優游乎文史之内精窮乎草隸之源崇杖席而選文儒設官司而尊侍從所以講求爲務聽納居多遵三代之盛猷垂億載之休烈雖疾留聖體而慮發宸衷每求衣夙興太陽但出沒金是請方事撝謙憑玉俄聞奄承末命年莫踰於堯舜時忽從於軒鼎六龍飛蓋以上昇萬姓號天而靡及今因山既卜同軌將臻爰究德威式循典禮周書曰睿作聖又前儒闕睿聖也謹按謚曰敬禮祀享施爲於人皆曰聖大行皇帝虔恭郊廟軫志黎元敎尚不嚴化行無朕不爲聖歟又慈惠愛人道德博聞皆曰文赦三就之刑採百氏之奥仁恕育物寬明致理不爲文歟又慈仁好與柔質虛受皆曰惠溥錫貧窶哀及鰥寡開延納之路容讜直之言不爲惠歟又曰秉德不回慈惠愛親皆曰孝文以繼明聖資統御服勤不替就養無方不爲孝歟考古謚

而符德教請上尊謚曰睿聖文惠孝皇帝廟號曰穆宗謹議

韓皋祔廟議 寶歷二年七月太常禮院

伏奉四月二十八日勅前同州朝邑縣尉韓約進狀請祔亡父故金紫光祿大夫守尚書左僕射贈太子太保皋神主付禮院議定聞奏者謹按禮經諸侯二品以上祠四廟五品以上祠三廟今據韓皋祖休先巳立先祖廟三室今子孫見繼昭穆享祭皋父滉是衆子官至二品身殁後長子羣官至國子監司業已别立禰廟祔滉神主入廟今子

孫承襲自爲一宗皋是滉次子官雖一品身殁無升祔廟文伏惟禮記云別子爲祖繼別爲宗繼禰者爲小宗若皋子約官至五品清資即合別置禰廟祔皋神主自列昭穆庶合禮經

請復庾威等官議 太和元年三月都省

定罪者必原其情議事者必究其本庾威均稅之法情實擾人顧其施爲必有工拙工者何也富户業廣以資自庇產多稅薄歸於羸弱威能盡簡并包者加籍取均困窮者蠲減取濟稅既頓異法亦稍嚴事歸平一人無寃訴此所

以威之工也其拙何也五縣土廣人姧徵簿書即隱占居多簡田苗即驚擾爲處散亂村野胥徒千人雖成功於已事之時而受弊於作法之始豈無他術用以周知竟此紛紜斯所以威之拙也大凡爲郡止於四過一者私加公稅二者逃失黎甿三者虐害平人四者富潤私室庾威改張稅額賦不加徵聯縣歉災人悉安業刑甚峻而下無屈禄不厚而賞無濫顧茲四者威無一焉而以擾人均稅投荒黜遠是使循常守故者得以稱功革弊去姧者坐以招譴誰能自苦納諸刑名勸沮之風於斯何在官職黜削本自庾威罪既無名官吏所宜牽復臺司所勘定稅本謂有害於人事既無私理當免復若因其案驗舉察細微以法吏合寘科條在衆議須明本末郡人遠訴益表事情幸遇聖明合從昭雪

修宗廟議 光啟三年二月太常禮院

按春秋新宮災三日哭傳曰新宮宣公廟也三日哭禮也按國史開元五年正月二日太廟四室摧毁時神主皆存迎奉於太極殿安置元宗素服避正殿寶應元年肅宗還京師以宗廟爲賊所焚於光順門外設次向廟哭歷檢故

事不見百官奉慰之儀然上既素服避殿百官奉慰亦合情禮竊循故事比附參詳恐須宗正寺具宗廟焚毁及神主失墜事由申奏皇帝素服避殿受慰訖輟朝三日下詔委少府監擇日依禮新造列聖神主如此方似合宜伏緣採栗須十一月漸恐遲晚

請依李琪朔望奏對議 天成元年七月中書門下

比令五日内殿起居處百司有事論奏中外或爲擁隔至於朔望入閤亦是朝廷舊儀李琪自領憲綱每循故事備官條奏頗叶國章望依所奏

覆奏盧文紀請御書殿最臣寮議 天成元年十月中書門下

盧文紀踐履清華。昭彰問望。行已每聞於端愨。操心動絕於阿私。以爲將貲効官。莫先較考。欲明書於殿最。冀顯示於勸懲。況將相兩途。尤爲重委。慮無報國。最要聞天。欲迁宸毫親書常課。誠有塵於聖德。亦是責以佐君。直道不欺。忠規可尚。至於所陳黜陟。並叶規繩。以此責成。庶求良吏。事無疑礙。理可施行。

私齋不得廢大祀議 清泰元年五月中書門下

據太常禮院申。明宗聖德和武欽孝皇帝今月二十日祔

廟。太尉合差宰臣攝行。緣馮道在假。李愚十八日私忌在致齋內。令劉昫又奏見判三司事煩。請免祀事。今與禮官參酌。諸私忌日。遇大朝會入閣宣詔。尚赴朝參。今祔饗事大。忌屬私齋日。請比大朝會宣召例。差李愚行事。

請定旌表門閭式議 天福四年七月戶部

李自倫義居七世。準勅旌表門閭。先有鄧州義門王仲昭六代同居。其旌表有廳事步欄。前列屏樹烏頭。正門閥閱一丈二尺。二柱相去一丈。柱端安瓦桶。墨染。號爲烏頭。築雙闕一丈。在烏頭之南三丈七尺。夾街十有五步。槐柳成列。今舉此爲例。則令式不該。

封母加太字議 乾祐元年尚書省

今詳前後勅條。凡母皆太字。存歿並同。此即是父歿母存即敘封進封內加太字。母歿追封。亦加太字。故云存歿並同。若是父在。據勅格無載爲母加太字處。若以妻近勅因子貴與父命官。父自有官。則妻從夫品。可以封妻。父在不合以其子加母太字。若雖有因子之官。其品尚卑。未得蔭妻。亦不合用子蔭之限。

欽定全唐文卷九百七十六

闕名十七

對馮相會天判

甲爲馮相氏掌十二歲以會天位闕於冬夏致日所司科之不伏

惟甲馮相稱氏陰陽具司登臺窺天庶無乖於經紀觀景致日方不越於躔次自可式旌典法克審璇衡或禳災於未彰亦表瑞於先覺而乃曠我后之要列效義和之廢時愛陽南臨既睽於宿偶畏暑北至又闕於瞻度倘冬夏失

度分至乖道則六氣不節五行混施爾職不恭[illegible]位斯紊所司科處誠謂合宜徒事薄言終資按法

對驅儺判

月晦所司闕堂贈之禮

率以大儺是驅羣厲斯逐闕夏官之所掌在東堂而成法飾其金目視方隅而皆知壯乎丹首闕緌章而必備有司奉職無競惟人既尸百隸之位當順四時之節值此日月初晦星辰已周欽奉國儀必聞堂贈須因周以成法將始逐茲赤疫罔被清泠上以破除惡夢下以司執遺鬼宣尼之禮更立阼階張衡作賦是清京室此時廢執執以逃刑撫狀誠合科繩執文或當推問何者所稱晦日乍涉陽春儺作元律在時不可朱裳有事理茲伏念然正嚴科必當建日之辰請寘先庚之罰

對西陸朝覿判

西陸朝覿闕彤繹之儀御史劾之非其時不合禮

冰以禦炭祭而后用東風初至啟陰室以祓除西陸既躔命凌人而藏事朝覿而出必有事於司寒彤繹之儀固可

徵於舊典眷言一職實忝司存進而不知類義和之廢職退而靡禮異申豐之善對獻羔斯闕須寘嚴科神豸觸邪豈其所過

對不拘文法判

甲爲守不拘文法科其罪曰無爲而已

建官惟賢臨下以簡爰合大中之道可還淳古之風甲委質清時分符列郡崇簡易之道化洽百城削文法之苛人安千里如汲黯之爲守臥理淮陽若龔遂之能官行歌渤海無爲而理不肅而成固良吏之可嘉何深文而見劾且

政有經矣豈必拘之守常人可化焉自當變而至道欲科厥罪不見其宜

對增貲就賦判

劉乙爲邑道百里增貲就賦減年從役

學古入官議事以制正其德以率下下不忍欺厚其生以養人人樂其業既而教化之本禮讓爲先量力而行省畜其用懷恩者增貲就賦慕義者減年從役可爲銅墨之標長不在金科之擬議若必情由抑遣事與願違欲求異政之聞殊失養人之道此亦深心莫測遊聽攸疑百慮未孚兩端須叩

對蜀物至京判

得盧江人使計吏多齎蜀物至京分遺博士巡使問其故云官長勸人非爲過也

經邦致理化人成俗率由廣學可以移風或美政之聿修則善誘而爲訓眷言官長頗謂循良精敏其才使乎計吏減少府之用度蠶賓渝之貨物無賣刀布行備束脩詣秦京而訪道遺魯儒而請益就賢體遠既虛往而實來閱禮敦書果日將而月就類朱藍而易染非櫝楚以收威自成洙泗之風以變盧江之俗百年講學諒崇化於文翁三月舞雩寧慙詠於宣父巡使致詰胡乃不經計偕有詞足以明道

對鄉貢進士判

鄉舉進士至省求試秀才考功不聽求訴不已

髦俊之侶鄉曲有聲閱五車之墳籍光三道之詞翰是得咸充歲賦各騁翹林喧鶯谷以載飛歌鹿鳴而入薦既臻華省方得甲科但以進秀異名考試殊例不應本舉誠恐非宜考功不聽良爲允當訴求不已何大乖疎

對鄉貢進士判

鄉舉進士至省求試秀才考功不聽求訴不已

漢辟賢良堯徵側陋庶見拔茅之彙方資刈楚之才故選彼鄉閭貢之天府始策名於進士誠合明敭終求試於秀才一何乖謬既離局以干事方越樽而代庖薄訴雖多厚顏奚甚國章攸著甲令斯存考功不聽誠則無爽

對鄉貢進士判

鄉舉進士至省求試秀才考功不聽求訴不已

講信明義修詞立誠豈惟潤身且以干祿德成而上充歲

賦於司徒道在則遷嘉名聞於會府叩兩端而入仕博之以文論二舉之殊條奪之於理尋擇賢之意無遺十室之才詳歷試之規寧歸四科之秀循名責實雖在司存改業惟人何求物議

對舉抱甕生判

河南東持斧舉抱甕生或告云矯州科生妄罷不伏

世道交喪文質平易樸略之緒眇焉不逮混沌之萌去之彌久眷言持斧庇我王職將鎮風化是旌漢陰子子干旄

雖得詩人之詠悠悠抱甕仍昭孔父之責或者之告不其宜乎假修之名於是驗矣然刑克以當道貞成肥甯越尚不致科巢父如何詰罷免夫度外竊以爲得

對薦賢能判

甲薦賢能之士三詣公車試皆高第表請錫彤弓矢廷尉致詰辭云三適有功

甲何人斯惟曰舉善士異其行光乎薦能如祁大夫則仇讎不避若隨武子乃管庫先登才膺明試雖公車之是辟事匪專征豈彤弓以爲請名器不假車服以庸信有德之可嘉終無功而何錫致廷尉之詰雖三適稱勞異諸侯之勳而百矢奚用典禮不易事義斯存

對請立長子爲嗣判

得甲告老請立長子爲嗣長辭云不能請讓其弟或詰之云弟好仁

讓賢雖仁廢長非順徒聞建善則理其如亂嗣不祥甲著老於朝立子爲後雖急難自舉必有可觀者焉長幼以倫無所苟而已矣況欲正其爵位豈宜越以雁行于弟克恭厥兄徒有好仁之請知子莫若於父盍從立長之言無忌

雖欲傳家季札終當棄室諒可致詰罔聽不能

對芝草白兔由刺史善政判

岳州人王懷俊幼喪二親廬於墓側負土成墳至孝潛通屢呈祥瑞其地內生芝草兼白兔刺史元利濟仁明訓俗善績著聞廉察使以爲由刺史錄奏懷俊不伏

孝通神明誠感天地烏馴兔擾聲高曩傳芝秀堇榮事諭前史嘗聞其語豈獨古人王懷俊性實由衷行非外獎風樹不靜遠軫攀栢之哀陟屺無望終纏負土之感豈唯坐

帳警鶴故已祥霄集雁遂使金英孕彩奪神葉於芝田玉毳含輝接仙毫於麗魄斯固仁聖有道至德潛通兆庶沐化以自效動植乘休而相感非借瑞於閭里不乞靈於郡縣而利濟仁明不問喬卿之德察使風績未見王褒之頌掠美竊譽在濟雖是有心假應移禎於使無宜妄察昔聞讓善今見爭功貪天之誠頗同於往責無伐之願亦靡於前事但論孝則義歸光國於師則不許讓仁與其抑俊而揚濟未若捨貴而褒下任雖通廣孝實因心許與一介之人豈累六條之政既經錄奏須更申聞勸獎之規竊將合

序

對赤烏巢門判

乙喪親之後家有赤烏巢門白兔遊墓人告不報官司

仁者曾輿孝哉閔子感彼天道通乎神明乙以顏色爲難溫凊是切顧罔極而何報當永錫以攸居致愛敬之歡盡哀切之性宣父爲政足可連芳穎叔稱純行堪施及志義沖潔精誠洞昭故得赤烏巢門白兔遊墓霞明丹翼艶日彩以揚光霜映素毛皓月華而皎質匪徒銜美寧用報官人也無良訐之非直乙兮推孝善則可嘉宜表陳遺之感用旌吳順之行

對投牋獲弟判

河內縣荀君林乘冰省舅冰陷而逝兄倫求屍不獲遂作牋與河伯經宿冰開獲君林執牋出鄉人告稱妖惑

風化所行德義爲本煥彼經籍形諸典謨君林行著循良道存甥舅比韓君之不別若劉生之酷似秦渭之際寧止康公贈璜晉河之陰非無子犯投璧故使薄冰必履微軀

不慭乘遊水而長往詠龍君而久辭兄倫志切鴒原情敦雁序散彼棣萼恨盈東注之流投於牋牒泣下西門之恨疑惟德降美至誠感神芳聲列於緗帙雅譽標於今古執牋而出自可矜於至仁鄉人告妖恐或紊於常典

對嫂疾得藥判

顏甲養寡嫂疾求藥無出有童子授之化鳥而去鄰告妖異甲不伏

天鑒昭著神心正直苟精誠而聿敷何貺施而靡應顏甲族承先哲行不違仁寧見倨於下機每防嫌於通問縈摧

棣蕚痛違愛於仁兄諷起伯梁遂虔心於寡嫂衣冠肅敬方禮國而躬勤衾枕嬰纏忽霜閨而寢疾四時有厲始見攻裹五藥無資爰將瞑眩至誠攸感異兆旋臻豈童子之何知有神人之叶契香囊遽委俄瞻見於靈虵斂衽方迴宛遷形於翥鳥聯翩彩翮疑徵入夢之祥坱圠元功卽降痊疴之慶勿藥有喜道則雖殊無言不讐義終可尚鄉黨稱孝固足當仁鄰伍生誣何誠蔽善

對墳樹有甘露判

楚州申殷賢喪親負土成墳甘露降樹芝草生盧青鸞鎭集白鶴翺翔縣令張德以爲孝感剌史欲旌表鄉人梁靜告國家祥瑞

殷賢所親云喪罔極纏哀集荒蓼以崩心攀寒松而泣血

旣流悲而遶墓遂結欷以成墳所以白鶴青鸞靈芝甘露翔集墳塋之際降生盧樹之間善應類彰禎符洊至所感雖因孝致論孝亦感皇風旌以門閭實將無媿告以祥瑞良亦有疑

對墳樹有甘露判

楚州申殷賢喪親負土成墳甘露降樹芝草生盧青鸞鎭集白鶴翺翔縣令張德以爲孝感剌史欲旌表鄉人梁靜告國家祥瑞

殷賢名編澤國業預封人荷聖皇東戸之期感孝子南陔之詠仰攀風樹俯蹈寒泉同王裒之手藝松柏比平原之躬修墳墓哀哀之性切切逾悲孝徹幽明祥聞動息故得春芝列秀曉露凝甘青鸞迴入鏡之容素鶴舉聞琴之翼縣寀檢巡非謬州端勘亦不虛靜是鄉人親來投告以爲感瑞咸屬國家但以子輿之冠前詢鳥集休徵之屋復見魚遊則殊貺之來誠關於至化而楚州申狀亦符於孝感事緣奬勸理合申明眷彼門閭固須旌表

對孔目判

得諸司長官初上皆孔目所由不送依問已付散官遂被遺失

百揆分曹六官咸事由來區别各有司存旋降綵綸遽覃簪紱令首正長實繁有徒衆務條流須施孔目憑之以提綱紀藉之以恤璣衡爰洎有時彰乎無替所由自宜遵奉所闕須有科繩散官非受納之人小吏是施行之輩苟乖其事盍寘於辜恭視事端方取詣於周客敬尋失狀欲何

黜於堯封。據律不見本條。論情有虧通典。請歸司敗。以正刑書。

對孔目判

得諸司長官初上皆孔目所由不送依問已付散官遂被遺失

建官分職。揆務班司。是稱會府。實宏邦數。緣墀黃閣。棘寺蘭臺。廨署星分。胥徒雲集。瞻言管轄。必先卿尹。案牘塡委。簿領殷繁。剖析是憑。準繩斯在。事資孔目。以備闕遺。而小吏寛疏。下寮弛慢。不恭爾事。擅付他人。因而致失。誰任其

咎。散官闕送。自合科繩。請更推尋。方寘刑典。

對番官判

番官請稍食不給訴求達吏

番官名書小吏。位列羣胥。自宜恪守邦程。動從吏道。何得叨祈稍食。苟徇私儲。瞻彼有司。出納惟恡。閑而不給。雅合良規。何所未厭。仍勞上訴。將求達吏。雖且覬覦。考以通章。恐成牴牾。何則國之甲令。懸諸日月。如或番程式序。歲考兹深。昔年自有常規。今日何煩妄請。

對流外判

流外解請兵部勞所由不許訴五品以上

十等分賢。九流殊致。異漢儀之命吏。若周官之爾胥。頗供操牘之役。寧有策勳之義。具聞奸命。復欲冒官。未輸自貽之辜。仍引無稽之訴。縱已榮參朱紱。其如匪是清流。鮑魚不可登庖。笄冠豈宜雙履。抑而未許。實謂有司。

對差羊車判

丁被差羊車小吏辭曰籍小年高

國章攸著。人命是懸。莫匪黎甿。咸憑版籍。設令齒貌則長。其如名數不踰。二十朝之大夫。旣不登於雁序。十五府之

小吏。亦何賤於羊車。徒有訴於高年。終無補於兹日。理宜小冠趨事。短服駿奔。陪晉后之行宮。爰紆御女。從衞君之過市。長觀玉人。語事不闕於奉公。論職豈卑於陳力。過爲辭費。殊謂不然。

對小吏歎言判

景與小吏歎言倨見功曹將黜不伏

景與小吏。歎而且言。不勤無傲之心。旋得有皮之刺。恭匪近禮。信則承羞。黜而未甘。或難奪志。若使才不足美。怠而可尤。必也德有可甄。倨而何責。徵諸故事。折有其倫。酇生

見重於抗詞元淑無嫌於長揖與其詰過寧取優賢

對畋獵三品判

景畋獵三品自稱有功所統斷爲強暴天物且違時禁景詣三司訴持法不平

大易立象以畋以漁明君順人有典有則用能遵彼蒐狩奉於烝嘗景何人斯祇若王命弧矢之利未聞貫於兩會籩豆之宜遽見論於三品斷暴天物幾於深文張皇己功何追自汰且因貳而濟刑可小懲欲一以窮理云奚獲徒爲薄訴豈不多慙

對覆車罝罘判

京兆申鄠杜間有覆車罝罘縣悉焚之百姓訴財失業府責縣以貧人弊政縣訴云此並犯禁之具若不毀除是誘人於陷阱也

惟聖開物以仁興化無麛無卵罩率土而知方以畋以漁在王畿而逾禁所以申綸式降野揭恒書雖鷹隼之已飛猶罻羅之不入且政惟通變豈傷財以害人作爲網罟蓋備物而致用況今庶類蕃殖蒐田有時祝遵殷后之辭俗卜文王之囿必也專司牝牡晉臣有誡於虞箴如或不施林逵蜀土何妨於釀具俱焚見及罝罘若在於崑岡弊政攸加縣法誠傷於鄠杜伊府之責允得其中

對金吾不辨夜判

金吾不辨夜草止者不愼左巡使舉劾訴云五月教茇舍自有所由不伏

國有振旅畋且順時將利武人之貞是明司馬之法惟彼茇舍掌夜於軍器械儼陳防困獸於奔北名號明立與衆人爲司南指事旣取於隨時應命亦同於影響金吾不辨舉劾謂何自爲警夜之司寧分驅獸之命周亞夫營細柳

制敵宜遵李將軍過灞亭宵行何禁左巡使糾非其罪難以抵尤草止者職司無他孰爲不愼請從夏卿之教無舉秋官之典

對不饁獸於郊判

得大畋所司不饁獸於郊御史詰之甲云將須禽也

設彼大畋陳其盛禮車徒畢備鐃鼓皆作三發三刺無差於進退大獸小獸爰及於公私旣而獲耳之校未施驅逆之儀方罷所司莅職舊典攸著何饁祭之云廢乃須禽而

是先宗伯守官實虧於古制主吏問罪雅符於通識以玆見詰理合無辭

對澤虞傷田苗判

乙爲虞所司夏苗乙萊田表地或告有闕訴稱恐傷夏苗仰正斷

乙爲澤虞掌於原獸司其牝牡職在畋漁逢有司之夏苗而猶秉於周禮至於萊田表地事屬農休驅豕迎猫恐爲害稼何得迷夏令之事行冬狩之儀翻罪守官之人奚勸在公之吏或者有告訟則未孚虞人所陳辭皆可據請從

審克寧使厚誣

對招虞人以弓不進判

甲畋於郊招虞人以弓不進法司劾辭以守官

林麓藪澤以畋以漁農牧衡虞是糾是禁禮無變俗政在守官甲獨於何不臧厥訓雖弦弧或進足以表微而皮冠不懸無聞受令法司順誅成德舉以爲非君子正直於人避之無怒可否之理居然易知

對中郎率家僮出畋判

中郎高年率家僮出畋晚歸滋水長因醉使酒呵止云違勅出畋牟云令既斷酒豈宜帶酒忿競詣金吾

高年早承亭育夙效款誠背牛加之絶壞奉鷹揚之峻秩屬以葉下黃山草腓丹浦歷飛熊之舊徑徇逐兔之荒遊既而獲已多乎言指灞陵之路曰云暮矣果逢醉尉之呵類寬饒之發狂焉知去就同季布之飲酒豈辨尊卑既蚌鷸而相持乃齊楚之俱失則獵雖有禁文不繫於蕃官酒乃停沽限未拘於自飲若其因酒入罪豈非釀具招刑以獵爲違則是移轅獲戾彼此俱無本罪論告皆失正途既

詣金吾之司須寘玉條之典但告雖不當狀匪構虛不可從勅反科宜以不應寘罪待知官蔭方定刑名

對仲夏百姓弋獵判

得鄭州刺史康範以仲夏月令百姓弋獵觀察使糾其違令云爲苗除害

網罟之設有自來矣犄角之用其可廢乎苟利人阜俗亦達令何咎康範榮參建隼職列褰帷將布政以頒條故違經而合道當仲夏之月畋以爲苗居專城之尊德惟除害不麛不卵合取則於禮經以畋以漁蓋規承於易象且獸

之暴物人何以堪俾肅肅兎罝不忘於詩義芒芒禹跡克疆我甫田雖黎庶勞四體之勤而畎畝取十千之歲則原田膴膴不逢走險之遊稼穡芃芃豈雜食苹之地刺史爲政諒在隨時觀察所繩奚將勸善實之於理恐未通途

對出畋毀耕者之瓶判

丁畋於渭表毀耕者之瓶訴丁及父爲厲事

眷彼獵徒情多禽獸之獲語兹農者心惟稼穡之勤鳴鏑彎弧適騁麗龜之妙晨耕夕耒殊異非熊之師坐毀重邱之瓶行取閑門之誚茍敗其器宜徵陪償之資言詈彼尊

有虧耆耋之敬野人不敏於義何誅

對張侯下綱判

景張侯下綱不及地武賓遂貫之監者謂無揖讓之禮不坐奠豐上賓袒決而退

考賢論林審藝觀德爰設三侯之禮以崇五善之儀貍首登歌是求於合雅采蘋斯奏何先於主皮惟彼武賓齒於其位宜揖讓中節允諧於觀善何穿洞非儀坐彰於伐德綱則未下射何速加自貽監者之尤遂干司馬之政不奠於坐誠叶周人之式袒決而還亦符相圃之事雖君子之爭戒所苟得而士師之律未可深文宜從肆緩謂叶平典

對用毒矢而射判

乙用毒矢而射迹人禁之云貴其必獲

大獸小禽各有攸處敦弓潔矢隨利而行爰俾迹人職斯厲禁用捨必由其令左右無乃失宜茍封毒而重傷雖省括而何狩況今物遂蕃茂政和鐘律四靈雜襲百瑞同休彼何人斯虧我王化禁之可也多訴奚爲

對金吾不供畋矢判

金吾申不供畋矢冬狩有闕

制國之用必歲之杪量大小而用地審豐耗以視年鳩化爲鷹見草木之搖落豺既祭獸設罻羅而以畋然後順時出遊因隙校獵俾虞人以入澤閱車徒而展事昆蟲未蟄無以火田麛卵不傷動必討叛金吾申上田矢不供職司其憂冬狩虧闕然寬則得衆敏則有功合供雖則不供恐闕固應未闕若官曹立限送者違程於理難容請從嚴斷

闕名十八

對搏獸判

山有徒搏殺獸者請賞州之所不與使科州違式不伏

賦受不同勇怯殊迹瞻彼徒搏罕能爲之眷乎傷生吾所不與何者啟足貽訓嘗不愛於遺軀履尾有言翻見矜於扼猛撫毒雖殊愛己除横誠則利人州司執文切同膠柱使科違式所謂合宜

對捕獸判

設穽獲取獸而誤陷人有司按罪不伏

山有猛獸林木不伐擇肉而食已假喻於秦君在物爲患實有同於周處所以冥氏張弧設其穽擭蕇疑蹊在足李陵無憂於垂餌檻穽搖尾張衡絶言於搏翼人之誤陷罪亦何加且啟塞從時古今明準若鷹隼未擊設者誠則匪彝如鴻鴈已飛陷人豈可有訟兩端斯按一言可蔽

對捕鳥鼠獲豹判

甲捕鳥鼠獲豹以爲有異送官求賞所由科罪網罟結繩見彼取禽之道雄雌共穴聞於導渭之山甲雅志平生盤於是習利有攸往每懷馳騁之娯適我願兮仍持採捕之術既尋巒而討谷遂乘幽而歷險罻羅未亘傍掩西嶺之巖霧雨潛棲幷獲南山之獸然體君子之變雖符象象入虞人之羈蓋無奇異瞻言賞典或恐難從乃眷刑科寧宜濫罰

對採捕判

甲採捕爲業斷溪路之木不殊夜行者過乃推蹶科故爲罪訴云暗中不審

爲利殊途生人各業或豺已祭獸罻羅方設或獺未祭魚津梁仍禁惟甲情閑採捕志樂畋遊即鹿於林涉崎嶇之險道將禽伐木横詰屈之荒途所以盡巢穴之羽毛窮棲宿之飛走竟歲趨末彌年棄本相彼夜行不遑宵處河傾左界捫暗樹以求溪月映前峯度幽蹊而失路倚衡招譴推蹶貽災斷之者雖則不殊觸之者有同非意不利攸往是妨行邁欲罪故爲良難與奪覽薄言之訴援不審之詞法貴在寛庶從非濫

對觀魚判

同州刺史矢魚而觀之御史糾彈辭曰農隙以
講事仰處分

爰整車徒用陳蒐狩辨其貴賤習以威儀將七德而聿修在三時而無害眷言刺史殊昧禮經在施政以庇人無聞去獸苟徇情而略地空見觀魚且魯隱如棠僖伯稱諫有窮遊洛虞人獻箴從阜隸之賤司誠當失位輕公侯之重任實曰曠官理合緘言豈宜文過請從繡衣之糾勿聽彤襜之辭

對取魚判

有人取魚輕車重馬或告非法訴有古義

彼何人斯漁以爲事結廬逃境吟澤畔之風烟垂竿振緡盡河邊之歲月坐嚴陵之磯石芳餌長懸入尚父之磻溪遊鱗或躍始虛徐以在藻亦洗淨以遶蓮臨川之羡不忘入肆之求何遠殊野客之來獻匪曰猶賢類詩人之逝梁方聞起訟或告非法未見其宜採川徒山實庶人之攸往輕車重馬合古義其何傷

對不知名物判

得乙是甲吏之賤者問所掌名物而不知被科
訴云莅事日近

陳力以位任才居守列王者之職百度惟貞在有司之能庶官奚曠惟乙績乖幹蠱名非靖恭等韓人之從吏周行是處均倚相之言詩祈招以感何則躬爲下士秩等上農莫究端倪孰云主守未聞數馬而對如何尸祿以言匪課月成徒稱日近請抑無稽之訴以從司寇之罰

對不知名物判

得乙是甲吏之賤者問所掌名物而不知被科
訴云莅事日近

執技事上各有司存學古入官固非失職將守其業用不易方必也正名無敢反側惟乙賤吏實曰函人忘其下旋上旋之權失其犀甲兕甲之屬訴云近莅豈曉籌年比農功之越思同美錦而學製懵其名物主者不利於操刀正以刑書所按乃得其資斧

對不知名物判

得乙是甲吏之賤者問所掌名物而不知被科
訴云莅事日近

國有等威秩分貴賤必恭爾職乃罔後艱乙何人斯吏之

賤者匪懈於位無聞幹蠱之美不思厥職遽招尸素之刺且龜玉見毀誰之過歟名物不分信爲罪者貽曠官之罰自己包羞以日近爲詞是亦文過必若德同周勃才異嗇夫當寬呐呐之人無求喋喋之口待窮閱實然後丕蔽

對小吏陵上判

得丁爲小吏好陵上爲人操下如東溼薪議者稱酷吏曰其理有所効

爲官擇才以政化物先甲申令著於易象惟丁者何效茲酷吏循牆之敬已殊於考父束溼之理將類於甯成陵長

而六逆在茲滅德而九功失序且仁以爲寶嘗聞得國犯而聚怨焉可定居旣紊彝倫之經莫知哀矜之道國之蠹也刑其念哉

對衣狸製判

或人衣狸製有司糾云不稱其服

車服以庸威儀有節各得其所無相奪倫戰者先登昔嘗聞於貍製或人匪服今頗同於鷸冠苟慢經以背常固速尤以貽咎身之災也妖實人興刑其恤哉理在無捨

對執鏡失位次判

公司馬執鏡或告失位訴云不爽疾徐之節也

分命庶官各供所職有厥居守無相奪倫師貞丈人或曜威而振旅政成司馬將作氣而利用則擊鼓其鏜執鏡以節苟表盈竭無乖疾徐類援枹而可嘉何動擔而能擬或其失位訟匪有孚我則辯明訴乃無咎

對挈壺挈轡不供判

律挈壺氏合挈轡以令之云官有守不供其事

甲兵用嚴班位在守慘不畏法是瘝乃官挈轡挈壺隨力同道軍井軍舍從事殊觀匪恪居於戎律遽傲慢於侯度

使介冑之夫云思拜井熊羆之將方解佩刀繫所掌而有失故流毒而災衆出晉侯於淖大夫且謂侵官加韓昭以衣典冠乃爲越事爾不還忌咎從自及

對載稻判

甲爲侯邑鄰於虜每載稻與脂於車行孺子之遊者無不餔也無不歠也必問其名居廉使奏飾詐邀譽訴云侯其壯以威虜

介狄薦居緣邊鎮國有備無患則爲邦之大同使勇知方乃訓人之善者惟彼甲也膺茲利建食兼縣邑位列通侯

密邇寇讐每惕不虞之至不忘戒懼空思誘掖之仁載稻與脂惠雖存於孺子式餔且歠吾淺之爲丈夫何則政貴有恒弗惟好異仁稱兼愛無獨孩提徙必問其名居亦奚俟於丁壯絕甘分苦事雖均於越王小信未孚曾不酌於曹劌廉其邀譽法則傷深方乎詐善理難寘罰

對誓戒判

甲掌誓戒鋪敦大防人告其紿遊云不可測度

國章有節軍政必戒茲不率典誠爲曠官甲屬當戎行謹勑乃事鑿門而誓伐鼓以律戎狄孔棘懼邊塵之是侵咨

謀有方遂鋪敦而外禦式遏寇虐載孚備預觀釁以動在春秋而則書匪紿而言於雅頌而何失彼人所告不亦厚誣勿得孤虛之奇無乖測度之道

對請降者判

浙江西防禦使請降者御史臺守約而爭云非功臣

襃德祿賢建封列爵以勸能者且旌善人惟彼輶軒是職防禦敷其七德耀以五兵故戎狄之人重譯來朝北闕蠻夷之類稽顙願沐南薰使司欲以德招攜請封茅土憲臺以舊非心脅未許繁纓得失可知與奪斯在且官不必備器無假人願取則於周書無貽誚於漢法

對不受敵判

安西使路中遇賊命其改所受辭不爾致官甲以死王事論賞所司以爲非因戰陣不合訴者不伏

刑典有常君命無貳臨危不撓視死如歸瞻彼皇華職思其任眷言青史惟其嗣之況西蕃小寇亂我邊境忠臣效節絕其姦詐使國之軍威得存乎信人之質直以成其名

事有類於解揚見稱晉代節無虧於蘇武不遺漢策斯乃一言可以興邦獨行可以振古宜申厚賞以勸不能何所司之見疑昧將軍之雅意訟端不息誠合其宜

對先登判

甲先登死於壘下司馬三襚之與之犀軒直蓋御史劾其專命

委質策名惟忠與敬苟失茲道未之前聞甲實稟生情深義勇常思報効願納忠貞且預公徒寧懷於倒戟忝膺介士遂自於先登嗟爾徇名何期死政任患有同於丑父見

薨疑則類於紛如難不越官我其懷矣死而利國爾實爲之何直蓋之光華俾懦夫之增氣生涯已謝魂魄焉依昔日求屍則聞五家之免今承寵命遠申三襚之儀優則未乖論且未當徵諸魯史覩推見賞於無存考以國章襚服豈聞於祈父劾爲專命對將何辭御史頗得於彈毫司馬宜懲於出位

欽定全唐文卷九百七十八

闕名十九

對斬將後殿判

景爲將斬將搴旗還後爲殿久而不至師詰之云馬不進非敢後也

讓禮之本矜伐之賊大勇不鬬小智自私故范宣執謙其下皆讓宣尼垂訓欲速不達景也出師自承王命被堅執銳皆奉廟謨斬將搴旗莫非皇化雖聞拓地之績未可貪天之功彼師不仁責其後殿有詞則捨之可也詐善亦不

猶愈乎

對戰勝作彝器判

小侯戰勝作彝器銘功林鍾軍正訟言時有妨小侯云以示子孫不伏

天子令德銘曰日新諸侯計功取彼凡獲永啟厥後無忘遠圖方展器於樽彝果昭宣於篆刻所以懲其不恪載此嘉猷何蔑爾之小侯敢招賢於大國雖出師以律其如剋敵之雄而救死何庸乃是因人之力同季孫之取惡且鑄齊兵聞臧氏之所言誠非魯德亦胡顏於燕翼遠有訟於

妨時請從軍正之言以蔽林鍾之失

對克狄弩來判

甲克狄邑長弩來有非寮者以其弩行軍吏執之云非事士也

弧矢所以立威征伐所以柔遠瞻言甲也利用行師奮長策以從戎俄聞獲醜遽前歌以獻捷方見勞旋惟彼非寮職居何等將守死以效節豈成仁而有渝謀之孔臧實曰有倫有義忠以明訓必也主亡與亡行爲盡室之謀坐爲刻吏之詰類伯夷之潔巳不食於周同夙沙之策名何賴

於鼓主則辱矣士也何依旣無二君之心宜遂匹夫之志

對獲五甲首判

景獲五甲首請隸五家御史按景干賞蹈利訴云銳士

休明在時烝人忘戰雖塞垣無恐猶勞禦侮之師而銳士從戎理急策勳之典日者白蘭塵起紫塞煙飛無風而羌笛自吟有月而胡兵不去天子聞鼓鼙之響按劍興師將軍厲甲冑之容登壇受鉞景以聲雄薊北望重關西斬將搴旗威推八陣屠兇執馘勇冠三軍盛績攸聞戎氛自滅甲首五級功可傳於藁街請隸五家罪方招於石室論咎雖云蹈利據理抑可酬功罰疑從輕景訴誠爲順理賞疑從重霜臺豈可置刑旣有司存請依彝典

對爲將失禮判

甲爲君之右令將卒取清有司劾云雖免君之難而失軍之禮訴云若不欺軍安得不獲

危事不齒善敗豈亡苟能愛而盡忠何傷詐以兼智惟甲跡同丑父貌類頃公立我戎馬之前應識被廬之術進則思賞退則圖全擁鐸拱稽初言以律靡旗亂轍俄見覆軍

方知處死之難期於隕命之禮梅林止渴蓋是從權竹簡議刑將何勸善免於軍難亦曰師貞殊不知索彼車中范睢以遠降之城下紀信空存宜表洋洋之人以旌赳赳之列有司見劾無罪可書

對旋凱獻俘判

軍旋凱獻俘毛有二者執法止而劾之軍司云拔距石者

兵居死地百戰功宣將鑿凶門三軍獻凱度關山之月橫笛吟秋驅隴路之風長旌曳曉實賈予勇寧老我師告捷

攸屬獲多斯舉故得繫頸請命不以懸首爲威亭障罷警邊城偃柝十角搖鼙二毛就擒徵古可縱在今莫舍旣負投石之力允當操袂之來執法劾止未諧通議請依軍見得謂其宜

對獻捷稱其伐判

河源使獻捷驟稱其伐

師克在和軍政以順將數奏其勇何求掩於人以爲司馬出征君子于役卽戎禦寇初利於九征執訊獲醜俄獻於三捷式宣王命大殪戎師而悉引厥功以爲已力橫草可

重坐樹無聞方欲御於諸友遂揚言於執事同郤至之稱伐非范宣之能讓攻戰必取欲先二子之鳴班列不同終在七人之下聚爲怨府職在亂階蓋是速戾於爭功實乃包羞於閱禮不可在位何以佐軍

對還生口判

得甲爲平盧小將軍軍中有擒得生口者盡還之節度使欲加以罪云古之名將亦有如此者

獲則必取兵家舊法捨之從權伐國新意惟甲早從師旅久戍邊庭將立大勳以圖貴位爰從是役得展其謀於萬人之中力能獲醜用七縱之術志在平戎是則捨此一家將來九族果取其國何止於鄉類孔明之用師威懷蠻長同叔子之居鎭德服吳人皆呈輔相之林明於制敵誰謂偏裨之任暗合前規節使屬當戎行未知軍要此宜論賞翻欲加刑由是觀之罪有所在

對獲俘衣之判

乙攻城獲俘衣之或以爲非曰使其如歸

德以綏邊仁惟克敵必將制勝是曰能賢乙出師以和攻昧以順戈矛雲合士卒星馳旣左旋右抽期一月三捷人

思懸布軍以獲俘以爲安忍無親黷武無烈作其令主徵冶夫之謀費還其侵地善羊祜之取吳則寒者衣之人遽叛於南氏歸乃有所城亦復於季孫美績可書策勳宜賞彼或非者徒測海而多愧爾有詞焉固包荒而無怍

對以囚爲前鋒判

甲受律討不庭以囚爲前鋒薄威去備人告失軍容云先者之法

古之用兵抑爲制勝或以柔遠或以伐謀逸乃楚囚其來報也無扞樵採亦我誘焉果而稱師特蘊權決不薄之險

隘不邀之未濟而壯士曲踊於幕庭將軍下矢而鳴鼓豈止血刃當觀繫俘亦有藏地勢之間用人謀之運右廣初駕左輪未殷犯圍蹈鋒申厥誠果衿甲面縛釁鼓縲囚列之前伍以待後殿而薄威去備類陣振旅使戈旌霜指耀征壘而衝喉劒氣風趨駭轅門而籍骨於惟勝敵亦為奇兵何失軍容更成餘議

對棄子判

受命攻城在城中曰將誅孺子報云必與我餐之或以其不義

受命啟行有死無二雖因義以制令寧以權而滅親斷布重城先期賈勇析骸懸釜冀以論功食子自同於樂羊純臣多慙於石碏與其廢禮傷愛豈若徇節忘恩既覆醢以稱仁何請羹而遺我告為虧義誰復間言情則不經言亦有素

對愛子為賊所執判

乙有愛子為賊所執因以登樓就乙求貨既不許而促兵進討所由攻之并子亦死御史劾棄子嗇財不可為訓不伏

君惠於臣父愛其子蓋稟天性豈直物情事或不可義將何若乙以忝列蓋臣合輸貞節言念幼子痛自闕於防閑欽奉大邦懼乃撓於法制若執人以求貨皆罄室以全生則因循而來虜掠何算欲求苟免之道恐貽嫁禍之愆所以促兵冀其盡敵雖喪克家之子終成輔國之臣大義滅親且類橋元之操深仁濟物奚取卜商之慈劾以嗇財將何沮勸

對擅發兵判

甲奉使副討罪擅發兵殺康國王執事加賞或非之

臨變有謀始聞勝敵興師無律終以臧凶甲受命以行觀釁而動輶軒始發將遠使於四方臨衝載馳遂收功於萬里殊傅介之密旨因取樓蘭若陳湯之矯制更夷康國況今偃革息馬綏戎糾華奚貪一夕之勳遂侈三軍之事雖掠美以自滿終嗇禍而難封執事念彼武功以為勇爵或人思我王度方循政典苟示化以徇物無忘紀以敗常將為後圖是亦為政

對矯節用兵判

矯節使邊逢諸國有難遂以兵革平之議不加賞

受命以出惟德之恭見可而行亦仁之勇矯節何者從茲使乎夙駕載馳異將軍之授律飲冰言邁逢邦國之交讐同楚君之用兵且聞觀釁殊羽父之能請因見出師爰發干戈以祈爾爵克寧邊鄙肇敏戎功事貴從宜賞期當物必也不虞或至拒冦爰來滅虜地之烟氛息漢庭之烽堠專則可也賞宜及之如或胡塵自飛我疆不聳空勤遠略終匪臧謀苟免戾而已多何議功之敢望進退二理庶乎

一隅

對軍副別屯斬人判

丁爲軍副在別屯輒以法斬人主將奏誅之訴云專軍別將不在部曲於法不合罪

天討有罪成師以出注意於將稟命不威丁任既干城寵亦受脤非以惠敵期於伐謀履武人之貞居元戎之副執訊獲醜義非喪律有虔秉鉞誅在明刑議七德以不傷爰九伐而何害主將不能命之以徇分謗生人方欲糾之以違篤責軍簿奉車都尉雖謂專而請誅龍驤將軍固違令以告捷況斬之以法乃非徇私副在別屯異於擅殺欲加之罪無以爲詞

對司馬斬嬖判

甲與戎戰司馬曰所遇有隘毀車以爲行甲所嬖校尉不肯司馬斬之以徇軍正奏其專殺

受命以出一鼓作氣惟師在和七戰皆獲觀釁而動者謂之軍志相時設教者是曰武經甲惟理戎與茲薄伐司馬決勝以先啟行彼徒我車懼其侵軼鑿門受脤陳其教令既遇隘而難進請爲行而制敵校尉不肯斬之奚傷違其

毀車有類荀吳之嬖是稱亂命以戮晉卿之僕奏以專殺斯則不然

對死政判

死政之老求廩食乙以其無所歸供以閒粟

功立於時身有寵祿政死於國家備哀榮至若羽林孤兒且不遺於漢主膠庠養老猶見恤於周人雖廩食或求而閒粟是用法所當得昔嘗稅於關門無若我何今慮擠於溝壑既受一夫之粟何慙七子之居惟乙所供理亦爲當

對輕過罰甲判

士門使輕過罰甲按察使糾之

制刑閱實勿替前典詰罪理軍必條隱令既輕過而悅使同寄令而宥人雖疆場無虞而蜂蠆有毒欲觀攻取必資甲兵論以分金嘗聞管氏入兹束矢復起齊邦師古可權士門之良圖惟允倚法以削按察之糾謬何深理貴平反寧聞伐善

對恤士判

得甲爲將卒有患癰甲吮之卒母哭而訴甲將殺其子請罪之甲不伏

總戎之寄爰比善於穰苴受甲之徒忽方疾於荀偃均其挾纊始勉三軍惠以吮膿方憂七發佇盡佳兵之力坐興慈母之哀非輟哭於敬姜實先悲於蹇叔以父觀子固旋踵而無期論將緩兵乃推誠而有及預起三殤之慟雖欲妨明深詳七萃之謀寧宜見罪

對勇壯踰羽林亭判

丁爲羽林將超踰羽林亭樓或止之辭曰試弁而已仰斷

天生烝民稟氣各異國徵武士以壯爲先惟丁力冠圍人勇過延壽因材官以効職列羽林而爲將恒拔距以習戲樂彼從戎乍超樓而自矜聊爲試弁各適其適亦謂合宜有能不能奚爲見止

對立功流例判

執戟董元於鬬敵下立功流例七百人並跳盪功敘錄咸依元格酬勳賜階準元軍司削階不入五品

董元藝極穿犀官參戴鶡言思報國即此臨營冒矢前驅爭爲跳盪交鋒直進詎肯遷延忽逢蛺蝶之兵遂埽螳螂

之卒摧兇殺敵已立殊功準格酬庸例昇榮級前關已蒙褒錫後送獨被稽畱既申橫草何能倚樹但令將執戟雖切披陳曩日橫戈且知優劣既言功薄明即効殊懸登執雁之階慮動績貂之刺

對背侍從征判

王靜母年八十身充侍丁弟順名預軍團練點從征鎮靜棄母投募陷陣有功順戀母背征據法應罪縣令以靜闕養以順棄軍俱追勘當各科其罪靜云情存徇國順云意在懷親既並有

詞令不能斷

効命捐軀式標於盡節冬溫夏凊載竭於因心靜毋西日沉榆氣息奄奄順弟南風吹棘兄弟怡怡咸承大被之恩並藉高堂之慶靜之充侍須崇扇枕之方順乃從征宜著横戈之績豈期兵交白刃侍丁爲報國之臣饌躍頳鱗征客作安親之子或移忠入孝或徇國違家忠孝不可俱全家國終無暫闕投筆以去狀既不合論辜戀母而還法亦無煩寘罪銅章既難推劾玉律須有哀矜請俱釋於九章庶並從於三宥

對復矢判

劉說家有喪登車轂用箭復魂人告越禮

精氣爲物聚極則散遊魂爲變死而有招歸地歸天人皆共盡在師在旅禮則從宜若道屬多虞時因喪律勤王徇節載居鋒鏑之中委骨捐軀但非歌笑之處既覩亂麻之積爰崇復矢之儀亦同蕢尚在途畫宮受弔仲尼於館脫驂有情雖流千載之聲並是一時之事眷斯劉說有異郲人稱是家喪胡申戰禮罕遵升屋翻比登車驗古有殊論今莫可科其越禮雅合彝章

對立功執商判

乙立軍功合授官或告親執商賈業

天子授鉞將軍運籌廣練精兵數道深入壯哉乙者屬當戎行攘臂專征負羽輕氣警勵部伍張皇武威密爾元兇尚懷旅拒甘泉火起初疑滅竈之餘朔野風高已得摧枯之勢既而凱歌還國酬庸武勲漢不孤恩方錫班超之職商乎見議詎奪弦高之詞或人盈庭是相喧聒既而斟酌典憲採摭羣言樊噲擢於屠沽宏羊起於賈豎以今況古其誰不然今之游詞一何狂簡有功之賞理請必行無稽之言事宜勿用

對事貌相似判

甲容貌與乙相似甲歿後門人師事乙鄰人譏其非禮

道在則業金篇非寶學而時習珍席爲儒甲業擅專門勤茲閉戶夙漸淹中之訓方傳壁裏之書絳帳談經蒙求者雲集緇帷講道鑽仰者電趨濟濟祁祁升堂入室夏絃春誦未厭於青藍閱水頹山遽悲於壞木歿而不作逝者何追道無常師未宜膠柱貌有相似自可摳衣昔夫子門人

見師於有若馬融弟子或從於鄭元故事非遙讓之未可

對釋菜爭論判

得胡甲許乙俱任直講因釋菜爭論遂形於顏色各持梃以相打法司科罪

膠庠之設國容在焉禮樂旣陳王教茲始學之不講儒者爲憂道或未行達人增歎皇上崇大文教褒進儒書屬澗蘋可採爰奠祭於先師壇杏初開將發明於古學胡甲許乙說禮談經異議旣生爭論斯起操持梃扑恐學業之不明顚墜衣裳見朝儀之有失四方從學華荒並湊百寮觀

禮瞀紱成行不愼於儀何所取則旣僣規矩合寘刑科

對持論湯武判

乙開筵講湯武事弟子曰無食馬肝乙撻之不伏折師麈尾

君子爲儒學以致道聖人立教言無非法乙惟廣業義取精嚴函丈席間未述唐虞之際開筵講肆遽言湯武之非符彼黃生之談爰有青襟之刺不能伏義故爲撻人喻以馬肝足爲知味折之麈尾嘖有煩言一抶何傷將子無怨

欽定全唐文卷九百七十九

闕名　二十

對笙師不施春牘判

甲爲笙師以教陔樂不施春牘等三品科之訴不伏

六同分序則備禮文九夏成章式明詩頌所以賓射喪祭軍旅會同必將有陳罔或無度永言春牘喻此安絃以諧八音實爲三品伐檀樂於雲夢影落梢雲採貞勁於仙壇色移寒雪夙聞揮斲素列賡脩因玉潤之呈姿節金奏以

爲用惟甲司至有昧欽承無相奪倫未求諸己不以其道輕欲訓人杳渺笙歌詎奪迴於鳳影嬋娟篠簜殊髣髴於龍鳴應雅莫修塤篪坐缺至若教之陔夏用以娛賓候終宴而言歸慮沈酣而越禮爲之行節肅以威儀醲取歎於傾家飲無醉於終日道其聲律必在和均忽貽顧於周郎豈忘味於宣父不謀其政遐棄厥司當審詞以定刑庶先迷而後得

對樂懸畫蚡蝑判

得樂懸上畫蚡蝑所司以細碎失禮不伏

應天爲同合雷作氣殊以堵肆設其簴業式觀周禮爰命工人備物雕鐫兼飾丹漆怒鯨與翼鳴僉賦旁行將跳躍咸修因木生姿似得陰陽之氣異體分象各類清濁之音有何疎失以爲細碎稽古未爽不伏何疑

對四品女樂判

乙有女樂一部御史按之云見任四品清官仰處分

爵以馭貴樂以報功異其肆堵昭以聲文既比物以飾節亦安德而教和乙也銀艾蟬聯朱輪焯耀名稱貴士位列

清班家乃伐冰朝膺食肉二肆未陳於縮霤一部且列於曲房事等馬融義符魏絳且窈窕閑淑蛾眉麗姿樂則備於伶人禮可嬪於君子功化絲枲舞節鏗鏘稽命數而合宜在法令而何爽御史糾按無乃深文

對笛判

甲制碧鮮以當篴本四加一所由科其不節訴不伏

玉潤碧鮮靄青冥之秀色龍吟鳳吹發寥亮之飛聲始立制於工人方勸侑於君子簡易爰在繁會斯深惟甲練精而成厥象躋攀絕巘陟彼九成剸刻貞姿謚爲雙笛撫羌人之劾躅裁以當篴感越客而興悲方延作賦霜候無變寧俟斲磨風韻將調遠資律度加君明之後出畢以五音佇叔夏之前規奏其三調落梅香徧自滿風前折柳陰疎橫分塞上固無失於倫序宛有叶於和均不節論辜未知其可

對樂師教舞判

甲年十三爲國子樂師教之舞象甲不受命樂師將撻甲云違禮不伏

夏序殷膠建國重務養老齒胄先王大猷所以長幼分規道業差序或殊誦習將明告教射御書數分制則於樂章中和祗庸遵規儀於性府既大成以方就爰小舞而首陳必在準繩無或差忒興言國子辯慧斯文系彼勳華金張錫慶遵其禮樂游夏申勤學必幼儀言辭外傅年深舞勺及踐上庠春誦夏絃深其順節尊師重道寧顧踰閑佩觿之辰成童未及摳衣之日舞象何先雖欲速於有知終見陷於無度儻乎聞一知二亦何守其彝倫必也非禮勿言固可徇之年限制於未亂詳茲雅得紀綱扑作教刑撫事

難從捶楚

對習結風技判

得乙習結風之技縣長以其惰業責之

舞以盡意用察其形或因序而持芬有傳規而去籥是以六英方變用禮神祇八允成章以和邦國雖聲歌而會理終鄭雅而殊制陳之典則誠以怠荒乙也妄庸居然訓習非策名於樂府潛託志於結風謂小吏之期仙鳳凰均影學參軍之式宴鸜鵒成衣長袖蹁躚未呈妙於風結鳴絃糾舉爰寘罪於霜科足訓疲人誠爲茂宰宜從改草無或

因循

對瞽相判

得太常備宿懸於大祭有瞽而無相步所由請罪之

禮以道志樂以和聲爲儐詔而率先陳相步而汲引是立扶主之稱式陳視瞭之司相須而成兼濟爲道乃鍾牙之比義實陳雷之喻堅等彼塤篪寧聞獨用均茲韛韈必在同施惟太常之官曹司雅樂之制度虔承大祭恭備宿懸杳杳嚴更滴銀壺而始唱鏘鏘逸韻考金奏而斯聞會彼伶人咸資瞽者心則通於師曠目非類於離婁子夏新名徒起移冠之號判軻舊客終聞擊筑之娛質明而行已數容於肅敬晏朝而退爰輟響於宮商祝史正詞良非矯舉相步乖位何嘗規儀就以逡巡其誰告導若蒙泉之無適非大車之利往雖六變六同不齊其節而及階及席是闕於言良未展於扶主禮將至於顛越此而不罰其有何誅

對未上假借判

丁受官未上於所部假借科其罪監臨不伏

命官以賢底祿以道猶未莅事胡爲賄聞無魏孚之悛心

有叔魚之黷貨即爲假借曾不內愧於躬式昌刑典仍欲外閔其過實叨憤之自速非監臨之謂何加言是丁不可逃罪

對乾沒稍食判

乙主稍食輒自乾沒爲方書所劾

列爵分官用資監守臨班掌務必藉廉平其有黷貨居心類長安之小吏不貪爲寶殊宋國之司城時所未容法宜難捨況主茲稍食慢彼嚴章竊人之財從己之欲方書職惟糾謬用此繩違逐鳥居多彈鴳遂允刑之所設本曰懲

非罪卽不誣任依輕典

對取錢授官判

得楊甲選以錢十萬金三十斤求山乙得官後被告大理以甲選數合留官不越次會恩洗滌甲不解任錢金不追刑部斷甲解見任徵乙金錢

學古入官不聞黷貨以賢制爵安可非林楊甲人實妄庸謬參調選山乙志惟貪冒多受金錢良以職謝巨源賢慙伯起鴻猷載黜是則難容大理同拘自貽伊戚承恩合免雖則棘署守文會赦獨徵實亦仙臺直筆請依省斷竊謂爲宜

對受囚財物判

丁受囚財增其語贓輕減罪省司駮議非當鬻獄

鬻獄賈直實誠魯史舞文巧詆用存漢策小大之察必惟其情輕重之權固茲無濫眷彼丁者職在監臨貨以藩身見魯豹之裂帶貪而速戾同叔魚之敗官且無屬厭難以末減省司忠告實謂平反

對脫枷取絹判

祁陽縣尉董則任大理獄吏與囚脫枷取絹兩匹斷除名

刑政所存爲國之本有倫有要宏愼斯歸就重就輕哀矜無失董則事緣贓賄斷被除名黷貨於無器之時定罪於有官之日問旣承引斷亦甘心兩緣雖則難容雙啟終須審究脫枷狀非枉法準絹不至徒年除名雖據本條斷罪宜無覆定永州申上不詳前任之文刑部重尋妙得無官之例除名之坐未可依前罪不合徒何容濫罰

對吏犯徵贓判

吏人犯枉法贓會恩免罪所由不徵正贓御史舉以非枉法不伏

肆眚從輕前王以之宥罪一成不變君子於焉盡心黠吏伊何罔知紀極貪藩身之貨自底不經沐渙汗之恩幸而獲宥雖小懲大戒旣曰刑其恤哉而免罪徵贓尙謂罔之生也酌彼三尺折以片言柱後爲官御史之舉非斯當頤中有物所由之不伏未爭敢肆剛腸輕申直筆

對主簿取受判

外州申屬縣主簿部內取受州將不之罪也出錢與之

東紳從官既擔人爵析珪銜命須代天工不息惡木之陰不畏貪泉之味豈溪壑其志山川其心錢且深藏非從地出金常密受不畏天知效無彰於萬分法宜加於三尺州將情爲寬簡道取敦龐必令上化用孚將使下僚知恥若過而能改合道期於反經若情不自悛罰罪當於懲惡請更研問方事科條

對尉用官布判

鄖縣尉單則將官布七百端質錢還債經一百

日合科何罪

單則策名稽下述職江濱才靡効於一身害已深於五蠹用公府之財酬私門之債虧貞節於箭巖汩清流於鏡水九章爰憲不惠姦渠三尺明科無捨刑故雖復陪塡已畢終是濫竊成愆指事論情實嬰疎網披文按法或蔽蒙襟委諸兩造之司庶盡片言之斷

對不奠其祿判

得主司納錢不奠其祿致令不可覆校

正其歲會禮有明文錄而書之物合定數莫不登於天府計以月成諒比要之可遵將奠祿而爲準憑茲出納乃絕姦欺苟或差遺自貽乾沒龜玉在櫝宜勤夙夜之心刀布如泉何忽隄防之禁覆校斯闕罪累非輕忝曰主司殊爲曠職但三尺之法期閱實以定刑九兩之官闕連事而同坐必若甲乙俱犯上下相蒙規攘竊以故違自胥徒而共議物又全贍情實難容如其數則非多訊之爲誤有納處而可驗恕不逮而須矜請紆辨璧之疑方寘鈞金之罰

對奇請他比議判

法司以奇請他比議爲蠲除而留臺持之不宜

數變乃引聖智之所爲患

政貴有常理惟體要明罰勑法取誡於先王議獄緩死致誡於君子俾其科條克敘輕重有倫惟齊非齊以殺止殺事必謀始則司契之義明道先仍舊則改作之功昧鄭僑鑄鼎猶慙叔向之言周滿作刑稱耄呂侯之策況聖君御物天下文明人識舊章國懸常典舞文巧詆非則於張湯捨虐從寬有依於定國矧乃漢盜陵土惟輕載美於釋之闕於昭八議誡以類而可徵永言三尺復何慙於師古

對誘人致罪判

甲誘丁致罪令其同坐云人各有心

率心無邪詩參履福作爲背道經喻焚身若從惡而自貽將異罪而同罰利交相昭惟甲與丁鄰德不慕於田蘇樂禍更移於齊豹誘招惡子名近盜夸且飭躬無良以欲敗度誘人遷迹以義傷風六行共挂於爰書兩造不聞於在宥待窮實狀方寘科條

對因丑致罪判

癸因丑致罪所由欲科之及丑自死癸云罪人

則亡我更何若所由亦不知作何處分

生諒不謹法必繩愆既三禁而無移在五用而難捨丑孽不可逭鬼得而誅癸戮出於身官慢其業雖天網不漏亦未失刑而職司是虧攸宜坐罪且罪有輕重失亦降差刑難變於一成減可從其二等

對犯徒加杖判

乙犯徒訴家無兼丁縣斷加杖人告其有妻年二十一以上

麗刑務輕罰懲非死若膚受之訟則哀敬難原乙何人哉有恥未格不化厥訓自貽伊咎當從傅氏之築若赴驪山之徒謂無兼丁則合加杖而有配偶應是克家來訟無情未宜易法縣且失律豈曰能官人之糾謬斯謂不直

對解桎判

得甲送徒道解桎梏恣所過御史糾訴云剋期俱至無違者

法在安人刑忌留獄苟信不繼則噬膚而莫懲如得其情則緩死而無逸惟彼甲者奉詔送徒解其桎梏遵大易之利用申其甲庚係小子而且格承命爲信義則乖於守官

推誠於物仁或昭其恤下與其刑茲無赦利武人之貞咼若感而遂通資文明以悅且虞廷作法人不敢欺鍾離縱徒剋期而至有叶良吏無瀆簡彝欲依驄馬之糾恐越爽鳩之法

對刑罰疑赦判

甲刑罰之疑俱赦有司以刑不上備省科之云適輕下服諸罰有權

先王立辟議事以制得情勿喜寧失不經故三宥以順時重一成而不改永懷中典亦謹無良惟罰與刑有疑俱赦

厚倫正俗。立教在寬。二罪並興。載難上備。五聽無濫。宜遵下服。既有權而適道。當惻隱而從輕。不俾小懲。將爲允當。

對犯憲罰判 判由闕

分地而經立儀。三市。陳政以禁會商百族。雖負販而有尊。故質劑以結信。莫不同其度量。別以精麤。荒札無征。珪璋不鬻。君平閱隱。取給成都之錢。漢武沈魂。卽覩茂陵之椀。甲託玆闤闠。徇彼盈虛。耀邊鄙以爲心。雜良苦而成務。稱無二賈。未偶迹於神仙。坐陷三章。遂沈名於罪網。至若憲罰徇罰。中刑小刑。既分夥於旗亭。固非謬於圜土。主司董訓未盡。甄明舉而罰之。雖則罪人。斯得哀而喜也。有爽惟刑恤哉。且播肆之條。誡其過矣。示衆之譴。無乃重乎。在甲薄言均腊肉之遇毒。主司苛政。實刺骨而成寃。復卽命渝改之爲貴。義不可辱。事當小懲。宜罷本態。用申典正。

對兩貫判

甲先有兩貫。一延州。一屬鄜州。爲定甲訴云先屬延州

人則懷土。狐乃首邱。然蕩析離居。罔能定極。且甲義殊三徙。編貫兩鄉。作可封之比屋。名標鄜部。尋本枝之百代。籍掛延州。所以舊里馳誠。是混新豐之犬。故鄉搖思。不食武昌之魚。想邑呻吟。深嗟變橘。瞻關敬止。實慕維桑。欲遣三緘。終無二見。仙臺制則。方闡長途。匹夫之志。信難可奪。

對兩貫判

甲先有兩貫。一延州。一屬鄜州。爲定甲訴云先屬延州

版圖一作籍隄防。生靈綱紀。用收一作悛不道。是禁姦慝。爲政之要。莫先此途。若能守之。人無散逸。甲關西男子。隴外遊客。從沙塞之荒澤。棄田園之故鄉。先爲流民。近爲編戶。同狡兔之三穴。匪王人之一心。或因官遷。數奇以建。莊舄以班崇一作榮吟越。鍾儀以幽縶思楚。編彼樂土。歌於歸來。蘭署以鄜州臨戎。人稀地廣。畱實邊戶。公利實多。割近甸之有餘。助遐陬之不足。依省爲定。又何可疑。若從訴端。詐道滋蔓。

對移貫判

乙移貫所由以軍府州不許。訴云令不簡點

桑梓必敬。版圖是崇。先王所以制萬國。仲父所以居四人。農商不遷。首尾相援。乙里親走集。貫實軍府。已習金鼓之

聲。誠堪晝夜之戰。何得不懷吾土。將樂他鄉。雖四海爲家。孰匪斯人之適。然九章作律。元止所由之見。縱使飛塵既靜。裔土無虞。猶存晁錯之實邊。有慮宣王之薄伐。訴無簡黜。深覺詞游。

對樂土判

人進素衣朱襮。欲從於沃。或告擅去。云我聞有命不可告人

寵辱若驚。名器不假。亮采有國。欽若明憲。知繁實之必披。誠滋蔓而難除。衣襮者何。抑乃邦族。桐圭錫寵。晉國受其

明命。椒聊盈掬。曲沃得其熾昌。盍獻可持。以匡乃辟。胡棗卽異。取戾厥躬。爰將樂於樹檀。茍取徵於揚水。遽聞有命。擅彼適從。未可告人。且宜安土。天工不曠。王政有經。懷遠附離。則上克用乂。勞謙匪懈。使下無覬覦。人而無良。不率大戛。或者之告。允協舊章。

對還墳判

劉亨稱元是并州人。因隋季而遷長安。今請還就墳陵。長不許去

頃者江濱鹿走。道喪隋風。晉水龍興。祚開唐運。干戈忽起。自下都而入上都。雖犬亂馳。辭舊國而入新國。劉亨爾曰。正喜攀龍。忽念此時。旋悲去鶴。顧惟舊浦。偶咽水而分聲。還念故鄉。共行雲而動色。秋林葉下。遽失維桑。春圃花飛。俄傷故梓。以爲生金翠石。黃絹仍存。掛劍青松。貞枝尚鬱。四時節物。供薦無由。萬里蕭條。歸寧莫遂。冰狐夜聽。首邱之戀不窮。翔鳥晨驚。懷土之悲寧輟。披肝上請。思切來歸。零淚下霑。悲深去國。雖越吟楚奏。幽顯頗殊。而移尊就卑。禮律通許。宜依所請。庶叶平反。冀南國之禽。罷思閩越。東平之樹。不靡咸陽。

對避市籍判

大理稱人多避市籍。遠役自陷於圜土。所以每年旨條。別有處分。不得如律。若依旨則此刑將措。若依法則無以代更。請省定

裨販所興。聞乎往代。入四人之伍。隸九市之籍。邪贏所尙。錐刀必爭。曾不畧於作勞。徒乘時以射利。故漢之定法。禁其末淫。秦之設規。謫以邊戍。發號施令。豈徒然哉。且民者曰甿。懵夫立理。避要荒之征役。棄父母之版圖。雖欲利於飄蓬。終見陷於圜土。國家罪惟寧失。德存好生。濟寬猛於

隨時審科條於庶慎大哉至化刑措其宜但能峻以隄防明其敎令則有符古之道無遺一作其代之吏政在養民何須如律

對率家屬籍名田判

甲於鄉里率家屬籍名田乙告甲是賈人犯令沒入田甲訴云無市籍不伏

道設彝倫用和萬物法垂禮典以制四人故版築隄防各順流而取濟導達羣品咸徇義以取功甲本市徒早馳聲於鮑魚之肆更率家屬復求潤於龍鱗之田廣事兼幷以

取浮雲之利專行欺詐曾無多露之嫌商賈蓄藏已聞辜於漢律籍書攜貳詎免咎於湯羅乙告沒田自得埋梧之術甲云不伏猶迷食椹之思此而不科刑章徒設請援明法用靜姦流

對是儀書衣主司舉正判

是儀鬻書衣於市或人告其不仁又鞏朔身爲主司不舉正之術

是儀無上族變於勾吳鞏朔司軍績宣於全晉昔辭榮於方冊今異軫於旗亭至於質彼有無雖歸列肆議其淫巧必在儲胥詭濫有彰典刑斯舉書衣創制編冊攸資厠綠篋以相輝雜紫荷而交映是儀所鬻非法貽譏旣多謝於緹油徒獲愆於倍市不仁斯露刑故何逃眷彼主司宜從舉正委而不察事或有由更詰源流兼責名品所犯無謬方可用科

對命農判

得習壤常命農夙駕桑田採茅爲索人訴遇雨不充其役

爲天者食分地而利惟茲習壤命彼老農庶夫四體克勤

三事就緒迺脂車以秣馬及零雨以星言芃野是臨桑田攸稅宜其荷蓑荷笠載錫光陰爾茅爾綯不虧晝夜何乃當旣泥而自廢假若濡以爲辭使七月遺風將乖陳業三時務穡有闕成功旣不昬於作勞誠可繩其惰役

對爲人興利判

南陽太守好爲人興利作均水刻石立於田畔採訪使奏煩擾訴云以防忿爭

樂都旣康太守成式念爲耒之功而無鹵莽開均水之法以防忿爭故經界不正人將生心土田陪敦職競用力規

子木偃潴之政思桓公障谷之盟畚鍤星繁溝塍綺錯孫叔敖之霸全楚意在陂塘邵信臣之典南陽名因溉灌興利除害而人不爭雖歉歉之薦及因京坻之有望俾知涯分無廢涵活何使司之不明而劾奏之非允昔鄧晨開夢理鴻隙而滌源何敝效能流銅陽而刻石揆今度古自合激揚糾謬繩愆妄云煩擾以茲獲戾不亦太過乎

欽定全唐文卷九百八十

闕名二十一

對清白二渠判

得清白二渠交口不著斗堰府司科高陵令罪云是二月一日以前

三輔名區千里奧壤決渠爲雨荷鍤成雲衣食之源見資於畎畝桑麻之利實賴於溝渠故隱於金椎沉之石楗用防飄梗爰備蟄流縣令職在字人化兼馴翟用遵常式或未成規良以秋潦未收且疑於瓠子春流詎泛未慮於桃花修葺既非後時府科何其速耳請從按記愚謂合宜

對惰農判

甲有田不耕被罰三夫稅粟以質劑致人甲告

旅師施惠散利法司科旅師罪不伏

九扈分官四星垂彩廢其業則金湯莫守修其本則禮節是興故晁錯獻書每論春稼仲舒上策特說一作憂秋麥人之天也其可輕哉甲有良田從來不墾佩犢之風未革維魚之夢豈成以粟輸官自貽重罰輒將施惠遂有薄言然而周覽經史備觀賢哲漢臣散利不見貽辜齊客市義無

聞結怨欲加嚴罰不亦難乎甲告誠是妄陳旅師請從寬宥

對徑踰判

乙有畝鍾田苦徑踰者訴盧氏不禁

國勸勤農戶分田畝三時克務九穀斯登乙有良疇頗爲膏壤我疆我理式辨於溝塍是藨是蔉以薅其荼蓼覩黍稷之薿薿見麻麥之芃芃佇成庾億之詠冀貯畝鍾之積推耕讓畔異閑田之莫爭越陌度阡爽野盧而不禁乃徑踰而是苦實網漏而將疎蹊田奪牛昔聞太甚議獄詰鼠

合則持平宜稽廷尉之法用正野盧之罪

對小國附庸判

甲有子男之爵田方四十餘里修附庸之禮於諸侯所司以違禮科之不伏

列爵惟五肇侯伯而成規分土惟三自夏殷而立制爲之中上次以卿士式序代耕之祿攸均列國之田任土歸餘則聞恒政朝宗會正豈得踰閑惟甲策名膺茲利建朱羽入貢（一作朱紱入仕）漸飛鴻以成儀白茅致封均錫馬之蕃庶子男爲秩雖居尊爵（一作號）之榮井邑分疆爰在閑田之列里不充於五十國誠在於附庸文軌則同朝覲非及禮不合於天子事將託於諸侯抑惟典常（一作章）孰爲乖越科之不伏誰謂非宜

對多田判

丁多買田至四百頃極膏腴上賈他財物稱是御史糾之云天恩數加賞賜不是贓賄

丁家類封君田成永業是稱近甸亦曰膏腴貲貨乃兼於中人沃野自登於上賈義殊不穡頗謂多藏道則惡盈志何自滿必也德均洙泗學究典墳專經述鄭元之風精義盡邱明之奧學優則仕道尊爲師類張禹之置田殊蕭何

之遺子況稱恩命豈等平人御史繩之終難糾詰

對射田判

或人於京兆府射蔭田

三秦奧壤陸海良田原隰條分溝塍脈散涇渭傍潤鄭白疏流荷鍤成雲決渠降雨秔稻漠漠黍稷油油無爽蟬鳴之期有至鳳冠之稔其地則上厥價惟高準丁而請則無妨廢據勳來射交爽事宜理既不通地須追奪

對田中有樹判

乙有樹於田中里人讓之稱在疆場

緬彼古制攸列場人候農祥之戒晨服先疇之畝畝乙偶昌運不知帝功是藨是蔉爰稼爰穡場列瓜蔓圃資蔬林蘙靡芬芳歲阜其用多稌多黍乃顧於中田優哉游哉坐矜於老圃果碩於灌或成蹊而則妨枳樹於籬任爲疆而何有里人不識輕爲誚詰一作讓徒肆無稽之言難投有戾之伍

對萊地判

甲爲匠人於萊地制溝遂廣深二尺爲度所由

劾功少訴不違理

十地分宜順其高下九夫爲井列以溝洫式備水泉之害將損壅塞之虞利以生人成其務本永言經典實著廣深自畎澮而陳規及園鄽而不紊守之勿失敏則有功惟彼匠人誠爲盡力審端徑術善相邱陵設夫閒之小溝明遂上之有徑水勢地勢因而用焉善溝善防斯焉在矣二尺爲度殊其不法三農取託乃亦有秋方黍稷之離離見流波之活活決其行潦達彼巨川庀度功程規模曲折卽和夷之旣藝豈陵谷之將遷樊遲學於孔門自得老農之術哀公問於有若寧有不足之憂縱彼公田何妨稼穡況茲萊地已輟耕耘將爲功少取科實爲淫刑以逞十門吳堰撫昔事而無慙三章漢條因茲躅而當逭

對襲爵佯狂判

甲有兄弟非賢所司命甲襲父爵以狂疾不應命御史劾知非狂請罪其謬

論以天倫分乎季孟鍾其大運異彼賢愚苟愛敬以存誠固傳襲而無忝是以隱公推魯爰高克讓之聲太伯辭吳卒被至仁之道眷言於甲克合承家同周子之有兄寧分

菽麥懷謝庭之列照顧馥芝蘭黃金滿籯已奉一經之訓白茅錫壤言逃五等之封竊意元昆顧伯夷而見捨思深內斂豈鄹食之非狂接輿行歌此時方奏州吁安忍是日非聞務以黜聰用辭深疾縱罕著於誠信終自牧於謙撝馮恢不言未將諧於哀懇韋元晦迹俄見劾於方書鴒野急難無違六順豸冠嚴勵何罪雙珠庶將必復台階無乃妄繩憲府

對養姪承襲判

武功申將軍沛公王伯宜身死無子孫其妻陳

氏遂養伯宜再從姪承襲事

辨方經野天子之疇庸開國承家諸侯之立社盟河誓嶽藩屏之任攸歸鏤鼎銘鐘公侯之業爲大門驅駟馬路擁旛旗謀孫寄於象賢嗣子希於必復伯宜太微參伐登上將之榮階黃土白茅踐通侯之貴秩千二百石與羣后而俱朝二十八星共功臣而並列當陽侯之文武空勒高碑孟嘗君之池臺終同下淚數奇興歎殊李廣之無封天道何言傷鄧攸之不嗣陳氏驚傷玉鏡鶴怨瑤徽分劍匣之沉浮異椅梧之生死崩城一慟非無杞婦之哀染竹千行

自有湘妃之泣對霜閨而惘默徒念平生撫猶子而傷心空思繼絕立嫡違法自有金科無後國除宜從甲令

對城者謳甲判

甲爲植巡功城者謳之甲乃鞭之其城者訴不伏

千乘制國百堵興詩義非取於復隍道實遵於高壘繕葺惟隙人其以寧膺袞無稽禍由莫大是以京制非經禍延鄭伯梁興不處卒有秦兵在悅使以忘勞豈嚴刑而毒衆甲爲其植是訓於從庀以功程務其操築傳巖之野疑將見於代刑邑中之黔卽類聞於有沮興其百板就以九成方取託於啼烏佇推功於射隼匪隕孀妻之慟寧穨薛縣之琴晉獻城周初開伊邑華元植宋遂見爲謳省巳良虧尤人遽覩棄甲而復事本叶於前聞執扑以行譴何貽於是日咸其輔頰雖成滕口之嫌既勤垣墉請道嗤膚之罰

對木墜誤壓判

將作官修城木墜誤殺行者

五材並用屬石是鈞百堵崇墉麗譙斯起頃以春風折棟秋雨摧梁雲構俄見於朝傾邊聲不聞於夜泣既而周官

揆日斲之登登郢匠成風行者擾擾杠木之下危於坐堂改途而行何必由户異文王之所避同子產之見壓孽由已作殃實人興取類憑河有均暴虎據法雖論誤殺在禮爲之不弔

對於市驚衆判

乙於市驚衆擾亂

日中爲市天下攸集貿絲抱布虛往實來士馬星繁寶貨山積君平卜肆推步自資相如酒壚朝夕牟利乙識非賢達情昧憲章闤闠少游未見閱書之美旗亭之下自貽恐

衆之愆一等事源不可開恕三尺律令請置嚴科

對穿牆出水判

甲孟穿牆爲水竇流其惡於街衢坊人論告

甲孟地邇汾澮居此閻閭喧上陌之風塵亂中衢之車馬攸繁湫隘未適閒居仰甲第而多慙顧衡扉而自惡鄰光近接亦重於邱墳竇孔傍流忽染於泥滓遂使浮雲之驥坐惜連乾道路之人行嗟揭厲流惡既侵於五府議刑還抵於三章牒送有司用懲其失

對開溝向街判

丁開溝向街流惡水縣令責情杖六十訴違法

旣有文不合責情並仰依法正斷

惟丁門接通衢美非仁里異汾澮而流惡成閭閻之致沼遂使軒車曉度將墜於曳輪銅墨風行有聞於箠令雖禮律之目彼此或殊小大之情得失斯在而法有恒禁政貴移風故議事之刑則符令典妄情之訴期於自息

對築牆判

洛陽縣申界內方牆因雨頹倒比令修築坊人訴稱皆合當面自築不伏率坊內衆人共修

赤縣分曹黃圖控邑周公曲阜池是浮龜之浦元禮高門人稽登龍之望擊鐘鳴鼓歌吹由其沸天向術當衢廛閈於馬撲地屬長空驟雨看石鷰之分飛廣術頹墉見銅駝之咫尺仲尼數仞無復及肩相如上林惟餘塡塹徒掃荻之有剌終射隼之無由奚與洛汭之垣載俟傅巖之築雖人惟比屋而地實離疆幸無踰於舊途理宜歸於本界若其衆戶始可興功自招頭會之嫌仍必面牆之請與奪之理斯之謂歟

對宅判

洛陽人晁諺先蒙本縣給同鄉人任蘭死絶宅一區又被蘭女夫郭恭理訴此宅縣斷還諺州斷還女諺不伏

任蘭幸逢昌運得齒齊甿欽奉太和庶延遐壽豈謂夢瓊殘喘奄就飄零連石餘輝遽聞道盡但以庭虛謝玉掌絶章珠同伯道之無兒類伯喈之輟嗣孟軻五詠竟闕承基揚雄一區俄從別授縣司以女旣出嫁判給晁諺之家州司以宅是見財斷入郭恭之婦宅及資物女即近親令式有文章程宜據

對臨宮判

景登高臨宮法司斷徒一年景訴云令所

帝宅天居深宮邃宇閶闔爰啟甘泉是壯必資恭敬無或登臨景昧科條輒茲違犯且登臨之理抑有前聞桓景所以消災山濤猶其望遠若非此道終合加刑法司處以徒年景訴猶爲文過謂從令所冀減嚴科且前星發輝少陽開景銀牓之門斯闢玉裕之德稱尊焉可輕然輦來憑眺法司科詰正合公途

對臨宮判

景登高臨宮法司斷徒一年景訴云令所

宮室九重深居而理山河四顧設險爲雄或有登臨當其近密始疑楚客極目春江終類子牟遊心魏闕事必無故情其難捨抵玉律以懲違論赬衣而何失既有詞於令所須閱實於司存懸議科條恐貽深刻

對縣令不修橋判

長安萬年縣坐去歲霖雨不修城內橋被推按訴云各有司存不伏科罪

天開紫極地列鎬京渭水即飲龍之津橫橋得牽牛之象而二縣稱劇兩城攸壯望雙闕而如雲對九途而若礪頻年淫雨中逵泥濘石梁壞構鐵鎖不修馬惜連乾遲迴於欲渡人嗟揭厲歎息於無良既愆十月之期須明三典之坐然則據地雖從縣管修橋乃合監營職司自可爲憂有詞無宜濫罰飭五材而入用選百工以就程俾令蝃蝀如虹竹見闌干若斗請準此狀各牒所由

對棄符繻判

岐州參軍郭丹充計吏在路遺棄符繻及至大震關贈令五千文而符史胡有捉丹越度告令

取隴州依狀詰罪二人不伏

漢陽故國隴岑舊境眷彼郭丹効官茲邑同元淑之計吏比孫楚之參卿而重關設險是稱襟帶因辨馬而方來候鳴雞而載入符繻且棄雖有異於終軍道德斯弘亦何慚於柱史從茲經度未失事宜若論尹喜之辜誰執伯陽之罪胡有妄告合抵刑書在於二人何所推鞫

對作刻出關判

甯成抵罪得脫乃作刻出關（漢書作解脫詐刻傳出關）未知科何罪

甯成刻薄爲吏。威酷成章。吞舟之魚。翻聞不漏。觸隅之鳥。遽見無逃。不能戮辱自明。羈遲取効。而乃背叛西土。蓄積南山。刻傳旣曰詐欺。踰關豈爲誣罔。請寘周侯之罰。仍從漢相之科。

對謁者私度關判

汾陽縣竟戎幼學弱冠應舉西入關遂委過所至京不應所對退從小選補謁者戎情思罷歸請過所專一作曹司以無來文不給

竟戎地接汾河。業膺洙泗。道標强學。擅英妙於州閭。年在

弱冠。慕明經於鄉國。簪雲行地。載馳千里之路。警露聞天。爰振九皋之響。還亭記杜馬生之壯志可追。函谷棄繻。終軍之雄心尚在。雖言高方朔。而調下孫宏。便抑大成。將從小選。入仕有吏曹之恥。出關無使者之榮。名宦以調。役生悲田園。以歸來興歎。昔時過所。以委於中途。今日行文。須憑於下署。無宜部傳。不可買符。事在宏通。理難退抑。

對義井判

得人於京陌施桔槔汲水作義漿尹責擅穿街地訴云濟途行

香街隱隱。垂柳垂楊。行道遲遲。載飢載渴。旣繘井而辨義。亦鑿木而設機。故窮谷射鮒。坐忘抱甕之勞。挈水濟人。行符種玉之兆。會宣遊往。未捨蟻邱之漿。漢尹載馳。旋覩章臺之陌。責其專擅。雖掘地而及泉。濟以途行。庶恢天而漏網。苟利則可。胡其未從。

對注書判

斛律景注書爲長孫乙所竊遂行於代景男訟之

自鳥跡垂文。龜圖渙彩。經文光乎數鳳。詩什爍乎歌鸞。由

是百氏分門。九師殊見。詞義紛雜。褒貶莫同。針彼膏肓。起玆廢疾。杜元凱先鳴於麟史。王輔嗣推雄於象繫。一作經高山景慕。何莫由斯。斛律景投斧誓心。題橋表志。研精覃思。温故知新。採摭羣言。遂立訓傳。實求貽厥。垂範將來。長孫乙宅心典墳。先無書籍。習史迷於逐老。窺宇感於陰陶。黃金滿籯。罕有一經之譽。白珪無玷。不聞三復之言。而猶借韻李竒。竊名州黨。今景男有訟。方覺是非。理須更爲昌言。美惡自然明白。

對注書判

斛律景注書爲長孫乙所竊遂行於代景男訟之

卦演龜文書分鳥字左言右史紛綸於圖牒帝典皇墳昭彰於篆籀自非沉鬱淡雅以居業修辭立誠以進德則未能究精微之奧窮闔闢之源惟彼長孫器劣才實竊沉寘之號求著述之能覽向郭二莊其爲可及見虞王兩史自謂過之殊不知道不虛行名不苟得蜩甲蛇蜕有似之而非眞寶玉大弓亦得之而便失厚顏之甚實謂伊人景男之訟誠曰未達聽訟吾猶人也必也使無訟乎慢藏致盜則又誰咎請更詳審待至量斷

對易道判

甲居重澤介疾有喜遂存乎辭或告其妄干他事初不量力甲云剛德閑邪何往不利

乾坤既列易行其中六九斯重爻見乎外有同功而異位亦原始而要終惟彼甲也乃居重澤當周公之述聖義存乎詞及尼父之窮微意筌於象然則上下合應利殊攸適剛柔立體位或非居是以同心暫閒遄當介疾之失和光使終（一作和兄終從）聿成勿藥之喜以干事而告未曰知章以量力而言何哉情識況乎形自然之變含不測之神古皓首而難明今丹筆而爰（一作奚）定舍而勿問愚謂合宜

對易道判

甲惕號暮夜有戎勿恤中軍按逗撓爲咎將議明罰甲訴初往不勝今得中道

三才孕育六位時成藏往闡幽鉤深致遠用明失得之報是輿易簡之能甲亦何爲形諸卦兆居悔吝之地處動靜之中乍行乍藏或進或退初往不勝故惕懼而號呼終歸得中則有戎而勿恤實元亨之利往乃爻象之情言中軍按論憑何議擬括囊已是无咎逗撓寧宜有刑

對易道判

丁郎次得童僕乙於處得資斧在旅之時所得各別未知孰是

聖人作易窮理盡性君子明道體微知章發揮於剛柔而生爻觀變於陰陽而立卦用存悔吝之介式崇簡易之源既致遠以鉤深亦仰觀而俯察相惟丁乙俱形卦兆匪以蒙而養正諒在旅而多虞異乎先笑後號豈曰大來小往得諸童僕知爾躬以無尤獲其資斧識我心之不快考郎

次而知是驗於處而覺非稽周象之文休咎斯在閱旅人之卦得失可明請探六畫之旨以取一言而蔽

對易道判

乙入於幽谷三歲不覿郡吏詰之稱澤無水以致命遂志

易之爲書解類成象因涸澤之爲體致幽谷之深潛君子是以養蒙晦明致命遂志豈隕穫於所遇將考槃而自得金車欲駕來尚虛徐朱紱方亨猶多臲卼龍盤所以致用蠖屈豈不求伸十年反常志或斯在三歲不覿吏亦何非

苟罔一作用有違可以無詰

對易道判

景虞吉有他不燕或謂繫心於一云義及豚魚志不可變

行克有孚義形於色可爲巳干櫓將措身波流敢昧斯言不知其可景學乎前訓從事於茲知通幽洞微設卦觀象敬慎不敗利用爲恒動協中庸德均上善獲此專吉莫知其他同夏翟之姿難儔耿介比寒松之節但覩青冥非無所守其不可變語稱近義敢匪聞諸易著盈缶死而後已豈荀息之受託終不食言何周勃之爲臣取於木訥所以繫心於一存忠篤而不喪執志無二賤華美之外揚及於豚魚應彼鳴鶴或者所謂于何其臻且誰譽誰毀寧當盡好所以所安寔宜必察誠知言者不中無問古人寡辭

對易道判

景之宋得乾坤丁告違禁景不伏

景德行純懿道術通明齒迹堯封畯邁宋國探微研奧鈎深致遠思尚長之薄遊每數損益同宣尼之志事載演乾坤丁性直狹中奇疑能劉疑善類膚受之譏愬異皮裏之

陽秋發言盈庭誰執其咎今動作非妄隄防未逾心儻偶於木人罪庶寬於艾韠

對署書題閣判

得甲代以署書爲業因題閣而變華髮自後而絶鄉黨以墜業擯逐之甲訴無犯不伏

幹蠱馳聲惕厲終吉振人爲義何難之有顛沛於是克荷良存甲絶翰深規代濟其美精逾史籀得方丈之宏模蹟洞張芝改圓池之波態晉廷稱妙卽擅一臺越市推珍還標五字諒無隕於前構俾垂裕於後昆孰謂象賢旋聞鮮

克厲以功開揆日纛偃蹇之雕甍號起淩雲結曈曨之畫閣式題飛牓方呈鵲返之書坐陟雲梯遂變虎賁之髮菱花鏡裏非復青顏薤葉風前俄驚素業華堂取誡誠欲謹身良冶遽捐其如棄訓撫韋家之宿事徒想欽承語王氏之門風深違祖述永言邱首難忘懷土之心浩意家聲宜復懸針之藝

對好長鳴判

子弟好長鳴鄰告是過聲

文物有章威儀以等式昭邦典將糾禮容鼙鼓戒宵發五通於晨警金鉦節旅齊七步於軍氣由是吹幽擊土載享原田奏角鳴鼙爰威鹵簿蓋偏伍之爲用誠子弟之能學籥章且誦古典猶施於樂言長鳴好爲今日翻抵於鄰告過聲本防於建國吹節何傷於習常肇此刑書終貽滅趾捨功錄過無或噬膚金矢尚艱鍰罰奚詰

對巫祠秦中判

南山有巫每祠秦中輒用王禮所由不禁御史詰之詞云恐爲厲也

神祠所置祭享有由苟非國章無列祀典是以分巫覡之職審鬼神之狀恐伯有之爲厲矜胡亥之乏祀小大從時輕重不越明無夭昏之患幽得憑依之方生既殊於庶人死何廢於王禮謂執憲之徒詰宜所由之不禁

對巫恒判

巫恒堂贈鄉人反接置於廣柳

惟彼巫恒志探幽賾以爲階儺有禮堂贈無方式從招梗之儀自得禬禳之術鄉人悟不知之毀迷獨見之明恃衆生威率情含怒同舞陽之從代鎮巳能反接異季布之適朱家翻爲置柳處之刑典豈待邦成請從片折之詞以白違行之訟

對妖言判

王遇於鄉閭妖言村人告事

王遇稟性不臧立身非謹官雖登於一命慮猶闕於三緘不思口關坐彰言玷妖詞妄作雖未惑於平人正罪應論事可繩於峻典定刑名於本吏應入流條量減贖於金科合從徒坐

欽定全唐文卷九百八十一

闕名二十二

對占相判

甲告乙左手有文直達中指景爲占若過横節貴不可論乙遂挑徹血流彈壁乃作公字

命理多途幽明罕測甲惟愚品乙也狂夫憑仲子之有文相士行之當貴虛論骨象謬定吉凶豈識李固之龜文莫辨條侯之縱理聖人不相抑有前聞鄙夫何爲則預於此

對鬻繒不利度木爲業判

丙鬻繒不利度木爲業鄰告惰農

利百變法功十易器地平天成罔有降格爲農服賈厥道何常丙市井其心負販爲業以貧求富則農不及工朝盈夕虛乃末勝於本提緗入肆見無利於冰紈操斧登山更求材於霜刃去彼取此亦以有之在於四人于時一作時則度木顧惟遷貨何必守株鄰人有言告者非是

對陶人判

市稱陶旊者髻墾薜暴

惟彼陶者爲藝之甲讀天半之書豈工埏埴異河濱之迹顧學陶鮑智不逮於挈瓶心未忘於抱甕莫遇林宗之賞詎爲顏闔之逃髻墾若兹姦巧逾露合懲虛器以肅旗亭

對旊人判

甲爲旊人鬻髻墾薜暴之器於市人告違禁科之不伏

百族萬商會日中之市范金合土利天下之人是以陶器必良誡其渝濫用器乖度非所貿遷甲畎畝編甿陶旊居業郊泉歸壞已復志於千秋涇水非臨自餘泥於數斗不作無益未見存誠罔守爾典旋彰矯迹濫居闤闠之地豈

成埏埴之功鬻斯薜暴眩乃邊鄙臨財作僞嗟日拙以成勞於義且忘喻雲浮而何取遂使漆園傲吏無任扣歌穎陰逸人難從抱汲同射鮒於井谷敝甕斯聞疑飲馬於重邱毀瓶攸在守不假器雖將智者之謀灌若漏巵終匪居人之用不軌不物既爲亂政之流刑期無刑難從緩刑之義

對鈎距爲業判

甲以鈎距爲業鄉人告不論

上智利人遵乎古道下愚樂業勤是貿遷且貨殖乃資政

之由龜貝作爲生之本所以五行嘉於權量九府鑄其圜規宏羊算金充物少府壽昌論穀興利大農文馬有權幣分輕重之價青蚨致準物辨錙銖之則當較固而有禁在乾沒而難容甲也探情善諂鈎距欲贏其貨寧惡其罵閑諸驅儈之言曉彼質劑之契縱使鈎顱去責先窺卜式之羊瑩蹄來鬻預問李斯之犬參伍不失毫釐匪差實廣漢之爲能非釋之而不調里仁爲美夫復何言

對祭天判

立冬日南郊祀昊天上帝所司不歌由庚長奪

其俸祿訴云有其義而亡其辭

立冬而郊先王之大禮備物以祭國家之舊章祝史正詞孚聖德於上帝牲牷肥腯降景福於明神犧象既陳匏竹攸設所司蒞職寧闕禮經三獻式陳且不乖於祭法九成既奏何必在於由庚苟辭亡而樂在闕遽茲奪俸無乃非辜彼有辭焉捨之可也

對百神判

將事百神差日有司不舉

講信修睦禮行於時人和年豐神降以吉屬歲聿云暮田畯至喜農事不作役車告休於是乎具器乎薦陳粢戒掌荅成功於衆神設禋祀於大蜡雖既滌既灌不愆不忒日遑精擇神將曷歆吁嗟是司不謹有職昔仲尼觀魯助祭興於喟然令太卜差時儐神失於禺若祝史陳信其多媿詞司存不舉坐實恒罰

對士不合設壇判

甲嘗有大事祫於王父及其曾高遂設壇爲墠

或曰僭而不經甲稱且有後命

祭盡於敬是敦孝享備其鼎俎潔爾牛羊克孚濟濟之容

實受穰穰之福眷言宗廟罔黷烝嘗甲何人斯每事無間干彼祫典昧斯國經靡虔於寢之儀苟踰立廟之制有禱而祭實越等威我高我曾雖罄由衷之道爲壇爲墠且貽僭上之責前言匪習後命奚施待窮越禮之詞然正恤刑之典

對士不合設壇判

甲嘗有大事祫於王父及其曾高遂設壇爲墠

或曰僭而不經甲稱且有後命

孝以思親祭之如在既申怵惕式備烝嘗惟甲承家方茲

主鬯遵先王之法。有事宗祊。讀非月之書。方申禘典。既而享獻其潔。壇墠克除。在祀之敬不乖。陳信之儀無闕。有何所犯。旋告不經。請從後命之詞。靡取無稽之訟。

對用牲於門判

洛水溢。有司用牲於門。或非之云。苟濟於物。祀之何爽。

瞻彼洛矣。其水泱泱。雲澄綠潭。樹夾青岸。天作霖雨。時維漫溢。縱柏舟而難泛。豈一葦之可航。永惟主司。能業爾職。載懷黔首。用祭元冥。巨浪無俔。已不分於牛馬。明德可恃。乃展敬於牲牷。漢皇之歌。彰夫舊史。周官之禮。著自前聞。彼何人斯。所謂末學。事則有據。非將奚爲。

對鬯酒不供判

太常申博士請供鬱鬯酒。光祿以久無匠人。且金草不知所出。不造。祠部亦以爲禮有沿廢。不允所請。寺執見著唐禮。豈得不行。祠部云。藉田准令兼給廩犧。藉田令或不供犧。亦廢用酒。無鬱鬯於事何闕。寺猶固執。

國家大禮畢具。無文咸秩。聲名赫乎上古。享獻周於百神。每窮谿澗之毛。誰爽粢盛之備。太常宗廟攸奉。禘祫爰司。張君理寔之才。王肅儒宗之望。請供鬯酒。擬實卣罇。允得事宜。雅符恒典。光祿以無匠不造。又用靡草爲辭。有司以沿革不同。兼引藉田特比。犧牲不廢。愛禮斯深。鬱鬯莫供。司存何劣。且鬯人之職。須預其材。釀金草之芳。酌充蕒莘之。既灌何得不供。所務輒替彝章。光祿拒之於前。祠部送之於後。事均齊楚。得失而兩兼。理同臧穀。亡羊而一揆。況國禮明著。安可闕如。咸請推窮。方結刑憲。

對匹士太牢祭判

匹士太牢而祭

祀典所興。人倫共仰。違越行事。章程不容。匹士下流。陋巷微物。奇材有慙於梓漆。利器無逮於干將。事於鬼神。陳於俎豆。如在申敬。惟馨展禮。著於行潦。無妨於預詞。輒薦太牢。載虧於非月。既斯故犯。宜寘於刑。

對祭器奢僭判

甲飾祭器以璉珩。劾其奢僭。訴禮也。

殷之六瑚。周之八簋。始有列於雞彝。終見釁於豭豚。陳其犧牲。備以鼎俎。用嚴莊敬。則著品章。是以有舟有罍。資適

用之恒理。廢禁楸禁。分貴賤之攸宜。賻布之餘。則以是具
畫布之冪。則見將施苟禮典而是違。信奢僭而逾限甲祧
廟其主。祭器爲先。方用展於烝嘗。忽謬崇於樸斲。博以庶
物。損其葆大。考揮風之妙思。得天巧之良工。規制旋開。鱗
甲斯覩。聞絃樂影。宛似出於重泉。擁劍潛形。坐見儀於四
豆。雕其物象。素所欽崇。況黍稷而非馨。何刻畫而爲用。且
外骨內骨。連行仄行。同於剞劂之功。以儷陶匏之器。非取
義於卿士。本嚴禮於邦家。託以私門。實忘公憲。同管仲之
鏤簋。昔所爲非。擬季氏之舞庭。孰不可忍。此而捨罪。予其

何誅。尚未覩於滅口。實有違於噬嗑。

對祭四鎮判

祭醫巫閭非是五郊迎氣日復無祀官法司科

營州刺史罪不伏

惟彼營州。實建司牧。既班禮樂。復典山川。遵夏后之前謨。
佐皇朝而作乂。且醫閭作鎮。祀典攸該。或每歲以薦誠。或
隨時而致享。克敷禺若。式備牲牷。國之大儀。允有常憲。眷
言州將。奚桼舊章。涓吉日而非時。捨祀官而莫預。自貽伊
戚。其可捨諸。始也非因大祭。苟爲小祀。去黍稷之非馨。存
乎明德。採蘋蘩而式薦。將以昭儉。未爽正途。難貽濫罰。片
言將折。兩聽猶疑。期於無刑。請重推鞫。

對家廟失祭判

爲大夫家廟初成將享之夕牲死人告其違禮

甲稱本牲不伏

宗廟爲先。是營宮室。犧賦爲次。則備牲牷。甲運偶光華。羽
成儀飾。必復其始。遂見稱家。利涉大川。爰假有廟。一昭一
穆。佇列烝嘗。經之營之。旋終勦壑。詳夫釁禮。崇彼袝儀。方
有聞於容聲。何不務於豐潔。且始養爲畜。卜日曰牲。未就

質明之期。忽斃致齋之夕。萬化先往。寧俟刲刳。三廟便陳。
實忘嚴敬。用過乎儉。誠不在斯。事神則難。深宜捨此。祭器
不鬻。明君子之雖貧。牲斃則埋。乃先王之制禮。靡尋典訓。
苟務所懷。縱匪若敖之憂。終近晏嬰之隘。祭則受福。義必
闕如。刑以正邪。孽何可逭。以本牲而文過。豈精意而爲心。
實昧惟馨。宜懲彼黷。

對立廟藏衣判

甲修絜矩之道。歿後其弟子以師所居立廟藏
衣冠琴書人告越禮

就賢體遠。稱以動衆。親師觀奥。知乎成植。甲允迪厥訓。克愸存誠。宏道惟人。修詞在巳。視博習之志。初遊焉息焉。觀絜矩之心。後不寢不食。況早承函丈。嘗忝儒林。讀夫子之微言。習門人之正義。學而巳講。吾其不憂。歲月之微。梁木斯壞。子在川上。歎逝者之如斯。人之云亡。痛吾徒之安仰。常時講位。乍起於悲風。他日荒墳。俄懸於苦月。輪奐斯在。歌哭還升。仰生前之令名。存歿後之遺象。上棟下宇。不革故。而廟成。自堂徂軒。咸鼎新而貌立。藏衣冠而不墜。委琴書而宛在。且心喪三年。是則是效。亭傳四序。有嚴有翼。彼猶薄訴。此實厚誣。道雖謝於周書。理亦殷於魯典。緘彼言者。不亦可乎。

對祭后土判

仲冬有事於后土靈鼓不以節法司按罪訴云金鐲之過

鼓以格神。金能制樂。各率爾職。斯謂守宮。國家展禮汾陽。祈穀脽上。享祀不忒。威儀孔昭。薦鼎巳覆於黃雲。配俎必資於清奏。神人式序。金石克諧。坎其以都。疑進不失旌。樂之時義。其大矣哉。相彼鼓人。佑我祭典。理宜徵茲六變。以出地祇。何得舛此八音。坐羅天討。曲誠有誤。聞迴顧於周瑜。聲無可聽。闕稱美於吳札。法司按罪。其如有詞。請議叩鐲之刑。捨此援桴之失。

對犧牲判

太常申稱充人養供大祀犧牲不如法致瘦損

精靈不測。有上下之神祇。敬誠無文。有春秋之禴祀。若昭之以明德。聽之以和聲。則澗溪沼沚之毛。可一羞於宗廟。蘋蘩薀藻之菜。可一薦於鬼神。若無肅敬之心。而有淫昏之祀。則卜郊非禮。國史由其致譏。齋戒不嚴。天皇於是流

譴。充人早霑明化。忝曰司存。職三犧之純。養供六牲之蕃物。固宜調其豢芻之食。潔其文繡之衣。豈容不整羽毛。曾無博碩。致令瘦損。須寘科條。

對掘窖試之判

甲訓弟子五百人業將成乃掘窖試之令甲泣下方遣之或人告爲妖甲不伏

家塾黨庠。著以訓人之道。儒生辯士。分其志學之門。擊磬同心。琢玉殊制。登四科而未覩。鑿三窟而斯聞。是以馮軾下齊。未譽酈生之說。處囊辭趙。還推毛遂之言。藉以師資

成乎藝業是有服膺之義攸呈緩頰之期甲道茂人倫才標鬼谷青溪託志自餘千仞之幽絳帳尊居早訓三端之藝摳衣鼓篋游夏斯均合從連衡蘇張式擬合生徒之五百類門人之三千濟濟分儀循循善誘服勤請益聞聚照於丹螢日就月將都試詞於黃馬卒以明試從而謝歸言遵掘窖之由庶察懸河之辯交頤泣泣知感激之攸同礪角含姿識牽援之或異事乃師古跡匪干誅告以爲妖此情何謬

對於途墜坑判

甯子讀書於途墜坑來晚師行檟楚令以罰非其罪令師謝過倶不伏

學古入官不學將落聖人所以畱範君子誰非用心猗哉甯生勤亦至矣手繩口誦何劉寔之能匹負書擔笈豈蘇秦之可加悠悠長途是諷是詠撫中襟而始勵經巨險而方歸師以來晚見嫌聊申檟楚令以罰非其罪乃起異端在師雖則傷嚴遣謝又乖通論且尊無謝卑之禮卑有順上之心衆雖不才此未爲允

對生徒擢壓判

曲阜縣申孔禮教授生徒仲春欲祭遺門令生徒顏恭炊飯及有塵落甑中官召先食有塵之飯恭友仲勇譖恭於禮失恭云不知將祭州科罪省斷雪

曲阜境帶龜蒙地鄰鳧繹淹中禮樂仲尼之盛德不渝闕里詩書洙泗之英規尚在孔禮家承道學業崇詞林黃金滿籝白珪無玷泮宮刷羽方宣鳳德之儀沂水騰鱗再起龍蹲之教壇花啟一作發杏設絳帳而橫經市葉抽一作分槐據緇帷而闡教經來斯講式崇函丈之規龍見而雩大備

嚴禋之禮顏恭躬忝冑子跡齒顓門叨承俎豆之間竊聽絃歌之末爰崇奠祭乃肅粢盛方執爨於吳樵忽飛塵於范甑師乃未飯豈可先嘗神且將歆寧宜預食不恭之罰罪合寘於嚴科無禮一作失禮之刑理或存於宥過州司忽罰頗涉深文臺局寬刑實遵平典

對寫告身判

麴紹違法寫告身邀勒選人爲選人所告

龍首高居總羣材以成務鴻翼漸陸入會府以參名旣而樂鏡晨披山書密奏或連輝於喬木乍忝迹於場苗九流

多林。百司職廣。既稱隨牒。理籍符文。麴紹窮巷無資。傭書有素。雨臺之妙。雅善於銀鉤。什一之求。近通於金市。挂迴鸞之健筆。徇蒐鋋之輕資。事既叶於私求。迹已論於明憲。況籤授之法。本在職司。擅鳴既達。（一作違）且無條貫。惟公書寫終自利。刑既泰三章。須窮兩造。但選人以輕酬致怨。麴紹以苟得生嫌。若使不食先言。便招後訟。實之嚴典。惟會直繩。

對故紙判

州申遠年故紙請賣充公廨支用

六合為家。萬方同貫。用人文以成化。籍鳥章而理物。由是簿書擁峙。文帳波流。酬答極於嵇康。沉迷昏於公幹。案牘之理。義在隨時。曹局之資。固宜適用。即有年代浸遠。事跡淪沒。寘諸幽闇。疑孔壁而生塵。納以嚴扃。同汲書而有蠹。桃花之色。對春園而欲脫。魚網之彩。俯秋水而將沉。羊續則不任補袍。揚雄乃纔堪蓋醬。令式既標年歲。州縣自有準繩。何事強申。方求取決。請以狀下。任依彝途。

對投壺判

得乙進枉矢於賓。賓不拜。前云魯鼓不作。失儀不伏科罪

周公制禮。玉女騰規。吐飛電於壺中。躍流星於箭裏。周旋之禮。非無賓主之文。進退之言。自有威儀之法。豈得妄申鄙見。輒觸公方。徒事曲躬。虛持枉矢。既投常憲。復挂彝章。此而不繩。法將焉措。請詳條斷。宜準禮科。按理詳文。將謂為允。

對私雇船渡人判

洛水中橋破絕。往來渡。縣令楊忠以為時屬嚴寒。未可修造。遂私雇船舫於津所渡人。百姓杜威等連狀舉忠將為幹濟。廉使以忠懦弱不舉職事。以邀名。欲科。不伏

圭臬勝壤。鼎邑名都。八達開衢。傍連鶴嶠。九重危堞。近枕龜津。鐵鏁長橋。衣冠不絕。金錢廣埒。車馬相望。楊忠擢以茂林。宰斯京縣。屬虹梁落構。翠激驚波。滯商賈於平川。阻騑驂於上路。將以日躔南陸。氣叶冬郊。當此沍寒。難於修葺。役徒未集。且叶愛人。船舫有私。何乖蒞事。杜威蘊德。載述風猷。廉使繩違。遽投霜翰。究其所以。蓋取義於隨時。觀其所由。亦何煩於褒貶。

對市賈爲胡貨判

甲爲市賈爲胡貨物有犯禁者大理以關出邊關論罪至死刑部覆云賈人不知法以誤論罪免死從贖

貨以貿遷日中爲市化能柔遠天下通商爰詰犯禁之人以明有截之制矧惟市賈實主販夫競彼錐刀當展誠而平肆取諸噬嗑方易有而均無既泉布之攸歸何器用之或異梯山款塞胡虜初喜其來王懷寶越鄉周官方驗其不物事既告於邊吏罪方書於賈人且觀爾實來則銀錢

是入既按其關出何璽節無憑舉貨既麗於司關附刑當置於圜土一成定法理官可貸其全生三宥是思憲部宜允於從贖

對貨有滯於人用判

貨有滯於人用者甲不時而買請賒之所由不與云不過旬日勒從其主云已從其有司

貨有廢居政惟通變以收以斂實著於周經或與或求蓋存乎易象苟罔率厥典則其誰曰然伊甲者何不時而買屬蘋蘩有薦霜露盈懷家迫屢空曷求仁者之粟國崇救乏爰假所由之貨理宜給茲稽市道彼貿遷期不過旬將貧寠之是恤勒夫從主豈出納而爲吝異乎關吏執曰均官且濟俗利人操贏善貸誠爲體國之要亦取隨時之宜如存理而無傷何飾詞而不與遂使開倉長孺徒歸美於漢庭餼粟子皮獨垂芳於鄭志請辨而以授無質以爲疑仍椎泉府之規用徵國服之息儻從愚見庶爲式臧

對買賣不和判

乙買賣不和郭固以取財科杖罪郡以盜論乙並不伏

必藉美言爰資善價化其小大是等精粗乙之蚩蚩參市爲業取諸噬嗑乃競錐刀既不我虞遂成爾詐惑亂爲意高下在心覽文惠之書漏畧豈宜免罪披蕭何之律郭固安得無辜縣吏守文加杖刑而爲當郡僚無智寧以盜而深疑請據明文斯爲適理

對和市給價判

和市緒帶準法合卽給價直少府監以稍入供之

聖人有作鬱爲令典車服禮器貴賤有班文物采章高下

無濫我君開運朝儀式序敦樸素之風無虛麗之飾錦文不鬻於肆冠佩必加於賢而鞶厲杳光事華來今鑾[illegible]鸞飾理煥前古瞻彼緒帶有標令則官所云市法乃酬傭盍亦采均輸之餘濟鹽鐵之潤焉可減茲稍廩以虛國財靜言所司或匪通論

對行人供濫物判

官市納帙行人將濫物供所由揀退云被頡頏不伏却領

四人異業百工居次事有資於軍國理無隔於纖微納帙

所成多慙美質緝叢殘於鴛綺同衆製於狐裘行因針縷之工坐得烟霞之迹雖遠殊於法物遂有入於官須但物異新成幸非科作論市唯應見物論濫寧可別求物既不任供官退亦何成頡頏不伏却領仍事薄言豈可加刑終希理遣

對熟羌市易判

當州熟羌十月來導江縣市易按察使科彭州刺史罪訴云並蠶崖外不伏

當州導江山川雖間貿絲抱布來往是常矧今赤羽開元黃旗啟聖布堯心於萬國復禹迹於九州書等同文車無異軌雖夷夏殊俗而交易何妨趙璧尚入秦庭楚材猶歸晉用使人志清天下望重星軒標鐵柱之嚴班握金龍之使節未聞從善翻見求瑕鳥隼爲旟有虧於正直鷹鸇逐雀稍涉於煩苛事不可論期乎勿用

對眞臘國人市馬判

眞臘國人來云於峯州市馬御史科安南都護罪訴云爲相知捉搦陸路不伏

惟德動天無遠不屆北極燭龍之國屈膝稱臣南窮火鼠

之鄉傾心向化眷茲眞臘早挹淳風自昔雷同由來霧集豈假鑄銅之力無勞刻石之銘所以來往邊州市馬峯部論其由緒未乖從有之方驗以逗留豈爽求無之道御史職惟激濁志在揚清疑彼姦非欲嬰羅網都護爲相知捉搦先有稟承濫投一面之科寧杜三緘之口向若邊烽變擾論情不可免辜今既市馬往來據理雖書厥罪御史科結有謝於彈珠都護有詞無慙於辨璧宜依薄訴用叶通途

對稅商判

乙爲吏請稅商以勸農或云稅重時物倍貴則商不失利人受其弊

食哉人時農乃國本受利班爵必資敦勸茍昧茲道其惟謬官乙隨牒下車彈冠莅職蠹茲商賈嗟彼耕桑茍征稅之匪差則黎甿之獲乂況鬻良雜苦豈販夫之可矜霑體塗足實農人之是慜故可經其壟畝重以邪廛將趨本而棄末杜惟利而是視所以時入芻藁歲課田租人必樂康俗寧凋瘵類信臣之仕漢姑正溝塍殊晏嬰之相齊爰知屨踊必若誅求無度杼軸其空乃利晉以闕秦是瘠魯而肥杞或云之訟今則未詳停其摭實式將丕蔽

對傭賃判

有客戶閑人請移執事許之恐因有流散不許則見無常職欲允其請仍立案牒爲其限約州以爲擾具請省裁

閑人者五列在周官雖去家而不歸終寓世而無職喬木空在乘白雲而不見斷蓬斯飄待涼風而未得今乃請移執事願効劬勞請自强而不息復知迷而可尚必也未遊是恣浮迹難悛許之而行未敢聞命如或恪居爾職無俾我虞遂其由衷是亦奚擾況復存乎案牘置以隄防自可定於職司亦何請於華省

闕名二十三

對剉草誤斬指斷判

甲雇乙剉草乙睡誤斬指斷請保辜不伏

變古易俗因物造器蓋取諸用有適於時六職五材旣攻金而攻木服牛乘馬亦秣之而策（一作莝）之甲有雇求乙爲傭保徇乎輕篋式供朝夕之資摧以生芻無乖阜養之事人或因寐譬驪龍而自失指致見傷瞻蝃蝀而誰敢遂令食黿不効空怒子公喻馬元非豈齊莊叟誤由彼已歸全旣謝於垂堂損乃自貽在理執當於毀櫝保辜之請法未可依

對造瓦判

甲雇乙造瓦口五分畢計其全乙不伏

工商異等埏埴殊制故有質茲土化均貨日中乙也徇業求傭偶鑿坯而取給甲則溺情豐屋冀如雪（一作雲）以自潤雖載弄林瓦故無取於舉全約以陶穴亦何驚於漱漏且全毀與訟雇買異儀雇則不可計全買則合徵成算乙之不伏誠則有詞甲之無良訟宜從記

對造五齊三酒非九穀判

所司造五齊三酒憲司以非九穀罪云歲無餘

和其神人亦在酒醴能善乃事則惟司存故陶器必良旣麴蘖以云備六物式序必黍稷而非馨今者周官列職徒聞於五齊憲府舉非或虧於九穀尚負舋恥總貽神羞旣無餘之起訴何有詞之能代

對公酒後時判

甲爲公酒後時爲主司所詰辭曰酒材不足

酒以成禮國之大經祭祀賓客咸賴其用甲惟賤伍掌我斯職不率其度旋聞後時水泉必香無傳清苦火齊不作幾空賢聖主司方詰甲乃有詞酒材不供鼎書難議明庶折獄君子攸存噬嗑論刑恐貽遇毒

對酒正以水入王酒判

甲爲酒正以水和酒入於王之酒府法司劾其矯濫訴稱時供六飲以爲涼不伏科

五齊分名陳乎式法六飲成薦差以時序明其有則誠以無彝率由典常俾克永世是以用光朝覲湛露興詩取備烝嘗質明行事資以王度入於天府苟或不愆亦何尊一

惟其酒正。職在漿人。非作僞以心勞。實陳力而就列。相時後動。跡匪踰閑。師古而行。事乃從禮。四運其易。六飲攸供。佇以稱涼。爰資受和。俯銀床之露井。始汲香泉。泛玉斝之流霞。旋開聖酒。若三軍之盡醉。卽見投醪。分八罇之立儀。斯成薦飲。炎光在候。正有叶於頒冰。清虛坐升。序將捐於溽暑。官無留事。責乃非宜。未覩旌功。奚爲蔽善。將同矯濫。何至冤誣。法司自且不明。酒正誠非忤典。

對庖人進炙判

乙爲庖人進炙有髮繞之將科罪訴云當有讎事

相彼庖人。政司口實。式調玉饌。以薦金門。屠蒯之德莫如。陳政之讎已作。執鸞刀而袒割。蟬翼必裁。揚獸炭之赫曦。鴻毛罔燎。以此而科。情則可知。況乎鼠穢蜜一作梅中。巳申冤於吳日。髮生肉內。豈獲讙於唐年。請推讎人。以雪庖者。

對甲爲食官判

甲爲食官準赦合入五品所司不許

君有充庖。臣實司味。是掌公餗。以供王舉。甲周均仲呷。位涉膳夫。漢類高袪。秩登食監。鼎俎斯設。刀匕是供。屬澤降紫書。榮頒朱組。黃香之秩。咸以云增。潘岳之階。獨當不進。所司陋其烹飪。黜彼乘軒。昔笥餌立誠。旣加都尉。壺餐著節。亦拜大夫。以愚所窺。合霑錫命。

對盜酒判

卓媼翁伯並業卓當遭盜竊飲傾釀翁教以多養猛犬卓家酒滯而翁賓客猥售獨收其利媼告伯方便取人財

媼翁接閈。卮酒當壚。不逢漢高之過。何能大售。頻遇畢公之竊。闕煩小盜。教其養犬。蓋以防人。聞夜吠以雖懲。在春醪而頗滯。素蟻空汎。鄰中之賢者莫傾。盧鵲斯喧。高陽之酒徒那至。但非抑壓。教有緣由。獨收當曰非宜。方便殆成無狀。宜科誣謗。以寘刑名。

對夢殿上有禾判

乙夢太極殿上有禾三穗跳而取之得中穗其友賀云中台之象人告其妖

執古以道。格人其經。捨而或踰。動則奚軌。乙位居堯岳。名列漢藩。擁百姓一作城之寄。乘六夢之吉。朱門雄雄。虛受冠蓋。翠樓奕奕。傍挂烟霄。同唐叔之得禾。身居大殿。異張華

之博物忽踐中台覺後成空賴功曹之來賀失而復得允蔡茂之高班夫何妖哉古則有矣告人無識其若是乎

對寢延部人判

撫州別駕豆盧安舍正寢延部人乙弗乾公事稟而後行所由舉不法安不伏

豆盧安幸屬清泰早襲衣冠陪去獸而宣風贊還珠而緝化題輿就職行聞仲舉之風展驥臨人坐振士元之躅爰於正寢延茲部人罕言私情但舉公事乙弗乾既奉嚴命稟而後行論情未越於古風據理何乖於即事王子之臨

東海雖未贈刀盧君之撫南康終其化鶴所司妄舉將有昧於條章安既有推詞請從於緘默

對詐稱官銜判

辛詐稱官銜取給州縣所司以僞論不伏仰正斷

辛在德多涼於朝不齒九班之榮未及三思之志闕如妄稱爵里之尊以求州縣之給詐難久恃僞果自彰行詐爲官仲由以欺天見誚言僞而辯少正以左道亦誅前史以舉其不然在律又繩其有過理宜緘口何恤薄言

對部曲判

巳男準格不合取部曲妻違者被繩訴云强幹弱枝竊將益利未知合利否

國家每軫納隍偏憂邊徼在膚微之俗隔良賤之婚千頭之奴具傳其號百姓之女罕聞其卜故爲罔冒取陷刑書何强幹而弱枝非愛人而治國議事以制非我博哉斯之謂宜確乎不拔

對婢判

命官婦女阿劉母先是蔣恭家婢被放爲客女

懷阿劉娠出嫁恭死後嫂將劉充女使劉不伏投匭訴

阿劉母先從侍兒放爲客女夢虵納慶先含候月之胎附馬申歡即就行霜之禮纔欣執盥仍誕弄璋旣而李善主君俄驚闕室仲尼兄子欲契宜家遽擁妖妍將充媵婢徒爲枉抑終見稱張望彼劉閨寧甘誦賦均夫鄭室聊事薄言論母旣謝萱枝按女即非桃葉方欲指腹稱賤憑胎索婢自可以大匹小將古明今劉氏若屬蔣家泰政須歸呂族據斯一節足定百端

對買奴云是良人判

王丙於趙丁處買奴勤心至家一月餘日乃自云是良人丙告縣勘是良人科趙丁及奴罪申州州斷科趙丁其奴無罪

美言可市老經之格言聚人曰財象象之明義王丙室盈龜貝持貨蒼頭雖挾諸龎之規終成教子之競經三十日非關買者之愆依三千條須結鬻良之罪趙丁宜從縣斷勤心難聽州裁彼此攸同斯爲可矣

對奴判

下士有僮指千爲鄰人所告縣斷不應云遇廉賈五一作金之所致州覆無罪

爵以馭賢祿以頒士去嫌守職雖殆亦榮捨道成富在官所醜況位霑下士利掩上農千指家僮等江陵之橘樹萬金賈子均洛陽之富商畜伎既埒於卓孫遇業頗同於猗伯財之所聚但覺浮雲訟之所興果爲鳴鼓雖州縣兩斷片折未分而鄰人一言商亦何玷士且同於賈豎州頗昧於正刑是可忍焉孰爲過者

對奴死棄水中判

丙奴死不埋棄水中人告之

丙爲不道魚龍何親情之不良僮僕是棄愛其有力未聞削舟之恩欺其遊魂更比懷沙之慘雖不封不樹家僮無葬送之儀而載沉載浮甲令有棄屍之禁告言不謬刑典宜申

對夢冰下人語判

得甲爲人作媒云夢立冰上與冰下人語當仲春成婚乙告甲誑惑

甲以判合爲資行媒是務瞻言匪斧有類因針爰求六夢

之徵告以三星之會微波可託豈脈脈於輕冰仙漢難攀尚盈盈於一水將同竹鳳之驗有符芻狗之言乙以至人所無告其誑惑必人同趙壹術等周宣王濬懸刀不聞加罪仲尼曳杖未陷深愆

對夢處女鼓琴判

乙封侯嘗夢見處女鼓琴而歌曰美人熒熒顏若苕之華後遂納國人姓爲內子御史劾其僭訴云夢應也

國以定封邑惟利建社稷是衞邦畿以藩乙將度以土圭

設其苑序式遵厥度宜立其家鳳凰之兆未期桃李之妖將至剛柔自應精爽潛通吉以有祥將（一作符）表神來之兆庶乎無亂理齊藏往之感位在通侯夢玆處女橫角枕而就寢見鼓琴而作歌熒熒之詞聞彼魂交之日夭夭之質覩玆形開之時六夢之驗若存八徵之候如會納爲內子誠類小君稱僭欲繩未通平典

對正室爲門子判

甲多諸媵之子乃以正室爲門子令限出入或

人告有違不伏

五常之教以經王道三族之別則辨人倫正昭穆以承祧分嫡庶而繼代必誡差忒克明敦敍是以微子從禮捨其孫腯獻公汎愛立以奚齊壁埋太室之庭楚則違命寶藏恒山之上趙乃知才順之克昌易則生亂茍至於道訟不可成甲齊其家宅心知訓鐘鼓思樂早聘問名媵姪從覲仍邀卜姓自殊南陌豈秋胡之遲迴寵若東山卽謝安之攜賞於是慶徵蘭夢義感桑弧探社金而屢祥列階玉以分照同石駘之六子庶孽斯聞均衞家之一兒冢嫡其取爰崇立長有以代親詎黜商臣非取厚於江羋寧謀伋子亦何怨於惠公趨庭既學詩人正室遂爲門子達其禮典穆以閨門掌政令而攸歸限出入而奚失信居家之理寧父子之嗜或人所陳深爲未可

對告密判

雍州申綿州告密囚王禮告本州人有謀反行至散關夜已將半關吏以其夜到不爲開門禮緣事急遂越關而度至畱守所告關令趙秀幷自首越關事到神都法司斷秀應爲而不爲主簿批爲不當舉牒議卿判秀當知反而不告下符科結秀經廉使批訴仰正斷

王禮生於劍表長自巴中身在重關之外心馳魏闕之下踰岷越障雖効赤誠觸網冒羅遂縈丹筆何者但緣謀反律有明條本州既不告言他邑寧且寢默必也同夫兆（一作風）火應合控彼星昴何須乘夜犯關侵宵越棧異田文之徑度不聽雞鳴殊孫龍之縱辨無論馬色雖未詳其五聽聊請叩其兩端告密縱使非虛越關無宜首免

對官戶判

官戶炙面送掖庭舊有瘮疾所由以非五十以

上不許

倬彼舊章聞於白粲嗟夫賤妾隸我丹書當年且欲於役身稱疾式瞻乎炙面平陽白髮既乏子夫之容應門綠苔爰閉掖庭之恨薄言之訴情或可哀壯齒之年且殊知命嘉所由之直筆執法不回想官户之循涯吞聲未爽

對竊錢市衣與父判

丁竊錢市衣以與父父曰邑長如是使詣縣首丁往長問之具以父言長以衣賜其父錢主告長縱盜

盡敬事親居致其樂永錫爾類將爲色難丁也無良斂怨爲德殺牲之養猶曰不仁竊人之財誰謂其孝動生悔吝行乏義方惟彼循良是稱邑長飲冰壺以從政播清風而成俗用既戒惡觀過知仁將順一作顧緇衣之歡以原丹筆之罪雖聚蒲惡子難以法寬而偃草小人或期化理諒從權而適道豈撫俗以隨時錢主薄言誠稱縱盜宰君善政可謂勝殘於予何誅將子無怒

對折指判

甲緣木損折枝指謂三疾數足官不許事

甲稟氣陶形偶華胥之代輕軀弱質謝都盧之人不能鑿井耕田翻乃奔林緣木損其枝指蓋是懸疣雖折一枝幸袪數外之累卽圖三疾便爲非分之求理不可依宜從告免

對病疾判

得甲爲郡守賜告養病而出界歸家法司科罪甲不伏

四岳咨命九土司牧功共理於伏熊期得賢於建隼淮陽卧理聞汲黯之政譽渤海行歌美龔公之化洽甲官忝列

郡未著能名庭無致仕之蘭院少延年之菊漳濱卧疾雖比迹於古人穎川流譽何靦顏於今吏膏肓所及知藥石之無施肝膽具披果祈求而有遂賜告養疾宜輟務於公庭出境而行何慢官於私第斷非斥吏欽漢相之高風才不逮人招尸祿之遺誚予告賜告議理懸殊應爲不爲自貽諸咎不敬之罰曷所逃刑

對卧大夫簣判

甲寢卧大夫簣執燭者請易竟不改而卒

喜怒不時患生腠理營衞失度疾起膏肓是以長卿文園

空傳封禪之草劉楨漳浦亟聞埋玉之悲人誰不亡道貴從正身苟正矣哀亦何傷且衞臣不祿猶陳尸諫楚尹屬纊城郢爲謀春秋書之用旌厥善況銀燭皛晃以流照華簀輝煥以潛鋪既不率於典常法宜加於僭擬必因國君之賜有符曾氏之論過也非文童子何識

對縣君死復判

縣君死於路所由不以綏復於右不給役車遞還

眷彼縣君征途有疾庚子戒日止鵩生憂辰巳臨年巢鶴起歎東流逝矣北首長辭遽委魄於松門奄歸魂於蒿里不祿公館須申臯某之儀屬纊私家即罷求幽之義禮有明說焉可輒違準例合得遞車所司如何不給但比壁用刑須窮兩造鈞金察獄必聽五詞公私之節未明左右如何定罪請更詳委方可要終

對男取江水溺死判

顧乙從母所好令男十五里取江水溺死不爲之服

孝乃因心禮從適變惟彼顧乙德合天地甘旨必在於無違承顏克遵於不匱瞻言愛子取汲長江庶南陔之不虧豈東流而永逝掌玉茲碎庭蘭坐歇顧斯惟疾之憂恐阻長筵之樂既不彰於臯服誠有切於斑衣雖失禮入刑合寘彝典而割情循義庶可權宜既竭姜詩之孝無寘蕭何之律

對男取江水溺死判

顧乙從母所好令男十五里取江水溺死不爲之服

顧乙行繼人志譽美天經嘗申不匱之誠每竭服勤之養母以不甘井汲好味江流爰將植杖之男當其抱甕之役異曹娥之父無復還屍均屈原之妻空餘往恨眄瞻前詰既有同於姜詩詳彼舊章亦何殊於庚季雖云不服欲寘何辜

對男取江水溺死判

顧乙從母所好令男十五里取江水溺死不爲之服

顧乙依仁植性履孝因心生我之義方深倚廬之思何極扇枕溫席造次無違候旨承顏欽從所好屠雖畱膳不爲

執友之賢求鯉採臬兼入鄰家之餌順慈親之旨忘愛子之勞屬以迴浦生風長江起浪因茲汲引遂見沉淪乙類姜詩無復弄璋之念男同精衛空搖銜石之悲不服以殤初疑越禮苟全於孝取叶隨時旣有符於古風恐難寘於令典

對溺死判

甲與乙同舟旣而甲懼水自投因溺死其家訟乙故殺縣斷以疑

語稱有朋自遠易曰朋從爾思同氣相求同舟共濟呂安

之懷叔夜或泛黃河之水王子之尋戴逵亦冒山陰之雪何以仰止欽賢是慕想彼甲乙道契荃蹄汎漲海之雲若見蓬萊之樹棹倚砂之日方追河洛之仙旣而智乏謀身情乖拯物覆舟之慎想伯夷而載虧驚濤之遊歎伯昏而遂遠三命有極百齡俄謝禍兮難倚寧收轉壑之魂比之匪人忽覩盈庭之訟尋端指狀於甲誠亦可矜據理詳刑在乙寧宜寘罪何者禮稱不弔溺者已絕律通人情乙惟無咎庶從平典用叶大倫

對溺死判

甲與乙同舟旣而甲懼水自投因溺死其家訟乙故殺縣斷以疑

鴻爐賦象人壽幾何生榮死哀物類同致晝夜不捨宣尼與其歎息吉凶共同賈誼發其詞賦眷言甲乙俱涉大川懸流波而得朋理征棹而云邁乙則同舟而濟宛若神仙甲乃懼水而投遽嗟沉溺波心乍没還疑觀影之人泉路不歸便是懷沙之客然則渡河奏曲曾不爾思逝水沉魂自招其咎家人有訟虛陳故殺之端乙旣無辭難寘惟輕之典薄訴不伏理合哀矜縣斷以疑殊乖部察以愚管見釋放爲宜

對同姓爲主判

甲妻亡無主後者乃命同姓主或人告失禮所由科之

美而無子賦以碩人生也有涯歸乎大夢贄榛栗而方就據蒹葭而何辜眷言於甲條喪宜家鳳凰于飛八代徒兆蛟龍中絕一劍空悲扣盆之哀但取傷於對簟懸弧之義本未徵於夢蘭有歎溘先無以爲後爰邀同姓將陳主喪三祖思崇五哭攸設永惟哀慼誠則靡捐撫以禮經猶爲

未達且男主婦主之道同姓異姓之儀抑有前聞奚宜此謬蓋匪慎諸坐貽差互至若婦主必使異姓厥義彰乎外成反是不思捨禮何立道有取於宗婦事非屬於族人甲所爲虔誠爲不法哀興弔影雖撫事以傷神迹未否聲罪恐餘於滅耳

對主者不杖判

甲卒女子在堂無主喪者命同姓主之喪者不杖令女子杖所由科失禮

男主女主則異其族苴杖削杖而別於儀良無扂扂之嫌

用竭親親之道承家有託亦何詢於異門繼代或虧乃陳攝於同姓甲年馳石火光陰坐沉訓絕金籯允嗣非立若敖之餒固冥理而方嗟鄧攸之謠諒天道而多憾桑弧靡設詎憂嵇紹之孤葛蕈在辰空有縵縈之類謝庭窺雪奏歌詠於常時蔡氏知絃輟娛歡於是日三星尚阻未及有行五哭斯崇奄嗟無怙喪主既非棣萼輯杖固屬摽梅同切昊天寧遺巽位撫禮深達將讜何憑則于一人諒斯取而不謬惟刑三復宜伏念於無辜

對寢苫枕草判

甲雅修士禮爲宗黨所敬居斬縗寢苫枕草閭里化之御史劾其惑衆

甲修道訓允乎厥休宗黨稱其有儀閭閻美其惟孝而夜壑匪固風林多感雖就禮之則俯同縗絰之儀而由衷之心無奪純深之至寢苫枕草抑惟寧戚仁里德門所居則化御史驄威電發隼視霜雄坐非平仲之仁行問治長之罪且鄉人化善則寘刑章鄰母興悲欲從何典既有明於古事亦何滯於今科

對奪情腰絰服事判

甲腰絰服事既而曰不即人心致仕而退時謂

非禮稱人盖善之

出師正邦大易有象率義殄寇春秋則書用乎中行攸往夙吉以威作憑取渙於羣甲閨門罹凶苴麻纏疢喪則寧戚義能繼恩痛深倚廬雖授杖以不起政急分閫或執兵而啟行介以趨軍經而躬役魯侯金革我直以興晉襄墨縗彼疊而動克壯輿輻能豶豕牙任長子以帥師利元戎以光濟策勳苟進不即人心致仕能歸何睽孝體有爲也無仁乎得反經以合道胡責善以非禮

對輿尸謁廟判

鄭太曾祖亡輿尸謁其家廟人告狂怪

聖人設教蔚在蓬山諸侯立家藏彼栗主豈惟孝子不匱薦烝嘗於四時亦取孝孫承家洛吉凶於五廟鄭太迺祖厥德嘉聞有彰良弓克傳投筆從事孝比參也在家必聞勇超仲由從政何有或胡塵暗塞漢將鳴鞞逐金革之威唯聞死節登玉門之險不見生還輿尸方弟子之凶掃埏合鄉人之禮所謂去死事生來宜廟謁薄言狂怪何太疏遺

闕名二十四

對里尹爲主判

乙妹無子寡而死請里尹爲主決曹掾科其違禮訴云其夫無族

喪則有等自辨於重輕禮之所行亦崇於節制乙以天平降戾斯殞其夫則穆伯早亡鄧攸無嗣啜其泣矣何痛如之永懷夫黨無親因求里尹爲主禮則然矣人何非哉且決曹所稱亦何加止蓋以喪也寧戚禮則因情姊憂去官

見稱於陳重弟服去職著美於譙元斯則事之有由一作猷言也何爽得失相半斯之謂歟

對著服六年判

兗州人平辯受業於田才才亡辯著服六年廬於墓側刺史以爲違經越禮妄造異端禁錮三年辯妻遣女上策稱寬廉察彈刺史刑獄不當

不學牆面先哲之格言以德潤身前賢之令軌孔子要道逐楊震以西來馬融門生隨鄭元而東去田才地鄰鄒魯俗富詩書水接沂川家傳禮樂白圭無玷孤標席上之珍

黃金可輕獨貴林中之寶平辯伏膺道術企足風猷訪顏子於淹中得田生於稷下葉抽槐市鼓篋笥而踐緇帷花發杏壇整襟裾而趨絳帳一登閫閾幾積寒暄知十之業旣宏在三之敬尤重專門春誦高臺於是忽傾負杖晨歌梁木由其遽壞荒階積雪徒觀東郭之蹤逝水驚波無復西河之氣師資之禮痛貫幽靈伏道之誠悲深卉木葺苫廬於墓側製麻服於塋前檀木遷移葭灰屢變墳抽細草撫書帶而增悲牖挂殘絲拂琴絃而永慕刺史褰帷魯國剖竹雩壇馮熊軾以宣風樹隼旟而展化以爲非禮將作

異端不樹甘棠之陰翻行叢棘之酷昔門人子貢廬於孔氏之墳弟子叔然制彼鄭生之服六年不釋於禮稍乖三載錮身在情何忍但以事符公冶繫犴獄而多年命比緹縈仰鳳闕而長叫廉使郵星整俗驛傳宣威正豸冠以觸邪下烏臺而肅物女旣陳請使又彈非霜簡載馳雪身無路兩頭今旣發覺一面何使逃刑宜降朱轓用直丹筆

對著服六年判

兗州人平辯受業於田才才亡辯著服六年廬於墓側刺史以爲違經越禮妄造異端禁錮三年辯妻遣女上策稱寃廉察彈刺史刑獄不當

田才地居鄒魯家習文儒業擅籯金道光珍席夙漸升堂之教早傳藏壁之書學市攸開几筵爰設故得詢疑請益還如北海之前函丈摳衣更似西河之上平辯雩川童子闕里諸生常因閉戶之勤豫受專門之業庶祈榮於青紫希變采於朱藍日就月將罰水（疑）之恩何極陵夷谷徙顏山之痛已深舊宅淒清空聞絲竹遺壇寂寞無復琴歌嗟二物之長收顧百身而莫贖方思重服用表深衷一對松楸六遷檀柘曩時儒肆喜遇祥鱣今日凶廬悲逢弔鶴論

情雖會於寧戚據理未允於通途刺史職在宣風政乖道俗沉憂六載亦可驚嗟積禁三年固其未得少女以銜寃伏奏雅叶於雞鳴大使以糾慝彈豪正諧於隼擊卽宜錄奏伏聽宸衷

對哭子哭夫判

季氏夫子喪哭不捨晝夜鄉人告違禮

季氏令質幽閑秀容綺艷事夫有道荆釵見美於梁鴻訓子多方布被推賢於孟母爲善必應天乎不仁三從靡依兩喪相次欹枕之淚空灑倚廬之望莫依不捨晨昏深符

禮制（一作則）

對哭子哭夫判

哭子哭夫事

喪子之親哀情已極喪夫之婦爲怨難勝非無寡鶴之悲豈息驚猿之痛然喪夫喪子悽感雖同而哭子哭夫禮儀須別穆伯之卒已有前規敬姜告言一何無識縣丞行罰之日於禮已違嫠婦自貽之愆在律難恕顧茲刑憲並合推科

對父在杖堂判

戊居母喪父在杖於堂上

居母親之喪茹荼飲痛踊既無節哭何常聲悲在其中形瘠於外口不甘味身不安美潘生園裏無復版輿顧氏家中空餘畫扇仙人白鶴遙投士行之前孺子隻雞遠赴林宗之所蔡順有繞墳之感老萊無衣綵之由喬枝未摧桂樹猶茂執椅桐之杖上芝蘭之堂循禮制而多違顧刑書而有犯請歸司敗任便科推

對練祥羣立旅行判

丁三年之喪練祥羣立旅行

丁爲人子持乎喪服身體髮膚不失全生之道衣衾棺槨無虧送死之儀仰風樹而充窮履霜庭而孺慕鍾劇鉅之悲酷有荼蓼之苦辛壁日不停練期何及毀不滅性痛感終身道在慎終義存追遠人來輒語禮稱忘哀羣立多爽於事宜旅行有乖於物理二途俱發一罪須科

對祥鼓素琴判

戊祥之日鼓素琴鄰人告違禮

執親之喪行孝之道出入不當門隧升降不由阼階苴縗在躬溢米充食恨纏風樹痛結寒泉擧號已見於心摧毀

瘠載聞於骨立念親之在土哀親之在外寢唯枕塊居必倚廬隙駟不留祥期奄及既除凶制奚鼓素琴示人有終於物無犯食醢猶許奏樂何辜請從雪滌庶符冰釋

對斷屠判

京兆府申奏勅斷屠百姓造罪不止未知合不

聖上德合乾坤情深惻隱將廣厚生之道爰崇去殺之文受緩禮於前經懲噬乾於成象三驅鼓刃有禁班行百姓造罪無令止息京兆以人多結網即謂臨河以皇上之仁深見寰中之信及論設網之子即云盡欲求魚得鑄劍之

夫何必皆緣斷馬事煩言上夫復奚疑

對屠龍判

丁以屠龍爲業乙告不經

鱗族惟錯實繁有徒人不知非龍實有智風雲遇坎見困豫且變化逢屯充膳夏后丁以詭俗爲事遊刃非物或異仁賢罔識悔吝何則犬不言殺前哲良規馬重有功後代明訓況四靈之貴萬化之資匪惟瑞啟漢年固以仙登軒帝以屠爲稱豈不作法於涼以律繩之可謂自貽伊慼

對射牛判

萬年縣申王祚告侯明射牛明疑狼入圈中齧牛將弓射狼誤中牛事

三光赫赫牛星紀於北方八極悠悠牛山建於東國錢塘水上遠浮金鎖之輝蜀郡江前遙沉石犀之影豈止拔蹄戴角玉鞅華鞦南州聞果下之名西域表花津之異固以禮標極敬大祀資於潔圭易贊神明引重憑於致遠由是降茲綸綍著彼科條姜牙絕其鼓刀庖丁息其游刃侯明鄉閭賤品稼穡庸夫常傳甯戚之經久習高堂之法西河資產希十千而萬計東州犇駿方一日而千里俄而野心興暴縱目爲災引騂角之雕弓控青筌之箭羽異天弧之垂象空法向狼之星殊封禪之舊章便爲射牛之事誤殺不禁著自彝章罪疑從輕聞諸古實

對驅犢蹊園判

乙驅犢蹊丑園丑怒畱其犢乙訴强刼

人守堅貞克終無替苟失廉節其奬斯生乙棲心邱園託志閑雅忘負鼎之事從扣角之遊徘徊泉石躑躅林草雅志情遠防微理乖事須正子夏之冠避朱仲之李豈得牽壽春之犢踐於陵之園人而失圖一至於此丑也奚據罰

彼何深所損既在於場苗取酬便過於佩犢叔時作喻蹊田罪輕邱明述事奪牛刑重前文已決後見須依

對殺牛判

景告丁殺牛事丁别款景鑄錢州斷盡處極刑使出從徒

議獄緩死先典攸慎聽言觀色法貴詳平刑罰暫虧手足無措眷彼丁矣有異里仁見蒲葉之生春無聞曳耒入桃林之鉅野爰事鼓刀遂令河渚風秋奄沉星彩蜀山路險不見金生景匪良交遂來相訴芳蘭入詠遽展契於風雲

叢棘議刑。幾窮詞於刀筆。搖尾求食。斯之謂乎。朝歌殺牛理非謬矣。方引循環之辨。翻露鑄錢之責。緬監厥跡。奚其若斯。未盡金潭之由。更起淮陽之獄。州司振藻。處以極刑。使者彈毫。將爲徒坐。諒哀矜而勿喜。何輕重其若斯。狀外不推。使司得其折衷。案中論死。州法酷其深文。結以徒刑。吾無間矣。

對爲父殺牛判

韓孝隨父行。牛驚觝人。恐損父。遂以刀殺牛。牛主論告孝。請價賠塡事。

天經地義。道冠生靈。立身揚名。德光終始。見危授命。宣尼以爲美談。臨難捐軀。馬遷述其遺烈。韓孝忝曰人子。先隨父行。逢瑩角之初驚。似銜燕壘。遇奔蹄之暫躍。若走秦郊。倉黃貽性之憂。倏忽慮庖之患。霜鋒一擧。若庖丁之刃游。冰鍔聊揮。似宰夫之斷割。原始雖稱犯罪。要終未可論辜。旣符名敎之規。還申壯勇之節。酬價匪虧公理。與直有愜私家。庶叶平反之詞。以表從輕之典。

對不埋狗判

城外多死狗。法司責京兆府不埋。訴非掩骼時

惟犬守禦。居人是安。混雞而入。坐識於新豐。伴鷹而遊。行傳於上蔡。是故閭閻密邇。音響相聞。喧雀成譁。表貧吏之節。嗌腓起戒。陳爲主之誠。何畜養之是均。而城外之多死。知殃預兆。未銜吳相之衣。溝壑深爲。食驪姬之藥。流穢行路。彰聞法司。擧過從愆。事關京兆。且敝帷從棄。孔聖之義有虧。掩骼候時。周公之禮可守。二途交戰。須定是非。執禮而行。斯亦爲得。

對射猿判

戊至景乘舟來峽。射猿中之。黜其職。景不伏。

沉沉長江。巖巖峻峽。波瀾沃日。嶺嶂橫雲。路出東吳。卽是三聲之地。途危西蜀。還尋萬里之橋。顧惟彼景。在茲于役。乘流振檝。方從赤馬之遊。滿月彎弧。遂落元猿之影。雖同養由之妙。終致桓公之黜。於人則事乖親愛。在獸則理切肝腸。彼或可傷。此何辭黜。

對死官鵞判

乙養官鵞多死。或告不以人養鳥。

池籞大開。羽族無算。乙忝吏隸。職養官鵞。諒須盡心。能識其性。稻粱可遇。蔓藻堪遊。浮積水而連羣。向長風而鼓翅。

遂其棲託終冀繁多倦鸚鵡以樊籠樂鵷鶵以鐘鼓以人養鳥不死胡爲儻或類茲如何免責且片言折獄自古攸難理宜再詰是非不可輕爲與奪

對斷屠月殺鷰判

甲以蒺藜飼鳦子致死鄰人告斷屠月殺鷰子

丁家葺泥載聞於頭禿黃氏把火旋見於眼傷甲之無良情則非善以蒺藜而充飼三子俱亡無桃李之垂陰一朝被告迹符周氏罪挂湯羅循情合科準狀難捨

對養賈兒判

丁養賈兒能馴擾啄人穀不伏賠

丁爲拙好收養賈兒日月淹延羽毛成就逢人不懼遇物無驚有鴨羣之精神得鸞斯之風彩楚鳥既非別族吳鶏亦是一宗未能甘鼠巳聞啄穀鳥未損物人則何辜卽索賠塡恐非通允丁稱不伏理亦無乖

對爲哲蔟判

甲爲哲蔟以十日號覆鳥巢

順時之令則無覆巢作災之禽固資書版陳之禮典布以人倫苟或在辰克用茲道是以有鵲萃止爰結與於詩人見彈而求乃寓言於莊叟長沙天性入室貽凶曲阜陳誠毀巢標喻哲蔟氏職惟斯掌務乃昭明有均大羅之蠲是忝虞人之効將去妖鳥式徇其義旣切惡聲庶無全卵日號月號之法書而不僭從子從角之規用則斯備周典非眛方書是懸均射隼於高墉豈巢鴞於外戶將使鷩鳴緒闋（疑）同反舌之無聲翀翮影搖隨退鷁之不駐事非詭妄告實欺誣諒稽十日之號難寘三章之典

對殺鳥獸判

今有過而殺傷鳥獸者甲以人成之

大羅以往禮猶因襲綦龍斯廢法亦罕聞自我化及豚魚仁霑草木放楚王之鵠不咎使乎驚梁君之雁豈誅行者獸育豐草鳥棲平林一角以瑞於昌期九苞載叶於仁義瞻言過者豈得傷乎必也百獸異倫六禽殊類稻粱空費庖廚未供遇而見傷亦何矜其非故捨而勿問庶得令其惟新甲以人成恐乖中典欽哉惟恤寧失不經

對解鵲語判

乙被告殺夫縣執之訴稱鄰婦不伏其罪郡以鵲來相告將可爲徵者

道存皆應感至必通能分禽獸之言豈專夷貊之隸公冶長之縲絏鳥語知非介葛盧之犧牲牛鳴辨數始由人聽終見物情乙以氣烈剛腸寬深反目素不謹於帷薄終取敗於嫌疑行兹亂風自抵邦憲徒嫁禍於鄰婦冀逃刑於我躬屬郡縣察徽輕重不濫比夫寠數知來頗類乎方朔驗兹鴝鵒取効何異於公明古而有徵今也寧惑殺人之罪按律可求孽乃自作死將誰緩

對神爲異聲判

甲邑里有神爲異聲所不供太陰之弓請科之

訴云掌非武庫

至若日月薄蝕君臣著象夢轉歌於童子聞取幣於嗇夫伐鼓迴輪有祇曆之事迹陰弓枉矢開救射之規模義雖責於上公物終列於庭氏藏非武庫救卽羣妖何邑居之有災見主司之不務殊若在已近欲幸人既闕五兵之伐因虧十日之號實忤於典良尸厥官思取義於磔禳請論刑於徽纆

對解牛鳴判

乙聞牛鳴云是生三犧或告妖妄欲科罪不伏

陰陽不測造化多端故有夷蠻之隸實司鳥獸之語乙波流未息克廣前書精義不窮旁通異類告稱妖妄欲抵刑章卽科介葛之辜實恐治長非罪以今況古不坐爲然

對釁龜判

甲釁龜不辨名物將罪之云且釁而後辨

有龜之德徵神爲用稟靈千歲遊質於芳蓮納錫九江彰名於禮物取其象事知變占事知來然以寓莊周之詭時聞曳尾挂豫且之網寧知刳骨緬懷於甲時惟卜人將言釁龜以考其象理宜別諸名物定乎吉凶俾春夏以宜左

右必順有忝於制實惟伊何欲寘戾焉事可訊者何則取十朋而分睨弇乃先釁以爲尤參五行以觀兆數雖後辨而未失覆其兩端願言一問

對家貧致墨判

易人家貧致墨以自給科惰農

藏往知來道高三聖內貞外悔名重九江所以大決狐疑先定人志馬得捨其三易忝彼六官賜帛無聞仰滑稽而慙妙致墨多中知儁句之不欺覺筮短而龜長遠變常而易業雖百錢取給有慕君平而四體不勤孰爲夫子智有

所違鑽祀骨而觀貞神則何施抵凝脂而獲戾且以業爲兼善才貴多能端策拂龜罪不加於詹尹收罟解網刑請寬於易人

對元衣判

季冬命元衣督護貞來歲之慶華人作而揚火以非青純而不致墨執法告闕於太常訴云主巾筍者之過

道月戒期周乎四海卜年貽慶稽彼十朋華人職在巫咸用方心而考吉材均季主負圖背而知來拂此元衣異夫

青純有殊命寶何能致墨執法以簪筆彈珠且問九江之錫主司以巾筍藏骨莫辨千年所蓄既虧玉兆之獻須抵金科之罰徒爲薄訴誰之過歟

對讀衛生經判

甲讀衛生經而知吉凶乙告違勅法司科擅卜

禁刑

圖緯垂文龜蓍著象聖人操洞微之柄達者究索隱之端故知盡性窮理惟賢與聖是以魏稱管輅晉有景純卦成而洞曉吉凶繇發而潛知倚伏此皆奇才出於天骨遠識符於自然爰逮凡人不干其議所以時忌惑衆勅設禁條甲雖沉思緯象遊精數術名止齊於庶品道豈同於古人冒違勅之明文自貽伊戚挂繩非之峻筆何所逃刑然慮或告不眞法須更審請窮兩造方定片言

對太倉耳鈌判

太倉申左右耳鈌大農不稱其任

正月吉日國命既懸於兩觀同律度量聖典每均乎四時況天子有司多方取則如或失墜其謂法何但不戒而具有虞何闕縱令器有隳毀亦宜隨事修補既羸左右何成

出入太倉乾斛不恪將射隼於高墉大農叨忝厥官失庖魚於下局且如古今命官都邑（一作都署）聯屬沿革既異主掌斯殊不可歸罪一官責成一職重詰所謂庶符（一作乎）恤刑

對㮚氏爲量判

㮚氏爲量容鬴令人概而不稅所司科之

謹其權量義叶順時範彼金錫道成厥器信斗斛而均制乃鐘鼎而齊功施之以平萬商立之而觀四國罔不以法貴諸合儀㮚氏職在爲量功期永啟既改煎而不耗亦自權而準之莫不審以方圓容之鬴豆炎煙散彩浮紫氣之

光芒。洞響函規。應黃鍾之宮律。深模正典。實利生民。可以垂範將來。可以行之天下。概而不稅。雅符師古之蹤。按而將科。殊紊平反之道。梟氏既無遺失。圖因（一作梓匠）理合審詳。罰乃有詞。刑宜用恤。

對度判

內官以竹爲引高廣之數法陰陽宗正以爲不中度請科之辭稱事所宜也非無故實

律歷攸同。丈尺有準。度必慎於圭撮。高（一作廣）寧失於分寸。苟昧斯義。則非其人。惟此內官。聯於宗正。權量法度。無黍累之差。墨丈尋常。豈毫釐之謬。允酌故實。克循前典。既法陰陽之數。固因銅竹之宜。科之則非。訴者爲是。

對斗秤判

太府寺去秋追三市斗秤踰月不送寺以市司違時徵銅四斤丞梅福訴云九月上旬平校畢

太府官惟度量。務切權衡。驗寶貝之充盈。察泉貨之輕重。校量斗秤。甲令有時。事屬司存。不當踰月。瞻言稽緩。須實科條。梅福跡淪下列。志追前古。斃輟九江之仙。來從三市之任。詞有所屈。恐獲戾於錙銖。道或可遵。豈論愆於圭撮。薄言未息。紛紜猶多。宜窮五聽之情。方按三章之律。

對貯藁判

所司貯藁以三千圍爲積苦覆無茈（防脂切）籬合科何罪

秣馬所資。唯草是用。徵科百里。輸納六閑。黃白無差。短長合度。貯積之法。令條有文。數越三千。理則多僻。從（疑作縱）勤苦覆。終闕茈籬。施功不同。處事彌爽。犯既非謬。辜不免科。

對磑分利不平判

吳丙王丁共有磑納課分利丙云有賸丁云擲日知分所得無賸

吳丙王丁。均期叶契。雞鳴求利。不憚孟軻之譏。馬磨自資。更殊許靖之操。市道難固。財交易竭。競斯升斗。顏寧厚於指困。徇彼錐刀。愧無慙於碎璧。或陳其有賸。許以無厭。或掠以浮雲。稱斯擲日。日有修短。關諸至期。利有盈虛。定乎宜分。理應各得。何假相尤。然質劑既未研詳。刑名豈能懸斷。更尋枝派。方悉根源。

對鏇樹爲杯椀判

得甲鏇榆樹爲杯椀出賣鄉官責其游手惰業

士農工商孟堅陳十志之本水火金木箕子載五行之數悠悠羣動各有定業明明財利爲謀不同惟甲肖形運乎天巧既勤事於賈豎且劾功於匠伯加以是揆是度掎漢社之星榆乃刲乃鏟揮郢人之風斲杯非承露未立雲表椀殊鍊藥空候淮南徇錐刀之小利損耕桑之大業若斬伐愆時未符周禮如彫僞不作自陶魯政夫除害興利禁末勸農罔或奢巧實防器玩器不涉於無用貴有濟於時須雖懃敦本之俗難加惰業之罪幸殊游手宜寬祝面

欽定全唐文卷九百八十四

闕名二十五

對村人借鏵判

村人借鄰家鏵未出門打破人索陪云未離本處準令合比附

變古易俗因物造器稽六爻之文蓋取諸益司百工之事無或不良惟彼村人幸多比屋既借鏵而攸要非抱甕而爲勞出門未覩於同人繘井先驚於敝漏雖罔離厥所而譴自已招異管寧之深仁愧林宗之妙賞且官之議事貴在量情忝曰村鄰得來得往詳其故誤有重有輕向若狹肆通闤修街隘路咽綺城之歌舞暗紫陌之烟塵物雖見盪夫何足咎況屬荆扉寂寞蓬徑蕭疎破由彼已孰當毀犢事匪因人爰煩投杼勒酬半價良謂合宜盪物容據減條損器何援比例輒云不伏深覺詞游

對有五熟釜判

封君有五熟釜而銘其口鄰人告違曰嘗有所賜

書功旂常然後克類分命彝器則惟其賢知三賜之有恒

故百代之令典瞻言彼乙蓋我封君開國承家方列土之貴元衮赤舄見諸侯之禮嘉孔生之居衞三命益恭邅鍾氏之仕曹五熟云錫車服必班乎國命釜銘何恤於人言出話不然覺善鄰之滕口有孚勿問驗所錫之徵人必也正名此焉無咎

對告家有九龍鼎判

是賢告耳孫家有九龍鼎歷代寶之恐非人臣所宜蓄

天子建德是班宗彝諸侯立家爰受分器業盛鼎鼐功昭篆刻若使世濟不泯長子承主宗之規胙土云亡耳孫何克復之有况光涵一作滔没泗氣溢歊汾煥彼龍文昭其象物何速戾於懷璧盍歸休於國寶是賢所告謂得其宜

對執蒲葵扇判

乙常執蒲葵扇於盛暑人多效之或告妖衆

服玩垂則歲時交進韞狐白以禦冬裂紈素而清暑由是五明開製道在思賢七華擅奇恩歸錫寵委方圓以呈質順行藏以適時登用有期著號無算乙行均山仰時聞景慕執殊方竹非承漢帝之私卽好蒲葵式徇謝安之義事符懷舊跡逐移風類折巾於林宗寧俟題於逸少將以妖衆孰謂欽賢宜從三宥之書無陷五詞之罰

對並冠兩梁判

丙爲大官令丁爲博士並冠兩梁御史奏違法丙云視省進膳丁云崇儒不伏仰正斷

車服以庸弁冕有等必章彩而象位具文物以昭德丁丙各從王事端委清時遵儒師以奉職率饔人以敬理至於玉膳將進躬視丹墀之側縹囊一作袠方展危坐青衿之前雖非官聯乃同其服進賢遂戴有類於漢臣委貌未得且謬於殷道以兩梁之製觸鐵柱之威巧詞俱飾文過斯在請詳典式以議科條

對禁楚製判

乙禁楚製漢書云叔孫通降漢王憎之乃變其服短衣楚製

衣裳楚楚須辨於采章雨雪瀌瀌以虞其燥溼瞻言乙也所習伊何異子臧之不衷載時人之將誠同陳咸之所衣爲大國之榮觀製豈變常事仍師古魯之縫掖君子嘉疑其蔑儒楚之復陶當時不以爲罪庶窮閱實之典爰寘不辜之刑

對權衡判

景造權衡以百黍之重爲一銖以三兩爲一大兩所由科違令訴云調律仰正斷

景職此權衡性諧鍾律八音由玆遂播五聲從此克諧掌類羲和主同尹氏錙銖無失於毫末斤兩匪差於黍累顓頊火正虞典銅衡茍有罪（一作非）宜誠合科結況三兩爲一大兩未爽於通規百黍以爲一銖頗合於古制將科違令事乃近於深文訴以非辜理亦宜從告免

對引漏水判

得甲引漏水於衡渠之下乙告違法甲云是金龍口吐轉注入渠法司以爲虛妄科不應爲不伏

七曜成文二儀不測聖人造理璿衡有用爲審候之金鏞脗合鬼神窺漢史之銅渾有探造化圭撮不謬玉節斯調晝夜必盡其規天地莫逃其算登臺視朔覩雲物之必書拂琯移灰識權衡之有度惟甲名當典刻職在挈壺望朱雁之在時見金龍之吐水雨露時降波結霜盤之中晷刻相仍流泄衡渠之下在金徒之昧職徵玉典而可刑不應爲而匪爲甲無過也不應告而輒告乙有罪焉請從罰杖之科以明抱箭之士

對得亡印判

丙拾得亡印而用科罪不伏

車書混同聖德汪濊朝無刻印路不拾遺譎夫主司遂敢亡失靈龜迴顧疑曳尾於途中神鵲無依遽韜形於私室丙也行用實爲亂常須寘霜科以懲日拙

對獲古鏡判

甲遊嵩山獲古鏡文彩極異陳於縣縣宰因窺

挈忽破甲訴闕進令科誣罔

君子効官豈輕舉措下民編戶須任指揮甲於維嵩得之古鏡宛轉盤龍自多符彩翩翻鵲鵲是懷納用先呈銅印宜照舞鸞旋臨玉掌坐如半月昔年挂竹應寵全形今日翻菱惟看碎影裂非因墜是則難誣破不緣擊欲尤誰過但空桑之里尚且移人歷陽之都猶聞化鼈況時經歷代固不可量物罕保常能無自損難爲照膽理可緘心仍敢浮詞尚論闕進事同懟豕累匪厚顏何得牽迷公爲嫁禍令科其妄終非愼罰

對斫街樹癭造枕判

人有告木奇斫街樹癭云擬將造枕進金吾劾之

通衢四會奇樹衆鬱布夏葉以成帷聳雲柯而似蓋日來月往鳥剝蟲穿或擁腫而不材未施功於匠石或輪囷而載癭疑見題於杜預相彼木奇心規草竊揮雪鋒而斯就抵霜簡而何逃事有可通情或宜恕按以刑典恐多違於獻芹原其情志夫何妨於進枕枕雖未造誠即可嘉伊此木奇造進生於意表欲申芻議賞罰懵於愚衷請更斫根庶寬抑曲

對造削判

丙居魯造削遷鄭而不良所由科罪訴云非地氣

聖人豐功明著能事作程無資於苦窳爲度必禁於回邪俾夫越鎛燕函人能爲也宋斤魯削器得良焉丙隸百工人居肆業鑪開夜火已流朱雀之輝竈發晨烟將視赤龍之術所以洗削之妙精奇於土風遷徙之殊理睽於分野鄭刀豈同於魯削難以厚誣周令將入於漢刑實乖中典觀乎獨斷未息羣疑請寬書犢之辭謂審懸衡之要

對削金判

甲爲削金居其二或糾之曰欲新而無窮也不伏斷罪

精鋼既鍊器用爰備或賦斯一鼓或徵乎九金俾人興行其利則博瞻彼甲也居無異聞四人各業夙承於良冶百工居肆更列於周官而運思無窮成能有則光如濯雪豈徒陽劍之奇思逸言泉遂入青編之用雖用之日久若新發於硎妙符鉛錫之宜不假磨礱之助或人相糾深謂無稽而我有辭當從不濫

對好鉤判

睦州刺史齊顗好鉤廣召巧工有能爲鉤者賈金五鎰新安縣主簿錢本造鉤殺其二子釁之以致於顗從顗索賞顗不與云蓋是常鉤憑何索賞本乃抱鉤泣呼其子名鉤遂飛著父背刺史科妖妄罪不伏云有節（疑作前）聞

齊顗承榮梓闕作鎮桐廬化洽循良行聞棄戟情惟奇古方欲好鉤未宣邵伯之風且傚吳王之躅錢本雕鐫擅美

冶鑄標能盡思侔於宋弓窮神等於越劍纖形孕玉疑懸秦女之樓曲影分鈎不若任公之釣於斯殺子何謝燔妻旣極巧工言邀重賞彼則識非辨物怪遼豕之從來此乃道涉幽通惜吳鴻之枉逝鍾心之痛纏結著背之應斯彰雖頻會於前聞終取驚於卽事刺史學殊該博情懼妖訛莫酬呂相之金先寡陶公之璧初聞或疑孟浪當察理合推繩何者舐犢恩深將雛調切自可慕茲攜劍聊追五月之歡豈得同彼釁鈎遽夭百年之命旣虧天性須寘霜科請歸叢棘之曹速按鞭桐之罪

對皮判

鮑人恃財信之而枉一方急有司繩其不任人云舉直錯諸枉者平急者正何患乎不任

周禮是視鮑人爲韋樹之列司成乎致用劍革則武豹斯別爲鞹乃犬羊不分眷也云時載理其職將以察其所以觀其所由引之而伸厚薄斯在信之而枉緩急自明或令雀弁之儀其服奚設鳥潤之政取佩寧堪非爲合度之資招其不任之責將議其失猶或有辭稱使枉者能平當亦化惡爲善更請閱實然定攸宜

對戒豐判

施道安有戒豐人紿之是不祥物遂命棄之因取以告縣

惡盈好謙天人同道備物致用器象攸明作必有孚服以爲度有而不珍越人何臧於章甫貴而見薄楚國誰信於方暉人之無良巧言斯構殊魏瓠之奇質何生濩落之嫌異班扇之恩情徒假棄捐之阻且言行之表信德之符或人紿之行可知矣竊物爲譽信其謂何愚以見疑施氏有誚於矇瞽取爲已有告人當坐於詐欺雖謂可珍得而送

縣賞則及爾刑其捨諸廢賞則無勸將來置刑則有懲同惡名器不假斯之謂與

對私制九章判

乙私制九章重等

車服以庸衣裳在笥豈宜鷸冠好聚不可繁纓以朝司服爲官制章程而有數司儀辨等顧禮命而無違陳之公朝則斯皇可賦作之私室將有害而家旣越人常且非君命妄從重等敢此輕然工歌遄死之詩士寘不應之罰合於至當誰曰不宜

對斷錦繡判

河南府準勅斷錦繡違式之物遂並斷布帛精麤之異者市胥訴云妨商旅御史劾府擾人

詢於國章經綸有序思我王度軌物無愆苟不率常職司是舉翼翼京邑作式四方固當棄華敦素亦以提綱正物欲使錐刀之末濟人不競精麤之制周經是法蓋以事屬公家使之無爽杜其不軌理亦何乖然市胥以妨商薄言御史以擾人致劾隨時之義抑卽有之經邦大體宜從府見

對水石類銀判

嶺南村洞閭百姓水石大小類銀因忿爭打戾按察使科由縣令罪訴云因市易不伏

閩甌地隅粵嶠天嶮五鄰爲里辨方言之異華三品稱金徵土物之惟錯禮不變俗市貴從宜貿遷海壖集朝夕於泉寶交易嶺徼得關石於他山義在隨時更法於易幣各得其所和均於類銀既來謀於我人有殊抱布俄必事於彼衆暫似遺錢打戾爲嫌窒惕興訟軺軒按罪瞻繡服之增華邑宰移風聽琴堂而未靜寘之於理孰謂非宜

對磨錢判

甲磨錢質而取鋊乙告之訴不更鑄

緡鏹爰設銷鑄是司九府匠之以圓方三官因之以文質雖五銖異制半兩分形龍馬之造化不窮權衡之輕重有數實惟泉貨校在水衡人之無良公爲不道微漢臣之賜蜀鎔範成姦非魏帝之夢陳錯磨抵禁立辟自貽於錢府舉法須密於金科欲無王衍之害曷云非隱將劾劉陶之議刑其捨諸且取鋊不定其少多致獄孰究其高下欲加之罪其無詞乎待窮楊可之告緡方辟五倫之督鑄

對無名錢判

東門韜訴主司負物吏詰之韜云祖有無名錢

易象定位尊卑之禮聿修人倫有序貴賤之容斯立布諸方策聲塵藹然至若爵列子男恩垂帶礪有謀謁帝方承萬戶之榮無種封侯亦受千金之賜陸子囊中之寶已惠私門張氏無名之錢且留公庫東門韜家聲不墜祖德彌光想昔日之恩輝恃曩時之寵寄負天絕海槍榆知其不逮刳舟剡檝瘣木媿其無施仰堂構而未微思必復而何已薄言公府方論赤仄之資爰詣主司更訴青鳧之鏹亦

冀雲油露湛先人承元始之恩自葉流根後允奉永平之賜迹有符於故事理無紊於今時既於古而無虧豈在今而可抑謂宜從允以叶彝章

對拾遺錢判

乙拾遺錢於路縣科罪云家約倪有拾仰有取不敢失業

失得者在乎幾悔吝者生乎動苟或之昧其何以行乙乃妄人不愼厥德既倪拾而仰取亦虛往而實歸路有遺錢且效漢臣之鄙室而藏鏹庶同猗氏之富在國經而斯濫

寧家約之可遵且揭而書之縣未徵於古制貪以敗類乙見誚於詩人貽厥孫謀無聞以燕之詠恒有子禍將貽自掇之刑請糾其違用懲於悔

對鑄錢數倍判

江東諸監鑄錢數倍費使牒令停監司云恐棄山澤之利而工匠私鑄犯法

貨以通商財以利俗圜法施於九府鑄作行於四方輕重隨時子母由其遞用積流有象泉布所以得名國家立制經邦稽古爲理用天分地成其阜安之業聖作物覩有其通變之勞使乎伊何曾不是識專命非據亂常有誅人焉廋哉斯害也已請被刑鼎無擾監司

對鍾官所鑄判

庚爲鍾官所鑄不充歲計工部按其罪訴稱鉛錫未足

辨方制位大明治國之典立教富人必先因地之利設泉府列鍾官將欲布金刀之饒盡銅山之積庚以伎能從職鎔鑄爲勞獸炭炎鑪非烟上出鳧工動扇驟吹傍飛無名歸張氏之封因寵入鄧通之室自合預圖歲計先備年支

不見請於文符空有辭於鉛錫撫周書而太息有愧川流披漢史而長懐無聞岳峙仙臺按罪實爲通規主局致詞憑何逃責

對母子權判

順成方請爲母子權渝其好肉所司下科違法

調以玉燭天運和於四時用以金幣寶貨叶於三品是以榆花落影荇葉分形有母子之相權見大小之爲利歲用不足將救青灾秋其以登孰爲鎔鑄眷茲方郡年在順成稱彼兕觥則叶飲烝之義在其龜貝未詳豐有之期家蓄

三年自流行於紅粟園資九府實扺冒於丹臺守以規模猶違正典渝其好肉彌阻大同知無不爲何見妄從申請罪人斯得誠宜寘以科條

對織素判

樊貴使妻織素先示其式而告之曰必如此妻織遂善於式乃出妻兄訴州特一作將判合仍笞貴六十因損一脚履地不得貴不伏訴臺

龜浪披圖地演金夫之卦鵲橋構象天垂織女之星故能陰陽克諧琴瑟斯和其道且合莊敬表於齊眉其情或乖

忿怨形於反目樊貴飛鳴聖代飲啄昌期預詳結媛之談早契伐柯之義皇皇受業初未見於拾青軋軋弄機遽有聞於裂素蜘蛛網戶朝續斷絲蟋蟀鳴階夜催殘織光明似雪未慙董永之妻皎潔如霜飜學王陽之婦兄莫能忍是歸妹之無家女既不良何立身於有地閨門險詖醜行已彰州將科繩罪人斯得有虧於禮善是責之難逃不足與行何藉跛而能履以郭賀爲州牧用刑而尚寬既不疑爲臺郎所訴之何益

對練不宿井判

丁爲水練不宿井七日夜所司科罪訴云晝暴

惟彼組練濟斯軍國或易象賁其戔戔或詩人歌其皎皎理宜夜懸諸井晝暴於陽何得不務吳門之光坐乖魏闕之禮所司詰罪雅叶彝章丁則薄言何其厚貌請依司敗以肅爰書

對黃潤判

乙借甲黃潤示幽閨因被鼠齧甲索比筒乙以當土無請酬價甲不伏

財以工化物以商通既名奇而可稱於寶異而爲玩或有

韜筒比細光越象簟沉藻侔華色逾龍輔貨且難得稱珍於外土寵無不利取悅於中閨皎皎當窗已生紅粉之艷卿卿在室復覩黃潤之奇上客驚燒殊裴楷之未識相鼠斯齧惡蒼舒之啟智纖鐍不固誠毀櫝而亡龜詭異難求豈登山而採蚌依酬元價無徵本物既非吾土所有請絕詩人薄言

對龍輔判

張魯私家畜龍輔不獻

萬寓宅心四人各業不寶遠物載沐元風南榮之瞻猶思

上獻東流之水必願朝宗所貴者忠誠孰非臣子所畜者珍物仍在私家況龍輔稱奇鳥篆攸載潛匿不送彰聞有司雖馬駕鼓車天心廣被而人迷日用物議猶多律有明文刑故無捨

對開銅坑判

蔚州申管內銅坑先禁採昨爲檀州警發遣兵州庫無物可裝束刺史判令開銅坑以市物給兵慕一作募不關軍機廉察使科違勅

星帶燕郊雲迷代郡地稱卽山之利人擅燒銅之業有勅

頒行無令採鑄頃以胡兵候月或度盧龍之水漢守宣風載撫飛狐之塞救兵屢發帑藏云空方興計日之師遂有隨時之義取銅以給在勑誠違應機而行於事有恕馮諼市義在昔未以爲非汲黯開倉於今不言其失斷從違勅理或可矜

欽定全唐文卷九百八十五

闕名 二十六

對璧判

璧肉倍好太常以爲度失將薦不可

大璞不雕國寶爲貴許田私假諱朝宿之邑秦城可易獻章華之臺況祀地郊天或充禮物來朝入聘以表威儀然則聖人制禮特崇於饗薦王者之孝莫先於宗祧而三后在天聖靈浸遠四時成歲祭典聿修有事廟庭載陳珪璧太常所主大禮攸存凡厥薦陳須明制度惟此璧禮不虧

玉書色侔截肪肉倍於好同楚人之鄙識妄有疵瑕當魯禮之明祠而致違闕曠其所職不得無辜

對穀珪判

甲受穀珪之節爲使而易行除慝專以和難爲務法司劾之不伏

六節崇儀制參龍虎五瑞分命列自公侯備以寵章異其文質嚴國朝而式序戒原隰而斯皇莫不尚以珪璧爲之制度氣中浮曜本自生虹山下沉暉由來抵鵲擬秦城而韞價邁燕石以推珍璞琢言敷采就無僭起以軍旅恤其

凶荒易行除慝之規。結好和難之義。咸崇馭下。克著彝倫將忝厥司。實資謀政。甲搢紳高蹤。符節光臨。旣載馳而飲冰。豈四方之辱命。蒲璧云始。早逾列於子男。穀珪致榮。遂尊城於方岳。克謹天戒。肅將明威。居不失中。思非出位。寧遑啟處。務協仇讎。得晉侯之平戎。有宣公之靜莒。奚爲不可。而欲論刑。易行本在剡珪。此謬請分陶璧。

對採木判

終南山下人每至冬中於山北採木縣以斬伐非時禁斷人云山南險遠終不可行

節彼南山。森乎灌木。百工爰度。庶人斯採。厲禁攸施。妄掄材而必制。操斧以進。何斬伐之乖宜。斬陽蓋取乎陰時。伐陰須在乎陽月。古訓則爾。今令惟宜。若斷彼良輈。剡乎服耜。考工有典。諒亦難違。儻華路載馳。析薪負荷。藍縷是阻。巖險何階。隨時之宜。蓋取諸此。

對橘奴判

甲有橘奴不書版圖大比被糾訴稱田賦不闕

江皋芊眠。盧橘是植。珠樹金實。含芬吐芳。班史埒富於封君。李衡取方於僮僕。詳窺夏箓。珍味猶錯於包貢。式遵周禮。物生必載於版圖。何厚產之闕書。而溥言於田賦。寘於緻纆。誠爲得宜。

對平慮判

僧稱院有一株平慮依驗乃是忘憂

王城福田。禪宇清界。忍草駢植。天花亂開。裛香雨而增紅。澹祥烟而泛綠。徵其種類。巳備神農之書。覽彼芳菲。取惑愚僧之目。狀稱平慮。驗乃忘憂。初欲薦其禎祥。終用彰於紕繆。只可樹之於背。翫彼芳香。何乃言之於公。取尤眩惑。足以發周客之笑。生燕人之慙。未全害於政經。不可羅於

刑典。

對竹判

衛州申奉勅和市竹州送王芻司法科罪不伏並仰處分

王者立制。諸侯附庸。海內之化可宏。任土之宜克著。軍國旣有彝準。州縣非無舊式。眷茲鄘衛。築新臺於浼浼。帶以淇澳。挺菉竹之猗猗。雖禹貢分圻。尚乎納秸。而唐年作賦。送彼王芻。旣失奉於芝泥。自投刑於棘署。司法科罪。正叶其宜。輒爲詞訴。殊是疎僻。且虧効職之方。須速誘官之罪。

對盜瓜判

常州申稱錢客每以種瓜爲業遂被伶人洪崖盜食其瓜並盡爲客所擒遂作術化出滿田是瓜客乃放之崖去後了無復瓜客詣縣告崖是妖賊

錢客家鄰白社業在青門米實葱花光浮五色藍皮蜜理美至三搖長懷洗玉之珍方有致金之望洪崖行乖夔足道契狼心不能李徑遺冠翻乃瓜田躡履徇茲猿臂因採掇而全空眷彼龍蹄隨指揮而忽見寧勞宋灌自含冰谷

之文不假曾鋤俄結火山之實錢既迷於術化洪乃集彼回邪於是釋此妖人將殊盜者初觀帶毋似逐仙來後察空苗疑因夢失幻人爲幻幻已去而無瓜迷者知迷迷既袪而有悟論妖疑切誨盜情深雖陳莠口之詞莫辨訛言之實洪崖不在丹筆何施客告未曉眞虛崖實未知州縣更宜尋問方可裁量

對芋判

甲以蹲鴟自業丁告其惰農

我疆我理蓋取其宜采葑采菲止存其善甲以鑿井而飲耕田而食藝彼芋區安厥蓬戶不知堯舜之力聿求天地之利有斯而享同計然於范予無悶乃可均沃壤於岷山鄙哉彼丁好訐爲直昧長沮之自樂訐夫子之不勤告以惰農未聞其可或恐人慙相鼠務彼蹲鴟匪斧析薪頗黷綱紀則片言難折審愼攸宜請俟三緘方申一斷

對柙子判

柏禽南鄰有柙樹垂枝於家侍兒取以啖禽禽送官仰正斷

柏禽操深介直期在公清用理於家可移於國東家之棗

昔聞去婦之悲南鄰之柙今見侍兒之執論其嫉惡雖曰至公究其飾情終爲小行所盜不言多少量情應有重輕請更詳求方可裁斷

對梨橘判

鄭州劉元禮載梨向蘇州蘇人宏執信載橘來鄭州行至徐城水流急兩船相衝俱破梨及橘並流梨散接得半橘薄盛總不失元禮執信索陪執信不伏

榮澤名區長洲奥壤土宜雖異川路攸通故使賈客相趨

乘時射利商人遞委從有之無大谷元光言移汴北江陵朱實欲渡淮南於是鼓帆侵星俱辭故國扣船忘夕並居徐城兩鷁爭飛雙帆不背異虛舟而見觸均鬬艦之相逢遂使橈逐蘭摧疑建平之柹下棹隨桂折若河上之查來落果於焉星散傍人由其鶩沒一游一泳橘包裹而全收載沉載浮梨漂零而半失然防慮之術未聞責已而深溺之弊直欲尤人乍尋似合酬塡審細便難允許何者梨因散失船則共傷若爲梨覓陪過自歸於毀櫝如損船索償理乃齊於指馬既非情故徒事披陳

對盜稻橘判

會稽楊眞種稻二十畝縣人張辨盜將令訪知收辦科罪訴楊眞盜辨木奴復合科罪

汗泉芳稻風傳十里之香江陵木奴地均千戶之封青花竟吐色亂烟波朱實方成影分霞錦楊眞張辨植業營生楚既失之齊亦未得且覆車改轍前代之通宜牽牛蹊田往賢之深誡豈有一彼一此俱行盜竊之心以公以私深失是非之路鍾離牧之推讓曾不留心淳于恭之助收豈知勵俗論犯雖知先後語罪諒乃同歸請勘兩家之贓方定片言之獄

對負甕判

甲甕負破乙盞倒索陪乙不伏

惟彼負徒行者固宜矜避至於顚仆盞者豈其故爲甲且有訶媿林宗之妙賞乙爲無狀殊叔寶之情言謹守既謝於挈瓶敗漏方憂於射鮒欲令陪價須盡事由必其廣陌修衢往來不接故爲搪突是有常刑儻若狹路重闉風塵暗起誤而擊觸毀亦可矜刑故則罪合宜加捨誤則陪何足算但官之議事貴在量情言盞非故犯之名稱負乃小人之事勒陪半價將謂合宜

對二月不供宮人炭判

鈎盾二月不供宮人炭請處分

弄田之所鈎盾是司牽絲效官掌炭成務形雖比漆燒則如金入侍女之熏爐香焚百合處仙人之丹竈巧液千金變寒作暄轉冷成熱投其鑄冶可以方其造化驗其燥溼可以測其陰陽充百郡之時須爲萬邦之日用二月不供三章有犯違令抵罪依條請科

對鑿井獲鏡判

鑿井得古鏡不送官司鄰告違法

玉甃浮輝。珠星湛耀。漢陰舊址。方除飾智之心。譙國開源。忽遇神仙之兆。乙廼劬勞是務。穿鑿爲功。暫因梧樹之傍。遂覽菱花之照。光芒駭目。驟裛明心。見飛鵲之時來。覩迴鸞之屢舞。雖則私獲。合送官司。愛而欲留。法將焉許。自招其責。誰復哀矜。鄰人告之。雅符公正。

對方領爲衣判

甲爲方伯以黄紈方領爲衣丁告不伏

分土建邦。地方千里。擇賢授職。榮加九命。將以大煒時憲。

欽奉國儀。惠康庶績。宣揚大化。甲爲方伯。實佩儀章。既剖竹以分憂。佇坐棠而行政。理宜潛潤德教。廣扇仁風。用申象闕之儀。以副專城之望。何得異文翁之簡化。昧朱邑之廉平。擅易長裾。忽爲方領。効韓延之東郡。有製黄紈。比胡質之南荆。曷無清譽。且簪紱之節。禮有等威。踰矩不祥。僭奢斯咎。服之不稱。身之爲災。自投三尺之書。須免六條之秋。

對貲次如苴卜得乾坤判

甲貲次如苴乙强力爲甲持錢舉半以遺侯家

甲告乙盜用錢乙云望依權力人不敢負又景之宋卜得乾坤丁告違禁不伏

貲貨山積。行役如流。四人別其工商。六位占其來往。惟景與甲。食利遇時。等朱公之在陶。慕梁生之適越。豐其家產。列次於苴。觀彼國風。將之乎宋。小人窺利。冀獲浮雲之財。君子于行。希就隕星之郡。既假人而出舉。實跂予而望之。乙寡貞廉。欲附其末。既虧典禮。誠不足徵。異管仲之處南陽。同孔子之去東魯。所持雖則減半。將存故未全賒。縱見遺於侯家。實無追於殷道。徒資權要。空遇乾坤。據法律而

未通。在禮經而無禁。甲稱盜用。頗涉盜由。丁告差違。豈爲差謬。文飾其過。猶掩耳而盜鐘。詰問其源。殊疾行而惡迹。乙則有罪。景乃無辜。彼按三章。用肅嚴霜之典。此詳五聽。須寬類玉之條。狀迹既造殊途。割斷豈宜同罪。

對登城而指專席而坐判

甲登城而指乙告其惑衆甲云實無妖言又丁專席而坐庚遂弔之或以爲失禮庚不伏

禮經爰備。喪紀攸設。君子行之以立身。賢者俯之以合道。理須非禮勿動。循不忒之威儀。臨而必哀。弔有喪以匍匐。

甲也未違自貽登城之罪庚也有儀俄驚失禮之謗彼則戾矣此何誤焉且登而不言旣異仲宣之賦弔而未爽無違孔父之經撫事勞於三思片言申其一割但指則爲惑何必有於妖言弔其有喪寧可科其失禮向若登而不指乙告卽曰誣人坐而不専庚弔便爲失禮況理則無昧事其可觀自邀惑衆之科未闕弔人之禮寘甲之罪斯爲得輿論庚之辜頗多失矣

對㡌人奏散率木修防判

日本請吏賜宴於朝㡌人奏散不以㮄爲惠文冠所持辭云屬鞮鞻氏又柴桑備陽侯修防率土木丁獨不從曰將侯息壤無何堤成徒告其妖縣以爲瑞科告不伏並仰正斷

朔南聲教萬國賓王神靈滋液百珍實用日本歸獻越沙海而西浮陽侯順流泛滄江而東徙衣冠所列是同於中外帷蓋其飛有覩於今昔而賜之禮樂飾以隄防歌鐘之奏已闡土木之功爰事將使陳兹禁㮄無差絕國之音乖彼柴桑有廣通津之備彼而奏發稍失有常此獨不從實乖於衆遽彰糾禁幾抗成詞初引罪於鞮鞻竟登期於息壤職司之分是則可矜妖妄之疑未應爲允惠文所劾㡌人不可寘刑息壤旣成縣斷理宜稱瑞各從案記庶用平反

對常好種荔繼母出服判

戴子恭平居常好種荔時人以爲不道又曾元母出不知服

易曰出處語默非一途語曰愼終追遠民歸厚則所好不等有如其面合禮而作難責因心戴恭戴安之餘曾元曾參之後二十八宿外當處士之星七十二人中有至孝之

性幽寂水石高山景行多所仰止信而欽風絃歌取樂無忘種荔霜露增感早切采蘭居然傲時遵是繼母春池湛澹萋巳綠風樹蕭條靜復鳴莖葉相依亦謂感矣屺岵無托則可親之將備𣄰歲無情故匪圩期翦緝別偶雙飛將高奇致化成異物結而爲裳思得其趣不苟制服曷所見尤楚客興歌江潭可想周公範法日月斯懸彼俗何知正刑不濫與其嗤誚豈如勿言道存固合賞人義盡理難論罪

對結交四騎獲豹不賞判

南郡元栖好黃老通德結交四騎所由以爲非
宜又捕鳥鼠獲元豹訴不酬賞

秉軺持斧漢家有直指之使鳥獸草木舜典標山澤之官考行議能以先清舉選徒校獵自符月令抱甕矯俗已見襃升徒搏異物不聞加賞假漢廷之跡猶或心勞越周家之雄乃聞手格州科妄罪須正本條使稱違式未詳其事

對被髮禱斗學盤盂書判

甲被髮禱於北斗乙告其詛云候家恐盜又丁學盤盂書庚相爲引重後遂舉行其罪或止之

甲云以此報德

律防姦慝書垂勸誡有犯無赦德懋必彰載以玉條藏之金匱使邪妄知禁忠義有憑至如北斗星象東臺祕蹟非愚庶之所規祈實詞儒之所探練甲被髮以淫禱丁伏膺以徽精乙摘詛以明辜庚引重以旌譽詰理則事窮討賊原心則情在崇儒證漢代之浮詭荐彰其蠱習殷時之典訓載穆其方且祝詛星歷刑莫重焉銘頌盤盂道亦斯在息夫妄惑其術昔時已滅其身李尤刻緝其詞後世亦高其旨曲而不離請標釁於詳刑婉而且微聞舉罪以酬德

乙之所訴請寘金科或人止之恐昧前典

對漆室染瘡緋衣版授判

甲逢故人引入漆室遂患漆瘡訴云料理又景版授刺史著緋袍村正云不合

甲以芝蘭同味早託葵歌景以蒲柳侵年方忻艾壽烟火相接昔是往來雷雨或覃即承恩造鶉居鷇飲共申東戶之遊鶴髮雞皮載煦西山之景既無猜於杵臼遂有奉於絲綸攜手入門引故人於漆室披襟就服僭常例於緋衣乙如聶政之容相看不識景方龐統之秩即事何慙頭面

有瘡自均無過耳目不審豈假論辜揣其訴端堪取笑於周容詳其告狀欲何罪於堯封染患自是晦明在法寧加老耋探情未虧於通恕據律不犯於正條便寘嚴霜慮傷非罪乙與村正咸釋爲宜

對萊田徵稅閒人執事判

萊田舊不應稅縣令有徵納又客戶閒人請移執事

國家分出輶車董諸田戶斂我唐典藝夫周舊別農郊於沃墧貫流傭於版圖何疑於萊田之征而失於閒人之職

豈徘徊中曲候周郎之顧將疑後素招子夏之詞然乃疆名既訓嗇業須分上下宜繫井邱有苗而畬均其易歲自門及野化以同人若未給於棠陰或恐隨於蓬轉惡夫外臺徵稅尚起異門客户請移方徇常職且禮有恒斂豈宜據於故人改執事何必越於鄉寘加於刑便以愛羊廢禮立案爲限知其爲蛇畫足必也政宏通變人急遷移稅錢或致於所收州縣難辭於爲擾事未重詰愚或痛諸而執簡書刑使不若凶年人散省其謂何現在甄詳方可鑒定

對損名馬式直講考經判

損名馬式又直講請考專經

六藝式崇執馭爲重九流分派經明可尚執鞭投策先古所宗聞道尊儒禮訓攸著疑想攸乙思所出羣瞻言於丁學優而仕規玉臺之妙式遠求名馬崇金籯之奧義載想躡龍故得權奇之形事光於鎔鑄切磋之道譽闡於膠庠紫燕雲飛影弄珂前之雪青衿日就來呈席上之珍既而欲騁長途遂得榮參直講且乙之無故或至損傷丁以有功理宜褒進免科已從寬宥合賞須卽告知職司既在專經可得更邀他伎判放之筆詎曉通途告濫之詞未爲高見

對父友操杖諸母澈裳判

得甲造父友操杖從之友將爲謀已命子毆之

又乙脫犢鼻裩命諸母澈之庶弟告違禮

凡適於尊必聞操杖欲敬諸母豈可澈裳見父之執雖退讓而明禮逢彼之怒遂嫌疑而未防且掛竿之資誠爲襪服几杖之類克謀長者將害已而令毆此已負人取諸衣而見滌亦彰無禮子承父命或迫嚴顏季論昆非攸乖禦侮一未離於飛鳥兩難漏於吞鯨

欽定全唐文卷九百八十六

闕名二十七

移劉吏部書

山東野客移書於劉吏部足下。公總角之年。奇童入仕。有方朔之專對。無枚皋之敏才。佳句推長竿妙入神。善謔稱名字不正。過此以往。非僕所聞。徒以命偶良時。身居顯職。方云好經術。重文章。賣此虛名。負其美稱。今年聖上虛天官之署。委平衡之權。所期公有獨見之明。清平爲首。豈意公有專恣之行。高下在心。且數年以來。皆無大集。一昨所

試四方畢臻。公但以搜索爲功。糾訐爲務。或有小過。必陷深文。既毀其髮膚。又貶其官敍。使孝子虧全歸之望。良臣絕沒齒之怨。豈以省闥從容之司。甚於府縣暴虐之政。所立嚴法。樹威脅人。云奉德音。罔畏上下。使聖主失含宏之道。損寬仁之德。豈忠臣之節耶。主上居高拱穆清之中。足下每以煩碎之事。奏請無度。塵黷頗多。呈三接以示人。期一言以悟主。朝臣氣懾。選士膽驚。內以承寵承榮。外以作威作福。豈良臣之體耶。且兩京常調五千餘人。書判之流。亦有碩學之輩。莫不風趨洛邑。霧委咸京。其常衮之徒。令天下受屈。且衮以小道矯俗。以大言誇時。宏辭曾下登科。平判又不入等。徒以竊居翰苑。謬踐掖垣。雖十年掌於王言。豈一句在於人口。以散鋪不對爲古。以率意不經爲奇。作者見之痛心。後來聞之撫掌。奈何輕蔽天下之才。以自稱爲已高。以少取爲公道。故郤至自伐稱兵。處父尚云終喪其族。以茲偏見。求典禮闡。深駭物情。實乖時望。故詩曰。濟濟多士。文王以寧。夫聖人用心。異代同體。衮云親奉密旨。令少取入等。豈聖人容衆之意耶。爲近臣而厚誣于處士之橫議。甚不可也。況杜亞薄知經籍。素憎文辭。李翰雖

以辭藻擢第。不以書判擅名。不愼舉人。自貽伊咎。又常衮謂所親曰。昨者考判。以經語對經。以史對史。皆未黜。對考爲下等。先翰有常無名判云。衛侯之政由甯氏。魯侯之令出季孫。又常無欲云。在凌室而須開。闕夷盤而不可。豈以經對史耶。又嚴迪云。下樊姬之車。曳鄭崇之履。豈以史對經耶。數十年之間。布衆多之口。縱世人可罔。而先賢安可誣也。今信四豎子。取彼五幽人。且吉中孚判以大明御宇爲頭。以敢告車軒爲尾。初類是頌。翻乃成箴。其間又金盤對於玉府。非惟問頭不識。抑亦義理全乖。據此口訥。堪入

觀纏張載華以江皐對瀍洛朱邵南以養老對乞言理自未通對仍未識並考入等可哀也哉王申則童子何知褒通則因人見錄苟容私謁豈謂公平夫有西施之容方可論於美醜無太阿之利安可議其斷割使五千之人囂然騰口四海之內孰肯甘心況宏辭大國光華吏曹物色公明立標榜令盡赴上都東京者棄而不收常袞大辱於國豈以往年敗績自喪秣陵之師今日復讎欲雪會稽之恥雖擢須賈之髮袞不足以贖罪負廉頗之荊公不足以謝過況所置科目標在格文盡無宏辭固違明勅欺天必有

大咎陵人必有不祥足下以此持衡實負明公以此求相實負蒼生況公爲主司自合參議信袞等升降由己取捨在心使士子含寃不得申結舌不得語罔上若是欺下如斯豈以天聽蓋高帝閽難叫亦由宰臣守道任公等弄權嗚呼使朱雲在朝汲黯當位則敢不旋踵安能保家宰輔侍郎非公等所望也

少林寺准勅改正賜田牒 貞觀六年六月

少林寺今得牒稱上件地往因寺莊翻城歸國有大殊勳據格合得良田一百頃去武德八年二月蒙勅賜寺前件地爲常住僧田供養僧衆計勳仍少六十頃至九年爲都維那故惠義不閑勅意妄注賜地爲口分田僧等比來知此非理每欲諮改今既有勅普令改正請依籍次附爲賜田者又問僧彥等既云翻城有勳准格合得賜田當時因何不早陳論翻城之時頭首是誰復誰委知得款稱但少林及柏谷莊去武德四年四月翻城歸國其時即蒙賞物千段准格合得者未被酬賚之間至五年以寺居僞地總被廢省僧徒還俗各從徭役於後以有翻城之功不伏減省上表申訴至七年七月蒙別勅少林寺聽依舊置立至

八年二月又蒙別勅少林寺賜地肆拾頃水碾碓一具前寺廢之日國司取以置莊寺今既立地等並宜還寺其教勅案今並在府縣少林若無功勳即是雷同廢限以有勳勳別勅更聽存立其地既張頃數恩勅還僧尋省事原豈非賜田不早改正只是僧等不閑憲法今謹量審始復申論其翻城僧曇宗志操惠瑒等餘僧合寺爲從僧等不願官爵惟求出家行道報國若論少林功勳與武牢不殊武牢勛賞合地一百頃自餘合賞物及闕地數不敢重論其地肆拾頃特勅還寺既蒙此賚請爲賜田乞附籍從正又

准格以論未蒙敍賞但以出家之人不求榮利少亦爲足其翻城之人是誰知委者僞轘州司馬趙孝宰僞羅川縣令劉翁重及李昌運王少逸等並具委者依問僧彦孝宰等所在款稱其人屬遊仙鄉任饒州弋陽縣令無身劉翁重往在偃師縣李昌運王少逸等二人屬當縣現在者依狀牒偃師勘問翁重得報稱依追劉翁重勘問得報稱少林寺去武德四年四月內衆僧等翻轘州歸國是實當翻城之時重見在城所悉者又追問李昌運等問得款與翁重牒狀扶同者又問僧彦等既稱少林僧等爲歸國有功

勲未知寺僧得何官款稱僧等去武德四年四月二十七日翻城歸國其月卅日即蒙勅書慰勞勅書今並見在又至武德八年二月奉勅還僧地肆拾頃勅書今並見在當時即授僧等官職但僧等止願出家行道禮拜仰報國恩不取官位其寺僧曇宗蒙授大將軍趙孝宰蒙授上開府李昌運蒙授儀同身並見在者并追在手勅教及還僧地符等勘驗有實者少林僧等先在世充僞地寺經廢省爲其有功翻柏谷塢功績可嘉道俗俱蒙官賞特勅依舊置立其寺寺既蒙立還地不計俗數足明賚田非惑今以狀牒帳次准勅從實改正不得因兹浪有出沒故牒

太原鄉牒 大歷十四年四月

牒縣符稱得前同州郃陽令王顔狀鄉名太原者本因遠祖毛毛生卓毛漢末爲冀州刺史卓在晉爲司空河東太守堯時屬劉聰石勒亂太原晉陽不遂歸葬毛塚今在猗氏縣西次郭門外卓塚在臨晉縣東南解故城二里子孫因居河東公私譜牒遂著河東郡望子孫始居之地名太原鄉又按天后朝拾遺陳子昂集有中州司馬濟翁墓志云葬於長壽原至今鄉有太原號也又按唐衣冠譜第是

開元初勅柳沖修撰載廣州都督元珪幽州都督壽陽公方平更稱太原王氏頃屬羯胡逆亂百姓逃去永泰元年縣司遂廢省前件鄉併入戶入解城鄉顔等今屬孝理之時宗望將墜逢時不舉後嗣何知望請復立太原鄉名且廢解城之號如解城故城臨闕二字假鄉標若太原名之不存則宗無所據伏請詳覽如蒙矜允仍望各牒諸縣宗人知者臨晉縣百姓王顔等狀請改解城鄉復名太原鄉舊號理崇族望事協敎本執案咨取處分牒下所由者中丞判下縣具勘上者得縣申稱得里正程憲狀太原鄉去永

泰元年爲人戸破散符下合入解城有實伏請申上者具狀錄申者臨晉縣太原鄉去永泰之年併入解城鄉令王顔狀請却復太原鄉執咨取處分訖下縣准狀仍認散牒宗人知者中丞判充宗務本曰敬曰仁克叶禮經是爲通識准處分者准符各牒知者故牒

旌張孝子牒 貞元五年二月

准式令旌表門閭孝子潤州句容邑人張常洧居父喪廬墓所生芝草一十二莖二莖墳上生並高二寸二分蓋濶一寸二分紫蓋莖八莖墳側生並高二尺一分蓋濶二寸

五分紫蓋莖四莖並去墳六步二莖廬屋內生並高二尺三分蓋濶二寸六分紫蓋莖右禮部奏得史館牒稱得浙西觀察使牒得句容縣申得耆宿樊泌等狀前件人云建中四年七月丁父憂其年十月便被髮徒跣廬於墓側哀毀過禮號慟將絕去八月中有前件芝草生令禮制已終猶居廬次終身之感起自因心泌所告有前件至孝感致靈物可以敦勸風俗不敢緘嘿者伏以潤州孝子張常洧漸於聖化著純孝之誠通於神明致嘉瑞之應所宜旌表以示寵光庶令州里風俗益勸謹具本道觀察使及史館申牒事由如前勅旨宜付所司

奉勅禁止三茅山樵蘇牒 太和七年十月中書門下

奉勅句曲靈山洞宮所在恭惟列聖嘗亦欽崇宜禁樵蘇以申嚴敬其茅山界內並不得令百姓弋獵採伐及焚燒山林仍委州縣切加禁止牒至準勅故牒

牒鄆曹濮觀察使 咸通十年九月中書門下

牒奉勅鄒魯故鄉俎豆遺教文武之道未墜於地溫裕雖持戎律宛有家風屬兵車之方殷飾孔門以宏敎牆新數仞廟設兩楹盡出私財不煩公用綽有餘裕益見器能已

賜嘉獎餘宜依仍付所司牒至准勅故牒

奉勅立青羊宮碑牒 中和四年中書門下

金闕降祥紫炁接度關之狀瑶壇祕瑞赤光騰發地之祥粤有元符留於古篆當午夜而龍蛇搖動六字分輝後一年而狼武蕩平八紘無事克昭靈貺獲啟中興考帝祖之微言顯神功於景運得不標於道觀銘在蜀川流傳千百萬年紀我一十八葉樂朋龜職司內翰首冠近臣妙迴擲地之金鏤入他山之石鋪陳盡善蔡邕當愧於先知述作無遺子建何勞於獨步宜刊盛事以證斯文

大唐傳載序

書云不有博奕者乎猶賢乎已斯聖人疾飽食而怠惰之深也又曰吾不試故藝試用也夫藝者不獨總多能第以其無用於代而窮愁時有所述耳八年夏南行極嶺嶠暇日瀧舟傳其所聞而載之故曰傳載雖小說或有可觀覽之而喁而笑焉

灌畦暇語自序

灌畦暇語者何老圃騰頰之云也嘗憶早年血氣未定鋪方紙運寸管自許不落人後亟起以干一旦之名良甚苦

辛力盡志殫僅能如願終以枯腸不貯機穽不能隨世低昂中年以來漸識悔吝顧胸中有所謂刮磨者蝻不吐則更自懲艾伏不敢發乃知昔者所謂辛苦以求者大可怪笑非但無益抑為有妨嗚呼大丈夫亦安往而失其貧賤者哉於是決意勇退脫謝纓弁故邱之旁有地彌畊蛇行趨隰土氣沃衍甘井在前不病於汲除治以蒔蔬咸曰宜哉夫藉晅於春陽射利者不爭資潤於泉脈乾沒者不忌而又繼日以從事其為力可以不匱卒歲而計入其為收亦足餬口每風日好時皋壤悅暢負杖曳屨暫出郊墅比鄰之人偶相與立嘗相與談忽覺吻頤咄咤故態橫發或童顚之叟或粗有知識之少年時時相顧捧腹一笑意雖不倫棄亦可惜因取而疏之以其緣隙日乃有得也故以暇語題辭

尊勝經序

上闕利儀鳳元年從西國以至此土到五臺山次遂五體投地向山頂禮曰如來滅後衆聖闕靈惟有大士文殊師利於此山中汲引闕一字涉流沙故來敬謁伏乞大慈大悲普覆令見尊儀言已悲泣雨淚向山頂禮禮已舉頭忽見一

老人從山中出來遂作婆羅門語闕跡沙漠地衆生多造惡業出家之輩亦多犯戒律惟有佛頂尊勝陀羅尼經能滅除惡業未知法師頗將此經來不僧闕空來何益縱見文殊亦何必識師可却向西國取此經來流傳漢土卽是徧奉衆聖廣利羣生拯濟幽明報諸佛恩也師取闕聞此語不勝喜躍遂裁悲淚至心頂禮舉頭之頃忽不見老人其僧驚愕倍更虔心繫念傾誠迴還西國取佛闕法典乃勑司賓典客令杜行闕一字等共譯此經施僧絹叁拾闕一字其經本禁在內不出其僧悲泣奏曰貧道遺軀委命遠取

經來闕益而遂番翻得之經還僧梵本其僧得梵本將向西明寺訪得善梵語漢僧順貞奏共翻譯帝隨其請僧遂對諸闕於代小小語有不同者幸勿怪焉至垂拱三年定覺寺寺主僧志靜因停在神都魏國東寺親見日照三藏法師問其逗遛闕梵旨一無差失仍更取舊翻本勘校所有脫錯悉皆改定其咒注云最後別翻者是也其咒句稍異於杜令所翻者其新咒闕注師問其逗遛亦如前說其翻經僧順貞見在住西明寺此經救拔幽顯最不可思議恐學者不知故具錄委曲以傳未悟

佛頂尊勝陀羅尼經序

守眞闕一字者繩繩用之闕三字味禪悅者湯湯酌之而難闕一字瞰潔冰淨光映涅槃之山闕一字冷玉華源流功德之水上以灑甘露下以泛慈航拔乎生老病死拯乎胎卵濕化則是我沙門雄猛大師法王闕二字金輪帝孫淨飯王子者也闕一字其超三界騰九天置大地於爪甲納須彌於毛孔引衆生於彼岸飭駕三車照羣聾於他方了開千眼於是闡無上道啟不二門闕一字大雲而羣山共滋霹法雨而闕一字花皆潤般若根茂闕五字螻蟻菩提闕六字於草木闕六字之表其闕八字京須開闕八字衆數寶闕八字信鼓龍女闕八字八音雲王雨花馥芳闕一字香闕一字數里河岳爲之震動闕二字於焉悚怛將謂闕一字會同共宣說佛頂尊勝陀羅尼咒者也俾其病者愈凶者吉愚者悊虛者實乾闕一字婆之少遇巳焚解脫之香闕一字陀羅之乍聞更入慈悲之闕一字暨乎昆蟲啟蟄蠢蠕將飛一聆雅音生乎天壺矧乎嚴闕一字香華稽首歸信祈無量壽國登不死福闕二字夫何難哉日者信厚居闕一字安定皇甫公王諱賓少年闕一字長劍壯歲追酒徒聲如震雷材可扛鼎言談多逐日之氣叱咤有千星之

力又有太原闕一字長者闕二字池水登者闍山意闕一字太清志在禪闕共成闕四字之原善哉吾未之逮也闕三字戰諸侯鳥飛白屋闕四字黔黎非罪而見戮良可闕三字龔智慧劍剜煩惱緣闕三字燈照無明室斷疑網而闕二字洞解魔縛而覺路將開闕三字而蓮花淨心持正法而金石闕一字體莫不內分忠孝之闕一字外闕三字之闕一字增闕七字崩劫火闕一字龍鳳字金玉文闕二字五采文氤氳須達長闕四字東西闕二字皆頂謁百福千闕二字祐闕一字想滄波竭闕二字海自闕六字相闕五字手拯羣生闕七字誠空餘闕三字長

修行道地經序

造立修行道地經者天竺沙門厥名衆護乃出中國聖典之域幼學大業洪要之典通盡法藏十二部經二達之智靡不貫博鉤元致妙能體深奥以大慈悲宏益衆生助明震光照悟盲冥致尊甘露蕩蕩之訓權現眞人其實菩薩也愍念後賢庶幾道者儻有劣力不能自前故總衆義之大較建易進之徑路分別五陰成敗所起變趣機微生死之苦以勸迷勵惑故作斯經雖文約而義豐探喻遠近防制奸心但以三昧禪教爲務解空歸無衆想爲定眞可謂

離患之至寂無爲之道哉

達摩多羅禪經序

夫三業之興以禪智爲宗雖精麤異分而階藉有方是故發軫分逵途無亂轍革俗成務功不待積靜復所由則幽詣告微淵博難究然理不云昧庶旨統可尋試略而言禪非智無以窮其寂智非禪無以深其照然則禪智之要照寂之謂其相濟也照不離寂寂不離照感則俱遊應必同趣功元於在用交養於萬法其妙物也運羣動以至一而不有廓大象於未形而不無無思無爲而無不爲是故洗心靜亂者以之研慮悟徹入微者以之窮神也若乃將入其門機在攝會理元數廣道隱於文則是阿難曲承旨詔遇非其人必藏之靈府何者心無常規其變多方數無定象待感而應是故化行天竺緘之有匠幽關莫闢罕闚其庭從此而觀理有行藏道不虛授良有以矣如來涅槃未久阿難傳其共行弟子末由地末由地傳舍那婆斯此三應眞咸乘至願冥契於昔功在言外經所不辯必闇軌元匠孱焉無差其後有優婆崛弱而超悟智絶世表才高應寡觸理從簡八萬法藏所存惟要五部之分始自於此因

斯而推固知形運以系廢興自兆神用則幽步無跡妙動難尋涉粗生異可不慎乎可不察乎自兹以來感於事變懷其舊典者五部之學並有其人咸懼大法將頽理深其慨遂各述讚闡禪經以隆盛業其爲教也無數方便以求寂然寂乎惟寂其揆一耳而尋條求根者衆統本運末者寡或將暨而不至或守方而未變是故經稱滿願之德高普事之風原夫聖旨非徒令其長亦所以救其短若然五部殊業存乎其人人不經世道或隆替廢興有時則互相昇降小大之目其可定乎又達部善變出處無際晦名寄

跡無聞無示若斯人者復不可以名部分既非名部之所分亦不出於其外別有宗明矣每慨大教東流禪教尤寡三業無統斯道殆廢頃鳩摩耆婆宣馬鳴所述乃有此業雖其道未融蓋是爲山於一簣欣時來之有遇感奇趣於若人捨夫制勝之論而順不言之辯遂誓被僧那至寂爲已任懷德未忘故遺訓在茲其爲要也圖大成於未象開微言而崇體悟惑色之悖德杜六門以寢患達忿競之傷性齊彼我以宅心於是異族同氣幻形告疎入深緣起見生死際爾乃闢九關於龍津超三忍以登位垢習凝於無

生形累畢於神化故曰無所從生靡所不生於諸所生而無所生今之所譯自達摩多羅與佛大仙其人西域之儁禪訓之宗搜集經要勸發大乘宏教不同故有詳略之異達摩多羅闔衆篇於同道開一色爲恒沙其爲觀也明起不以生滅不以盡雖往復無際而未始出於如故曰色不離如如不離色色不離如則如是如不離色則色是佛大仙以爲澄源引流固宜有漸是以始自二道開甘露門釋四義以返迷啟歸途以領會分別陰界導以止觀暢散緣起使優劣自辯然後令原始反終妙尋其極其極非盡亦非所盡乃曰無盡入於如來無盡法門非夫道冠三乘智通十地孰能動元根於法身歸宗一於無相靜無遺照動不離寂者哉

法句經序

曇鉢偈者衆經之要義曇之言法鉢者句也而法句經別有數部有九百偈或七百偈及五百偈偈者經語猶詩頌也是物見事而作非一時言各有本末布在諸經佛一切智厥性大仁愍傷天下出興於世開規道義所以解人凡十二部經總括其要別爲數部四部阿鋡佛去世後阿難

所傳卷無大小皆稱聞如是處佛所在究暢其說是後五部沙門各自鈔衆經中四句六句之偈比次其義條別爲品於十二部經靡不斟酌無所適名故曰法句夫諸經爲法言法句者猶法言也近世葛氏傳七百偈偈義致深譯人出之頗使其渾惟佛難值其法難聞又諸佛興皆在天竺天竺言語與漢異音云其書爲天書語爲天語名物不同傳實不易惟昔藍調安侯世高都尉佛調釋梵爲晉實得其體斯已難繼後之傳者雖不能審猶尚貴其實粗得大趣始者維祇難出自天竺以黃武（疑）三年來適武昌僕

從受此五百偈本請其同道竺將炎爲譯將炎雖善天竺語未備曉漢其所傳言或得梵語或以義出音近質直僕初嫌其爲詞不雅維祇難曰佛言依其義不用飾取其法不以嚴其傳經者令易曉勿失厥義是則爲善座中咸曰老氏稱美言不信信言不美仲尼亦云書不盡言言不盡意明聖人意深邃無極今傳梵義實宜徑達是以自偈受譯人口因順本旨不加文飾譯所不解即闕不傳故有脫失多不出者然此雖詞樸而旨深文約而義博事均衆經章有本故句有義說其在天竺始進業者不學法句謂之

越序此乃始進者之鴻漸深入者之奧藏也可以啟蒙辨惑誘人自立學之功微而所包者廣實可謂妙要也哉昔傳此時有所不出會將炎來更從諮問受此偈等復得十三品并校往古有所增定第其品目合爲一部三十九篇大凡偈七百五十二章都凡一萬四千五百八十字庶有補益其廣聞焉

上清靈寶大法古序

昔我祖師元始天尊大慈悲憫廣濟羣生歷劫度人先天立教隨方應物不拘於三境九泉布化流形豈限於人間象外自龍漢淳古之世教之以大乘遠延康樸散之時授之以中法大乘則無爲無事任物自然中法則有息有勤因機善誘洎開皇以後赤明乃還俗變澆漓人騖眞素忘緣棄本溺性迷情背妙有之元功失自然之奧旨由是方諸闕下多虛青簡之名酆都臺中益盛黑書之目淪謝者崇朝接轂升騰者千載比肩大較聖慈遽茲開度所以三元品誡四極明科三洞四輔之經隱地藏天之籙女青元都之律八瓊九鼎之文金眞八極之書鳳炁龍章之篆素金水玉之法開明震靈之符五老策精之文八海登眞之

篆大劫洪眞之札靈寶召龍之篇正一救世之章洞神開山之印上清八景之訣元眞曲素之辭太平左右之圖洞元智慧之品乘蹻躡虛之術攀魁據斗之罡或檢制身心或蠲消罪垢或吞芒餌景或鍊氣胎元或封山召雲或坐忘遺照開萬塗而汲引垂衆法以提攜欲令抱識懷生皆登道岸豈止簪星佩月獨詣仙庭乃出三五章儀河圖黜法拜表上章之訣罡風驛騎之司凡居世間有所謄奏即日月主者里域眞官乘彼驛龍聞於天闕雖上天夐遠下土卑凡感而遂通靡踰瞬息矣斯則大道救物巨細無遺

請福祈眞齋法爲大齋有二十七等備在三洞經中則三洞各九品齋也內黃籙齋者遐福羣有廣救三塗報應之期影隨響答古今所驗實繁其人然以精專爲先龍綵爲上香煙虔潔抑又次之茍有一闕亦齋之瑕玷也修奉之士得不愼哉且黃籙之法拯度旣多君臣通修人天普福隨其所爲理趣多門又經云三洞布化徧滿人間行道修齋因宜立教人間天上久矣流行若帝王國主人民土地一切衆生有諸災厄應當消卻召諸道士以及女官或多或寡廣立瑤壇懸諸旛蓋散花燒香然燈照夜行道禮懺

晝夜六時勤勤不息克獲靈應福德普臻經曰黃籙者開度億曾萬祖先亡後化處在三塗沈淪萬劫超淩地獄離苦升天救拔幽魂最爲第一此經隨世所求卽可修設或三日或七日一時九時奏簡馳誠上天無不御達靈寶者是大道之根宗元始之妙化虛無挺秀劫化自然隱配陰陽區分造化保安帝祚鎭護天民握運璇璣恢宏妙旨總五帝大魔之法召萬天合元之司濟度存亡統隸三界按梵炁而爲符篆敷奧義而作隱章祕在蘂珠之宮禁於華堂神府諸天至重萬劫一傳遵奉明科俯仰有格非宿生之大慶豈造次以能聞得遇進修實爲際會可以召靈炁於三關鸞寶華於九戶功滿德就位列仙翁起死迴骸歸眞返本人天欽仰變用無方招眞召靈洞該三道所謂巍巍大梵萬法度人之上品者也謹序

上清靈寶大法元序

元始祖劫爲天地之根宗靈寶開圖總陰陽之樞紐推日月變通之理統星罡躔度之機妙集璇綱提攜子午還五行之造化追三炁之𩴾魁進退乾坤飛旋離坎擒龍伏虎控鳳乘鸞朝餐紫府之英暮食青華之液煉形流火濯質

東池六龍飛蹈於層霄九炁攢烹於玉鼎道之生闕一字我無定爲棄物流形則氣神交而眞自徹釋情養浩則精血通而氣自凝眞火高奔飛扶邱之皎日水金拘制旺玉闕之蟾蜍八鸞同鳴讚空歌之雅韻九鳳齊唱揚十絶之元音俯仰靈阿十方之天眞自集朝參太上萬靈之羽衛飛軒黍米高懸變通莫測包含虛昧則無鞅數衆咸歸渾蔬奔趨則萬炁千眞盡散集炁爲實聚神爲靈乾健純陽坤柔陰質自然之炁無形無名上極九淸以炁假名爲號下徹九地以形別號爲名是知杳杳冥冥恍恍惚惚寂然不

動感而遂通二炁回旋隨天地應時而動三田通妙感陰陽轉氣而爲靡在他施何勞自逸存神叩齒警初眞入道之門鍊氣書符明學士守規之式欲餌吞於九轉當造物於四時回運周天交媾水火烹金鑄鼎鍊石補元盜日月之英華結神眞之鉛汞先明子午次辯水金進退抽添知時適候温調養育烹鍊無差勿殺害以欲貪勿嫉妬以淫盜遠憎去娼異骨成親濟度天人闡教凡世通元究微悉章洞慧東魔卻惱斷六根障塞之源捨妄從眞滅五苦輪迴之戶拘魂制魄養炁藏神身有光明形無影響開明三

景離合自然高宴鬱羅萬劫蕭臺聳冠飛升金闕玉山絕境逍遙飛駕瓊輪十炁飛天自現控乘綠輦諸天五老傾光疾除罪簿之因落滅惡根之道妙乎茲法故品諸經提悟迷荒救攜未悟吾昔遇清微丈人授以二氣吐納次遇於元皇玉帝賜以金丹訣言明天地權輿之數了陰陽生殺之機衆卉百花盡守根而固蔕奇禽異獸咸抱一以含元故知顛倒五行飜覆四象盜元一飛元之炁守眞精妙體之英建寶鼎於崆峒飛金晶於靈洞媾內外之水火合上下之刀圭元炁周流感元黃而元珠光耀包藏宇宙含金丹而資用無窮是知天地之獨尊變化之無形無質乾坤之妙道生死之無始無終道勿遠求不出戶牖覩之者鮮遠之者多棄本妄眞甘樂忘於泉壤入邪於正徒度夏以經冬靜以生强安而思極七情鼓扇陽絕陰化而性命危六慾觸耽精散形離而神氣泯五臟搖蕩九竅開闢靡知性命之端奇偶相配何明造化豈辯元機吾豈大慈願提仙子將茲神氣集號元章故名靈寶之筌蹄以應眞經之內法付於妙行出世度人化現十方名號非一編諸經典徧滿恒沙句句爲元頭頭是道悟茲妙理則出生入死

而與道俱存了此眞機則離合自然而去來無礙遇之者夙生仙骨行之者累世慶緣誤謫人天慮差覺路指明圓定證悟法門行道祕藏了眞可度謹序

嵩山太无先生氣經卷序

夫形之所恃者氣也氣之所依者形也氣全卽形全氣竭卽形斃是以攝生之士莫不鍊形養氣以保其生未有有形而無氣者卽氣之與形相須而成豈不皎然余慕至道備尋祕訣自行氣守眞向三十餘載所聞所見殊未愜心大歷中遇羅浮山王公自北岳而返倚策高昂依然相顧

余奇其人延之與語果然方外有道之君子也哀余懇至見授吐納須一二理身之要道其恩罔極非言詞所能盡每云道之要法不在經書悉傳口訣其二景五牙六戊諸服氣法皆爲外氣剛勁非從中之事所能宜服也至如內氣已正是曰胎息身中自有非假外求不得明師之口訣徒爲勞苦終無所成今所撰錄皆承師之旨要以申明之諒非愚蒙所自裁王公嘗謂余曰老君云我命在我不在天地又曰吾與天地分一氣而自理焉天地焉能死吾哉斯實眞言要訣也修奉之士宜三復之恭承誘訓敢不佩

服有偶時得此訣者須愼勿輕傳示无或泄露以致其殃耳

無能子序

無能子予忘形友也少博學寡欲長於窮理盡性以至於命黃巢亂避地流轉不常所處凍餒淡如也光啟三年天子在褒四方猶兵無能子寓於左輔景氏民舍自晦也民舍之陋雜處其間循循如也晝好臥不寐臥則筆札一二紙興則懷之而不余示自仲春壬申至季春巳亥盈數十紙卷而囊之似有所著者予竊得之多記所傳所見或嘗與昆弟朋友問答之言其旨歸於明自然之理極性命之端自然無作性命無欲是以畧禮教而外世務焉知之者不待喻而信不知者能無罪乎余因析爲品目凡三十四篇編上中下三卷自與知之者共之爾予蓋具審無能子行止中藏故不述其姓名游宦焉

欽定全唐文卷九百八十七

闕名 二十八

塗金造像記

夫眞容凝寂。應身淨參。慧日振曜。慈風化物。託儀金（闕一字）寫質丹青。勝藉良規。敢不（闕二字）佛弟子趙婁長孫同薄合義等敬造阿彌陀像一軀。上爲帝主師僧父母法界衆僧共成佛道。貞觀廿一年正月八日。

造阿彌陀像記

大唐乾封二年九月三日。佛弟子張開疆尹氏女爲父母

舊貫絳州。樂居洛邑。女出事他族。遠隔山河。抽割衣資。敬造阿彌陀像一軀。願父母兄弟及因緣眷屬。永無災障。值佛聞法。

道安禪師塔記

大唐故道安禪師姓張。雍州渭南人也。童子出家。頭陀苦行。學三階集錄。功業成名。自利既圓。他利將畢。以總章元年十月七日。遷形於趙景公寺禪院。春秋六十有一。又以三年二月十五日。起塔於終南山鵄鳴塠信行禪師塔後。志存親近善知識焉。

造阿彌陀像記

竊以理寘眞際。證一法以標同。道契應機。隨十方而顯號。故以光開別相。起化逾宏。業現他心。崇因更遠。是知方稱妙樂。開妙覺之重闈。玉樹金臺。啟菩提之祕苑。觀日觀華之觀（疑）繫深習於薰修。仰（闕十字）以虔誠妙旨。資其密感弟子宣義郎周遠志等。並翹想於法浦。迺結願於西方。僉憑六八之言。遂要盟於彼會。然郎幽塗皎鏡。承慧日於堯天。覺路重開。蕩六塵於舜海。既而沐玆鴻造。想荷恒深。罄臣禮而寫眞容。申孝仁而圖淨域。奉爲天皇天后太子諸王。遠劫師僧。七代父母。敬造阿彌陀石像一龕。今得成就。

素毫融質。矚三界而凝明。聖衆秉心。罩太虛而應物。祥花數座。延勝福於花臺。寶樹流光。證慈光於道樹。蓮開碧沼。瑩朝日以增輝。聚月分容。闕昏衢而永旦。用斯功德。保祚皇基。兼被幽明。同歸福海。竪通有頂。總契無生。旁亘無邊。俱昇淨境。上元二年十二月八日記。

河洛上都龍門之陽大盧舍那像龕記

大唐高宗天皇大帝之所建也。佛身通光座高八十五尺。二菩薩七十尺。迦葉阿難金剛神王各高五十尺。粵以咸

亨三年壬申之歲四月一日。皇后武氏助脂粉錢二萬貫。奉勅檢校僧西京實際寺善道禪師法海寺主惠暕法師大使司農寺卿韋機副使東面監上柱國樊元則支料匠李君瓚成仁威姚師積等。至上元二年乙亥十二月卅日畢功。調露元年己卯八月十五日。奉勅於大像南置大奉先寺。簡召高僧行解兼備者二七人。闕卽續塡。創基住持。範法英律。而為上首。至二年正月十五日。大帝書額。前後別度僧一十六人。並戒行精勤。住持為務。恐年代綿邈。芳紀莫傳。勒之頌銘。庶貽永劫云爾。

佛非有上。法界為身。垂形化物。俯迹同人。有感卽現。無罪乃親。愚迷永隔。唯憑信因。實賴我皇。圖茲麗質。相好希有。鴻顔無匹。大慈大悲。如月如日。瞻容垢盡。祈誠願畢。正教東流。七百餘載。（闕一字）龕功德。唯此為最。縱廣兮十有二丈矣。上下兮百卌尺耳。

雙像記

（闕十一字）沙不知而解。徧知功超（闕二字）於是珠（闕一字）宵殞四緣發教於西湖。金色夜明。百位（闕十二字）放青蓮瑤檝。迴苦海之湍。寶舟迂愛河之浪。十號之大。一言難述。但宇宙茫（闕九字）者佛也。可貴可重者生乎。因果之福。功德而矣。弟子衛陽（闕一字）王府行參軍武騎尉中（闕九字）掌中早奉過庭之訓。承恩膝下。遽聞詩禮之風。所為（闕二字）横而邪峯纍日聚六塵於前運。（闕二字）果於（闕一字）緣。遂使病發膏（闕二字）謝平臺之會。痾纏膝理。（闕二字）歸田之（闕二字）以憑台（闕一字）於彼岸。山欲頽而重存。託（闕一字）月於此身。川將逝而（闕二字）色空下濟。示無言說之門。妙氣上浮。頗有詞談之契。加以壓萊舊壤。堂構故基。仰荷孫謀之澤。恭申昏省之志。高祖諱龍成。盩厔縣尉。通洛縣丞。隋崇政縣令。仙鳧入駕。數至德於一同。祥雀

出馴。播仁風於百里。牛刀屢動。不覺年之已衰。魚鼎頻移。不知老之將至。開皇（闕四字）謝榮時屬。堅帝出遊。屈龍駕於亭館。備供頓析。垂鴻恩於睿旨。遂封亭前水曰龍（闕十字）莫不顯忠良（闕三字）飛令譽於古今。曾祖諱昌仁。周三崤鎮將。祖諱則（闕十二字）峻阜聳清（闕三字）心千夫之長。振（闕三字）五校泊乎仁壽之歲。豪傑齊於（闕十四字）銜恨枉（闕三字）友于之重。俱從（闕三字）諱（闕二字）平江南。天裂晉北。地（闕十四字）纔弱冠。顧桑梓以言歸。武德之中。下枌榆而有（闕五字）紫極助（闕三字）揚（闕十二字）聖善。南陽韓氏。時迫耄年。恩隆撫念。伯兄處（闕七字）副尉萬基

叔闕三字國闕一字吉闕五字紹祧嗣復嚴尊於東闕二字地無追奄積闕六字罔極昆季班首青七飛鳴虔想劬勞闕一字心闕三字惟保護庶酬妙力爰於闕二字式建豐碑粤若稽古闕一字冊金輪聖神皇帝陛下降兜率以乘時臨宸極而膺闕一字無爲而朝萬闕二字無事而靜八荒換姚日以闕二字補媧天而永固上奉得一下及七世父母法界衆闕五字雙闕四字獨心於獨園之內卌二之闕一字相宛若猴池八十種之異儀儼同鹿野庶使功凝厚地闕八字高天放慈雲於寶闕二字其寺也疏基臨水構宇乘巖曉霞落而甍鳳紅晨曦低而棟

闕九字於塵厓瓊岫福巒舉殃氛於霧際都師貞素等五淨凝心闕二字滌想挺仁山於忍草闕十字乏生知學無談奧徒事揄揚之意終乖要妙之詞高而非闕二字所闕一字大道豈小闕一字能議輒申狂簡敬闕三字雖桑野時遷蓬瀛或變流一名於三寶與地久而天長其詞曰

釋宗既作法教爰崇周闕一字夜殞闕七字道敬想尊容成鐫琬琰或闕一字金闕一字其一明明尊像嚴嚴寶閣俯帶長流仰連峻粵夕露成珠朝闕六字飛雕甍魚躍其二粵若先祖且文且武一世英雄二朝弼輔播美縑緗揚名今古存忠懇於情闕六字宇其三運逢屯否時遇紀紛天南地北鳥散荊分神器改易載返邱墳瞻雙桐而識井望五柳闕三字其四下闕三字悲恭申仰報翠石旁采良工側召雙像異儀丹青殊妙導愛水之沉淪清火宅之焚燎其五闕七字深闍山味道浴池滌心峯如鷲嶺樹等鶴林幽谷延其鐘響清風引其梵音其六晦明遷闕四字新無闕二字說何示何存是理斯表非言不津敬崇顯乎前烈庶垂裕於後昆其七

洪谷寺建塔記

前闕食長齋六時禮誦常坐不闕十八字人不爲師於尼衆定慧

雙妙善淨闕一字維闕一字人闕一字欲闕一字俞闕二字丹量闕四字留連有始有終確乎不拔深慈攸被惡見者咸闕一字遷心大悲所闕一字固疾者莫不痊復固以長河南北請謁者如雲太行東西歸依者若霧凡一千下闕導庸詎勝紀門人公度千有餘人雖爲度脫之師亦無章句之教但以淳德變化至精感動清顏一奉隨類曲成經者擅其經律者專其律遊觀門而淨眼撫禪鏡以明心咸自錯磨皆爲瀘器當州門子外境博徒並鴻雁連飛稻麻分秀僉以爲禪支落蔭定水淪波盈目空悲拍頭無追追法王之覆育感慈父

之他行渇仰遺形願分灰骨相州門徒一百人等於鉼谷寺東形勝之所建塔供養即萬歲登封元年歲次景申一月廿六日也斯即山臨傘蓋峰瞰香鑪金門連聖者之居寶刹接神人之宅敬託茲地仰荅師恩遂勒塔圖銘紀頌遺烈式宣此義乃說偈也詞曰

眞宗之妙正法之晶收攝萬境洗盪六情禪林載鬱定浦爰淸誰傳寶印實仗金禎雲堯慓族天漢遺靈去超習諦來踐福庭身衣脫像心卷開經戒囊闕一字固律鍵疏營邇圖全梵遠託圓成牽蘿硼户冒葛山楹虬盤八定鷃憩五

停念茲却鑰睠彼傾巢苦節尤苦貞心更貞穹崇輔德沈潛贊誠泌泉流態藏衹耀形馴象降質諍贊吞聲香菲神異藥授銜苓雨不衣溼禽不頂驚轉業安養移心往生水想彌淨日觀愈明天子召我披銀洛京細葩吐萼綠樹舒榮長懷麓岫不顧王城衹門葉墜祐室梁傾天歌載請聖衆來迎祥虹上屬神燈下旌至德云捨孰不悲零凡所薰發石宇籌盈分置蘇乳各潤根莖隨方闡化應物敷程扶輪寶月翼亮金星一州高足十縣羣英同思正濟共感他行却依龍從俛瞰峥嶸分灰建塔頌德圖銘俾四埵之藍壞溢九地而蘭馨

勅還少林寺神王師子記

大周天冊萬歲金輪聖神皇帝如意元年迎神王入內其神王原是泥塑彩裝其皇帝敬重神王脫空闕一字紵紇以金裝爲年歲多日金薄彫落後開元廿年僧宏器報以金裝恐後僧徒貴勝不知所由立一小碑述久視元年還神王勅具錄如後少林寺神王二右去如意元年奉勅將前件神王入內比不敢陳請今內出功德散與諸寺其少林神王送在大福先寺但山寺去都稍遠巧人難遇前件神

王元在少林上坊普光佛堂今者現闕其大福先寺總得神王一十五軀望請前件兩軀得還少林令本處尊儀具足冀得幽山功德不闕莊嚴闕一字往來有所瞻仰謹諳光政門奉狀陳請以聞伏希恩旨久視元年九月十三日少林寺主義奘等狀僧宏藏勅好還少林寺門司李阿毛宣右監門直長路尚賓左監門直長成思貞押門長上果毅杜行敦周還少林寺師子勅一道少林寺師子二師子郎二右件師子等並是少林寺普光堂前隨神王功德其神王奉今月十三日勅還少林寺爲前狀不別顯師子等福

先寺綱維但付神王未付師子既是隨神王一鋪功德望請許將還山供養謹詣光政門奉狀以聞伏聽勅旨久視元年九月廿九日少林寺主僧義奬等狀勅好九月廿九日門司李仁福牒右監門直長路尚賓左監門直長成思貞押門長上果毅杜行敦周少林寺賀師子勅一道少林寺僧義奬等言伏奉九月十三日恩勅賜還神王又奉其月廿九日恩勅兼還師子恩波洊委喜懼兼深僧義奬等誠惶誠恐死罪死罪但此功德昔是素裝忽覩靈姿遂如金飾元功再造天巧自然神之力巍巍如是緇徒跼影若攀兜率之宮靈相生光似降莊嚴之國手舞足蹈倍百恒情無任荷懼屏營之至謹附表陳謝以聞謹言久視元年十月日少林寺主僧義奬等上表勅好放阿師去久視元年十月六日門師陳嘉逸牒普光堂內一佛二菩薩迦葉阿難及門外二金剛二神王二師子城內少有傳聞博士姓李名雅永平年造此尊像奇妙少雙菩薩儀容卒不可有阿難迦葉貌相肅然合掌虔恭實難希有門外二金剛鳥鵲不汙相承稱說異相屢現其師子者乍著儀容或嗔或喜畫工巧匠不可圖容二師子郎常相標弄此一鋪功德不可思議

造彌勒像記

聞夫香風掃地五百如來之出興寶花雨天六萬仙人之供養豈若慈氏應現彌勒下生神力之所感通法界之所安樂前揚州大都督府揚子縣令蘭陵蕭元眘學菩薩行現宰官身留犢三江還鳧八水於是大宏佛寺深種善根奉爲七代先人爰及四生庶類敬造彌勒像一鋪并二菩薩粤以大周長安三年九月十五日雕鐫就畢巍巍高妙霞生七寶之臺蕩蕩光明月滿千輪之座无邊功德即開方石之容无量莊嚴希證恒沙之果重宣此義而爲讚云巍巍梵仙光宅大千容開碧玉目淨青蓮歌陳相好銘記因緣等雨法雨長滋福田

造阿彌陀像記

夫悠悠三界俱迷五淨之因蠢蠢四生未窺一乘之境嘗埃塵於夢幻隔視聽於津梁朝露溘盡前塗何託渤海高延貴卓爾生知超然先覺知滅滅之常樂識空空之妙理眷茲朽宅思樹法橋敬造石龕阿彌陀像一鋪具相端嚴眞容澄瑩金蓮菡萏如生功德之池寶樹扶疎即蔭經行

之地。所願以茲勝業。乘此妙因。凡厥含靈。俱昇彼岸。

先宅寺法堂石柱造像記

竊惟大雄利見。宏濟無邊。眞諦克明。神通自在。是以三千世界。禪河注而不竭。百億須彌。甘露灑而恒滿。歸依妙理。無乃可乎。朝散大夫行司農寺丞姚元景。慈悲道長。忍辱心遐。悟朱紱之儻來。沿紺池而利往。發願上下平安。爰於先宅寺法堂石柱造像一鋪。爾其篆刻彰施。儀形圓滿。眞容湛月。坐青石而披蓮。法柱承天。排紺霄而舞鶴。雲日開朗。金光炳然。風塵晦冥。玉色逾潔。身不可垢。道必常明。宴

坐經行。善宏多矣。俾我潘輿盡敬。將法輪而恒轉。姜被承歡。曳天衣而下拂。崑邱燎火。還披鷲嶺之雲。寶劫成塵。載滌龍宫之水。迺爲銘曰。

法無（闕一字）兮神化昌。流妙宇兮燦容光。彌億齡兮慶未央。

長安四年九月十八日書

王三孃墳記

曹氏故妻王三孃。長安人也。少修貞媛。苦空閑悟。觀身地篋。五蘊防非。調善誠心。從遊自遣。因圓業謝。奄忽從風。春秋卅有八。儀鳳二年八月五日捨化。即其月殯亡親院後。息智度。恐陵谷名移。人處隔易。劇題元石。表此芳猷。至神龍二年二月八日。修建墳焉。

重修順祐王廟記

州城西北墉上神祠。案孫處元潤州圖經云。本漢荊王之廟也。漢書。高帝族兄。漢興爲將軍。有功封爲荊王。王於此地。與黥布戰。薨。人爲立廟。歷吳晉宋齊梁陳。俗皆享祀。隋平陳。廢州爲鎮。數經冦賊。鎮官洶懼。屢禱求福助焉。其祭文道士江旻所作。詞甚華美。前後二千石及上佐下車。輒先祭而始莅職。如慢黷不虔。應時致禍。左驍衛大將軍薛

訥嘗爲此州司馬。被病危篤。令祝張文瑾至誠乞請。當時獲愈。自是恭祀有加。刺史王美暢修飾堂宇門屋步廊。皆令文瑾監領。瑾亦勤懇。手種果木一百餘株。司馬成敬荷多識前言往行。文藻精新。居常信篤。備深誠敬。乃於先天二年三月內。命工人雕刻神儀。并造王之后妃嬪妾及左右侍從威儀。圖於壁上。總三十餘軀。盛矣哉。雖太伯子房祠中。象設嚴麗。不之過也。成公奉計入朝。言發朝夕。吳郡孫處元撰碑。披文相質。窮理盡性。稽諸典故。備通神道。時秋八月工畢。皇帝安七廟。殛四凶。天下太平。域中無事。文

瑾潔身修巳。常主蕆祭。歲月躬親。不懈其事。楚詞云靈偃蹇兮姣服。芳菲菲兮滿堂。五音兮繁會。君欣欣兮樂康。豈虛也。恐陵谷遷貿。蘭菊有渝。敬草故實而爲之記

盧府君碑陰記

天寶八載十一月十八日。縣尉盧重華自廢寺移於道周。以全故也。闕二字夫爲政有愛於人。人則思愛而紀其政。或尸而饗之。或碑而頌之。使芳名轉彰。善績闕二字亦冀後賢警慕而似之。公爲政有聞。是以皇帝降書以稱其名。勒書爲碑舍闕二字其績刻於碑陰。其碑闕一字然立於水東道北。

雨頻壞道。其過者不得周覽。但知其名闕四字年四月。天作雷雨震碑仆於坑闕一字碑攢少虧。龜破四段。吏人告予。予駭闕一字洗而視之。其文煥蔚。其闕一字殊特顧問從吏。從吏不知。及問邑客。無有知者。噫余以闕一字盧君之德行彰闕一字公之文學不然者。豈盧君有隱慝耶。余乃上白府闕一字章公請闕二字於縣門以光其邑。章公允之。乃遂事也。於是碑縣闕二字文績再揚。余雖不敏。警闕三字記移日

造阿彌像記

洛州緱氏縣景山鄉蓋聞妙闕雲闕濯海金蓮湛闕惠闕今清信弟子闕義令等皓闕孝慈闕心千哀闕崇福祐用展敬捨淨財闕母闕七世先亡造石得圖阿彌像一鋪。今得成願闕功德資益闕又爲合家平闕親眷屬同沾此福

冊祭廣利王記

我皇乘時龍臨大寶四十載矣。洪休鑠於元吉。元澤浸於有截。恢復五運。更明三辰。以爲海者沖融浮天。汗漫吐氣。戴萬有。朝百川。屢効休徵之應。未崇封建之典。逮天寶十載三月庚子。冊爲廣利王。明盛禮也。分命義王府長史范陽張九章奉玉簡金字之冊。將璧環幣帛之貺。拖毳衣繡

潔牲正辭。神理居歆。佇百福而上達。帝道惟永。視九瀛而咸乂。洋洋乎未始有也。初張公作宰南海。亟遷右職。惠化未泯。琴堂尚存。人挹子奇之風。時美相如之使。議政之老惟見子孫。佐書之史。俱垂班白。風闕郊侯。鱗雜歡迎。詠舊德於江干。覩慈君於鷁首。咸謂愷悌君子。令問不忘者歟。夫典冊光揚。德貴周洽。信美不著。古人所慚。敢舉其凡以記於石。夫天寶十載暮春三月。天王正土德之元辰。海君受玉冊之初吉也。

房史君翠峯亭題記

太原王字闕三人名字闕三仁字闕八書中郎守武興郡四境山嶙峋構新亭迓佳賓曰翠峯景實眞唐天寶房史君上賜晏刊堅珉亭之右名不泯

建塔國師奉勅追號記

以貞元十三年四月十三日左街功德使開府邠國公竇文瑒奏千福寺先師楚金是臣和尚於天寶初爲國建多寶塔置法華道場經今六十餘祀僧等六時禮念經聲不斷以歷四朝未蒙旌德伏乞聖慈特加謚號以廣前修奉勅宣賜謚曰大圓禪師中書門下准勅施行者今合院梵

侶敬承恩旨頂奉修持用資皇壽將恐代隔時遷眞蹤靡固輒刊碑末以紀芳猷遠追鷲嶺之風聿光不朽之跡

重藏舍利記

舍利本大隋仁壽四年甲子歲幽州刺史陳國公竇抗於智泉寺刱木浮圖五級安舍利於其下卽子城東門東百餘步大衢之北面也原寺後魏元象元年戊午歲幽州刺史尉萇命造遂號尉使君寺後改爲智泉寺至大唐則天時改爲大雲寺開元中又改爲龍興寺太和甲寅歲八月二十日夜忽風雨暴至災火延寺浮圖靈廟颯爲烟燼洎會昌乙丑歲大法淪墜佛寺廢毀時節制司空清河張公准勅於封管八州內寺留一所僧限十人越明年有制再崇釋敎僧添二十置勝果寺度尼三十人秋八月二十一日因板築於廢寺火燒浮圖下得石函寶瓶舍利六粒及異香玉環銀釦等物伏遇司空固護釋門殷誠修敬仍送憫忠寺供養士庶瞻禮至九月二十八日藏之多寶塔下

利濟侯廟記

原夫太極肇分三才定位佐圓方之化育迺自神祇保區宇之昌寧率由英傑是知神人一致幽顯殊途生則負業

負才功名冠世歿則至靈至聖禍福及人代有可稱永垂祀典而神周氏諱鵬舉字垂天東晉時會稽人姬氏分支汝州啟祚軒裳集慶冠蓋傳芳稟靈虬無匹之資挺天馬不羈之質文戈耀彩早符却日之能智劍騰光自淬決雲之利宏詞登第雄俊成名初宰上虞憂分百里布絲桐之政秉冰蘗之操民仰如神物資厚利趨朝龍闕出牧雁門纔興廉袴之謡已顯孟珠之譽人安物阜歲稔時清繼隆竹帛之功迥播仁賢之美自後心思退讓志務幽閒俄辭建隼之榮遂厭垂魚之貴念昔會稽東上虞北曾遊魚浦

湖遇春景韶光訪物外之靈蹤尋湖中之勝槩益見澄瀾湛湛分玉鏡之清光翠岫峩峩列雲屏之秀色松篁掩映花嶼幽奇每資賞眺之情頗愜嬉遊之趣舟泛青翰車乘白駒全家忽隱於靈淵闔邑但驚其神化俄而潛通肹蠁迥布威靈升爲水府之仙超統陰司之職卽時聞奏丹陛肇建嚴祠敬之者福必生焉犯之者禍當立至牲牢互進籩豆交陳遠近居民無不畏憚時有明州天童寺僧曇德禪師道高康惠德重圖澄感太白之星精下爲童子登招提之果位卽造諸天禪師聞神血食生人由是大垂慈力

俾歸正覺徑造靈祠禪定身心結跏趺坐顯靈通萬狀變見無方禪師寂若無人湛然不動神乃尋知悔過忽顯眞身與三人禮拜歸依受五戒三皈之法祭奠不茹葷血廟庭願託祇園昔本在湖壖地形窄隘鄉人孔澤趙瑗以爲非立伽藍之所竭誠祈禱感願遷移啟告纔終狂飈忽起朱綬飛停之處香爐飄落之中民乃上聞於官數奏於帝續降勑命建置殿宇精崇梵刹安處祠堂院與廟成咸爲利濟會昌五年天下廟庭例行停廢惟此廟宇獨與重存後佛教重興一切仍舊民間祈求應若答響可謂奉天之令安國之禧感叶庶民乃爲贊曰

神道性兮杳冥人神應兮有靈稟一生兮丈夫欽萬古兮留名威光震兮赫奕劍氣上兮衝星仰如在兮享祀感神理兮精誠爇香火兮不絕永表載兮典經

勑修武安君白公廟記

竊以武安君威靈振古術略超時播千載之英風當六雄之勍敵廟貌雖存於近縣詹聖上思闕亹已甚於荒涼念道蹤闕三字令當司見葺翼存闕一字美不泯歲時冠裳闕二字劍珮嚴整俾嚮闕一字跡感發宸聰剞劂纔施堂宇光粲輿

功闕一字畢禋祀備周刊石貞珉用資不朽其所添置物色具列於後

三貞祠碑記

三貞祠在靈寶縣南二里按碑記云晉末太傅楊駿之三女也駿遇害舉家籍沒而三女誓不歸於他氏貞以爲名時重其操設廟像以旌之紀其堅貞之德作銘曰

彼之三靈淑德惟明父之罹禍誓節全貞節操當時以貞爲名起祠塑像用表精誠

陀羅尼經幢記

竊聞天不能並覆地不能俱載父母有生育之恩而不免沉淪之患師資之道卽不然訓我以法樂我以心悟之於一言之下頓超生死之境得之於有無之際便登常樂之門萬路交馳而不能撓其道三界炯然而不能壞其性是知師資之禮孰能報哉先師俗姓張氏法諱皈敬當邑人也卽靈塔大師上足也幼歸釋氏長參元宗一言合道便契眞理掛錫崑峰久歷星歲近廁茲院未更歲餘疾恙漸縈卽赴魔請付囑斯在遷神淨方春秋卌有七去景福之首五月九日已歸大寂門人全意等以絕粒齋心香花供

養素服之載禮之如存遂則捨茲所有建彼尊勝幢焉於是召良匠鑿嘉山穿厚地而取奇石翦長林而出珍材役百千人功計半一之歲莫不金槌連擊鋼鑿雙衝玉屑迸飛石火電耀吐蓮華之仰覆垂瓔珞之縱橫瑞氣祥雲若盤龍之偃蹇懸針垂露似返鵲之激翔一軸眞文橫鋪八面以日計時功圓旣就於是卜縣之艮位置院之坤宮地連滇渤勢接崑巖四山如（闕一字）一日之形萬象帶含春之景坐中秀氣視遠近之江山枕上泉聲聽曉夜之流水依稀無憂之所髣髴極樂之場可安尊勝之文可置不朽之跡伏恐陵遷谷變渤澥成塵若不鏤石於斯何表將來之紀

西關淨化院記

大璞未雕性寂卽無其執我淳源旣泮性生遂有於成身是以四相盛衰三界紛擾本師世雄哀其顚墜憫彼輪迴構巨舡而燭幽運廣筏而濟溺立善作福皆爲方便之門舉首低頭盡是可歸之路淨化院者卽鑒諸道者之所建也道者永嘉人受業於先峯護國靈應禪院彌年苦節早歲勤身著頭陀麁弊之衣修菩薩利樂之行逢緣必作隨處立功建濠河津要之橋梁修府郭壅狹之歧路蚤臨潭

廟中之靈宇甯奉園穹前之淨地其於運力供僧重言化俗苟有一善利於人樂無不爲乃曰國土民安君王信向足雲水烟霞之衆瓶囊盂錫之遊其間或有幻相無情塵緣將盡百衲之衣何直周身之具奚求爰尋佛言備得教旨且西土苾蒭苾蒭尼下至優婆塞優婆夷送往之禮名以闍維闍維之文實火化也棄餘灰於遠水免遺骨於他山勞無煩人置不有地卽具以上事達於廟朝刱佛祠於湖山思祈爲功德主上曰六度門中常聞喜捨八福田內屢建津梁勤王早立於大勳奉佛素崇於至性闡是善也

忻然在懷遂奏勅與請置其所乃於鎮西關之右延壽山之陽郛郭匪遥柴水甚便命開基址式建僧居聖上允俞錫名淨化闍維之道興於此焉繇是臺閣勳臣香閨貴戚府郭君子闤闠信人發心無難捨之財集事有易成之力像設畢備舍宇一周香燈含晝夜之輝鐘磬續晨昏之韻仍於院側立此方壇或願闍維不計來衆資其事用給以薪蒸利濟之門無大於此將欲紀錄不朽刊勒堅珉海濶山高莫並有爲之福毫枯筆竭難書無盡之功

龍興寺百法院禮佛會石幢記

伏惟佛生中國當此土周昭王初（闕）暨乎聲教流傳始自漢皇感夢自後支那國內廣布流行歸之者盡悟無生敬之者皆超彼岸有求皆應無願不從似影隨形如聲響應爰有百法大德者始從無棣攜杖錫以南來既至磐陽（闕一字）龍興寺駐足是以繼開瑞典講論明門（闕）四方之負笈雲臻寰海之聞名悉至實謂塞嶮道而歸正道摧邪見以悟眞宗六事行圓人皆稽首弟子等曾遊法會覩六事以精嚴暫聽分宣似衣中之得寶是以學親六事共結二因閭巷相（闕一字）朋儕共允展轉相呼來者甚衆信士既多標禮（闕）佛會是以長於月圓日宿淨三業旦入寺中隨僧讚唱以連天五體投誠而迎地雖爲歲久未（闕一字）標題乃有都副維那幢會糺首與會衆商議擬造石幢臺座鐫上下經兩軸會衆既聞無不允許遂（闕二字）良匠選鉅材各捨青蚨共崇勝業今則功圓（闕一字）妙不讓於兜率陁天鷜鵡頻伽恰似移西方在此幢儀既就列姓氏以雕鐫顯示當來瞻敬者皆獲斯善（闕一字）多愚少智輒順尊情書述荒詞略爲序讚

賢劫千佛第四能仁悲深願廣濁界度人給孤園裏（闕一字）演金經金身放瑞處處蓮生化佛先唱釋迦自陳彌勒獨悟萬倍解生近執示起心裏疑生三業俱淨五體投誠世尊往昔授記丁寧彌勒修行未得眞成貪心申在禪定不行既言成佛何處受生子細諦聽却後一紀知足天生官（闕一字）萬億五百爲名盡修禮度（闕一字）作祇迎善賢顯勝樓閣崢嶸珠從額出內院方成寶樹風動晝出音聲不談鄭衛唯演空名花湧八水遊（闕一字）棟行能柔能冷飲不傷形寶女執拂帳內遊行小梵張網大梵懸鈴因修六事意想投誠人間壽足（闕一字）臂便生花芬頭上（闕八字）敬禮慈尊阿

難長跪發問經名。世尊爲答。觀慈氏經。下生經讚曰。大智舍利。能轉法輪。白佛啟問。彌勒當因。世尊誡勅。當一心聽。四海漸感。地卽廣平。村邑相近。絕有邱陵。人唯三病。更無餘字闕一應往。大藏廣集。珠珍七寶字闕七頭城。大廣潤縱橫。上諸樓閣。百寶所成。慈尊修道。從境而生。妙臺始就。卽使分諍。知世間法。無常必生。捨家修道。當日卽成。龍花樹下。契證金身。從座而起。往翅字闕一城。天龍前引。四象隨行。梵王侍右。帝釋字闕一傾字闕九業。迎佛入此大城。佛開妙辯。廣利羣生。三會得度。遺法衆生。釋迦上足。號迦葉名。藏字闕一雞足。只後慈尊。山神來報。彌勒始興。乃從定起。來禮慈尊。世尊預記。讚彼殊因。當來證覺。號成佛經。

謙公安公構造殘碑記

闕虎踞小之則鳳峙鸞翔。皆崇以佛宮。盡立闕形尚在。靈泉汹湧。灌千頃之田園。畢樹婆娑闕生草茅漸沒。國家祈禱字闕一瞻瓦礫之場闕四民樂矣。五教隆焉。咸謌堯舜之風。盡詠禹湯闕人多舉意。則有檀那衆戶。同連款狀。共詣府門闕崇作今來之金地。仍字闕一威嚴帖牒。差選公幹主闕上人之謂歟。謙大德道行清高。心懷澹寂。雄經闕副僉諸已斯主綰。公卿仰慕。緇素傾瞻。安字闕一上人神闕無意遊行精舍伽藍。有心建立。於是師長委之匡構闕緣言諭逐分注題字闕一斂資金。貿易材木。尋其巧匠。召以闕桷爰從保大三年起首。迄於四載。興功變此字闕二成。斯蓮闕枅向夕陽而似哈雲霞。當朝旦而如昭霧露字闕二日闕之猿聲響亮。泉池寫漢字闕一時之月色晶明。疑從字闕三移闕自諸住止迴。以精勤廣召信人。深嚴佛事。修生字闕二福善結闕莫委元由之事。須礱貞石。以鏤清名。契恩內典字闕一虛莫闕詣以蕭宮。纔申攀字闕一之儀。便沐周隆之禮。尋垂一闕

字弗可闕乃爲銘曰。

大哉皇覺。廣應人天。敎敷妙旨。法字闕二元化闕然不傾。各變形質。爲石堅貞。四方祈雨。八表揚名字闕二宋代有此闕唐昇元歲。末保大惟新。地欲興發。果得其人。安公竭字闕一謙德橫身。告其闕

東鐵塔記

大漢皇帝以大寶十年丁字闕一歲。勅有司用烏金鑄造闕一字十佛寶塔壹所。七層並相字闕一蓮花座高二丈二尺。保龍字闕一有慶。祈鳳歷無疆。萬方咸字闕一於清平。八表永承

於交泰。然後善資三有。福被四恩。以四字闕一乾德節。設齋慶讚。謹記。

崇勝寺丁思禮造像記

若夫乾元有象。大道難量。無廣乘則不知其永歸。無漸教則莫詳其肇發。亦如夫川之相也。初淺而後深。足之行也闕爰有清信士丁思禮。碩德純孝。諒直彰仁。賢彩若丹。詞林歷客。早揚儒訓。曷除釋流。宿殖善芽。一門深入。妻朱氏芳蘭佳秀。智炬恒暉。雖染世塵。常樂闕離。往因東邁路屆灰溝。遇見石碑。隳壞彌極。於時稽顙。遂發願言。敬鐫阿彌

陀佛一鋪。蜜多心經一卷。願則彼作。碑在此修。竭力盡忠繼踵前蹟。堅雖殊異。功乃無差。百福莊嚴。檀波爲一。是時也。惠風梵響。曙色舒輝。緇黃駢闐。衣冠霧集。且以珠投濁水。便乃澄清。日出浮雲。皎然開霽。發於內而應乎外。起於微而至乎極。休哉幽元。寶相標德。剋爲碑板。永讚不息。其詞曰。

闕一字士修兮聖作。悟立靈相兮尋覺路。標豐碑兮色身求。了心澄兮登淨土。

江夏縣緣果道場七層磚塔下舍利銘記

上闕設大齋闕朝爰泊暹邇設使芬盡方闕志議善乃爲銘曰。

茫茫宇宙。悠悠世間。九世銜海四字闕二山三塗郎獄五道無闕闕循還。至聖何像。疑爾恢怡。示現無方。迦維垂迹等救燒闕息衆權城。推輪火宅。八十代盡。天人喪師。撫膺雨淚。香水闕八國均持。機緣靡隔。靈祥俟時。坊墳式建。層表臨空。非因闕金盤仰露。寶鐸搖風。山移川徙。徽業興隆。

擬公孫龍子論

公孫龍者。古之辯士也。嘗聞其論。願觀其書。咸亨二十年

歲次辛未十二月庚寅。僕自嵩山遊於汝陽。有宗人王先生名師政。字元直。春秋將七十。博聞多藝。安時樂道。恬澹浮沉。罕有知者。僕過憩焉。縱言及於指馬。因出其書以示僕。凡六篇勒成一卷。其夜僕宿洞元觀。韓先生之房。先生名元最。字通元。從容人間。虛淡自保。與僕觀其書。且謂僕曰。足下後生之明達者。公孫之辯何如。僕曰。小子何足以知之。然伏周孔之門久。尋聖賢之論多矣。六合之內。聖人論而不辯。六合之外。聖人存之不論。簡而易之。欲其可行也。神而明之。存乎其人也。陳詩書。定禮樂。身心之道。達而

已家國之用足而已。變而通之。未嘗滯之。引而伸之。未嘗蕩也。令天下思之而後及也。令天下得之而不過也。若此則六經之義具矣。五常之教足矣。安取辭堅別白之辯乎。故曰若公孫之論。非不中也。非不妙也。其辭逸。其理恊。其術空。其義犄。令人煩。非高賢不能知也。非明達不能究也。抑可以爲聖人之理。不足以爲聖人之教。若隨方而言。觸類而長。何必白馬堅石。獨存其理乎。故曰因是之論也。卽直之論也。惑其文則不可以爲易矣。達其意則不足以爲難矣。可存而不可守也。可辯而不可行也。知者不必言。言

者不必用也。然天下之理。不可廢也。天下之言。不可沮也。故理可貫也。言可類也。若使僕借公孫之理。乘公孫之意。排合衆義。掊一作倍勞羣言。則雖天下之異可同也。天下之同可異也。天下之動可靜也。天下之靜可動也。堅不堅。白不白。石非石。馬非馬。何必聚散形色。離合一二者乎。先生曰。天下有易迷之者難。則天下無易矣。天下有難能之者易。則天下無難矣。足下當有易之地。用無難之辨。能爲龍之所爲乎。僕笑而答曰。使虎豹之力移於麋鹿。固爲虎豹矣。使雁鶩之力移於鷹隼。固爲鷹隼矣。故以仲尼之道。託於盜跖之性。則盜跖固爲仲尼矣。今公孫龍之理。處於弟子之心矣。弟子且非公孫龍乎。遂和墨䕘紙。援翰寫心篇卷字數。皆不踰公孫之作。人物義理。皆反取公孫之意。觸類而長。隨方而說。質明而作。日中而就。就以事源代迹。皆疑因意而存義也。以幸食代白馬。尋色而推味也。以慮心代指物。自外而明內也。以達化代通變。緣文而轉稱也。以香辛代堅白。馮遠而取近也。以稱足代名實。居中而擬正也。或因數陳色。或反色在數。或棄色取味。或以氣轉形。明天下之言無所不及也。發沉源而迴鶩。闢榛路以先驅。庶

將來君子。有以知其用心也。

二都不並建論

予少讀歷代史。每考沿習。自夏殷迄於周。齊未聞兩都並置。東西互處者。夫殷之五遷。蓋建國不安之爲也。商都於亳。底綏四方。武王克殷。爲周成王卜洛。幽王爲犬戎所敗。平王東遷。自是不復都豐鎬矣。更於秦漢晉魏。但處一都。隋以奄宅區宇。公私殷富。恃此繁盛。遂創兩都爲巡幸。不常用都。爲憩息之所。洎乎我唐高宗。以伊洛勝概。每樂巡幸。是時武后殺蕭妃。寃出宮室不安。竟因登封。遂成都洛。

武氏革唐爲周乃立武氏崇先廟於東都神龍初中宗反正還崇先於西京乃以其地爲太廟欲使四海之知我唐復有宗廟矣爾後中宗還京復享太廟時朝廷多事不暇議去東都權朝但闕而勿享元宗巡狩駐蹕復享洛廟是時君臣安於清泰曾不論及宗廟定制遂使後人皆曰兩都不疑矣夫以出征則載遷廟之主亦有所稟既言載主則郡國豈宜復有廟主耶今二都並建各立神主都洛則有洛廟還秦則有秦廟則是便於人而不敬其神也以是而言毅然不移以朝萬國不亦宜乎昔隋時有上言者一

帝二都實非舊典遂改爲京始創之日已有議者足顯二都之設可謂不經高祖武德七年正月改東都爲洛州是知稽古之帝必考是非置郡罷郡垂法後世貞觀四年詔發卒修洛陽乾元殿以備巡幸給事中張元素上書陛下頃平東都之始層樓廣殿皆令撤毀天下翕然同心歸仰豈有前則惡其侈靡後則襲其雕麗每承德音未卽巡幸此則事不急之務成虛費之勞國無兼年之積何用兩都之好昔漢祖將都洛陽婁敬一言卽日西駕豈不知地推中土貢賦所均但以形勢不如關內也太宗遂止元素機奧學達爲魏文貞推重請罷修建是也兩都置宗廟不殊侍御史顏標上議東都宗廟天寶建中兩度賊陷東都神主散失之外臣據見在十一主並已瘞於兩陛之間向來疑遲未去東都之號者蓋以舊廟存焉則顏標所引原廟述漢失禮亦至矣旋爲巨寇焚爇廟室悉成煨燼況乎城闕崩壞宮室邱墟廢之有時契於至理今請制爲藩鎮以汝洛節度使爲名選帥實兵遏東夏闕

欽定全唐文卷九百八十八

闕名二十九

盟吐蕃題柱文

大唐文武孝德皇帝與大蕃聖神贊普舅甥二主商議社稷如一結立大和盟約永無渝替神人俱以證知世世代代使其稱讚是以盟文節目題之於柱也文武孝德皇帝與（闕六字）都贊陛下二聖舅甥濬哲鴻被曉今永之屯亨矜愍之情恩覆其無內外商議叶同務令萬姓安泰所思如一成久遠大善再續慈親之情重申鄰好之義爲此大和

矣今蕃漢二國所守見管都（闕九字）與實巳西盡是大蕃境土彼此不爲寇敵不舉兵革不相侵謀封境或有猜阻捉生問事訖給以衣糧放歸令社稷叶同如一爲此大和然舅甥相好之義善理每須通傳彼此驛騎一（闕七字）舊路蕃漢並於將軍谷交馬其綏戎柵巳東大唐祇應清水縣巳西大蕃供應須合舅甥親近之禮使其兩界烟塵不揚同聞寇盜之名復無驚恐之患封人撤險鄉土俱安如斯樂業之（闕六字）美之（闕一字）遍於日月所照矣蕃於蕃國受安漢亦漢國受樂茲乃合其大業耳依此盟誓永久不得移易然三寶及諸賢聖日月星辰請爲知證如此盟約各自契陳刑牲爲盟設此大約儻不依此誓蕃漢君臣（闕五字）未（闕二字）禍也仍須備守及爲陰謀者不在破盟之限蕃漢君臣並稽告立誓周細爲文二君之合終以雍和登壇之臣親署姓名於柱如斯誓文藏於王府焉

張珂造尊勝經石幢詞（并序）

（闕二字）沉迷勝利莫測求（闕一字）者（闕四字）爲上役者福利河沙况乃揀良工瑩南山之奇石選釋氏書西國之梵（闕）效無處酬恩今創造佛頂尊勝寶幢一所經教具明存歿獲益

張公乃俗務之下不倦修崇禮樂之餘無（闕）心香風佛體夙願無不稱遂南北無虞合家平安永增福慶詞曰

善住之後次至張公今時修福還與昔同寶幢嵯峨（闕二字）寧（闕）

佛頂尊勝陀羅尼石幢讚（并序）

夫實相眞（闕三字）色取導引羣品必假有爲故庶類歸心（闕一字）修淨域非（闕一字）於此中便爲正（闕二字）覩相生（闕二字）蓋於萬分佛頂尊勝陀羅尼幢者濟（闕一字）海（闕四字）慧（闕二字）震願惟不（闕四字）邊（闕三字）而有謀實元（闕一字）之宏備遂因務（闕一字）

躬詣他山召工人斲貞石闕一字報德建茲幢闕三字之塵望尊崇於邱岳闕一字區區闕一字志庶毫末於闕二字才闕一字色闕一字翰慙垂闕一字但以虔心願切不敢闕一字能輒握管以自陳明懇誠而力竭讚曰

採石建幢闕一字旌聖教湛然清淨洞闕一字元妙香風扇闕一字慧炬移昏有爲之路闕一字善之源齊心刻鐫樹闕三字綿連日影拯濟諸苦凡曰含靈永惟斯祚

尊聖陀羅尼幢讚并序

最勝殊妙甘露行門佛祕密心大總持印入三昧之樞轄

會萬法之要機陀羅尼之微旨也佛頂尊勝者佛陀波利自天竺以來傳暫睹文殊入清涼而不返因流梵唱大布寰中其有竪幢刹於四衢飾芳辭於百寶塵霑影觸罪闕一字銷泮於朝陽心誦目闕一字福海潛盈於夜注清信士朱常慶等卌餘人並英髦間代禮樂超倫家流敬誠門光善瑞從居浮幻不染囂塵雖服儒冠闕三字戒共輸金闕一字合建洪因立貞石以刊真文樹良闕一字而雕相好追琢將就爰命紀時乃爲讚曰

佛頂章句微妙難名梯航萬彙福利羣生雕鐫翠琰聳立於庭霑風度影垢滅塵輕琢玉字以光煥鎮寶彩以晶熒期劫石而將朽斯巨祉而無闕一字

尊勝幢讚

善哉如來曠劫修行闕一字等並覺無滅無生愍念羣苦說尊勝經舟航闕一字溺度脫有情猶如慧日普照幽冥今茲崇建用報先靈

尊勝幢讚

佛弟子彭城郡夫人劉氏爲亡夫建造尊勝幢一所願福資生界因覩斯善讚曰

彭郡夫人母儀欽則追緒亡靈爰憑佛力建妙寶幢闕一字空搆日其闕一字及身萬罪消釋所願良因莊嚴亡識百千萬祀傳之貞石

結金剛經會碑闕二字石彌勒像讚并序

闕一字濟州歷城縣維那劉長清等八人爲闕一字中金剛經邑會之長曾同邑內信直者十數公俱禮南靈臺山禪大德僧闕一字方爲出世之師師以太和六年授靈嚴寺請命詣闕進本寺圖將聖旨再許起置鎮國般舟道場之鴻澤師行能二備慕止京畿首末三秋無疾而謝世維那劉公

等痛惠熖絕照。法鏡（闕一字）光。無明益昏。大道荒塞。乃率邑内諸人等家財。同心奉爲沒故禪大（闕一字）建此彌勒像一軀。侍菩薩兩軀。於南靈臺山先師宴坐之地。上答生前法誨之恩惠矣。（闕一字）先身得授佛記菩薩號問逸多。今爲次（闕一字）四天天中最滿無上妙解脫正真理補處一（闕一字）攝用歸於圓寂。無數天人。隨其六事行果。聞見親疎。近者薰其（闕一字）種清淨至不退地。遠者著快妙樂天。福盡還墮。迺五十六億萬歲。滿降生閻浮。當翅頭末城。孕大妙梵婆羅門舍（闕一字）主生長少猒塵跡。悟无常无我。因寶臺起觀知

了竟終空。灰心滅智。法證無生。度能人正像末遺法。白黑弟子（闕一字）百八十二億。數曰慈氏如來。即彌勒佛之本稱。器界攢縮。草木芬香。環海（闕一字）銷濤湧澄徹。一蒔七寶人壽過仙。迷浮覺休。坤成金色。有輪王出興號儴佉與（闕一字）及嬙嬪等皆墮髮修空。迷證道果。鷄（闕一字）山爲之峰裂。迦葉波定盡捧釋氏（闕二字）授慈氏竟化火而謝。僧尼女男万万計。俱發無上道意。故今之刻像。巳想未來彌修（闕一字）佛之良因。冀入龍華之大會者也。讃曰。

錬行三祇。刼當來證法王。四維千萬土。（闕二字）玉毫光下界牢籠固。天（闕一字）歲月長。衆生淪溺苦。俟降竺乾方。

大泉院剏建佛殿功德讃

原乎佛者大覺之號也。像者行教之相也。歸依則不墮諸塗。精進則尅登彼岸。於戲茫茫障海。浩浩昏衢。（闕）既解脫阿育王之興。寶塔華夷八萬四千區。梁武帝之建。蓮宮國土三百八十所。是知宏深之願。充逸寰瀛。虔敬（闕）瑞流芳慈雲垂八極之中。惠日照六虛之内。寅緣益盛。性相兼資。生知者印印相承。積習者如如不斷。惟神（闕）塔廟遍於沙界。益以敷揚萬法。化諭羣生者焉。當縣大秀山大泉院山

連吳楚。地控人烟。從前雖有住持僧（闕）垧籬壁傾欹。簷楹摧毀。太和七年。清源僧行真巡禮此地。喜覩靈蹤。遂乃駐留。懇於香火。每嘆金容蘚剝。寶座（闕）發宏願特地興修。自捨衣鉢錢一百五十貫文。兼諸檀信等共捨錢七十貫文。并及工力。用構良緣。永成不朽。（闕）三間。今巳圓滿。并殿内功德相次就成。朱柱峩峩。虹梁岌岌。星排畫栱。牙插層昂。簷張而鸞鳳將飛。瓦疊而鴛鴦（闕）山川草閣烟深。像桃源之景。置其齋堂廚庫門屋軒廊。並更以茆茨重成。瓦裝所有殿内功德。皆端嚴相好。彩塑（闕）來蔭浮濃之地。而況前

臨紫陌。有水陸之縱橫。後枕青山。多松雪之鬱茂。時或三春正麗。九夏方濃。經商來看翫之時。闕名花夾路。瑞鳥盈山。駐行役以徘徊。仰精嚴而讚嘆。可謂井邑祈恩之所。神祇集福之方。足以固護眾生。闡揚巨善。伏願聖壽壽比山河。永助皇風。風清寰海。府主太傅德山高峻。福海汪洋。永鎮雄藩。常持瑞節。縣尊郎中琴堂著美。龜印呈祥。早移華邑之資。即領朱輪之貴。西廳司直金石蘊德。松桂懷貞。更上碧霄。别光鴻漸。院主僧行真意珠堅固。心鏡圓明。將除煩惱之網羅。尅就菩提之歧徑。檀信等色身永保。覺性常

通。既茲迴向之心。必離蓋纏之趣。伏冀慈風永扇。法海常流。遐邇晏清。黔黎安泰。然妙善菩薩指南。皆是其道場。而華光如來報應。盡從於供養。弟子常探二諦。每樂三乘。所嗟文昧擬金。目迷問乳。偶茲良會。可息塵機。輒述斐詞。以為讚曰。

大覺之門。方便之域。上古為用。百王不易。巢邑之南。魏關之側。茲有精舍。蓁闕草漏茆穿。塵侵雨滴。舊址堪傷。餘跡可惜。奇哉真公。於茲挂錫。捨以衣鉢。揚其功德。檀信之侶。鄉耆之籍。闕各施金璧。功既遂成。妙唯雕飾。玳瑁梁紅。鴛鴦瓦碧。後枕青山。前臨紫陌。水陸霞光。山凝黛色。闕長為利益。福及生聚。恩霑道釋。鐘梵無虧。香燈不息。護國護人。銷災銷厄。釋子之願。法王之力。闕常資邦國。唐保大二年甲辰歲五月一日記。

趙州真際禪師真讚

碧溪之月。清鏡中頭。我師我化。天下趙州。

渾儀銘并序

後魏太史令晁崇修渾儀。以視星象。按其儀以永興四年歲次困敦創造。傳至後魏末。入齊往周隋。至於大唐。歷年

久遠。儀蓋傾墜。日以太史去景雲三年奉勅重令修造。使銀青光祿大夫檢校將作少監楊務廉與銀青光祿大夫行太史令瞿曇悉達正議大夫行太史令李仙宗試太史令殷知易荊州都督祕書監兼右衞率薛玉銀青光祿大夫檢校祕書監吳師道正議大夫行祕書少監閻朝隱等首末共營。各盡其思。至先天二年歲次赤奮若成。其銘曰。

周天三萬七千里。分寸無欺。成歲三百六十日。盈縮有期。敬之敬之。以授人時。

鄜州寶室寺鐘銘

蓋如如實際性相平等念念虛假緣業萬殊是以導之以解脫禮樂未之(闕一字)誨之以究竟象繫所不言鄜州寶室寺上座羅漢等漏茲獨善俯宏六度不捨羣生服膺四攝以大唐貞觀三年攝提在歲蕤賓御律景丁統日巳巳司辰用銅三千斤鑄鐘一口法天地以爲鑪假飛廉而扇炭刻(闕一字)倅造化巧麗若神工感蜀山而自響擬漢殿而遠聞莛弗能發理切含宏扣而斯應義均虛受聿警四部式遵六時未假於箭漏靡資於雞鶴懺誦顧而有節精進因而無怠方諸几杖小大之用既殊譬以盤盂洪纖之理多

裕輒緣斯義乃爲銘曰

眇眇三界悠悠四生愛染有著沉沒無明法輪覺夢慧炬照冥大空罔得微妙焉名無爲不往有爲不盡去彼常樂來深慈愍然頭拯救摩足汲引且戒且禪或檀或忍爰造洪鐘晨昏取則和會攸仰禮懺無忒並航欲海俱遊淨國開物成務是鐫是勒

懷州獲嘉縣朱四娘爲女造浮圖銘

原夫(闕一字)樹開宗道德希夷之際尼邱誕聖仁義軀鑠之間終不能脫略生滅之途輕舉塵牢之域大矣哉我能仁利見也慈雲觸石沃熛炭於炎爐慧棖廣乘濟沉骸於慾岸清信女張氏懷州獲嘉縣人白水之源遂廣傍控九河黃石之道克隆遠敷三畧像賢接武襲冶分鄉祖德家風可得而言矣昔在襁褓慈父(闕二字)言念惟桑不忘造次乃萬簪蘿食宴坐經行載(闕一字)陟岵之恩忍絕乘龍之慶未嬪高援年巳弱笄以爲寫(闕三字)薰脩之末跡紃組織紝俗中之常累非出代之要道(闕二字)仰止高山有終焉之志以垂拱二年二月十八日因遊此寺遂自投此崖殉身飢獸昔尸毗慈悲於一鳥山童踊躍於八字殆無以過也母朱

氏恨起漢皐之珠怨結秦樓之鳳乃發茲宏願造浮圖五級其地也丹崖如削青松似葢巖泉瀑布山石開蓮騎鱗餌术之賓坐桃源而長嘯驂鴻轡鶴之士披竹徑以吹笙斯乃出代之佳遊者也大周如意元年歲次壬辰七月甲午朔十五日戊申功用斯畢敢以此福上爲聖神皇帝陛下及(闕二字)七代祖神德祖(闕一字)高父言堪見存母朱姊大娘二娘妹娘子弟知微并諸眷屬法界蒼生同登彼岸恐陵谷遷貿乃勒銘云

猗歟張氏堅操日新凝姿月浦垂耀(闕一字)津徘徊漢曲飄

飄洛濱去彼穢累來斯善因志遊五淨心出六塵欲求闕一字境先棄今身其一哀哀慈母言念傷情建斯功德構此經營下臨闕一字地上出太清高峙邈邈孤秀亭亭闕五字搖鐸聲應千秋而萬歲長不朽而無傾其二

桐柏觀銅鐘銘

猗歟法鼓儼形規矩頂峙飛龍腰凝鸞舞響震花飄聲留鳥聚遠徹普天遙聞率土警集仙衆覺悟俗伍四生棟梁三界門戶永鎭珠宮長懸紫府捌器一成邈然千古景龍二年太歲己酉十月二十三日

大唐易州新安府折衝李公石浮圖銘

夫至道潛運不言而化成大象孕靈不宰之功遂斯則神元妙賾雖日用而莫知況耳目不該豈視聽之能識由是給園多士並赴緇林方丈比丘咸歸柰苑有想非想住法非常樂之宗色空即空生滅豈菩提之果於是清信士易州新安府折衝都尉李文安遊心正覺妙達苦空知勞生之有涯設津梁於彼岸乃於范陽縣西雲居寺爲亡妻河東郡君薛氏敬造石浮圖一所旁求琬玉荆岫爲之獻琛遠召良工班輸以之呈巧盤螭隱伏與雲絳而相交靈鳳將翔共陽烏而接翼飛空七級狀多寶之移來騰虛四迴疑衆仙之涌出兼以山含萬象地蘊靈奇蓮沼澄光似猴池之浴日松枝引籟若祇樹之吟風衆妙難名約敷厥美冀同拂石萬劫茲山銘曰

麗哉宏璧出矣崑山磨礱不日神儀宛然亭亭淨域峩峩給園光浮十界色照三天其一衆妙功德莫惟斯重鏤鳳傍矯雕龍上聳買地有巢福田無種利益潛通存沒偕奉其二

唐故將軍柱國史公石像銘

自從戎旅竭鯁忠誠居家有理理之風在職著勤勤之德

屬西蕃獻屢入和親遂建鴻勳名芳麟閣自謂年逾耳順永閟臯扃痛深巾札之情悲愴克諧之道今罄盡家貲爲造功德伏惟幽途所感昭察志心光其不朽之名以表芳猷之勳於戲哀哉乃爲銘曰

日轉星迴暑往寒來陵夷海變功立人摧痛悲繐帳哀結夜臺千秋兮萬歲厭德兮隆該

蒲州虞鄉縣令劉君幡竿銘

粤我皇唐之經六合總萬方撫綠圖尊紫極九十有八年矣實用進忠直黜佞邪尚有功任有德一臻斯道而天下

密如雖堯舜之治禹湯之政對而爲語誠固何慙然以股肱要闕一字物務殷綜俾將撫字實真惟良任難其人博選髦傑則有我劉公首膺榮命上闕一字天心詢事考言帝俞則寄牽朱絲而就職擁墨綬以臨人察察焉兢兢焉允光明王之舉也故嘗以德惟善政政在養人言念孤弱殆將流滯於是設教敷化寬獄緩刑黠吏移心宄渠束手誨我子弟植我田疇庶績其凝人用胥悅加以罇搖晚酌息前庭之訟端琴弄宵閑坐北堂之微月則使觽童蠶妾咸曰來蘇杖老耕夫僉謀再借然公以志崇元寂契入道真悟

法性空不生不滅解如來意無我無人則鐘鼎非度世之資軒裳豈出塵之具方欲潔誠洗慮高致清虛解帶抽簪遺累天壤迺闕一字茲祿闕一字發此淨心敬樹幡竿於柏梯山寺之西南岑也錯綜繒綺雕飾梓林匠人盡斧斤之奇女工窮縟繡之妙規模逾逸今古莫儔迫而察之有若神化然則前臨峻嶠北負平原崢嶸萬仞蕭條千里風生牝谷韻清響於禪林澗入猴池靜涓流於定水長蘿絓日層峯擁雲幽溪不春邃壑無景殊形詭狀不可殫論信山岳之神秀靈仙之所窟宅然僕識闕三字材行膚疎式踐文場猶迷闇閾初航學海未辯波潮好事必旌常有其志闕三字寺都維那法泰上人爲予傳之偉其事績目睢闕一字覩耳所覽聞粉墨抽毫式銘景福其銘曰

於皇有唐紹統三光功侔往帝名超上皇四海無外率土賓王克明峻德俗阜人康其一英英劉公恪闕一字榮秩臣道斯備黃裳元吉取則韋弦性兼舒疾人闕一字宗闕二字猶冬日其二思絕鐘鼎契入幽真念茲含識幾慟心神迺眷南顧廣樹冥因華幡闕一字日雕竿倚雲其三直侵黃道迥瞰紫微晴虹偶影度鳥驚飛莊嚴孔備功德巍巍配山河兮永固

與天地而同歸

佛頂尊勝陀羅尼經幢銘

夫闕六字不能闕二字其光秦臺寶鏡萬像不能增減其明道元體闕六字著光自闕四字有大師俗姓員釋號湛闕一字族本闕二字朝邑人也天闕二字生地靈秀出體閑溫闕二字養冲和童齓闕五字長學道承闕二字依戒律聽聞四闕三字秉闕四字歲於闕二字因過薦福寺大德明觀和尚開三階之奧理示一性之法王敷普闕一字之闕一字演收慈之本乃悟六入趣精闕四字遂舍闕二字方就普利闕二字傳授無我無人食任精麤

一衣一衲觀公謂曰吾久住皇州欲闕一字汝法流外於是大師隨侍闕一字適蒲城誘迷降闕八字餘周復遷闕二字封送終闕二字畢闕二字蘊藉功著妙義闕一字道闕五字佛主闕五字法界闕二字晈闕三字聖貞元十四載闕三字寺舉充三學大德居於住持日往月來廿三載內觀實相外博經文闕一字盜闕二字至終南梗梓岡側殂歸松柏之下備儀安厝建立寶幢門闕一字慟楚法侶悽然痛道樹傾摧法舟淪覆攀慕難及乃爲銘曰

善哉大士幼懷高闕一字頓捨繁華猛登初地承師稟授一

周二紀善任他收惡當已示衣惟一衲食非重味戒律內持威儀外備有無雙遣闕一字智俱亡本體清淨大乘法王言說現相如如我常羣迷導引苦海津梁三學教授一燈傳光醍醐灌頂甘露湔腸緣闕一字時遠亦歸圓寂祖城終南神宜就涉門人攀戀法侶哀戚原野蕭蕭雲烟闕二字刋石建銘千古遺跡

佛頂尊勝陀羅尼經幢銘

原夫覺尊千佛理勝萬法闕一字於闕三字中闕十五字悟八性之闕二字珠必遊於滄海修善可依於大乘闕一字猶月光除八極之昏佛惠破九幽之闕羅尼之謂闕二字乎梵闕者也闕二字宣於帝室所謂三世如來之密迹百千諸佛之元樞乃假佛心共爲濟拔闕謹於亡妻塋內闕一字以旌其善也乃命闕二字良工闕二字山之闕是以善住天子親承佛旨意念總持捨宿業之塵昏超殊勝之妙果爰以建立仰希佛闕皆蒙利啟虔誠之意奉貞闕一字之心用表發輝永闕三字乃爲銘曰

上闕佛頂闕覺闕刻石傳經闕三字負俗事闇公惟賢奉聖蘭殿歸依無爲惠定闕

建幢銘

夫老釋之教本乎利於人故廣其門而論於衆得其門者尚鮮矣日有故右神策軍襄樂防秋同正將兼押衙銀青光祿大夫檢校太子詹事上柱國董府君公諱敍洞達至理敬崇佛書積善承家慶流於後有嗣子曰瑾未冠從仕信義已立孝闕三字瘵之際勵闕一字度家殯儀所須完闕一字不貲卜筮叶吉窆於斯原卒哭之前喪事云畢夫人夏侯氏灑泣喪次撫孤訴天緬公之平生非善不作思契神路唯福是先乃命工人斲貞石峯勢屹立斯幢告成亦以爲

至哀飾也故秉筆書事昭乎闕五字維彼闕一字人維善是親如影如響昭昭福因公之歿代星歲闕一字改令子成家慶餘斯在精魂悠悠莫知何求緬濟神路斯幢乃修闕一字名狀壁闕二字閒飾熒熒光光頂載虛碧松柏蒼蒼龍虵亂行貞石孤立直墳之陽斯幢之妙幽明有闕一字萬古闕六字

石燈臺銘

嘗聞妙覺空寂福潤四生帝德無垠包含萬有僕恭念累稔無方奉答乃攬諸闕一字義可建以炬幢遇良匠運奇巧

班輸豈能說其妙遂盤石開蓮彫星寫月神仙鼓樂天梵飛香刻眞相具三乘寶身勒金偈說十種功德不日而就立乎此方乃爲頌曰

聖智深妙體用無量現之巨海湧於毫末隱之須彌滅於芥藏行藏若是廣利含識瞻仰圖遠名傳淨域寶燈建兮有時刦石壞兮無虧表凡愚兮敬作惟聖者兮所知

幽栖寺尼正覺浮圖銘

夫登涅槃山者要馮戒足入佛法海者必藉慈航幽栖寺尼正覺闕一字香馥韻定水澄清潤三草而布慈雲警四山而雷法鼓不謂三龍從毒蔭宅將危二鼠挺災憂殘意樹遂即傾天祕寶構此蜂臺竭地藏珍將營鴈塔其塔乃岧嶤入漢與玉兎而爭暉嵬業侵雲共金烏而合曜卽願危藤永茂朽樹長春覩遺情塵聞銷意垢闕二字其詞曰

皎見顧高葺此臺塔姸巖疑語凝源擬業

唐武德鑑銘

武德五年歲次壬午八月十五日甲子揚州總管府造青銅鏡一面充癸未年元正朝貢其銘曰

上元啓祚靈鑒飛天一登仁壽於萬斯年

盤鑑銘 一名轉輪鉤枝八花鑑銘

清河曉月澄雪皎波　月曉河澄雪皎波清　曉河澄雪皎波清月　波清月曉河澄雪皎

清波皎雪澄河曉月　波皎雪澄河曉月清　皎雪澄河曉月清波　雪澄河曉月清波皎 右花上八字環旋讀之得十六句

清光耀日菱芳照室　光耀日菱芳照室清　耀日菱芳照室清光　日菱芳照室清光耀

清室照芳菱日耀光　室照芳菱日耀光清　照芳菱日耀光清室　芳菱日耀光清室照 右枝上八字環旋讀之得十六句

篇章隱約雅合雍熙鉛華著飾盡辭妍媸旋軀合配懿德章施宣光炳耀列象標奇先人後已閱禮崇詩懸堂象設啟匣光馳傳芳遠古照引毫釐堅惟瑩澈跡異磷緇連星引月藻振芳垂妍齊錦繡色配漣漪虔思早暮守謹閨闈圓虛配道象罔齊儀姻凝綴玉影表方枝捐瑕滌怪釋怨忘疲蓮芳表質日素凝姿編辭衍義質動形隨前瞻後戒雪拂雲披聯翩動鵲映掩辭蟠蟬輕約鬢柳翠分眉全斯節志敬爾尊卑鮮含翠羽影透輕池源分派引地等天規延年益壽代變時移筌簡等義綸綵分詞

詞分綵綸義等簡筌移時變代壽益年延規天等地引派分源池輕透影羽翠含鮮卑尊爾敬志節斯全眉分翠柳鬢約輕蟬蟠辭掩映鵲動翩聯披雲拂雪戒後瞻前隨形動質義衍辭編姿凝素日質表芳蓮疲忘怨釋怪滌瑕捐枝方表影玉綴凝姻儀齊罔象道配虛圓闈閨謹守暮早思虔漪漣配色繡錦齊妍垂芳振藻月引星連緇磷異跡澈瑩惟堅釐毫引照古遠芳傳馳光匣啟設象堂懸詩崇禮閱已後人先奇標象列耀炳光宣施章德懿配合軀旋媸妍辭盡飾著華鉛熙雍合雅約隱章篇右輪間百九十二字左旋讀之自篇字起至詞字止右旋讀之自詞字起至篇字止得九十六句

唐晉陽龍鐵鑑銘

賈林疑已酉歲秋八月幾望身王休合二金二鎰有四兩規三咫闕一字神先生銘之曰

唐萬春鑑銘

鑒容儀永保其貞晉陽之銅闕二字山龍有玉辭夏惟金去秦俱隨革故共集鼎新儀天寫質象日開輪率舞鸞鳳奔走鬼神長懸仁壽天子萬春

唐玉堂鐵鑑銘

神冶有因志鍊成眞玉堂偏覩長宜子孫

玉臺鏡銘

絕照覽心圓輝矚面藏寶匣而光掩挂玉臺而影見鑒羅綺於後庭寫衣簪乎前殿

長樂鏡銘

湅冶銅華清而明以之為鏡因宜文章延年益壽去不祥與天无極而日月之光

水星鏡銘

永保命水銀星陰精百鍊得為鏡八卦壽象備衛神

鏡銘

日初升。月初盈。纖翳不生。肖茲萬形。是曰攖寧。瑩乎太清。

欽定全唐文卷九百八十九

闕名三十

彌勒像碑

蓋聞至理元微。起夫言象之（闕一字）眞爲眇邈（闕二字）希夷之（闕一字）而能仁降跡。隨緣利現。紫狀西誕。則珠星奄輝。白象東馳。則金人入夢。是（闕一字）三乘之軌齊驚。八正之門洞啟。日用之益。可畧言焉。自（闕二字）三千之前。道光汲引。塔盈八萬之後。歸（闕一字）寂（闕二字）夫（闕二字）難遇（闕三字）針人心易遷。同茲斲石。何則。釋迦現於既往。仰企匪而不追。彌勒降於將

來。俯翹足而難俟。居前後而成郭。惟進退而莫（闕一字）言念沉淪。喟然嘆息。乃與同志百餘人等。上願皇基永固。配穹天而垂拱。下使幽塗載曉。趨彼岸而（闕一字）昇。遂於茲嶺敬造彌勒像龕一所。地聳雙闕。壁映千尋。前泝清流。却倚重岫。縈帶（闕一字）薄。密邇京華。似耆山之接王城。給園之依衛國也。既資勝地。又屬神工。疏鑿彫鐫。備盡微妙。以大唐貞觀二十二年四月八日。莊嚴斯畢。於（闕一字）尊儀始著。似降兜率之宮。妙相初成。若在菩提之樹。白毫月照。紺髮煙凝。蓮目疑動。菓脣似說。其有禮（闕二字）足瞻仰尊顏者。莫不肅

然毛竪谿爾心開實釋梵所歸依龍天（闕一字）衛護彼丹青徒煥旋見銷毀金玉雖珍易以零落豈若因山成固同乾坤之可久刊石爲貞何陵谷之能貿於是勒銘龕（闕一字）式纘靈儀其詞曰

眞如肹眗正覺巍巍四宏動念八相流輝鹿園闡法鶴樹拂衣十方三世異軫同歸（其一）（闕一字）歟逸多正眞道備踵彼遐武補茲佛位兜率降神閻浮廣利淨土（闕一字）啟（闕一字）門罔闕（其二）思覲聖容龕茲巖曲旣彫旣就將起將躡釋梵寘感靈祇幽屬似會龍華如遊雞足（其三）丹獻重疊清川滉瀁

松桂灌叢聖仙來往影留怖鴿手威狂象妙包湛然歷劫瞻仰（其四）

唐大德寺造像并建彌勒閣碑

（闕十七字）於（闕四字）山於紫（闕二十四字）劫齡越恒河（闕八字）元風廣被俱昇三（闕一字）之（闕二字）妙難闡（闕一字）重雲而不（闕三字）陸念淨於心田（闕四字）五乘調於意樹崇遵正覺鑒照不周（闕二字）之（闕二字）靈未盡（闕三字）衆動（闕一字）無常明陰洞陽空窮其數廣門杳（闕三字）其（闕一字）聖道幽元不悉其旨舉（闕一字）無上抑神無下彌於宇宙攝以毫（闕四字）淑芥（闕一字）難巧拂石屢盡墨氣無（闕一字）照玉燭而轉金輪散堯雲而（闕二字）曰（闕四字）濟（闕一字）三（闕二字）法宣陽獎延拾地云以大德寺者荊河之（闕二字）也上欽邑通漢下幽邃窅冡左則金臺寶闕右則崑阜岑蓬前上洛（闕二字）同涓定鼎洪流其後盟津達於晉闕徘徊盤鬱五臺陸府疋扃三山（闕一字）州疋過外（闕一字）倍尾靈愈熊耳鯉鱗獻書進圖入匪賦贛咸賨納稅纖美（闕一字）詞（闕一字）産西詩萊菲䕎鷹旣殷皇家甒止萬代神基明堂鈿鈺雖非拔濟（闕一字）預孤園未（闕一字）舍衛香城豈非闍峯雪岫者歟荊元魏帝規矩（闕一字）尼霸（闕一字）隆邦禎祥表於慈父

龕威玷帳妙處雲天瑞膺明靈揮巖刊塔（闕一字）爲大德寺也皇儀數改帝業頻移衙遇逍周昔逢價道虧尊廢像遂斷香路於西方滯遊魂於淨土因以釋㪅陵遲神香頗及珮形殊影獨處堂闕菩薩眞人闌夜檠落懟金顏於麓埜幽玉面於摧龕聖德深明舉淹留於金（闕一字）大帝乘昔出震恩徹九圍遠眺昏窅親觀隱殁撲炬燎於邪烽檝羣迷於苦氣頻奉明詔重令修緝復崇前號度尼五等並早辭百兩夙契三乘燔香翦綵發曇花之志無常無我法印尊儀戒行不虧陸（闕一字）無累復有法子清信（闕二字）劉仁則廿

六人等幼(闕一字)貞敏宿悟三空(闕一字)敬(闕一字)情先芭肆忍絲中白縷食内櫞飡禪營寶塔特造僧房(闕一字)待布金徘徊(闕一字)就鴻鐘廢而還擊聲徹九天清唄(闕二字)再稱聞於(闕一字)地今建石碑像壹軀金容毫目出界無雙玉面蓯蓉拾方俙有聞名合掌(闕一字)幼嘗除見影低頭恒(闕一字)皐滅復營彌勒閣壹所金鈴寶鐸和天樂而鏗鏘妙(闕二字)花齊綺雲而合槖闢大千疋路渡彼岸津梁聖數歟而復全蒼生皐而還福(闕一字)舟待檝竟無越棄疋功鑄滿衢中安知挹(闕一字)伏(闕一字)而皇上宏資福垂拱而莅捌荒德被黔黎

斂袵而(闕二字)國恩(闕一字)巧骨石室歸仁澤及蜎蜚金(闕一字)流偈法相常住齊三光(闕四字)皇福臻同(闕二字)疋固再申斯句刊勒茲銘輒以輕(闕一字)聊興擲(闕三字)智劍(闕三字)鋒(闕二字)金鋌能摧怨弩闢臨大轂儔覩遊(闕一字)礎瞻玟(闕三字)鶴舞文(闕五字)慈門宏勝業於神州設蔓功於赤縣今迺鐫(闕三字)鏤石尋(闕一字)繼釋祖疋遺風嗣金文疋祕碣恐塵飛汫棄桑出波中讚(闕三字)難窮歎慧風而靡絕翹心渴仰願奉神光普照無邊咸歸妙旨(闕四字)(闕一字)雄慈父靈儀頗識說法有功論義智力入斷五慾出降六賊(闕四字)破魔軍息(其一)新構雲閣鯨棟鯢虹丹梁綠綺宿鳳棲龍觀如見鶴(闕二字)眞空波行論法洺語驚鴻(其二)四虵迅速烏飛兔散火宅非固諸子爲難金鼓既韻方超彼岸(闕一字)等修謹常遵誦讚(其三)東流頗息西(闕一字)難追去來無礙四運相隨天長地久釋廟透迤金壘常固寶(闕一字)無虧(其四)(闕一字)宮月殿青紫丹墀左連帝闕右(闕一字)王畿峩峩妙德供養巍巍常遵福地(闕一字)共歸依(其五)

大龍泉寺碑

昔軒轅之臺表於大荒之野靈光之殿存乎曲阜之鄉然

皆起滅不停苦空無我遺風餘跡尚或可觀況佛刹淨居金剛福地百靈之所翊衛萬善之所扶持宜其踰億劫以永存歷三災而彌固者也龍泉寺者晉咸康二年縣民王陽及虞宏實等之所建立二人以宿植之良因修未來之勝果爰捨淨財興斯福事雖宏壯未極而嚴淨有餘其地勢則憑峻嶺以爲墉縈長江其如帶乃於形勝之所式建方墳背巘面流亭然孤立譬崑峯之望坳澤若圓嶠之汎滄溟棲眞之致莫與爲儔道場之建於茲二百年矣值梁室板蕩大盜潛移四海沸騰九夷交亂其壯騎之所憑陵

戎馬之所輣轢燎原薙草邑無遺噍玉堂金穴餘構莫存甲第高門尺椽皆盡浙河之左尤鍾其弊於時禹川殷阜舉袂成帷雲棟繡楣雕甍綺閣皆夷漫滌蕩萬不一存潤屋爲墟曝骸如莽家靡餘囊路無行跡唯此伽藍巋然不動清梵夜響和鈴旦揚行人宴嘿風塵無警或有履鋒介士彎弧劍客莫不釋戈免胄望崖頂禮豈非慈善幽贊功德冥符能伏獷戎善和怨敵斯固三寶之力不可思議但自創立以來多歷年所時經理亂道或汚隆冬室夏堂亟多頽毀禪思或擾分衛罕周乃有清信士女若干人咸撤

布帛隨時喜捨步影捷趨資待無缺有仁祠焉有淨衆焉藉四部之護持起十方之迴向低頭合掌並趣菩提彈指散花皆成妙道然佛法難逢人身易失傳火交謝念念不留閱水成川滔滔莫反寧可宴安巢幕甘寢積薪沉溺蓋纏不求解脫實宜共出愛網全護法城修福不捐至誠必感大悲汲引義非虛說庶憑願力俱證道場是用鏤之金石咸題姓字貽諸不朽乃作銘曰

正教既隱像法斯備柰苑祇林香城金地鳥跋連屬雞飛相次像設閑安斯爲佛事乃建靈塔儀江之涘棟宇既修雕龕斯整負岩面壑棲雲倒景澹爾智流嶷焉仁靖方丈淨室四柱寶臺運遷時謝日往月來桂棟或朽蘭橑將摧珠幡掩色寶網凝埃篤矣清信共宏利益或捨衣裘咸傾粟帛造新葺故呈材獻石地擬金繩供同香積世諦虛假色相非眞棲託毒樹迴環苦輪惟我淨域出要良津勝業可久暉光日新

信法寺眞容像碑

蓋聞日月星辰著明也可以用土圭而度之陰陽風雨其氣也可以陳灰琯而察之此皆不越尋常之境並歸生死

之塗而猶八卦敘之而闕三字識之能識生則不滅實即空而有空法本不然藏諸用而沖用故前佛後佛廣開四諦之門全身示身便起三伊之相入波羅之國即闕五字而頂禮獼猴水上導七淨之遥波雞足山中開五乘之出路祥禽聞梵便生忉利之天旅鴈聆音自上拘尸之塔豈不法王廣濟衆闕六字德周於砂界若懸鐘之待物巨細飛聲像鸞鏡之高懸方圓盡具故得去之不去來之不來剖芥子而納山河引蓮花而闕十字寺者隋開皇三年之所立也既而上圖景宿天文當畢昴之間下析物土地理是唐虞之

國前通廣劇邯鄲跕屣之郊後控（闕十三字）疊積香鑪之烟鶩水南流滔滔注祥河之浪信陰陽之交會實賢聖之泉藪於是憑爽塏建招提布金繩求水臬瞻（闕一字）揆（闕十字）山之梵橫步檐之四注俯視雲霞峙高閣之百重上臨（闕一字）雨離房別殿玉璫與鳳刹相輝複霤重階珠綴共龜鋪交暎五衢（闕九字）漢神龕百鏡似若天成玉樓千柱還疑地涌豈獨須彌山上坐觀波若之臺舍衛城中行列祇陀之樹故有巢禽宿德飧（闕十字）天下交喪芒芒率土俱勞烽火之憂懍懍懷生並入刀兵之劫而白波之衆遊定水而吞砂黃

巾之黨入禪林而召雨暨（闕十字）無思不服諸侯八百會牧野而前歌列士三千歷商郊而後舞渠魁既翦卽收雷電之威日月貞明連數雲雨之澤粤在（闕十字）規造化上棟下宇直放乾坤芳菓竹林還如天竺之國碧題銀牓卽同王舍之城而冷暖池邊乘杯可度菩薩樹下了義安（闕九字）大周革命卷懷前古聖德高於望雲神化通於煉石明堂端委朝萬國而受圖書卑宮居尊走百蠻而奉琛幣清風入律瑞（闕九字）美矣演淳化於無邊唐哉皇哉揚至誠於有頂景福既集濟塗炭於炎崑惠澤傍羅拯飛沉於苦海爰有像主柱國張黑刀（闕九字）之名山東擅終軍之妙或祥鳩襲慶祖德攸傳飛燕入懷象賢無墜王夷甫之瑤林瓊樹自是孫謀嵇叔夜之龍章鳳姿斯爲錫允（闕六字）明珠並入櫃那之施江妃雜珮咸從衆妙之門遂以長壽二年一月五日乃於舍利塔中敬造尊容像一鋪并諸夾侍菩薩總有一十（闕五字）交輝八十種好紺髮與青蓮競色金容聚日疑漢夢之霄通瑞影含（闕一字）動周王之夜鑒五百羅漢爭持貝葉之文八萬國王自奉銀棺（闕五字）開一切攝醉象於初心紹隆三寶屏毒龍於弱歲尼連禪河側不動不傾實波

羅竉邊惟寂惟真至於貫花舉葉之（闕一字）輿義攸歸九部（闕六字）說示說還成有說之宗非想非名盡入名言之義高懸法鏡遍三界而歸依器綜寫瓶在十方而迴向愛河之內卽遇導師業霧之（闕七字）餘慶得祥鱣之美重規疊矩乘朱軒者十人積德累能爲公卿者四代寵士元之展驥未遂良袁陳仲舉之題輿空然見（闕一字）邑（闕一字）冠（闕六字）譽於家庭訓人標上德之容利物盡中和之器俯臨小邑卽動絃歌未展高林寧悲下調花飛一縣挨潘岳之文詞菊泛三濤（闕八字）海人也寵冠天齊名飛富縣公侯必復竟從飛

鳳之徽禮讓有餘俯弃盧龍之賞懷仲弓之道德珠玉相輝藴元禮之風流（闕九字）人宏廉脅之風接士盡留連之契員外丞張大亮南陽人也金鉤錫祚石印延祥磊硌爲梁棟之林魁梧抱文儒之器清輝（闕九字）三君平陽踈紫氣之徵汾浦得黃雲之寶員外主簿張仁觀南陽西鄂人也天縱多奇地靈標慶管公明之文學盛德猶（闕十字）非性極閒明郭子元之事無疑滯情存夙夜崔亭伯之職在拾遺尉沈令珪吳興人也風雲逸氣鸞鶴奇姿盛門閥於江（闕十字）儀韶亮博聞强記俯地芥而無遺遊藝多林仰天官而可

代員外尉李楚璧趙郡人也才爲代出器實非常令德相承（闕十一字）的凡厥寮友賞極烟霞既防患而洗心佇良因而植操依希勝果在名利而不渝齋戒道場出樊籠而獨秀恤隱求（闕十二字）而愛郝知運卅五人等燕趙奇士珪璋令望才子有八非唯里號高陽讀書萬卷豈直門稱通德理既窮於性相實（闕十二字）之尚擁遂乃宏宣誓願爭趨福業驪珠鵲玉並入祇園鳳粟梟緍咸從柰苑敬依多寶而立豐碑逸須達而均芳冠（闕十二字）超十號觀其地也列（闕一字）之遺塵語其産焉先王之桑梓壯麗侔於魯殿締構擬於周堂豈可使寶塔棲霞遂沉吟而不讃（闕十字）少女之詞揚德祖有銘於絶妙賈逵金字山如礪而猶存呂望昆吾海成田而不昧其詞曰

道本無象法亦難名神功罕測妙力潛營出入空界周流化城即色是色非形示形（其一）遊彼獨圓超然喜捨教行震旦言從兑野頂巢飛鳥（闕十二字）（其二）（闕十四字）遠度白毫超相青蓮引步八正之門三乘之路（其三）芒芒沙界蠢蠢籠樊積塵爲岳集愛成源猶驚意馬未靜心猿遠勞纏累溺想（闕一字）言（其四）大周造（闕二十五字）解愠薰風（其五）爰有信士衣冠令胄楚國

先賢陳留耆舊烟霞滌想芝蘭挺秀一代名德十方領袖（其六）靈鷲山東祥鴛水北不近不遠是廓是（闕十七字）池蓮垂葉梁梅吐花風吟寶鐸地布金砂飛甍轉鳳（闕一字）草鳴麏（其八）劫灰難住嵐風易滅（闕一字）盡城空桑生海竭用旌元礎庶揚洪烈天（闕一字）地（闕）而不渝雲（闕）

李弼徵造像碑

若夫温席扇枕養性之道存焉塗車芻靈送終之儀見矣然未能棺中說法置親於忉利之宫地下乘杯救母於阿鼻之獄名言之所不測報應之所潛通唯我大雄（闕一字）斯

普濟金鄉縣埏溝村李弼徵孝心而至純德寘符追惟顧復之恩願假菩提之力謹爲亡考見存母鐫碑像一龕（闕二字）踴出石（闕四字）光吐而世界（闕四字）而魔波伏以斯功德（闕一字）報劬（闕一字）惟願五濁恒清三災不染乘斯寶筏迴入禪河因彼（闕一字）輪遐超火宅上沾有頂下漏無垠俱就福田咸昇彼岸以大周長安二年歲次壬寅十一月甲子朔十五日戊寅其功方就託此（闕一字）因爲聖神皇帝下爲含（闕一字）俱登出覺銘曰

孝子不匱菩薩（闕一字）生以斯法忍（闕一字）護慈（闕下）

太清觀碑

大唐沂州（闕）粵以仙圖寂寞（闕）規玉府將成不滓之（闕）教淪骨法（闕一字）無觸石之期慾火起炎崐之焰其後馬鳴龍（闕一字）葉之（闕一字）言摩騰法蘭傳貫花之寶偈爰有清信仕顏文資廿餘（闕）等並兒隣松男慈兒三人居郡瑯琊兄文枋陸（闕二字）鯉躍孝悌（闕）義（闕一字）鄉孔子龍蹲禮樂詩書之國共成勝業載結良緣捨難捨（闕）成未成之業（闕一字）於英固之力聖水之際奉爲皇帝師僧父母敬造老子三尊一（闕一字）刊（闕一字）以畢莊嚴乃成僉（闕）以蜀（闕一字）唐德（闕一字）有（闕一字）施眞宗（闕一字）勒鄭（闕一字）理（闕二字）旋法力式旌其事（闕）乃作銘曰

（闕三字）下雖足巖（闕一字）三尊既立勝業橫開斜臨（闕）鳴花過秋蜂（闕三字）斯畢妙福長該（闕一字）我功德（闕一字）我能（闕一字）業超十（闕）三天唯則（闕一字）空（闕一字）盡劫未灰燃庶瓊碑（闕）金（闕二字）

大唐衡州新鄉縣臨清驛造彌勒像碑

原夫贍部神州薩訶妙境代應賢劫成芥子而滿由旬時現聖雄喻曇花而實希有騰妙雲而潤三卉就微塵數之

人天振法鼓而揚一音徹恒沙量之佛土惜哉彼王舍城內或不見不聞喜夫我皇唐國中得總持總集玉毫金彩具眞儀而畢歸華簡花編窮祕藏而咸造仍使梵宮妙智變現宰官帝室仙苗化成藩牧有正議大夫行衡州別駕李諱（闕一字）溫地靈天系應半千而獨高玉樹瓊枝紹得一而孤秀器侔台鉉德並阿衡化勝解刀勢逾展驥壓黃河北岸欲千里浮清鎮太行東隅使百城安肅行君子之道四聖論克從用養人之德三賢謨勿爽觀好以悅若流杜母之慈矜孤懸窮如遺邵父之愛縣令朝請大夫韋諱允

衛斗奇光早聞博識連城重價速就明時斷錯節而奸盜除製文錦而儒雅服潘河陽之詞采著述在於多聞姜灌壇之嚴（闕一字）疾暴避於他境不下堂而人自理豈獨宓齊飭高國而祥欲棲不孤王阜縣尉宣德郎盧節明如冰鏡直類絲繩諤諤當官賢於（闕一字）舍閭閻理事果似仲由妙稱比乎終童可畏甚乎顏子咸以歷任共於惟衞應授疾於星奔州縣帶於康莊晨夕佇於天命於茲述職不易其人非夫富贍若山智慧如海孰能預於斯矣然驛長孫璧者周文王之苗衞上卿之允漢司農竇魏侍中賁或（闕一字）

守太原或受封安定門風不變舞松柏而增清代德相賁歌鳳凰而轉盛丕祖德嚴考禮父慈子孝積善揚名衞荆之富美可傳鄭莊之迎賓足擬屬開元運載區宇廓清九隅未降之天十洲無記之地咸來貢篚競湊厥途豈唯南馳蒼梧北走紫塞驊騮騏驥子負琛賚而元黃逐日追風觸（闕二字）而委蛇助國之實飛天之種吳欲諸侯之葬燕以千金之市可不惜乎璧祖母恒農楊氏出四代五公之門乘採藥報環之福春秋八十四栾桃花而若飛座客（闕一字）千餘泛竹葉而常滿以禮爲國足揚於國風以貞利家已殷於家道扶人有惠樹提伽之業成發心用慈優波離之念重誓告諸佛願及庶官齊十力而救拔四生息三毒而哀矜五苦遂得赭白成（闕二字）祥花之飛滿驛中紫騮應歌如絲雲之奔流櫪上誓願斯果功德是崇敬造彌陀一區并以菩薩兩侍琢之以碧玉疑若寶山之拔來飾之以黃金渙似蓮河之湧出韋提希悲感在昔雖遙舍利弗喜懽（闕三字）覩妙相縱小神力不輕樹千萬里之路旁使百億衆之皆見下拜稽顙罪滅無餘右繞至心（闕三字）限庶夫天長地久植善之行恒流海變田移種德之名無朽其詞曰

惟唐累慶輔國多賢分枝蔭衞別駕安蕃六條代布三德日宣出身明白就道幽元（其一）儒門令問貴代貽芳出從京兆作宰新鄉鳴絃有序製錦無傷依仁撫俗詠德斯彰（其二）孫家慈母族本恒農春秋欲暮聽覽仍聰三堂禮異四海賓同玉杯常滿綺座無空（其三）有尉盧君其若生知黃陂萬頃郄桂一枝行仁火速爲國星馳當官有劾處事無（闕一字）（其四）至美孫家善資軍國造彌陀像願威神力天地常清干戈永息劫石恐消豐碑乃勒（其五）

本願寺舍利塔碑

宇宙之外有聖人焉乘時而來知變而逝道不可以終喪故授之以像是以聖人之體見乎舍利聖人之容見乎廟聖人之尊嚴見於塔三者廣大悉備聖人之化業存矣曰鹿泉信士畢瑜張成道心之擢焉者也歸戒是與聲塵若弃高尚淨名之事欽惟睿覺之風悉心勵行屬意遐遠乃聚其族而令其家曰金玉束帛吾知之矣適足以馳慮喪神不可以經綸界劫吾將底崇妙事丕建靈塔百歲之後良無閒然爾其念哉於是子孫咸跪悅敬諾乃謀奧勝卜華敞周爰咨度遂定於本願之伽藍焉既其徇名山採貞

石肅志潔慮以精以析旬有五日果獲眞美暉山韞玉渥靈含潤既𨇾既發粲然可觀軸而推之雷奔谷響千唱百和不植地而致焉乃鑿（闕一字）璞之（闕二字）而礱之濁澤精密不瑕不磷審高下明廣輪疊而成階積以曾峻嵲嶫峯起嵯峩山盤周際脗合閒不容髮儼若地湧鬱猶渾成歸哉實荒劫之宏鎮也初眞策之設也思厥舍利罔知所請乃誠克念匪皇底寧斯無所有送釋惠起所致者廿有四粒以屬焉既獲厥心豁若符契非夫靈聖默運其孰能與於此乎乃考彝範本元儀黃金其棺白銀其槨周以石篋襯以琉璃香物萬選名花數百既散既屬封之掩之堅林之事宛然斯在令范陽盧公字從運夫人滎陽鄭氏慨大師之永往仰勝會而興懷雨泣輸誠大捨服翫士女千萬徘徊獻心延慕金容覿全身而樹多福者信亦繁矣因斯而觀則耳目之外界趣之中密逾周旋崇禧致遠者又惡可得其源倪哉（闕三字）四博鑿華龕製金容廣良業厥有秖信昌言左右維南有佛實維慈氏畢公所立崇願將來冀其下生北面而事爰有淨邑長老王（闕三字）五十二人欽若神界洗心安養清修其本式建彌陀乃西其居以正厥位太

原胡仙經彌勒於北所以發其蒙也高尼明惠設能仁於東所以昭其本也四子各以其志競心方面雕粹渥飾有休有倫底綏四方奸魔自喪蕩蕩幻境居然化淳嗟乎不覩於茲安知天地大寶之所在也先是故寺主振法師故都維那知愻法師桑門之道勝也寺主僧希名都維那僧惠仙上坐僧惠起威儀僧道光法師僧智秀律師（闕一字）道瑗律師僧湛寂前上坐頭陀僧道解乃起合寺諸釋鄉城長幼及篤信麴客良等爲國建釋迦石像於北殿其高二丈有八尺開鑿啟發其功甚廣亦既構立崇崇嶷然煥乎

金光寂矣神峙紺目海視玉豪山轉衆美繁衍熊熊鏡天瓌壯偉麗城中所絶左藥王右藥王其高廿有五尺二者葢前丞王務光張成之所造也渥彩曜靈光相暉炳峩峩抑抑信生人之眞救焉夫惟王公博孝之君子也母氏聖善卒於茲邑銜恤在疚莫知所從以爲俎豆牲牢不足以光贊營魄乃樹斯妙業以展寒泉之心相此則寶林德水之必然也自有唐開元八年纘理畢經始於今廿有五載是時碑既未備而振殒俱殁王公又徙職於壽陽法門智秀有恒其德仰茲廣業追惟聚散恐歲月浸遠元由蔑聞

越九年作噩歲春仲望乃與前塔合而爲頌宣之豐石以存萬古其詞曰

歸哉靈塔既闕一字其崇舍利內德光輝外融四德既位萬德咸豐作鎮荒劫皇哉覺風萃彼曾廟有靈其嶷擢擢皇皇紫金維色法雲亞聖左右翼翼既清昏波與時偕極眞源淳淳合變而身剡茲像設又倍遺塵不有轍迹孰知所臻勒銘金石作鎮天人

紀哥舒翰功績碑

闕皇之德施化侔天地經綸象雲雷日月所臨之闕遠闕也憬闕二字夏其惟犬戎聚落猖狂保聚山谷故聖王之闕則懷闕舊章特申約言載錫姻好闕明德闕也湣通約而反閒闕軍士闕未加闕乃親闕敗謀闕大闕水闕德闕二字叛闕舉而定闕也武有七德今則過之而頌聲無聞何以闕聖策謀從闕頌曰闕

欽定全唐文卷九百九十

闕名三十一

重修東陵聖母宮碑

闕聖母心俞至言無闕疾冰釋遂奉上清之教旋登列聖之位仙階崇者靈感遠豐功邁者祥應速乃有眞人劉君擁節乘麟降於庭內劉君名剛貴眞也以聖母道應實錄才合上仙授之祕符餌以珍藥遂神儀爽變膚骼纖姸脫異俗流鄙遠塵愛杜顏初忿責我婦禮聖母儵然不經聽慮久之生訟至於幽圄拘同羑里倏闕霓裳仙駕降空卿

雲臨户顧召二女躡虛同升旭日初照聳身直上旌幢彩煥輝耀莫倫異樂殊香沒空方息康帝以爲中興之瑞詔於其所置仙宮觀慶殊祥也因號曰東陵聖母家本廣陵仙於東土曰東陵焉二女俱升曰聖母焉邃宇既崇眞儀麗設遠近歸赴傾匝江淮水旱札瘥無不禱請神貺昭茲人用大康姦盜之徒或未引咎則有青禽翔其廬上靈徵既降罪必斯獲閭井之間無隱慝焉自晉暨隋年將三百都鄙精奉車徒奔屬及煬帝東遷運終多忌苛禁道侶闕元元九聖丕承纂揚至道眞宮祕府罔不旌建況靈蹤可訊道化在人雖蕪翳荒郊而莫禱雲集棟宇未復耆艾銜悲誰其興之具因碩德從叔父淮南節度觀察使禮部尚書闕監軍使太原郭公道冠方隅勳崇南服淮河既闕蒸氓作而不朽字乎頌聲

德本寺碑陰

晉杜氏集解春秋其有關於魯史者附爲後序今建莊之始即居士徐君導之置也以徐君有善亦剞之於石也君世居寺之後石橋橋路多墊溺乃議於鄰之左立君曰榮謂開通道路儒釋共緒欲展其利必無其跡況爲鄉邑往

返之大利哉太和六年春自前石橋趣後石橋達於所亡疑凡一百四十五步琢淩雲之石鎮積虛之土條堅質以界道較繩墨爲地面功成也有若梅天澍雨落闕澗而驟傾臘雪凝冰等高岡而盍固則智起二人跡垂永躅

內侍省功德碑

闕二字子闕十八字寶王如來有圓覺之闕十字無滅而修以自性而闕二字神遇之闕十九字晉門寂住有感則通洛闕五字斯闕一字是以瑠璃正受闕一字色身而不闕一字如幻等闕一字無盡闕十二字者闕一字弟子右監門衛將軍闕四字事上闕一字國渤海郡

開國公內供奉高力士闕六字將軍上柱國闕八字光祿大夫行內侍省內侍上柱國宏農郡開國公內供奉楊思勗中散大夫守闕五字上柱國內供奉闕八字內侍省內常侍內供奉闕一字思闕一字朝請大夫守內侍省內常侍內供奉趙闕三字仁闕七字李善闕四字夫行內侍省內給事內供奉闕二字岌馮闕一字翼蘇闕二字杜懷敬闕三字趙元闕四字夫行內侍闕四字監內供奉馬闕二字夏敬忠曹元德莫順之胡普寂范闕五字晏思忠闕二字賞內侍省內侍闕五字局令內供奉王闕一字歸馮闕二字劉義闕一字毛懷景徐仁闕一字陳闕四字溫孫仁闕七字

王順景闕一字乾裕王承恩王惟闕四字吳明簡湛滿闕三字壁闕三字朱闕十一字董崇順李元亮郎武闕一字高承闕二字思敬梁思莊內侍省內闕二十一字隱闕一字崇闕一字駱思闕二字光憲王闕五字王義超劉頭兒闕十六字高闕二字輔仙通李齊珪闕一字文喜闕四字嘉泰內侍省內闕三字內闕十四字張闕二字張遺福陳崇息田鳳仙闕三字內侍省宮闈局給闕一字內供奉闕一字元會闕一字惠闕八字崇詡闕三字王庭隱劉令法張元滿趙處信鄭元光劉令仙高元光闕七字承闕六字慶呂元表楊思雅李惠訓李仁信闕二字靜等一百闕三字爲大唐開元神武皇帝闕十三字同茲末法。普賢神力。尚遇全經。思崇闕二字之闕一字冀闡仁王之化。香巖寂想。唯聞贍闕一字之薰。雪岫闕一字誠。但爲醍醐之味。以爲闕三字掩。法壽賴而猶傳。四塔雖幽。靜根覩而非遠。斯固尅雕成闕五字綵闕三字靈歸中道。況崇山闕三字石方闕一字經火劫而闕二字歷風災而不至。則無闕二字豈有動哉。闕一字敢闕二字深心闕六字來闕四字衆闕二字善根敬造西方闕二字壽佛一鋪。闕三字事以今敦牂之闕三字林鍾勝緣尅闕二字功闕一字畢十身潛暎。百闕十八字天資始長膺北極之尊。智地無疆。永奉南山之壽。聖胎闕二十八字寶闕二字方遇髻闕一

字之賜。廬峯遠契。指安養而爲闕一字靈山舊闕七字乃重宣闕一字義闕六字解脫之色。如來之相。法本無起。闕八字誰爲闕一字鄭道闕十九字圖茲寶王依佛闕一字而成國用無對而闕一字光庶齊闕九字光

沙州千佛洞唐李氏再修功德碑

闕二字歸唐闕一字右散騎常侍英髦驤闕五字皆以稽古徵言。留心儒素。或登華第。更高拔闕一字之名。又戰闕一字堂。每中甲科之的。雖云流陜居戎。而不墜箕裘。暫闕五字猶次將軍之列。子既承恩鳳闕。父乃擢處貂蟬。朱門不媿於五侯。樹

戟崇隆於貴族，至於源分特秀，門繼簪裾，家承九錫之枝。流派祥雲之允，時遭西陲汨沒（闕二字）至德年中，十郡土崩，珍絶玉關之路（闕十字）凡二甲子，運偶大中之初，中興啟運（闕十一字）是金星耀芒之歲，皇化溥洽，通乎八紘，遐占雪山，緜邈萬里。府君春秋纔方弱冠，文藝卓犖，進止規常，迥然獨秀。時則妻父河西隴右一十一州節度管内觀察處置營田支度等使金紫光禄大夫特進食邑二千户實封三百户賜紫金魚袋南陽張公諱義潮，慕公之高望，藉公之文武，於是乃爲秦晉，遂申伉儷之儀，將奉承祧，世祚潘楊之

美。公其時也，始蒙表薦，因依獻捷，親拜彤庭，宣宗臨軒（闕二字）所以公具家諜，面奏玉階，上亦沖融破顔，羣公愕視，乃從別勅，授涼州司馬、檢校國子祭酒、兼御史中丞，賜紫金魚袋，錫金銀寶貝，詔命陪臣，乃歸戎幕（闕二字）餘載，河右麾戈拔幟，抉囊龍韜盡展，克復神烏，而一戎衣殄勍冦於河蘭，馘獯戎於瀚海。加以隴頭霧卷，金河泯湍瀨之波；蒲海梟鯨，流沙弛列烽之患。復天家（闕二字）孫，致唐堯之壽域，晏如也。百城（闕四字）無拜井之虞，十郡豐登，吏士賀來蘇之政。此乃三槐神異，百辟稀功，英雄半千，名流萬古。公又累蒙

朝獎，恩渥日深，方佩隼（闕一字）用堅磐石，勳猷未（闕一字）俄已云亡，享齡五十有二，終於燉煌之私第。亡叔僧妙弁，在蕃以行高才峻，遠邇瞻依，名達戎王贊普，追召特留在内，兼假臨壇供奉（闕七字）持該柄海，辯吞流，恩洽燉煌，庇庥家井，高僧實月，取以爲儔，僧叡餘蹤，扇於河隴。亡妣氾氏太夫人，龍沙鼎族，孤標庭訓，而保子謀孫，軌範而承家建業，清資不（闕一字）蔦累代而揚名，閥閲聯緜（闕六字）今乃逝矣，佳譽存焉。故府君贈右散騎常侍，生前遇三邊無警，四人有暇，於東皋命駕（闕九字）傾誠謁先人之實刹，迴顧粉壁，念

疇昔之遺蹤，瞻禮玉豪，歎紅樓之半側，豈使林風透闥，埃塵寶座之前；巘嶺陽烏，曝露荼毗之所。磴道之南，復有當家三窟，今亦重修，巨金華石（闕一字）籠存焉。於是乃募良工，訪其杞梓，貿材運斧，百堵俄成，魯國班輸，親臨勝境，雲霞大谿，實砌崇墉，未及星環，斯構畫立，雕簷化（闕一字）巍峩不讓於龍宮，懸閣重軒（闕四字）於日際，其功大矣，筆何宣哉！亡兄河西節度衙推兼監察御史明達，天與孤貞，松筠比節，懷文挾武，有張賓之策謀，破敵擒奸，得玉堂之（闕一字）術。曾朝絳闕，敷奏金鑾，指畫山川，盡縱横於天險（闕十字）兄明德

任沙州録事參軍。操持吏理。六曹無阿黨之言。深避四知（闕七字）切慕乘鷗之詠（闕六字）兄明詮。燉煌處士。今古滿懷。瀟落卿雲之（闕二字）先効義光。騰裔露之文。五柳閑居。慕逍遥於莊老。（闕十字）夫人南陽郡君張氏。即河西萬户侯太保張公第十四之女。温和雅暢。淑德令聞。深遵陶母之仁。至切齊眉之操。先君歸覲。不得同赴於京華。外族流連。（闕一字）各分飛於南北。於是兄亡弟喪。社稷傾淪。假手託孤。幾辛勤於苟免。（闕十字）所賴太保神靈。奪恩勳之重光。嗣子再整遺（闕一字）雖手掇大功。而心全棄致。見機取勝。不以爲懷。乃義

立姪男秉持旄鉞。總兵戎於舊府。樹勳績於新墀。內外肅清。秋毫屏迹。慶豐山踴。呈瑞色於朱軒。陳霸動容。歎（闕三字）壯室。四方嚮義。信結鄰羌。運籌不愧於梓檀。貞烈豈慚於世婦。問生神異。成太保之徽猷。雖處閨門。實丈夫之（闕二字）然心悟道。（闕一字）併棄樊籠。巡禮仙巖。願圖（闕二字）於是（闕十字）頓捨青鳧。市紫金於上國。解瓔珞。棄珠珍。銷金鈿於廊廡。運虛橐於庭際。乃得玉豪朗耀。光衝有頂之峯。實相發輝。亘抵大羅之所。長男使持節沙州諸軍（闕二字）沙州刺史兼節度副使檢校右散騎常侍御史大夫上柱國宏愿輔唐憂國。政立祥風。忠孝頗懇於君親。禮讓靡忘於伯（闕一字）六條布化。千里隨車。人歌來暮之（闕二字）紹龔黄之續。次男使持節瓜州刺史墨離軍押蕃落等使兼御史大夫宏定。文武全林。英雄賈勇。晉昌要險。能布頗牧之威。巨野大荒。屏盪匈奴之迹。挾纊（闕三字）士卒。泯燧不愧於襄陽（闕十字）都河自注。神知有道之君。積貯萬廂。東郡著雕金之好。（闕十一字）次男使持節甘州刺史兼御史中丞上柱國宏諫。飛馳拔拒。唯慶忌而難儔（闕三字）楊非由基而莫比。洎分符於張掖。故恤悍孤。布皇化於專城。懸魚發詠。次男朝議郎前守左神

武軍長史兼侍御史宏益。三端俱備。六藝精通。工書有（闕五字）札連芳於射戟（闕二字）特達文雅（闕二字）於是豐年大稔。星使西臨。親抵燉煌。頒宣聖旨。內常侍（闕六字）王裕（闕二字）克珣副師大夫稱齊（闕四字）大夫（闕一字）忠可偕（闕五字）密梓材退耀天威。呈祥塞表。因鑿樂石。共紀太平。余所不（闕二字）然狂簡。

大唐江陰縣光瑛院新建瑞像殿碑

旃檀瑞像者。梵能仁之相也。洎乎夏昇忉利。示初生七日之儀。優聖王因病目連。攝彼匠工。以紫旃檀。詣善法堂。雕寫金容而歸下土。聖王誠篤。固多嘉應。通感傳云。如來韜

隱四百年有羅漢號優樓質那於此應土大閣鑿五龕室置金玉瑠璃白銀旃檀等五從下止上如次安之其下四像光明爍目人所不覩旃檀像隨緣致敬世或多見自爾復三百年有羅漢名柰遮以目上生龜茲國出家爲泥尊者於第五龕取旃檀像運神足力馳奉先母報恩供養母後命盡復生揚州於長樂出家尊者復馳彼像送（闕一字）樂迦藍（闕一字）有揚州旃檀像焉由是神州盛仰華夏咸崇傾竭家緣雕鐫繼（闕）大同中殷氏捨第之所建也緜歷星紀寧無廢興及乾符初復再飾構烟嵐（闕）於崗巒麋鹿盈於

林谷晨警（闕）梵喧空掌合登臨信生遊憩僧多古貌衆（闕）耆年具詹蔔林實苾蒭草通德圓潔像（闕）周嚴所闕歸依唯（闕）瑞像矣有當院彥威大德戒（闕）芳聲性出誼譁情孤物表願雕聖像竊契沖襟當庚子歲十一月乃運素誠將興妙（闕）曩箱之有次聞共好之人即安（闕）指揮（闕）尚書首創助緣召其郢手鐫刻聖像百（闕）莊嚴（闕）辛丑中夏裝繪畢手因法姪紹興員話及殊緣尚虧（闕）殿遂同竭資金經營粹宇善（闕）應契（闕）扶旋有檀那亦吳郡陸敬詢捨錢十萬以助棟梁福崇母親潘氏冀增椿算奇（闕）書不七八年像殿俱畢約其費用逾百萬金殿矗神功像嚴天相鯨梁暉煥（闕）貌花同（闕一字）奉獻有似寶偕迎禮頂手親摩導利茲方終古不朽不銘時（闕）功威（闕）以故交面命斯作匪言著述但録端倪（闕）盡鄙詞仍勒爲頌云爾

（闕）之興優填叛首無學報恩東夏爰有化洽天人雕鐫繼重分布靈儀神州欣踊既陽之右光瑛梵宮唯茲巨事信所未崇厥有盛德傾竭資緣掄杞選梓命匠雕鐫然募有力吳郡諸陸共罄精誠同營斯福或保休和或延壽域勳績既隆功庸靡極殿矗烟嵐簷凝翠靄銅山百萬無作恒

在（闕一字）有傾缺此善無朽勒之貞珉天長地久

大明寺碑

界曰娑婆劫名賢善釋（闕十七字）晉儒風大扇文動關中之（闕十六字）紫文皆戛玉武盡（闕一字）金爲（闕十六字）書堂師之高（闕一字）也師有弟諱道（闕十四字）投師龍興巾瓶執事苦心幹節諷誦（闕十二字）爾後住寺法雲緇徒覺觀名揚上國位極（闕十字）當其第一補以科名（闕一字）録奏聞（闕三字）崇（闕九字）衣盂好行惠施甲辰光啟（闕二字）饑民（闕四字）屢（闕七字）之功師捨壹伯伍拾萬金於寺西南隅主公莊（闕一字）國（闕六字）作寵室之所朝昏夜月

春來而松櫝颼飀(闕五字)起(闕五字)晨鐘夜角課誦無閒漏永更闌心(闕一字)十利(闕三字)濟(闕四字)月比高墻塹緇門笙篁柱礎師孫五人義(闕一字)義修義澄義(闕一字)義(闕一字)節操冰霜終而復始師之法宏也化無有盡穢境潛拋俗年九十有(闕一字)不寧迴入禪扉凭於几案止於申後淨土果圓俄爾緣終(闕二字)異(闕二字)於玆山淚掩門人心摧徒衆同悲增信共泣人神是以表旌方(闕二字)師之終也方陳劫石用記紀綱奉命直書(闕一字)爲銘曰

出俗愛纏永拋業緣不住(闕一字)宅便弃連緜旋歸舊址請

住法雲院號大悲止今有文吳祖建寺選名秤平奏聞金闕請在大明性便布施不顧衣盂未省愛憎豐盈四衢有爲不住逡速何苦故立往生園留今古浮圖巧妙地久天長稜層顯煥崢嶸難量

牛頭山瑞聖寺碑

矧夫地水火風不能壞有爲之迹胎卵溼化盡能成無漏之因是知業力大而須彌靡堅蓮花生而淤泥本穢三災互起寄他界以難留十地未圓作飛狸而不暇若非自無量劫悟無明源依佛修行承佛付囑者孰能證三乘而超六道者也梓州牛頭山瑞聖寺者即棲眞導俗之福地也勢連獸角形聳牛頭江上遙窺雲葉捧蓬萊之島天邊乍見日輪光兜率之宮殿堂廓豁以干霄林麓森羅而蔽陸清波下瞰鳴根皆般若之舟古木傍生擢幹盡菩提之樹土暖而春先預到山高而月色先來講闡虛堂則龍王聽法供陳廣殿則天女獻花人間之士庶喧闐顒瞻寶相物外之烟霞噴薄別是仙都泊乎金人告滅於西郊白馬騰裝於東道爰於勝地漸起良緣菩薩出家掩禪關於樹下羅漢住世憩虎錫於巖間梵修而齋戒益精示現而祺祥

甚衆禪定之外住持是勤所以化十善之人歸四方之衆金從地布何須長者之園飯自天來不假維摩之室香花飲食既無其闕行住坐臥各得其宜星歲屢遷軌範彌峻於戲刀州作鎮劍棧分壇諸葛亮龍起以聿來止開二世公孫述蛙藏而自困何蔽一身鼈靈將帝而晃浮杜宇巳王而鳥化過關興歎李特空謂其下林布野請降譙周猶稱其上策覆車相繼屈指可談蓋以僻陋不足振宏綱高深不足成遠馭既車可懸而馬可策則江可越而山可逾苟驗斯言足徵終古爾來封圻或梗戈戟仍災縣道塵飛

縱横猛士邑居星散狼籍僵屍惟斯鷲嶺之僧不爽龍華之會豈不謂善惡趣異聖凡境殊者哉今我后以清淨撫四夷以富壽期百姓配天合德見上帝於泰壇者三括地守圖獻僞君於藁街者二別九州而既分風土疏五等而用進才能恒命庶官未聞輕受今知府左屯衛將軍武昌郡史公福兵馬都監閤門舍人瑯琊郡王公睿闞公候之門負將相之器褰帷教俗共贊國風弭節訓戎各傳家法通判太子洗馬太原郡王公延範摧鹽太子洗馬清河郡張公守則以禮樂詩書爲已任以致君治國爲身謀玉壘

公方暫勞利刃瑤階步武自有亨途寺衆朗義大師賜紫僧知遠等皆能拔煩惱根修清淨果十二時内六和既契於威儀三千界中八部咸思於衛助靈也捧天子詔乘使者車題柱相如聊攄夙志銘闕張載願寫壯心偷閑曾謁於蕭齋摭實粗編其梵行用刋貞石俾永萬年庶幾乎大厦連甍豈讓頭陀之寺郡峯對麓寧慚峴首之山濡筆一揮復爲銘曰

峩峩牛頭蟠據而起拂漢萬劫結根千里聖賢所宅棟宇斯備傳彼永年稱爲福地林巒掩映兮煙靄飛山峯曲屈兮薇蕨肥土靈木魅兮願爲衛冰心玉行兮憺以歸寂寂菩徑侁侁毳衣何早夜以無懈俾香花而弗違堯舜御圖龔黃作鎮次命端士各宣餘刃美化斯洽慈風益振邑道德以交舉冀乾坤兮共盡西蜀分命東山是登降龍舊像放鶴新僧念險固以難恃知慈悲之可憑勒銘於斯巖庶終古以作徵

身毒國摩訶菩提寺碑

昔漢魏君臨窮兵用武興師十萬日費千金猶尚北勒闐顏東村不到大唐牢籠六合道冠百王文德所加溥天同

附是故身毒諸國道俗歸誠皇帝愍其忠款遐軫聖慮乃命使人朝散大夫行衛尉寺丞上護軍李義表副使前融州黄水縣令王元策等二十二人巡撫其國遂至摩訶菩提寺其寺所菩提樹下金剛之座賢劫千佛並於中成道觀嚴飾相好具若眞容靈塔淨地巧窮天外此乃曠代所未見史籍所未詳皇帝遠振鴻風光華道樹爰命使人屆斯瞻仰此絶代之盛事不朽之神功如何寢默詠歌不傳金石者也乃爲銘曰

大唐撫運膺圖壽昌化行六合威稜八荒身毒稽顙道俗

來王爰發明使瞻斯道場金剛之座千佛代居尊容相好彌勒規模靈塔壯麗道樹扶疎歷劫不朽神力焉如

唐劉仁願紀功碑

蓋聞龍躍天衢必藉風雲之力聖人膺運亦待將帥之功闕一字萬石闕二字於闕三字霍馳聲於強闕一字其能繼闕三字者惟在劉將軍乎君名仁願字士元雕陰大斌人也闕一字土開家闕二字建旟於東國分茅錫壤王孫投節於北疆三楚盛其衣簪六郡稱其軒冕本枝奕葉可略而言高祖闕三字常侍闕二字遠將軍闕一字州大中正彭城穆公屬魏室不綱

爾朱陵虐東京闕一字喪闕二字西遷陪奉鑾輿從居關內尋除鎮北大將軍持節都督河北諸軍事綏州刺史因官食闕一字仍闕一字居闕七字北州之望曾祖平鎮北大將軍朔方郡守綏州刺史上開府儀同三司襲爵彭城郡開國公祖懿周驃騎大將軍儀同三司隨使持節綏州諸軍事綏州總管闕一字州刺史雕陰郡開國公父大俱皇朝使持節因綏二州總管廿四州諸軍事綏州刺史尋遷都督左武衛將軍右驍衛大將軍勝夏二州道行軍總管冠軍大將軍鎮軍大將軍上柱國別封闕一字城郡開國公並桂馥蘭芬金貞玉潤名高大樹譽闕一字詞林珪璋閥閱見於斯矣君稟慶河闕一字資靈嶽瀆牆宇凝峻孝敬日躋命偶昌期逢時遇主欽明啟運光宇普天太宗文皇帝乃聖乃神乃文乃武并吞六合席卷八荒博訪羣林用康大夏英髦特達幽顯必臻君以地蔭膏腴門承勳業令問之舉僉議攸歸起家爲宏文館學士闕四字衛闕八字旅力闕一字健膽氣過人嘗從出遊手格猛獸太宗深歎異之特加賞賜即降恩詔入仗內供奉貞觀十九年太宗親馭六軍省方遼碣千乘雷動萬馬雲屯闕五字遍闕一字集下高麗賊臣蓋蘇文獨生

攜貳鳩聚亡命招納姦回因其君長舉兵稱亂闕二字蟻闕一字敢抗王師皇赫斯怒龔行弔伐兵鋒所到若火闕三字其闕一字東蓋牟闕三字一城闕二字匡闕一字新城安地等三陣虜其大將延壽惠真俘其甲卒一十六萬君身預戎旃日奉羈靮前茅後殿每陣先登摧強陷堅同於拉朽戰勝攻取揮闕四字賜物乘馬一匹銀闕六字弓二張大箭三百隻並是供奉御仗特加褒異遼東還累前後戰勳超拜上柱國別闕一字黎陽縣開國公擢授右武衛鳳鳴府左果毅都尉壓領闕四字門長上廿一年任行軍子總管隨英國公李勣經

畧延陀并迎接車鼻安撫九姓鐵勒行還改授右（闕二字）郎將依舊（闕一字）朝供奉廿二年又任子總管向遼東經畧（闕二字）事除名其年更授右武衛（闕一字）通府左果毅都尉廿三年太宗宫車晏駕宗廟社稷不可一日無（闕一字）儲皇諒闇纂戎繼極周邦雖舊厥政惟新凡百庶寮勉修其職君以勇畧見知材明被用未踰（闕二字）又蒙今上驅使永徽二年更入鐵勒撫（闕一字）行（闕三字）勅簡折衝果毅强明堪統領者隨機處分君受（闕一字）經畧頻度遼東五年授葱山道行軍子總管隨盧國公程知節討（闕一字）賀魯行還從幸洛陽顯

慶元年還左驍衛郎將二年應詔（闕一字）文武高第升進三階復命鐵勒安撫四年入吐谷渾及吐蕃宣勞五年授嵎夷道行軍子總管隨邢國公蘇定方破百濟執其王扶餘義慈并太子隆及佐（闕二字）率以下七百餘人自外首領古魯都大泰武進扶餘生受延爾普羅等並見機而作立功歸順或入走（闕一字）闕或（闕四字）合境遺黎安堵如舊設官分職各有司存即以君爲都護兼知留鎮新羅王金春秋亦遣少子（闕一字）泰同域固守雖夷夏有殊長幼懸隔君綏和接待恩若弟兄功業克就蓋由於（闕一字）然（闕一字）周武平殷商奄（闕一字）叛漢定西域疏勒被圍餘風未殄人懷草竊蠻陌之俗易動難安况北方逋寇元來未附既見雕戈東邁錦纜西浮妖孽侏張仍圖反逆即有僞僧道琛僞將率鬼室福信出自閭巷爲其魁首招集狂狡堡據任存蜂屯蝟起彌山滿谷假名（闕二字）並號將軍虜城破邑漸入中部堙井刊木壞宅焚廬所過殘滅畧無遺噍凶威既（闕一字）人皆脅從布柵連營攻圍留鎮雲梯俯瞰（闕十一字）落（闕二字）連戰朝夕（闕十三字）然高枕不與爭鋒堅甲利兵（闕二字）其弊賊等曠日持久力竭氣衰君乃陰行間諜際其卒墮構（闕下）

割牛溝小石橋碑

若夫三空凝寂至道之理難窮四諦沖元眞如之宗莫測（闕）解猶迷（闕一字）喪之津千葉高尻未静輪迴之（闕一字）至若毒風（闕）或究有象自（闕一字）乍（闕）无生法忍（闕一字）非理心（闕三字）慧（闕一字）於（闕）慈福已享於既往是以花臺瑶塔孰有想於知歸舟（闕）迷復使靈功永著者其孰能尚於津梁乎（闕一字）割牛溝壞石（闕）以要盟之代南北爲爭長之途市義之（闕二字）西作送迎之（闕）人馬駢闐驛傳（闕一字）郵停驂駐軾斯橋所主蓋始於兹代序（闕）以（闕一字）邱移壑變刊創莫知義

跡元功徽音不嗣我大唐闕太平乘龍地輔駕象闕二字道闕二字元仁流下闕一字五神入侍闕檢玉云亭鏘金岱嶽乾封元年二月南巡龍輿戒此以闕亘東津棧木爲梁既聖迹神行不敢湮廢以證聖元年闕葺爾闕一字地闕一字前臨廣闕一字安精曜魄之場却負蕃郊維周卜闕磐闕二字湍闕二字而流音左帶闕一字巖石暎霞而照錦實聖賢闕之闕二字者焉有清信士王寶詮朱元英韓宏澤朱元獎闕之莫報知罔極之難追爰發菩提共崇斯果恐高岸爲谷闕地闕一字人闕一字敬刊貞石冀騰名於萬古庶千齡而不易迺爲

銘曰

闕昧三空妙闕一字鶴林隱駕龍宮祕識閱此輪迴孰知其極闕有闕四字劬三途日墜肇建闕一字梁闕一字崇遐愍恐波遷闕

定蕃漢兩界碑

維大唐開元二十一年歲次壬申舅甥修其舊好同爲一家往日貞觀十年初通和好遠降文成公主入蕃已後景龍二年重爲婚媾金城公主因兹降蕃自此以來萬事休帖間者邊吏不謹互有侵軼越在遐荒因之隔閡今遵永舊咸與維新帝式藏用不違厥旨因以示赤嶺之外其所定邊界一依舊定爲封守爲羅斥候通關梁大矣哉皇天無私惟聖作乂故違聖者逆也所以降雷霆之威率聖者順也所以漸雲雨之施休咎之理順逆之繇若斯之明矣昔先帝含宏愛主從聘所以一內外之禮等華夷之觀通朝覲之往來成舅甥之宴好則我先帝之德不可忘也頃者瓜州之役宥而不討者蓋捨之先迷而歸之畜復夫恃安則逸逸則棄禮棄禮則忘信忘信者暴蔑之心生也故春秋時人忘盟誓之典有如日有如河我之今日罔不稽

古幽蕃臣魁渠實曰警戒無或背淳德習凶梗侵擾我河湟窺視我亭障無或恣業驚馳咆哮剽掠我牛馬蹂踐我農穡漢家軍領亦不得兵馬相侵我家用不掩襲爾城守覆墜爾師徒壅塞爾道路烟滅爾部落不以兵強而害義不以爲利而棄言則我無爾詐爾無我虞信也司愼盟羣祀莫不聽命然後定正朔宜百福偕爾命祚決決乎仁壽之風矣休哉法尚一正無二正之極爾惟修代好彌永年忠於人則信於神俾我唐受無疆之福爾亦荷有永之謀用懷爾遠人不實爾遠物至聖之仁也銘曰

言念舊好義不忒兮道路無壅烽燧息兮指河爲誓子孫德兮有渝其誠神明殛兮

大唐檢校兩縣威儀兼永仙觀主田尊師德行碑

闕十三字德乃昭闕二字而闕三十字上公用之漢帝降而闕十七字而闕四字丹臺而遊紫府闕十九字神仙闕四字能修苟能修之何遠之有師闕十一字曰闕一字原縣縣西闕一字一十五里闕二字曰永寧鄉闕十字尤殊仙才特異闕一字歲闕二字尊師學道方通衆妙之門卅闕七字盡十闕四字四闕二字中宗大和大聖大昭孝皇帝初闕九字於闕一字名永仙闕五字紀星月以登壇步乾坤而

入闕一字金丹易闕一字將闕二字世之津木闕二字魂已得養生闕十二字不墜闕二字猶闕一字雖江闕一字海澗無闕四字智能地久天長有盡却先於闕三字邑舊俗多闕五字至道悟闕十四字之有闕二字此此生無滅徒竭精念闕三字知道遙不闕一字於谷神寂寞永闕一字於山鬼吁闕一字悲哉尊師愍之曰豈有思其闕三字忘其闕二字將闕九字氣象遂闕一字於仁里闕一字開秘訣闕一字演元言舉手一招迷途知復囊之大笑者莫不勤而行之闕四字何其盛也則知陽闕三字寒谷得闕十八字天寶二載五月廿三日從人之願鬱起仙宮審曲面勢左陵右邑自卯而闕三字發及酉而百堵齊闕三字山積良不闕七字旅闕二字候時而作不日而成元宗至道大聖大明孝皇帝賜額曰永仙觀崇闕一字却望隔簷而青翠盈襟太華斜看出户而闕四字則闕二字廣殿涌出修闕二字門闕八字虹梁雲楣綺疏蹲熊伏兔蟠螭躍魚自尊師厥初既而桂闕二字山闕三字谷槐移儒市杏植仙林闕七字請眞君之宅海闕一字湘闕一字朱闕一字紫闕一字異藥千品名花萬類庶春華之可採豈秋實之無望雖固在生成亦爰資樹植穿畦種子汲井澆根昔闕七字七寶閒闕一字三珠闕二字覆院垂闕三字列背緇成帷翠成

蓋當畏景赩赫而清陰靄鬱緊尊師是賴夫人者滋味闕三字之所養也闕一字則害身故闕九字淫而生疾若宮商失節甘闕一字逾度始雖慆心堙耳終乃腐腸伐性至於風飄雨溼明思晦惑闕一字未傷腹爲闕一字爲瘵而脈分三部意闕一字多方有闕六字而愈之者有宜以言辭解釋而愈之者有宜以消息導引而愈之者有宜以針灸湯藥而愈之者皆闕六字之則沉痼既已除膏肓無所闕八字劣五藏六府四支百節均令不寒調令不熱此尊師妙絕亦有時朝拜或終日閒安開太上闕五字華之奥旨四時闕二字知無爲而闕七

物可齊了非馬以喻巳馬之非馬有無雙遣彼我俱忘欲使尚溥浮華業敦清淨則釋闕六字稽首請益伏膺待告分剖凝滯發闕七字不到實尊師善導尊有道門使檢校殿中監沖虛申先生志高詎仰道邈難名偏闕十一字奏尊師爲四方妙選領兩縣闕五字聲自宮闈扃闕一字而詔從天落闕一字於闕三字以光榮乃抑與之也豈求之也初上元歲大兵闕三字蠶失事五穀不登天降凶災人受凍餒尊師乃闕三字食以待闕一字者凡所蒙活數逾千計於是縉紳處士孝廉秀才先後闕二字左衛胄曹參軍金闕四字府兵曹參軍田視等

卅八人皆鄉邑豐彥河山孕闕七字曹闕一字僉曰尊師德行可稱將傳不朽頃國家多難遂因循累歲闕一字未遑刊勒而常有闕一字焉闕一字我實應元聖文武皇帝闕四字立功中書令汾陽王子儀平章事兵部尚書闕四字中書侍郎元公載黃門侍郎王公縉光闕五字京兆尹于公闕一字兩闕一字尹闕二字公闕一字于公闕四字府邑宰闕一字公闕一字主簿陸公闕四字公平陳公審闕一字洽闕四字以道化令行闕四字古干戈載戢闕一字寓攸寧夫然故羣英賴闕二十字式建豐碑於昭闕一字行闕三字南陽三絕有闕九字無媿林宗闕一字爲頌曰

大闕一字太上三清闕九字宮闕二字往闕一字鶴馭來沖闕二字有盡壽命無窮修以闕十六字適性全生盡理代識闕四字甲士闕一字名乎哉闕一字名闕一字矣闕六字放兮闕一字渭北闕八字滅法罕闕二字術闕九字青天闕二字白日指引迷途闕四字乃闕十五字植闕一字木珍闕五字結實闕九字大闕四字救有方闕二字無玷俞扁思齊施周闕十九字徽猷播闕四字

大唐宣州刺史薛公去思碑

金陵之南惟宣州其地吳楚其星分牛宿繚以羣山帶以洪流薛公光華使臣藩屏諸侯揚君之美分帝之憂日往

月來於茲九秋大曆十有四年今上纂先聖敷新命任賢爲政得人尤盛帝曰汝邕秉心不回予嘉厥才擢汝委汝糾正於仙臺秋七月拜命迺發於是官僚緇黃之倫介胄市井之人如霧斯集如山斯立或捧觴而進或瞻途而泣豈非惠加於物物感於惠者乎公字沖味殷相仲虺之洪族唐相元超之曾孫陳留太守兼採訪使江童之仲子地列鐘鼎門傳冠蓋文藻暐煜於一時名聲震動乎千載移考之位公能嗣焉列祖之職公當陟焉傳所謂公侯之子孫必復其始者此也且本君爲魏郡輿人歌之則薛公爲

宣城吏人頌之不亦宜乎其詞云

星之煌煌山之崇崇茲惟宣城實賴薛公拔賢任能如鷹如鴻整師訓兵如羆如熊勸農殖穀百穀年豐通商鬻貨萬貨雲叢闤道都會敦儒泮宮遏絕寇賊賑卹孤窮乃新廨署肅然清風乃復津橋赫然長虹乃立水門川路其通乃建林亭賓筵其充日緝庶務歲成衆功況我薛公清襟湜湜雅操翼翼支郡承式鄰邦取則明明天子降鑒羣方詔謂薛公茂學雕章孝悌忠良累踐柱史累登臺郎司言中書掌禮太常四典歲舉擲其衆芳三執邦憲振其宏綱銓綜九流九流既臧鎮撫三州三州既康遷爾管轄於此文昌公拜稽首歸於咸陽邦人有言大川茫茫福浸我疆我願薛公台階翱翔我思薛公永世滂洋爰來作歌以配甘棠

大唐萊州刺史唐府君德政碑

闕三字郎行闕二字都督府功曹參軍闕王之經始萬國平章闕岳之闕及闕三字之刺永闕一字又闕之闕一字姓闕二字間闕三字乎佩玉鈿金闕一字代闕西遷濟州萊闕三字背闕一字不顧淮南之師闕同闕開國公食邑五百戶闕二字忠武曾祖陵幼負雄闕三字祖闕公闕雍容闕一字文雅闕二字道入朝闕一字欲闕一字以文闕一字之任闕平壽公闕二字達闕三字從闕三字舍人華州華陰縣令長岑佳闕夜闕尚書虞部員外郎出爲簡州長史器闕一字中闕一字神用闕主闕致醇醴邦族榮之公則簡州長史之第二子也闕一字骨不闕四字異俗闕三字度闕之座暗闕一字通家過蔡邕之門遙聞倒屣聲華藉甚朝野闕州司功參軍事州廢改授華州司倉參軍事戶役闕三字甲茲鴻漸闕而闕鑾輿順動將幸離宮乃先授公岐州扶風縣令公闕四字顏下矜闕異政聞恩勑加公朝散大夫

雍州奉天縣令屬大聖皇后闕拜安國相王府諮議參軍事俄遷尚書比部郎中朝辭蘭苑夕趣芸閣闕州洛陽縣令闕一字滿親勳里徧豪貴萬方都會之邑百賈駢羅之所公水鏡照人闕之未亶坐堂無訟近巷有歌久之下制曰洛陽縣令唐闕二字理闕一字精密幹能闕持節萊州諸軍事萊州刺史公拜受王命長驅兼服亦既下車即敷惠理訓闕學行務農桑闕一字四壁之孤貧資其食業變一出之闕二字勸以淳和設法而惡子草心闕數多徵剝尤切公審知難辦表請延期遂得物免流離人銳耕闕一字風雨調順禾

闕一字盈闕四字之惠也加闕從於私門闕一字紛爭於公室。不然官燭。但飲吳水。文翁之臨蜀郡。曷足可稱。闕二字之牧闕一字川闕國家妙擇人英。樹之司牧。貪官黠吏。闕一字以澄清。特制加公通議大夫使持節闕三品。所管州刺史有犯。停務奏聞。長史以下。便令解任。仍令馳驛赴職。合闕臥途不遂。吳郡之韋留伯道。擁舳何追。乃相與言闕三字易闕四字久頌下闕

唐之闕一字姓物難稱者。國自堯封。家分周社。世戴英彥。同傳闕貽厥闕雎園夕遊。瓛問棄岱。難理委之闕一字未下車敷化威動神行闕城俗闕歲遠聞闕一字牧念彼何親。奪我何遠。闕一字子懷戀臥途。興哭。翠琬下闕

欽定全唐文卷九百九十一

闕名三十二

唐故輔國大將軍右衛大將軍揚州都督褒忠壯公段公碑

蓋聞經邦致治。必資輔相之士。折衝禦侮。實賴將帥之臣。是以尚父鷹揚闕三字於闕九字於闕二十三字聲稱頌騰芳史冊。存與日月爭暉。沒與金石不朽。至於拔萃著美。搴旗馳譽。繼雲闕五字驊騮闕二字軌其唯忠壯公乎。公諱闕一字字志元。闕二字郡闕二字人也。若夫闕一字宗隱嶙崇基。冠於衆邱。長河

浩汗。洪源導於積石。是以庭堅作士。西周闕一字伯陽之教。于木作師。東海闕一字經明之績。煥乎方策。豈不闕一字歟。祖闕七字州闕一字宇德元闕一字俗政洽唯良。考偃師。散騎常侍盎都縣開國公。贈洪州都督八州諸軍事。謚信公。勤邁闕二字功闕三字公闕二字極之秀氣闕十字孝闕一字戢闕一字基於忠烈闕一字表瓌奇。器量宏遠。峩峩焉猶曾峯之跱嵩霍。滔滔焉若清流之澄江漢。故能齔年立志。冠歲闕一字名。質性方直。闕二字於汲黯交結闕九字隨大業闕一字薄伐遼左。公占募從征。年始十四。夫兵戰凶危也。遼碣遐阻也。童牙而從兵

戰忘闕一字而涉遼碣闕三字識基於是矣高祖道踰湯武闕四字今上地兼魯衛爰始登庸公附翼方舉攀光旭旦委質邁奔走之臣就列踰蜀漢闕五字頭朝散大夫從上破西河闕一字朝闕五字破闕一字老闕一字於霍闕一字遷銀青光祿大夫昔舞陽策名從沛邑而力戰子衛效命臨昆陽而先登永闕一字茂勳方駕前烈闕一字與闕二字劉元靜破闕三字屈突通累遷闕一字光祿闕七字濟縣侯食邑闕一字千户又從上討薛舉劉武周以功授樂遊府驃騎將軍進封武安郡公食邑幷前二千户公勇冠三軍氣高闕一字戰闕一字馬電發則闕二

字必闕五字則闕四字是以紆金章於巖廊苞舉樊酈分桓珪於奥壤牢籠寇鄧君子以爲宜哉又從上闕一字王世充闕三字第一闕三字授闕四字尋闕七字上初踐少陽無忘惟舊除左虞候率及膺寶命言念嘉庸拜左驍衛將軍若乃盡闕十五字召於往闕十字令執能恩隆善賞禮優夜拜者哉俄賜别食封四百户遷左驍衛大將軍又爲梁州闕二字使雍岐闕一州闕四字進封闕二字公食邑闕一字千户闕二字食封闕二字户通前闕一字百户又以闕一字官檢校原州都督又統承風道行軍討吐谷渾丁父憂未幾起復本任文德皇后山陵檢校闕二十一字於闕一字府加等進秩闕一字寵歲重於周行而司勳授冊天下所以勸善良史執簡後昆所以欽風闕二字覽前書闕一字惟近代闕五字貽闕十八字特闕一字金闕一字諸軍事金州刺史子孫承襲改封褒國公食邑如故與司徒趙國公等同受冊命從闕三字陵闕一字檢校武闕一字大將軍尋遷闕一字衛大將軍闕十四字齊聲内典鈞陳與辛趙而方軌非聖帝不能疇茂績非奇才不能取高位於是見君臣之合契唱和之如闕一字焉又丁母憂闕四字本闕八字禮闕一字著闕一字劍闕一字錡懷蓼莪而疚心泣血苫廬瞻几筵而增絶銜恤成疾

致毁遽漸中使結轍於闕一字問闕三字奇於藥劑闕三字心膂慈深覆育親闕一字鑾闕四字同既班闕一字貴又詣所言公銘戴恩私對揚忠到城郢之志豈惟楚臣慎敕之言寧慙漢相既而子輿日闕一字平仲不闕一字類彼劉闕三字宗闕十三字以貞觀十六年闕一字月十八日薨於京師之醴泉里第春秋卌五上情深悼傷舉哀於别次雖闕二字之痛闕一字孫闕一君之悲仁祖方之蔑闕八字之闕三字於念功勸善之闕一字實深於追往故鎭軍大將軍右衛大將軍褒國公段志元器宇敦確風畧沉毅委質運始宣力闕二字效勇闕一字於麾闕二

字勤闕十二字方闕二字歷永寄心膂與善冥默奄焉殞喪震悼之情倍深傷惜哀榮之典宜加恒數可贈輔國大將軍使持節都督揚和闕一字潤常闕二字七州諸軍事闕五字官闕四字於昭陵闕四字塋地并東園祕器葬事所須並宜官給賻布絹五百段米粟一千石四品一人監護其儀仗送至墓所仍送闕一字事上又追懷功烈乃詔司存圖形於戢武閣太常考行謚曰忠壯公禮也惟公氣岸崇峻闕一字宇闕一字深闕一字樹幡旗闕一字懷闕十四字猛志闕二字托貔貅而靡懼高節邁俗觸雷霆而不驚遠乎河出馬圖腰佩闕一字紐爵兼千

乘裂闕二字之膏腴位闕四字漢庭之榮寵闕十字之道克闕一字於家國仁義之風不愆於出內懷公孫之不伐慕考甫之循牆行戒剛強晦其扛鼎之力言思木訥韜其涌泉之慮加以敦睦宗族闕十二字鄉黨闕四字恕己以及物仁心天發輕財以濟貧豈非朝廷之爪牙人倫之領袖者已故吏闕一字名等慨徽音之遂往懷遺愛而闕三字請書闕八字之闕四字碑於闕六字猶勤銘於江表況乎誠著草昧功參征伐顧灌絳而俯視軼冠賈而長驅豈可使改名之闕一字有闕六字之闕十字爲闕一字頌曰

方叔詠周條侯稱漢東都御錄昭伯翦亂西晉握圖闕一字治作翰美矣人傑於焉闕二字奇節自然瓌姿闕一字發闕十二字方闕一字日月氣薄霄漢闕一字高雲闕王業肇建帝道旣融策名若水披荊漢中腰鞬靖難提戟臨戎斬良賈勇括羽定功鑄闕二字職刑馬闕六字入闕十三字之榮趙張闕一字許志大心小位隆德盛奉國忘身惴惴畢命事親竭力蒸蒸表行莅事以勤臨下以敬銜恤在疚奪情闕一字職瘡闕一字愈遽毀闕九字盡闕一字藏舟難闕一字奔羲易昃冕旒興哀繒紳捲渙恩踰九列禮亞三事何以贈之戎章闕一字備何以送之

鉦車按轡勒銘貞石義兼庸器

大唐故金紫光祿大夫彭陽憲公碑

闕三字之所興分八闕一字邛爲闕二字墨闕一字所至闕一字三者闕四十八字舍闕五字紀情以闕二字之闕二字繼闕一字董之良筆綢石室之記勒金簡之書闕二字揚名闕二字服闕二十一字公諱德棻字季闕一字敦煌人也闕四字肇開厝闕二字侯居闕四字緒闕四十二字蹈縹垂丹銘闕三字曾闕一字虬魏龍驤將軍闕九字開國子闕四十五字正卿上大夫始豐二州刺史彭陽縣開國公闕六十一字公闕一字上開府儀同三司兼吏闕三十四字智峰闕三十字典

籍闕二字之術昭茂於中臺闕十九字自闕六字英爽闕一字忠特異
常童闕一字夕之闕二十二字不闕八字矩意闕二字知機達妙擒闕二
字苑生闕十七字隨文帝闕一字而善之因曰公闕三字代闕六字靚
卿闕四字清闕三字才子闕六字內艱未及敘闕二字以闕二字丁此
闕二字絕漿闕一字粒殆不闕二字尋闕一字父憂闕四字率由闕一字
極議者稱之服闋闕一字家授游騎尉大業中闕七字又闕十字
公以闕十九字史養素韜闕一字俄而日闕星亡山淪闕一字沸羣
孽肆懸懷闕一字罹禍我高祖受圖誕命闕三字師闕三字以推
亡指容闕一字之殄暴淮安王神通式瞻闕一字野載切闕四字

雄闕四字力闕一字公闕九字參軍專掌詞翰兵闕一字進闕一字咸
以委之禮盛闕二字恩深入幕以從闕一字京城之闕一字加銀
青光祿大夫大丞相府記室武德之始拜起居舍人闕四字
特蒙闕二字記闕十七字仍闕三字供奉闕九字禁闕一字憩麟臺闕一字
遊於文雅搢紳之侶咸以闕四字以本宮攝尚書左丞闕一字
幾封彭陽縣開國男食邑二百戶闕二十六字機闕一字攝闕三字
尋授闕二字侍郎及詔修五代史書命公專撰周史公博贍
多聞工於著述詳錄典闕一字有闕四十二字修新禮成進爵爲
予加邑百戶賚物闕一字百卌段頃之又命公與吏部尚書

高士廉刊定成闕一字事畢闕四十字太宗以業定功成時康歲
稔迫於羣闕一字將事闕四十二字志闕四字其禮闕二字天闕一字以
爲故事尋授以正議大夫行右庶子正闕二字之敦厚闕二字
元之闕二字繼闕一字比位闕二字於公闕一字儲君闕十二字公闕十四字
州闕三字雅州刺史闕一字車露冕緝化宣風獷俗鑾闕一字懷
恩闕二字以公事闕十四字房元齡闕三字許敬宗等闕七字實闕十四字
段闕二字大闕四字少監闕一字帛一百五十匹令上正位以公
守禮部侍郎闕十六字事闕十五字此闕一字令闕十三字之闕五字永徽二
闕六字宏文館學士仍監修國史闕五字尋改授闕五字太常少

卿依舊修史闕四字抑揚闕四字纓闕十八字之闕四字之闕四字之闕八
字抗表去位優詔不闕一字進闕一字通闕十字如闕四字之思闌
闕一字素闕四字謝闕三字戴闕十六字太宗實錄闕七字食邑闕八字明
闕三十四字皇帝實錄闕四字公增邑一千闕五十七字於是闕一字仰
邱闕一字翱翔林壑抗跡闕六十二字春秋八十有四遺闕一字薄
葬闕四字塗闕六十五字茂風韻清闕一字輯顏闕四字保性闕七十二字
被冊網羅闕六十七字變寵以孤直之操尤憚權闕十八字保闕一字
華闕四十五字卌卷並行於時長子太子右司議闕九字上闕一字
軍闕四字在闕一字充闕三十五字

周王御時肇開闕十五字標闕四十五字公惟闕一字之彥質邁南銑材踰東箭闕十四字扉闕三字呑闕二字城闕四十二字功隨業暢位逐名尊嵩柱闕二十字人爵風闕四十四字冕酬功載緝王言裁成帝闕二十四字善闕二字公闕四十字隧漠漠窮泉山光慘日闕十九字

大唐故右驍衛大將軍薛國貞公阿史那府君碑

上闕執闕一字結繩八闕一字與四均齊致闕一字幽陵之闕一字服闕二字陰之烈闕三字擁衆罕闕之闕九字之闕十三字猷闕二字贏而被有截辨方正位踰亥步而極無垠罄域輸闕一字傾闕三字若乃器藏於用幾動於闕十六字聖人而闕十五字孫吳以高闕七字

應運闕一字出在闕一字薛國公吳公諱忠字義節其先代人今爲京兆萬年人也鬱矣曾基克承大禹闕四字茂業奄有幽都之地洪源共昌海分流崇闕一字與闕四字曾祖闕十二字強盛闕二字正闕二字千闕一字於龍闕一字境窮西夜騁萬騎於雞闕一字威讋東胡父蘇皇朝左驍衛大將軍寧州都督懷闕七字是日闕一字金之允闕一字該逆順恭惟闕二字之闕十三字揚闕一字聖宏侯闕四字丹墀不闕一字以貴闕四字愷澤異姓而闕一字埒長沙闕二字祚公丕承昌緒允闕一字潛禎上分列緯應天街之祕象下屬闕一字山闕三字之闕四字則英闕五字則闕十五字風闕二字知闕一字之心彌遠闕一字將甫成闕二字之奇可察豫章闕一字拱闕一字蠲闕二字先彰素懷不羈之節載蘊非常之志及隋季崩離中州板蕩我大唐撥亂反正闕二十五字軒之闕一字公闕三字言歸咸承纘闕一字之賞石奮父子共沐朝恩秺侯仁孝式流家祉時以漠南未靜委公作鎮頡利可汗乘間內侮闕一字遣張闕一字利闕一字齋闕二字公闕十二字利以闕五字以闕二字兵刃不加凶渠底定大夫之闕三字嘉謨斯在介子之闕一字樓蘭英風可躡竭誠之跡基於此矣詔授左屯衛將軍仍令闕一字門宿衛闕一字甲第闕二字降闕九字貞觀闕一字

四年闕二字御闕一字軍闕三字之睿闕一字去闕三字動吹簫之妙曲望闕二字戚謦浹遐邇俄丁元闕一字憂尋起復職寢苫結慕集蓼纏哀善喪能毀臬貌悲於行路奪闕一字即戎柴形闕一字於朝序闕一字年詔闕三字公闕八字檢校長闕一字都督闕六字四豪之闕二字任隆式闕二字十闕一字之新闕一字克清邊壚言旋京邑檢校左屯營既而句麗百濟互相侵逼處月焉耆各爲脣齒闕二字邪於荒裔闕二字伐闕一字皇情闕十六字綏邊闕二字詔公闕一字域安撫闕四字之寄右地砦闕一字加授上柱國廿年遷右武衛大將軍復屬延闕一字縱慝鐵勒怙亂乘

壯月以控弦候朔風以鳴鏑闕一字膺分闕十六字以德闕二字翹闕一字而闕二字候之以刑闕三字以闕二字廓清柳塞繫公是賴賜金銀器物數十事繒綵五百匹錢廿萬馬五十匹霍氏辭第竟收絕漠之功荀父闕一字錫賓闕一字馘狄之效俄而闕八字出闕五字巖廊而逾謹宸闕六字而殆絕天皇纂祚歷景闕一字惟新帝澤滂流闕一字思念舊爰復本任委之心膂永巖中以太妃憂去職欒棘之痛若居元闕一字之喪其年起闕一字授左闕一字衛大闕十一字衛大將軍闕五字爲使闕二字長闕一字道行軍大總管闕一字韓闕一字擾徙旆除殘契丹縱毒迴

戈拯亂剿元蒐之遊魂覆黄龍之闕二字亦既闕五字兼隆闕一字攺闕一字營爲羽林軍委公統闕六字兵闕三字妙識機權闕十三字衛紫掖闕一字嚴整雲營闕一字上苑六軍取其節度八校法其規模是以歷事兩朝闕六字諸王宴集公必闕一字焉伯初之恒宿禁中仲闕五字内闕六字等闕四字梁陰闕十一字勲詔公兼闕一字衛大將軍檢校羽林如故式彰巡警之効聿陪登降之禮嘉慶是闕四字允洽復以吐蕃蟻闕一字近闕一字凶醜闕十七字蘭之域闕一字想伏波載思闕一字海總章初詔公爲青海道行軍大總管甫臨邊闕一字克靜妖闕一字將軍有百勝

之功天子綏一闕一字之闕一字尋又奉詔闕一字西域闕六字行軍大總管闕七字能闕二字義斯舉有征闕一字無戰闕一字信並行羌夷是闕一字洎乎振旅頻加勞問方當克享期頤永膺福祿延十紀之遐筭升九命之崇班不謂大樹先秋闕一字松落其闕二字高闕一字遂闕九字以闕五字月廿闕一字日薨於洛闕四字之私第春秋六十有五皇上夙延恩顧事越等倫爰自寢疾深於闕一字壁之寵闕一字是歸全甚於趨輪之慟前後中使相望於道詔贈闕一字軍大將軍闕二字節大都督闕四字四州諸軍事荆州刺闕二字絹布闕一字百段闕一字粟闕一

百闕二字東園祕器凶事葬事並令官給務從優厚陪葬昭陵儀仗送至墓所往還常所服甲勑令隨瘞并賜衣闕三字等闕八字以其年歲次乙亥十月闕二字朔十闕一字日闕一字酉遷窆於昭陵之安闕一字原謚曰貞禮也惟公擅闕一字知闕一字敏稟黙識之闕六字靈爽激蘊蒼壁以載融瑩白珪以無玷貞心勁勇闕一字竹闕一字而闕一字秀闕二字抑闕九字武藝闕二字兵闕一字言合闕一字道闕二字棄闕一字糟粕闕二字於神處闕二字於闕五字割闕一字斷闕一字危就安闕四字而著勳天錫歸闕一字而延寵此乃闕二字之智也清以激貪勤以應務止闕十七字

也闕二字無闕七字踵闕二字之闕一字居喪極闕二字之闕一字此
乃奉親之孝也珠璣孕掌瑶闕一字光闕一字辛氏闕一字將帥
之闕一字陳扉無卿長之闕二字乃闕一字子之闕一字也闕二十六字
之闕九字聲闕二字上闕一字紫極排閶闔而退舉側闕一字丹宮
肅闕一字陳以闕一字侍闕一字臨闕一字甸一戰而蕩元夷右職
河闕三十三字八闕五字冠闕三字之闕三字無闕二字於闕一字將之闕一
字博陸之謹慎闕一字心二十餘載富平之勤勞處事三十
餘祀校彼聲塵固闕一字優劣闕一字所謂立功立闕一字有闕一
字有闕二十五字誕闕四字山闕二字猷於闕二字學該七畧發揮書

闕一字之奥辯縱闕一字牙含吐談叢之闕一字君子闕一字其禮
節通人許其遠大至性有闕一字因心則成以爲闕九字之十闕
字之質闕一字列闕十二字載揖先賢之範故人望拜遐傳不朽
之業其銘曰

文昌列將武庫陳兵闕一字萬爲傑踰千闕一字英闕一字此邦
彥闕二字國闕十五字粹質六象雲闕一字三闕一字電逸虹寶連城
驪珠闕二字器則瑚闕一字材惟梓漆德宇曾騫禮與遐振斷
山截嶷澄波巳濬踐孝履仁宅謙居愼處事無闕一字出言
有闕四字烈劍術窮微闕十字畧闕九字聖闕一字歸闕三字擅榮闕二
字里闕四字秦樓載峙軒蓋聯華歌鐘闕一字起宅郛伊泰在
貴不恃盡節禁闕四字服東闕三字西臨闕一字谷闕二十九字山闕四
字遽落營柳先凋九泉永闕一字三宮寂寥慶屬象賢德鍾
令嗣箕裘允襲文武不墜仰畢闕一字以纏哀望盧山而結
闕一字紀貞石而垂闕一字庶幾闕三十三字

左監門將軍冠軍大將軍使持節都督代忻闕一字
蔚四州諸軍事代州刺史上柱國許公闕一字碑

蓋聞在天成象辰緯昭其度在地成形山岳閟其寶氤氳
感會孕育英靈吐闕二字神闕一字周闕三十六字耿賈闕一字洪烈

爰披荆棘遂偶會昌望古爲鄰庶可揚權公諱洛仁字濟
博陵安喜人也始自潁川闕三十八字列於東魯春秋闕一字恩
錫珪顯於西京外戚豈惟叔重博物立言不朽固亦子將
清鑒月旦稱工年祀綿邈闕三字武闕三十二字脉情曲闕一字慶
清風獨開心鏡即安樂土權居晉陽祖彪齊儀同三司善
元郡守武川鎮將襲爵寧闕一字縣公闕三十六字盡都督闕一字
州刺史江夏縣開國公學窮訓詁智周微忽言多去伐動
必師古建旟杖節恩洽去思開國承家義光公闕一字公闕三
十七字旅闕二字者見之雅相推挹歎曰此兒即公侯子孫必

復其始年甫弱冠氣葢關河節慕原嘗志淩闕四字長闕二十七字地之深闕二字有闕一字天之闕二字迹閭巷潛結英雄戴懷把上之書寧羞胯下之辱爰靈標季網密秋荼前代衣闕一字竝闕一字宿衞闕三十四字高祖膺闕二字之運埽焚燎之苦太宗挺迺聖之姿救昏墊之疾援旗冀野杖號參墟文皇昔在龍潛闕二字英傑闕二十五字都尉闕三字士馬之闕二字甲兵之富俱迷天命莫悟眞主文皇引公等數人密圖討擊二凶授首三軍告慶昔闕三字兵誅闕二十二字之闕二字實冠終古闕四字大夫文皇引公於內營爲領兵隊主授之禁旅委以兵

機雖滕公之識著奉車典闕一字之勤宣繞闕二字之闕二十七字繁闕六字公或闕二字成闕一字或掉鞅致師取汾州闕一字柏壁破宋老生軍擊蒲州大陳皆親領選士屢闕一字勁敵仍治平京闕四十一字衞車騎侯君集段雄喬軌闕一字幕府功臣悉在部內薛仁杲妄假大名僭竊隴右闕一字承竇融之機翻闕二字元之闕二十二字公宏龍韜豹變之闕二字鷹揚闕二字之姿火烈振其英武泉涌符其智畧勳高諸將賞懋恒序王充跨據伊瀍盜乘輿之器服竇德并吞趙魏闕三字之闕十二字公內闕三字外捍牧圉洛汭邱山風馳電擊成皋闕一字武霧卷冰銷雖叡策神謀出於九天之上而摧堅陵險實惟三令之威及飲至闕一字勳闕三十二字之重責以撫綏之闕一字公以羈靮之勤屢移寒暑推解之惠有背心靈眷戀鴻恩固辭朝寵載感天聰遂停嚴會既而闕十九字公闕一字去官於時武德之九年也其年授大明府別將尋轉本府統軍貞觀二年除右衞原城府統軍以屠龍之伎處割雞之闕一字小道既闕三字方闕二字年授右武闕九字爪牙奉勅闕六字元武門宿衞供奉九年加雲麾將軍行右武衞中郎將十八年行左監門中郎將兼峻戎章授上護軍公翊衞闕一字陳闕二十一字

秋之闕一字晝地闕二字若夫紫宸清肅闕一字門有閱皇居嚴閟洞戶增深金鋪激日銅鱗闕一字夜爰命腹心管其棨籥十八年除闕一字監門將軍闕二十五字之闕三字方其闕三字陽居上將之列纔可匹此儀形從尹之望既隆順帝之情逾切朝夕闕一字侍驅馳密勿太宗嘗從容謂公曰我闕十八字疇闕三字於闕一字卿闕二字別與朕相見欲闕二字論闕二字之事昔者王業權輿帝圖草創太宗經綸天下曾涉戎行險阻艱難備嘗之矣公於武闕七字一匹闕二十一字陳指闕一字必闕一字此闕一字聖旨自謂其目號曰洛仁騧及天下太平思其驂服

又感洛仁誠節命刻石圖像闕一字於闕三十八字連類闕二字眇小又於萬年宮進馬一匹聖情喜悅乃親乘御顧謂羣臣曰此人家中恒出闕一字馬闕三十三字文皇嘗於琵琶中度曲忖聲以示羣下上因顧問曰諸人有識此曲者乎羣臣離席將對而未闕一字所說公闕一字前闕一字曰此闕四字之闕二十九字此闕十二字州即公之本邑公自以幕府寮舊顧盻隆重乃獻食上壽并進女樂迺誠所感親為舉觴因問公闕三十一字公有闕一字人之闕二字慰勞賜物是日賚公絹一百匹令闕一字鄉親十日聚宴欲舉君觴事匪曲闕三字過家闕一字家闕三

十八字以公事闕七字之闕四字之重乃召公以雲麾將軍朝參朔望祿賜同京官防閤三分減一嗣文追旌以伐闕一字冠闕三十九字組而狎池臺或指囷濟乏或置驛招士趙瑟秦箏將雜集鳳韓歌楚袂飛塵留客方謂闕二字延年闕十五字之闕三字從闕三字以龍朔二年四月十闕一字日闕五字私第春秋八十有五皇帝歎歲月之居諸聽鼓鼙而惻愴賵贈之儀有加常典乃下詔曰故闕二字大闕二字許洛仁闕八字一闕七字膺伍闕一字於闕十字既晏寵命逾隆方肆優閑奄傷淪逝宜加褒錫式旌泉壤可贈使持節都督代忻闕一字蔚四州諸軍事代州刺史闕七字陪闕一字昭陵賜闕二字二百段喪事所須並宜官給闕五字一人為其檢校并度三人出家以追冥福謚曰勇公禮也即以其年十一月十七日葬於昭陵闕十七字鄙其糟粕深明闕五字然英闕三字武毅闕三字其秘訣早符白水之祥妙辯黃龍之運太宗文皇帝上迴乾軸下緝坤維闕一字一德而闕一字黎闕二字三餘而闕十九字公闕八字六闕二字其威聲兩河宣其智力金鼓之下氣讋萬夫玉帳之前算居九變取闕一字之妙雲驚蕞末擊闕一字之闕一字電駭闕二字以百闕三字之闕六字之闕二十一字乎荀何庸勲齊乎絳灌而子房

鳳戢莫遂赤松之遊張闕一字篤闕一字俄軫白駒之歎朱棺元甲永侍茂陵之闕三十五字性為至德之首居要道之極既峻祁連之墓且開京兆之阡以為東觀紀言闕一字簡闕二字方闕二十二字曰

華陽應籙穎川祚土昭彰八代曷奕千古承此丕基介斯多祜功顯官族官闕一字書闕一字景福元感降生闕二十字山闕十八字義橫秋或輕車馬亦敝衣裘驅馳原孟藉甚公侯於惟元鑒照臨先覺壯志紛紜奇材卓犖頊闕三字先闕三十七字縱鞭艱同授馬黃圖禁闥紫極兵欄表忠書令拜將升壇或

清玉軌。爰膺帝難。闕三字肅武闕一字桓桓山闕七字一闕三十字羅雲霞獨遠。絲汀相和逶迤朝請。從容薜蘿壽錫難老。功被登歌。東川閱闕一字西階啟藏。闕一字厚賜闕一字勳高闕下

大唐故左戎衛大將軍兼太子左典戎衛率贈荊州都督上柱國懷寧縣開國襄公杜公碑

上闕二十八字而闕一字德秉闕一字徽猷闕七字垂芳袞侍中闕五字金之闕四字以闕四字歌而闡化祖闕一字兆齊舉秀才授闕三字功曹闕皇朝拜使持節汝州諸軍事汝州刺史納靈秀起闕之闕二字乎弁歲闕一字忠信之甲冑闕一字儒墨之域闕二字讓惟

於仁闕闕析鍵之材踰羣拔闕一字落鴈吟猿之技。概俗標時。闕一字夫句闕一字朝闕一字劍而歸闕一字輸誠與主義寧之始闕二字都投義闕十三字鳳邸於時國步闕一字艱方隅未一。闕已推未金闕一字於夏縣雖運闕一字舞闕一字縱以神闕一字而闕四字資闕二字公闕御輦矢及宸闈。闕人闕公闕之闕一字冊闕一字俟之闕九字年授忠武將軍行左監門中郎將。加護軍闕一字衛綰忠醇。踐中郎之職。韓闕二字達闕一字護軍之闕三字漢魏是闕十六字詔於元武北門留守。賜綵一百段。洎鑾輿旋闕賚物如前。追乎從幸靈武。賜馬兩匹。闕一字綵五闕詔公居守宮闕之重。帑藏之寄。亟承天盼。彌効忠肅。廿三年正除右領軍將軍。加上護軍檢校左武候將軍。闕一字屯營兵知闕三字屯羽林於中闕謨篤闕二字愼稱乎損益統彼兵權而已哉。永徽之初。兼檢校左武衛將軍。又檢校右武候大將軍。兼知右廂諸門兵馬隊使許仲康闕一字忠勇乃儕其闕我彼亦多愧。河鞏之地。是闕一字舊京。近控三州。遙分九谷。測圭定鼎。宅中觀隩。華闕一字雲雕宮納景。眷言監守。式俟朝賢。其年奉闕都城闕二字加上柱國。及天蹕闕一字巡。以公留守稱旨。賜黃金一百兩。絹一百五十匹。從幸許州。闕一

字勅檢校左衛將軍闕人闕一字景闕二字之闕二字太子左衛率。詔曰。左領軍將軍懷寧縣開國公杜君。綽志性沉果。識懷淳慤。時逢帝構。宣力於霸朝。運偶闕三字官於陛闕華紫禁奉闕一字於蘭闕一字騰芬青陛闕一字周廬於桂宮。兼綜斯美。忠勤允著。頃之奉使於鄜州道。簡點明年又闕二字東道經畧大使。賜闕等闕三字甸闕五字宣闕六字三韓之酋載惕。朝嘉其美。錫以崇章。拜闕一字領軍大將軍。寵茂登壇。榮高坐樹。董司戎政。爰闕一字不闕京龍朔二年冊拜左戎衛大將軍兼太子左典戎衛率。冊曰。夫五闕一字斯重。允切於惟舊。

三宮以穆闕光膺卜洛之寄羽旆東臨克隆蔚華之守綢繆心膂闕一字懷珊亮闕二字鈎陳闕一字望攸屬往欽闕二字其闕於膠庠奉天遊於闕一字奕豈闕一字逝川闕一字反闕二字涉洹之歌藏山不留俄深遊岱之恨春秋六十有二以龍朔闕四字廿五闕二字朝薨於闕一字廡闕天子震悼廢朝二日乃下詔曰闕六字於遐闕二字棺𧜟禮事鬱於遥圖故左戎衛大將軍兼太子闕一字典戎衛率杜君綽器用闕二字體局闕霸闕二字照登闕一字功宣代闕一字當五營之劇務總七萃之機謀時歷二朝年將四紀永言勳舊情義兼常少選闕二字俄

從怛化闕二字驚悼闕五字茂闕軍事荆州刺史餘如故仍贈絹闕一字四百段闕一字粟四百石陪葬於昭陵賜東園祕器凶事葬事所須並令官給鼓吹儀闕一字送至墓所往還仍令司闕一百匹粤以三年歲次癸亥二月乙酉朔十闕一字日壬寅遷窆於陵東南闕一字奉常闕一字謚曰襄公闕智燭機初神深慮表在物奚忤見烈火而猶安闕四字璧曾臺而闕三字其趫處雄毅絶衆闕翰翼英緹於俊路揚茂軌於清朝鸞闕增巖龍闕二字祕闕一字私於已公平之道闕上柱國闕一字基等並光浚謝玉移嗣韋珠充窮之酷既深苦梟之容彌切泣清儀之永闕下

闕上須闕一字矯矯闕一字標令中山愔愔攸資闕二字於鑠顯考立德無競闕節氣闕一字奇闕一字依仁踐孝服義基忠闕一字顏允德闕二字循躬往屬道闕迴天顧寄重神京肅肅闕一字勅昭昭逌誠萬化無期九泉俄闕一字弔鶴闕下

內侍汝江縣開國侯張公碑

闕三十字臣闕七字鶴之滋闕一字庭闕六字能闕一字其闕二十七字於既往馳雅譽於將來聞望兼華獨見於闕三十四字辨闕三字汾陰情該闕一字識珩璜結韻闕一字桂襲芳祖緒闕三字侍郎從闕二

十四字敬闕二字賞公稟靈川嶽闕二字標雄傑之姿挺秀珪璋闕一字澤闕三字之闕一字然闕二十七字仁壽二年改事勇德闕一字于屬有隋失德闕六字氳闕二字氛於闕二十七字雲闕一字以先登克解平城之圍闕一字珍廣川闕一字冦以功授闕九字存闕一乃拔迹亂朝闕二字興運闕二字龍闕一字而闕二字陪闕四字流氣闕十八字之闕一字天兵遏掩地陣斜交曾未浹闕二字平兩寇闕一字時參幕府勳居第一乃闕四十字建德黑闥闕六字候闕二字伐又以勳闕一字上柱國闕二十二字北闕一字肆射雕之技西戎縱鳴鏑之侮文帝天行地止闕五字激闕二字肅清汾闕十九字以勳

闕一字為謁者監尋轉闕一字給事馳芳闕二字受顧問於青規
闕七字於形掖俄遷內闕十八字肆虐驅九種以挻災遽丹闕一字
之師迴振滄江之外公闕一字參闕一字算闕三字律中權奮勇
闕一字毅闕二字大樹論公闕二字列闕五字縣開國侯食邑闕一字
百戶詔曰膽力英果志懷沈毅翼陪闕六字宜胙茅土用闕二
十五字中闕一字詔曰內侍汶江縣開國侯張阿難委闕八字事
禁闈闕二十一字如故周廬千列寄重於嚴闕一字閶闔九門任
闕一字於司轄闕五字加右監門將軍兼檢校闕十四字心闕二字恪
闕一字允資於恭慎銀青光祿大夫行內侍汶江縣開國侯

張阿難器量沈敏識用闕二十一字可稱宜闕二字衛之榮兼司
內省之任公闕一字德逾謹闕三字恭自闕一字以闕三字唐闕二十一
字光於二代接闕一字翠松之闕一字聲徽騰於萬古可謂立
闕六字範者歟闕十一字有懃色所以樹為貞闕一字式播鴻猷闕一
字託短才闕六字
闕十八字七闕一字榮高八使闕二字珪組蟬聯貂珥渥流傳種風
闕五字追電一舉摶扶光闕二十二字材闕一字杞梓鬱鬱萬尋昂
昂千里日下馳譽雲中闕六字智融積水闕二十五字紫闕一字式
闕三字克闕一字重闕一字關北既亡潛龍遂躍鳳翔豹變雲飛

電爍斾闕十八字惟公闕二字作範垂勳謨陳九德勇冠三軍廓
闕一字汧隴埽定河汾闕四字茅土遂分闕十八字王度闕四字望先
闕一字路迴迹長秋昇暉大樹期門寄切闕二字任隆珠韜闕二
字玉帳闕二十五字參禪逸問遐闕一字清飈遠扇豫闕六字變惟
芳蘭之靡絕寄闕五字

唐故特進莒國公唐府君碑

闕五字位哲后膺千載之闕一字惟岳闕一字神賢臣承五百之
運是以軒邱御紀闕二字贊其闕二字媯汭乘時稷契闕二字景
化闕四十三字則聲高彥伯之闕三字孟堅之表見之闕二字莒公

奐公諱儉字茂約太原晉陽人也闕二字窮闕一字知遠闕二字
化闕四十四字於後昆備在闕四字言闕一字高祖岳後魏闕一字州
刺史禁闕三字有伯山之威福垂訓闕一字學邁仲闕一字之闕三
字祖闕二十九字僕射尚書令錄尚書事晉昌王闕三字之闕二字
公輔之器闕二字險之感夢類闕三十八字中書闕四字散騎常侍
闕八字州刺史晉昌郡闕一字皇朝贈太常卿闕四字宰門華胄
公侯奕代簪闕三十九字流闕四字藻闕一字麗於翰苑雄闕六字地
方馳則遺風追闕一字沖天將舉則切漢摩霄合浦騰暉色
暎朱轓之闕一字麗闕四字照闕五字氣闕六字管闕十一字實闕二字之

闕二字信衣冠之表闕三字解褐左勳衞。昔長卿闕四字職未當才。亭伯之宰長岑。位不充量。以闕二字古。彼闕一字一時。屬交政風頹寡闕七字之闕二十六字梁沛之闕二字見形雲闕三字芒碭之輿闕一字未建闕五字會盟津之期先君昔在有闕一字與高祖連闕二字敦莫逆闕二字斷金雖闕三十三字之闕五字側席闕五字隱太子至晉陽闕四字初申通家之交好。次論天下之橫流。公闕二字載之闕二字及列代闕六字之九合闕二十一字之闕十二字經綸闕六字有陳琳殊健之筆。闕三字搆之才。任以文房實諧衆望。拜大將軍府記室。加正議大夫。闕七字臨闕二十六字公闕八

字河闕一字易闕六字將帥賁育之兵於闕三字萬騎波屬。拔西河如拉朽。發弁部若搴瓴。行至呂闕一字秋潦遂降。闕二十三字戰闕二十九字云機不可失。時闕二字來儻使官渡息兵。破袁之軍未卜。洪溝若割。城闕一字之闕一字未期既鏡良規。闕十三字高祖闕二字聖慮闕二字遂闕九字土闕十字掌闕六字雖曲逆六奇。薛闕一字三策。何以加闕一字以功拜右光祿大夫。授渭北道行軍司馬。闕一字帥即闕七字帝闕一字運元女三宮之法。陳黃石一卷之書。或面水背山。或闕五字角鳴闕一字地旌旆闕四十三字平城之勳。公闕二字最進闕四字夫封新城縣公。尋改爲晉昌

郡公。食邑二千戶。曁受終文祖。肆類闕二字敘闕三十八字一闕三字淩烟闕七字綸闕三字於茲逾浚雞樹。所以增華。昔孔演宏才。將元規而並闕一字王闕三字與眞長而共闕四字方闕十九字雲臺闕八字以闕二字古闕一字獨何闕一字劉武闕四字之闕二字控闕一字之衆。竊九五之位。窺萬乘之尊。剽邑屠城。裂冠毀冕。高祖闕三字難拯溺闕一字殘命右僕射闕十四字八陣闕五字崇茂闕十字使闕三字遂陷賊闕一字公觀諸將闕二字人多庸鄙。惟尉遲敬德頗識事機。公示之以安危。告之以成敗。闕一字若冰釋翻然改圖。闕二字此心闕一字猶闕三十六字詔公爲闕一字州闕四

使尋拜禮部尚書。賜以懷恩田闕二字門大章之樂。咸究精微。春誦夏絃之禮。闕一字窮枝葉。李耳闕一字識闕十八字之闕八字之闕四字文帝功齊覆載。績邁陶鈞。既答元勳。必資美稱。以上將之位。照灼文昌。天策之名。闕二字元象闕一字詔闕一字太宗文皇帝天策上將。然百寮之任。妙算時英。以公爲長史。實諧闕一字論尋而逆賊劉闥。擁徒冀北。挺闕一字燕南闕十二字之塞雲闕十二字公闕二字而闕五字之畧士卒闕一字摧闕二字心公闕一字輕闕一字賊城以陳利害。不勞飛箭。便闕三字詎假拔旗。乃傾闕二字廓清河朔。公有闕二字之功。以公爲幽州闕二十六字

以（闕四字）禮重於（闕一字）旋貪殘貶踰（闕三字）百城（闕四字）兩河仰其風猷。而馬邑之（闕一字）長導狼望之兇渠。越彼長城。（闕二字）晉水。公抗節（闕三字）於（闕十九字）以分（闕七字）於茲（闕三字）必裹糧（闕十字）區彈（闕三字）鍔單于納公此對翻然改（闕一字）褕關寢其爟烽。柳室散其部落。（闕一字）長（闕一字）之（闕一字）降（闕七字）公（闕十六字）黃門（闕六字）公食邑（闕一字）千戶。實（闕一字）六百戶。（闕六字）寄隆。八屯功彰於（闕一字）警。茅胙錫重。五等誓比於山河。三蜀膏腴九折崇（闕三字）僭號之邑（闕一字）德竊位之都（闕八字）資（闕四字）公（闕一字）往（闕三字）人貞觀（闕一字）年（闕一字）使（闕二字）都督（闕十五字）加鴻臚卿。戶部尚書（闕一字）實封八百戶。詔曰。與卿故舊。可申姻好。（闕二字）尚識尚豫章公主。加光祿大夫特進（闕九字）奉詔朔望朝（闕七字）一（闕一字）職事春秋六十有八。（闕七字）儀同三司使持節（闕三字）嵐（闕一字）四州諸軍事并州刺史。所司備禮冊命。（闕一字）絹布一千匹。（闕一字）粟一（闕一字）石陪（闕二字）陵（闕六字）事官給（闕三十字）葬往還并（闕一字）立碑夫人河南元氏。考行瑀。毛州司馬。封莒國夫人。維皇唐開元廿（闕十六字）日曾孫將軍（闕五字）大將軍雲麾將軍（闕五十一字）記事（闕四字）皇（闕九字）公神道碑禮也。祭統曰。子（闕一字）之守（闕一字）廟（闕三字）無（闕一字）而（闕一字）是誣也。

有而不知不明也。知而不傳不仁也。（闕十字）原（闕十七字）言（闕二字）伯碑（闕十二字）焚更刊（闕二字）追崇之義。有自來矣。（闕十四字）敢（闕五字）情（闕三字）事（闕三字）孫（闕十六字）并（闕九字）道消遽見（闕二字）之（闕十字）四氣（闕一字）環闕悉嘗乏薦。貞石斷裂。（闕十一字）辯（闕三字）妙（闕十三字）盈（闕二字）公侯之（闕七字）勳胄（闕三字）邦（闕二十四字）人（闕三字）王大經趙（闕一字）台之上階（闕三字）之尊（闕一字）沒而不朽。傳帶礪於山河。吾（闕二字）歸（闕四字）窆穸（闕四十五字）遙分於祭仲。韋丞相之祖業。不待（闕四字）陳太邱之家風。（闕三字）於孺子（闕三字）對嘉命（闕十四字）曰。

（闕十三字）氣爲（闕二字）微變（闕一字）萬國崩淪。匈匈（闕十字）中原逐鹿。（闕一字）聖（闕二字）羣雄（闕二十四字）不（闕二十八字）寵（闕三字）尊龍劍（闕十字）啟沃（闕九字）源（闕六十字）聽鳥觀（闕三字）所（闕七十九字）搆惑忠正（闕二字）賢（闕四字）露（闕十三字）德（闕三十三字）

散騎常侍贈太常卿陽翟侯褚公碑

府君諱亮。字希（闕二字）南陽翟人也。元鳥（闕一字）緒白狼表慶。般（闕四十二字）之功貞臣佐非常之德。即府君十一代祖安東將軍揚州都督關內侯（闕三十五字）道可師（闕一字）用仁宏教。文武不墜。英風自遠。屬胡兵入洛。晉馬浮江。爰及宋齊（闕三十七字）

字中齊東陽太守復爲侍中遷吏部尚書贈太常卿謚貞子門庭清簡少懷雅闕三十五字清譽闕二字蒙梁儀同廬陵闕一字東閤祭酒太子中舍人東朝沃詰上邸披襟韜闕三十五字政霞綺數闕一字動名教於搢紳映徽猷於寮采府君辰緯凝曜川岳降靈黃闕一字帝師之闕一字允闕三十三字焉浩浩焉神情共雲巘爭高令聞與風松俱遠汰鉛華於筆海架將匠於天林闕三字之闕二十九字丁柲監府君憂哀號致毀幾將滅性陳後主栖神雅什纂歷鴻圖景曖春坊雲闕五字子闕三十字命闕二字屬允膺嘉選隋開皇九載平陳府君南朝冠冕

闕一字京謁見家國闕二字不求聞達闕三十四字庭大業七年授太常博士彝倫爲施政之本忠信乃達禮之源凡厥闕一字益多闕一字修闕三十三字以爲黃門侍郎雖霜威見屈而風概彌諫闕二字自天縱聖神武遐闕三十五字之闕三字入幕之賓武德元年延爲文學太公之逢西伯高步天師鄧禹之赴蕭王闕三十八字輸山川形勝乃託賞風雲恩眄賜詩有同枚叔上書諫獵尤切馬卿闕三十九字太宗監國光啟震維必俟正人務從國本改授中允貞觀元年封陽翟縣男闕三十字食邑七百戶及年登月制休老於家輜蓋成陰桓春卿之寵錫芳珍狎至石大夫之闕三十三字寢疾而薨太宗爲之廢朝悼深流涕中使相望存問不絕闕四字魏闕三十二字東園祕器葬事所須並宜官給儀仗鼓吹送至墓所夫人柳氏亦同安厝闕一字慕無闕三十三字老莊之齊致同李郭之清塵言行無爽於庭蘭忠慎有踰於溫樹洞握河之闕一字簡闕三字之闕三十二字策名侍近時逢靜亂早擅文房預參帷幄恭承嘉眄乃留情於啟沃咨闕三十三字秋闕五字之際遠諸清放之前所製文集撰成廿卷咸爲闕一字詔侍奉述作陳闕一字流詠闕三十一字子闕三字晉州長史襲封陽翟侯遂賢撫瞻霜露永懷

罔極歲月綿遠淒涼荒壠闕三十七字式刊貞石敢爲銘曰

鬱暎遥源增華胄緒纂祺承業昭鈎析宇粤自恭公祚流子褚德闕三十八字聲珪璋逮襲燮佐光朮家崇晉去國喪陳來語默雖切榮名詎推一闕三十八字名揚青蓋象屯金陵氣竭利在攸往誕生聰哲二陸道存三張譽折闕三十九字府門庭雅素意緒薰華賦樓光焰文閣生霞琴延夕月酒泛晨花闕三字壽闕三字家闕二十九字譽無虧綜冠蓬闕一字義標科籍神理凝絢清文挺秀蔚郁才林超揚詞囿闕八字

欽定全唐文卷九百九十二

闕名三十三

闕十六字文州總管光祿卿闕二字公陸使君碑

闕十八字黃而哲德闕二字胙土聯周邵而啟封功葢天地煥乎
油素洎齊宣分邑是曰陸侯避地闕五十字江闕十三字仕九載六
闕二字職平闕二字之利在於二陸晉世以爲美談傳之闕一字
策六世祖載闕一字功典午人倫領袖宋闕十二字長史闕一字鎮
闕二字既沒赫連因即事魏累加册命位闕一字三台一心百
君股肱攸屬家居京兆名貫涇陽闕一字宦四闕一字年餘六

百曾祖闕一字魏冠軍將軍營州刺史行闕二字物闕二字威邊
求闕一字有寄得人斯在祖政周驃騎大將軍儀同三司恒
涇二州刺史闕一字都獻公幼遭不造居貧致養孝梟之感
達闕一字幽明雖累葉掩闕二字不忘其本俯拾青紫家風無
墜闕一字鍾儀楚奏莊舄越吟事止其人未聞世載以今況
古闕一字有慙焉父通闕一字八柱闕一字左光祿大夫侍中大
司馬大司寇大司徒秦襄陝三州總管綏德定公器宇宏
亮神闕一字俊傑闕一字理所寄總握兵戎使君即定公之第
五子也幼挺岐嶷之姿早標令問之譽機神穎敏識闕一字

宏深以保定五年釋褐左侍上闕一字從班例也爰始弱冠
時人以宿望闕一字之能闕十六字天爵斯闕七字御闕一字少納言
闕一字侍帷幄獻替之道有聞升降丹墀闕二字之闕一字斯闕一
字僉議惟允嘉聲載穆闕三字古信闕一字股肱闕一字年以從
周武皇帝平晉陽之功又遷使持節儀同大將軍安澤縣
開國侯邑八百户闕二字一駟闕四字三百匹執干戈以定闕一字
亂警屯衛而肅鈎陳位列三槐爵隆茅土祿兼萬石名冠
八龍將相闕二字榮名闕一字襲宣政元年詔闕二字陽闕一字特
進封安澤縣開國公增邑二百户名高五等位闕一字千邑

宏才懋實榮顯一時昔闕一字臣之在會稽事闕三十六字大納
言鼎實方闕一字寄於鹽梅闕一字言闕一字無爽闕八字望有闕二
字隋革命禪代伊始闕二字萬類任切共闕一字綏邊之寄非
公莫可乃下詔曰開府儀同三司大納言陸讓器闕三字識
闕六字久闕一字實攸歸宜加榮命用申優擢闕一字廣州諸軍
事廣州刺史散官如故七年又遷文州諸軍事文州總管
褰帷導德政肅刑清闕一字以秋闕二字以夏闕一字十三年又
以顯州之地風俗未淳川洞阻深雄豪爲梗乃以公爲顯
州諸軍事顯州刺史公下車布政闕一字服其闕一字字彼萌

黎抑玆闕一字御導之以德齊之以刑易俗移風政成期月聲馳百里化周萬物大業五年詔闕一字光祿卿封闕一字惟公器量宏闕十三字入侍帷扆既曰腹心出宰名藩實宣王化故能爲政以成德立德以濟時厥志不迴其儀匪忒汪汪焉澄闕一字不能闕一字其志肅肅焉風霜不能改其節喜慍不形於色在貴不以凌人容止可觀行爲世則所謂珠生合浦玉產藍田闕二字琳闕一字家承餘慶者矣不幸闕一字疾春秋六十有二以大業六年正月闕一字日薨於河南郡雒陽縣之私第即以其年二月還京權瘞於長安縣之高陵

原夫人隴西李氏闕二字魏公椿之闕一字大將軍趙郡公晏之女也齊眉爲禮相待如賓閨門雍穆人闕一字益敬書曰刑于寡妻至于兄弟以御于家邦在公之謂矣隋之云闕五字因闕一字遭闕一字未闕二字厝以大唐貞觀十七年歲次癸卯十闕一字月丁未闕二字六日壬寅闕一字葬於雍州三闕一字縣闕二字原禮也第闕一字子闕三字政縣令闕一字敘幼闕一字荼蓼毁瘠過禮趨庭之訓闕一字世無期反哺之心終天闕六字宅兆斯安式紀芳猷乃爲銘曰

舜闕一字于嚳嬀育于姜本枝派別百世其昌闕五字相名揚允文允武爲龍爲光闕三字躍闕三字秦闕三字屬闕二字其人闕一字沈闕一字亂闕一字事莫闕一字徒聞闕三字爲魏臣闕二字安闕一字禀德高門爵隆位顯名揚闕一字尊仁闕五字斯敦闕九字德教闕一字降靈川岳智闕二字齒才闕一字幼學繼此庶闕一字挺玆先覺趙璧闕二字隋珠在握爲闕八字宏獻替乃肅鉤陳趨奏丹陛使繁紫宸偉矣令德猗歟闕一字人三方闕二字九闕三字運籌闕一字廟樹功王室氣烈秋霜闕二字冬日懋德懋官且文且質闕二字周德有隋革命知人則哲闕三十六字雍穆自如闕十字家風馳景迴軒逝川闕三字此闕二字言歸闕八字化闕五字爻涼闕五字子闕一字焚孤闕二字兆有隆闕十字寒隰芳猷使

遠音徽永闕一字

大將軍上柱國郭君碑

上闕州刺史闕三字司徒公闕六字華藩分銅虎闕四字羽闕二十六字拔闕一字大都闕一字志隆闕三字備闕一字端懷厚闕一字於九功闕一字留情於七德汪汪有闕二字之量仡仡有勇夫之質父嵩稟性虛凝不闕一字榮闕九字一混是非窮柱下之深趣雙舉鵬鶚得濠上之幽情公家承禮教籍慶膏腴闕二字不羣英姿闕二字皎皎若霜潯之暎秋桂肅肅似風嶺之茂寒松

聞詩禮而遊方。觀儒墨而覩奥。每登高憤歎。投筆長懷。企
梁竦之忠謀。追班超之義勇。闕三字西山之闕四字之戎冠六
郡之良家。雄五陵之俠少。屬火運挻災。乾綱紊緒。焚原靡
救。闕一字類毋遺。大唐標闕一字帝之靈文。兆蒼精之祕籙。起
闕二字之積甲。建參野之連旗。經綸大夏之墟。締構潛邱之
壤。指麾日月。負閶闔以闕一字移闕二字山川。闕三字而闕一字轉
於是薦名相府。委質戎場。揮霜劍而斬老生。奮長戟而摧
霍邑。殊勳克著。授公上儀同三司。於時絳州逆命。不順皇
猷。公扼腕齊心。衝冠目裂。布魚麗之陣。擬却月之城。瞬息

之間。俄然殄滅。獲勳居最。授朝請大夫。於時武周作梗。同
黑山之未平。建德亂階。類黃巾之猶熾。太原北望。無復人
煙之墟。絳川南指。咸為戎馬之地。危闕一字孤立。是曰浩州。
四面受敵。千里絕援。關山杳杳。望長安如日邊。歲月遙遙。
疑京兆於天上。田單之固即墨。窘若懸巢。郝昭之守陳倉。
危同累卵。於是總管眞鄉公李仲文乘連率之華。當廟畧
之委。以公茂族盤根。任之心膂。親御矢石。展効立功。授上
輕車都尉。闕一字貞觀三年。頡利雄視龍庭。控弦百萬。虔劉
都鄙。擾亂邊垂。太宗文皇帝坐黃屋以永懷。臨紫宸以太

息。傷彼殘賊。哀此氓黎。爰命英公。董戎薄伐。公闕三字之劍
持冉有之矛。執角爭先。中權後勁。獲勳第一。授上大將軍。
賞物四百段。遂乃八表乂安。四海清晏。公乃韜戈息騎。琴
酒怡神。咀嚼六經。漁獵百氏。臨池入木之技。邈少見以多
慙。獻賦制檄之才。相如謝其清俊。上聞宸扆。爰降絲綸。召
公為金門闕一字將公辭兩疏之闕一字冠掛東門。謝司農
之官。傳芳北海。至七年。又辟公滕王府司馬。公志性林泉。
賞心風月。悟有情為速朽。識多財為累愚。悲景燭之不闕一
字哀霜闕一字之逾遠。深悉實相。宏立勝因。雖陸生散千金

之資。實朱公棄五闕一字之產。儔斯樹闕一字未可同年。以此
固辭。確乎不受。太宗文皇帝崩。遺詔起義元從。班例加勳。
詔授上柱國。皇帝駕幸幷州。公策駟遠迎。蒙恩闕五字段。公
勳庸克著。英聲美於五臣。榮寵既章。功名顯於四佐。如何
與善徒欺。輔仁多爽。滔滔閱水。既一逝而無歸。冉冉生靈。
亦百年而有竭。闕六字遘疾。薨於私第。靈座空而遊塵滿。闕一
字簷廓而瞑禽哀。追闕一字德於猶生。想音徽而以謝。晨夫
輟耕而永歎。機婦罷織而長嗟。豈直巷絕歌聲。鄰闕五字以
乾封二年歲次丁卯十一月丁巳二十八日甲申。遷窆於

大夏鄉隱泉之原禮也前臨梓澤俯眺九京却背隱岑岩嶤萬仞西瞻翠嶺峻峙(闕五字)汾杳然如帶夫人王氏令望江東派流并部姻連三輔婚(闕一字)五(闕一字)內睦六親外諧九族痛長城之永別淚染湘川悲隴水之分流更成嗚咽(闕五字)子宏道並左親衛立性廉讓虛巳接人孝乃天性忠爲令德亞劉宗之兩驥埒韋氏之雙珠攀靜樹以長號(闕一字)寒泉(闕一字)永慕以爲鐫金(闕二十三字)銘(闕二字)其詞(銘詞全泐)

右衛將軍贈左武衛大將軍代州都督柱國淄川公李府君碑

聞夫上圖列緯樞星分帝座之尊下奠兼山太岳峙天孫之鎮欽惟昌運憲兩儀以相成聿(闕一字)本枝(闕一字)三才(闕四字)坤之業(闕一字)峻(闕二字)之(闕十八字)清廟武光列將譽重析於巖廊寵懋親賢在於淄川公矣公諱孝同高祖太武皇帝之從予太宗文皇帝之從祖弟也竊惟流雲降祉種德光於勳華御氣騰眞至道光於天地元功潛運貽寶祚於千齡睿德昭昇撫貞符於三大十九皇而統極一六合以爲家是以璿(闕一字)鬱雲臨扶若而交蔚珠源蕩日掩河漢以分流比夫黃神握圖得姓止乎任姞丹書受命錫允啟乎應韓固不可同年而語矣曾祖太祖景皇帝沈迹栖神韞龍田以雲覆飛英演化應贊谷以飈騰八柱之業載宣萬寓之心(闕一字)係同夫后稷垂景命於岐昌取譬舞陽追尊名於始(闕二字)聖之徵(闕一字)兆配天之典逾峻祖寧州趙興郡守海州刺史鄭孝王粹表霞軒雄圖岳立軼東平而振響架北海以翔英父光祿大夫宗正卿左領都督右衛大將軍山東道行臺尚書左僕射右衛大將軍元武軍將開府儀同三司上柱國贈司空淮安靖王屬締構之初材高八予會經綸之肇寄重二南負寥廓而上征凌姑餘而獨

運擬諸漢室楚元推轂以並驅方彼魏朝任城望塵而後殿故能入光上鉉出總元戎羣辟服其羽儀列藩題其標準公宅慶朱邸憑光紫漢羊車在馭先擅拔萃之姿獸艦登(闕一字)獨擅生知之敏(闕一字)諸帝(闕一字)自開明月之珍類彼天河(闕一字)毓浮雲之駿屬隋綱弛而羣凶競逐五鎮驚塵四郊多壘高祖佇清坤軸載握乾符電發參墟則六軍西引風驅秦甸則五緯東躔靖王夙購精兵潛居鄠杜義旗甫啓首應睿圖公親奉旄麾聿參霸畧太宗時爲秦公總兵長安之右及進圖京邑公即隸爲公嘗承開啟靖王

曰秦公瞻視非常功業又大雖非儲貳必膺寶歷靖王心然之因令委贊秦府初爲庫眞（疑）特蒙寵渥高祖踐祚授柱國武鄉縣開國公邑二千户於時甫戢干戈廣置庠塾乃於延閣別開學館賢戚子弟擇秀異者升之公以夙成特膺俊選蒙泉已導臨石渠而載遠覆簣初基踐蓬山以增峻武德五載封淄川郡王邑五千户啟胙荆燕初襲中陽之命降班齊趙旋遵建武之封九年徙爵爲公從朝典也太宗御極授左千牛備身執戟匪疲是託寸苗之地處錐方挺聊因尺木之階亦由瑞鷗行騫起丹山而儀紫閣

化鯤將運擊元海而負蒼垠然而靖王無祿嚴庭輟訓公孝情冥至哀毀逾禮雖縓服告終而琴聲不作既而承顏聖善弛情宦路侍鮑輦於西園奉潘軒於東閣蒸蒸不匱僅將一（闕一字）朝廷嘉之不奪其志就拜游擊將軍旌厥美也而風枝難靜茹荼再集抑其滅性之規永結終身之痛服闋授右衛交川府右果毅都尉尋除右衛親衛府左郎將未幾遷中郎將皇上纂圖加寧遠將軍累遷左千牛中郎將兼檢校左衛將軍尋拜左驍衛將軍巡警千廬累叨司階之任抑揚六校克著聞鞾之想蘭錡式清（闕一字）將之聲允穆竹符載剖循良之寄是歸顯慶二年授使持節普州諸軍事普州刺史宣風玉壘叱馭而越危梁恤隱銅陵坐嘯而清獷俗俄以他事坐爲士伍尋授播州刺史舉計入朝詔復本官原其非罪旋加明威將軍仍統右羽林軍事屬南薰之期典北軍之重密勿軒禁時論榮之有事介邱親陪鑾駕總金啟路清鳳蹕於離宮會玉升壇肅龍麾於帳殿賓承千祀之慶載紆七命之寵（闕一字）壯武將軍乾封二年遷右衛將軍仍舊北門供奉鉤陳効職庶長奉於紫宸劍折貽妖遽歸全於元夜以總章二年十二月薨於

京師永安之里第春秋六十有二宸襟軫悼乃降詔曰飾終加等義在於念勞悼往由恩理存於顯懿故右衛將軍淄川縣公李孝同地分枝戚望重簪裾幹藝優游風鑒開爽剖符方鎮仁明之化載彰肅旅中軍爪牙之寄斯允（闕二字）奉蹕（闕一字）効趾於行珪夜壑遷舟（闕一字）貽災於瘞玉奄從物化實愴於懷宜被寵章式旌幽穸可贈左武衛大將軍使持節都督代忻朔蔚四州諸軍事代州刺史又賜物一百五十段米粟副焉喪事所須（闕一字）命官給仍遣梨園樂人（闕六字）之日特降中使賫錦被及衣一襲以送終惟公

承累聖之闕一字基資樂善之餘慶闕二字英勇髮闕一字初髫靖王嘗謂妃曰昔闕二字方闕二字空善觀闕一字子何闕三字以其小名錫之闕一字雖復顧雍早秀先憲伯喈之名桓溫夙敏爰採太眞之性比跡傳事固無慙德洎乎成立卓焉俊邁直節闕二字風之韻韶姿開朗月之華識闕一字藝闕一字廣闕一字踵闕四字蠲蘭陔竭地義之範荆庭睦天倫之愛故能武帳升班戎軒締倖實惟肺腑之重委以腹心之寄門羅棨戟蹕一代之殊榮室滿歌闕一字章百年之至要所謂風流不替德音可闕一字者乎零落蹊桃徒結無言之痛摧

殘營柳終虧長揖之期於戲哀哉粵以咸亨元年歲次庚午五月廿四日歸窆於靖王之舊塋禮也有子朝散大夫行闕二字司馬闕十九字參軍事瑱等並幼彰翹楚式光枝屬銜恤苴庭泣英規之永謝延襟柏隧痛貞猷之莫紀爰勒豐碑敬揚徽烈其銘曰

天地交泰日月騰光啟聖龍躍膺圖鳳翔牢籠千古業契升唐掃清六合功包翦商兆分帝系式振皇綱九族既睦四維是張惟孝惟靖實光闕一字屏如珪如璋元穆闕二字勳高寄重身歿名揚累仁垂裕樂善隤祥英華粹發岐嶷先彰毓彩藩閈崇貞志堂峻圖貽日遠概凌霜時鍾毀冕道迫褰裳嬴氏駭鹿項暴儀闕一字五都板蕩九服闕二字奄屬歸闕五字金闕一字劾祉王闕一字栖芳跡參披棘慶襲留棠承顏不匱就養無方聿歡定省薦革交涼帝疇純德爰加寵章孝實忠本乘柔蹈剛膺闕一字武帳鵷視戎場闕三字部慓闕二字康北軍典要禁闕一字曾闕一字中外闕一字緯闕一字實允臧行期燮化遽愴殲良趙墳樓起薛邑池荒載刊石籀永播金相

紀國先妃陸氏碑

闕二十七字少女之迴風闕一字啟靈泉覯常儀之浴月蓄淳精於洛館則仙媛呈姿浮淑氣於巫臺則神妃降彩識昭天祚乘馬闕桑珪闕二十七字蘋蘩闕二字中饋靈液手歇固韞異於遐年神道會昌復擒英於聖代妃諱闕一字字闕一字河南洛陽人也自大電流樞有闕二十八字軒闕二字始錫命於中陽國與地分人隨代起晉人失御鐘鼎遷於金陵魏氏乘期衣冠遷於鼎邑天保未定閣散爲端闕二十五字兵部使持節洛州諸軍事洛州刺史上柱國定陵懷公惟岳降神自天生德受黃書而筮仕杖青萍而應務漢開八棪金紱總闕三十二字

於書社祖立素益州大都督府長史太子闕一字庶子材膺半古道亞隣幾更生九流之藝惠施五車之學緝容闕二十五字多榮袂闕二字井闕一實允官賢之寄護駕銅闈深諧正人之舉父爽尚書庫部兵部二曹郎中渾金在器華璋表質齊臣守境非照乘闕二十一字伏奏丹墀闕一字動闕一字楹之眷含香闕一字署旋承覆被之榮東道未申西崦曦落妃闕一字精月媛擢秀川娥體柔順以宅躬資閒婉而居性德行高闕二十二字崇令範佩闕一字候曉事親之道逾恭執燧垂宵端已之情彌厲父母由是特所寵異常稱之曰此女年雖

幼小至於女則婦道母儀三者闕二十字函祕闕三字即究精微石室藏書一覽便探奧賾察姜任之往行雅叶貞心想樊衛之餘風懸符夙志女圖斯鑒恥飾於鉛華姆教可遵欣闕二十字河間之闕一字神聰穎徹敏藝該通縱八體於銀鉤垂六文於繡篆闕二字玉霰先栽柳絮之詞歲啟銅渾獨綴椒花之頌然以神虬沐雨良非躍闕二十三字宸紫泥降合姓之闕一字元闕二字問名之禮年十有三出歸於杞國曰惟大王高祖神堯皇帝之孫闕十九字八闕一字分區下應天孫之岳緣車命秩盛德光於建侯闕一字玉闕二字鴻勳表於維翰貞觀十七年有詔冊命爲杞王妃禮闕十七字妻闕一字和鳴之兆三星始照符結帨之嘉期闕一字月初開合闕一字笄之令節鏘八鑾於桂邸聲振歸韓驪百兩於香街禮均迎渭來朝闕七字入闕九字心闕一字上闕一字誠闕四字式序無闕二字地之儀著畀有常克盡移天之敬暨隼旟出牧翟羽隨軒幾馭韓城之闕一字洊撫漢地之闕一字耕夫執耜瞻杏路以闕五字機闕一字桑郊闕十二字雖被大闕一字之風亦乃先妃之闕二字以闕一字暴酒醴供潔闕一字修怡顏候色朝夕無怠此妃之孝德一也沃盥饋食備服紘綖代終無成理內從教此妃之順德

二也粉澤圖史尊敬師傅毀譽靡涉於言喜慍不形於色此妃之淑德三也闕邪闕一字偶避嫌遠引匪車迎而未從無符召而弗至此妃之正德四也食無重味衣絕輕鮮蕙澣服之闕五字之闕二字此妃之儉德五也鳲鳩均養蓼莪深闕一字始鞠之於乳哺終闕一字之於襁褓此妃之慈德六也持盈守道蘊智韜光悟託賢之去禍知淩人之及難此妃之明德七也以斯七德闕六字較闕二字或聯芳彤管疇賢罕能齊躅名馳楚甸道邁梁藩舉族闕一字其徽音闕一字壼傾其懿範皇姑降念方愛子而爲一睿后流恩闕一字密親而

莫二既而祥通隕鵜慶動闕三字玉樹之闕一字庭闕一字金芝之照室妃所生東平郡王續等六男江陵縣主等八女緜紳在歲咸承教紝之慈髫髮登辰俱闕一字斷機之訓是使貞姿夙茂輝光日新令德彰於遠邇休聲顯於家闕五字播闕一字梓之芬芳膏壤分圻煜棠棣之芳蕚實謂浮觴九獻永保長筵之驩積粟萬鍾方慶闕一字堂之壽而福謙愆應遘疾彌留金液闕一字痾去三山而海絕玉横延歲贍五城而地遠風闕六字吾之闕三字易流俄晙仲由之泣以麟德二年六月廿六日薨於澤州之館舍春秋三十有五其日即

考之諱辰妃久嬰沉疾屬斯增慕情不勝哀因而隕絕闕十二字帷扆悽愴空盈禭衣之念歎結行路哀闕一字搢紳紀國太妃時在洛下初聞凶訃頗極哀痛之情旋遣悼書備竭辛酸之旨自非德行昭著操履堅貞何以見重闕二字始終不易者也先妃神情闕一字敏天性純闕二字續之際先昜供伺闕一字家易簀之初特闕三字慈母送終之禮纔使具於槨衣居喪之制不許越於苫寢追往慎終咸從遺命有闕四字節闕一字祭闕二字布五百段米粟三百石陪葬於昭陵喪葬所須隨闕一字官給又令京闕一字五品監護靈轝還京又遣司衛少卿楊知正監護儀仗送至墓所往還粤以乾封元年景寅十二月壬辰朔九日庚子葬於陵南二十三里惟妃太陰之靈仙兌之英乘絳河以秀出體黃坤而挺生履道循規闕三字粹闕一字犀學圖習詩書以立身礪履情田樹闕八字始闕四字華闕一字頌七篇深窮於旨趣榮辱一致偏崇柱下之言得喪兩忘殊好給園之說由是動無悔咎居靡憂虞嚴以訓家敬以直內至於四時享宴三朝起居或稱闕六字言闕九字塗山之歌悅彩摛詞雅會娥臺之曲聲參夏籥韻入虞韶金石由其克諧人祇以之有悅故得敷乎緜

寓德冠前修雲簫奮其英藻河緯騰其茂烈而闕十五字中天奄闕一字於戲哀哉闕二字從闕一字禮備於飾終鸞輅戒徒榮頒於詔葬川分清渭路轉黃山拒畢陌而疏塋控橋陰而列隧峯横偃蓋爰標錫允闕十字之闕三字銀青光祿大夫行司屬少卿東平郡王續等茹荼嬰慕集蓼纏哀擗厚地而無追攀穹蒼而罔逮日月遄邁謝愈傷望屺之懷霜露亟濡尤切循陔之痛以為闕十七字而可闕一字式鐫金碣以樹山門銘曰

闕二十三字繁門闕一字黃閣路闕一字朱闕一字錫類有徵象賢無

鑒上庸登鉉(闕一字)陵傳瑞大父忠良儲端表器顯考英偉郎官啟位允緒克昌賢才挺(闕十九字)兼四行迺專一稟教母儀(闕一字)規師氏藝殫(闕一字)悅學該圖史擁燧貽則佩觿成軌潔盛羞蘋陳甘薦祉譽洽彤晨恩延緣綈施(闕二十三字)五潢垂耀十枝分景翦桐開國疏茅樹屛駟馬爰駕龍旂載整葉藹(闕一字)丹功崇鏤鼎合酌貞吉諧琴作配方咸娶女比兌歸妹(闕二十二字)遄征翊化千里宣條(闕一字)城曹園月朗楚觀風清春椒獻頌秋菊栽銘永言孝思因心則友訓子析薆承姑奉篚匪莪恩洽吹薪德(闕二十三字)貞烈謂神祐仁

先喪明哲悲逾轂相悼深捐抉卜遷夏屋詔葬蛩陰地乳西距天(闕一字)北臨楚挽宵唱哀笳曉吟峯高霧(闕二十六字)留歎藏舟之難固庶貽範於穹壤敬刊石於泉路

大唐故秋官尚書河間公碑

公諱晦字(闕二字)隴西成紀人也(闕十五字)祖(闕三字)王安父河間元王孝恭豐功(闕一字)烈國史(闕九字)妙氣(闕四字)淑靈(闕二字)彰於(闕八字)貞(闕一字)精粹之性清明潔白之美(闕十五字)邈(闕二字)崇(闕八字)機士之百行罔不該矣貞觀末授通事舍人轉尚太常卿(闕六字)左衛率(闕一字)府事(闕四字)河朔邊要之(闕二字)選爲難以本官檢校幽營二州都督崔林作牧朝廷(闕八字)功(闕五字)之(闕一字)兼之者(闕一字)也累遷(闕二字)衛將軍右金吾將軍加忠武將軍檢校雍州長史望(闕一字)而清風流(闕二字)而(闕二字)洽咸亨之始關中阻飢盜賊公行所在(闕二字)公鎮之以清靜綏之以惠和政得烹鮮時無吠犬治(闕二字)拱家乏(闕一字)鱗(闕五字)雨之沾草木加雲麾將軍右金吾將軍尋檢校洛州長史兼知東都留守三州都(闕五字)爲政以德惠下以(闕一字)豪右(闕一字)氣百僚祗服車駕(闕一字)巡(闕一字)賜繒帛以褒美之高宗嘗從容曰卿父元王克清江漢朕今於卿(闕一

字)同魚水一日不見滿座無歡其君臣相得也如此及高宗晏駕水漿不入口者數日號咷擗踊志不(闕四字)之初優以詔命授戶部尚書公喟然歎曰出身事主在三如一生當效命死當結草乃輟泣而起詔(闕六字)公(闕一字)於朝(闕一字)理冤屈平以理物簡以御繁訟息刑清於是乎在屬揚楚橫逆淮海稱兵渚宮地實上流(闕四字)乃持節鎮荊州兼檢校長史(闕一字)鄖衛要控帶(闕一字)長嚴而不殘人是以息豺狼虵蝮不入枝江之境黼黻冕旒(闕一字)致南陽之(闕一字)加金紫光祿大夫詔賜衣服表能官也以公器光廊廟道暎

搢紳可以彌綸政本參贊皇極遂徵闕一字拜左武威衛大將軍闕一字時闕一字姓烏鶩闕二字獸聚擁旌推轂公實當之詔授燕然道行軍大總管兼安北道安撫大使東自碣石西極流沙闕一字道俱闕三字節闕二字旗拂霓霜戈彗雲蕭條萬里野無遺闕一字詔都督恒州兼燕水軍經畧大使闕一字郭寨以闕四字倉庫以闕一字虜闕三字絕烽候之虞河右沐仁明之化居無何追赴闕一字都檢校右金吾大將軍尋拜秋官尚書闕二字沉毅清素周密署龍泉而特達委珠璣而不拜故以斟酌元氣平運闕二字方當闕一字融皇風弼諧景化

論道於上闕一字扈蹕闕一字中闕三字散黃金以長揖追赤松而高蹈而天不慭遺梁摧奄及永昌元年二月廿七日薨於位春秋六十有三聖情憫悼闕一字賚掩涕罷朝撤樂有加恒數自闕一字疾彌留迄於大斂賜藥及衣中使相望於道賻物四百段闕一字粟四百石葬事官給闕一字官五品一人監護葬事贈幽州都督惟公幼而岐嶷長而惇敏探賾索隱闕一字微究奧闕一字策名委質闕二字爲闕二字吐剛茹柔常情之所易撓尚人矜已執政之所難闕一字公闕一字坦勞謙少私寡慾當代之所難者闕一字於公而易闕三字六入闕二字七臨闕二字既稱獨闕一字復號神君盛德被於闕二字功名垂於竹帛者也夫人隴西郡夫人闕一字鄧氏河南闕七字公之孫衛尉卿駙馬都尉之女也闕一字賢明闕三字敷令悊於家邦幽閒婉順闕二十一字國風之窈窕嗣大雅之徽音闕二字光輔兩朝闕一字靈彌郃夫人闕二字中饋闕二十字斯闕三字所冀闕一字母儀之闕三字上悊闕一字遠闕一字亨年不永闕二十一字十一月十一日合葬於三闕一字原禮也嗣子尚柔奉御知言等闕三十字故吏等仰攀盛德遐想嶽光闕一字立闕一字而闕二十九字其辭曰。

河闕一字降闕三十七字出鎮方位入奉闕四十三字石銘勳垂光闕二字

欽定全唐文卷九百九十三

闕名三十四

大唐贈使持節邛州諸軍事邛州刺史狄公碑

君子進德修業以佐時哲后求賢審官以成務有才無命賈問鵩於長沙其（闕二字）貞（闕二十六字）令則（闕二字）程昱既卒雖增車騎之榮劉毅云亡徒表直臣之禮死而追贈何補衮章不其悲乎（闕二十六字）景允於戲后稷克播靈苗承積德之鴻休藉基王之茂緒周封孝伯因受氏於狄城孔（闕一字）門人（闕二十五字）貤息魚羊擾代龍馬浮江九州幅裂四溟板蕩

樂平公出將入相豹變於秦庭（闕三十四字）事炎方虎賁屈潘岳之才坐悲秋興曾叔祖湛魏平西將軍臨邑子齊（闕三十三字）動澠池鄧艾專征卷懷庸蜀建旟作牧首登循吏之科開國承家俯入功臣之（闕三十三字）吳坂父孝緒唐行軍總管大將軍金紫光祿大夫尚書左丞使持節汴州諸軍事（闕三十二字）兵略地傳長虞嚴持左轄八座澄清蔣子通常侍乘輿萬機宏益六條出守鎮梁國（闕二十九字）明月公卽臨頳公之第五子也龍章鳳姿地靈天縱神情秀發則白日雲開（闕二字）達權（闕二十九字）體物居多黃絹之詞敬業樂羣早茂青衿之譽起家以國子明經擢第補東宮內直（闕三十二字）授鄭州司兵參軍兼鄭王府兵曹參軍漢川南紀總錄衆曹鄭國東門職司鍵閉（闕三十一字）國之封降彼親賢守茲陋隘大開藩邸博訪英髦（闕一字）授（闕二字）梁州都督府錄事參軍（闕三十一字）咸坐君不與焉豈惟魯國憍親每慙田叔汝南人吏常畏范滂而已乎俄除越州剡縣令（闕二十八字）華州鄭縣令竹箭長瀾浸於關輔蓮花峻岳鎮若都畿祖恕之理宏農唯聞惠愛陳稚之（闕二十八字）拜周景之題輿御王祥之別乘屈汝頳之高節通理譙都振海沂之康歌來清𣶒道若乃

（闕二十六字）有山蠻之侵盜更相劫掠久患兼并爲官擇人非君莫可卽除夔州都督府長史州府軍節（闕二十三字）而猛獸懷仁諭沸鼎而游魚知懼招集亡散户口日增敦勸農桑京坻歲積敉攘（闕三十一字）我有餘美旣而朝廷藉甚璽書優洽坐望公車佇登廊廟豈謂祅延二豎夢奠兩楹遘疾（闕二十六字）有同朱（闕一字）之亡郡吏（闕一字）攀更甚莊遵之死天子行魏文之錄舊考周禮之易名贈使持節邛州諸軍事邛州刺史（闕十六字）肅恭成德柔順居貞鳳皇于飛生享從夫之秩蛟龍旣沒死偕同穴之榮初封太谷縣君追贈太谷

郡（闕二字）乃以載初元（闕十五字）禮也。惟公生而（闕一字）明。幼而好學。有黃童之俊逸。世號無雙。有顏子之庶幾。共推知十。容儀端肅。識（闕一字）虛謙。（闕二十二字）之材。抱干將莫（闕一字）之（闕一字）方欲弼諧王道。（闕一字）亮天工。作神化之丹青。爲聖朝之元凱。豈知（闕一字）隨有命。州（闕二十一字）但見生祠。張訓其亾。空優死贈。嫡子故中書令尚書右僕射贈司空梁國文惠公明謨光於帝道。至性叶於天經。痛（闕一字）宣（闕十四字）瑩月偃平阜得仙公之宅兆。以爲岡巒起伏。雖封白玉之棺。陵谷遷移。須勒黃金之碣。頹齡溘謝。誠願莫申。有孝孫鴻臚（闕一字）卿

光嗣（闕十四字）合宮羽居喪。有滅性之酷。惟孝將成父之志。見何（闕一字）之羸毀。孰不哀憐。須陳寔之（闕一字）猷。吾無愧色。迺爲銘曰。

周道（闕十六字）虢彌邱賢子哲。儀實知禮。義存載籍。山爲巨儒。志在宏益。（其一）秦推樂平。魏得安成。伏波曜武。臨邑持兵。時逢喪亂。運偶（闕一字）橫經（闕十四字）名。（其二）司馬建安。降年短折。散騎常侍。匡時仗節。武帳前鋒。文（闕一字）左轄。勘濟寓縣。肅清朝列。盛德延鍾。克生俊哲。（其三）欽惟雅量。江漢（闕十二字）曳履朱邸。抽毫聲雄。總錄望重。諸曹非君。作宰誰與。操乃（其四）剡本吳縣。鄭稱京輔。銅墨外臨。宰絃內（闕一字）政成飛（闕一字）澤及時雨。（闕一字）若黎（闕十三字）（其五）東臨睢渙。西陟岷波。方勞剸割。載穆康歌。青江瀰漾。赤甲嵯峨。賓渝始附。寇盜仍多。微我君者。孰樂安和。（其六）克播（闕二字）曲成（闕九字）美（闕五字）釐百揆。祇膺來集。臥龍不起。一歎頹山。長悲閱水。（其七）恩覃死贈。禮（闕一字）哀榮。冥寞同穴。昭彰易名。（闕一字）烏（闕四字）佳城（闕十八字）（其八）

齊州章邱縣常白山醴泉寺誌公碑

伊昔曇花未出。庸詎知寂滅之名。覺日猶（闕一字）曷嘗識苦空之相。（闕一字）夫金儀下降。舍靈（闕一字）淨月之光。寶教旁流。

（闕二字）受元雲之潤。三車（闕一字）駕火（闕）化工（闕三字）香不息所以化身周流於剎土。神足遍（闕一字）於塵沙。或十大聲聞。駐形（闕一字）里。一方菩薩。納景涼臺。覲（闕一字）背嶺以宣慈。清辨赴（闕）未掩白足（闕一字）游佛法之美。翠塗丹（闕一字）咸（闕一字）王城之舍。蓋利生（闕一字）道稱境發。緣若不人（闕一字）共符（闕一字）能使諦幢高建者矣。今此醴泉寺者。是宋齊（闕）經文師郎（闕二字）身之菩薩（闕一字）遊神境。來屆茲山。棲託巖阿。聿修禪寂。以爲此地元武之分。青龍所憑（闕二字）首以開疆。據天齊而劃野。却（闕）尚父之（闕一字）居九合一匡。齊桓公之霸國。爾

其常白山者。迺摩天闕一字地。晻暎蔽虧。抱泉石以娛神。出
雲霞而養性。山毛地髮名花將軟草連芳。闕此人闕二字繪
闕二字形勝闕一字建招提。自後七級崇圖。闕一字起舍佉之構。
五層峻闕。重標戴勝之門。海目山亭。妙相殫於變態。虹梁
鳥革。大壯闕綴闕一字霞闕一字綵畫闕二字麈尾闕二字香闕一字
水調八解之闕一字風闕一字五音之說。息心之輩。見流注以
超昇。迴面之徒。仰幽關而悟入。時逢闕一字卷代屬闕金林
玉闕一字寥落幽巖。我國家灌頂四天。纂圖千帝。以佛乘爲
象馬。用道品爲城郭。八方起塔。闕二字遺形九闕一字聚鹽情

殿闕於闕一字廟闕二字佛並闕一字此精廬闕一字通堯日三齊
俗姓。向梵境以翹誠。四履闕一字昌。仰釋天而矯首。又屬中
宗孝和皇帝龍興。漢道入天經闕互周法界。去景龍二年
歲次景午。爰有齊州正智寺都維僧仁萬。俗姓李。字道寂。
慨茲隳墜。抗表興崇。天鑒至誠。特賜名額。參校闕一字應建
闕否而還。泰山靈掩以重開。法俗歡康。人神舞悅。初師之
行進表也。夢乘船山上。及翌日赴朝。斫削無礙。豈非興廢
默定。通闕一字懸期。故能闕俶裝東上。將欲赴州闕二字三藏
義淨法師各代高僧。天下重德。先奉勅於大薦福寺翻超

經律。以闕四字觀此勝緣闕一字城在東倍增闕四字闕一降靈
五濁德闕一字人天之表。名揚宇宙之間。聖應難闕一字神功
叵測。及將命星發。載達京闕三字香緣天闕二字臨闕二字時方
闕二字令揚闕二字代傳身闕二字輟絃歌歲闕三字郎以二月八
日。親率合境老幼。大會新寺。表慶天恩。又於靈廟之前。尊
卑就列。雁行齊聽。闕魚貫闕二字其令迺忽見有醴泉流闕一
字修廣三四尺。深淺三尺餘。色淨味甘。爰符瑞典。挹酌同
飲。咸覺蠲痾。豈不以闕一字福闕一字圓。三靈允答。光揚寶闕一
字滋液金場。故闕州闕一字上聞。聖情垂感。有勅改名爲醴

泉寺。仍更抽入冊九僧。住持行道。自元波再委。碧題重開。
日殿赫而扶昇。月宮華而桂滿。若乃闕海精勤。以齊深戒
月澄空闕二字密霧禪燈。熠室巧避輕風。濯闕一字路之龍津。
洗毗曇之鳥眼。長祛五住。遠劾四心。刷鴻雁以飛雲。轡闕
捨生之地。續柱闕二字有情根闕一字之方闕一字鳴金鼓樹功
不朽。流福無窮。斯並先帝之本願。莊嚴法師幽贊。威神之
所致也。又師遊戲生死。示闕儼如親對。卽平時所將黑犬。
亦絫具例闕一字厥闕二字無願不從。迺至有患心痛者。但取
廟前少土。和水服之。應時便愈。遺形是託。神靈保持由是

闕梁寺久傳師本俗姓朱氏金城人也少出家闕一字京道林寺僧儉法師爲和上業存禪闕一字長闕一字始初漸彰異迹居止不定飲食無時長髮跣足每闕詞同讖記言不虛發應驗如神或闕一字視通於北都分形遍於南國奇怪忽恍不可殫論以天監十三年歲次甲午十二月八日闕一字內闕相奄然示終時有異香百闕一字芬馥特動厚加殯送葬於鍾山獨龍阜仍於墓所立開善精舍勅陸倕製銘於冢內王筠勒碑於寺門闕化生及其去也以精靈度物哀憐庶類福祚皇王且彼託鍾山此依常白彼葬龍阜此瘞

龍臺前王挹風建開善於墳側後帝傾景闡醴闕至今大唐太極元年歲次壬子皇帝御天下之三載凡一百九十九年化化之緣古今無盡明明之德日月彌新其所變現之梗概猶闕之闕一字衆所未諒恭敬者隨時受福疑慢者應念立徵事迹繁夥不可備載當嘉聲上徹先帝令左臺監察御史于務先親加檢覆被繡闕八正所以知歸一屬昔緣獲未曾有以後復命倍沃天心刺史楊元禧分符北極露冕東藩靈雨逐於行車仁風隨於轉扇黃金捧闕墻新法城追象闕一字於上乘想闕五字不翅絣繩寶地助動天宮薦瑞香園延光帝載縣丞主簿縣尉闕一字舍章闕一字學行道入闕一字俱齋財集闕二字以闕二字羣物揚舲彼岸錄事闕一字宰鄉闕一字等門滋蘭畹行擢檀芽忠信滿於州閭因果達於古後被命委闕二字奉闕三字隨攜朋闕暗闕一字大地荷於津通貝樹根春帝王之遺文秩矣金闕二字界諸佛之正道通矣迷津闕一字路菩薩運載之乘行矣齊闕一字短闕一字衆生趣入之闕範冗元天大造充溢於盡空淨域鴻緣牢籠於無外昔迦葉闕一字下如來垂讚歎之鴻彌勒堂闕一字善財表歌揚之偈若稽古訓式樹闕一字碑仍於闕遂銘曰

義天兆昧優花未披但迷五蘊孰辨三伊厥闕一字火宅耀我金儀神足繼軌闕一字子揚鞭其一闕一字有闕一字成觀方擇土載表靈闕一字旋開闕網孅我寶地壞我金場花殘鷺沼煙輟龍香霞標歇滅石徑荒涼其三萬寓乘皇千齡纂帝日月連璧飛行闕一字契比念新闕五字高梯闕精標五門玉墀俶感銀闕一字輿存其五欲赴天泉闕一字規國德寄誠墳廟傳詞翰墨瑞醴通流嘉祥允塞重光佛闕二字題宸極其六紺軒加飾闕一字盛闕沙其七先帝聖靈聿資神境冥扶默贊分形散影既墓彼山又墳茲嶺寶鐸雙振金繩共炳化變新新

眞身永永其八初字闕一泉佛時字闕三天字闕一降闕宣聞諸典
故鐫金鏤玉道該緇素式讚元猷爰字闕一淨度勒像賢刼
刊碑覺路其十

鎭軍大將軍吳公碑

闕也肇自石樓東鎭守封司地之班金册西符啟命將軍
之秩雖闕師中尉總南宮之禁其或膽剛如鐵操絜明霜
酌龍豹之神韜闕榮名溢寰海功埤動植其誰由然哉惟
大將軍吳公諱文字才闕大夫行內給事父節皇朝金紫
光祿大夫行內常侍七貂闕之德是使金鋪接慶玉璽承

官長戟榮於司宮高門聯於寺伯公闕雅局就於孩年量
轉奇規英斷裁於稚齒源之乎鵬之爲鳥不飛闕法勵已
徇公不私補過諤諤於宮闈匪懈兢兢於夙夜闕勞撫公
以秩授公文林郎適擧從班也公謹密居體謙光潛旨問
闕之賞非公而何冬十二月又制轉公右監門衛大將軍
建闕宸神龍三年又制轉公鎭軍大將軍行右監門衛闕
社固以鋒交衛霍權衡田竇橫虎步於朱軒蹠龍顏於青
闕土之祿敢對敭天子之休命也唐元年又制進封闕之
册三階應歷八命騰遷持大義而不可奪保元勳而若無

有則闕皇上欽腹心之寄也公平均七政恭踐五朝樹德
務滋循躬闕成修乃奏乞骸骨身歸常樂詔許公焉尚書
謝病非無給闕彩竊四序之留難秋蓬颯飛收百年之卷
促賈長沙之憤結庚鵬闕呼維公開國承祉正家崇秩葉
嗣傳於紫綬鼎胄曳於黃雲元戎闕魚之行乎大壑其量
府也黃金白玉兮滿君之北堂其賓賢也虬闕風軌物傑
臣飛將其在公乎夫人恒國李氏圓姿替月潤臉呈花闕
七年十一月十二日先公而殯公以開元九年十月廿三
日偱窆闕落松扃金雞鳴而春不曉玉犬吠而秋以暮瘞

將軍於地下意氣闕卧於平生窗帳殊於窀穸則公夫人
之顧命顧不合於雙棺焉於闕議大夫行內常侍上柱國
處行明姿鑒俗謹身從道元方長子高闕郎行內僕局丞
上柱國昇行及厭塵滓開心大乘出俗網之三災迴闕庭
局丞騎都尉處昂等並痛切終天悲銜背血雖復合庭花
萼聯闕五色詞騰七步王公在盼聖主承知夢八門而出
飛屈五闕
闕神出自天秀蓋非常人復禮由已依仁立身擧圖橫海
公乎動鱗闕有珪詩徵孟子相擧王稽南山之壽崿立其

齊西山之照不意全闕伯銘金穎川故事遵揚德音杳杳藤槲青青柏林旌勳表頌孝子闕

劉尊師碑銘

道本無名名生闕一字物而聖本無蹤跡者闕二字存闕一字惟闕二字所以能明闕二字理盡乎妙有矣夫惟得無所得能知合闕四字名闕二字以此進爲而混俗功大名揚而衆仰以此退居而閑遊江海山林之士伏其孰謂也尊師闕八字又號齊物闕一字城人也曾祖皇隋任洺州司户參軍才器過人德行殊衆祖楚皇任房州上庸縣丞詩書傳闕一字文詞宏

達乂問養闕一字邱園優遊卒歲尊師幼而聰敏性與沖和眞相霞舒挺骨嶽立年十三神龍中有勅士人誦經入道配養臺觀既慕神仙之術託作求眞之遊遂詣中岳韓尊師受洞神經法便居勞盛山五載仰其道也至開元初又詣東嶽任尊師受洞元中盟八景之要便居泰山日觀臺十載已外物矣時遇茅山任尊師遊山見而異之曰此道覺也遂授以靈飛六甲谿落七元八籙祕新文大洞眞要仍傳養生隱訣自後却粒服餌吐故納新人貌而天乎文詣恒山居大光餘峯三載至如九丹祕要三洞經法皆成誦在心如示諸掌至開元四載道門威儀使奉玉眞公主敎請詣中岳與唐觀校定經籙道高物外跡寓寰中聲聞於天名著非我至天寶三載有詔尊師德行純和尤精科戒請住西嶽雲臺觀上方太清宮至五載靈昌郡道衆等竭誠勤請願傳法要乃闕一字日齋心潔行以祈宏益道不凝滯亦在流通遂於瑶臺觀場壇廣闡天地肅清授眞一經法金人玉檢始以要盟龍章鳳篆終焉授與道衆謝天建黄籙齋以祈靈應其時白鶴繞壇綵雲浮座祥風肅起異香遠聞見者皆言尊師精誠所感也至六載玉眞公主

已捨館陶之封卜居平陽之洞以爲常娥餌藥乘兔輪以長生嬴女吹簫登鳳樓而久壽遂於仙人臺下建立山居既饒靈芝復多仙草有敎安置旌至德也七載又奉敎東京睿宗大聖眞觀奉勅修齋理藉清高副國誠命初闕二字道闕三字功威儀設而闕四字行而儼若爐烟晝啟瑞色氤氳燈炬夜開祥光熗赫都城士女觀者霧集莫不讚闕一字稱闕一字曾有闕一字八闕三字記云尊師時年五十有七閏六月廿二日無疾忽曰吾本入道志求仙也所望華表御鶴白日昇天今上聖有命我欲辭去顧謂諸弟子曰方生方死

方死方生死生一理汝勿憂也其日申時復有異香入院左右莫不聞者至夜半寢於靜室奄然而絕當其炎暑容色鮮輝手足柔和一無改變門人號躃行路傷嗟以爲尊師厭世而尸解矣以七月十七日遷於尚書谷之東埠禮也闕二字時則變易物經長久彼堅者石可以刻雕彼言者文可以傳人匪文匪石後何觀焉有弟道士曰齊莊鴒原永懷式昭至德銘曰

天長地久兮物則虧盈陰化陽施兮有衰有榮達士所以肥遯居貞得道可以齊乎死生吾師仙化兮神遊上清寂

兮寥兮可知其名千秋萬歲仙臺之下蕭然惟有松風之聲

唐故慈州刺史光祿卿鄭公碑

堬鬱之地闕五字也觀光之文闕十二字衣冠之祚闕八字鄭公之謂焉公諱曾字景參滎陽開封人也胙土命氏則本闕七字盛闕十一字則子闕一字勤於京師弈葉闕三字名不隕烈祖攜隋尚書右丞聘陳使永安侯大父嗣元唐通事闕四字明叔考九思闕二字豐城縣令闕一字茲純嘏闕二字胎闕一字懿闕二字世闕一字公上承丕緒闕一字襲累業初孩鍾隴西大夫人喪及觀號嗄殆至闕一字絕闕四字性孝闕一字根闕二字登闕四字爲闕一字名以紀其異少而遊藝長善屬文闕四字高第寧州羅川資州資陽縣尉施於吏道峻以清節闕四字窮憂泣闕一字過禮闕五字數感容若不勝哀服闋授博州聊城闕一字州闕三縣丞每在公家必被誠績遷闕一字州黎陽滄州鹽山縣令莅爾邑懷斯人闕三字化政闕三字改闕一字州闕一字事闕五字肅之道無言闕四字壹之規不令而知信禁暴撫瘠貽惠樹風闕四字俗不忘矣河南尹李公闕四字之闕六字於是闕一字以闕一字使功闕一字勤闕五字成不闕一字素吏人建碑表闕十一字降璽

書加朝散大夫懷州闕十字刺史闕四字州閭闕一字理興務人闕一字發明典制糾剔瑕慝酌之闕八字布闕一字悌以闕一字其情敷靈和以導其闕二字清而闕四字而闕一字恐下闕十一字景命介以維祺而移疾還闕十字春秋七十有三闕一字歲也歸葬公於滎闕一字北原夫人贊皇闕一字君李氏闕七字德闕一字公闕二字袝焉闕一字也公體闕十一字學舍章以挺辭醞藉風裁周旋楷式凡闕一字朋執洎於寮吏闕六字不闕四字郡州闕二字遺闕二字跡流於闕十一字循良之化潤於國風仁其心物無弗親闕一字其分道無不洽福著而應德闕一字而彰闕一字有闕二

之法濬流之長高門積慶繼闕九字者也長曰長裕國子司業閎量貞密直方周慎名高雅望學入精微次子闕二字歷闕一字部郎中中書舍人鴻臚太常闕一字少卿闕三字侍郎闕二字薛伯器標公輔珪璋之特秀鉉翼之良林粵十有七載闕五字駕謁於園陵闕九字泉壤制以清官五品巳上父母追崇爵位府君贈光祿闕一字卿夫人贈趙郡闕五字飾闕三字重慰法河之列比闕八字著資父以闕七字繼志松楸闕一字茂闕一字傳相闕七字永闕五字昇卿闕二字禁掖接侍闕一字墀闕二字之闕三字碑闕三字言非變豈逮辭林之旨學古闕七字作闕一字颺

前烈闕一字鏤遺芬其銘曰

懿懿惟公承國於鄭門閥濟闕一字軒裳表盛闕七字性闕一字學闕二字清方允正闕一字以從吏歷職樹聲闕六字維闕二字政闕二字作藩扞城化俾有程人胥用寧謂我晉域聿來闕八字有翼闕十一字福二子闕二字皇恩贈寵神道榮哀上延海署下感泉臺闕八字令闕七字

唐太原節度使韋湊神道碑

君子之事上也進思盡忠退思補過所以慎其初也不爲義疚不爲利遷所以成其忠也有始有卒往哲所難彭城文公韋府君庶斯道矣君諱湊字彥宗京兆杜陵人也翊商命族佐漢傳封龍旂承祀盛業百世曾祖諱瓚隋倉部侍郎司農少卿尚書右丞南皮縣伯開皇中受詔監河漕之運以實關中利國濟人名書隋史祖諱叔諧皇朝薄州刺史員外郎散騎常侍庫部郎中貞觀初奉使招夷越之酋以清嶺外息兵殷土事具實錄父諱元福永徽中爲城門郎爲外姻所累貶授桂州長史贈潤州刺史清風克紹盛德難名育道儲祉以貽後嗣君承積善之休烈光膺太和之純粹文學政事懷適時之異林孝友忠貞稟過人之

至行永淳元年解褐授婺州司兵參軍致遠之漸發於初筮延載元年授資州司兵參軍廉察使房昶覩君剖斷之跡嘆曰鸞鳳棲於枳棘豈惟有司之過亦使車之所急也於是狀其殊績上表聞薦俄拜揚州法曹參軍繩愆糾慝正色無私志在澄清豈避強禦長史清河壽潛悉以郡事委焉大足元年授上方監丞尋加朝散大夫轉相王府屬兼通事舍人時夏官尚書姚公兼王府長史嘗稱曰韋屬識見宏遠文彩優詳恨相知之晚也長安三年遷職方員外郎神龍元年轉兵部員外郎歷職方司郎中長安令遷

將作少匠仍兼通事舍人景龍二年轉司農少卿三年除貝州刺史其草奏也必因事而作程其敷納也抑有儀而作表周行之譽久而愈芳既副象河之榮遂光分行之寄景雲元年復入爲鴻臚少卿仍加銀青光祿大夫二年轉太府少卿兼通事舍人節愍太子之追謚也君謂有死不校太子之逆苟弄兵而不誅雖銜命而難宥申生以遇讒自引考行爲恭衛據以擅命出奔易名爲戾以今方古斯爲甚焉於是抗疏論奏明言至理仍於軒墀之下對仗自讀睿宗瞿然悚聽仗下後引君入閤賜坐再三詢乃令與

執政議其可否僉以爲恩命已行難於返汗惜遂事於已往知讜言之在斯所謂有犯無隱臨大節而不可奪也初神龍之末恩踰賞僭氛祲既清府庫猶竭時議興造寺觀土木競起役人不時上書切諫疏奏未報昌言固爭上悟其忠竟用嘉納乃詔有司量事節減息人省費動盈萬億君前後所論郊廟大議及時政所急凡數十上多見錄用或編於甲令或載在策書仁人之言其利溥矣先天中又歷陝汝二州刺史陝服汝墳境壤相接惠先道路二郡以安開元二年遷岐州刺史屬鑾輿順豫大蒐岐下君徭賦

均平儲峙簡約牲餼烹飪不徼賞於珍華屝屨資糧不取悅於餘羨闔境無擾人到於今稱之四年遷將作大匠六年充東都留守八年遷右衛大將軍上謂君曰皇家故事諸衛大將軍共尚書交互爲之近日漸貴文物乃輕此職卿聲實俱美故暫用卿以光此官勿辭也九年正月遷河南尹累封彭城郡公十年以屬官有犯出爲杭州刺史十一年轉汾州刺史其年又遷太原尹仍充太原以北節度大使北都留守河東道支度營田大使併檢校北都軍器監操節鉞之寄愼守禦之方師徒無勤邊鄙不聳雖李牧

之馳名塞下魏尚之善守雲中無以過也上懿其績手詔勞勉錫以時服恩貺屢降及遘疾詔遣尚藥奉御宗處馳傳診療粤以其年十二月九日薨於太原之官舍春秋六十有五詔書故太原尹韋湊體識沉正宇量淹通立德可師宏風自遠累居中外克著聲績而大耋不永長離俄謝興言感惻用軫於懷宜洽寵光俾申榮贈可使持節都督幽州諸軍事幽州刺史物一百匹米粟各一百石給靈轝遞還葬日借幔幕手力太常謚曰文禮也議者以君忠肅恭懿寬仁信義揔虞書之九德并孔門之五美而不翼亮

百揆光昭三事蓋以滿盈爲忌謙讓辭避不然豈才不適而命不至道不行而時不利也先夫人范陽盧氏刑部尚書從愿之妹也輔德正家克循法度載誕元嗣無祿早終繼夫人隴西李氏長安令綰之女也能繼徽音以享偕老初尚書盧公以親懿之故式瞻景行將有刊述以紀嘉休旣而鎮撫汾澮澄清梁益軒車載轄是則未暇及入護儲闈而辭疾歸老事竟蹉跌斯文不就天寶八載府君之嗣子尚書右丞見素痛霜露之滋深懼英華之易遠於是徵究決諒詢謀宗黨託詞瓊瑤以敘事實伯喈之頌敘長源

於厥初考甫之銘垂儉德於來裔其詞曰

粵我初諒以德受氏黻冕軒裳世濟厥美辰象吐秀山川叶祉實生文公克纂先祀入孝出悌抱質懷文雅操有素清標不羣志惟詩禮業在邱墳如玉之潔如蘭之芬發跡州郡飾躬以進旣登省闈體聲益振守以恪恭不忘畏愼有犯無隱詞直而順象河是副功宣亞卿建旟受委遂典專城政存簡要德著仁明是則之美時惟尹京捴戎軍政彼汾之澳卒乘輯睦戎夷悅服永享惟老受茲戩穀天不慭遺遽終百祿哀榮式備詔葬言旋宅兆斯吉光陰屢遷巖巖終阜泱泱渭川刊石紀德於惟億年

唐故開府儀同三司贈揚州大都督高公神道碑

初有適越者請觀南方之樂主人爲之歌馮賓曰遠矣闕後衰而復起一飛沖天伯服有子不在外其爲中貴乎不在闕馮之先有自北而南者自宋懷化字闕一業以至於盎五嶺之表推闕子智戣爲高州刺史智戴爲恩州刺史智垈爲潘州刺史咸有德闕襲位象賢字闕一禮主祀守封且有舊章斯爲代祿使有輶軒字闕一察者闕天子廣錫類之恩覽先賢之狀初贈潘州刺史又贈廣州大都督闕侍玉

階則天矜其覆巢知必成器選內官而母之命進侍以闕窺大寶不利王室已成禍梯元宗赫然提劍而起公實勇進闕卿宰臣因以決事中立而不倚得其君而不驕順而不諛諫而不犯闕也公弱喪之日太夫人滯於南荒服遐陬晨昏問絕折葼之敎闕而至稱觴拜慶兄弟雁行自閩徼而就養字闕一城當代罕有終堂之闕官卑乞迴所授上允其請時議稱多君子曰此所謂事親之闕車駕幸三山宮天子講藝呈林威戎夸狄有二雕食鹿闕飲羽而片雲徐下壯六軍而增氣呼萬歲以動天英主愜心闕而平之

臨大事而有大功皆此類也歷（闕一字）教博士內府令朝散大夫（闕）首爲監遷冠軍鎭軍輔國驃騎大將軍開府儀同三司封齊國公（闕）使歷官受任五十餘年從蒙塵（闕二字）梁（闕二字）法駕歸長安一心貫（闕）可得而聞也上（闕一字）初避（闕一字）請出（闕五字）臣之心常在魏闕（闕）朗州龍興寺享年七十有（闕四字）之喪至於滅性斬剡之痛何（闕）陪葬泰陵以寶應（闕二字）一年四月（闕二字）日安厝成其志也夫人呂氏齊（闕）而不遷嗣子正議大夫前將佐少監南海郡開國公承悅禮謂猶子（闕）旅有奉孝謹不（闕二字）刊貞石之文用紀（闕一字）陵之側大君有命俾（闕）惟公之本南海（闕三字）得藏（闕一字）家傳擁旄有馮之後遂育於高惟（闕）惟公之貴出入（闕一字）宸宮闈父事階陛日親歷載五紀奉茲（闕）惟公之孝達於神明板輿萬里自越徂京爰定風樹備其哀榮惟公（闕）勳會合風雲寇盜（闕一字）命戈矛（闕一字）紛一麾而（闕一字）克定祲氛惟公之節淩（闕）荆巫二聖晏駕長號鼎湖哀而遂絶痛入黃壚惟公之葬泰陵（闕）

金光照和尚碑

金光照和尚者其先河南府澠池縣人也俗姓李氏年十三出家依於新安縣寶雲寺主靈粲爲師至年十九入洪陽山祖述迦葉和尚伏勤三年猶如一日可謂衣不解帶布褐遮身殘形毀容勤求至道和尚謂曰道常無爲而無不爲佛常無應而無不應守斯守一勤則居三雖恒沙異名隨緣攝化而彼岸同體感物從權且清涼山者諸佛之應化也衆生緣重爾可住焉師旣親受言教來至汾州洎寶應中遇姦臣兇動戎馬生郊師阻難中未可前路乃迴入馬頭山經姑射山又轉至檀特山六年居山事慧超禪師誓願苦身以崇至學每興重願以救蒼生志在山林祈無上覺禪師知其願重乃命速行轉至屋党山下院師於惠悟和尚諮參至理又聞方山純達禪師德行清高名譽遠徹旣至其所禪師一見乃問師從何而來師曰從無所來禪師乃接以微言豁然啟悟乃知衆生卽佛佛卽衆生三界圓通惟一心耳遂住嵩山經於三載禪習爲務守戒爲常每自思曰臺山之願竟未心屬我國家聖德廣運日月照臨功高百王業濟千古至唐大歷二年方達五臺山於大華嚴寺萬菩薩院安止其日忽雷電交發雨雹駃飛師乃駭心默念大聖俄爾晴霽倏覩白光從臺飛下光中

千佛。嚴麗赫然。師涕泣交流。舉身投地而爲作禮。比至舉首。忽然其前湧出高樓十丈。有千葉花座而以盛之。遂見諸佛舒金色臂。三摩師項告師曰。爾從今已去。應名金光照耳。諸佛令師誦金剛般若。以爲恒式。言訖。忽然不見。師心內喜躍。感悟良多。翌日禮辭寺衆。遂詣祕魔嵒幽居。進德日有所新。後又自西臺忽雷風暴震。飛電注雹。良久雲開谷騰。黃霧倏忽之間。千變萬化。師一心瞪視。誓求佛果。應時和風清暢。雲霧競湧。忽見維摩居士普賢菩薩文殊師利。師悲泣禮拜。忽然不見。又見二童手引師直詣臺頂。

見二如來。淨如琉璃。內外明徹。紫光蔽日。白氣浮天。徧滿山林。盡同金色。同行伴侶。罔知厥由。後又詣東臺那羅延窟。遙見三僧乘白雲湧出。至前便隱。又至夜三更已來。忽見窟前樓閣層峙。天樂嘹喨。至數日已。却往祕魔居止六載。後繁峙縣令呂才俊堅請至縣。虔心供養。後代州都督辛雲晁聆師之德。望差指使迎入大雲寺居止。爲首廣興佛事。後不知其所終云耳。

刺史折嗣祚碑

上闕人爲之受命。瑞影搖彩。嶽瀆所以降神。昔周文王有大明。嗣太王季。闕祖諱華。雲中人也。永西伯之苗裔。大魏之後。宇文之別緒。以金城闕俞。自武德中詔府谷鎮遏使。不改善政。永闕子孫黼黻闕之榮。闕能不施勞於民。不伐善於己。慷慨闕以魏孝文皇帝廿七代之孫也。世襲家聲。勳庸不闕昔先王之顧命。巨唐之芳葉。爰因忠烈。爲唐允隴西氏焉。所謂闕若作席上琳瑯。人間杜石。鹽梅麴櫱闕不謂臨危致命。不顧其死。見義有勇。無懾於闕獎式義方闕不可奪也。闕可稱也。不以私誣義。罔以虛眩。眞守金石闕爲府谷鎮闕持戎醜。疆境之內。民無雜居。杜烽戍之虞闕

尚書兼御史大夫考績闕庶政增以厥貢良驥。可千乘與部族歸榨藁之地。黔黎有豐年之詠。闕昔先王求枚嗣祚也以前闕乾符歷數闕元兇闕不敢以懸河之口辨。無不對當進賢任重。爲黎先行闕欲移勳列爵。未足稱闕吾懷何如闕其德不回。馳驛闕於雲闕之然。將明命於闕王覲之。奭然曰。虜延深遠闕危闕雖鑿中利。刄闕當今晉王感公有大忠於王室。有大闕駕爲闕溪上氏闕祖滕之禮也。而乃衣錦桑榆。顯榮也。先世聖唐之瑞派。子孫引無替之道也。俾乎黻冕金行。勳業惟新。敷五敎以在寬。闡六

條而彌政稼穡有通歧之詠庶民無聚斂之怨公下車之日觀人多闕奬褰帷撫問愛如巳育遂乃布驅雞之善牧馬之政聆風嚮化繼至闕累降名綏加闕陰功罔效闕靈山岳其年冬末有二日享齡五十終祿於麟郡焉噫闕永有闕爲州闕之譽闕趙宣子郭伋闕有子五人長曰從闕軍使次曰闕軍使次曰從遠動合楷模闕府府州副使次曰從依攝麟州司馬檢校尚書祭酒兼御史中丞次曰從闕祖塋之左右授機應符契運叶瑞來儀清風朗月孤高不羣口無擇言哲中尤哲賢中又賢巖谷歸神崐峒熾焰

玉石俱焚闕矚俯眺闕封樹諸子昪下闕

董晉碑陰

上闕司拜殿中侍御史四遷闕一字中書舍人歷工闕命至右補闕主客員外郎有高文至性不幸闕乃纂集其文刻於左方以備遺闕禮闕二年土壤咸闕三年家闕於室變邱墟爲閭里散災祲爲和闕車闕二字十省其五郡邑資儲三蠲其闕取以歸揚子七縣之衝也列爲小闕逾周月如有二天化洽數州闕相闕一字國作旱歲之霖令公闕不言而衆事舉正色而羣心服邊鎮闕江闕二字刳木爲舟用五行潤下之功息闕不疾而速性命之際融正氣以發闕令而闕一字若親臨再相天地之宜三秉闕用置典刑士吏自清乃設堤防禁遏闕大化四流歸朝執憲專贊皇猷闕有闕三字去闕三字年闕三字轂焚蔬人化於公闕五字闕一而人不知公與其教我箱千斯闕精闕二字平政均滔滔蜀江來自天闕明闕二字統闕一字師旅弛張柵戍不戰闕留授鉞又命富人下闕

贈太保張公神道碑陰

闕拜殿中侍御史四遷中書舍人歷工部闕大夫闕至右

補闕主客員外郎有高文至性不幸闕纂集其刻於右方以備遺闕禮闕慶二年土壤咸闕三年家闕於室變邱墟爲閭里散災祲爲和闕軍闕十省其五郡邑資儲三蠲其闕歸揚子七縣之衝也列爲小闕未逾周月如有二天化洽數州闕當歸作旱歲之霖令公闕舉正色而羣心服邊鎮闕刳木爲舟用五行潤下之功息闕而速性命之際融正氣以發闕令而親臨再相天地之宜三秉闕置典刑士吏自清乃設堤防禁遏闕大化以闕朝執意專贊皇猷闕有闕轂焚蔬人化於公闕公與其教我箱千斯精闕政均

滔滔蜀江來自天（闕）師旋弛張柵不戰（闕）弼留授鉞又命富人（闕）

宋州司法田君宏敏墓石

君諱宏敏其先北平人也自虞承帝錄派嬀汭之神宗陳恒制齊遂開國而爲姓若乃錫土隆家之美賚玉帛於洪圖陳規獻策之謀著英猷於寶牒祖由玉山齊暎瓊萼流芳器孕珪璋質懷杞梓韞劉龍之英美躍管驥之高衢彩匣韜輝金章絕韻詞林振穎筆海浮瀾秀氣烟高靈規聳見貞風概俗勁節澄襟被揚歷而見徵應翹車而入聘隋

章武郡功曹父恭藍田孕質驪穴騰輝志岸沖清器該博物雄材傑狀亘孔仞以逾高雅度汪深湛黃波而彌浚名馳刈楚德洽重筵隋高陽縣尉君英靈迴秀壯志遐（字闕二）韞雄圖蘭風特振貞明絕俗雅道淹通譽駕雕龍聲充振鷺清辭雄辨陵酈子之鄉脣逸氣高談鄙蘇張之緩頰洞該物務統六隧於州邦備曉公方館四人於鄉邑既而奠楹遘孽夢豎延以寢疾彌留俄傾薤露以永淳元年九月十二日歿於私第春秋六十有四豈謂狼谿掩耀悲隙影之無留積玉沉輝泣清川之永逝以（字闕二）元年正月二十日遷窆於任邱縣西南五里本鄉禮也其地東連博陵西叩金堤膏腴控其前平林亘其後嗣子務仙嗣孫神傑神沖承族等攖蓼莪之巨痛陟霧岵而長號扳罔極之哀荒抱霜荼而永泣恐以炎飛岱嶺庶梓域之長存岸谷遠遷冀松區之尚在其詞曰

承芳軒冑分裳陳成建邦啟土代襲英聲降生明哲儁乂馳名高軌運流景命乃傾誄生前之茂績刻嘉號於泉扃

西郡李公墓石

公諱瓚文安縣人也其先漢將李廣子最孫陵並爲漢名

將即公之始也自是（字闕二）華轂代代繼出時（字闕二）祖武父（字闕一）並優游養閑（字闕六）公文雄兼特技藝大善年廿七賓擢公（字闕三）隨其願而（字闕一）不盡享年二十有（字闕一）皇唐天寶四載十二月五日寢疾終（字闕六）名舉未婚而終父母哀其魂孤爲結幽契娶同縣劉氏爲夫人越十一日合葬於郡州西北二百步從先塋禮也尤恐陵谷遷變刻石爲銘

銘曰

泰山頹兮良木折愁雲凝兮寒泉咽人逾故兮芳聲絕歲將深兮松風切

莫州唐興軍都虞候兼押衙試鴻臚卿鄭府君玉墓石

府君諱玉。字廷玉。本滎陽人也。其先因官得地。曾祖亮。皇莫州司馬。祖備。涇州四門府折衝。王父忝。遊擊將軍守左武衛大將軍試太常卿。咸以文武兼才應當時之選。府君鄉舉孝廉。弱冠從事。有救世之才。軍府推稱。以政狀聞於本道。時表奏授宣義郎試恒王府司馬。權充本州孔目判官。吏不敢欺。人樂其業。時歲儉。人饑多盜。世亂思理。須得其人。遂屈充唐興軍左虞候。以屏盜賊。擒奸摘伏。撫弱遏

強。井邑肅然。論功授秩。累有拜遷。官至鴻臚卿。職竟都虞候。自一主局。向三十年。閭里懷其仁。鄉黨服其義。犬不夜吠。衣錦晝行。水鏡居心。不假灰猪以辨僞。臨事明斷。有同跪鼠以懲愆。衆稱才用無窮。又拜牙門將。內外瞻矚。文武繩準。洎貞元十七年。旌麾撫臨。錄侯掩之。錫重始終之節。賞衣一襲。錫馬一匹。以其州在關外。類之襟帶。委以守禦。無遷易也。鄉人改觀。閭里拭目。昂昂乎固一時之傑也。豈期二豎爲災。奪人之願。以貞元十八年十二月十九日寢疾終於鄭亭。春秋六十有八。邑悲巷哭。春不相杵。夫人河閒邢氏。以貞元二年三月四日先府君捐世。享年四十有八。銀青光祿大夫檢校太子詹事殿中侍御史讓之孫。平昌縣令璨之女。適配君子。義不失於三從。奉事舅姑。禮乃全於四德。爲六親軌範。作三族楷模。德女適人而宜室。生男至孝以承家。皆夫人餘慶之所鍾。府君義方之所教也。嗣子惟興等。痛乎松檟未樹。歲月遄臻。先遠有期。不敢速卜。奉以貞元十九年歲次癸未十一月戊寅朔十三日庚寅。祔於州城南二十五里顧義鄉三方之原。禮也。是日也。素車隨紼。白馬臨棺。雲慘寒天。風悲野樹。恐陵谷變遷。銘

以誌之。辭曰。

平原四顧兮塚壘壘。左枕故園兮右滹水。嗚呼鄭君兮來宅此。白楊蕭蕭兮莫風起。何嗟原夜兮闕三字自有明珠兮照千里。

清河張府君墓石

貞元二十年六月日。清河張公諱曾寢疾卽世闕一字莫亭嘉深里之私第。享年七十六。自屬纊至於移窆。朋從親暱闕一字州里士君子無不慟怛。嗚呼仁賢之云亡也哉。惟公受闕二字黃而分歷代茂盛。源流益別。公卽清河之緒。曾祖

皇太子諮議郎諱崇祖皇中府折衝諱㯹父皇太子內直郎字闕二公即內直郎嗣也早歲有節克壯字闕一心拳拳禮容執無倦怠逮夫弱冠遵道秉義汪汪然不可得而親不可得而友挺出常度機略內蘊時薊州刺史御史字闕二榮公字闕一公才最以從事情以道契三揖而進字闕二塞軍營田判官恭儉莅職勳績明著甄錄奏聞受遊字闕一將軍守右領軍衛幽州開福府折衝都尉員外置同正員賜騎都尉公疎勢賊諂心不苟合恬淡爲頤年之用視簪組爲伐性之具遂辭名晦跡高卧雲物因家於三河邑背郭而東

得林巒之勝致也曁乎年逾不惑以長子瓊佐鄭亭侯嘉聲洋洋多歷年數由是閱實觀政巾車以來郡邑清暢禮容大備字闕一釋我願斯不返駕每字闕一人貞字闕一談眞空微妙之性探字闕一原字闕一賾之旨浩浩方寸洞豁塵境不其致歟嗟乎大道無涯天命有定雖聖明不能越常運而超物外哉公以疾起無妄情不嗜藥禺禺居易悔咎莫有星歲幾周大漸長往嗚呼天富其道而嗇於壽謂之何哉夫人北平田氏字闕一而得禮有子二人瓊等卜祔先塋龜筮告吉以其年十一月一日窆於任邱東北長邱鄉原禮也二嗣號擗痛深泣血哀告以先遠有請以誌之宗元承命不忤刻之貞石銘曰

蘭茝其馨金玉其貞碎碎拆之何神不明茂旌其英德立行成悠悠銘旌洋洋懿聲孝子念孫宅兆郊原龜筮叶從慶流後昆謹按是文從邑志採出文中有宗元字隸志亦以爲柳宗元作然詳其文筆不類且本集未載故入闕名

欽定全唐文卷九百九十四

闕名三十五

大唐故汝南公主墓誌

公主諱闕字闕隴西狄道人。皇帝之第三女也。天潢疏潤。圓折浮夜光之采。若木分暉。穠華照朝陽之色。故能聰穎外發。閑明内映。訓範生知。尚觀箴於女史。言容成則。猶習禮於公宫。至於怡色就養。佩帉晨省。敬愛兼極。左右無方。加以學殫緗素。藝兼鞶紩。令問芳猷。儀型閨閫。某年某月。有詔封汝南郡公主。錫重圭瑞。禮崇湯沐。車服徽章。事優前典。屬九地絶維。四星潛曜。毀瘠載形。哀號過禮。繭纊不襲。鹽酪無滋。灰琯亟移。陵塋浸遠。雖容服外變。而沈憂内結。不勝孺慕之哀。遂滅傷生之性。天道祐仁。奚其冥漠。以今貞觀十年十一月丁亥朔十六日。闕

唐文安縣主墓誌銘

主諱某字某。隴西成紀人也。夫天靈啟聖。迹被崑崙之墟。皇雄命氏。道光昆夷之土。至於補元立極之功。駕羽乘雲之業。握瑤圖於景宿。懸寶祚於貞符。其唯大唐者歟。曾祖元皇帝。被風化於墳枚。始艱難於邠籥。祖武皇帝。升陑誓牧之旅。汾水襄城之駕。卷懷列辟。財成羣有。父巢剌王。劼珪疏輿壤。戚茂維城。鬻楚澤之雕雲。聚淮南之仙氣。遂使茗華孕美。結緑開珍。景溢星潢。祥聯珠婺。晨栖阿閣。馨調丹穴之禽。夕指瑤池。色麗青田之羽。及其趨承蘭掖。漸潤椒庭。水移銀箭。尚敷衽於師氏。燈滅金羊。已鏘環於傅母。栖志圖史。游心幾律。盼蔓葉而興勤。聽嗜音而遺被。意匠言泉之旨。飛雲垂露之端。柳密妝窗。乍起流鶯之賦。月含花簟。因裁擣衣之篇。採擷纂組之規。澄漢紘綖之務。靡不思窮妍麗。慮歸閑謐。貞觀十五年正月五日。封文安縣主。胎賦開禁。公宫從訓。乃以某月十四日。降姻於工部尚書駙馬都尉杞公之世子段儼。華舒穠圃。秀發夭蹊。迓雨生輝。副笄增飾。尸芳牖下。既奉宣平之羹。思媚諸姑。還侍河陽之帚。嬪儀載穆。閨饋惟馨。循淑性於珩璜。韻柔情於琴瑟。瞻窈窕而遐鶩。歌悅懌而長懷。朝露溘晞。詎留光於瑤草。秋風忽起。空滅彩於瓊林。弄玉乘烟。怨吹簫之徒巧。常娥飛月。痛仙丸之不追。以貞觀廿二年二月三日。卒於長安頒政里之第。春秋廿六。嗚呼哀哉。惟主心資淑慎。體茂清明。碧霜絳雪。不能渝其操。秋菊春松。有以方其質。香名

遠集尚申戒於芳禰咎言斯屏每含辭於蘭氣信以蘋藻
中闈抑揚內範淑人不永傷哉如何怨家道之無庇痛藐
是之何託戚里兼酸宸襟凝歎即以其年三月廿二日陪
葬於昭陵窀穸所由恩旨隨給周京歸賵寵切於前哀澶
水尋盟事渝於昔禮湘川之下還見舒姑之泉鮒隅之陰
方傳貞女之峽采彤管之遺詠雕芳塵於不朽其詞曰
帝降元圖宸居紫微金柯疊秀璇萼分輝桂輪澄彩星津
結霏誕茲才淑克嗣音徽延慈丹禁稟訓彤闈綴珠爲服
瑚玉成衣拂景孤唳淩霞獨飛婉娩其性逶迤其質春緒

含雲秋情儷日降嬪君子來宜家室李徑初華梅林未實
絜資芳錡心調友瑟鳥變祺祥熊虧夢吉顧菟俄掩奔駒
遽逸卜遠將及靈驂已巾音儀遂泯榆翟空陳平原改邑
清渭迷津埋龍毀劍璧壁疑侵塵佳城日黯隧道泉新帷
傷奉倩簞恨安仁一生何有萬古銷春

闕一字令賓墓誌銘

闕四字令賓南陽人也帝顓頊之苗裔曾闕三字魏征西大將
軍祖伯齊北銀州刺史闕二字隋歷亭縣並蘊山岳之高芭
河漢之闕二字奕葉光華名流千載也君德懷邈遠志尚清
居怪張議之憤闕四字之貞粹行齊三徑情欣五柳隱不遂
闕一字痼由斯起災風濫及先拂高花忽於顯慶五年十二
月廿六日卒於家第春秋八十有一但以死生契濶幽明
有殊即以辛酉之年月巳酉之日葬河陽西北九里冥冥
有分腸之痛永永有莫覩之悲酸哽不紀其切刊石題之
不朽嗚呼哀哉乃爲銘曰
峩峩高德淼淼懷深志尚沖寂榮位無心神情亮遠清居
可尋道於時外名利何侵舒散闕一字候放闕一字情沈痼疾
因動大漸相臨死生闕一字闢運往無禁形雖忽謝永播芳

馨

唐故上柱國果毅都尉李府君墓誌銘

君諱汪字光明隴西狄道人也昔樞電降祥允軒臺之遠
構瑤光薦祉派若水之長瀾由是瓊萼敷華靄褰中而披
葉覽條振穎疏海內以分柯亦有貳師將軍功來汗馬護
羌校尉績著闕四字猨臂稱工聲高西漢龍門表峻譽滿東
京舄奕於簪裾蟬聯於纓紼而已曾祖沖明魏本州主簿
金城郡守元猷素範月亘霞軒綱紀百城威恩千里祖爽
周黃門侍郎使持節洮州諸軍事洮州闕一字史高情單日

逸氣淩雲司鵷紼以馳芳建鳥旟而振馥父樂淵周原州平高縣令肅州長史器局宏遠識量韶華政弭中年之蝗風振南康之鶴君承芳蕙畹疊映冰壺綺歲標奇齠年構嶷敏參元道理照黃中魚鈐豹畧之謨海牒山經之記靡不精窮玉帳奥極書臺矣然渥水騰姿必超千里東岑照彩自蘊十城大業中起家授鷹揚郎職司陛戟勤効周廬用簡帝心更遷右職大業十年改（闕一字）揚郎將既而俗反商（闕七字）材爲晉用於時長鯨未戮封豕尚殷魏公李密擁（闕一字）庚以稱雄據成皋而高視令君輕軺遠騖宣我國恩纔出宜陽便爲世充所獲君方思報主且託僞庭引拜左龍驤大將軍遂受世充驅策既而本圖不果函洛載清武皇特以宋盟宥君殊死尋授左親衛校尉北門長上既司中壘之營兼掌北門之重考績酬庸用光戎秩貞觀二年授右武衛九嵕府別將十七年改任寧州蒲州府果毅都尉隨班例也俄（闕一字）禮非筋力挂冠之志獲申豈謂景落崦峯易簣之辰斯及以顯慶五年九月二十三日薨於隴西里第春秋八十有三夫人安定梁氏隋鷹揚郎寵之女高門鼎胄煇映一時懿德柔風儀型百代福壽偕老夙丁

偏罰以大唐龍朔元年十一月二十九日合葬於隴西郡曲陽陜安都之原禮也（闕一字）子等痛過庭而殞涣念風樹而銜酸白楊慺兮雲日曉青山黮兮原野寒（闕一字）緹緗之有憲憑貞珉而不朽銘曰

冑軒延緒翊夏分柯功懸日月賞懋山河扶疏賢葉淼漫鴻波遺風六（闕五字其一）運逢戎馬時屬烟塵忠能奉主謀足解紛挾纊綏衆蹈軍摶風始激落景俄（後闕）

騎都尉李君墓誌銘

君諱文字緯隴西成紀人周柱史聃之後也原夫元烏含靈（闕三字）誕聖迹爰履華女載生命氏開家其來尚矣至如（闕五字）樹姓焉自紫氣西浮瑤源巳濬仙舟東汎玉葉（闕六字）可畧言矣曾祖（闕一字）齊金郡太守恤人求瘼兩逐車（闕二字）政（闕一字）風鸞隨馬去祖突周任定州錄事參軍鉤深索隱懷風格以繩違賾要探機肅霜毫而糺繆父（闕一字）幼承詩禮早奉金籯綺歲談天髫年對月務舉晉王府參軍事君克劭菑畬載揚弓冶昭彰（闕一字）緒淑郁家風時屬末隋不逞儒業所以學未優贍志在前鋒應接義旗忠誠可紀錫以戎律實給寵章授騎都尉方當矯翼雲路騁足長衢豈

知天不慭遺。殲良奄及。藏舟易往。隟馬難留。薤露一朝。生平萬古。以永徽二年十月二十九日。卒於私第。春秋七十有一。夫人彭城劉氏。閨門從訓。斷織流慈。既易魚官。還嗤馬迹。實光君子。辭杖蒿藜。何圖眉壽不終。穨曦遽謝。以麟德元年二月二日卒。春秋八十有二。粵以麟德元年歲次甲子二月已卯朔十八日丙申。合葬於同州馮翊縣武城鄉之平原。禮也。孤子武仁等。追惟岵屺。載想蓼莪。面風樹以銜悲。仰高堂而灑淚。痛深骨髓。哭甚柴由。永薦冰魚。長羞雪竹。恐陵谷更貿。桑海互遷。敢勒遺塵。式銘元石云爾。

履迹孕靈。惰樹含生。珊浮氣紫。膺汎舟輕。達人知足。至理無名。分枝匪異。奕葉惟英。其一 天長地久。人事推遷。鶴書易促。鵬鐵難延。既騫山壽。終奄窮年。風停郢斵。波輟牙絃。其二 一從蒿里。四野蒼茫。春雲結綫。秋月凝光。塋寒吹急。壟晦煙長。聊旌琬炎。式紀遺芳。其三

隋故騎都尉司馬君墓誌銘

君諱興。字文達。河內人也。自隆周御歷。大漢膺期。或公或侯。鬱映於圖史。允文允武。紛綸於簡牒。祖闕譽。齊上儀同。務舉韓王府參軍事。託乘梁蕃。聯裾魏邸。聲塵洽來葉。光價鶩當年。父闕隋任澤州濩澤縣丞。弼宰絃歌。嘉猷遠播。翼綏黎庶。令勣遐彰。以貞觀二十年五月一日。卒於私第。春秋卌有五。夫人南陽張氏。門風演慶。載誕容華。四德洽於母師。六義光乎女則。豈期天道冥昧。賦命循環。薤露溘晞。燭風俄逝。以總章三年七月二十二日。歸於蒿里。春秋七十有二。粵以咸亨元年歲次庚午朔闕四月癸酉。同葬於河陽縣東北一十七里平原。禮也。俄摧千丈。徒懷肅肅之音。奄閟三泉。空軫冥冥之歎。懼桑田有變。陵谷尚移。故勒碑銘。乃爲詞曰。

荒源蒿里。寂寞佳城。泉門永閟。地户長扃。松風警燧。霜月凝塋。生平已矣。空餘頌聲。其一 八火焚軀。忽然歸故。先墨盡龜。卜居安厝。神靈具飛。遊魂還墓。既返轜車。寂然無怖。其二 九泉寂寂。幽壙冥冥。分辭周户。永別英聲。翔鴻作伴。狐兔盈庭。闕

豫州刺史淮南公杜君墓誌銘

君諱闕字一字闕十二字之後矣。締構層華。望仙雲而連若木。闕四字浮潤海而接霄漢。公天挺英靈。神資朗悊。髫年吐秀。綺歲含芳。初舉茂才。爲許州闕三字令。懿德裁風。美青鸞之儔

化嘉猷偃俗光彩翟之依仁政舉薰風譽流天扆又詔遷闕二字刺史諸軍事淮南公被雲雨之膏液降霜霰之輕威區羣荷子育之恩庶彙挹陶鈞之闕一字褰帷千里衢歌何暮之謠露冕百城門嗟來晚之詠遇周社之傾覆會鼎祚之流移鹿散中原梟鳴宇縣高班厚秩屬喪亂而傾淪墨綬金章偶崩離而失主嗣子洪貴六人及孫恒周三人等蓄耀珠泉潛華玉岫光逾月采闕一字爛星暉玉樹分榮聳亭亭於迴薄金柯引翠抽鬱鬱於長林或則學贍文豐兵韜武畧或則風雲在議金石斯懷珍謝玉而咸珍貴韋珠

而並貴嘅崇基之失緒咨峻趾之湮沈徘徊木雁之門彷徉語默之致於是懷五慎佩九箴孝二尊篤三益咸以擊舟夜徙薤露朝晞天不慭遺溘然長謝公周天統二年終乎私第春秋八十有二以隋開皇元年十月一日與夫人馮氏合葬於龍山之陽闕一字原之里禮也其地東窺邵墣伐楚之迹猶存西邇灈城避狄之隍如在南鄰灈水神龜游括地之瀬北瞰龍山仙鶴憩聳天之岫爾其珍木蔥翠嘉樹紛闕一字是汝都之形勝荆楚之闕二字者焉曾孫善達義節八人等痛風枝而結思悼霜露以摧心遠謝闕一字裘遐慙落構恐闕二字變海陵谷貿遷耿介長淪芳菲永歇勒兹貞石迺爲詞曰

承芳蕙苑誕秀清流闕二字開屏懿德臨州鳳嶠風集早歇英猷爰有嘉允遠謝箕裘敬雕闕一字兮翠炎庶永播兮清闕一字

司稼寺卿上柱國闕三字杜夫人墓誌銘

夫人杜氏京兆杜陵人也闕四字望雲降丹陵而毓慶朱冠白馬御冥道而闕二字赫闕三字之雄周列神羊之任備於方策闕一字畧言馬七代祖闕二字征西將軍武庫靈姿智囊神

用通其變闕二字地表闕二字而顯則麟闕一字知歸曾祖勣左監門將軍善寶唐闕一字州海陽闕二字父嘉猷唐務州參軍體道居貞含章挺秀瓊山闕一字峙爰開柢鵲之珍碧浪川融必亘採龍之寶夫人姿靈婉淑闕二字貞凝風舉闕一字榮川流蕙問名爲不朽聞杜氏之春秋年則闕一字行見楊家之輪轂承筐景貺徂南之緒允克隆斷緯沈機關西之主饋斯在鶩逝川兮龍劍没乘上月兮鳳臺孤樹德徙鄰孟里以之爲美欽刑轂饋雋獄於是勝殘委霜霰而無眨冒雷霆而不懼信可傳芳史管著象甘泉者哉豈意拾翠天

津與舒泉而共泌薦桃仙樹將幕槿而同期嗚呼哀哉以長安三年五月廿八日終於幽州之官第春秋六十有三粵以長安三年十月十五日葬於雍州長安縣高陽之原有子朝議郎行幽州司功參軍事履行以膝下之恩無待口澤之戀空存纏永慕於蘭闕一字結深悲於蓼闕一字茲夕何夕春非我春鬱鬱佳城無復長安之闕三字舞鶴不聞京兆之天何修夜之不暘而短歌之可作其闕二字

則天垂象就日重輝在夏龍御居殷豕韋靈源濬出慶緒闕二字禮樂攸往衣冠大歸其一鳳簫寥亮霜紈皎潔頌發春

椒韻浮闕一字雪丹霞濯錦素塵生闕一字琴瑟不流松轟罷月其二曰仁者壽彼蒼者天無聞靜樹空想寒泉蕪城閟景松架來煙未辯何日誰論幾年其三

珍州榮德縣丞梁君墓誌銘

君諱師亮字永徽安定烏氏人也若夫河汾潯涘大啟濫觴之源幽雍林坰勃興拳石之址則有武威太守軒冕赫奕於鄉亭并州刺史旌棨駢闐於門巷大父殊隋任右監門錄事顯考金柱唐奉義郎並行高周壤道蔑王侯揚雄非聖之書我家時習方朔易農之仕吾人所尚君珠藪夜光玉田朝彩張仲孝友早爲立身之具夫子溫良特作揚名之本未嘗欺於闇室何謝古人初不怍於虛舟自符先達棲遲禮讓擯落驕奢弋釣邱墳耕耘道藝詞包吐鳳傲三變而英峙字抱迴鸞雄一臺而介立馳聲日下辯振雲間後進欽其領袖時輩宗其瑚璉起家任唐朝左春坊別教醫生摳衣鶴禁函丈龍樓究農皇之草經研葛洪之藥錄術兼元化可以滌疲痾學該仲景因而昇上第屬龍庭日滿鹿塞塵驚命將出師千金之費逾廣飛芻挽粟萬里之糧宜繼君户庭不出峯甲匪疲遙同轉輸之勤遂獲茂

功之賞永隆二年以運糧勲蒙授上柱國既而欽明纂代宮車晏出守文承歷園陵繕修紀市功成實憑子來之力穀林務畢仍覃發哀之旨垂拱二年以乾陵當作功別勅放選釋褐補隱陵署丞解巾從宦智效聿宣結綬當官幹能斯著秩滿俄而上延朝譴授珍州榮德縣丞貳職千石贊務一同蠻陬乂寧平人是賴終使悠悠墨綬方宏上艾之風泛泛銅章行闡中牟之化蹟牒行滿解印言歸吹蠱餘炎纏迫少城之地游魂永逝崩摧武山之石以萬歲通天元年七月二日終於益州蜀縣春秋卌有七嗚呼哀哉

即以萬歲通天二年三月六日。葬於雍州城南終南山至相寺梗梓谷信禪師塔院之東。陪先塋也。嗣子齊望。嬰號越日。孺慕彌年。悲懷袖之靡依。慨舟壑之潛運。黃壚九地。始殷荒戀之情。元夜三泉。終藉題鐫之事。乃爲銘曰

東京后族。北地邦君。七侯馳譽。三主揚芬。瑞掩金冊。榮繁寶鐏。累諸隆盛。曾何足云。祖考餘慶。英髦間出。瀟傲參元。乘凌喻日。温恭宅性。廉白成質。譚思漆書。儲精緑袠。鴻陸初漸。龍門早昇。聲敷寢廟。智效園陵。天朝我黜。縣道爲丞。勳凝邊徼。化協黎烝。還途未極。生涯遽已。瞑目他鄉。歸骸

故里。新封暫啟。實御慄而野雲愁。舊隴長扃。松檟昏而山霧起。碑闕兮交映。陵谷兮潛徙。所悲螻蟻之延。銷淪天地之紀。

孝子朝議郎行大理司直上柱國郭府君墓誌銘

公諱思訓。字逸。太原平陽人也。昔姬文作周。運璿璣而一宇宙。虢叔命氏。錫介珪而列山河。鬱爲國師。燕臺揭起。誕降人母。金穴橫開。世緒蟬聯。公侯克復。曾祖興。周上黨郡守。平東將軍。青綬登朝。朱旗降野。執霜戈而問罪。方薙水而澄心。祖則。隋淮陵郡守。度支郎。銀青光祿大夫。珥金貂而伏奏。鳧舄將飛。齊亂繩以臨人。牛刀自解。父敬同。徙居洛陽。今爲洛陽人也。幽素舉及第。以孝不仕。弄鳥承顏。恥毛生之捧檄。懸雞就養。式茅容之致歡。不屈道而期榮。穆真風而自逸。公乾綱之精。融密泉潔。學以天授。言以行成。襲門緒。解褐睦州建德縣主簿。應吏職清白舉及第。轉滄州樂陵縣丞。南郡地狹。屈仇香而佐時。六安路遙。坐桓譚而不樂。敕除温王府兵曹參軍事。轉太子典膳監。芙蓉映水。攀仙樹而逢仙。蓮葉牽風。坐瑤山而和鼎。應孝悌廉讓舉及第。敕授大理司直。灼灼四方。簡孚其正。哀敬折獄。對霜練而論刑。上帝弗錫。泣丹毫而書罪。彼蒼不弔。殲我良

圖。以景雲二年九月十三日。寢疾終於長安醴泉里之私第。公孝友温恭。文行忠信。哀昊天之罔極。式閭巷以光時。蔭棠棣而聚星。肅閨門之有禮。奄棄於代。與善何徵。辭北寺之榮班。舊車長謝。望東周之故里。旅櫬空歸。夫人清河張氏平陽柴氏。並穠華貴春。輕雲蔽月。結褵作儷。乘旭雁而移天。采蘋是羞。應鵲巢而主饋。昔時南斗。兩劍分輝。今日西階。雙魂共穴。以景雲二年歲次辛亥十二月辛丑朔十五日乙卯。遷合於洛陽北部鄉之原。陪葬先塋之壬地

禮也。青烏卜地。白鶴標墳。桂酒蘭肴。無復平生之賞。佳城繐帳。空餘冥漠之悲。嗣子審之。弟雍州武功縣尉思謨。乃攀號擗踴。瀝泣摧心。長懷陟岵之哀。永結在原之思。嗚呼哀哉。乃爲銘曰。

榮最之緒。累代重昌。其人如玉。邦家有光。道全忠孝。德裕巖廊。士林蕭索。人之云亡。寒郊慘兮山門險。松扃閉兮宿草荒。

處士胡君墓誌銘

君諱佺。字尚真。安定人也。遠祖因宦。遂居介休。夫榱椽是

佐。錯胡綜之文章。清白知名。見胡威之父子。光光懿烈。不替先風。簡牒詳諸。可畧言矣。祖買。隋孝廉舉文林郎。幼洽詩書。長崇禮樂。太初玉樹。夙擅嘉聲。韋氏金籯。遽昇高第。父端。養素不仕。情貪野薜。志蔑裘裳。道在邛岑。跡存山水。君濯濯儀形。汪汪軌度。珠胎孕月。光彩絕倫。蘭若銜風。幽芳自遠。鄉里稱善。喻彼少游。文籍自娛。同夫孟陋。遺累罷滓。傲性煙霄。簪軒不介於懷。寵辱不驚其慮。歲臨辰巳。鄭康成於是云亡。月犯少微。謝慶緒俄而致隕。春秋七十。卒於私第。夫人石氏。穠荷比秀。美箭齊貞。宜其室家。和如琴瑟。翰林之鳥。始雙飛而隻飛。龍門之桐。俄半生而半死。嗣子懷爽、懷玉。岵屺長違。霜露增感。粤以開元三年歲次乙卯龍集單閼十月己酉朔二十五日癸酉。遷窆於介休縣東二十里平原。禮也。繇上山傍昭餘澤。右懼陵谷而驟易。思封樹而永懷。乃爲銘曰。

盤根安定。散葉汾壖。乃祖乃父。光後光前。惟君節槩。業尚虛元。鬼瞰庭宇。鳥鳴座筵。不逢石髓。俄歸玉泉。一閟邱隴。長嗟逝川。

太常協律郎裴公故妻賀蘭氏墓誌銘

夫人賀蘭氏。曾祖虔。隋上柱國。祖靜。皇朝左千牛。父元悊。潞州司士。並宏輸深識。布聲於代。夫人即協律之姑女也。童姿粉妍。笄態瓊淑。惟德是與。乃賓我裴公。宜其鏘鏘和鳴。晏晏偕老。女也不慝。天胡降災。綿聯沉痾。三浹其歲。洎大漸。移寢於濟法寺之方丈。蓋攘衰也。粤翌日。奄臻其凶。春秋卌有四。即開元四年十二月十日。至十九日。遷殯於鵶鳴塠。實陪信行禪師之塔。禮也。夫怛化妙域。歸真香塋。衡之冥果。則已無量。有子大元等。或孩提而孤。擗摽以泣。嗚呼。生人之至艱也。裴公傷奉倩之神。痛安仁之篡。圖範

貞石。俾光泉門。銘曰。

芙蓉劍兮蛟龍質。梧桐枝兮鳳凰匹。天何爲兮降斯疾。俾雌雄兮歎不卒。延津女牀奄相失。千年萬古哀白日。

欽定全唐文卷九百九十五

闕名　三十六

故銀青光祿大夫祕書監兼昭文館學士侍讀上柱國常山縣開國公贈潤州刺史馬公墓誌銘

公諱懷素。字貞規。本原扶風。其先自伯翳馬服。具諸史載。暨漢南郡太守融。命代大儒。公卽其後也。十一代祖機抗直不撓。晉御史中丞。扈元帝渡江。家南徐州丹徒。故今爲郡人也。代以學聞。高祖涓。博綜墳典。仕陳爲奉朝請。曾祖法雄。慷慨倜儻。好孫吳。不事筆研。陳橫埜將軍。祖果。願學

禮經。不隕素業。卽學士樞之從父兄也。少爲尚書毛喜所知。陳本州文學從事。父文超。果行毓德。精意易道及洪範。頗曉氣候。貞觀中。以有事遼浿。策名勳府。龍朔初。黜陟使舉檢校江州尋陽丞。棄官從好。遂寓居廣陵。與學士孟文意魏令謨專爲討論。具有撰著。公卽尋陽府君第三子也。幼聰穎。六歲能誦書。一見不忘。氣韻和雅。鄉黨以爲必興此宗。十五徧誦詩禮騷雅。能屬文。有史力。長史魚承曮特見器異。舉孝廉。引同載入洛（闕一字）尚書倉部郎河東裴炎之。博學深識。見名知人。音旨儀形。海內藉甚。公年甫弱冠。

便蒙引汲令與子闕一字研覃遂博遊史籍無不畢綜以文學優贍對策乙科乃尉鄗無何丁太夫人闕二字憂即陳學士宏直曾孫女也本自名家貞高博識公在艱疚骨立柴毀殆不勝喪服闋授麟臺正字少監京兆韋方直好學喜士善飛白書以公旣及冠禮未嘗立字遂大署飛白云懷素字貞規扶風之學士也封以相遺其爲時賢所重如此以忠鯁舉除左鷹揚衛兵曹參軍轉咸陽尉昔則天太后大崇諫職授左拾遺深盡規諷尋改左臺監察御史歷殿中彈糾不避彊禦加朝散大夫轉詹尹丞朝論稱屈遷禮

部員外郎與范陽盧懷愼隴西李傑俱以清白嚴明分爲十道按察以公詞學贍洽精覈文章轉授考功員外郎修文館直學士遷中書舍人與李乂同掌黃畫踰年檢校吏部侍郎實允僉闕一字屬朝廷以刑政所急改授大理少卿關譏佇林除虢州刺史惠實在人入爲太子少詹事判刑部侍郎加銀青光祿大夫兼判禮部尋而正除刑部時稱愼恤轉户部侍郎上以河南蝗旱令公馳驛賑給宣布聖澤所至甘雨使迴拜光祿卿遷左散騎常侍轉祕書監四部舛雜頗多殘蠹公倍加校定廣内充積加兼昭文館學士與右散騎常侍褚无量更日入内侍讀每至宮門恩勅令闕一字小轝上殿自車丞相已來殆將千載始見此禮公嘗日自序云慕善嫉惡好學潔己自謂不慚古人無負幽明矣直哉是言不爽厥信以開元六年三月十日遘疾中旨遣御醫賜藥相望道路以開元六年七月廿七日終於河南之毓材里第春秋六十皇上輟朝二日舉哀闕一字次乃下制曰存樹高烈君子所以立身沒垂令名古人所以貽範銀青光祿大夫故祕書監兼昭文館學士侍讀上柱國常山縣開國公馬懷素越箭含貞楚材登用清芬獨映

至德可師自服勤典籍納訓帷扆輔朕以徽道弼予以正言允資惠迪實表臬懿而曾不慭留歘焉彫落思甘盤之舊學臨宣明以增歎興言感愴用震悼於厥懷可贈使持節潤州諸軍事潤州刺史贈物三百廿段米粟三百廿碩喪葬所須並令官給京官六品一人檢校公雖累登臺閣率身儉素俸祿之資賙贍親友及啟手歸全家無資產惟有書數千卷以爲燕翼以其年十月十三日窆於洛陽古城之北原禮也有子巽等雖年在童孺禮過成人棘心欒欒感於鄰巷敬勤行事以旌泉户銘曰

益佐理水功施生人羨於馬服守趙却秦東京戚貴南郡儒珍德先惟永奕奕振振其一朝請風素橫埜矛戟從事顓禮尋陽涸易公自名家伏膺經籍鼓鐘外遠純漆內積其二用材南楚待問東堂持斧作憲含香拜郎再飛禁掖七践文昌國傳茅土巷擁旂常其三井春紛綸桓榮稽古行儒師逸高迹誰伍公實踵之堂奧斯覩匪徒外潤爰歸內補其四惟昔殷后學於甘盤一期千載遇君則難充堂阿那其臭如蘭懿哉夫子斯言不刊其五仁謂必壽神期式穀生寄雖浮夜趨何速寵極韓賜恩深衞哭徒望邢山豈忘喬木其六

崢嶸徂歲寂歷空林白日無影寒雲半陰燕城表滅漢水碑沈貞臣之墓樵牧誰侵其七

大唐故陪戎校尉崔府君墓誌銘

君諱相清河人也神農之苗冑太公之允緒原夫魚吞呂鈎應同載以歸周龍躍崔津表嘉名以誕慶曾祖懷隋任鄭州司馬祖文觀隋任豪州錄事參軍或六條布政揚至德以宣風或千里輔仁翊公平以闡化君高門華緒開代清姿椅桐吸日月之光松柏挺風霜之節方冀南山錫壽永駐頹齡何期北帝遊魂先悲過隙嗚呼哀哉以開元十年二月廿一日終於私第春秋六十有八夫人丁氏蘇氏李氏並母儀婉順婦德惠和移鄰之慶早彰舉案之譽夙備庶期千月壽保百齡冀椿鶴而齊年奄菌蜉而等謝越開元十年三月八日合祔於村西北二里平原禮也左縈澤右成皋峨峨飛嶠鎮其前滔滔黃河灌其後嗚呼玉樹雙埋金聲兩絕白日杳而三千歲黃泉深而幾萬里悲風起而松柏哀冷露泫而蓬蒿泣嗣子待賓等瞻天靡訴叩地無追長縈銜索之悲永結殄荼之苦銘曰東光不駐西影彌催崐山玉碎蘭苑香摧元霄易掩白日

難開母儀夙備婦德早彰匣中劍折鏡裏鸞亡乾坤載合琴瑟重張森森翠柏騷騷白楊千秋播馥萬代流芳

大唐故朝散大夫京苑總監上柱國茹府君墓誌銘

君諱守福京兆人也蓋周之遺苗鄭之遠允也昔六國分峙茹姬爲魏后之妃七雄並爭茹耳爲韓王之相自周歷漢泊晉迄隋朱輪華轂金章紫綬代有人矣曾祖譽祖宏善並耿介清素遍欽儒風高蹈邱園不仕於世父行本上柱國魁岸長者風神駿拔載疇符爵克著勳庸君自始成

人預展心力出入扃禁宿衛先朝武太后時選補右領軍衛長上考滿授芳州仁里府別將仍於定陵押當畢授隴州大候府果毅君職雖戎武而學重儒文清慎自出於本心廉讓實由其天性書則尤工草隸算乃妙洞章程伯英慙其筆力宏羊服其心計藝術超邁聲華日聞屬開元祚興選舉尤慎特進王毛仲聞而重之召爲監牧都使判官於是隴右巡檢頻爲稱職遷懷州吳澤府果毅考滿擢授京苑總監雜掌農衡考課元最頻歷數職判官如故前後十餘歲焉豈非碩人令德善始善終者也君幼而聰敏內

崇正覺行六波羅蜜遵不二法門性之自然薰羶不咀於口天之所授經戒克銘於心爰在吏途雅操彌篤雖王事鞅掌劇務紛綸而顛沛必依於仁造次不諐於義嗚呼行之難矣斯人謂歟粵以開元十一年四月廿九日奉使隴右道巡監牧六月二日還至京六日巳亥遘疾至八日辛丑卒於長安休祥里第享年三百三甲子四旬有二日矣嗚呼降年不永穹蒼靡遺鳴玉未擊而自摧芳蘭不秋而先落君初遘疾之時呼集家人告其死日予女隕泣小大咸驚君乃止之曰生者物之始死者物之終終始循環天

之常道又何足悲也於是自爲沐浴衣以新衣迺請諸名僧造廬念誦君端坐寢牀精爽不亂言話如故誡囑無遺果如期不諐於驗辛丑夜刻至予奄然而逝趺坐不動左右無驚異哉乎所謂知命君子代之奇人夫人河東薛氏四德聯華九儀克著貞賢外播温孝內融和鳳雖則先飛神交終當重合即以其年八月有九日合葬於城南香積寺闕一字原禮也嗚呼芻靈發引白馬悲而不前宅兆攸安青烏卜而云吉冀龍山一變知令德之猶闕一字鼇海三闕一字振清徽而不朽迺爲銘曰

洪闕一字大造厥初生民仕以行義義以贊神惟德可據惟道是鄰取則不遠在乎伊人伊人爲何生唐之域筮仕明時束髮從職温恭淑慎濟濟翼翼孝乎其家忠乎其國馳思元冥樂道之精匪由壯冠發自弱齡松筠勵節冰鏡彌清心歸正覺口誦眞經捧戒珠兮不失傳慧炬兮逾明達人知命吏隱王庭有知於死無惋厥生猿坐入定神遷不驚悼哉若人閱此哀榮丹旐翻兮慘引白駒跼而悲鳴悠悠窅窅歸窀穸千秋萬古閟松扃

陳憲墓誌銘

公諱憲字令將平陽臨汝人也闕十三字為氏洎七葉有漢大將軍棘蒲侯武又十五闕八字平陽侯子孫家焉祖遠雄武多大畧徵晉昌令不就闕五字高量累辭辟命没論眞隱先生積德未享是用有後公闕四字氣降虚明之神清暢條理夷雅閑秀詞學優深操行無玷闕四字不徇速達年卅鄉貢進士對策上第其年解褐滎澤主簿闕二字師尉明堂尉闕鄉令秩滿受詔關內覆囚旋拜右臺殿中侍御史轉庫部吏部二員外郎丁內艱哀毁過禮服闋除禮部闕一字功二郎中遷給事中中書舍人策勳上柱國除大理少卿出為

虢州刺史復大理少卿遷工部侍郎又出為兖州都督入拜衛尉少卿復工部侍郎又出為蒲州刺史入拜太子右庶子遷太子賓客累加封嶽陽縣開國男食邑五百户凡所歷官咸著成績皆任實以祐物不激譽而干進休名自著僉舉允諧喪仲弟哀感成疾以開元十三年九月廿五日薨於東都審教里第春秋七十八粤以開元十四年歲次景寅十一月乙亥朔十六日庚寅葬於偃師縣龍池鄉之北原祔先塋禮也惟公宅乎中庸樂在名教體忘悔吝德全終始者朝廷一人而已又嘗著中道通教二論註周易撰三傳通誌廿卷集內經藥類四卷合新舊本草十卷並行於代噫可謂立德立言歿而不朽者矣嗣子長安縣尉少儀等孝思純至永懷揚名乃刊石勒銘以誌幽宅其辭曰

盛德之後兮實生哲人文義博暢兮志業清純乎政光國兮懋寵榮親立言不朽兮全道歸眞

唐故延州膚施縣令上柱國于公墓誌銘

公諱士恭字履撝其先東海人也漢太守定國之允洎五代祖謹仕魏遂居河南今即河南人也績著前史慶貽後

裔曾祖宣道隋左衛率皇涼甘肅瓜沙五州諸軍使涼州刺史成安子祖永寧皇商州刺史增建平公父元祚皇益州九隴縣令襲建平爵尚德靜縣主公即主之次子也公言行周密風儀閑雅弱冠以諸親出身解褐授好時縣尉初大周御宇分邦制邑劃爾畿甸隸為稷州選部甄才擢授斯職亦當時之榮選也自茲已降累遷郡邑尋贊臨穎復典膚施闕右馳聲許邦思惠非此能備也開元十四年春天子若曰縣令在令清白者選日擢用公即隨調選方侯遷陟命何不融疾成不治以其年秋九月戊戌卒於私

第春秋六十有六時來不偶其如之何夫人譙郡戴氏妍妙凝華貞順勉行自承饋盥克諧琴瑟降年不永雖恨偏沈同穴相期果然終合開元十五年七月乙酉權祔於京兆神和原禮也拱樹蕭蕭坐看成古佳城杳杳空見微月嗣子滔嬰等泣血崩心絕漿茹蓼昊天莫報長夜不曉慮陵爲谷刊石爲表銘曰

死生有數晝夜不捨嗟彼于公長歸地下高墳峩峩宅此崇阿千秋萬古孰知其他

大唐故京兆府美原縣尉張府君墓誌銘

君諱昕字道光京兆長安人也漢廷尉之丕緒晉司空之徽烈印傳雙鵠不墜家聲冠映七貂挺生其美曾祖宗隋襄城郡守和易二州刺史剖符按俗露冕宣風明斷不謝於分緣清白有逾於酌水祖勳朝散大夫上柱國行閬州西水縣令衛雄五縣恩寵百緣調絃則綠翟馴桑字物乃白鳩巢室父元褘中大夫行寧州長史才高展驥德邁題輿專城假翊中朝藉甚君門承懿範貽教英奇鄉譽克重於歲寒庭訓必先於忠孝取父蔭出身解褐授涇州鶉觚縣尉秩滿選授汾州隰城縣尉丁父憂服終選授京兆府美原縣尉而職司畿甸聲流臺閣冀期朝須方翔欲問西風何圖天要李通便遊東岱以開元廿四年秋七月四日奄終於私第春秋五十有七即以其年歲次景子十月三日窆葬於京城南社城東二百步舊塋之禮也夫人京兆韋氏夫人恒農楊氏還合嗣子等臨鶴㙮而攀號恐宴寞無知鑿石爲記其詞曰

於昭清河宗社爚艴廷尉重道司空博識家傳鵲印代襲貂蟬剖符求瘼綰墨調絃寵統外臺梅福畿甸德音尚在魂靈不見親親雪泣嗣子攀號式鐫貞炎永播勳勞

大唐故范氏夫人墓誌銘

夫人姓范諱如蓮花懷河內人也洎中行佐晉張祿相秦滂著大才曄稱良史英聲茂閥奕世存焉高祖預祖義愼父元琛並才韻卓犖風調閑雅慕梁竦之平生恐勞郡縣詠陶潛之歸去遂樂田園由是冠冕陵遲夫人因爲平人也凝脂點漆獨授天姿婦德女功不勞師氏始以色事朝請大夫行河內縣令上柱國瑯琊王昇次子前鄉貢明經察逵深目逆調切琴心昔溫氏玉臺願投姑女漢王金屋思貯阿嬌方之寵焉未足多也而夫人猶自謂桃根卑族

碧玉小家每驚齊大非偶能用鳴謙自牧舉事必承先意服勤嘗不告勞而王公感夫區區他日益重雖名齊衣帛而寵實專房粵以天寶三載閏二月十四日因（闕一字）覆瘡中風終於河內之私第春秋載卅七即以其（闕一字）歲次甲申四月甲午朔十六日己酉葬於大行之陽原禮也烈烈哀挽壘壘孤壟將懼爲陵庶存刊石銘曰

長夜窮泉兮一閉千年云誰之思兮令淑殲焉巫岫雲沒兮河陽花死地久天長兮空存女史

大唐故監察御史荊州大都督府法曹參軍趙府君墓誌銘

公諱思廉字思廉天水人其先秦之祖也同源分流實掌天駟封周仕晉繼爲國卿漢魏以來世濟厥美高祖修演魏司徒府長史清水郡守贈驃騎大將軍開府儀同三司秦州刺史曾祖士季周秦王府司錄亳州總管府司馬陸安郡太守儀同三司祖搆隋秀才侍御史民部郎中毛州刺史父素隋孝廉丹陽郡書佐皇舒州司馬三朝積慶四葉重光門連岳牧家襲孝秀相府類能儀同踵武於三揖禮闈尚德柱史騰芳於一臺三條舉而百度可見以驃騎之博物洽聞以陸安之出入濟理以毛州之黼黻高選以司馬之優遊上列典禮崇而勛業籍甚矣公之少也婉以從令敏而好學其壯也屹有秀範恬無流心弱冠明經登甲科解褐鄭之滎陽主簿換益之雙流稍遷河南府登封尉再遷枳棘徒仰龍阿之鋒一踐神仙果聞鷹隼之擊能事備矣朝廷聽之天子聞而疇咨曰爵以馭賢不可改已拜監察御史鐵冠不雜石室高標緩步立朝而人皆斂手向風矣（闕一字）犯法當訊執事者上下其手公匪石難奪直繩不撓推事忤旨左授荊府法曹得寵若驚失職無愠荊

山南峙出毀櫝而方遙溝水東流逢逝川而靡及大足元年八月十二日寢疾終於南陽之旅舍春秋六十有六夫人博陵崔氏齊姜之著姓也壼室聞詩閨門習禮梧桐半在稍度林下之風寶劍雙飛空挹薤中之露以天寶四載十月乙酉朔十三日丁酉合葬於萬安山陽蓋周公已來卽遠事終之達禮也二子悅坦之悅敭歷監察御史江陵安邑二縣令敦惠文敏一時之良美玉有藉連城未得明鏡無塵照鄰皆見日坐事長吏被出非其罪也坦之濟陽尉敬友恭順一（闕二字）龍期述德於終天顧託文於貞石銘

曰。

闕二字之功。宣孟之忠。盛德百代。聿生我公。纂全繼美。片玉斯崇。黃闕二字物。朱絲直躬。作椽何所。投珠漢東。晨裝戒路。暝燭隨風。南陽地遠。闕塞闕一字中。孤魂久客。雙穴來同。冉冉人世。蒼蒼旻穹。歿而不朽。大夜何窮。

唐故義興周夫人墓誌銘

夫人義興人也。漢眞將軍勃之苗裔。晉輔國大將軍處之孫。皇明通之女。姻不失媛。晉以匹秦。適爲太原王府君靜信之妻。昔五典克從。三台樹位。漢朝之任太尉司空。此皆

府君之遠祖也。夫人四德可則。九族從風。齊眉之敬無虧。如賓之儀有越。奉佐君子。何憚蒿藜。自喪移天。久歷星歲。期百齡之有永。胡一極之備凶。天道者何。仁罔斯在。嗚呼哀哉。藥餌無救。遂終於延康之私第。時春秋六十有五。孤嗣號絕。猶子悲酸。以茲吉晨。赴杜城東郊之禮也。況丹旌霞掣。素幕雲張。痛寒風之蕭瑟。悲夜月之蒼茫。岳也匪才。忝爲敘述。詞曰。

昔聞天道。仁罔不遂。彼蒼如何。降禍斯至。嗚呼哀哉。嗚呼哀哉。黃泉已掩。白日寧開。痛孤嗣之號絕。傷行路之徘徊。

唐故衛府君劉夫人合葬墓誌銘

夫人四娘。其先彭城人也。自留秦分族。海隅振藻。前史昭晰。不能繁云。曾祖福。祖李賈。父再歆。並鄉閈表儀。人倫聞望。高尚其事。婆娑自適。盛德鍾美。降生夫人。而嬪於衛氏焉。其孝事舅姑。賓待君子。禮接姻黨。慈訓長幼。則姜施孟母之不死也。豈簡翰所得形焉。嗚呼。鳳梧半死。龍劍一沈。君以開元廿三載三月七日溘先朝露。夫人守志彌堅。孀節不易。柰何天不祐慶。以天寶六載遘疾。七月十二日終於私第。享壽七十有四。即以其月廿八日。附窆於河內郡

城西北二里。弼諸鄉平原。夫之故塋。禮也。有子克已。血泣荼苦。骨形柴立。爰求匠石。敬紀芳猷。詞曰。

彭城流芳兮海隅。傳美降生賢婦兮。以配君子。天何不祐。奄此凶矣。孝號戀兮哀哀。胡恃勒石紀銘兮。永光萬祀。

吏部常選廣宗郡潘府君墓誌銘

遠國流芳。楚大夫汪之緒也。洎乎晉業。黃門侍郎岳之允矣。幸唐運龍驤。娵訾耀武。曾祖佛壽。識叶天謀。輔翼左右。拯濟塗炭。永寧邦社。拜銀青光祿大夫儀同三司九原郡守。祖觀。大中大夫行司津監。父元簡。積學成業。溫恭允克。

仁惠鄉閭。博通今古。弱冠明經擢第。吏部選。君名智昭。字洛。京兆華原人也。幼年聰敏。識用多奇。日誦萬言。尤工書算。甄別寶玉。性閑技巧。好歌詠。事王侯。此乃君之行也。君之明也。養親純孝。甘脆無虧。交遊克誠。信道日益。友于兄弟。共被均衣。見善必悛。歸心三寶。君之孝也。君之仁也。曉陰陽。義通挈壺術。事瞿曇。監侍一行。師皆稱聰了。委以腹心。君之德也。君之能也。掌歷生事。習業日久。勤事酬功。授文林郎。轉吏部選。時載五十有六。運薄陵遲。降年不永。嬰疾累月。藥餌無徵。病甚日篤。終於其家。嗚呼。生兮有涯。逝

川長沒。備凶儀。習吉兆。以戊子歲。實沈月五日癸酉。殯於長安龍首鄉。禮也。有子五人。順也。運也。訓也。慎也。俊也。昊天罔極。泣血如流。恐代久陵夷。高崖爲谷。孝心遠紀。式刊銘誌。

長原孤墳。松櫝蕭森。刊石遐紀。流芳德音。泰山其頹。梁木其摧。五子荼毒。追慕增哀。

唐故雲麾將軍行右龍武軍將軍上柱國開國侯

南陽張公墓誌銘

烏能飛萬里。其有鵬乎。魚能吸百川。其有鯤乎。夫鯤鵬之處者。非滄海而不居。非扶搖而不動。豈秋潦夕吹。而能加其志焉。士有佐世之才者。非艱難而不投。非明君而不事。豈斗筲凡類。而能效其節焉。則我南陽張公功可著矣。公諱安生。譜諜清華。門多高士。漢有留侯祕畧。晉有司空博識。累葉冠冕。暉曜相繼。祖諱泰。考諱貞。並儒素隱躬。遁跡不仕。田園蘊道於高尚。詩書襲德於風雅。後因公列爵。追贈考扶風郡司馬。父因子貴。以忠彰孝。公駿骨天資。偉貌神秀。拔奇材於衆外。先武畧於羣右。景雲中。屬韋氏竊權。羣凶暴濫。擾我黔庶。殘我王室。公乃叶忠謀。爲佐弼。識潛

龍必躍於雲霄。知牝雞伏誅於斧質。提一劍而直入。掃九重以殄謐。再清京兆之天。重捧長安之日。謀深於周邵。功越於平勃。古往已來。莫之與匹。公以功高職卑者。志士之讓。初退後進者。達人之漸。故辭公侯之封。就戈戟之任。畢能身榮於紫綬。門曜於丹戟。得馮異大樹之名。免蕭何小過之責。有始有卒。其惟公乎。遂解褐授果毅。二遷折衝。一拜郎將。再轉中郎。畢於龍武將軍矣。食邑九百户。公歷官無虧。公務有要。處事有則。人莫能犯。或帝居内宮。則警衛嚴肅。或駕行外伏。則旗隊克齊。其動也若鷹鸇迴迅。其止

也狀師虎羣怖雷轉星流比其速雲迴霞卷處其事暨乎晚載自強不息者繄公而已以天寶十三載冬十一月十日扈從鑾於昭應縣之官第也享載七十有一初公染疾城中將赴湯所左右留勸作色不從曰吾亦知難保者命但殞隨君側以表忠誠亦知易歿者身但死在營間用彰勲節使魂歸帝鄉之路心存皇闕之下願之足矣汝等勿違言畢扶疾即行到遂終彼所謂臨事無苟憚臨困無苟免及迴櫬於路誰不傷悼嗣子庭訓等侍疾而捧藥淚枯返柩而攀輿氣輟夫人太原郡君王氏先公近歿苫廬猶

新縗絰重舉泣地未絕號天更哀又以翌載春二月十二日別兆葬於龍首原之禮也素壙上築而永固元堂下鑿而深堅白雲孤飛招將軍之勇氣綠柏旁植表武士之高節恐陵谷有遷刻銘以記銘曰

鵰之迅兮飛巳絕士之勇兮謀且決臨難不懼兮忠臣節奉我明后兮誅暴蘖鵜鶘貴兮雁行列花萼忽凋兮一枝缺獨有功名兮千載存刻石誌銘兮記墳闕

游擊將軍守左衛馬邑郡尚德府折衝都尉左龍武軍宿衛上柱國張府君墓誌銘

噫夫蒼穹不仁殲我能幹德星落彩和璧韜光者歟粤我所珍清河張公字希古晉司空華之裔緒也惟祖厥父耿逸馳芳兢惕怡然匪干榮祿優游自得凜霜松之操岐嶷孤拔挺風雲之氣公負河岳之粹英育辰象之靈質亭亭高聳遠振雄名傑傑威稜龍城獨步門延賓侶豈謝季倫精舍樓臺有齊須達加以武畧兼著公忠必聞歷踐榮班宿衛清禁累遷馬邑郡尚德府折衝都尉游擊將軍上柱國員外置同正員莫不獻肝膽於玉階輸腹心於金闕惟謹惟勵不僭不瑕豈圖二豎興災兩楹搆禍藥物無譴酷

烈所鍾白日長辭黃泉永赴則以天寶十四載十月十七日終醴泉里之私第春秋七十有三天寶十有五載四月二日窆於鳳城南樊川之北原禮也太夫人天水趙氏恭而有禮時稱孟軻之母珪璋播美松竹茂心誕三子長曰行瑾次曰崇積並武部常選季談俊衛尉寺武器署丞嗚呼誰免乎榮枯適覩全盛今巳淪殂梁木折泰山穨三子腸斷二女情摧咄嗟人代天道遭迴其詞曰

公之英聲振區宇兮公之勇義如龍虎兮彼上蒼蒼何不仁兮僉稱我之至所珍兮泉門此日一關閉兮玉顏何春

再相詣兮表余平生情愨至兮飾琬琰以鑿銘記兮

張從師墓誌

河南府法曹參軍有唐逸士吳郡張從師沖和純粹辯博閎達卓犖好古儻蕩逸羣秀才高第歷官五政忘懷樂道如浮雲無心野鶴獨立上元二年終葬虎邱西原子惟儉惟靜弱歲皆精左氏穀梁春秋弟從申時爲祕書省正字從師祖損之隋侍御史水部郎損之生淡碩學麗藻名動京師從師之父也從申自有時名書法甚高

成紀府左果毅張公墓誌銘

公諱希超字少逸其先清河人也漢末因避地過江遂居於杭州鹽官縣焉祖楷陳王府諮議父徵隱遯邱園高尚不仕公即徵之次子也公性實惠和材兼文武行必由本言皆中規忽以貞元元年五月五日寢疾終於袁花里之私第享年五十有七即以其年十月十一日遷窆於皇堈村北平原禮也公有一子曰灞少習典墳游心文圃銜悲泣血願有誌焉其詞曰

高岸爲谷深谷爲陵千年萬歲惟斯可憑

上柱國梁府君墓誌銘

君諱思字恭其先安定人也昔秦仲伐西戎有功周平王東遷封少子康於夏陽梁山因而命氏其後竦因才著冀以榮稱禮樂弓裘千載不墜曾祖志誠祖從政父當意並立言立德爲龍爲光前史詳矣君幼重儒素長好交遊義及友于信誠鄰里不羨榮貴以素琴濁酒爲娛屬荒郊有事大國用師公奮不顧身掃清邊鄙特蒙累功加上柱國錦衣綵服宗族爲榮於戲四時流謝易往難追優哉游哉聊以卒歲大歷十二年七月三日遘疾終於家也春秋八十有七夫人清河張氏閨闈秉德婉孌宜家蓬首終身不

移霜操廣德二年八月八日奄然長往公有二子伯曰崇璧次曰廣濟孝情克著追遠思深遂展靈儀旋開兆域以貞元九年歲在癸酉十月十四日卜麟鳳福慶之穴得雞犬鳴吠之辰合葬於平遙城西北一里舊塋禮也辭曰

寒郊十月四序旋周白日朝暗黃雲暮愁蕭蕭曠野鬱起荒邱人世此謝泉臺路幽雖餘刊石萬古千秋

于府君墓誌銘

府君諱昌嶠字光宇本安樂郡人闕第于文公之後近祖昭理蘇州刺史六從之孫府君立性溫和爲人敦厚權利

刋官知其禮節委以小鋪之惕疑虔虔夕惕若厲无咎嗚呼直心奉公不保餘慶享年卌有七貞元十一年二月六日終於家堂至七月八日葬於新亭山之大墓禮也長子叔海次子叔政兄弟五人弱冠小猶丱角祖毋孫氏闕與斳闕慈親李氏撫孤殞闕銘曰

大墓高岡新亭之陽于子世代千古流芳

唐故朗州武陵縣令博陵瞿府君墓誌銘

府君諱令圭其先本博陵越人也蓋帝嚳之末裔闕晉永嘉二年遷於南楚曾祖諗皇長沙縣令大父闕軍考日智

皇國子助教纂承儒業闕向二百年闕夫人南陽張氏世傳冠蓋奕葉簪纓府君則國子監助教第二子幼而孤夫闕弟更相誨訓未嘗仕師闕業成各登闕第府君以闕解褐曹州葉氏縣闕仕標闕邑闕元年遷硤刑長闕百里稱賢頌闕大歷闕安州雲夢守節奉法猾吏秉以貞元闕授朗州武陵去獸逾闕逋亡闕從官四任闕政大夫以闕宇人闕稱其賢公庭訟息闕館闕愼始令終府闕武陵祀秩廿八載守道闕仕何圖皇天不弔降此哀禍嗚呼元闕何昧闕材賢時貞元十二年龍集闕子三月遘疾七月庚寅闕於闕縣私第夫人廣平程氏令淑有聞威儀紃組敬事闕先始闕以大歷年先府君而終府君享七十有八有子三人長曰偑官至左衛兵曹參軍次子任鄂州武昌府尉少曰佋闕州闕縣尉孤子偑等闕茶淚血號訴聞天視庭户而蕭條覩空堂而寂寞長幼孤露一門無恃以其年十月四日遇青闕之吉歸祔於鄂州江夏縣長樂鄉順化里黃鶴西山之原禮也孤子偑散闕號泣請銘謹以爲誌銘曰

於戲闕著則其一積善於家肅穆清華其二克勤克昌榮祿闕

視其三四從歷闕一門承蔭其四天道何昧降斯災害其五神道胡欺遘其禍其六冀闕眉壽皇天不佑其七庭闈蕭索闕蒼其十

唐故濮陽卞氏墓誌銘

貞元十五年歲次己卯七月癸卯朔一日癸卯夫人春秋卌七寢疾卒於幽州薊縣薊北坊以其年十三日權窆於幽州幽都東北五里禮賢鄉之平原禮也曾祖諱祐祖諱沖考諱進其先濮陽人也代生名賢書於史策夫人聰雅惠哲性尚恬和禮節詩書組紃織紝無常師而自成年十八以四德百行粧其容三從五教飾其性乃乘其龍而歸

於我彭城劉公琴瑟協韻。鸞鸞諧聲。軌範宗親。肅穆娣姒。內則適成。法度貞著。蘋蘩桉之禮節者。得非門之講歟。歟於戲哀哉。夫喪婦德。宗傾母儀。惜哉瑤臺落月。玉樹飛花。皎皎三春。痛寘寘而長夜。溶溶一水。悲森森而不迴。於是劉公仰天而哭曰。德何有而無壽。來何速而去長。偕老之情。終天永訣。一子始孩。字闕一不勝經痛。生人之心矣。厥有二女。一適於崔。一處於室。以備晦朔之禮。僕非達人。焉無銘焉。其詞曰。

性稟淳和。志惟貞一。作配於劉。蘭處瑤室。介祉不亨。忽辭

白日。女蘿墮松。塵埋玉質。大房西倚。桑乾東流。盤抱元氣。贊彼元幽。

欽定全唐文卷九百九十六

闕名　三十七

萬仁泰墓銘

君諱仁泰。字國寧。祖斷。父清。清之次子也。君不仕。性玩琴書。情兼義友。以元和二年二月疾終。春秋五十有四。窆於硤石市東一里新塋。禮也。娶彭城劉氏。生子四。銘曰。

元宮寘寘兮曉不開。䰟魄蕭蕭兮啼方哀。愁雲靄靄兮雨添淚。松栢颼颼兮風鳴籟。

大唐故雁門郡解府君墓誌銘

府君諱進。字進。族茂雁門。派別條分。今籍於京兆府鄠縣八步鄉解村人也。祖諱齊。父樂道。不仕。府君即樂道之第二子也。修短不意。去元和四年三月四日。疾終於河南府河陽縣太平鄉樹樓村之私第。春秋六十有五。即以元和五年十一月十一日。權厝於私第北二里之原。禮也。孀妻李氏偕老願違。哀號痛切。嗣子忠信。次子少遷。次子少恭次子少璘。次子少儀。次阿小。長新婦曹氏等號天叩地。柴毀過禮。殆不勝喪。窀穸云具。禮物咸備。恐墳隴有變。故刻頌立名。以作永年之記。

茫茫蒿里。寂寂松扃。痛君子之長逝。歿寒泉而不歸

大唐扶風馬氏墓誌

廿三娘馬氏名姹。扶風人也。故侍中太原尹子曾王父。故太子諭德兼兵部郎中子之王父。故鄂州州從事子之先父也。子生於珥貂之家。育在紈綺之室。笄年廿歲。灼如蕣英。期偶適耀 闕 我後嗣何華而不實。祉福不臨。以元和八年七月三日。洪水忽來。浸溢夏汭。合郭爲患。顛比 闕 遂假官舫以虞 闕

大唐故員府君夫人墓誌銘

闕 昔因周文王之後。分郡於南陽。祖諱憲。格高調逸。學富才雄。退卧雲林。高道不事。父諱麟。文詞間世。儒素成家。器宇深沉。風神朗悟。一心孤高。寒峰映月。爲量不測。發言有徵。心常懷分義。尤濟貧。遠邇之人。咸懷其德。何修短之有命。以元和十一年五月十八日。啟手足而告終。春秋卌有六。夫人房氏。雍容令儀。肅穆懿範。畢舅姑之大禮。享年卌有二。同年八月十六日。續夫而歿。兄昌。忝同支氣。痛苦蓮心。嗣子元欣。攀號擗踴。仰告皇天。罄家有無。備終大禮。以元和十一年十二月廿九日。合祔大塋而安墳壠。山谷變改。託於銘記。其德詞曰。

窮燈暗暗。泉室冥冥。孤墳對月。荒野熒熒。千秋萬歲。永隔恩情。

劉夫人辛氏墓誌銘

唐故平盧軍節度押衙兼左廂兵馬使銀青光祿大夫雲麾將軍檢校國子祭酒兼御史中丞上柱國食邑二千五百戶劉公夫人。隴西郡人也。父諱行儉。夫人即府君長女也。聘於彭城劉公。公不幸早薨。夫人稟山嶽之粹靈。受人倫之大福。博行而多聞。發言而合禮。素德全備。淑慎威儀。

迨於姻親。俯仰咸若。挺霜操而馳其聲。稟女功而發其譽。夫人六十有六。以太和九年秋七月廿日而薨。夫人有子二人。長子平盧節度衙前虞候雲麾將軍試殿中監上柱國克勤。次子節度散 闕一字 將克恭。生女一人。日引子等哀毀過禮。杖而不起。乃扶護靈柩。當年冬十月七日。祔葬於青州益都縣永固鄉廣固之里。以先塋不利。故別遷宅兆。西據于 闕一字 倚山印之崇秀。東極于荒南。眺青山。北臨于郡。仍書銘于墓內。銘曰。

白玉無瑕。青松有節。德儀咸備。行偕先列。弃 闕一字 世而歸

天流芳華而不歇蒼茫野色雲悲鴻咽林（闕二字）兮悲風光娟娟兮夜月

唐故馮府君墓誌銘

府君諱倫字環周長樂人也曾祖思祖炎父璋俱養性邱園高尚不仕府君即璋第二子幼而簡約長而宏雅恬然自處不趨世利禮則凝重器宇沈深雖榮之與辱不能動其色忘言得意忻忻如也輕財重義博識多能理性內融徽猷外發男公造立身恭謹色養兢兢二女令淑有聞各娉他室嗚呼斯人不保遐壽少乖攝衛伏枕彌旬藥術無

徵奄隨風燭以太和十年八月一日終於私第享年七十府君殄也陰雲暗慘鳥雀悲鳴至理元微天何可問男女迷謬叩地號天閭巷傷聞爲之慜然夫人陳氏蓬首灰心沈哀骨立徒想壟田之草無復返魂之香以其年十月十五日葬於江夏長樂鄉射亭里之原禮也北背黃鶴之嶺南瞻八鈇之峯恐年代侵疎川原變易勉石記事永將不易辭曰

日月至明尚有盈鈌邱山至壯尚有崩裂感彼馮君隨波生滅時惟孟冬析析悲風凝陰蔽野苦霧霾空敬勒斯志千載無窮

故天水姜夫人墓誌銘

大唐故駙馬都尉天水姜慶初女適故殿中侍御史劉元質享年七十三於開成三年十月一日終於鄂州私第以其年十二月二十一日權厝黃鶴山南原禮也懼陵谷之多變故爲斯銘用紀悠久之祀

唐貝州永濟縣故馬公郝氏二夫人墓誌銘

君諱恒父諱超其先扶風郡人也昔馬融注解累代欽崇風後允因官徙居甘陵郡乃祖乃父遂爲永濟縣人焉公

以禮爲度以德爲車衣著篇章飲食經籍謝家鮑氏羞當章句之流恥也文學之列金石爲節松竹表貞亂代逃名庸君隱跡懷寶不仕韞道迷邦於是道德互門仁者爲里嗚呼天不慭遺神莫見祐元和七年七月廿一日寢疾終於沙邱方私第也享年卌十時也日月無光雲天慘色閭巷遏密行路傷嗟權殯縣西一里先夫人松蘿靡託葛藟無依結誓指於柏舟空淚流於斑竹以開成六年正月十三日與二夫人遷葬於故塋禮也仲子（闕二字）盡（闕一字）以竭家資因爲遷祔恐（闕）改易刻（闕一字）爲紀

平生志貞松筠表飾堅勁金石潔白冰雪闕一字遍乾坤光連子孫輝赫三代榮慶一門道闕二字字名彰四海天何奄禍於幽魂骨肉永閉於長夜何時再覩明昏

唐處士包公夫人墓誌銘

夫人姓張其先清河人也皇父諱鄰夫人生有妍姿長修言行包君前取義陽朱夫人而生四子不幸朱夫人中年下世及終喪覲迎娉夫人爲繼室敬愛均乎長幼周旋廣備親疎撫育前男恩過已子嗚呼夫人行年六十有六以會昌三年十月九日奄終錢唐縣方興鄉之私第包君以

再傷齊體追悼何心盡禮居喪卜時將葬前男女哀慕無容以其年癸亥十二月十一日丙申葬於履泰鄉之高原禮也恐陵谷以變更託斯文之可銘曰

噫夫人兮倏忽流年闕三字兮冥寞荒原慘慘靈谷悠悠夜泉未闕三字歸於此焉

唐故尹府君夫人朱氏墓誌銘

曾闕一字祖從家狀官告墜失不敘府君諱潘其先望在天水貫居秦州後子孫分散各處一方今權居孟州即爲河陽縣人也公爲人端耿量雅恬和與人結交千金不易一言道合駟馬不追遠近欽風花城共美奈何積善無慶天降其禍去開成四年告終於私第春秋六十有七夫人朱氏即世廣陵郡人也笄年秦晉匹配歸於尹氏之門婦道禮儀不虧晨夕之孝接事舅姑能善能柔和睦六親鄉閭傳禮奈何大運將至臥疾連綿千方無效萬藥無徵敬託聖賢其疾不愈闕一字會昌四年十月十九日終於私室春秋六十有三男女七人長子元慶新婦王氏次子元禮新婦戴氏次子元簡新婦賈氏次子元雅新婦王氏小子元殷未婚長女十四娘夫張氏十五娘歸開氏嗣子等非法

不行非禮不動闕二字焉有丈夫之志兒女等叫天泣血五内分崩稱家有無將闕一字葬事卜得會昌四年十一月十八日葬於孟州河陽縣安樂鄉闕二字村禮也恐年代闕一字遠陵谷有遷刊石爲文乃申銘曰

嗟乎尹君生爲哲人言無過失花城共聞千金交結恩義長存招賢納士禮法芳新嗟乎尹君沒爲異人嗣子擇兆安葬神魂千秋萬載闕二字子孫

汝南周君墓誌銘

君諱文遜字道從祖諱岧先父諱通君即通之長子也幼

讀儒書長而習禮弱冠之歲咸譽所知內孝親姻外穆僚友不能苦濫於琴酒乃縮職於監司三五年間榮譽可獎何期未申公表奄卒壯年嗚呼霜劍摧鋒鳴琴絶軫春秋卌有五大中二年三月十五日終於天長之私館也以其年十月二十九日祔於先祖妣王夫人列域以爲宅窆禮也娶宏農楊氏恭孝內諧舉案從禮一子三歲名曰小君令弟二人曰文遇文造悼鴒原而遽絶誰濟急難桐荊榦摧雁行何續敢忘兄友銘誌弟恭固請長詞用彰後紀者焉銘曰

嗚呼周君世命奚促三十五歲禍來衝福手劍摧鋒身紳弃玉欲濟舟傾風前失燭一旦歸冥百齡何續千歲之中再生王國

唐陸君夫人孫氏墓誌銘

夫人吳大皇帝十九代孫德之女也令淑有聞名傳四德笄年歸於陸氏君名瑛有子三二男一女長男宏詵次曰宏諮並未有所娶女則初笄之歲未有所歸夫人以大中四年遇疾百藥無徵千靈靡究即是歲仲夏月三日而終春秋五十有七男女號踊泣血摧咽親戚悲嘆日月逾邁龜筮叶從於其年季秋月末旬八日而安厝富陽縣西廿里上黃山墓然而禮墓則南登極峭北達長衢東西即富春孫氏之山矣慮年月將寖故列塼記其誌銘曰

穆穆夫人名傳四德染疾不愈殁歸泉路蒼茫山谷冥冥九泉恐年月寖誌銘列塼

大唐魏博節度別奏劉公故太原郭氏夫人墓誌銘

夫人太原盛族遠祖因官遷居於大名今爲魏郡人也三代祖並轅門上將名冠古今勳業俱高不可具載父君佐

使宅親事兵馬使押衙以弓裘飾身文武不墜守忠事上信義居懷可謂丈夫矣夫人即押衙之長女也以初笄而歸於劉公在家而令淑有聞出嫁而四德克備吁上天難問（闕一字）短不容不幸以大中六年五月十二日終於府元城縣慕化坊之私宅也享年廿五矣嗚呼父母腸斷良人痛心生死路殊龜筮叶吉以其年閏七月九日遷柩於府西南五里貴鄉縣王趙村祔先塋禮也慮邱壟之更變故刊貞石爲銘其詞曰

婉娩柔儀言容和茂婦德可觀進退可度上天不均掩同

雉露。大魏西南。良玉瘞土。萬古千秋。永扃幽户。

萬氏夫人墓誌

有唐大中六年龍集壬申十二月十三日。豫章郡萬夫人終於揚州江都來鳳之里。年卅九。爰自笄年歸於閭氏之室。育三男一女。長子公慶。次曰公閔。幼曰公聞。卜其宅兆。即以當月廿四日。窆於揚子縣界江濱鄉白社村。其地東西十丈。南北十五丈。刻字於墓。庶乎後迷。萬古千秋。永爲後記。

唐故陸氏劉夫人墓誌銘

夫人彭城郡人也。父峯皆詞林學。趨官迹。立笄年禮聘適於陸門。盥帨雞鳴。嚴勤婦節。大期俄屆。嗚呼。於大中九年七月闕日。寢疾終於華亭邑内之私室也。芳年四十有七。以其年十一月一日。葬於縣東三里買宋氏地之新塋。禮也。有子三人。長度。次夫師。闕師雖以幼童。哀訴過禮。恐代異時移。故刊貞石。銘曰。

夫人劉氏。簪纓之女。節婦義夫。早聞令譽。隙光西邁。逝水東流。佳城一閉。萬古千秋。

闕二字大夫行太子左庶子分司東都上柱國范陽

盧府君墓誌銘

闕六字范陽闕一字郡人也。其先齊太公之闕十一字至闕六字十四代闕六字後四世至闕一字爲闕七字自闕十四字氏闕四字皇朝尚書刑部員外郎諱莊道闕十八字甲闕一字山闕四字公之伯仲頡頏闕三十一字祖諱炅。宣州宣城縣令。轉太子左庶子。闕二字大夫闕五字事闕十五字尚書先夫人闕二字徐氏追闕九字王父諱闕三十八字進士闕十一字太子正字。秩滿。攝度支巡官。是歲京師大旱闕十一字東闕十字郎秦公充考試官。以闕二十六字其人先是他邑有殺人亡命者闕九字因拘累闕三字自闕七字有日矣。府尹以

公清白闕一字事命往闕二字公悉闕三字公求證驗深闕三字果闕八字即于公之陰德無過也。由是遷闕四字大闕二字公闕二字制闕七字改監察御史裏行。府闕一字知鹽鐵揚州院事轉殿中侍御史。闕二字京兆府功曹掾。典貢籍於神州。第名爲轉春官闕一字時爲得人。故相國崔公諱鄲以闕四字辟爲觀察判官闕二字侍御史内供奉闕四字累闕二字府惕勵當官從容闕一字贊闕十一字朝闕十一字憲府風望尤闕二字按大獄摘發奸闕九字判刺史闕五字者闕四字深刻訊公闕一字奏之公曰闕一字閒周理之戈闕八字道延光之闕十一字及害功也闕七字屈闕三字多

闕三字刑闕五字萬年縣令闕七字之地闕二字得中闕四字抑豪闕六字授京兆少尹。武宗闕十字公闕三字道闕三字使公爲副焉闕三字陵下闕四字從闕四字而闕十三字司業分教東闕六字任太常闕三字務凡闕六字七十有三其轉原闕一字用公闕三字不爲闕十三字家闕七字位意以闕四字殆七八年豈闕三字嗚呼。以大中九年七月十五日。歸全於闕四字里之私第。其明年歲在丙子四月十三日。闕七字氏縣之一闕十字先府君之闕二字也夫人清河郡君崔氏。闕九字度巳闕九字之士闕二字人闕三字河南福昌縣丞闕三十二字訓當必光其門公闕四字公闕二字之闕二字過於闕三

字之闕十一字俾闕三字退不得闕十字郁郁盧氏。闕六字重闕五字門傳祖訓。家闕四字生闕三字濟其闕一字芳闕三字承闕七字薦能拔義。闕八字蔚矣闕五字仕闕二字人闕一字奄忽闕二字夙昔闕一字徽闕八字及葬山闕七字雲愁九泉之上兮樹老松楸。千載可存兮。闕四字

大唐康公夫人墓誌銘

公諱叔卿。其先衛人也。夫人清河傅氏。其先清河人也。公幼而有禮。長而謙和。修身慎行。與物無爭。何圖天授之仁。而不與之壽。何不幸與。以寶歷二年三月十四日。因寢疾終於家。享年卌有五。其年遂遷窆於淄川縣萬年之西北三里孝水之西原。從吉兆也。夫人令淑容範。宋子河鯉。六禮貞吉。享年六十有八。以大中元年六月一日遘疾彌留遂終焉。權殯於堂。以大中十年十一月二十五日。遂遷祔於塋兆。有子一人。早亡。有女三人。長適屈氏。次適張氏。而承其家焉。幼適王氏。皆撫擗號訴。哀毀過情。遂召良工。刻石染翰。乃爲銘曰。

寬宏德禮。謙和淑人。改過不悋。慎行修身。其一　夫人賢懷孝敬。邕睦和柔。四鄰欽承。九族其二　盛德風猷。名芳不朽。貞石

誌之。天長地久。其三

唐故朝散郎貝州宗城縣令顧府君墓誌銘

公諱謙。字自修。其先吳郡人。季歷丞相肅公之後也。漢魏以降。蔚爲茂族。史譜詳載。此得畧而述焉。大王父諱希揚登州軍民事衙推官。王父諱彭。兖州司户參軍。先府君諱行大。宣州寧國縣丞。先太夫人吳郡陸氏。公即先府君冢子也。公體質魁梧。風神朗秀。溫其珪璧。凜若松筠。粤在紈綺。性質端敏。卷書進退。逾於老成。早歲舉明經三禮二科。洞達微言。貫穿精義。獨行不合。時流所排。晚節以談笑曳

裾歷諸侯上客魏帥何公一見若平生交表公高才請宰劇郡由是褐衣拜貝州宗城縣令公以戎虜之地民俗驕愎非鳴琴可齊（闕一字）展驥乃乖理張翰之扁舟企陶公之高躅淛有勝地雲間故鄉豹隱鴻冥韜光晦迹其有巖廊彥士（闕一字）島逸人每披霧見天開雲覩雉莫不高山仰止如不及焉噫人皆知麟鳳之爲瑞而不知善人爲瑞也不使公執正當路於時元龜不泯於將來盛德必鍾於後嗣造物者大誤彼蒼生之不幸乎嗚呼夢感兩楹（闕一字）生二豎以咸通十三年歲次壬辰六月二十有八日丁卯啟手

足於蘇州華亭縣北平鄉崧子里之私第享年六十有七先是公於第之南隅列植松楸有公叔（闕一字）之想焉明年歲在癸巳十一月二十四日乙卯灼龜析蓍始遂先（闕一字）窆於茲原禮也大人宏農楊氏貞順婉約閨門楷儀（闕一字）爽撫孤罔不適禮男六人長曰褒杭州鹽官縣尉次曰臺常州晉陵縣尉次曰占旁州館驛巡官試左武衛兵曹參軍次曰實鄉貢明經次曰滔次曰潛皆在嬰幼惟實與滔公之允咸能接物孝悌治身動惟直方靜必溫克奉詩禮之明訓在邦家而有（闕一字）是使聯榮清途列於霄漢有後於魯斯其比歟女二人長適吳郡張聿之明經出身解褐蘇州華亭縣尉次許嫁吳興姚安之登童子學究二科再命爲東宮舍人率皆禮樂名儒簪纓盛族公之中外姻表輝暎當代不可一二而言也嗣子褒欲（闕二字）之不絕感陵谷之咸遷洒血號泣請銘幽石恭爲銘曰

愷悌君子兮如珪如璋鳳鳥不至兮麟出罹殃彼蒼不仁兮曷爲其常甘泉倏竭兮風焰摧光孤悍洒泣兮行路淒傷青鳥告（闕一字）兮寧神其岡

故來府君及夫人常氏次夫人郭氏墓誌銘

府君諱佐本南陽人也君平生志操性本謙恭豈謂穹蒼降孽忽遘私疾俄終厥壽權厝故里早分今古夫人郭氏年及總笄（闕二字）禮適來氏則母儀貞（闕三字）無虧享年春秋七十有二終於兗州來君有子名（闕一字）慶男女等灰心毀容泣血匍匐乃墨兆元龜露蓍靈筮自（闕二字）扶護故府君及夫人來就合祔以咸通十四年歲在癸巳（闕一字）月廿九日於兗州瑕邱縣普樂鄉臨泗城陰村郡城東北六里平原禮葬叔慶痛見孤墳寂寂松吹蕭蕭又恐陵谷遷移遠日有變乃命工刻石爲銘銘曰

穹蒼蒼天日月高懸字闕一照六合不照下泉擗踴哭泣下闕

唐故瑯琊王氏夫人墓誌

夫人即故玉冊官內供奉賜緋魚袋強瓊之妻公先歿已十五年葬在醴泉本鄉也夫人年七十七有子四人女二人乾符元年十二月廿二日忽染膏肓之疾終羣賢里第三子一女先令幼男女共二塋葬禮以三年二月廿四日卜於祁村界側

唐故上谷成公墓誌銘

公諱君信字匡時其先本周成伯之後父惠通皇平盧軍

先鋒副馬軍兵馬使檢校太子賓客兼御史大夫祖瓌皇不仕公立性端良剛柔得中內藏元奧外示謙和早爲軍府爪牙之職後以年德將邁退居里中有識是者知公懷大信大義爲至英至仁皆暗慕相知公亦默而見諾故德門多長者之車親闕皆禮樂之士何乃日月有數疾瘵屢鍾以乾符五年八月八日終於私第享年六十有七公娶武陵嚴氏生一男行實婚武陵段氏一女適隴西牛從實實爲節度要籍支計斛斗司公以孫建立爲之後婚清河張氏建弟小福公喜絳等年悉幼稚心力未任姪行實爲右廂都虞候判官皆行實及子壻行實感激嚴訓竭力祇承佐夫人同辦遷厝以當年十一月廿九日葬於青州益都縣望沂鄉之原也旐幡前去孤雲爲之悽慘轜車後來流水豈任嗚咽慮江河他去巖谷遷移聊錄行藏以銘貞石銘曰

天際高標藏諸道德素月懸徽白雲爲則卓雅有稱規章無忒惟信惟義心期本志自悅自娛誰達茲事青松白楊兮乃荊棘之固殊千秋萬歲兮因積善之能罿

欽定全唐文卷九百九十七

闕名 三十八

唐易州上谷郡故安定梁府君墓誌銘

闕一字夫昏默未形爰依大道龍龜啟象始敘吉凶漸著君親乃陳孝悌生以溫清色養歿以封樹烝嘗人子送終其來遠矣梁氏門風祖允此不備書蓋以星朔既淪子孫繁嗣因官得第而居此焉曾祖諱希幹不仕素爲文業曾若詩書厭官辭榮隱居畢世皇祖諱甫平亦不仕愼守公方尅勤儉素外符忠正內切孝慈在邦而於人有和居室而

與物無競年鄰耳順而終壽焉皇考諱重立字顯英性惟貞謹言愼樞機溫鑒而良彥取裁博達而英髦受旨羽儀朝市紀綱人倫可謂名似玉而長溫行如松而不朽年逾知命石火忽臨以天祐七年正月十二日闕一字於永樂坊之私第而告終矣夫人武功蘇氏郡中之良族也笄總之闕一字禮赴移天耳順之秋風燭長別痛闕一字履冰傷彼斷絃府君有嗣子三人孟曰思景高陽軍押衙充孔目官仲曰思恩季曰思虔押衙昆仲幼懷聰敏長有博聞蘊季子之詞華抱安仁之才器笙簧密職丹藻列班孝盡旨甘讓敦手足押衙與弟昊天罔極何日忘之蓼莪纏心鋒針刻骨晨昏難及喪薦竭脩押衙昆仲以乾坤吉兆龜筮叶和以天祐十年癸酉歲孟冬月巳巳朔二十三日辛卯於易州東北隅一里半易縣玉山鄉梁村之右本塋之禮葬也其勢乃前臨易郭後倚燕山左近昭王之祠右接荊卿之廟東西遐迴形勝可觀良恐海變飛塵山成朽燼垂之記祀傳以後昆者歟銘曰

乾剛坤柔有勞有休人倫終始難逃去留嗣子而昊天不報甘養而叩地無由府君兮金玉君子逝水兮萬古千秋

唐故陳府君墓誌銘

府君諱環潁川人也祖與父道清並不求官達君即清公之第二子也幼著才識長閑規矩克言理行闕有三以當年八月十八日窆於闕二十八里齊景鄉推山南二里祖闕三字塋禮也君娶吳郡顧氏有子三人長曰遂闕一字次曰師損三曰公甫並至謙至讓忠乎孝乎泣血主喪絕漿逾闕二字恐月日久遠陵谷遷移刊石爲誌永傳不朽銘曰

山作田兮田作海萬古存兮誰不改青松新隴曉無年千載惟留銘記在

鄜府君墓誌銘

府君唐故侍御史某之次孫性好古不撓於時夫人顧生三子趨庭頗聞詩禮長子頌遠爲運漕之使北自維揚旋於海昌謂其弟曰宗墓衆廣塋壟比櫛其間安厝豈汝等願耶遂卜他地得海昌里之一墟焉南去古墟三十步禮也銘曰

海昌之里馬牧之墟孤墳巋如歸生之餘送終伊何家有孝子卜兆伊何青烏是指千歲萬里百年遄已

大唐濟度寺大比邱尼墓誌銘

法師諱法願俗姓蕭氏蘭陵蘭陵人梁武帝之六葉孫唐故司空宋國公之第三女也原夫微子去殷昭茂勳於抱樂文終起沛兆峻伐於收圖瓊構鬱而臨雲珠源淼而浴日延禎錫祚開鳳歷於朱方疊慶聯規纂龍符於紫蓋遠鼎遷南服冑徙東周英靈冠上國之先軒冕宅中州之半法師乘因夐劫植本遐生孕月仙姿稟清規於帝渚儀星寶態降淑範於台門襁褓之辰先標婉質髫亂之歲遽挺柔情聰悟發於生知孝友基乎天縱中外姻族莫不異焉加以骨象無儔韶姸獨立鉛華不御彩絢春桃玉顏含澤光韜朝蕣年將十載頗自矜莊整飾持容端懷檢操每留神於鞶帨特紆情於紝組瓊環金翠之珍茵簟衾幬之飾必殫華妙取翫閨闈麗而不奢盈而不溢既而疏襟學府繹慮詞條一覽而隅隩咸該再覿而英華畢搴豪飛八體究軒史之奇文法兼二妙符衛姬之逸迹羣藝式甄女儀逾郤宋公特深撫異將求嘉匹載佇孫龍以光宋鯉而嚴庭垂訓早沐慈波鼎室承規幼明眞諦飄花見雪初陪太傅之觀摘葉爲香遽警息慈之念爰發宏誓思證菩提懼塵情於六禮乃翹誠於十誦承間薦謁請離俗緣宋公論

道褫端丹青神化虔襟柰苑棟梁正法重違雅志許以出家甫及笄年爰披法服乃於濟度伽藍別營禪次庭標雁塔遠茂娥臺藏寫龍宮遙嗤魯館於是沿空寂念蘊慧薰心悅彼眞衣俄捐綺縠甘茲蔬膳遽斥膻腥戒行與松柏齊貞慧解共冰泉等澈超焉拔類恬然晏坐若乃弟兄辦供親屬設齋九乳流音六銖含馥瓶錫咸萃冠蓋畢臻唯是瞻仰屏帷遙申禮謁自非至戚罕有覿其形儀者焉加以討尋經論探窮閫域覈妬路之微言括毗尼之邃旨至於法華般若攝論維摩晨夕披誦兼之講說持戒弟子近

數十人莫不仰味眞乘競趍丹枕傍窺淨室爭詣元扉肅肅焉濟濟焉七衆之仰曇彌何以尚也重以深明九次閱想禪枝洞曉三空澄襟定水厭此纏蓋忽現身疾大漸之晨謂諸親屬曰是身無我取譬水萍是身有累同夫風葉生死循環實均晝夜然則淨名申誡本乎速朽能仁垂則期於早化金棺乃示滅之機玉匣豈栖神之宅誠宜捐軀摯鳥委形噬獸斂衿正念奄然無言粤以龍朔三年八月廿六日捨壽於濟度寺之別院春秋六十三姊弟永懷沉痛不忍依承遺約乃以其年十月十七日營窆於少陵原

之側儉以從事律也法師夙盥禪池資慶源而毓彩初依道樹託華宗而降靈蘊地義於閑和苞天情於婉嫕覩一善則怡然自悅聞一惡則愁爾疚懷激仁義於談端明色空於慮表故能辭台闥託禪門捨七珍祛八膳精苦之行標映緇徒戒律之儀錙銖法侶佇津梁於苦海奄滅度於仁祠棣萼分華悲素秋之改色荆株析榦望青枝而增感所懼塵飛海帶將迷渭涘之塋石盡仙衣不辨檀溪之隧重宣此義乃爲頌曰

闕一字有殊稱法無異源爭驅意馬俱制心猿志擾情紊神凝理存展如淑範獨趣元門琁彩闕一字分瑤姿月舉含芳槐路疏貞桂序雲吐荆臺霞霏洛渚學兼班媛詞彬蔡女莫禽匪志闕二字昭仁捐華台室沐道元津法關開捷心衢屏塵九流遺累八定栖眞忍藥分滋戒香含烈傳燈不倦寫瓶無竭奄愴神遷空悲眼滅式鐫柔範終天靡絶

威神寺故思道禪師墓誌銘

和上俗姓師諱思道絳州夏縣平原人也天縱其志七歲出家人推其聰十八剃髮事人不事爲人不爲同鵲巢於頂之年護浮囊無缺之日次就有德轉相師師禪行法門

戒律經論耳目聞見紀之心膂緇錫來求簪裾欽仰聽習者鶴林若市頂謁者鹿苑如雲去至德二載春秋八十有一僧夏六十一時催二鼠妖纏十夢其年十二月示身有疾隨爲衆生其月二日禪河流竭坐般涅槃驚慟知聞悲覃飛走孫威神寺主僧承嗣五内摧裂擗踴攀號聲竭潛哀淚盡續血至乾元元年十二月二日遷於條山之側冑子塠頭禮也詢問其地取人不爭砥柱東横汾河西澍青臺鎮北鹽池臨南萃爾塠頭卜擇安葬雖則天長地久而恐代異時移陵谷改遷斯文不謬其詞曰

緇門積疊寶樹崩摧法消蓮坐魂滋夜臺倐山陰麓歸然翅頭碧巖引吹清澗繞流和上登兮舊賞功匠興兮今修建崇塔兮數仞瘞金骨兮千秋

唐故張禪師墓誌銘

香山禪師諱義琬字思靖俗姓董氏河南陽翟人紹嵩岳會善大安禪師智印法歲廿七世齡五十九開元十九年七月十九日長天色慘塞樹凝霜頂白方面赤方右肱枕席左臂垂膝言次寂默奄魂而歸舉體香軟容華轉鮮感瑞嘉祥具載碑錄師未泥洹先則元記吾滅度卅年內有

大功臣置寺度遺法居士為僧卅五年後焚身留吾巢園待其時也果廿八年有文武朝綱（闕一字）國老忠義司徒尚書左僕射朔方大使相國郭公上額於居士拜首受僧奏塔梵宮牓乾元寺法孫明演授禪文託葬祖黃金述德於中書令汾陽郡王郭公徹天請號焚葬借威儀所由檢校大曆三年二月汾陽表曰義琬禪行素高為智海舟航是釋門龍象心趨覺路遠近歸依身歿道存實資褒異伏望允其所請光彼法流其月十八日敕義琬宜賜謚號大演禪師餘依擇吉辰八月十九日荼毗入塔今卅載無記不從大禪翁也行慈悲海得玉髻珠施惠若春研芳吐翠破邪寶劍見網皆除業為學山萬法包納練行凝寂方能動天塔磨青霄砌下雲起星龕月戶面河背山清淨神靈庶幾銘曰

行破羣邪業為學海戒月青空心珠自在塔面長伊鈴搖岳風動天威力無住無空

唐故鳳光寺俊禪和上墓銘

和上諱常俊俗姓張氏清河人也皇祖莊皇考李即李之第二子也卅歲出家年齡七十僧夏卅奄自會昌元年五

月十五日示疾歿即以其月廿六日遷柩於常州無錫縣太平鄉（闕）村東一里官河西八十步張宗祖墓中卜其宅兆庚首而安厝之禮也有門人文則元通伯昌俗兄秀姪令容等悲痛哀摧涕淚交結恐陵谷遷改桑田變移塋域無徵乃刋磚而為誌銘曰

禪宗內蘊法印心（闕二字）棄浮生歸乎寂滅

慈潤寺故大靈琛禪師煅身塔銘

禪師俗姓周道諱靈琛初以弱冠出家即味大品經論後遇禪師信行更學當（闕一字）佛法其性也慈而剛其行也和

而潔但世間福盡大闇時來年七十有五歲在闕二字三月六日於慈潤寺所結跏端儼泯然遷化禪師七日自足洽先頂暖後歇經云有此相者尅闕一字生勝處又康存遺囑依經闕一字林血肉施生求無上道闕一字合成皂白祇教闕二字含悲傷失送玆山所肌骨闕二字闍維鏤塔冀海竭山灰芳音永嗣乃爲銘曰

遡聽元風高惟遠量闕一字學莫捨一乘獨暢始震法雷闕一字淪道藏示諸滅體闕一字玆奇相器敗身中暖餘頂闕一字結跏不改神域云喪闕一字曰既虧羣迷失望非生淨土禪

指何向塔頌一首闕高帶滌水鏤塔寫神儀闕四字形名留萬古闕四字劫盡乃應虧

闕六字夫人程氏塔銘

闕六字果東郡東阿人魏汝闕五字昌裔也若乃道風門慶闕五字史牒詳之矣夫人貞規闕五字融少崇龍女之因長勵闕四字說生應化雖順軌於六塵闕四字竟騰身於百寶以顯慶四闕三字四日終於京第春秋五十有闕三字明元年十月五日遷葬於終闕二字衵徵士靈塔安厝遵先志也其闕二字噫將恐二天地一山川敬勒徽闕二字昭不朽其詞曰

闕一字阿女訓西鄂婦德貝葉因成蓮花闕一字陟巖巖兮神挂杳杳兮靈闕將畢闕一字而恒存與終峯而罔極

嵩山闕三字故大德淨藏禪師身塔銘

大師諱藏俗姓儀濟陰郡人也十九出家六歲持誦金剛般若楞伽思益等經寫甁貫綖諷味精純來至嵩岳遇安大師親承諮問十有餘年大師化後遂往韶郡詣能和上諮元問道言下流涕遂至荊南尋覲大師親承五載能遂印可付法傳燈指而北歸至大雄山玉像蘭若一從栖寓三十餘周名聞四流衆所知識復至嵩南會善西塔安禪

師院覲玆靈跡實可奇耳遂於玆住闕乎聖典乃造寫藏經五千餘卷師乃如如生象空空烈跡可察信忍宗旨密傳七祖流通起自中岳師亦心苞萬有慧照五明爲法侶津梁作禪門龜鏡於是化流河洛屢積歲辰不憚劬勞成崇聖教春秋七十有二夏三十八臘無疾示疾憩息禪堂端坐往生歸乎寂滅即以其歲天寶五載歲次丙闕十月廿六日午時奄將神謝門人慧雲智祥法俗弟子等莫不攀慕教緣香花雨淚哀戀摧慟良可悲哉敬重師恩勒銘建塔舉高四丈給砌一層念多寶之全身想釋迦之半座

標心孝道以偈而宣

猗歟高僧嵩巖劫增心星聚照智月清昇坐功深遠靈迹時徵厥惟上德成茲法輿其一五法三性八萬四千帝京河洛流化通宣不憚劬勞三五載間造寫三藏頓悟四禪其二三摩鉢底定力孤堅悲通法界慈洽人天法身圓淨無言可詮門人至孝建塔靈山其三

宣化寺故比邱尼堅行禪師塔銘

禪師諱堅行俗姓魚氏京兆府櫟陽人也惟師貞儀苦節精懃厥志捐別修而遵普道欽四行而造眞門豈圖晨霜

易晞夕露難久寢疾牀枕藥餌無徵嗚呼哀哉以開元十二年十月廿一日遷化於本院春秋七十有六夏卌矣臨命遺囑令門人等造空施身至開元廿一年親弟大雲僧志叶弟子四禪賢首法空淨意等收骨起塔以申仰答罔極之志閏三月十日

唐崇業寺故大德禪師尼眞空塔銘

禪師諱眞空俗姓申氏馮翊郡朝邑人也植性明悟天姿卓越六度闕二字稟自齠年闕一字戒深仁行諸早歲旣而闕二字宿善童子出家訪道闕二字與波闕一字而無異練心闕

趙州眞際禪師行狀

師即南泉門人也俗姓郝氏本曹州郝鄉人也諱從諗鎮府有塔記云師得七百甲子歟值武王微沐避地岨崍木食草衣僧儀不易師初隨本師行脚到南泉本師先入事了師方乃入事南泉在方丈内臥次見師來參便問近離什麼處師云瑞像院南泉云還見瑞像麼師云瑞像即不見即見臥如來南泉乃起問你是有主沙彌無主沙彌師對云有主沙彌泉云那箇是你主師云孟春猶寒伏惟和尚尊體起居萬福泉乃喚維那云此沙彌別處安排師受

戒後聞受業師在曹州西住護國院乃歸院省覲到後本師令郝氏云君家之子遊方已迴其家親屬忻懌不已祇候來日咸往觀焉師聞之乃云俗塵愛網無有了期已辭出家不願再見乃於是夜結束前邁其後自攜瓶錫遍歷諸方常自謂曰七歲童兒勝我者我即問伊百歲老翁不及我者我即教伊年至八十方住趙州城東觀音院去石橋十里已來住持枯槁志效古人僧堂無前後架旋營齋食繩牀一脚折以燒斷薪用繩繫之每有別制新者師不許也住持四十來年未嘗賷一封書告其檀越因有南方

僧來舉問雪峯古澗寒泉時如何雪峯云瞪目不見底學云飲者如何峯云不從口入師聞之曰不從口入從鼻孔裏入其僧却問師古澗寒泉時如何師云苦學云飲者如何師云死雪峯聞師此語讃云古佛古佛雪峯因此後不答話矣厥後因河北燕王領兵收鎮府既到界上有觀氣象者奏曰趙州有聖人所居戰必不勝燕趙二王因展筵會俱息交鋒乃問趙之金地上士何人或曰有講華嚴經大師節行孤邈若歲大旱咸命往臺山祈禱大師未迴甘澤如瀉乃曰恐未盡善或云此去一百二十里有趙州觀

音院有禪師年臘高邈道眼明白僉曰此可應兆乎二王稅駕觀焉既届院內師乃端坐不起燕王遂問曰人王尊耶法王尊耶師云若在人王人王中尊若在法王法王中尊燕王唯然矣師良久中間問阿那箇是鎮府大王趙王應喏弟子師云老僧濫在山河不及趨面須臾左右請師爲大王說法師云大王左右多爭交老僧說法乃約令左右退師身畔特有沙彌文遠高聲云啟大王不是者箇左右大王乃問是甚麼左右對曰大王尊諱多和尚所以不敢說法燕王乃云請禪師去諱說法師云故知大王曩劫眷屬俱是寃家我佛世尊一稱名號罪滅福生大王先祖才有人觸著名字便生嗔怒師慈悲非倦說法多時二王稽首讃嘆珍敬無盡來日將迴燕王下先鋒使聞師不起凌晨入院責師傲兀君侯師聞之乃出迎接先鋒乃問曰昨日見二王來不起今日見某甲來因何起接師云待都衙得似大王老僧亦不起接先鋒聆師此語再三拜而去尋後趙王發使取師供養既屆城門闔城威儀迎之入內師才下寶輦王乃設拜請師上殿正位而坐師良久以手斫額云堦下立者是何官長左右云是諸院尊宿并大師

大德師云他各是一方化主若在堦下老僧亦起王乃命上殿是日齋筵將罷僧官排定從上至下一人一問一人問佛法師既望見乃問作什麼云問佛法師云這裏已坐却老僧那裏問什麼法二尊不並化王乃令止其時國后與王俱在左右侍立國后云請禪師爲大王摩頂受記師以手摩大王頂云願大王與老僧齊年是時迎師權在近院駐泊獲時選地建造禪宮師聞之令人謂王曰若動著一莖草老僧却歸趙州其時竇行軍願捨果園一所直一萬五千貫號爲眞際禪院亦云竇家園也師入院後海衆

雲臻是時趙王禮奉燕王從幽州奏到命服鎮府具威儀迎接師堅讓不受左右舁箱至師面前云大王爲禪師佛法故堅請師著此衣師云老僧爲佛法故所以不著此衣左右云且看大王面師云又干俗官什麼事乃躬自取衣挂身上禮賀再三師惟知應喏而已師住趙州二年將謝世時謂弟子曰吾去世之後焚燒了不用淨淘舍利宗師弟子不同浮俗且身是幻舍利何生斯不可也令小師送拂子一枝與趙王傳語云此是老僧一生用不盡底師於戊子歲十一月十日端坐而終於時寶家園道俗車馬數萬餘人哀聲振動原野趙王於時盡送終之禮感歎之泣無異金棺匿彩於俱尸矣莫不高營雁塔特豎豐碑謚號曰眞際禪師光祖之塔後唐保大十一年孟夏月旬有三日有學者裕問東都東院惠通禪師趙州先人行化厥由作禮而退乃授筆錄之具實矣

欽定全唐文卷九百九十八

李輔國

輔國本名靜忠以閹奴事高力士後以王鉷薦侍東宮肅宗卽位靈武輔國豫其謀擢家令判元帥府行軍司馬改名護國又改今名進拜少府殿中二監封成國公首謀遷元宗西內以功擢兵部尚書代宗立進司空兼中書令加尚父後帝遣使刺殺之

皇帝奉迎上皇請編史冊表

臣聞古今大寶皇王受命成功創業皆始艱難繇是足高光武之功漢圖斯永滅澆豷之患夏嗣以興豈比孝以感通德以成化光膺聖歷協契天時開闢已來未有如陛下者也頃巨猾間釁中夏不康陛下赫然發憤奉命專征曾不踰旬兩京剋復掃清宮闕奉迎鑾輿警蹕鳴笳舊儀逾盛行軍便幕故事無闕陛下整法駕擁羣臣遠自望賢拜迎路次引旌旆而祥風不散拂鑾輿而瑞雪時飄承順天顏無違就養君父之禮億兆同歡猶乃不自爲功至崇謙德過周文侍膳之典邁漢高獻壽之儀虔奉至尊敬恭受命伏惟陛下以孝理天下也如彼以德化天下也又如此

盛德大業。其至矣哉。臣幸參締構。職在禁戎。得覩盛明。無任抃躍伏請編諸史冊。以示將來。

李朝正

朝正元和朝官昭義軍監軍使。守內侍省奚官局令。

重建禪門第一祖菩提達摩大師碑陰文

此碑文布傳於天下久矣。未詳其所立處。頃日得之。（闕二字）其文迺知梁武帝深達元旨。若非留心此宗。則罕測其涯際。或者云梁武帝崩後。菩提達摩猶行化人間。蓋或者自惑耳。考諸史籍。則梁大同二年歲在乙卯。至太清二年歲

在戊辰。相去一十四年矣。武帝廢於侯景。自大同單閼之歲至我唐元和閹茂之歲。凡三百四十三年矣。朝正嘗頗於熊耳吳坂再立此碑。屬以戎事多故。遂乖本志。今迺就二祖可大師塔前建之。用表眞宗之所由也。菩提達摩自西域至中國。爲禪宗第一祖。內傳心印以爲宗。謂意出文字外。外傳袈裟以爲信。信表師資。其袈裟授可大師。可授粲。粲授信。信授忍。忍授能。達摩遺言云。我法至第六代後。傳我法者命如懸絲。故能受付囑後。猶隱遁人間。事在本傳。祖師知當來學徒必注意謂法在衣上。不知法本無爲。得之者永超三界。了斯元旨。是達眞宗。所以誡絕傳衣。今學人得意者廣通流布。化及無窮。拯溺俗於沉沙。擢迷途於苦海者矣。曹溪能弟子南嶽惠讓。讓弟子龔公山洪州道一。洪州弟子信州鵝湖山大義。大義貞元中內道場供奉大德。每敷演妙理。萬法一如。得無所得。證無所證。開合不二。是非雙泯。夫無像之像。像遍十方。無言之言。言充八極。可謂眞證。亘得涅槃宗源乎。至十九年四月十九日。德宗皇帝迺度中貴王士則。命捨官。賜法名惠通。充弟子。又度官生童子惠眞充侍者。惠通由是親承教旨。妙達眞宗

自祖師歷六代後名流大德。學徒得意者在行天下。敷演妙理。不可殫紀。朝正但據所稟本教來處敘之。將來幸辯由戶不謬矣。今恐年代久遠。故重刊石紀之。

楊承和

承和穆宗時爲內樞密使。

邠國公功德銘

天竺有聖人焉。名之爲佛。三身互相應化。無所從來。百億同名。不知其誰之予。德包塵界。道冠萬靈。有感必通。酬念如響。心操慧炬。永燭於大千。手運慈航。泛流於沙劫。晦明

不二淨穢兩同正智如如我無所得雖後天地而有質先天地而亡形莫不究清濁之未然識方圓之始卒大矣哉若非天下之至精孰能如此夫大德小德優劣不同賢人聖人取捨各異乃引衆星之表月立萬象以尊天因喻發揚憑兹外飾有言子貢賢於仲尼者不知仲尼之聖加於子貢有言阿難相同諸佛者不知諸佛非相以攝阿難見尺鷃之至微知大鵬之至廣覩秋毫之至短知大椿之至長擬於物即尺鷃秋毫擬於人即阿難子貢雖然近如來之門户識夫子之階墻瑚璉寶瓶異諸凡器金楹玉棟不

是常林故佛之侍從者即迦毗令人拘那貴族皆辨搖金刹名振鐵圍驅六賊如衆鳥之避鷹鸇懾四魔若百獸之畏豺武而性海無底惠峰穿霄善入一乘横通三輦被精進所縛不捨用心嘗修之於身去住未決或執如或斷如是故生已之法隨滅滅已之法隨生常生之所不生常滅之所不滅能詮二義其唯覺乎覺不自明方明覺也夫有生滅者是覺之用無生滅者是覺之體即如覺逐滅生生隨覺滅生滅俱寂其覺亦亡乃指素月於澄溪袪外緣於現性解出人表堪爲代師儔諸法王則吾豈敢何者孔子登東山而小魯登泰山而小天下今亦然也如來觀溺山而小聲聞觀枕山而小菩薩我佛也同彼虛空不染於幻強立眞假曾未牢固是故說行而無所說行說而無所行非行非不行非說非不說非法非非法非性非非性本不生無所滅元不覺無所寂於一不一中悟諸未悟者於起不起中導諸未導者大矣哉若非天下之至神又孰能如彼而夜景呈輝化行西土神光啟夢象教東來思玉毫而遠挹鷲峰仰金偈而虔瞻貝葉身已逝矣空傳結集之書性本存焉如聞在代之說且法以辯志言以辯心非法無

以悟其心非言無以成其志即言說文字皆解脫相有是經處即見如來今有右街功德使驃騎大將軍行右武衛上將軍知内侍省事上柱國邠國公食邑三千户充右神策軍護軍中尉安定梁公曰守謙職是禁營邦家重器居繁不亂兼總緇黄讀佛言覩釋氏其貞元中公以温惠爲甲胄清慎爲戈矛跡尚彤闈名高紫闥至元和初授銀璋佐密命鼓翼高岫躍鱗洪波飛鳴近天得志江海五年加金紫掌樞機涣汗流心散爲膏雨如絲入耳開展成綸捧白日以揚光戴青天而翼化處事之極動而可觀至十二

年遇蔡人逆戎事興天討未平干戈在野天心恐師老矣而誅剪未就乃命公撫衆觀敵審度遲速乃奉辭伐罪踴躍而行走四牡以宣暢鴻休利萬物以車塵相屬參整戎事董護諸軍與將帥同其進也一其議也或縱六奇之辯即濤生巨浦雲出深谿或察五間之情即趙梏穿楊楚金伐木若有神助不謀成心我旗既張我車亦列均勞逸而義夫爭死齊賞罰而奮臂爭驅蓄銳候時果申長策於是選精卒張詭道雜旌旃而不嚴部伍差進退而曲敵之心疑實爲鋒銛詐餌武口賊果輕襲利吾大軍遂使書掩沙

河葛伯之賊夜遯合流宵渡郃陵之寇全平駭若奔雷勢同激電似霜需寒草風卷餘花縱烈火於平蕪走飛泉於大壑摧枯易折墜瓦難全滅蔡之功十有其七餘賊保洄曲官軍圍郾城我鼓音方厲武旅方雄操利柄而目無全牛執其吭如芻豢悅口摩壘問罪登陴不降梯樓滿空矢石相接經四十日爟火失繼人無鬬心畏夏日之赫光懼春冰之易泮乃降仍邀公匹馬視師撫納疑懼公悅以犯難投誠若歸遂令啟關按轡而入醜類或鼓或罷相視失色公曰來余與爾言爾本吉人也何不徇國家之急成其名而託身於武豹之穴求其噬輿尸覆族誰與咎耶皇情極念之故令守謙布澤潤心宣化清耳能悅生避禍者當聽之曰明明天子清問下人不能勤王爾失遠略爲寇盜所制而臣節難全犯弧矢之威當剿絶之斃圓首方足莫匪精靈念其瘡痍實可憫惻然違予戮汝而不赦恭命活汝而無害能遷其不祥而爲祥吉莫大也變其不幸而爲幸令莫窮也賊將卒等色轉慙禮愈謹公曰皇上聖文紹統神武膺期惟德動天無遠不格被堯舜之法服行堯舜

之法言所以大文教而九有小康小武功而天下大理嘗欲戢矛楯親稼穡使人居安各得其壽爾一方不能安時處順守衛中國而罪罟自結厲階彌崇即不得已而興師非樂殺人也況天德好生容長萬物是以曲開洗汙旁設自新招示頑夫以明廣大將士等久遭苛暴翻跡令圖亦謂朽燼重燃枯條再葉國刑當宥咸賜無辜豁爾憂心以承慶賞降人皆投戈卷旆匣刃弛弦觸地血流向闕蹈舞於是五千叛卒不戮一人十萬王師皆服其德從此鯨鯢失浪烹鮏方因惡鳥巢傾折翼於此恩波大澍封賜有差乃授公右監門衛將軍飛詔追還密職如故又掌天地之

户牖捧造化之關鍵勳隨日厚望逐時深公之美也不滅直以沽名不愆義以犯物動靜無隱發言有章至十三年天睠凝嗟賞重知勞不自伐功不自德遂與戎印授兵符司禁旅之右也公積仁成器積器成名卑牧難踰高光可仰定止足之分動必師心辯榮辱之機道樞不撓薄嗜慾以守一鄙浮華而處中匡護元流酌之不竭伏以元和長慶釋教大興雅叶所歸轉得親近謹於大興唐寺華嚴院爲國寫古今翻譯大小乘經論戒律合五千三百廿七卷公私祿利不入其門凡是難得無所愛惜嘗求善書者令

絶外塵不飮茹浴身至於精刹焚香而就筆硯擇其力多者以多價酬之少者去之人不約而自勸也於是染素流光含丹縱彩雲生墨沼之上花開方絮之中衛索分鑣王羊並騖各行軌轍跡不相讓又立經堂一所三間徘徊安住法輪必資豐敞作制惟永壯我皇都豈得爲工者不極其妙爲材者不極其美殊形異狀生於斤斧之中曲直方圓豈逃繩墨之下於是彩棟霞張雕楹雲布朱扉洞啟縹壁含光羽族棲於綺窗鱗介遊於藻井修羅率下爭提夭矯之梁藥叉命徒競戴岌峩之栱衆靈翼衛諸天護持恍惚莫辯其形來往不留其跡又於堂内造轉輪經藏一所刻石爲雲鑿地而出方生結構遞闕二字緣立無數花幢竊比兜率造百千樓閣同彼化城狀物類本擬容奪眞鵷鵠若飛而不飛虹螭似走而不走欒櫨櫛比雜之以琳琅榱桷駢羅飾之以珠翠淩雲五級方開四門璀錯相輝煥麗交映離婁覘之眩目公輸閱之奇闕二字歲古人多有慚色不知來者孰能繼歟於是方表含輪虛中不滯羣經之府所好必從遊藝者任其卷舒杖德者恣其探訪或趍諸垢穢蓮花隨手而開數或等彼清涼甘露應心而滴懸乘之

所妙者不論其小大法之所尚者不闕一字其淺深譬諸江河所汲隨淺從流自得不礙踈數其外或圖寫龍神鬼物之狀以爲嚴飾或造菩薩天仙之類周匝其旁白壁成容玉眸高視黄英作相金口如言設無體之禮實不佞於屈伸獻無聲之樂終不煩於音律五色闕二字亂其目八風無以吹其心守靜樸以自持執堅中而不磷或虔恭默如或侍坐儼如又於堂北別立鏡燈朱燄揚輝紅光滿室常生縱巧有符丁緩之奇蘭膏自芳不假海人之贈幸斯破暗永繼其明於是羣藝畢衆工歸八龍闕一字軒四王護闥雨

霑香砌何塵垢之蒙潤風搖寶鐸流美響之不巳公頓首奏曰臣聞法象莫大乎天地變通莫大乎四時所以萬物生中不擇於覆載榮枯美惡必備於寒暑雖古先哲王宏天若德豈同聖代則而行之伏惟長慶文武孝德皇帝陛下英冠四維氣含八極齊日月之至耀光燭無窮等天地之至仁寰瀛受賜坐超湯禹立並羲軒驅岳瀆之精靈馳道德之車馬有典有則無怠無荒法上元以生成體陰陽以御物動合靈契事膺神符永綏兆人克顯休命臣猥承委擢如荷邱山蕭艾空竊於春陽螻蟻每慚於雲雨修持

闕二字允奉穹蒼上黷冕旒伏增驚越臣亦知螢光助於兩曜畎澮宗於四溟實不足以添輝亦不足以濟廣然纖美見容知大明之及遠涓流必納識渤澥之宏深臣早悟多藏勇於施捨聞斯必舉所作成集誓嚴持闕一字錟上續於恩光啟導法涯永資於德澤帝曰俞卿以檀波羅福保於朕躬朕以官惟其人任卿勿貳實千載之一會何魚水之見稱想卿逢時宏道多慶公荷寵之極涕零如雨又奏曰如來眞旨必藉開張若不言宣何以廣福臣請得無染沙門貞實等二七人御斯信馬駕彼白牛亘出四關掃諸五翳偕持正念調伏其心爲國傳經乃至無算陛下得佛祕印行最上乘於多劫中爲人父母遂令釋子遵有漏法傳無盡燈滋寶雨而潤及四海布香雲而蔭乎千界光天之下孰不蒙益受益之私上集一人伏願寶歷天齊金輪嶽固永居億兆之上克承無疆之休帝悅依奏公曰克樹有爲期於不朽畧須題述以告將來遂命戎副右監門衛將軍楊承和文而書之辭曰小子蓬茨劣人跡度卑淺無當時應用之效有僻陋至愚之累靈波曲潤幸得充乏幾歷星歲繆廁下風聞可道之言觀可行之行書紳不暇何以

褒稱至如走光塵俟嘉命愚人不敢拒若使陳葺繕具德美愚人不敢當公不聽又辭曰抑短羽齊九臯之響殊不驚人使弊足追萬里之跡豈宜及遠雖沖霄有路且力小未任況逐日無功而敢煩羈靮公又不聽是以磨鉛赴鐏俎之謝策鈍當天衢之駟流汗如洟愧顏若丹輒盡野辭書於琬琰銘曰

香山之東雪山之北善勝道場迦維之國飯王聖子有大威德菩薩伏膺龍天仰則總彼十名高談四諦能拔一毛普現一切阿僧祇劫瞬目所睇微塵剎土凝心所計無說

非默有說非語汲引未終豈厭寒暑八正齊列三乘並舉惆悵逝多歲不我與舉足下足羣魔愁謗歸歟歸歟飭彼迷忘優曇忽折摩尼驟喪海會無言靈山多曠猗歟大雄情靈藩翰上下四維吾道一貫藏諸不理顯諸不亂託跡光周遺宗炳漢操之則存捨之即亡如來寶印付囑我唐必正墜典克續頹綱法雨一潤佛日重光眞諦所歸域中之大無爲所及宇宙之外幽宗默識元機暗會千劫飛輪萬方永賴既崇其化邠國欽承久積吉行發言相膺意馬早縶心猿不升出彼夢宅如上岡陵不捨有相無相所依

不離有作無作所歸焚舟得濟到岸應稀達人是是塵人非非雲赴壽山澤歸福海層峰永固波瀾不改衆善斯立舒光耀彩樹彼勝因憑茲爽塏順生攝生從俗出俗因機立化賢愚共欲精廬大敞材力豊足購地闕一字金開堦累玉大匠誨人必先規矩大巧垂美亦先棟宇畢請操繩般求執斧樸斲未已師者如堵千仞之桂良工所度十圍之松備於制作細飾土木海物交錯藻井舒蓮舍芳吐蕚裝嚴寶藏水陸窮珍瓌姿競麗華樸爭新馳光耀谷浮彩縈濱既美且良悉得其眞寶樹成行寶堦上聳善安不拔善高不恐欄楯曲周簷楹抱擁蓋若天垂花如地涌實以方外四門不扃虛以圓內萬法有經金石絲竹風來可聽玉釜旃檀日照彌馨鏡開八面燈傳一光夜浮素魄晝助紅芒齊明隱顯等鑒行藏膏平潤久心直燃長忍鎧常穿四魔不脅智劍常拔三災不怯何以奉佛剎那散業何以奉國演日成劫

劉重約

重約大中時中大夫奚官局令宣歙池等州監軍使

再修敬亭府君廟宇記

夫山川邱陵能出雲爲風雨見怪物皆曰神故先王之制祭也法施於民則祀之以勞定國則祀之能禦大災則祀之能捍大患則祀之莫不咸享今之府君在宣宛牧伯所封之內保護國人實謂昭晰若歲大旱年穀不登虔奉祈雩罔不克聖觀民悅敬如日之暘宣歙池等州監軍使中大夫奚官局令上柱國賜緋魚袋劉重約自大中七年癸酉歲六月朔受命監撫抵郡涉旬祇肅祀事皆賴其祐報謝之禮煥乎廟室命工人塑馬二所飾神八人整砌繪壁丹雘欒楹事逾周星尤蒙影響無何去秋瘧瘵背發其殤

日益瘦羸。浹辰不間。遂扶危登樓。遥享奠酬。神之克念。翌日乃瘳。蓋府君之威力也。復以秋七月戊申朔十七日甲子。謹遣押衙兼監察御史錢儉楊買等虔誠啟祀以求吉祥。咸獲休徵。至九月丁未朔二日戊申。躬自報賽。大具牢醴。鼓吹節奏。絃匏笙簧。俯伏廟墀。再覩儀像。泫然流涕。禮及三爵。油油而退。又以受用塗金銀杯盤二事。獻於座右。復捨鏡二面。周環各一尺五寸。裝飾寶帳。以覆府君之首。兼出俸金米物等資助工糧。計緡百千。既美所蓋。彰幽贊於戲。天地之道。能陰能陽。神祇之道。有柔有剛。故知天則不言而信。神則不怒而威。福善禍淫。式穀與汝矣。重約今監戎向滿。赴關是期。聊紀幽微。刻於貞石。永爲不朽。大中十年四月一日建

李順融

順融。僖宗朝内樞密使

成都得寶磚古篆賀表

今者爰有雉城來於仙觀。至誠纔發。嘉兆俄呈。現此時在地之赤光。是昔日度關之紫氣。及穿積土。果獲古文。驗逸勢於龍蛇。知即平於梟獍。來於沖邃。理頗昭明。既太上今與平災。知中和永昌厥祚。所現全因聖祖。掘得又自皇枝。捧此靈蹤。可明天意。且混元聖祖每逢多難。皆有殊祥。唯彼明徵。備書正史。昔於丹鳳門上。告田同秀以天寶復國之期。今又青羊肆中。示李特立以陛下還宮之慶。莫不天下幸甚。乞付史館。

楊復光

復光。閩人。本喬氏。少養於内常侍楊玄价家。爲小黄門。監乾符中。賊渠黄巢犯江西。復光爲排陣使。招討使宋威戰敗。復光總其兵。王鐸代爲招討使。詔復光監忠武軍。中和元年。充天下兵馬都監。總諸軍入定關輔。定議遣使以墨詔召李克用於太原。收京師。以功加開府儀同三司。同華制置使。封宏農郡公。賜號資忠輝武匡國平難功臣。卒年四十二。贈觀軍容使。謚曰忠肅。

收復京城奏捷露布

頃者妖興霧市。盜嘯叢祠。而岳牧藩侯。備盜不謹。謂大同之運。常可容奸。謂無事之秋。縱其長惡。賊首黄巢。因得充盈窟穴。蔓延萑蒲。驅我蒸黎。徇其兇逆。展鋤鶴以成鋒。反殺耕牛以恣燔炮。魑魅晝行。虺蜴夜噬。自南海失守。湖外

喪師養虎災深馴梟逆大物無不害惡靡不爲豺狼貽朝市之憂瘡痏及腹心之痛遂至毒流萬姓盜汚兩京衣冠銜塗炭之悲郡邑起邱墟之嘆萬方共怒十道齊攻仗九廟之威靈殄積年之兇醜河中節度使王重榮神資壯烈天賦機謀誓立功名志安家國至於屯田待敵率士當衝收百姓十餘萬家降賊黨三萬餘衆法能持重功遂晚成久稽原野之刑未決雷霆之怒自收同華進逼京師夕烽高照於國門遊騎頻臨於灞岸既知四隅斷絕百計奔衝如窮鳥觸籠似飛蛾赴焰雁門節度使李克用神傳將畧

天賦忠貞機謀與武藝皆優臣節共本心相稱殺賊無非手刄入陣率以身先可謂雄才得名飛將統領本軍南下與臣同力前驅雖在寢興不忘冦孽今月八日遣牙隊將前鋒楊守宗河中騎將白志遷橫野軍使滿存躡雲都將丁行存朝邑鎮將康思貞忠武黃頭軍使龎從等三十二都隨李克用自光泰門先入京師力摧兇逆又遣河中將劉讓王瓌冀君武孫珙忠武大將喬從遇鄭滑將韓從威荆南大將申屠悰滄州大將賈滔易定大將張仲慶壽州大將張行方天德大將顧彥明左神策弩手甄君楚公孫勝左橫衝軍使楊守亮躡雲都將高周彝忠順都將胡貞絳州監軍毛宣伯聶宏裕等七十都繼進賊尚爲堅陣來抗官軍李克用率勵驍雄整齊金革叫譟而聲將動瓦喑咽而氣欲吞沙寬列戈矛密張羅網於是麾軍背擊分騎橫衝日明而劍曜飛輪風急而旗開走電使賊如浪便可塞流使賊如山亦須折角蹂踐則橫屍入地奔騰則積血成川楊守宗等齊驅直入合勢夾攻從卯至申羣兇大潰自望春宮前蹴殺至昇陽殿下攻圍戈不濫揮矢無虛發其賊一時奔遁南入商山徒延漏刃之生佇作飲頭之器

伏自收平京闕三面皆立大功若破敵摧兇雁門實居其首其餘將佐同效驅馳兼臣所部二萬餘人數歲櫛風沐雨既茲平盪並錄以聞

宋光葆

光葆光嗣從弟以宦者事蜀先主王建爲給事黃門官宣徽北院使累遷東川節度使嘗請誅唐使李巖後主王衍不從國亡後居閬州後唐明宗時爲團練使安重誨所殺

上蜀主表

晉王攻滅朱梁紹唐稱制冒李氏之苗裔以鄭王爲遠祖

遣使西來。侮慢尤甚。輕蔑我國。必將交惡。宜勵兵選將。執戈待寇。請於秦州屯兵萬人。鳳州三千人。控扼要害。命大將帥兵萬人戍武威城。應援秦鳳。萬人戍興元。應援金州及駱谷。萬人屯利州。應援文州及安遠城。二千戍扶州。爲秦鳳犄角。命渠果州管下蠻酋。各聚兵裹糧。專聽師期。昔成汭據山陵。養兵五萬。皆仰給雲安。請擇安州刺史充峽路招討副使。改榷鹽法。以廣財用。嘉眉二州增治戰艦。募舟師五千下峽。出江陵。步騎出襄陽。大兵急攻秦雍。東據河潼。北以厚利啗湖廣。利則進師。退則分據峽口及散關。以固吾國。可以伐敵之心

欽定全唐文卷九百九十九

突厥可汗默棘連

默棘連姓阿史那氏。號小殺。初爲突厥左賢王。開元四年。其弟默啜討九姓拔曳固戰死。兄闕特勒殺默啜子而立之。是爲毗伽可汗。二十年。爲其大臣梅錄毒死

謝婚表

自遣使入朝已來。甚好和同。一無虛誑。蕃漢百姓。皆得一處養畜資生。種田力作。今許降公主。皇帝即是阿助。卑下是兒。一種受恩。更有何惡。謹使可解栗必謝婚。他滿達干請期獻馬四十匹充押函

突厥可汗苾伽骨咄祿

苾伽骨咄祿可汗。默棘連子。其兄伊然可汗死。繼立。開元二十八年冊爲登利可汗。爲其從父判闕特勒所殺

賀正表

頂禮天可汗如禮諸天。奴身曾祖已來。向天可汗忠赤。每徵發爲國出力。今新年獻月。伏願天可汗壽命延長。天下一統。所有背恩逆賊。奴身共拔汗那王盡力支敵。如有歸附之奴。即和好。今謹令大首領伊難如拜賀。

西突厥可汗娑葛

娑葛，西突厥十姓之一。其部落名突騎施，初爲唱鹿州都督。景龍二年，其父烏質勒死，冊封金河郡王。三年，爲部將闕啜所殺。

遺郭元振書

與漢本來無惡，只讐於闕啜。而宗尚書取闕啜金，枉擬破奴部落。馮中丞牛都護相次而來，奴等豈坐受死。又聞史獻欲來，徒擾亂軍州，恐未有寧日。乞大使商量處置。

薛延陀可汗夷男

夷男姓薛氏，乙失鉢可汗孫。其先滅延陀而有其衆，因號薛延陀部，爲西突厥屬國。貞觀三年，遣使朝貢，冊爲眞珠毗伽可汗。十二年，封其二子爲小可汗。

請擊高昌表

高昌雖貌事至尊，而翻覆不實，擅發兵與欲谷設擊天子所立之國。奴受國厚恩，常思報効，乞發所部，爲官軍前驅以討之。

處木昆匐延闕律啜

處木昆匐延闕律啜，西突厥十姓之一。開元二十一年，與拔塞幹部落、鼠尼施部落、阿悉結部落、弓月部落、哥舒部落同請內附。二十八年，以處木昆匐延闕律啜爲右驍衛員外郎大將軍。

請內屬表

臣等生在荒裔，久闕朝宗，國亂主甍，互相攻殺。賴陛下聖恩遐布，愍念蒼生，令磧西節度使蓋嘉運統領兵馬，撫臣遠蕃，誅暴拯危，存卹蕃部。臣等伏願稽首聖顏，兼將部落於安西管內安置，永作邊扞，長爲臣子。今者載馳驤首天路，不任喜躍之至。

吐蕃贊普棄宗弄讚

棄宗弄讚，論贊素贊普子，亦名棄蘇農，亦號弗夜氏。貞觀中遣使求昏，妻以宗女文成公主。永徽元年，授爲駙馬都尉，封西海郡王，進封賓王，是年卒。

賀平遼東表

聖天子平定四方，日月所照之國，並爲臣妾，而高麗恃遠闕於臣禮。天子自領百萬，度遼致討，隳城陷陣，指日凱旋。夷狄纔聞陛下發駕，少選之閒，已聞歸國。雁飛迅越，不及陛下速疾。奴忝預子婿，喜百常夷，夫鵝猶雁也，故作金鵝奉獻。

吐蕃贊普棄隸蹜贊

棄隸蹜贊。器弩悉弄贊普子。長安三年嗣立。景龍二年遣使俄宗請昏。以雍王守禮女爲金城公主妻之。天寶十載卒。

請修好表

仲冬極寒。伏惟皇帝舅萬福。使典軍馬集併吐蕃使判悉獵等同至。其書共傳語。并悉具委。所緣和事者。孝和帝在日。其國界並是逐便斷當訖。彼此亦已盟誓。漢宰相等官

入誓者。僕射豆盧欽望魏元忠中書令李嶠侍中紀處訥蕭至忠侍郎李迥秀尚書宗楚客韋安石楊矩等一十人。吐蕃宰相等亦同盟誓訖。遂迎公主入蕃。彼此安穩。於後太上皇登極。親好並相和同。雖復如舊。其漢宰相入誓者並已歿。於後宰相不知已前要契。當令望重立盟誓。舅甥各親署盟書。宰相依舊作誓。彼此相信。亦長安穩。此處使人論乞徐尚奔時俄宗等前後七迴入漢。比論皇帝舅親署誓書事。復遣宰相作誓。外甥亦親署。宰相亦作呪。如此使七迴來去。阿舅却報言。舅甥親自手署誓書。及彼此宰相作呪。阿舅云大是好事。及至今日。阿舅手署不見。宰相作呪亦無。又西頭張元表將兵打外甥百姓。又李知古亦將兵打外甥百姓。既緣如此違誓失信。所以吐蕃遂發兵馬。今奉阿舅書。以前所有嫌惡並悉不論。自今以後依前和睦。大是好事。在此外甥亦同阿舅來意。阿舅必定和好。所以遣使人往來。亦得文不須重盟誓者。緣孝和皇帝時舊漢宰相人盟誓者並無。阿舅必以和好不重作盟誓。彼此不相信。要須新立盟誓。即日未知國事。亦不繇官寮。並皆自決。但是百姓擬遣安業久長快活。阿舅書上雖道和

好。意中不專。知有何益。今日必定和好。此處速却迴的實相報。來書云。乞力徐此集兵馬者。准舊例。兵馬新舊交替若道別集兵馬。並是虛言。又往者平論地界。白水已來中間並合空閑。昨秋間郭將軍率聚兵馬於白水築城。既緣如此。吐蕃遂於界内道亦築一城。其兩國和同。亦須迎送使命。必若不和。其城彼此守捉邊境。又以北突厥骨吐祿共吐蕃交通者。舊時使命實亦交通。中間舅甥和睦已來。准舊平章。其骨吐祿阿舅亦莫與交通。外甥亦不與交。今聞阿舅使人頻與骨吐祿交通。在此亦知爲不和。中間有

突厥使到外甥處。既爲國王。不可久留外國使人。遂却送歸。即日兩國和好。依舊斷當吐蕃不共突厥交通。如舅不和。自外諸使命何入番。任使伊去來。阿舅所附信物並悉領。外甥今奉金胡瓶一。瑪瑙盃一。伏惟受納

請約和好書

外甥是先皇帝舅宿親。又蒙降金城公主。遂和同爲一家。天下百姓普皆安樂。中間爲張元表李知古等東西兩處先動兵馬。侵抄吐蕃。邊將所以互相征討。迄至今日。遂成釁隙。外甥以先代文成公主今金城公主之故。深識尊卑。

豈敢失禮。又緣年小。枉被邊將讒搆鬬亂。令舅致怪。伏乞垂察。追留死將萬足。前數度使人入朝。皆被邊將不許。所以不敢自奏。去冬公主遣使人婁衆失力將狀專往。蒙降使看公主來。外甥不勝喜荷。護遣諭名悉獵及副使押衙將軍浪些紇夜悉獵入朝。奏取進止。兩國事意。悉獵所知。外甥蕃中已處分邊將。不許抄掠。若有漢人來投。便令却送。伏望皇帝舅遠察赤心。許從舊好。長令百姓快樂。如蒙聖恩。千年萬歲。外甥終不敢先違盟誓。謹奉進金胡瓶一。金盤一。金椀一。瑪瑙杯一。羚羊衫段一。謹充微國之禮

獻皇帝書

使人李行褘至。奉書。又尚他辟迴日。所令傳語並具承命。且漢與吐蕃俱是大國。又復先來宿親。自合同和。天下蒼生。悉皆快活。贊揚盛德。當無盡期。及至久長。亦無改變。恐彼此邊界黎庶。不委長和。慮有惡人妄生亂意。請彼此差使相監。從沙州已來洮州已來。分明報告。使無疑慮。即將永定。今奉皇帝金鋜馬瑙胡瓶羚羊衫段金銀餅盤器等。以充國信

吐蕃贊普可黎可足

可黎可足。元和十二年立爲贊普。長慶元年遣使請盟。會

昌二年卒。

與中國盟文

蕃漢二邦。各守見管本界。彼此不得征。不得討。不得相爲寇讐。不得侵謀境土。若有所疑。或要捉生問事。便給衣糧放還。今並依從。更無添改。

坌達延

坌達延。吐蕃宰相。舊唐書作大將坌達焉。開元二年上書請盟。

獻宰臣書

兩國地界事資發定界定之後然後立盟書大夫解琬昔在安西界望使會於河源相與展議蕃之願也

東謝蠻宋鼎

鼎東謝大首長官正議大夫檢校蠻州長史繼襲蠻州刺史資陽郡開國公貞元十三年奏請朝貢

請朝貢奏

前件刺史建中三年一度朝貢自後更不許隨例入朝今年懇訴稱州接牂牱同被聲教獨此排擯竊自慙恥謹遣隨牂牱等朝賀伏乞特賜優諭兼同牂牱刺史授官其牂

牁兩州户口殷盛人力強大鄰側諸蕃悉皆敬憚請比兩州每年一度朝貢仍依牂牱輪環差定弁以才幹位望爲衆推者充

南詔王異牟尋

異牟尋姓蒙氏南詔王閣羅鳳孫大歷十四年嗣立貞元十四年遣使求内屬賜黄金印文曰貞元冊南詔印元和三年卒

貽韋皐書

異牟尋世爲唐臣曩緣張虔陀志在吞侮中使者至不爲澄雪舉部惶窘得生異計鮮于仲通比年舉兵故自新無由代祖棄背吐蕃欺孤背約神川都督論訥舌使浪人利羅式眩惑部姓發兵無時今十二年此一忍也天禍蕃廷降釁蕭牆太子弟兄流竄近臣横汙皆尚結贊陰計以行屠害平日功臣無一二在訥舌等皆冊封王小國奏請不令上達此二忍也又遣納舌逼城於鄙敝邑不堪利羅式私取重賞部落皆驚此三忍也又利羅式罵使者曰滅子之將非我其誰子所富當爲我有此四忍也今吐蕃委利羅式甲士六十侍衞因知懷惡不謬此一難忍也吐蕃陰

毒野心輒懷搏噬有如媮生實汙辱先人辜負部落此二難忍也往退渾王爲吐蕃所害孤遺受欺西山女王見奪其位拓拔首領並蒙誅刈僕固志忠身亦喪亡每慮一朝亦被此禍此三難忍也往朝廷降使招撫情心無二詔函信節皆送蕃廷雖知中夏至仁業爲蕃臣吞聲無訴此四難忍也曾祖有寵先帝後嗣率蒙襲王人知禮樂本唐風化吐蕃詐紿百情懷惡相戚異牟尋願竭誠自新歸款天子請加戎劍南西山涇原等州安西鎮守揚兵四臨委回鶻諸國所在侵掠使吐蕃勢分力散不能爲強此西南隅

不煩天兵可以立功云

與中國誓文

貞元十年歲次甲戌正月乙亥五日己卯雲南詔異牟尋及清平官大軍將與劍南西川節度使巡官崔佐時謹詣點蒼山北上請天地水三官五嶽四瀆及管內川谷諸神靈同請降臨永爲證據右異牟尋乃祖乃父忠赤附漢去天寶九載被姚州都督張虔陀等離間部落因此與漢阻絕經今四十三年與吐蕃洽和爲兄弟之國吐蕃贊普冊牟尋爲東王亦無二心亦無二志去貞元四年奉劍南

節度使韋臯僕射書具陳漢皇帝聖明懷柔好生之德七年又蒙遣使段忠義等招諭兼送皇帝勅書遂與清平官大軍將大首領等密圖大計誠天地發於禎祥所管部落誓心如一去年四月十三日差趙莫羅眉楊大和眉等賫僕射來書三路獻表願歸清化誓爲漢臣啟告宗祖明神鑒照忠款今再蒙皇帝蒙劍南西川節度使韋臯僕射遣巡官崔佐時傳語牟尋等契誠誓無遷變謹請西洱河點蒼山神祠嚴盟牟尋與清平官洪驃利時大軍將段盛等請全部落歸附漢朝山河爾利即願牟尋清平官大軍將等福祚無疆子孫昌盛不絕管諸賧首領永無離二興兵動衆討伐吐蕃無不尅捷如會盟之後發起二心及與吐蕃私相結合或輒窺侵漢界白田地即願天地神祇共降災罰宗嗣殄滅部落不安災疾臻湊人户流散稼穡産畜悉皆減耗如蒙漢與通和之後有起異心規圖牟尋所管疆土侵害百姓致使部落不安及有患難不賜救卹亦請准此誓文神祇共罰如蒙大漢和通之後更無異意即願大漢國祚長久福盛子孫天下清平永保无疆之祚漢使崔佐時至益州不爲牟尋陳說及節度使不爲奏聞天聽

說牟尋赤心歸國之意亦願神祇降之災今牟尋率衆官具牢禮對西洱河奏請山川土地靈祇請漢使計結發動兵馬介心戮力共行討伐然吐蕃神川昆崙會同已來不假天兵牟尋盡收復鐵橋爲界歸漢舊疆宇謹率羣官虔誠盟誓共尅金契永爲誓信其誓文一本請劍南節度隨表進獻一本藏於神室一本投西洱河一本牟尋留詔城內府庫貽誡子孫伏惟山川神祇同鑒誠懇

嵯顛

嵯顛南詔弄棟節度王弄棟地名南詔別部元和十一年

以南詔王勸龍晟不道。殺而立其弟勸利。賜姓蒙氏。太和三年。西川節度使杜元穎治無狀。嵯顛陷邛戎嶲三州。四年上表請罪。

請誅杜元穎表

蠻軍比修職貢。遂敢侵邊。但杜元穎不恤三軍。令入蠻疆作賊。移文報彼。都不見信。故蜀部軍人。繼爲鄉導。蓋蜀人怨苦之深。祈我此行。誅虐帥也。誅之不遂。無以慰蜀士之心。願陛下誅之。

鄭回

回相州人。天寶中舉明經。授嶲州西瀘令。嶲州陷。爲南詔王閣羅鳳所虜。更名蠻利。以爲清平官。貞元中。說異牟尋內附。

南詔德化碑

恭聞清濁初分。運陰陽而生萬物。川嶽既列。樹元首而定八方。道治則中外寧。政乖必風雅變。我贊普鍾蒙國大詔。性業合道。智覩未萌。隨世運機。觀宜撫衆。退不負德。進不慚容者也。王姓蒙。字閣羅鳳。大唐特進雲南王越國公開府儀同三司之長子也。應靈傑秀。含章挺生。日角標奇。龍文表貴。始乎王在儲府。道隆三善。位即重離。不讀非聖之書。嘗學字人之術。撫軍屢聞成績。監國每著家聲。唐朝授右領軍衛大將軍。兼陽瓜州刺史。洎先詔與御史嚴正誨謀靜邊寇。先王統軍打石橋城。差詔與嚴正誨攻石和子。父子分師。兩殄兇醜。加左領軍衛大將軍。無何。又與中使王承訓同破劍川。忠績載揚。賞延於嗣。遷左金吾衛大將軍。而官以材遷。功由幹立。朝廷照鑒。委任兵權。尋拜特進都知兵馬大將。二河既宅。五詔已平。南國止戈。北朝分政。而越析詔餘孽于贈。持鐸鞘。騙瀘江。結彼兇渠。擾我邊鄙。

飛書遣將。皆輒拒違。詔弱冠之年。已負英斷。恨茲殘醜。敢逆大隊。固請自征。志在掃平。梟于贈之頭。傾伏藏之穴。鐸鞘盡獲。寶物並歸。解君父之憂。靜邊隅之祲。制使奏聞。酬上柱國。天寶七載。先王即世。皇上念功旌孝。悼往撫存。遣中使黎敬義持節冊襲雲南王。長男鳳迦異時年十歲。以天寶入朝。授鴻臚少卿。因冊襲。次又加授上卿。兼陽瓜州刺史。都知兵馬大將。既銜厚眷。思竭忠誠。子弟朝不絕書。進獻府無餘月。將謂君臣一德。內外無欺。豈期奸佞亂常。撫虐生變。初節度章仇兼瓊。不量成敗。妄奏是非。遣越嶲都督竹靈倩置府東爨。通路安南。賦重役繁。政苛人弊。破南寧州都督爨歸王昆州刺史爨日進黎州刺史爨祺求州爨守懿螺山大鬼主爨彥昌南寧州大鬼主爨崇道等。陷殺竹倩。兼破安寧。天恩降中使孫希莊御史韓洽都督李宓等委先詔招討。諸爨畏威懷德。再置安寧。其李宓忘國家大計。躡章仇詭蹤。務求進官榮。宓阻扇東爨。遂激崇道。令殺歸王。議者紛紜。人各有志。王務遏亂萌。思紹先續。乃命大軍將段忠國等與中使黎敬義都督李宓又赴安寧。再和諸爨。而李宓矯僞居心。尚行反間。更令崇道

謀殺日進。東爨諸酋。並皆驚恐。曰歸王崇道叔也。日進弟也。信彼讒構。煞戮至親。骨肉既自相屠。天地之所不佑。乃各興師。召我同討。李宓外形忠正。佯假我郡兵。內蘊奸欺。妄陳我違背。賴節度郭虛己仁鑒。方表我無辜。李宓尋被貶流。崇道因而亡潰。又越嶲都督張虔陀嘗任雲南別駕。以其舊識風宜。表奏請爲都督。而反誑惑中禁。職起亂階。吐蕃是漢積讎。遂與陰謀。擬共滅我。一也。誠節王之庶弟。以其不忠不孝。貶在長沙。而彼奏歸。擬令間我。二也。崇道蔑盟構逆。罪合誅夷。而郤收録與宿。欲令讎我。三也。應與我惡者。並授官榮。與我好者。咸遭抑屈。務在下我。四也。築城收質。繕甲練兵。密欲襲我。五也。重科白直。倍稅軍糧。徵求無度。務欲敝我。六也。於時馳表上陳。屢申冤枉。皇照察降中使賈奇俊詳覆。屬豎臣無政。事以賄成。一信虔陀。共掩天聽。惡奏我將叛。王乃仰天嘆曰。嗟我無事。上蒼可鑒。九重天子。難承咫尺之顏。萬里忠臣。豈受奸邪之害。即差軍將楊羅顛等連表控告。豈謂天高聽遠。蠅點成瑕。雖布腹心。不蒙矜察。管內酋渠等皆曰。主辱臣死。我實當之。自可齊心戮力。致命全人。安得知難不防。坐招傾敗。於此差

大軍將王毗雙羅時等揚兵送檄。問罪府城。自秋畢冬。故延時序。尚佇王命。冀雪事由。豈意節度使鮮于仲通已統大軍取南谿路下。大將軍李暉從會同路進。安南都督王知進自步頭路入。既數道合勢。不可守株。乃宣號令。誡師徒。四面攻圍。三軍齊奮。先靈冥祐。神炬助威。天人協心。軍羣全拔。虔陀飲酖。寮無出走。王以爲惡止虔陀。罪豈加衆。舉城移置。猶爲後圖。即便就安寧。再申衷懇。城使王克昭執惑昧權。繼違拒請。遣大軍將李克鐸等帥師伐之。我直彼曲。城破將亡。而仲通大軍已至曲靖。又差首領楊子芬

拜雲南錄事參軍姜如之齎狀披雪。往因張卿讒搆。遂令蕃漢生猜。贊普今見觀釁浪穹。或以衆相威。或以利相導。儻若蚌鷸交守。恐爲漁父所擒。伏乞居存見亡。在得思失。府城復置。幸容自新。仲通殊不招承。劫至江口。我又切陳丹款。至於再三。仲通拂諫棄親。阻兵安忍。吐發惟言屠戮。行使皆被詆訶。仍前差將軍王天運帥領驍雄。自點蒼山西欲腹背交襲。於是具牲牢。設壇墠。叩頭流血曰。我自古及今。爲漢不侵不叛之臣。今節度背好貪功。欲致無上無君之討。敢昭告於皇天后土。史祝盡詞。東北稽首。舉國痛

切。山川黯然。至誠感神。風雨震霈。遂宣言曰。彼若納我。猶吾君也。今不吾納。即吾讐也。斷軍之機。疑事之賊。乃召卒伍。憫然登陴。謂左右曰。夫至忠不可以無主。至孝不可以無家。即差首領楊利等於浪穹。參吐蕃御史論若贊。論史通變察情。分師入救。時中丞大軍出陳江口。王審孤虛。觀向背。縱兵親擊。大敗彼師。因命長男鳳迦異大軍將段全葛等於邱遷和拒山後贊軍。王天運懸首轅門。中丞逃師夜遁。軍吏欲追之。詔曰止。君子不欲多上人。況敢凌天子乎。既而合謀曰。小能勝大禍之胎。親仁善鄰國之寶。遂遣

男鐸傳舊大酋望趙佺鄧楊傳磨計及子弟六十人。齎重帛珍寶等物。西朝獻凱。屬贊普仁明。重酬我勳效。遂命宰相倚祥葉樂持金冠錦袍金寶帶金帳牀安扛傘鞍銀獸及器皿珂貝珠毯衣服駝馬牛犢等。賜爲兄弟之國。天寶十一載正月一日。於鄧川冊詔爲贊普鍾南國大詔。授長男鳳迦異大瑟瑟告身都知兵馬大將。凡在官僚。寵幸咸被。山河約誓。永固維城。改年爲贊普鍾元年。二年。漢帝又命漢中郡大守司空襲禮內使賈奇俊帥師。再置姚府。將軍賈瓘爲都督。僉曰。漢不務德而以力爭。若不速除。恐爲

後患。遂差軍將王兵各絕其糧道。又差大軍將洪光乘等神州都知兵馬使論綺里徐同圍府城。信宿未踰。破如拉朽。賈瓘面縛。士卒全驅。三年。漢又命前雲南郡都督兼侍御史李宓廣府節度何履光中使薩道懸遜總秦隴英豪兼安南子弟。頓營隴坪。廣布軍威。乃舟楫備修。擬水陸俱進。遂命軍將王樂寬等潛軍襲造船之師。伏屍遍昆舍之野。李宓猶不量力。進逼澄川。時神州都知兵馬使論綺里徐來救。已至巴蹻山。我命大軍將段附克等內外相應。犄角競衝。彼弓不暇張。刃不及發。白日晦景。紅塵翳天。流血

成川積屍壅水三軍潰衂元帥沉江詔曰生雖禍之始死乃怨之終豈顧前非而亡大禮遂收亡將等屍祭而葬之以存恩舊五年范陽節度安禄山竊據河洛開元帝出居江劍贊普差御史贊節羅于恙結賫勅書曰樹德務滋長去惡務除本越巂會同謀多在我圖之此為美也詔恭承上命即遣大軍將洪光乘杜羅盛段附克趙附于望羅遷王邏羅奉清平官趙佺鄧等統細于藩從昆明路及宰相倚祥葉樂節度尚檢贊同伐越巂詔親帥太子潘圍逼會同越巂固拒被俘會同請降無害子女玉帛百里塞途牛

羊積储一月館穀六年漢復置越巂以楊庭琎為都督兼固臺登贊普使來曰漢今更置越巂作援昆明若不再除恐成滋蔓既舉奉明旨乃遣長男鳳迦異駐軍瀘水權事制宜令大軍將楊傳磨侔等與軍將欺急歴如數道齊入越巂再掃臺登滌除都督見擒兵士盡擄如是揚兵卭部而漢將大奔迴旆昆明傾城稽顙可謂紹家繼業世不乏賢昔十萬橫行七擒縱畧未足多也爰有尋傳疇壤沃饒人物殷湊南通渤海西近大秦開闢已來聲教所不及羲皇之後兵甲所不加詔欲革之以衣冠化之以禮義十一年冬親與僚佐兼總師徒刊木通道造舟為梁耀以威武喻以文辭款降者撫慰安居抵捍者繫頸盈貫矜愚解縛擇勝置城裸形不討自來祁鮮望風而至且安寧雄鎮諸爨要衝山對碧雞波環碣石鹽池鞅掌利及牂歡城邑綿延勢連戎僰乃置城監用輯攜離遠近因依閭閻櫛比十二年冬詔候隙省方觀俗恤隱次昆川審形勢言山河可以作藩屏川陸可以養人民十四年春命長男鳳迦異於昆川置拓東城居二詔佐鎮撫於是威懾步頭恩收曲靖頒告所及翕然俯從我王氣受沖和德含覆育才出人右

辨稱世雄高視則卓爾萬尋運籌則決勝千里觀釁而動因利興功事協神衷有如天啟故能攻城挫敵取勝如神以危易安轉禍為福紹開祖業宏覃王猷坐南面以稱孤統東偏而作主然後修文習武官設百司列尊敘卑位分九等闡三教賓四門陰陽序而日月不愆賞罰明而奸邪屏跡通三才而制禮用六府以經邦信及豚魚恩霑草木戹塞流潦高原為稻黍之田疏決陂池下隰樹園林之業易貧成富徙有之無家饒五畝之桑國貯九年之廩蕩濊之恩累沾蠢動珍帛之惠徧及耆年設險防非憑隘起堅

城之固。靈津躡疾。重巖湯湯沐之泉。越晈天馬生郊。大利流波濯錦。西開尋傳。祿郇出麗水之金。北接陽山。會川收瑟瑟之寶。南荒奔湊。覆詔願爲外臣。東爨悉歸。步頭已成內境。建都鎮塞。銀生於黑觜之鄉。候隙省方。駕憩於洞庭之野。蓋繇人傑地靈。物華氣秀者也。於是犀象珍奇。貢獻畢至。東西南北。烟塵不飛。遐邇無剽掠之虞。黔首有鼓擊之泰。乃能驤首卬南。平眄海表。豈惟我鍾王之自致。實賴我聖神天地贊普。德被無垠。威加有截。春雲布而萬物普潤。霜風下而四海颯秋。故能取亂攻昧。定京邑以息民。兼

弱侮亡。冊漢帝而繼好。時清平官段忠國段尋銓等咸曰。有國而致理。君主之美也。有美而無揚。臣子之過也。夫德以立功。功以建業。業成不記。後嗣何觀。可以刊石勒碑。志功頌德。用傳不朽。俾達將來。家世漢臣。八王稱乎晉業。鐘銘代襲。百世定於當朝。生遇不天。再罹衰世。賴先君之遺德。沐求舊之鴻恩。政委清平。用兼耳目。心懷吉甫。愧無贊於周詩。志效奚斯。願齊聲於魯頌。紀功述績。實曰鴻徽。自顧下才。敢題風烈。其詞曰。

降祉自天。福流後允。瑞應匪虛。禎祥必信。聖主分憂。遐荒聲振。襲久傳封。受符兼印。兼瓊秉節。貪榮構亂。開路安南。攻殘面爨。竹倩見屠。官師潰散。賴我先王。懷柔伏叛。祚不乏賢。先獻是繼。郡守詭隨。貶身遐裔。禍連虔陀。亂深豎嬖。殃咎匪他。途豕自殪。仲通制節。不詢長久。徵兵海隅。頓營江口。赤心不納。白刃相守。謀用不臧。逃師夜走。漢不務德而以力爭。興師命將。置府層城。三軍往討。一舉而平。面縛羣吏。馳獻天庭。李宓總戎。猶尋覆轍。水戰陸攻。援孤糧絕。勢屈謀窮。軍殘身滅。祭而葬之。情繇故設。贊普仁明。審知機變。漢德方衰。邊城絕援。揮我兵戎。攻彼郡縣。越巂有征

會同無戰。雄雄嫡嗣。高名英烈。惟孝惟忠。乃明乃哲。卬瀘一掃。軍羣雙滅。觀兵尋傳。舉國來賓。巡幸東爨。懷德歸仁。碧海效祉。金穴薦珍。人無常主。惟賢是親。土宇克開。煙塵載寢。轂擊黎坑。輯熙羣品。出入連城。先揚衣錦。業留萬代之臺。倉貯九年之廩。明明贊普。揚天之光。赫赫我王。實賴之昌。化及有土。業著無疆。河帶山礪。地久天長。辨稱世雄。才出人右。信及豚魚。潤深瓊玖。德以建功。是謂不朽。石以刊銘。可長可久。

高昌王麴智盛

智盛高昌王文泰子貞觀十四年嗣立尋爲太宗所滅以其地置西州拜智盛左武衛將軍封金城郡公

致侯君集書

有罪於天子者先王也天罰所加身已喪背智盛襲位未幾不知所以愆闕冀尚書哀憐（謹按天罰以下舊唐書作咎深譴積身已喪亡智盛襲位無幾君其赦諸）

鳩摩羅王

王名無考其國即爲東印度境

與戒賢法師書

弟子凡夫習染世樂於佛法中未知迴向今聞外國僧名身心歡喜似開道芽之分師復不許其來此乃欲令衆生長淪永夜豈是大德紹隆遺法汲引物哉不勝渴仰謹遣重諮若也不來弟子則分是惡人近者設賞迦王猶能壞法毀菩提樹師謂弟子無此力耶必當整理象軍雲萃於彼踏那爛陀寺使碎如塵此言如日師好試看

鉢伐多羅王

王名無考其國即爲北印度境

致那爛寺正法藏戒賢法師書

弟子行次烏荼見小乘師恃憑小見製論誹謗大乘詞理切害不近人情仍欲張鱗共師等一論弟子知寺中大德並才慧有餘學無不悉輒以許之謹令奉報願差大德四人善自他宗兼內外者赴烏荼國行從所

烏萇王達摩

達摩烏萇國王其國在天竺北貞觀十六年因陁訶斯遣使奉表獻方物

貢方物獻表

大福德至尊一切王中上乘天寶車破諸黑暗譬如帝釋

能伏阿修羅王奴宿種善根得生釋種拜至尊因獻龍腦香

周澄國王

王名無考咸亨二年遣使請發兵取象

請發兵取象表

訶迦國有白象首垂四牙身運五足象之所在其土必豐既有威靈又弭災患力兼十象強制百人以水洗牙飲之愈疾請發兵迎取以獻之

康國王烏勒伽

烏勒伽姓温氏昭武開元初遣使入貢七年與大食戰不勝來乞師二十七年卒

請發兵救援表

臣烏勒伽言臣是從天主普天皇帝下百萬里馬蹄下草土類奴臣種族及諸胡國舊來赤心向大國不曾反叛亦不侵損大國爲大國行裨益事從三十五年來每共大食賊鬬戰每年大發兵馬不蒙天恩送兵救助經今六年被大食元率將異密屈底波領衆軍兵來此共臣等鬬戰臣等大破賊徒臣等兵士亦大死損爲大食兵馬極多臣等

力不敵也臣入城自固乃被大食圍城以三百拋車傍城三穿大坑欲破臣等城國伏乞天恩知委送多少漢兵來此救助臣苦難其大食只合一百年強盛今年合滿如有漢兵來此臣等必是破得大食今謹獻好馬一波斯駱駝一騾二如天恩慈澤將賜臣物請付臣下使人將來莫無侵奪

東安國王篤薩波提

篤薩波提氏昭武與康國同族其國名東安亦曰喝汗開元十四年遣弟阿悉爛達拂耽發黎來朝後八年又遣使入貢

論事表

臣篤薩波提言臣是從天主領普天賢聖皇帝下百萬里草土類奴在遠叉手胡跪禮拜天恩威相如拜諸天自有安國已來臣種族相繼作王不絕并軍兵等並赤心奉國從此年來被大食賊每年侵擾國土不寧伏乞天恩慈澤救臣苦難仍請勅下突厥施令救臣等臣即統領本國兵馬計會翻破大食伏乞天恩依臣所請今奉獻波斯騾二拂菻繡氍毹一鬱金香三十斤生石蜜一百斤臣今借紫

訖伏乞天恩賜一員三品官又臣妻可敦奉進柘必大氍毹二繡氍毹一上皇后如蒙天恩慈澤請賜臣鞍轡器仗袍帶及賜臣妻可敦衣裳粧粉

西曹國王哥邏僕羅

哥邏僕羅氏昭武與康國同族天寶元年遣使貢方物詔封懷德王

請内屬表

宗祖以來向天可汗忠赤嘗受徵發望乞慈恩將奴國土同爲唐國小州所須驅遣奴身一心忠赤爲國征討

石國王伊捺吐屯屈勒

伊捺吐屯屈勒氏昭武。與康國同族。别姓石。開元初。封其父莫賀咄吐屯爲石國王。九年。伊捺吐屯屈勒嗣立。請討大食。不許。

請討大食表

奴身千代已來。忠赤於國。只如突厥騎施可忠赤之日。部落安貼。后背天可汗。脚底火起。今突厥屬天可汗。在於西頭爲患。唯有大食。莫踰突厥。伏乞天恩不棄突厥部落。打破大食。諸國自然安貼。

吐火羅葉護支汗那

支汗那。阿史那葉護子。其國在葱嶺西。永徽三年。列其地爲月氏府。以阿史那爲都護。開元七年。支汗那嗣立。十五年。爲大食所苦。遣使請救。

獻解天文人表

獻解天文人大慕闍。其人智慧幽深。問無不知。伏乞天恩喚取慕闍。親問臣等事意及諸教法。知其人有如此之藝能。望請令其供奉。并置一法堂。依本教供養。

請助討大食表

奴身罪逆不孝。慈父身被大食統押。應徹天聰。頌奉天可汗進旨云。大食欺侵我。即與你氣力。奴身今被大食重税。欺苦實深。若不得天可汗救活。奴身自活不得。國土必遺破散。求防守天可汗西門不得。伏望天可汗慈憫。與奴身多少氣力。使得活路。又承天可汗處分突厥施可汗云。西頭事委你。即須發兵除却大食。其事若實。望天可汗却垂處分奴身。縁大食税急。不求得好物奉進。望天可汗照之。所欲驅遣奴身。及須已西方物。並請處分奴身。一一頭戴。不敢怠慢。

吐火羅葉護失里忙迦羅

失里忙迦羅。天寶八載。遣使朝貢。羯師引吐蕃攻吐火羅。失里忙迦羅請安西兵助討。元宗出師破之。

請賜箇失蜜王勅書表

臣鄰境有一胡。號曰羯師。居在深山。恃其險阻。違背聖化。親輔吐蕃。知勃律地狹人稠。無多田種。鎮軍在彼。糧食不充。於箇失蜜市易鹽米。然得支濟。商旅來往。皆著羯師國過。其王遂受吐蕃貨求。於國内置吐蕃城堡。捉勃律要路。自高仙芝開勃律之後。更益兵三千人。勃律因之。羯師王與吐蕃乗此虛危將兵擬入臣每憂思一破兇徒若開得大勃律已東直至于闐焉耆卧涼瓜肅已來吐蕃更不敢停住望安西兵馬來載五月到小勃律六月到大勃律伏乞天恩允臣所奏若不成請斬臣爲七段緣箇失蜜王向漢忠赤兵馬復多土廣人稠糧食豐足特望天恩賜箇失蜜王勅書宣慰賜衣物并寶鈿腰帶使感荷聖恩更加忠赤

僕羅

僕羅吐火羅葉護那都泥利弟神龍元年入朝留宿衛

訴授官不當上書

僕羅克吐火羅葉護部下管諸國王都督刺史總二百一十二人謝颶國王統領兵馬二十萬衆罽賓國王統領兵馬二十萬衆骨吐國王石汗那國王解蘇國王石匿國王悒達國王護密國王護時健國王范延國王久越德建國王勃特山王各領五萬衆僕羅祖父已來並是上件諸國之王蕃望尊重僕羅兄那都泥利承嫡繼襲先蒙恩勅差使持節就本國冊立爲王然火羅葉護積代已來於大唐忠赤朝貢不絶本國緣接近大食吐蕃東界又是西鎮僕羅兄每徵發部落下兵馬討論擊諸賊與漢軍相知聲援應接在於邊境所以免有侵漁僕羅兄前後屢蒙聖澤媿荷國恩遂發遣僕羅入朝侍衛玉階至願獻忠殉命以爲臣妾僕羅至此爲不解漢法鴻臚寺不委蕃望大小有不比類流例高下相懸即奏擬授官竊見石國龜茲并餘小國王子首領等入朝元無功效並緣蕃望授三品將軍況僕羅身恃勤本蕃位望與親王一種比類大小與諸國王子懸殊却授僕羅四品中郎但在蕃王子弟娑羅門瞿曇金剛龜茲王子白孝順等皆數改轉位至諸衛將軍唯僕

羅最是大蕃去神龍元年蒙恩勅授左領軍衛翊府中郎將至今經一十四年久被淪屈不蒙准例授職不勝苦屈之甚

俱羅王忽提婆

忽提婆俱羅國王其國與吐火羅接壤亦名俱蘭貞觀二十年遣使朝貢

內附表

如雪如珠如雲如月潔白高遠是文夫枝清涼一切如須彌山又如大海威力自在如那羅延如日光明大王中王

大漢國勝天子名流四海俱羅那國王忽提婆謹修禮拜

謝颶國羅火拔

羅火拔謝颶國使臣謝颶在吐火羅西南開元八年冊葛達羅支頡利發誓屈爾爲王十二年遣其臣羅火拔來朝

陳金城公主事宜奏

謝颶國去箇失蜜國一千五百里箇失蜜國去吐蕃金城公主居處七日路程公主去年五月遣漢使二人偷道向箇失蜜國傳言曰汝赤心向漢我欲走出投汝容受我否箇失蜜王聞其言大喜報曰公主但來竭心以待時箇失

蜜王又遣使報臣國王曰天子女欲走來投我國必恐吐蕃兵馬來逐我力不敵乞兵與我即與吐蕃破散公主得達臣國王聞之極歡遣使許諾於箇失蜜王令臣入朝面取進止

俱蜜王那羅延

那羅延開元中遣使獻胡旋女表言爲大食所苦其國在吐火羅東北

請處分大食國表

臣曾祖父叔兄弟等舊來赤心向大國今大食來侵吐火羅及安國石國拔汗那國並屬大食臣國内庫藏珍寶及部落百姓物並被大食徵稅將去伏望天恩處分大食令免臣國徵稅臣等即得久長守把大國西門伏乞照臨臣之願也

欽定全唐文卷一千

新羅王金興光

興光新羅王理洪弟。初與太宗同名。武后改焉。長安二年冊立。仍襲兄輔國大將軍行豹韜衛大將軍雞林州都督之號。開元二十一年加授開府儀同三司寧海軍使。二十五年卒。贈太子太師。

遣使納貢表

臣鄉居海曲。地處遐陬。元無泉客之珍。本乏賨人之貨。敢將方產之物。塵瀆天官。駑蹇之才。滓穢龍廄。竊方燕豕。敢類楚雞。深覺靦顏。彌增戰汗。

謝賜白鸚鵡及金銀羅綵表

伏惟陛下執象開元。聖文神武。應千齡之昌運。致萬物之嘉祥。風雲所通。咸承至德。日月所照。共被深仁。臣地隔蓬壺。天慈洽遠。鄉暌華夏。睿澤覃幽。伏覩瓊文。跪披玉匣。含九霄之雨露。帶五彩之鵷鸞。辨惠靈禽。素蒼兩妙。或稱長安之樂。或傳聖主之恩。羅錦彩章。金銀寶鈿。見之者爛目。聞之者驚心。原其獻款之功。實繇先祖。錫此非常之寵。延及末孫。微効若塵。重恩如岳。循涯揣分。何以上酬。

賜土地謝表

伏奉恩勅。浿江以南。宜令新羅安置。臣生居海裔。沐化聖朝。雖丹素為心。而功無可效。以忠正為事。而勞不足賞。陛下降雨露之恩。發日月之詔。錫臣土境。廣臣邑居。遂使墾闢有期。農桑得所。臣奉絲綸之旨。荷榮寵之深。粉骨糜身。無繇上答。

新羅王金彥昇

彥昇新羅王重興祖。元和七年重興卒。冊授開府儀同三司檢校太尉使持節大都督雞林州諸軍事兼持節充寧海軍使上柱國新羅國王。太和五年卒。

分別還蕃及應留宿衛奏

先在太學生崔利貞金叔貞樸季業四人。請放還蕃。其新赴朝貢金允夫金立之樸亮之等一十二人。請留在宿衛。仍請配國子監習業。鴻臚寺給資糧。

金忠信

忠信新羅王興光從弟。開元中留宿衛。授左領軍衛員外將軍。二十二年受代上表。

請充寧海軍副使從討靺鞨表

臣所奉進止。令臣執節本國。發兵馬討除靺鞨。有事續奏者。臣自奉聖旨。誓將致命。當此之時。爲替人金孝方身亡。便留臣宿衞。臣本國王以臣久侍天庭。遣從姪志廉代臣。今已到訖。臣即合還。每思前所奉進止。無忘夙夜。陛下先有制。加本國王興光寧海軍大使。錫之旌節。以討兇殘。皇威載臨。雖遠猶近。君則有命。臣敢不祗。蠢爾夷俘。計亦悔禍。然除惡務本。布憲惟新。故出師義貴乎三申。縱敵患貽於數代。伏望陛下因臣還國。以副使假臣。盡將天旨。再宣殊裔。豈惟斯怒益振。固亦武夫作氣。必傾其巢穴。靜此荒

隅。遂夷臣之小誠。爲國家之大利。臣等復乘桴滄海。獻捷丹闈。效毛髮之功。答雨露之施。臣所望也。伏惟陛下圖之。

金士信

士信。元和中新羅質子。試太子中允。

請充本國副使奏

臣本國朝天二百餘載。嘗差質子宿衞闕庭。每有天使臨蕃。即充副使。轉通聖旨。下告國中。今在城宿衞質子臣次當行之。

崔仁渷

仁渷。辰韓茂竣人。天祐中官新羅國翰林學士。守兵部侍郎知瑞書院事。

新羅國故兩朝國師教謚朗空大師白月棲雲之塔碑銘

聞夫眞境希夷。元津杳渺。澄如滄海。邈若太虛。智舟何以達其涯。慧駕莫能尋其際。況復去聖逾遠。滯凡既深。靡制心猿。難調意馬。由是徇虛弃實者。俱懷逐塊之情。執有迷空者。盡起趨炎之想。若非哲人出世。開士乘時。高演眞宗。廣宣善誘。何以爰析重元之禮。得歸衆妙之門。潛認髻珠

密傳心印。達斯道者。豈異人乎。大師是也。大師法諱行寂。俗姓崔氏。其先周朝之尚父。遐苗齊國之丁公。遠裔其後使乎兔郡。留寓雞林。今爲京萬河南人也。祖諱金。避世辭榮。幽居養志。父諱佩。常年登九歲學冠三冬。長牽投筆之心。仍效止戈之藝。所以繫名軍旅。充職戎行。母薛氏夢見僧謂曰。宿因所追。願爲阿孃之子。覺後感其靈瑞。備啟所天。自屏膻腴。勤爲胎教。以太和六年十二月三十日誕生。大師生標奇骨。有異凡流。遊戲之時。須爲佛事。每聚沙而造塔。常摘葉以爲香。爰自青衿。尋師絳帳。請業則都忘寢

食臨文則總括宗源嘗以深信金言志遺塵俗謂父曰所願出家修道以報罔極之恩其父知有夙根合符前夢不阻其志愛而許之遂迺削染披緇苦求遊學欲尋學海歷選名山至於伽耶海印寺便謁宗師精探經論統雜花之妙義玩貝葉之眞文師謂學徒曰釋子多聞顏生好學昔聞其語今見其人豈與青眼赤髭同年而語哉大中九年於福泉寺官壇受其具戒既而浮囊志切繫草情深像教之宗已勞力學元機之旨盍以心求所以杖策挈瓶下山尋路徑詣崛山謁通曉大師自投五體虔啟衷懷大師便

許昇堂遂令入室從此服膺數載勤苦多方雖至道（闕二字）目擊罄成山之志而常齋洩薄神疲增煮海之勞則知歷試諸艱多能鄙事每於坐臥只念遊方遂於咸通十一年投入備朝使金公緊榮（闕一字）笑之心備陳所志金公情深傾蓋許以同舟無何利涉大川達於西岸此際不遠千里至於上都尋蒙有司特具事由奏聞天聽降勅宜令左街寶堂寺孔雀子院安置大師所喜神居駐足勝境棲心未幾降誕之辰勅徵入內懿宗皇帝遽宏至化虔仰元風問大師曰遠涉滄溟有何求事大師對勅曰貧道幸獲觀風

上國問道中華今日叨沐鴻恩得窺盛事所求遍遊靈跡追尋赤水之珠還耀吾鄉更作青邱之印天子厚加寵賚甚善其言猶如法秀之逢晉文曇鸞之對梁武古今雖異名德尤同以後至五臺山投花嚴寺求感於文殊大聖先上中臺忽遇神人鬢眉皓尒叩頭作禮膜拜祈恩謂大師曰不易遠來善哉佛子莫淹此地速向南方認其五色之霜必沐曇摩之雨大師含悲頂別漸次南行乾符二年至成都府巡謁到靜衆精舍禮無相大師影堂大師新羅人也因謁寫眞具聞遺美爲唐帝導師元宗之師同鄉唯恨

異其時後代所求追其迹企聞石霜慶諸和尚啟如來之室演迦葉之宗道樹之陰禪流所聚大師殷勤禮足曲盡虔誠仍棲方便之門果得摩尼之寶俄而追遊衡岳參知識之禪居遠至曹溪禮祖師之寶塔傍東山之遐秀採六葉之遺芳四遠參尋無方不到雖觀空色豈忘偏陲以中和五年來歸故國時也至於崛嶺重謁大師大師云且喜早歸豈期相見後學各得其賜念茲在茲所以再託扉蓮不離左右中間忽攜瓶鉢重訪水雲或錫飛於五嶽之初暫棲天柱或盃渡於三河之後方住水精至文德二年四

月中崛山大師寢疾便往敀山精勤侍疾至於歸化付囑傳心者惟在大師一人而已初憩錫於朔州之建子岩纔修茅舍始啟山門來者如雲朝三暮四頃歲時當厄運世屬屯蒙災星長照於三韓毒霧常鋪於四郡況於巖谷無計潛藏乾寧初至止王城薰薝蔔於焚香之寺光化末旋歸野郡植栴檀於薙草之墟所恨正値魔軍將宣佛道孝恭大王驟登寶位欽重禪宗以大師獨步海東孤標天下特遣僧正法賢等聊飛鳳筆徵赴皇居大師謂門人曰自欲安禪終須助化吾道之流於末代外護之恩也乃以天祐三年秋九月初忽出溟郊方歸京邑至十六日引登祕殿孤坐禪床之上預淨宸襟整其冕服待以國師之禮虔申鑽仰之情大師辭色從容神儀自若尊道說義軒之術治邦談堯舜之風闕一字鏡忘疲洪鐘待扣有親從上殿者四人曰行謙邃安信宗讓規讓景行超十哲名蓋二禪探元鄉之祕宗論絕境之幽致聖人見頻迴塵尾甚悅龍顏至於明年夏末乍別京畿暑遊海嶠至金海府蘇公忠子知府及第律熙領軍莫不斂衽欽風開襟慕道請居名寺冀福蒼生大師可以棲遲暗垂慈化掃妖煙於塞外灑甘

露於山中神德大王光統丕圖寵徵赴闕至貞明元年春大師遂擕禪衆來至帝鄉依前命南山實際寺安之此寺則先是聖上以黃閣潛龍禪扃附鳳尋付大師永爲禪宇此時奉迎行在重謁慈顏爰開有待之心再聽無爲之說辭還之際特結良因爰有女弟子明瑤夫人鼇島宗枝鳩林冠族仰止高山尊崇佛禮以石南山寺請爲收領永以住持秋七月大師以甚愜雅懷始謀棲止此寺也遠連四岳高壓南溟溪澗爭流酷似金輿之谷巖巒鬭峻疑如紫蓋之峯誠招隱之幽居亦棲禪之佳境者也大師遠採靈巘未有定居初至此山以爲終焉之所至明年春二月初大師覺其不悆稱染微痾至十二日詰旦告衆曰生也有涯吾將行矣守而勿失汝等勉旃趺坐繩床儼然就滅報齡八十五僧臘六十一於時雲霧晦冥山巒震動有山下人望山頂者五色光氣衝於空中中有一物上天宛然金柱豈止智順則天垂花蓋法成則空斂靈棺而已哉於是門人等傷割五情若亡天屬至十七日敬奉色身假隸於西峯之麓聖考大王忽聆遷化良惻仙襟特遣中使監護葬儀仍令弔祭至三年十一月中改葬於東巒之頂去寺

三百來步全身不散神色如常門下等重覩慈顏不勝感慕仍施石户封閉大師資靈河嶽稟氣星辰居纏褐之英應黃裳之吉由是早棲禪境久拂客塵禪二主於兩朝濟羣生於三界邦家安泰魔賊歸降則知大覺真身觀音後體啟元關而敷揚至理開慈室而汲引元流生命示亡效鶴樹歸真之跡化身如在追雞峯住寂之心存沒化人始終宏道可謂定慧無方神通自在者焉弟子信宗禪師周解禪師林侶禪師等五百來人共保一心皆居上足常勤守護永切追攀每念巨海塵飛高風電絕累趨魏闕請樹

豐碑今上克纘洪基恭承寶籙欽崇禪化不異前朝贈謚曰朗空大師塔名白月棲雲之塔爰命微臣宜修鏨臼仁渷固辭不免惟命是從輒課菲詞式揚餘烈譬如提壺酌海莫知溟渤之深執管闚天難測穹蒼之濶然而早蒙慈誨眷以宗盟惟以援筆有情著文無愧強名元道將報法恩其詞曰

至道無為猶如大地萬法同歸千門一致粵惟正覺誘彼羣類聖凡有殊開悟無異懿歟禪伯生我海東明同日月量等虛空名由德顯智與慈融去傳法要來化童蒙水月澄心煙霞匿曜忽飛美譽頻降佳召扶贊兩朝闡揚元教鈍破燈明雲開月照哲人去世緇素傷心門徒願切國主恩深塔封巒頂碑倚溪潯芥城雖盡永曜禪林

高麗王王建

建字若夫松嶽郡人大順景福間新羅政衰弓裔據高句麗之地國號泰封建事裔為侍中梁貞明四年逐裔自立後唐長興中冊為大義軍使特進檢校太保使持節元菟州都督上柱國高麗王晉天福六年加授開府儀同三司檢校太師開運二年卒

詔諭八首

天授元年六月丁巳詔曰前主當四郡土崩之時剷除寇賊漸拓封疆未及兼幷海內俄以酷暴御衆以姦回為至道以威侮為要術徭煩賦重人耗土虛而猶宮室宏壯不遵制度勞役不止怨讟滋興於是竊號稱尊殺妻戮子天地不容神人共怨荒墜厥緒可不戒乎朕資羣公推戴之心登九五統臨之極移風易俗咸與惟新宜遵改轍之規深鑑伐柯之則君臣諧魚水之歡河海協宴清之慶內外羣庶宜悉朕懷

辛酉詔曰設官分職任能之道斯存利俗安民選賢之務是急誠無官曠何有政荒朕叨膺景命顯馭丕圖顧臨涖以難安念庸虛之可懼惟慮知人不明審官多失俾起遺賢之歎深乖得士之宜寢興載懷職此而已內外庶僚並稱其職則匪獨今時之致理足貽後代之可稱宜其登庸列辟歷試羣公勉務精選咸使僉諧自中及外具悉朕懷

乙丑詔曰爲國當務節儉民富倉實雖有水旱饑饉不能爲患所有內莊及東宮食邑積穀歲久必多朽損其以內奉郎中能梵爲審穀使

戊辰詔曰朕聞乘機革制正謬是詳導俗訓民號令必順前主以新羅階官郡邑之號悉皆鄙野改爲新制行之累年民不習知以至惑亂今悉從新羅之制其名義易知者可從新制

辛亥詔曰前王視民如草芥而惟欲之從乃信讖緯遽棄松嶽還居斧壤營立宮室百姓困於土功三時失於農業加以饑饉荐臻疾疫仍起室家棄背道殣相望一匹細布直米五升至使齊民賣身鬻子爲人奴婢朕甚閔焉其令所在具錄以聞

又詔曰人君運佐時之奇畧樹蓋世之高勳者錫之以分茅胙土褒之以峻秩崇班是百代之常典千古之宏規也朕出自側微才識庸下誠資羣望克踐洪基當其廢暴主之時竭忠臣之節者宜行賞賚以獎勳勞其以洪儒裴玄慶申崇謙卜智謙爲第一等給金銀器錦繡綺被褥綾羅布帛有差堅權能寔權愼廉湘金樂連珠麻煖爲第二等給金銀器錦繡綺被褥綾帛有差其第三等二千餘人各給綾帛穀米有差朕與公等欲救生民未能終守臣節以此爲功豈無慚德然而有功不賞無以勸將來故有今日

之賞公等明知朕意

十五年五月甲申諭羣臣曰頃完葺西京徙民實之冀憑地力平定三韓將都於此今者民家雌雞化爲雄大風官舍頹壞夫何災變至此昔晉有邪臣潛畜異謀其家雌雞化爲雄卜云人懷非分天垂警戒不悛其惡竟取誅滅吳王劉濞之時大風壞門拔木其卜亦同濞不知戒亦底覆亡且祥瑞志云行役不平貢賦煩重下民怨上有此之應以古驗今豈無所召今四方勞役不息供費既多貢賦未省竊恐緣此以致天譴夙夜憂懼不敢遑寧軍國貢賦難

以蠲免。尚慮羣臣不行公道。使民怨咨。或懷非分之心。致此變異。各宜悛心。毋及於禍。

十七年五月乙巳。幸禮山鎮。詔曰。往者新羅政衰。羣盜競起。民庶亂離。暴骨荒野。前主服紛爭之黨。啟邦國之基。及乎末年。毒流下民。傾覆社稷。朕承其危。緒造此新邦。勞役瘡痍之民。豈予意哉。但草昧之時。事不獲已。櫛風沐雨。巡省州鎮。修完城柵。欲令赤子得免綠林之難。由是男盡從戎。婦猶在役。不忍勞苦。或逃匿山林。或號訴官府者。不知幾許。王親權勢之家。安知無肆暴淩弱。困我編氓者乎。予

以一身。豈能家至而目覩。小民所以末由控告。呼籲彼蒼者也。宜爾公卿將相食祿之人。諒予愛民如子之意。矜爾祿邑編戶之氓。若以家臣無知之輩。使于祿邑。惟務聚斂。恣為割剝。爾亦豈能知之。雖或知之。亦不禁制。民有論訴者。官吏徇情掩護。怨讟之興。職競由此。予嘗誨之。欲使知之者增勉。不知者能誡。其違令者。別行染卷。猶以匿人過為賢。不曾舉奏。善惡之實。曷得聞知。如此寧有守節改過者乎。爾等遵我訓辭。聽我賞罰。有罪者不論貴賤。罰及子孫。功多罪小。量行賞罰。若不改過。追其祿俸。或一年二三年。五六年。以至終身不齒。若志切奉公。終始無瑕。生享榮祿。後稱名家。至於子孫。優加旌賞。此則非但今日。傳之萬世。以為令範。人有為民陳訴。勾喚不赴。必令再行勾喚。先下十杖。以治違令之罪。方論所犯。吏若故為遷延。計日罪責。又有怙威恃力。令之不可觸者。以名聞。

上南唐烈祖賀即位箋

今年六月內。當國中原府入吳越國使張訓等回。伏聞大吳皇帝已行禪禮。中外推戴。即登大寶者。伏惟皇帝陛下道契三無。恩涵九有。堯知天命已去。即禪瑤圖。舜念歷數

在躬。遂傳玉璽。建鳳惟庸陋。獲託生成。所恨沃日波遙。浮天浪闊。幸遇龍飛之旦。用申燕賀之儀。無任歸仁戴聖鼓舞激切之至。

答後百濟王甄萱書

伏奉吳越國通和使班尚書所傳詔書一道。兼蒙足下辱示長書敘事者。伏以華軺膚使。爰致制書。尺素好音。兼承教誨。捧芝檢而雖增感激。闢華箋而難遣嫌疑。今託回軒。輒敷危衽。僕仰承天假。俯迫人推。過叨將帥之權。獲赴經綸之會。頃以三韓厄會。九土兇荒。黔黎多屬於黃巾。田野

無非於赤土庶幾弭風塵之警有以救邦國之災爰自善鄰於焉結好果見數千里農桑樂業七八年士卒閑眠及至酉年維時陽月忽焉生事至於交兵足下始輕敵以直前若螗蜋之拒轍終知難而勇退如蚊子之負山拱手陳辭指天作誓今日之後永世歡和苟或渝盟神其殛矣僕亦尚止戈之武期不殺之仁遂解重圍以休疲卒不辭質子但欲安民此則我有大德於南人也豈謂歃血未乾兇威復作蜂蠆之毒侵害於生靈狼虎之狂爲梗於畿甸金城窘迫黄屋震驚仗義尊周誰似桓文之霸乘間謀漢惟

看莽卓之姦致使王之至尊枉稱子於足下尊卑失序上下同憂以謂非有元輔之忠純豈得再安於社稷以僕心無匿惡志切尊王將援置於朝廷使扶危於邦國足下見毫釐之小利忘天地之厚恩斬戮君王焚燒宮闕葅醢卿士虔劉士民嫵姜則取以同車珍寶則奪之稇載元惡浮於桀紂不仁甚於獍梟僕怨極崩天誠深却日庶效鷹鸇之逐以申犬馬之勤再舉干戈兩更槐柳陸戰則雷馳電擊水攻則虎搏龍騰動必成功舉無虛發逐尹邠於海岸積甲如山擒鄒祖於邊城伏屍蔽野燕山郡畔斬吉奐於軍前馬利城邊戮曦晤於蘇下拔任存之日邢積等數百人捐軀破青州之時直心等四五輩授首桐藪望旗而潰散京山銜璧以投降康州則自南而來歸羅府則自西而移屬侵攻若此收復寧遙必期泜水營中雪張耳千般之恨烏江亭上成漢王一捷之功竟息風波永清寰海天之所助命將何歸況吳越王殿下德洽包荒仁深字小特出綸於丹禁諭戢難於青邱既奉訓謨敢不尊奉若足下祇承睿旨悉戢凶機不惟副上國之仁恩抑亦紹東海之絕緒若不過而能改其如悔不可追

高麗國原州靈鳳山興法寺忠湛大師塔銘

蓋聞微言立教始開闕嗣位至於馬鳴繼美垂妙法於三乘龍樹揚芳見其闕五字相離相非身是身降及闕聞圓覺東入梁朝始見大宏北遊魏室於是師資所契闕四字祖法相承心燈不絕所以闕者爲大師法號忠湛俗姓金氏其先雞林冠族兔郡宗枝闕二字島以分榮託桑津而別派遠祖多闕陶潛而不事王侯希賈誼而寧求祿位所以考槃樂道早攻莊列之書招隱攀吟常避市朝之譽母闕賢之子豈無修聖善之心感此靈奇求生法允以咸通十年八

月一日誕生。大師生有殊相。弱無戲言。闕性靈超衆。神悟絶倫。槐市横經。杏園命筆。二親嘗邀相者相之。云若至甘羅之歲。鳳舉難量。終臻賈誼之闕至失於怙恃。惟恨栖遑。爰有長純禪師。是導師修度世之緣。當亡父結空門之友。大師隨其長老得居闕俗塵方登僧位。尋令昇堂覩奥。入室鈎深。迅足騷騷。後發先至。覺枝脈脈。前開晚成。所以偃仰禪林。優游闕認印度重光。終至相傳。窺楞伽再闡。迺於龍紀元年。受具戒於武州靈神寺。既而習其相部。精究毗尼。捧闕宗論道。謂學人曰。淺溜穿石。同心斷金。鑽燧之勤。

寫瓶之易。皆由積微不已。跬步遄征。俄成學海之功。永就闕釋子天日禪僧此間觀曝骨之墟。見殭屍之處。他山静境。豈無避地之方。此地危邦。終絶居山之計。闕四字華闕者同載而征。達於彼岸。此時徑登雲蓋禪宇。虔禮淨圓大師。大師是棲雲壑之居。佩石霜之印。知大師遠離闕圖南。迴奮垂雲之翼。豫章向上。高揮拂日之枝。大師謂曰。汝還認其到此階梯。預呈其還喬闕二字所以不離寶所闕河東參禪門於紫嶽。故能初窺聖典。久棲禹穴之旁。始覽靈蹤。方到燕臺之畔。迺於天祐十闕一字年六月中得達於闕學俱於問訊。慶忭交深。數月論禪。周年問法。惟彌天發闕一字及離日揺脣量語路之端。酌言闕一字之闕一字此日擲於兩地心闕之光。愁見甲兵之色。所以便辭金海。遙指玉京。行道遲遲。於焉入境。不惟摩勒重數。兼亦優曇一現。奉迎内殿。尋以闕遙屢吐象王之説。重重避席。恭披弟子之儀。一一書紳。結以王師之禮。翌日請移闕五字之水淨精廬永元闕術大師遠從丹徼。再到京畿。所以別飾玉堂。令昇繩榻。問大師曰。寡人少尚威武。未精學闕一字不曉先王之典。寧闕存亡之志。所喜不勞漢夢。仍覩秦星。世宗之遇摩騰。梁武

之逢寶誌。無以加也。生生世世。永修香火之因。子子孫孫。闕吉祥之地。尚論往美。更知延福之庭。志有終焉。心無悔矣。然則遂於此地。高敞禪扃。闕二字如雲學人。如霧依舊琉璃闕聞興法之設。不受大師之誨者。處處精舍。其徒擯之。終日了無語言。一宵堅不留宿。豈期大師素無疾疹。富有闕五年七月十八日詰旦。告門人曰。萬法皆空。吾將去矣。一心爲本。汝等勉旃。顔貌如常。寂然坐闕一字俗年七十有二。僧闕悲盈四部。天人增絶學之哀。寧惟慟徹諸方。士庶泣亡師之痛。寡人忽聆遷化。尤慟於懷。追切洪德。不能巳

已特闕萬壽之遐長乖羣情之敬仰今則果雖核矣室可修焉然則先忻於水積魚歸後恨於林傾鳥散所冀早儀明禮正當闕之塔惟大師雪山成道煙洞證心傳十八代之祖宗統三千年之禪教則知浹洽浮世舉其廣則誰曰黃輿周闕忘機仍引狎鷗之興幾多肸蠁無限昭彰可謂闡揚身毒之風敷演竺乾之法者矣門徒弟子五百闕成田陳情而特請龜文懇懇而頻干鳳德所冀顯無爲之化留在水雲期不朽之緣刻於金石闕之心歸美百臺旌國士追攀之志乃爲銘曰

闕蘇認已藏寶知印慈航沒浪慧炬沈光銀燈石下闕

訓要十首

朕聞大舜耕歷山終受堯禪高帝起沛澤遂興漢業朕亦起自單平謬膺推戴夏不畏熱冬不避寒焦身勞思十有九載統一三韓叨居大寶二十五年身已老矣第恐後嗣縱情肆意敗亂綱紀大可憂也爰述訓要以傳諸後庶幾朝披夕覽永爲龜鑑

其一曰吾國家大業必資諸佛護衛之力故創禪教寺院差遣住持焚修使各治其業後世姦臣執政徇僧請謁各業寺社爭相換奪切宜禁之

其二曰諸寺院皆道詵推占山水順逆而開創道詵云吾所占定外妄加創造則損薄地德祚業不永朕念後世國王公侯后妃朝臣各稱願堂或增創造則可憂也新羅之末競造浮屠衰損地德以底於亡可不戒哉

其三曰傳國以嫡雖曰常禮然丹朱不肖堯禪於舜實爲公心若元子不肖與其次子又不肖與其兄弟之衆所推戴者俾承大統

其四曰惟我東方舊慕唐風文物禮樂悉遵其制殊方異

土人性各異不必苟同契丹是禽獸之國風俗不同言語亦異衣冠制度慎勿效焉

其五曰朕賴三韓山川陰祐以成大業西京水德調順爲我國地脈之根本大業萬代之地宜當四仲巡駐留過百日以致安寧

其六曰朕所至願在於燃燈八關燃燈所以事佛八關所以事天靈及五嶽名山大川龍神也後世姦臣建白加減者切宜禁止吾亦當初誓心會日不犯國忌君臣同樂宜當敬依行之

其七曰人君得臣民之心爲甚難欲得其心要在從諫遠讒而已從諫則聖讒言如蜜不信則讒自止又使民以時輕徭薄賦知稼穡之艱難則自得民心國富民安古人云芳餌之下必有懸魚重賞之下必有良將張弓之外必有避鳥垂仁之下必有良民賞罰中則陰陽順矣

其八曰車峴以南公州江外山形地勢並趨背逆人心亦然彼下州郡人參與朝廷與王侯國戚婚姻得秉國政則或變亂國家或銜統合之怨犯蹕生亂且其曾屬官寺奴婢津驛雜尺或投勢移免或附王侯宮院姦巧言語弄權

亂政以致災變者必有之矣雖其良民不宜使在位用事

其九曰百辟羣僚之祿視國大小以爲定制不可增減且古典云以庸制祿官不以私若以無功人及親戚私昵虛受天祿則不止下民怨謗其人亦不得長享福祿切宜戒之又以強惡之國爲鄰安不可忘危兵卒宜加護恤量除徭役每年秋閱勇銳出衆者隨宜加授

其十曰有國有家儆戒無虞博觀經史鑑古戒今周公大聖無逸一篇進戒成王宜當圖揭出入觀省

後百濟王甄萱

甄萱新羅尚州加恩縣人本姓李初爲裨將嘯聚亡命襲武珍州自稱後百濟王後唐同光八年入都城弒新羅主立主族弟金傅爲王後爲子神劍幽於金山佛宇乘間奔高麗高麗王待以殊禮號爲尚父

寄高麗王王建書

昨者新羅國相金雄廉等將召足下入京有同鼈應黿聲是欲鷃披隼翼必使生靈塗炭社稷邱墟是用先著祖鞭獨揮韓鉞誓百僚如皎日諭六部以義風不意姦臣遁逃邦君薨變遂奉景明王之表弟憲康王之外孫勸即尊位

再造危邦喪君有君於是乎在足下不詳忠告徒聽流言百計窺覦多方侵擾尚不能見僕馬首拔僕牛毛冬初都頭索湘束手於星山陣下月內左相金樂曝骸於美利寺前殺獲居多追擒不少強羸若此勝負可知所期者掛弓於平壤之樓飲馬於浿江之水然以前月七日吳越國使班尚書至傳王詔旨知卿與高麗久通歡好共契鄰盟比因質子之兩亡遂失和親之舊好互侵疆境不戢干戈今專發使臣赴京本道又移文高麗宜相親比永孚于休僕義篤尊王情深事大及聞詔諭即欲祗承但慮足下欲罷

不能困而猶鬬。今録詔書寄呈。請留心詳悉。且兔獹迭憊。終必貽譏。蚌鷸相持。亦爲所笑。宜迷復之爲戒。無後悔之自貽。